Microsoft Windows Server 2016 – Das Handbuch

Zu diesem Buch – sowie zu vielen weiteren O'Reilly-Büchern –
können Sie auch das entsprechende E-Book im PDF-Format
herunterladen. Werden Sie dazu einfach Mitglied bei oreilly.plus[+]:

www.oreilly.plus

Thomas Joos

Microsoft Windows Server 2016 – Das Handbuch

Thomas Joos

Lektorat: Sandra Bollenbacher und Boris Karnikowski
Fachlektorat: Georg Weiherer, Münzenberg
Korrektorat: Petra Heubach-Erdmann, Düsseldorf
Satz: mediaService, Siegen, www.mediaservice.tv
Herstellung: Susanne Bröckelmann
Umschlaggestaltung: Michael Oreal, www.oreal.de
Druck und Bindung: C.H. Beck, www.becksche.de

Bibliografische Information der Deutschen Nationalbibliothek Die Deutsche Nationalbibliothek verzeichnet diese Publikation in der Deutschen Nationalbibliografie; detaillierte bibliografische Daten sind im Internet über http://dnb.d-nb.de abrufbar.

ISBN:
Print   978-3-96009-018-2
PDF   978-3-96010-039-3
ePub   978-3-96010-040-9
mobi   978-3-96010-041-6

1. Auflage 2017
Dieses Buch erscheint in Kooperation mit O'Reilly Media, Inc. unter dem Imprint »O'REILLY«. O'REILLY ist ein Markenzeichen und eine eingetragene Marke von O'Reilly Media, Inc. und wird mit Einwilligung des Eigentümers verwendet.

Copyright © 2017 dpunkt.verlag GmbH
Wieblinger Weg 17
69123 Heidelberg

Die vorliegende Publikation ist urheberrechtlich geschützt. Alle Rechte vorbehalten. Die Verwendung der Texte und Abbildungen, auch auszugsweise, ist ohne die schriftliche Zustimmung des Verlags urheberrechtswidrig und daher strafbar. Dies gilt insbesondere für die Vervielfältigung, Übersetzung oder die Verwendung in elektronischen Systemen.

Es wird darauf hingewiesen, dass die im Buch verwendeten Soft- und Hardware-Bezeichnungen sowie Markennamen und Produktbezeichnungen der jeweiligen Firmen im Allgemeinen warenzeichen-, marken- oder patentrechtlichem Schutz unterliegen.

Die Informationen in diesem Buch wurden mit größter Sorgfalt erarbeitet. Dennoch können Fehler nicht vollständig ausgeschlossen werden. Verlag, Autoren und Übersetzer übernehmen keine juristische Verantwortung oder irgendeine Haftung für eventuell verbliebene Fehler und deren Folgen.

5 4 3 2 1

Inhalt

Vorwort 27

Teil A Grundlagen und Installation 29

1 Neuerungen und Lizenzierung 31
Nano-Server und Container 32
    Nano-Server nutzen 32
Virtualisierung mit Hyper-V 36
    Virtuelle Maschinen abschirmen mit dem Host Guardian Service 37
    Hyper-V Network Virtualization (HNV) 37
Software Defined Networking und Software Defined Storage 38
    Netzwerke mit dem Netzwerkcontroller-Dienst verwalten 38
    Storage Spaces Direct – Speicher virtualisieren 38
Remotedesktopdienste in Windows Server 2016 39
    Bessere Virtual Desktop Infrastructures 39
    MultiPoint-Server in RDS integriert 40
Cluster Operating System Rolling Upgrade 41
Verbesserungen in Active Directory 42
    LDAP-Verzeichnisse mit AD FS anbinden 42
    Privileged Access Management – Admin auf Zeit 42
Neuerungen bei Dateiservern 43
    Datenträger über Geocluster zwischen Rechenzentren replizieren ... 43
    Advanced Format Technology – 4-KB-Festplatten 44
    Virtueller Fibrechannel und ODX 44
    Quality of Storage Policies 44
    Bessere Datendeduplizierung 45
Windows Server 2016 lizenzieren 45
    Editionen und Lizenzen im Vergleich 45
    Clientzugriffslizenzen beachten 46
    Geräte-CALs und Benutzer-CALs 47
Windows Server 2016 für kleine Unternehmen 48
Hyper-V und Hyper-V Server 2016 48
Neue PowerShell und besserer Virenschutz 49
Funktionsumfang und Leistung von Windows Server 2016 50
Zusammenfassung 50

2 Installation und Grundeinrichtung 51
Installationsgrundlagen 52
    Die Windows Server 2016-Installation verstehen 52
    Die Installation von Windows Server 2016 vorbereiten 53
Windows Server 2016 installieren 54
    Die Installation durchführen 55

Inhaltsverzeichnis

Einen USB-Stick für die Installation erstellen 60
Auf Windows Server 2016 aktualisieren 61
   Von früheren Versionen aktualisieren 63
   Von einer Standard- und Testversion auf die Datacenter-Edition upgraden 64
Einen Nano-Server installieren 66
   Einstieg in die Nano-Installation 66
   Beispiele für das Erstellen von Nano-Servern 67
   Nano-Server verwalten und einer Domäne beitreten 68
   Nano-Server mit WIM-Images bereitstellen 69
   Virtuelle Nano-Server erstellen 70
   Treiber in Nano-Images integrieren 70
   Nano-Server auf physischen Servern installieren 71
   Nano-Images und Container für das Rechenzentrum vorbereiten 72
Die Installation nachbearbeiten 73
   Windows Server 2016 aktivieren 73
   Die Treiberinstallation überprüfen 74
   Die Netzwerkverbindung testen 75
   Windows Update aktivieren 75
   Sprachpakete installieren 76
   Den Media Player deinstallieren 77
   Computernamen und Domänenmitgliedschaft festlegen 77
   Remotedesktop in Windows Server 2016 aktivieren 78
   Eine WLAN-Anbindung einrichten 79
   Den Boot-Manager reparieren 79
Zusammenfassung 80

3 Erste Schritte mit Windows Server 2016 81
Erste Schritte nach der Installation 81
   Windows Server 2016 mit Windows 10 verwalten 82
Windows Remote Management (WinRM) aktivieren (auch für Nano-Server) 92
Zusammenfassung 92

4 Serverrollen und Features installieren und einrichten 93
Serverrollen und Features auf einem Server installieren 94
   Rollen installieren 94
   Features installieren und verwalten 101
   Installation von Rollen und Features abschließen 108
Rollen mit der PowerShell installieren 108
   Rollen und Features mit der PowerShell verwalten 109
   Rollen und Features unbeaufsichtigt installieren 109
Rollen und Features mit DISM installieren 110
   Webserver mit DISM remote verwalten und Serverrollen auf Core-Servern installieren . 110
   RemoteFX und DISM 111
Serverrollen mit dem Best Practices Analyzer überprüfen 112
   Server über das Netzwerk überprüfen 112
   Best Practices Analyzer auswerten 113
Zusammenfassung 114

Teil B Einrichtung des Servers 115

5 Datenträger und Speicherpools verwalten 117
Neuerungen im Storage-Bereich 117
    Storage Spaces Direct und Storage Replica 118
    Bessere Datendeduplizierung 119
    ReFS und Speicherpools 119
Datenträger erstellen und anpassen 122
    Datenträger einrichten 123
    Laufwerke konfigurieren 125
    Datenträger und Ordner komprimieren 128
    Festplatten per PowerShell und Eingabeaufforderung verwalten 129
    Mit GPT-Partitionen und ReFS arbeiten 130
    Datenträger verkleinern und erweitern 131
Datenträger verwalten 133
    Defragmentierung verwalten 134
    Hardware und Richtlinie von Datenträgern verwalten 135
BitLocker-Laufwerkverschlüsselung 137
    Grundlagen zu BitLocker und Trusted Platform Module (TPM) 137
    BitLocker schnell und einfach aktivieren 138
    BitLocker-Troubleshooting 141
    Daten absichern durch verschlüsselndes Dateisystem (EFS) 141
Speicherpools einsetzen 143
    Speicherpools erstellen 143
    Speicherplätze in Speicherpools erstellen 145
    Volumes auf virtuellen Datenträgern in Speicherpools erstellen 147
    Speicherpools verwalten und physische Festplatten hinzufügen 148
    Virtuelle und physische Datenträger verwalten, trennen und löschen . 149
    Speicherpools und virtuelle Festplatten mit PowerShell verwalten ... 149
    Storages Spaces mit SSD-/NVMe-Festplatten erstellen 151
Schattenkopien verwenden 154
Virtuelle Festplatten erstellen und verwalten 156
    Virtuelle Festplatten in der Datenträgerverwaltung erstellen 156
    Virtuelle Festplatten konvertieren und mit der PowerShell verwalten . 157
    .vhd-Dateien in den Boot-Manager einbinden 158
    iSCSI-Ziele über virtuelle Festplatten zur Verfügung stellen 159
    iSCSI-Ziele sicher zur Verfügung stellen 160
    iSCSI-Festplatten verbinden 161
Datendeduplizierung einrichten 162
    Einstieg in die Deduplizierung 163
    Datendeduplizierung im Server-Manager 164
Daten in Netzwerken per Speicher-Replikation replizieren 164
    Storage Replica verstehen 165
    Ablauf der Replikation 166
    Storage Replica in der Praxis 166
    Storage Replica auf alleinstehenden Servern mit der PowerShell steuern . 168
    Storage Spaces Direct und Storage Replica 169
Zusammenfassung 170

6 Windows Server 2016 im Netzwerk betreiben ... 171
Grundlagen zur Netzwerkanbindung ... 171
    Netzwerkhardware installieren ... 172
    Computer an das Netzwerk anbinden ... 172
    Erweiterte Verwaltung der Netzwerkverbindungen ... 173
    Eigenschaften von Netzwerkverbindungen und erweiterte Verwaltung von Netzwerkverbindungen ... 174
Netzwerkkarten zu NIC-Teams zusammenfassen ... 175
    NIC-Team erstellen ... 176
    NIC-Teams auf Core-Server und per PowerShell erstellen ... 178
    NIC-Teams testen und konfigurieren ... 179
    Eigenschaften von TCP/IP und DHCP ... 180
Erweiterte Netzwerkeinstellungen für Routing und IPv6 ... 184
    IP-Routing unter Windows Server 2016 ... 184
    Internet Protocol Version 6 (IPv6) ... 185
Windows Server 2016 Active Directory ... 190
    Netzwerkeinstellungen für die Domänenaufnahme konfigurieren ... 190
    Domänenaufnahme durchführen ... 190
    Domänenaufnahme testen ... 190
Zusammenfassung ... 194

Teil C   Virtualisierung mit Hyper-V ... 195

7 Hyper-V – Installation und Servervirtualisierung ... 197
So funktioniert Hyper-V ... 198
    Grundlagen von Hyper-V ... 198
    Optimale Hochverfügbarkeit ... 199
    Sicherheit und Bandbreitenverwaltung ... 201
    Schnellerer Datenfluss in Rechenzentren mit SAN ... 202
    Weitere wichtige Funktionen in Hyper-V ... 203
    Speicherorte in Hyper-V ... 204
Hyper-V installieren und verwalten ... 205
    Voraussetzungen für den Einsatz von Hyper-V ... 205
    Hyper-V installieren ... 206
    Erste Schritte mit Hyper-V ... 209
Virtuelle Switches anlegen ... 210
    Network Virtualization und Extensible Switch mit Windows Server 2016 ... 210
    Hyper-V-Netzwerke optimal planen ... 212
    Virtuelle Switches erstellen und konfigurieren ... 215
    MAC-Adressen für Hyper-V konfigurieren ... 216
    Virtuelle LANs (VLAN) und Hyper-V ... 217
    NIC-Teams für Hyper-V einrichten (VSwitch Embedded Teaming) ... 219
    NAT in Hyper-V konfigurieren ... 220
Virtuelle Server erstellen und installieren ... 221
    IDE oder SCSI – Welcher virtuelle Controller ist besser? ... 221
    Laufwerke mit der PowerShell hinzufügen ... 222
    Domänencontroller virtualisieren ... 223
    Per Hyper-V-Manager virtuelle Maschinen erstellen ... 225
    Virtuelle Server steuern ... 229

Einstellungen von virtuellen Servern anpassen	231
Hardware zu virtuellen Computern hinzufügen	231
Virtuelle Festplatten zu Servern hinzufügen	233
Virtuelle Festplatten verschieben per Speicher-Migration	236
USB-Festplatten an Hyper-V anbinden	237
Virtuelle Festplatten von Servern verwalten und optimieren	238
Arbeitsspeicher anpassen durch Dynamic Memory	239
Prozessoren in Hyper-V steuern	241
Allgemeine Einstellungen von virtuellen Computern verwalten	242
Virtuelle Server in der PowerShell steuern (PowerShell Direct)	242
Daten von virtuellen Servern aus Hyper-V auslesen	244
Migration zu Hyper-V durchführen	245
VM aus Windows Server 2012 R2 in Windows Server 2016 integrieren	246
Windows Server Migrationstools nutzen	246
Workloads zu Hyper-V migrieren	248
Neue VM-Version mit der PowerShell steuern	249
Eingebettete Virtualisierung in Windows Server 2016 durchführen	250
Festplattendateien migrieren	252
Zusammenfassung	252

8 Hyper-V – Datensicherung und Wiederherstellung ... 253

Hyper-V und virtuelle Server richtig sichern	253
Prüfpunkte von virtuellen Servern erstellen	254
Produktionsprüfpunkte in Windows Server 2016 nutzen	255
Prüfpunkte verstehen	256
Produktionsprüfpunkte erstellen	258
Prüfpunkte von virtuellen Servern erstellen	259
Prüfpunkte von virtuellen Servern verwalten	260
Daten und Prüfpunkte bei Hyper-V im Cluster sichern	261
Sicherung durch Export	262
Shielded VMs und Host Guardian Service	263
Sichere VMs mit Shielded VMs	264
Verbindung zwischen Host Guardian Service und Guarded Hosts	265
Host Guardian Service konfigurieren	265
Vertrauensstellung zwischen Host Guardian Service und Active Directory einrichten	266
Guarded Hyper-V-Hosts mit HGS verbinden	267
Shielded VMs erstellen	268
Virtuelle Server gruppieren	270
Zusammenfassung	270

9 Hyper-V – Hochverfügbarkeit ... 271

Einstieg in die Hochverfügbarkeit in Hyper-V	272
Hyper-V-Replikation und Cluster	272
SMB in Clustern berücksichtigen	273
Arten der Hochverfügbarkeit in Hyper-V	274
Hyper-V-Replikation in der Praxis	275
Hyper-V-Hosts für Replikation aktivieren	275
Hyper-V-Replikation mit SSL konfigurieren	277
Virtuelle Server zwischen Hyper-V-Hosts replizieren	278
Failover mit Hyper-V-Replica durchführen	282
Livemigration ohne Cluster	283

Hyper-V im Cluster: Livemigration in der Praxis 286
   Clusterknoten vorbereiten 286
   Cluster mit Windows Server 2016 installieren 287
   Cluster Shared Volumes aktivieren 288
   Virtuelle Server im Cluster verwalten 292
   MAC-Adressen im Cluster konfigurieren 292
   Nacharbeiten: Cluster überprüfen und erste Schritte mit der Clusterverwaltung oder der PowerShell 293
Zusammenfassung 295

Teil D   Active Directory 297

10   Active Directory – Grundlagen und erste Schritte 299

Active Directory mit dem Verwaltungscenter verwalten 300
PowerShell und Active Directory 301
Zu Active Directory mit Windows Server 2016 migrieren 302
Das DNS-System in Windows Server 2016 absichern 302
Active Directory remote verwalten 303
Active Directory mit Windows Server 2016 installieren und verstehen 303
   Der Aufbau von Active Directory 304
   Eine neue Gesamtstruktur installieren 306
Active Directory remote mit der PowerShell verwalten 308
   Die Remote-PowerShell aktivieren und Verbindungsprobleme beheben 309
   Cmdlets für die Remoteverwaltung und Abrufen der Hilfe nutzen 309
Betriebsmasterrollen von Domänencontrollern verwalten 311
   Den PDC-Emulator verwalten 311
   RID-Master: Neue Objekte in die Domäne aufnehmen 313
   Infrastrukturmaster: Gruppen über Domänen hinweg auflösen 314
   Schemamaster: Active Directory erweitern 314
   Domänennamenmaster: Neue Domänen hinzufügen 315
   Den globalen Katalog nutzen 315
   Betriebsmaster verwalten und verteilen 318
Schreibgeschützte Domänencontroller (RODC) einsetzen 321
Zusammenfassung 323

11   Active Directory – Installation und Nutzung 325

DNS für Active Directory installieren 326
   Notwendige DNS-Zonen für Active Directory erstellen 327
   DNS-Einstellungen überprüfen und Fehler beheben 330
Active Directory-Domänendienste-Rolle installieren 331
   Voraussetzungen zum Betrieb von Active Directory testen 331
   Installation von Active Directory starten 331
   DNS in Active Directory integrieren und sichere Updates konfigurieren 335
   DNS-IP-Einstellungen anpassen 337
Active Directory von Installationsmedium installieren 337
   Das Active Directory-Installationsmedium vorbereiten 338
   Domänencontroller mit Medium installieren 338
Active Directory mit PowerShell installieren 338
Virtuelle Domänencontroller betreiben (Klonen und Prüfpunkte) 342
   Möglichkeiten zur Virtualisierung von Domänencontrollern 342

Bereitstellung virtueller Domänencontroller vorbereiten und XML-Dateien erstellen	343
Quell-Domänencontroller vor dem Klonen überprüfen und vorbereiten	344
Festplatten von virtuellen Domänencontrollern kopieren	344
Geklonten Domänencontroller für die Aufnahme in Active Directory vorbereiten	345
Domänencontroller entfernen	346
Domänencontroller per PowerShell herabstufen	346
Active Directory über den Server-Manager entfernen	347
Zu Windows Server 2016 Active Directory migrieren	347
Domänen zu Windows Server 2016 aktualisieren	347
Das Active Directory-Verwaltungscenter und PowerShell	348
Active Directory und die PowerShell	350
Objekte schützen und wiederherstellen	352
Uhrzeit in Windows-Netzwerken synchronisieren	352
Grundlagen zur Zeitsynchronisierung in Active Directory	352
Das NTP-Protokoll und Befehle zur Zeitsynchronisierung	354
Net Time vs. W32tm	355
Zeitsynchronisierung konfigurieren (Funkuhr vs. Internetzeit)	355
Zeitsynchronisierung bei der Virtualisierung beachten	357
Zusammenfassung	358

12 Active Directory – Erweiterung und Absicherung ... 359

Offline-Domänenbeitritt (Djoin)	359
Vorteile und technische Hintergründe zum Offline-Domänenbeitritt	360
Voraussetzungen für die Verwendung des Offline-Domänenbeitritts	360
Offline-Domänenbeitritt durchführen	361
Offline-Domänenbeitritt bei einer unbeaufsichtigten Installation über Antwortdatei	362
DirectAccess Offline Domain Join	362
Verwaltete Dienstkonten (Managed Service Accounts)	363
Verwaltete Dienstkonten: Technische Hintergründe	364
Verwaltete Dienstkonten: Produktiver Einsatz	364
Verwaltete Dienstkonten in der grafischen Oberfläche anlegen	365
Der Active Directory-Papierkorb im Praxiseinsatz	367
Active Directory-Papierkorb verstehen und aktivieren	367
Objekte aus dem AD-Papierkorb mit Bordmitteln wiederherstellen	368
Zusammenfassung	370

13 Active Directory – Neue Domänen und Domänencontroller ... 371

Core-Server als zusätzlichen Domänencontroller betreiben	372
Vorbereitungen in der PowerShell durchführen	372
Active Directory auf dem Core-Server installieren und einrichten	373
Schreibgeschützter Domänencontroller (RODC)	375
Vorbereitungen für die Integration eines zusätzlichen Domänencontrollers in eine Domäne	375
Neue Domänencontroller integrieren	376
RODC-Installation delegieren	381
RODC löschen	381
Notwendige Nacharbeiten nach der Integration eines zusätzlichen Domänencontrollers	382
Neue untergeordnete Domäne erstellen	383
DNS-Infrastruktur an untergeordnete Domänen anpassen	384
Domänencontroller für eine neue untergeordnete Domäne heraufstufen	389

Neue Domänenstruktur in einer Gesamtstruktur einführen 391
    DNS-Infrastruktur für eine neue Domänenstruktur erstellen 391
    IP-Einstellungen beim Einsatz von mehreren Domänen optimieren 392
    Die neue Domänenstruktur erstellen 393
Das Active Directory-Schema erweitern 393
Zusammenfassung 395

14 Active Directory – Replikation 397

Grundlagen der Replikation 398
Routingtopologie in Active Directory konfigurieren 399
    Neue Standorte erstellen 401
    IP-Subnetze erstellen und zuweisen 402
    Standortverknüpfungen und Standortverknüpfungsbrücken erstellen 403
    Domänencontroller zu Standorten zuweisen 405
    Die Konsistenzprüfung (Knowledge Consistency Checker) 406
Fehler bei der Active Directory-Replikation beheben 408
    Suche mit der Active Directory-Diagnose 409
    Die häufigsten Fehlerursachen ausschließen 409
    Nltest zum Erkennen von Standortzuweisungen eines Domänencontrollers 409
    Repadmin zum Anzeigen der Active Directory-Replikation 410
    Replikation in der PowerShell testen 411
    Kerberos-Test mit Dcdiag ausführen 411
    Die notwendigen SRV-Records in DNS überprüfen 412
Zusammenfassung 412

15 Active Directory – Fehlerbehebung und Diagnose 413

Bordmittel zur Diagnose verwenden 414
    Die Domänencontrollerdiagnose einsetzen 414
    Die Namensauflösung mit Nslookup testen 415
    Die Standard-OUs überprüfen 418
    Die Active Directory-Standorte überprüfen 418
    Die Domänencontrollerliste überprüfen 419
    Die Active Directory-Dateien überprüfen 419
    Das Domänenkonto der Domänencontroller überprüfen und Kennwort zurücksetzen 420
    Die administrativen Freigaben überprüfen 421
    Die Gruppenrichtlinien überprüfen 421
    Die DNS-Einträge von Active Directory überprüfen 422
    Die Betriebsmaster testen 424
    Die Leistungsüberwachung zur Diagnose nutzen 424
    Den LDAP-Zugriff auf Domänencontrollern überwachen 425
    Das Kennwort für den Wiederherstellungsmodus in Active Directory zurücksetzen ... 426
Die Ereignisprotokollierung von Active Directory konfigurieren 426
Einbrüche in Active Directory effizient erkennen 427
    Die einfache Überwachung aktivieren 428
    Die erweiterte Überwachung nutzen 429
    Anmeldungen im Netzwerk überwachen 431
Active Directory bereinigen und Domänencontroller entfernen 432
    Entfernen eines Domänencontrollers vorbereiten 432
    Den Domänencontroller herabstufen 433
    Die Metadaten von Active Directory bereinigen 434
Zusammenfassung 436

16 Active Directory – Sicherung, Wiederherstellung und Wartung ... 437
Active Directory sichern und wiederherstellen ... 438
    Active Directory mit der Windows Server-Sicherung sichern ... 438
    Active Directory aus der Datensicherung wiederherstellen ... 440
Active Directory-Datenbank warten ... 441
    Die Active Directory-Datenbank verschieben ... 441
    Die Active Directory-Datenbank offline defragmentieren ... 442
    Die Active Directory-Datenbank reparieren ... 443
    Snapshots der Active Directory-Datenbank erstellen ... 444
Zusammenfassung ... 444

17 Active Directory – Vertrauensstellungen einrichten ... 445
Wichtige Grundlagen zu Vertrauensstellungen in Active Directory ... 445
Varianten der Vertrauensstellungen in Active Directory ... 448
Eine Vertrauensstellung einrichten ... 449
SID-Filterung automatisch aktivieren ... 451
Zusammenfassung ... 452

18 Benutzer verwalten und Profile zuweisen ... 453
Grundlagen der Benutzerverwaltung ... 454
    Active Directory-Benutzerverwaltung ... 455
    Benutzerkonten verwalten ... 457
    Benutzer für Remotedesktop verwalten ... 459
Benutzerprofile nutzen ... 460
    Benutzerprofile lokal und im Profieinsatz verstehen ... 460
    Servergespeicherte Profile für Benutzer in Active Directory festlegen ... 463
    Anmelde- und Abmeldeskripts für Benutzer und Computer ... 468
Gruppen verwalten ... 470
    Gruppen anlegen und verwenden ... 470
    Berechtigungen für Benutzer und Gruppen verwalten ... 471
    Szenario: Administrative Verwaltung einer Organisationseinheit delegieren ... 474
Benutzer in Windows Server 2016 Essentials verwalten ... 475
    Neues Benutzerkonto anlegen ... 475
    Auf persönliche Ordner zugreifen ... 477
    Benutzerkonten verwalten ... 478
Zusammenfassung ... 479

19 Richtlinien im Windows Server 2016-Netzwerk konfigurieren ... 481
Erste Schritte mit Richtlinien ... 482
    Verwaltungswerkzeuge für Gruppenrichtlinien ... 482
    Wichtige Begriffe für Gruppenrichtlinien ... 482
    Gruppenrichtlinieneinstellungen effizient einsetzen ... 485
    Registry-Einstellungen von Gruppenrichtlinien herausfinden ... 488
Gruppenrichtlinien verwalten ... 489
    Eine neue Gruppenrichtlinie erstellen ... 489
    Gruppenrichtlinienobjekte mit einem Container verknüpfen ... 491
    Gruppenrichtlinien erzwingen und Priorität erhöhen ... 492
    Die Vererbung für Gruppenrichtlinien deaktivieren ... 494
    Domänenbasierte Gruppenrichtlinienobjekte mit *.admx*-Dateien verwalten ... 495
    Microsoft Store, Cortana und Datensammlungen in Windows 10 sperren ... 496

Inhaltsverzeichnis

Microsoft Edge mit Richtlinien steuern ... 497
Sicherheitseinstellungen für das Netzwerk steuern ... 497
Benutzer und Kennwörter mit Gruppenrichtlinien absichern ... 498
Gruppenrichtlinien testen und Fehler beheben ... 499
    Einstieg in die Fehlerbehebung von Gruppenrichtlinien ... 499
    Vorgehensweise bei der Fehlerbehebung von Gruppenrichtlinien ... 500
    Fehlerbehebung mit Group Policy Log View ... 501
    Datensicherung und Wiederherstellung von Gruppenrichtlinien ... 503
    Gruppenrichtlinienmodellierung ... 506
Softwareverteilung über Gruppenrichtlinien ... 507
Geräteinstallation mit Gruppenrichtlinien konfigurieren ... 510
    Geräteidentifikationsstring und Gerätesetupklasse ... 510
    So funktioniert die Steuerungen in Geräteinstallationen über Gruppenrichtlinien ... 513
    Gruppenrichtlinien für den Zugriff auf Wechselmedien konfigurieren ... 513
Mit AppLocker Desktop- und Windows-Apps in Netzwerken steuern ... 513
    AppLocker in Unternehmen nutzen ... 514
    Gruppenrichtlinien für AppLocker erstellen ... 514
    Regeln für AppLocker erstellen ... 515
    Regeln automatisch erstellen und AppLocker erzwingen ... 517
    Die Benutzerkontensteuerung über Richtlinien konfigurieren ... 519
    Eine neue Gruppenrichtlinie für sichere Kennwörter erstellen ... 519
    Firewalleinstellungen über Gruppenrichtlinien setzen ... 520
Zusammenfassung ... 520

Teil E   Datei- und Druckserver mit Windows Server 2016 ... 521

20 Dateiserver und Daten im Netzwerk freigeben ... 523

SMB 3.1.1 in Windows Server 2016 nutzen ... 524
    Mehr Sicherheit und Leistung in SMB 3.1.1 ... 524
    SMB-Zugriff auf Nano-Servern steuern ... 525
    SMB 1.0 im Netzwerk ausfindig machen und deaktivieren ... 526
Berechtigungen für Dateien und Ordner verwalten ... 526
    Erweiterte Berechtigungen auf Ordner definieren ... 527
    Berechtigungen verstehen ... 529
    Effektive Berechtigungen festlegen ... 532
    Tools zur Überwachung von Berechtigungen nutzen ... 533
Dateien und Ordnern überwachen ... 534
    Einstieg in die Überwachung von Verzeichnissen ... 534
    Die Überwachung mit Richtlinien steuern ... 535
Ordner freigeben ... 536
    Freigaben erstellen ... 536
    Der Assistent zum Erstellen von Freigaben ... 537
    Über das Netzwerk geöffnete Dateien anzeigen (PsFile) ... 538
    Versteckte Freigaben anzeigen ... 539
    Alle Freigaben anzeigen ... 539
    Auf Freigaben über das Netzwerk zugreifen ... 540
    Mit Offlinedateien für den mobilen Einsatz unter Windows 10 arbeiten ... 541
Richtlinien für Datenspeicher festlegen (Storage QoS) ... 545
    Einstieg in Speicherrichtlinien ... 545
    Storage QoS in der PowerShell verwalten ... 547
    Neue Richtlinien in der PowerShell erstellen und verwalten ... 548

  Aggregated Policies nutzen 548
  Storage QoS im Cluster überwachen 550
  Speicherrichtlinien in System Center Virtual Machine Manager 2016 definieren 551
 Dateien und Freigaben auf Windows Server 2016 migrieren 552
  Daten mit Robocopy übernehmen 552
  Nur Freigaben und deren Rechte übernehmen 555
  Das Dateiserver-Migrationstoolkit einsetzen 556
 Serverspeicher in Windows Server 2016 Essentials im Dashboard verwalten 562
  Ordner im Dashboard verwalten 562
  Freigaben im Dashboard erstellen 563
 Zusammenfassung 564

21 Ressourcen-Manager für Dateiserver 565

 Kontingente in Windows Server 2016 verwalten 566
  Kontingente mit FSRM verwalten 567
  Datenträgerkontingente für Laufwerke festlegen 571
 Die Dateiprüfungsverwaltung nutzen 572
  Eine Dateiprüfung erstellen 573
  Dateiprüfungsausnahmen festlegen 574
  Dateigruppen für die Dateiprüfung anlegen 575
 Speicherberichte in FSRM verwalten 575
 Dateiklassifizierungsdienste einsetzen 576
  Klassifizierungseigenschaften und Klassifizierungsregeln verstehen und nutzen 577
  Dateiverwaltungsaufgaben bei der Dateiklassifizierung einsetzen 578
 Dateiserver vor Ransomware in Unternehmen schützen 579
  Allgemeine Tipps für den Schutz vor Ransomware 579
  Generelle Vorgehensweise beim Befall gegen Ransomware 579
  Schattenkopien helfen bei Windows-Servern 580
  Ressourcen-Manager für Dateiserver gegen Ransomware nutzen 580
 Freigaben über DFS organisieren und replizieren 581
  Einführung und wichtige Informationen beim Einsatz von DFS 581
  DFS-Namespaces und DFS-Replikation 583
  Voraussetzungen für DFS 585
  DFS installieren und einrichten 585
  DFS-Namespace einrichten 586
  DFS-Replikation einrichten 588
 Zusammenfassung 589

22 BranchCache konfigurieren und nutzen 591

 BranchCache im Überblick – Niederlassungen effizient anbinden 592
 Gehosteten Cache (Hosted Cache) nutzen 593
 Verteilten Cache (Distributed Cache) nutzen 596
 BranchCache auf dem Hosted Cache-Server konfigurieren 599
  Feature für Hosted Cache installieren 599
  Zertifikate auf dem Hosted Cache-Server betreiben 600
  Einstellungen auf dem Hosted Cache-Server anpassen 600
  Contentserver konfigurieren 601
 BranchCache auf Clients konfigurieren 601
  Clientkonfiguration mit Gruppenrichtlinien konfigurieren 602
  Firewalleinstellungen für BranchCache setzen 602
 Leistungsüberwachung und BranchCache 603
 Zusammenfassung 604

23 Druckerserver betreiben 605

Mit Smartphones oder Tablet-PCs im Netzwerk drucken 606
  Drucker in Windows freigeben 606
  Drucker über WLAN anbinden 607
  Eigenen Netzwerkanschluss konfigurieren 608
  Mit iPhone und iPad drucken (AirPrint) 609
Freigegebene Drucker verwalten 609
  Die Einstellungen von Druckern anpassen 609
  Auf freigegebene Drucker zugreifen 609
  Eigenschaften von Druckern in der PowerShell ändern 610
  Druckaufträge in der PowerShell erzeugen 611
  Druckberechtigungen mit Skripts setzen (SetACL) 612
Druckjobs verwalten 612
  Die Druckverwaltungs-Konsole als Zentrale für Druckerserver 613
  Benutzerdefinierte Filteransichten erstellen 613
  Drucker exportieren und importieren 614
  Drucker verwalten und über Gruppenrichtlinien verteilen 614
Druckprobleme im Netzwerk lösen 615
  Generelle Vorgehensweise beim Lösen von Druckproblemen 615
  Druckjobs überprüfen und löschen 616
  Problembehebungen mit Assistenten durchführen 617
  Berechtigungen und Sicherheitseinstellungen überprüfen 617
  Drucker mit WMI ansprechen 618
Zusammenfassung 619

Teil F   Infrastrukturen mit Windows Server 2016 621

24 DHCP- und IPAM-Server einsetzen 623

DHCP-Server einsetzen 624
  Einen DHCP-Server installieren 624
  Einen DHCP-Server grundlegend konfigurieren 624
  DHCP-Server mit Tools testen und Fehler finden 631
  DHCP mit Netsh bei Core-Servern verwalten 632
  DHCP mit der richtlinienbasierten Zuweisung konfigurieren 632
  Die MAC-Filterung für DHCP in Windows Server 2016 nutzen 634
Eine DHCP-Datenbank auf einen anderen Server verschieben 635
Die Ausfallsicherheit von DHCP-/DNS-Servern gewährleisten 636
  DHCP für Failover konfigurieren 637
  Eine Ausfallsicherheit durch Konflikterkennung einrichten 640
  Eine Ausfallsicherheit mit der 80/20-Regel einrichten 640
  Bereiche gruppieren (Superscopes) 641
  Eine Ausfallsicherheit bei DHCP-Servern durch verschiedene Bereiche herstellen 642
  Einen Standby-Server mit manueller Umschaltung einrichten 643
IPAM im Praxiseinsatz 643
  IPAM-Grundlagen 643
  IPAM einrichten 645
  Anbindungsfehler bei IPAM-Clients beheben 648
  Die IPAM-Infrastruktur überwachen und verwalten 649
  IP-Adressblöcke mit IPAM festlegen 649
Zusammenfassung 650

25 DNS einsetzen und verwalten 651
Zonen und Domänen erstellen 652
Neue Zonen erstellen 652
Statische Einträge in der DNS-Datenbank anlegen 653
Zonen erstellen und verwalten 654
Die Eigenschaften eines DNS-Servers verwalten 660
Die Schnittstellen eines DNS-Servers verwalten 660
Erweiterte Einstellungen für einen DNS-Server definieren 660
Zonendaten beim Start des DNS-Servers einlesen 662
Die Protokollierung für DNS konfigurieren 662
Die Ereignisprotokollierung konfigurieren 663
DNS-Weiterleitungen verwenden 664
Sekundäre DNS-Server konfigurieren 664
DNS-Troubleshooting 665
DNS-Einstellungen überprüfen und Fehler beheben 666
Ipconfig zur DNS-Diagnose verwenden 668
Der Domänencontroller kann nicht gefunden werden 669
Die Namen von Mitgliedsservern auflösen 670
Erweiterte Namensauflösung sicherstellen 670
Nslookup zur Auflösung von Internetdomänen verwenden 671
Mit Nslookup SRV-Records oder MX-Records anzeigen 671
Komplette Zonen mit Nslookup übertragen 672
Dnscmd zur Verwaltung eines DNS-Servers anwenden 672
Sicherheit in DNS (DNSSEC) 675
Zusammenfassung 676

26 Windows Server-Container, Docker und Hyper-V-Container 677
Die Grundlagen zu Containern und Docker 678
Container im Vergleich zu virtuellen Servern 678
Das Container-Feature installieren 678
Erste Schritte mit Docker in Windows Server 2016 680
Verschiedene Images für Core und Nano nutzen 681
Hyper-V-Container-Host anpassen 681
Nano-Server als Container-Host verwenden 682
Eine Remote-PowerShell-Sitzung mit dem Nano-Server erstellen 682
Windows-Updates auf Nano-Servern installieren 683
Docker auf Nano-Servern installieren 683
Basis-Container-Images auf dem Nano-Server integrieren 684
Besonderheiten beim Betrieb von Docker unter Nano-Server 684
Einen Docker-Client installieren 685
Hyper-V-Container auf Nano-Servern nutzen 685
Erweiterte Konfiguration von Containern durchführen 685
Container erstellen und Serverdienste verwalten 686
Container und eigene Images erstellen 686
Dockerfiles für eigene Images erstellen 687
Container in die Cloud laden (Docker Push) 688
Hyper-V-Container in Windows Server 2016 anlegen 689
Hyper-V-Container verstehen 689
Hyper-V-Container erstellen und konfigurieren 690
Docker, Hyper-V-Container und VMs parallel einsetzen 691
Windows Server-Container in der PowerShell verwalten 691
Zusammenfassung 692

27 Webserver mit IIS einrichten 693

Installation, Konfiguration und erste Schritte 694
    Webseiten in IIS anzeigen 695
    Webseiten hinzufügen und verwalten 696
    Den Webserver starten und beenden 698
    Systemdateien des IIS verstehen 698
    Webanwendungen und virtuellen Ordner einer Webseite verwalten 700
    Entwicklungstools in Internet Explorer und Microsoft Edge nutzen 701
Anwendungspools verwalten 701
    Anwendungspools erstellen und verwalten 702
    Arbeitsprozesse in Anwendungspools zurücksetzen 702
Module in IIS 10 verwalten 703
Die IIS-Verwaltung delegieren 704
    Vorgehensweise bei der Delegierung von Berechtigungen 704
    IIS-Manager-Benutzer verwalten 704
    Berechtigungen der IIS-Manager-Benutzer verwalten 704
    Die Delegierung verwalten 705
    Die Remoteverwaltung aktivieren 706
Sicherheitsfunktionen in IIS 10 konfigurieren 707
    Die anonyme Authentifizierung konfigurieren 707
    Die Standardauthentifizierung konfigurieren 708
    Die Windows-Authentifizierung konfigurieren 709
    IP-Adressen und Domänen einschränken 709
    Die IIS-Konfiguration im Netzwerk freigeben 710
Webseiten, Dokumente und HTTP-Verbindungen konfigurieren 711
    Das Standarddokument festlegen 711
    Das Feature »Verzeichnis durchsuchen« aktivieren und verwalten 712
    HTTP-Fehlermeldungen und HTTP-Umleitungen konfigurieren 713
IIS 10 überwachen und Protokolldateien konfigurieren 715
    Ablaufverfolgungsregeln für Anforderungsfehler definieren 715
    Die allgemeine Protokollierung aktivieren und konfigurieren 716
    Die Arbeitsprozesse der Anwendungspools überprüfen 718
Die Serverleistung optimieren 718
    Die Komprimierung aktivieren 718
    Die Ausgabezwischenspeicherung verwenden 719
Einen FTP-Server betreiben 720
    Den FTP-Server vorbereiten 721
    Den FTP-Server einrichten 721
Die E-Mail-Anbindung von Servern konfigurieren 725
    Den SMTP-Dienst installieren und nutzen 726
    Den SMTP-Dienst konfigurieren 726
Zusammenfassung 727

28 Remotedesktopdienste installieren und Anwendungen virtualisieren 729

Bessere Remotedesktopdienste in Windows Server 2016 730
    Generation 2-VMs für VDI und besseres RemoteFX 730
    Server Based Personal Desktop (Private Server für Anwender) 731
    MultiPoint-Server in RDS integrieren 732
    Einstieg in die Remotedesktopdienste 732
Einen Remotedesktopserver installieren 734
    Die notwendigen Rollendienste installieren und verteilen 734

Eine neue Sitzungssammlung einrichten	736
Anwendungen virtualisieren (RemoteApp)	737
Remotedesktop lizenzieren	739
Remotedesktopsitzungen spiegeln	742
Die Installation nacharbeiten	747
Über Remotedesktop-Sitzungshosts drucken	748
Einstieg in das Drucken mit den Remotedesktopdiensten	749
Druckerprobleme auf Remotedesktop-Sitzungshosts lösen	750
Berechtigungsprobleme auf Remotedesktop-Sitzungshosts lösen	750
Applikationen installieren	751
Mit dem Remotedesktopclient arbeiten	753
Befehlszeilenparameter für den Remotedesktopclient nutzen	754
Digitalkameras und Mediaplayer umleiten	755
Den Remotedesktop-Sitzungshost verwalten	755
Die Remotedesktopdienste verwalten	757
Single Sign-On (SSO) für Remotedesktop-Sitzungshosts einrichten	758
Den RD-Verbindungsbroker an Microsoft Azure anbinden	758
RemoteApps verwalten	759
Remotedesktopdienste-RemoteApp konfigurieren	760
Mit Windows 10 auf RemoteApps zugreifen	760
Den Webzugriff auf die Remotedesktopdienste einrichten	761
Mit Remotedesktopgateways arbeiten	762
Ein Remotedesktopgateway einrichten und konfigurieren	763
Ressourcenautorisierungsrichtlinien erstellen und verwalten	764
Einen Remotedesktop-Verbindungsbroker einrichten	765
Zertifikate installieren und einrichten	766
RDS-Zertifikate im Überblick	766
Zertifikate von den Active Directory-Zertifikatdiensten abrufen	767
Eigene Zertifikate-Vorlagen für die Anmeldung an RDS verwenden	769
Virtual Desktop Infrastructure und Remotedesktop-Sitzungshost (RemoteFX)	770
Grundlagen und Voraussetzungen von RemoteFX	771
Einstieg in RemoteFX	771
RemoteFX und Verwaltungsports	772
In VMs und Remotesitzungen auf RemoteFX setzen	773
RemoteFX produktiv einrichten und verwalten	773
MultiPoint-Server in der Praxis	774
Station Hubs und Intermediate Hubs	775
Die MultiPoint Services installieren	776
Anwendungen und Drucker bereitstellen	776
Die MultiPoint Services konfigurieren	777
Benutzer für MultiPoint verwalten	779
So arbeiten Anwender mit MultiPoint (Dateispeicherung)	780
Windows 10 Enterprise Virtual Desktops nutzen	781
Zusammenfassung	782

29 Arbeitsstationen virtualisieren per Virtual Desktop Infrastructure (VDI) — 783

Einstieg in Virtual Desktop Infrastructure (VDI)	784
Windows 10 als virtuellen Computer in einer VDI-Struktur einsetzen	784
Einen Remotedesktop-Sitzungshost installieren	784
Die VDI-Umgebung verwalten	785
Virtuelle Computer installieren und für VDI vorbereiten	786
System mit Sysprep vorbereiten	787

Inhaltsverzeichnis

Die virtuellen Desktoppools konfigurieren ... 787
    Eine Sammlung virtueller Pools im Server-Manager erstellen ... 788
    Den Desktop testen und verwenden ... 789
    Personalisierte virtuelle Rechner verwenden ... 790
    Ein eigenes Hintergrundbild für gehostete Desktops aktivieren ... 790
Zusammenfassung ... 790

Teil G   Sicherheit und Hochverfügbarkeit ... 791

30   Active Directory-Zertifikatdienste nutzen ... 793

Eine Zertifizierungsstelle installieren ... 794
    Die Serverrolle für Active Directory-Zertifikatdienste installieren ... 794
    Eine Zertifizierungsstelle einrichten ... 795
    Eigenständige Zertifizierungsstellen installieren ... 798
    Eine untergeordnete Zertifizierungsstelle installieren ... 798
Zertifikate zuweisen und installieren ... 799
    Zertifikate mit Assistenten aufrufen ... 799
    Zertifikate im IIS-Manager abrufen ... 800
    Zertifikate über Webinterface ausstellen ... 801
    Zertifikate mit Gruppenrichtlinien verteilen ... 802
Die Zertifizierungsstelle verwalten ... 802
    Secure Sockets Layer (SSL) für Zertifikatdienste einrichten ... 802
    Zertifikate von Stammzertifizierungsstellen verwalten ... 804
    Die Zertifizierungsstellentypen und -aufgaben kennenlernen ... 805
    Zertifikateinstellungen über Gruppenrichtlinien verteilen ... 806
Die Sicherheit für Zertifizierungsstellen verwalten ... 806
    Die Zertifizierungsstellenverwaltung delegieren ... 807
    Active Directory-Zertifikatdienste sichern ... 807
Zusammenfassung ... 807

31   Firewall, Defender und IPsec im Netzwerk einsetzen ... 809

Windows Defender für den Virenschutz nutzen ... 810
    Windows Defender in der GUI und über die Eingabeaufforderung steuern ... 810
    Definitionsdateien automatisiert herunterladen und installieren ... 811
    Windows Defender in der PowerShell verwalten ... 812
    Windows Defender in den Einstellungen und Gruppenrichtlinien anpassen ... 813
    Ausnahmen für Serverrollen verwalten ... 813
Windows-Firewall nutzen ... 817
    Windows-Firewall in der PowerShell steuern ... 817
    IPsec mit der Windows-Firewall nutzen ... 818
    Firewallregeln für Microsoft SQL Server steuern ... 822
Zusammenfassung ... 825

32   Remotezugriff mit DirectAccess und VPN ... 827

Remotezugriff installieren und einrichten ... 828
    Die Grundlagen zum Remotezugriff ... 828
    Die Installation von DirectAccess und Remotezugriff vorbereiten ... 830
    Rollendienste installieren und den Remotezugriff aktivieren ... 830
    DirectAccess und den VPN-Zugang einrichten ... 831

Clients mit der DirectAccess-Konfiguration aktualisieren	835
Die Bereitstellung prüfen	836
Den Remotezugriff verwalten	837
VPN verwalten	838
RAS-Benutzer und RAS-Ports konfigurieren und verwalten	838
HTTPS-VPN über das Secure Socket Tunneling-Protokoll einrichten	840
Der Ablauf beim Verbinden über SSTP	840
SSTP installieren	842
Fehler bei SSTP-VPN beheben	844
Exchange & Co. veröffentlichen	844
Einen Webanwendungsproxy installieren	845
Active Directory mit dem Webanwendungsproxy einrichten	846
Exchange für Webanwendungsproxy anpassen	847
Active Directory-Verbunddienste einrichten	847
Zusammenfassung	848

33 Active Directory-Rechteverwaltungsdienste nutzen — 849

Die Active Directory-Rechteverwaltung im Überblick	850
AD RMS und dynamische Zugriffssteuerung	850
Die Rechteverwaltung installieren und einrichten	851
Den SQL-Server für AD RMS vorbereiten	852
AD RMS konfigurieren	855
AD RMS nach der Installation verwalten und überprüfen	857
Die dynamische Zugriffssteuerung nutzen	859
Zusammenfassung	862

34 Hochverfügbarkeit und Lastenausgleich — 863

Grundlagen zum Lastenausgleich	864
Notwendige Vorbereitungen für NLB-Cluster	865
Den Netzwerklastenausgleich installieren	865
Einen NLB-Cluster erstellen	865
NLB versus DNS-Roundrobin	869
Storage Spaces Direct nutzen	871
Einstieg in Storage Spaces Direct	871
So funktionieren Storage Spaces Direct	871
Storage Spaces Direct in der Praxis	872
Ausfallsicherheit bei Storage Spaces Direct	876
Storage-Pools in Storage Spaces Direct optimieren	878
Scale-Out-Fileserver erstellen	879
Cluster Operating System Rolling Upgrade	880
Einen Cluster zu Windows Server 2016 aktualisieren	880
Den Lastenausgleich aktivieren (Node Fairness)	882
Startreihenfolge der VMs nach der Migration anpassen	883
Die Ausfallsicherheit steuern (Compute Resiliency)	883
Cluster Aware Update nutzen und einrichten	884
Grundlagen der Einführung von Cluster Aware Update	884
Firewall-Einstellungen und mehr für Cluster Aware Update	885
Cluster Aware Update für den Cluster aktivieren	886
Cluster Aware Update in der PowerShell steuern	887
Fehler bei der Einrichtung beheben	888

Inhaltsverzeichnis

    Updates mit Cluster Aware Update planen 888
    Cloud Witness mit Microsoft Azure einrichten 889
        Cluster an Microsoft Azure anbinden 890
        Zeugenserver überprüfen 891
    Der Netzwerkcontroller im Überblick 891
    Data Center Bridging (DCB) 894
    Zusammenfassung 896

35 Datensicherung und Wiederherstellung 897
    Grundlagen zur Datensicherung 898
    Windows Server-Sicherung installieren und konfigurieren 898
        Sicherung in der Eingabeaufforderung und PowerShell konfigurieren 900
        Daten mit dem Sicherungsprogramm wiederherstellen 902
        Einen kompletten Server mit dem Sicherungsprogramm wiederherstellen 903
    Erweiterte Wiederherstellungsmöglichkeiten 904
        Fehler mit der Schrittaufzeichnung nachvollziehen und beheben 905
        Die Datensicherung über die Ereignisanzeige starten 905
    Windows-Abstürze analysieren und beheben 907
    Zusammenfassung 911

36 Datensicherung mit Windows Server 2016 Essentials 913
    Die Datensicherung mit dem Dashboard einrichten 916
        Die Serversicherung einrichten 916
        Die Datensicherungen verwalten 918
    Clientcomputer anbinden und sichern 919
        Clientcomputer über das Dashboard auf den Server sichern 921
        Clientcomputer sichern und Sicherungen verwalten 923
        Die Datensicherung über den Dateiversionsverlauf einrichten 925
        Einen USB-Stick für die Wiederherstellung von Clientcomputern erstellen 927
        Die Clientsicherung konfigurieren und manuelle Sicherungen starten 927
    Daten auf dem Server und den Clientcomputern wiederherstellen 927
        Daten auf dem Server wiederherstellen 928
        Daten auf Clientcomputern wiederherstellen 929
        Clientcomputer komplett wiederherstellen 929
    Den Remotewebzugriff einrichten 930
        Den Remotewebzugriff konfigurieren 930
        Benutzereinstellungen für den Remotewebzugriff festlegen 931
        Fehler beim Zugriff auf den Remotewebzugriff beheben 932
    Zusammenfassung 932

37 Windows Server Update Services 933
    WSUS installieren 934
        WSUS nach der Installation einrichten 935
        WSUS-Grundeinrichtung über Gruppenrichtlinien durchführen 937
        Upstreamserver in WSUS nutzen 937
        Secure Sockets Layer (SSL) in WSUS nutzen 938
    Patchverwaltung mit WSUS 939
        Clientcomputer über Gruppenrichtlinien anbinden 941
        Einstellungen für Windows 10 korrekt definieren 944
        Updates genehmigen und bereitstellen 947

      Berichte mit WSUS abrufen 949
      WSUS mit der PowerShell verwalten 949
      Windows-Updates in der Eingabeaufforderung und PowerShell steuern 950
  Zusammenfassung 950

38 Diagnose und Überwachung 951
  Fehler mit der Ereignisanzeige beheben 951
      Die Ereignisanzeige nutzen 952
      Ereignisprotokolle im Netzwerk einsammeln 955
  Die Systemleistung überwachen 961
      Die Leistungsüberwachung einsetzen 962
      Indikatordaten in der Leistungsüberwachung beobachten 965
      Sammlungssätze nutzen 965
      Speicherengpässe beheben 966
      Die Prozessorauslastung messen und optimieren 969
      Den Task-Manager als Analysewerkzeug einsetzen 970
      Laufwerke und Datenträger überwachen 971
  Windows mit der Aufgabenplanung automatisieren 972
      Grundlagen zur Aufgabenplanung 973
      Eine neue Aufgabe erstellen 976
  Prozesse und Dienste überwachen 977
      Das Dateisystem, die Registry und Prozesse überwachen 977
      Laufende Prozesse analysieren 981
      Wichtige Informationen im Blick behalten 985
      Systeminformationen in der Eingabeaufforderung anzeigen 988
      Informationen zu CPU-Kernen anzeigen 989
  Zusammenfassung 989

Teil H   Bereitstellung, Verwaltung, Cloudanbindung 991

39 Windows-Bereitstellungsdienste 993
  Windows Assessment and Deployment Kit (ADK) 993
      Das Windows-Imageformat 994
      Windows Systemabbild-Manager, Antwortdateien und Kataloge kennenlernen 994
      Grundlagen zum Windows ADK 995
      Das Windows Assessment and Deployment Kit installieren 995
  Windows 10 automatisiert installieren 997
      WIM-Images mit Windows Imaging and Configuration Designer anpassen 997
      Windows System Image Manager nutzen 998
      Windows 10 aktivieren 1000
  Grundlagen der Windows-Bereitstellungsdienste (WDS) 1000
      Abbilder in WDS verwalten 1001
      Windows automatisiert über WDS installieren 1002
  Die Windows-Bereitstellungsdienste (WDS) installieren 1002
      Die Windows-Bereitstellungsdienste einrichten 1002
      Multicast verwenden 1005
  Abbilder verwalten und installieren 1006
      Startabbilder verwalten 1006
      Installationsabbilder verwenden 1007
      Suchabbilder verwenden 1008

Inhaltsverzeichnis

Aufzeichnungsabbilder verwenden 1009
Automatische Namensgebung für Clients konfigurieren 1009
Berechtigungen für Abbilder verwalten 1010
Virtuelle Festplatten in WDS verwenden 1010
Treiberpakete in WDS verwenden 1012
Eine unbeaufsichtigte Installation über WDS durchführen 1012
Eine Installation über Abbilder automatisieren 1013
Die Volumenaktivierungsdienste nutzen 1013
Zusammenfassung 1014

40 Die Windows-PowerShell 1015
Neuerungen und Wissenswertes zur PowerShell in Windows Server 2016 1015
Grundlagen zur PowerShell und Eingabeaufforderung 1018
Ein erster Einstieg in die PowerShell und die PowerShell ISE 1020
Mit PowerShell ISE effizient arbeiten 1021
Die PowerShell verwenden 1022
Die PowerShell über das Netzwerk nutzen 1022
Die grundsätzliche Funktionsweise der PowerShell 1024
Eine Übersicht der PowerShell-Befehle abrufen 1024
Patches und Datensicherungen verwalten 1025
Registry & Co. mit der PowerShell verwalten 1025
Die PowerShell-Laufwerke verwenden 1026
Skripts mit der PowerShell erstellen 1028
Mit PowerShell Desired State Configuration Windows-Server absichern 1029
.mof-Dateien für DSC erstellen und umsetzen 1030
.mof-Dateien erweitern 1031
Die Windows PowerShell zur Administration verwenden 1032
Virtuelle Betriebssysteme mit PowerShell Direct steuern 1032
Mit OneGet Software im Netzwerk verteilen 1033
Mit OneGet Software auf Nano-Servern installieren 1034
Server mit der PowerShell verwalten 1037
Mit Variablen arbeiten 1037
Systemprozesse verwalten 1038
Dateien und Objekte kopieren, löschen und verwalten 1038
Dienste über die PowerShell und Eingabeaufforderung steuern 1040
E-Mails per PowerShell schreiben und versenden 1041
Die Windows-Firewall in der PowerShell steuern 1042
PowerShell Web Access einrichten 1045
PowerShell Web Access installieren 1046
Das Gateway für PowerShell Web Access konfigurieren 1046
Berechtigungen für PowerShell Web Access definieren 1047
Die normale Eingabeaufforderung verwenden 1050
Batchdateien für Administratoren 1054
Grundlagen zu Batchdateien 1054
Netzwerke in der Eingabeaufforderung verwalten 1054
Sprungmarken und Wartebefehle einsetzen 1055
Wenn ... Dann-Abfragen nutzen 1055
Informationen zum lokalen Server abrufen 1056
Schleifen und Variablen verwenden 1057
WMI-Abfragen nutzen 1058
Zusammenfassung 1059

41 Windows Server 2016 Essentials einsetzen ... 1061
Windows Server 2016 Essentials verstehen ... 1062
    Windows Server 2016 Essentials im Einsatz ... 1062
    Windows Server 2016 Essentials virtuell installieren ... 1064
Windows Server 2016 Essentials als Serverrolle installieren ... 1065
Windows Server 2016 Essentials verwalten ... 1067
Mobil mit Windows Server 2016 Essentials arbeiten ... 1068
Zusammenfassung ... 1068

42 Active Directory-Verbunddienste und Workplace Join ... 1069
Die Active Directory-Verbunddienste (AD FS) installieren und einrichten ... 1070
    AD FS grundlegend installieren ... 1070
    Die AD FS-Infrastruktur vorbereiten ... 1071
    SSL-Zertifikate als Vorlage in Active Directory-Zertifikatdiensten festlegen ... 1071
    AD FS als Serverrolle installieren ... 1073
    AD FS einrichten ... 1074
    Die Geräteregistrierung konfigurieren ... 1075
    Eine Beispiel-Webanwendung für AD FS einrichten ... 1076
    Die Vertrauensstellung zwischen Webanwendung und AD FS einrichten ... 1078
Einen AD FS-Server überwachen und Fehler beheben ... 1079
Single Sign-On mit AD FS konfigurieren ... 1080
Zusammenfassung ... 1081

Index ... 1083

Vorwort

Mit Windows Server 2016 stellt Microsoft die aktuellste Version seines Server-Betriebssystems mit zahlreichen Neuerungen insbesondere im Bereich der Virtualisierung vor. Zusätzlich wurde eine Vielzahl von neuen Funktionen in Windows Server 2016 integriert, die Administratoren die Verwaltung ihres Server-Systems wesentlich erleichtern.

Die neue Container-Technologie hält jetzt in Form der Windows Server Container und der Hyper-V-Container Einzug in Windows, und mit dem neuen Nano-Server können Administratoren noch kleinere Server bereitstellen, als es mit der Core-Installation möglich ist.

In diesem Buch werden alle Neuerungen behandelt sowie deren praktischer Umsetzung erklärt. Auch die Zusammenarbeit der neuen Funktionen mit bewährten Technologien von Windows-Servern ist im Buch zu finden. Durch die freundliche Unterstützung der Thomas Krenn AG und von HP konnte eine recht passable Testumgebung aufgebaut werden, mit der auch Cluster und Storage Spaces Direct optimal funktionieren. Man kann sagen, dass die aktuellen Serverprodukte der beiden Unternehmen sehr gut mit Windows Server 2016 funktionieren und auch viele Experimente aushalten.

Freuen Sie sich auf Windows Server 2016 und die vielen Praxisworkshops und Anleitungen in diesem Buch!

Teil A
Grundlagen und Installation

Kapitel 1: Neuerungen und Lizenzierung 31
Kapitel 2: Installation und Grundeinrichtung 51
Kapitel 3: Erste Schritte mit Windows Server 2016 81
Kapitel 4: Serverrollen und Features installieren und einrichten 93

Kapitel 1
Neuerungen und Lizenzierung

In diesem Kapitel:
Nano-Server und Container	32
Virtualisierung mit Hyper-V	36
Software Defined Networking und Software Defined Storage	38
Remotedesktopdienste in Windows Server 2016	39
Cluster Operating System Rolling Upgrade	41
Verbesserungen in Active Directory	42
Neuerungen bei Dateiservern	43
Windows Server 2016 lizenzieren	45
Windows Server 2016 für kleine Unternehmen	48
Hyper-V und Hyper-V Server 2016	48
Neue PowerShell und besserer Virenschutz	49
Funktionsumfang und Leistung von Windows Server 2016	50
Zusammenfassung	50

In diesem Kapitel erfahren Sie, welche grundlegenden Neuerungen von Microsoft in Windows Server 2016 im Vergleich zu Windows Server 2012 R2 sowie zu Windows Server 2012 eingeführt wurden. Windows Server 2016 bietet alle relevanten Funktionen von Windows Server 2012 R2 und zahlreiche interessante Neuerungen. Dazu gehört beispielsweise die neue Container-Technologie auf Basis von Docker und eine weitere Bereitstellungsvariante mit der Bezeichnung »Nano«. Im Vergleich zur Core-Installation verfügt ein Nano-Server über einen wesentlich geringeren Umfang und lässt sich sehr schnell installieren.

Für Unternehmen ist außerdem interessant, dass System Center 2016 mit den Funktionen von Windows Server 2016 zusammenarbeitet. Der große Vorteil dabei liegt darin, dass Unternehmen die Funktionen der neuen Serverversion zentral mit System-Center-Produkten verwalten können.

Der Nachfolger von Windows Server 2012 R2 bietet viele Neuerungen im Bereich der Virtualisierung und der Zusammenarbeit von Servern im Netzwerk. Um die neue Version einzusetzen, müssen Unternehmen aber nicht alle Server ersetzen. Windows Server 2016 lässt sich sowohl als Mitgliedserver als auch als Domänencontroller in gemischten Netzwerken betreiben. Alle Vorteile erreichen Sie allerdings nur, wenn Sie sämtliche Server auf die neue Version umstellen. Natürlich können Sie Windows Server 2016 auch problemlos zusammen mit Windows Server 2012/2012 R2 betreiben.

Die wichtigste Neuerung seit Windows Server 2012 ist, dass es nur noch die Editionen Standard, Datacenter und Essentials gibt. Dies gilt auch für Windows Server 2016. Außerdem ist in Windows Server 2016 die Foundation-Edition nicht mehr verfügbar. Das aktuelle Server-Betriebssystem ist, wie bereits sein Vorgänger, nur noch als 64-Bit-Software erhältlich. Für Unternehmen spielen vor allem die Editionen Standard und Datacenter eine Rolle. Diese beiden Editionen verfügen in Windows Server 2012 R2 über exakt den gleichen Funktionsumfang, in Windows Server 2016 gibt es dagegen Unterschiede bei den Speicherfunktionen. Es lassen sich aber weiterhin mit der Standard-Edition Cluster betreiben sowie die Rechteverwaltung und alle Funktionen der Active Directory-Zertifikatsdienste nutzen.

Nano-Server und Container

Die beiden wichtigsten Neuerungen in Windows Server 2016 sind sicherlich der neue Nano-Server sowie die Container-Technologie. In den jeweiligen Kapiteln in diesem Buch erfahren Sie, wie sich die neuen Technologien für die verschiedenen Serverrollen nutzen lassen.

Nano-Server nutzen

Mit Windows Server 2016 führt Microsoft, neben dem Core-Server, eine weitere minimale Serverinstallation hinzu. Diese trägt die Bezeichnung »Nano«. Auf Nano-Servern lassen sich zum Beispiel auch die Microsoft Clusterfeatures installieren. Interessant kann das sein, wenn Unternehmen auf Basis von Nano-Servern Storage basierend auf einem Software Defined Network (SDN) aufbauen wollen. Windows Server 2016 beherrscht mit Storage Spaces Direct die Möglichkeit, Storage Spaces nicht nur auf verschiedene Festplatten auszudehnen, sondern auch über verschiedene Server im Cluster hinweg.

Nano-Server arbeiten mit der Docker-Container-Technologie in Windows Server 2016 zusammen. Nano-Server lassen sich als virtuelle Maschinen (VMs) betreiben, aber auch als Installation auf physischen Servern. Virtualisieren Sie Nano-Server, besteht der Vorteil vor allem darin, dass auf einem Virtualisierungshost mehr virtuelle Server betrieben werden können als mit Core-Servern oder einer herkömmlichen Installation von Windows Server 2016. Zusätzlich sind die Server sicherer, da besonders angreifbare Elemente des Betriebssystems fehlen

Bei der Nano-Installation handelt es sich aber um keine spezielle Edition von Windows Server 2016, sondern um eine spezielle Installationsvariante, genauso wie bei der Core-Installation. Im Gegensatz zur Core-Installation können Nano-Server aber nicht als Option bei der Installation ausgewählt, sondern müssen nachträglich bereitgestellt werden. Nano-Server unterstützen generell alle APIs, die mit Windows Server 2016 kompatibel sind. Nur APIs, die Zugriff auf den Desktop oder lokale Verwaltungsprogramme erfordern, werden nicht unterstützt. Generell verhalten sich die Server im Netzwerk also wie herkömmliche Server.

Auch wenn Nano-Server deutlich eingeschränkt sind, unterstützen sie wichtige Windows-Funktionen wie Storage- und Scale-Out-Fileserver (SOFS), Clustering, CoreCLR und ASP.NET 5. Auch die PowerShell Desired State Configuration (DSC) lässt sich in Zusammenhang mit Nano-Servern nutzen.

Da die Server vor allem für Cloudszenarien gedacht sind, unterstützen sie auch viele Programmiersprachen. Zum Beispiel sind Chef, Go, Java (OpenJDK), MySQL, Nginx, Node.js, OpenSSL, PHP, Python 3.5, Redis, Ruby 2.1.5 und SQLite Visual Studio 2015 vollständig kompatibel mit Nano-Servern und können Anwendungen direkt auf diesen Servern bereitstellen. Entwickler können mit Visual Studio über das Netzwerk auch nach Fehlern in Anwendungen suchen (Remote Debugging). Beim Entwickeln für Nano-Server weist Visual Studio darüber hinaus auf API-Zugriffe hin, die mit Nano-Servern nicht kompatibel sind.

Nano-Server werden als Image bereitgestellt. Standardmäßig verfügt die Nano-Installation über keinerlei Treiber. Diese müssen von Administratoren manuell hinzugefügt werden, sobald der Nano-Server bereitsteht, beziehungsweise als Paket in die Installation eingebunden sein. Nano-Server benötigen aber keine speziellen Treiber, stattdessen lassen sich alle Treiber für Windows Server 2016 auch auf Nano-Servern nutzen.

Core-Server versus Nano-Server

Im Gegensatz zu Core-Servern enthalten Nano-Server keinerlei lokale Verwaltungswerkzeuge. Auch Remoteverbindungen sind nicht erlaubt. Die Server sollen abgeschottet, sicher und minimal ausgestattet sein. Vorteil der Umgebung ist die Möglichkeit, dedizierte Server schnell und einfach bereitzustellen. Nano-Server sollen also möglichst kleine Fußabdrücke (Footprints) im Netzwerk hinterlassen. Core-Server haben eine Größe von etwa 4 GB in der Minimal-Installation. Nano-Server sollen dagegen mit 400 MB auskommen. Laut Angaben von Microsoft verbrauchen Nano-Server außerdem fast 90 % weniger Ressourcen. Dieser Ansatz gehört zu den wichtigsten Punkten, die Microsoft für Nano-Server sieht. Die meisten Unternehmen werden Nano-Server virtualisiert zur Verfügung stellen. Hier ergibt sich der Vorteil, dass die Netzwerkkonfiguration des Servers auch lokal über den Hyper-V-Host angepasst werden kann.

Den Servern fehlt jegliche 32-Bit-Unterstützung, auch MSI-Dateien und -Installationen lassen sich mit dieser Installation nicht verwenden oder durchführen. Microsoft hat dazu den kompletten GUI-Stack und die 32-Bit-Unterstützung (WOW64) aus der Installation von Nano-Servern entfernt. Die Verwaltung erfolgt über das Netzwerk. Dafür hat Microsoft den PowerShell-Zugriff über das Netzwerk verbessert und auch Möglichkeiten integriert, über das Netzwerk Dateien auf den Server zu übertragen.

Core-Server mit Windows Server 2016

Core-Server sind eine Möglichkeit, um Windows ohne grafische Oberfläche zu installieren. Dadurch werden Sicherheitslücken vermieden und das System beschleunigt, da die ressourcenfressende grafische Oberfläche fehlt. Installieren Sie einen Core-Server, fehlen dem Betriebssystem die grafische Oberfläche und die dazugehörigen Verwaltungstools. Die Verwaltung erfolgt dann entweder über die Eingabeaufforderung, die PowerShell oder über andere Rechner. Ein Tool, um einen Core-Server einzurichten, ist *Sconfig*. Hierbei handelt es sich um einen textorientierten Assistenten zur Grundeinrichtung des Servers. Von den freien Ressourcen eines Core-Servers profitieren Serverdienste wie Hyper-V oder Domänencontroller. Auch Speicherplatz lässt sich dadurch sparen.

Eine Core-Installation von Windows Server 2016 verbraucht über 4 GB weniger Speicherplatz als eine herkömmliche Installation mit grafischer Oberfläche. Betreiben Unternehmen zahlreiche virtuelle Server auf einem Host, lässt sich auf diese Weise für jeden einzelnen Server enorm Speicherplatz auf dem Host einsparen.

Ein weiterer Vorteil ist der schnellere Neustart von Core-Servern sowie weniger notwendige Neustarts nach der Installation von Patches. Kompromisse lassen sich in Windows Server 2012 R2 eingehen, wenn Sie das Minimal Server Interface aktivieren. Dabei handelt es sich um eine dritte Möglichkeit der grafischen Oberfläche neben Core-Servern und vollständig installierten Servern in Windows Server 2012 R2. In Windows Server 2016 hat Microsoft diese Funktion entfernt. Herkömmlich installierte Server lassen sich nicht zu Core-Server umwandeln und umgekehrt lassen sich Core-Server nicht mehr in Server mit grafischer Oberfläche konvertieren.

Die Docker-Container-Technologie

Bei Docker handelt es sich um eine Lösung, die Anwendungen im Betriebssystem über Container virtualisieren kann. Anwendungen lassen sich dadurch leichter bereitstellen, da die Container mit den virtualisierten Anwendungen transportabel sind. Einfach ausgedrückt handelt es sich bei Docker-Container um virtualisierte Serveranwendungen, die keinen Server und kein eigenes Betriebssystem benötigen. Vorteil dabei ist, dass virtuelle Docker-Container mit ihren Serveranwendungen, im Rahmen von Nano-Installationen, die Möglichkeit bieten, exakt nur die tatsächlich benötigten Ressourcen zu verwenden.

Docker-Container sind die besseren virtuellen Maschinen

Virtuelle Server benötigen in den meisten Fällen deutlich mehr Ressourcen, als sie eigentlich verbrauchen, und die Images sind oft unnötig groß. Dazu kommt, dass virtuelle Server ein komplettes Betriebssystem benötigen. Genau hier setzen Nano-Server und Docker-Container in Windows Server 2016 an. Der Overhead wird reduziert und die Bereitstellung beschleunigt. Ein sinnvoller Einsatz von Docker-Umgebungen und Nano-Installationen in Windows Server 2016 sind Big Data-Infrastrukturen, bei denen zahlreiche Rechenknoten verwendet werden.

In Docker laufen Anwendungen als Container. Docker-Container und Nano-Installationen erhalten IP-Adressen und Netzwerkzugriff. Die virtuellen Anwendungen stehen im Netzwerk zur Verfügung, werden aber nicht durch das Betriebssystem beeinträchtigt. Neben Hadoop lassen sich aber auch Datenbanken in Docker-Containern oder Nano-Installationen bereitstellen. Microsoft unterstützt Docker in Azure. In Windows Server-Containern lassen außerdem Firewallregeln definieren. Gehostet werden die Container über einen Container-Host auf Basis von Windows Server 2016, der zusätzlich für die Sicherheit der Container sorgt. Die Container-Technologie ist ein Serverfeature, das Administratoren über den Server-Manager integrieren.

Hyper-V-Container

Betreiben Sie Docker-Container mit Windows Server 2016 innerhalb von Hyper-V, werden diese noch mehr abgeschottet als herkömmliche Windows Server-Container auf Basis von Docker. Dadurch erreichen Sie eine erhöhte Sicherheit und Stabilität. Windows Server-Container teilen sich einige Bereiche des Betriebssystems mit dem Host und anderen Containern. Daher ist es möglich, dass ein Container oder ein Serverdienst in einem Container andere Docker-Container auf dem Host beeinträchtigt. Verhindern lässt sich dies durch

Hyper-V-Container. In Hyper-V-Containern ist jeweils eine eigene Kopie des Betriebssystems integriert und der Container läuft somit in einer Art virtuelle Maschine. Dadurch können sich Container untereinander nicht beeinträchtigen. Durch die Virtualisierung von Containern mit Hyper-V werden Container stärker voneinander abgeschottet, als dies bei Windows Server-Containern der Fall ist. Sinnvoll ist dies insbesondere bei Webservern oder Clouddiensten. Windows Server-Container, Hyper-V-Container und Nano-Server lassen sich problemlos gemeinsam nebeneinander betreiben.

Microsoft bietet mit Hyper-V-Containern unter anderem die Möglichkeit, Rechte zu delegieren, zum Beispiel für mandantengestützte Systeme. Hyper-V-Container eines Mandanten können miteinander kommunizieren, während die Container der anderen Mandanten vollständig abgeschottet sind. Dadurch können Sie Container in Gruppen zusammenzufassen. Die Abschottung erfolgt durch Hyper-V in Windows Server 2016. Die Container lassen sich auf andere Hyper-V-Hosts replizieren und über Hyper-V-Cluster absichern. Auch die Übertragung von Hyper-V-Containern auf andere Knoten per Livemigration ist problemlos möglich.

Die Bereitstellung von Containern erfolgt über ein Image. Dabei spielt es für das Image keine Rolle, ob Sie Container auf herkömmlichen Weg oder innerhalb von Hyper-V zur Verfügung stellen. Die Images und Container müssen dazu nicht angepasst werden. Dies liegt vor allem daran, dass ein Hyper-V-Container ein ganz herkömmlicher Windows Server-Container ist, der in einer Hyper-V-Partition installiert wird. Aus Windows Server-Containern können Sie mit wenigen Schritten Hyper-V-Container erstellen und umgekehrt. Bei der Umwandlung gehen keine Einstellungen oder Daten verloren. Um einen Container mit Docker als Hyper-V-Container zur Verfügung zu stellen, setzen Sie das Isolierungsflag. Der Befehl sieht dann zum Beispiel folgendermaßen aus:

Docker run --rm -it --isolation=hyperv nanoserver cmd

Docker-Container mit Windows 10 erstellen und in Windows Server 2016 bereitstellen

Microsoft hat die Container-Technologie, inklusive der Hyper-V-Container, in Windows 10 integriert. Dazu wird ein PC mit Windows 10 mit Anniversary Update (Version 1607) benötigt. Für Hyper-V-Container ist ein physischer PC oder eine virtuelle Maschine in einer eingebetteten (nested) Virtualisierungsumgebung notwendig. Mit Windows 10 und Docker können Sie ein aktuelles Nano-Server-Image auf Basis von Windows Server 2016 herunterladen und bereitstellen. Hierüber stehen dann die Hyper-V-Container zur Verfügung. Die Basis entspricht also den Möglichkeiten von Windows Server 2016.

Ab Windows 10 Version 1607 können Sie die Linux-Container-Technologie Docker in Windows 10 uneingeschränkt nutzen, inklusive der Möglichkeiten, die Microsoft mit Windows Server 2016 integriert. Hier stehen also ähnliche Funktionen zur Verfügung wie in Windows Server 2016, das Nano-Server-Image ist sogar vollständig identisch. Dadurch besteht die Möglichkeit, Container und Images für das Rechenzentrum auch auf Arbeitsstationen bereitzustellen oder zumindest vorzubereiten.

Bisher mussten Administratoren bei der Verwendung von Docker mit Windows ein kleines virtuelles Linux-System auf dem Rechner betreiben. Ab Windows 10 Version 1607 ist dies nicht mehr notwendig. Entwickler können mit Windows 10 also Anwendungen für Container vorbereiten und diese später in Windows Server 2016 bereitstellen.

Virtualisierung mit Hyper-V

Virtuelle Maschinen (VMs), die Sie mit Windows 10 oder Windows Server 2016 erstellen, erhalten automatisch die Version Hyper-V-Version 8.x von Windows Server 2016 zugewiesen. Bei der Migration von Vorgängerversionen wie Windows Server 2012 R2 bleibt die Version von Windows Server 2012 R2 bestehen. Diese unterstützt weder die neuen Snapshot-Funktionen noch die neuen binären Konfigurationsdateien. Mehr dazu lesen Sie in den Kapiteln 7, 8 und 9.

Die Version von VMs lassen Sie mit dem folgenden Cmdlet anzeigen:

Get-VM * | Format-Table Name, Version

Die Version einer einzelnen VM ist im Hyper-V-Manager zu sehen. Um eine VM auf die neue Version zu aktualisieren, verwenden Sie den folgenden Aufruf:

Update-VmConfigurationVersion <Name der VM>

Die Konfigurationsdateien für die neue Version sind binär und bauen auf dem XML-Dateiformat auf. Der Vorteil dieser Dateien ist ihre Robustheit bei Systemabstürzen, ähnlich wie bei VHDX-Dateien. Die Änderung erfolgt beim Konvertieren der VM zur neuen Version. In den Eigenschaften von VMs steht im Abschnitt *Prüfpunkte* die neue Funktion *Produktionsprüfpunkte* zur Verfügung. Dabei wird der Volumenschattenkopie-Dienst der VM verwendet, wodurch die Erstellung von VMs für Datenbankserver ermöglicht wird. Auch Linux-Server können auf diesem Weg abgesichert werden. Dies ermöglicht bessere Snapshots, zum Beispiel für Domänencontroller, Datenbankserver oder Exchange. Die Einstellungen für die Snapshots lassen sich pro VM festlegen.

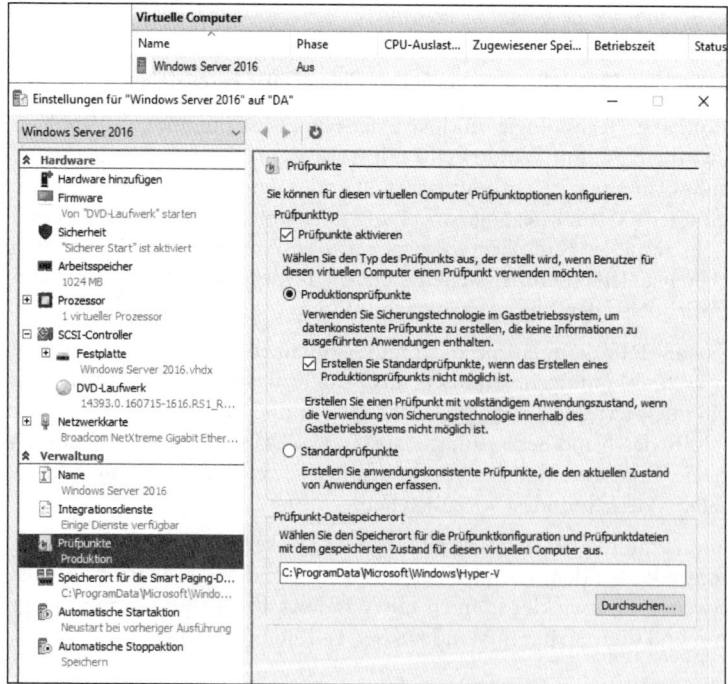

Abbildung 1.1: Die neuen Produktionsprüfpunkte binden den Volumeschattenkopie-Dienst von Windows-Servern oder den Systempuffer von Linux-Servern mit ein.

Bei den neuen VMs können Sie sogar im laufenden Betrieb virtuelle Netzwerkadapter hinzufügen. Dies war bis Windows 8.1/Windows Server 2012 R2 nur im ausgeschalteten Zustand möglich. Auch den Arbeitsspeicher können Sie für VMs mit Windows 10 und Windows Server 2016 im laufenden Betrieb und selbst dann anpassen, wenn Sie den dynamischen Arbeitsspeicher nicht aktiviert haben.

Virtuelle Maschinen der Generation 2 können Sie in Windows Server 2016 auch mit Linux-VMs nutzen. Dadurch lassen sich Linux-VMs über UEFI booten und können die Secure Boot-Funktion von UEFI nutzen. Voraussetzung dafür ist der Einsatz von Ubuntu ab Version 14.04 oder SUSE Linux Enterprise Server ab Version 12. Bei diesen Systemen ist Secure Boot automatisch aktiviert.

Virtuelle Maschinen abschirmen mit dem Host Guardian Service

Der Host Guardian Service überwacht die virtuellen Server auf einem Hyper-V-Host und kann bei verdächtigen Aktionen eingreifen. Die VMs werden voneinander abgeschirmt, sodass sich hochsichere virtuelle Umgebungen erstellen lassen. Der Host Guardian Service wird als neue Serverrolle in den Server-Manager integriert. Die Hauptaufgabe des Diensts ist die Abschottung des Hosts von einzelnen VMs beziehungsweise das Trennen von VMs untereinander.

Wenn eine VM durch einen Angreifer kompromittiert ist, verhindert dieser Dienst die Ausbreitung des Virus. VMs können dadurch nicht zu viel der Leistung des Hosts kapern, da der Dienst dies erkennt und verhindert. VMs können über diesen Dienst außerdem verschlüsselte Festplatten nutzen, auch mit vTPM (virtual Trusted Platform Module). Dadurch lassen sich besonders heikle und wichtige VMs sehr effizient schützen. Jede herkömmliche VM lässt sich vom Non-Shielded-Modus in den Shielded-Modus versetzen. Bei diesem Vorgang können dann auch gleich die virtuellen Festplatten der VM verschlüsselt werden. Gesteuert wird dies am besten über System Center 2016 Virtual Machine Manager. Der Datenverkehr der Livemigration kann ebenfalls verschlüsselt werden. Die virtuellen Festplatten werden mit BitLocker verschlüsselt. Die Funktion ist allerdings nur Bestandteil von Windows Server 2016 Datacenter Edition.

Hyper-V Network Virtualization (HNV)

In Windows Server 2016 und in Windows 10 ist eine eingebettete Virtualisierung (Nested Virtualization) möglich. Sie können damit auf einem virtuellen Server, den Sie mit Windows 10 oder Windows Server 2016 mit Hyper-V virtualisiert haben, Hyper-V installieren und virtuelle Switches erstellen. Durch diese Verbindung können Sie virtuelle Switches noch einmal virtualisieren, was für Testumgebungen, aber auch für die neuen Windows Server-Container sinnvoll ist. Denn virtuelle Server-Container können Sie auf einem virtuellen Container-Host betreiben, der wiederum auf einer physischen Hyper-V-Maschine installiert ist.

Mit Hyper-V Network Virtualization (HNV) können Sie virtuelle Netzwerke vom physischen Netzwerk trennen. Viele Hardware-Switches von Cisco arbeiten zum Beispiel mit dieser Konfiguration zusammen. Durch diese Technik lassen sich virtuelle Netzwerke zusammenfassen, sodass virtuelle Server in diesem Netzwerk kommunizieren können, ohne physische Netzwerke zu beeinträchtigen. Vor allem in großen Rechenzentren spielt Hyper-V Network Virtualization (HNV) eine wichtige Rolle. In einem physischen Netzwerk lassen sich mehrere virtuelle Netzwerke parallel miteinander einsetzen. Die virtuellen Netzwerke können den gleichen oder einen anderen IP-Adressraum verwenden.

Hyper-V Network Virtualization (HNV) unterstützt dynamische IP-Adressen. Dies ist in Rechenzentren sinnvoll, um eine IP-Adress-Failover-Konfiguration einrichten zu können. Der komplette Datenverkehr in den virtuellen Switches von Windows Server 2016 läuft über die Netzwerkvirtualisierung und die optional integrierten Drittherstellerprodukte. Auch Netzwerkkartenteams arbeiten mit der Netzwerkvirtualisierung zusammen. Große Unternehmen und Cloudanbieter können auf die Berechtigungsliste (ACL) von virtuellen Switches zugreifen und Firewalleinstellungen, Berechtigungen und den Netzwerkschutz für die Datencenter einbinden und zentral verwalten. Windows Server 2016 bietet die Möglichkeit, den jeweiligen Port in Firewallregeln zu integrieren.

Software Defined Networking und Software Defined Storage

Auch im Bereich eines Software Defined Datacenters hat Microsoft in Windows Server 2016 Verbesserungen integriert.

Netzwerke mit dem Netzwerkcontroller-Dienst verwalten

Der Netzwerkcontroller-Dienst erlaubt die zentrale Verwaltung, Überwachung und Konfiguration von Netzwerkgeräten. Anbinden lassen sich physische Netzwerkgeräte, aber auch virtuelle Netzwerke sowie Netzwerke in Microsoft Azure. Neben Hardware-Geräten lassen sich ebenso softwarebasierte Netzwerkdienste verwalten. Im Bereich des Fabric Network Managements erlaubt der Netzwerkcontroller-Dienst die Konfiguration und Verwaltung von IP-Subnetzen, vLANs, Layer 2- und Layer 3-Switches sowie die Verwaltung von Netzwerkadaptern in Hosts. Mit dem Netzwerkcontroller-Dienst lassen sich folgende Bereiche zentral konfigurieren und überwachen:

- Hyper-V-VMs und virtuelle Switches
- Physische Netzwerkswitches
- Firewall-Software
- VPN Gateways
- Routing and Remote Access Service (RRAS) Multitenant Gateways
- Load Balancers

Storage Spaces Direct – Speicher virtualisieren

Mit Windows Server 2016 verbessert Microsoft die Storage Spaces aus Windows Server 2012 R2. Die Software-Defined-Storage-Lösung erlaubt das Zusammenfassen mehrerer Datenträger zu einem zentralen Speicherpool. Diesen können Sie in verschiedene Volumes aufteilen und wie herkömmliche Datenträger nutzen. In Windows Server 2016 kann ein solcher Speicher nicht nur mehrere Festplatten umfassen, sondern auch mehrere Server. Das erhöht die Flexibilität der Datenspeicherung.

Storage Spaces Direct benötigen einen Cluster mit mindestens drei Hosts. Unter vier Hosts unterstützt die Technik nur die Spiegelung der Daten zur Absicherung (mirrored resiliency). Sollen auch paritätsbasierende Datenträger (parity-based resiliency) erstellt werden, sind mindestens vier oder mehr Hosts notwendig. Storage Spaces Direct sind standardmäßig vor dem Ausfall eines Hosts geschützt. Die Technik kann den Ausfall eines ganzen Racks mit Servern verkraften, die Bestandteil eines Storage Space Direct sind. Dies hängt allerdings von der Konfiguration sowie der Anzahl der Server, die Bestandteil des Clusters sind, ab.

In Windows Server 2016 lassen sich in den Storage Spaces drei Storage-Tiers nutzen: NVMe, SSD und HDD. NVMe-Speicher wird zum Zwischenspeichern der Daten verwendet, während die SSD und HDD zur Datenspeicherung dienen. Administratoren können aber auch verschiedene Kombinationen dieser drei Datenträgertypen erstellen und entsprechende Storage-Tiers definieren.

Remotedesktopdienste in Windows Server 2016

Der Remote Desktop Connection Broker der Remotedesktopdienste kann mit Windows Server 2016 in einer Azure-SQL-Datenbank laufen. Dadurch lassen sich hochverfügbare Umgebungen auch rechenzentrumsübergreifend zur Verfügung stellen.

Für virtuelle Desktops in Virtual Desktop Infrastructures (VDI) lassen sich Vorlagen auf Basis von virtuellen Maschinen der Generation 2 erstellen. Virtuelle Computer in VDI-Infrastrukturen unterstützen in Windows Server 2016 das UEFI-System und auch Secure Boot in UEFI. Diese VMs nutzen ebenfalls virtuelle SCSI-Festplatten für den Bootvorgang, arbeiten also sofort im Virtualisierungsmodus und müssen nicht erst eine Emulation für den Systemstart durchführen.

Bessere Virtual Desktop Infrastructures

Virtuelle GPUs unterstützen in Windows Server 2016 OpenGL/OpenCL. Zusammen mit den Verbesserungen in RemoteFX ermöglicht das den Betrieb grafikintensiver Anwendungen wie Adobe Photoshop auf Remotedesktopservern. Über »Server Based Personal Desktop« lässt sich für Anwender ein personalisierter Server bereitstellen, der einen Windows 10-Desktop bietet. Sinnvoll ist das in Umgebungen, in denen Anwender eigene Desktops erhalten sollen, aber keine Windows 10-Lizenz vorliegt, zum Beispiel in Desktop as a Service (DaaS).

Dadurch können also Unternehmen auf Basis von Windows Server 2016 einen virtuellen Rechner für Anwender zur Verfügung stellen, der den Funktionen und Möglichkeiten von Windows 10 entspricht. Die Bereitstellung dieses Servers erfolgt als VM. Die neuen Server Based Personal Desktops ergänzen die Möglichkeiten von herkömmlich bereitgestellten Desktops um die Möglichkeit, neue Sammlungen zu erstellen, in denen Anwender echte virtuelle Computer mit administrativen Rechten erhalten.

RemoteFX, das Protokoll für die Verbesserung der Grafikleistung auf virtuellen Desktops und RDS-Sitzungen, hat Microsoft erweitert. Sie finden die Einstellungen im Hyper-V-Manager über *Hyper-V-Einstellungen* bei *Physische GPUs*. Damit Sie diese Funktion nutzen können, muss die Grafikkarte die Funktion unterstützen. In Windows Server 2016 können Sie dadurch auch den Server Based Personal Desktops virtuelle Grafikkarten auf Basis von

RemoteFX zuweisen. Für jeden Server können Sie dediziert steuern, ob er RemoteFX zur Verfügung stellen soll, und wenn ja, mit wie viel Arbeitsspeicher.

Damit Sie RemoteFX in Windows Server 2016 nutzen können, muss die Grafikkarte mindestens DirectX 11 unterstützen. Außerdem müssen Sie einen passenden Treiber installieren. Die Prozessoren auf dem Server müssen Second Level Address Translation(SLAT)-Erweiterungen und Data Execution Prevention (DEP) unterstützen. Außerdem muss die Virtualisierung in der Firmware/BIOS des Servers aktiviert sein.

RemoteFX in Windows Server 2016 unterstützt OpenGL 4.4 und OpenCL 1.1 API. Außerdem können Sie mehr Grafikspeicher einsetzen. Die neue Version unterstützt in diesem Bereich jetzt mehr als 1 GB VRAM. Sie haben hier aber Einstellungsmöglichkeiten und können auf Basis von Hyper-V festlegen, wie viel Arbeitsspeicher eine virtuelle Grafikkarte erhalten soll. Mehr zu diesen Möglichkeiten finden Sie auf der Internetseite der RDS-Entwickler bei Microsoft (*http://blogs.msdn.com/b/rds*). In Windows Server 2016 können Anwender durch diese Neuerungen umfassend mit Stifteingaben arbeiten. Das funktioniert auf Hybrid-PCs und -Notebooks, aber auch auf Tablet-PCs. Die Eingaben werden durch das RDP-Protokoll in die Sitzung des Anwenders weitergeleitet.

MultiPoint-Server in RDS integriert

Mit Windows Server 2016 integriert Microsoft auch die Funktionen von Microsoft Windows MultiPoint-Server in RDS als neue Serverrolle. Die Technik bietet die Möglichkeit, dass Anwender Monitor, Tastatur und Maus direkt an den Server anschließen, aber dennoch eine eigene Umgebung erhalten. Einfach ausgedrückt handelt es sich bei MultiPoint um einen sehr einfachen Remotedesktop-Sitzungshost, der einigen Anwendern einen eigenen virtuellen Desktop zur Verfügung stellen kann.

Im Gegensatz zu den herkömmlichen Remotedesktopdiensten erfolgt die Verbindung zum Server nicht über das RDP-Protokoll per Netzwerkzugriff, sondern durch einen direkten Anschluss der Komponenten am Server. Normalerweise wird dazu der Monitor direkt am Server angeschlossen, der deshalb über eine passende Grafikkarte verfügen muss. Maus und Tastatur werden an einem USB-Verteiler angeschlossen, der dann wiederum mit dem Server verbunden wird. Natürlich lassen sich die Dienste auch über Thin-Clients oder mit dem normalen RDP-Client nutzen. Diese Funktion wird also nicht mehr nur als eigenständiger Server betrieben, sondern direkt in die Standard- und Datacenter-Edition von Windows Server 2016 integriert.

Vergleichbar ist das Produkt mit der Essentials-Rolle, die kleinen Unternehmen oder Niederlassungen die Möglichkeit bietet, auf einfache Weise Benutzer anzubinden. Neben Bildungseinrichtungen und Schulungscentern ist diese Technologie auch für kleine Unternehmen und Niederlassungen geeignet. Allerdings bietet MultiPoint Funktionen, die in den Remotedesktopdiensten nicht integriert sind oder nur kompliziert umsetzbar. Da die Serverlösung vor allem für Bildungseinrichtungen und für Fortbildungen entwickelt wurde, bietet sie spezielle Funktionen in diesem Bereich.

So lässt sich zum Beispiel der Bildschirm des Dozenten auf den angeschlossenen Clients anzeigen. Die Benutzeraktivitäten lassen sich durch den Dozenten beobachten und verwalten, auch eine Aufnahme der Aktivitäten ist möglich. Administratoren haben mehr Einschränkungsmöglichkeiten, wenn es um den Zugriff auf Webseiten geht. Die Remotesteuerung eines angeschlossenen Desktops ist außerdem wesentlich einfacher möglich als in den Remotedesktopdiensten, das gilt auch für die Kommunikation zwischen Client und

Administrator. Microsoft zeigt in einem eigenen Videokanal die Möglichkeiten des Vorgängers Windows MultiPoint Server 2012 (*www.youtube.com/user/msmultipoint*). Die hier gezeigten Techniken gelten weitgehend auch noch in Windows Server 2016. Durch diese Technologie haben Anwender die Möglichkeit, eigene Umgebungen auf Basis von Windows 10 auf einem einzelnen Computer einzurichten und getrennt voneinander zu nutzen.

Cluster Operating System Rolling Upgrade

Die neue Funktion Cluster Operating System Rolling Upgrade ermöglicht die Aktualisierung von Clusterknoten mit Windows Server 2012 R2 zu Windows Server 2016, ohne dass Serverdienste ausfallen. Bei diesen Vorgängen werden weder Hyper-V-Dienste noch Dateiserver-Freigaben beendet und stehen den Anwendern weiter zur Verfügung. Wenn Sie einen Clusterknoten zu Windows Server 2016 aktualisieren, gibt es keine Ausfallzeit mehr.

Sie können Clusterknoten mit Windows Server 2016 installieren und in bestehende Cluster mit Windows Server 2012 R2 integrieren. Auch das Verschieben von Clusterressourcen und virtuellen Maschinen zwischen den Clusterknoten ist dann möglich. Wenn alle Knoten auf Windows Server 2016 aktualisiert sind, wird die Clusterkonfiguration auf die neue Version gesetzt und unterstützt ab dann keine Vorgängerversionen wie Windows Server 2012 R2 mehr. Dazu steht das neue Cmdlet *Update-ClusterFunctionalLevel* zur Verfügung. Der Ablauf bei dieser Migration ist folgender:

1. Der Clusterknoten wird angehalten.
2. Die virtuellen Maschinen oder anderen Cluster-Workloads werden zu einem anderen Knoten verschoben.
3. Das vorhandene Betriebssystem wird entfernt und eine Neuinstallation von Windows Server 2016 durchgeführt.
4. Der Knoten wird dem Cluster hinzugefügt.
5. An diesem Punkt wird der Cluster im gemischten Modus ausgeführt, da die restlichen Clusterknoten noch auf Windows Server 2012 R2 basieren.
6. Die funktionelle Clusterebene bleibt bei Windows Server 2012 R2.
7. Sie aktualisieren jetzt alle Clusterknoten.

Nach diesen Vorgängen wird die Cluster-Funktionsebene für Windows Server 2016 mit dem PowerShell-Cmdlet *Update-ClusterFunctionalLevel* geändert. Ab jetzt können Sie die Vorteile von Windows Server 2016 nutzen.

Windows Server 2016 erlaubt den Betrieb von Zeugenservern (Witness) in Microsoft Azure. Für global verteilte Cluster und Rechenzentren kann die Effizienz von Clustern erheblich verbessert und die Verwaltung erleichtert werden.

Durch Cluster Compute Resiliency und Cluster Quarantine verschiebt ein Windows-Cluster Clusterressourcen nicht mehr unnötig zwischen Knoten, wenn ein Clusterknoten Probleme hat. Windows versetzt einen Knoten in Isolation, wenn das Betriebssystem erkennt, dass der Knoten nicht mehr stabil funktioniert. Alle Ressourcen werden vom Knoten verschoben und Administratoren informiert.

Der Netzwerkcontroller-Dienst erkennt in diesem Zusammenhang fehlerhafte physische und virtuelle Netzwerke und kann entsprechend eingreifen. Ein Scale-Out-Fileserver lässt sich in einem Cluster mit Windows Server 2016 als Clusterressource verwenden und gleichzeitig auch mit Storage Spaces Direct verbinden.

Verbesserungen in Active Directory

In Windows Server 2016 hat Microsoft zusätzlich einige Verbesserungen in Active Directory integriert. Dazu gehören auch Neuerungen in den Active Directory-Verbunddiensten.

LDAP-Verzeichnisse mit AD FS anbinden

Unternehmen können in Windows Server 2016 auch Benutzerkonten über die Active Directory-Verbunddienste (Active Directory Federation Services, AD FS) authentifizieren, die nicht aus einem Active Directory kommen. Beispiel dafür sind X.50000-kompatible LDAP-Verzeichnisse oder SQL-Datenbanken. Microsoft nennt dazu folgende Beispiele:

- AD LDS
- Apache DS
- IBM Tivoli DS
- Novell DS
- Open LDAP
- Open DJ
- Open DS
- Radiant Logic Virtual DS

Microsoft hat in Windows Server 2016 zusätzliche Verbesserungen in AD FS integriert. Hier ist es zum Beispiel möglich, eine Zugriffsteuerung auf Basis bestimmter Bedingungen zu verwenden. Diese bedingte Zugriffskontrolle (Conditional Access Control) ist vor allem für mobile Anwender interessant. Außerdem lassen sich Rechner mit Windows 10 per Geräteauthentifizierung an Windows Server 2016 anbinden. Microsoft erläutert die Möglichkeiten dazu in einem TechNet-Artikel unter *http://tinyurl.com/ju8yfjb*.

Privileged Access Management – Admin auf Zeit

Ab Windows Server 2016 ist es darüber hinaus schwieriger, über Pass-the-Hash(PtH)-Angriffe an vertrauliche Anmeldedaten von Administratoren zu gelangen. PtH-Angriffe zielen nicht auf die Kennwörter ab, sondern auf die Hashes, die in Active Directory erzeugt werden, nachdem sich ein Benutzer authentifiziert hat. Dazu bietet Windows Server 2016 eine privilegierte Zugriffsverwaltung (Privileged Access Management, PAM) (*http://tinyurl.com/zqgbhn6*) und den Microsoft Identity Manager (MIM) (*http://tinyurl.com/hfdkdyo*). Dazu wird eine neue Active Directory-Gesamtstruktur mit MIM erstellt und mit PAM geschützt.

Um PAM mit Windows Server 2016 zu nutzen, sind mindestens zwei Active Directory-Gesamtstrukturen notwendig. Diese werden über eine Vertrauensstellung miteinander verbunden. Die Administratorkonten werden in einer solchen Infrastruktur von der produktiven Domäne getrennt. Dadurch steigt die Sicherheit im Netzwerk enorm. Die neue

Gesamtstruktur mit den Administratorkonten wird auch als Bastion Active Directory Forest bezeichnet und durch den Microsoft Identity Manager zur Verfügung gestellt, überwacht sowie gesteuert.

Der Vorteil dabei ist, dass die vorhandene Gesamtstruktur zu Windows Server 2016 aktualisiert werden kann und die neue Gesamtstruktur mittels PAM zukünftig die Verwaltung steuert. Dadurch wird sofort eine deutlich erhöhte Sicherheit erreicht, da selbst kompromittierte Active Directory-Umgebungen nach der Implementation von PAM sicher sind.

Zukünftig arbeiten Administratoren nicht mehr mit Administratorkonten in der Active Directory-Umgebung, sondern erhalten einen sogenannten Zugang mit Just Enough Administration (JEA). Dabei wird eine Gruppe von Cmdlets in der PowerShell angelegt sowie eine genaue Zielgruppe von Objekten definiert, die für einen bestimmten administrativen Vorgang nötig sind.

Auch die Zeitdauer für diese Rechte wird über JEA gesteuert. Sobald der Zeitraum abgelaufen ist, kann der Zugang nicht mehr für die Administration genutzt werden, auch nicht für den fest definierten Zielbereich. Microsoft erklärt die Vorgehensweise in einem TechNet-Artikel genauer (*http://tinyurl.com/zqgbhn6*).

Zusammen mit PAM, MIM und dem neuen Bastion Active Directory Forest stehen auch sogenannte Shadow Groups zur Verfügung. Diese verfügen über administrative Rechte, jedoch ist die Mitgliedschaft zeitlich begrenzt. Dazu wird der TTL-Wert von Kerberos-Tickets verringert und die Gruppe überwacht.

Neuerungen bei Dateiservern

Auch im Bereich der Dateiserver gibt es einige Neuerungen in Windows Server 2016. Diese werden in den folgenden Abschnitten näher beleuchtet.

Datenträger über Geocluster zwischen Rechenzentren replizieren

Microsoft hat in Windows Server 2016 die Möglichkeit integriert, komplette Festplatten, auch innerhalb eines Storage Pools, auf andere Server zu replizieren. Diese Replikation erfolgt synchron und blockbasiert. Unternehmen erhalten auf diesem Weg die Möglichkeit, sogenannte Geocluster aufzubauen. Per Storage Replica lassen sich Datenträger zwischen verschiedenen Hosts replizieren. Die Technik kann auch Cluster absichern. Im Rahmen der Einrichtung können Sie synchrone und asynchrone Replikationen auswählen.

Diese Technik lässt sich zusammen mit Hyper-V-Replika, Datendeduplizierung und Storage Spaces betreiben. Dabei werden sowohl NTFS- also auch ReFS-Datenträger unterstützt. Die Replikation ist unabhängig von Speichermedien. Sie können diese Technologie außerdem im Zusammenhang mit verteilten Clustern nutzen, die gemeinsamen Datenspeicher über mehrere Regionen hinweg nutzen sollen. Größere Unternehmen können mit dieser Technologie auch auf Clusterebene Daten zwischen Rechenzentren replizieren lassen (Stretched Cluster).

Advanced Format Technology – 4-KB-Festplatten

Das Festplattenformat für 4-KB-Festplatten trägt die Bezeichnung Advanced Format Technology. Dadurch lassen sich physische Festplatten mit einer Sektorgröße von 4 KB nutzen. Bisher verwenden Festplatten eine Sektorgröße von 512 Byte. Die erhöhte Sektorgröße ist notwendig, damit Hersteller Festplatten mit höherer Speicherkapazität herstellen können. Daher muss Hyper-V das Format unterstützen. Davon profitiert ebenfalls das Betriebssystem, da Windows Server 2016 auch 4 KB große Speichereinheiten nutzt. Das heißt, logische Sektoren passen in einen einzelnen physischen Sektor und sind nicht mehr verteilt.

Administratoren können virtuelle Festplatten effizient auf 4-KB-Festplatten erstellen. Zusätzlich unterstützt Hyper-V auch virtuelle Festplatten, die auf 512e-physischen Festplatten erstellt wurden. Da nicht alle Software und Hardware das neue Format unterstützen, melden sich viele Festplatten mit 512-Bit-Emulation am System an, auch 512e genannt. Die Firmware der Festplatte speichert ankommende Datenpakete dann entsprechend in den tatsächlich vorhandenen 4-GB-Sektoren. Auch bei diesen Vorgängen ist Windows Server 2016 wesentlich schneller.

Beim Umgang mit diesen Festplatten ist es wichtig, dass die verwendeten Sektoren des Betriebssystems durch die Anzahl der vorhandenen physischen Sektoren teilbar sind. Ist dies nicht der Fall, liegt ein logischer Sektor des Betriebssystems auf mehreren physischen Sektoren verteilt, wodurch die Leistung des Systems stark eingeschränkt wird.

Virtueller Fibrechannel und ODX

Den Datenverkehr zwischen SAN (Storage Area Network) und Betriebssystem speichert Windows Server 2016 in einem Puffer. Bei sehr großen Datenmengen kann Windows Server 2016 solche Aktionen auch ohne das Hostsystem direkt mit der Steuerungssoftware des SANs erledigen. Dadurch wird die Leistung des Systems deutlich verbessert. Für diesen Austausch nutzt Windows Server 2016 eine Technik namens Open Diagnostic Data Exchange (ODX), die derzeit bereits von den meisten SAN-Herstellern unterstützt wird. Vor allem Hyper-V profitiert von dieser Technik, wenn zum Beispiel virtuelle Server verschoben werden sollen, zum Beispiel zur Livemigration oder der Replikation.

Quality of Storage Policies

In Windows Server 2016 können Sie die Bandbreite festlegen, mit denen Server und Serveranwendungen auf Datenspeicher zugreifen können. Sie können jetzt also für Server eine gewisse Leistung der Datenspeicherung garantieren oder einzuschränken. Sie können Richtlinien in der Art »Nicht mehr als ...:« oder »Nicht weniger als ...:« festlegen. Außerdem lassen sich Regeln wie »Erlauben, wenn verfügbar ....:« konfigurieren. Diese Richtlinien lassen sich an virtuelle Maschinen anbinden, aber auch an einzelne virtuelle Festplatten, ganze Rechenzentren oder eben einzelnen Mandanten in gehosteten Umgebungen.

Zwar erlaubt auch Windows Server 2012 R2 Einstellungen für Storage Quality of Service, allerdings müssen Sie hier für jeden Server Einstellungen vornehmen und Daten auslesen. In Windows Server 2016 lassen sich diese wichtigen Einstellungen zentral mit dem Query Policy Manager auslesen und mit der Storage-QoS-Richtlinie umsetzen.

Bessere Datendeduplizierung

Bereits mit Windows Server 2012 hat Microsoft in das Betriebssystem die Datendeduplizierung eingeführt. Diese Technik soll verhindern, dass identische Dateien oder Daten mehrfach auf einem Speichersystem gespeichert werden und dadurch unnötig Speicherplatz verschwenden. In Windows Server 2016 hat Microsoft die Leistung dieser Funktion deutlich verbessert.

Vor allem beim Betrieb virtueller Desktopinfrastrukturen lässt sich dadurch enorm Speicherplatz sparen, da virtuelle Windows-Betriebssysteme zahlreiche identische Dateien verwenden. Die Datendeduplizierung kann jetzt mehrere Threads parallel nutzen und wesentlich größere Datenträger bearbeiten. Außerdem ist die Technologie kompatibel mit physischen Datenträgern, aber auch mit virtuellen Festplatten.

Windows Server 2016 lizenzieren

Mit Windows Server 2016 ändert Microsoft teilweise deutlich seine Lizenzierungspolitik. Unternehmen sollten, neben eventuellen Verträgen zu Leasing, Miete oder Kauf, auch beachten, welche Edition sie einsetzen wollen und welche Anzahl von Lizenzen benötigt wird.

So verfügen zum Beispiel die Editionen Standard und Datacenter über fast den gleichen Funktionsumfang, und eine Enterprise-Edition oder Webserver-Edition gibt es, so wie noch bei Windows Server 2008 R2, nicht mehr.

Eines ändert sich auch mit Windows Server 2016 nicht: die Komplexität der Lizenzierung. Es gibt zahlreiche Verträge und viele Möglichkeiten, um Windows 10 und Windows Server 2016 zu lizenzieren. Verantwortliche im Unternehmen sollten sich darüber informieren, welche Lizenzverträge und Möglichkeiten es gibt. Generell ist davon auszugehen, dass der Einsatz von Windows Server 2016 teurer wird. Das liegt vor allem an der neuen Prozessor-Kern-Lizenzierung. Der CAL-Zugriff der Anwender bleibt in Windows Server 2016 generell der gleiche wie bei den Vorgängern. Die verschiedenen Windows-Editionen bieten für Unternehmen verschiedene Möglichkeiten und Auswahlkriterien. Leider verfügen die Editionen Windows 10 Pro und Windows Server 2016 Standard nicht über alle Möglichkeiten, die die größeren Editionen Windows 10 Enterprise und Windows Server 2016 Enterprise bieten.

Hier sind vor allem die Storage-Funktionen oder die fehlende Deaktivierungsmöglichkeit des Stores zu bemängeln. Daher müssen mit der neuen Windows-Version auch kleinere Unternehmen häufig auf die teureren Editionen setzen, damit sie alle sinnvollen Funktionen nutzen können. Erfreulich ist dagegen, dass die wichtigsten Neuerungen in Windows Server 2016 auch in der kleineren Standard-Edition enthalten sind. Dazu gehören die neuen Container, die Nano-Installation und die Verbesserungen von Hyper-V. Das gilt übrigens auch für Windows 10 Pro.

Editionen und Lizenzen im Vergleich

In Windows Server 2016 gibt es Unterschiede in den Storage-Funktionen. So unterstützt nur die Datacenter-Edition alle Funktionen. In der Standard-Edition gibt es weder Storage Spaces Direct noch Storage Replica. Auch Shielded Virtual Machines fehlen in der Standard-Edition. Die anderen Funktionen hat Microsoft allerdings nun in der Standard-Edition integriert. Diese verfügt zum Beispiel ebenfalls über die Container-Technologie und die Nano-Installation.

Allerdings muss hier beim Einsatz der Hyper-V-Container darauf geachtet werden, dass eine Lizenz der Standard-Edition auch nur zwei Container erlaubt, da nur zwei VMs erlaubt sind. Nano-Server sind an Software Assurance gebunden. Hier gelten die gleichen lizenzrechtlichen Punkte wie bei herkömmlich installierten Servern mit Windows Server 2016.

Die Lizenzierung erfolgt nicht mehr auf Basis der CPUs, sondern auf Basis der CPU-Kerne. In Hyper-V werden die logischen Prozessoren lizenziert, da diese das Pendant zu den physischen Prozessorkernen darstellen.

Beide Editionen decken immer nur zwei Prozessorkerne des Hosts oder zwei logische CPUs ab. Die erforderliche Mindestanzahl von Betriebssystemlizenzen für jeden Server wird durch die Anzahl der physischen Prozessorkerne des Hosts sowie die Anzahl an virtuellen Servern bestimmt, die Sie auf dem Hyper-V-Host installieren. Setzen Unternehmen also Server mit mehreren Prozessoren ein, ist pro Kernpaar eine Lizenz notwendig, egal welche Edition im Einsatz ist.

Sie müssen für jeden Server mindestens vier Lizenzen erwerben, also für acht Kerne. Setzen Sie einen Dualprozessor mit je acht Kernen ein, müssen Sie also acht Lizenzen für diese 16 Kerne erwerben. Für jeden Kern mehr müssen Sie ein Core-Pack kaufen, damit alle Kerne lizenziert sind. In Windows Server 2016 Standard dürfen Sie pro Lizenz zwei virtuelle Maschinen installieren, Windows Server 2016 Datacenter kennt kein Limit. Hier müssen Sie lediglich alle Prozessorkerne des Servers lizenzieren.

Lizenzen von Windows Server 2016 sind direkt an die physische Hardware gebunden. Jede Lizenz deckt zwei physische Prozessorkerne ab. Sie dürfen mit der Standard-Edition außerdem bis zu zwei virtuelle Server auf dem lizenzierten Host betreiben. Beim Einsatz der Datacenter-Edition dürfen Sie so viele virtuelle Server auf dem Host betreiben, wie die Hardware hergibt.

Bei Windows Server 2012 R2 existieren zusätzlich die Editionen Essentials und Foundation. Die Foundation-Edition wurde mit Windows Server 2016 allerdings gestrichen. Windows Server 2016 Essentials erlaubt die Anbindung von bis zu 25 Benutzern, dafür sind keine CALs notwendig. Setzen Sie Windows Server 2012 R2 Foundation ein, dürfen bis zu 15 Benutzer an den Server angebunden sein, hier sind keine CALs notwendig. Foundation ist direkt an die Hardware gebunden, da diese Edition nur als OEM-Version verfügbar ist. Setzen Sie auf Windows Server 2012 R2 Foundation, müssen Sie entweder zur Standard-Edition oder zur Essentials-Edition von Windows Server 2016 wechseln.

Clientzugriffslizenzen beachten

Für die Editionen Standard und Datacenter benötigen Sie weiterhin Clientzugriffslizenzen (CALs). Auch in Windows Server 2016 können Sie diese benutzerbasiert oder pro Gerät erwerben, dürfen sie aber nicht aufsplitten. Clientzugriffslizenzen (CALs) und Remotedesktop-Clientzugrifflizenzen (RDCALs) sowie Lizenzen für die Active Directory-Rechteverwaltungsdienste (Active Directory Rights Management Services, AD RMS) sind auch in Windows Server 2016 weiterhin notwendig, aber nur in den Editionen Standard und Datacenter. Auch hier gibt es Gerätelizenzen oder Benutzerlizenzen für den Zugriff. Sie müssen bereits bei der Bestellung Ihrer Lizenzen im Voraus planen, welchen Lizenztyp Sie einsetzen wollen.

Sie können die verschiedenen Lizenzen miteinander mischen. Es ist jedoch nicht erlaubt, die einzeln erhältlichen Lizenzpakete in Geräte- und Benutzerlizenzen aufzusplitten. Sie dürfen also ein 5er-Paket Gerätelizenzen und ein 5er-Paket Benutzerlizenzen für einen Server kaufen und lizenzieren. Es ist aber nicht erlaubt, diese Pakete aufzusplitten und zum Beispiel als 2er-Gerätelizenz und 8er-Benutzerlizenz zu verwenden. Auch ist nicht zulässig, mit CALs von Vorgängerversionen auf Server mit Windows Server 2016 zuzugreifen.

Geräte-CALs und Benutzer-CALs

Wenn Sie mit Geräte-CALs lizenzieren, müssen Sie für jeden PC, der auf diesen Server zugreift, eine Lizenz kaufen, unabhängig davon, wie viele Benutzer an diesem PC arbeiten. Wenn Sie PCs betreiben, zum Beispiel im Schichtbetrieb, an denen zu unterschiedlichen Zeiten unterschiedliche Benutzer arbeiten, benötigen Sie für diese PCs nur jeweils eine Geräte-CAL. Im umgekehrten Fall, wenn also ein Benutzer mit mehreren PCs, Notebooks oder Smartphones auf den Server zugreift, benötigen Sie für diesen Benutzer mehrere Geräte-CALs, da dieser Benutzer mit mehreren PCs auf den Server zugreift. Alternativ können Sie auch eine Benutzer-CAL kaufen.

Jeder Benutzer mit einer Benutzer-CAL kann an beliebig vielen PCs eine Verbindung mit einem Server aufbauen. Die CALs müssen eindeutig zugewiesen sein. Sie können daher nicht nur so viele CALs kaufen, wie gleichzeitig Benutzer arbeiten, sondern müssen die Gesamtzahl Ihrer Arbeitsstationen, Smartphones und sonstiger Geräte lizenzieren, wenn Sie Gerätelizenzen kaufen.

Abbildung 1.2: Windows Server 2016 lässt sich weiterhin mit Benutzer-CALs und Geräte-CALs lizenzieren.

Bei Benutzerlizenzen müssen diese genau der Anzahl der Benutzer zugewiesen werden, die insgesamt mit dem Server arbeiten. Es ist nicht erlaubt, auf einem Server Lizenzen von Standard und Datacenter zu mischen. Sie dürfen eine Lizenz auch nicht auf mehrere Server aufsplitten.

Nehmen wir an, in Ihrem Unternehmen sind 100 Mitarbeiter beschäftigt, von denen jedoch lediglich 63 mit PCs am Server arbeiten. Wenn Sie Geräte-CALs kaufen, wird jede gekaufte Lizenz einem bestimmten PC zugeordnet. Mit diesen PCs können sich jetzt beliebig viele Mitarbeiter mit Servern verbinden, wenn sich diese zum Beispiel PCs im Schichtbetrieb teilen. Wenn neue PCs hinzukommen, müssen Sie für diese PCs weitere Gerätelizenzen kaufen.

Im nächsten Beispiel gehen wir von einer IT-Firma aus, in der 40 Mitarbeiter beschäftigt sind. Von diesen 40 Mitarbeitern arbeiten 25 mit der Windows-Domäne. Jeder dieser Mitarbeiter verfügt über einen PC und ein Notebook, mit denen er am Server arbeitet. Obwohl in diesem Unternehmen nur 40 Mitarbeiter beschäftigt sind, verbinden sich 50 PCs mit dem Server. Es müssen in diesem Beispiel daher 50 Gerätelizenzen erworben werden. Wenn das Unternehmen seine Lizenzen jedoch als Benutzerlizenz erwirbt, werden lediglich 25 Lizenzen benötigt, da nur 25 Benutzer mit dem Server arbeiten.

Windows Server 2016 für kleine Unternehmen

Sehr kleine Unternehmen können auf Windows Server 2016 Essentials setzen. Einen Nachfolger für SBS 2012 Standard mit Exchange und einem SQL-Server gibt es nicht mehr. Unternehmen, die Microsoft Exchange nutzen wollen, müssen auf Office 365 setzen oder Exchange auf einer eigenen Servermaschine getrennt lizenzieren.

Windows Server 2016 Essentials verfügt über eine eigene Verwaltungsoberfläche, die als Dashboard bezeichnet wird. Mit diesem lassen sich Clientcomputer und Benutzer zentral verwalten, auch ohne IT-Kenntnisse. Der Server erlaubt die Anbindung von maximal 25 Benutzern und 50 PCs. Wenn mehr im Einsatz sind, müssen Unternehmen auf die Standard-Edition von Windows Server 2016 umsteigen. CALs sind für die Benutzer nicht notwendig. Neu seit Windows Server 2012 R2 ist die Möglichkeit, die Essentials-Funktionen auch als Serverdienst in den Editionen Datacenter und Standard zu installieren. Das ist ebenfalls bei Windows Server 2016 weiterhin der Fall.

Hyper-V und Hyper-V Server 2016

Wie bei den Vorgängerversionen stellt Microsoft auch für Windows Server 2016 die Hyper-V-Serverrolle als eigenständigen Server unter der Bezeichnung Hyper-V Server 2016 kostenlos zur Verfügung. Das Produkt verfügt über alle Funktionen im Bereich Hyper-V, die auch in Windows Server 2016 verfügbar sind. Sie können Hyper-V Server 2016 kostenlos von der Microsoft-Website herunterladen. Die Installation des Servers entspricht der Installation von Windows Server 2016 in der Core-Installation. Nach der Installation ist Hyper-V als Serverrolle auf dem Server automatisch aktiviert.

Lohnenswert ist der Einsatz von Hyper-V zum Beispiel für Unternehmen, die Windows Server 2012/2012 R2 lizenziert haben und einsetzen, aber nicht zu Windows Server 2016 wechseln wollen. Durch den kostenlosen Server profitieren Unternehmen von allen Funktionen, die Windows Server 2016 im Bereich Hyper-V bietet, ohne zusätzliche Lizenzen kaufen zu müssen. Noch sinnvoller ist der Einsatz von Hyper-V Server 2016 in Unternehmen, die ältere Windows-Versionen im Einsatz haben oder die Windows derzeit noch nicht nutzen und auf Linux-Server setzen. Da Hyper-V Server 2016 auch dynamischen Arbeitsspeicher und virtualisierte Linux-Gäste unterstützt, lassen sich Linux-Server sehr gut virtuell betreiben.

Hyper-V Server 2016 kann nicht nur Windows Server 2012/2012 R2 und Windows Server 2016 virtualisieren, sondern auch Windows Server 2008 R2 und älter sowie Linux und Unix. Das heißt, Unternehmen können weiterhin produktiv ihre aktuellen Server einsetzen, aber die neuen Vorteile von Windows Server 2016 effizient nutzen, und das vollkommen kostenlos. Verwalten können Sie Hyper-V Server 2016 über den Hyper-V-Manager von einer Arbeitsstation aus oder über einen anderen Server mit Windows Server 2016. Auch die Verwaltung über die PowerShell oder mit System Center Virtual Machine Manager 2016 sowie mit System Center Configuration Manager 2016 ist möglich. Bei der Verwaltung von Hyper-V Server 2016 gibt es im Vergleich zu Windows Server 2016 keine Einschränkungen. Die lokalen Einrichtungsoptionen wie Domänenmitgliedschaft, IP-Adresse und mehr nehmen Sie über das Tool *Sconfig* vor. Dies entspricht der Einrichtung eines Core-Servers mit Windows Server 2016.

Neue PowerShell und besserer Virenschutz

In Windows Server 2016 ist ebenfalls die neue PowerShell 5.0 integriert. Diese steht auch für Windows Server 2012 R2 zur Verfügung, unterstützt aber nicht alle Funktionen. Die neue Version verbessert auch die Desired State Configuration (DSC). Mit der neuen Option *ThrottleLimit* können Sie die Anzahl der Zielcomputer für DSC festlegen, auf denen die von Ihnen gewünschten Einstellungen gleichzeitig umgesetzt werden können.

Mit dem neuen Modul *PowerShellGet* können Sie DSC-Ressourcen in der PowerShell Resource Gallery (*https://msconfiggallery.cloudapp.net*) nutzen, installieren oder hochladen. Die wichtigste Neuerung in der PowerShell 5.0 ist das OneGet-Framework. Dabei handelt es sich um einen Paket-Manager zur Installation von Software. Mit diesem können Sie Software auf Rechnern als Paket installieren oder deinstallieren.

Mit Data Center Abstraction (DAL) steht in der PowerShell ein Schnittpunkt zwischen Hardwaregeräten und der Steuerung über die PowerShell zur Verfügung. DAL bietet eine Remoteverwaltung von Rechenzentren und kompatiblen Netzwerkkomponenten über die PowerShell. Dazu müssen die Netzwerkkomponenten allerdings von Microsoft zertifiziert sein. Zu den zertifizierten Herstellern gehören derzeit Cisco und Huawei. Microsoft geht in einem TechNet-Artikel unter *http://tinyurl.com/hmuksqo* näher auf die Funktionen und Möglichkeiten von kompatiblen Geräten ein.

Für die bessere Grundsicherung von Windows-Servern ist in Windows Server 2016 der integrierte Virenschutz Windows Defender standardmäßig aktiv. Der Dienst deaktiviert sich erst, wenn ein anderer Virenschutz installiert wird, genauso wie auf Windows-Clients. Im Gegensatz zur Clientversion Windows 10 wird auf Servern allerdings nicht das Verwaltungsprogramm für Windows Defender installiert. Windows Defender schützt das System im Hintergrund automatisch. Sie können die Funktion des Schutzes auch ohne die GUI verifizieren. Dazu verwenden Sie in der Eingabeaufforderung den folgenden Aufruf:

Sc query Windefend

Funktionsumfang und Leistung von Windows Server 2016

Für Hyper-V Server 2016 gelten neue Limits. Die bekannten Grenzwerte für Windows Server 2012 R2 (320 CPUs für Host, 4 TB RAM für Host, 64 TB für virtuelle Festplatten, 1 TB RAM für VM, 64 Clusterknoten) wurden mit Windows Server 2016 noch etwas aufgebohrt. Für Windows Server 2016 gelten folgende Grenzwerte:

Maximale CPUs pro Host: 512

Maximaler Arbeitsspeicher pro Host: 24 TB

Maximaler Arbeitsspeicher pro VM: 16 TB

Maximale Anzahl an virtuellen CPUs pro VM: 240

Die Virtualisierung ist bei Hyper-V Server 2016 und Windows Server 2016 identisch. Auch die Neuerungen in Hyper-V von Windows Server 2016 fließen in Hyper-V Server 2016 ein. Sie können außerdem die Livemigration zwischen verschiedenen Servereditionen oder Hyper-V-Replika nutzen.

Neben der Hyper-V-Serverrolle verfügt Hyper-V Server 2016 über keinen zusätzlichen Funktionsumfang. Natürlich können Sie den Server in Windows-Domänen aufnehmen und damit effizient in Active Directory-Strukturen integrieren. Desgleichen sind die Benutzerverwaltung und Umsetzung von Gruppenrichtlinien möglich. Dazu kommt, dass so gut wie alle Tools, die Hyper-V in Windows Server 2016 unterstützen, ebenfalls Hyper-V Server 2016 anbinden können. Der Remotedesktop funktioniert in Hyper-V Server 2016 auch, das gilt außerdem für den erweiterten Sitzungsmodus für virtuelle Server in Windows Server 2016.

Neben diesen Möglichkeiten können Sie Hyper-V Server 2016 an den Server-Manager von Windows Server 2016 anbinden und damit überwachen sowie Serverdienste installieren. Über diesen Weg können Sie auf dem Server die Speicherplätze und das Netzwerk-Teaming produktiv einrichten. Grundsätzlich lassen sich mit Hyper-V Server 2016 Desktops virtualisieren. Sogar hier sind die entsprechenden Serverdienste Bestandteil des Servers.

Zusammenfassung

In diesem Kapitel konnten Sie sich über die wichtigsten Neuerungen von Windows Server 2016 informieren und damit einen Überblick über die neuen Funktionen verschaffen. Zusätzlich wurden Ihnen in diesem Kapitel die verschiedenen Editionen und deren Lizenzierungsmöglichkeiten vorgestellt. In den weiteren Kapiteln des Buches werden die Neuerungen vertieft und die Verwaltung von Windows Server 2016 im Detail erläutert.

Im nächsten Kapitel erfahren Sie, welche Möglichkeiten Ihnen für die Installation und Einrichtung von Windows Server 2016 zur Verfügung stehen.

Kapitel 2
Installation und Grundeinrichtung

In diesem Kapitel:

Installationsgrundlagen	52
Windows Server 2016 installieren	54
Auf Windows Server 2016 aktualisieren	61
Einen Nano-Server installieren	66
Die Installation nachbearbeiten	73
Zusammenfassung	80

In diesem Kapitel lernen Sie die grundlegende Installation von Windows Server 2016 kennen. Außerdem erfahren Sie, wie eine erweiterte Installation beispielsweise über einen USB-Stick oder auf virtuelle Festplatten durchgeführt wird. Die Installation auf eine virtuelle Festplatte kann dann für Sie interessant sein, wenn Sie Windows Server 2016 zunächst als Testumgebung einrichten möchten. Zusätzlich lernen Sie, wie ein Core-Server sowie Hyper-V Server 2016 installiert. Und schließlich machen Sie sich anhand dieses Kapitels mit der generellen Bereitstellung eines Nano-Servers vertraut.

Tipp	Sie können sich von der Seite *http://technet.microsoft.com/de-de/evalcenter* Testversionen von Windows Server 2016 Standard und Datacenter herunterladen. Auf dieser Seite finden Sie auch die Testversion von Windows 8.1 Enterprise und Windows 10 Enterprise.
	Sie können die Testversion bis zu 180 Tage kostenlos einsetzen, müssen sie aber nach spätestens zehn Tagen aktivieren. Sie sehen die noch zur Verfügung stehende Testzeit auf dem Desktop oder wenn Sie in der Eingabeaufforderung den Befehl *Slmgr /dlv* eingeben.

Installationsgrundlagen

Windows Server 2012/2012 R2 und Windows Server 2016 verfügen über einen Boot-Manager, mit dessen Hilfe Sie auch mehrere Betriebssysteme parallel auf einem Server einsetzen können. Sie haben die Möglichkeit, das Bootverhalten zu konfigurieren, festzulegen, wie lange der Boot-Manager eingeblendet bleiben soll, um eine Auswahl zu treffen, und können das Standardbetriebssystem festlegen. Und auch zusätzliche Betriebssysteme lassen sich einbinden. Interessant ist das vor allem für Entwicklungs- oder Testumgebungen.

Die Windows Server 2016-Installation verstehen

Windows Server 2016 legt wie Windows Server 2012/2012 R2 eine versteckte Partition auf der Startfestplatte an. Diese hat in Windows Server 2016 die Größe von 350 bis 500 MB. In diesem Bereich liegen die Startdateien von Windows Server 2016 und Daten zum Entschlüsseln von BitLocker-Laufwerken (siehe Kapitel 5). Aktualisieren Sie einen Rechner von Windows Server 2012/2012 R2 zu Windows Server 2016, belässt der Assistent die Startpartition auf einer geringeren Größe.

Wer Windows Server 2016 für den produktiven Einsatz installieren will, hat grundsätzlich vier Möglichkeiten: Die erste ist eine direkte Aktualisierung des bestehenden Windows Server 2012/2012 R2-Systems zu Windows Server 2016. Der Vorteil dabei ist, dass Sie alle Einstellungen und Programme von Windows Server 2012/2012 R2 zu Windows Server 2016 übernehmen.

In jedem Fall ist es empfehlenswert, vor der Aktualisierung einer Windows Server 2012/2012 R2-Installation eine imagebasierte Datensicherung auf einer externen Festplatte durchzuführen. Geht bei der Aktualisierung auf Windows Server 2016 etwas schief, können Sie einfach das Image zurückspielen und so Ihr bisheriges Windows Server 2012/2012 R2-System retten. Dazu verwenden Sie am besten ein Systemabbild.

Hinweis	Microsoft empfiehlt generell eine Neuinstallation statt einer Aktualisierung zu Windows Server 2016.

Die zweite Möglichkeit zum Testen von Windows Server 2016 ist eine komplette Neuinstallation von Windows Server 2016 auf dem Computer. In diesem Fall sollten Sie ebenfalls vorher alle Daten von Windows Server 2012/2012 R2 sichern. Sie müssen zwar nach der Installation von Windows Server 2016 alle Programme neu installieren und die Daten manuell übernehmen, erhalten dafür aber ein neues, sauberes System. Der Nachteil ist, dass Ihr bisheriges Windows Server 2012/2012 R2-System dann verloren ist. Sie können allerdings das erstellte Image verwenden und zurückspielen. Dann ist Windows Server 2012/2012 R2 wieder einsatzbereit.

Eine weitere Möglichkeit, um Windows Server 2016 zu testen oder in einer Entwicklungsumgebung zu betreiben, ist die Installation auf einer zweiten Partition oder Festplatte des Rechners. Auch hier können Sie eine Neuinstallation von Windows Server 2016 durchführen, Windows Server 2012/2012 R2 verbleibt dabei auf der Festplatte. Bei der Installation von Windows Server 2016 wird auch der Boot-Manager von Windows Server 2012/2012 R2 durch die neue Windows Server 2016-Version ersetzt, sodass Sie ebenfalls hier die neue Version von Windows Server 2016 nutzen können. Daten können Sie dann per Kopiervorgang übernehmen und Ihr bestehendes Windows-System bleibt erhalten.

Die vierte Möglichkeit, um Windows Server 2016 zu testen, entspricht in etwa einer Parallelinstallation. Hier nutzen Sie aber keine zweite Partition, sondern erstellen während der Installation eine virtuelle Festplatte (Dateiendung *.vhd*) und installieren Windows Server 2016 in diese *.vhd*-Datei. Der Vorteil ist, dass Sie dabei die Hardware Ihres Computers nutzen, das parallele Windows unangetastet bleibt, und Sie dennoch Windows Server 2016 produktiv nutzen, zum Beispiel für eine Entwicklungsumgebung. Dabei speichert Windows Server 2016 alle Daten in einer *.vhd*-Datei, ersetzt aber den Windows Server 2012/2012 R2-Boot-Manager. Sie können über diesen Weg auch Hyper-V testen, also in der virtuellen Festplatte die Virtualisierung installieren. Allerdings ist das nur für Testumgebungen sinnvoll, nicht für den produktiven Einsatz.

Starten Sie Windows Server 2016, mountet das System die *.vhd*-Datei und Sie können fast genauso schnell arbeiten wie mit einer echten Festplatte. Die meisten Administratoren werden keine Einschränkungen bemerken. Windows Server 2016 verfügt bereits standardmäßig über eine Vielzahl an Treibern, mit Ausnahme der Nano-Installation. Teilweise bieten Hersteller bereits neue Versionen für Windows Server 2016 an.

Finden Sie beim Hersteller des Geräts keinen passenden Treiber und ist in Windows Server 2016 kein Treiber integriert, können Sie auch Windows Server 2012-Treiber in Windows Server 2016 nutzen. Das sollten Sie aber nur in Ausnahmefällen tun. Programme, die in früheren Versionen von Windows laufen, funktionieren oft in Windows Server 2016. Allerdings sollten Sie unter keinen Umständen Systemprogramme wie Virenscanner, Optimierungstools oder Anwendungen für die Datensicherung in Windows Server 2016 nutzen, die der Hersteller nicht für diese Version freigegeben hat. Auch ältere Serverprodukte sollten Sie erst mit Windows Server 2016 betreiben, wenn Updates oder Patches verfügbar sind.

Die Installation von Windows Server 2016 vorbereiten

Damit Sie Windows Server 2016 installieren können, müssen Sie zunächst die Systemvoraussetzungen beachten und einige zusätzliche Vorbereitungen treffen. Unabhängig von den Neuerungen in Windows Server 2016 und den verwendeten Serverdiensten muss der Prozessor des Servers bestimmte Mindestvoraussetzungen erfüllen, damit dieser kompatibel mit der neuen Serverversion ist:

- 64-Bit Prozessor mit 1,4 GHz
- 64-Bit-Kompatibilität

- NX (No eXecute) und DEP (Data Execution Prevention)
- CMPXCHG16b, LAHF/SAHF und PrefetchW
- Second Level Address Translation (Intel Extended Page Table (EPT) oder AMD Nested Page Table (NPT)).

Bei der Installation eines Plug&Play-Geräts werden Sie unter Umständen darauf hingewiesen, dass der Treiber nicht digital signiert ist. Bei der Installation einer Anwendung, die einen nicht digital signierten Treiber enthält, wird beim Setup kein Fehler angezeigt. In beiden Fällen wird der nicht signierte Treiber von Windows Server 2016 nicht geladen. Wollen Sie diese Funktion umgehen, deaktivieren Sie die Prüfung für nicht signierte Treiber:

1. Starten Sie den Computer neu und drücken Sie beim Start die F8 -Taste.
2. Wählen Sie *Erweiterte Startoptionen* aus.
3. Wählen Sie *Erzwingen der Treibersignatur deaktivieren* aus.
4. Starten Sie Windows Server 2016 und deinstallieren Sie den nicht signierten Treiber.

Wenn der Computer mit einer unterbrechungsfreien Stromversorgung (USV) verbunden ist, trennen Sie vor dem Ausführen von Setup das serielle oder USB-Kabel dieses Geräts. Das Installationsprogramm von Windows Server 2016 versucht automatisch, die Geräte an den seriellen Anschlüssen oder USB-Geräten zu erkennen. Eine USV kann zu Problemen bei diesem Vorgang führen und die Installation deutlich ausbremsen oder sogar mit einem Fehler abbrechen lassen.

Sichern Sie den Server! Ihre Sicherung sollte alle erforderlichen Daten und Konfigurationsdateien für eine ordnungsgemäße Ausführung des Servers einschließen. Daten wie die Einstellungen von DHCP-Servern, Netzwerkeinstellungen, aber auch andere Daten sind wichtig für den Betrieb des Servers nach der Installation.

Deaktivieren Sie die Virenschutzsoftware des Netzwerks für diesen Server, genauso wie die Überwachung durch Managementlösungen.

Windows Server 2016 installieren

In diesem Abschnitt erläutern wir Ihnen, wie Sie Windows Server 2016 ganz neu installieren. Wir zeigen Ihnen auch, wie Sie Windows Server 2016 über einen USB-Stick installieren. Die Installation über einen USB-Stick läuft schneller ab und Sie können damit Windows Server 2016 sogar auf Geräten installieren, die über kein DVD-Laufwerk verfügen. Generell lässt sich die *.iso*-Datei von Windows Server 2016 ohnehin schwer auf DVD brennen, da ihre Größe das Fassungsvermögen der meisten Rohlinge übersteigt.

Die Windows Server 2016-Bereitstellung basiert auf Images. Bei Images handelt es sich quasi um eine Kopie eines installierten Betriebssystems. Windows Server 2012/2012 R2 und Windows Server 2016 arbeiten mit dem WIM-Imageformat (Microsoft Windows Imaging). Statt eines sektorbasierten Imageformats ist das WIM-Imageformat dateibasiert. Dies hat mehrere Vorteile:

- **WIM ist hardwareunabhängig** – Dies bedeutet, Sie benötigen nur ein Image für verschiedene Hardwarekonfigurationen. Mit WIM können mehrere Images in einer Datei gespeichert werden. Sie können Images mit und ohne Anwendungen in einer Datei speichern. WIM nutzt eine Kompression und ein Single-Instance-Verfahren. So wird die Größe von Imagedateien deutlich reduziert. Single-Instancing ist eine Technologie, bei der jede Datei nur einmal gespeichert wird. Wenn zum Beispiel Image 1, 2 und 3 alle die Datei A enthalten, dann sorgt Single-Instancing dafür, dass Datei A tatsächlich nur einmal gespeichert wird.

- **WIM ermöglicht die Offlinebearbeitung von Images** – Sie können Betriebssystemkomponenten, Patches und Treiber hinzufügen oder löschen, ohne ein neues Image erstellen zu müssen. Mit WIM können Images auf Partitionen jeder Größe installiert werden. Sektorbasierte Imageformate benötigen eine Partition der gleichen Größe oder eine größere Partition. Mit WIM können auf dem Zielvolumen vorhandene Daten beibehalten werden. Das Einrichten eines Image löscht nicht zwingend alle vorhandenen Daten auf der Festplatte.

Die Installation durchführen

Unabhängig davon, ob Sie Windows Server 2016 über eine DVD oder einen USB-Stick installieren, müssen Sie den entsprechenden Datenträger mit dem Computer verbinden und im BIOS oder den Booteinstellungen vom Datenträger aus starten. Anschließend beginnt der Installations-Assistent von Windows Server 2016 mit seiner Arbeit. In den meisten Fällen erscheint das Bootmenü nach der Betätigung einer Taste auf der Tastatur. Welche das ist, sehen Sie beim Starten des Rechners.

Die Installation von Windows Server 2016 findet bereits beim Starten in einer grafischen Oberfläche statt, es gibt keinen textorientierten Teil mehr. Außerdem werden weniger Fenster angezeigt und es sind weniger Eingaben für die Installation erforderlich. Außerdem werden die meisten Eingaben bereits vor Beginn der Installation durchgeführt, sodass der Computer während der Installation nicht die ganze Zeit beaufsichtigt werden muss. Sie benötigen für die Installation ein bootfähiges DVD-Laufwerk oder einen USB-Stick.

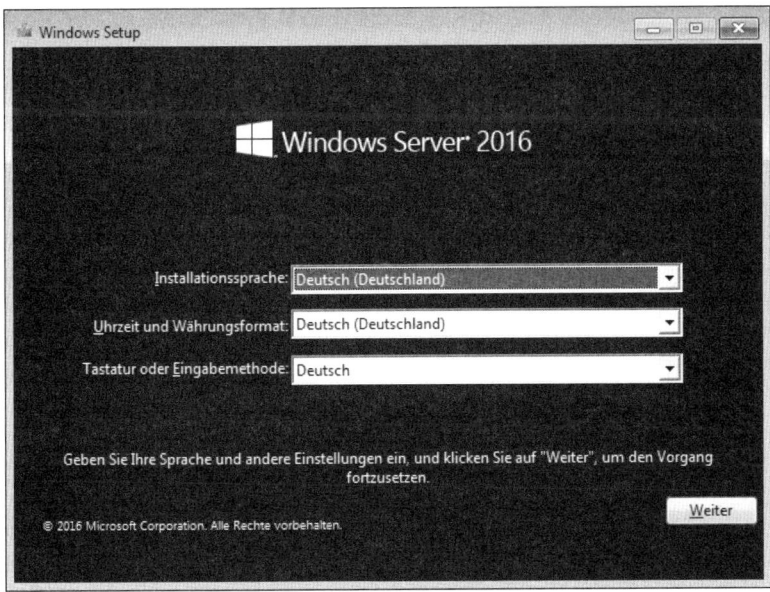

Abbildung 2.1: Starten einer Windows Server 2016-Installation

Kapitel 2: Installation und Grundeinrichtung

Im ersten Schritt wählen Sie die Installationssprache, das Uhrzeit- und Währungsformat sowie die Tastatur- oder Eingabemethode aus und klicken auf *Weiter*.

Auf der nächsten Seite starten Sie entweder mit *Jetzt installieren* die eigentliche Installation oder durch Auswahl von *Computerreparaturoptionen* die Systemwiederherstellung von Windows Server 2016. Bis hierhin gibt es noch keine Unterschiede zur Installation von Windows Server 2012/2012 R2.

Starten Sie die Installation, müssen Sie im nächsten Schritt den Product Key eingeben, wenn Sie keine spezielle Edition von Windows Server 2016 einsetzen. Sie können dazu entweder die Tastatur des Rechners oder die Bildschirmtastatur nutzen.

Im nächsten Schritt wählen Sie aus, ob Sie eine Server Core-Installation durchführen wollen (Standardauswahl) oder eine Installation eines Servers mit grafischer Oberfläche (*Desktopdarstellung*). Die Installation als Core-Server ist standardmäßig ausgewählt.

Wichtig In Windows Server 2012 R2 konnten Core-Server zu herkömmlich installierten Servern umgewandelt werden und umgekehrt. Das ist in Windows Server 2016 nicht mehr möglich. Installieren Administratoren einen Core-Server, muss der Server neu installiert werden, wenn die grafische Oberfläche benötigt wird.

Wurde ein Server mit grafischer Benutzeroberfläche installiert, lässt sich auch das nicht mehr rückgängig machen. Falls sich herausstellt, dass Sie doch einen Core-Server benötigen, müssen Sie Windows Server 2016 neu installieren.

Wie Sie Nano-Server bereitstellen, erfahren Sie etwas später in diesem Kapitel. Über die Installations-Oberfläche lassen sich keine Nano-Server bereitstellen.

Abbildung 2.2: Auswählen der Installationsvariante

Ein Core-Server verfügt über keine grafische Oberfläche, keine Shell, keine Mediafunktionen und keinerlei Zusatzkomponenten außer den notwendigen Serverdiensten. Der Anmeldebildschirm sieht allerdings identisch aus, Sie müssen sich nach der Installation über die Tastenkombination [Strg]+[Alt]+[Entf] anmelden. Sobald Sie sich angemeldet haben, sehen Sie nur eine Eingabeaufforderung.

Zur Bearbeitung des Servers können Sie den Editor (Notepad) öffnen, aber zum Beispiel keinen Windows-Explorer oder Internet Explorer und keinen Registrierungseditor (Regedit). Auf diese Weise können die Standardfunktionen von Windows Server 2016 genutzt werden, ohne dass der Server durch unwichtige Komponenten belastet oder kompromittiert werden kann. Als Serverrollen können Sie auf Core-Servern folgende Rollen installieren:

- Active Directory-Zertifikatdienste (siehe Kapitel 30)
- Active Directory-Domänendienste (siehe Kapitel 10 bis 17)
- DHCP-Server (siehe Kapitel 24)
- DNS-Server (siehe Kapitel 25)
- Dateidienste (einschließlich Ressourcen-Manager für Dateiserver, siehe Kapitel 20 bis 23)
- Active Directory Lightweight Directory Services (AD LDS)
- Hyper-V (siehe Kapitel 7, 8 und 9)
- Druck- und Dokumentdienste (siehe Kapitel 20 bis 23)
- Streaming Media-Dienste
- Webserver (einschließlich ASP.NET, siehe Kapitel 27)
- Windows Server Update Services (siehe Kapitel 37)
- Active Directory-Rechteverwaltungsdienste (siehe Kapitel 33)
- Routing- und RAS-Server (siehe Kapitel 32)

Mehr über die Konfiguration von Windows Server 2016 sowie über Serverrollen und Funktionen lesen Sie in den Kapiteln 3 und 4.

Um einen Server neu zu installieren, wechseln Sie zur nächsten Seite des Assistenten und bestätigen die Lizenzbedingungen. Wählen Sie danach aus, ob Sie ein bereits installiertes Betriebssystem aktualisieren oder Windows Server 2016 neu installieren möchten. Bei einer Neuinstallation wählen Sie *Benutzerdefiniert* aus. Wollen Sie eine Aktualisierung durchführen, wählen Sie *Upgrade*.

Durch diese Auswahl haben Sie auch die Möglichkeit, erweiterte Einstellungen für die Partitionierung durchzuführen. Die *Upgrade*-Option steht nur dann zur Verfügung, wenn Sie das Setup-Programm aus jener Windows-Installation heraus starten, die Sie aktualisieren wollen. Booten Sie das Windows Server 2016-Installationsprogramm von DVD, ist nur die Option *Benutzerdefiniert* sinnvoll.

Kapitel 2: Installation und Grundeinrichtung

Abbildung 2.3: Auswählen der Installationsart Upgrade *oder* Benutzerdefiniert

Nachdem Sie die Installationsart ausgewählt haben, gelangen Sie zum nächsten Fenster der Installationsoberfläche. Hier wählen Sie die Partition aus, auf der Windows Server 2016 installiert werden soll. In diesem Fenster können Sie auch zusätzliche Treiber laden, wenn die Controller für die Festplatten nicht erkannt werden. Klicken Sie dazu auf den Link *Treiber laden*.

Abbildung 2.4: Auswählen der Partition für die Installation

Wollen Sie die Partitionierung ändern oder eine Partition zunächst löschen, klicken Sie auf den jeweiligen Link.

Systempartitionen und Startpartitionen sind Bezeichnungen für Partitionen oder Volumes auf einer Festplatte, die zum Starten von Windows verwendet werden. Die Systempartition enthält die hardwarebezogenen Dateien, die einem Computer mitteilen, von wo aus Windows gestartet werden kann. Eine Startpartition ist eine Partition, die die Windows-Betriebssystemdateien enthält, die sich im Windows-Dateiordner befinden.

Wenn Sie den Computer einschalten, werden die auf der Systempartition verwendeten Informationen zum Starten des Computers verwendet. Auf einem Windows-basierten Computer ist nur eine Systempartition vorhanden, auch wenn auf dem Computer verschiedene Windows-Betriebssysteme installiert sind. Nicht-Windows-Betriebssysteme verwenden andere Systemdateien.

Wenn auf einem Multiboot-Computer ein Nicht-Windows-Betriebssystem installiert ist, befinden sich die dazugehörigen Systemdateien auf einer eigenen Partition, getrennt von der Windows-Systempartition. Eine Startpartition ist eine Partition, die Windows-Betriebssystemdateien enthält.

Mit einem Klick auf *Weiter* beginnt die Installation. Diese ist wie bei Windows Server 2012/2012 R2 imagebasiert. Abhängig von der Leistung des Rechners startet die Installationsroutine den Computer nach 10 bis 20 Minuten automatisch neu. Sie müssen keine weiteren Eingaben durchführen und keine Taste drücken. Sollten Sie versehentlich eine Taste gedrückt haben und die Installation startet wieder von der DVD, schalten Sie den Rechner aus und starten ihn erneut.

Der Computer bootet und es wird ein Fenster geöffnet, über das Sie informiert werden, dass der Rechner für den ersten Start von Windows vorbereitet wird. Lassen Sie den Rechner am besten ungestört weiterarbeiten. Es kann sein, dass der Bildschirm während der Installation der Monitor- und Grafikkartentreiber ein paar Mal flackert oder schwarz wird. Dies ist normal und muss Sie nicht beunruhigen.

Sobald der Assistent seine Arbeit abgeschlossen hat, erscheint die Abfrage für das gewünschte Administratorkennwort, das Sie zur Sicherheit zwei Mal nacheinander eingeben müssen. Achten Sie beim Kennwort darauf, mindestens einen Großbuchstaben und eine Zahl oder ein Sonderzeichen zu verwenden.

Anschließend melden Sie sich mit der Tastenkombination Strg+Alt+Entf am Server an. Als Anmeldenamen verwenden Sie *Administrator* und das zuvor festgelegte Kennwort. In Windows Server 2016 startet nach der Anmeldung automatisch der Server-Manager (siehe Kapitel 3). Wollen Sie das nicht, können Sie die Willkommen-Kachel und den Autostart verhindern.

Tipp Im Dashboard des Server-Managers können Sie im Menü *Ansicht* den Befehl *Kachel für Willkommen ausblenden* wählen, um die Willkommen-Kachel zu deaktivieren. Nach dem Aufruf des Menübefehls *Verwalten/Server-Manager-Eigenschaften* aktivieren Sie das Kontrollkästchen *Server-Manager beim Anmelden nicht automatisch starten*, wenn Sie nicht wollen, dass der Server-Manager automatisch mit Windows starten soll.

In einigen Fällen benötigen Sie für die Installation von Treibern den Internet Explorer. Bei Windows Server 2016 ist automatisch die verstärkte Sicherheit des Internet Explorers aktiv, was beim Herunterladen von Treibern oder bei Test- und Entwicklungsumgebungen durchaus stören kann. Sie können die erweiterte Sicherheit des Internet Explorers im Server-Manager deaktivieren:

1. Öffnen Sie den Server-Manager.
2. Klicken Sie auf der linken Seite auf *Lokaler Server*
3. Klicken Sie im rechten Bereich im Abschnitt *Eigenschaften* neben *Verstärkte Sicherheitskonfiguration für IE* auf den Link *Ein*.
4. Deaktivieren Sie im daraufhin geöffneten Dialogfeld die Option für alle Benutzer oder nur für Administratoren.

Einen USB-Stick für die Installation erstellen

Liegen Ihnen die Windows Server 2016-Installationsdateien im *.iso*-Format vor, können Sie die *.iso*-Datei im Betriebssystem bereitstellen und auf deren Basis einen bootfähigen USB-Stick erstellen. Damit die Image-Datei von Windows Server 2016 (*install.wim*) auf einen USB-Stick mit dem FAT32-Dateisystem passt, müssen Sie sie aufteilen. Ansonsten können Sie die Datei nicht kopieren. Das Aufteilen ist aber kein komplizierter Vorgang.

Der Befehl dazu, den Sie in einer Eingabeaufforderung mit Administratorrechten aufrufen, sieht zum Beispiel folgendermaßen aus:

Dism /Split-Image /ImageFile:f:\sources\install.wim /SWMFile:c:\temp\install.swm /FileSize:3600

Die beiden Dateien können dann anstatt der Datei *install.wim* aus dem Verzeichnis *sources* auf den USB-Stick kopiert werden. Auf diesem Weg lassen sich auch UEFI-fähige USB-Sticks erstellen. Das Tool *Dism.exe* gehört ebenfalls zu den Bordmitteln von Windows 10, sodass Sie den bootfähigen Datenträger auf einer Arbeitsstation erstellen können. Achten Sie darauf, die korrekten Pfade zur originalen *install.wim*-Datei und den neuen *install.swm*-Dateien zu verwenden.

Das Windows USB/DVD Download Tool einsetzen

Mit dem kostenlosen Windows USB/DVD Download Tool von Microsoft (*http://tinyurl.com/luaq843*) lassen sich USB-Sticks für die Installation von Windows Server 2016 erstellen. Die Installation lässt sich auf Arbeitsstationen mit Windows 7/8.1, aber auch Windows 10 durchführen. Neben dem Tool wird dazu noch eine *.iso*-Datei von Windows Server 2016 (*http://tinyurl.com/gtscsh5*) benötigt. Für das Windows USB/DVD Download Tool ist ebenfalls .NET Framework 2.0 in Windows notwendig. Dieses kann recht einfach über das Tool *Optionalfeatures* installiert werden. Hierüber lassen sich alle optionalen Features von Windows 10 installieren.

Nach der Installation des Windows USB/DVD Download Tools wird dieses gestartet, um die *.iso*-Datei einzulesen und auf einen USB-Stick zu extrahieren. Durch einen Klick auf *Browse* lässt sich die *.iso*-Datei von Windows Server 2016 auswählen. Auf der nächsten Seite wird mit der Schaltfläche *USB device* bestimmt, dass die Installationsdateien auf einen USB-Stick kopiert werden sollen. Der entsprechende USB-Stick wird anschließend ausgewählt. Mit der Schaltfläche *Begin copying* startet der Vorgang.

Sind auf dem USB-Stick noch Daten, erscheint eine entsprechende Meldung, dass sie gelöscht werden. Über die Schaltfläche *Erase USB Device* löscht das Windows USB/DVD Download Tool alle Daten auf dem Stick und kopiert anschließend die Installationsdateien von Windows Server 2016. Die Aktion muss mit *Ja* bestätigt werden.

Einen USB-Stick manuell erstellen (auch mit gesplitteten .swm-Dateien)

Sie können den USB-Stick auch zukünftig für das Speichern von Daten nutzen, zum Beispiel für Treiber. Die Installationsdateien belegen etwa einen Platz von 3,5 GB:

1. Starten Sie eine Eingabeaufforderung über das Kontextmenü im Administratormodus.
2. Geben Sie *diskpart* ein.
3. Geben Sie *list disk* ein.
4. Geben Sie den Befehl *select disk <Nummer des USB-Sticks aus list disk>* ein. Sie erkennen den Stick an dessen Größe.
5. Geben Sie *clean* ein.
6. Geben Sie *create partition primary* ein.
7. Geben Sie *active* ein, um die Partition zu aktivieren. Dies ist für den Bootvorgang notwendig, denn nur so kann der USB-Stick booten.
8. Formatieren Sie den Datenträger mit *format fs=fat32 quick*.
9. Geben Sie den Befehl *assign* ein, um dem Gerät im Explorer einen Laufwerkbuchstaben zuzuordnen,
10. Beenden Sie Diskpart mit *exit*.
11. Kopieren Sie den kompletten Inhalt der Windows Server 2016-DVD beziehungsweise *.iso*-Datei in den Stammordner des USB-Sticks. Anstatt der Datei *install.wim* aus dem Verzeichnis *sources* kopieren Sie aber die beiden erstellten *.swm*-Dateien. Der Installations-Assistent erkennt die Dateien und verwendet sie wie die *install.wim*.
12. Booten Sie einen Computer mit diesem Stick, startet die Windows Server 2016-Installation.

Tipp   Soll der Stick auch UEFI beherrschen, sollten Sie überprüfen, ob die Datei *Bootx64.efi* im Verzeichnis *\efi\boot* auf dem Stick vorhanden ist. Ist sie das nicht, kann die Datei von jedem Rechner mit Windows 7 oder höher auf den Stick kopiert werden.

Dazu wird auf dem Rechner das Verzeichnis *C:\Windows\Boot\Efi* geöffnet. Hier befindet sich die Datei *bootmgfw.efi*. Die Datei muss auf den USB-Stick in das Verzeichnis *\EFI\BOOT* kopiert und in *BOOTX64.EFI* umbenannt werden. Ist das Verzeichnis nicht vorhanden, müssen Sie es zunächst anlegen. Danach ist der Stick UEFI-fähig.

Auf Windows Server 2016 aktualisieren

In diesem Abschnitt erfahren Sie, wie sich ein bestehendes System mit Windows Server 2012 beziehungsweise Windows Server 2012 R2 direkt auf Windows Server 2016 aktualisieren lässt. Sie können entweder identische Editionen aktualisieren, also Windows Server 2012/2012 R2 Standard auf Windows Server 2016 Standard oder auf höherwertige Editionen, also Standard-Edition zu Datacenter-Edition. Direkte Aktualisierungen können Sie nur über Windows Server 2012/2012 R2 durchführen. Zuvor sollten Sie das Quellbetriebssystem, also Windows Server 2012/2012 R2, auf den neuesten Stand bringen.

Kapitel 2: Installation und Grundeinrichtung

Hinweis	Windows Server 2008 (R2) lässt sich nicht direkt auf Windows Server 2016 aktualisieren.
	Core-Installationen von Windows Server 2012/2012 R2 lassen sich nur zu Core-Installationen von Windows Server 2016 aktualisieren. Nach der Installation können Sie aber auf Wunsch die grafische Benutzeroberfläche installieren.

Starten Sie das Installationsprogramm im laufenden Betrieb von Windows Server 2012/2012 R2. Sie werden auf eventuelle Probleme hingewiesen, und müssen diese vor der Aktualisierung bestätigen.

Tipp	Bevor Sie Windows Server 2012/2012 R2 auf Windows Server 2016 aktualisieren, sollten Sie eine Systemabbildsicherung erstellen. Der Vorteil dabei ist, dass Sie bei Problemen schnell und einfach Ihr bisheriges System mit Windows Server 2012 beziehungsweise 2012 R2 wiederherstellen können.
	Mit dem kostenlosen Tool *Disk2vhd* von Sysinternals können Sie physische Festplatten in eine *.vhd*-Datei sichern und diese später zur Wiederherstellung von Daten nutzen. Die *.vhd*-Datei können Sie auch in Windows Server 2016 als Festplatte einbinden. Dazu starten Sie den Festplatten-Manager durch Eingabe von »diskmgmt.msc« auf der Startseite und fügen die virtuelle Festplatte an.
	Nach dem Download von Disk2vhd (*http://tinyurl.com/jywmlpv*) können Sie das Tool direkt ohne Installation starten. Legen Sie zunächst den Pfad und den Namen der anzulegenden *.vhdx*-Datei fest.

Beachten Sie vor der Aktualisierung die folgenden wichtigen Aktionen:

- Bevor Sie einen Server direkt auf Windows Server 2016 aktualisieren, sollten Sie zunächst installierte Sicherheitsprogramme und Antivirenschutzprogramme deaktivieren.
- Arbeiten Sie mit Programmen zur Netzwerküberwachung, sollten Sie beachten, dass Sie den zu aktualisierenden Computer in den Wartungsmodus versetzen.
- Achten Sie darauf, dass alle installierten Anwendungen, Management Packs für Netzwerküberwachungsprogramme und Tools kompatibel zu Windows Server 2016 sind. Aktualisieren Sie die Programme nach der Installation von Windows Server 2016.
- Achten Sie darauf, dass die Windows-Firewalleinstellungen die Verbindung zu anderen Servern nicht blockieren oder bestimmte IPsec-Regeln gesetzt sind.

Abbildung 2.5: Bei der Aktualisierung testet der Installations-Assistent, ob Aktionen notwendig sind.

Von früheren Versionen aktualisieren

In diesem Abschnitt zeigen wir Ihnen, wie Sie Windows Server 2012/2012 R2 auf Windows Server 2016 aktualisieren. Dazu muss Windows Server 2012/2012 R2 gestartet sein und fehlerfrei funktionieren. Aktualisieren können Sie von Windows Server 2012/2012 R2 Standard/Datacenter zu Windows Server 2016 Standard/Datacenter.

Starten Sie Windows Server 2012/2012 R2 und legen Sie die Windows Server 2016-DVD in das DVD-Laufwerk. Klicken Sie dann auf *setup.exe*, um die Installation zu starten. Klicken Sie auf *Jetzt installieren*. Im nächsten Schritt erhalten Sie die Möglichkeit, die Installationsdateien zu aktualisieren. Dazu sollten Sie die Option *Online gehen, um jetzt Updates zu installieren* auswählen. Anschließend sucht der Assistent nach Updates und bindet diese in die Installation mit ein. Dies ist nicht zwingend notwendig, aber empfohlen. Im Rahmen der Aktualisierung fragt Sie der Assistent auch, ob Sie die installierten Programme und Einstellungen beibehalten wollen oder ob der Assistent alles entfernen soll.

Erscheint die Abfrage des Product Keys für die Installation, geben Sie die Seriennummer ein. Auf Basis der Seriennummer entscheidet es sich, ob Sie Windows Server 2016 in der Standard- oder Datacenter-Edition installieren. Im unteren Feld erhalten Sie nach wenigen Sekunden den Hinweis, dass der Installations-Assistent den Schlüssel verifiziert hat. Klicken Sie dann auf *Weiter*.

Kapitel 2: Installation und Grundeinrichtung

Abbildung 2.6: Aktualisieren auf Windows Server 2016

Im nächsten Fenster wählen Sie aus, ob Sie einen Core-Server oder einen Server mit grafischer Benutzeroberfläche installieren wollen. Sie können von einem herkömmlichen Server mit Windows Server 2012/2012 R2 nicht auf eine Core-Installation von Windows Server 2016 Standard aktualisieren.

Im nächsten Schritt bestätigen Sie die Lizenzbedingungen. Danach erscheint ein Fenster, in dem Sie auswählen können, welche Daten Sie übernehmen wollen. Am besten belassen Sie hier die Auswahl auf *Upgrade: Windows installieren und Dateien, Einstellungen und Anwendungen behalten*. Nach einem Klick auf *Weiter* führt der Assistent noch verschiedene Vorbereitungen zur Installation durch. Nach der Installation startet der Einrichtungs-Assistent von Windows Server 2016, genauso wie bei einer Neuinstallation.

Von einer Standard- und Testversion auf die Datacenter-Edition upgraden

Haben Sie Windows Server 2016 in der Standard-Edition installiert, können Sie zur Datacenter-Edition aktualisieren. Dazu muss Windows nicht neu installiert werden, die Aktualisierung kann im laufenden Betrieb erfolgen. Sie müssen lediglich nach der Aktualisierung den Server neu starten.

Zunächst geben Sie in der Befehlszeile den Befehl *Dism /online /Get-TargetEditions* ein, um zu überprüfen, ob eine Aktualisierung möglich ist. Wenn eine Aktualisierung möglich ist, erhalten Sie vom Tool eine entsprechende Rückmeldung.

Auf Windows Server 2016 aktualisieren

```
Microsoft Windows [Version 10.0.14393]
(c) 2016 Microsoft Corporation. Alle Rechte vorbehalten.

C:\Users\Administrator>Dism /online /Get-TargetEditions

Tool zur Imageverwaltung für die Bereitstellung
Version: 10.0.14393.0

Abbildversion: 10.0.14393.0

Editionen, auf die aktualisiert werden kann:

Zieledition : ServerDatacenter

Der Vorgang wurde erfolgreich beendet.

C:\Users\Administrator>
```

Abbildung 2.7: Mögliche Aktualisierung eines Servers

Um die Aktualisierung von der Standard- zur Datacenter-Edition durchzuführen, geben Sie schließlich den folgenden Befehl ein:

Dism /Online /Set-Edition:ServerDatacenter /AcceptEula /ProductKey: xxxxx-xxxxx-xxxxx-xxxxx-xxxxx

Starten Sie nach der Aktualisierung den Server neu.

```
C:\Users\Administrator>dism /online /set-Edition:ServerDatacenter /accepteula /productKey:
Tool zur Imageverwaltung für die Bereitstellung
Version: 10.0.14393.0

Abbildversion: 10.0.14393.0

Komponentenaktualisierung wird gestartet...
Product Key-Installation wird gestartet...
Product Key-Installation ist abgeschlossen.
Paket "Microsoft-Windows-ServerDatacenterEvalEdition~31bf3856ad364e35~amd64~~10.0.14393.0" wird entfernt
[==============================100.0%==========================]
Komponentenaktualisierung ist abgeschlossen.

Editionsspezifische Einstellungen werden angewendet...
Das Anwenden der editionsspezifische Einstellungen ist abgeschlossen.

Der Vorgang wurde erfolgreich beendet.
Zum Abschließen dieses Vorgangs muss Windows neu gestartet werden.
Möchten Sie den Computer jetzt neu starten? (Y/N)
```

Abbildung 2.8: Aktualisieren von Windows Server 2016 auf eine andere Edition

Sie haben auch die Möglichkeit, die Testversionen von Windows Server 2016 zu einer vollwertigen Version umzuwandeln. Ob es sich bei der Version um eine Testversion handelt, sehen Sie durch Eingabe des Befehls *Slmgr.vbs /dlv.* Auch in der Testversion sehen Sie mit *Dism /Online /Get-TargetEditions,* auf welche Edition Sie aktualisieren können.

Eine Aktualisierung nehmen Sie mit dem gleichen Befehl wie bei der Aktualisierung von der Standard- auf die Datacenter-Edition vor. Sie können auf diesem Weg von der Testversion von Windows Server 2016 Datacenter zur lizenzierten Version von Windows Server 2016 Datacenter wechseln. Der Server muss dazu mindestens zweimal neu starten.

Kapitel 2: Installation und Grundeinrichtung

Einen Nano-Server installieren

Die neuen Nano-Server gehören zu den wichtigsten Neuerungen in Windows Server 2016. Unternehmen können mit der neuen Bereitstellungsvariante wesentlich schlankere Server mit eingeschränkten Betriebssystemdateien zur Verfügung stellen.

Web- und Cloudanwendungen sind ideal für Nano-Server. Außerdem arbeiten die neuen Server mit den neuen Windows Server-Containern zusammen, der Docker-Implementation in Windows Server 2016. Nano-Server lassen sich aber auch als Dateiserver einsetzen sowie als Virtualisierungs-Host mit Hyper-V und als Webserver auf Basis der Internetinformationsdienste (Internet Information Services, IIS). Darüber hinaus unterstützen die Server auch den DNS-Dienst. Mit Nano-Servern lassen sich durch eine sehr kleine Serverinstallation in kurzer Zeit eine hohe Anzahl sicherer Serveranwendungen bereitstellen. Im folgenden Abschnitt zeigen wir Ihnen die Bereitstellung einer Nano-Installation. In Kapitel 3 erfahren Sie mehr über die erste Einrichtung und Verwaltung eines Nano-Servers.

Einstieg in die Nano-Installation

Im Gegensatz zu Core-Servern sind Nano-Server keine weitere Installationsvariante von Windows Server 2016. Die Bereitstellung der neuen Server kann nicht in der Installationsoberfläche ausgewählt werden. Nano-Server bauen auf der 64-Bit-Architektur auf. 32-Bit-Programme und *.msi*-Dateien als Installationsgrundlage werden nicht unterstützt.

Nano-Server werden als Image bereitgestellt. Standardmäßig verfügt die Nano-Installation über keinerlei Treiber. Diese müssen manuell hinzugefügt werden, sobald der Nano-Server bereitsteht, oder alternativ als Paket in die Installation eingebunden sein. Sie müssen aber keine speziellen Treiber installieren, alle Treiber für Windows Server 2016 lassen sich auch innerhalb von Nano-Servern nutzen. Außerdem können Sie eigene Images für Nano-Server erstellen, die genau die notwendigen Treiber enthalten.

Tipp Microsoft bietet mit dem Nano Server Image Builder (*http://tinyurl.com/h6gazdb*) ein Tool an, mit dem Administratoren Nano-Server über eine grafische Oberfläche installieren können. Zusätzlich benötigt das Tool das aktuelle Windows ADK: *http://tinyurl.com/z3ofwe9*

Im Verzeichnis *NanoServerImageGenerator* aus dem Unterverzeichnis *NanoServer* der Installationsdateien von Windows Server 2016 befindet sich das PowerShell-Modul zum Erstellen von neuen Nano-Installationen. Mit dem Wechsel in das Verzeichnis *NanoServer\NanoServerImageGenerator* und dem Aufruf des Befehls *Import-Module .\NanoServerImageGenerator.psm1 -Verbose* stehen alle Befehle zum Erstellen eines Image bereit. Erhalten Sie eine Fehlermeldung, müssen Sie die Ausführung von Skripts in der PowerShell erlauben. Dazu verwenden Sie den Befehl *Set-ExecutionPolicy RemoteSigned*.

Ein neues Image wird mit dem Cmdlet *New-NanoServerImage* erstellt. Hierbei stehen folgende Optionen zur Verfügung:

-MediaPath – Pfad zu den Installationsdateien von Windows Server 2016

-ComputerName – Computername des Nano-Servers

-TargetPath – Pfad und Name der *.vhd*-Datei

-DeploymentType – »Guest« (VM) oder »Host« (Betrieb auf physischer Hardware). Durch die Option *-OEMDrivers* werden grundlegende Treiber installiert.

-Edition – Edition von Windows Server 2016 (Standard oder Datacenter)

Die Serverrollen werden über Pakete installiert. Die Option *-Compute* installiert zum Beispiel die Hyper-V-Rolle. Mit zusätzlichen Optionen lassen sich weitere Serverrollen in den Nano-Server integrieren. Folgende Rollen sind zum Beispiel verfügbar:

-Compute – Hyper-V-Server

-Clustering – Clusterrolle

-Storage – Dateiserver und Speicherfunktionen

Bereits beim Erstellen des Image können Sie eine statische IP-Adresse festlegen. Standardmäßig verwenden Nano-Server DHCP. Sie können die IP-Adresse entweder über die Recovery Console manuell einstellen oder automatisiert bereits bei der Erstellung des Servers. Hier verwenden Sie zum Beispiel folgende Optionen des Cmdlets *New-NanoServerImage*:

-InterfaceNameOrIndex Ethernet -Ipv4Address 192.168.1.2 -Ipv4SubnetMask 255.255.255.0 -Ipv4Gateway 192.168.1.1 -Ipv4Dns 192.168.1.1

Beim Erstellen eines neuen Nano-Servers lassen sich weitere Optionen in das Image einbinden. Wollen Sie zum Beispiel den Virenschutz inklusive der Signaturdateien integrieren, verwenden Sie noch die Option *-Defender*.

Für das Integrieren von PowerShell DSC wird die Option *-Package Microsoft-NanoServer-DSC-Package* verwendet. Der Befehl sieht in diesem Fall zum Beispiel folgendermaßen aus:

New-NanoServerImage -Edition Standard -DeploymentType Guest -MediaPath f:\ -BasePath .\Base -TargetPath .\Nano1\Nano.vhd -ComputerName Nano1 -Package Microsoft-NanoServer-DSC-Package

Natürlich lassen sich auch die Container-Funktionen von Windows Server 2016 installieren. Dazu verwenden Sie die Option *-Containers*.

Auch die Anbindung an System Center Virtual Machine Manager können Sie über die Optionen zum Erstellen eines neuen Image durchführen. Dazu installieren Sie den notwendigen Agent. Hier gibt es zwei Möglichkeiten:

-Package Microsoft-NanoServer-SCVMM-Package

-Package Microsoft-NanoServer-SCVMM-Compute-Package (wenn Hyper-V auf dem Server im Einsatz ist).

Tipp Standardmäßig erstellt der Befehl einen Nano-Server auf Basis von Windows Server 2016 Standard. Wollen Sie die Datacenter-Edition als Nano-Server betreiben, verwenden Sie die Option *-Edition Datacenter*.

Beispiele für das Erstellen von Nano-Servern

Bereits beim Erstellen eines Nano-Servers kann dieser einer Domäne beitreten. Dazu wird beim Erstellen einfach die entsprechende Option mit angegeben. Der Befehl sieht dann zum Beispiel folgendermaßen aus:

New-NanoServerImage -Edition Standard -DeploymentType Guest -MediaPath D:\ -TargetPath "c:\vms\nano\nano.vhdx" -ComputerName nano -DomainName Contoso

Alternativ verwenden Sie:

New-NanoServerImage -Edition Standard -DeploymentType Guest -MediaPath <Stammverzeichnis der Installationsdateien> -BasePath <Pfad, in den die WIM-Datei kopiert werden soll> -TargetPath .\NanoServerVM\NanoServerVM.vhd -ComputerName <Computername>

Ein weiteres Beispiel für den Befehl ist:

New-NanoServerImage -Edition Standard -DeploymentType Guest -MediaPath f:\ -BasePath .\Base -TargetPath .\Nano1\Nano.vhd -ComputerName Nano1

Sie erstellen mit diesem Befehl eine *.vhd(x)*-Datei auf Basis der Installationsdateien von Windows Server 2016 im angegebenen Verzeichnis. Die Datei der virtuellen Festplatte, zum Beispiel *Nano.vhdx*, wird im angegebenen Verzeichnis erstellt.

Durch die Dateiendung *.vhd* wird eine virtuelle Maschine der Generation 1 erstellt. Wollen Sie eine virtuelle Maschine der Generation 2 erstellen, verwenden Sie die Endung *.vhdx*.

Nano-Server verwalten und einer Domäne beitreten

Wenn Sie den Nano-Server virtualisieren, können Sie direkt vom Hyper-V-Host auf ihn zugreifen. Dazu verwenden Sie den Befehl:

Enter-PSSession -VMName <Name des Nano-Servers>

Nach der Authentifizierung können Sie den Nano-Server in der PowerShell vom Host aus verwalten. Diese neue Funktion lässt sich bei allen virtuellen Maschinen (VMs) nutzen, auch bei Core-Servern oder Servern mit grafischer Oberfläche.

Mit dem Cmdlet *Get-NetAdapter* lassen sich Informationen zum Netzwerkadapter des Nano-Servers auslesen. Die Informationen werden dazu verwendet, um die IP-Einstellungen zu setzen, zum Beispiel mit folgendem Befehl:

New-NetIPAddress -IPAddress 192.168.178.230 -InterfaceAlias "Ethernet" -DefaultGateway 192.168.178.1 -AddressFamily IPv4 -PrefixLength 24

Die DNS-Einstellungen werden mit folgendem Cmdlet gesetzt:

Set-DnsClientServerAddress -InterfaceAlias "Ethernet" -ServerAddresses ("192.168.178.220","192.168.178.230")

Sie können auf einem Nano-Server auch über das Netzwerk auf die C$-Freigabe zugreifen, um Dateien auf den Server zu kopieren. Das ist vor allem dann wichtig, wenn Sie mit dem Server nachträglich einer Domäne beitreten wollen. Damit der Zugriff funktioniert, müssen Sie über die Recovery Console des Nano-Servers in der Konfiguration die Firewallregel für den SMB-Zugriff per Datei- und Druckerfreigabe freischalten. Dazu verwenden Sie die Taste `F4`. Danach können Sie den Domänenbeitritt eines Nano-Servers konfigurieren:

Generell ist der Ablauf bei einem Domänenbeitritt recht einfach. Sie führen im Grunde genommen folgende Schritte durch:

Sie verwenden *Djoin /provision*, um die Metadaten für den Domänenbeitritt des Nano-Servers zu erstellen. Als Option geben Sie die Domäne an. Achten Sie darauf, dass Sie die Eingabeaufforderung im Administratormodus öffnen. Ein Beispiel für die Datei wäre:

Djoin /provision /domain joos.int /machine "nano-hyperv" /savefile c:\nano-txt

Inhalt der Datei sind das Kennwort der Maschine, der Name der Domäne und des Domänencontrollers sowie die SID der Domäne. Kopieren Sie die Datei auf den Rechner. Der Inhalt ist verschlüsselt und bringt Außenstehenden nichts.

Auf dem Zielcomputer verwenden Sie den folgenden Befehl, um den Rechner in die Domäne aufzunehmen:

Djoin /requestodj /loadfile c:\temp\nano.txt /windowspath c:\Windows /localos

Den Befehl können Sie zum Beispiel in einer PowerShell Direct-Sitzung eingeben, die wir zu Beginn des Abschnitts bereits behandelt haben. Starten Sie den Nano-Server, wird der Computer automatisch in die Domäne aufgenommen, sobald eine Verbindung zu einem Domänencontroller besteht.

Nano-Server mit WIM-Images bereitstellen

Sie können auch eine *.wim*-Datei erstellen anstatt einer virtuellen Festplatte. In diesem Fall verwenden Sie bei der Dateiangabe in der Option *-TargetPath* als Dateierweiterung die Endung *.wim*.

Booten Sie einen Server mit dem WIM-Image, können Sie auf ihm den Nano-Server bereitstellen. Dazu müssen Sie entweder die Windows-Bereitstellungsdienste nutzen, System Center Virtual Machine Manager, oder Sie stellen das Nano-Image über Windows PE auf dem Server bereit. Das WIM-Image muss in diesem Fall auf einem USB-Stick oder einer Freigabe im Netzwerk zur Verfügung stehen. Die Übertragung auf den Server erfolgt zum Beispiel mit *Diskpart*. Dazu starten Sie in Windows PE eine Eingabeaufforderung und geben folgende Befehle ein:

Diskpart.exe

Select disk 0

Clean

Convert GPT

Create partition efi size=100

Format quick FS=FAT32 label="System"

Assign letter="s"

Create partition msr size=128

Create partition primary

Format quick FS=NTFS label="NanoServer"

Assign letter="n"

List volume

Exit

Um das WIM-Image als Betriebssystem bereitzustellen, verwenden Sie:

Dism /Apply-Imagemediafile:.\NanoServer.wim /index:1 /applydir:n:

Bcdboot.exe n:\Windows /s s:

Auf Ihrem System müssen Sie die Laufwerkbuchstaben und Namen verwenden, die für Ihr System gelten. Wie bei herkömmlichen Installationen von Windows Server 2016 und Windows 10 können Sie auch bei Nano-Servern mit automatischen Bereitstellungen und Antwortdateien (*Unattended.xml*) arbeiten. Dazu verwenden Sie die Option

-UnattendPath <Pfad zur .xml-Datei, auch im Netzwerk>

Virtuelle Nano-Server erstellen

Legen Sie auf Basis der erstellten *.vhd*- oder *.vhdx*-Datei eine neue VM an, zum Beispiel im Hyper-V-Manager. Dazu lassen Sie im Assistenten zum Erstellen einer neuen VM keine neue, virtuelle Festplatte erstellen, sondern verwenden die bereits erstellte *.vhdx*-Datei des Nano-Servers. Nachdem Sie die VM erstellt haben, starten Sie sie. Der Nano-Server wird eingerichtet und steht bereit. Über die Recovery Console können Sie grundlegende Einstellungen wie IP-Adresse oder die Konfiguration der Firewall vornehmen. Die Anmeldung an der Recovery Console nehmen Sie mit dem Benutzernamen *Administrator* und dem Kennwort vor, das Sie bei der Erstellung vorgegeben haben.

Abbildung 2.9: Nach der Erstellung und dem Start der Nano-VM steht die Recovery Console zur lokalen Verwaltung bereit.

Treiber in Nano-Images integrieren

Fehlen Treiber, müssen Sie diese in das Image des Nano-Servers einbinden. Dazu können Sie die notwendigen Treiber von einer herkömmlichen Installation von Windows Server 2016 extrahieren. Vor allem die Treiber für Netzwerkadapter können bei den Standardtreibern fehlen. Die einfachste Vorgehensweise, um Treiber in eine Nano-Installation einzubinden, besteht darin, dass Sie auf der physischen Maschine, auf der Sie später den Nano-Server installieren wollen, zunächst eine herkömmliche Installation von Windows Server 2016 vornehmen. Aus dieser Installation können Sie alle notwendigen Treiber für die Nano-Installation extrahieren.

Im Geräte-Manager sollten Sie alle speziellen Treiber überprüfen. Dies sind meistens die Treiber für die Speicher-Controller und für die Netzwerkadapter. Rufen Sie bei Treibern über das Kontextmenü die Eigenschaften auf. In den Eigenschaften können Sie sich die Details der Treiber anzeigen lassen. Dazu wechseln Sie auf die Registerkarte *Treiber* und klicken auf *Treiberdetails*.

Notieren Sie sich den Dateinamen und das Verzeichnis des Treibers, zum Beispiel *e1i63x64.sys* im Verzeichnis *C:\Windows\System32\Drivers*. Öffnen Sie danach eine Eingabeaufforderung und lassen Sie sich alle Dateien des Treibers anzeigen, zum Beispiel mit:

Dir e1i*.sys /s /b

Teilweise finden Sie Treiberdateien in einem weiteren Verzeichnis, zum Beispiel:

C:\Windows\System32\DriverStore\FileRepository\net1ic64.inf_amd64_fafa7441408b-becd\e1i63x64.sys

Öffnen Sie danach eine Eingabeaufforderung mit administrativen Rechten und wechseln Sie in das Verzeichnis, in das Sie die *.vhd*-Datei des Nano-Servers gespeichert haben. Stellen Sie das Verzeichnis bereit, damit Sie Dateien in die *.vhd*-Datei kopieren können:

Md mountdir

Dism\Dism /Mount-Image /ImageFile:.\NanoServer.vhd /Index:1 /MountDir:.\mountdir

Dism\Dism /Add-Driver /Image:.\mountdir /Driver: C:\Windows\System32\DriverStore\FileRepository\net1ic64.inf_amd64_fafa7441408bbecd

Dism\Dism /Unmount-Image /MountDir:.\MountDir /Commit

Gehen Sie genauso für alle anderen Treiber vor, die in der Nano-Installation fehlen. Meist handelt es sich dabei lediglich um die Treiber für Netzwerkadapter oder Speichercontroller.

Nano-Server auf physischen Servern installieren

Wenn Sie ein funktionierendes Image mit allen notwendigen Treibern erstellt haben, können Sie das Image auch für die Installation auf physischen Servern verwenden. Kopieren Sie dazu zum Beispiel das Verzeichnis *NanoServerImageGenerator* aus dem Verzeichnis *NanoServer* auf einen Computer mit Windows 10 oder Windows Server 2016.

Wechseln Sie in einer PowerShell-Sitzung mit administrativen Rechten in das Verzeichnis *NanoServerImageGenerator* und importieren Sie das PowerShell-Modul mit

Import-Module .\NanoServerImageGenerator -Verbose

Erhalten Sie eine Fehlermeldung, müssen Sie die Ausführungsrichtlinie für Skripts in der PowerShell anpassen:

Set-ExecutionPolicy RemoteSigned

Erstellen Sie eine neue virtuelle Festplatte. Über den folgenden Cmdlet-Aufruf werden die wichtigsten Treiber für Windows Server 2016 eingebunden und gleichzeitig die Rollen für die Installation von Hyper-V und Clusterknoten hinzugefügt::

New-NanoServerImage -Edition Standard -DeploymentType Host -MediaPath <Pfad zu den Installationsdateien von Windows Server 2016 > -BasePath .\Base -TargetPath .\NanoServer-Physical\NanoServer.vhd -ComputerName <Computername> -OEMDrivers -Compute -Clustering

Ein Beispiel:

New-NanoServerImage -Edition Standard -DeploymentType Host -MediaPath F:\ -BasePath .\Base -TargetPath .\Nano1\NanoServer.vhd -ComputerName Nano-srv1 -OEMDrivers -Compute -Clustering

Melden Sie sich am Server an Windows Server 2016 an, auf dem Sie die Nano-Installation physisch bereitstellen wollen. Kopieren Sie die *.vhd*-Datei auf den Server. Sie müssen die Einstellungen so konfigurieren, dass der Server von dieser *.vhd*-Datei booten kann. Mounten Sie die Datei als Laufwerk in Windows. Dafür reicht ein Doppelklick aus. Danach müssen Sie das Betriebssystem in der *.vhd*-Datei bootfähig machen. Verwenden Sie dazu am besten eine Eingabeaufforderung:

Bcdboot d:\windows

Starten Sie den Server neu in die Nano-Installation. Über die Recovery Console lassen sich alle relevanten Einstellungen vornehmen, genauso wie bei der Installation als virtueller Server.

Nano-Images und Container für das Rechenzentrum vorbereiten

In Windows 10 Version 1607 hat Microsoft die Container-Technologie auch in das Betriebssystem für Arbeitsstationen integriert. Dies ermöglicht Administratoren die Vorbereitung von Containern und Hyper-V-Containern für das Rechenzentrum.

Für Hyper-V-Container ist ein physischer PC oder eine virtuelle Maschine in einer eingebetteten (nested) Virtualisierungsumgebung notwendig. Mit Windows 10 und Docker können Sie ein aktuelles Nano-Server-Image auf Basis von Windows Server 2016 herunterladen und in Windows 10-Hyper-V bereitstellen. Hierüber stehen dann auch die Hyper-V-Container zur Verfügung. Die Basis entspricht also direkt den Möglichkeiten von Windows Server 2016.

Sie können dadurch auch die Container-Technologie Docker in Windows 10 uneingeschränkt nutzen, inklusive der Möglichkeiten, die Microsoft mit Windows Server 2016 integriert. Hier stehen also ähnliche Funktionen zur Verfügung wie in Windows Server 2016, das Nano-Server-Image ist sogar vollständig identisch. Sie können dadurch Container und Images für das Rechenzentrum auf Arbeitsstationen bereitstellen oder vorbereiten.

Da auch die neuen Hyper-V-Container unterstützt werden, kann Windows 10 als Entwicklungsplattform für Rechenzentren dienen, die auf die neue Container-Technologie in Windows Server 2016 setzen. Grundlage dafür ist die Nano-Installation von Windows Server 2016. Runtimes und Container, die Sie in Windows 10 erstellen, lassen sich nach Windows Server 2016 übertragen, und zwar als herkömmliche Container und als Hyper-V-Container. Die Tools und Befehle zur Verwaltung sind in Windows 10 und Windows Server 2016 identisch.

Um die Container-Rolle in Windows 10 zu installieren, können Sie eine PowerShell-Sitzung mit administrativen Rechten verwenden. In dieser wird zunächst das Container-Feature und Hyper-V installiert:

Enable-WindowsOptionalFeature -Online -FeatureName containers -All

Enable-WindowsOptionalFeature -Online -FeatureName Microsoft-Hyper-V -All

Restart-Computer -Force

Container und Hyper-V lassen sich auch als Features über die grafische Oberfläche aktivieren. Das Programm dazu ist am schnellsten über *Optionalfeatures* zu finden.

Die Installation nachbearbeiten

Bevor wir in den nächsten Kapiteln ausführlicher auf die Einrichtung und Verwaltung von Windows Server 2016 eingehen, sollten Sie sich in den folgenden Abschnitten mit den wichtigsten Schritten vertraut machen, die nach der Installation durchgeführt werden müssen.

Haben Sie die Installation von Windows Server 2016 abgeschlossen, sollten Sie einige erste Aufgaben durchführen, um zu überprüfen, ob das System funktioniert. Auch die Aktivierung gehört zu diesen Aufgaben.

Windows Server 2016 aktivieren

Nach der Installation müssen Sie die Aktivierung von Windows Server 2016 durchführen. Diese nehmen Sie am besten in der Systemsteuerung über das Wartungscenter vor. Mehr Informationen erhalten Sie auch, wenn Sie auf der Startseite nach dem Begriff »slui« suchen.

Sie können Windows Server 2016 entweder über das Internet aktivieren oder per Telefon. Bei der Aktivierung über das Telefon werden Sie mit einem automatischen Telefonsystem verbunden.

Tipp   Sollten Sie Probleme bei der Aktivierung bekommen, überprüfen Sie die Uhrzeit und die Zeitzone Ihres Servers. Sind die entsprechenden Einstellungen nicht korrekt, können Sie Windows nicht aktivieren.

Über den Befehl *Slui* wird ein Dialogfeld geöffnet, um einen neuen Produktschlüssel einzugeben. Starten Sie das Tool über die Suchfunktion der Startseite mit Administratorrechten über das Kontextmenü. In diesem Bereich aktivieren Sie Windows Server 2016 dann mit dem neuen Key. Die Startseite öffnen Sie entweder mit der Taste `WinTaste` auf der Tastatur oder indem Sie mit der Maus in die linke untere Ecke fahren.

Wollen Sie sich die aktuelle Windows Server 2016-Edition anzeigen lassen, die auf dem Computer installiert ist, öffnen Sie eine Eingabeaufforderung mit Administratorrechten und geben den Befehl *Dism /online /Get-CurrentEdition* ein. Sie erhalten daraufhin die Edition und weitere Information zur Installation angezeigt.

Wollen Sie anzeigen, zu welchen Editionen Sie die installierte Version aktualisieren können, verwenden Sie den Befehl *Dism /online /Get-TargetEditions*.

Für die Verwaltung und die Abfrage von Lizenzinformationen auf Windows Server 2016-Computern stellt Microsoft das Skript *Slmgr.vbs* zur Verfügung, das Sie über die Eingabeaufforderung oder das Dialogfeld *Ausführen* aufrufen. Dieses starten Sie mit der Tastenkombination `⊞`+`R`. Das Tool kennt verschiedene Optionen:

- **/ato** – Windows online aktivieren
- **/dli** – Zeigt die aktuellen Lizenzinformationen an
- **/dlv** – Zeigt noch mehr Lizenzdetails an
- **/dlv all** – Zeigt detaillierte Infos für alle installierten Lizenzen an

Möchten Sie den Status der Aktivierung von Windows Server 2016 anzeigen, geben Sie in der Befehlszeile den Befehl *Slmgr /dli* ein und führen ihn aus. Anschließend werden der Name und die Beschreibung des Betriebssystems, aber auch ein Teil des Product Key und der Lizenzstatus angezeigt.

Haben Sie den Produktschlüssel eingetragen, führen Sie die Aktivierung über die beschriebenen Wege durch. Verfügt der Computer über eine Internetverbindung, führt der Assistent die Aktivierung automatisch aus, sobald der korrekte Product Key eingegeben wurde. Sie können den Status der Aktivierung anschließend direkt einsehen, indem Sie auf der Startseite »slui« eingeben. Hier wird auch das Datum der Aktivierung angezeigt.

Sie können den Product Key einer Windows Server 2016-Installation anpassen. Über diesen Weg aktivieren Sie Windows Server 2016 auch auf einem Core-Server:

1. Geben Sie zum Löschen des alten Product Key in der Eingabeaufforderung den Befehl *Slmgr /upk* ein. Zwar ersetzen die nächsten Schritte den vorhandenen Product Key. Allerdings funktioniert das nicht immer, wenn nicht zuvor die alte Nummer gelöscht wurde.
2. Bestätigen Sie das Löschen.
3. Den neuen Product Key geben Sie dann mit *Slmgr /ipk xxxxx-xxxxx-xxxxx-xxxxx-xxxxx* ein.
4. Mit *Slmgr /ato* aktivieren Sie Windows Server 2016.

Da ein Core-Server über keine grafische Oberfläche verfügt, müssen Sie einen solchen Server über die Eingabeaufforderung aktivieren. Verwenden Sie zur lokalen Aktivierung des Servers den Befehl *Slmgr -ato*.

Nach Eingabe des Befehls wird die Aktivierung durchgeführt. Sie können Windows Server 2016 auch remote über das Netzwerk aktivieren. Verwenden Sie dazu den Befehl *Slmgr <ServerName> <Benutzername> <Kennwort> -ato*.

Um einen Server lokal über das Telefon zu aktivieren, verwenden Sie den Befehl *Slmgr -dti*. Notieren Sie sich die ID, die generiert wird, und rufen Sie die Aktivierungsnummer von Microsoft an. Geben Sie über die Telefontasten die ID ein und Sie erhalten vom Telefoncomputer eine Aktivierungs-ID. Diese geben Sie mit dem Befehl *Slmgr -atp <Aktivierungs-ID>* ein. Sie können die Edition eines Core-Servers auch aktualisieren, indem Sie in der Eingabeaufforderung Änderungen vornehmen:

- **Anzeigen der aktuell installierten Edition** – *Dism /Online /Get-CurrentEdition*
- **Mögliche Editionen zur Aktualisierung** – *Dism /Online /Get-TargetEditions*
- **Aktualisierung zur Zielversion durchführen** – *Dism /Online /Set-Edition:<Edition-ID> /ProductKey:<Seriennummer>*

Die Treiberinstallation überprüfen

Nach der Installation sollten Sie auch überprüfen, ob Windows Server 2016 alle Geräte erkannt hat, die in Ihrem Computersystem verbaut sind. Rufen Sie dazu über das Suchfeld der Startseite *Devmgmt.msc* (also den Geräte-Manager) auf und stellen Sie sicher, dass keine unbekannten Geräte vorhanden und alle Treiber installiert sind. Vor allem den Treiber des Netzwerkadapters und der Systemgeräte sollten Sie überprüfen.

Mit dem Befehl *Msinfo32* können Sie eine sehr ausführliche Übersicht über die eingebaute Hardware und die Ressourcen eines PC abrufen.

Mit dem Befehl *Systeminfo* zeigen Sie alle Informationen Ihres Computers in der Eingabeaufforderung an. Darunter finden sich Infos über Hotfixes, Netzwerkkarten, Prozessor, Betriebssystem, Hersteller und so weiter – sogar die aktuelle Systembetriebszeit (also wie lange Sie schon arbeiten) und das ursprüngliche Installationsdatum lässt sich anzeigen.

Hier empfiehlt sich die Umleitung in eine Textdatei, wobei Sie zusätzlich den Parameter */FO list* angeben sollten, um die Informationen formatiert zu speichern. Um beispielsweise alle Infos in die Textdatei *C:\sysinfo.txt* zu speichern, müssen Sie den Befehl *Systeminfo /FO list > C:\sysinfo.txt* verwenden.

Die Netzwerkverbindung testen

Um Windows Server 2016 aktuell zu halten, ist eine Verbindung mit dem Internet und damit mit dem Netzwerk notwendig. Nachdem Sie die Treiberinstallation kontrolliert haben, überprüfen Sie über das Symbol der Netzwerkverbindung in der Taskleiste, ob Windows Server 2016 mit dem Netzwerk und dem Internet kommunizieren kann. Zeigt Windows ein Netzwerksymbol ohne Fehler an, kann der Rechner mit dem Netzwerk und dem Internet kommunizieren.

Kann der Computer mit dem Netzwerk kommunizieren, aber nicht mit dem Internet, wird das Netzwerksymbol mit einem Ausrufezeichen gekennzeichnet. In diesem Fall überprüfen Sie die Einstellungen der Netzwerkkarte. Am schnellsten geht dies, wenn Sie auf der Startseite nach »ncpa.cpl« suchen. Verfügt der PC über keine physische Netzwerkverbindung, ist das Netzwerksymbol mit einem roten X gekennzeichnet. In diesem Fall überprüfen Sie die Installation des Treibers und des Netzwerkkabels beziehungsweise der WLAN-Verbindung.

Windows Update aktivieren

Im nächsten Schritt sollten Sie, unabhängig davon, ob Sie Treiber manuell oder über Windows Update installieren wollen, die Windows Update-Funktion in den Einstellungen aufrufen. Sie können diese Einstellungen zwar auch über Richtlinien durchführen, aber nach der Installation von Windows Server 2016 ist es empfehlenswert, diese Funktion sofort zu aktivieren, zumindest wenn der Server Zugriff auf das Internet hat.

Nach der Installation sollten Sie die aktuellsten Windows-Updates installieren, damit das Betriebssystem auf dem neuesten Stand ist. Rufen Sie dazu über das Startmenü die Einstellungen über das Zahnradsymbol auf und wechseln Sie danach zu *Update und Sicherheit/Windows Updates*. Lassen Sie nach Updates suchen und installieren Sie diese gleich. Nach der Installation der Updates lassen Sie erneut nach Updates suchen, um sicherzustellen, dass keine weiteren mehr gefunden werden.

Haben Sie alle Aufgaben durchgeführt, starten Sie als Nächstes das Wartungscenter. Dieses finden Sie auf dem Desktop in der Taskleiste über das Kontextmenü der Windows-Fahne. Stellen Sie sicher, dass keine Fehler angezeigt werden. Sind Fehler vorhanden, gehen Sie diesen nach und beheben Sie sie.

Kapitel 2: Installation und Grundeinrichtung

Abbildung 2.10: Nach der Installation sollten Sie den Server aktualisieren.

Tipp   In Kapitel 26 erfahren Sie, wie Windows-Updates auf Nano-Servern installiert werden. Die Installation von Windows-Updates auf Core-Servern nehmen Sie mit dem textbasierten Tool *Sconfig* vor.

Sprachpakete installieren

Haben Sie ein englischsprachiges Windows-System vorliegen oder auch eine Installation in einer anderen Sprache, können Sie beliebig weitere Sprachen installieren. Diese stehen bei Microsoft über *.cab*-Dateien zur Verfügung. Sie installieren die *.cab*-Datei und aktivieren die Sprache in Windows. Zukünftig wird die Oberfläche in der gewünschten Sprache angezeigt.

Liegt Ihnen die Sprachdatei vor, suchen Sie über das Suchfeld der Startseite nach »Lpksetup«. Hier können Sie anschließend die Sprache installieren.

Haben Sie die Sprache installiert, müssen Sie sie aber noch aktivieren. Dazu wechseln Sie in der entsprechenden Sprache des Betriebssystems zu *Systemsteuerung/Zeit, Sprache und Region/Sprache*. Klicken Sie anschließend auf die Sprache, die Sie aktivieren wollen, und dann auf *Optionen*. Hier können Sie jetzt die Sprache aktivieren.

Den Media Player deinstallieren

Standardmäßig ist in Windows Server 2016 der Windows Media Player aktiv. Auf produktiven Servern wird dieser nicht benötigt. Um den Media Player zu deinstallieren, rufen Sie in der Eingabeaufforderung den folgenden Befehl auf:

Dism /Online /Disable-Feature /FeatureName:WindowsMediaPlayer /NoRestart

Computernamen und Domänenmitgliedschaft festlegen

Sie müssen den Computernamen und die Domänenmitgliedschaft nach der Installation manuell festlegen. Gehen Sie dazu folgendermaßen vor:

1. Starten Sie den Server-Manager.
2. Klicken Sie auf *Lokaler Server*, dann im mittleren Bereich auf den Namen des Servers.
3. Klicken Sie im neuen Fenster auf *Ändern*.
4. Geben Sie den neuen Namen des Computers ein und booten Sie den Rechner neu.

Wollen Sie den Server auch in eine Domäne aufnehmen, gehen Sie folgendermaßen vor:

1. Tippen Sie auf der Startseite »ncpa.cpl« ein und rufen Sie die Eigenschaften der Netzwerkverbindung und von IPv4 auf.
2. Stellen Sie sicher, dass als DNS-Server mindestens ein Server eingetragen ist, der die DNS-Zone der Windows-Domäne auflösen kann, der Sie beitreten wollen.
3. Klicken Sie im Server-Manager auf *Lokaler Server* und dann auf den Link bei *Workgroup*.
4. Klicken Sie danach auf *Ändern*. Geben Sie bei *Computername* den neuen Namen des Servers in der Domäne ein und aktivieren Sie die *Domäne*.
5. Geben Sie den Namen der Domäne ein.

Abbildung 2.11: Aufnehmen eines Computers in eine Domäne

6. Kann der Server über seinen DNS-Server die Domäne auflösen, erscheint ein Authentifizierungsfenster. Wenn nicht, erscheint ein Fehler. In diesem Fall überprüfen Sie, ob der DNS-Server korrekt ist. Authentifizieren Sie sich an der Domäne. Kann der DNS-Server den Namen der Domäne auflösen und haben Sie sich korrekt authentifiziert, erhalten Sie eine Rückmeldung der Domänenaufnahme und können den Server neu starten.

Remotedesktop in Windows Server 2016 aktivieren

Die Einrichtung von Servern direkt im Serverraum oder Rechenzentrum ist nicht gerade sehr bequem. Hier bietet es sich an, eine Remotedesktopverbindung zu aktivieren und von Ihrem Computer aus auf den Server zuzugreifen. Vorteil dabei ist, dass Sie auf dem Server mit Maus und Tastatur arbeiten können und Treiber, die Sie mit dem Computer herunterladen, per Kopieren/Einfügen über den Remotedesktop auf den Server kopieren können. Um nach der Einrichtung der Netzwerkverbindung eine Remotedesktopverbindung herzustellen, gehen Sie folgendermaßen vor:

1. Öffnen Sie auf dem Server den Explorer und klicken Sie auf *Dieser PC*. Wählen Sie im Menüband den Befehl *Systemeigenschaften* aus. Ist das Menüband noch nicht eingeblendet, klicken Sie auf den kleinen Pfeil oben rechts neben dem Hilfesymbol.

2. Klicken Sie in den Systemeigenschaften auf *Remoteeinstellungen*. Aktivieren Sie die Option *Remoteverbindung mit diesem Computer zulassen*. Funktioniert die Verbindung nicht, deaktivieren Sie noch die Option *Verbindungen nur von Computern zulassen, auf denen Remotedesktop mit Authentifizierung auf Netzwerkebene ausgeführt wird*. Bestätigen Sie die Eingabe mit *OK*.

3. Stellen Sie im unteren Bereich der Taskleiste sicher, dass eine Netzwerkverbindung hergestellt ist.

Abbildung 2.12: Aktivieren des Remotedesktops in Windows Server 2016

Um zum Beispiel von einem Windows 10-Computer aus eine Remotedesktopverbindung herzustellen, geben Sie auf der Startseite »mstsc« ein. Es öffnet sich der Client für die Remotedesktopverbindung. Verwenden Sie den internen Remotedesktopclient in Windows 10, geben Sie bei *Computer* die IP-Adresse des Servers ein und bei *Benutzername* den Anmeldenamen mit der Syntax *<Name des Servers>\<Anmeldename>*. Auf Wunsch aktivieren Sie noch *Speichern der Anmeldeinformationen zulassen*.

Wechseln Sie zur Registerkarte *Anzeige* und verwenden Sie entweder den Vollbildmodus oder setzen Sie die Anzeige auf die Auflösung, die auch der Server hat.

Auf der Registerkarte *Lokale Ressourcen* sollten Sie die Option *Auf dem Remotecomputer anwenden* bei *Windows-Tastenkombinationen anwenden* aktivieren.

Auf der Registerkarte *Leistung* aktivieren Sie die Option *LAN (10 MBit/s oder höher)* und stellen sicher, dass alle Optionen aktiviert sind. Wechseln Sie dann zur Registerkarte *Allgemein* und speichern Sie die Verbindung mit *Speichern unter*.

Starten Sie die Verbindung, müssen Sie einmalig eine Ausnahme für die Windows-Firewall eintragen lassen, das Kennwort für das Benutzerkonto angeben und das Zertifikat bestätigen. Anschließend wird eine Remotedesktopverbindung hergestellt. Bei weiteren Verbindungen sind diese Eingaben nicht mehr notwendig, wenn Sie die entsprechenden Optionen speichern lassen.

Eine WLAN-Anbindung einrichten

Sie können einen Server mit Windows Server 2016 auch an WLANs anbinden. Zuvor müssen Sie über den Server-Manager das Feature *WLAN-Dienst* installieren.

Haben Sie eine WLAN-Karte installiert oder verwenden Sie einen WLAN-USB-Stick, können Sie den Server jetzt mit einem WLAN verbinden. Dazu klicken Sie auf das Netzwerksymbol und wählen das entsprechende WLAN aus.

Den Boot-Manager reparieren

Teilweise kann es passieren, dass Windows Server 2016 nicht mehr startet. In diesem Fall liegt ein Problem mit dem Boot-Manager vor. Dieser lässt sich aber über die Computerreparaturoptionen in Windows Server 2016 und auch über das Installationsmedium reparieren.

Startet der Boot-Manager nicht, sollten Sie in den Computerreparaturoptionen zur Eingabeaufforderung wechseln. Um den Boot-Manager zu reparieren, rufen Sie den folgenden Befehl auf:

Bcdboot C:\Windows /s C: /f BIOS

Wird daraufhin eine Fehlermeldung angezeigt, verwenden Sie den folgenden Befehl:

Bcdboot D:\Windows /s C: /f BIOS

Wichtig   Die Befehle funktionieren auf Rechnern mit UEFI nicht.

Weitere Befehle, um den Boot-Manager zu reparieren, sind:

Bootsect.exe /nt60 ALL /force

Bootsect.exe /nt60 C: /mbr /force

In den Computerreparaturoptionen von Windows Server 2016 steht der Menübefehl *Starthilfe* zur Verfügung. Auch mit diesem Bereich lässt sich Windows häufig wieder reparieren, falls das Betriebssystem nicht startet.

Zusammenfassung

In diesem Kapitel wurde Ihnen anhand diverser Anleitungen gezeigt, wie Sie Windows Server 2016 installieren, aber auch parallel mit älteren Windows-Versionen betreiben. Außerdem wurde Ihnen erläutert, welche wichtigen Aufgaben Sie nach der Installation durchführen müssen und wie Sie Windows Server 2016 aktivieren. Außerdem sind wir darauf eingegangen, wie Sie Windows Server 2016 über einen USB-Stick installieren.

Im nächsten Kapitel lesen Sie, wie Sie Windows Server 2016 so einrichten, dass Sie nach der Installation optimal mit dem Server arbeiten können.

Kapitel 3
Erste Schritte mit Windows Server 2016

In diesem Kapitel:
Erste Schritte nach der Installation 81
Remote-Management aktivieren (auch für Nano-Server) 92
Zusammenfassung. 92

Nachdem Sie in den beiden vorherigen Kapiteln bereits einige grundlegenden Informationen zu den Neuerungen und zur Installation von Windows Server 2016 erhalten haben, erfahren Sie in diesem Kapitel, welche ersten Schritte Sie zur Verwaltung von Windows Server 2016 durchführen müssen.

Erste Schritte nach der Installation

Während der Installation legt Windows Server 2016 automatisch einen Namen für den Server fest, der nachträglich angepasst werden sollte. Wie Sie dabei vorgehen, lesen Sie in Kapitel 2. Viele Aufgaben, die zur Grundkonfiguration des Servers gehören, nehmen Sie direkt im Server-Manager vor. Dazu klicken Sie auf *Lokaler Server*. Im mittleren Bereich sehen Sie die verschiedenen Aufgaben, deren Assistenten Sie über einen Klick auf den entsprechenden Link erreichen.

Windows Server 2016 mit Windows 10 verwalten

Um Windows Server 2016 mit Windows 10 zu verwalten, bietet Microsoft die Remoteserver-Verwaltungstools (Remote Server Administration Tools, RSAT) zum Download an (*http://tinyurl.com/jmrdeea*). Mit den Tools installieren Sie auf einer Arbeitsstation mit Windows 10 alle Programme, die zur Verwaltung von Windows Server 2016 notwendig sind. Mit den Tools verwalten Sie ebenfalls die Serverdienste in Windows Server 2012/2012 R2. Auch Container und Nano-Server können Sie über diesen Weg verwalten. Sie brauchen dazu aber Windows 10 Enterprise-Version 1607 oder neuer.

Neben den verschiedenen Verwaltungstools der Serverrollen integriert der Installations-Assistent von RSAT auch den Server-Manager von Windows Server 2016 in Windows 10. Über den Server-Manager binden Sie die verschiedenen Server im Netzwerk an, auf denen Windows Server 2016 installiert ist. Sie können mit dem Server-Manager auf diesem Weg auch von Windows 10-Arbeitsstationen aus Serverrollen auf Servern installieren. Auch im Server-Manager von Windows Server 2016 können Sie andere Server mit Windows Server 2016 im Netzwerk verwalten.

Die Remoteserver-Verwaltungstools für Windows 10 umfassen den Server-Manager, die Verwaltungstools der Serverrollen und Features von Windows Server 2016, PowerShell-Cmdlets und Befehlszeilentools für die Verwaltung von Rollen und Features. Einige Tools lassen sich zur Verwaltung von Rollen und Features in Windows Server 2008 R2 und Windows Server 2012/2012 R2 nutzen.

Die Remoteserver-Verwaltungstools können Sie zwar auch in der kleinsten Version Windows 10 installieren, allerdings bietet nur die Enterprise-Version alle Funktionen. Sie können die Remoteserver-Verwaltungstools für Windows 10 nur auf Computern installieren, auf denen Windows 10 installiert ist, nicht auf Rechnern mit der Server-Version von Windows.

Remoteserver-Verwaltungstools installieren

Die Remoteserver-Verwaltungstools laden Sie als *.msu*-Datei direkt vom Microsoft-Downloadcenter herunter. Der Download steht als 64-Bit- und als 32-Bit-Version zur Verfügung. Bei der Installation wählen Sie keine Verwaltungstools aus, sondern installieren lediglich die Tools als Update in Windows 10.

Windows 10 installiert RSAT wie jedes andere Update, das heißt, die Installation lässt sich auch skripten. Entfernen Sie vorher alle älteren Versionen der Verwaltungstools oder Remoteserver-Verwaltungstools, selbst früherer Vorabversionen sowie Versionen der Tools für verschiedene Sprachen.

Wenn Sie ein Upgrade von Windows 7/8.1 auf Windows 10 durchgeführt haben, müssen Sie die Remoteserver-Verwaltungstools für Windows 10 installieren, Sie können nicht die alten Versionen für Windows 7/8.1 parallel betreiben. Die Remoteserver-Verwaltungstools für Windows 10 unterstützen die Remoteverwaltung von Servern mit einer Core-Installation und teilweise auch die Server Core-Installationen von Windows Server 2008 R2 oder Windows Server 2008.

Abbildung 3.1: Die Remoteserver-Verwaltungstools stehen als Update zur Verfügung.

Nach der Installation finden Sie die Remoteserver-Verwaltungstools im Startmenü. Im Gegensatz zu Windows 7 sind alle Verwaltungstools nach der Installation bereits aktiv. Wollen Sie nicht alle Verwaltungstools nutzen, können Sie einzelne davon deaktivieren. Dazu tippen Sie »optionalfeatures« im Suchfeld des Startmenüs ein und suchen im Dialogfeld *Windows-Features* den Abschnitt *Remoteserver Administration Tools*. Hier aktivieren oder deaktivieren Sie einzelne Verwaltungstools. Zur Installation müssen Sie nur das jeweilige Kontrollkästchen aktivieren, eine weitere Installation ist nicht notwendig. Wollen Sie die Tools komplett deinstallieren, gehen Sie folgendermaßen vor:

1. Rufen Sie über das Suchfeld der Startseite *Appwiz.cpl* auf.
2. Klicken Sie auf *Installierte Updates anzeigen*.
3. Klicken Sie mit der rechten Maustaste auf *Update für Microsoft Windows (KB2693643)* und dann auf *Deinstallieren*.
4. Bestätigen Sie die Deinstallation des Updates mit *Ja*.

Remoteverwaltung mit dem Server-Manager

Das Erste, was nach der Installation von Windows Server 2016 auffällt, ist die im Vergleich zu Windows Server 2008 R2 überarbeitete Version des Server-Managers. Im Vergleich zu Windows Server 2012/2012 R2 sind keine Neuerungen zu sehen. Der Server-Manager bietet aber im Vergleich zu Windows Server 2008 R2 nicht nur eine neue Oberfläche, sondern auch mehr Funktionen. So ist es in der neuen Version möglich, Serverrollen und Features über das Netzwerk auf anderen Servern zu installieren.

Die Server im Netzwerk lassen sich zentral im Server-Manager verwalten. Klicken Sie im Server-Manager auf *Dashboard*, können Sie über das Menü *Ansicht* die Willkommen-Kachel ausblenden und gewinnen wertvollen Platz zur Verwaltung von Servern. Über die Programmgruppe *Verwalten* erstellen Sie eigene Servergruppen.

Dazu gruppiert der Server-Manager die verschiedenen Serverfunktionen zur besseren Verwaltung. Alle installierten Serverrollen werden im Server-Manager automatisch gruppiert. Verwaltungswerkzeuge zeigt der Server-Manager direkt über das Menü *Tools* an. Hierüber lassen sich alle wichtigen Werkzeuge starten. So stört die neue Oberfläche nicht, da alle

Kapitel 3: Erste Schritte mit Windows Server 2016

Verwaltungsaufgaben zentral im Server-Manager stattfinden. Diese Funktionen sind nach der Installation von RSAT außerdem in Windows 10 verfügbar.

Um im Server-Manager in Windows Server 2016 und Windows 10 weitere Server anzubinden, klicken Sie auf *Verwalten* und dann auf *Server hinzufügen*. Im Fenster können Sie anschließend nach Servern suchen, um sie im lokalen Server-Manager zu verwalten. Auf diesem Weg erstellen Sie eigene Servergruppen, die Sie im Server-Manager zusammenfassen. Von diesen Gruppen können Sie dann Ereignismeldungen anzeigen lassen. Über diesen Weg binden Sie Server mit Windows Server 2016 in allen Editionen, aber auch Windows Server 2012/2012 R2 an.

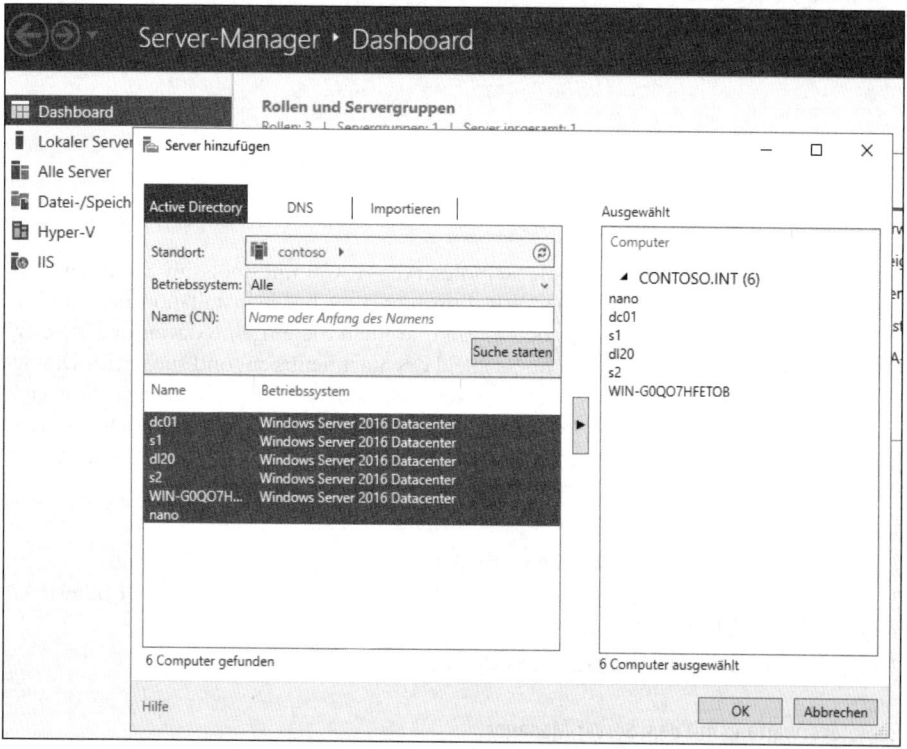

Abbildung 3.2: Verwalten von zusätzlichen Servern im Server-Manager

Um auf Servern im Netzwerk über den Server-Manager remote Rollen oder Features zu installieren, ist eine vorherige Anbindung notwendig. Im Assistenten zum Hinzufügen von zusätzlichen Rollen erscheint ein Fenster, über das Sie den Server auswählen können, auf dem Sie eine neue Rolle oder ein neues Feature installieren wollen. Dazu klicken Sie auf *Verwalten/Rollen und Features hinzufügen*.

Hier fällt eine weitere Neuerung im Vergleich zu Windows Server 2008 R2 auf. In Windows Server 2016 sind die Assistenten zum Hinzufügen von Rollen und Features zusammengefasst. Das ist bereits seit Windows Server 2012 so. Das heißt, Sie können über einen einzelnen Assistenten mehrere Serverrollen und Features gemeinsam und gleichzeitig installieren. Dies erspart unnötige Neustarts und Installationen, da sämtliche Aufgaben in einem Arbeitsschritt durchgeführt werden. Im Assistenten lassen sich aber nicht nur

Erste Schritte nach der Installation

physische Server im Netzwerk auswählen, um Serverrollen zu installieren, sondern auch virtuelle Festplatten auf Hyper-V-Hosts.

Abbildung 3.3: Auswählen des Zielservers zur Installation von Serverrollen

Beim Abschluss der Installation von Serverrollen und Features erhalten Sie eine Zusammenfassung angezeigt und die Möglichkeit geboten, die Konfiguration in *.xml*-Dateien zu exportieren. Mit dieser Datei können Sie dann die gleichen Rollen oder Features auf einem anderen Server installieren. Zusätzlich haben Sie die Möglichkeit, einen alternativen Pfad zu den Installationsdateien von Windows Server 2016 anzugeben. Hier sollten Sie auch die Option zum automatischen Neustart aktivieren.

In diesem Fall starten die Server automatisch neu, falls dies notwendig ist. Vor allem, wenn Sie Installationen von Serverrollen über das Netzwerk oder über eine Remotedesktopverbindung ausführen, ist dies sinnvoll, da viele Rollen (beispielsweise die Installation von Hyper-V) die Netzwerkverbindung kappen können. Während der Assistent die Aufgaben durchführt, müssen Sie das Fenster nicht geöffnet lassen, sondern können es nach dem Start der Installation schließen.

Überall im Server-Manager lassen sich die anderen Server im Netzwerk schnell und einfach integrieren sowie verwalten. Über das Kontextmenü von Servern können Sie Server über das Netzwerk remote neu starten lassen, eine PowerShell-Sitzung auf dem Server starten oder eine Remotedesktopverbindung öffnen. Auch die Installation von Rollen und Features über das Netzwerk ist mit dem Kontextmenü möglich.

Kapitel 3: Erste Schritte mit Windows Server 2016

Abbildung 3.4: Über das Kontextmenü von Servern lassen sich die Verwaltungswerkzeuge von Windows Server 2016 auch in Windows 10 starten.

Im Server-Manager sehen Administratoren am Wartungscentersymbol im oberen Bereich, ob Fehler auf einem angebundenen Server vorliegen oder Maßnahmen zur Verwaltung notwendig sind. Sie können sich über diesen Weg in Windows 10 auch gesammelt alle Fehlermeldungen aller Server anzeigen lassen.

Klicken Sie in der Ansicht *Alle Server* auf einen Server im oberen Bereich, sehen Sie unten wichtige Fehlermeldungen der Ereignisanzeige. Im oberen Bereich ist außerdem zu sehen, ob die entsprechenden Server online sind und ob Windows Server 2016 aktiviert ist.

Nach der Installation von Windows Server 2016 sollten Sie im Server-Manager über das Kontextmenü der Server den Befehl *Leistungsindikatoren starten* ausführen, damit der Server über das Netzwerk überwachbar ist und die neuen Best Practices Analyzer funktionieren und Daten abrufen können. Über das Kontextmenü der Server können Sie sich außerdem mit einem anderen Benutzernamen am Server anmelden, um diesen zu administrieren.

Tipp   Wenn Sie auf einem Core-Server nur einen schwarzen Bildschirm sehen, ist die Eingabeaufforderung geschlossen. Um diese zu öffnen, drücken Sie `Strg`+`Alt`+`Entf` und starten den Task-Manager. Mit *Mehr Details* und Eingabe von »cmd« über *Datei/Neuen Task ausführen* starten Sie die Eingabeaufforderung neu.

Um das Verwaltungsprogramm von Core-Servern aufzurufen, geben Sie *Sconfig* ein. Das Befehlszeilentool *Sconfig* steht in Windows Server 2016 auch auf Servern mit grafischer Benutzeroberfläche zur Verfügung. Auf diesem Weg können Sie zum Beispiel in Fernwartungen Einstellungen vornehmen, wenn die Verbindung für grafische Werkzeuge zu langsam ist.

Core-Server und Hyper-V Server 2016 verwalten

Core-Server hat Microsoft mit Windows Server 2008 R2 eingeführt und mit Windows Server 2012/2012 R2 verbessert. In Windows Server 2016 bieten Core-Server ähnliche Funktionen wie in Windows Server 2012 R2. Den Servern fehlt die grafische Oberfläche. Sie verwalten sie mit der Eingabeaufforderung, der PowerShell oder über das Netzwerk von anderen Servern oder auch Windows 10-Arbeitsstationen. Das Gleiche funktioniert ebenfalls für den neuen Hyper-V-Server 2016. Der Hyper-V Server 2016 ist im Grunde genommen ein Core-Server mit automatisch installierter Hyper-V-Rolle.

Hinweis   Core-Server lassen sich in Windows Server 2016 nicht auf Server mit grafischer Oberfläche aktualisieren und umgekehrt lässt sich die grafische Oberfläche nach der Einrichtung nicht deinstallieren.

Haben Sie aber die Remoteserver-Verwaltungstools (Remote Server Administration Tools, RSAT) in Windows 10 installiert, können Sie diese auch von einer Windows 10-Arbeitsstation aus verwenden, ohne dass auf dem Core-Server eine grafische Oberfläche zur Verfügung steht.

Sie können Hyper-V Server 2016 mit dem Hyper-V Manager in Windows 10 verwalten, auch ohne RSAT zu nutzen. Wichtig für die Verwaltung von Core-Servern oder Hyper-V Server 2016 über das Netzwerk sind noch die Punkte 4 und 7 in Sconfig. Hierüber aktivieren Sie die Remoteverwaltung mit Tools wie den Hyper-V-Manager. Durch Aktivierung des Remotedesktops lässt sich Hyper-V Server 2016 auch darüber verwalten. Wie Sie dabei vorgehen, lesen Sie in Kapitel 2.

Haben Sie sich mit einem Core-Server verbunden und versehentlich die Eingabeaufforderung geschlossen, drücken Sie die Tastenkombination `Strg`+`Alt`+`Entf` und starten den Task-Manager. Klicken Sie danach auf *Mehr Details* und dann auf *Datei/Neuen Task ausführen*. Tippen Sie »cmd« ein, um die Eingabeaufforderung erneut zu öffnen.

Haben Sie einen Core-Server installiert, legen Sie zunächst die IP-Adresse fest, konfigurieren den DNS-Server, ändern den Namen und nehmen den Server in die Active Directory-Domäne auf. Aktivieren Sie noch die Remoteverwaltung, können Sie den Server mit grafischen Verwaltungstools verwalten, wie in den ersten Abschnitten in diesem Kapitel behandelt.

Kapitel 3: Erste Schritte mit Windows Server 2016

Abbildung 3.5: Die Verwaltung von Core-Servern erfolgt unter anderem mit Sconfig.

Um Core-Server zu verwalten, rufen Sie zunächst in der Eingabeaufforderung den Befehl *Sconfig* auf. Zur Konfiguration der Netzwerkeinstellungen wählen Sie den Menüpunkt *8) Netzwerkeinstellungen*:

1. Wählen Sie die Nummer des Adapters aus.
2. Wählen Sie *1) Adresse der Netzwerkkarte festlegen* aus, um die Adresse zu ändern.
3. Geben Sie S ein, um eine statische IP-Adresse zu konfigurieren.
4. Geben Sie die statische IP-Adresse ein und danach die Subnetzmaske.

Abbildung 3.6: Festlegen einer statischen IP-Adresse für einen Core-Server

5. Anschließend tragen Sie über den Menüpunkt *2) DNS-Server festlegen* einen DNS-Server ein, der die Active Directory-Domäne auflösen kann.
6. Im Hauptmenü zurück nehmen Sie den Server mit dem Punkt *1) Domäne/Arbeitsgruppe* in die Domäne auf und ändern den Servernamen. Anschließend starten Sie den Server neu.
7. Über die Menüpunkte 4 und 7 im Sconfig-Hauptmenü aktivieren Sie die Verwaltung des Remotedesktops und die Remoteverwaltung über grafische Tools wie den Server-Manager.

Die Verwaltung eines Core-Servers läuft hauptsächlich über die Eingabeaufforderung oder PowerShell ab beziehungsweise mit Verwaltungstools über das Netzwerk.

Tipp Mit dem Befehl *Start cmd /separate* öffnen Sie ein paralleles Fenster der Eingabeaufforderung, wenn Sie zwei Fenster benötigen. Wird das eine Fenster geschlossen, lässt sich über den Task-Manager durch Erstellen eines neuen Tasks mit dem Befehl *Cmd* ein neues Fenster starten, aber mit einem zweiten Fenster ersparen Sie sich diesen Aufwand und können bei der Arbeit mit einem Skript parallel mit einer zweiten Oberfläche arbeiten.

Alle Tools, die eine grafische Oberfläche verwenden oder den Explorer benötigen, funktionieren auf einem Core-Server nicht. Aus diesem Grund werden auch keine Meldungen angezeigt, wenn neue Updates zur Verfügung stehen oder das Kennwort eines Benutzers abgelaufen ist. Einige Fenster funktionieren außerdem auf einem Core-Server. So kann zum Beispiel der Editor (Notepad) verwendet werden, um Skripts oder Dateien zu bearbeiten. Mit Notepad können Sie das Dateisystem durchsuchen und Skripts bearbeiten. Der Task-Manager steht ebenfalls zur Verfügung.

Um das lokale Administratorkennwort eines Servers anzupassen, gehen Sie folgendermaßen vor:
1. Rufen Sie in der Eingabeaufforderung den Befehl *Net user administrator ** auf. Durch die Eingabe des Platzhalters * wird das eingegebene Kennwort nicht im Klartext angezeigt.
2. Geben Sie das neue Kennwort ein und bestätigen Sie.
3. Geben Sie das Kennwort noch mal ein und bestätigen Sie erneut.

Sie können auch Einstellungen des Servers in der Eingabeaufforderung anpassen. Das Kennwort des angemeldeten Benutzers ändern Sie über die Tastenkombination [Strg]+[Alt]+[Entf]. Die PowerShell ist in Core-Installationen automatisch aktiviert. Daher verwenden Sie zur Konfiguration der IP-Einstellungen nicht mehr das Befehlszeilentool *Netsh*, sondern besser die Cmdlets *New-NetIPAddress* und *Get-NetIPConfiguration*.

Ein Beispiel für die Einrichtung ist:

New-NetIPAddress -InterfaceIndex 12 -IPAddress 192.161078.2 -PrefixLength 24 -DefaultGateway 192.1610710

Die DNS-Server tragen Sie ein mit:

Set-DnsClientServerAddress -InterfaceIndex 12 -ServerAddresses 192.161078.4

Mehrere DNS-Server trennen Sie jeweils mit einem Komma. Das folgende Cmdlet wechselt zu DHCP:

Set-DnsClientServerAddress -InterfaceIndex 12 -ResetServer

Achten Sie darauf, jeweils die korrekte Indexnummer für den Netzwerkadapter zu verwenden. Diesen erhalten Sie mit dem Aufruf des Cmdlets *Get-NetIPConfiguration*.

Einer Windows-Domäne treten Sie mit *Add-Computer* bei. Um der lokalen Administratorengruppe ein Domänenkonto hinzuzufügen, verwenden Sie den Befehl *Net localgroup administratoren /add <Domäne>\<Benutzername>*. Mit dem Befehl *Net localgroup administratoren* können Sie sich alle Gruppenmitglieder anzeigen lassen. Die Aufnahme funktioniert auch über Sconfig, geht aber mit der Eingabeaufforderung schneller.

Mit dem Befehl *Net localgroup* können Sie sich alle lokalen Gruppen auf dem Server anzeigen lassen. So können Sie mit diesem Befehl schnell feststellen, welche Gruppen es gibt und welche Benutzerkonten enthalten sind. Außerdem lassen sich neue Benutzerkonten hinzufügen. Sie können die Benutzerverwaltung auch über die grafische Oberfläche von einem anderen Server aus durchführen, wenn Sie die Remoteverwaltung auf dem Server aktiviert haben. Mit dem Befehl *Net localgroup administratoren /delete <Domäne>\<Benutzername>* entfernen Sie ein Benutzerkonto wieder aus der Gruppe.

Den Namen von Servern ändern Sie mit *Rename-Computer*. Der Aufruf von *Set-Date* ändert die Zeitzone, und die Spracheinstellungen ändern Sie mit *Control intl.cpl*.

Tipp   Installieren Sie Windows-Installer-Pakete auf einem Core-Server, verwenden Sie beim Aufruf die Option */qb*.

Die Computerverwaltung starten Sie zum Beispiel über das Snap-In *Active Directory-Benutzer und -Computer*. Klicken Sie den Core-Server in der Konsole mit der rechten Maustaste an und wählen Sie im Kontextmenü den Eintrag *Verwalten*. Anschließend kann der Server über eine grafische Oberfläche konfiguriert werden. Über diesen Weg lassen sich zum Beispiel wesentlich einfacher Freigaben und Systemdienste verwalten als über die Eingabeaufforderung des Core-Servers.

Hardware und Treiber auf Core-Servern installieren

Installieren Sie neue Hardware, können Sie die grafische Oberfläche oder die Eingabeaufforderung verwenden. Auf Core-Servern bleibt Ihnen keine andere Wahl, als die Eingabeaufforderung zu verwenden. Haben Sie die neue Hardware mit dem Server verbunden, wird sie durch die Plug&Play-Funktion automatisch erkannt und der Treiber installiert. Das gilt auch bei Core-Servern. Allerdings muss in diesem Fall der Treiber in Windows Server 2016 integriert sein. Ist er das nicht und müssen Sie den Treiber manuell nachinstallieren, gehen Sie folgendermaßen vor:

1. Entpacken Sie die Treiberdateien und kopieren Sie sie in einen Ordner auf dem Server.
2. Geben Sie den Befehl *Pnputil -i -a <*.inf-Datei des Treibers>* ein. Mit diesem neuen Tool können Treiber in Windows Server 2016 hinzugefügt und entfernt werden.
   - Über den Befehl *Sc query type= driver* können Sie sich alle installierten Treiber auf einem Server anzeigen lassen (achten Sie auf das Leerzeichen nach dem Gleichheitszeichen).

- Mit dem Befehl *Sc delete <Treibername>* können Sie den Treiber entfernen, den Sie sich zuvor über den Befehl *Sc query type= driver* anzeigen lassen können.

Für die Anbindung an iSCSI-Targets (siehe Kapitel 5) steht auf Core-Servern eine grafische Oberfläche zur Verfügung. Diese starten Sie durch Eingabe des Befehls *Iscsicpl*. Für die Anbindung von Core-Servern an iSCSI-Targets steht auch der Befehl *Iscsicli* zur Verfügung. Über *Iscsicli /?* erhalten Sie eine ausführliche Hilfe zum Befehl (siehe Kapitel 5).

Windows Updates auf Core-Servern steuern

Um Windows-Updates zu steuern, verwenden Sie auf Core-Servern ebenfalls Sconfig. Mehr zu diesem Thema lesen Sie in Kapitel 37.

Um eine sofortige Installation von Updates durchzuführen, geben Sie den Befehl *Wuauclt /detectnow* ein. Die installierten Updates lassen sich durch den Aufruf von *Systeminfo* oder *Wmic qfe list* anzeigen.

Erweiterte Startoptionen nutzen

Die erweiterten Startoptionen bieten Möglichkeiten zur Reparatur des Servers. Wir gehen in Kapitel 35 noch ausführlicher auf dieses Thema ein. Die Optionen lassen sich zum Beispiel aufrufen, wenn der Server beim Starten einige Male abstürzt. Hier stehen verschiedene Möglichkeiten zur Verfügung:

- **Computer reparieren** – Startet die Reparatur des Betriebssystems in der Recovery-Oberfläche.

- **Abgesicherter Modus** – Startet Windows mit den mindestens erforderlichen Treibern und Diensten.

- **Abgesicherter Modus mit Netzwerktreibern** – Startet Windows im abgesicherten Modus zusammen mit den für den Zugriff auf das Internet oder auf andere Computer im Netzwerk erforderlichen Netzwerktreibern und -diensten.

- **Abgesicherter Modus mit Eingabeaufforderung** – Startet Windows im abgesicherten Modus mit einem Eingabeaufforderungsfenster anstelle der normalen Windows-Benutzeroberfläche.

- **Startprotokollierung aktivieren** – Erstellt die Datei *Ntbtlog.txt*, in der alle Treiber aufgelistet werden, die beim Starten installiert werden und für die erweiterte Problembehandlung nützlich sein können.

- **Videomodus mit niedriger Auflösung aktivieren** – Startet Windows mithilfe des aktuellen Videotreibers und mit niedrigen Einstellungen für Auflösung und Aktualisierungsrate. In diesem Modus können Sie die Anzeigeeinstellungen zurücksetzen.

- **Letzte als funktionierend bekannte Konfiguration** – Startet Windows mit der letzten funktionsfähigen Registrierungs- und Treiberkonfiguration.

- **Debugmodus** – Startet Windows in einem erweiterten Problembehandlungsmodus.

- **Automatischen Neustart bei Systemfehler deaktivieren** – Verhindert, dass Windows nach einem durch einen eigenen Fehler verursachten Absturz automatisch neu gestartet wird. Wählen Sie diese Option nur aus, wenn Windows in einer Schleife festgefahren ist, die aus Absturz, Neustart und erneutem Absturz besteht.

- **Erzwingen der Treibersignatur deaktivieren** – Ermöglicht, dass Treiber mit ungültigen Signaturen installiert werden.

- **Frühen Start des Treibers der Antischadsoftware deaktivieren** – In Windows Server 2016 startet der installierte Virenscanner wesentlich früher als in Windows Server 2008 R2. Das kann zu Problemen führen, wenn der Computer nicht mehr startet. Hier deaktivieren Sie diesen Schutz.

Windows Remote Management (WinRM) aktivieren (auch für Nano-Server)

Über Windows Remote Management (WinRM) lassen sich Cmdlets remote auf Nano-Servern, aber auch auf herkömmlichen Windows-Servern ausführen. Damit das funktioniert, muss auf dem Server, der eine Verbindung zum Nano-Server aufbaut, WinRM konfiguriert werden. Dazu müssen die folgenden Befehle in einer Eingabeaufforderung mit administrativen Rechten eingegeben werden:

Winrm quickconfig

Winrm set winrm/config/client @{TrustedHosts=""}*

Chcp 65001

Anschließend lässt sich in der Eingabeaufforderung eine Verbindung aufbauen:

Winrs -r:<IP-Adresse des Nano-Servers> -u:Administrator -p:<Kennwort > <Befehl, zum Beispiel Ipconfig>

Der Befehl wird in diesem Fall auf dem Nano-Server ausgeführt. So lassen sich außerdem Skripts für die Ausführung von Befehlen schreiben. WMI steht aber auch in der PowerShell zur Verfügung, wenn Administratoren eine Verbindung zum Nano-Server aufbauen.

Wollen Sie auf einem Nano-Server Daten von Festplatten auslesen, stehen verschiedene Möglichkeiten zur Verfügung. Der einfachste Weg ist die Verwendung des Cmdlets *Get-PhysicalDisk*. Dieses Cmdlet steht auch bei herkömmlichen Servern zur Verfügung und lässt sich ebenfalls lokal einsetzen. Die PowerShell zeigt für eine Liste der Laufwerke an, ob diese Mitglied eines Speicherpools sein können oder sind, wie der Status des Laufwerks ist, und dessen maximale Größe. Noch mehr Informationen erhalten Sie mit *Get-PhysicalDisk |fl*.

Zusammenfassung

In diesem Kapitel haben wir Ihnen gezeigt, wie Sie mit der neuen Oberfläche in Windows Server 2016 umgehen. Wir sind darauf eingegangen, wie Sie Server im Netzwerk verwalten und mit dem Server-Manager in Windows Server 2016 umgehen.

Auch die Verwaltung und Einrichtung von Core-Servern sowie die Verwaltung von Windows Server 2016 mit den Remoteserver-Verwaltungstools in Windows war Bestandteil des Kapitels.

Im nächsten Kapitel erfahren Sie, wie Serverrollen und Features in Windows Server 2016 installiert werden. Auch hier hat sich einiges im Vergleich zu Windows Server 2008 R2 verändert.

Kapitel 4
Serverrollen und Features installieren und einrichten

In diesem Kapitel:
Serverrollen und Features auf einem Server installieren 94
Rollen mit der PowerShell installieren 108
Rollen und Features mit DISM installieren 110
Serverrollen mit dem Best Practices Analyzer überprüfen 112
Zusammenfassung 114

In diesem Kapitel zeigen wir Ihnen, welche verschiedenen Serverrollen und Features in Windows Server 2016 vorhanden sind und wie Sie sie installieren. Serverrollen beschreiben die primäre Funktion eines Servers, zum Beispiel Webserver oder Domänencontroller. Features ergänzen das Betriebssystem um weitere Funktionen. Oft verschwimmen die Grenzen zwischen Features und Serverrollen. Die notwendigen Dateien für die Installation eines Windows-Clusters werden zum Beispiel als Feature und nicht als Serverrolle installiert.

In Windows Server 2016 installieren Sie Serverrollen und Features über einen gemeinsamen Assistenten, bei Bedarf auch beides gemeinsam. Dies erspart unnötige Konfigurationen und Neustarts. Sie können in Windows Server 2016 Serverrollen und Features über den Server-Manager außerdem auf anderen Servern im Netzwerk installieren. Haben Sie die Remoteserver-Verwaltungstools von Windows 10 im Einsatz, können Sie die Installation ferner von Arbeitsstationen aus starten.

In den einzelnen Kapiteln in diesem Buch gehen wir auf die Installation der jeweiligen Serverrolle ausführlich ein. In diesem Kapitel beschäftigen wir uns zunächst mit der generellen Vorgehensweise, um Serverrollen zu installieren. In Kapitel 2 und 3 sind wir darauf eingegangen, wie Sie Serverrollen auf Nano-Servern oder auf Core-Servern installieren.

Serverrollen und Features auf einem Server installieren

Auf einem Server lassen sich mehrere Rollen parallel und gleichzeitig über den Assistenten zum Hinzufügen von Rollen und Features installieren. In Windows Server 2016 können Sie über diesen Weg also Features zusammen mit Rollen installieren. Nach dem Aufruf des Befehls *Verwalten/Rollen und Features hinzufügen* im Server-Manager startet ein Assistent, über den Sie die einzelnen Rollen auswählen und installieren können. Falls erforderlich, ist dies auch für mehrere Rollen gleichzeitig möglich.

Rollen installieren

Rollen sind in der Regel in mehrere Rollendienste aufgeteilt, die Sie auch nachträglich noch hinzufügen können. Dazu müssen Sie lediglich den entsprechenden Assistenten erneut starten. Wählen Sie eine Rolle aus, wird der Assistent erweitert, um die Rolle zu konfigurieren oder ihr weitere Rollendienste hinzuzufügen.

Auf der ersten Seite des Assistenten wählen Sie zunächst aus, ob Sie eine Serverrolle oder die Remotedesktopdienste installieren möchten. Diese werden in Windows Server 2016 über den Assistenten zur Installation von Serverrollen getrennt eingerichtet.

Abbildung 4.1: Auswählen des Installationstyps

Haben Sie den Installationstyp ausgewählt, können Sie auf der nächsten Seite des Assistenten den Zielserver auswählen, auf dem die Serverrolle installiert werden soll. Sie sehen im Fenster aber nur Server mit Windows Server 2016 sowie Server, die Sie im Server-Manager bereits hinzugefügt haben. Außerdem müssen die Server gestartet sein. Server, die nicht eingeschaltet sind, blendet der Assistent aus.

Um Server im Server-Manager hinzuzufügen, klicken Sie auf *Verwalten/Server hinzufügen*. Anschließend können Sie im Fenster eine Suche nach den Servern in der Domäne starten und diese zum Assistenten hinzufügen. Damit die Server im Assistenten zum Hinzufügen von Rollen angezeigt werden, müssen Sie teilweise etwas warten und den Assistenten dann neu starten. Mehr zu diesem Thema lesen Sie in den Kapiteln 2 und 3.

Abbildung 4.2: Auswählen von weiteren Servern zur Verwaltung im Server-Manager

Starten Sie den Installations-Assistenten für Rollen und Features, sucht er nach Servern, die im lokalen Server-Manager angebunden und die auch online sind. Aus diesen Servern können Sie den Zielserver auswählen, um Rollen und Features zu installieren.

Sie können an dieser Stelle aber nicht nur einen Server auswählen, der gerade online ist, sondern auch virtuelle Festplatten, auf denen Windows Server 2016 installiert ist. Wählen Sie diese Option aus, müssen Sie im unteren Eingabefeld den Speicherort der virtuellen Festplatte angeben. Dabei kann es sich auch um eine Netzwerkfreigabe handeln.

Haben Sie den Server oder die virtuelle Festplatte ausgewählt, auf dem Sie Serverrollen und Features installieren wollen, legen Sie auf der nächsten Seite fest, welche Rolle Sie installieren wollen.

Kapitel 4: Serverrollen und Features installieren und einrichten

Abbildung 4.3: Auswählen des Zielservers zur Installation von Serverrollen und Features

Wählen Sie eine Rolle zur Installation aus, zeigt der Assistent alle abhängigen Rollendienste und Features an, die durch Auswahl dieser Rolle auf dem Server ebenfalls notwendig sind. Folgende Rollen stehen für Windows Server 2016 zur Verfügung:

- **Active Directory Lightweight Directory Services (AD LDS)** – Mit diesen Diensten können Applikationen arbeiten, die Informationen in einem Ordner speichern. Im Gegensatz zu den Active Directory-Domänendiensten wird der Ordner nicht als Dienst ausgeführt. Diese Dienste benötigen keinen reinen Domänencontroller. Auf einem Server können mehrere Instanzen laufen. Bei AD LDS handelt es sich sozusagen um ein »Mini«-Active Directory ohne große Verwaltungsfunktionen. Unter Windows Server 2003 wurden diese Dienste noch Active Directory Application Mode (ADAM) genannt. AD LDS ist eine Low-End-Variante von Active Directory. Es basiert auf der gleichen Technologie und unterstützt ebenfalls eine Replikation. Mit AD LDS können Lightweight Directory Access Protocol(LDAP)-Ordner für Anwendungen erstellt werden, die wiederum mit Active Directory synchronisiert werden und dieses auch für die Authentifizierung nutzen können. Auf einem Server lassen sich parallel mehrere Instanzen betreiben. Der Dienst ist für Organisationen entwickelt, die eine flexible Unterstützung ordnerfähiger Anwendungen benötigen. Mit dem Dienst können Unternehmen zum Beispiel andere LDAP-Ordner in Testumgebungen installieren, ohne auf Software eines Drittanbieters zurückgreifen zu müssen.

- **Active Directory-Domänendienste (Active Directory Domain Services, AD DS)** – Hierbei handelt es sich um die Rolle eines Domänencontrollers für Active Directory. Bevor Sie einen Server zum Domänencontroller für Active Directory heraufstufen können, muss diese Rolle installiert sein. Sie finden diese Rolle in den verschiedenen Kapiteln dieses Buches wieder. Mehr zu diesem Thema lesen Sie in den Kapiteln 10 bis 19.

- **Active Directory-Rechteverwaltungsdienste (Active Directory Rights Management Services, AD RMS)** – Mit dieser Technologie werden Daten mit digitalen Signaturen versehen, um sie vor unerwünschtem Zugriff zu sichern. Besitzer von Dateien können basierend auf Benutzerinformationen exakt festlegen, was andere Benutzer mit den Dateien machen dürfen. Dokumente können mit »Nur Lesen«-Rechten konfiguriert werden. Mehr zu diesem Thema lesen Sie in Kapitel 33.

Auswählen der zu installierenden Serverrollen in Windows Server 2016

- **Active Directory-Verbunddienste (Active Directory Federation Services, AD FS)** – Mit AD FS können Sie eine webbasierte Single Sign-On-(SSO-)Infrastruktur aufbauen. Profitieren sollen hauptsächlich unternehmensinterne Verbände (auch mit mehreren Gesamtstrukturen) sowie Cloudplattformen. Der Identitätsverbund ermöglicht es Unternehmen, die in Active Directory gespeicherten Identitätsinformationen eines Benutzers auf sichere Weise über Verbundvertrauensstellungen gemeinsam zu nutzen, wodurch die Zusammenarbeit erheblich vereinfacht werden soll. Zum Einsatz kommen die Dienste zum Beispiel, wenn Authentifizierungsdaten zwischen lokalen Installationen und Office 365 oder Microsoft Azure ausgetauscht werden sollen.

- **Active Directory-Zertifikatdienste (Active Directory Certificate Services, AD CS)** – Diese Rolle installiert eine Zertifizierungsstelle in Windows Server 2016. Viele Serverdienste wie Exchange und SQL benötigen Zertifikate, das gilt auch für Dienste wie DirectAccess. In Active Directory-Gesamtstrukturen sind oft Zertifikate unerlässlich. Aus diesem Grund kann es sich anbieten, diese Serverrolle auf Domänencontrollern ebenfalls zu installieren. Auch unter Windows Server 2016 können Sie über einen Browser auf die Zertifizierungsstelle zugreifen. Diese Funktionalität wird allerdings nicht automatisch installiert, sondern muss über den Rollendienst *Zertifizierungsstellen-Webregistrierung* installiert werden. Nach der Installation des Rollendiensts steht die Webseite der Zertifizierungsstelle zur Verfügung. Die Adresse ist *http://<Servername>/certsrv*. Mehr zu diesem Thema lesen Sie in Kapitel 30.

- **Datei- und Speicherdienste** – Installieren Sie diese Rolle, können Sie den Server als Dateiserver verwenden, um Freigaben zu erstellen. Die Dateidienste beinhalten Erweiterungen wie die Dateiklassifizierungsdienste oder Funktionen zur Unterstützung von iSCSI und Speicherpools. Auch BranchCache, Datendeduplizierung und der Ressourcen-Manager für Dateiserver (Fileserver Resource Manager, FSRM) gehört zu dieser Serverrolle. Auch das verteilte Dateisystem (Distributed File System, DFS) installieren

Sie als Rollendienst über diese Rolle. Mehr zu diesem Thema lesen Sie in den Kapiteln 5 und 20 bis 22.

- **Device Health Attestation** – Diese Serverrolle ist neu in Windows Server 2016. Sie bietet Mobile Device Management-Funktionen für Windows 10 (*http://tinyurl.com/jb9rbax*).

- **DHCP-Server** – Diese Rolle beinhaltet die Funktion eines DHCP-Servers für das Netzwerk. Unter Windows Server 2016 kann der DHCP-Server auch IPv6-Adressen verteilen, ist also vollständig DHCPv6-kompatibel. Mehr zu diesem Thema lesen Sie in Kapitel 24.

- **DNS-Server** – Installieren Sie diese Rolle, erhält der Server die Möglichkeit, DNS-Zonen zu verwalten. Das ist zum Beispiel für Domänencontroller notwendig, da hier wichtige Daten in DNS gespeichert werden. DNS-Server und -Clients mit Windows Server 2016 bieten eine Unterstützung für die Domain Name System-Sicherheitserweiterungen (Domain Name System Security Extensions, DNSSEC). Sie können DNSSEC-Zonen signieren und hosten, um Sicherheitsfunktionen für die DNS-Infrastruktur bereitzustellen. In Windows Server 2016 sind diese Funktionen direkt in der grafischen Oberfläche integriert. Außerdem unterstützt DNSSEC Active Directory und schreibgeschützte Domänencontroller. Mehr zu diesem Thema lesen Sie in den Kapiteln 25 und 26.

- **Druck- und Dokumentdienste** – Mit dieser Rolle ermöglichen Sie die Verwaltung von mehreren lokal angeschlossenen Druckern an einem Server (Druckserver). Die Drucker können an diesen Server auch per LAN angeschlossen werden. Außerdem können Sie mit dieser Rolle Scanner im Netzwerk bereitstellen. Dokumente lassen sich durch Installation dieser Rolle an SharePoint-Webseiten weiterleiten. Zusätzlich verwalten Sie mit der Rolle auch andere Druckserver im Netzwerk zentral von einem Server aus. Mehr zu diesem Thema lesen Sie in Kapitel 23.

- **Faxserver** – Diese Server senden und empfangen Faxnachrichten. Auch die Verwaltung von Faxressourcen über das Netzwerk wird durch diese Rolle installiert.

- **Host Guardian-Dienst** – Mit dieser neuen Serverrolle ermöglichen Sie die Abschottung einzelner VMs von anderen VMs. Solche VMs werden in Windows Server 2016 auch als Shielded-VMs bezeichnet und bieten eine besondere Sicherheit.

- **Hyper-V** – Mit dieser Rolle installieren Sie Hyper-V mit den notwendigen Verwaltungsprogrammen auf dem Server. Mehr zu diesem Thema lesen Sie in den Kapiteln 7 bis 9.

- **MultiPoint Services** – Ermöglicht den Betrieb eines Remotedesktopservers für Schulungszentren oder kleine Büros. Maus und Tastatur werden dabei direkt an den Server angeschlossen. Die Monitore lassen sich überwachen und der Monitor des Dozenten kann auf die Monitore der Schulungsteilnehmer gespiegelt werden.

- **Netzwerkcontroller** – Auch dieser Dienst ist neu in Windows Server 2016. Der neue Netzwerkcontroller-Dienst erlaubt die zentrale Verwaltung, Überwachung und Konfiguration von Netzwerkgeräten. Anbinden lassen sich physische Netzwerkgeräte, aber ebenfalls virtuelle Netzwerke sowie Netzwerke in Microsoft Azure. Neben Hardwaregeräten lassen sich außerdem softwarebasierte Netzwerkdienste verwalten.

- **Netzwerkrichtlinien- und Zugriffsdienste (Network Policy and Access Services)** – Hierbei handelt es sich um eine Sicherheitsfunktion von Windows Server 2016. Mit dieser Rolle können Sie Benutzern Zugriff auf verschiedene Netzwerksegmente gewähren. Auch wenn Sie einen Server als Router zwischen verschiedenen Netzwerken einsetzen, verwenden Sie diese Rolle. Über diese Rolle können Sie die Richtlinien für den Netzwerkzugriffsschutz (Network Access Protection, NAP) erstellen und verwalten.

- **Remotedesktopdienste** – Bei dieser Funktion werden die Remotedesktopdienste im Anwendungsmodus installiert. Mehr zu diesem Thema lesen Sie in Kapitel 28.
- **Remotezugriff** – Sie installieren mit dieser Rolle DirectAccess und normale RAS-Verbindungen gemeinsam. Während der Netzwerkzugriffsschutz (NAP) Richtlinien für die Einwahl zur Verfügung stellt, bieten DirectAccess und RAS (Remote Access Service) die generelle Möglichkeit der Einwahl. In Windows Server 2016 erfolgt die Konfiguration von RAS und DirectAccess über eine gemeinsame Oberfläche. Mehr zu diesem Thema lesen Sie in Kapitel 32.
- **Volumenaktivierungsdienste** – Mit dieser Serverrolle installieren Sie einen Schlüsselverwaltungsdienst (Key Management Service, KMS) im Netzwerk. Der Server verwaltet dann zentral die Produktschlüssel für alle Clients, die Sie über KMS aktivieren. In Active Directories sorgt der Dienst für eine Überwachung und Aktivierung der Rechner.
- **Webserver (IIS)** – Installieren Sie diese Rolle, werden die Internetinformationsdienste (Internet Information Services, IIS) auf dem Server aktiviert. Mehr zu diesem Thema lesen Sie in Kapitel 27.
- **Windows Server Essentials-Umgebung** – Installiert die Funktionen von Windows Server 2016 Essentials auf Servern mit Windows Server 2016 Standard und Datacenter.
- **Windows Server Update Services (WSUS)** – Unternehmen, die mehrere Microsoft-Produkte und Clientsysteme im Netzwerk einsetzen, kommen um eine zentrale Verwaltung der Patches kaum herum. Windows Server 2016 bietet dazu, wie bereits der Vorgänger, die Windows Server Update Services. Die grundlegende Funktion hat sich von Windows Server 2008 R2 zu Windows Server 2016 nicht geändert. Mehr zu diesem Thema lesen Sie in Kapitel 37.
- **Windows-Bereitstellungsdienste (Windows Deployment Services, WDS)** – Mit den Windows-Bereitstellungsdiensten können Sie Images von Windows 7/8, Windows 10, aber auch Windows Server 2008 R2/2012/2012 R2 und Windows Server 2016 im Netzwerk verteilen und die Installation von Servern und Arbeitsstationen automatisieren. Mehr zu diesem Thema lesen Sie in Kapitel 39.

Wenn Sie eine Serverrolle auswählen, erscheint ein Fenster, in dem der Assistent anzeigt, welche Features und Rollendienste noch zusätzlich notwendig sind. In diesem Fenster können Sie außerdem festlegen, ob auf dem entsprechenden Server zusätzlich die notwendigen Verwaltungswerkzeuge installiert werden sollen. Das ist nicht auf allen Servern notwendig, wenn Sie zum Beispiel von einem zentralen Server aus verschiedene Server verwalten wollen.

Kapitel 4: Serverrollen und Features installieren und einrichten

Abbildung 4.4: Hinzufügen von notwendigen Features

Sobald Sie eine Serverrolle auswählen, erweitert sich der Assistent automatisch um weitere Seiten, auf denen Sie die entsprechende Rolle bereits während der Installation konfigurieren können oder zumindest Hinweise erscheinen, was Sie für den Betrieb der Rolle beachten müssen.

Um den Assistenten abzuschließen, bestätigen Sie die weiteren Fenster. Auf Core-Servern stehen folgende Serverrollen zur Verfügung. Auch diese können Sie über den Server-Manager installieren, wenn Sie Core-Server über das Netzwerk angebunden haben:

- Active Directory-Zertifikatdienste (siehe Kapitel 30)
- Active Directory-Domänendienste (siehe die Kapitel 10 bis 19)
- DHCP-Server (siehe Kapitel 24)
- DNS-Server (siehe Kapitel 25)
- Dateidienste (einschließlich Ressourcen-Manager für Dateiserver, siehe die Kapitel 20 und 21)
- Active Directory Lightweight Directory Services (AD LDS)
- Hyper-V (siehe die Kapitel 7 bis 9)
- Druck- und Dokumentdienste (siehe Kapitel 23)
- Streaming Media-Dienste
- Webserver (einschließlich ASP.NET, siehe Kapitel 27)
- Windows Server Update Services (siehe Kapitel 37)
- Active Directory-Rechteverwaltungsdienste (siehe Kapitel 33)
- Routing- und RAS-Server (siehe Kapitel 32)

Features installieren und verwalten

Serverrollen bestimmen den primären Verwendungszweck eines Servers. Mit den Rollendiensten im Server-Manager werden untergeordnete Funktionen zu Rollen hinzugefügt. Features erweitern installierte Serverrollen und das Betriebssystem um zusätzliche Möglichkeiten.

Verwechseln Sie Features nicht mit Rollendiensten. Features sind einzelne Funktionen, die einen Server erweitern. Auch die Features werden über den Server-Manager installiert, indem Sie den gleichen Assistenten wie bei der Installation von Serverrollen verwenden. Wählen Sie über *Verwalten/Rollen und Features hinzufügen* auf der Seite *Features auswählen* die neuen Features aus, die Sie installieren wollen. In der folgenden Auflistung zeigen wir Ihnen, welche Features in Windows Server 2016 zur Verfügung stehen:

- **.NET Framework 3.5-Funktionen** – Dieses Feature erweitert den Server um die Funktionen von .NET Framework 3.5. und 2.0. Viele Anwendungen benötigen noch die älteren Versionen von .NET Framework.
- **.NET Framework 4.6-Funktionen** – Neu in Windows Server 2016 ist das Feature zur Installation von .NET Framework 4.6 für neue Anwendungen, die für Windows Server 2016 und Windows 10 optimiert sind.
- **BitLocker-Laufwerkverschlüsselung** – BitLocker bietet eine Verschlüsselung für lokale Festplatten. Es bietet im Gegensatz zum verschlüsselten Dateisystem (Encrypting File System, EFS) auch Schutz vor Diebstahl oder dem Ausbau des Datenträgers. Server in Niederlassungen lassen sich mit BitLocker besser verschlüsseln. BitLocker unterstützt außerdem Technologien zur Hardwareverschlüsselung von Festplatten und eine inkrementelle Verschlüsselung. Bei Aktivierung verschlüsselt das System nur verwendete Bereiche der Festplatte und erweitert die Verschlüsselung, wenn neue Daten auf der Festplatte gespeichert werden. Mehr zu diesem Thema lesen Sie in Kapitel 5.
- **BitLocker-Netzwerkentsperrung** – Diese Serverrolle kann verschlüsselte Domänencomputer zentral entsperren. Das ist zum Beispiel sinnvoll, wenn Computer im Netzwerk gewartet werden sollen und neu starten müssen. Mit der zentralen Entsperrung optimieren Sie diesen Vorgang.
- **BranchCache** – Durch die Aktivierung von BranchCache als Feature kann ein Server als Client für BranchCache dienen. Um BranchCache als Server einzusetzen, müssen Sie noch den Rollendienst für BranchCache aus der Serverrolle der Dateidienste installieren. BranchCache bietet eine Zwischenspeicherung von Dateien für den schnelleren Zugriff von Windows 7/8- und Windows 10-Computern in Niederlassungen. Mehr zu diesem Thema lesen Sie in Kapitel 33.
- **Client für NFS** – Mit dem Client für NFS lassen sich Server mit UNIX-NFS-Freigaben verbinden.
- **Container** – Mit diesem Feature installieren Sie die Docker-Container-Technologien auf Servern mit Windows Server 2016.
- **Data Center Bridging** – Mit dieser Funktion erweitern Sie den Server mit Funktionen, um den Datenverkehr in großen Netzwerken steuern zu können. Unterstützt der Netzwerkadapter die Funktion Converged Network Adapter (CNA), lassen sich Daten wie iSCSI oder RDMA besser nutzen. Außerdem lassen sich Bandbreiten für die verschiedenen Funktionen festlegen.

Kapitel 4: Serverrollen und Features installieren und einrichten

- **DirectPlay** – Mit diesem neuen Feature integrieren Sie DirectPlay als Komponente auf einem Server. Bei diesem Protokoll können verschiedene Transport- und Übertragungsaufgaben zwischen Servern realisiert werden. Das Feature ist vor allem auf Remotedesktopservern sinnvoll einsetzbar.

- **Einfache TCP/IP-Dienste** – Installieren Sie diese Funktionen, werden auf dem Server noch einige zusätzliche Dienste für TCP/IP aktiviert. Sie sollten diese Dienste nur dann installieren, wenn sie von einer speziellen Applikation benötigt werden. Folgende Funktionen sind in den einfachen TCP/IP-Diensten enthalten: Der *Zeichengenerator (CHARGEN)* sendet Daten, die sich aus einer Folge von 95 druckbaren ASCII-Zeichen zusammensetzen. Dieses Protokoll wird als Debuggingtool zum Testen oder zur Problembehandlung bei Zeilendruckern verwendet. *Daytime* zeigt Meldungen mit Wochentag, Monat, Tag, Jahr, aktueller Uhrzeit (im Format HH:MM:SS) und Informationen zur Zeitzone an. Einige Programme können die Ausgabe dieses Diensts zum Debuggen oder Überwachen von Abweichungen der Systemuhr oder auf einem anderen Host verwenden. *Discard* verwirft alle über diesen Anschluss empfangenen Meldungen, ohne dass eine Antwort oder Bestätigung gesendet wird. Die Funktion kann als Nullanschluss für den Empfang und die Weiterleitung von TCP/IP-Testnachrichten während der Netzwerkinstallation und -konfiguration verwendet werden. *Echo* erzeugt Echorückmeldungen zu allen über diesen Serveranschluss empfangenen Nachrichten. Der *Echo*-Befehl kann als Debugging- und Überwachungstool in Netzwerken eingesetzt werden. Das *Zitat des Tages (QUOTE)* gibt ein Zitat in Form eines ein- oder mehrzeiligen Texts in einer Meldung zurück. Die Zitate werden nach dem Zufallsprinzip aus der folgenden Datei ausgewählt: *C:\Windows\System32\drivers\etc\quotes*. Eine Beispieldatei mit Zitaten wird mit den einfachen TCP/IP-Diensten installiert. Wenn diese Datei fehlt, kann der Zitatdienst nicht ausgeführt werden.

- **Erweitertes Speichern** – Mit dieser Funktion können Sie die Zusammenarbeit von Windows Server 2016 mit externen Speichergeräten verbessern, indem die beteiligten Komponenten Berechtigungen austauschen.

- **Failoverclustering** – Mit dieser Funktion installieren Sie die Clusterfunktionalität von Windows Server 2016. Wie einige andere frühere Enterprise-Funktionen steht auch das Clustering in Windows Server 2016 bereits in der Standard-Edition zur Verfügung. Mehr zu diesem Thema lesen Sie in Kapitel 9.

- **Gruppenrichtlinienverwaltung** – Mit dieser Funktion installieren Sie die Gruppenrichtlinienverwaltungskonsole (Group Policy Management Console, GPMC), mit der Sie die Gruppenrichtlinien im Active Directory verwalten können. Auf Domänencontrollern wird das Feature automatisch installiert. Mehr zu diesem Thema lesen Sie in Kapitel 19.

- **Hostfähiger Webkern für Internetinformationsdienste** – Dieses Feature ermöglicht Serveranwendungen, eigene Konfigurationsdateien für die Internetinformationsdienste (Internet Information Services, IIS) zu verwenden, die sich von den anderen Konfigurationsdateien unterscheiden. Beispielsweise nutzen Arbeitsordner in Windows Server 2016 und Windows 10 diese Funktion.

- **Hyper-V-Unterstützung durch Host Guardian** – Mit diesem Feature werden Funktionen bereitgestellt, die ein Hyper-V-Server benötigt, um abgeschirmte virtuelle Computer bereitzustellen.

- **I/O Quality of Service** – Ermöglicht es, Einstellungen für die E/A-Dienstqualität zu konfigurieren. Beispielsweise lassen sich maximale E/A-Werte bestimmen oder die Bandbreite für Anwendungen begrenzen.
- **IIS-Erweiterung für OData Services for Management** – Mit dieser Funktion stellen Sie PowerShell-Cmdlets für einen Webdienst zur Verfügung. Mehr zu diesem Thema lesen Sie in Kapitel 27.
- **Intelligenter Hintergrundübertragungsdienst** – Bei dieser Technologie kann ein Server im Hintergrund Daten empfangen, ohne die Bandbreite im Vordergrund zu beeinträchtigen. Ein Server kann dadurch – zum Beispiel bei installiertem WSUS – Patches aus dem Internet herunterladen. Dazu wird nur so viel Bandbreite verwendet, wie derzeit bei dem Server ungenutzt ist. Andere Netzwerkanwendungen können so auf einem Server weiterhin auf die volle Netzwerkperformance zugreifen.
- **Interne Windows-Datenbank** – Hierbei handelt es sich um eine kostenlose relationale Datenbank, die einige Serverdienste nutzen. Die Datenbank kann allerdings nicht von Drittherstellerprodukten verwendet werden, sondern nur von den Funktionen und Rollen in Windows Server 2016.
- **Internetdruckclient** – Mit diesem Feature können Sie über das HTTP-Protokoll auf die Drucker des Servers zugreifen. Dadurch können Anwender über das Internet auf die Drucker zugreifen. Diese Funktion ist zum Beispiel für mobile Mitarbeiter sinnvoll, die Dokumente von unterwegs in der Firma ausdrucken wollen, zum Beispiel Aufträge oder Ähnliches.
- **IP-Adressverwaltungsserver (IPAM-Server)** – Die Serverlösung hat die Aufgabe, Infrastrukturserver, die die IP-Adressen im Netzwerk verwalten, in einer gemeinsamen Oberfläche zusammenzuführen, zentral zu verwalten und zu überwachen. Natürlich gibt es weiterhin Verwaltungskonsolen für DHCP und DNS. Zwar lassen sich viele Einstellungen von DHCP auch in der IPAM-Konsole vornehmen, aber für erweiterte Aufgaben wie Ausfallsicherheit von DHCP-Servern ist weiterhin die DHCP-Konsole notwendig. IPAM dient nicht nur der Überwachung von DNS- und DHCP-Servern, sondern bietet auch eine effiziente Verwaltungsmöglichkeit dieser Server und zwar in einer gemeinsamen Oberfläche. Microsoft geht mit der neuen Serverrolle auf die ständig wachsende Anzahl an DNS- und DHCP-Servern in Unternehmen und der damit verbundenen komplizierteren Verwaltung ein. Damit Administratoren einen Überblick über die verschiedenen IP-Adressbereiche und DNS-Domänen erhalten, sind oft Zusatztools im Einsatz oder Exceltabellen, in denen die Daten aufgelistet sind. Damit soll IPAM Schluss machen. IPAM verfügt im Groben über folgende Funktionen: automatisches Auffinden der IP-Adresse-Infrastruktur im Unternehmen, Erstellen von Berichten für IP-Infrastruktur, Überwachung der Infrastrukturserver im Netzwerk und der vorhandenen IP-Adressen, Überwachung von Netzwerkzugriffschutzservern, Überwachung von Domänencontrollern. Mehr zu diesem Thema lesen Sie in Kapitel 24.
- **iSNS-Serverdienst (Internet Storage Name Server)** – Diese Funktion benötigen Unternehmen, die mit iSCSI-Geräten als Speichergerät arbeiten. Ein großer Nachteil von NAS-Systemen ist die Problematik, dass die Anbindung über das LAN erfolgt. Manche Anwendungen haben Probleme damit, wenn der Datenspeicher im Netzwerk bereitgestellt und mittels IP auf die Daten zugegriffen wird, anstatt den blockbasierten Weg über SCSI oder Fibrechannel zu gehen. Zu diesem Zweck gibt es die iSCSI-Technologie. iSCSI ermöglicht den Zugriff auf NAS-Systeme mit dem bei lokalen Datenträgern üblichen Weg als normales lokales Laufwerk. Die Nachteile der IP-Kommunika-

tion werden kompensiert. iSCSI verpackt dazu die SCSI-Daten in TCP/IP-Pakete. Mit iSNS können auf iSCSI-basierte SAN-Systeme an Windows Server 2016 angebunden werden. Mit dem iSNS-Protokoll werden die verschiedenen Konfigurationen der iSCSI-Geräte und der Geräte von Speichernetzen (SAN) in einem IP-Speichernetz zentralisiert. Das Konzept kennt den Name Service, mit dem alle Geräte registriert werden, die Bereitstellung von Domain-Namen für das Internet Fibre Channel-Protokoll (iFCP) und die Discovery Domain (DD), die die Geräte in Gruppen unterteilt.

- **LPR-Portmonitor** – Windows-Betriebssysteme unterscheiden zwischen lokalen und Netzwerkdruckern. Für andere Druckprotokolle, also auch für das LPR-Protokoll, werden die Verbindungen zu Druckern über sogenannte Ports (Anschlüsse) abgewickelt. Sie ergänzen die standardmäßig vorhandenen lokalen Ports. Die Druckerports für das LPR-Protokoll werden LPR-Ports genannt. Jeder LPR-Port verweist auf eine Queue (Warteschlange) eines Remotedruckservers. LPR-Ports werden also unter Windows-Betriebssystemen wie lokale Anschlüsse behandelt. Deshalb werden auch Drucker, die über das LPR-Protokoll angesteuert werden, als lokale Drucker angesehen. Mehr zu diesem Thema lesen Sie in Kapitel 23.

- **Media Foundation** – Dieses Feature bietet die Möglichkeit, dass Anwendungen Miniaturansichten für Mediendateien zur Verfügung stellen können. Das Tool arbeitet mit der Desktopdarstellung zusammen und ist auf Remotedesktopservern sinnvoll einsetzbar.

- **Message Queuing** – Mit dieser Funktion können Nachrichten gesichert und überwacht zwischen Applikationen auf dem Server ausgetauscht werden. Nachrichten können priorisiert werden und es gibt eine Vielzahl an Möglichkeiten, um die Konfiguration anzupassen. Message Queuing (auch als MSMQ bezeichnet) ist sowohl eine Kommunikationsinfrastruktur als auch ein Entwicklungswerkzeug. Für Systemadministratoren und für Softwareentwickler bietet Message Queuing Möglichkeiten wie Installation und Verwaltung der Infrastruktur, Entwicklung von Nachrichtenanwendungen und vieles mehr.

- **Multipfad-E/A** – Durch Multipfad wird die Verfügbarkeit erhöht, weil mehrere Pfade (Pfad-Failover) von einem Server oder Cluster zu einem Speichersubsystem zugelassen werden. Unterstützt ein Server im SAN die Funktion Microsoft Multipfad-E/A (Multipath I/O, MPIO), können Sie mehr als einen Pfad zum Lesen und Schreiben für eine LUN (Logical Unit Number, logische Gerätenummer) aktivieren, indem Sie auf diesem Server mehrere Fibrechannel-Ports oder iSCSI-Adapter derselben LUN zuweisen. Dies gilt auch für den Zugriff auf die LUN von einem Cluster. Stellen Sie zum Vermeiden von Datenverlust vor dem Aktivieren von Zugriff über mehrere Pfade sicher, dass der Server oder Cluster die Funktion Multipfad-E/A unterstützt.

- **MultiPoint Connector** – Dieses neue Serverfeature arbeitet mit der ebenfalls neuen Serverrolle zu den MultiPoint-Services zusammen. Mit den Funktionen lassen sich zum Beispiel MultiPoint-Server im Netzwerk verwalten.

- **Netzwerklastenausgleich** – Mit dieser Funktion können Sie einen Lastenausgleich zwischen mehreren Servern im Netzwerk bereitstellen. Zu den Anwendungen, die vom Netzwerklastenausgleich profitieren können, zählen IIS, Remotedesktopserver sowie virtuelle private Netzwerke, Windows Media-Dienste und viele Server mehr. Mithilfe des Netzwerklastenausgleichs können Sie außerdem die Serverleistung skalieren, sodass der Server mit den steigenden Anforderungen der Internetclients Schritt halten kann. Ausgefallene oder offline geschaltete Computer werden automatisch erkannt und wiederhergestellt. Die Netzwerklast wird nach dem Hinzufügen oder Entfernen von Hosts automatisch umverteilt. Mehr zu diesem Thema lesen Sie in Kapitel 34.

- **Peer Name Resolution-Protokoll** – PNRP ermöglicht die verteilte Auflösung eines Namens in eine IPv6-Adresse und Portnummer. Einfach betrachtet ist PNRP eine P2P-Anwendung, die die Form eines Windows-Diensts annimmt. PNRP baut auf IPv6 auf.

- **RAS-Verbindungs-Manager-Verwaltungskit** – Mit dem Toolkit erstellen Sie ausführbare Dateien, die auf Clientcomputern Einstellungen für RAS-Verbindungen und DirectAccess automatisieren.

- **Remotedifferenzialkomprimierung** – Dieses Feature ermöglicht die verbesserte Übertragung von geänderten Daten in schmalbandigen Netzwerken. Ist zum Beispiel ein Server über ein langsames WAN angebunden, erkennt dieses Feature, wenn Änderungen an Dateien vorgenommen wurden, und kopiert nur die geänderten Daten über das Netzwerk, nicht die komplette Datei. Diese Funktion wird zum Beispiel von DFS (Distributed File System, verteiltes Dateisystem) verwendet.

- **Remoteserver-Verwaltungstools** – Diese Funktion wird auf normal installierten Servern automatisch installiert. Sie können mit diesen Tools die Funktionen über das Netzwerk mit Windows Server 2016 verwalten. Mehr zu diesem Thema lesen Sie in Kapitel 3.

- **Remoteunterstützung** – Installieren Sie diese Funktion, können Sie an Kollegen eine Remoteunterstützungsanforderung schicken, damit sich diese per Remotedesktop mit dem Server verbinden können. Diese Funktion wird normalerweise eher für Arbeitsstationen verwendet als auf Servern. Es spielt keine Rolle, ob die Verbindung mit dem entfernen Rechner über das Netzwerk, über das Internet oder via Modem per Telefonleitung erfolgt. Auf Remotedesktopservern kann die Funktion durchaus sinnvoll sein.

- **RPC-über-HTTP-Proxy** – Mit dieser Funktion werden Remoteprozeduraufrufe (Remote Procedure Call, RPC) in HTTP-Pakete gekapselt. Die Remotedesktopgateway-Rolle baut ebenfalls auf diese Funktion auf.

- **Sammlung von Setup- und Startereignissen** – Dieses Feature kann Setup-Protokolldateien und andere Logdateien im Netzwerk auslesen und erfassen.

- **SMB Bandwith Limit** – Hier steuern Sie die Bandbreite, die Servern und Computern über das SMB-Protokoll im Netzwerk zur Verfügung stehen.

- **SMTP-Server** – Über diese Funktion installieren Sie einen Mailserver auf dem Server.

- **SNMP-Dienst** – Das Simple Network Management-Protokoll (SNMP) ist ein Standard, mit dem SNMP-fähige Applikationen, hauptsächlich Überwachungsprogramme für Server, Informationen von einem Server abfragen können. Hierbei handelt es sich um einen optionalen Dienst, der im Anschluss an eine erfolgreiche Konfiguration des TCP/IP-Protokolls installiert werden kann. Der SNMP-Dienst stellt einen SNMP-Agent bereit, der eine zentrale Remoteverwaltung von Computern ermöglicht. Wenn Sie auf die vom SNMP-Agent-Dienst bereitgestellten Informationen zugreifen möchten, benötigen Sie eine Softwareanwendung des SNMP-Verwaltungssystems. Der SNMP-Dienst unterstützt zwar SNMP-Verwaltungssoftware, diese ist jedoch derzeit noch nicht im Lieferumfang enthalten.

- **Software Load Balancer** – Sorgt für einen Lastenausgleich bei Netzwerkressourcen.

- **Speicherreplikat** – Ermöglicht die Replikation kompletter Datenträger auf andere Server oder Rechenzentren.

- **Standardbasierte Windows-Speicherverwaltung** – Mit dem Feature lassen sich Hardwarespeichergeräte, die SMI-S unterstützen, an Windows Server 2016 anbinden und über Windows-Tools verwalten. Es stehen auch Befehle über WMI (Windows Management Instrumentation) und der PowerShell zur Verfügung.
- **Telnet-Client** – Mit dem Telnet-Client können Sie sich per Telnet auf einen anderen Server verbinden. Standardmäßig ist dieser Client unter Windows Server 2016 nicht installiert.
- **Telnet-Server** – Bei dieser Funktion handelt es sich um das Gegenstück des Telnet-Clients. Aktivieren Sie diese Funktion, können Sie den lokalen Server per Telnet verwalten.
- **TFTP-Client** – Bei dieser Funktion handelt es sich um einen eingeschränkten FTP-Client, der hauptsächlich für die Updates von Firmware oder das Übertragen von Informationen zu Systemen gedacht ist, auf denen ein TFTP-Server läuft.
- **Unterstützung für die SMB 1.0/CIFS-Dateifreigabe** – Bietet Unterstützung für Dateifreigaben, die auf die alte SMB 1.0-Technologie setzen und nicht die aktuelle SMB 3.1.x-Technik verwenden.
- **Verbessertes Windows-Audio-/Video-Streaming** – Diese Funktion ist für die Verteilung von Audio- oder Videostreams in Netzwerken gedacht. Mit dieser Funktion können Streams auch überwacht und konfiguriert werden.
- **VM-Abschirmungstools für die Fabricverwaltung** – Dieses Feature wird zusammen mit dem Host Guardian-Dienst eingesetzt, um Shielded VMs (abgeschottete virtuelle Maschinen) zu erstellen und zu verwalten.
- **WebDAV-Redirector** – Ermöglicht die Verbindung eines Servers mit WebDAV-Freigaben im Internet, um über den Explorer auf Dateien im Internet oder in Cloudspeichern zugreifen zu können.
- **Windows Defender-Features** – Standardmäßiger Virenschutz in Windows Server 2016, auch Windows Server Antimalware genannt.
- **Windows Identity Foundation 3.5** – Ermöglicht es, einige .NET Framework 4.5-Funktionen auch für .NET Framework 3.5 und 4 zu nutzen. Allerdings ist dies nur sinnvoll, wenn die entsprechende Serveranwendung kein .NET Framework 4.5 unterstützt.
- **Windows PowerShell** – Hierbei handelt es sich um die neue PowerShell und zusätzliche Werkzeuge für die PowerShell. Sie können an dieser Stelle noch die Unterstützung der PowerShell 2.0 sowie PowerShell Web Access aktivieren. Installieren Sie das Feature PowerShell Web Access über den Server-Manager oder der PowerShell, kann auf die PowerShell auch über einen Webbrowser zugegriffen werden. So können Verwaltungsaufgaben auf einem Server auch von Tablet-PCs oder nicht-kompatiblen Systemen durchgeführt werden. Mehr zu diesem Thema lesen Sie in Kapitel 40.
- **Windows Search** – Mit diesem Feature installieren Sie die Funktionen der Windows-Suche auf dem Server. Die Funktion ist für kleinere Dateiserver geeignet oder Remotedesktopserver, auf denen indexierte Dateien für die Anwender zur Verfügung stehen müssen, damit diese nach Dateien und Inhalten suchen können.

- **Windows Server Migrationstools** – Die Migrationstools unterstützen bei der Migration von Windows Server 2008 R2/2012/2012 R2 zu Windows Server 2016. Zum Migrieren von Rollen, Features und Daten über die Windows Server-Migrationstools müssen Sie die Tools auch auf den Quellservern installieren, von denen Sie Daten migrieren wollen. Die Tools sind vor allem bei der Migration wertvoll, da keine Zusatzwerkzeuge lizenziert werden müssen.
- **Windows Server-Sicherung** – Das standardmäßige Datensicherungsprogramm von Windows Server wird nicht mehr automatisch installiert, sondern muss manuell nachinstalliert werden. Das Programm wurde für Windows Server 2016 überarbeitet. Die Sicherung unterstützt jetzt besser die Schattenkopien sowie die integrierten Sicherungsfunktionen von SQL Server und Exchange. Die Verwaltung der Sicherung findet über die Microsoft Management Console (MMC) oder die Eingabeaufforderung statt. So können Sie auch über das Netzwerk mit der MMC die Datensicherung von mehreren Servern verwalten. Mehr zu diesem Thema lesen Sie in Kapitel 35.
- **Windows-Biometrieframework** – Bietet die Unterstützung von Geräten zum Erfassen von Biometriedaten in Windows-Netzwerken, zum Beispiel Fingerabdruckscanner.
- **Windows-Prozessaktivierungsdienst** – Bei der Installation der Internetinformationsdienste in Windows Server 2016 fordert Windows als Grundlage die Installation des Windows-Prozessaktivierungsdiensts (Windows Process Activation Service, WPAS). WPAS ist der Systembaustein, der für die IIS die Anwendungspools und Prozesse verwaltet.
- **Windows-TIFF-IFilter** – Dieses Feature benötigen Sie für die OCR-Erkennung von eingescannten Dokumenten im Zusammenspiel mit der verbesserten Suche und der Indexierung. Eingescannte Dokumente lassen sich so automatisch indexieren und über Windows Search (Rollendienst der Dateidienste) besser durchsuchen.
- **WinRM-IIS-Erweiterung** – Hierbei handelt es sich um die Erweiterung der Internetinformationsdienste zur Remoteverwaltung der Dienste im Netzwerk.
- **WINS-Server** – Funktioniert die Namensauflösung per DNS zum Beispiel nicht mehr, kann der interne Replikationsdienst von Active Directory auf WINS zurückgreifen. WINS dient hauptsächlich der Namensauflösung von NetBIOS-Namen.
- **WLAN-Dienst** – Möchten Sie einen Server über ein Drahtlosnetzwerk in das Netzwerk einbinden, müssen Sie diese Funktion installieren. In diesem Fall kann parallel zu einer kabelgebundenen Netzwerkanbindung der Server auch über ein Drahtlosnetzwerk angebunden werden. Der WLAN-AutoConfig-Dienst steuert in diesem Fall den Zugriff des Servers auf das Netzwerk.
- **WoW64-Unterstützung** – Das Feature unterstützt die Ausführung von 32-Bit-Anwendungen.
- **XPS-Viewer** – Der Viewer ermöglicht das Lesen von XPS-Dokumenten auf dem Server.

Rollen und Features lassen sich über den jeweiligen Assistenten hinzufügen, verwalten und wieder entfernen. In Windows Server 2016 können Sie mehrere Rollen und Features gleichzeitig installieren, indem Sie sie markieren und den Assistenten zur Installation fortsetzen.

Installation von Rollen und Features abschließen

Haben Sie im Assistenten ausgewählt, welche Rollen und Features Sie installieren wollen, bestätigen Sie auf der letzten Seite die eigentliche Installation. Über den Link *Konfigurationseinstellungen exportieren* erstellen Sie eine *.xml*-Datei, über die Sie die Installation der ausgewählten Rollen und Features automatisieren können.

Der Link *Alternativen Quellpfad angeben* ermöglicht die Angabe eines anderen Speicherorts der Installationsdateien. Um Speicherplatz zu sparen, sind nicht alle notwendigen Binärdateien für Windows Server 2016 bereits auf dem Server vorhanden. Fehlen dem Server Binärdateien, zeigt das der Server-Manager an und Sie müssen einen alternativen Speicherort angeben.

Abbildung 4.5: Fertigstellen der Installation von Serverrollen

Sie können an dieser Stelle auch die Option aktivieren, dass der Server automatisch neu starten soll, wenn dies die Rolle oder ein ausgewähltes Feature verlangt. Sie müssen das Fenster während der Installation der Rolle oder des Features nicht geöffnet lassen, sondern können es schließen. Auf diesem Weg können Sie die Installation auf mehreren Servern starten. Wollen Sie zum Installationsfenster zurückkehren, klicken Sie im Server-Manager oben rechts auf das Benachrichtigungssymbol.

Rollen mit der PowerShell installieren

In diesem Abschnitt zeigen wir Ihnen, wie Sie Serverrollen und Features in der PowerShell oder automatisiert installieren. Sie können dabei auch über den Assistenten zur Installation von Serverrollen eine *.xml*-Datei erstellen und diese auf anderen Servern zusammen mit der PowerShell zur Installation von Rollen nutzen.

Rollen und Features mit der PowerShell verwalten

Die Installation und Verwaltung von Serverrollen findet hauptsächlich über den Server-Manager statt. Neben der grafischen Oberfläche für dieses Tool gibt es die Möglichkeit, Features auch in der PowerShell zu installieren. Interessant sind vor allem die Cmdlets *Install-WindowsFeature*, *Get-WindowsFeature* und *Remove-WindowsFeature*. Auch die Cmdlets *Add-WindowsFeature* und *Uninstall-WindowsFeature* sind in dieser Hinsicht hilfreich. Hilfe zu den Cmdlets erhalten Sie wie immer über *Help <Cmdlet-Name> -Detailed*.

Bis Windows Server 2008 R2 waren die Binärdateien von Features und Serverrollen selbst dann auf dem Server gespeichert, wenn die Rollen oder Features nicht installiert waren. Dies hatte zwar den Vorteil, dass sich Features und Rollen auch ohne das Installationsmedium in die Server integrieren ließen, belegte aber unnötigen Speicherplatz. Windows Server 2016 bietet die Möglichkeit, die Binärdateien von einem Server zu entfernen. Der Vorgang lässt sich aber mit den Installationsmedien von Windows Server 2016 wieder rückgängig machen.

Binärdateien entfernen Sie in der PowerShell mit dem Cmdlet *Uninstall-WindowsFeature*. Rückgängig machen lässt sich der Vorgang mit *Install-WindowsFeature*. Ein Vorteil von Feature on Demand ist die Bereitstellung von Servern über Images. Entfernen Administratoren vor der Erstellung eines Image nicht notwendige Binärdateien, lassen sich mehrere Gigabyte an Speicherplatz gewinnen (siehe Kapitel 3). Auf diese Weise belegt Windows Server 2016 weniger Speicherplatz auf der Festplatte.

Mit dem Befehl *Get-WindowsFeature Hyper-V** zeigen Sie zum Beispiel an, ob die Rolle und die Verwaltungstools bereits installiert sind. In Windows Server 2016 können Sie mit *-Computername* die Installation auch auf Remoteservern im Netzwerk überprüfen. Um Hyper-V oder die Verwaltungstools zu installieren, verwenden Sie das Cmdlet *Install-WindowsFeature* (in Windows Server 2008 R2 *Add-WindowsFeature*).

Mit *Install-WindowsFeature Hyper-V* installieren Sie die Serverrolle, mit der Option *-IncludeManagementTools* inklusive der Verwaltungstools. Soll der Server außerdem nach der Installation automatisch neu starten, verwenden Sie zusätzlich die Option *-Restart*. Die Verwaltungstools für Hyper-V alleine installieren Sie mit *Install-WindowsFeature Hyper-V-Tools*.

Die Installation von Features erfolgt dann mit dem Befehl *Install-WindowsFeature <Kommagetrennte Liste>*. Die Installation der Active Directory-Verwaltungstools würde zum Beispiel über den folgenden Aufruf erfolgen:

Install-WindowsFeature RSAT-AD-PowerShell,RSAT-AD-AdminCenter

Mit den Cmdlets installieren Sie außerdem Rollen und Features auf Core-Servern.

Rollen und Features unbeaufsichtigt installieren

Neben der beschriebenen Möglichkeit, Rollen und Features über die PowerShell zu installieren, indem Sie den Namen der Rolle und des Features angeben, können Sie in der PowerShell auch die *.xml*-Steuerungsdatei verwenden, die Sie im Assistenten zum Installieren von neuen Rollen im letzten Fenster speichern können.

Um auf einem anderen Server die gleichen Rollen und Features zu installieren, verwenden Sie die PowerShell und geben die *.xml*-Datei mit. Dabei verwenden Sie das Cmdlet *Install-WindowsFeature* mit der Option *-ConfigurationFilePath*, zum Beispiel *Install-WindowsFeature -ConfigurationFilePath C:\Daten\iis.xml*.

Rollen und Features mit DISM installieren

Deployment Image Servicing and Management (DISM) bietet zur besseren Automatisierung der Einrichtung und Installation von Serverrollen außerdem für Core-Server mit Windows Server 2016 effiziente Möglichkeiten. Mit DISM lassen sich schnell und einfach wichtige Serverrollen installieren, auch skriptbasiert.

DISM bietet mit */Online /Get-Features* auf Core-Servern die gleichen Möglichkeiten wie *Oclist* in Windows Server 2008 R2. Das Tool *Oclist* ist in Windows Server 2016 ebenso nicht mehr verfügbar wie das Tool *ServerManagerCMD*. Verschiedene Verwaltungsaufgaben lassen sich mit DISM wesentlich schneller durchführen als in der grafischen Oberfläche, und wiederkehrende Aufgaben lassen sich auch automatisieren. Mit DISM installieren Sie Serverrollen und Features. Neben der Möglichkeit, Rollen zu installieren, lassen sich mit DISM außerdem Windows-Images einlesen. Verwenden Sie die Option */Online*, bearbeitet DISM das aktuell gestartete Betriebssystem. Um ein WIM-Image zu laden, ist der Befehl *DISM /Mount-Wim /MountDir:<Ordner> /WimFile:<WIM-Datei> /Index:1* geeignet. Der Ordner zum Mounten muss vorhanden und leer sein.

Es lassen sich auch mehrere Images einlesen. Der Befehl ist dann der gleiche, aber der Wert für */Index* muss erhöht werden. Der Befehl *DISM /Get-MountedWimInfo* zeigt alle gemounteten Images an. Gemountete Images lassen sich mit dem Befehl *DISM /Unmount-Wim /MountDir:<Ordner> /<Option>* wieder unmounten. Als Option lassen sich mit */Commit* Änderungen speichern und mit */Discard* Änderungen ohne Speichern verwerfen. Mit der Option */Add-Driver /Driver:<INF-Datei>* lassen sich Treiber in Images integrieren.

Webserver mit DISM remote verwalten und Serverrollen auf Core-Servern installieren

Wollen Sie die Internetinformationsdienste (IIS) auf einem Core-Server auch über das Netzwerk verwalten, ist die Vorgehensweise folgende:

1. Installieren der IIS-Verwaltung auf dem Core-Server mit *DISM /Online /Enable-Feature /FeatureName:IIS-ManagementService*.
2. Aktivieren der Remoteverwaltung, indem in der Registry im Schlüssel *HKLM\SOFTWARE\Microsoft\WebManagement\Server* der Wert *EnableRemoteManagement* auf *1* gesetzt wird.
3. Mit *Net start wmsvc* den Dienst für die Remoteverwaltung starten.

Eine Möglichkeit, DNS auf einem Core-Server zu installieren, ist der Befehl *DISM /Online /Enable-Feature /FeatureName:DNS-Server-Core-Role*. Mit dem Befehl *DISM /Online /Disable-Feature /FeatureName:DNS-Server-Core-Role* lässt sich die Rolle wieder entfernen.

Die Installation der DHCP-Serverrolle läuft ähnlich wie die Installation eines DNS-Servers ab:

DISM /Online /Enable-Feature /FeatureName:DHCPServerCore

Die Deinstallation erfolgt mit

DISM /Online /Disable-Feature /FeatureName:DHCPServerCore

Zusätzlich muss der Systemdienst für DHCP noch gestartet werden:

Sc config dhcpserver start= auto

Net start dhcpserver

Weitere Serverrollen sind zum Beispiel:

- **Dateireplikationsdienst (File Replication Service, FRS)** – *DISM /Online /Enable-Feature /FeatureName:FRS-Infrastructure*
- **Distributed File System Replication** – *DISM /Online /Enable-Feature /FeatureName:DFSN-Server*
- **Network File System** – *DISM /Online /Enable-Feature /FeatureName:ServerForNFS-Base* und *DISM /Online /Enable-Feature /FeatureName:ClientForNFS-Base*
- **Standardrolle eines Druckservers** – *DISM /Online /Enable-Feature /FeatureName:Printing-Server-Role*
- **Line Printer Daemon (LPD)** – *DISM /Online /Enable-Feature /FeatureName:Printing-LPDPrintService*
- **Active Directory Lightweight Directory Services (AD LDS)** – *DISM /Online /Enable-Feature /FeatureName:DirectoryServices-ADAM*
- **Active Directory-Zertifikatdienste** – *DISM /Online /Enable-Feature /FeatureName:CertificateServices*

Auch diese Rollen lassen sich mit der Option *Disable-Feature* beim Einsatz von DISM deinstallieren.

RemoteFX und DISM

RemoteFX ermöglicht eine bessere grafische Darstellung von Windows 10-Desktops, die zum Beispiel über Virtual Desktop Infrastructure (VDI) zur Verfügung gestellt werden. Die Technik funktioniert auch auf Remotedesktop-Sitzungshosts (Terminalserver). Dazu muss dann auf dem Server ebenfalls Windows Server 2016 installiert sein.

Neben einer Verbesserung der grafischen Darstellung enthält RemoteFX eine Verbesserung der USB-Unterstützung von virtuellen Windows 10-Computern zur Anbindung von USB-Laufwerken, Smartphones oder Digitalkameras. Damit Unternehmen RemoteFX nutzen können, muss auf dem Server Windows Server 2016 und auf dem virtuellen Computer Windows 10 installiert sein. Auf dem Clientcomputer, mit dem Benutzer auf den virtuellen Windows 10-Computer zugreifen, muss Windows 10 installiert sein.

Auf dem Clientcomputer muss dazu der neue Remotedesktopclient von Windows 10 enthalten sein. Wenn Sie Verwaltungsports an Servern mit einem speziellen Verwaltungsadapter verwenden, empfiehlt Microsoft die Installation des RemoteFX-Treibers, nachdem RemoteFX auf dem Server aktiviert ist. Die Fernwartungskonsole auf Servern kann die RemoteFX-Verbindung stören. Dies liegt daran, dass diese Konsolen meist noch das alte XP-Treibermodell verwenden (XPDM). RemoteFX benötigt aber das neue Treibermodell Windows Display Driver Model (WDDM). Auf einem Server lässt sich immer nur eine Art Treiber installieren. Ist also ein XPDM-Treiber installiert, lässt sich kein WDDM-Treiber installieren. Aus diesem Grund müssen Administratoren solche alten Karten entweder deaktivieren oder den speziellen RemoteFX-Treiber für diese Karten verwenden, wenn das Gerät kompatibel ist. Den Treiber installieren Administratoren in der Eingabeaufforderung durch Eingabe von:

DISM /Online /Enable-Feature /FeatureName:Microsoft-Windows-RemoteFX-EmbeddedVideoCap-Setup-Package

Serverrollen mit dem Best Practices Analyzer überprüfen

Mit Windows Server 2016 erweitert Microsoft die automatische Überprüfung der Serverrollen durch Best Practices Analyzers. Diese gehören zu den Bordmitteln in Windows Server 2016 und stehen im Server-Manager auch für die Überprüfung von Serverrollen über das Netzwerk zur Verfügung. Nahezu alle Serverrollen lassen sich dadurch überprüfen und das Ergebnis zentral anzeigen.

Installieren Sie Serverrollen und konfigurieren diese, kommt es nicht selten zu fehlerhaften Konfigurationen. Deshalb hat Microsoft die Best Practices Analyzer (BPA) entwickelt, die regelmäßig die Server auf Konfigurationsprobleme überprüfen und entsprechende Maßnahmen zur Beseitigung geben. Diese sind seit Windows Server 2008 R2 fest in das Betriebssystem integriert.

Zwar ließen sich bereits in Windows Server 2008 R2 einzelne Serverrollen mit dem internen Best Practices Analyzer überprüfen, allerdings waren die Möglichkeiten eingeschränkt und nicht optimal im Netzwerk möglich. Außerdem war das Tool schwerer zugänglich als in Windows Server 2016. In Windows Server 2016 werden die Ergebnisse dieser automatischen Überprüfung direkt in den einzelnen Kacheln der verschiedenen Serverdienste im Dashboard integriert.

Server über das Netzwerk überprüfen

In Windows Server 2016 lassen sich Server über den Server-Manager vollständig über das Netzwerk verwalten. Über *Verwalten/Server hinzufügen* lassen sich alle Windows Server 2016-Computer im Netzwerk zum Server-Manager hinzufügen. Die Server ordnet der Server-Manager dann nach ihren Rollen und erstellt automatisch Servergruppen.

Im Dashboard des Server-Managers sind für alle Serverrollen die BPA-Ergebnisse aller Server zu sehen. Allerdings muss dazu zunächst ein Scan der Rechner im Netzwerk gestartet werden. Klicken Sie in der Ansicht *Alle Server* auf einen Server im oberen Bereich, sehen Sie unten wichtige Fehlermeldungen der Ereignisanzeige (siehe Kapitel 3).

Im oberen Bereich ist außerdem zu erkennen, ob die entsprechenden Server online sind und ob Windows Server 2016 aktiviert ist. Diese Informationen haben nichts mit dem BPA zu tun, ergänzen aber dessen Informationen.

Nach der Installation von Windows Server 2016 sollten Sie im Server-Manager über das Kontextmenü der Server den Befehl *Leistungsindikatoren starten* ausführen, damit der Server über das Netzwerk überwachbar ist, die neuen Best Practices Analyzer funktionieren und Daten abrufen können. Über das Kontextmenü der Server können Sie sich auch mit einem anderen Benutzernamen am Server anmelden, um ihn zu administrieren. Die Leistungsindikatoren haben aber nur am Rande etwas mit dem BPA zu tun. Die eigentliche Aktivierung erfolgt nachträglich.

Best Practices Analyzer in der PowerShell starten

Am schnellsten starten und aktivieren Sie den BPA für Serverrollen durch Eingabe des Befehls *Get-BPAModel|Invoke-BpaModel* in der PowerShell. Dieser Befehl versucht auch die Aktivierung von BPAs für Serverrollen, die im Netzwerk nicht installiert sind. Das bringt zwar einige Fehlermeldungen auf den Schirm, stellt aber sicher, dass alle BPAs gestartet werden.

Weitere Cmdlets für die PowerShell sind *Get-BPAResult* und *Set-BPAResult*. Diese Cmdlets zeigen Ergebnisse an oder blenden sie aus. Zur Analyse verwenden Sie aber besser den Server-Manager. Auch hier können Sie auf Windows 10 setzen. Der Vorteil ist, dass mit der Option *-ComputerName* außerdem eine Konfiguration und Abfrage der Ergebnisse über das Netzwerk hinweg erfolgen kann. Das funktioniert ebenfalls über die PowerShell.

Neben der PowerShell lässt sich der BPA für einzelne Serverrollen auch im Server-Manager starten. Dazu öffnen Sie den Server-Manager und klicken auf die Serverrolle, die überprüft werden soll. Durch einen Klick auf *Server* sind die Server mit dieser Rolle im Netzwerk zu sehen.

Hier sind allerdings nur die Server zu sehen, die Sie über *Verwalten/Server hinzufügen* dem lokalen Server-Manager hinzugefügt haben. Im unteren Bereich des Server-Managers findet sich der Bereich *Best Practices Analyzer*. Durch einen Klick auf *Aufgaben/BPA-Überprüfung starten* beginnt der Test der Serverrolle. Zunächst müssen Sie aber den Server auswählen, den der BPA überprüfen soll.

Den gleichen Assistenten finden Sie im Server-Manager über *Alle Server* im unteren Bereich *Best Practices Analyzer*. Auch hierüber lassen sich alle Server, die an den lokalen Server-Manager angebunden sind, überprüfen.

Diese Überprüfung lässt sich auch auf Windows 10-Computern starten. Dazu installieren Sie die Remoteserver-Verwaltungstools für Windows 10 auf dem Rechner und binden über den Server-Manager die entsprechenden Server an.

Best Practices Analyzer auswerten

Wenn Sie die BPA-Überprüfung gestartet haben, stehen auf den einzelnen Kacheln im Server-Manager die Ergebnisse zur Verfügung. Diese sind sofort ersichtlich und lassen sich durch einen Klick auf die Kachel öffnen. Klicken Sie auf das Ergebnis der BPA-Überprüfung, zeigt der Server-Manager die gefundenen Fehler an. Hierüber lassen sich auch alle Fehler von allen Servern im Netzwerk anzeigen.

Über das Kontextmenü eines Ergebnisses lässt sich eine erneute Überprüfung für den entsprechenden Server starten, das Ergebnis ausblenden oder in die Zwischenablage kopieren, zum Beispiel für eine Recherche im Internet.

Die BPA-Ergebnisse finden sich aber auch in der Ansicht *Lokaler Server* und *Alle Server* im Bereich *Best Practices Analyzer* unten im Server-Manager. Wenn für eine Serverrolle für einen der Server im Netzwerk ein BPA-Ergebnis angezeigt wird, wechselt die Kachel die Farbe. Auf diese Weise sehen Sie sofort, wenn für ein Server Verbesserungen möglich sind. Durch das Ausschließen eines Ergebnisses lassen sich die einzelnen Meldungen deaktivieren. Über die Ansicht im BPA können Sie bei *Schweregrad*, *Server* und *Kategorien* das Ergebnis filtern lassen.

Kapitel 4: Serverrollen und Features installieren und einrichten

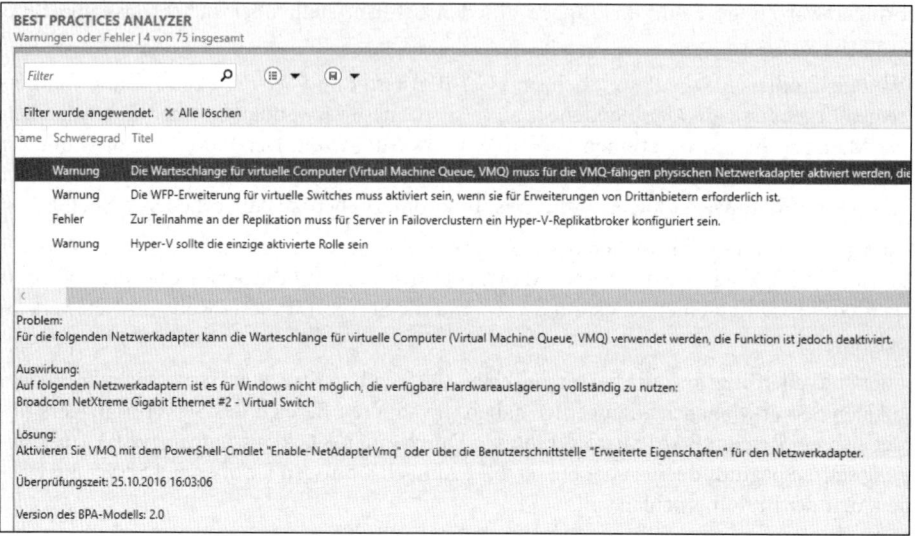

Abbildung 4.6: Anzeigen von BPA-Ergebnissen im Netzwerk

Zusammenfassend stehen nach einem Scan mit dem BPA, den Administratoren über Aufgaben im Bereich *Best Practices Analyzer* im Server-Manager starten, die Ergebnisse an den verschiedenen Stellen zur Verfügung: in der Ansicht *Lokaler Server* für alle Rollen des lokalen Servers, über *Alle Server* für alle Rollen auf allen Servern. Klicken Sie im Server-Manager auf eine Serverrolle, können Sie die Ansicht nach dieser Rolle filtern lassen und erhalten hier auch alle Informationen von allen Servern.

Zusammenfassung

In diesem Kapitel haben Sie erfahren, welche Serverrollen und Features in Windows Server 2016 vorhanden sind, wozu sie dienen und wie sie installiert werden. Sie fanden hier eine Auflistung, welche Serverrollen und Features in Windows Server 2016 zur Verfügung stehen und wie Sie sie integrieren. Auch die Überprüfung der Serverrollen per Best Practices Analyzer (BPA) sowie die Installation und Verwaltung über die PowerShell waren Themen in diesem Kapitel.

Ab den nächsten Kapiteln dieses Buches steigen wir etwas tiefer in die Thematik ein und erläutern Ihnen, wie Sie Windows Server 2016 produktiv einsetzen. Den Anfang macht das folgende Kapitel 5 mit der Verwaltung der Datenträger und des Dateisystems.

Teil B
Einrichtung des Servers

Kapitel 5: Datenträger und Speicherpools verwalten 117
Kapitel 6: Windows Server 2016 im Netzwerk betreiben 171

Kapitel 5
Datenträger und Speicherpools verwalten

In diesem Kapitel:
Neuerungen im Storage-Bereich 117
Datenträger erstellen und anpassen 122
Datenträger verwalten 133
BitLocker-Laufwerkverschlüsselung 137
Speicherpools einsetzen 143
Schattenkopien verwenden 154
Virtuelle Festplatten erstellen und verwalten 156
Datendeduplizierung einrichten 162
Daten in Netzwerken per Speicher-Replikation replizieren 164
Zusammenfassung 170

Mit Windows Server 2016 führt Microsoft einige Neuerungen im Storage-Bereich ein. Der Datenspeicher lässt sich mit dem neuen System virtualisieren und auf mehrere Windows-Server ausdehnen. Außerdem hat Microsoft die Datendeduplizierung verbessert und ein besseres Speicher-Management integriert.

Neuerungen im Storage-Bereich

Mit Storage Quality of Services (QoS) können Sie über Richtlinien zentral für alle Server mit Windows Server 2016 festlegen, welche Leistung für Server-Anwendungen, andere Server und Anwender zur Verfügung stehen. Über diese Richtlinien lassen sich physische Festplatten steuern, aber auch virtuelle Festplatten von virtuellen Windows-Servern. Zwar konnten bereits mit Windows Server 2012 R2 Richtlinien festgelegt werden, allerdings war die Konfiguration sehr eingeschränkt und nur auf einen einzelnen Server beschränkt. Mit

Windows Server 2016 lassen sich jetzt für Netzwerke weitere Richtlinien erstellen sowie deutlich mehr Einstellungen definieren.

Das ist auch interessant für Unternehmen, um iSCSI-Ziele auf Basis von Windows Server 2016 oder die neuen Storage Spaces Direct einzusetzen. Über die Richtlinien lassen sich Datendurchsatz und Bandbreite festlegen und steuern. Dadurch lassen sich Anwendungen priorisieren, die auf Daten zugreifen.

In diesem Zusammenhang ist auch die neue Speicherreplikation interessant. Mit Windows Server 2016 können Sie Festplatten synchronisieren. Das ist vor allem dann sinnvoll, wenn Unternehmen Geocluster betreiben oder einzelne Clusterknoten in die Cloud auslagern.

Es spielt keinerlei Rolle, welche physischen Datenträger verwendet werden. Die blockbasierte Replikation läuft transparent für den jeweiligen Speicher. Die Replikation lässt sich sowohl synchron als auch asynchron betreiben. Die entsprechenden Einstellungen dazu können Sie während der Einrichtung vornehmen.

Zur besseren Sicherheit lassen sich alle beteiligten Datenträger mit BitLocker verschlüsseln. Auch Multichannel und Multipath werden unterstützt, was vor allem für die Replikation in Clustern eine wichtige Rolle spielt.

Storage Spaces Direct und Storage Replica

Besonders interessant sind die neuen Storage Spaces Direct. Bereits mit Windows Server 2012/2012 R2 konnten Unternehmen den lokalen Datenspeicher eines Servers virtualisieren. Dabei werden die physischen Datenträger eines Servers zu einem Pool zusammengefasst, aus dem Administratoren wiederum einzelne virtuelle Laufwerke erstellen können. Ab Windows Server 2016 können diese Pools auf mehrere Server ausgedehnt werden. Der Vorteil dieser Speichervirtualisierung ist, dass diese sehr skalierbar und vor allem enorm flexibel bei der Zuweisung von Datenspeicher ist.

Interessant ist dieser Einsatz zum Beispiel für Scale-Out-Fileserver. Werden diese Dateiserver eingesetzt, lassen sich herkömmliche Freigaben im Netzwerk zur Verfügung stellen. Basis der Freigabe ist der gemeinsame Datenspeicher in einem Cluster. Dieser Datenspeicher baut wiederum auf virtuellen Festplatten auf, die Windows Server 2016 zur Verfügung stellt. Basis der virtuellen Festplatte sind Speicherpools, die wiederum die verschiedenen Festplatten in den Clusterknoten nutzen.

Dadurch lassen sich Dateiserver erstellen und in einem Cluster betreiben, ohne dass gemeinsamer Datenspeicher vorhanden sein muss. Der gemeinsame Datenspeicher wird über die Storage Spaces Direct zur Verfügung gestellt. In diesem Fall kann Windows Server 2016 häufig verwendete Daten automatisch auf eine SSD (Solid State Drive) speichern und weniger häufig verwendete Daten entweder auf einem LUN im SAN/NAS oder auf herkömmlichen Festplatten. Dadurch erhöht sich spürbar die Leistung der Datenspeicher.

Sobald ein Cluster mit Storage Spaces Direct zur Verfügung steht, lässt sich über einen Assistenten im Cluster-Manager ein neuer Scale-Out-Fileserver erstellen, der auf die virtuellen Datenträger zugreifen kann. Zusammen mit der Speicherreplikation lassen sich dadurch hoch verfügbare Dateifreigaben zur Verfügung stellen. Diese können auch zur Virtualisierung mit Hyper-V verwendet werden.

Bessere Datendeduplizierung

Bereits mit Windows Server 2012 hat Microsoft in das Betriebssystem die Datendeduplizierung eingeführt. Diese Technik soll verhindern, dass identische Dateien oder Daten mehrfach auf einem Speichersystem gespeichert werden und dadurch unnötig Speicherplatz verschwenden. In Windows Server 2016 hat Microsoft die Leistung dieser Funktion deutlich gesteigert. Vor allem beim Betrieb virtueller Desktopinfrastrukturen lässt sich dadurch mehr Speicherplatz sparen, da virtuelle Windows-Betriebssysteme zahlreiche identische Dateien verwenden. Die Datendeduplizierung kann jetzt mehrere Threads parallel nutzen und wesentlich größere Datenträger bearbeiten. Außerdem ist die Technologie kompatibel zu physischen Datenträgern, aber auch zu virtuellen Festplatten.

ReFS und Speicherpools

Neu seit Windows Server 2012 sind ReFS-Datenträger. Diese sind außerdem Bestandteil von Windows Server 2016. Sie haben die Möglichkeit, Festplatten auch mit dem neuen ReFS-Dateisystem zu formatieren, das geht aber nur auf Datenplatten in Windows Server 2012/2016. Das Betriebssystem kann von ReFS-Datenträgern nicht booten. Windows 7/8/8.1 und Windows 10 unterstützen den Zugriff auf Freigaben, die auf ReFS-Datenträgern gespeichert sind, Windows 8 kann allerdings selbst keine ReFS-Datenträger erstellen, das gilt ebenfalls für Windows 10.

Grundlagen zu ReFS

ReFS (Resilient File System, unverwüstliches Dateisystem) ist in der Lage, defekte Dateien automatisch zu reparieren. Außerdem gilt ReFS im Vergleich zu NTFS als wesentlich unempfindlicher gegenüber Abstürzen des Betriebssystems oder dem Ausschalten des Servers ohne vorheriges Herunterfahren. Das Dateisystem arbeitet mit den Speicherpools zusammen. Speicherpools erlauben das Zusammenfassen mehrerer physischer Datenträger zu einem logischen Pool, auch zwischen Clusterknoten in einem Cluster.

Neben der automatischen Korrektur verursacht das Dateisystem keine langen Ausfallzeiten mehr durch Reparaturmaßnahmen. Reparaturen lassen sich im laufenden Betrieb durchführen. Stundenlange Reparaturaktionen gehören somit der Vergangenheit ein. In ReFS lassen sich Metadaten und Prüfsummen von Dateien wesentlich effizienter integrieren als in Vorgängerversionen. Das Dateisystem protokolliert Änderungen in Dateien und kann ursprüngliche Änderungen speichern. Während bei NTFS ältere Versionen von Metadaten und Prüfsummen unwiederbringlich überschrieben werden, gehen bei ReFS Daten nicht verloren, sondern können im Dateisystem wiederhergestellt werden. Dies gilt auch dann, wenn Anwender Dateien geändert haben. Das funktioniert ähnlich wie bei den Schattenkopien in NTFS, ist aber nicht vom Erstellen solcher Schattenkopien abhängig, sondern läuft ständig im Hintergrund. Die Technik entspricht in etwa den transaktionalen Datenbanken. Der Vorteil dabei ist, dass auch bei Stromausfällen keinerlei Daten auf ReFS-Datenträgern verloren gehen.

Allerdings handelt es sich bei ReFS um kein Dateisystem, das Daten in Datenbanken speichern kann. Microsoft hat nur einige Vorteile des transaktionalen Systems integriert. Aktuell unterstützt ReFS auch keine Wechseldatenträger. Anwender können aber mit Windows-Clients auf Freigaben zugreifen, die in Windows Server 2016 auf Basis von ReFS erstellt wurden.

ReFS trägt auch den immer größeren Dateien und Festplatten Rechnung. Das System unterstützt eine in nächster Zeit unerreichbare Größe von Dateien und Festplatten, die weit über den Möglichkeiten von NTFS hinausgehen. Laut Angaben von Microsoft beherrschen ReFS-Datenträger eine Größe von 16 Exabyte. Ordner auf ReFS-Datenträgern können nahezu eine unbegrenzte Anzahl von Dateien speichern, und die Anzahl der Ordner kann mehrere Trillionen betragen. Dateinamen können eine Länge von 32.000 Zeichen erreichen. Die Leistung soll durch große Dateien aber nicht einbrechen. Dafür sorgt die neue Technologie im Hintergrund, die Daten effizienter speichert. Wie NTFS lassen sich auch in ReFS Berechtigungen auf Basis von Zugriffssteuerungslisten (Access Control Lists, ACL) vergeben.

ReFS unterstützt keine Komprimierung von Dateien über das Dateisystem und auch keine Verschlüsselung einzelner Dateien. Auch Quotas auf dem Datenträger unterstützt ReFS nicht.

Anwender und Administratoren bemerken bei der Verwendung des neuen Dateisystems keinen Unterschied zu NTFS, die Bedienung ist vollkommen transparent. Auch Entwickler können die standardmäßige API von NTFS für den Zugriff auf ReFS nutzen. Laut Microsoft sollen keine Inkompatibilitäten mit aktuellen Anwendungen bestehen. Programme, die mit NTFS funktionieren, sollen ebenso mit ReFS laufen. Das liegt nicht zuletzt daran, dass die Zugriffsschnittstelle (API), mit der das Dateisystem kommuniziert, dem von NTFS entspricht. Nur die zugrunde liegende Technik ist unterschiedlich. Die Master File Table (MFT) auf ReFS-Datenträgern unterscheidet sich ebenfalls von NTFS.

ReFS versus NTFS

Sie können auch in der Eingabeaufforderung oder in der PowerShell die Formatierung durchführen und ReFS verwenden. Dazu nutzen Sie in der Eingabeaufforderung den Befehl

Format /fs:ReFS <Laufwerkbuchstabe>:

oder in der PowerShell das Cmdlet

Format-Volume -DriveLetter <Buchstabe> -FileSystem ReFS -Full

Eine Schnellformatierung führen Sie in der Eingabeaufforderung mit dem folgenden Befehl durch:

Format /fs:ReFS /q <Buchstabe>:

Sie können für Software-RAIDs in Windows Server 2016 auch das ReFS-Dateisystem verwenden. Die Erstellung und Verwaltung ist identisch mit der Verwendung von NTFS.

Speicherpools und ReFS

Physische Datenträger können Sie auch auf Servern mit Windows Server 2016 zu Speicherpools zusammenfassen. Es ist unerheblich, über welchen Standard die Festplatten am Computer angeschlossen sind. Speicherpools unterstützen USB, SATA (Serial ATA) oder SAS (Serial Attached SCSI). Auch heterogene Festplatten lassen sich an einem gemeinsamen Pool betreiben. Sie können ebenfalls SSD-Platten mit SATA-Platten mischen, um die Leistung von Speicherpools zu verbessern. Dabei spielt die Größe der angebundenen Platten keine Rolle.

Es lassen sich verschiedene Anschlusssysteme mit verschiedenen Größen mischen und zu einem Pool zusammenfassen. Bezüglich der Anzahl physischer Festplatten sind Speicherpools nicht begrenzt. Speicherpools lassen sich im laufenden Betrieb problemlos mit neuen physischen Festplatten erweitern. Außerdem können Administratoren Festplatten austauschen.

Speicherplätze (Storage Spaces) sind wiederum eine Untermenge von Speicherpools. In Windows Server 2016 stellen virtuelle Festplatten die Speicherplätze da. Storage Spaces Direct nutzen wiederum alle Festplatten aller Clusterknoten in einem Cluster mit Windows Server 2016. Sie können aber in Windows Server 2016 auch weiterhin auf herkömmliche Speicherpools und Storage Spaces setzen.

Die virtuellen Festplatten sind auf die physischen Festplatten im Speicherpool verteilt. Hierbei handelt es sich um zugewiesenen Speicherplatz, den Anwender wie ein normales Laufwerk verwenden. Speicherplätze entsprechen generell virtuellen Festplatten, die sich auch in Windows 10 erstellen lassen. Speicherplätze lassen sich – vollkommen transparent für den Anwender – wie ganz normale Laufwerke in den verschiedenen Tools partitionieren, formatieren und als Speicherort für Dateien verwenden.

Auch BitLocker lässt sich für einzelne Speicherplätze innerhalb der Speicherpools aktivieren, unabhängig von den zugrunde liegenden Laufwerken. Der Unterschied zu normalen Laufwerken ist aber, dass Speicherplätze auf mehrere physische Festplatten innerhalb eines Speicherpools zusammengefasst sind. Sie können für Speicherplätze auch Ausfallsicherheit konfigurieren, zum Beispiel durch Spiegelung der Daten auf mehrere physische Datenträger. Zusammen mit SSD- und NVMe-Platten im Verbund lässt sich ab Windows Server 2016 die Leistung verbessern.

Wie RAID-Systeme unterstützen auch Speicherplätze Redundanzen über mehrere Laufwerke. Generell entspricht das Speicherplätze/Speicherpool-Prinzip in etwa einem RAID-System, bietet aber wesentlich mehr Flexibilität bezüglich der integrierten Festplatten und deren Austausch. Im Gegensatz zu aktuellen Software-RAID-Systemen soll das System keine Geschwindigkeitseinbußen mit sich bringen. Microsoft verspricht Leistungen, die RAID-0- oder RAID-10-Systemen entsprechen.

Entdeckt ReFS einen Fehler in einem Speicherplatz, veranlasst das Dateisystem eine Reparatur. Dazu verwendet es gespeicherte Prüfsummen und Metadaten des Systems. Allerdings ist dazu bei der Erstellung eines Speicherplatzes eine Ausfallsicherheit notwendig. Bei der Erstellung eines Speicherplatzes müssen Sie einem Speicherpool keine physischen Laufwerke zuweisen. Auf welchen Datenträgern Windows die Daten speichert, legt das Betriebssystem unabhängig vom Dateisystem fest.

Zwar unterstützt auch NTFS Speicherplätze, allerdings nur eingeschränkt und ohne die Möglichkeit der Reparatur von Daten. Ist eine physische Festplatte in einem Speicherpool defekt, entdeckt der Speicherplatz dies ebenfalls unabhängig vom Dateisystem und kann Daten auf andere Festplatten auslagern, um einen Datenverlust zu verhindern. Dazu ist ReFS aber ideal, da hier auch das Dateisystem die Integrität sicherstellt.

Allerdings ist dazu notwendig, dass Sie den Speicherpool mit Ausfallsicherheit erstellt haben. Am einfachsten gelingt das über den entsprechenden Assistenten im Server-Manager. Der Vorgang dazu findet ebenfalls transparent und ohne weitere Aktion statt. Ist keine Ausfallsicherheit für einen Speicherplatz konfiguriert oder ist nicht die Festplatte, sondern der Arbeitsspeicher defekt, kann ReFS auch ohne konfigurierte Ausfallsicherheit des Speicherplatzes das Dateisystem im Notfall reparieren. In diesem Fall löscht ReFS defekte Dateien, die sich nicht mehr reparieren lassen. Der Vorteil dabei ist, dass nicht defekte

Dateien oder Daten nicht mehr von defekten Strukturen beeinträchtigt werden. Anschließend kann der Administrator defekte Dateien wiederherstellen. ReFS kann dazu im Hintergrund automatisch das Dateisystem reparieren. Der Vorgang dauert nicht mal eine Sekunde (behauptet Microsoft).

Speicherplätze im Cluster nutzen

Speicherplätze unterstützen auch Thin Provisioning. Das heißt, Sie können einem Speicherplatz mehr Platz zuweisen, als der Speicherpool insgesamt zur Verfügung hat sowie die angebundenen Festplatten zusammen. Geht die Kapazität eines Speicherplatzes zur Neige, erhält der Anwender eine Nachricht und kann dem Speicherpool zusätzliche Datenträger hinzufügen. Sie können einzelne Festplatten in einem Speicherpool gegen Festplatten mit höherer Kapazität austauschen. Die gespeicherten Daten in den Speicherplätzen sind davon nicht betroffen und der Austausch erfolgt vollkommen transparent.

Speicherpools lassen sich in Windows Server 2016 als freigegebenes Clustervolume (Cluster Shared Volume, CSV) in Clustern nutzen. Verwenden Sie externe Festplattenarrays, verwendet Windows Server 2016 für die Verbindung SES (SCSI Enclosure Services). Dies beugt zum Beispiel Ausfällen vor, indem Windows Server 2016 erkennt, wenn im externen Array Festplatten defekt sind.

Datenträger erstellen und anpassen

Sie finden die Datenträgerverwaltung in der Systemsteuerung über *System und Sicherheit/ Verwaltung/Computerverwaltung* oder im Schnellmenü von Windows Server 2016 über die Tastenkombination ⊞+X. Als weitere Möglichkeit bietet sich der Aufruf durch Eintippen von »compmgmt.msc« im Suchfeld des Startmenüs an. Sie können die Datenträgerverwaltung auch durch Eintippen von »diskmgmt.msc« im Suchfeld des Startmenüs aufrufen.

Nach dem Start der Datenträgerverwaltung werden im oberen Bereich alle konfigurierten Datenträger angezeigt. Im unteren Bereich sind die physischen Datenträger inklusive eventuell vorhandener Wechselmedien zu sehen. Bei Festplatten wird angegeben, auf welchen der installierten Festplatten sich die logischen Laufwerke befinden und welcher Platz noch nicht zugeordnet ist.

Eine Partition, auch als Volume bezeichnet, ist ein Bereich auf einer Festplatte, der mit einem Dateisystem formatiert und mit einem Buchstaben des Alphabets identifiziert werden kann. Beispielsweise stellt das Laufwerk C: unter Windows eine Partition dar. Eine Festplatte muss partitioniert und formatiert sein, bevor Sie Daten darauf speichern können. Auf vielen Computern wird nur eine einzige Partition eingerichtet, die der Größe der Festplatte entspricht. Es ist nicht erforderlich, eine Festplatte in mehrere kleinere Partitionen aufzuteilen.

Datenträger erstellen und anpassen

Abbildung 5.1: Verwalten von Festplatten in Windows Server 2016

Datenträger einrichten

Wenn eine zusätzliche Festplatte im Server eingebaut wird, müssen Sie sie in Windows einbinden. Dazu ist zunächst festzulegen, wie die Festplatte initialisiert werden soll. Bestätigen Sie den Vorschlag, MBR (Master Boot Record) zu verwenden, da dies auf Windows-Systemen der Standardeinstellung entspricht. Alternativ können Sie auch GPT verwenden.

Sind die Festplatten noch als offline hinterlegt, müssen Sie sie über das Kontextmenü zunächst online schalten. Sind die Festplatten online, müssen Sie sie als Nächstes initialisieren. Erscheint kein Fenster, nehmen Sie das Initialisieren über das Kontextmenü vor.

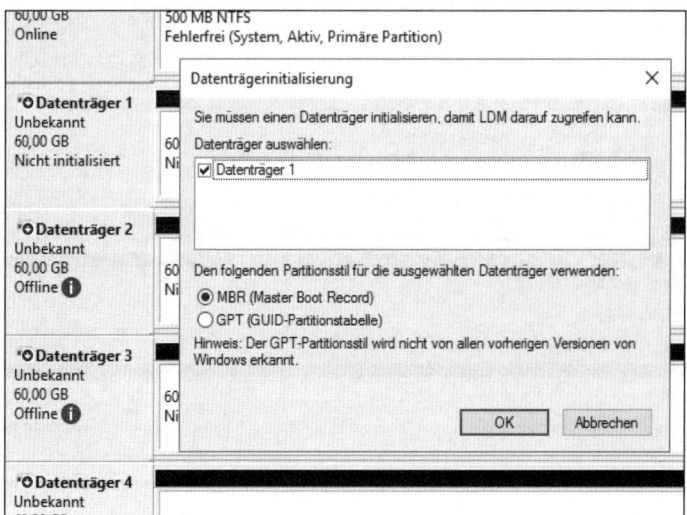

Abbildung 5.2: Datenträger initialisieren und online schalten

Das Datenträgerpartitionsformat MBR (Master Boot Record) unterstützt Volumes mit einer Größe von bis zu zwei Terabyte und bis zu vier Primärpartitionen pro Datenträger (oder drei Primärpartitionen, eine erweiterte Partition und eine unbegrenzte Anzahl logischer Laufwerke).

Im Vergleich dazu unterstützt das Partitionsformat GPT (GUID-Partitionstabelle) Volumes mit einer Größe von bis zu 18 Exabyte und bis zu 128 Partitionen pro Datenträger. Anders als bei Datenträgern mit dem MBR-Partitionsformat werden Daten, die für den Betrieb der Plattform zwingend erforderlich sind, in Partitionen abgelegt und nicht in Sektoren ohne Partition oder in versteckten Sektoren.

Außerdem besitzen Datenträger mit dem GPT-Partitionsformat redundante Primär- und Sicherungspartitionstabellen, wodurch die Integrität der Partitionsdatenstruktur verbessert wird. Auf GPT-Datenträgern können Sie dieselben Aufgaben wie auf MBR-Datenträgern durchführen. Die Konvertierung eines MBR-Datenträgers in einen GPT-Datenträger und umgekehrt kann nur durchgeführt werden, wenn der Datenträger leer ist. Die Umwandlung nehmen Sie über das Kontextmenü des Datenträgers auf der linken Seite vor.

Nach der Initialisierung sehen Sie die Datenträger in der Datenträgerverwaltung und können sie konfigurieren. Die leeren Festplatten können Sie in dynamische Datenträger umstellen. Dies ist aber nicht immer notwendig und wird auch nicht von allen Serverdiensten unterstützt. Wenn Sie ein bestimmtes Speichersystem konfigurieren, zum Beispiel ein Software-RAID oder einen Speicherpool, erhalten Sie automatisch einen Hinweis, wenn Sie eine Festplatte konvertieren müssen. Windows Server 2016 unterscheidet zunächst zwei Arten von Festplatten:

1. Basisdatenträger können feste Partitionen einrichten, in denen wiederum logische Laufwerke vorhanden sind. Wenn Sie Partitionen auf einer Basisfestplatte erstellen, sind die ersten drei Partitionen, die Sie erstellen, primäre Partitionen:
   – Eine primäre Partition kann ein Betriebssystem hosten und verhält sich wie ein physischer separater Datenträger. Auf einem Basisdatenträger können bis zu vier primäre Partitionen vorhanden sein. Wenn Sie mehr als drei Partitionen erstellen möchten, erstellen Sie die vierte Partition als erweiterte Partition. Eine erweiterte

Partition bietet die Möglichkeit, eine Beschränkung der möglichen Anzahl von primären Partitionen auf einer Basisfestplatte zu umgehen.
- Eine erweiterte Partition ist ein Container, der ein oder mehrere logische Laufwerke enthalten kann. Logische Laufwerke haben dieselbe Funktion wie primäre Partitionen, können jedoch nicht für den Start eines Betriebssystems verwendet werden. Erweiterte Partitionen können mehrere logische Laufwerke enthalten, die sich formatieren lassen und denen Laufwerkbuchstaben zugewiesen werden.
2. Dynamische Datenträger lassen sich einfacher verwalten als die Basisdatenträger. Das betrifft die Veränderung der logischen Laufwerke ohne einen Neustart des Systems. Dynamische Datenträger können eine unbegrenzte Anzahl von dynamischen Volumes enthalten und funktionieren wie die primären Partitionen, die auf Basisdatenträgern verwendet werden. Konvertieren müssen Sie die Datenträger aber erst dann, wenn eine Datenträgeraufgabe dies erfordert.

Hinweis Der Hauptunterschied zwischen Basisdatenträgern und dynamischen Datenträgern besteht darin, dass dynamische Datenträger Daten zwischen zwei oder mehreren dynamischen Festplatten eines Computers freigeben und Daten auf mehrere Festplatten verteilen können.

Beispielsweise kann sich der Speicherplatz eines einzelnen dynamischen Volumes auf zwei separaten Festplatten befinden. Zudem können dynamische Datenträger Daten zwischen zwei oder mehreren Festplatten duplizieren, um dem Ausfall einer einzelnen Festplatte vorzubeugen. Diese Fähigkeit erfordert mehr Festplatten, erhöht jedoch die Zuverlässigkeit. Für die Verwaltung von Speicherpools müssen Sie in diesem Bereich aber zunächst keine Änderungen vornehmen.

Um einen vorhandenen Basisdatenträger in einen dynamischen Datenträger umzuwandeln, rufen Sie im unteren Bereich der Datenträgerverwaltung, beim Eintrag der Festplatte, über das Kontextmenü den Befehl *In dynamischen Datenträger konvertieren* auf. Es wird ein Dialogfeld angezeigt, in dem sich die zu aktualisierenden Basisfestplatten auswählen lassen. Es können also in einem Schritt alle noch vorhandenen Basisfestplatten in einem System aktualisiert werden.

Nach der Auswahl der Festplatten zeigt Windows ein zweites Dialogfeld an, in dem Sie die gewählten Festplatten noch einmal sehen. Hier können Sie entscheiden, welche der neuen Festplatten in dynamische Datenträger umgewandelt werden sollen.

Basisdatenträger können Sie in dynamische Datenträger umwandeln. Wenn Sie Datenträgerkonfigurationen wie zum Beispiel die Erweiterung eines Laufwerks durchführen wollen und Sie den Datenträger noch nicht zu einem dynamischen Datenträger konvertiert haben, schlägt der Assistent die Konvertierung vor.

Laufwerke konfigurieren

Sobald die Datenträger eingerichtet sind, können Sie darauf logische Laufwerke einrichten. Solche logischen Laufwerke, auf Windows-Servern auch als »Datenträger« bezeichnet, werden mit dem Befehl *Neues einfaches Volume* im Kontextmenü eines freien Bereichs angelegt.

Kapitel 5: Datenträger und Speicherpools verwalten

Abbildung 5.3: Anlegen eines neuen Datenträgers in Windows Server 2016

Um ein solches Volume anzulegen, müssen Sie einen freien Bereich auf einem Datenträger oder der Festplatte, auf dem oder der Sie das neue logische Laufwerk erstellen wollen, mit der rechten Maustaste anklicken.

Wenn Sie mit der rechten Maustaste allerdings direkt auf den Datenträger im linken Bereich klicken und nicht auf einen freien Bereich, wird Ihnen die Option *Neues einfaches Volume* nicht angezeigt, sondern nur die Optionen *Neues übergreifendes Volume* und *Neues Stripesetvolume* sowie *Neues gespiegeltes Volume* und *Neues RAID-5-Volume*.

Ein einfacher Datenträger speichert Daten nur auf einer einzelnen physischen Festplatte. Ein übergreifender Datenträger erstreckt sich zwar über mehrere physische Festplatten, erscheint im Explorer aber als einzelnes Laufwerk. Wenn der konfigurierte Speicherplatz auf dem ersten physischen Datenträger belegt ist, werden weitere Daten auf dem nächsten konfigurierten Datenträger gespeichert. Dieser Ansatz ist nur dann sinnvoll, wenn sehr große logische Datenträger notwendig sind, die größer als die vorhandenen physischen Datenträger sind. Speicherpools sind in Windows Server 2016 in diesem Bereich besser geeignet.

Abbildung 5.4: Auswahl der beteiligten Datenträger für übergreifende Datenträger

Datenträger erstellen und anpassen

Ein Stripesetdatenträger geht einen Schritt weiter. Bei dieser Variante sind mehrere physische Festplatten beteiligt. Auf jeder dieser Festplatten belegt Windows den gleichen Speicherplatz. Die Daten liegen in Blöcken von 64 KB zunächst auf der ersten Festplatte, der zweiten und so weiter. Wenn eine Datei nur 8 KB groß ist, verwendet Windows trotzdem einen 64-KB-Block, die restlichen 56 KB sind dann verschwendet.

Dieser Ansatz bietet keine Fehlertoleranz. Durch die Verteilung der Daten über mehrere Festplatten erreichen Sie eine verbesserte Performance, allerdings sind die Daten auf dem Datenträger verloren, wenn einer der physischen Datenträger ausfällt. Besser geeignet sind Hardware-RAIDs oder die Verwendung von Speicherpools.

Falls Sie einen Datenträger erzeugen, der sich über mehrere physische Festplatten erstreckt, müssen Sie bei der Definition des Datenträgertyps im folgenden Schritt die Festplatten auswählen. Der nächste Schritt ist die Zuordnung von Laufwerkbuchstaben und -pfaden. Dieser Schritt lässt sich auch jederzeit später über den Befehl *Laufwerkbuchstaben und -pfade ändern* im Kontextmenü des entsprechenden Laufwerks durchführen. Hier finden sich drei Optionen:

- Dem Laufwerk kann zunächst ein Laufwerkbuchstabe fest zugeordnet werden. Das Laufwerk lässt sich in einem leeren Ordner eines NTFS-Systems bereitstellen. Damit können Sie auch bestehende Datenträger erweitern. Diese Erweiterung kann im laufenden Betrieb erfolgen und ist sinnvoll, wenn Sie neue Ordnerstrukturen schaffen wollen, die viel Platz erfordern.

- Sie weisen dann dem Laufwerk keinen eigenen Laufwerkbuchstaben zu, sondern wählen einen bestimmten Ordner aus, der auf einem bereits konfigurierten Laufwerk liegt. Speichern Sie Daten in diesem Ordner, lagert Windows diese Daten auf den neuen Datenträger aus.

- Sie können auch auf die Zuordnung von Laufwerkbuchstaben verzichten. Dieses Laufwerk verwenden Sie dann dazu, um von einem Ordner einer Festplatte auf einen Ordner einer anderen Festplatte zu gelangen. Dazu verwenden Sie den Explorer oder den Befehl *Cd* in der Eingabeaufforderung. Die ausführliche Syntax erfahren Sie, wenn Sie in der Eingabeaufforderung *Cd /?* eingeben.

Im Regelfall können Sie bei der Formatierung die Standardzuordnungseinheit übernehmen. Diese setzt Windows in Abhängigkeit von der Größe des Laufwerks und ist damit in den meisten Situationen korrekt gewählt. Nur wenn feststeht, dass Sie ausschließlich mit sehr großen Dateien arbeiten, ist es durchaus sinnvoll, einen höheren Wert manuell zu setzen. Über die Befehle im Kontextmenü von Datenträgern können Sie anschließend noch weitere Funktionen ausführen.

Sie können zum Beispiel Datenträger formatieren, wobei allerdings alle vorhandenen Daten verloren gehen. Datenträger können Sie über das Kontextmenü auch erweitern. Damit können Sie bei dynamischen Datenträgern im laufenden Betrieb weiteren, nicht konfigurierten Platz hinzufügen.

Die Erweiterung eines Datenträgers kann dabei auf andere physische Festplatten erfolgen. Diese Vorgehensweise ist sinnvoll, wenn mehr Platz in einer bestehenden Ordnerstruktur notwendig ist. Die Datenträger können Sie über das Kontextmenü auch löschen und neu erstellen.

Datenträger und Ordner komprimieren

Um Speicherplatz zu sparen, können Sie Dateien auf NTFS-Laufwerken auch komprimieren. Diese Komprimierung erfolgt für den Benutzer völlig transparent, er muss keine zusätzlichen Programme verwenden und arbeitet mit den Dateien genauso wie mit allen anderen auf dem Laufwerk.

Beachten Sie bei der Verwendung der Komprimierung, dass dies zulasten der Performance des Servers geht, da dieser die Komprimierung und Dekomprimierung der Dateien übernimmt, sobald ein Benutzer darauf zugreift. Die Komprimierung kann jedoch ohne Weiteres für spezielle Archivierungsordner sinnvoll sein.

In Zeiten, in denen normalerweise genügend Speicherplatz zur Verfügung steht, sollte die Komprimierung nur für Archivdateien verwendet werden, die ansonsten Speicherplatz verschwenden. Sie können auf einem NTFS-Datenträger einzelne Ordner oder Dateien komprimieren, während andere Ordner unkomprimiert bleiben.

Achtung Die Komprimierung können Sie in den Eigenschaften eines Ordners auswählen. Komprimierte Ordner werden durch eine blaue Farbe gekennzeichnet. Die Komprimierung von Dateien steht, genau wie das verschlüsselnde Dateisystem, auf ReFS-Datenträgern nicht zur Verfügung.

Dateien, mit denen Sie ständig arbeiten, sollten Sie nicht komprimieren, da der Zugriff auf diese Daten deutlich langsamer sein kann. Archive oder Ordner mit Bildern im BMP-Format, auf die Sie nicht häufig zugreifen, lassen sich deutlich verkleinern.

Die Funktion steht nur auf NTFS-Datenträgern zur Verfügung. FAT-Laufwerke lassen sich in der Eingabeaufforderung mit dem Befehl *Convert <Laufwerk> /fs:ntfs* leicht umwandeln. Allerdings lassen sich auf diesem Weg nur FAT-Laufwerke konvertieren, für ReFS-Datenträger steht diese Funktion nicht zur Verfügung. Die Komprimierung von NTFS-Laufwerken oder einzelnen Ordnern aktivieren Sie folgendermaßen:

1. Rufen Sie die Eigenschaften des Ordners auf, den Sie komprimieren wollen.
2. Klicken Sie auf der Registerkarte *Allgemein* auf *Erweitert*.
3. Aktivieren Sie das Kontrollkästchen *Inhalt komprimieren, um Speicherplatz zu sparen*.
4. Beim Bestätigen kann ausgewählt werden, ob auch die Unterordner in diesem Ordner komprimiert werden sollen.
5. Anschließend werden die Ordner und Dateien komprimiert.

Die Dateinamen komprimierter Daten werden daraufhin in einer blauen Schriftfarbe dargestellt. Ist dies nicht gewünscht, kann diese Einstellung im Menüband des Explorers auf der Registerkarte *Ansicht* über *Optionen/Ordner- und Suchoptionen ändern* geändert werden. Dazu wird im Dialogfeld *Ordneroptionen* auf der Registerkarte *Ansicht* das Kontrollkästchen *Verschlüsselte oder komprimierte NTFS-Dateien in anderer Farbe anzeigen* deaktiviert.

Die Platzersparnis können Sie in den Eigenschaften des Ordners nachprüfen. Dort wird auf der Registerkarte *Allgemein* die originale Größe und die tatsächliche Festplattenbelegung angezeigt. Das funktioniert auch, wenn Sie die Eigenschaften von Freigaben im Netzwerk aufrufen.

Die Komprimierung lässt sich jederzeit wieder deaktivieren. Bereits komprimierte Dateien wie *.mp3-* und *.jpg*-Dateien oder bereits komprimierte Archive wie *.zip*-Dateien profitieren nicht von der Komprimierung und werden nicht weiter oder nur geringfügig verkleinert. Verschieben Sie neue Dateien in bereits komprimierte Ordner, müssen diese gegebenenfalls nachträglich komprimiert werden, da die Funktion nicht automatisch auf neue Dateien überprüft.

Festplatten per PowerShell und Eingabeaufforderung verwalten

Um Festplatten zu verwalten, müssen Sie in Windows nicht immer die grafische Oberfläche nutzen. Viele Einstellungen lassen sich teilweise schneller in der PowerShell und Eingabeaufforderung durchführen.

Tipp   In Kapitel 40 zeigen wir Ihnen verschiedene Möglichkeiten, mit der PowerShell, der Eingabeaufforderung und mit WMI (Windows Management Instrumentation) Datenträger in Windows Server 2016 zu verwalten.

In der Eingabeaufforderung können Sie zum Beispiel mit dem Befehl *Diskpart* Partitionen erstellen und verwalten. So lässt sich auch ein bootfähiger USB-Stick erstellen, mit dem Sie Windows Server 2016 installieren können (siehe Kapitel 2).

Alle Cmdlets, die in der PowerShell zur Verfügung stehen, lassen Sie sich mit *Get-Command -Module Storage | Sort Noun, Verb* anzeigen. Um zum Beispiel die physischen Festplatten abzufragen, hilft der Befehl *Get-PhysicalDisk*. Die Ausgabe zeigt auch an, ob die Platte einem neuen Speicherpool zugeordnet werden kann. Sie erkennen dies über die Option *CanPool* am Wert *True*.

Benötigen Sie genauere Informationen, geben Sie *Get-PhysicalDisk |fl* ein. Durch die Formatierung in eine Liste mit dem Parameter *|fl* lassen sich erweiterte Informationen angeben und unwichtige ausblenden. Ein Beispiel dafür ist *Get-PhysicalDisk |fl FriendlyName, BusType, CanPool, Manufacturer, Healthstatus*. Dies funktioniert mit allen *Get*-Cmdlets. Mit *Get-Disk* lassen Sie sich ebenfalls alle Festplatten anzeigen. Die Partitionierung können Sie mit *Get-Disk <Nummer> | Get-Partition* anzeigen.

Microsoft empfiehlt für Datenträger, auf denen Sie Exchange-Datenbanken speichern, eine feste Größe der Zuordnungseinheit (NTFS Allocation Unit Size) von 64 KB. Diese Einstellung können Sie beim Anlegen eines neuen Volumes festlegen. Um zu überprüfen, ob der Datenträger optimal konfiguriert ist, verwenden Sie die Eingabeaufforderung oder die PowerShell. Geben Sie dann den folgenden Befehl ein:

Fsutil fsinfo ntfsinfo [Laufwerkbuchstabe:]

Sie sehen die Größe der Zuordnungseinheit im Bereich *Bytes pro Cluster*. Ändern können Sie diese Einstellung nur über eine Neuformatierung. Arbeiten Sie mit Datenträgerkontingenten, können Sie sich mit *Fsutil* Informationen zu den Kontingenten anzeigen lassen: In der Eingabeaufforderung verwenden Sie dazu die Anweisung *Fsutil quota query <Laufwerk>*.

Verwenden Sie mehrere Festplatten und unterschiedliche Partitionen auf einem Computer, kann das Tool DiskExt (*http://technet.microsoft.com/de-de/sysinternals*) Informationen auslesen. Dieses Tool zeigt an, über welche physischen Festplatten sich eine Partition erstreckt und wo auf der physischen Festplatte eine Partition angelegt ist.

Sie können die Ausgabe mit *DiskExt >c:\temp\disk.txt* in eine Textdatei umleiten lassen, wenn Sie bei der Einrichtung eines Servers oder für Supportzwecke eine Dokumentation anfertigen wollen. Zeigt zum Beispiel die Datenträgerverwaltung in Windows oder der Explorer ein Laufwerk nicht mehr an, können Sie über DiskExt die Konfiguration der Laufwerke anzeigen lassen. Zusätzlich haben Sie auch die Möglichkeit, direkt einzelne Laufwerkbuchstaben abzufragen, wenn Sie die Option *DiskExt <Laufwerkbuchstabe>:* verwenden, zum Beispiel *DiskExt c:*.

Mit GPT-Partitionen und ReFS arbeiten

Bauen Sie in einen Server eine neue Festplatte ein, haben Sie die Möglichkeit, zwischen zwei Datenträgerpartitionsformaten auszuwählen. Das gilt auch in Windows Server 2016. Große Datenträger mit mehr als 3 TB profitieren davon, wenn Sie als Datenträgerformat GPT nutzen und als Dateisystem ReFS. Nur die beiden neuen Systeme sind für Festplatten dieser Größe optimiert.

GPT versus MBR

Das Datenträgerpartitionsformat MBR (Master Boot Record) unterstützt Festplatten mit einer Größe von bis zu 2 Terabyte. Im Vergleich dazu unterstützt das Partitionsformat GPT (GUID-Partitionstabelle) Festplatten mit einer Größe von bis zu 18 Exabyte und bis zu 128 Partitionen pro Datenträger.

Datenträger mit dem GPT-Partitionsformat sind besser vor Ausfällen geschützt, sie besitzen redundante Primär- und Sicherungspartitionstabellen. Nachdem Sie den Partitionierungsstil festgelegt haben, arbeiten Sie auf beiden Systemen identisch. Sie legen Partitionen und Volumes an, erstellen Verzeichnisse und Freigaben.

Datenträgerformat im laufenden Betrieb wechseln

Die Konvertierung eines MBR-Datenträgers in einen GPT-Datenträger und umgekehrt kann nur durchgeführt werden, wenn der Datenträger leer ist. Dazu klicken Sie in der Datenträgerverwaltung von Windows den Datenträger mit der rechten Maustaste an und wählen den entsprechenden Befehl aus. Sie können die Konvertierung aber auch in der Eingabeaufforderung durchführen:

1. Starten Sie eine Eingabeaufforderung mit Administratorrechten.
2. Starten Sie Diskpart.
3. Geben Sie *List disk* ein.
4. Geben Sie *Select disk <Nummer der Disk, die Sie konvertieren wollen>* ein.
5. Geben Sie *Clean* ein.
6. Geben Sie *Convert gpt* ein, den umgekehrten Weg gehen Sie mit *Convert mbr*.

In der Datenträgerverwaltung (*Diskmgmt.msc*) finden Sie den Partitionierungsstil angegeben, wenn Sie die Eigenschaften des Datenträgers aufrufen und im zugehörigen Dialogfeld die Registerkarte *Volumes* öffnen. In der PowerShell lassen Sie sich den Partitionierungsstil mit *Get-Disk | Select FriendlyName, PartitionStyle* anzeigen.

Datenträger erstellen und anpassen

Den Partitionierungsstil legen Sie mit dem folgenden Befehl auf GPT fest:

Initialize-Disk <Nummer> -PartitionStyle GPT

Ein weiteres Beispiel, um einen Datenträger zu erstellen und zu formatieren, ist:

Get-Disk 1 | Clear-Disk -RemoveData

New-Partition -DiskNumber 1 -UseMaximumSize -IsActive -DriveLetter Z | Format-Volume -FileSystem NTFS -NewFileSystemLabel Data

Datenträger verkleinern und erweitern

Sie können Datenträger unter Windows Server 2016 erweitern oder verkleinern. Beim Verkleinern von Laufwerken gibt Windows den konfigurierten Speicherplatz als neuen unpartitionierten Bereich frei. Den freien Speicherplatz können Sie für einen anderen Datenträger verwenden. Der verkleinerte Bereich eines Datenträgers steht genauso zur Verfügung, als wäre er nie partitioniert gewesen.

Die Verkleinerung und Erweiterung nehmen Sie über das Kontextmenü des entsprechenden Datenträgers vor. Sie können dazu auch die Eingabeaufforderung verwenden. Allerdings können Sie nur NTFS-Datenträger verkleinern und erweitern, ReFS unterstützt diese Funktion nicht.

Abbildung 5.5: Erweitern und Verkleinern von bestehenden Datenträgern

Partitionen verkleinern

Beim Verkleinern einer Partition verschiebt Windows nicht verschiebbare Dateien wie beispielsweise die Auslagerungsdatei nicht automatisch. Sie können den reservierten Speicherplatz nicht über den Punkt hinaus verkleinern, an dem sich die nicht verschiebbaren Dateien befinden.

Wenn Sie die Partition weiter verkleinern wollen, verschieben Sie die Auslagerungsdatei auf einen anderen Datenträger, verkleinern das Volume und verschieben die Auslagerungsdatei dann wieder zurück auf den Datenträger. Sie können nur primäre Partitionen und logische Laufwerke auf unformatierten Partitionen oder Partitionen mit dem NTFS-Dateisystem verkleinern.

Abbildung 5.6: Verkleinern von Partitionen

Klicken Sie auf *Verkleinern*, führt der Assistent die Aufgabe durch. Mehr ist zum Verkleinern eines Laufwerks nicht notwendig.

Partitionen erweitern

Vorhandenen primären Partitionen und logischen Laufwerken können Sie mehr Speicherplatz hinzufügen, indem Sie sie auf angrenzenden verfügbaren Speicherplatz auf demselben Datenträger erweitern.

Zum Erweitern eines Basisvolumes muss dieses unformatiert oder mit dem NTFS-Dateisystem formatiert sein. Sie können ein logisches Laufwerk innerhalb von zusammenhängendem freien Speicherplatz in der erweiterten Partition, die dieses Laufwerk enthält, erweitern. Wenn Sie ein logisches Laufwerk über den in der erweiterten Partition verfügbaren Speicherplatz hinaus erweitern, wird die erweiterte Partition zur Unterbringung des logischen Laufwerks vergrößert.

Bei logischen Laufwerken, Start- oder Systemvolumes können Sie das Volume nur innerhalb von zusammenhängendem freiem Speicherplatz erweitern und nur dann, wenn der Datenträger auf einen dynamischen Datenträger aktualisiert werden kann. Bei anderen Volumes können Sie das Volume auch innerhalb von nicht zusammenhängendem Speicherplatz erweitern, werden aber aufgefordert, den Datenträger in einen dynamischen Datenträger zu konvertieren. Um ein Basisvolume zu erweitern, gehen Sie so vor:

1. Klicken Sie in der Datenträgerverwaltung mit der rechten Maustaste auf das Volume, das Sie erweitern möchten.
2. Klicken Sie auf *Volume erweitern*.
3. Wählen Sie die Datenträger aus, auf die Sie das bestehende Volume erweitern wollen, und schließen Sie den Assistenten ab. Belassen Sie die Auswahl auf dem aktuell ausgewählten Volume, erweitert Windows den Datenträger auf den kompletten Bereich des aktuellen Datenträgers.

Datenträger verwalten

Abbildung 5.7: Erweitern eines bestehenden Datenträgers

Hinweis Es ist nicht möglich, die aktuellen System- oder Startpartitionen zu erweitern. Systempartitionen und Startpartitionen sind Namen für Partitionen oder Volumes auf einer Festplatte, die zum Starten von Windows verwendet werden.

Die Systempartition enthält die hardwarebezogenen Dateien, die einem Computer mitteilen, von wo aus Windows startet (siehe Kapitel 2). Eine Startpartition ist eine Partition, die die Windows-Betriebssystemdateien enthält, die sich im *Windows*-Dateiordner befinden. Mit einem weiteren Begriff, der aktiven Partition, wird beschrieben, welche Systempartition (und daher welches Betriebssystem) der Computer zum Starten verwendet.

Datenträger verwalten

Sie können Datenträger entweder im Ordnerfenster *Dieser PC* oder in der Datenträgerverwaltung mit der rechten Maustaste anklicken und im Kontextmenü den Eintrag *Eigenschaften* wählen. Daraufhin stehen Ihnen verschiedene Registerkarten zur Verfügung.

Auf der Registerkarte *Allgemein* sehen Sie den freien und belegten Speicher. Außerdem können Sie hier die Bezeichnung des Datenträgers festlegen. Sie können den gesamten Datenträger komprimieren, was allerdings aus Performancegründen nicht empfohlen werden kann und auf ReFS-Datenträgern nicht möglich ist. Auf dieser Registerkarte legen Sie auch fest, ob das Laufwerk für die Windows-Suche indexiert werden soll.

Kapitel 5: Datenträger und Speicherpools verwalten

Abbildung 5.8: Allgemeine Informationen zu einem Datenträger

Auf der Registerkarte *Tools* im Eigenschaftenfenster eines Datenträgers überprüfen Sie die physische Festplatte auf fehlerhafte Sektoren. Wollen Sie den Systemdatenträger überprüfen, müssen Sie den Computer neu starten, da die Überprüfung vor dem eigentlichen Start von Windows stattfindet.

Defragmentierung verwalten

Die Defragmentierung löst ein Problem, das vor allem entsteht, wenn Dateien vergrößert werden, Anwender zusätzliche Dateien erstellen oder vorhandene löschen. Die meisten Dateien werden in Form eines Extents nicht direkt in der MFT (Master File Table) gespeichert, sondern in einem oder mehreren zusätzlichen Blöcken, auf die über die MFT verwiesen wird.

NTFS versucht dabei, möglichst zusammenhängende Speicherblöcke zu wählen. Wenn eine Datei vergrößert wird, kann es vorkommen, dass am Ende des bisherigen Extents kein weiterer Speicherplatz mehr frei ist. Dann muss die Datei in mehreren Blöcken gespeichert werden, sie wird also fragmentiert.

Durch die Fragmentierung werden wiederum Zugriffe auf Datenträger deutlich verlangsamt, denn nun sind mehr einzelne Zugriffe und Neupositionierungen des Schreib-/Lesekopfs der Festplatte erforderlich, um auf die Datei zuzugreifen.

Eine regelmäßige Defragmentierung kann daher zu deutlichen Verbesserungen der Performance führen. Das Defragmentierungsprogramm von Windows Server 2016 ist zeitlich gesteuert, da die Defragmentierung relativ viel Rechenzeit benötigt und durch die logischerweise intensiven Zugriffe auf die Festplatte in diesem Bereich zu einer Beeinträchtigung der Performance führt. Sinn ergibt dies nur, wenn viele Dateien oft in der Größe geändert oder gelöscht werden.

Sie können an dieser Stelle die Defragmentierung sofort starten oder den Zeitplan entsprechend anpassen. Mit der Schaltfläche *Analysieren* überprüft der Assistent, ob eine Defragmentierung sinnvoll ist oder nicht.

Die Einstellungen der automatischen Defragmentierung der Festplatten können Sie so abändern, dass diese nicht mehr automatisch startet. Dies ist beispielsweise dann angebracht, wenn Sie auf ein Defragmentierungsprogramm eines anderen Herstellers setzen.

Tippen Sie dazu »dfrgui« im Suchfeld des Startmenüs ein. Klicken Sie dann auf die Schaltfläche *Einstellungen ändern*. Dort können Sie das Kontrollkästchen *Ausführung nach Zeitplan* deaktivieren. Wollen Sie einen Bericht über die Defragmentierung beispielsweise von Laufwerk C: aufrufen, geben Sie den Befehl *Defrag c: -a -v* in einer Eingabeaufforderung ein.

Hardware und Richtlinie von Datenträgern verwalten

Auf der Registerkarte *Hardware* im Eigenschaftenfenster eines Datenträgers können Sie die zugrunde liegende Hardware von Datenträgern konfigurieren und die Eigenschaften überprüfen.

An dieser Stelle werden Ihnen alle eingebauten Festplatten angezeigt. Wenn Sie eine der Festplatten markieren, können Sie über die Schaltfläche *Eigenschaften* weitere Einstellungen aufrufen. Diese Stelle ist der zentrale Bereich zur Verwaltung der Hardware, die den einzelnen Datenträgern zugeordnet ist.

Nachdem Sie auf der Registerkarte *Hardware* des Eigenschaftenfensters ein Laufwerk markiert und die Schaltfläche *Eigenschaften* angeklickt haben, klicken Sie im nächsten Fenster auf *Einstellungen ändern*. Danach werden Ihnen mehrere Registerkarten angezeigt.

Auf der Registerkarte *Richtlinien* können Sie festlegen, dass der Schreibcache auf der Festplatte aktiviert sein soll. Dies hat den Vorteil, dass die Festplatte Daten »als auf die Festplatte geschrieben« ansieht, sobald sich diese im Cache der Festplatte befinden. Wenn allerdings der Strom ausfällt, während die Daten noch vom Schreibcache auf die Festplatte geschrieben werden oder noch gar nicht übertragen wurden, kann dies zum Datenverlust führen.

Abbildung 5.9: Aktivieren des Schreibcache einer Festplatte

Kapitel 5: Datenträger und Speicherpools verwalten

Wenn Sie den Schreibcache für eine Festplatte deaktivieren, wird die Performance des Servers beeinträchtigt. Dafür ist aber sichergestellt, dass keine Daten verloren gehen, wenn der Server ausfällt.

Auf der Registerkarte *Volumes* können Sie nach einem Klick auf die Schaltfläche *Aktualisieren* feststellen, welche Datenträger in Windows einer physischen Festplatte zugewiesen sind.

Klicken Sie ein Laufwerk im Explorer von Windows Server 2016 mit der rechten Maustaste an, steht Ihnen die Registerkarte *Kontingent* zur Verfügung. Aktivieren Sie die Kontingentüberwachung, können Sie festlegen, welche Datenmenge die einzelnen Benutzer auf dem Computer speichern dürfen.

Klicken Sie zunächst auf die Schaltfläche *Kontingenteinträge*, können Sie über das daraufhin geöffnete Fenster definieren, für welche Anwender Sie besondere Grenzen festlegen wollen. Alle anderen Anwender können die maximale Datenmenge speichern, die Sie auf der Hauptseite des Fensters festlegen.

Abbildung 5.10: Festlegen und Abrufen von Kontingenteinstellungen

Im Explorer steht Ihnen die Möglichkeit zur Verfügung, die Datenträgerverwendung zu überwachen. Dazu aktivieren Sie die Kontingentüberwachung im Explorer, legen aber keine Grenzwerte fest. So erreichen Sie eine umfangreiche Überwachung der Datenträgernutzung.

Über die Schaltfläche *Kontingenteinträge* sehen Sie die einzelnen Benutzer und Gruppen sowie ihre Datenträgernutzung. In der Eingabeaufforderung verwenden Sie dazu die Anweisung *Fsutil quota query <Laufwerk>*.

Administratoren sind von der Kontingentüberwachung nicht ausgenommen, allerdings können sie auch bei harten Grenzwerten weiter speichern. Normale Benutzer dürfen beim Erreichen des Grenzwerts keine Daten mehr speichern.

BitLocker-Laufwerkverschlüsselung

Die BitLocker-Laufwerkverschlüsselung ist ein Feature zur Datenverschlüsselung von kompletten Festplatten. Selbst wenn ein Angreifer die verschlüsselte Festplatte in einen anderen Computer einbaut, schützt BitLocker die Daten vor einem Zugriff.

In Windows Server 2016 verschlüsselt BitLocker nicht die komplette Festplatte, sondern nur den verwendeten Teil. Sobald weitere Teile beschrieben werden, verschlüsselt Windows Server 2016 diesen Bereich. BitLocker verschlüsselt bei der Aktivierung daher nur beschriebene Sektoren und fügt dann inkrementell Sektoren hinzu, wenn diese beschrieben werden. BitLocker arbeitet außerdem mit Hardwareverschlüsselungen von Festplatten oder RAID-Systemen zusammen.

Interessant ist die Möglichkeit, auch USB-Sticks mit BitLocker To Go zu verschlüsseln. In diesem Fall lassen sich die Daten auf dem USB-Stick erst nach der Eingabe eines Kennworts anzeigen.

Grundlagen zu BitLocker und Trusted Platform Module (TPM)

Im Idealfall ist im Computer, dessen Festplatten Sie verschlüsseln möchten, ein Chip mit der Bezeichnung TPM (Trusted Platform Module) eingebaut. Dieser überwacht die integrierte Hardware im Computer und verweigert den Start, wenn die Festplatte in einen anderen Computer eingebaut wird, ohne die PIN zu kennen. Zur Aktivierung von BitLocker ist ein solches TPM-Modul zwar optimal, aber nicht zwingend vorgeschrieben.

Wenn Sie nicht wissen, ob Ihr Computer über einen TPM-Chip verfügt, können Sie die TPM-Verwaltungskonsole durch Eintippen von »tpm.msc« im Suchfeld der Startseite aufrufen. Hier erhalten Sie eine entsprechende Meldung. Allerdings muss der TPM-Chip im BIOS aktiviert werden. In vielen Fällen ist der Chip nicht aktiviert, auch wenn ein solcher im Computer verbaut ist.

Die Konfiguration von BitLocker findet über *Systemsteuerung/System und Sicherheit/BitLocker-Laufwerkverschlüsselung* statt. In Windows Server 2016 müssen Sie dazu aber BitLocker erst als Feature über den Server-Manager installieren (siehe Kapitel 3 und 4).

Verfügt der Computer über einen TPM-Chip und haben Sie ihn im BIOS aktiviert, muss dieser nach der Installation zunächst initialisiert werden:

1. Öffnen Sie durch Eintippen von »tpm.msc« im Suchfeld des Startmenüs die TPM-Verwaltungskonsole.
2. Klicken Sie im Bereich *Aktionen* auf *TPM initialisieren*, um den TPM-Initialisierungs-Assistenten zu starten. Diese Option erscheint nur, wenn ein TPM-Chip im Computer verbaut ist.
3. Starten Sie nach der Initialisierung den Computer neu.
4. Nach dem Neustart erscheint eine Bestätigungsaufforderung, um sicherzustellen, dass keine bösartige Software versucht, das TPM einzuschalten.

Kapitel 5: Datenträger und Speicherpools verwalten

5. Bevor das TPM zum Schützen Ihres Computers nutzbar ist, muss es einem Besitzer zugeordnet sein. Beim Festlegen des TPM-Besitzers wird ein Kennwort zugewiesen, sodass nur der autorisierte TPM-Besitzer auf das TPM zugreifen und dieses verwalten kann.

BitLocker schnell und einfach aktivieren

BitLocker können Administratoren auch dann nutzen, wenn kein TPM-Chip verbaut ist. Dazu ist es notwendig, in die lokale Sicherheitsrichtlinie des Computers zu wechseln oder die Einstellungen über Gruppenrichtlinien festzulegen. Gehen Sie zur Konfiguration folgendermaßen vor:

1. Starten Sie durch Eintippen von »gpedit.msc« im Suchfeld des Startmenüs den Editor für lokale Gruppenrichtlinien oder öffnen Sie eine Gruppenrichtlinie in Active Directory.
2. Wechseln Sie im Navigationsbereich zum Eintrag *Computerkonfiguration/Administrative Vorlagen/Windows-Komponenten/BitLocker-Laufwerkverschlüsselung/Betriebssystemlaufwerke*.
3. Doppelklicken Sie im rechten Bereich des Fensters auf die Richtlinie *Zusätzliche Authentifizierung beim Start anfordern*.

Abbildung 5.11: Verwenden von BitLocker ohne TPM als Richtlinie freischalten

4. Aktivieren Sie im Dialogfeld die Option *Aktiviert*.
5. Stellen Sie sicher, dass das Kontrollkästchen *BitLocker ohne kompatibles TPM zulassen* aktiviert ist.
6. Klicken Sie auf *OK*.
7. Die Richtlinie erhält darauf in der Statusspalte den Status *Aktiviert*.

Nachdem diese Aufgaben durchgeführt sind, können Sie BitLocker aktivieren. Starten Sie die Konfigurationsoberfläche von BitLocker über *Systemsteuerung/System und Sicherheit/BitLocker-Laufwerkverschlüsselung*.

Klicken Sie auf den Link *BitLocker aktivieren*, überprüft Windows zunächst den Rechner. Anschließend legen Sie fest, ob der Start des Rechners über einen USB-Stick oder nach der Eingabe eines Kennworts erfolgen soll. Danach legen Sie den Speicherort für den Wiederherstellungsschlüssel fest. Dieser wird benötigt, wenn das Kennwort für BitLocker nicht mehr verfügbar ist.

Windows Server 2016 kann den neuen Verschlüsselungsmodus XTS-AES zur Verschlüsselung verwenden. Dieser ist effizienter, lässt sich aber nur ab Windows Server 2016 und Windows 10 Build 1511 nutzen. Sie können in der Einrichtung von BitLocker aber festlegen, dass der kompatible Verschlüsselungsmodus verwendet werden soll. Dies ist zum Beispiel sinnvoll, wenn der Datenträger auch auf anderen Rechnern eingesetzt werden soll.

Abbildung 5.12: Nach der Aktivierung von BitLocker startet der Server erst nach Eingabe eines Kennworts.

Sobald Sie die Einrichtung vorgenommen haben, startet Windows neu und die Verschlüsselung beginnt. Bereits jetzt muss das BitLocker-Kennwort eingegeben werden, wenn Sie nicht mit dem TPM-Modus arbeiten. Ab jetzt ist der Server mit BitLocker geschützt. Über die [ESC]-Taste starten Sie den Wiederherstellungsmodus, wenn Sie das Kennwort vergessen haben. Beim Einsatz von Active Directory kann dabei auf die Daten in Active Directory oder den Daten des Microsoft-Kontos zugegriffen werden.

In Windows Server 2016 werden beim ersten Verschlüsseln nur die bereits beschriebenen Festplattensektoren verschlüsselt, wenn Sie diese Option ausgewählt haben. Werden neue Sektoren beschrieben, verschlüsselt Windows diese ebenfalls.

Windows Server 2016 ermöglicht neben dem Einsatz von Storage Spaces Direct das Zusammenfassen mehrerer Festplatten zu Speicherpools und deren Aufteilung in Speicherplätze. Administratoren können auch für einzelne Speicherplätze BitLocker aktivieren, unabhängig von den zugunde liegenden Festplatten. Die Vorgehensweise dazu ist identisch zur Verschlüsselung herkömmlicher Datenträger.

Kapitel 5: Datenträger und Speicherpools verwalten

> **Tipp** BitLocker lässt sich auch in der PowerShell verwalten. Die dazu notwendigen Befehle zeigt Windows mit *Get-Command *bitlocker** an. *Enable-BitLocker* aktiviert zum Beispiel die Verschlüsselung.

Kennen Sie das Kennwort nicht, können Sie an dieser Stelle auch die Wiederherstellung mit dem Wiederherstellungsschlüssel starten.

Wichtig ist, dass ein vorhandener USB-Stick, den Sie als Startschlüssel verwenden, keinesfalls in fremde Hände gelangen darf, da sonst der komplette Schutz des Computers ausgehebelt ist. Nach der Speicherung des Schlüssels auf dem Stick können Sie zusätzlich die Speicherung auf einem anderen Laufwerk oder das Ausdrucken aktivieren.

Nach der BitLocker-Aktivierung erreichen Sie das Fenster zur Verwaltung des Kennworts jederzeit über die Systemsteuerung. So lässt sich der Schlüssel auch nachträglich ausdrucken oder speichern.

Nach der Einrichtung von BitLocker können Sie weitere Festplatten auf dem Computer verschlüsseln. Auch wenn Sie nachträglich Festplatten einbauen, können Sie über die BitLocker-Verwaltungsoberfläche die Verschlüsselung nachträglich für diese Laufwerke aktivieren.

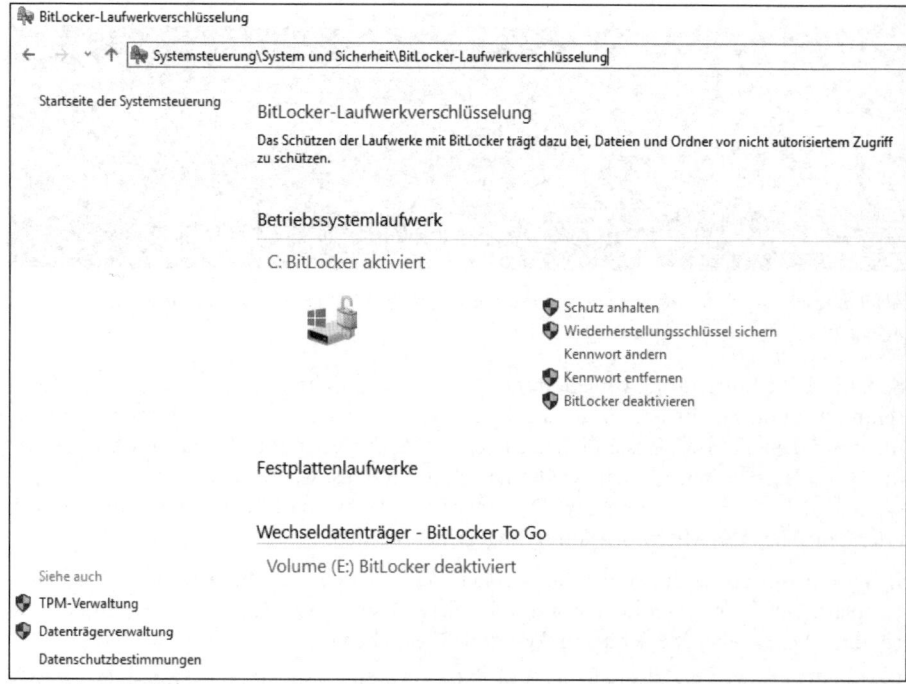

Abbildung 5.13: Nach der Aktivierung verwalten Sie BitLocker weiterhin über die Systemsteuerung.

BitLocker-Troubleshooting

Haben Sie das Kennwort vergessen, mit dem Sie den Rechner starten (oder ist der USB-Stick beziehungsweise TMP defekt), können Sie mit dem Wiederherstellungsschlüssel auf dem Rechner den Computer starten und auf Ihre Daten zugreifen.

Wenn Daten verschlüsselt werden, trägt der Administrator immer das Risiko, dass er selbst nicht mehr auf die Daten zugreifen kann, wenn er die entsprechenden Schlüssel verliert. Es besteht auch die Möglichkeit, dass TPM defekt oder der Startschlüssel zerstört ist beziehungsweise die Anwender ihre PIN vergessen haben. Damit bei solchen Vorfällen, auch bei der Erweiterung des Computers, die Daten noch zugänglich sind, gibt es die BitLocker-Recovery-Konsole.

Daten absichern durch verschlüsselndes Dateisystem (EFS)

Neben der Verschlüsselung von kompletten Festpatten können Sie einzelne Verzeichnisse oder Dateien auch parallel mit BitLocker verschlüsseln lassen. Um Dateien lokal zu verschlüsseln, wählen Sie im Kontextmenü der Datei oder des Ordners, den Sie verschlüsseln wollen, den Befehl *Eigenschaften* aus. Über die Schaltfläche *Erweitert* finden Sie im Dialogfeld *Erweiterte Attribute* das Kontrollkästchen *Inhalt verschlüsseln, um Daten zu schützen*. Durch Aktivieren dieses Kontrollkästchens wird das verschlüsselnde Dateisystem (Encrypting File System, EFS) genutzt. Sie können EFS aber nur zusammen mit NTFS nutzen. Mit dem neuen ReFS-Dateisystem funktioniert EFS nicht.

Die Verschlüsselung und der Zugriff auf diese Informationen erfolgen transparent für die Anwender. Falls ein Ordner für die Verschlüsselung ausgewählt ist, fragt das System, ob die Einstellungen für untergeordnete Ordner übernommen werden sollen.

Abbildung 5.14: Verschlüsseln von Dateien in Windows 10/Windows Server 2016

Anwender können verschlüsselte Daten zwar sehen, aber die Dateien nicht öffnen und anzeigen. Auch wenn Anwender Zugriff auf verschlüsselte Daten erhalten, sind diese nur für den Anwender sichtbar, der die Daten verschlüsselt hat oder der in der Liste der berechtigten Anwender zu finden ist. Die Dateien lassen sich von Anwendern auch nicht kopieren oder verschieben. Auf diesem Weg lassen sich also sensible Daten vor Zugriff schützen.

Standardmäßig kennzeichnet Windows Server 2016 diese Dateien durch ein eigenes Symbol. Um diese Einstellung zu ändern, wählen Sie zunächst im Menüband des Explorers auf der Registerkarte *Ansicht* den Befehl *Optionen/Ordner und Suchoptionen*. Im daraufhin geöffneten Dialogfeld *Ordneroptionen* können Sie auf der Registerkarte *Ansicht* das Kontrollkästchen *Verschlüsselte oder komprimierte NTFS-Dateien in anderer Farbe anzeigen* ein- oder ausschalten.

Die Funktionsweise von EFS

Das verschlüsselnde Dateisystem (Encrypting File System, EFS) nutzt das EFS-Zertifikat eines Benutzers, um den Inhalt einer Datei zu verschlüsseln. Der private Schlüssel wird in verschlüsselter Form zusätzlich in der Datei abgelegt und kann zur Wiederherstellung der Datei genutzt werden. Die Verwaltung der Zertifikate findet über die Benutzerverwaltung statt.

EFS arbeitet mit dem symmetrischen DESX-Algorithmus zur Dateiverschlüsselung und dem RSA-Algorithmus zur Verschlüsselung der privaten Schlüssel. Durch eine mögliche Wiederherstellung des privaten Schlüssels ist eine Entschlüsselung von Dateien durch sogenannte Wiederherstellungs-Agents möglich.

Alternativ zur grafischen Oberfläche können Sie auch den Befehl *Cipher* in der Eingabeaufforderung einsetzen, um Dateien zu ver- und entschlüsseln oder sich den Status anzeigen zu lassen. Der Befehl *Cipher /e /s:C:\Vertraulich* beispielsweise verschlüsselt den Ordner *C:\Vertraulich* und alle darunter liegenden Ordner und Dateien.

Der Befehl *Cipher /d /s:C:\Vertraulich* entschlüsselt die Daten im Ordner *C:\Vertraulich* und allen darunter liegenden Ordnern.

Häufig ist es sinnvoll, vertrauliche Daten mit einer anderen Person zu teilen, beispielsweise zwischen zwei Geschäftsführern oder zwischen Chef und Sekretärin. Wenn Sie auch anderen Personen Zugriff auf Ihre verschlüsselten Dateien gewähren möchten, gehen Sie folgendermaßen vor:

1. Verschlüsseln Sie zuerst die Datei wie oben beschrieben.
2. Rufen Sie nochmals die Eigenschaften der Datei auf, klicken Sie auf *Erweitert* und danach auf *Details*. Sie erhalten eine Übersicht darüber, welche Benutzer auf die Datei zugreifen und welche Benutzer die Datei wiederherstellen und dabei die Verschlüsselung aufheben können.
3. Klicken Sie auf *Hinzufügen*, um nacheinander alle Benutzer einzutragen, die auf Ihre verschlüsselte Datei Zugriff erhalten sollen.

Sie können an dieser Stelle nur Benutzer eintragen, keine Gruppen. Die Benutzer benötigen außerdem jeweils ein Basis-EFS-Zertifikat. Dieses erhalten sie am schnellsten, wenn sie selbst eine Datei oder ein Ordner verschlüsseln.

Wann sollte EFS nicht genutzt werden?

Einige Hindernisse können Ihnen bei der Nutzung von EFS im Wege stehen oder sogar eine erfolgreiche Wiederherstellung der Daten verhindern. Als Administrator sollten Sie diese Klippen kennen, damit Sie nicht erst im Fehlerfall bemerken, dass eine Datei nicht mehr zugänglich ist:

- Sie können eine Datei nicht gleichzeitig verschlüsseln und komprimieren. Wenn Sie eine bereits verschlüsselte Datei komprimieren und die erforderlichen Zertifikate besitzen, wird die Datei automatisch entschlüsselt.
- Wenn Sie keine NTFS-Laufwerke einsetzen, können Sie die Verschlüsselung nicht nutzen. Das gilt auch beim Einsatz von ReFS.
- Wenn Sie eine verschlüsselte Datei kopieren, wird sie während des Kopierens im Hauptspeicher des PC entschlüsselt. Am Zielort wird die Datei nur dann wieder verschlüsselt, wenn der Zielordner ebenfalls das Verschlüsselt-Attribut besitzt. Wenn Sie also eine lokal verschlüsselte Datei auf den Computer kopieren, verliert sie ihre Verschlüsselung, falls Sie im Serverordner nicht vorher die Verschlüsselung aktivieren.
- Systemdateien können nicht verschlüsselt werden.
- Einige Anwendungen zerstören die Zertifikate der zusätzlichen Benutzer beim Schreiben in die Datei. Nur speziell angepasste Programme, wie beispielsweise Microsoft Office, behalten die EFS-Zertifikate aller Benutzer bei der Dateibearbeitung bei.

Durch das Kopieren oder Verschieben unverschlüsselter Dateien in einen verschlüsselten Ordner werden diese Dateien automatisch im neuen Ordner verschlüsselt. Der umgekehrte Vorgang entschlüsselt jedoch Dateien nicht automatisch.

Speicherpools einsetzen

Windows Server 2016 unterstützt den Einsatz von Speicherpools. Einfach ausgedrückt fassen Sie über Speicherpools mehrere physische Datenträger zusammen und konfigurieren sie als einen gemeinsamen virtuellen Datenträger. In Windows Server 2016 hat Microsoft die Funktionen erweitert und verbessert. Beispielsweise werden nun SSD-/NVMe-Festplatten unterstützt. Außerdem besteht die Möglichkeit, in einem Cluster alle lokale Festplatten der Clusterknoten zu einem Storage Space Direct zusammenzufassen.

Speicherpools verwalten Sie im Server-Manager. Hier legen Sie zunächst einen Speicherpool an und weisen diesem anschließend verschiedene Speicherplätze zu. Dabei handelt es sich um die Volumes, auf denen Sie wiederum Freigaben erstellen. Ein Pool kann mehrere Speicherplätze, auch virtuelle Festplatten genannt, umfassen. Speicherplätze bestehen in Windows Server 2016 also aus virtuellen Festplatten, die Speicherpools zugewiesen sind. Die Speicherpools nutzen wiederum die zugrunde liegenden physischen Festplatten.

Speicherpools erstellen

Um Speicherpools in Windows Server 2016 zu erstellen, installieren Sie im Server-Manager die Serverrolle *Datei- und Speicherdienste*. Über die Kategorie *Datei-/Speicherdienste* stehen anschließend im Server-Manager die Verwaltungswerkzeuge für Speicherpools zur Verfügung (siehe auch Kapitel 4). Klicken Sie im Menü *Datei-/Speicherdienste/Speicherpools* auf *Aufgaben/Neuer Speicherpool*, können Sie einen neuen Speicherpool erstellen.

Kapitel 5: Datenträger und Speicherpools verwalten

Abbildung 5.15: Erstellen eines neuen Speicherpools

Im Assistenten legen Sie zunächst einen Namen und eine Beschreibung fest. Außerdem wählen Sie den Server aus, auf dem Sie einen Speicherpool erstellen wollen. Sie können Speicherpools also auch über das Netzwerk mit dem Server-Manager erstellen und verwalten, zum Beispiel von einer Arbeitsstation aus mit Windows 10. Auf der nächsten Seite wählen Sie aus, welche Festplatten Bestandteil des Pools sein sollen.

Abbildung 5.16: Auswählen der Laufwerke für einen Speicherpool

Im Feld *Zuordnung* haben Sie noch die Möglichkeit, einzelne Festplatten als *Hot-Spare* zu kennzeichnen. In diesem Fall dient die Festplatte als Reserve im Speicherpool und wird nicht verwendet. Sie können diese Einstellung aber auch auf *Automatisch* belassen, damit Windows Server 2016 selbst steuern kann, wie mit den Festplatten umgegangen wird.

Ist der Speicherpool angelegt, erstellen Sie virtuelle Festplatten, die den Speicherplatz im Speicherpool nutzen. Diese werden auch Speicherplätze (Storage Spaces) genannt.

Ein Pool kann mehrere virtuelle Festplatten bereitstellen, die sich dann den Platz im Speicherpool teilen. Virtuelle Datenträger erstellen Sie über einen Rechtsklick auf den Pool in der Speicherverwaltung. Pools sind übrigens auch in der Clusterverwaltung von Windows Server 2016 verfügbar.

Hinweis Nachdem physische Festplatten einem Pool zugewiesen sind, erscheinen sie auch nicht mehr in der Datenträgerverwaltung. Die Steuerung erfolgt komplett über den Speicherpool im Server-Manager.

Speicherplätze in Speicherpools erstellen

Klicken Sie auf einen Pool mit der rechten Maustaste, erstellen Sie mit *Neuer virtueller Datenträger* innerhalb des Pools einen neuen virtuellen Datenträger. Deren Daten verteilt Windows Server 2016 automatisch über den Speicherpool auf die verschiedenen physischen Datenträger, die Bestandteil des Pools sind.

Wenn im Speicherpool ein SSD-Laufwerk integriert ist, können Sie beim Erstellen von virtuellen Datenträgern die Option *Speicherebenen auf diesem virtuellen Datenträger erstellen* aktivieren. Windows Server 2016 speichert dann häufig verwendete Daten im Pool vor allem auf dem SSD-Laufwerk und lagert weniger verwendete Daten auf die langsamen Festplatten aus. In den nächsten Abschnitten gehen wir noch ausführlicher auf dieses Thema ein. Außerdem können Sie beim Erstellen auch die Hochverfügbarkeit für den Speicherpool festlegen.

Abbildung 5.17: Erstellen eines neuen virtuellen Datenträgers

Erstellte virtuelle Festplatten erscheinen später in der Speicherverwaltung im Server-Manager unterhalb des entsprechenden Pools. Über das Kontextmenü können Sie den virtuellen Datenträger offline nehmen oder andere Verwaltungsaufgaben durchführen. Auch eine Erweiterung des Datenträgers ist möglich. Über den Befehl *Eigenschaften* lassen sich die Zustände der Daten prüfen. Hier haben Sie die mehrere Möglichkeiten *Simple*, *Mirror* und *Parity*:

- **Simple** – Erstellt einen normalen Datenträger ohne Ausfallsicherheit. Die Daten sind auf den physischen Festplatten auf dem Server verteilt. Die Geschwindigkeit steigt dadurch, Sie sind aber nicht vor dem Ausfall eines physischen Datenträgers geschützt.
- **Mirror** – Erlaubt das Spiegeln der virtuellen Festplatte auf bis zu drei physische Festplatten, um dem Ausfall eines Datenträgers vorzubeugen. Sie benötigen dazu im Pool mindestens zwei Festplatten, um dem Ausfall eines Datenträgers vorzubeugen, oder fünf Festplatten, um dem Ausfall von zwei Datenträgern vorzubeugen.

- **Parity** – Verteilt die Daten auf Festplatten im Speicher und benötigt mindestens drei Datenträger. Diese Konfiguration wird nicht für die Verwendung in Clustern unterstützt. Sie benötigen für den Ausfall eines einzelnen Datenträgers mindestens drei physische Festplatten.

Als Nächstes bestimmen Sie den Bereitstellungstyp. Mit *Dünn* legen Sie das erwähnte Thin Provisioning fest. Das heißt, virtuelle Festplatten können mehr Speicherplatz verwenden, als durch die physischen Festplatten verfügbar ist. Geht der Speicherplatz zur Neige, erscheint eine Warnmeldung, und Administratoren können dem zugrunde liegenden Speicherpool mehr Speicherplatz zur Verfügung stellen. Bei dieser Konfiguration verwendet der Speicherplatz also immer nur den gerade notwendigen Speicher, kann aber über die Größe des maximalen Speicherplatzes hinauswachsen.

Auf diesem Weg erstellen Sie zum Beispiel eine virtuelle Festplatte mit einer Größe von 1 TB, obwohl im Speicherpool nur 600 GB zur Verfügung stehen. Steigt die Größe der virtuellen Festplatte bis zum verfügbaren Platz an, können Administratoren weitere Festplatten in den Pool integrieren.

Bei der Auswahl von *Fest* erlaubt Windows Server 2016 für die virtuelle Festplatte eine maximale Größe, die Sie auf der nächsten Seite festlegen.

Im nächsten Fenster legen Sie die Größe des virtuellen Datenträgers fest. Haben Sie auf der vorangegangenen Seite *Fest* als Bereitstellungstyp ausgewählt, können Sie im Fenster für die Größe konfigurieren, dass der virtuelle Datenträger direkt dessen maximale Größe verwendet. Dies erhöht die Geschwindigkeit, kostet aber Speicherplatz auf den physischen Datenträgern des Speicherpools.

Damit Anwender Daten auf den virtuellen Datenträger im Speicherpool speichern können, müssen Sie noch Volumes anlegen, wie bei herkömmlichen Festplatten auch. Die Volumes sind Teilabschnitte eines virtuellen Datenträgers, der wiederum einem Speicherpool zugeordnet ist. Der Speicherpool ist wiederum verschiedenen physischen Festplatten zugeordnet. Wie Sie dabei vorgehen, zeigen wir Ihnen im nächsten Abschnitt.

Abbildung 5.18: Erstellen eines virtuellen Datenträgers

Volumes auf virtuellen Datenträgern in Speicherpools erstellen

Haben Sie einen Speicherpool mit dazugehörigen virtuellen Festplatten erstellt, können Sie auf den einzelnen virtuellen Festplatten noch Volumes erstellen. Hierbei handelt es sich um die logischen Laufwerke, während sich die virtuellen Datenträger wie Laufwerke in der Datenträgerverwaltung verhalten.

Die Volumes sind schließlich die Datenträger, die auch im Explorer erscheinen und auf denen Sie Freigaben erstellen. Klicken Sie dazu im Server-Manager in der Verwaltung der Speicherpools mit der rechten Maustaste auf den entsprechenden virtuellen Datenträger und wählen Sie *Neues Volume* aus.

Im Assistenten haben Sie die Möglichkeit, die Volumes auch auf einem anderen Server im Netzwerk zu erstellen, wenn auf ihm Speicherpools und virtuelle Datenträger zur Verfügung stehen. Damit das funktioniert, müssen Sie den entsprechenden Server aber im Server-Manager über das Menü *Verwalten* hinzufügen (siehe Kapitel 3).

Abbildung 5.19: Erstellen von neuen Volumes auf virtuellen Festplatten

Zunächst wählen Sie aus, auf welchem Server und auf welchem virtuellen Datenträger Sie ein neues Volume erstellen wollen. Auf der nächsten Seite des Assistenten legen Sie fest, wie groß das neue Volume sein soll. Sie haben auch die Möglichkeit, auf einem virtuellen Datenträger in einem Speicherpool mehrere Volumes zu erstellen.

Als Nächstes legen Sie, genau wie bei normalen Laufwerken, den Laufwerkbuchstaben und das Dateisystem fest. Speicherpools, virtuelle Festplatten und damit verbundene Volumes unterstützen ebenfalls ReFS. Das Dateisystem arbeitet auch wesentlich besser mit Speicherpools zusammen als NTFS.

Haben Sie alle Eingaben vorgenommen, erstellt der Assistent das Volume. Anschließend steht es im Explorer für das Erstellen von Freigaben zur Verfügung. Volumes und virtuelle

Datenträger sehen Sie auch in der Datenträgerverwaltung. Sie können daher in der Datenträgerverwaltung Volumes löschen und verwalten. Virtuelle Datenträger verwalten Sie aber besser im Server-Manager über die Speicherpools.

Speicherpools verwalten und physische Festplatten hinzufügen

Im Server-Manager finden Sie die Speicherpools in den Datei-/Speicherdiensten. Im oberen Bereich sehen Sie die angelegten Speicherpools. Über das Kontextmenü rufen Sie die Eigenschaften auf oder erstellen neue virtuelle Datenträger. Sind im Server weitere Datenträger verfügbar, können Sie über diesen Bereich neue physische Datenträger zum Pool hinzufügen.

Sie können an dieser Stelle auch Speicherpools löschen, allerdings nur dann, wenn auf diesen keine Volumes und damit verbundene virtuelle Datenträger vorhanden sind.

In den Eigenschaften können Sie verschiedene Informationen über den Zustand des Speicherpools abrufen. Sie sehen zum Beispiel den bereits belegten Festplattenplatz, den Zustand und die Integrität. Über *Details* können Sie verschiedene Abfragen vornehmen, indem Sie die gewünschten Eigenschaften im Dropdownmenü auswählen.

Abbildung 5.20: Abrufen von Daten für einen Speicherpool

Über das Kontextmenü des Speicherpools fügen Sie auch weitere physische Festplatten hinzu. Diese müssen zwar mit dem Server verbunden, aber nicht initialisiert und nicht formatiert sein.

Virtuelle und physische Datenträger verwalten, trennen und löschen

Über das Kontextmenü von virtuellen Datenträgern können Sie diese zeitweise vom Speicherpool trennen, ohne dass Daten verloren gehen, und Sie können virtuelle Datenträger erweitern oder löschen. Auch für virtuelle Datenträger gibt es Eigenschaften, über die Sie Informationen abrufen können. Sie sehen ebenfalls, welche physischen Festplatten mit dem virtuellen Datenträger verbunden sind.

Benötigen Sie einen bestimmten physischen Datenträger nicht mehr, können Sie ihn über sein Kontextmenü entfernen. Das funktioniert allerdings nur, wenn er nicht durch einen virtuellen Datenträger in Benutzung ist.

Abbildung 5.21: Virtuelle Datenträger verwalten

Speicherpools und virtuelle Festplatten mit PowerShell verwalten

Alle Cmdlets, die in der PowerShell zur Verwaltung von Datenträgern zur Verfügung stehen, lassen Sie sich mit *Get-Command -Module Storage | Sort Noun, Verb* anzeigen. Um zum Beispiel die physischen Festplatten abzufragen, hilft der Befehl *Get-PhysicalDisk*. Die Ausgabe zeigt auch an, ob sich die Festplatte einem neuen Speicherpool zuordnen lässt. Das erkennen Sie an der Option *CanPool* über den Wert *True*.

Wer genauere Informationen will, gibt *Get-PhysicalDisk |fl* (formatierte Liste) oder *Get-PhysicalDisk |ft* (formatierte Tabelle) ein. Durch die Angabe von Spalten nach *|fl* oder *|ft* lassen sich erweiterte Informationen angeben und unwichtige ausblenden. Ein Beispiel dafür wäre:

Get-PhysicalDisk |fl FriendlyName, BusType, CanPool, Manufacturer, Healthstatus

Kapitel 5: Datenträger und Speicherpools verwalten

Dies funktioniert mit allen *Get*-Cmdlets. Mit *Get-Disk* lassen Sie sich ebenfalls alle Festplatten anzeigen. Die Partitionierung können Sie mit *Get-Disk <Nummer> | Get-Partition* einsehen.

Abbildung 5.22: Anzeigen und Abfragen der physischen Laufwerke

Um einen neuen Speicherpool zu erstellen, bietet es sich zum Beispiel an, bootfähige Festplatten in einer Variablen zu speichern. Festplatten sind dann bootfähig, wenn die Option *CanPool* auf den Wert *True* gesetzt ist. Diese Variable können Sie dann an das Cmdlet *New-StoragePool* weitergeben, um einen Speicherpool zu erstellen.

Nachdem ein Pool erstellt ist, können Sie virtuelle Laufwerke anlegen. Auch dieser Vorgang lässt sich leicht in der PowerShell durchführen. Dabei hilft das Cmdlet *New-VirtualDisk*.

In der PowerShell verwenden Sie zum Beispiel die folgenden Aufrufe:

$disks= (Get-PhysicalDisk -CanPool $True

New-StoragePool -PhysicalDisks $disks -StorageSubSystemFriendlyName *Pool1* -FriendlyName "Daten2"

New-VirtualDisk -StoragePoolFriendlyName "Daten" -ResiliencySettingName Mirror -Size 2TB -ProvisioningType Thin -FriendlyName "Dokumente"

Um keine Thin Provisioning-Festplatte zu erstellen, sondern eine mit fester Größe, verwenden Sie den folgenden Aufruf:

New-VirtualDisk -StoragePoolFriendlyName <Name> -FriendlyName <Name> -Size (<Größe>) -ProvisioningType Fixed

Um die Ausfallsicherheit zu steuern, können Sie ebenfalls die PowerShell verwenden, zum Beispiel mit

New-VirtualDisk -FriendlyName <Name> -Size (<Größe>) -ResiliencySettingsName Mirror

Das Cmdlet *Get-VirtualDisk* zeigt virtuelle Festplatten an, *Initialize-Disk -DiskNumber <Nummer>* initialisiert Festplatten in der PowerShell. *New-Partition -DiskNumber <Nummer> -UseMaximumSize -AssignDriveLetter* erstellt eine neue Partition, auch auf virtuellen

Festplatten. Um eine neue Partition zu formatieren, verwenden Sie zum Beispiel den Befehl *Format-Volume -DriveLetter <Buchstabe> -FileSystem NTFS*.

Sie können in der PowerShell aber nicht nur Speicherpools, virtuelle Festplatten und Partitionen erstellen, sondern diese Bereiche auch verwalten und erweitern. Um zum Beispiel die Ausfallsicherheit der verschiedenen virtuellen Festplatten anzuzeigen, verwenden Sie das Cmdlet *Get-ResiliencySetting*.

- *Add-PhysicalDisk -StoragePoolFriendlyName <Speicherpool>* fügt eine neue Festplatte hinzu.
- *Remove-VirtualDisk* löscht virtuelle Festplatten.
- *Remove-StoragePool* löscht einen kompletten Speicherpool.
- *Repair-VirtualDisk* kann Speicherpools reparieren.

Sie können neue Festplatten auch direkt als Hot-Spare zu einem Speicherpool hinzufügen:

Add-PhysicalDisk -StoragePoolFriendlyName <Name> -PhysicalDisks (Get-PhysicalDisk -FriendlyName <Name>) -Usage Hot-Spare

Um zum Beispiel eine physische Festplatte zu entfernen, verwenden Sie folgende Befehle:

Set-PhysicalDisk -FriendlyName <Name> -Usage Retired

Get-PhysicalDisk -FriendlyName <Name> | Get-VirtualDisk | Repair-VirtualDisk

Hinweis	Achten Sie darauf, dass beim Entfernen einer physischen Festplatte noch genügend Speicherplatz im Pool zur Verfügung steht.

Storages Spaces mit SSD-/NVMe-Festplatten erstellen

Wenn im Speicherpool SSD- oder NVMe-Platten integriert sind, aktivieren Sie beim Erstellen von virtuellen Datenträgern die Option *Speicherebenen auf diesem virtuellen Datenträger erstellen*. Diese Option ist aber nur dann verfügbar, wenn im Speicherpool verschiedene Datenträgertechniken zum Einsatz kommen, also SSD/NVMe und HDD.

Windows Server 2016 speichert häufig verwendete Daten im Pool vor allem auf SSD-/NVMe-Platten und lagert weniger verwendete Daten auf die langsamen Platten aus. Bei diesem Vorgang fasst Windows Server 2016 die Datenträger in getrennten Speicherebenen, auch Tiers genannt, zusammen. Neben der Möglichkeit, die Datenspeicherung zu automatisieren, können Sie auch selbst festlegen, welche Daten auf eine SSD gespeichert werden sollen.

Im Rahmen der Einrichtung der neuen virtuellen Festplatte können Sie auch festlegen, wie groß die schnelle Ebene (SSD) und wie groß die Standardebene (HDD) sein soll. Hier haben Sie des Weiteren die Möglichkeit, den kompletten Speicherplatz der physischen Festplatten zu verwenden.

SSD und HDD in der PowerShell korrekt konfigurieren

In manchen Umgebungen werden SSD und HDD nicht korrekt erkannt. Das ist zum Beispiel auch der Fall, wenn Sie die Konfiguration mit virtuellen Festplatten unter Hyper-V oder VMware vSphere/ESXi testen wollen. Ist das bei Ihnen der Fall, können Sie dies in der

Kapitel 5: Datenträger und Speicherpools verwalten

PowerShell überprüfen und gleich korrigieren. Dazu nutzen Sie das Cmdlet *Get-PhysicalDisk*. Ausführliche Informationen lassen Sie sich mit *Get-PhysicalDisk |fl* oder *Get-PhysicalDisk |ft* anzeigen.

Wenn Sie SSD-Festplatten in den Pool integrieren, achten Sie darauf, dass sie auch als SSD erkannt werden. Sie sehen das im Assistenten zum Erstellen von Pools bei *Medientyp*. Wird hier *Unbekannt, Unspecified* angezeigt oder ein anderer fehlerhafter Wert, lassen sich die neuen Funktionen in Windows Server 2016 nicht verwenden. Sie sollten daher vor der Erstellung des Speicherpools zunächst den Medientyp der Festplatten überprüfen. Dazu verwenden Sie den folgenden Aufruf:

Get-PhysicalDisk |fl FriendlyName, MediaType

Hier sehen Sie jetzt, für welche Festplatte der Medientyp »SSD« festgelegt ist.

Mit dem Cmdlet *Set-PhysicalDisk* können Sie den Wert für *MediaType* auf *HDD* oder *SSD* anpassen. Die nicht spezifizierten Festplatten lassen sich auch mit dem folgenden Aufruf anzeigen:

Get-PhysicalDisk | ? MediaType -eq "Unspecified"

Das Ergebnis können Sie anschließend folgendermaßen anpassen:

Set-PhysicalDisk -MediaType HDD/SSD

Außerdem können Sie das Ergebnis des ersten Befehls an den zweiten Befehl übergeben und sich danach gleich das Ergebnis anzeigen lassen:

Get-PhysicalDisk | ? MediaType -eq "Unspecified" | Set-PhysicalDisk -MediaType HDD

Get-PhysicalDisk |fl FriendlyName, MediaType

Die Einstellungen lassen sich aber auch nachträglich vornehmen, wenn Sie den Speicherpool erstellt haben. In diesem Fall erstellen Sie den Pool am einfachsten in der PowerShell. Dazu lassen Sie sich zunächst alle Festplatten anzeigen, die sich zu einem Pool zusammenfassen lassen:

Get-PhysicalDisk | Where-Object {$_.CanPool -eq $True }

Passt die Auflistung dieser Festplatten, dann speichern Sie sie in einer Variablen:

$pool = Get-PhysicalDisk | Where-Object {$_.CanPool -eq $True }

Danach erstellen Sie auf Basis der Variablen einen neuen Speicherpool:

New-StoragePool -StorageSubSystemFriendlyName *Spaces* -FriendlyName Pool -PhysicalDisks $pool

Nach einigen Sekunden wird der Status des Pools angezeigt und Sie können zur Konfiguration der Storage Tiers übergehen. Wir setzen in diesem Beispiel voraus, dass es sich bei den Festplatten 1 bis 3 um SSDs handelt und bei den Festplatten 4 bis 6 um langsamere HDDs. Diese Konfiguration können Sie auch auf virtuellen Servern sehr einfach mit sechs virtuellen Festplatten nutzen. So können Sie die Konfiguration der Möglichkeiten schon im Vorfeld testen. Zunächst weisen Sie den Festplatten über die PowerShell den entsprechenden Medientyp zu:

Set-PhysicalDisk PhysicalDisk1 -MediaType SSD

Set-PhysicalDisk PhysicalDisk2 -MediaType SSD

Set-PhysicalDisk PhysicalDisk3 -MediaType SSD

Set-PhysicalDisk PhysicalDisk4 -MediaType HDD

Set-PhysicalDisk PhysicalDisk5 -MediaType HDD

Set-PhysicalDisk PhysicalDisk6 -MediaType HDD

Anschließend können Sie mit *Get-PhysicalDisk |fl FriendlyName, MediaType* die Zuordnung überprüfen.

Storage Tier für SSD und HDD erstellen

Nachdem Sie den Medientyp der einzelnen Festplatten gesetzt haben, können Sie in der PowerShell einen Storage Tier für SSD und einen Storage Tier für HDD erstellen. Die Befehle dazu lauten wie folgt:

New-StorageTier -StoragePoolFriendlyName Pool -FriendlyName SSD-Storage -MediaType SSD

New-StorageTier -StoragePoolFriendlyName Pool -FriendlyName HDD-Storage -MediaType HDD

Die Umsetzung können Sie mit dem folgenden Befehl testen:

Get-StoragePool -FriendlyName Pool | Get-StorageTier

Erstellen Sie jetzt im Assistenten zum Erstellen von neuen virtuellen Festplatten (Storage Spaces) im Speicherpool eine neue virtuelle Festplatte, können Sie die Berücksichtigung der Storage Tiers aktivieren. Sie können auch festlegen, dass bestimmte Dateien automatisch einem der erstellten Storage Tiers zugewiesen werden. Dazu speichern Sie den entsprechenden Storage Tier zunächst in einer Variablen:

$Storage = Get-StorageTier -FriendlyName "SSD-Storage"

Im Anschluss können Sie die Dateien bestimmen, die immer auf dem schnellen Storage Tier gespeichert werden:

Set-FileStorageTier -FilePath "<Verzeichnis und Dateiname>" -DesiredStorageTier $Storage

Wollen Sie die Konfiguration wieder ändern, können Sie die Zuweisung der Datei wieder löschen:

Clear-FileStorageTier -FilePath "<Verzeichnis und Dateiname>"

Um die Konfiguration anzuzeigen, verwenden Sie das Cmdlet *Get-FileStorageTier*. Um virtuelle Festplatten (Storage Spaces) im Speicherpool zu erstellen, verwenden Sie:

New-VirtualDisk -StoragePoolFriendlyName <Name> -FriendlyName <Name> -Size (<Größe>) -ProvisioningType Fixed

Um die Ausfallsicherheit zu steuern, können Sie ebenfalls die PowerShell verwenden, zum Beispiel mit

New-VirtualDisk -FriendlyName <Name> -Size (<Größe>) -ResiliencySettingsName Mirror

Get-VirtualDisk zeigt virtuelle Festplatten an, *Initialize-Disk -DiskNumber <Nummer>* initialisiert Festplatten in der PowerShell. *New-Partition -DiskNumber <Nummer> -UseMaximumSize -AssignDriveLetter* erstellt eine neue Partition, auch auf virtuellen Festplatten. Um eine neue Partition zu formatieren, verwenden Sie zum Beispiel den Befehl *Format-Volume -DriveLetter <Buchstabe> -FileSystem NTFS*.

Sie können in der PowerShell aber nicht nur Speicherpools, virtuelle Festplatten und Partitionen erstellen, sondern diese Bereiche auch verwalten und erweitern. Um zum Beispiel die Ausfallsicherheit der verschiedenen virtuellen Festplatten anzuzeigen, verwenden Sie das Cmdlet *Get-ResiliencySetting*.

Kapitel 5: Datenträger und Speicherpools verwalten

Schattenkopien verwenden

Eine wichtige Funktionalität zur Datensicherung von Windows Server 2016 sind die Schattenkopien. Diese stehen aber nur in NTFS zur Verfügung. Auf ReFS-Laufwerken können Sie keine Schattenkopien konfigurieren.

Benutzer können wieder auf frühere Versionen von Dateien zurückgreifen, indem sie sie aus einer Schattenkopie wiederherstellen. Schattenkopien werden bei den Eigenschaften von Datenträgern auf der Registerkarte *Schattenkopien* in den Eigenschaften von Datenträgern konfiguriert. Sie können die Datenträger auswählen, für die Schattenkopien erzeugt werden sollen.

Abbildung 5.23: Aktivieren von Schattenkopien für einen Datenträger

Bei der Nutzung von Schattenkopien müssen Sie berücksichtigen, dass dafür einiges an Speicherplatz erforderlich ist, da alle Änderungen gespeichert werden müssen.

Wenn Sie zusätzliche Datenträger einbauen, müssen Sie die Schattenkopien zunächst manuell konfigurieren. Bei den Eigenschaften der Schattenkopien können Sie zudem ein Limit für den maximal dadurch belegten Platz auf dem Datenträger definieren. Darüber hinaus können Sie einen Zeitplan für die Erstellung von Schattenkopien erstellen. Sie können diese manuell jederzeit über die Schaltfläche *Jetzt erstellen* erzeugen.

Schattenkopien verwenden

Abbildung 5.24: Konfigurieren der Schattenkopien

Je nach Berechtigungsstruktur kann jeder Benutzer selbst seine Dateien wiederherstellen. Bevor Sie Schattenkopien einführen, sollten Sie sich Gedanken über die folgenden Punkte machen:

- Schattenkopien werden immer für komplette Laufwerke erstellt. Komprimierte und verschlüsselte Dateien werden ebenfalls gesichert. Damit Sie Schattenkopien verwenden können, muss der Datenträger mit NTFS formatiert sein.

- Wenn Sie Schattenkopien für ein Laufwerk aktivieren, werden standardmäßig 10 % des Datenträgers reserviert (auf der Registerkarte *Einstellungen* änderbar). Sind diese 10 % belegt, werden die ältesten Versionen der gesicherten Dateien automatisch überschrieben.

- Während einer Sicherung reagiert die entsprechende Platte aufgrund von Schreibvorgängen eventuell etwas langsamer.

- Passen Sie den Zeitplan für die Erstellung der Schattenkopien Ihren Bedürfnissen an. Standardmäßig erstellt Windows Server 2016 an jedem Wochentag (Montag bis Freitag) um 07.00 Uhr und um 12.00 Uhr eine Schattenkopie. Je häufiger Schattenkopien erstellt werden, umso mehr Versionen der Dateien stehen folglich zur Verfügung und können von deren Benutzern oder Administratoren wiederhergestellt werden. Maximal können 64 Schattenkopien eines Datenträgers hergestellt werden. Mit steigender Anzahl von Schattenkopien steigt auch der Speicherplatzbedarf.

Virtuelle Festplatten erstellen und verwalten

Windows Server 2016 kann *.vhd(x)*-Dateien direkt in das Betriebssystem einbinden und wie normale Laufwerke nutzen, auch außerhalb von Speicherpools.

Virtuelle Festplatten in der Datenträgerverwaltung erstellen

Die Steuerung dieser virtuellen Festplatten finden Sie in der Datenträgerverwaltung über das Menü *Aktion*.

Abbildung 5.25: Verwalten von virtuellen Festplatten

Klicken Sie auf den Menübefehl *Virtuelle Festplatte erstellen*, um den Assistenten zu starten. Wie Hyper-V beherrscht auch Windows Server 2016 das *.vhdx*-Format für virtuelle Festplatten. Diese Datenträger sind unempfindlicher gegenüber Abstürzen des Hostsystems und unterstützen eine Größe von bis zu 64 TB.

Abbildung 5.26: Erstellen einer neuen virtuellen Festplatte

Im Assistenten legen Sie fest, wo Sie die .*vhdx*-Datei der Festplatte speichern wollen und wie groß die Festplatte sein soll. An dieser Stelle bestimmen Sie auch, ob die Festplatte anwachsen darf oder ob eine feste Größe zugewiesen sein soll.

Wählen Sie den Befehl *Virtuelle Festplatte anfügen* aus, können Sie bereits bestehende Datenträger an den Computer anbinden. Dies funktioniert auch, wenn Sie auf eine .*vhd(x)*-Datei doppelklicken.

Nachdem Sie die virtuelle Festplatte erstellt haben, zeigt Windows sie in der Datenträgerverwaltung an und Sie können sie wie jede andere auch verwalten.

Tipp   Mit dem kostenlosen Tool Disk2vhd von Microsoft-Sysinternals (*http://tinyurl.com/ jc9t4sz*) können Sie über eine grafische Oberfläche mit einem Klick ein Image von physischen Festplatten in eine .*vhd(x)*-Datei erstellen.

Bei der Verwendung gibt es keine Unterschiede zu physischen Datenträgern, aber alle Daten der Festplatte liegen in der Datei. Nachdem Sie den Datenträger angelegt haben, müssen Sie ihn, wie jeden anderen Datenträger auch, initialisieren und formatieren. Klicken Sie dazu nach dem Anlegen der Festplatte mit der rechten Maustaste auf den freien Speicherplatz. Über das Kontextmenü des virtuellen Datenträgers können Sie ihn zeitweise offline schalten, also für die Verwendung deaktivieren, oder Sie können den Datenträger wieder vom System entfernen.

Virtuelle Festplatten konvertieren und mit der PowerShell verwalten

Haben Sie noch .*vhd*-Dateien im Einsatz, können Sie sie in .*vhdx*-Dateien umwandeln. Sie können zum Konvertieren den Hyper-V-Manager oder das Cmdlet *Convert-VHD* nutzen. Im Hyper-V-Manager (siehe die Kapitel 7, 8 und 9) rufen Sie mit dem Link *Datenträger bearbeiten* den entsprechenden Assistenten auf. Laden Sie die .*vhd*-Datei, können Sie im Assistenten bequem die Konvertierung durchführen. Dazu wählen Sie die Aktion *Konvertieren* aus.

Auf dem gleichen Weg konvertieren Sie auch von .*vhdx*-Dateien zum .*vhd*-Format. Im Rahmen der Umwandlung wählen Sie das Datenträgerformat aus und können zwischen dem Typ der Festplatten, also feste Größe oder dynamisch erweiterbar, wechseln.

Das Cmdlet *Convert-VHD* steht auch zur Verfügung, wenn Sie Hyper-V in Windows 10 installiert haben, also nicht nur in den Server-Betriebssystemen. Vorteil des Cmdlets ist die Möglichkeit, nicht nur .*vhd*-Dateien in .*vhdx*-Dateien umwandeln zu können, sondern auch den umgekehrten Weg zu gehen. Das heißt, Sie können von den Vorteilen des neuen Formats profitieren und im Notfall wieder zurückkonvertieren, wenn eine virtuelle Festplatte an ein anderes System angebunden werden muss. Die Syntax des Befehls ist sehr einfach:

Convert-VHD -Path <Pfad zur .vhd(x)-Datei> -DestinationPath <Pfad zur Zieldatei>

Eine weitere Option ist die Möglichkeit, den Typ der Festplatte zu ändern, zum Beispiel mit:

Convert-VHD -Path <Pfad der .vhd/.vhdx-Datei> -DestinationPath <Zielpfad und Datei> -VHDType Differencing -ParentPath <Übergeordnete Festplatte>

Ein weiteres Beispiel ist:

Convert-VHD -Path hd1.vhd -DestinationPath hd1.vhdx -VHDType Dynamic

Neben der Möglichkeit, das Format von Festplatten in der PowerShell umzuwandeln, können Sie auch die Größe von Festplatten in der PowerShell anpassen. Dabei hilft das Cmdlet *Resize-VHD*, zum Beispiel:

Resize-VHD -Path c:\vm\owa.vhdx -SizeBytes 1TB

Neben diesen Spezialaufgaben können Sie einfach mit *New-VHD* neue Festplatten erstellen und mit *Get-VHD* Informationen zu den Festplatten anzeigen. Virtuelle Festplatten lassen sich in der PowerShell auch direkt mit virtuellen Servern verbinden:

Add-VMHardDiskDrive -VMName <VM> -Path <.vhdx-Datei>

Natürlich können Sie virtuelle Festplatten auch direkt am Host anbinden, um beispielsweise Daten auf die virtuelle Platte zu kopieren und diese erst dann an den virtuellen Server anzubinden: *Mount-VHD <.vhd-Datei>*. Mit dem Cmdlet *Unmount-VHD* trennen Sie die virtuelle Platte wieder vom System.

.vhd-Dateien in den Boot-Manager einbinden

Sie können *.vhd(x)*-Dateien bootfähig machen. Stellen Sie sicher, dass sich die *.vhd(x)*-Datei direkt im Stammordner von C: befindet. Haben Sie bereits eine *.vhd(x)*-Datei mit einem installierten Betriebssystem vorliegen, binden Sie sie über die Eingabeaufforderung in den Boot-Manager ein.

Das funktioniert auch für Windows 10. Öffnen Sie eine Eingabeaufforderung mit Administratorrechten und geben Sie folgende Befehle ein:

Diskpart

Select vdisk file=c:\win.vhd

attach vdisk

Zur Anbindung an das Bootmenü verwenden Sie das Verwaltungstool Bcdedit, das Sie über die Eingabeaufforderung aufrufen. Bevor Sie jedoch Änderungen am Bootspeicher vornehmen, sollten Sie ihn über die Option */Export* sichern, zum Beispiel mit dem Befehl

Bcdedit /Export c:\Backup-Bootmgr

Anschließend können Sie den Bootspeicher bearbeiten:

Der erste Befehl kopiert dazu den Eintrag einer bestehenden Installation und fügt dem Boot-Manager einen neuen Eintrag hinzu:

Bcdedit /Copy {Current} /d "Booten von VHD"

Diesen neuen Eintrag bearbeiten Sie als Nächstes. Als Bezeichner-ID verwenden Sie die Daten, die der erste Befehl ausgibt, also die ID des neuen Eintrags im Boot-Manager. Öffnen Sie oben links in der Titelleiste der Eingabeaufforderung das Systemmenü, können Sie mit *Bearbeiten/Markieren* die GUID des Eintrags in die Zwischenablage kopieren, inklusive der geschweiften Klammern. Markieren Sie dazu den Eintrag und drücken Sie die ⏎-Taste.

Virtuelle Festplatten erstellen und verwalten

Im Anschluss verbinden Sie den neuen Eintrag im Boot-Manager mit der vorhandenen .vhd(x)-Datei:

Bcdedit /Set <Bezeichner-ID> OSDevice VHD=[C:]\<Datei>.vhd

Bcdedit /Set <Bezeichner-ID> Device VHD=[C:]\< Datei>.vhd

Starten Sie den Computer, sehen Sie den neuen Eintrag im Bootmenü. Dieser Eintrag bootet dann von der virtuellen Festplatte. Wie Sie die Reihenfolge anpassen, sehen Sie in Kapitel 2 und 3. Über Msconfig können Sie den Eintrag bearbeiten.

iSCSI-Ziele über virtuelle Festplatten zur Verfügung stellen

Windows Server 2016 kann virtuelle Festplatten als iSCSI-Ziel im Netzwerk zur Verfügung stellen. Dazu müssen Sie über den Server-Manager mit *Verwalten/Rollen und Features hinzufügen* den Rollendienst *iSCSI-Zielserver* über *Datei- und Speicherdienste/Datei- und iSCSI-Dienste* installieren.

Nach der Installation des Rollendiensts können Sie über den Server-Manager und der Auswahl von *Datei-/Speicherdienste/iSCSI* virtuelle Festplatten erstellen, die als iSCSI-Ziel im Netzwerk konfiguriert werden können.

Abbildung 5.27: Erstellen von virtuellen iSCSI-Datenträgern

Sie können über den Assistenten auch auf anderen Servern im Netzwerk virtuelle iSCSI-Ziele erstellen. Damit das funktioniert, muss auf dem entsprechenden Server der Rollendienst *iSCSI-Zielserver* installiert sein.

Kapitel 5: Datenträger und Speicherpools verwalten

Im Rahmen der Einrichtung legen Sie die Größe und den Speicherort der *.vhd(x)*-Datei fest, die als iSCSI-Ziel dienen soll. Die Größe der virtuellen Festplatte können Sie beim Erstellen genauso festlegen wie bei normalen *.vhdx*-Festplatten. Hier stehen zusätzlich die Optionen *Feste Größe*, *Dynamisch erweiterbar* und *Differenzierend* zur Verfügung. Mehrere virtuelle Festplatten auf Basis von *.vhdx*-Dateien können ein gemeinsames iSCSI-Ziel bereitstellen. Verbindet sich ein Server mit diesem Ziel, kann er alle virtuellen Festplatten in diesem Ziel nutzen.

Außerdem können Sie über den Assistenten steuern, welche Server im Netzwerk auf das iSCSI-Ziel zugreifen dürfen. Hier können Sie entweder die Server auswählen, die bereits auf ein iSCSI-Ziel des Servers zugegriffen haben, oder Sie legen die Computerkonten fest, wenn die zugreifenden Server Mitglied des gleichen Active Directorys sind. Auf diesem Weg stellen Sie die virtuellen Festplatten eines iSCSI-Zieles nur bestimmten Servern zur Verfügung.

Mit einem iSCSI-Ziel können Sie auch mehrere virtuelle iSCSI-Festplatten zur Verfügung stellen. Nachdem Sie die virtuellen Festplatten erstellt haben, können Sie über das Kontextmenü die Einstellungen ändern.

Abbildung 5.28: Verwalten virtueller iSCSI-Datenträger

iSCSI-Ziele sicher zur Verfügung stellen

Mit dem iSCSI-Initiator greifen Sie in Windows auf iSCSI-Datenträger im Netzwerk zu, das gilt auch dann, wenn die iSCSI-Ziele auf Servern mit Windows Server 2016 bereitgestellt werden. Anwender oder Angreifer können ebenso Verbindungen zu nicht erlaubten Zielen aufbauen. Dies sollten Sie generell und ebenso wie versehentliche Zugriffe auf iSCSI-Ziele verhindern.

Es gibt mehrere Dinge, die Sie tun können, um den unberechtigten Zugang auf ein iSCSI-Volume zu verhindern. Dies gilt vor allem dann, wenn Sie ein iSCSI-Ziel auch als Cluster Shared Volume (CSV) einsetzen. Als Erstes sollten Sie sicherzustellen, dass die Sicherheitseinstellungen für die iSCSI-Ziele aktiviert sind. Wenn Sie ein Windows Server-basiertes iSCSI-Ziel einsetzen, bietet Microsoft vor allem zwei Optionen für die Verbesserung der Sicherheit: CHAP (Challenge Handshake Authentication Protocol) oder Reverse-CHAP. Microsoft empfiehlt die Verwendung von CHAP. Bei CHAP werden Verbindungen von iSCSI-Initiatoren zum iSCSI-Ziel authentifiziert. Reverse-CHAP wiederum authentifiziert das iSCSI-Ziel über den iSCSI-Initiator.

Die dazu notwendige Konfiguration nehmen Sie im Assistenten zum Erstellen von iSCSI-Zielen vor. Die jeweiligen Einstellungen können Sie aber jederzeit anpassen.

Sie können auch die Namen der iSCSI-Initiatoren auf den iSCSI-Zielen festlegen. So lassen sich Einstellungen vornehmen, in denen iSCSI-Zugriffe nur von den Servern aus erlaubt sind, die auf dem Server eingetragen sind. Zusätzlich sollen Sie den Namen der Initiator-IDs anpassen. Auf Windows-Servern folgen die Initiatoren immer einer standardmäßigen Namenskonvention, die auf dem vollqualifizierten Domänennamen des Servers basiert. Durch das Anpassen der Initiatornamen können Sie ihn weniger vorhersehbar machen und verhindern, dass unerlaubte Verbindungen aufgebaut werden können.

Eine weitere Einstellung, die Sie vornehmen können, um zum Beispiel ein iSCSI Cluster Shared Volume zu sichern, ist die Aktivierung von IPsec-Tunneling. IPsec-Tunneling kann zwar nicht verhindern, dass Angreifer Verbindungen zum iSCSI-Ziel herstellen. Allerdings stellt die Einstellung sicher, dass die Daten der anderen Verbindungen sicher davor sind, unerlaubt von Anwendern ausgelesen zu werden.

Einer der wichtigsten Schritte, die Sie ergreifen können, um iSCSI-Ziele zu sichern, ist eine optimale Sicherheit für das Zielvolume. Sie sollten es nicht ermöglichen, dass Anwender, Administratoren oder Computer ohne Authentifizierung Zugriff auf iSCSI-Ziele erhalten.

Verwenden Sie zusätzlich NTFS-Berechtigungen für den Zugriff auf die Ressourcen innerhalb der Ziele. Sie erreichen dadurch eine doppelte Sicherheit. Eingehende unerlaubte Verbindungen lassen sich unterbinden, aber zusätzlich gibt es im Hintergrund mehr Sicherheit beim Zugriff auf die Daten, wenn eine Verbindung hergestellt wurde. Auf diese Weise verhindern Sie, dass Angreifer eine Verbindung aufbauen. Gelingt der Verbindungsaufbau dennoch, können Sie den Datenzugriff des Angreifers verhindern und gleichzeitig den erlaubten Datenverkehr absichern. In den nächsten Abschnitten zeigen wir Ihnen diese Vorgehensweise in der Praxis.

iSCSI-Festplatten verbinden

In Windows Server 2016 können Sie über den iSCSI-Initiator virtuelle iSCSI-Festplatten von anderen Servern mit Windows Server 2016 verbinden, aber auch iSCSI-Ziele von anderen NAS-Systemen. Dazu gehen Sie folgendermaßen vor:

Tippen Sie »iscsi« im Suchfeld des Startbildschirms ein und starten Sie das Tool. Beim ersten Aufruf dieser Software müssen Sie den Start des entsprechenden Diensts zunächst bestätigen und die Blockierung aufheben. Anschließend können Sie den Dienst über mehrere Registerkarten konfigurieren. Gehen Sie zur Anbindung folgendermaßen vor:

1. Wechseln Sie zur Registerkarte *Suche*.
2. Klicken Sie auf *Portal ermitteln* und geben Sie die IP-Adresse oder den Namen des NAS-Servers ein.
3. Wechseln Sie zur Registerkarte *Ziele*. Hier zeigt Windows die erstellten Laufwerke an. Sie sehen hier auch bei Windows Server 2016-iSCSI-Zielen die erstellten Targets.
4. Klicken Sie auf die Schaltfläche *Verbinden*. Damit baut der Server eine Verbindung mit dem Gerät auf. Bisher ist das Gerät nur verfügbar, aber noch nicht mit dem Computer verbunden.
5. Aktivieren Sie das Kontrollkästchen *Diese Verbindung der Liste der bevorzugten Ziele hinzufügen*. Diese Option muss für alle Laufwerke separat eingestellt sein.
6. Bestätigen Sie alle Fenster mit *OK*.

7. Wenn Sie einen Cluster mit iSCSI erstellen, verbinden Sie das Target auch auf dem zweiten Server und allen weiteren Clusterknoten, auf denen Sie einen Cluster installieren wollen.

Mit *Multipfad aktivieren* können Sie festlegen, dass Windows Server 2016 auch alternative Netzwerkwege zwischen Server und NAS-System verwendet. Das ist zum Beispiel bei der Ausfallsicherheit wichtig oder wenn Sie das Ziel auf einem Windows-Cluster einsetzen. Sind im Unternehmen mehrere Server mit Windows Server 2016 im Einsatz, tauschen diese Daten über das Netzwerk mit der Multichannel-Funktion aus. Mit der Funktion lassen sich von einem Server auf eine Freigabe mehrere parallele Zugriffe durchführen. Dies beschleunigt den Datenverkehr und sichert ihn gegen Ausfall eines einzelnen SMB-Kanals ab. Der Vorteil liegt darin, dass Serverdienste Daten zusätzlich auf Servern speichern können, nicht nur auf der eigenen Festplatte. Ein sinnvoller Einsatz dazu ist in Umgebungen mit Hyper-V-Hosts, die auf Windows Server 2016 aufbauen. Dazu ist weder die Installation eines Rollendiensts noch eine Konfiguration erforderlich. Diesen beschleunigten Zugriff bietet Windows Server 2016 automatisch.

Tipp	Für die Anbindung an iSCSI-Ziele steht auch auf Core-Servern eine grafische Oberfläche zur Verfügung. Diese starten Sie durch Eingabe des Befehls *Iscsicpl*. Für die Anbindung von Core-Servern an iSCSI-Ziele steht ebenso der Befehl *Iscsicli* zur Verfügung. Über *Iscsicli /?* erhalten Sie eine ausführliche Hilfe zum Befehl.

Nachdem Sie Targets verbunden haben, stehen in der Datenträgerverwaltung die mit diesem iSCSI-Ziel verbundenen Laufwerke zur Verfügung. Das funktioniert auf diesem Weg auch mit iSCSI-Zielen, die als virtuelle Festplatten auf Servern mit Windows Server 2016 erstellt wurden.

Beim Einsatz auf Clustern müssen Sie zur Einrichtung weitere Punkte beachten. Nachdem die Laufwerke mit dem ersten Serverknoten verbunden wurden, müssen sie über die Festplattenverwaltung online geschaltet, initialisiert, partitioniert und formatiert werden.

Belassen Sie die Datenträger als *Basis*, eine Umwandlung in dynamische Datenträger wird für den Einsatz im Cluster nicht empfohlen. Da die Datenträger aber bereits auf dem ersten Knoten initialisiert und formatiert wurden, müssen Sie diesen Schritt auf dem zweiten nicht wiederholen. Auf dem zweiten Knoten reicht das Onlineschalten und das Ändern der Laufwerkbuchstaben, die mit dem ersten Knoten übereinstimmen müssen.

Die Datenträgerverwaltung starten Sie durch Eingabe von *Diskmgmt.msc* im Startmenü von Windows Server 2016. Über das Kontextmenü setzen Sie die iSCSI-Targets online, dann initialisieren Sie die Targets und schließlich erstellen Sie ein Volume und formatieren es mit NTFS.

Datendeduplizierung einrichten

Administratoren kennen das Problem: Die Festplatte im Rechner macht Geräusche, der Server stürzt regelmäßig ab und unter Umständen lassen sich einige Daten nicht mehr lesen. Ein solches Problem rührt häufig von einer defekten Festplatte her. Aber auch wenn mit dem Datenträger alles in Ordnung ist, schadet es nicht, ab und zu die Festplatten im Computer zu testen. Festplatten verabschieden sich selten von einer Sekunde zur nächsten. Oft ist es ein schleichender Prozess. Erkennen Sie Probleme rechtzeitig, können Sie zumindest Ihre Daten retten und vielleicht sogar Windows auf eine neue Festplatte umziehen. In Windows Server 2016 hat Microsoft die Leistung dieser Funktion verbessert. Vor allem beim Betrieb virtueller Desktopinfrastrukturen lässt sich dadurch deutlich Speicherplatz sparen, da virtuelle Windows-Betriebssysteme zahlreiche identische Dateien verwenden. Die Datendeduplizierung kann jetzt mehrere Threads parallel nutzen und deutlich größere Datenträger bearbeiten. Außerdem ist die Technologie kompatibel mit physischen Datenträgern, aber auch mit virtuellen Festplatten.

Einstieg in die Deduplizierung

Bei der Datendeduplizierung in Windows Server 2016 handelt es sich um eine Funktion, die doppelte Dateien auf den Dateiservern findet. Mit diesem Rollendienst in Windows Server 2016 erkennen Dateiserver doppelt gespeicherte Dateien in den Freigaben und können sie bereinigen.

Auf diese Weise lässt sich die Datenmenge auf den Festplatten und Sicherungsmedien sowie die Dauer der Datensicherung teilweise deutlich reduzieren. Die Datendeduplizierung-Funktion untersucht die angeschlossenen Festplatten regelmäßig und zeigt die Deduplizierungsrate im Server-Manager auch an.

Installieren Sie den Rollendienst *Datendeduplizierung* über *Datei-/Speicherdienste/Datei- und iSCSI-Dienste*, integriert der Installations-Assistent auch ein Befehlszeilentool, mit dem Sie die doppelten Dateien suchen können, um abzuschätzen, ob der Rollendienst auf Ihren Dateiservern sinnvoll einsetzbar ist. Das Tool Ddpeval befindet sich im Ordner *\Windows\System32*. Ddpeval unterstützt lokale Laufwerke und Netzwerkfreigaben; die Syntax des Tools lautet *Ddpeval <Volume:>*. Beispiele für die Ausführung sind *Ddpeval e:* oder *Ddpeval \\nas\daten*. Erst wenn das Tool doppelte Daten findet, ist es sinnvoll, die Datendeduplizierung zu verwenden. Das Tool selbst bereinigt keinerlei Dateien, sondern gibt nur an, ob die Datendeduplizierung auf dem Server sinnvoll ist.

Anschließend aktivieren Sie die Datendeduplizierung auf dem entsprechenden Server. Sie können dazu entweder den Server-Manager verwenden und die Datendeduplizierung als Rollendienst installieren, oder Sie verwenden die PowerShell und das folgende Cmdlet:

Install-WindowsFeature -Name FS-Data-Deduplication

Mit dem Cmdlet *Enable-DedupVolume <Laufwerk>* aktivieren Sie die Funktion auf einem Server. Konfigurieren können Sie die Funktion mit

Set-DedupVolume <Laufwerk> MinimumFileAgeDays <Alter>

Hinweis Sie können Ddpeval nur für Laufwerke verwenden, für die Sie die Datendeduplizierung nicht aktiviert haben. Auch für System- oder Startvolumes können Sie das Tool nicht nutzen.

Die Verwaltung der Funktion nehmen Sie auch im Server-Manager vor. Dazu klicken Sie auf *Datei-/Speicherdienste* und dann mit der rechten Maustaste auf das Volume, für das Sie die Funktion aktivieren wollen. Nach der Auswahl von *Datendeduplizierung konfigurieren* richten Sie anschließend die Funktion über einen Assistenten ein. Für den Systemdatenträger können Sie die Datendeduplizierung nicht verwenden.

Die Datendeduplizierung ist auch in Speicherpools und virtuellen Festplatten möglich. Haben Sie den Rollendienst installiert, erscheint beim Anlegen neuer Volumes ein Fenster, über das Sie die Funktion für das entsprechende Volume aktivieren können. Es spielt keine Rolle, ob Sie mit der Datendeduplizierung Daten auf normalen Volumes oder virtuellen Datenträgern in Speicherpools suchen.

Datendeduplizierung im Server-Manager

Um die Datendeduplizierung zu verwenden, installieren Sie zunächst den bereits erwähnten Rollendienst. Anschließend überprüfen Sie mit Ddpeval, ob sich die Aktivierung für Laufwerke lohnt. Wenn Sie ein positives Ergebnis erhalten, aktivieren Sie die Datendeduplizierung im Server-Manager. Klicken Sie auf *Datei-/Speicherdienste* und dann auf *Volumes*.

Im Fenster sehen Sie alle Laufwerke, die auf dem Server angelegt sind. Über das Kontextmenü von Volumes starten Sie die Einrichtung der Datendeduplizierung.

Im neuen Fenster aktivieren Sie zunächst die Datendeduplizierung. Außerdem legen Sie das Alter fest, ab dem der Dienst Dateien als dupliziert speichern soll. Im Fenster können Sie auch Dateierweiterungen von der Suche ausschließen. Außerdem können Sie in diesem Fenster die Optimierung des Servers über Zeitpläne steuern.

Sie können eine sofortige Durchführung der Deduplizierung mit dem folgenden Befehl starten:

Start-DedupJob -Volume <Laufwerkbuchstabe> -Type Optimization

Wollen Sie auf eine Rückgabe des Ergebnisses warten, verwenden Sie den folgenden Befehl:

Start-DedupJob <Laufwerkbuchstabe> -Type Optimization -Wait

Den aktuellen Zustand des Auftrags zeigen Sie mit *Get-DedupJob* an.

Den aktuellen Zustand der Duplizierung von Daten lassen Sie sich mit *Get-DedupStatus* anzeigen. Mehr Informationen erhalten Sie mit *Get-DedupStatus |fl* sowie mit *Get-DedupVolume*.

Daten in Netzwerken per Speicher-Replikation replizieren

Eine der wichtigsten neuen Funktionen in Windows Server 2016 im Storage-Bereich ist, neben Storage Spaces Direct (siehe Kapitel 34), die Speicherreplikation (Storage Replica). Mit dieser Technologie lassen sich ganze Festplatten und Clusterspeicher, aber auch komplette Speicherpools blockbasiert zwischen Servern replizieren, sogar zwischen verschiedenen Rechenzentren und der Cloud in einem Rechenzentrum.

Storage Replica verstehen

Storage Replica ist der Replikation von DFS (Distributed File System) deutlich überlegen. Storage Spaces Direct und Storage Replica arbeiten in diesem Zusammenhang auch miteinander. Die Funktion wird als neues Serverfeature über den Server-Manager installiert und steht danach zur Verfügung. Die Verwaltung erfolgt über die PowerShell oder den Failovercluster-Manager.

Die Speicherreplikation bietet vor allem drei verschiedene Einsatzszenarien. Im ersten Szenario können Sie wichtige Datenträger schnell und einfach auf andere Server (*ServerA* zu *ServerB*) oder auch in anderen Rechenzentren replizieren. Dadurch erhalten Sie eine Absicherung Ihrer Daten, vor allem im Katastrophenfall.

Das zweite wichtige Einsatzgebiet ist das Replizieren von Daten in einem Geocluster, auch Stretched Cluster genannt (*Clusterknoten1* zu *Clusterknoten2*). Ein Einsatzgebiet kann zum Beispiel die Replikation von virtuellen Servern und ihren Konfigurationsdaten sowie virtueller Festplatten zwischen verschiedenen Rechenzentren sein. Dabei sind die Clusterknoten auf verschiedene Rechenzentren verteilt.

Die beiden Szenarien lassen sich auch zu einem gemeinsamen Einsatzszenario verbinden. Darin replizieren Sie die Daten eines Clusters zu einem anderen Cluster in einem anderen Rechenzentrum (*Clusterknoten1-Cluster1* zu *Clusterknoten1-Cluster2*). Dabei sind die Cluster aber nicht auf verschiedene Rechenzentren aufgeteilt, sondern Bestandteil eines einzelnen Rechenzentrums. Die Daten werden also nicht innerhalb eines Clusters repliziert, sondern zwischen verschiedenen Clustern. Die Cluster selbst sind dann idealerweise in verschiedenen Rechenzentren verteilt.

Hinweis In der Standard-Edition von Windows Server 2016 gibt es weder Storage Spaces Direct noch Storage Replica. Wollen Sie also Storage Replica nutzen, müssen Sie auf einen Cluster mit Windows Server 2016 auf Basis der Datacenter-Edition setzen.

Die Replikation kann synchron und asynchron konfiguriert werden. Größere Unternehmen können mit der Technologie auch auf Clusterebene Daten zwischen Rechenzentren replizieren (Stretched Cluster). Dadurch lassen sich Geocluster aufbauen, also Cluster, deren Knoten international in verschiedenen Rechenzentren verteilt sind.

Der Vorteil der neuen Technologie ist die Unabhängigkeit von Speicherlösungen und Speicherherstellern. Sie können jeden beliebigen Speicher replizieren, solange er mit einem Server auf Basis von Windows Server 2016 verbunden ist und funktioniert. Die Replikation erfolgt über das Server Message Block-(SMB-)Protokoll 3.1.1 mit Windows Server 2016. Dabei kann das Protokoll auf die ganze Bandbreite zurückgreifen, die durch die Adapter zur Verfügung gestellt werden.

Sie können BitLocker-Laufwerke replizieren sowie Datenträger, auf denen die Datendeduplizierung aktiviert ist. Auch Multichannel und Multipath werden unterstützt, was vor allem für die Replikation in Clustern eine wichtige Rolle spielt (siehe die Kapitel 9 und 34). Die Daten lassen sich während der Übertragung zwischen Quell- und Zielserver verschlüsseln und signieren. Wollen Sie Failover-Szenarien umsetzen, können Sie auch nur einzelne Laufwerke verwenden, Sie müssen das Failover nicht für alle replizierten Laufwerke eines Servers auf einmal starten.

Sie können zum Beispiel zwei Cluster in physisch getrennten Rechenzentren betreiben und den gemeinsamen Speicher der Cluster replizieren lassen. Fällt ein Rechenzentrum aus, kann das andere Rechenzentrum sofort übernehmen. Hier ist auch die neue Funktion zur Verwendung von Microsoft Azure als Cloudzeuge interessant (siehe Kapitel 34).

Ablauf der Replikation

Das Betriebssystem schreibt Blöcke auf den Quellserver (Schritt 1). Storage Replica erkennt das und speichert die Vorgänge in der Protokolldatei. Außerdem überträgt der Quellserver die Daten mit SMB 3.1.1 sowie RDMA zum Zielserver (Schritt 2). Anschließend schreibt der Server im Zielstandort die Daten in sein Protokoll (Schritt 3). Danach bestätigt der Zielserver die erfolgreiche Replikation (Schritt 4), und der Quellserver meldet, dass er die Bestätigung empfangen hat (Schritt 5). Anschließend werden auch die Protokolle entsprechend angepasst (Schritt 6).

Storage Replica in der Praxis

Um die Speicherreplikation zu nutzen, müssen Sie über den Server-Manager das Feature *Speicherreplikat* installieren. Die Installation erfolgt nicht über die Serverrollen, sondern als Serverfeature, genauso wie die Clusterfunktion. Die Server, die Sie mit Storage Replica synchronisieren lassen, müssen in einer gemeinsamen Active Directory-Gesamtstruktur betrieben werden. Die Features für Windows-Clustering und Speicherreplikat installieren Sie entweder über den Server-Manager oder in der PowerShell mit:

Install-WindowsFeature -Name Storage-Replica,FS-FileServer -IncludeManagementTools -Restart

Mehr dazu lesen Sie auch in Kapitel 34. Die Features müssen natürlich auf allen beteiligten Servern installiert werden, deren Festplatten Sie replizieren. In einem Cluster muss das Feature auf allen Knoten verfügbar sein. Für diesen Vorgang können Sie ebenfalls die PowerShell verwenden. Sie speichern dazu die Namen der Server in die Variablen und lassen dann auf den Servern die notwendigen Features installieren:

$Replica = " SRV1", "SRV2"

$ReplicaServer | % {Install-WindowsFeature -ComputerName $_ -Name Storage-Replica,FS-Fileserver -IncludeManagementTools}

Sie können SAS, JBODs, Fibre Channel SAN oder iSCSI SANs nutzen. Für die Verwaltung der Storage Replica-Funktion in der grafischen Oberfläche in einem Cluster nutzen Sie den Failovercluster-Manager. Über den Bereich *Speicher/Datenträger* (*Storage/Disks*) sehen Sie alle Datenträger, die an den Cluster angebunden sind. Über das Kontextmenü der Datenträger starten Sie den Assistenten für die Einrichtung von Storage Replica über *Replikation/Aktivieren*.

Daten in Netzwerken per Speicher-Replikation replizieren

Abbildung 5.29: Einrichten der Replikation über den Failovercluster-Manager

Im Failovercluster-Manager nehmen Sie die Einstellungen im Assistenten vor. Nachdem Sie das Quelllaufwerk im Assistenten des Failovercluster-Managers ausgewählt haben, legen Sie im Assistenten das Ziellaufwerk für die Replikation fest. Zusätzlich bestimmen Sie auch ein Laufwerk für das Speichern der Logdateien. Dieses geben Sie in der Power-Shell durch die Option *-DestinationLogVolumeName* an.

Abbildung 5.30: Auswählen der Ziellaufwerke für die Replikation

Danach können Sie im Failovercluster-Manager noch auswählen, ob die Zielfestplatte schon Daten der Quellfestplatte enthält. In diesem Fall muss der Server nur geänderte Daten übertragen, was Bandbreite spart. Vor allem bei der Replikation in Geoclustern kann es daher sinnvoll sein, die erste Replikation offline vorzunehmen und danach erst die Speicherreplikation einzurichten. Danach ist der Assistent abgeschlossen und beginnt mit der Einrichtung der Replikation. Den Status sehen Sie im Failovercluster-Manager. In der Oberfläche ist auch zu sehen, ob es sich bei diesem Datenträger um die Quelle, das Ziel oder den Datenträger für Logdateien handelt.

Den Status der Replikation sehen Sie auch in der PowerShell mit den beiden Cmdlets *Get-SRGroup* und *Get-SRPartnership*. Die Latenz und die Leistung der Replikation überprüfen Sie mit *Test-SRTopology*.

Storage Replica auf alleinstehenden Servern mit der PowerShell steuern

Für die Replikation alleinstehender Server oder für Skripte können Sie auch die PowerShell verwenden, um die Replikation einzurichten. Dazu definieren Sie die wichtigsten Werte zunächst als Variablen und erstellen dann auf Basis der Variablen die Replikationspartnerschaft.

Wollen Sie zwei Datenträger auf alleinstehenden Servern mit Storage Replica replizieren, benötigen Sie auch hier zwei Server mit Windows Server 2016, die Mitglied einer Domäne sind. Bei der Domäne kann es sich ebenso um eine Vorgängerversion von Windows Server 2016 handeln. Zunächst richten Sie auf dem Quellserver eine Storage-Replica-Partnerschaft ein, zum Beispiel mit:

New-SRPartnership -SourceComputerName win1001 -SourceRGName rg01 -SourceVolumeName e: -SourceLogVolumeName e: -DestinationComputerName win10 -DestinationRGName rg02 -DestinationVolumeName e: -DestinationLogVolumeName e: -LogSizeInBytes 8gb

Alternativ können Sie die wichtigsten Daten als Variable speichern und danach die Einrichtung vornehmen. Hier legen Sie auch gleich die Namen der Gruppen fest, in denen sich Quell- und Zielserver befinden.

$quelle = "Node01"

$Ziel = "Node02"

$GroupNameSource = "SyncA"

$GroupNameDest = "SyncB"

New-SRPartnership -ReplicationMode Synchronous -SourceComputerName $quelle -SourceRGName $ GroupNameSource -SourceVolumeName D: -SourceLogVolumeName L: -DestinationComputerName $Ziel -DestinationRGName $GroupNameDest -DestinationVolumeName D: -DestinationLogVolumeName L: -LogSizeInBytes 8GB

Generell kann es sinnvoll sein, die Windows-Firewall auf den beteiligten Servern zu deaktivieren, vor allem, wenn Sie die Funktion noch testen. Die Datei- und Druckerfreigabe müssen Sie auf jeden Fall freischalten. Das ist notwendig, damit die Kommunikation funktioniert. Am besten verwenden Sie die PowerShell und folgende Befehle auf einem der beteiligten Server:

Enable-NetFirewallRule -CimSession <Quellserver>,<Zielserver> -DisplayGroup "Remote Desktop","File and Printer Sharing"

Nach der Einrichtung überprüfen Sie in der Ereignisanzeige auf den Servern, ob die entsprechenden Einträge für die Erstellung der Gruppe vorhanden sind. Sie finden die Informationen in der Ereignisanzeige über *Anwendungs- und Dienstprotokolle\Micro-*

soft\Windows\StorageReplica\Admin. Auch in der PowerShell können Sie Informationen anzeigen:

Get-WinEvent –ProviderName Microsoft-Windows-StorageReplica -MaxEvents 15 | fl

Quellserver: Ereignisse 5002, 2200, und 5015.

Zielserver: Ereignisse 2200, 5005, 5015, 5001, und 5009.

Mit dem folgenden Aufruf lassen Sie sich die Einstellungen anzeigen:

Get-NetFirewallRule -CimSession <Server1>,<Server2> -DisplayGroup "Remote Desktop","File and Printer Sharing"

Stellen Sie sicher, dass die Datenträger auf beiden Servern verbunden sind, deren Speicher Sie replizieren wollen. Legen Sie auf den Datenträgern zum Beispiel zwei Partitionen ein, wenn Sie die Funktion testen. Eine Partition dient für Protokolldateien, die andere für Daten, die Sie in der Testumgebung replizieren. In einer produktiven Umgebung speichern Sie die Protokolldateien natürlich am besten auf einer eigenen Festplatte. Da das System auf Basis der Protokolldateien repliziert, bietet es sich an, auf einen sehr schnellen NVMe-Datenträger zu setzen.

Wollen Sie die Replikationsquelle umkehren, verwenden Sie zum Beispiel:

Set-SRPartnership -NewSourceComputerName Node02 -SourceRGName GroupNameDest -DestinationComputerName Node01 -DestinationRGName GroupNameSource -Confirm $true

Sie müssen bei der Einrichtung darauf achten, wie der Name des Zielservers und der Zielgruppe lautet. Arbeiten Sie mit Variablen, ist die alte Quelle das neue Ziel und umgekehrt. Das müssen Sie in den Befehlen natürlich berücksichtigen. Um die Replikationspartner zu löschen und neu einzurichten, verwenden Sie:

Get-SRPartnership | Remove-SRPartnership

Get-SRGroup | % { Remove-SRGroup -Name $_.name }

Storage Spaces Direct und Storage Replica

Microsoft bietet auch die Möglichkeit, Storage Spaces Direct mit mindestens drei Hosts aufzubauen (siehe Kapitel 34). Mit weniger als vier Hosts unterstützt die Technik nur die Spiegelung der Daten zur Absicherung (Mirrored Resiliency). Sollen zusätzlich paritätsbasierte Datenträger (Parity-based Resiliency) erstellt werden, sind mindestens vier oder mehr Hosts notwendig. Storage Spaces Direct sind standardmäßig vor dem Ausfall eines Hosts geschützt. Die Technik kann aber auch den Ausfall eines ganzen Racks mit Servern verkraften, die Bestandteil eines Storage Space Direct sind. Das hängt natürlich von der Konfiguration ab sowie der Anzahl der Server, die Bestandteil des Clusters sind, in dem Storage Spaces Direct zum Einsatz kommen. Storage Spaces Direct arbeiten mit Storage Replica zusammen.

Zusammen bieten Storage Spaces Direct und Storage Replica die Möglichkeit, geografisch getrennte Cluster aufzubauen und ihre Daten zu synchronisieren. Dabei kommt kein gemeinsamer Speicher im Cluster zum Einsatz, sondern die lokal angeschlossenen Datenträger im Cluster stellen den gemeinsamen Datenträger zur Verfügung. Sinnvolles Einsatzgebiet ist das Replizieren von Daten zwischen verschiedenen Clustern, die in unterschiedlichen Rechenzentren verteilt sind. Jeder Cluster nutzt dabei sein eigenes Storage Spaces Direct-System. Die Daten in den beiden Storage Spaces Direct werden dann durch Storage Replica zwischen verschiedenen Rechenzentren synchronisiert. Natürlich lassen sich Storage Spaces Direct und Storage Replica auch getrennt nutzen.

Zusammenfassung

In diesem Kapitel haben wir Ihnen gezeigt, wie Sie Festplatten in Windows Server 2016 verwalten und Laufwerke erstellen. Wir sind darauf eingegangen, wie Speicherpools und virtuelle Festplatten funktionieren und wie Sie das neue Dateisystem ReFS nutzen.

Im nächsten Kapitel zeigen wir Ihnen, wie Sie Windows Server 2016 mit dem Netzwerk verbinden.

Kapitel 6
Windows Server 2016 im Netzwerk betreiben

In diesem Kapitel:
Grundlagen zur Netzwerkanbindung 171
Netzwerkkarten zu NIC-Teams zusammenfassen 175
Erweiterte Netzwerkeinstellungen für Routing und IPv6 184
Windows Server 2016 Active Directory 190
Zusammenfassung..194

In diesem Kapitel erläutern wir Ihnen den Umgang mit Windows Server 2016 im Netzwerk. Außerdem zeigen wir Ihnen, wie ein Windows Server 2016-Server mit Active Directory verbunden wird und wie sich mehrere Netzwerkkarten zu sogenannten NIC-Teams zusammenfassen lassen.

Grundlagen zur Netzwerkanbindung

Die Steuerung des Netzwerkverkehrs findet weiterhin über das gewohnte Netzwerk- und Freigabecenter statt. Ist Ihr Server korrekt mit dem Netzwerk verbunden, zeigt Windows ein entsprechendes Symbol in der Taskleiste an. Klicken Sie auf das Symbol, zeigt Windows weitere Informationen an. Fahren Sie mit der Maus über das Symbol, lässt sich erkennen, ob der Server über eine Internetverbindung verfügt. Bei fehlender Internetverbindung erscheint ein Ausrufezeichen, bei fehlender physischer Netzwerkverbindung ein rotes X.

Klicken Sie auf das Symbol, zeigt Windows alle gefundenen Netzwerke an. Mit Funknetzwerken verbinden Sie sich zum Beispiel, indem Sie das Netzwerk auswählen und auf *Verbinden* klicken. In Windows Server 2016 müssen Sie dazu aber das Feature *WLAN-Dienst* installieren (siehe die Kapitel 2 bis 4).

Netzwerkhardware installieren

Die erste Voraussetzung, um einen Server mit dem Netzwerk zu verbinden, ist, dass die Netzwerkkarte im Geräte-Manager erkannt und installiert ist. Sollte der Treiber Ihrer Netzwerkkarte nicht ordnungsgemäß installiert sein, ist in Windows Server 2016 wahrscheinlich kein Treiber für die Netzwerkkarte integriert.

Sie sollten allerdings nicht einfach einen alten Treiber installieren, sondern auf der Homepage des Herstellers überprüfen, ob es einen aktuellen Windows Server 2016-Treiber gibt, und diesen installieren. Finden Sie keinen Treiber, funktionieren oft auch Treiber für Windows Server 2008 R2 oder Windows Server 2012.

Den Geräte-Manager finden Sie in Windows Server 2016 über *Systemsteuerung/System und Sicherheit/System* und dann auf der linken Seite des Fensters über den Link *Geräte-Manager*. Alternativ tippen Sie »devmgmt.msc« auf der Startseite ein oder verwenden die Tastenkombination ⊞+Pause. Als weitere Möglichkeit rufen Sie, wie bei allen internen Verwaltungsprogrammen, das Schnellmenü mit ⊞+X auf oder klicken mit der rechten Maustaste in die linke untere Ecke des Bildschirms.

Sollte Ihre Netzwerkkarte im Bereich *Andere Geräte* eingetragen sein, wurde sie nicht erkannt, und Sie müssen den Treiber manuell installieren. Wird die Karte im Bereich *Netzwerkadapter* ohne Fehler angezeigt, wurde sie korrekt installiert.

Computer an das Netzwerk anbinden

Ist die Karte ordnungsgemäß installiert und haben Sie Ihren Server an das Netzwerk mit einem DHCP-Server angeschlossen, ist der Server bereits mit einer dynamischen IP-Adresse versorgt. Hier müssen Sie keine besonderen Einstellungen vornehmen, da Windows Server 2016 DHCP unterstützt, wie alle anderen Windows-Versionen vorher auch.

Die Anbindung ans Netzwerk stellen Sie am besten über das Netzwerk- und Freigabecenter her. Wenn Sie mit der rechten Maustaste auf das Netzwerksymbol in der Taskleiste neben der Uhr klicken, öffnet sich ein Kontextmenü, und Sie können das Netzwerk- und Freigabecenter öffnen.

Sie müssen zunächst die Netzwerkverbindung korrekt konfigurieren. Klicken Sie dazu im Netzwerk- und Freigabecenter auf den Link *Adaptereinstellungen ändern* und rufen dann im neuen Fenster mit der rechten Maustaste die Eigenschaften Ihrer LAN-Verbindung auf. Es öffnet sich ein weiteres Fenster, in dem Sie die Eigenschaften der Netzwerkverbindung konfigurieren können. Sie können die Verwaltung der Netzwerkverbindungen auch über den Befehl *Ncpa.cpl* starten, den Sie auf der Startseite eingeben.

Markieren Sie als Nächstes den Eintrag *Internetprotokoll Version 4* und klicken Sie auf die Schaltfläche *Eigenschaften*. Hier können Sie jetzt eine ordnungsgemäße IP-Adresse vergeben.

Grundlagen zur Netzwerkanbindung

Hinweis	Haben Sie auf dem Server einen virtuellen Switch für Hyper-V erstellt, nehmen Sie die Einstellungen für die Netzwerkverbindung nicht bei der physischen Netzwerkkarte vor, sondern beim virtuellen Switch auf dem Server. Diese Einstellungen finden Sie aber auch in der Verwaltung der Adapter, die Sie über *Ncpa.cpl* aufrufen können.

Erweiterte Verwaltung der Netzwerkverbindungen

Eine ausführliche Liste aller Netzwerkverbindungen auf dem Server erhalten Sie über den Link *Adaptereinstellungen ändern* im Netzwerk- und Freigabecenter. Nachdem Sie den Link angeklickt haben, öffnet sich ein Fenster, in dem alle Netzwerkverbindungen des Computers sowie ihr aktueller Verbindungsstatus angezeigt werden. Das gleiche Fenster können Sie auch durch Eingabe von »ncpa.cpl« in das Suchfeld des Startmenüs aufrufen.

Ist eine Netzwerkverbindung aktiviert, kann aber keine Verbindung hergestellt werden, wird die entsprechende Verbindung mit einem roten X angezeigt. Sie sollten beim Einsatz mehrerer Netzwerkverbindungen diese entsprechend benennen, da Windows die Bezeichnung nur durchnummeriert. Der Name einer Netzwerkverbindung beeinflusst nicht deren Konnektivität, sondern lediglich deren Bezeichnung in Windows.

Sie ändern die Bezeichnung von Netzwerkverbindungen über das Kontextmenü. Klicken Sie eine Netzwerkverbindung mit der rechten Maustaste an, stehen Ihnen verschiedene Möglichkeiten zur Verfügung, um die Einstellungen zu verwalten oder Informationen anzuzeigen.

Abbildung 6.1: Verwalten von Netzwerkverbindungen

Im Kontextmenü stehen Ihnen die folgenden Optionen zur Verfügung:

- **Deaktivieren** – Wenn Sie diese Option auswählen, wird die Verbindung zum Netzwerk getrennt, die Netzwerkkarte wird im Geräte-Manager deaktiviert. Die Karte verhält sich so, als wäre sie nicht installiert.
- **Status** – Wenn Sie diesen Menüpunkt auswählen, werden Ihnen ausführliche Informationen über die Konfiguration der Netzwerkverbindung angezeigt sowie die Daten-

pakete, die über das Netzwerk gesendet wurden. Sie erkennen, mit welcher Geschwindigkeit die Verbindung aufgebaut ist, wie lange die Netzwerkverbindung besteht und wie viele Datenpakete empfangen und gesendet worden sind. Klicken Sie auf die Schaltfläche *Details*, werden Ihnen ausführlichere Informationen über die Konfiguration der Netzwerkverbindung angezeigt. Sie erkennen die IP-Adresse, die MAC-Adresse sowie eine Vielzahl weiterer Informationen, die vor allem bei der Fehlersuche hilfreich sein können.

- **Diagnose** – Startet einen Assistenten, der die Konfiguration des Adapters überprüft und Vorschläge zur Problemlösung unterbreitet.
- **Verbindungen überbrücken** – Wenn Sie diese Option aus dem Kontextmenü einer Netzwerkverbindung auswählen, können Sie den Server als Verbindung zwischen zwei Netzwerken einsetzen. Dazu wird eine Netzwerkkarte mit einem Netzwerk verbunden und eine zweite Netzwerkkarte mit einem anderen Netzwerk. Die beiden Netzwerkverbindungen müssen IP-Adressen in unterschiedlichen Subnetzen haben. Um eine Netzwerkbrücke aufzubauen, also zwei verschiedene Netzwerke physisch über den Server miteinander zu verbinden, müssen Sie zunächst die erste Verbindung auswählen, dann die [Strg]-Taste drücken und anschließend die zweite Verbindung auswählen. Wenn Sie dann im Kontextmenü die Option *Verbindungen überbrücken* auswählen, startet Windows Server 2016 den Assistenten zum Aufbau einer Netzwerkbrücke.

Eigenschaften von Netzwerkverbindungen und erweiterte Verwaltung von Netzwerkverbindungen

Wenn Sie über das Kontextmenü einer Netzwerkverbindung die Eigenschaften aufrufen oder über den Status einer Netzwerkverbindung zur gleichen Konfiguration gelangen, können Sie das Verhalten der Netzwerkverbindung ausführlich konfigurieren.

Über die Schaltfläche *Konfigurieren* können Sie die Einstellungen der Netzwerkkarte anpassen. Diese Einstellungen haben zunächst nichts mit den Netzwerkprotokollen zu tun, sondern ausschließlich mit dem Verhalten der Netzwerkkarte im Netzwerk. Die Registerkarte *Allgemein* ist zunächst weniger interessant, da hier nur einige wenige Informationen zur Netzwerkkarte angezeigt werden. Auf der Registerkarte *Erweitert* werden die Einstellungen angezeigt, die der Treiber der Netzwerkkarte unterstützt. Die angezeigten Optionen und Einstellungsmöglichkeiten sind je nach installierter Netzwerkkarte und zugehörigem Treiber unterschiedlich oder gar nicht vorhanden.

Auf der Registerkarte *Energieverwaltung* können Sie konfigurieren, ob Windows das Gerät zeitweise deaktivieren kann, wenn es nicht benötigt wird. Standardmäßig darf Windows Geräte ausschalten, um Energie zu sparen, zum Beispiel auch, um in den Energiesparmodus zu wechseln. Der Dienst *QoS-Paketplaner (Quality Of Service)* in den Eigenschaften von Netzwerkverbindungen ist dafür zuständig, dass der Server immer genügend Ressourcen zur Verfügung stellt, um auf Netzwerkpakete zu antworten. Wenn Sie zum Beispiel viele Downloads gleichzeitig aus dem Internet durchführen und parallel eine große Datenmenge auf andere Server im Netzwerk verteilen, sorgt der QoS-Paketplaner dafür, dass trotzdem eine bestimmte Bandbreite zur Verfügung steht.

Manche sogenannte Experten raten dazu, diesen Dienst zu deinstallieren, da er selbst eine gewisse Bandbreite verbraucht. Allerdings benötigen die wenigsten Anwender heutzutage wirklich jede kleine Menge Bandbreite, sondern profitieren besser davon, dass die Verbindung stabil bleibt. Wenn Sie das Gefühl haben, Ihr Server ist im Netzwerk zu langsam, wird die Geschwindigkeit sicherlich nicht dadurch steigen, dass Sie diesen Dienst deaktivieren oder deinstallieren. Sie können dies aber ohne Probleme selbst testen und bei Leitungsproblemen den QoS testweise deaktivieren.

In den Eigenschaften von Geräten ist auch die Registerkarte *Ereignisse* interessant. Hier sehen Sie für jedes Gerät, wann neue Treiber installiert wurden oder sonstige wichtige Ereignisse dieses Gerät betreffend eingetreten sind.

Abbildung 6.2: Anzeigen von Ereignissen von Geräten

Netzwerkkarten zu NIC-Teams zusammenfassen

Windows Server 2016 kann ohne Zusatzwerkzeug Netzwerkkarten zu Teams zusammenfassen. Sie können während der Einrichtung auswählen, ob Sie einzelne Adapter im Team als Standby-Adapter nutzen wollen, also eine Ausfallsicherheit gewährleisten möchten, oder ob Sie die Geschwindigkeit der Adapter zusammenfassen wollen, um die Leistung zu erhöhen. Sie können nur Ethernet-Verbindungen zu Teams zusammenfassen. Bluetooth oder WLAN gehören nicht zu den unterstützten Funktionen. Außerdem müssen alle Netzwerkkarten mit der gleichen Geschwindigkeit angeschlossen sein.

Eine physische Netzwerkkarte kann nur Mitglied in einem einzigen Team sein, außerdem ist es nicht möglich, mehrere Teams zu einem gemeinsamen Team zusammenzufassen.

Sie können in allen Editionen von Windows Server 2016 Netzwerk-Teams erstellen, auch in Core-Installationen. Die Verwaltung erfolgt im Server-Manager oder über die PowerShell. Die Einrichtung können Administratoren ebenfalls über das Netzwerk direkt im Server-Manager vornehmen. Damit das Teaming funktioniert, müssen Treiber und Hardware die Funktion unterstützen und die beteiligten Karten müssen mit dem Netzwerk verbunden sein.

Hinweis	Wenn Sie beabsichtigen, Netzwerkkarten auf einem Server zusammenzufassen, achten Sie darauf, dass sie mit identischer Geschwindigkeit betrieben werden.
	Außerdem sollten Sie den Teamvorgang vor der Erstellung von virtuellen Switches in Hyper-V erstellen. Nach der Erstellung von virtuellen Switches ist die physische Netzwerkverbindung nicht mehr für den Teamvorgang verfügbar.

Sie dürfen die Teaming-Funktion in Windows Server 2016 nicht mit Team-Funktionen von Drittherstellern kombinieren. Ansonsten besteht die Gefahr, dass der komplette Server nicht mehr funktioniert. Tritt ein solcher Fall ein, können Sie die interne Teamkonfiguration löschen. Dazu verwenden Sie die PowerShell und geben den Befehl *Get-NetLbfoTeam | Remove-NetLbfoTeam* ein.

NIC-Team erstellen

Um ein NIC-Team zu erstellen, starten Sie den Server-Manager. Rufen Sie über die Startseite durch Eingabe von »ncpa.cpl« die Eigenschaften der Netzwerkverbindungen auf. Stellen Sie sicher, dass die Karten mit dem Netzwerk verbunden sind. Starten Sie danach den Server-Manager und klicken Sie auf *Lokaler Server*. Anschließend sehen Sie die Konfiguration des NIC-Teamings im Bereich *NIC-Teamvorgang*. Standardmäßig ist das Teaming deaktiviert. Um die Funktion zu aktivieren, klicken Sie auf den Link *Deaktiviert*.

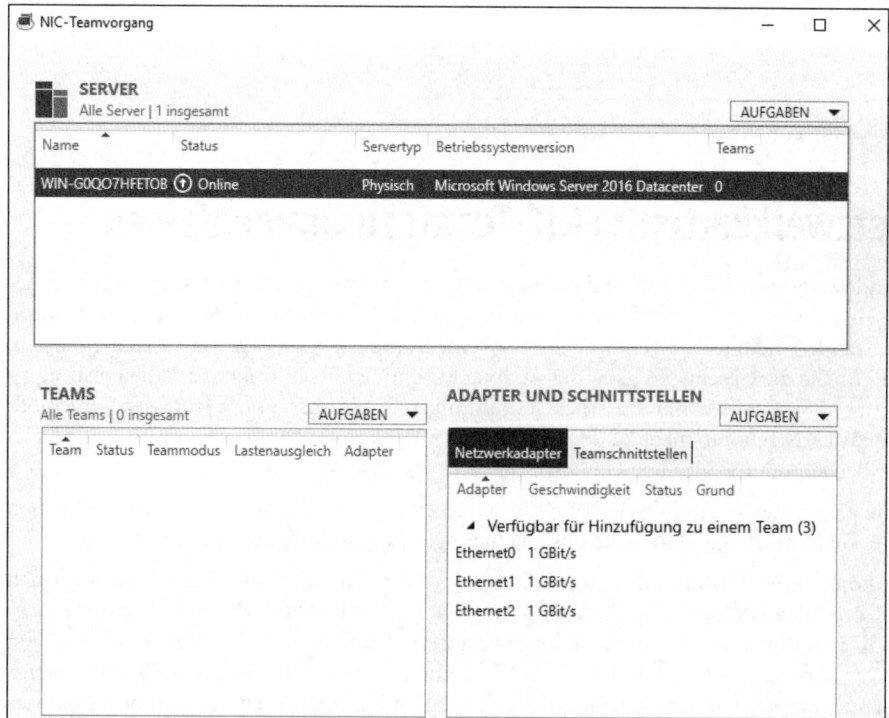

Abbildung 6.3: Starten des NIC-Teamvorgangs in Windows Server 2016

Netzwerkkarten zu NIC-Teams zusammenfassen

Hinweis   Sind Sie über eine der Netzwerkkarten mit dem Remotedesktop des Servers verbunden, werden Sie bei der Erstellung des Teams vom Server getrennt. Sie müssen zum Abschließen der Konfiguration eine andere Verbindung nutzen oder direkt am Server arbeiten.

Anschließend öffnet sich ein neues Fenster. Hier sehen Sie im unteren rechten Bereich, welche Netzwerkadapter im Server kompatibel zum NIC-Teaming sind.

Tipp   Sie können in der PowerShell oder in der Eingabeaufforderung auch das Tool LbfoAdmin starten, um direkt zur Einrichtung von NIC-Teams zu gelangen. Auf diese Weise startet die Einrichtung des lokalen Servers.

Verwenden Sie den Befehl *Lbfoadmin /Servers <Liste von Servern>*, starten Sie die Einrichtung auf mehreren Servern. Der Befehl *Lbfoadmin /ResetConfig* stellt die Standardeinstellungen der Oberfläche wieder her.

Sie können ein NIC-Team im Server-Manager auch über das Netzwerk erstellen. Dazu klicken Sie den entsprechenden Server im Server-Manager mit der rechten Maustaste an. Im Kontextmenü finden Sie außerdem den Bereich zum Erstellen von neuen NIC-Teams.

Um ein Team zu erstellen, klicken Sie mit der rechten Maustaste in das Fenster bei *Adapter und Schnittstellen* und wählen *Zum neuen Team hinzufügen*. Danach geben Sie einen Namen für das Team ein und wählen aus, welche Netzwerkkarten verwendet werden sollen.

Über den Link *Weitere Eigenschaften* können Sie zusätzliche Einstellungen vornehmen, um das NIC-Team zu konfigurieren. Hier lässt sich zum Beispiel festlegen, dass nicht alle Adapter aktiv sein sollen, sondern ein Adapter als Standby zur Verfügung steht, falls einer ausfällt.

Abbildung 6.4: Einen Netzwerkadapter zum NIC-Team hinzufügen

Bei *Teammodus* legen Sie fest, ob der Switch, an den die physischen Adapter des Teams angeschlossen sind, darüber informiert wird, dass es sich um ein Team handelt. Die Standardauswahl ist *Switchunabhängig*, der Switch wird also nicht informiert.

Klicken Sie bei *Primäre Teamschnittstelle* auf das Team, können Sie Einstellungen bezüglich der VLAN-Anbindung des Teams anpassen. Bestätigen Sie schließlich mit *OK*, erstellt Windows Server 2016 das entsprechende Team.

Hinweis Windows Server 2016 verwendet als MAC-Adresse des Teams die MAC-Adresse der primären Netzwerkkarte, also der Karte, mit der Sie das Team erstellt haben.

Abbildung 6.5: Erstellen von NIC-Teams in Windows Server 2016

NIC-Teams auf Core-Server und per PowerShell erstellen

Auch Core-Server unterstützen NIC-Teams. Hier können Sie die Einrichtung entweder über den Server-Manager von einem anderen Server aus durchführen oder Sie verwenden die PowerShell.

In der PowerShell können Sie sich mit *Get-NetAdapter* die einzelnen möglichen Team-Adapter anzeigen lassen und mit *Enable-NetAdapter* beziehungsweise *Disable-NetAdapter* einzelne Adapter aktivieren oder deaktivieren. Alle Cmdlets für die Verwaltung von NIC-Teams lassen Sie sich mit *Get-Command -Module NetLbfo* anzeigen. Eine Hilfeseite können Sie zum Beispiel mit *Get-Help New-NetLbfoTeam* öffnen.

Netzwerkkarten zu NIC-Teams zusammenfassen

Um ein neues Team zu erstellen, verwenden Sie das Cmdlet *New-NetLbfoTeam <Name des Teams> <Kommagetrennte Liste der Netzwerkkarten>*. Bei Leerzeichen im Namen setzen Sie den gesamten Namen in Anführungszeichen. Den Namen der Adapter erfahren Sie am schnellsten, wenn Sie *Get-NetAdapter* in der PowerShell eingeben. Haben Sie das Team erstellt, lassen Sie mit *Get-NetLbfoTeam* die Einstellungen anzeigen und mit *Set-NetLbfoTeam* ändern Sie Einstellungen.

Abbildung 6.6: Erstellen von NIC-Teams in der PowerShell

Beispiele für das Ändern sind folgende Befehle:

- *Set-NetLbfoTeam Team1 TeamingMode LACP*
- *Set-NetLbfoTeam Team1 TM LACP*
- *Set-NetLbfoTeam Team1 LoadBalancingAlgorithm HyperVPorts*
- *Set-NetLbfoTeam Team1 LBA HyperVPorts*

Teams können Sie auch umbenennen. Dazu verwenden Sie entweder den Server-Manager oder die PowerShell mit dem Aufruf:

Rename-NetLbfoTeam <Alter Name> <Neuer Name>

NIC-Teams testen und konfigurieren

Sie müssen nach der Erstellung eines Teams noch Netzwerkeinstellungen anpassen. Windows Server 2016 entfernt die IP-Bindung von den physischen Netzwerkkarten und verbindet sie mit dem neuen virtuellen Adapter, den der Assistent für das Team erstellt. Sie sehen den Status des Teams, wenn Sie im Server-Manager in der Kategorie *Lokaler Server* bei *NIC-Teamvorgang* auf den Link *Aktiviert* klicken.

Werden das Team und die verbundenen Karten als *Aktiv* gekennzeichnet, passen Sie die Netzwerkeinstellungen des Teams an. Dazu rufen Sie die Adaptereinstellungen auf, indem Sie *Ncpa.cpl* auf der Startseite eingeben. Hier sehen Sie das neue Team. Alle Netzwerkeinstellungen nehmen Sie an dieser Stelle vor.

Haben Sie die IP-Konfiguration des NIC-Teams angepasst, verhält sich der Server wie beim Einsatz einer einzigen Netzwerkverbindung, nutzt aber alle angebundenen Netzwerkkarten. Im Server-Manager können Sie das Team jederzeit über seine Eigenschaften anpassen und auch löschen.

Einzelne Netzwerkadapter entfernen Sie über das Kontextmenü aus dem Team oder deaktivieren den Adapter, wenn Sie beispielsweise Wartungsarbeiten durchführen müssen.

Eigenschaften von TCP/IP und DHCP

Für den Fall, dass kein DHCP-Server für die automatische Zuweisung einer IP-Adresse zur Verfügung steht, bestimmt Windows Server 2016 eine Adresse in der für Microsoft reservierten IP-Adressierungsklasse, die von 169.254.0.1 bis 169.254.255.254 reicht.

Diese Adresse verwendet der Server, bis ein DHCP-Server erreichbar ist oder Sie selbst eine statische IP-Adresse festlegen. Bei dieser Methode verwendet Windows Server 2016 kein DNS, WINS oder Standardgateway, da diese Methode nur für ein kleines Netzwerk mit einem einzigen Netzwerksegment vorgesehen ist.

WINS steht für Windows Internet Name Service und ist der Vorgänger der dynamischen DNS-Aktualisierung. Während DNS für die Namensauflösung mit voll qualifizierten Domänennamen (Fully Qualified Domain Name, FQDS) zuständig ist, löst WINS den NetBIOS-Namen auf.

Ipconfig verwenden

Es können Situationen auftreten, in denen Sie die IP-Adressinformationen für einen bestimmten Server einsehen müssen. Dies ist beispielsweise der Fall, wenn Ihr Server nicht mit anderen Computern im Netzwerk kommuniziert oder wenn andere Server nicht mit Ihrem Server kommunizieren können. In solchen Situationen müssen Sie die IP-Adresse der anderen Server kennen, um die Ursache des Problems zu bestimmen.

Im Dialogfeld *Eigenschaften von Internetprotokoll (TCP/IP)* können Sie statische TCP/IP-Informationen anzeigen. Windows enthält ein Befehlszeilentool mit der Bezeichnung Ipconfig, um TCP/IP-Informationen anzuzeigen. Mit diesem Dienstprogramm werden die TCP/IP-Konfigurationsoptionen auf einem Host überprüft, aber nicht festgelegt.

Zu diesen Optionen zählen die IP-Adresse, die Subnetzmaske und das Standardgateway. Die Befehlssyntax für dieses Dienstprogramm lautet *Ipconfig*. Starten Sie das Programm am besten über eine Eingabeaufforderung (*Cmd*). Mit Ipconfig können Sie jedoch nicht bestimmen, ob die IP-Adresse mithilfe der statischen oder der dynamischen Methode zugewiesen wurde.

Ausführlichere Informationen erhalten Sie mit Ipconfig, wenn Sie zusätzlich die Option */All* angeben. Auf dem Bildschirm werden die Informationen zu allen TCP/IP-Konfigurationsoptionen angezeigt. Nun sehen Sie, ob DHCP aktiviert ist. Ist dies der Fall und wird eine IP-Adresse für einen DHCP-Server angezeigt, bedeutet dies, dass die IP-Adresse mithilfe von DHCP bezogen wurde.

Zusätzlich lassen sich beim Aufruf von Ipconfig noch die beiden Optionen /Renew und /Release angeben:

- **Ipconfig /Release** – Entfernt die IP-Adresse vom Client und fordert keine neue an. Wenn ein Client Probleme hat, eine Verbindung mit einem DHCP-Server herzustellen, sollten Sie immer zuerst die IP-Adresse beim Client zurücksetzen.
- **Ipconfig /Renew** – Fordert vom DHCP-Server eine erneute Verlängerung des Lease oder eine neue IP-Adresse an. Sollte der Befehl nicht funktionieren, geben Sie zunächst *Ipconfig /Release* ein.

Bindungsreihenfolge der Netzwerkverbindungen konfigurieren

Wenn Sie mehrere Netzwerkkarten in Ihrem Server eingebaut haben, werden Netzwerkpakete nicht immer an alle Netzwerkkarten gleichzeitig verschickt, sondern immer in einer bestimmten Reihenfolge. Damit die Antwortzeiten im Netzwerk optimiert werden, bietet es sich an, die Reihenfolge so zu konfigurieren, dass Ihre produktive Netzwerkkarte in der Reihenfolge ganz oben steht:

1. Damit Sie diese Reihenfolge festlegen können, sollten Sie zunächst im Netzwerk- und Freigabecenter auf den Link *Adaptereinstellungen ändern* klicken.
2. Aktivieren Sie die Menüleiste durch Drücken der Alt-Taste.
3. Rufen Sie den Menübefehl *Erweitert/Erweiterte Einstellungen* auf.
4. Es öffnet sich ein neues Fenster, über das Sie unter anderem die Bindungsreihenfolge der Netzwerkkarten einstellen können.
5. Klicken Sie dazu auf die ausgewählte LAN-Verbindung und dann auf die Schaltflächen mit den Pfeilen, damit die gewünschte Verbindung ganz nach oben gesetzt wird.

Netzwerkinformationen über Befehlszeilentools abrufen

Mit Befehlszeilentools können Sie schnell Informationen über Ihren Server und Ihr Netzwerk abrufen sowie diese zur Diagnose von Netzwerkproblemen einsetzen. Die Befehle in diesem Thema beziehen sich auf TCP/IP-Netzwerke. Wir gehen in diesem Abschnitt auf die häufigsten Fragen zur Ermittlung von Netzwerkinformationen in der Eingabeaufforderung ein.

- **Wie ermittle ich den Computernamen?** – Geben Sie in der Eingabeaufforderung *Hostname* ein.
- **Wie ermittle ich die IP-Adresse meines Computers?** – Geben Sie in der Eingabeaufforderung *Ipconfig* ein.
- **Wie ermittle ich die physische Adresse meines Computers (MAC-Adresse, Media Access Control)?** – Geben Sie in der Eingabeaufforderung *Ipconfig /All* ein. Falls Ihr Server mit mehreren Netzwerkadaptern ausgestattet ist, wird die physische Adresse für jeden Adapter einzeln aufgeführt.
- **Wie erhalte ich eine neue IP-Adresse?** – Geben Sie in der Eingabeaufforderung *Ipconfig /Release* ein. Hierdurch geben Sie Ihre aktuelle IP-Adresse frei. Geben Sie in der Eingabeaufforderung als Nächstes *Ipconfig /Renew* ein, um eine neue IP-Adresse zu erhalten.

- **Wie löse ich anhand des DNS-Namens (Domain Name System) eine IP-Adresse auf?** – Geben Sie in der Eingabeaufforderung *Ping <DNS-Name>* ein. Dieser Vorgang wird Reverse-Lookup genannt.

- **Wie teste ich die Kommunikation mit einem anderen Server?** – Geben Sie in der Eingabeaufforderung *Ping <IP-Adresse>* des zu testenden Computers ein.

Weitere wichtige Optionen von Ipconfig sind folgende:

- **Ipconfig /Registerdns** – Erneuert die Registrierung des Clients am konfigurierten DNS-Server, wenn für die DNS-Zone die dynamischen Updates aktiviert sind.

- **Ipconfig /Displaydns** – Zeigt den lokalen DNS-Cache an, auch die zuletzt geöffneten Internetseiten und aufgelösten DNS-Namen. Löschen Sie den Verlauf im Browser, sind die Daten dennoch an dieser Stelle vorhanden. Sie müssen den lokalen DNS-Cache getrennt löschen, indem Sie *Ipconfig /Flushdns* verwenden.

- **Ipconfig /Flushdns** – Löscht den lokalen DNS-Cache.

Tipp   Unter Umständen kann es sehr hilfreich sein, sich an einer zentralen Stelle alle MAC-Adressen in Ihrem Netzwerk anzeigen zu lassen. Mit der Batchdatei *Get-Mac.bat*, die Sie von der Seite *http://tinyurl.com/hznkm9a* herunterladen können, werden alle MAC-Adressen in einem Netzwerk in der Eingabeaufforderung ausgelesen.

Geben Sie dazu den Befehl *Getmac <IP-Segment> <Startadresse> <Endadresse>* ein. Beispielsweise werden mit *Getmac 192.161078 1 40* die MAC-Adressen aller Rechner im Subnetz *192.161078.x* von der IP-Adresse *192.1610710* bis zur Adresse *192.161078.40* ausgelesen. Danach werden die Ergebnisse in der Textdatei *used_ips.txt* ausgegeben, die im gleichen Ordner angelegt wird, von dem aus Sie die Datei *Getmac.bat* starten.

Mit diesem kostenlosen Tool erhalten Sie schnell alle verfügbaren MAC-Adressen in einem IP-Bereich. Öffnen Sie nach dem Scanvorgang die Textdatei *used_ips.txt*, um sich die MAC-Adressen der Clients anzeigen zu lassen.

Korrekte Namensauflösung mit Nslookup in IPv4 und IPv6 testen

Treten in einem Microsoft-Netzwerk Fehler auf oder wollen Sie den Internetzugang testen, verwenden Sie das Befehlszeilentool Nslookup. Wenn ein Servername mit Nslookup nicht aufgelöst werden kann, sollten Sie überprüfen, wo das Problem liegt:

1. Ist in den IP-Einstellungen des Computers der richtige DNS-Server als bevorzugt eingetragen?
2. Optional beim Einsatz in Active Directory: Verwaltet der bevorzugte DNS-Server die Zone, in der Sie eine Namensauflösung durchführen wollen?
3. Optional beim Einsatz in Active Directory: Wenn der Server diese Zone nicht verwaltet, ist dann in den Eigenschaften des Servers ein Server eingetragen, der die Zone auflösen kann?
4. Optional beim Einsatz in Active Directory: Wenn eine Weiterleitung eingetragen ist, kann dann der Server, zu dem weitergeleitet wird, die Zone auflösen?
5. Optional beim Einsatz in Active Directory: Wenn dieser Server nicht für die Zone verantwortlich ist, leitet er dann wiederum die Anfrage weiter?

Netzwerkkarten zu NIC-Teams zusammenfassen

An irgendeiner Stelle der Weiterleitungskette muss ein Server stehen, der die Anfrage schließlich auflösen kann, sonst kann der Client keine Verbindung aufbauen und die Abfrage des Namens wird nicht erfolgreich sein.

Sobald Sie Nslookup aufgerufen haben, können Sie beliebig Servernamen auflösen. Wenn Sie keinen vollwertigen DNS-Namen (Fully Qualified Domain Name, FQDN) eingeben, sondern nur den Computernamen, ergänzt der lokale Rechner automatisch den Namen durch das primäre DNS-Suffix des Computers beziehungsweise durch die in den IP-Einstellungen konfigurierten DNS-Suffixe.

Wenn Sie Nslookup aufrufen, um Servernamen aufzulösen, wird als DNS-Server immer der Server befragt, der in den IP-Einstellungen des lokalen Rechners hinterlegt ist. Sie können von dem lokalen Rechner aus aber auch andere DNS-Server mit der Auflösung befragen. Geben Sie dazu in der Eingabeaufforderung *Nslookup <Host> <Server>*, also zum Beispiel *Nslookup www.microsoft.de 192.168.178.223* ein. Bei diesem Beispiel versucht Nslookup, den Host *www.microsoft.de* mithilfe des Servers 192.168.178.223 aufzulösen.

Damit Nslookup auch den korrekten Namen des DNS-Servers in Active Directory anzeigt, müssen Sie sicherstellen, dass der DNS-Server in der Forward-Lookupzone der Domäne registriert ist. Außerdem sollten Sie eine Reverse-Lookupzone erstellen, in der die IP-Adressen der Domäne registriert sind.

Zusätzlich können Sie noch Einstellungen in der IPv6-Konfiguration der Netzwerkkarte auf dem DNS-Server vornehmen. Hier hat Windows Server 2016 die lokale Adresse des Servers hinterlegt. Diese trägt die Bezeichnung »::1«, was 127.0.0.1 in IPv4 entspricht. Aktivieren Sie für IPv6 die Option *DNS-Serveradresse automatisch beziehen*. Danach erhalten Sie auch für DNS-Server in Active Directory den korrekten Namen des Servers und seine IPv4-Adresse zurück.

Sie können mit Nslookup sehr detailliert die Schwachstellen Ihrer DNS-Auflösung testen. Wenn Sie mehrere Hosts hintereinander abfragen wollen, müssen Sie nicht jedes Mal den Befehl *Nslookup <Host> <Server>* aufrufen, sondern können Nslookup mit dem Befehl *Nslookup –Server <Server>* starten, wobei der Eintrag *<Server>* der Name oder die IP-Adresse des DNS-Servers ist, den Sie befragen wollen, zum Beispiel *Nslookup -Server 192.168.178.223*. Geben Sie den Befehl *Nslookup* ohne weitere Parameter ein, können Sie in der Oberfläche mit *Server 192.168.178.223* den Standardserver für das aktuelle Fenster auf den DNS-Server setzen.

Tipp Wenn Sie in der PowerShell Namensabfragen durchführen, können Sie auch gleich die Netzwerkverbindungen testen. Zwar lässt sich weiterhin das Befehlszeilentool *Ping* nutzen, aber in der PowerShell finden Sie mit Test-Connection ein besseres Tool. Test-Connection kann zum Beispiel mehrere Rechner auf einmal testen. Dazu geben Sie einfach den Befehl ein und danach eine Liste der Rechner, die Sie überprüfen wollen. Wollen Sie den Befehl in eine Zeile schreiben, zum Beispiel für Skripts, verwenden Sie die folgende Syntax:

Test-Connection -Source <Quelle1>, <Quelle2> -ComputerName <Ziel1>, Ziel2>

Mit dem Befehl können Sie also auch auf einmal von mehreren Quellcomputern aus mehrere Zielcomputer scannen lassen. Sie können aber auch nur einen Rechner testen, indem Sie *Test-Connection <Name oder IP-Adresse>* eingeben.

Erweiterte Netzwerkeinstellungen für Routing und IPv6

Sie können manuell IP-Routen erstellen, wenn ein Server mit mehreren Netzwerken verbunden ist. Ist ein IPv6-Verkehr zwischen zwei Servern möglich, verwendet Windows Server 2016 zuerst automatisch IPv6 und dann erst IPv4. Dazu ist keine Konfiguration von IPv6 notwendig.

IP-Routing unter Windows Server 2016

Sie können über die IP-Eigenschaften von Netzwerkkarten immer nur ein Standardgateway festlegen. Wenn IP-Pakete zu Hosts geschickt werden sollen, die außerhalb des konfigurierten Subnetzes liegen, werden diese von Windows immer an das konfigurierte Standardgateway geschickt.

Auch wenn in einem Server mehrere Netzwerkkarten verbaut sind, kann immer nur ein Standardgateway pro Server festgelegt werden. Wenn Sie aber Pakete zu unterschiedlichen Netzwerken schicken wollen, können Sie in Windows manuelle Routen erstellen. Diese Routen werden mit dem Befehl *Route* in der Eingabeaufforderung erstellt.

Wenn Ihre Routinginfrastruktur das Routing Information-Protokoll (RIP) für IPv4 verwendet, können Sie unter Windows den RIP-Listener aktivieren. Mit dessen Hilfe kann der Server andere Routen im Netzwerk automatisch erlernen, indem er gesendete RIP-Meldungen abhört und anschließend der Routingtabelle IPv4-Routen hinzufügt.

Die RIP-Überwachung lässt sich nur verwenden, wenn die Routinginfrastruktur RIP unterstützt. Alternativ können Sie den Befehl *Route add -p* verwenden, um Routen manuell der IPv4-Routingtabelle hinzuzufügen.

Für IPv6 müssen Sie den Befehl *Netsh Interface Ipv6 Add Route* aufrufen, um manuelle Routen zu erstellen. IPv6 wird später in diesem Kapitel behandelt.

Das Standardgateway können Sie entweder über DHCP mitgeben oder für eine der eingebauten Netzwerkkarten manuell festlegen. Alle Netzwerkpakete, die nicht an das interne Netzwerk gesendet werden können und für die keine manuelle Route hinterlegt ist, werden zum Standardgateway geschickt.

Das Standardgateway muss sich im gleichen Subnetz befinden wie die IP-Adresse des Computers. Die zweite Schnittstelle des Standardgateways beziehungsweise weitere Schnittstellen befinden sich in anderen Subnetzen.

Wenn Sie eine alternative Konfiguration angeben (nur IPv4), ist das Standardgateway die auf der Registerkarte *Alternative Konfiguration* im Feld *Standardgateway* angegebene IP-Adresse. Die alternative Konfiguration steht nur dann für IPv4 zur Verfügung, wenn Sie DHCP verwenden. Findet der Client keinen DHCP-Server, verwendet er automatisch die Daten der alternativen Konfiguration.

In vielen Netzwerken ist es notwendig, Routen manuell in der Eingabeaufforderung zu erstellen. Um manuelle Routen zu erstellen, wird der Route-Befehl in der folgenden Syntax verwendet:

Route -p add <Ziel> MASK <Netzmaske> Gateway METRIC <Metrik> IF <Schnittstelle>

Die einzelnen Parameter haben folgende Funktionen:

- **-p** – Legt fest, dass die Route auch nach dem Booten des Computers weiterhin vorhanden ist. Standardmäßig werden die Routen beim Neustart wieder gelöscht.
- **add** – Fügt eine Route hinzu, mit *del* kann eine Route gelöscht werden.
- **Ziel** – Das Ziel kann entweder eine IP-Adresse oder ein Subnetzpräfix, eine IP-Adresse für eine Hostroute oder 0.0.0.0 für die Standardroute sein.
- **Netzwerkmaske** – Die Subnetzmaske kann entweder die korrekte Subnetzmaske für eine IP-Adresse oder ein Subnetzpräfix, 255.255.255.255 für eine Hostroute oder 0.0.0.0 für die Standardroute sein. Wenn keine Angabe gemacht wird, wird die Subnetzmaske 255.255.255.255 verwendet.
- **Gateway** – Gibt die Weiterleitungs-IP-Adresse oder die IP-Adresse des nächsten Hops an, über die die durch das Netzwerkziel und die Subnetzmaske definierten Adressen erreichbar sind. Bei Remoterouten, die über mindestens einen Router erreichbar sind, ist die Gatewayadresse die direkt erreichbare IP-Adresse eines angrenzenden Routers.
- **Metrik** – Gibt eine ganzzahlige Kostenmetrik (im Bereich von 1 bis 9.999) für die Route an. Sie wird verwendet, wenn mehrere Routen in der Routingtabelle zur Wahl stehen, die der Zieladresse eines weitergeleiteten Pakets entsprechen. Es wird die Route mit der niedrigsten Metrik ausgewählt. Die Metrik kann die Anzahl der Hops, die Geschwindigkeit und Zuverlässigkeit des Pfads, den Pfaddurchsatz oder administrative Eigenschaften widerspiegeln.
- **Schnittstelle** – Gibt den Schnittstellenindex der Schnittstelle an, über die das Ziel erreichbar ist. Eine Liste der Schnittstellen und ihrer Schnittstellenindizes können Sie mit dem Befehl *Route print* anzeigen. Sie können für den Schnittstellenindex sowohl Dezimal- als auch Hexadezimalwerte verwenden. Stellen Sie Hexadezimalwerten 0x voran. Wenn Sie den IF-Parameter nicht angeben, wird die Schnittstelle anhand der Gatewayadresse ermittelt.

Internet Protocol Version 6 (IPv6)

IPv6, das Internet Protocol Version 6 (auch IPnG, Internet Protocol Next Generation), ist der Nachfolger des gegenwärtig im Internet noch überwiegend verwendeten Internet Protocol in der Version 4. Beide Protokolle sind Standards für die Netzwerkschicht des OSI-Modells und regeln die Adressierung und das Routing von Datenpaketen durch ein Netzwerk.

Das bisherige IPv4 bietet einen Adressraum von etwas über 4 Milliarden IP-Adressen, mit denen Server und andere Geräte angesprochen werden können. In den Anfangstagen des Internets, als es nur wenige Rechner gab, die eine IP-Adresse benötigten, galt dies als weit mehr als ausreichend. Eine IPv6-Adresse ist 128 Bit lang (IPv4: 32 Bit). Damit gibt es etwa $3,4 \times 10^{38}$ (340,28 Sextillionen) IPv6-Adressen. IPv6-Adressen werden in hexadezimaler Notation mit Doppelpunkten geschrieben, die die Adresse in acht Blöcke mit einer Länge von jeweils 16 Bit unterteilen. Beispielsweise sieht eine IPv6-Adresse so aus:

2001:0db7:85b3:07d3:1319:8a2d:437a:63d4

Eine oder mehrere 16-Bit-Gruppen mit dem Wert 0000 können durch zwei aufeinanderfolgende Doppelpunkte ersetzt werden. Die resultierende Adresse darf höchstens einmal zwei aufeinanderfolgende Doppelpunkte enthalten. Die Adresse 2001:0db8::1428:57ab ist gleichbedeutend mit 2001:0db8:0000:0000:0000:0000:1428:57ab, aber 2001::25de::cade ist nicht korrekt, da nicht nachvollzogen werden kann, wie viele 16-Bit-Gruppen durch die zwei Doppelpunkte jeweils ersetzt wurden. Führende Nullen einer 16-Bit-Gruppe dürfen weggelassen werden. Die Adresse 2001:db8::28:b ist gleichbedeutend mit 2001:0db8::0028:000b.

Netzmasken, wie sie bei IPv4 verwendet wurden, gibt es bei IPv6 nicht. Die ersten 64 Bit der IPv6-Adresse dienen üblicherweise der Netzadressierung, die letzten 64 Bit werden zur Hostadressierung verwendet. Besitzt zum Beispiel ein Netzwerkgerät die IPv6-Adresse 2001:0db7:85b3:07d3:1319:8a2d:437a:63d4, so stammt es aus dem Subnetz 2001:0db7:85b3:07d3::/64.

Microsoft Windows Server 2016 nutzt den Next Generation TCP/IP-Stack. Hierbei handelt es sich um einen TCP/IP-Protokollstack, in den sowohl IPv4 (Internet Protocol version 4) als auch IPv6 (Internet Protocol version 6) integriert sind. Wenn eine DNS-Abfrage beispielsweise eine IPv6- und IPv4-Adresse zurückgibt, dann versucht der Stack zuerst, über IPv6 zu kommunizieren. Die Bevorzugung von IPv6 gegenüber IPv4 bietet IPv6-fähigen Anwendungen eine bessere Netzwerkkonnektivität.

Die standardmäßige Aktivierung von IPv6 und seine Bevorzugung haben keine negativen Auswirkungen auf die IPv4-Konnektivität. In Netzwerken, in denen keine IPv6-DNS-Einträge zur Verfügung stehen, wird beispielsweise nicht über IPv6-Adressen kommuniziert. Um die Vorteile einer IPv6-Konnektivität zu nutzen, müssen Netzwerkanwendungen aktualisiert werden. IPv6 bietet gegenüber IPv4 die folgenden Vorteile:

- **Größerer Adressraum** – Der 128-Bit-Adressraum von IPv6 bietet genügend Platz, um jedes Gerät im bestehenden und zukünftigen Internet mit einer eigenen global gültigen Adresse auszustatten.

- **Effizienteres Routing** – Durch den überarbeiteten IPv6-Header und das neue Adressierungsschema, das eine hierarchische Routinginfrastruktur unterstützt, können IPv6-Router den entsprechenden Netzwerkverkehr schneller weiterleiten.

- **Einfache Konfiguration** – IPv6-Hosts können sich entweder über DHCP oder mithilfe eines lokalen Routers selbst konfigurieren.

- **Verbesserte Sicherheit** – Die IPv6-Standards beheben einige der Sicherheitsprobleme von IPv4. Sie bieten einen besseren Schutz vor Adress- und Portscans. Sie schreiben vor, dass IPv6-Implementierungen IPsec (Internet Protocol Security) unterstützen müssen.

Windows Server 2016 unterstützt bereits nach der Installation das IP-Protokoll Version 6 (IPv6). Wenn Sie die Eigenschaften der Netzwerkverbindung anzeigen lassen, sehen Sie, dass IPv6 automatisch mit den Netzwerkverbindungen verknüpft wird.

IPv6 wurde so entworfen, dass es einfacher als IPv4 zu konfigurieren ist. IPv6 kann sich automatisch selbst konfigurieren, auch ohne DHCPv6 (Dynamic Host Configuration Protocol for IPv6). Alle IPv6-Knoten konfigurieren für jede physische oder logische IPv6-Schnittstelle automatisch eine lokale Adresse mit dem Präfix fe80::/64. Diese Adressen können nur zur Kommunikation mit benachbarten Knoten verwendet werden. Sie werden nicht im DNS registriert, und wenn Daten an eine solche Adresse gesendet werden sollen, ist zusätzlich eine Zonen-ID notwendig.

Wenn Sie einen Server mit Windows Server 2016 für IPv6 konfigurieren, sind folgende automatische Einstellungen möglich:

- Ein IPv6-Host sendet eine Multicastnachricht und empfängt eine oder mehrere Routernachrichten. In diesen Routernachrichten finden sich Subnetzpräfixe (diese nutzt der IPv6-Host zum Festlegen weiterer IPv6-Adressen und zum Hinzufügen von Routen zur IPv6-Routingtabelle) und weitere Konfigurationsparameter (zum Beispiel das Standardgateway).

- Über DHCPv6 erhält der IPv6-Host Subnetzpräfixe und andere Konfigurationsparameter. Oft wird DHCPv6 bei IPv6-Hosts unter Windows zum Beispiel dazu genutzt, die IPv6-Adressen der DNS-Server zu konfigurieren, was über die Routererkennung nicht möglich ist.

IPv6 konfigurieren

Neben der automatischen Konfiguration ist auch eine manuelle Konfiguration von IPv6 möglich. Windows Server 2016 stellt dazu eine grafische Oberfläche bereit, unterstützt aber ebenfalls die Konfiguration in der Eingabeaufforderung über den Befehl *Netsh*.

Wenn Sie in den Eigenschaften der Netzwerkverbindung die Eigenschaften von IPv6 aufrufen, können Sie verschiedene Einstellungen vornehmen:

- **IPv6-Adresse automatisch beziehen** – Hier wird konfiguriert, dass die IPv6-Adressen für diese Verbindung oder diesen Adapter automatisch festgelegt werden.
- **Folgende IPv6-Adresse verwenden** – IPv6-Adresse und das Standardgateway für diese Verbindung oder diesen Adapter.
- **IPv6-Adresse** – Hier können Sie eine IPv6-Unicastadresse angeben.
- **Subnetzpräfixlänge** – Hier können Sie die Länge des Subnetzpräfixes für die IPv6-Adresse festlegen. Bei IPv6-Unicastadressen sollte dies 64 sein (der Standardwert).
- **Standardgateway** – Hier können Sie die IPv6-Unicastadresse des Standardgateways angeben.
- **DNS-Serveradresse automatisch beziehen** – Hier wird konfiguriert, dass die IPv6-Adresse des DNS-Servers im Netzwerk über DHCPv6 bezogen wird.
- **Folgende DNS-Serveradressen verwenden** – Hier können Sie die Adressen des primären und sekundären DNS-Servers manuell festlegen.

Über die Schaltfläche *Erweitert* kommen Sie, wie bei IPv4 zu weiteren Einstellmöglichkeiten für IPv6. Auf der Registerkarte *IP-Einstellungen* können Sie die IPv6-Adressierung des Computers detaillierter spezifizieren:

- Für jede IPv6-Unicastadresse müssen Sie eine IPv6-Adresse und eine Subnetzpräfixlänge angeben. Die Schaltfläche *Hinzufügen* steht nur dann zur Verfügung, wenn die Option *Folgende IPv6-Adresse verwenden* bei den Einstellungen für die IPv6-Adresse gesetzt ist.
- Für jedes Standardgateway müssen Sie eine IPv6-Adresse angeben. Außerdem müssen Sie angeben, ob die Metrik für dieses Gateway über die Verbindungsgeschwindigkeit beziehungsweise über die Geschwindigkeit des Adapters ermittelt werden soll oder ob Sie die Metrik selbst festlegen möchten.
- Sie können festlegen, ob eine bestimmte Metrik für die IPv6-Adressen oder die Standardgateways verwendet wird oder ob sie über die Verbindungsgeschwindigkeit oder die Geschwindigkeit des Adapters ermittelt werden soll. Die Metrik wird verwendet, wenn mehrere Routen in der Routingtabelle zur Wahl stehen, die der Zieladresse eines weitergeleiteten Pakets entsprechen. Es wird die Route mit der niedrigsten Metrik ausgewählt. Die Metrik kann die Anzahl der Hops, die Geschwindigkeit und Zuverlässigkeit des Pfads, den Pfaddurchsatz oder administrative Eigenschaften widerspiegeln.

Auf der Registerkarte *DNS* können grundsätzlich die gleichen Einstellungen wie auf der entsprechenden Registerkarte für IPv4 vorgenommen werden.

IPv6 mit Netsh konfigurieren

Neben der Konfiguration von IPv6 in der grafischen Oberfläche besteht zusätzlich die Möglichkeit, sie auch über die Eingabeaufforderung durchzuführen. Für diese Konfiguration wird das Befehlszeilentool Netsh verwendet.

Mit dem Befehl *Netsh interface ipv6 add address* können Sie IPv6-Adressen konfigurieren. Hierbei gilt die folgende Syntax:

Netsh interface ipv6 add address interface=<Schnittstellenname oder Index> address=<IPv6_Adresse>/<Präfixlänge > type=<unicast>|anycast validlifetime=<Zeit>|infinite preferredlifetime=<Zeit>|infinite store=active|persistent

Die einzelnen Optionen haben folgende Bedeutung:

- **interface** – Der Name der Verbindung oder des Adapters oder der Index der Schnittstelle.
- **address** – IPv6-Adresse (optional gefolgt von der Länge des Subnetzpräfixes, standardmäßig 64).
- **type** – Typ der IPv6-Adresse – Unicast (Standard) oder Anycast.
- **validlifetime** – Die Lebensdauer, für die die Adresse gültig ist. Dieser Zeitraum kann in Tagen, Stunden, Minuten und Sekunden angegeben werden (zum Beispiel 1d2h3m4s). Standardmäßig ist die Lebensdauer unbegrenzt.
- **preferredlifetime** – Der Zeitraum, über den die Adresse bevorzugt wird. Er kann in Tagen, Stunden, Minuten und Sekunden angegeben werden (zum Beispiel 1d2h3m4s). Standardwert für diese Einstellung ist »unbegrenzt«.
- **store** – Wie die IPv6-Adresse gespeichert werden soll – entweder *active* (die Adresse wird beim Systemneustart entfernt) oder *persistent* (die Adresse bleibt beim Systemneustart erhalten, was auch die Standardeinstellung ist).

Mit dem folgenden Befehl können Sie zum Beispiel die IPv6-Unicastadresse 1002:db6::281d:1283::1 für die Schnittstelle LAN persistent und mit unbegrenzter Lebensdauer konfigurieren:

Netsh interface ipv6 add address "LAN" 1002:db6::281d:1283::1

Mit dem Befehl *Netsh interface ipv6 add route* können Sie ein Standardgateway konfigurieren und eine Standardroute (::/0) hinzufügen. Die Syntax dieses Befehls finden Sie im folgenden Abschnitt.

Auch die DNS-Server können für eine IPv6-Verbindung manuell festgelegt werden. Um DNS-Server hinzuzufügen, nutzen Sie den Befehl *Netsh interface ipv6 add dnsserver*. Dabei verwenden Sie folgende Syntax:

Netsh interface ipv6 add dnsserver interface=<Schnittstellenname> address=<IPv6-Adresse> index=<Reihenfolge>

Standardmäßig wird der DNS-Server an das Ende der Liste gesetzt. Wenn Sie jedoch hier einen Wert angeben, wird der DNS-Server an die entsprechende Position der Liste gesetzt. Um zum Beispiel einen DNS-Server mit der Adresse 1002:db6::281d:1283::1 und der Schnittstelle LAN hinzuzufügen, verwenden Sie den folgenden Befehl:

Netsh interface ipv6 add dnsserver "LAN" 1002:db6::281d:1283::1

Manuelle Routen für IPv6 erstellen

Wie für IPv4 können auch für IPv6 manuelle Routen erstellt werden. Allerdings wird beim Erstellen manueller Routen für IPv4 der Befehl *Route* verwendet, während für IPv6 der Befehl *Netsh* verwendet wird. Der Syntax zur Erstellung einer manuellen Route für IPv6 ist:

Netsh interface ipv6 add route prefix=<IPv6-Adresse>/<Ganze Zahl> interface=<Zeichenfolge> nexthop=<IPv6-Adresse> siteprefixlength=<Ganze Zahl> metric=<Ganze Zahl> publish=<Wert> validlifetime=<Ganze Zahl>|infinite preferredlifetime=<Ganze Zahl> store=<Wert>

Die einzelnen Optionen dieses Befehls haben folgende Funktion:

- **prefix** – Adresse oder Subnetzpräfix, für die oder das eine Route hinzugefügt wird
- **interface** – Schnittstellenname oder -index
- **nexthop** – Gatewayadresse, wenn das Präfix nicht auf Verbindung ist
- **siteprefixlength** – Präfixlänge für die ganze Website, falls sie auf Verbindung ist
- **metric** – Metrische Route
- **publish** – Stellt einen der folgenden Werte dar: Wenn *publish* auf *age* festgelegt wird, enthält die Routenankündigung die verbleibende Gültigkeitsdauer bis zum Löschen. Wenn *publish* auf *yes* festgelegt wird, wird die Route niemals gelöscht, unabhängig vom Wert der Gültigkeitsdauer, und jede Routenankündigung enthält dieselbe angegebene Gültigkeitsdauer. Wenn *publish* auf *no* oder *age* festgelegt wird, wird die Route nach Ablauf der Gültigkeitsdauer gelöscht.
- **no** – Nicht in Routenankündigungen angekündigt (Standard)
- **age** – In Routenankündigungen angekündigt mit sinkender Gültigkeitsdauer
- **yes** – In Routenankündigungen angekündigt mit unveränderter Gültigkeitsdauer
- **validlifetime** – Die Gültigkeitsdauer einer Route in Tagen, Stunden, Minuten und Sekunden (z.B. 1d2h3m4s). Der Standardwert ist *infinite*.
- **preferredlifetime** – Die bevorzugte Gültigkeitsdauer der Route. Standardmäßig entspricht dieser Wert der Gültigkeitsdauer.
- **store** – Stellt einen der folgenden Werte dar:
  - **active** – Änderung wird nur bis zum nächsten Systemstart beibehalten
  - **persistent** – Änderung ist dauerhaft (Standard)

In Netzwerken mit IPv4 arbeitet Windows Server 2016 nach dem alten Standard. Sind in einem Netzwerk IPv4 und IPv6 verfügbar, priorisiert Windows Server 2016 den Datenverkehr über IPv6. Funktioniert der Datenverkehr nicht problemlos, erkennt dies Windows Server 2016 und schaltet im Hintergrund automatisch auf IPv4 um.

Um eine Namensauflösung in Windows Server 2016 zu testen, verwenden Sie am besten nicht mehr das alte Befehlszeilentool Nslookup, sondern das PowerShell-Cmdlet *ResolveDNSname*. Auch dieses ist für IPv6 optimiert und kann anzeigen, ob bestimmte Zonen eine IPv6-Adresse verwenden. Microsoft geht auf der Seite *http://tinyurl.com/6srwqe9* ausführlicher auf das Thema ein.

Windows Server 2016 Active Directory

Windows Server 2016 können Sie als Mitgliedsserver auch in ältere Active Directory-Umgebungen integrieren.

Netzwerkeinstellungen für die Domänenaufnahme konfigurieren

Um einen Windows Server 2016-Server in Active Directory zu integrieren, rufen Sie zunächst die Verwaltung der Netzwerkverbindungen auf. Am schnellsten geht das, wenn Sie nach »ncpa.cpl« suchen. Alternativ rufen Sie das Netzwerk- und Freigabecenter über das Kontextmenü der Netzwerkverbindung auf dem Desktop auf und klicken auf *Adaptereinstellungen ändern*.

Ändern Sie die IP-Einstellungen so ab, dass der Client einen DNS-Server in der Active Directory-Struktur verwendet. Um die Verbindung zu testen, öffnen Sie eine Eingabeaufforderung auf dem Client und geben *Nslookup <FQDN des Domänencontrollers>* ein. Lassen Sie anschließend den Client noch den Domänencontroller anpingen.

Domänenaufnahme durchführen

Rufen Sie die Systemeigenschaften des Rechners auf, indem Sie im Suchfeld der Startseite »sysdm.cpl« eintippen. Klicken Sie danach im Dialogfeld *Systemeigenschaften* auf der Registerkarte *Computername* auf *Ändern*. Geben Sie bei *Computername* den Namen des Computers ein, den er später in der Domäne erhalten soll. Aktivieren Sie dann die Option *Domäne* bei *Mitglied von* und tragen Sie den DNS-Namen der Domäne ein, der der Client beitreten soll.

Als Letztes müssen Sie sich noch an der Domäne authentifizieren. Bei erfolgreicher Eingabe wird der Server in die Domäne aufgenommen. Wie bei den Vorgängerversionen von Windows müssen Sie den Server nach der Domänenaufnahme neu starten.

Haben Sie den Server nach der Domänenaufnahme neu gestartet, melden Sie sich mit einem Benutzernamen an der Domäne an.

Tipp Sie können Server auch in der PowerShell benennen, neu starten und in Domänen aufnehmen. Dazu verwenden Sie die Cmdlets

- *Rename-Computer -Name [Computername]*
- *Add-Computer -DomainName [Domänenname]*
- *Restart-Computer*

Domänenaufnahme testen

Auf dem Domänencontroller öffnen Sie in Windows Server 2016 den Server-Manager und dann über das Menü *Tools* das Snap-In *Active Directory-Benutzer und -Computer*. Hier sehen Sie in der Organisationseinheit (OU) *Computers* den neuen Server und können dessen Eigenschaften aufrufen. Auf der Registerkarte *Betriebssystem* sehen Sie den Stand des Betriebssystems.

Um sich mit einem Windows Server 2016-Server an Active Directory anzumelden, klicken Sie auf *Anderer Benutzer*. Geben Sie bei der ersten Anmeldung den Benutzernamen in der Syntax *<NetBIOS-Name der Domäne>\<Benutzernamen>* ein, wenn es den gleichen Benutzernamen zusätzlich auf dem lokalen Server gibt. Ist der Anmeldename in der Domäne auf dem Server nicht vorhanden, reicht auch die Anmeldung über den Benutzernamen.

Öffnen Sie nach der Anmeldung an der Domäne das *Netzwerk- und Freigabecenter* auf dem Desktop, sehen Sie ebenfalls den Domänenstatus des Servers. Sie können auch einfach auf das Netzwerksymbol klicken, um den Domänenstatus anzuzeigen. Im Netzwerk- und Freigabecenter sehen Sie außerdem die Anbindung an Active Directory.

Abbildung 6.7: Anzeigen der Domänenmitgliedschaft in Windows Server 2016

Über die Schaltfläche *Erweitert* in den Eigenschaften des TCP/IPv4-Protokolls und auch in IPv6 erreichen Sie weitere Einstellungen, um die Namensauflösung per DNS oder WINS im Netzwerk optimal einzustellen. Normalerweise werden Sie hier keine Einstellungen vornehmen müssen, da bereits die Standardeinstellungen ausreichen. Für manche Netzwerke kann jedoch eine Nachjustierung sinnvoll sein. Ob das bei Ihnen notwendig ist, erfahren Sie auf den folgenden Seiten. Vor allem wenn Sie eine Active Directory-Gesamtstruktur mit einer verschachtelten Domänenstruktur betreiben, sind Konfigurationsmaßnahmen notwendig.

Auf der Registerkarte *WINS* können Sie einen WINS-Server eintragen, sofern Sie einen solchen im Netzwerk betreiben. WINS steht für Windows Internet Name Service und ist der Vorgänger der dynamischen DNS-Aktualisierung. Während DNS für die Namensauflösung mit voll qualifizierten Domänennamen zuständig ist, werden mit WINS NetBIOS-Namen aufgelöst.

Damit sich die Server beim WINS registrieren und Daten aus WINS abfragen können, müssen Sie in den IP-Einstellungen die WINS-Server eintragen. Auf den Arbeitsstationen können Sie diese Einstellungen auch mithilfe eines DHCP-Servers verteilen. Mehr zu diesen Themen lesen Sie in den Kapiteln 24 und 25.

Kapitel 6: Windows Server 2016 im Netzwerk betreiben

Abbildung 6.8: Konfigurieren der erweiterten DNS-Einstellungen in Windows Server 2016

Auf der Registerkarte *DNS* werden schließlich notwendige Einstellungen vorgenommen, um Windows Server 2016 besser in eine Windows-Domäne einzubinden. Für eine generelle Aufnahme von Windows Server 2016 in eine Domäne sind hier keine Änderungen vorzunehmen. Zunächst sind standardmäßig immer nur die folgenden Optionen aktiviert:

- *Primäre und verbindungsspezifische DNS-Suffixe anhängen*
- *Übergeordnete Suffixe des primären DNS-Suffixes anhängen*
- *Adressen dieser Verbindung in DNS registrieren*

Die einzelnen Optionen spielen bei der Namensauflösung in einer DNS-Infrastruktur eine erhebliche Rolle:

- **Primäre und verbindungsspezifische DNS-Suffixe anhängen** – Durch die Aktivierung dieser Option wird festgelegt, dass der Rechner versucht, bei der Auflösung von Rechnernamen immer automatisch das konfigurierte primäre DNS-Suffix des eigenen Computernamens anzuhängen. Wollen Sie zum Beispiel einen Rechnernamen mit der Bezeichnung *dc01* auflösen, versucht der Rechner eine Namensauflösung nach *dc01.contoso.int*, wenn das primäre DNS-Suffix des Computers *contoso.int* ist.

- **Übergeordnete Suffixe des primären DNS-Suffixes anhängen** – Diese Option bedeutet, dass auch die Namen von übergeordneten Domänen bei der Namensauflösung verwendet werden. Wenn Sie zum Beispiel in einer untergeordneten Domäne mit der Bezeichnung *muenchen.de.contoso.int* einen Servernamen *dc05* auflösen wollen, versucht der Rechner zunächst die Auflösung über *dc05.muenchen.de.contoso.int*, falls dies das primäre DNS-Suffix des Computers ist. Im Anschluss wird versucht, den Namen über *dc05.de.contoso.int* und dann über *dc05.contoso.int* aufzulösen, da diese Domänen der Domäne *muenchen.de.contoso.int* übergeordnet sind.

- **DNS-Suffix für diese Verbindung** – Zusätzlich haben Sie noch die Möglichkeit, in diesem Bereich ein weiteres beliebiges DNS-Suffix einzutragen. Wenn der Rechner den eingegebenen Namen bei seinem konfigurierten DNS-Server nicht über sein eigenes primäres DNS-Suffix finden kann, versucht er es mit dem DNS-Suffix in diesem Feld. Wollen Sie zum Beispiel den Servernamen *dc06* auflösen, versucht der Server zunächst die Auflösung in *dc06.contoso.int*, sofern das sein primäres DNS-Suffix ist. Tragen Sie im Feld *DNS-Suffix für diese Verbindung* noch ein Suffix in der Form *muenchen.de.microsoft.int* ein, versucht der Server, auch den Namen nach *dc06.muenchen.de.microsoft.int* aufzulösen.

- **Adressen dieser Verbindung in DNS registrieren** – Auch diese Option ist bereits standardmäßig aktiviert. Ein DNS-Server hat die Möglichkeit, Einträge dynamisch zu registrieren. Durch dieses dynamische DNS müssen Hosteinträge nicht mehr manuell durchgeführt werden. Sobald sich ein Rechner im Netzwerk anmeldet, versucht er, seinen FQDN beim konfigurierten DNS-Server automatisch einzutragen, sofern diese Option nicht deaktiviert wurde. Dieser Punkt ist für die interne Namensauflösung in einem Active Directory-Netzwerk von sehr großer Bedeutung.

Außer den standardmäßig aktivierten Optionen gibt es noch weitere Möglichkeiten, die Sie in diesem Fenster konfigurieren können:

- **Diese DNS-Suffixe anhängen** – Wenn Sie diese Option aktivieren, können Sie DNS-Suffixe konfigurieren, nach denen unvollständige Rechnernamen aufgelöst werden. Aktivieren Sie diese Option, werden weder das primäre DNS-Suffix des Servers noch die DNS-Suffixe dieser Verbindung verwendet. Es werden die DNS-Suffixe in der Reihenfolge angehängt, die im Feld *Diese DNS-Suffixe anhängen (in Reihenfolge)* konfiguriert sind. Achten Sie bei der Konfiguration darauf, dass möglichst das DNS-Suffix der Windows-Domäne, in der dieser Server Mitglied ist, als Erstes in dieser Liste eingetragen ist. Diese Option wird häufig verwendet, um die Namensauflösung in Gesamtstrukturen mit mehreren Strukturen zu lösen. Dazu werden in der Reihenfolge alle Strukturen der Gesamtstruktur eingetragen, um eine Namensauflösung innerhalb des Active Directory zu gewährleisten. Vor allem beim Einsatz von Exchange-Servern ist diese Option sehr nützlich, wenn die Exchange-Server über mehrere Strukturen und Domänen verteilt sind. Standardmäßig ist diese Option nicht aktiviert.

- **DNS-Suffix dieser Verbindung in DNS-Registrierung verwenden** – Wenn Sie diese Option aktivieren, wird der Server-Name im DNS mit seinem Computernamen und seinem primären DNS-Suffix registriert, also seinem FQDN (Fully Qualified Domain Name). Zusätzlich wird der Name mit dem DNS-Suffix, das im Bereich *DNS-Suffix für diese Verbindung* konfiguriert ist, auch beim DNS-Server registriert. Diese Option ist ebenfalls nicht standardmäßig aktiviert.

Wenn Sie schnell und effizient Servernamen in verschiedenen DNS-Zonen auflösen wollen, aktivieren Sie auf dem Server in den IP-Einstellungen über die Schaltfläche *Erweitert* auf der Registerkarte *DNS* die Option *Diese DNS-Suffixe anhängen (in Reihenfolge)*. Tragen Sie als Nächstes zuerst den Namensraum der eigenen Struktur ein und hängen Sie danach die Namensräume der anderen Strukturen an.

Der Sinn dieser Konfiguration ist die schnelle Auflösung von Servern in den anderen Strukturen. Wenn Sie zum Beispiel den Domänencontroller *dc1* in der Struktur *contoso.int* auflösen wollen, müssen Sie immer *dc1.contoso.int* eingeben, wenn Ihr Server nicht Mitglied dieser Struktur ist. Diese Einstellung ist nur optional, erleichtert aber die Stabilität der Namensauflösung in Active Directory. Sie sollten diese Einstellung auf jedem Domänencontroller sowie auf jedem Exchange-Server in Ihrer Gesamtstruktur und auch auf Computern von Administratoren oder Powerusern durchführen, die ständig eine Verbindung zu anderen Domänen aufbauen müssen. Zuerst sollten immer die eigene Domäne und der eigene Namensraum eingetragen werden, bevor andere Namensräume abgefragt werden.

Wenn Sie diese Maßnahme durchgeführt haben, können Sie durch Eingabe des Befehls *Nslookup* den Effekt überprüfen. Sie können an dieser Stelle lediglich *dc1* eingeben. Der Server befragt seinen bevorzugten DNS-Server, ob ein Server mit dem Namen *dc1.contoso.int* gefunden wird, wenn es sich hier um Ihr primäres DNS-Suffix handelt. Da dieser Server unter Umständen in dieser Domäne nicht vorhanden ist, wird der nächste Namensraum abgefragt.

Viele Administratoren tragen auf ihrem DNS-Server einfach einen neuen statischen Hosteintrag ein, der auf die IP-Adresse des Servers des anderen Namensraums zeigt. Diese Vorgehensweise ist aber nicht korrekt, auch wenn sie grundsätzlich funktioniert. Es wird in diesem Fall nämlich nicht der richtige DNS-Name des entsprechenden Servers zurückgegeben, sondern der Servername mit der Zone des DNS-Servers, in die der Server als Host eingetragen wurde. Vor allem in größeren Active Directories sollten Administratoren darauf achten, die Konfigurationen so vorzunehmen, dass sie auch formal korrekt sind. Das hilft oft, unbedachte Probleme zu vermeiden.

Wenn Sie zum Beispiel in der Zone *microsoft.com* einen neuen Eintrag *dc1* für den Domänencontroller *dc1.contoso.com* erstellen, der auf die IP-Adresse des Servers verweist, wird der Name als *dc1.microsoft.com* aufgelöst, obwohl der eigentliche Name des Servers *dc1.contoso.com* ist. Dadurch funktioniert zwar die Auflösung, aber es wird ein falscher Name zurückgegeben.

Öffnen Sie nach der Konfiguration beziehungsweise der Aufnahme des Computers in die Domäne eine Eingabeaufforderung und geben Sie den Befehl *Nslookup* ein. Die Eingabe des Befehls darf keinerlei Fehlermeldungen verursachen. Es muss der richtige FQDN des DNS-Servers und dessen IP-Adresse angezeigt werden. Sollte dies nicht der Fall sein, gehen Sie Schritt für Schritt vor, um den Fehler einzugrenzen:

1. Überprüfen Sie, ob das primäre DNS-Suffix mit dem Zonennamen übereinstimmt. Das primäre DNS-Suffix der Domäne wird automatisch bei der Aufnahme in die Domäne zugewiesen.
2. Stellen Sie als Nächstes fest, ob die IP-Adresse des DNS-Servers korrekt in den IP-Einstellungen des Computers eingetragen wurde.

Zusammenfassung

In diesem Kapitel haben wir Ihnen gezeigt, wie Sie Windows Server 2016 in einem Netzwerk betreiben. Auch die Funktion der Zusammenfassung von Netzwerkkarten zu sogenannten NIC-Teams haben wir in diesem Kapitel erläutert. Außerdem wurde auf die Themen IP-Routing und IPv6 eingegangen. Wir haben Standardkonfigurationen behandelt und was Sie einstellen müssen, um Windows Server 2016 in Active Directory zu betreiben, inklusive verschiedener Befehlszeilentools zur Fehlerbehebung.

Im nächsten Kapitel zeigen wir Ihnen, wie Sie Hyper-V in Windows Server 2016 nutzen, um Server zu virtualisieren.

Teil C
Virtualisierung mit Hyper-V

Kapitel 7: Hyper-V – Installation und Servervirtualisierung 197
Kapitel 8: Hyper-V – Datensicherung und Wiederherstellung 253
Kapitel 9: Hyper-V – Hochverfügbarkeit 271

Kapitel 7
Hyper-V – Installation und Servervirtualisierung

In diesem Kapitel:
So funktioniert Hyper-V 198
Hyper-V installieren und verwalten 205
Virtuelle Switches in Windows Server 2016 210
Virtuelle Server erstellen und installieren 221
Einstellungen von virtuellen Servern anpassen..231
Migration zu Hyper-V 245
Zusammenfassung..252

Mit Hyper-V bietet Microsoft eine in das Betriebssystem integrierte Lösung zur Virtualisierung an. Hyper-V bietet mit der Hypervisor-Technologie eine direkte Verbindung mit den Virtualisierungsfunktionen der aktuellen AMD- und Intel-Prozessoren. Hyper-V besteht aus einer kleinen hochspezialisierten Softwareschicht, dem sogenannten Hypervisor, die direkt zwischen der Serverhardware und den virtuellen Computern positioniert ist.

Hinweis	In Windows Server 2016 ist automatisch Windows Defender als Virenscanner installiert (siehe Kapitel 31). Allerdings hat Microsoft automatisch die notwendigen Ausnahmen für Hyper-V und die anderen Serverrollen integriert. Sollen die Ausnahmen ausgeschaltet werden, geben Sie den folgenden Befehl ein: *Set-MpPreference -DisableAutoExclusions $true* In Kapitel 31 finden Sie eine Liste der Ausnahmen von Windows Defender, auch für Hyper-V.

So funktioniert Hyper-V

Die Software partitioniert die Hardwareressourcen eines Servers. Dabei lassen sich übergeordnete und untergeordnete Partitionen, sogenannte Parent-VMs und Child-VMs, erstellen. Während in der Parent-VM die Prozesse der virtuellen Maschine, der WMI-Provider und der VM-Dienst läuft, sind in den Child-VMs die Anwendungen positioniert. Die Parent-VM verwaltet auch die Treiber der Computer. Hyper-V benötigt im Gegensatz zu vielen anderen Virtualisierungslösungen keine speziellen Treiber für aktuelle Hardware. Die Parent-VM ist sozusagen das eigentliche Hostsystem, während die Child-VMs die virtuellen Computer darstellen. Dabei tauscht nur die Parent-VM Informationen mit Hyper-V direkt aus.

Untergeordnete Partitionen stellen die Anwendungen im Benutzermodus zur Verfügung, während der Kernelmodus nur die Virtualization Service Clients (VSC) und den Windows-Kernel betreibt. Dadurch steigert sich in der Theorie neben der Geschwindigkeit auch die Stabilität der Computer. Damit die virtuellen Computer funktionieren, nimmt Hyper-V kleinere Änderungen am Kernel der Gastsysteme vor.

Hyper-V unterstützt die AMD- und Intel-Virtualisierungsfunktionen für x64-Prozessoren und setzt sie für den Einsatz sogar voraus. Dies bedeutet, dass x86-Computer von der Virtualisierung zumindest als Hostsystem ausgeschlossen sind. Hyper-V lässt sich daher nur auf x64-Bit-Computern mit Intel-VT- oder AMD-V-Erweiterungen installieren.

Physische und virtuelle Datenspeicher lassen sich virtuellen Maschinen in Hyper-V im laufenden Betrieb zuweisen oder von diesen Maschinen abtrennen. So lassen sich Pass-Through-Festplatten, also die Anbindung von physischem Datenspeicher an virtuelle Maschinen ohne Beeinträchtigung der Benutzer anbinden. Dies gilt ebenfalls für herkömmliche virtuelle Festplatten. Diese Technik funktioniert sowohl bei den virtuellen .vhd/.vhdx-Festplatten als auch über Festplatten, die zwar am Host physisch angeschlossen, aber nur in den virtuellen Servern konfiguriert sind. Hyper-V ermöglicht dies über einen neuen virtuellen SCSI-Controller.

Grundlagen von Hyper-V

Hyper-V-Hosts können 24 TB RAM nutzen. Virtuelle Maschinen verwalten in Windows Server 2016 bis zu 16 TB Arbeitsspeicher. Virtuelle Maschinen lassen sich in Hyper-V-Clustern priorisieren, und mit der Livemigration lassen sich im laufenden Betrieb mehrere Server gleichzeitig zwischen Clusterknoten verschieben. Fällt ein Knoten aus, verschiebt Hyper-V die virtuellen Maschinen mit der höchsten Priorität zuerst. Alle Neuerungen in Hyper-V von Windows Server 2016 finden Sie in Kapitel 1 beschrieben.

Tipp Hyper-V lässt sich auch weitaus besser in der PowerShell verwalten als der Vorgänger in Windows Server 2008 R2. Geben Sie in der PowerShell *Get-Command -Module Hyper-V* ein, erhalten Sie eine Liste der verfügbaren Cmdlets.

In Windows Server 2008 R2 konnten Sie 64 logische Prozessoren für Hyper-V-Hosts einsetzen und virtuellen Servern bis zu vier virtuelle Prozessoren zuweisen. Windows Server 2012 R2 unterstützt bis zu 320 Prozessoren pro Host und Sie können virtuellen Servern bis zu 64 virtuelle Prozessoren zuordnen. Sie können außerdem bis zu 2.048 virtuelle Prozes-

So funktioniert Hyper-V

soren auf den Hyper-V-Hosts einsetzen. Die bekannten Grenzwerte (320 CPUs für Host, 4 TB RAM für Host, 64 TB für virtuelle Festplatten, 1 TB RAM für VM, 64 Clusterknoten) für Windows Server 2012 R2 wurden mit Windows Server 2016 noch etwas aufgebohrt. Für Windows Server 2016 gelten folgende Grenzwerte:

Maximale CPUs pro Host: 512

Maximaler Arbeitsspeicher pro Host: 24 TB

Maximaler Arbeitsspeicher pro VM: 16 TB

Maximale Anzahl an virtuellen CPUs pro VM: 240

Hinweis Virtuelle Server lassen sich einfach mit BitLocker verwenden. In Generation 2-VMs können Sie ein virtuelles TPM hinzufügen, für Generation 1-VMs speichert Windows Server 2016 die notwendigen Daten in einem versteckten Bereich der Festplatte. Mehr zu BitLocker lesen Sie in Kapitel 5.

Im Hyper-V-Manager können Sie für jeden Hyper-V-Host eigene Anmeldedaten hinterlegen. Der Nachfolger von Windows Server 2012 R2 verwendet zur Kommunikation mit den Servern das WS-MAN-Protokoll, das wesentlich performanter ist und vor allem leichter bedienbar. Es unterstützt CredSSP, Kerberos und NTLM und verwendet den Port 80 zur Verbindung zwischen Hyper-V-Manager und Hyper-VHost.

Tipp Markieren Sie im Hyper-V-Manager mehrere VMs auf einmal, stehen im Kontextmenü die Befehle zur Verfügung, die für alle markierten VMs durchgeführt werden können.

Optimale Hochverfügbarkeit

Mit Hyper-V-Replica lassen sich in Windows Server 2016 weiterhin virtuelle Festplatten und ganze Server asynchron zwischen verschiedenen Hyper-V-Hosts im Netzwerk replizieren und synchronisieren. Die Replikation findet über das Dateisystem statt, ein Cluster ist nicht notwendig.

Die Replikationen lassen sich manuell, automatisiert oder nach einem Zeitplan ausführen. Auf diesem Weg lassen sich virtuelle Server auch hochverfügbar betreiben, ohne teure Cluster betreiben zu müssen. Die Einrichtung nehmen Sie über einen Assistenten im Hyper-V-Manager vor (siehe Kapitel 9). Außerdem können Sie die Livemigration von virtuellen Servern jetzt ohne Cluster verwenden (siehe Kapitel 9).

Damit Hyper-V-Hosts eine solche Replikation zulassen, müssen Sie sie zunächst generell aktivieren. Mit dieser Technologie lassen sich problemlos virtuelle Server im laufenden Betrieb zwischen verschiedenen Hyper-V-Hosts replizieren.

Kapitel 7: Hyper-V – Installation und Servervirtualisierung

Abbildung 7.1: Konfigurieren der Hyper-V-Replikation für einen Hyper-V-Host

Auf diese Weise können Sie aber auch Testumgebungen mit produktiven Daten aufbauen oder für eine Hochverfügbarkeitslösung sorgen, indem Sie Server replizieren lassen. Die Computer müssen dabei nicht in einem Cluster konfiguriert sein, es reicht aus, wenn auf dem Hyper-V-Host Windows Server 2016 und Hyper-V installiert ist. Auch eine Replikation zum kostenlosen Hyper-V Server 2016 ist möglich. Die entsprechende Replikation steuern Sie über einen Assistenten, den Sie über das Kontextmenü von virtuellen Servern im Hyper-V-Manager starten.

Für eine bessere Leistung im Netzwerk dürfen virtuelle Server auf Hardwarefunktionen von Netzwerkkarten zugreifen, was das Tempo enorm beschleunigen kann. In den Einstellungen von virtuellen Netzwerkkarten lässt sich die Netzwerkbandbreite von Servern eingrenzen und unerwünschte DHCP- oder Routerpakete lassen sich blockieren. Dies soll verhindern, dass virtuelle Server unerwünscht als DHCP-Server oder Router agieren und das Netzwerk beeinträchtigen.

Kaufen Unternehmen neue Hostsysteme für Hyper-V, sollten sie darauf achten, genügend Netzwerkkarten in den Server einzubauen. Wichtig ist dabei auch, dass die Karten die neuen Funktionen in Hyper-V unterstützen.

Sicherheit und Bandbreitenverwaltung

In den Netzwerkeinstellungen lassen sich unter anderem Berechnungen für IPsec vom Prozessor des virtuellen Servers auf die physische Netzwerkkarte auslagern.

Abbildung 7.2: Erweiterte Einstellungen für Netzwerkkarten

Eine weitere Einstellung ist *E/A-Virtualisierung mit Einzelstamm*. Hierbei handelt es sich ebenfalls um physische Funktionen von Netzwerkkarten, die auch in Hyper-V funktionieren. Netzwerkkarten, die diese Funktion unterstützen, stellen für virtualisierte Umgebungen implementierte E/A-Kanäle zur Verfügung, mit denen sich die Karte gegenüber virtualisierten Servern wie mehrere Netzwerkkarten verhält. SR-IOV ist vor allem bei E/A-intensiven Anwendungen interessant, also durchaus auch für Microsoft SQL Server 2012/2014/2016.

Bei den erweiterten Features finden Sie die beiden Einstellungen *DHCP-Wächter* und *Routerwächter*. Die Einstellungen sollen verhindern, dass virtuelle Server unkontrolliert als DHCP-Server oder als Router agieren.

Ebenfalls Bestandteil von Windows Server 2016 ist das Festplattenformat *.vhdx*. Dieses erlaubt in Hyper-V eine maximale Festplattengröße von 64 TB. Hyper-V unter Windows Server 2008 R2 unterstützte mit *.vhd*-Dateien nur 2 TB. Interessant in diesem Bereich ist auch die Möglichkeit, 4-KB-Sektoren für Festplatten zu verwenden. Windows Server 2016 unterstützt Festplatten mit großen Sektoren.

Das Festplattenformat für 4-KB-Festplatten trägt die Bezeichnung *Advanced Format Technology*. Es ermöglicht physische Festplatten mit einer Sektorgröße von 4 KB. Bisher nutzen Festplatten eine Sektorgröße von 512 Byte. Die erhöhte Sektorgröße ist notwendig, damit Hersteller Festplatten mit höherer Speicherkapazität bereitstellen können. Daher muss auch Hyper-V das neue Format unterstützen. Davon profitiert außerdem das Betriebssystem, da Windows Server 2016 ebenfalls 4 KB große Speichereinheiten nutzt. Das heißt, logische Sektoren passen in einen einzelnen physischen Sektor und sind nicht mehr verteilt.

Außerdem bietet Hyper-V in Windows Server 2016 die Unterstützung von 4-KB-Festplattensektoren. Das heißt, Sie können virtuelle Festplatten effizient auf 4-KB-Festplatten erstellen. Zusätzlich unterstützt Hyper-V virtuelle Festplatten, die auf 512e-physischen Festplatten erstellt wurden. Da nicht alle Software und Hardware das neue Format unterstützen, melden sich viele Festplatten mit 512-Bit-Emulation am System an, auch 512e genannt. Die Firmware der Festplatte speichert ankommende Datenpakete dann entsprechend in den tatsächlich vorhandenen 4-KB-Sektoren. Auch bei diesen Vorgängen ist Windows Server 2016 wesentlich schneller als die Vorgänger.

Beim Umgang mit diesen Festplatten ist es wichtig, dass die verwendeten Sektoren des Betriebssystems durch die vorhandenen physischen Sektoren teilbar sind. Ist das nicht der Fall, wird ein logischer Sektor des Betriebssystems auf mehrere physische Sektoren verteilt. Dadurch kann die Leistung des Systems enorm einbrechen.

Schnellerer Datenfluss in Rechenzentren mit SAN

Ebenfalls verbessert ist der Umgang mit SANs in Windows Server 2016. Hier lassen sich weiterhin Speicherplätze direkt den virtuellen Servern zuordnen. In Hyper-V können Sie mit virtuellen Fibrechannels virtuellen Servern direkt Zugriff auf Fibrechannels in SAN gewähren. Das verbessert die Leistung und erlaubt die Anbindung von Hyper-V-Hosts an mehrere SANs. Vor allem bei der Livemigration kann das einen echten Mehrwert bieten.

Eine weitere wichtige Funktion in diesem Bereich ist die Unterstützung von ODX, auch Offloaded Data Transfer genannt. Den Datenverkehr zwischen SAN und Betriebssystem speichert Windows Server 2016 in einem Puffer. Bei sehr großen Datenmengen kann Windows Server 2016 solche Aktionen auch ohne das Hostsystem direkt mit der Steuerungssoftware des SANs erledigen. Das verbessert deutlich die Leistung des Systems. Für diesen Austausch nutzt Windows Server 2016 ODX. Die meisten SAN-Hersteller nutzen derzeit schon die Technik. Hyper-V profitiert von dieser Technik, wenn zum Beispiel virtuelle Server verschoben werden sollen, etwa zur Livemigration oder der Replikation.

Weitere wichtige Funktionen in Hyper-V

In Windows Server 2016 können Sie virtuelle Festplatten auf Basis von .*vhdx*-Dateien mehreren virtuellen Servern gleichzeitig zuordnen. Diese Funktion wird Shared-VHDX genannt. Davon profitieren vor allem Unternehmen, die Windows-Cluster auf Basis virtueller Server aufbauen wollen.

Außerdem hat Microsoft die Livemigration seit Windows Server 2012 verbessert. Während der Übertragung werden Daten komprimiert und dadurch schneller übertragen. Die Replikation von virtuellen Servern können Sie in Windows Server 2016 zwischen drei Hyper-V-Hosts auch ohne Cluster durchführen.

In Netzwerken mit 10-Gbit/s-Netzwerken lässt sich dabei mit der Livemigration und der verbesserten RDMA (Remote Direct Memory Access) zwischen Servern mit Windows Server 2016 auch der Inhalt des Arbeitsspeichers austauschen. Sie haben in Windows Server 2016 weiterhin die Möglichkeit, virtuelle Server im laufenden Betrieb zu exportieren. Sie müssen die Server nicht mehr wie in Windows Server 2008 R2/2012 herunterfahren, um einen Export zu starten. Die Funktion war bereits Bestandteil von Windows Server 2012 R2. Auch Prüfpunkte (früher als Snapshots bezeichnet) dürfen vorhanden sein und werden beim Export berücksichtigt und mit exportiert.

Abbildung 7.3: Der erweiterte Sitzungsmodus verbessert die Verwaltung von virtuellen Servern.

In den Hyper-V-Einstellungen von Hyper-V-Hosts können Sie über den Menüpunkt *Richtlinie für den erweiterten Sitzungsmodus* die Funktionen des erweiterten Sitzungsmodus aktivieren. Anschließend ist die Verwaltung von virtuellen Servern deutlich verbessert. Verbinden Sie sich mit einem virtuellen Server, verwendet Windows Server 2016 das RDP-Protokoll, ohne dass Sie es auf dem virtuellen Computer zunächst aktivieren müssen. Dies beschleunigt die Fernwartung und bietet die Möglichkeit, Daten per Drag&Drop auszutauschen.

Nachdem der erweiterte Sitzungsmodus aktiviert und die Maschine neu gestartet ist, können Sie auswählen, welche Auflösung bei der Verbindung zum virtuellen Server genutzt werden soll. Dazu muss in der VM das RDP-Protokoll nicht aktiviert sein.

Über *Weitere Optionen* und durch Auswahl von *Lokale Ressourcen* lässt sich auch die Zwischenablage nutzen und Sie können Drucker in die Sitzung einbinden. Microsoft nutzt für VM-Connect eine erweiterte Version des RDP-Protokolls. Dieses ist vor allem bei WAN-Verbindungen deutlich schneller. Nach der Verbindung über die erweiterten Optionen lassen sich diese Funktionen im VM-Connect-Fenster über *Ansicht/Erweiterte Sitzung* oder das neue Symbol unterhalb des Menübefehls *Ansicht* aktivieren oder deaktivieren.

Der größte Vorteil der erweiterten Sitzung ist neben der deutlich höheren Geschwindigkeit die Möglichkeit, Dateien über die Zwischenablage mit dem Host auszutauschen.

Virtuelle Server unterstützen in Windows Server 2016 das UEFI-System und auch Secure Boot in UEFI. Dazu müssen Sie beim Erstellen einer virtuellen Maschine im neuen Fenster aber *Generation 2* als VM-Typ auswählen. Nach der Erstellung ist eine Änderung nicht mehr möglich.

In den Einstellungen virtueller Server lassen sich auch Einstellungen für das UEFI-System vornehmen und zusätzlich die Secure-Boot-Funktion nutzen, um den Start von Viren während des Bootvorgangs zu verhindern. Dazu sind aber nur Generation 2-VMs in der Lage. Diese VMs können außerdem von virtuellen SCSI-Platten booten. Generation 1-VMs unterstützen nur Bootvorgänge von virtuellen IDE-Platten. Linux lässt sich in Windows Server 2016 besser als virtueller Gast nutzen. Sie können Dynamic Memory jetzt ebenso in Linux einsetzen und viele weitere Funktionen nutzen.

Für virtuelle Festplatten lassen sich Bandbreitenbegrenzungen definieren, ähnlich zu den erweiterten Features für virtuelle Switches. So wird verhindert, dass ein virtueller Server eine virtuelle Festplatte zu stark auslastet.

Virtuelle Server auf Basis von Generation 2 nutzen keinerlei emulierte Hardware, wodurch sich die Geschwindigkeit der Server deutlich erhöht. Außerdem können diese Server von virtuellen SCSI-Laufwerken oder über das Netzwerk booten. PS/2-Tastaturen und -Mäuse können Sie mit Generation 2-VMs nicht nutzen.

.vhdx-Dateien von Servern lassen sich im laufenden Betrieb des Servers vergrößern oder verkleinern. Die Obergrenze von virtuellen Festplatten auf Basis von *.vhdx*-Dateien bleibt bei 64 TB, die von *.vhd*-Dateien bleibt bei 2 TB.

Hinweis Virtualisieren Sie Windows Server 2016 Datacenter auf einem Hyper-V-Host mit Windows Server 2016 Datacenter, überprüft das Betriebssystem beim ersten Start, ob das Betriebssystem auf dem Host bereits aktiviert ist. Wenn ja, aktiviert sich das Betriebssystem im Gast automatisch ebenfalls.

Speicherorte in Hyper-V

Die Daten von Hyper-V-Hosts speichern Sie an verschiedenen Orten und Festplatten. Die Speicherorte selbst legen Sie an verschiedenen Stellen in der Hyper-V-Verwaltung fest, zum Beispiel den Hyper-V-Einstellungen, und in den Einstellungen der einzelnen virtuellen Server.

Zusätzlich haben Sie in Windows Server 2016 die Möglichkeit, den Speicherort der virtuellen Festplatten und Konfigurationsdateien im laufenden Betrieb zu ändern. In den Hyper-V-Einstellungen des Hyper-V-Hosts selbst legen Sie den Standardspeicherort für neue virtuelle Server fest. Sie können den Standard-Speicherort an dieser Stelle auch ändern.

Beim Anlegen von neuen virtuellen Servern können Sie aber auch festlegen, wo die Daten gespeichert werden sollen. Dabei unterscheidet Hyper-V zwischen dem Speicherort der Konfigurationsdateien, dem Speicherort für Prüfpunktdateien und dem Speicherort der Smart Paging-Dateien. Diese Funktion ist neu seit Windows Server 2012. Smart Paging soll verhindern, dass sich virtuelle Server nicht mehr starten lassen, weil der gesamte verfügbare Arbeitsspeicher bereits zugewiesen ist. Die Smart-Paging-Funktion erlaubt virtuellen Servern, beim Neustart Teile der Festplatte des Hosts als Arbeitsspeicher zu nutzen.

Tipp   Microsoft empfiehlt, den Speicherort von virtuellen Festplatten mit ReFS zu formatieren. Mit diesem Dateisystem lassen sich virtuelle Festplatten sehr viel schneller erstellen. Außerdem ist das Dateisystem wesentlich stabiler (siehe Kapitel 5).

Auch Prüfpunkte (Snapshots) lassen sich auf ReFS-Datenträgern schneller erstellen und wieder zusammenfügen (siehe Kapitel 8).

Hyper-V installieren und verwalten

Hyper-V installieren Sie als Serverrolle. Sie können dazu den Server-Manager verwenden oder die PowerShell. Binden Sie einen Server an System Center Virtual Machine Manager an, haben Sie ebenfalls die Möglichkeit, Hyper-V zu installieren, wenn Sie den Host anbinden. In Windows Server 2016 können Sie über den Server-Manager Hyper-V remote auf Servern im Netzwerk installieren.

Auch Core-Server beherrschen in Windows Server 2016 Hyper-V, das gilt ebenfalls für die neuen Nano-Server. Die Verwaltung findet dann über einen Server im Netzwerk mit grafischer Oberfläche, einer Arbeitsstation mit installierten Remoteserver-Verwaltungstools oder mit System Center Virtual Machine Manager statt. Mehr zum Thema lesen Sie in den Kapiteln 1 bis 4. Zusätzlich können Sie Hyper-V Server 2016 installieren. Hier ist die Serverrolle *Hyper-V* bereits nach der Installation des Servers aktiviert (siehe Kapitel 2).

Voraussetzungen für den Einsatz von Hyper-V

In diesem Abschnitt gehen wir in Stichpunkten auf die einzelnen Voraussetzungen ein, die Sie erfüllen müssen, um Hyper-V einzusetzen. Sie müssen sicherstellen, dass vor der Installation im BIOS des Servers die Virtualisierungsfunktionen des Prozessors aktiviert sind.

Der Prozessor muss Data Execution Prevention (DEP) unterstützen. Diese muss im BIOS auch aktiviert sein. Die Bezeichnung dafür ist Intel XD bit (Execute Disable Bit) oder AMD NX bit (No Execute Bit).

Kapitel 7: Hyper-V – Installation und Servervirtualisierung

Hinweis	Konfigurieren Sie Ihren Virenscanner auf dem Hyper-V-Server so, dass die *.vhd (x)*- und Konfigurationsdateien der virtuellen Computer nicht gescannt werden. Vor allem beim Einsatz der Livemigration ist dies absolut notwendig, da ansonsten die Leistung des Servers leidet oder virtuelle Maschinen beschädigt werden können.
	Auch die Verzeichnisse, in denen sich Prüfpunkte und die *.iso*-Dateien befinden, sollten nicht gescannt werden. In Clustern sollte das Verzeichnis des Cluster Shared Volumes ausgenommen werden. Außerdem empfiehlt Microsoft, dass die folgenden Prozesse nicht durch den Virenscanner überprüft werden:
	Hyper-V Virtual Machine Management: *vmms.exe*
	Hyper-V Virtual Machine Worker Process: *vmwp.exe*
	Cluster Server Service: *clussvc.exe*

- Der Host muss über so viel Arbeitsspeicher verfügen, wie Sie den virtuellen Computern insgesamt zuweisen möchten. Die maximale Größe ist an das Betriebssystem gebunden. Für Hyper-V gelten daher nur die Einschränkungen des Betriebssystems. Damit Sie Hyper-V installieren können, muss der Server über mindestens 512 MB Speicher verfügen.

- Windows Server 2016 muss als Betriebssystem für den physischen Host eingesetzt werden. Als kostenlose Alternative steht Hyper-V Server 2016 zur Verfügung. Dieser Server entspricht der vollwertigen Installation von Windows Server 2016 als Core-Server.

- Die maximale Festplattengröße für virtuelle Festplatten beträgt 64 TB (*.vhdx*-Dateien).

Hinweis	Achten Sie bei der Lizenzierung von Hyper-V-Servern auf die entsprechenden Hinweise dazu in Kapitel 1.

Hyper-V installieren

Für die Installation von Hyper-V verwenden Sie den Server-Manager und fügen Hyper-V wie andere Rollen als Serverrolle hinzu (siehe Kapitel 4). Auf herkömmlichen Servern startet der Assistent zum Hinzufügen von neuen Serverrollen. Sie können Hyper-V in Windows Server 2016 auch über das Netzwerk von einem Server-Manager aus installieren. Mehr dazu lesen Sie in den Kapiteln 2, 3 und 4.

Sicherlich die einfachste Möglichkeit, um Hyper-V auf einem Server mit Windows Server 2016 zu installieren, ist die Verwendung des Server-Managers. Über *Verwalten/Rollen und Features hinzufügen* wählen Sie den Server aus, auf dem Sie Hyper-V installieren wollen, und anschließend die Serverrolle *Hyper-V*.

Tipp	Über *Verwalten/Rollen und Features entfernen* deinstallieren Sie Hyper-V auf dem Server. Virtuelle Server bleiben beim Deinstallieren aber weiter auf dem Server gespeichert. Installieren Sie Hyper-V erneut, sind die virtuellen Server wieder verfügbar. Benötigen Sie die virtuellen Server nicht mehr, müssen Sie den Ordner mit den virtuellen Servern manuell löschen.

Hyper-V installieren und verwalten

Abbildung 7.4: Installieren der Hyper-V-Verwaltungstools in Windows Server 2016

Bei dieser Installationsvariante hat sich im Vergleich zu Windows Server 2008 R2 nichts verändert. Neu ist bei der Installation der Serverrolle aber, dass Sie über den Assistenten auch Features installieren können. Über diesen Weg können Sie zum Beispiel die Verwaltungstools installieren. Die Installation der Verwaltungstools ist automatisch ausgewählt.

Diese können Sie aber auch auf Servern oder Computern installieren, auf denen Sie Hyper-V nicht installiert haben, sondern von denen Sie die Server nur verwalten wollen. Sie finden die Verwaltungstools im Assistenten zum Hinzufügen von Serverrollen und Features auf der Seite *Features auswählen* über *Remoteserver-Verwaltungstools/Rollenverwaltungstools/Hyper-V-Verwaltungstools*. In der PowerShell installieren Sie Hyper-V und die Verwaltungstools mit *Install-WindowsFeature -Name Hyper-V -IncludeManagementTools*.

Sie können an dieser Stelle auswählen, ob Sie nur die grafische Oberfläche oder auch die PowerShell-Cmdlets installieren wollen. Mit diesen Verwaltungstools können Sie außerdem den kostenlosen Hyper-V Server 2016 verwalten.

Tipp In Kapitel 2 zeigen wir, wie Sie einen Nano-Server installieren. Verwenden Sie hier die Option *–Compute*, wird Hyper-V auf dem Nano-Server installiert. Verwalten können Sie den Nano-Server dann mit dem Hyper-V-Manager von einem anderen Rechner aus.

Hyper-V über das Netzwerk installieren

In Windows Server 2016 haben Sie auch die Möglichkeit, Serverrollen und Features im Server-Manager über das Netzwerk zu installieren. Dazu starten Sie auf einem Server mit

Windows Server 2016 den Server-Manager und fügen die Server hinzu, auf denen Sie Hyper-V installieren wollen. Klicken Sie dazu auf *Verwalten/Server hinzufügen* und wählen Sie die jeweiligen Server aus.

Starten Sie anschließend die Installation von Serverrollen im Server-Manager, können Sie aus den hinzugefügten Servern denjenigen Server auswählen, auf dem Sie Hyper-V installieren wollen. Gehen Sie anschließend genauso vor wie bei der Installation der Serverrolle auf dem lokalen Server.

Sie sehen im Assistenten zur Installation von Serverrollen oben rechts den Zielserver, auf dem Sie Hyper-V installieren. Auf dem Zielserver selbst bekommen Sie von der Netzwerkinstallation während der Installation nichts mit. Sie können auch auf dem Quellserver den Assistenten zur Installation schließen. Der Installationsvorgang ist davon nicht betroffen. Auf diesem Weg können Sie den Assistenten zur Installation von Serverrollen auch mehrmals starten.

Installieren Sie die Remoteserver-Verwaltungstools für Windows 10 auf einem Computer, können Sie auch von einem PC aus über den Server-Manager Rollen wie Hyper-V installieren. Mit RSAT in Windows 7 ist das noch nicht möglich gewesen. Mehr zu diesem Thema erfahren Sie in Kapitel 3.

Deployment Image Servicing and Management (DISM) nutzen

Neben dem Server-Manager können Sie Hyper-V auch über das Befehlszeilentool Dism installieren. Diese Funktion nutzen Sie vor allem auf Core-Servern oder zum Skripten der Installation. Das Tool Dism bietet zur besseren Automatisierung der Einrichtung und Installation von Serverrollen außerdem für Core-Server mit Windows Server 2016 effiziente Möglichkeiten.

Die Hyper-V-Rolle installieren Sie zum Beispiel mit dem Befehl *Dism /Online /Enable-Feature /FeatureName:Microsoft-Hyper-V*. Der Befehl installiert aber nicht die Verwaltungstools, sondern nur das Hyper-V-Feature. Um die Installation zu überprüfen, verwenden Sie *Dism /Online /Get-FeatureInfo /FeatureName:Microsoft-Hyper-V*.

Eine Übersicht der verfügbaren Rollen erhalten Sie mit dem Befehl *Dism /Online /Get-Features /Format:table*. Mit der zusätzlichen Option |*More* können Sie im Fenster manuell weiterscrollen.

PowerShell zur Installation von Hyper-V nutzen

Neben dem Server-Manager und Dism können Sie auch die PowerShell zur Installation von Hyper-V nutzen. Mit dem Cmdlet-Aufruf *Get-WindowsFeature Hyper-V** zeigen Sie an, ob die Rolle und die Verwaltungstools bereits installiert sind. In Windows Server 2016 können Sie mit *-Computername* die Installation auch auf Remoteservern im Netzwerk überprüfen.

Um Hyper-V oder die Verwaltungstools zu installieren, verwenden Sie das Cmdlet *Install-WindowsFeature* (in Windows Server 2008 R2 *Add-WindowsFeature*). Mit *Install-WindowsFeature Hyper-V* installieren Sie die Serverrolle, mit der Option *-IncludeManagementTools* inklusive der Verwaltungstools. Soll der Server gleich automatisch neu starten, verwenden Sie noch die Option *-Restart*. Nur die Verwaltungstools installieren Sie mit *Install-WindowsFeature Hyper-V-Tools*. Geben Sie in der PowerShell *Get-Command -Module Hyper-V* ein, erhalten Sie eine Liste der verfügbaren Cmdlets angezeigt.

Erste Schritte mit Hyper-V

Nach der erfolgreichen Installation müssen Sie in der Regel den Server neu starten. Melden Sie sich nach dem Neustart mit dem gleichen Benutzerkonto an, mit dem Sie auch die Installation durchgeführt haben. Nach der Anmeldung führt der Assistent weitere Aufgaben durch und schließt die Installation ab. Hyper-V ist jetzt erfolgreich auf dem Server installiert. Die ausführlichen Vorgänge zu diesem Thema lesen Sie in Kapitel 4.

Nach der Installation finden Sie auf der Startseite den *Hyper-V-Manager* vor, mit dem Sie virtuelle Computer erstellen und verwalten. In der Mitte der Konsole sehen Sie nach der Erstellung die verschiedenen virtuellen Computer. Auf der rechten Seite stehen die verschiedenen Befehle zur Verwaltung der virtuellen Computer zur Verfügung.

Über den Link *Neu* erstellen Sie einen neuen virtuellen Computer. Nach der Erstellung können Sie das Betriebssystem auf dem neuen Server entweder mit einer CD/DVD oder über eine *.iso*-Datei installieren, die als CD/DVD-Laufwerk mit dem Computer verknüpft wird.

In den nächsten Abschnitten zeigen wir Ihnen, wie Sie neue virtuelle Server mit dem Hyper-V-Manager erstellen sowie den Arbeitsspeicher, die Netzwerkverbindung und virtuelle Festplatten festlegen.

Nach der Erstellung des virtuellen Computers gehen wir ausführlicher auf die Installation und Verwaltung von neuen virtuellen Computern ein. Sie können mehrere Server auf einem einzelnen physischen Host oder auf mehreren physischen Hosts virtualisieren. Der generelle Ablauf bei der Installation der Server in einer Hyper-V-Umgebung ist folgender:

1. Sie erstellen virtuelle Switches auf Basis der physischen Netzwerkkarten in Windows Server 2016 (siehe auch Kapitel 6).
2. Sie erstellen und konfigurieren die virtuellen Server.
3. Sie installieren das Betriebssystem auf den virtuellen Servern. Die Installation läuft genauso ab wie auf normalen Servern (siehe Kapitel 2).

Microsoft hat auch in den Hyper-V-Manager Neuerungen integriert. Wenn Sie zum Beispiel neue Hosts im Hyper-V-Manager anbinden, können Sie alternative Anmeldedaten für jeden Host eingeben und speichern.

Diese Funktion können Sie außerdem zur Anbindung von älteren Versionen verwenden. Mit dem Hyper-V-Manager in Windows Server 2016 können Sie auch Hyper-V in Servern mit Windows Server 2012/2012 R2 und auf Rechnern mit Windows 8/8.1 und natürlich Windows 10 verwalten.

Die neue Version kommuniziert über das WS-MAN-Protokoll mit den Hyper-V-Hosts im Netzwerk und unterstützt jetzt auch CredSSP, Kerberos und NTLM. Mit CredSSP können Sie zum Beispiel Livemigrationen durchführen, ohne zuerst Delegierungen erstellen zu müssen. WS-MAN nutzt Port 80, was die Verbindung mit externen Clients und die Remoteverwaltung wesentlich vereinfacht.

Tipp Windows Server 2016 kann VMs daraufhin überwachen, ob sie zu viel CPU-Last verursachen und damit den Host sowie andere VMs beeinträchtigen. Um diese Funktion für eine VM zu aktivieren, verwenden Sie in der PowerShell den folgenden Befehl:

Set-VMProcessor -EnableHostResourceProtection $true

Virtuelle Switches anlegen

Alle virtuellen Computer, die Sie erstellen, verwenden einen virtuellen Switch auf dem Windows Server 2016-Computer. Dieser verbindet die virtuellen Computer mit den physischen Netzwerkkarten des Hyper-V-Hosts und erlaubt eine Kommunikation der Computer mit dem Rest des Netzwerks.

Virtuelle Switches sind auf dem Hyper-V-Host hinterlegt und lassen sich während der Erstellung von virtuellen Servern oder auch nachträglich anpassen. Dazu erstellen Sie für virtuelle Server eine neue virtuelle Netzwerkkarte und verbinden diese mit dem virtuellen Server. Der virtuelle Switch ist wiederum mit der physischen Netzwerkkarte des Servers verbunden.

Bevor Sie virtuelle Computer installieren, besteht der erste Schritt in der Konfiguration der virtuellen Switches. Dazu steht im Hyper-V-Manager der Bereich *Manager für virtuelle Switches* zur Verfügung. Wie Sie Netzwerkkarten zu Teams in Windows Server 2016 zusammenfassen, lesen Sie in Kapitel 6. In Hyper-V funktioniert die Hochverfügbarkeit von Netzwerkswitches auf anderen Wegen. Wir zeigen auch hier die Vorgehensweisen. Setzen Sie zum Beispiel mehrere physische Netzwerkkarten ein, erstellen Sie gleichfalls mehrere virtuelle Switches.

Für eine bessere Leistung im Netzwerk dürfen virtuelle Server in Windows Server 2016 stärker auf Hardwarefunktionen von Netzwerkkarten zugreifen, was das Tempo beschleunigen kann. In den Einstellungen von virtuellen Netzwerkkarten lässt sich die Netzwerkbandbreite von Servern eingrenzen und unerwünschte DHCP- oder Routerpakete lassen sich blockieren. Dies soll verhindern, dass virtuelle Server unerwünscht als DHCP-Server oder Router agieren und das Netzwerk beeinträchtigen.

Kaufen Unternehmen neue Hostsysteme für Hyper-V, sollten sie darauf achten, genügend Netzwerkkarten in den Server einzubauen. Wichtig ist dabei, dass die Karten die neuen Funktionen in Hyper-V unterstützen.

Network Virtualization und Extensible Switch mit Windows Server 2016

Bereits mit Windows Server 2012 hat Microsoft die Möglichkeiten der Netzwerkswitches für Hyper-V deutlich erweitert und verbessert. Mit Hyper-V Network Virtualization (HNV) können Unternehmen einzelne virtuelle Netzwerke vom physischen Netzwerk trennen.

Die virtuellen Server in diesen Netzwerken gehen davon aus, in einem echten physischen Netzwerk zu laufen. Einfach ausgedrückt erweitert HNV die Funktionen von virtuellen Servern auf die Netzwerkkonfiguration. In einem physischen Netzwerk lassen sich mehrere virtuelle Netzwerke parallel einsetzen. Diese können den gleichen oder einen anderen IP-Adressraum verwenden.

Der Datenaustausch zwischen den Netzwerken lässt sich mit HNV-Gateways einrichten. Viele Hardware-Switches von Cisco arbeiten ebenfalls mit dieser Konfiguration zusammen. Auf diesem Weg lassen sich mehrere virtuelle Netzwerke zusammenfassen, sodass Server in diesem Netzwerk kommunizieren können.

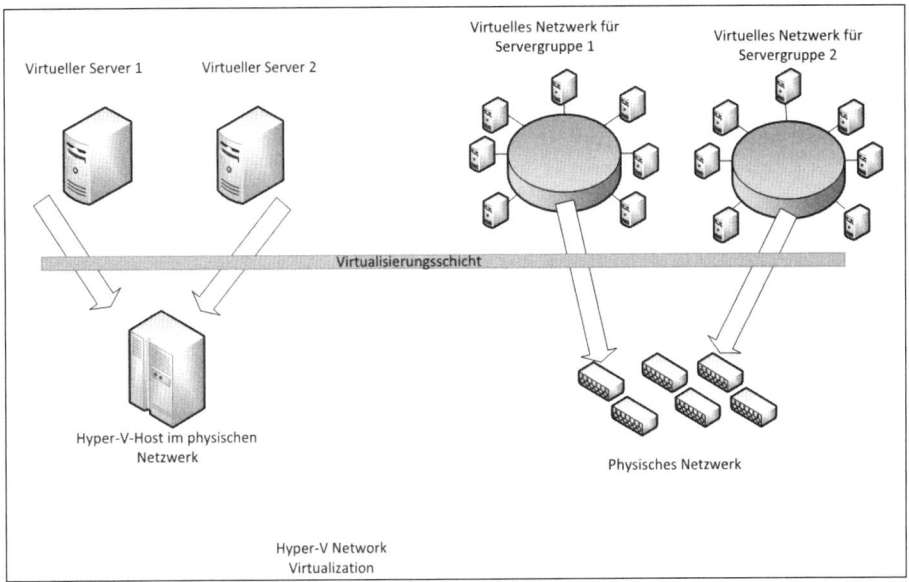

Abbildung 7.5: Mit Hyper-V- Network Virtualization werden Netzwerke noch flexibler.

In Windows Server 2016 können Unternehmen Bandbreiten im Netzwerkbereich steuern und auch Treiber von Dritthersteller in die virtuellen Switches integrieren. Hyper-V Network Virtualization (HNV) unterstützt dynamische IP-Adressen. Das ist in großen Rechenzentren sinnvoll, um eine IP-Adress-Failover-Konfiguration einbinden zu können. System Center Virtual Machine Manager 2016 kann mit virtuellen Netzwerken umgehen und diese zentral steuern.

Arbeiten Unternehmen mit HNV, werden jedem virtuellen Netzwerkadapter im Netzwerk zwei IP-Adressen zugewiesen. Die Kundenadresse (Customer Address, CA) und die Anbieteradresse (Provider Address, PA) arbeiten zusammen. Die CA ermöglicht den virtuellen Servern im Netzwerk den Datenaustausch wie über eine normale IP-Adresse in einem Netzwerk. Die PA dient dem Datenaustausch zwischen VM und dem Hyper-V-Host sowie dem physischen Netzwerk.

Die erste wichtige Änderung in den virtuellen Switches von Hyper-V seit Windows Server 2012 R2 ist die direkte Integration der Netzwerk-Virtualisierung in den Switch. HNV stellt keinen vorgelagerten NDIS-Filter dar. Drittherstellerprodukte können auf diesem Weg direkt auf die CA zugreifen und auf PA kommunizieren. Dadurch arbeiten jetzt auch virtuelle Switches und die Network Virtualization Generic Routing Encapsulation (NVGRE) zusammen.

Das gibt Produkten von Drittherstellern die Möglichkeit, über die Integration in den virtuellen Switches auf die Netzwerk-Virtualisierung zugreifen zu können und mit virtuellen Servern, aber auch dem physischen Netzwerk zu kommunizieren. Der komplette Datenverkehr in den virtuellen Switches von Windows Server 2016 läuft außerdem über die Netzwerkvirtualisierung und die integrierten Dritthersteller-Produkte.

HNV ist daher keine Schnittstelle mehr zwischen Netzwerkkarten und extensiblen Switches, sondern integraler Bestandteil der virtuellen Switches selbst. Auch aus diesem Grund arbeiten NIC-Teams wesentlich besser mit der Netzwerk-Virtualisierung zusammen.

Dazu bietet Windows Server 2016 die Möglichkeit, den Port in die Firewallregeln zu integrieren, nicht nur die IP- und MAC-Adresse für die Quelle und das Ziel. Diese Funktion arbeitet umfassend mit der Netzwerk-Virtualisierung in Hyper-V zusammen. Die neue Version kann Datenverkehr zwischen Netzwerkkarten verschieben und unterstützt für diese Funktion auch verstärkt die Netzwerkkarten-Teams.

Hyper-V-Netzwerke optimal planen

Die Verbindung zwischen virtuellen Servern und dem Netzwerk führt Hyper-V über einen virtuellen Netzwerkswitch durch. Da sich die virtuellen Server die physischen Netzwerkkarten teilen müssen, besteht einiges an Optimierungspotenzial. Zunächst sollte jeder Server nur die Art von Netzwerkzugriff erhalten, die er benötigt. Nicht alle Server müssen mit dem Netzwerk kommunizieren können, sondern nur mit anderen Servern auf dem gleichen Host. Sie können daher verschiedene Netzwerkverbindungen für virtuelle Server erstellen.

Microsoft empfiehlt, einen eigenen Netzwerkadapter auf jedem Hyper-V-Host für die Verwaltung des Servers selbst zu verwenden. Unternehmen sollten also den Netzwerkverkehr des Hyper-V-Hosts selbst vom Netzwerkverkehr der virtuellen Maschinen trennen. Auch bei der Anbindung von Netzwerkspeicher, zum Beispiel NAS oder iSCSI, ist eine dedizierte Netzwerkkarte leistungssteigernd. Virtuelle Server, die nur wenig Netzwerkbandbreite benötigen, können Sie mit mehreren virtuellen Netzwerken zusammenfassen, bandbreitenintensive Anwendungen sollten dedizierte Netzwerkkarten und eigene externe Netzwerke erhalten.

Hyper-V unterstützt auch die Verwendung von VLANs bei Netzwerkswitches. Bei VLANs lassen sich Datenströme voneinander trennen, um die Sicherheit und die Leistung zu erhöhen. Dadurch lässt sich zum Beispiel der Netzwerkverkehr für die Verwaltung des Servers vom Netzwerkverkehr der virtuellen Server trennen. In den Eigenschaften von Netzwerkkarten der Hyper-V-Hosts müssen Sie dazu in den erweiterten Einstellungen festlegen, mit welcher VLAN-ID im Netzwerk die Karte kommunizieren soll. Anschließend muss im Hyper-V-Manager die Netzwerkverbindung ausgewählt und ebenfalls die VLAN-ID eingegeben werden. Auch hier geben Sie die entsprechende VLAN-ID vor.

Microsoft empfiehlt beim Betrieb von Hyper-V in einem Cluster für die Kommunikation innerhalb des Clusters (Heartbeat) einen eigenen Adapter. Sie können für diesen Adapter das Protokoll *E/A-Treiber für Verbindungsschicht-Topologieerkennung* deaktivieren, das gilt auch für *Antwort für Verbindungsschicht-Topologieerkennung*. Das Protokoll *Hyper-V erweiterbarer virtueller Switch* können Administratoren für Clusternetzwerke im Heartbeat ebenfalls deaktivieren.

Haben Sie die physischen Netzwerkkarten des Computers einem virtuellen Switch zugeordnet, lassen sie sich den einzelnen virtuellen Computern zuweisen. Dies erfolgt beim Erstellen der virtuellen Maschine oder nachträglich in den Einstellungen über den Bereich *Netzwerkkarte*. Die erste Einstellung besteht in der Zuweisung der virtuellen Switches. Anschließend lassen sich Einstellungen vornehmen. Verschieben Sie virtuelle Maschinen mit oder ohne Livemigration zwischen Hyper-V-Hosts, kann es passieren, dass die Netzwerkverbindung nicht mehr funktioniert, wenn sich der Name und die Konfiguration des Switches zwischen Quell- und Zielserver ändern. Überprüfen Sie daher nach Livemigrationen immer, ob die virtuelle Netzwerkkarte noch funktioniert, und starten Sie den virtuellen Server neu, falls die Netzwerkverbindung nicht funktioniert.

Virtuelle Switches agieren als Layer 2-Netzwerkswitches und erlauben auch die Einbindung von Network Device Interface Specification-(NDIS-)Filtern und der Windows Filtering Platform-Treiber. Auf diese Weise lassen sich außerdem Plug-Ins von Drittherstellern in Hyper-V einbinden, die erweiterte Netzwerk- und Sicherheitseinstellungen für virtuelle Server erlauben. Die entsprechenden Einstellungen sind über den Menübefehl *Erweiterungen* für jeden einzelnen vSwitch zu finden.

Sind im Unternehmen mehrere Server mit Windows Server 2016 im Einsatz, tauschen sie Daten über das Netzwerk mit der Multichannel-Funktion aus. Mit der Funktion lassen sich von einem Server auf eine Freigabe mehrere parallele Zugriffe durchführen. Dies beschleunigt den Datenverkehr und sichert ihn gegen Ausfall eines einzelnen SMB-Kanals ab. Der Vorteil liegt darin, dass Serverdienste Daten auch auf Servern speichern können, nicht nur auf der eigenen Festplatte. Ein sinnvoller Einsatz dazu ist in Umgebungen mit Hyper-V-Hosts, die auf Windows Server 2016 aufbauen. Dazu ist weder die Installation eines Rollendiensts notwendig noch eine Konfiguration. Diesen beschleunigten Zugriff bietet Windows Server 2016 automatisch.

Damit die Funktion genutzt werden kann, müssen die Netzwerkadapter eine entsprechende Geschwindigkeit unterstützen. Microsoft empfiehlt dazu entweder die Installation eines 10-Gigabit-Adapters oder mindestens den Einsatz von zwei 1-Gigabit-Adaptern. Für diese Funktion können Administratoren die Teamfunktion von Netzwerkkarten in Windows Server 2016 nutzen. Über den Server-Manager lassen sich Netzwerkadapter zu Teams zusammenfassen, auch ohne dass die Treiber dies direkt unterstützen. In Hyper-V hat Microsoft die Teaming-Funktion weiter verbessert.

SMB Direct ist ebenfalls zwischen Servern mit Windows Server 2016 aktiv. Sie müssen weder Einstellungen noch irgendwelche Installation durchführen. Damit diese Funktion nutzbar ist, müssen die verbauten Adapter aber die RDMA-Funktion (Remote Direct Memory Access) unterstützen. Bei dieser Funktion können Server Daten aus dem Hauptspeicher eines Systems über das Netzwerk auf einen anderen Server übertragen, der aktuell Kapazitäten frei hat. So lassen sich überlastete Server beschleunigen, indem die Daten auf nicht ausgelastete Server übertragen werden. Damit dies funktioniert, muss das Netzwerk extrem schnell sein und die Adapter müssen die Funktion nutzen können. Dies sind Adapter mit den Typen iWARP, Infiniband und RDAM over Converged Ethernet (RoCE). Von dieser Technik profitieren hauptsächlich Hyper-V und SQL Server.

In Windows Server 2016 kann diese Funktion auch für Netzwerkadapter angepasst werden, die nicht Teil eines Teams sind oder Switch Embedded Teaming (SET) nutzen.

Auch Hyper-V kann in Windows Server 2016 direkt auf das SMB-Protokoll zugreifen. Der Sinn ist, dass Unternehmen die virtuellen Festplatten in Hyper-V (*.vhdx*) nicht direkt auf dem Hyper-V-Host speichern, sondern auf einer Freigabe im Netzwerk. Auf diese lässt sich dann über Hyper-V mit SMB Multichannel, SMB Direct und Hyper-V over SMP sehr schnell zugreifen. Für Unternehmen sollen dabei keinerlei Einschränkungen entstehen.

Auch hochverfügbare Lösungen wie Livemigration funktionieren so. Der gemeinsame Datenträger des Clusters muss sich dann nicht mehr in einem teuren SAN befinden, sondern es reicht ein Server mit Windows Server 2016 und ausreichend Speicherplatz. Auf diesem Server können außerdem die Konfigurationsdateien der virtuellen Server gespeichert sein und eventuell vorhandene Prüfpunkte. Cluster Shared Volume (CSV), der für Hyper-V notwendige Speicherdienst für gemeinsame Datenträger in Clustern, unterstützt das SMB-3.x-Protokoll und dessen neue Funktionen ebenfalls.

Kapitel 7: Hyper-V – Installation und Servervirtualisierung

CSV ist die Grundlage für die Speicherung von virtuellen Festplatten in Clustern. Dazu muss ebenfalls auf allen Servern Windows Server 2016 installiert sein. Ein Server läuft mit der Hyper-V-Rolle, der andere als Dateiserver. Die Umgebung muss außerdem über Active Directory verfügen. Hier müssen die Domänencontroller aber nicht zwingend auf Windows Server 2016 umgestellt werden. Empfohlen, aber nicht unbedingt notwendig ist ein Cluster für Hyper-V und die Dateidienste. In diesem Fall lässt sich die Umgebung wesentlich schneller und sicherer betreiben.

Setzen Unternehmen zusätzlich zu Windows Server 2016 noch Microsoft SQL Server ein, profitieren auch hier die Datenbankserver vom neuen SMB-Protokoll. Hier gelten die gleichen Voraussetzungen wie bei Hyper-V over SMB. Ältere Editionen als Microsoft SQL Server 2008 R2 können diese Funktion nicht nutzen. Auch hier ist ein Cluster wieder der beste Weg.

Sinn dieser Funktion ist, dass Transaktionsprotokolle oder Datenbankdateien sowie eventuelle Sicherungen oder ausgelagerte Dateien auf Dateiservern mit Windows Server 2016 ausgelagert sind. Außerdem hat Microsoft den Zugriff von schnellen Schreib-/Lesevorgängen optimiert. Auch den Zugriff auf Datawarehouses hat Microsoft durch die Erhöhung des Werts für Maximum Transmission Unit (MTU) verbessert.

Abbildung 7.6: Verwalten von virtuellen Switches

Virtuelle Switches erstellen und konfigurieren

Zunächst erstellen Sie für die einzelnen physischen Netzwerkkarten im Computer jeweils einen virtuellen Switch durch die Auswahl von *Neuer virtueller Switch* und einem Klick auf die Schaltfläche *Virtuellen Switch erstellen*. Im neuen Fenster wählen Sie die physische Netzwerkkarte aus, die Sie dem Switch zuweisen wollen, und legen fest, welche Art von Netzwerk Sie dem Switch zuordnen möchten:

- **Extern** – Dieses Netzwerk ermöglicht dem virtuellen Computer die Kommunikation mit dem Netzwerk und zwischen virtuellen Computern auf dem Host. Sie können im Hyper-V-Manager immer nur ein externes Netzwerk pro verfügbarer Netzwerkkarte erstellen, aber mehrere virtuelle Computer können sich dieses externe Netzwerk und damit die Geschwindigkeit der Karte teilen.

- **Intern** – Diese Netzwerke erlauben die Kommunikation der virtuellen Computer untereinander auf dem physischen Host. Die Computer können nicht mit dem Netzwerk kommunizieren, außer mit dem Hyper-V-Host selbst und den anderen virtuellen Computern. Dafür ist für diese Verbindung keine Netzwerkkarte erforderlich, da die Verbindung virtuell stattfindet.

- **Privat** – Diese Netzwerke erlauben eine Kommunikation zwischen den einzelnen virtuellen Computern auf dem Host. Die Kommunikation mit dem Host selbst ist bei diesem Netzwerk nicht möglich.

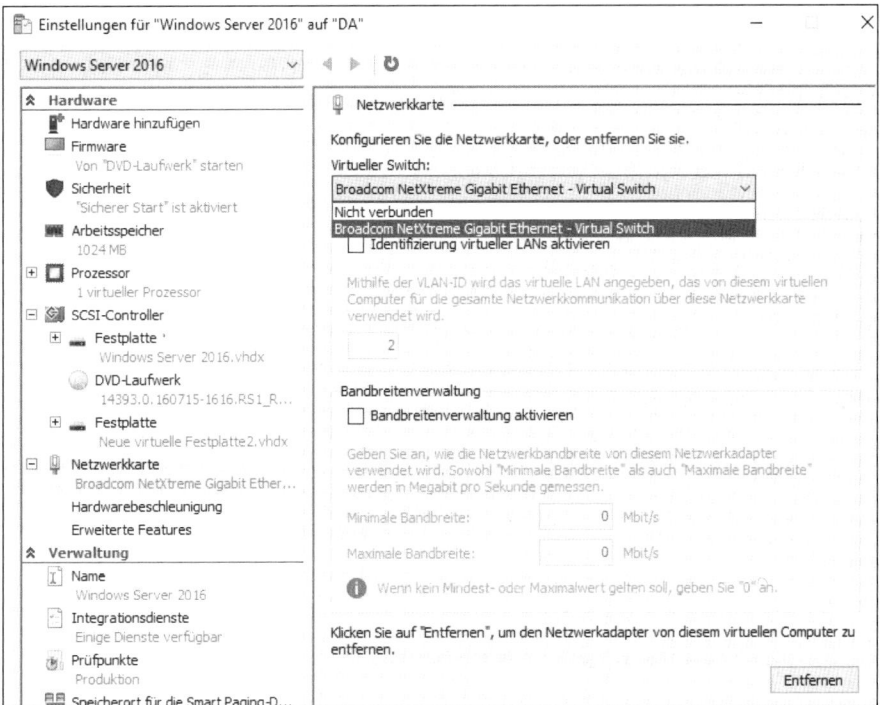

Abbildung 7.7: Verwalten der virtuellen Netzwerkkarte für einen virtuellen Computer

Sie können bei der Konfiguration auch festlegen, dass die verwendete physische Netzwerkkarte nur für die virtuellen Computer zur Verfügung steht, nicht für das Hostbetriebssystem selbst. Standardmäßig teilen sich virtuelle Computer und der Host die Netzwerkverbindung.

Sie können die Einstellungen jederzeit nachträglich anpassen. Haben Sie mehrere Netzwerkkarten im Hyper-V-Host verbaut, können Sie mehrere virtuelle Switches auf Basis dieser Karten erstellen.

Haben Sie die physischen Netzwerkkarten des Computers einem virtuellen Switch zugeordnet, lassen sie sich anschließend den einzelnen virtuellen Computern als virtueller Netzwerkadapter zuweisen. Dies erfolgt beim Erstellen der virtuellen Maschine oder nachträglich in den Einstellungen über den Bereich *Netzwerkkarte*. Die erste Einstellung besteht in der Zuweisung des virtuellen Switches. Anschließend lassen sich Einstellungen vornehmen.

In den Eigenschaften steht auch die Steuerung der Bandbreite zur Verfügung. Dadurch lassen sich die Netzwerkgeschwindigkeiten virtueller Computer besser steuern. Diese Vorgaben können Sie jederzeit in den Einstellungen der virtuellen Computer anpassen, wenn Sie einen virtuellen Computer erstellt haben.

Interessant sind unterhalb der Einstellungen für die Netzwerkkarten noch die beiden Bereiche *Hardwarebeschleunigung* und *Erweiterte Features*. Bei der Hardwarebeschleunigung können Sie den virtuellen Computern erlauben, bestimmte Berechnungen direkt an die physische Netzwerkkarte weiterzugeben. Im unteren Bereich lassen sich noch Berechnungen für IPsec vom Prozessor des virtuellen Servers auf die physische Netzwerkkarte auslagern. Dadurch beschleunigen sich die Systemleistung des Servers und die Netzwerkgeschwindigkeit.

Innerhalb der erweiterten Features finden Sie die beiden neuen Einstellungen *DHCP-Wächter* und *Routerwächter*. Die Einstellungen sollen verhindern, dass virtuelle Server unkontrolliert als DHCP-Server oder als Router agieren.

Nach der Erstellung der virtuellen Netzwerke finden Sie auf dem Host in den Netzwerkverbindungen die erstellten Verbindungen wieder. Um die Netzwerkverbindungen anzuzeigen, geben Sie *Ncpa.cpl* im Startmenü ein. Wichtig in diesem Bereich ist, dass Sie zukünftig IP-Einstellungen nicht mehr in der physischen Netzwerkverbindung vornehmen, sondern in den Einstellungen des virtuellen Switches. Diese verwendet zukünftig auch der physische Windows Server 2016-Host für die Kommunikation mit dem Netzwerk, wenn Sie keine dedizierte Netzwerkkarte konfiguriert haben.

Tipp Sie können virtuelle Switches auch in der PowerShell erstellen und verwalten. Die entsprechenden Cmdlets finden Sie am schnellsten, wenn Sie in der PowerShell *Get-Command *vmswitch** eingeben.

Neben den Switches können Sie auch die virtuellen Netzwerkadapter in der PowerShell steuern. Hier sehen Sie die Befehle mit *Get-Command *vmnetworkadapter**.

MAC-Adressen für Hyper-V konfigurieren

Wichtig ist die Konfiguration von virtuellen MAC-Adressen in den Einstellungen der virtuellen Netzwerkkarten. Hier müssen Sie bezüglich der Livemigration und vor allem der Aktivierung des Betriebssystems auf jeden Fall Einstellungen vornehmen, da Sie ansonsten ständig die Server neu aktivieren müssen. Außerdem spielen diese Einstellungen vor allem in NLB-Clustern mit Exchange-Servern und auch für SharePoint-Server eine wichtige Rolle.

Im Bereich *MAC-Adresse* lässt sich der dynamische MAC-Bereich festlegen, den die virtuellen Netzwerkkarten der Server erhalten. Für virtuelle Server lassen sich aber auch statische MAC-Adressen festlegen. Das ist wichtig bei einem Betrieb in einem Cluster. Verschieben Sie virtuelle Server zwischen den Clusterknoten, ändern sich beim Neustart die MAC-Adressen, da jeder Knoten über einen eigenen Pool verfügt.

Dies kann zu Problemen mit der Windows-Aktivierung sowie den Netzwerklastenausgleichs-Clustern führen. Jeder Hyper-V-Host verfügt über einen eigenen Pool aus dynamischen MAC-Adressen. Eine solche Änderung wirkt sich an vielen Stellen aus.

Es kann sein, dass Sie das Betriebssystem neu aktivieren müssen oder ein virtueller NLB-Cluster nicht mehr funktioniert. Aus diesem Grund ist es in manchen Fällen empfehlenswert, die statische Zuordnung von MAC-Adressen zu aktivieren. Sie finden diese Einstellung in den erweiterten Features im Bereich *Netzwerkkarte* der einzelnen virtuellen Server im Hyper-V-Manager.

Abbildung 7.8: Verwalten der MAC-Adressen in Windows Server 2016 für virtuelle Server

Virtuelle LANs (VLAN) und Hyper-V

Hyper-V in Windows Server 2016 unterstützt auch die Verwendung von VLANs. Bei solchen Netzwerken lassen sich Datenströme voneinander trennen, um die Sicherheit und die Leistung zu erhöhen. Die Technik muss aber direkt im Netzwerk integriert sein. Switches und Netzwerkkarten müssen die Funktion unterstützen. Dadurch lässt sich zum Beispiel der Netzwerkverkehr für die Verwaltung des Servers vom Netzwerkverkehr der virtuellen Server trennen.

Damit die Anbindung funktioniert, müssen Sie in den physischen Netzwerkkarten der Hyper-V-Hosts in den erweiterten Einstellungen der Netzwerkkarte festlegen, zu welcher VLAN-ID die Karte gehören soll. Anschließend starten Sie im Hyper-V-Manager den Manager für virtuelle Switches und wählen die Netzwerkverbindung aus, die Sie an das VLAN anbinden wollen. Auch hier geben Sie die entsprechende VLAN-ID vor.

Kapitel 7: Hyper-V – Installation und Servervirtualisierung

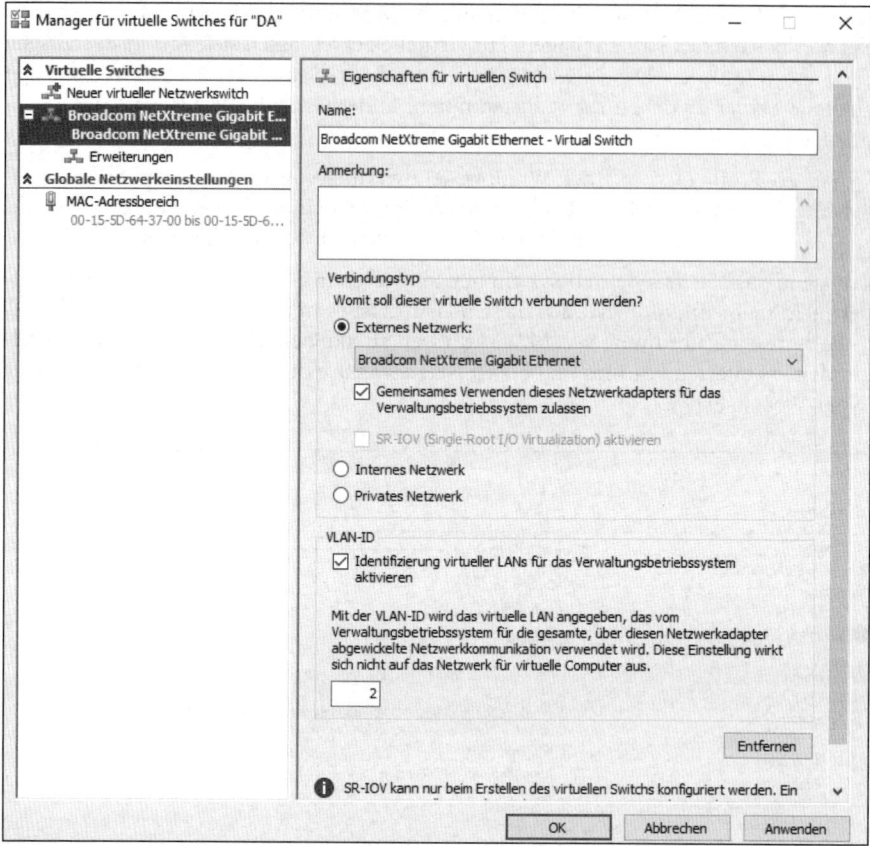

Abbildung 7.9: Konfigurieren der VLAN-Anbindung im Hyper-V-Manager

Dazu müssen Sie aber zunächst die Option *Identifizierung virtueller LANs für das Verwaltungsbetriebssystem aktivieren* setzen. Nachdem Sie die ID angegeben haben, fließt der Datenverkehr von dieser Verbindung über die entsprechende ID.

Auch interne Netzwerke in Hyper-V unterstützen die VLAN-Konfiguration. Zusätzlich können Sie virtuelle Server an VLANs anbinden. Dazu müssen Sie in den Einstellungen der virtuellen Server über die Eigenschaften der virtuellen Netzwerkkarten ebenfalls die VLAN-ID angeben. Wollen Sie, dass ein virtueller Server mit mehreren VLANs kommunizieren kann, fügen Sie dem Server einfach mehrere virtuelle Netzwerkkarten hinzu und konfigurieren das entsprechende VLAN.

Durch diese durchgehende Unterstützung von VLANs können Sie bei entsprechend kompatiblen Switches zum Beispiel Testumgebungen aufbauen oder Hyper-V-Hosts logisch voneinander trennen, auch wenn sie im selben Netzwerk konfiguriert sind.

Hinweis	Netzwerkkarten-Teams unterstützen ebenfalls die Anbindung an VLANs (siehe Kapitel 6). Verwenden Sie NIC-Teams in virtuellen Servern, empfiehlt Microsoft, die VLAN-Anbindung direkt über den virtuellen Switch durchzuführen, nicht für das virtuelle NIC-Team.

Seit den Linux Integration Services 3.5 lassen sich VLANs auch für virtuelle Linux-Server nutzen. Die Einstellungen dazu sind identisch mit den Möglichkeiten für virtuelle Windows-Server.

NIC-Teams für Hyper-V einrichten (VSwitch Embedded Teaming)

Die NIC-Teaming-Funktion aus Windows Server 2012/2012 R2 ist auch in Windows Server 2016 noch verfügbar und nutzbar. Besser ist es jedoch, auf die neue Variante zu setzen. Vorteil der neuen Technologie ist, dass sie ebenfalls auf Nano-Servern verfügbar ist.

Switch Embedded Teaming (SET) bietet eine Hochverfügbarkeit für virtuelle Netzwerkswitches. Die virtuellen Netzwerkadapter der einzelnen Hosts greifen auf virtuelle Switches zu, aber auch die VMs können auf den virtuellen Switch zugreifen und von der Leistung der virtuellen Hyper-V-Switches mit SET profitieren. Um einen solchen SET-Switch zu erstellen, verwenden Sie die PowerShell. Der Befehl dazu lautet:

New-VMSwitch -Name SETswitch -NetAdapterName "set1", "set2", "set3" -AllowManagementOS $True -EnableEmbeddedTeaming $true

Dieser Befehl verbindet die drei physischen Netzwerkadapter *set1*, *set2* und *set3* mit einem neuen virtuellen Switch mit der Bezeichnung *SETswitch*. Der Name ist natürlich frei wählbar. Wollen Sie über das Team nicht die Verwaltung des Betriebssystems zulassen, verwenden Sie die Option *-AllowManagementOS $False*.

Nachdem Sie den virtuellen SET-Switch erstellt haben, rufen Sie seine Informationen mit *Get-VMSwitch* ab. Hier sehen Sie auch die verschiedenen Adapter, die Bestandteil des virtuellen Switches sind. Ausführlichere Informationen sind mit *Get-VMSwitchTeam <Name>* zu sehen. Hier zeigt die PowerShell die Einstellungen des virtuellen Switches an.

Wollen Sie den Switch wieder löschen, verwenden Sie das Cmdlet *Remove-VMSwitch* in der PowerShell. Microsoft stellt einen Guide als Word-Dokument in der TechNet-Galerie zur Verfügung, mit der Sie die Technik ausführlich testen können (*http://tinyurl.com/guj6583*).

Natürlich lassen sich Teams auch nachträglich bearbeiten. Dazu wird das Cmdlet *Set-VMSwitch* verwendet. Um die Gruppenmitgliedschaft zu ändern, kann zum Beispiel der folgende Befehl verwendet werden:

Set-VMSwitch -Name TeamedvSwitch -NetAdapterName "set1","set4"

Bei diesen Vorgang werden die zuvor hinzugefügten Mitglieder *set2* und *set3* aus dem Team entfernt und *set4* hinzugefügt. Alternativ können hier aber auch die Cmdlets *Add-VMSwitchTeamMember* und *Remove-VMSwitchTeamMember* verwendet werden.

Das Cmdlet *Set-VMSwitchTeam* verfügt über die Option *-LoadBalancingAlgorithm*. Hier lassen sich zwei verschiedene Werte definieren: *HyperVPort* oder *Dynamic*. Soll das Team in VMs genutzt werden, bietet es sich an, den Wert *HyperVPort* zu verwenden. Aber auch der Wert *Dynamic* ist sinnvoll einsetzbar. Die Konfiguration erfolgt ebenfalls in der PowerShell:

Set-VMSwitch -Name SetSwitch -LoadBalancingAlgorithm Dynamic

Zusätzlich kann festgelegt werden, dass bestimmte vNICs und damit VMs auch in einer Teamlösung an eine ganz bestimmte physische Netzwerkkarte gebunden sind, die wiederum Mitglied des Teams ist. Fällt der jeweilige Netzwerkadapter aus, wird die VM nicht vom Netzwerk getrennt, sondern Hyper-V verwendet so lange eine andere physische Netzwerkkarte des Teams, bis der ursprüngliche Adapter wieder funktioniert. Für die Verwaltung wird das Cmdlet Set-VMNetworkAdapterTeamMapping verwendet, zum Beispiel:

Set-VMNetworkAdapterTeamMapping -VMNetworkAdapterName SMB1 -ManagementOS -PhysicalNetAdapterName Ethernet2

Alternativ kann der Befehl auch so ausgeführt werden, dass er die Netzwerkadapter einer bestimmten VM konfiguriert:

Set-VMNetworkAdapterTeamMapping -VMName w2k16 -PhysicalNetAdapterName set2

Auch die Zuordnung lässt sich in der PowerShell überprüfen. Dazu steht das Cmdlet *Get-VMNetworkAdapterTeamMapping* zur Verfügung. Verbindungen zwischen VMs und physischen Netzwerkadaptern in einem Team lassen sich auch wieder rückgängig machen. Dazu wird das Cmdlet *Remove-VMNetworkAdapterTeamMapping* genutzt.

NAT in Hyper-V konfigurieren

In Vorgängerversionen von Windows Server 2016 bis hin zu Windows 8.1 und Windows Server 2012 R2 hat Hyper-V drei verschiedene Switches unterstützt. Interne und private Switches dienen der Kommunikation der VMs und des Hosts untereinander, während externe Switches für die Kommunikation mit dem restlichen Netzwerk genutzt werden. Bisher war die Verwendung von NAT nur über Umwege möglich, zum Beispiel durch Funktionen im Host-Betriebssystem oder zusätzlicher Software.

NAT-Switches erstellen

Mit internen Switches lassen sich in Windows Server 2016 NAT-Umgebungen konfigurieren. Um einen NAT-Switch zu erstellen, ist die PowerShell ideal, da hier alle notwendigen Aufgaben vorgenommen werden können. Im ersten Schritt wird ein interner Switch erstellt, der später für die NAT-Konfiguration verwendet wird:

New-VMSwitch -SwitchName "NAT-Switch" -SwitchType Internal

Danach wird ein NAT-Gateway erstellt:

New-NetIPAddress -IPAddress <NAT Gateway IP> -PrefixLength <NAT Subnet Prefix Length> -InterfaceIndex <ifIndex>

Die IP-Adresse des NAT-Gateways ist frei wählbar. In diesem Beispiel ist die IP-Adresse 192.168.0.1. Als Subnetzpräfix verwenden wir 24 (255.255.255.0). Der Wert für *InterfaceIndex* wird mit *Get-NetAdapter* angezeigt. Hier wird der Switch genutzt, der zuvor erstellt wurde.

Anschließend wird das NAT-Netzwerk mit dem Cmdlet *New-NetNat* erstellt:

New-NetNat -Name <NAT-OutsideName> -InternalIPInterfaceAddressPrefix <NAT Subnet Prefix>

In diesem Beispiel lautet der Befehl:

New-NetNat -Name NATnetwork -InternalIPInterfaceAddressPrefix 192.168.0.0/24

Informationen lassen sich mit *Get-NetNat* abrufen. Um die Konfiguration zu löschen, wird der Befehl *Remove-NetNat* verwendet.

Mit NAT in VMs arbeiten

Sobald der NAT-Switch zur Verfügung steht, kann er VMs zugewiesen werden. Auf Basis des NAT-Switches können Sie auch mit NAT-Forwarding arbeiten. Sollen zum Beispiel spezielle Ports des Hosts zu VMs weitergeleitet werden, steht das Cmdlet *Add-NetNatStaticMapping* zur Verfügung. Der Befehl sieht zum Beispiel folgendermaßen aus:

Add-NetNatStaticMapping -NatName "H704f0d2f-e492-4bc2-96ea-308095ccfd75" -Protocol TCP -ExternalIPAddress 0.0.0.0 -InternalIPAddress 192.168.0.2 -InternalPort 80 -ExternalPort 80

Virtuelle Server erstellen und installieren

Mit Windows Server 2016 gibt es auch ein neues Format für die Speicherdateien der VM-Konfiguration in Hyper-V. Dieses Format kann Windows Server jetzt wesentlich schneller lesen und schreiben als in den Vorgängerversionen bis hin zu Windows Server 2012 R2. Außerdem sind die Dateien weniger anfällig und wesentlich robuster bei Abstürzen, ähnlich wie die *.vhdx*-Dateien.

Das neue Format nutzt die Endung *.vmcx*. Für Laufzeitdaten wird die Endung *.vmrs* verwendet. Bei den Dateien handelt es sich um Binärdateien. Sie dürfen sie nicht direkt bearbeiten. Windows Server 2012 R2 verwendet in diesem Bereich *.xml*-Dateien.

Tipp Sie sollten die Festplatten der virtuellen Server als Festplatten mit fixer Größe erstellen, nicht als dynamische Festplatten. Dies erhöht deutlich die Leistung der virtuellen Server. Microsoft empfiehlt eine solche Konfiguration auch für Exchange.

IDE oder SCSI – Welcher virtuelle Controller ist besser?

Einfach ausgedrückt können virtuelle Server in Windows Server 2012 R2 und Windows Server 2016 zunächst nur von IDE-Controllern booten, zumindest wenn Sie virtuelle Maschinen der Generation 1 nutzen. Sie können zwar weitere SCSI-Controller hinzufügen, starten können die Server aber nur von virtuellen IDE-Controllern. Dies liegt daran, dass die früheren Generation 1-VMs in Windows Server 2012/2012 R2 und Windows Server 2016 nur von emulierten Controllern und nicht von virtualisierten Controllern wie SCSI starten können.

Physische IDE-Controller bieten zwar weniger Leistung als physische SCSI-Controller, im Bereich der Virtualisierung ist das aber nicht so. Dafür bieten virtuelle IDE-Controller weniger Funktionen als die virtuellen SCSI-Controller.

Verwenden Sie aber eine Generation 2-VM in Windows Server 2012 R2, Windows 8.1 oder Hyper-V Server 2012 R2, dann starten diese direkt von einem SCSI-Controller. Dies gilt ebenfalls in Windows 10 und Windows Server 2016. Bei diesen Servern wird wiederum kein IDE-Controller verwendet. Allerdings können Sie in diesem Fall nur Computer mit Windows Server 2012/2012 R2 oder Windows 8/8.1 virtualisieren. Natürlich lassen sich jetzt auch Computer mit Windows Server 2016 und Windows 10 auf diesem Weg virtualisieren.

Das liegt auch daran, dass Hyper-V virtuelle IDE-Controller emuliert. Dies gilt ebenfalls noch für Windows Server 2016. Das Betriebssystem in Hyper-V muss daher nicht immer davon ausgehen, dass es virtualisiert zur Verfügung gestellt wird. Ein Betriebssystem, das einen virtuellen IDE-Controller nutzt, greift auf diesen immer genauso zu wie auf einen physischen IDE-Controller. Das gilt aber nur für den eigentlichen Bootvorgang. Hyper-V schreibt die Befehle an den virtuellen IDE-Controller so um, dass die Zugriffe funktionieren. IDE-Festplatten stehen also auch dann zur Verfügung, wenn auf dem virtuellen Server die Integrationsdienste für Hyper-V nicht gestartet sind. Sobald die Integrationsdienste geladen sind, stehen in der VM die speziellen Treiber für virtuelle IDE- und SCSI-Controller zur Verfügung.

Bei Generation 2-VMs weiß das Betriebssystem bereits beim Starten, dass es in einer virtuellen Umgebung zur Verfügung gestellt wird. Generation 2-VMs unterstützen allerdings keinerlei emulierte Hardware, auch keine virtuellen IDE-Controller beim Booten. Generation 2-VMs booten also immer über das UEFI-System von virtuellen SCSI-Controllern. Diese werden nicht emuliert, sondern sind als Treiber direkt in den Hypervisor integriert. Dadurch lässt sich außerdem von der VM aus zugreifen. Das ist bereits beim Booten des virtuellen Servers der Fall. Sobald ein virtueller Server gestartet ist und die Integrationsdienste geladen sind, greifen die VMs ebenfalls über Treiber mit dem Hypervisor auf den Controller zu. Ab diesem Moment gibt es keine Leistungsunterschiede mehr zwischen virtuellen IDE- und SCSI-Controller, da beide über die gleiche Technik angebunden sind.

Der Vorteil von SCSI-Controllern ist außerdem die Möglichkeit, im laufenden Betrieb Festplatten zuordnen oder abhängen zu können. Außerdem haben Sie die Möglichkeit, physische Festplatten direkt über virtuelle SCSI-Controller an eine VM anzuhängen.

Virtuelle IDE-Controller erlauben maximal zwei virtuelle Geräte pro Controller. Außerdem dürfen Sie nur zwei virtuelle IDE-Controller pro virtuellem Server verbinden, aber dafür vier virtuelle SCSI-Controller. Mit virtuellen SCSI-Controllern stehen Ihnen mehrere Kanäle mit zahlreichen Anschlussmöglichkeiten zur Verfügung. Insgesamt können Sie pro SCSI-Controller 16 Festplatten anschließen, zusammen also 64.

Festplatten, die Sie an virtuellen SCSI-Controllern anschließen, können Sie im laufenden Betrieb des Servers an- oder abhängen. Das funktioniert sowohl mit virtuellen als auch physischen Festplatten, die Sie über virtuelle SCSI-Controller an virtuelle Server anbinden. Mit virtuellen Festplatten an virtuellen IDE-Controllern ist dies nicht möglich. Hier können Sie zwar auch jederzeit Festplatten an- und abhängen, müssen dazu aber die VM ausschalten.

Neu seit Windows Server 2012 R2 ist die Möglichkeit, die Größe von virtuellen Festplatten im laufenden Betrieb zu ändern. Auch dazu müssen die Festplatten an einem virtuellen SCSI-Controller angeschlossen sein. Das funktioniert ebenfalls in Windows Server 2016.

Was dagegen bei virtuellen IDE- und SCSI-Controllern gemeinsam funktioniert, ist die Möglichkeit, die Dienstqualität und Bandbreite von virtuellen Festplatten zu begrenzen.

Laufwerke mit der PowerShell hinzufügen

Bei virtuellen SCSI-Controllern können Sie Laufwerke im laufenden Betrieb hinzufügen. Diesen Vorgang nehmen Sie entweder im Hyper-V-Manager oder in der PowerShell vor. Zunächst lassen Sie sich mit folgendem Befehl die SCSI-Controller der VM anzeigen:

Get-VMScsiController -VMname <Name der VM>

Um einem SCSI-Controller eine neue Festplatte hinzuzufügen, verwenden Sie anschließend den folgenden Befehl:

Add-VMHardDiskDrive -VMname <Name der VM> -Path <Pfad zur .vhdx-Datei> -ControllerType SCSI -ControllerNumber <Nummer>

Mit dem Cmdlet *Add-VMScsiController* fügen Sie einem virtuellen Server einen virtuellen SCSI-Controller hinzu.

Domänencontroller virtualisieren

Mit Prüfpunkten (Snapshots) lassen sich virtuelle Server zu einem bestimmten Zeitpunkt sichern und wiederherstellen. Bei Domänencontrollern sichern Prüfpunkte allerdings auch die Active Directory-Datenbank. Setzen Sie auf einem Domänencontroller einen Prüfpunkt zurück, kann es zu Inkonsistenzen innerhalb der Active Directory-Datenbank kommen, die auch die anderen Domänencontroller beeinflussen. Dies liegt daran, dass in Active Directory alle Objekte eine bestimmte Nummer besitzen, die Update Sequence Number (USN). In Windows Server 2016 gibt es dazu die neuen Produktionsprüfpunkte. Diese berücksichtigen ebenfalls die Datenbank von Active Directory. Virtualisieren Sie Domänencontroller, sollten Sie darauf achten, dass die Produktionsprüfpunkte für den virtuellen Server aktiviert sind. Die Einstellungen dazu finden Sie in den Eigenschaften der VM über den Menüpunkt *Prüfpunkte*.

Jeder Domänencontroller verfügt über eine eigene Liste von USNs und befindet sich auch selbst in dieser Liste. Setzen Sie einen Prüfpunkt zurück, ändern sich die USNs zahlreicher Objekte, was mit hoher Wahrscheinlichkeit zu Inkonsistenzen führt. In jedem Fall aber trennen die anderen Domänencontroller den wiederhergestellten Domänencontroller vom Netzwerk.

Zeitsynchronisierung über Hyper-V deaktivieren

Standardmäßig versorgen sich virtuelle Server über den entsprechenden Hyper-V-Host mit der Uhrzeit. Auch das kann bei Domänencontrollern zu Problemen führen. Auf jedem virtuellen Computer installiert Hyper-V automatisch die Integrationsdienste. Dabei handelt es sich um ein Softwarepaket, das die Leistung virtueller Server deutlich verbessert. Rufen Sie die Einstellungen der VM auf und klicken Sie auf *Integrationsdienste*.

Hier können Sie einstellen, ob sich die virtuellen Server mit dem Host synchronisieren sollen. Für virtuelle Windows-Server in Active Directory-Domänen sollten Sie diese Synchronisierung deaktivieren, da durch die Zeitsynchronisierung Inkonsistenzen auftreten können. Vor allem bei der Virtualisierung von SharePoint, Exchange oder virtuellen Domänencontrollern liegt in dieser Konfiguration eine häufige Fehlerquelle.

Da die Server Mitglied einer Domäne sind, synchronisieren sie die Zeit mit einem Domänencontroller. Den PDC-Master-Domänencontroller lassen Sie am besten mit einer Atomuhr im Internet oder einer Funkuhr synchronisieren. In Active Directory sind alle Domänencontroller gleichberechtigt und synchronisieren die Zeit vom PDC-Master der übergeordneten Domäne.

Domänencontroller im Cluster

Betreiben Sie Hyper-V in einem Cluster, haben Sie die Möglichkeit, virtuelle Server zwischen den Knoten zu verschieben. Dabei können Sie Server mit der Livemigration so verschieben, dass sie immer aktiv bleiben, da Hyper-V auch den Inhalt des Arbeitsspeichers zwischen den Knoten verschiebt.

Befinden sich in einem Hyper-V-Cluster mehrere Server einer Domäne, besteht die Gefahr, dass beim Verschieben Domänenmitglieder vor den Domänencontrollern verschoben werden und unter Umständen online sind, während der Domänencontroller noch offline ist. Daher sollten Sie immer zuerst die Domänencontroller verschieben, möglichst nicht zuerst die normalen Mitgliedsserver. Windows Server 2016 kann virtuelle Server im Cluster priorisieren und dafür sorgen, dass Domänencontroller zuerst verschoben werden.

Automatisches Starten und Herunterfahren

In den Einstellungen von virtuellen Maschinen sollten Sie festlegen, wie sich der virtuelle Server beim Herunterfahren oder Starten des Hostsystems verhalten soll. Hier gelten die gleichen Probleme wie bei der Livemigration im Cluster. Bei unkontrolliertem Start booten die einzelnen Computer nicht immer in der richtigen Reihenfolge.

Sie sollten daher beim Neustarten des Hosts auch die virtuellen Server herunterfahren lassen und beim Starten des Hosts manuell starten. Microsoft empfiehlt als Einstellung für *Automatische Stoppaktion* die Option *Gastbetriebssystem herunterfahren*. Die Speicherung des Zustands empfiehlt Microsoft nicht, da dadurch die Synchronisierung der Active Directory-Datenbank zwischen den Domänencontroller gestört wird. Das Herunterfahren ist die optimale Einstellung, wenn der Host neu gestartet werden muss.

Abbildung 7.10: Konfigurieren der automatischen Stoppaktion für virtuelle Server

Beim Herunterfahren schließt ein Domänencontroller alle noch offenen Synchronisierungsvorgänge ab, sodass beim erneuten Start keine Inkonsistenzen durch veraltete Daten entstehen. Als automatische Startaktion empfiehlt Microsoft entweder keine Aktion oder die Einstellung, dass der Server neu starten soll, wenn er beim Herunterfahren gestartet war. Allerdings sollten Sie in diesem Fall darauf achten, dass andere Server nicht auch automatisch starten, wenn diese von den Domänencontrollern abhängig sind.

Dedizierte Netzwerkverbindungen einsetzen

Microsoft empfiehlt, einen Netzwerkadapter auf jedem Hyper-V-Host für die Verwaltung des Servers zu verwenden. Diese Vorgehensweise ist auch bei der Anbindung von Netzwerkspeicher, zum Beispiel NAS oder iSCSI, angebracht. Hier sollten Sie ebenfalls für jede Verbindung eine eigene Netzwerkkarte auf dem Hyper-V-Host zur Verfügung stellen.

Diese Optimierung sollten Sie auf die virtuellen Hyper-V-Server ausdehnen. Domänencontroller sollten immer effizient zur Verfügung stehen, da im Active Directory ansonsten auch andere Serverdienste langsam reagieren. Die meisten Serverdienste benötigen ständige Authentifizierungen an Domänencontrollern.

Daher sollten die Domänencontroller idealerweise eine eigene Netzwerkkarte mit einem eigenen virtuellen Switch verwenden. Verbinden Sie nicht alle Domänencontroller mit derselben Karte, da ansonsten die Gefahr besteht, dass bei Ausfall einer Karte alle Domänencontroller gleichzeitig nicht mehr verfügbar sind.

Keine differenzierenden virtuellen Festplatten verwenden

In Hyper-V haben Sie die Möglichkeit, einem Gastsystem eine differenzierende virtuelle Festplatte zuzuweisen. Für Domänencontroller ist das nicht empfohlen, da sich solche Festplatten zu leicht wieder in den Ursprungszustand zurückversetzen lassen. Hier gibt es das gleiche Problem wie mit den Prüfpunkten.

Wenn Sie eine differenzierende Festplatte auswählen, erstellt Hyper-V auf Basis einer bereits vorhandenen virtuellen Festplatte eine neue. Damit können Sie von bereits vorhandenen virtuellen Festplatten ein Abbild erzeugen. Microsoft empfiehlt zunächst, die übergeordnete virtuelle Festplatte mit einem Schreibschutz zu versehen, damit sie nicht versehentlich überschrieben wird. Auf der Differenzplatte liegen nur die Änderungen, die das Gastsystem an der virtuellen Platte vorgenommen hat, also auch die Daten von Active Directory.

Dazu werden alle Schreibzugriffe des Gasts zur Differenzplatte umgeleitet. Lesezugriffe kombinieren den Inhalt der Differenzplatte und den Inhalt der zugrunde liegenden virtuellen Festplatte, ohne dass der Gast etwas davon bemerkt. Die zugrunde liegende Festplatte wird nicht mehr verändert, und die Differenzplatte bleibt relativ klein, da sie nur Änderungen enthält.

Eine fertige Basisinstallation kann von mehreren virtuellen Maschinen (VMs) gleichzeitig verwendet werden, indem Sie mehrere Differenzplatten erstellen, die dieselbe virtuelle Festplatte verwenden. Dadurch sparen Sie sich beim Klonen von virtuellen Maschinen viel Zeit und Speicherplatz. Was für herkömmliche Server geeignet ist, kann für Domänencontroller daher extrem schädlich sein.

Per Hyper-V-Manager virtuelle Maschinen erstellen

Nachdem Sie die virtuellen Switches für virtuelle Computer angelegt haben, erstellen Sie die Computer, die Sie virtualisieren wollen. Dazu können Sie als Installationsmedium entweder eine DVD auswählen oder eine .iso-Datei. Um virtuelle Computer zu erstellen, gehen Sie wie nachfolgend erläutert vor.

Kapitel 7: Hyper-V – Installation und Servervirtualisierung

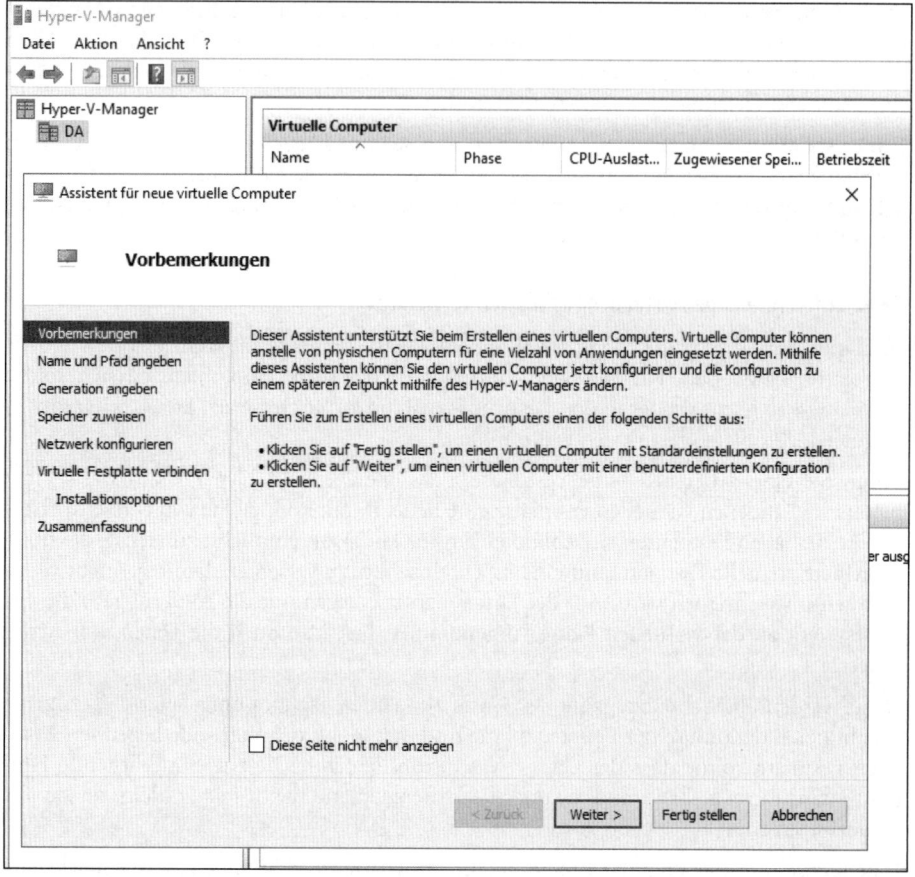

Abbildung 7.11: Starten des Assistenten zur Erstellung von virtuellen Servern

1. Starten Sie den Hyper-V-Manager. Sie können sich auch von einem anderen Server oder Computer aus mit dem Hyper-V-Host verbinden. Mehr zu diesem Thema finden Sie in Kapitel 3 und 4.
2. Klicken Sie anschließend auf *Neu/Virtueller Computer* oder verwenden Sie das Kontextmenü des Hosts zum Erstellen eines virtuellen Computers.
3. Bestätigen Sie zunächst die Seite mit den Vorbemerkungen mit einem Klick auf *Weiter* und geben Sie auf der nächsten Seite den Namen des Computers ein. Der Name hat nichts mit dem eigentlichen Computernamen zu tun. Hierbei handelt es sich lediglich um den im Hyper-V-Manager angezeigten Namen. Es bietet sich aber an, den gleichen Namen zu verwenden.
4. Aktivieren Sie das Kontrollkästchen *Virtuellen Computer an einem anderen Speicherort speichern*. Sie können diesen Ordner im Hyper-V-Manager über *Hyper-V-Einstellungen* festlegen. Hier nehmen Sie darüber hinaus weitere Einstellungen vor, die für Hyper-V selbst und alle virtuellen Computer gemeinsam gelten.
5. Wählen Sie den Ordner aus, in dem Sie die Daten des virtuellen Computers speichern wollen. Sie sollten für jeden Computer einen eigenen Pfad verwenden.

Virtuelle Server erstellen und installieren

Abbildung 7.12: Auswählen des Namens sowie des Speicherorts für den virtuellen Computer

Danach wählen Sie aus, ob der virtuelle Server eine Generation 1-VM sein soll oder die neuen Funktionen von Generation 2-VMs erfüllt. Wir sind zu Beginn des Kapitels bereits auf das Thema eingegangen. Achten Sie aber darauf, dass Sie die Generation eines virtuellen Servers nicht mehr ändern können.

Abbildung 7.13: Auswählen des Generation-Typs eines neuen virtuellen Servers

Wählen Sie auf der nächsten Seite aus, wie viel Arbeitsspeicher Sie dem Computer zuweisen wollen. Generell sollten Sie darauf achten, dass der gemeinsame Arbeitsspeicher aller virtueller Server nicht den physischen Speicher des Hosts überschreiten sollte. Der Arbeitsspeicher des virtuellen Computers lässt sich auch nach der Installation jederzeit anpassen, sogar im laufenden Betrieb.

Sie können an dieser Stelle auch den dynamischen Arbeitsspeicher aktivieren. Diese Funktion ermöglicht virtuellen Computern, die nicht ihren gesamten zugewiesenen Arbeitsspeicher ausnutzen, Teile davon anderen virtuellen Computern zur Verfügung zu stellen.

Virtuelle Computer können über Hyper-V den Arbeitsspeicher teilen. Die einzelnen virtuellen Computer teilen dem Hypervisor mit, wie viel Arbeitsspeicher sie benötigen. Ist genügend Arbeitsspeicher auf dem Computer frei, teilt der Hypervisor dem virtuellen

Kapitel 7: Hyper-V – Installation und Servervirtualisierung

Computer den benötigten Arbeitsspeicher zu und zieht ihn von anderen Computern ab, die derzeit keinen Bedarf haben.

Sobald der Speicherbedarf des Computers steigt, fragt der Server den Speicher beim Hyper-V-Host an und erhält ihn, wenn der Speicher zur Verfügung steht. Umgekehrt teilen virtuelle Computer ständig dem Hyper-V-Host mit, wie viel Arbeitsspeicher sie abgeben können.

Für virtuelle Computer können Sie nach der Erstellung in den Einstellungen einen Startwert und einen maximalen Wert für den Arbeitsspeicher zuteilen. Die Zuteilung des tatsächlichen Arbeitsspeichers steuert Hyper-V auch auf Basis der Prioritäten, die Sie den virtuellen Computern zuweisen. Um Dynamic Memory zu nutzen, aktivieren Sie das Kontrollkästchen *Dynamischen Arbeitsspeicher für diesen virtuellen Computer verwenden*. An dieser Stelle können Sie aber keine Werte konfigurieren.

Wählen Sie auf der nächsten Seite das Netzwerk aus, das Sie für die virtuellen Server erstellt haben. Hier stehen die virtuellen Switches zur Verfügung, die Sie im Vorfeld angelegt haben. Sie können nach der Erstellung des virtuellen Servers zusätzliche virtuelle Netzwerkkarten hinzufügen und diese mit einem anderen virtuellen Switch verbinden.

Auf der nächsten Seite aktivieren Sie die Option *Virtuelle Festplatte erstellen* und wählen den Pfad und die Größe aus. Lesen Sie dazu die Anmerkungen in den Kapiteln 1, 2 und 5. Sie können virtuellen Computern auch nachträglich jederzeit weitere virtuelle Festplatten über deren Einstellungen zuordnen.

Als Nächstes wählen Sie aus, wie Sie das Betriebssystem installieren wollen. Wenn Sie eine Generation 1-VM anlegen, aktivieren Sie am besten die Option *Physisches CD/DVD-Laufwerk* oder *Abbilddatei (ISO)*. Beim Anlegen einer Generation 2-VM ist die Angabe eines CD/DVD-Laufwerks nicht möglich. Hier können Sie nur eine Imagedatei (*.iso*-Datei) verwenden. Schließen Sie auf der nächsten Seite die Erstellung der virtuellen Maschine ab, lassen Sie diese aber nicht starten.

Abbildung 7.14: Installationsoptionen von virtuellen Computern

Nach der erfolgreichen Erstellung des virtuellen Computers können Sie im Hyper-V-Manager weitere Einstellungen vornehmen. Rufen Sie dazu im Kontextmenü des virtuellen Computers den Eintrag *Einstellungen* auf. Klicken Sie in den Einstellungen des Computers

Virtuelle Server erstellen und installieren

auf *Hardware hinzufügen*, wenn Sie zusätzliche Hardware zur virtuellen Maschine hinzufügen wollen, zum Beispiel weitere virtuelle Netzwerkkarten oder einen SCSI-Controller.

Legen Sie die Installations-DVD in das Laufwerk des physischen Hosts (Generation 1-VMs) oder laden Sie die *.iso*-Datei über die Einstellungen des virtuellen Computers. Klicken Sie im Hyper-V-Manager den virtuellen Computer mit der rechten Maustaste an und wählen Sie im Kontextmenü den Eintrag *Starten* aus.

Anschließend installieren Sie auf dem Server das Betriebssystem genauso wie auf einem physischen Server. Hier gibt es keine Unterschiede. Beenden Sie das Verbindungsfenster zum virtuellen Computer, bleibt dieser weiter gestartet. Sie sehen den Status der entsprechenden virtuellen Computer im Hyper-V-Manager.

In den nächsten Abschnitten zeigen wir Ihnen, wie Sie virtuelle Server entweder über den Hyper-V-Manager oder in der PowerShell verwalten. Sie haben natürlich die Möglichkeit, virtuelle Server in der PowerShell zu erstellen. Dazu verwenden Sie das Cmdlet *New-VM -Name <Name des virtuellen Servers>*. Neue virtuelle Festplatten erstellen Sie mit *New-VHD*.

Tipp   Eine Liste aller erstellten virtuellen Server eines Hyper-V-Hosts rufen Sie mit *Get-VM* ab. Mit der Option *|fl* erhalten Sie weiterführende Informationen. Sie erhalten so auch Echtzeitdaten, also beispielsweise den zugewiesenen Arbeitsspeicher, wenn Sie Dynamic Memory einsetzen.

Virtuelle Server steuern

Im Fernwartungsfenster des virtuellen Computers und auch in dessen Kontextmenü stehen verschiedene Schaltflächen zur Verfügung, mit denen Sie den Server steuern können.

Abbildung 7.15: Symbolleiste von virtuellen Servern

- **STRG+ALT+ENT** – Mit der ersten Schaltfläche auf der linken Seite, senden Sie die Tastenkombination [Strg]+[Alt]+[Entf] an den Server.
- **Starten** – Mit der *Starten*-Schaltfläche starten Sie den Server, wenn er ausgeschaltet ist.
- **Ausschalten** – Die Schaltfläche zum Ausschalten schaltet den Server sofort aus, ohne das Betriebssystem herunterzufahren.
- **Herunterfahren** – Fährt das Betriebssystem herunter.
- **Speichern** – Mit dieser Option wird der Inhalt des Arbeitsspeichers in einer Datei auf dem Host abgespeichert und der Gast dann abgeschaltet. Beim späteren Starten wird dieser Status aus der Datei erneut in den Arbeitsspeicher geladen und die Maschine steht wieder zur Verfügung.

Kapitel 7: Hyper-V – Installation und Servervirtualisierung

- **Anhalten** – Einer laufenden VM werden sämtliche CPU-Ressourcen entzogen, sie friert im aktuellen Zustand ein. Der Inhalt des Arbeitsspeichers und damit der aktuelle Zustand der Maschine bleibt erhalten und die VM läuft nach dem Fortsetzen sofort weiter.

- **Neu starten** – Diese Schaltfläche entspricht einem Reset. Das Betriebssystem wird dazu nicht heruntergefahren, sondern der Zustand entspricht dem des Ausschaltens des Servers und einem sofortigen Neustart.

- **Prüfpunkt** – Mit dieser Schaltfläche erstellen Sie einen Prüfpunkt (früher Snapshot oder auch Momentaufnahme genannt). Mehr zu diesem Thema erfahren Sie im nächsten Kapitel.

- **Zurücksetzen** – Setzt den Server auf den letzten Prüfpunkt zurück. Mehr dazu erfahren Sie im nächsten Kapitel.

- **Erweiterter Sitzungsmodus** – Mit dieser Schaltfläche aktivieren Sie für die aktuelle Verbindung zum virtuellen Server den erweiterten Sitzungsmodus auf Basis von RDP. Mit der Schaltfläche aktivieren Sie auch wieder den einfachen Sitzungsmodus, den Sie bereits von Vorgängerversionen von Windows Server 2016 her kennen.

> **Tipp**
>
> Neben der grafischen Oberfläche können Sie virtuelle Server in der PowerShell steuern. So schalten Sie mit *Stop-VM* virtuelle Maschinen aus, starten sie mit *Start-VM* und rufen den Zustand mit *Get-VM* ab. Um sich eine Liste der verfügbaren Befehle anzuzeigen, verwenden Sie *Get-Command *vm**.
>
> Sie können über die PowerShell Server auch neu starten (*Restart-VM*), anhalten (*Suspend-VM*) und wieder fortführen lassen (*Resume-VM*).
>
> Virtuelle Server können Sie mit *Import-VM* importieren und mit *Export-VM* exportieren. Prüfpunkte erstellen Sie mit *Checkpoint-VM*.

Viele Aufgaben zur Verwaltung von Hyper-V und VMs lassen sich mittlerweile sehr komfortabel in der PowerShell vornehmen. In Windows Server 2016 stehen dazu noch mehr Funktionen zur Verfügung als in den Vorgängerversionen.

Mit PowerShell Direct können Sie über PowerShell-Sitzungen auf einem Hyper-V-Host direkt auf VMs des Hosts zugreifen und Aktionen durchführen. Dazu muss auf dem Host aber Windows Server 2016 betrieben werden. Auch in den VMs ist entweder Windows 10 oder Windows Server 2016 notwendig. Um eine Sitzung zu starten, geben Sie in der PowerShell-Sitzung auf dem Host einen der folgenden Befehle ein:

Enter-PSSession -VMName <Name der VM im Hyper-V-Manager>

Invoke-Command -VMName <Name der VM im Hyper-V-Manager> -ScriptBlock { Commands }

Für die erfolgreiche Verbindung müssen Sie sich unter Umständen an der Sitzung erst authentifizieren. Sie können auf diesem Weg über die PowerShell-Sitzung auf dem Host aber nicht nur herkömmliche Server mit der PowerShell verwalten, sondern auch Core-Server und Nano-Server. Die Vorgehensweise dazu ist die gleiche.

Wollen Sie sich mit einem anderen Benutzer authentifizieren, verwenden Sie *Enter-PSSession -VMName <Computer> -Credential <Benutzer>*. Mit *Exit-Session* beenden Sie diese Sitzung wieder.

```
PS C:\Users\Administrator> Invoke-Command -VMName "hypervm" -ScriptBlock { Enable-WindowsOptionalFeature -FeatureName Mi
crosoft-Hyper-V -Online; Restart-Computer }

Cmdlet Invoke-Command an der Befehlspipelineposition 1
Geben Sie Werte für die folgenden Parameter an:
Credential
Möchten Sie den Computer jetzt neu starten, um den Vorgang abzuschließen?
[Y] Yes  [N] No  [?] Hilfe (Standard ist "Y"): y


PSComputerName    : hypervm
RunspaceId        : 7c8c02de-a137-4cd9-a1a2-2fbbfc9f388a
Path              :
Online            : True
WinPath           :
SysDrivePath      :
RestartNeeded     : True
LogPath           : C:\Windows\Logs\DISM\dism.log
ScratchDirectory  :
LogLevel          : WarningsInfo
```

Abbildung 7.16: In Windows Server 2016 greifen Sie vom Host mit der PowerShell auf VMs zu. Auch Serverrollen lassen sich dadurch installieren.

Einstellungen von virtuellen Servern anpassen

Über das Kontextmenü oder den *Aktionen*-Bereich lassen sich die verschiedenen Einstellungen der virtuellen Computer anpassen. Hierüber definieren Sie zum Beispiel die Anzahl der Prozessoren, den Arbeitsspeicher, BIOS-Einstellungen und die Schnittstellen. Auch neue Hardware fügen Sie über diesen Bereich hinzu.

Hinweis	In Windows Server 2016 können Sie Netzwerkadapter im laufenden Betrieb hinzufügen und entfernen. Sie müssen dazu VMs also nicht mehr herunterfahren.
	Sie können bei Generation 2-VMs auch den Arbeitsspeicher von Servern im laufenden Betrieb anpassen, selbst dann, wenn Sie nicht Dynamic Memory nutzen. Das funktioniert aber nur, wenn auch in der VM Windows Server 2016 oder Windows 10 installiert ist.

Viele Einstellungen stehen jedoch nur dann zur Verfügung, wenn der virtuelle Server ausgeschaltet ist. Einstellungen, die im laufenden Betrieb nicht möglich sind, werden im Hyper-V-Manager abgeblendet dargestellt.

Ein weiterer Bereich in den Einstellungen von virtuellen Computern sind die BIOS-Einstellungen. Die meisten Einstellungen lassen sich aber nur dann anpassen, wenn der virtuelle Computer ausgeschaltet ist. Hierüber legen Sie fest, ob die [Num]-Taste beim Starten automatisch aktiviert ist und welche Bootreihenfolge der Server beachten soll.

Hardware zu virtuellen Computern hinzufügen

Wollen Sie einem virtuellen Computer neue Hardware hinzufügen, also eine neue Netzwerkkarte, einen SCSI-Controller oder neue Festplatten, klicken Sie den virtuellen Computer mit der rechten Maustaste an, wählen *Einstellungen* und klicken dann auf *Hardware hinzufügen*.

Kapitel 7: Hyper-V – Installation und Servervirtualisierung

Tipp Wollen Sie in Hyper-V Betriebssysteme testen, für die es keine Integrationsdienste gibt, müssen Sie dem virtuellen Server ältere Netzwerkkarten hinzufügen. Der neue Netzwerkkartentyp arbeitet nicht mit Systemen zusammen, die offiziell nicht von Hyper-V unterstützt werden.

Im rechten Bereich wählen Sie die Hardware aus, die Sie hinzufügen wollen, und klicken auf *Hinzufügen*. Beim Hinzufügen eines Festplattencontrollers besteht zusätzlich die Möglichkeit, noch weitere Festplatten einzubinden. Um Hardware hinzuzufügen, muss der Server ausgeschaltet sein, viele Geräte lassen sich jedoch auch im laufenden Betrieb hinzufügen.

Sobald Sie einem virtuellen Server einen SCSI-Controller hinzugefügt haben, können Sie weitere Festplatten hinzufügen, auch wenn der Server gestartet ist. Das funktioniert aber nur bei virtuellen SCSI-Festplatten. Damit die Hardware hinzugefügt wird, müssen Sie die Änderung noch mit *Anwenden* oder *OK* bestätigen.

Einmal hinzugefügte Geräte lassen sich über die Schaltfläche *Entfernen* wieder vom virtuellen Computer trennen.

Abbildung 7.17: Einstellungen eines virtuellen Servers ändern

Interessant ist im unteren Bereich auch die Option *Speicherort für die Smart Paging-Datei*. Smart Paging soll verhindern, dass sich virtuelle Server nicht mehr starten lassen, weil der gesamte verfügbare Arbeitsspeicher bereits zugewiesen ist. Nutzen Sie Dynamic Memory (siehe nächster Abschnitt), besteht die Möglichkeit, dass andere Server auf dem Host den gesamten Arbeitsspeicher nutzen.

Die Smart Paging-Funktion erlaubt virtuellen Server, beim Neustart Teile der Festplatte des Hosts als Arbeitsspeicher zu nutzen. Auch diesen Bereich können Sie daher getrennt verschieben. Nach dem erfolgreichen Start wird der Festplattenplatz wieder freigegeben und der virtuelle Server erhält durch Dynamic Memory wieder seinen Speicher. In Windows Server 2016 unterstützen auch virtuelle Computer auf Basis von Linux diese Funktion.

Generation2-VMs können Sie ebenfalls mit Linux-VMs nutzen. Das bietet Linux-VMs auch die Möglichkeit, über UEFI zu booten und die Secure-Boot-Funktion von UEFI zu nutzen. Dazu müssen Sie Ubuntu ab Version 14.04 oder SUSE Linux Enterprise Server ab Version 12 einsetzen. Diese Systeme sind automatisch für Secure Boot aktiviert. Außerdem unterstützt Hyper-V in Windows Server 2016 die aktuellen Distributionen von CentOS, Oracle Linux, Red Hat und Debian. Bevor Sie eine solche VM starten, sollten Sie aber erst konfigurieren, dass die VM die Microsoft UEFI Certificate Authority nutzt. Rufen Sie dazu auf dem Host den folgenden Befehl auf:

Set-VMFirmware –Vmname <Name der VM> -SecureBootTemplate MicrosoftUEFICertificate-Authority

Hinweis	In einigen Szenarien kann es sinnvoll sein, physische Festplatten direkt an eine VM anzubinden. Dieses Szenario bietet dann direkten Speicherzugriff von VMs auf die Festplatte. Allerdings ist das nicht immer sinnvoll. Die jeweilige Festplatte kann in den meisten Fällen nur von der jeweiligen VM genutzt werden. Außerdem müssen Administratoren genau wissen, was sie tun, denn die Festplatte befindet sich in diesem Szenario außerhalb des Hypervisors.
	Was auf der einen Seite also zu Verbesserungen der Leistungen führt oder den Zugriff auf Installationsdateien auf externen Datenträgern ermöglicht, kann auf der anderen Seite zu Problemen führen. Die Funktion ist sicherlich interessant, sollte aber nicht generell verwendet werden. Eine virtuelle Festplatte auf einem schnellen Datenträger, zum Beispiel einer SSD, kann hier oft die bessere Wahl sein.

Virtuelle Festplatten zu Servern hinzufügen

Um einem Server eine neue virtuelle Festplatte hinzuzufügen, haben Sie verschiedene Möglichkeiten. Nachdem Sie einen oder mehrere SCSI-Controller als Hardware hinzugefügt haben, können Sie virtuelle Festplatten entweder zu einem virtuellen IDE-Controller hinzufügen oder einen virtuellen SCSI-Controller verwenden. Im laufenden Betrieb lassen sich virtuelle Festplatten nur an virtuelle SCSI-Controller hinzufügen. Um einen virtuellen SCSI-Controller hinzuzufügen, müssen Sie aber wiederum den virtuellen Server herunterfahren. Neue Festplatten fügen Sie im Schnelldurchlauf folgendermaßen hinzu:

Kapitel 7: Hyper-V – Installation und Servervirtualisierung

1. Klicken Sie mit der rechten Maustaste auf den virtuellen Server und dann auf *Einstellungen*.
2. Klicken Sie auf den Controller, mit dem die neue virtuelle Festplatte verbunden werden soll.
3. Klicken Sie danach auf *Festplatte* und dann auf *Hinzufügen*.

Abbildung 7.18: Hinzufügen einer virtuellen Festplatte zu einem virtuellen Server

4. Aktivieren Sie im neuen Bereich die Option *Virtuelle Festplatte* und klicken Sie auf *Neu*, um den Assistenten für eine neue Festplatte zu starten.
5. Bestätigen Sie die Startseite des Assistenten zum Hinzufügen von neuen Festplatten und wählen Sie danach das Format aus, das die neue Festplatte erhalten soll, also *.vhd* (bis 2 TB) oder *.vhdx* (bis 64 TB).
6. Wählen Sie als Nächstes aus, ob die Festplatte eine feste Größe haben soll (*Feste Größe*), dynamisch erweiterbar (*Dynamisch erweiterbar*) oder auf einer vorhandenen Festplatte aufbauen soll (*Differenzierung*).
   - **Feste Größe** – Bei dieser Variante legen Sie fest, welche Größe die virtuelle Festplatte des virtuellen Servers nicht überschreiten darf.
   - **Dynamisch erweiterbar** – Dieser Typ wird am häufigsten verwendet. Die hinterlegte Datei der Festplatte kann dynamisch mit dem Inhalt mitwachsen.

Einstellungen von virtuellen Servern anpassen

- **Differenzierung** – Wenn Sie diese Festplatte auswählen, wird auf Basis einer bereits vorhandenen virtuellen Festplatte eine neue erstellt. Damit können Sie von bereits vorhandenen virtuellen Festplatten ein Abbild erzeugen. Microsoft empfiehlt, die übergeordnete virtuelle Festplatte mit einem Schreibschutz zu versehen, damit sie nicht versehentlich überschrieben wird. In der Differenzfestplatte liegen nur die Änderungen, die das Gastsystem an der virtuellen Festplatte vorgenommen hat. Dazu werden alle Schreibzugriffe des Gasts auf die Differenzfestplatte umgeleitet. Lesezugriffe kombinieren den Inhalt der Differenzfestplatte und den Inhalt der zugrunde liegenden virtuellen Festplatte, ohne dass der Gast etwas davon bemerkt. Die zugrunde liegende Festplatte wird nicht mehr verändert, und die Differenzfestplatte bleibt relativ klein, da sie nur Änderungen enthält. Eine fertige Basisinstallation kann von mehreren virtuellen Maschinen (VMs) gleichzeitig verwendet werden, indem Sie mehrere Differenzfestplatten erstellen, die dieselbe virtuelle Festplatte verwenden. Dadurch sparen Sie sich viel Zeit und Platz beim Klonen von virtuellen Maschinen.

Abbildung 7.19: Festlegen der Art der neuen virtuellen Festplatte

7. Im Anschluss legen Sie den Pfad fest, in dem Windows Server 2016 die *.vhd/.vhdx*-Datei speichern soll. Auch den Namen der Datei geben Sie hier ein.
8. Auf der nächsten Seite legen Sie die Größe der virtuellen Festplatte fest und können auch den Inhalt einer physischen Festplatte in die virtuelle Festplatte kopieren lassen. Danach erhalten Sie noch eine Zusammenfassung und erstellen mit *Fertig stellen* schließlich die virtuelle Festplatte.
9. Klicken Sie danach im Fenster auf *Anwenden*, damit die virtuelle Festplatte an den virtuellen Server angefügt wird.
10. Die Festplatte ist jetzt angefügt und kann in der Datenträgerverwaltung des virtuellen Servers verwaltet werden. Hier gehen Sie genauso vor wie bei physischen Festplatten (siehe Kapitel 5).

Hinweis	Dynamische Festplatten wachsen mit dem Speichervolumen einer VM mit. Dadurch benötigen die Festplatten nicht zu viel Speicherplatz nach der Installation. Der Nachteil liegt allerdings in der Leistung. Vor allem sehr leistungshungrige Systeme sind oft auf jedes Quäntchen Leistung angewiesen.
	Server, deren Leistung nicht von der Festplattenleistung direkt abhängt, können diese Funktion durchaus nutzen. Allerdings unterstützen nicht alle Serveranwendungen dynamische Festplatten. Hier sollte also sichergestellt werden, dass der Hersteller der Serveranwendung dynamische Festplatten unterstützt, auch dann, wenn die Leistung nicht unbedingt ausschlaggebend ist. Außerdem wachsen dynamische Festplatten ständig an. Es kann passieren, dass der Speicherplatz des Hyper-V-Hosts nicht mehr ausreicht. In diesem Fall stellen VMs ihren Dienst ein. Dynamische Festplatten sind also durchaus eine interessante Funktion, sollten für leistungshungrige VMs aber nicht eingesetzt werden. Beim Einsatz der dynamischen Festplatten für herkömmliche Server sollte der Speicherplatz des Hosts im Auge behalten werden.

Virtuelle Festplatten verschieben per Speicher-Migration

In Windows Server 2016 haben Sie auch die Möglichkeit, den Speicherort von virtuellen Festplatten auf Hyper-V-Hosts zu verschieben. Diesen Vorgang können Sie im laufenden Betrieb vornehmen. Das ist zum Beispiel sinnvoll, wenn Sie einen Datenträger vergrößern oder die virtuellen Datenträger auf ein NAS oder SAN auslagern wollen.

Klicken Sie dazu mit der rechten Maustaste auf den virtuellen Server, dessen Festplatten Sie verschieben wollen. Wählen Sie danach *Verschieben* aus.

Im Assistenten wählen Sie anschließend *Speicher des virtuellen Computers verschieben* aus. Wie Sie komplette virtuelle Server zwischen Hyper-V-Hosts im laufenden Betrieb (Livemigration) verschieben, zeigen wir Ihnen in Kapitel 9. In Windows Server 2016 können Sie die Livemigration auch ohne Cluster nutzen.

Abbildung 7.20: Verschieben des Speichers eines virtuellen Servers

Im nächsten Fenster wählen Sie aus, ob Sie die Daten des virtuellen Servers oder nur die virtuellen Festplatten verschieben wollen.

Einstellungen von virtuellen Servern anpassen

Abbildung 7.21: Verschieben des Speichers von virtuellen Festplatten oder aller Daten auswählen

Im nächsten Fenster wählen Sie den Ordner aus, in den Hyper-V die Daten des Computers speichern soll. Während des Vorgangs bleibt der virtuelle Server gestartet. Sie sehen den Status im Hyper-V-Manager.

Wollen Sie Daten in verschiedenen Ordnern speichern, können Sie die passende Option auswählen und im nächsten Fenster getrennte Speicherorte für Konfigurationsdateien, virtuelle Festplatte und Prüfpunkte festlegen.

Sie können neben Konfiguration, Prüfpunkten und den virtuellen Festplatten auch Smart Paging-Dateien getrennt speichern. Smart Paging soll verhindern, dass sich virtuelle Server nicht mehr starten lassen, weil der gesamte verfügbare Arbeitsspeicher bereits durch andere VMs in Verwendung ist. Nutzen Sie Dynamic Memory (siehe nächster Abschnitt), besteht die Möglichkeit, dass andere Server auf dem Host den gesamten Arbeitsspeicher nutzen.

Die neue Funktion Smart Paging erlaubt virtuellen Servern, beim Neustart Teile der Festplatte des Hosts als Arbeitsspeicher zu nutzen. Auch diesen Bereich können Sie daher getrennt verschieben. Nach dem erfolgreichen Start wird der Festplattenplatz wieder freigegeben und der virtuelle Server erhält durch Dynamic Memory wieder seinen Speicher zurück.

USB-Festplatten an Hyper-V anbinden

Leider unterstützt Hyper-V auch in der neuen Version von Windows Server 2016 keine optimale Anbindung von USB-Geräten. Sie haben aber die Möglichkeit, externe Festplatten, die am Hyper-V-Host angeschlossen sind, in virtuellen Servern zur Verfügung zu stellen. Sie können über den nachfolgend erläuterten Weg aber auch in anderen Gastsystemen wie Linux USB-Geräte anbinden.

Neben den hier beschriebenen Möglichkeiten können Sie USB-Laufwerke auch über RDP-Sitzungen verwenden oder USB-Server im Netzwerk zur Verfügung stellen. Sie können andere USB-Geräte wie Dongles oder Drucker nur über RDP-Sitzungen oder entsprechende Geräte in Hyper-V nutzen.

Handelt es sich bei den virtuellen Computern um Arbeitsstationen in einer Virtual Desktop Infrastructure auf Basis von Hyper-V, können Anwender über diesen Weg natürlich USB-Geräte nutzen. In diesem Fall verbinden sich die Anwender entweder mit Thin-

Clients oder PCs über das RDP-Protokoll mit dem virtuellen Computer. Das heißt, hier stehen alle USB-Laufwerke zur Verfügung. Nur in der Hyper-V-Konsole lassen sich diese Geräte nicht nutzen.

Um eine USB-Festplatte mit einem virtuellen Server zu verbinden, schließen Sie sie direkt an den Hyper-V-Host an. Die Festplatte muss zunächst im System verfügbar sein. Haben Sie die externe Festplatte verbunden, öffnen Sie eine Eingabeaufforderung mit Administratorrechten und rufen das Befehlszeilentool *Diskpart* auf. Mit *List disk* finden Sie die Nummer der externen Festplatte.

Im nächsten Schritt wählen Sie die USB-Festplatte aus, die Sie im virtuellen Server unter Hyper-V nutzen wollen. Verwenden Sie dazu den Befehl *Select <Nummer der Platte>*. Anschließend setzen Sie die Festplatte mit *Offline disk* offline.

Es muss die Meldung erscheinen, dass der Datenträger offline gesetzt ist. Überprüfen Sie mit *Diskmgmt.msc*, ob der Datenträger in der Datenträgerverwaltung des Hyper-V-Hosts auch offline angezeigt wird. Mit *Diskpart* sehen Sie das ebenfalls in der Befehlszeile, wenn Sie *List disk* aufrufen.

Rufen Sie im Anschluss im Hyper-V-Manager die Einstellungen des virtuellen Servers auf, auf dem Sie diese Festplatte zur Verfügung stellen wollen. Klicken Sie in den Einstellungen auf *SCSI-Controller*, dann auf *Festplatte* und dann auf *Hinzufügen*. Sie fügen jetzt den am Hyper-V-Host angeschlossenen USB-Datenträger über den virtuellen SCSI-Datenträger an den virtuellen Server an.

Im Fenster aktivieren Sie *Physische Festplatte* und wählen den von Ihnen offline gesetzten USB-Datenträger aus. Klicken Sie danach auf *Anwenden* und dann auf *OK*.

Öffnen Sie auf dem virtuellen Server die Festplattenverwaltung mit *Diskmgmt.msc*. Hier sehen Sie den Datenträger. Über das Kontextmenü schalten Sie ihn online. Weisen Sie dem Datenträger noch einen Laufwerkbuchstaben zu. Alle Daten sind jetzt in der virtuellen Maschine verfügbar.

Virtuelle Festplatten von Servern verwalten und optimieren

Im *Aktionen*-Bereich des Hyper-V-Managers finden Sie auf der rechten Seite die beiden Menübefehle *Datenträger bearbeiten* und *Datenträger überprüfen*. Mit *Datenträger überprüfen* starten Sie einen Scanvorgang. Anschließend öffnet sich ein neues Fenster und zeigt die Daten dieser Festplatte an. So erfahren Sie, ob es sich um eine dynamisch erweiterbare Festplatte oder eine Festplatte mit fester Größe handelt. Auch die maximale Größe sowie die aktuelle Datenmenge zeigt das Fenster an.

Über *Datenträger bearbeiten* stehen Ihnen verschiedene Möglichkeiten zur Verfügung, um die aktuell ausgewählte Festplatte anzupassen:

- **Komprimieren** – Diese Aktion steht nur bei dynamisch erweiterbaren Festplatten zur Verfügung. Der Vorgang löscht leere Bereiche in der *.vhd(x)*-Datei, sodass sie deutlich verkleinert wird. Allerdings ergibt dieser Vorgang nur dann Sinn, wenn viele Daten von der Festplatte gelöscht wurden.

- **Konvertieren** – Mit diesem Vorgang wandeln Sie dynamisch erweiterbare Festplatten in Festplatten mit fester Größe um oder umgekehrt.

- **Erweitern** – Dieser Befehl hilft dabei, den maximalen Festplattenplatz einer *.vhd(x)*-Datei zu vergrößern

- **Zusammenführen** – Der Assistent zeigt diesen Befehl nur dann an, wenn Sie eine differenzierende Festplatte auswählen, zum Beispiel die .vhd(x)-Datei eines Prüfpunkts. Da diese Datei nur die aktuellen Unterschiede zu der .vhd(x)-Quelldatei enthält und auf diese verifiziert ist, lassen sich die Daten zu einer gemeinsamen .vhd(x)-Datei zusammenführen, die alle Daten enthält. Die beiden Quellfestplatten bleiben bei diesem Vorgang erhalten, der Assistent erstellt eine neue virtuelle Festplatte.
- **Verbindung wiederherstellen** – Für eine differenzierende Festplatte ist es wichtig, dass die Quelldatei der verifizierten .vhd(x)-Datei gefunden ist. Eine differenzierende Festplatte kann aber auch in einer Kette auf eine andere differenzierende Datei verweisen, die dann wiederum auf die .vhd(x)-Datei verweist. Dies kommt zum Beispiel dann vor, wenn mehrere Prüfpunkte aufeinander aufbauen. Ist die Kette zerstört, zum Beispiel weil sich der Pfad einer Festplatte geändert hat, lässt sich mit diesem Befehl die Verbindung wiederherstellen.

Arbeitsspeicher anpassen durch Dynamic Memory

Über die Kategorie *Arbeitsspeicher* in den Einstellungen der VM bestimmen Sie die Größe des Arbeitsspeichers des virtuellen Computers.

Hinweis Ab Windows Server 2016 lässt sich der verwendete Arbeitsspeicher im laufenden Betrieb selbst dann zuweisen, wenn kein dynamischer Arbeitsspeicher verwendet wird. Allerdings gilt es auch hier, darauf zu prüfen, ob die Serveranwendungen das unterstützen. Alternativ muss die VM nach der Einstellung neu gestartet werden.

Die Funktion des dynamischen Arbeitsspeichers ermöglicht es, dass virtuelle Computer, die nicht ihren gesamten zugewiesenen Arbeitsspeicher ausnutzen, diesen auch anderen virtuellen Computern auf dem gleichen Host zur Verfügung stellen können. Mit dieser Technik erhöht sich also die Effizienz von Hyper-V, und Unternehmen können mehr virtuelle Server auf Hyper-V-Hosts betreiben. Die Zuteilung des Arbeitsspeichers übernimmt der Hypervisor. Allerdings funktionieren viele Serverdienste nicht mit dem dynamischen Speicher, zum Beispiel Exchange und SQL Server. Bevor Sie für einen virtuellen Server also den dynamischen Arbeitsspeicher nutzen, sollten Sie sicherstellen, dass die jeweiligen Serverdienste auf den VMs kompatibel mit Dynamic Memory sind.

Benötigt ein virtueller Server mehr Arbeitsspeicher, teilt Hyper-V diesen dem virtuellen Server zu und zieht ihn von anderen Servern ab, die derzeit keinen Bedarf haben. Virtuelle Server informieren Hyper-V auch über die Speichermenge, die sie abgeben können. Auf diese Weise kann Hyper-V den tatsächlich verfügbaren Arbeitsspeicher immer optimal verteilen und kennt die Anforderungen bezüglich des Arbeitsspeichers der einzelnen Server.

Für virtuelle Computer können Sie nach der Erstellung in den Einstellungen einen Startwert und einen maximalen Wert für den Arbeitsspeicher festlegen. Die Zuteilung des tatsächlichen Arbeitsspeichers steuert Hyper-V auch auf Basis der Prioritäten, die Sie den virtuellen Computern zuweisen. Um Dynamic Memory zu nutzen, aktivieren Sie das Kontrollkästchen *Dynamischen Arbeitsspeicher für diesen virtuellen Computer verwenden* bei der Erstellung des virtuellen Servers. Die Option können Sie jederzeit nachträglich ändern. Allerdings muss die VM dazu ausgeschaltet sein. An dieser Stelle können Sie aber

Kapitel 7: Hyper-V – Installation und Servervirtualisierung

keine Werte konfigurieren. Dazu rufen Sie später über das Kontextmenü die Einstellungen auf und klicken in der Kategorienleiste auf *Arbeitsspeicher*.

Abbildung 7.22: Arbeitsspeicher in Windows Server 2016 konfigurieren

Geben Sie bei *Minimaler RAM* an, mit wie viel Speicher der Computer starten soll, und bei *Maximaler RAM*, wie viel Arbeitsspeicher der Server maximal erhalten kann.

Über *Arbeitsspeicherpuffer* legen Sie fest, wie viel zusätzlichen Arbeitsspeicher der virtuelle Computer erhalten soll. Diesen Speicher kann der Computer nutzen, um die Leistung zu erhöhen. Über *Arbeitsspeicherumfang* legen Sie fest, wie sich Anfragen des Computers im Vergleich zu anderen Computern verhalten sollen. Ist der maximale Arbeitsspeicher des Computers bereits ausgelastet, erhalten höher priorisierte Computer mehr Speicher, den unterpriorisierte abgeben müssen.

Tipp Der dynamische Arbeitsspeicher in Hyper-V erlaubt das Abgeben oder Erhalten von Arbeitsspeicher für die VM im laufenden Betrieb. Mit dieser Technik geben VMs, die ihren Arbeitsspeicher nicht komplett ausschöpfen, ab, während andere VMs den Arbeitsspeicher erhalten. Die Technik ist generell recht sinnvoll, allerdings müssen die installierten Serveranwendungen damit umgehen können. Microsoft Exchange in allen Versionen und Editionen sowie Microsoft SQL Server in einigen Editionen sind dazu nicht in der Lage. Wird bei diesen Servern der dynamische Arbeitsspeicher verwendet, bricht die Leistung der Serveranwendungen deutlich ein. Die Funktion sollte also nur für die Server aktiviert werden, die diese Funktion auch unterstützen.

Prozessoren in Hyper-V steuern

Ausführlichere Möglichkeiten bietet die Prozessorsteuerung von virtuellen Computern. Über die Kategorie *Prozessor* in den Eigenschaften eines virtuellen Servers legen Sie die Anzahl der Prozessoren sowie eine Gewichtung der Ressourcen fest, die dem Prozessor zugewiesen sind.

Abbildung 7.23: Konfigurieren der Prozessoreinstellungen von virtuellen Computern

Neben der eigentlichen Anzahl von Prozessoren, die dem virtuellen Computer zugewiesen sind, steuern Sie hier, wie viel Prozessorzeit diesem virtuellen Computer zur Auswahl steht. Hier stehen mehrere Möglichkeiten zur Verfügung, die Sie über Prozentangaben steuern:

- **Reserve für virtuellen Computer** – Hiermit legen Sie fest, welche Ressourcen dem virtuellen Computer mindestens zur Verfügung stehen. Der eigentliche Wert darf niemals unter diesen Wert sinken. Achten Sie aber darauf, dass die reservierte Prozessorzeit sich auch auf andere virtuelle Computer auswirkt und deren maximale Anzahl auf dem Host beschränkt.

- **Anteil an Gesamtsystemressourcen** – Diese Option ist nicht anpassbar. Hier legt Hyper-V fest, welchen prozentualen Anteil die aktuell ausgewählte VM von den Gesamtressourcen erhält.

- **Grenze für virtuellen Computer** – Dieser Wert in Prozent gibt an, wie viel Prozessorzeit dem virtuellen Computer maximal zur Verfügung steht.

- **Relative Gewichtung** – Beim Einsatz mehrerer virtueller Computer auf dem Server, die identische Einstellungen im Ressourcenbereich haben, legt dieser Wert fest, in welcher Relation dieser Computer bevorzugt wird. Ein Computer, dem Sie eine relative Gewichtung von 200 zuweisen, erhält doppelt so viel Zugriff auf die CPU wie ein Computer mit einer Gewichtung von 100. Es handelt sich bei diesem Wert also nicht um eine Prozentzahl, sondern um eine benutzerdefinierte Gewichtung. Wichtige Server lassen sich dadurch bevorzugen und es ist sichergestellt, dass sie nicht zu wenig Ressourcen zugewiesen bekommen.

Wichtig für die Steuerung von Prozessoren in virtuellen Servern sind noch die beiden Unterkategorien *Kompatibilität* und *NUMA* (Non-Uniform Memory Access), die unterhalb der Kategorie *Prozessor* zu finden sind. Bei *Kompatibilität* können Sie zum Beispiel sicherstellen, dass Sie den virtuellen Server mit der Livemigration auf einen anderen Hyper-V-Host verschieben können. Bei Servern mit verschiedenen Prozessoren steuern Sie über NUMA wichtige Einstellungen.

Bei NUMA handelt es sich um eine Computerspeicher-Architektur für Multiprozessorsysteme. Dabei wird jedem im Server verbauten Prozessor ein eigener Speicherbereich zugewiesen, den er bei Bedarf auch anderen Prozessoren zur Verfügung stellen kann (Distributed Shared Memory).

In Windows Server 2016 ist dies standardmäßig der Fall. Sie finden die Konfiguration in den Hyper-V-Einstellungen. Deaktivieren Sie diese Einstellung, dürfen VMs nur noch Speicher und Prozessorkerne des gleichen NUMA-Knotens einsetzen.

Allgemeine Einstellungen von virtuellen Computern verwalten

Im unteren Bereich der Einstellungen von virtuellen Computern legen Sie den von Hyper-V verwendeten Namen sowie die freigeschalteten Funktionen der Integrationsdienste fest.

Hinweis	In Windows Server 2016 werden die Integrationsdienste nicht mehr über eine *.iso*-Datei installiert, sondern über die Windows Update-Funktion des Servers. Dadurch besteht auch die Möglichkeit zur Anbindung an WSUS (siehe Kapitel 37).

Haben Sie für einen Computer noch keinen Prüfpunkt erstellt, also eine Sicherung des Betriebssystemzustands zu einem bestimmten Zeitpunkt, lässt sich an dieser Stelle noch der Speicherort der Dateien des virtuellen Computers anpassen. Nach der Erstellung eines Prüfpunkts ist keine Änderung des Speicherorts mehr möglich.

Über die Kategorie *Automatische Startaktion* legen Sie fest, wie sich der virtuelle Computer bei einem Neustart des Hosts verhalten soll. Die Kategorie *Automatische Stoppaktion* dient der Konfiguration des Verhaltens, wenn der Host heruntergefahren wird.

Virtuelle Server in der PowerShell steuern (PowerShell Direct)

Sie können virtuelle Server in der PowerShell erstellen. Dazu verwenden Sie das Cmdlet *New-VM -Name <Name des virtuellen Servers>*. Neue virtuelle Festplatten erstellen Sie mit *New-VHD*. Sie schalten mit *Stop-VM* virtuelle Maschinen aus, starten sie mit *Start-VM* und rufen den Zustand und die Konfiguration mit *Get-VM* ab. Eine Liste aller erstellten virtuellen Server eines Hyper-V-Hosts rufen Sie mit *Get-VM* ab. Mit der Option *|fl* erhalten Sie weiterführende Informationen. Alternativ verwenden Sie *|ft*. Sie erhalten so Echtzeitdaten, also auch den zugewiesenen Arbeitsspeicher, wenn Sie Dynamic Memory einsetzen.

In der PowerShell haben Sie auch die Möglichkeit, das Ergebnis einer *Get*-Abfrage an ein anderes Cmdlet zu übergeben. So können Sie zum Beispiel mit *Get-VM* die virtuellen Server eines Hyper-V-Hosts auslesen und mit *Get-VMHardDiskDrive* die virtuellen Festplatten dieser Server anzeigen lassen. Dazu verwenden Sie den Befehl *Get-VMHardDiskDrive (Get-VM)*.

Tipp	In Windows Server 2016 können Sie von einer PowerShell-Sitzung auf dem Host Verwaltungsaufgaben auf den VMs durchführen. Diese neue Funktion wird PowerShell Direct genannt. Um eine Sitzung zu starten, wird in der PowerShell-Sitzung auf dem Host einer der folgenden Befehle eingegeben:

Enter-PSSession -VMName <Name der VM im Hyper-V-Manager>

Invoke-Command -VMName <Name der VM im Hyper-V-Manager> -ScriptBlock { Commands }

Sie können vom Hyper-V-Host über PowerShell Direct auch Dateien kopieren. Dazu öffnen Sie eine neue Sitzung und kopieren danach die Dateien:

$PSSession = New-PSSession -VMName <VMName> -Credential (Get-Credential)

Copy-Item -ToSession $PSSession -Path C:\data.bar -Destination C:

Mehr Informationen dazu finden Sie auf der folgenden Webseite:

http://tinyurl.com/zz3zs5t

VMs pausieren und Prüfpunkte erstellen

Um eine Liste der verfügbaren Befehle zur Verwaltung von VMs anzuzeigen, verwenden Sie *Get-Command *vm**. Sie können über die PowerShell auch VMs neu starten (*Restart-VM*), anhalten (*Suspend-VM*) und wieder fortführen lassen (*Resume-VM*). Virtuelle Server können Sie mit *Import-VM* importieren und mit *Export-VM* exportieren. Prüfpunkte erstellen Sie mit *Checkpoint-VM*. Sie können auch Pipelines nutzen. Um zum Beispiel zu überprüfen, ob Prüfpunkte für virtuelle Server auf den Hyper-V-Hosts erstellt wurden, nutzen Sie den Aufruf:

Get-VM | Get-VMSnapshot

Die Version der installierten Integrationsdienste lässt sich mit *Get-VM |Select Name, IntegrationServicesVersion* in Erfahrung bringen.

Quality of Service-Richtlinien in der PowerShell steuern

Damit die Richtlinien für Quality of Service korrekt erstellt werden können, sollte natürlich zuvor festgestellt werden, welchen Ressourcenverbrauch die einzelnen VMs haben. Dazu besteht die Möglichkeit, diesen Verbrauch zu messen. Administratoren aktivieren dafür mit dem Cmdlet *Enable-VMResourceMetering* die Messung. Um die Daten für einzelne VMs danach anzuzeigen, verwenden Administratoren zum Beispiel das Cmdlet *Measure-VM* mit dem Befehl *(Get-VM | Measure-VM).HardDiskMetrics*.

Die Datenmessung lässt sich mit dem Cmdlet *Reset-VMResourceMetering* zurücksetzen und mit *Disable-VMResourceMetering* deaktivieren.

Windows Server 2016 bietet hier zum Beispiel die neue Information zu *NormalizedIOCount*. Gezählt werden an dieser Stelle E/A-Operationen in 8-KB-Blöcken. E/A unter 8 KB wird als 1 gezählt, E/A über 8 KB als Mehrfaches von 1. Eine A/A von 1 bis 8 KB zählt also als 1, eine E/A von 9 KB zählt als 2, 16 KB als 2, 17 KB als 3 usw. 128 KB zählen zum Beispiel als 8.

Daten von virtuellen Servern aus Hyper-V auslesen

Administratoren benötigen oft einen Überblick über die verschiedenen Server im Netzwerk. Betreiben Sie im Unternehmen virtuelle Server auf Basis von Hyper-V, können Sie mit einfachen Tools und Befehlen schnell und einfach Daten wie IP-Adressen, Festplattendaten oder die Konfiguration auslesen. Dazu sind nicht immer Zusatztools wie der System Center Virtual Machine Manager notwendig. Oft reichen Bordmittel oder günstige Freeware- beziehungsweise Open-Source-Tools.

Wir zeigen Ihnen, welche Möglichkeiten es gibt, um Daten von Servern auszulesen. Vor allem Hyper-V in Windows Server 2016 bietet hier mit der PowerShell einige Möglichkeiten. Die folgenden Tools und Befehle funktionieren oft auch bei physischen Servern oder bei virtuellen Servern, die Sie mit anderen Lösungen als VMware virtualisieren. Auch für Arbeitsstationen lassen sich manche der Tools nutzen.

IP-Adressen und Daten von virtuellen Servern auslesen

Im Hyper-V-Manager sehen Sie die IP-Adressen und Netzwerkdaten von virtuellen Servern, wenn Sie einen Server markieren und ganz unten die Registerkarte *Netzwerk* aufrufen. Sie sehen an dieser Stelle auch den virtuellen Switch, mit dem der virtuelle Server verbunden ist, und welchen Status die Verbindung hat. Dies funktioniert auch, wenn Sie Hyper-V in Windows 10 nutzen. Sie sehen im Fenster die aktuelle MAC-Adresse des Servers. Diese spielt zum Beispiel für den Aufbau eines Lastenausgleichsclusters eine Rolle. Über diesen Weg können Sie die IP-Adressen der virtuellen Server im Hyper-V-Manager für alle angebundenen Hyper-V-Hosts anzeigen.

Geben Sie in der PowerShell *Get-Command -Module Hyper-V* ein, erhalten Sie eine Liste der verfügbaren Cmdlets. Besonders wichtig in diesem Zusammenhang ist das Cmdlet *Get-VM*. Eine Liste aller erstellten virtuellen Server eines Hyper-V-Hosts rufen Sie mit *Get-VM* ab. Mit der Option *|fl* erhalten Sie weiterführende Informationen. Alternativ verwenden Sie *|ft*. Sie erhalten so auch Echtzeitdaten, also den zugewiesenen Arbeitsspeicher, wenn Sie Dynamic Memory einsetzen.

Sie können in der PowerShell aber nicht nur Daten von virtuellen Servern auslesen, sondern mit *Get-VMhost* auch Informationen zu den Hyper-V-Hosts im Netzwerk. Ausführliche Informationen erhalten Sie mit diesem Cmdlet über die beiden Optionen *|fl* und *|ft*.

Informationen zu virtuellen Switches zeigt die PowerShell mit *Get-VMSwitch* an. Sie können sich die Einstellungen der virtuellen Netzwerkkarten mit dem folgenden Befehl anzeigen lassen:

Get-VMNetworkAdapter -VMName <Name des virtuellen Servers> |fl

Mit diesem Cmdlet erhalten Sie auch die MAC-Adressen und IP-Adressen der virtuellen Server auf dem Hyper-V-Host. Wo die virtuellen Festplatten eines virtuellen Servers gespeichert sind, sehen Sie im Hyper-V-Manager in seinen Einstellungen im Bereich *IDE-Controller* oder *SCSI-Controller*. Sie können die virtuellen Festplatten auch in der PowerShell mit den Cmdlets *Get-VMIdeController, Get-VMScsiController, Get-VMFibreChannelHba* und *Get-VMHardDiskDrive* abfragen.

In der PowerShell haben Sie auch die Möglichkeit, das Ergebnis einer *Get*-Abfrage an ein anderes Cmdlet zu übergeben. So können Sie zum Beispiel mit *Get-VM* die virtuellen Server eines Hyper-V-Hosts auslesen und mit *Get-VMHardDiskDrive* die virtuellen Festplatten dieser Server anzeigen lassen. Dazu verwenden Sie den Befehl *Get-VMHardDiskDrive (Get-VM)*.

Zum Auslesen der IP-Adressen und Netzwerkdaten können Sie daher nicht nur die Möglichkeiten des Abschnitts weiter vorne verwenden, sondern auch das Cmdlet *Get-VMNetworkAdapter*. Wollen Sie zum Beispiel aus allen virtuellen Servern die IP-Adressen auslesen, rufen Sie wieder mit *Get-VM* die virtuellen Server eines Hosts ab und übergeben das Ergebnis an *Get-VMNetworkAdapter*.

Anschließend können Sie zum Beispiel das Ergebnis noch filtern und nur die IP-Adressen der virtuellen Server anzeigen. Dazu verwenden Sie zum Beispiel den Befehl *Get-VM | ForEach{(Get-VMNetworkAdapter $_).IPAddresses}*. Mit dem Zusatz *ForEach* liest der Befehl nacheinander die gewünschten Daten aller VMs aus und zeigt diese an. Mit dem Befehl lesen Sie aber nicht nur die IP-Adressen der virtuellen Server auf einem lokalen Hyper-V-Host aus, sondern können auch Hosts im Netzwerk abfragen. Dazu nutzen Sie den Befehl *Get-VM -computername <Name des Hyper-V-Hosts> | ForEach{(Get-VMNetworkAdapter $_).IPAddresses}*.

WMI-Abfragen zur Anzeige von Festplattendaten oder IP-Adressen nutzen

Eine weitere Möglichkeit, um Daten virtueller Server, aber auch von physischen Servern im Netzwerk abzufragen, sind WMI-Abfragen. Dazu nutzen Sie die PowerShell und das Cmdlet *Get-WMI-Object*. Dem Cmdlet übergeben Sie ein bestimmtes WMI-Objekt und lassen sich so die entsprechenden Daten des Servers anzeigen. Um zum Beispiel Daten von Festplatten auszulesen, verwenden Sie das WMI-Objekt *Win32_LogicalDisk*. Als Beispiel nutzen Sie den Befehl *Get-WmiObject Win32_LogicalDisk*. Sie haben auch die Möglichkeit, das Ergebnis zu filtern. Dazu nutzen Sie die Option *-Filter*.

Auch mit dem Cmdlet *Get-WMI-Object* können Sie über das Netzwerk Daten von physischen oder virtuellen Servern abfragen. Dazu nutzen Sie die Option *-Computername*. Eine ausführliche Liste der bestehenden WMI-Objekte erhalten Sie über *Get-WmiObject -List*.

Außer Laufwerken können Sie auch Einstellungen der Netzwerkkarten abfragen. Dazu verwenden Sie die Klasse *Get-WmiObject Win32_Networkadapter*. Sie sehen hier alle wichtigen physischen Einstellungen der Netzwerkkarten. Sie können in der PowerShell anzeigen, ob es sich um einen 32-Bit- oder 64-Bit-Computer handelt. Dazu verwenden Sie den Befehl *Get-WmiObject -Class Win32_ComputerSystem -ComputerName . | Select-Object -Property SystemType*.

Migration zu Hyper-V durchführen

Eine direkte Aktualisierung zu Windows Server 2016 ist von Servern mit Windows Server 2012 und Windows Server 2012 R2 möglich. Ältere Versionen lassen keine direkte Aktualisierung zu. Um einen Server mit Windows Server 2012 R2 und aktiviertem Hyper-V zu aktualisieren, starten Sie das Betriebssystem, legen den Windows Server 2016-Datenträger ein und starten die Installation. Ein Assistent überprüft, ob der Server alle Voraussetzungen für eine Aktualisierung erfüllt.

VM aus Windows Server 2012 R2 in Windows Server 2016 integrieren

Um eine VM von Windows Server 2012 R2 in Windows Server 2016 zu importieren, gehen Sie folgendermaßen vor:

1. Kopieren Sie das Verzeichnis mit der VM auf den Hyper-V-Host mit Windows Server 2016.
2. Öffnen Sie den Hyper-V-Manager und klicken Sie auf *Virtuellen Computer importieren*.
3. Wählen Sie das Verzeichnis des neuen virtuellen Servers aus.
4. Wählen Sie aus, auf welche Art Sie die VM importieren wollen.
5. Schließen Sie den Import ab.
6. Die VM hat noch die VM-Version 5.0 von Windows Server 2012 R2. Damit Sie die neuen Funktionen in Hyper-V von Windows Server 2016 nutzen können, öffnen Sie eine neue PowerShell-Sitzung.
7. Rufen Sie den Befehl *Update-VMVersion <Name der VM >* auf.
8. Überprüfen Sie mit *Get-VM * | Format-Table Name, Version*, ob die VM die neue Version verwendet. Sie sehen die Version auch im Hyper-V-Manager im unteren Bereich, wenn Sie die VM markieren.
9. Rufen Sie die Einstellungen der VM auf. Im Bereich *Prüfpunkte* können Sie jetzt zum Beispiel die verbesserten Prüfpunkte nutzen.

Windows Server Migrationstools nutzen

Microsoft unterstützt Unternehmen, die Serverrollen zu Windows Server 2016 migrieren wollen, mit den Windows Server Migrationstools. Mit den Tools können Sie auch virtuelle Server zu Windows Server 2016-Zielservern migrieren. Bei den Tools handelt es sich um eine Sammlung verschiedener Cmdlets für die PowerShell.

Rufen Sie auf dem Zielserver mit Windows Server 2016 das Cmdlet *Install-WindowsFeature Migration* auf, um die Tools zu aktivieren, oder verwenden Sie den Server-Manager. Durch die Aktivierung ist eine Migration über die PowerShell möglich.

Die Tools befinden sich nach der Installation im Ordner *C:\Windows\System32\ServerMigrationTools*. Sie benötigen aus diesem Ordner zum Beispiel die Anwendung SmigDeploy auf dem Zielserver mit Windows Server 2016, doch dazu später mehr.

Sie können die Migrationstools auch auf Core-Servern mit Windows Server 2016 über die PowerShell installieren. In diesem Fall müssen Sie zunächst mit *%WinDir%\System32\WindowsPowerShell\v1.0\powershell.exe* eine PowerShell-Sitzung starten und können anschließend mit dem Cmdlet *Install-WindowsFeature Migration* die Tools installieren.

Um Hyper-V vom Quell- auf den Zielserver zu migrieren, müssen Sie auf dem Zielserver die Migrationstools installieren, wie beschrieben. Anschließend erstellen Sie auf dem Zielserver ein Installationspaket der Migrationstools für den Quellserver:

1. Öffnen Sie eine Eingabeaufforderung mit Administratorrechten.
2. Rufen Sie den Befehl *cd %WinDir%\System32\ServerMigrationTools* auf.
3. Rufen Sie den Befehl *Smigdeploy /package /architecture amd64 /os WS12R2 /path <Ordner, zum Beispiel c:\temp\mig>* auf. Migrieren Sie von Windows Server 2012, verwenden Sie *WS12*, für Windows Server 2012 R2 verwenden Sie *WS12R2*.

4. Kopieren Sie diesen Ordner nach der erfolgreichen Ausführung des Befehls vom Zielserver mit Windows Server 2016 auf den Quellserver.
5. Öffnen Sie auf dem Quellserver eine Eingabeaufforderung mit Administratorrechten und wechseln in den Ordner mit den Migrationstools.
6. Rufen Sie das PowerShell-Skript *.\smigdeploy* auf, um die Migrationstools auf dem Quellserver zu registrieren.

Wichtig bei der Migration von Hyper-V-Servern zu Windows Server 2016 ist die Kompatibilität der Prozessoren. Eine Migration ist nur dann möglich, wenn die Prozessoren des Quellservers mit den Prozessoren auf dem Zielserver kompatibel sind.

Im ersten Schritt müssen Sie auf dem Quellserver die notwendigen Daten für Hyper-V erfassen. Dazu verwenden Sie das Cmdlet *Export-SmigServerSetting*. Mit dem Befehl erstellen Sie eine *.xml*-Datei, die vor allem wichtige Speicheroptionen der Daten der virtuellen Server enthält. Mit der Datei können Sie diese Einstellungen in einem Arbeitsgang auf dem Zielserver importieren.

Dazu ist es aber notwendig, dass die Laufwerkskonfigurationen auf dem Quell- und dem Zielserver übereinstimmen. Ist das nicht der Fall, müssen Sie die entsprechenden Einstellungen in der *.xml*-Datei auf dem Quellserver anpassen, bevor Sie die Migration auf den Zielserver durchführen. Ein Beispiel für die Syntax ist:

Export-SmigServerSetting -FeatureId Hyper-V -IPConfig -User All -Group -Path <Pfad> -Verbose

Die Option *-User <Enabled | Disabled | All> -Group* bietet die Möglichkeit, auch die Sicherheitseinstellungen in die Datei zu integrieren, wenn Sie die Hyper-V-Verwaltung delegiert haben. Mit *-IPConfig* können Sie die IP-Einstellungen auf dem Quellserver mit integrieren, um diese später zu migrieren.

Hat das Cmdlet die Dateien erfolgreich erstellt, kopieren Sie diese auf den Zielserver. Ist die Laufwerks- oder Ordnerstruktur zwischen Quell- und Zielserver unterschiedlich, müssen Sie die neuen Pfade in der Datei *StoragePathMappings.xml* anpassen. Kopieren Sie in diesem Zusammenhang auch alle Daten aller virtuellen Computer auf den Zielserver, nicht nur die Migrationsdateien.

Anschließend verwenden Sie das Cmdlet *Import-SmigServerSetting* für die Migration der Einstellungen auf dem Zielserver, zum Beispiel:

Import-SmigServerSetting -FeatureId Hyper-V <Parameter wie -IPConfig oder -User wie beim Export> -Path <Pfad> -Verbose -Force

Lassen Sie die IP-Einstellungen über *-IPConfig* migrieren, erstellen Sie eine Liste der Adressen, zum Beispiel:

-IPConfig All -SourcePhysicalAddress "<Quelladresse 1>","<Quelladresse 2>" -TargetPhysicalAddress "<Zieladresse 1>","<Zieladresse 2>"

Externe virtuelle Netzwerke importiert das Cmdlet als interne virtuelle Netzwerke auf den Zielserver. Das heißt, Sie müssen nach der Migration auf dem Zielserver im Hyper-V-Manager die Einstellungen der virtuellen Netzwerke anpassen. Sie finden die Einstellungen über *Manager für virtuelle Netzwerke*. Hier können Sie für jedes Netzwerk festlegen, ob es intern oder extern ist.

Anschließend sollten Sie sicherstellen, dass alle Einstellungen der importierten virtuellen Server noch korrekt sind, und diese unter Umständen nachträglich anpassen. Vor allem die Konfiguration der Datenträger, die IP-Adressen, die Konfiguration des Arbeitsspeichers und die Prozessoren sowie die generelle Konfiguration der Netzwerkverbindungen sind in diesem Zusammenhang wichtig.

Stellen Sie darüber hinaus sicher, dass der Assistent alle Computer vom Quell- auf den Zielserver importiert hat. Achten Sie auch darauf, ob die Prüfpunkte auf dem Quell- und Zielserver übereinstimmen. Stimmt die Konfiguration, starten Sie die virtuellen Server und überprüfen im Ereignisprotokoll des Zielservers über *Anwendungs- und Dienstprotokolle/Microsoft/Windows/Hyper-V-Verwaltungsdienst für virtuelle Computer/Admin*, ob Fehler protokolliert werden.

Workloads zu Hyper-V migrieren

Ist ein Umstieg geplant, kann der kostenlose Microsoft Virtual Machine Converter (*http://tinyurl.com/nmbnvyd*) dabei helfen. Während der Migration übernimmt das Tool die virtuellen Festplatten aus dem VMware-Format (*.vmdk*) zum Hyper-V-Format und konfiguriert die virtuellen Netzwerke der virtuellen Server. Außerdem kann das Tool Dynamic Memory anpassen, die dynamische Verwendung des Arbeitsspeichers in Hyper-V.

Mit dem kostenlosen Microsoft Virtual Machine können Sie ebenfalls physische Computer zu VMs konvertieren lassen (p2v). Dabei helfen Skriptmöglichkeiten in der PowerShell, aber auch Assistenten in der grafischen Oberfläche.

Mit dem Microsoft Virtual Machine Converter lassen sich aber nur Server zu Microsoft Azure oder Hyper-V migrieren. Eine Umkehrung der Migration oder andere Ziele werden mit dem Tool nicht unterstützt. Das Tool muss auch nicht auf einem Hyper-V-Host installiert werden. Normalerweise wird es auf einer Arbeitsstation installiert, die eine Verbindung mit dem Quell- und dem Zielsystem aufbauen kann.

Neben der Unterstützung einer Migration zu Hyper-V können Sie mit Microsoft Virtual Machine Converter (MVMC) virtuelle Maschinen auch für die Migration zu Microsoft Azure vorbereiten. Hier lassen sich vor allem die virtuellen Festplatten migrieren. MVMC verfügt dazu über ein PowerShell-Cmdlet, mit dem sich die Konvertierung durchführen lässt. Das Cmdlet *ConvertTo-MvmcAzureVirtualHardDisk* besitzt folgende Syntax:

ConvertTo-MvmcAzureVirtualHardDisk [-SourceConnection] <MvmcSourceConnection> [-SubscriptionId] <String> [-Thumbprint] <String> [-StorageAccount] <String> [-GuestVmId] <String> [[-GuestCredential] <PSCredential>] [[-UninstallVMTools]] [[-SourceVMPowerOption] <PowerOption>] [<CommonParameters>]

Die verschiedenen Optionen und Möglichkeiten beschreibt Microsoft ausführlich in einem Word-Dokument, das zum Lieferumfang von Microsoft Virtual Machine Converter gehört. Zusätzlich stehen noch folgende Cmdlets für die PowerShell zur Verfügung:

New-MvmcSourceConnection

Get-MvmcSourceVirtualMachine

ConvertTo-MvmcVirtualHardDisk

ConvertTo-MvmcVirtualHardDiskOvf

Disable-MvmcSourceVMTools

Uninstall-MvmcSourceVMTools

New-MvmcVirtualMachineFromOvf

Stop-MvmcSourceVirtualMachine

Auch deren Syntax und der Umgang zur Konvertierung wird im Word-Dokument beschrieben. Um zum Beispiel eine virtuelle Festplatte vom VMware-Format zu konvertieren, wird der folgende Befehl verwendet:

ConvertTo-VirtualHardDisk -SourceLiteralPath "C:\VMDKs\PattiFullerVMDK.vmdk" -DestinationLiteralPath "C:\VHDs" -VhdType FixedHardDisk -VhdFormat Vhd

Aber auch in der grafischen Oberfläche steht die Migrationsmöglichkeit zu Microsoft Azure zur Auswahl bereit.

Microsoft Virtual Machine Converter ermöglicht auch die Migration von vSphere-Clustern und kann virtuelle Server aus einem vSphere-Cluster zu Windows Server-Clustern mit Hyper-V übernehmen.

Für die Migration muss mindestens VMware vSphere (vCenter) 5.0 im Einsatz sein. Sollen VMs mehrerer vSphere-Hosts migriert werden, ist vCenter notwendig, bei der Migration von einem alleinstehenden oder einzelnen ESXi-Host reichen auch diese als Quelle aus. Die Gastbetriebssysteme können dazu als 32-Bit- oder als 64-Bit-Version vorliegen.

Während der Migration der Server passt Microsoft Virtual Machine Converter zusätzlich die Konfiguration der virtuellen Server an und berücksichtigt dabei die Einstellungen für Arbeitsspeicher und die virtuellen Prozessoren. Auch die VMware-Tools werden deinstalliert sowie die Hyper-V Integration Services installiert. Die Migration findet über einen Assistenten statt. Bestandteil des Tools ist aber auch eine skriptbasierte Möglichkeit der Migration sowie eine Offlinekonvertierung der virtuellen Festplatten.

Generell ist es sinnvoll, dass die Quell-VMs gestartet sind. Nach dem Start der grafischen Oberfläche führt ein Assistent durch die Migration. Hier wird ausgewählt, ob physische Server oder VMs zu Hyper-V migriert werden sollen. Danach steht die Migration zu Microsoft Azure oder Hyper-V zur Auswahl. Auf weiteren Fenstern werden Daten aus dem Quellserver ausgelesen und es lassen sich Einstellungen der neuen VM anpassen, vor allem bezüglich der virtuellen Festplatten, CPUs, Arbeitsspeicher und Netzwerk. Im Rahmen der Migration lassen sich virtuelle Festplatten oder konvertierte physische Festplatten auf Dateifreigaben speichern. Während der Migration kann ebenfalls festgelegt werden, ob die Festplatten dynamisch erweiterbar sein sollen oder eine feste Größe erhalten. Auch das Format, also *.vhd* oder *.vhdx* lässt sich auswählen.

Nachdem der Assistent abgeschlossen ist, versucht das Tool die Migration. Funktioniert etwas nicht, bietet Microsoft Virtual Machine Converter einen umfassenden Zugriff auf eine Logdatei, über die der Fehler schnell herauszufinden ist. Ist die Migration erfolgreich abgeschlossen, lässt sich die VM auf dem Hyper-V-Host bereits starten.

Allerdings ist es hier sehr empfehlenswert, alle Einstellungen zu überprüfen. MVMC migriert zwar einen großen Teil der Einstellungen, allerdings längst nicht alle. Es ist sinnvoll, alle Eigenschaften der migrierten VM zu überprüfen, vor allem die Einstellungen des Netzwerks.

Neue VM-Version mit der PowerShell steuern

Die neuen Funktionen in Hyper-V von Windows 10 und Windows Server 2016 lassen sich nur dann nutzen, wenn Sie für VMs die neue Version 8.x aktivieren. VMs, die mit Windows 10 oder Windows Server 2016 erstellt werden, erhalten automatisch die Version 8.x, bei Migrationen von VMs zu Windows 10 oder Windows Server 2016 wird die Version 5.0 der Vorgängerversionen beibehalten. Diese Version hat nichts mit der Generation zu tun, also Generation 1 oder Generation 2, sondern sagt lediglich aus, mit welchem Virtualisierungshost die entsprechende VM kompatibel ist.

Auch wenn Sie einen Server zu Windows Server 2016 aktualisieren oder in einer Livemigrations-Umgebung zur neuen Serverversion verschieben, wird die Hyper-V-Version nicht aktualisiert. Sie müssen diesen Vorgang manuell durchführen.

VMs, die Sie nicht aktualisieren, können Sie jederzeit wieder zu Servern mit Windows Server 2012 R2 zurückverschieben. Allerdings können Sie mit der früheren Version nicht die neuen Funktionen von Windows Server 2016 nutzen. Die frühere Version in Windows Server 2012 R2 trägt die Bezeichnung Version 5.0, VMs in Windows Server 2016 haben die Version 8.x.

Die Version von VMs lassen Sie mit *Get-VM * | Format-Table Name, Version* anzeigen. Um eine VM auf Version 8.x zu aktualisieren, verwenden Sie den Befehl *Update-VMVersion <Name der VM>*. Die Änderung muss bestätigt werden. Außerdem ist die Änderung nur möglich, wenn die VM ausgeschaltet ist.

Eingebettete Virtualisierung in Windows Server 2016 durchführen

Windows Server 2016 bietet eingebettete (nested) Virtualization. Dabei lassen sich innerhalb von Hyper-V weitere Server mit Hyper-V installieren. Das ist vor allem für Testumgebungen, aber auch für die neuen Hyper-V-Container ideal.

Die Container-Technologie Docker wird in Windows Server 2016 in das Betriebssystem integriert. Dazu gibt es eine spezielle Container-Variante für Hyper-V. Hier ist es notwendig, dass Hyper-V selbst virtualisierbar ist, also innerhalb einer VM ebenfalls auf Hyper-V-Technologien zugegriffen werden kann.

Nested Virtualization verstehen

Mit VMware vSphere 6 ist das bereits möglich, mit Windows Server 2016 führt Microsoft dieser Technologie ebenfalls ein. Hyper-V blockiert bis Windows Server 2012 R2 den Zugriff auf Virtualisierungsfunktionen des Prozessors. Ab Windows Server 2016 werden die Virtualisierungserweiterungen der Prozessoren an die virtuellen Prozessoren der VMs weitergereicht, wenn diese Funktion aktiviert wird.

Generell ist es durchaus möglich, auf einem Hyper-V-Host, der als VM auf einem physischen Hyper-V-Server oder auch als eine VM in vSphere läuft, weitere VMs zu installieren, die ebenfalls wieder die Virtualisierung nutzen.

Um die eingebettete Virtualisierung in Windows Server 2016 zu nutzen, muss ein Hyper-V-Server mit Windows Server 2016 installiert werden. Dieser muss über mindestens 4 GB Arbeitsspeicher verfügen. Außerdem muss die VM im Host ebenfalls über mindestens 4 GB Arbeitsspeicher verfügen. Um diese Technik also einigermaßen praxisnah zu testen, sollte der Hyper-V-Host über mindestens 8 GB Arbeitsspeicher verfügen, besser 16. Darüber hinaus wird auf diesem Server eine VM ebenfalls mit Windows Server 2016 installiert. Derzeit können Sie die Technik nur mit Intel-Prozessoren testen, für die Installation wird Intel VT-x benötigt.

Bevor auf der VM Hyper-V installiert werden kann, müssen einige Vorbereitungen getroffen werden. Zunächst muss der dynamische Arbeitsspeicher für die VM in den Einstellungen deaktiviert werden, falls Sie ihn eingeschaltet haben. Außerdem müssen die Virtualisierungserweiterungen für die vCPU aktiviert werden, genauso wie MAC Address Spoofing. Die Virtualisierungserweiterungen werden am besten in der PowerShell des Hosts aktiviert, indem der folgende Befehl eingegeben wird:

Set-VMProcessor -VMName "VMName" -ExposeVirtualizationExtensions $true

Das Spoofing der MAC-Adressen wird in den Einstellungen der VM über den Menüpunkt *Erweiterte Features* unterhalb des virtuellen Netzwerkadapters eingestellt. Sie können die Funktion aber ebenfalls in der PowerShell aktivieren:

Get-VMNetworkAdapter -VMName "VMName" | Set-VMNetworkAdapter -MacAddress-Spoofing On

Generell muss darauf geachtet werden, dass bei der Verwendung dieser Virtualisierung viele Funktionen in der VM nicht mehr funktionieren oder eingeschränkt sind. Eine Livemigration lässt sich genauso wenig durchführen wie das Erstellen und Verwenden von Prüfpunkten. Auch das Speichern des Zustands der VM ist nicht möglich. Die VM muss bei Änderungen immer neu gestartet werden.

Nested Virtualization für Hyper-V in Windows Server 2016 aktivieren

Wenn die Vorbereitungen getroffen sind, müssen Sie in der PowerShell auf dem Hyper-V-Host ein PowerShell-Skript (*http://tinyurl.com/hgr8pvb*) erstellen, das die eingebettete Virtualisierung aktivieren kann. Microsoft stellt das Skript kostenlos zur Verfügung. Wenn der Hyper-V-Host über eine Anwendung im Internet verfügt, kann das Skript direkt heruntergeladen und automatisch gespeichert werden:

Invoke-WebRequest https://raw.githubusercontent.com/Microsoft/Virtualization-Documentation/master/hyperv-tools/Nested/Enable-NestedVm.ps1 -OutFile ~/Enable-NestedVm.ps1

Danach wird das Skript gestartet:

~/Enable-NestedVm.ps1 -VmName "<Name der VM>"

Funktioniert die eingebettete Virtualisierung nicht, sollte das Skript ein weiteres Mal in einer PowerShell-Sitzung mit Administratorrechten gestartet werden.

Abbildung 7.24: Die eingebettete Virtualisierung wird auf dem Hyper-V-Host in der PowerShell aktiviert.

Sobald die eingebettete Virtualisierung aktiviert ist, kann in der VM Hyper-V installiert werden. Dieser Vorgang lässt sich ebenfalls in der PowerShell auf dem Host starten. Dazu nutzen Sie die neue PowerShell-Direct-Funktion in Windows Server 2016. Diese erlaubt die Ausführung von PowerShell-Befehlen auf dem Host zu den VMs:

Invoke-Command -VMName "w2k16" -ScriptBlock { Enable-WindowsOptionalFeature -FeatureName Microsoft-Hyper-V -Online; Restart-Computer }

Natürlich kann auch die PowerShell in der VM oder der Server-Manager in der VM verwendet werden. Anschließend steht Hyper-V in der VM zur Verfügung. Die Verwaltung von Hyper-V erfolgt identisch mit der Verwaltung von Hyper-V auf einem Hyper-V-Host.

Festplattendateien migrieren

Haben Sie noch .*vhd*-Dateien im Einsatz, können Sie diese in .*vhdx*-Dateien umwandeln. Sie können zum Konvertieren den Hyper-V-Manager nutzen oder das Cmdlet *Convert-VHD*. Auf dem gleichen Weg konvertieren Sie auch von .*vhdx*-Dateien zum .*vhd*-Format. Im Rahmen der Umwandlung wählen Sie das Datenträgerformat aus und können zwischen dem Typ der Festplatten, also feste Größe oder dynamisch erweiterbar, wechseln.

Das Cmdlet *Convert-VHD* steht auch zur Verfügung, wenn Sie Hyper-V in Windows 10 installiert haben. Die Syntax des Befehls lautet:

Convert-VHD -Path <Pfad zur .vhd(x)-Datei> -DestinationPath <Pfad zur Zieldatei>

Eine weitere Option ist die Möglichkeit, den Typ der Festplatte zu ändern, zum Beispiel mit:

Convert-VHD -Path <Pfad der .vhd/.vhdx-Datei> -DestinationPath <Zielpfad und Datei> -VHDType Differencing -ParentPath <Übergeordnete Festplatte>

Ein weiteres Beispiel ist:

Convert-VHD -Path hd1.vhd -DestinationPath hd1.vhdx -VHDType Dynamic

Neben der Möglichkeit, das Format von Festplatten in der PowerShell umzuwandeln, können Sie auch die Größe von Festplatten in der PowerShell anpassen. Dabei hilft das Cmdlet *Resize-VHD*, zum Beispiel mit dem folgenden Aufruf:

Resize-VHD -Path c:\vm\owa.vhdx -SizeBytes 1TB

Virtuelle Festplatten lassen sich in der PowerShell auch direkt mit virtuellen Servern verbinden:

Add-VMHardDiskDrive -VMName <VM> -Path <.vhdx-Datei>

Bei virtuellen SCSI-Controllern können Sie Laufwerke im laufenden Betrieb hinzufügen. Diesen Vorgang können Sie ebenfalls in der PowerShell vornehmen. Zunächst lassen Sie sich mit dem folgenden Befehl die SCSI-Controller der VM anzeigen:

Get-VMScsiController -VMname <Name der VM>

Um einem SCSI-Controller eine neue Festplatte hinzuzufügen, verwenden Sie anschließend den folgenden Befehl:

Add-VMHardDiskDrive -VMname <Name der VM> -Path <Pfad zur .vhdx-Datei> -ControllerType SCSI -ControllerNumber <Nummer>

Mit dem Cmdlet *Add-VMScsiController* fügen Sie einem virtuellen Server einen virtuellen SCSI-Controller hinzu.

Virtuelle Festplatten können Sie auch direkt am Host anbinden, zum Beispiel um Daten auf die virtuelle Platte zu kopieren und diese erst dann an den virtuellen Server anzubinden: *Mount-VHD <.vhd-Datei>*. Mit dem Cmdlet *Unmount-VHD* trennen Sie die virtuelle Platte wieder vom System.

Zusammenfassung

In diesem Kapitel haben wir Ihnen gezeigt, wie Sie Betriebssysteme mit der neuen Hyper-V-Version in Windows Server 2016 virtualisieren. Sie finden hier zahlreiche Tricks und Praxisanleitungen zur Virtualisierung von Servern im Unternehmen. Wir sind darauf eingegangen, wie Sie virtuelle Switches und auch virtuelle Datenträger anlegen und verwalten.

Im nächsten Kapitel finden Sie weiterführende Informationen zu Hyper-V, zum Beispiel, wie Sie Prüfpunkte (Snapshots) erstellen und virtuelle Server oder Hyper-V Server sichern.

Kapitel 8
Hyper-V – Datensicherung und Wiederherstellung

In diesem Kapitel:
Hyper-V und virtuelle Server richtig sichern	.253
Prüfpunkte von virtuellen Servern erstellen	.254
Sicherung durch Export	.262
Shielded VMs und Host Guardian Service	.263
Virtuelle Server gruppieren	.270
Zusammenfassung	.270

In Kapitel 7 haben wir Ihnen gezeigt, wie Sie Hyper-V installieren und einrichten sowie virtuelle Server erstellen und konfigurieren. In diesem Kapitel gehen wir ausführlicher auf die Datensicherung und Wiederherstellung von Hyper-V sowie fortgeschrittene Themen zum Umgang mit Hyper-V ein. Auch die Neuerungen bezüglich der Datensicherung und Wiederherstellung sind Thema in diesem Kapitel.

In Kapitel 35 zeigen wir Ihnen, wie Sie Windows Server 2016 mit dem internen Sicherungsprogramm sichern und wiederherstellen. Sie haben über dieses Tool auch die Möglichkeit, virtuelle Server oder den kompletten Host wiederherzustellen.

Hyper-V und virtuelle Server richtig sichern

Unternehmen, die über Hyper-V oder andere Virtualisierungslösungen virtuelle Server zur Verfügung stellen, müssen das Datensicherungskonzept der virtuellen Maschinen und der zugrunde liegenden Hosts mit in die Sicherungsstrategie einbinden. Die Sicherung des

Hosts sowie der installierten virtuellen Server verlangt andere Herangehensweisen als die Sicherung herkömmlicher physischer Server.

Die meisten Unternehmen setzen auf Zusatzsoftware bei der Datensicherung. Hier bieten mittlerweile viele Hersteller Unterstützung speziell für Hyper-V oder VMware an. Diese Lösungen sichern die Server und den Host auf Ebene des Hypervisors.

Auch virtuelle Server lassen sich mit herkömmlichen Sicherungsstrategien sichern. Dazu installieren Sie auf den virtuellen Servern die Agents der entsprechenden Sicherungslösung. Dadurch behandelt das Datensicherungsprogramm diese Server genauso wie normale physische Server. Diese Art der Datensicherung sichert aber nicht die Konfiguration der virtuellen Maschine und verwendet auch nicht die optimierten Methoden, die Hyper-V zur Verfügung stellt.

Die Agents nutzen außerdem nicht den Hypervisor und können daher weder die Schattenkopien noch Prüfpunkte (Snapshots) zur Sicherung nutzen. Dies erhöht die zu sichernde Datenmenge und die Dauer der Datensicherung. Backups, die Hyper-V unterstützen, nutzen Schnittstellen von Hyper-V zur optimalen Sicherung. In diesem Zusammenhang kann die Software Prüfpunkte der virtuellen Server zur Sicherung sowie den Volumeschattenkopie-Dienst verwenden. Dies ist wesentlich effizienter, schneller und auch stabiler als herkömmliche Sicherungen. Die Anwendung erstellt Prüfpunkte im laufenden Betrieb automatisch und die virtuellen Server stehen weiterhin den Anwendern zur Verfügung. Solche Onlinesicherungen belasten die Hardware des Hosts nicht und ermöglichen auch Sicherungen während des Betriebs.

Müssen Sie mehrere virtuelle Server auf einem Host sichern, kann eine kompatible Lösung gemeinsame Dateien erkennen und muss diese nicht doppelt sichern. Laufen auf einem Hyper-V-Host zum Beispiel zehn Server, erkennt das die Software und sichert die Daten nicht doppelt, sondern erkennt identische Systemdateien und sichert nur unterschiedliche Dateien.

Bei der Sicherung von Hyper-V spielt der Volumeschattenkopie-Dienst eine wichtige Rolle, da die Sicherung auf Prüfpunkten des Servers und der virtuellen Server aufbaut. Mit aktiviertem Volumeschattenkopie-Dienst lassen sich Hyper-V-Server inklusive der laufenden virtuellen Server besser sichern.

Prüfpunkte von virtuellen Servern erstellen

Prüfpunkte helfen dabei, den Zustand von virtuellen Servern vor Konfigurationsänderungen oder als Backup zu sichern. Das heißt, Sie können bei Problemen in wenigen Sekunden den virtuellen Server auf den ursprünglichen Zustand zurücksetzen. Prüfpunkte sind aber auch bei der Sicherung von Servern nützlich, zumindest wenn ein optimales Datensicherungsprogramm für Hyper-V im Einsatz ist.

Prüfpunkte ersetzen allerdings keine Datensicherung, sondern bieten nur eine Rückversicherung vor einer Konfigurationsänderung auf dem Server. Sicherungslösungen, die Hyper-V unterstützen, nutzen aber Prüfpunkte für das schnelle Erstellen von Datensicherungen. Für sich alleine gesehen stellen Prüfpunkte aber keine adäquate Sicherung dar, da sie nur den Zustand eines Servers sichern, nicht dessen Daten.

Microsoft hat mit Windows Server 2016 die neue Hyper-V-Funktion Backup Change Tracking eingeführt. Softwarehersteller müssen durch diese Technik keine zusätzlichen Treiber mehr installieren, um Änderungen in VMs zu überwachen. Dies erleichtert und verbessert die Datensicherung und verhindert das Installieren zusätzlicher Treiber.

Hinweis In Windows Server 2016 hat Microsoft Snapshots in Prüfpunkte umbenannt, in Windows Server 2012 war die Bezeichnung noch Momentaufnahmen. Die Technik beschreibt die gleiche Funktion wie Snapshots. Die Begriffe Snapshots, Checkpoints, Prüfpunkte und Momentaufnahmen beschreiben also exakt den gleichen Vorgang.

Produktionsprüfpunkte in Windows Server 2016 nutzen

Microsoft hat die Prüfpunkte in Windows Server 2016 deutlich verbessert. Die neue Version trägt die Bezeichnung Produktionsprüfpunkte (Production Checkpoints). Dazu wird für Prüfpunkte (Checkpoints) auch der Volumeschattenkopie-Dienst (Volume Shadow Copy Service, VSS) innerhalb der VM verwendet. Stellen Sie einen solchen Prüfpunkt wieder her, entspricht das einer Systemwiederherstellung der VMs.

Virtuelle Linux-Server profitieren von der neuen Technik ebenfalls. Hier kommt der Systempuffer zum Einsatz, wenn die Distribution dies unterstützt. Produktionsprüfpunkte bieten also eine Point-in-Time-Abbildung eines virtuellen Servers, die die produktiven Workloads in der VM mit einbeziehen.

In den Vorgängerversionen von Windows Server 2016 hat Hyper-V nur die virtuellen Festplatten, den Status der VM, die Konfiguration der virtuellen Hardware und Konfigurationsdateien in Prüfpunkte mit einbezogen, das virtuelle Betriebssystem aber übergangen.

Abbildung 8.1: Windows Server 2016 und Windows 10 bieten eine neue Option für Prüfpunkte, mit denen sich auch Datenbankserver und Domänencontroller besser absichern lassen.

Daher ist es nicht sinnvoll, Datenbankserver über Prüfpunkte abzusichern. Dies gilt ebenfalls für Domänencontroller, denn durch Prüfpunkte werden auch die Datenbankdateien erfasst. Sichern Sie einen Prüfpunkt zurück, können davon die Datenbankdateien beeinträchtigt werden. In Windows Server 2016 ist dies dann nicht mehr der Fall, wenn Sie die neuen Produktionsprüfpunkte aktivieren. Der Vorteil dabei ist, dass sich dadurch auch Datenbankserver absichern lassen, zum Beispiel Domänencontroller oder virtuelle Exchange-Server.

Sie können weiterhin noch die herkömmlichen Prüfpunkte (Snapshots) von Windows Server 2012 R2 verwenden. Hyper-V in Windows Server 2016 verwendet standardmäßig die neuen Produktionsprüfpunkte, wenn Sie mit der neuen Version 8.x für VMs arbeiten. Nur diese Version unterstützt die neuen Prüfpunkte. Hyper-V in Windows Server 2012 R2 nutzt die Version 5.0 von VMs. Diese ist auch in Windows Server 2016 noch verfügbar, um die Kompatibilität in einem Cluster zu erreichen.

Tipp Verwenden Sie die Hyper-V-Replikation in Windows Server 2016, überträgt der Assistent die Daten auf Basis von Prüfpunkten und erstellt für bereits übertragene virtuelle Server auf dem Zielserver erneut Prüfpunkte.

Ab Version 8.x werden Produktionsprüfpunkte und auch das neue binäre Format der VM-Konfigurationsdateien unterstützt. Erstellen Sie in Windows Server 2016 eine neue VM, erhält diese automatisch die Version 8.x. Übernehmen Sie eine VM von Servern mit Windows Server 2012 R2, wird weiterhin die frühere Version 5.x verwendet.

Migrieren können Sie die Version in der PowerShell mit dem Cmdlet *Update-VMVersion*. Das Cmdlet *Get-VM * | ft Name, Version* zeigt Ihnen die Version aller eingesetzten VMs an. Verwenden Sie die neue Version 8.x für VMs in Windows Server 2016, bestehen die Konfigurationsdateien für virtuelle Server aus Binärdateien mit den Endungen *.vmcx* und *.vmrs*. Diese werden ebenfalls in die Prüfpunkte mit einbezogen.

Maschinen der Version 8.x sind nicht kompatibel mit Windows Server 2012 R2. Stellen Sie die Version um, können Sie diese VM nicht mehr auf Servern mit Windows Server 2012 R2 virtualisieren. Aber nur mit der neuen Version 8.x können Sie die neuen Produktionsprüfpunkte nutzen.

Hinweis Die neuen Prüfpunkte und die neue VM-Version stehen auch in Windows 10 zur Verfügung. Die Konfiguration dabei ist identisch. Außerdem kann System Center Virtual Machine Manager 2016 Produktionsprüfpunkte erstellen.

Prüfpunkte verstehen

Erstellen Sie einen Prüfpunkt, sperrt Hyper-V die *.vhd(x)*-Datei des virtuellen Servers vor zukünftigen Änderungen und speichert alle zukünftigen Daten in eine neue differenzierende Festplatte (*.avdx*). Erstellen Sie auf Basis dieses Prüfpunkts einen weiteren Prüfpunkt, verwendet auch dieser eine neue *.avdx*-Datei, die wiederum auf die vorangegangene *.avdx*-Datei verweist. Je mehr Prüfpunkte Sie erstellen, desto mehr *.avdx*-Dateien werden angelegt, wodurch die Leistung des Servers beeinträchtigt wird.

Nach der Erstellung eines Prüfpunkts finden Sie in diesem Ordner mehrere Dateien, darunter eine Datei für jeden Prüfpunkt. Standardmäßig besteht ein virtueller Server aus einer *.vhd(x)*-Datei (dessen Festplatte), einer Datei, die die Einstellungen des Servers enthält, sowie den Statusdateien.

Erstellen Sie einen Prüfpunkt, legt der Server zunächst eine neue virtuelle Platte (eine *.avhd(x)*-Datei) an. Diese Datei verwendet als Basis die *.vhd(x)*-Datei. Der Prüfpunkt schreibt zukünftige Änderungen des Servers in die *.avhd(x)*-Datei. Ab jetzt verweist die Konfigurationsdatei des virtuellen Servers auf die *.avhd(x)*-Datei, die die Änderungen seit dem Prüfpunkt enthält. Diese verwendet wiederum die *.vhd(x)*-Datei als Grundlage.

Wenn eine Leseanforderung in der VM notwendig ist, muss Hyper-V prüfen, ob die differenzierende Festplatte die notwendigen Daten speichert. Wenn die zu lesenden Daten nicht auf der differenzierenden Festplatte gespeichert sind, muss der Host die Daten aus der übergeordneten virtuellen Festplatte lesen. Diese Vorgänge bremsen die Leseleistung also deutlich aus. Tritt wiederum eine Schreibanforderung auf, schreibt Hyper-V die Änderung in die *.avhd(x)*-Datei, denn die *.vhd*-Datei ist durch den Prüfpunkt vor Änderungen geschützt. Jedes Mal, wenn Datenänderungen auf dem Server auftreten, führt die *.avhd(x)*-Datei die Speicherung durch. Erstellen Sie mehrere Prüfpunkte, bauen die *.avhd(x)*-Dateien aufeinander auf und verwenden als Basis die originale *.vhd*-Datei. Das Schreiben und Lesen der Daten wird weiter verzögert.

Setzen Sie den Server auf den Stand eines Prüfpunkts zurück, verwendet Hyper-V nicht mehr die *.avhd(x)*-Datei, sondern wieder die originale *.vhd(x)*-Datei. Sie sehen den Verweis zu der *.avhd(x)*-Datei auch in der Konfigurationsdatei des Servers. Ein Prüfpunkt eines virtuellen Servers besteht aus mehreren Dateien mit der Konfiguration des Servers zum Zeitpunkt des Prüfpunkts. Auf diese Dateien verweist die Konfigurationsdatei des Prüfpunkts.

Erstellen Sie einen weiteren Prüfpunkt, der auf den Stand des ersten Prüfpunkts aufbaut, verwendet dieser ebenfalls eine neue differenzierende Festplatte (*.avhd(x)*). Diese erhält als Quelle aber nicht die produktive virtuelle Festplatte des Servers (*.vhd(x)*), sondern die *.avhd(x)*-Datei des vorherigen Prüfpunkts. Dies liegt daran, dass der neue Prüfpunkt auf dem alten Prüfpunkt beruht. Daher muss hier ein stufenweiser Aufbau erfolgen. Jeder Prüfpunkt in Hyper-V nutzt eine eigene *.avhd(x)*-Datei. Jede Datei speichert die Änderungen von dem Zeitpunkt an, an dem der Prüfpunkt mit seiner *.avhd(x)*-Datei erstellt wurde. Das wird so lange fortgeführt, bis Sie den Prüfpunkt löschen oder einen neuen Prüfpunkt erstellen. Dadurch markiert Hyper-V die vorhergehende *.avhd(x)*-Datei als lesende und die neue *.avhd(x)*-Datei als schreibende Datei. Wenn also Prüfpunkt 2 erstellt ist, nutzt Hyper-V den Prüfpunkt 1 nur lesend. Sobald Prüfpunkt 3 erstellt ist, konfiguriert Hyper-V Prüfpunkt 2 als lesend. Prüfpunkt 1 bleibt lesend, genau wie die originale *.vhd*-Datei.

Dies bedeutet, je mehr Prüfpunkte eines Servers Sie erstellen, umso mehr differenzierende Festplatten (*.avhd(x)*) setzen Sie ein, die aufeinander aufbauen. Durch diesen Aufbau kann die Leistung eines Servers stark einbrechen.

Die Verwendung der virtuellen Festplatten kann schnell unübersichtlich werden, je mehr Prüfpunkte Sie einsetzen. Dieser Vorgang verschlechtert deutlich die Leistung von virtuellen Servern und verkompliziert auch deren Verwaltung und Konfiguration. Obwohl die VM generell nicht mehr Daten nutzt, wird teilweise bis zu 50 % mehr Platz benötigt, um zum Beispiel drei Prüfpunkte zu verwenden. Eine Prüfpunktdatei kann in einem solchen Szenario durchaus größer werden, als die zugrunde liegende originale *.vhd/.vhdx*-Datei.

Bewahren Sie Prüfpunkte also nur so lange wie unbedingt notwendig auf. Löschen Sie einen Prüfpunkt, entfernt Hyper-V auch die erstellten Dateien. Die differenzierenden Festplatten (*.avhd(x)*) schreibt Hyper-V in die produktive virtuelle Festplatte (*.vhd(x)*). Der Server muss dazu nicht neu gestartet werden (Onlinemerge).

Produktionsprüfpunkte erstellen

Die Einstellungen für die neuen Produktionsprüfpunkte finden Sie im Hyper-V-Manager oder in System Center Virtual Machine Manager 2016 in den Eigenschaften von VMs, wenn Sie auf *Prüfpunkte* klicken. Wenn Sie noch VMs mit der Version 5 einsetzen, verwenden diese weiterhin die herkömmliche Technik für Windows Server 2012 R2. Hier können Sie die neue Option *Produktionsprüfpunkte* nicht aktivieren, sondern arbeiten weiterhin mit den altbekannten Standardprüfpunkten. Bei VMs der Versionen 8.x können Sie die neuen Produktionsprüfpunkte aktivieren.

Über die Option *Erstellen Sie Standardprüfpunkte, wenn das Erstellen eines Produktionsprüfpunkts nicht möglich ist* legen Sie fest, dass die Erstellung eines Prüfpunkts auch dann durchgeführt wird, wenn das Gastbetriebssystem die neue Funktion nicht unterstützt.

Hinweis Sie können jederzeit die Einstellungen von Prüfpunkten anpassen, auch im laufenden Betrieb der VM. Den Speicherort für Prüfpunktdateien können Sie aber nur ändern, wenn kein Prüfpunkt für eine VM vorhanden ist.

Sobald ein Prüfpunkt erstellt wurde, unabhängig davon, ob es sich um einen Produktionsprüfpunkt oder um einen Standardprüfpunkt handelt, können Sie den Speicherort der Prüfpunkte nicht anpassen.

Sie können die Konfiguration der Prüfpunkte auch über die PowerShell steuern. Dazu verwenden Sie das Cmdlet *Set-VM*. Als Option verwenden Sie den Namen der VM sowie die Art der Prüfpunkte, die Sie für die VM nutzen wollen:

- *Set-VM -Name <Name der VM> -CheckpointType Disabled* – Prüfpunkte deaktiviert
- *Set-VM -Name <Name der VM> -CheckpointType Production* – Prüfpunkte aktiviert. Es werden Produktionsprüfpunkte genutzt. Wenn das nicht möglich ist, erstellt Hyper-V einen Standardprüfpunkt.
- *Set-VM -Name <Name der VM> -CheckpointType ProductionOnly* – Prüfpunkte aktiviert. Es werden Produktionsprüfpunkte genutzt. Wenn das nicht möglich ist, erstellt Hyper-V keinen Prüfpunkt.
- *Set-VM -Name <Name der VM> -CheckpointType Standard* – Es werden Standardprüfpunkte erstellt.

Tipp Wollen Sie einen Prüfpunkt löschen, verwenden Sie das Cmdlet *Remove-VMSnapshot*.

Im unteren Bereich sehen Sie im Hyper-V-Manager bei *Prüfpunkte* die erstellten Prüfpunkte und können diese jederzeit aktivieren oder löschen. Die generelle Vorgehensweise bei Produktionsprüfpunkten unterscheidet sich nicht von den früheren Prüfpunkten. Sie können auch in der PowerShell überprüfen, ob Prüfpunkte für virtuelle Server auf den Hyper-V-Hosts erstellt wurden. Dazu nutzen Sie den folgenden Befehl in der PowerShell:

Get-VM | Get-VMSnapshot

Hier sehen Sie auch, um welchen Typ es sich bei den einzelnen Prüfpunkten handelt und ob es übergeordnete Prüfpunkte gibt. Sie können sich mit *Get-VMSnapshot* mehr Informationen zu Prüfpunkten anzeigen lassen. Wollen Sie Informationen zu einem speziellen Prüfpunkt erhalten, verwenden Sie

Get-VMSnapshot -VMName <Name der VM> -Name <Name des Prüfpunkts>

Ausführlichere Informationen erhalten Sie mit:

Get-VMSnapshot -VMName <Name der VM> |gm -MemberType Properties

Wollen Sie noch die Größe von Prüfpunkten überprüfen, können Sie weitere Befehle in der PowerShell nutzen:

Get-VMSnapshot -VMName <Name der VM> | Get-VMHardDiskDrive | Get-ChildItem

Möchten Sie auf einem Host alle Prüfpunkte löschen, fragen Sie zunächst alle Prüfpunkte aller VMs ab und übergeben das Ergebnis an das Cmdlet zum Löschen:

Get-VM | Remove-VMSnapshot

Hinweis Erstellen Sie eine VM mit Windows Server 2016, wird die neue Funktion automatisch aktiviert. Migrieren Sie von Windows Server 2012 R2 zu Windows Server 2016, werden die bisherigen Einstellungen beibehalten, können aber im Hyper-V-Manager oder System Center Virtual Machine Manager angepasst werden.

Prüfpunkte von virtuellen Servern erstellen

Hyper-V ermöglicht die Erstellung von Prüfpunkten auch ohne die Installation von zusätzlichen Anwendungen. Den entsprechenden Befehl finden Sie im Kontextmenü der virtuellen Computer im Hyper-V-Manager. Prüfpunkte erstellen Sie über den Befehl *Prüfpunkt* im Kontextmenü von VMs.

Sie können auch verschiedene Optionen in der PowerShell mitgeben, zum Beispiel den Namen der VM, für die Sie einen Prüfpunkt erstellen wollen, und eine Beschreibung des Prüfpunkts:

Checkpoint-VM -Name <Servername> -SnapshotName <Name des Prüfpunkts>

Um über das Netzwerk einen Prüfpunkt für eine VM zu erstellen, verwenden Sie den folgenden Befehl:

Get-VM <Name der VM> -ComputerName <Name des Hyper-V-Hosts> | Checkpoint-VM

Während der Erstellung des Prüfpunkts bleibt der Computer online und steht weiterhin den Anwendern zur Verfügung. Die erstellten Prüfpunkte zeigt der Hyper-V-Manager im mittleren Bereich der Konsole an. Hyper-V speichert die Prüfpunkte in jenem Ordner, den Sie in den Einstellungen des virtuellen Computers im Bereich *Prüfpunkt-Dateispeicherort* angeben. Sobald ein Prüfpunkt erstellt ist, können Sie den Ordner nicht mehr ändern. Löschen Sie alle Prüfpunkte, können Sie den Ordner aber wieder anpassen.

Hinweis Deaktivieren Sie das Kontrollkästchen *Prüfpunkte aktivieren*, verweigert die VM das Erstellen eines Prüfpunkts. Standardmäßig ist das Erstellen von Prüfpunkten aber aktiviert.

Kapitel 8: Hyper-V – Datensicherung und Wiederherstellung

Rufen Sie den Eintrag *Zurücksetzen* im Kontextmenü des virtuellen Computers auf, wendet Hyper-V den letzten erstellten Prüfpunkt an und setzt den Computer auf diesen Stand zurück. Beim Zurücksetzen gehen aber keine Änderungen verloren, sondern werden wiederum in einem anderen Prüfpunkt erfasst.

Wenn Sie einen Server zurücksetzen oder einen älteren Prüfpunkt anwenden beziehungsweise Prüfpunkte löschen und die differenzierende Festplatte des Prüfpunkts in die übergeordnete *.vhdx*-Datei überführen, vergrößert sich unter Umständen diese Datei. In diesem Fall sollten Sie sie im Hyper-V-Manager bearbeiten und verkleinern lassen. Sie finden dazu im *Aktionen*-Bereich den Eintrag *Datenträger bearbeiten*.

Auch für die einzelnen Prüfpunkte steht ein Kontextmenü zur Verfügung, über das Sie sie steuern. Setzen Sie eine Hyper-V-kompatible Datensicherung ein, kann diese ebenfalls automatisiert einen solchen Prüfpunkt erstellen und dessen Daten sichern.

Abbildung 8.2: Verwalten der Prüfpunkte von virtuellen Servern

Prüfpunkte von virtuellen Servern verwalten

Im Kontextmenü von Prüfpunkten stehen verschiedene Möglichkeiten zur Verfügung:

- **Einstellungen** – Hierüber rufen Sie die Einstellungen des virtuellen Computers auf, zu dem dieser Prüfpunkt gehört. Es handelt sich dabei um die Einstellungen, die zum Zeitpunkt des Erstellens gültig waren. Haben Sie Einstellungen nach dem Erstellen des Prüfpunkts geändert, sind diese an dieser Stelle nicht zu sehen. Auf diese Weise schützen Sie auch die Einstellungen von virtuellen Servern.

- **Anwenden** – Wählen Sie diese Option aus, setzt der Assistent den virtuellen Computer wieder auf den Stand zurück, an dem Sie diesen Prüfpunkt erstellt haben. Vorher erscheint aber ein Abfragefenster, das Sie auf die Folgen hinweist. Außerdem können Sie vorher noch einen aktuellen Prüfpunkt erstellen. Dieser sichert dann den aktuellen Zustand. Im Gegensatz zum Zurücksetzen über das Kontextmenü der VM können Sie hier nicht nur den letzten Prüfpunkt verwenden, sondern beliebige Prüfpunkte.

    Diesen Befehl können Sie auch in der PowerShell durchführen. In diesem Fall verwenden Sie:

    Restore-VMSnapshot -VMName <Name der VM> -Name <Name des Prüfpunkts>

    Die Daten des Prüfpunkts bleiben auf der Festplatte erhalten. Sie werden nur dann entfernt, wenn Sie einen Prüfpunkt nicht anwenden, sondern löschen. Wollen Sie zum Beispiel für alle VMs auf einem Host den aktuellsten Prüfpunkt anwenden, verwenden Sie das Cmdlet:

Get-VM | ForEach-Object { $_ | Get-VMSnapshot | Sort CreationTime | Select -Last 1 | Restore-VMSnapshot -Confirm:$false }

- **Exportieren** – Beim Exportieren von virtuellen Servern in Windows Server 2016 können Sie auch Prüfpunkte berücksichtigen. Über das Kontextmenü eines Prüfpunkts können Sie einen virtuellen Server mit dem Stand des Prüfpunkts exportieren und auf anderen Servern wieder importieren.

- **Umbenennen** – Mit dieser Option weisen Sie dem Prüfpunkt einen anderen Namen zu. Hyper-V verwendet als Namen normalerweise das Datum und die Uhrzeit. Über diesen Menübefehl können Sie zum Beispiel noch Informationen hinzufügen, warum Sie den Prüfpunkt erstellt haben.

- **Prüfpunkt löschen** – Löscht den Prüfpunkt und die dazugehörigen Daten vom Server und überführt die notwendigen Daten in die produktive Festplatte. Die Zusammenhänge erklären wir im nächsten Abschnitt. Beim Löschen eines Prüfpunkts gehen daher keine Daten verloren, sondern Änderungen, die Sie seit dem Erstellen des Prüfpunkts durchgeführt haben, werden in die virtuelle Festplatte des Servers geschrieben und anschließend wird der Prüfpunkt und seine differenzierende Festplatte gelöscht (*.avdx*). In Windows Server 2008 R2 ist dazu ein Neustart notwendig, Windows Server 2016 beherrscht diesen Vorgang auch online. Das heißt, der virtuelle Server kann weiter in Betrieb sein.

- **Prüfpunktunterstruktur löschen** – Diese Option löscht den aktuellen Prüfpunkt sowie alle Prüfpunkte, die Sie nach dem Prüfpunkt erstellt haben und auf diesen aufbauen. Der Vorgang ist ähnlich zu *Prüfpunkt löschen*, führt aber alle zusammengehörigen Prüfpunkte zusammen.

Liegen für eine VM zum Beispiel die drei Prüfpunkte *Prüfpunkt 1*, *Prüfpunkt 2* und *Prüfpunkt 3* vor und bauen die drei Prüfpunkte aufeinander auf, können Sie jederzeit zu *Prüfpunkt 2* zurückwechseln, und die Daten von *Prüfpunkt 3* löschen. Dazu klicken Sie mit der rechten Maustaste auf *Prüfpunkt 2* und wählen im Kontextmenü den Eintrag *Anwenden*.

Die aktive Markierung *Jetzt* des virtuellen Servers zeigt den Status des virtuellen Servers an. Durch das Anwenden von *Prüfpunkt 2* wird das *Jetzt* vor *Prüfpunkt 3* geschoben. Sie können *Prüfpunkt 3* jetzt löschen, wenn Sie ihn nicht mehr benötigen. Durch das Löschen wird er nicht mehr mit dem virtuellen Server zusammengeführt, da sich der Status *Jetzt* über dem Prüfpunkt befindet.

Löschen Sie *Prüfpunkt 3*, ohne dass Sie *Prüfpunkt 2* anwenden, werden alle Änderungen aus *Prüfpunkt 3* nach *Prüfpunkt 2* übertragen. Erst dann löscht der Server *Prüfpunkt 3*.

Prüfpunkte können Sie auch in der PowerShell löschen. Wollen Sie zum Beispiel Prüfpunkte einer bestimmten VM löschen, nutzen Sie den Namen, auf Wunsch mit Platzhalter:

Get-VM TestVM | Remove-VMSnapshot -Name Experiment*

Sie können Prüfpunkte aber auch auf Basis der Erstellungszeit löschen. Wollen Sie alle Prüfpunkte entfernen, die älter als 90 Tage sind, verwenden Sie:

Get-VMSnapshot -VMName TestVM | Where-Object {$_.CreationTime -lt (Get-Date).AddDays(-90) } | Remove-VMSnapshot

Daten und Prüfpunkte bei Hyper-V im Cluster sichern

Setzen Sie Hyper-V im Cluster ein, um beispielsweise die Livemigration zu nutzen, müssen Sie bei der Datensicherung und der Erstellung von Prüfpunkten einige wichtige Aspekte beachten. Sie sollten es möglichst vermeiden, Prüfpunkte von laufenden virtuellen

Maschinen in Clustern zu erstellen. Würden Sie einen solchen Prüfpunkt zurücksetzen, wird dadurch nicht nur der Inhalt der virtuellen Festplatte zurückgesetzt, sondern auch der des Arbeitsspeichers der VM. Dieser Umstand bereitet vor allem im Zusammenhang mit der Livemigration Probleme. Wenn Sie also Prüfpunkte von VMs in einem Cluster durchführen wollen, fahren Sie die VM herunter. Auch wenn Sie einen Prüfpunkt auf eine VM anwenden wollen, sollten Sie die virtuelle Maschine dazu herunterfahren.

Bei Domänencontrollern sichern Prüfpunkte auch die Active Directory-Datenbank. Setzen Sie auf einem Domänencontroller einen Prüfpunkt zurück, kann es zu Inkonsistenzen der Active Directory-Datenbank kommen, die ebenfalls die anderen Domänencontroller beeinflussen. Dies liegt daran, dass in Active Directory alle Objekte eine bestimmte Nummer besitzen: die Update Sequence Number (USN).

Jeder Domänencontroller verfügt über eine eigene Liste dieser USNs und befindet sich auch selbst in dieser Liste. Setzen Sie einen Prüfpunkt zurück, ändern sich die USNs zahlreicher Objekte, was mit hoher Wahrscheinlichkeit zu Inkonsistenzen führt. In jedem Fall aber trennen die anderen Domänencontroller den wiederhergestellten Domänencontroller vom Netzwerk, um Fehler zu beheben.

Vermeiden Sie daher möglichst Prüfpunkte auf Domänencontrollern oder verwenden Sie zumindest die Produktionsprüfpunkte. Zwar hat Microsoft das Problem in Windows Server 2016 mit der GenerationID besser im Griff, aber generell ist das Sichern von Servern, die eine Datenbank bereitstellen, nicht über Prüfpunkte empfohlen, zumindest wenn es sich vermeiden lässt. Das Gleiche gilt übrigens für alle Server, die eine Datenbank nutzen. Dies gilt auch für Microsoft Exchange und Microsoft SQL Server. Sie sollten solche Datenbanken niemals über Prüfpunkte zurücksetzen.

Tipp In Hyper-V haben Sie die Möglichkeit, einem Gastsystem eine differenzierende virtuelle Festplatte zuzuweisen. Dazu bauen die Festplatten auf eine übergeordnete Festplatte mit einer Windows-Installation auf und speichern die Daten auf einer eigenen Festplatte.

Für Domänencontroller ist das nicht empfohlen, da sich solche Festplatten zu leicht wieder in den Ursprungszustand zurückversetzen lassen. Hier gibt es das gleiche Problem wie mit den Prüfpunkten.

Sicherung durch Export

Die Sicherung von Hyper-V-Hosts besteht vor allem in der Sicherung der einzelnen virtuellen Server, die auf dem Host betrieben werden. Im Hyper-V-Manager haben Sie noch die Möglichkeit, die virtuellen Server zu exportieren. Die exportierten Server lassen sich auch wieder importieren. Das funktioniert auf dem gleichen Hyper-V-Host, aber ebenso auf einem anderen Server.

Der Befehl zum Exportieren steht über das Kontextmenü von virtuellen Servern zur Verfügung. In Windows Server 2012 funktioniert diese Technik nur dann, wenn der virtuelle Server nicht gestartet ist. Das ist in Windows Server 2012 R2 und Windows Server 2016 anders. Sie können es hier auch im laufenden Betrieb durchführen. Der Exportvorgang umfasst die *.vhd(x)*-Dateien, Prüfpunkte und die Einstellungen des virtuellen Servers. Die Größe der Exportdateien entspricht der Größe der Quelldateien.

Abbildung 8.3: Exportieren eines virtuellen Servers

Wollen Sie einen virtuellen Computer wieder importieren, steht der Befehl *Virtuellen Computer importieren* im *Aktionen*-Bereich des Hyper-V-Managers zur Verfügung. Über den Assistenten wählen Sie den Ordner aus, in dem sich die Exportdatei befindet, und erhalten im nächsten Fenster Informationen zum Servernamen angezeigt. Auf der nächsten Seite wählen Sie die Optionen aus, um den Server zu importieren.

Abbildung 8.4: Importieren eines virtuellen Servers

Shielded VMs und Host Guardian Service

Virtuelle Server lassen sich in Hyper-V mit Windows Server 2016 härten und vor Administratoren, Angreifern und unberechtigten Zugriffen abschotten. Ausgesperrte Administratoren dürfen bestimmte VMs zwar noch steuern, also beenden oder starten, haben aber keinen Zugriff mehr auf die Daten der VM.

Der Host Guardian Service (HGS) stellt in Windows Server 2016 sicher, dass VMs in Hyper-V voneinander getrennt werden. Zusätzlich bietet der Host Guardian Service auch Verschlüsselungstechnologien und ermöglicht das Absichern von VMs. Die Festplatten lassen sich mit BitLocker verschlüsseln, der Zugriff auf die Konsole einschränken und festlegen, auf welchen Hyper-V-Hosts eine gesicherte VM starten darf.

Sie können VMs auf Nano-Servern mit dem Host Guardian Service sichern. Allerdings ist es nicht möglich, die HGS-Rolle selbst auf einem Nano-Server zu installieren. Sie können mit dem HGS nur Hyper-V-Server mit Windows Server 2016 Datacenter Edition schützten.

Ältere Versionen oder Windows Server 2016 Standard Edition lassen sich nicht mit HGS verbinden. In den abgesicherten VMs können Sie auch Windows Server 2012/2012 R2 betreiben. Wollen Sie eine gesicherte VDI-Infrastruktur mit Shielded VMs aufbauen, können Sie auf Windows 8/8.1 oder besser auf Windows 10 setzen.

Sichere VMs mit Shielded VMs

VMs können über den Host Guardian Service auch verschlüsselte Festplatten nutzen, auch mit vTPM. Dazu setzt Windows Server 2016 auf BitLocker. VMs lassen sich vom Non-Shielded-Modus in den Shielded-Modus versetzen. Außerdem lässt sich der Datenverkehr zur Livemigration mit HGS verschlüsseln.

Der Attestation-Modus des Host Guardian Service kann im laufenden Betrieb angepasst werden. Der Attestation-Modus bestimmt, wie die geschützten Hyper-V-Hosts in der Host Guardian Service-Infrastruktur authentifiziert werden. Microsoft unterstützt hier die Authentifizierung mit einem TPM-Chip (Hardware-Attestation) oder der Mitgliedschaft in einer Active Directory-Gruppe (Admin-Attestation). Sie können den Modus im laufenden Betrieb wechseln. Sinnvoll ist das zum Beispiel, wenn zwischen Active Directory und TPM gewechselt werden soll, und zwar während die VMs gestartet bleiben.

Die Funktionen zur Absicherung von VMs werden über die neue Serverrolle für den Host Guardian Service auf Hosts installiert. Ein Host Guardian Service wird von Hyper-V getrennt installiert. Der Cluster, in dem Sie den Host Guardian Service installieren, schützt wiederum Guarded Hosts. Herkömmliche VMs tragen in diesem Zusammenhang die Bezeichnung »Non-Shielded VMs«, während die abgesicherten VMs als Shielded oder auch abgeschirmte/geschützte VMs bezeichnet werden. Microsoft empfiehlt den Aufbau eines Clusters beziehungsweise den Betrieb von mindestens drei physischen Hosts mit dem Host Guardian Service. Nur dadurch ist sichergestellt, dass der Dienst immer hochverfügbar zur Verfügung steht und Shielded (abgeschirmte) VMs auch dann starten können, wenn ein Host Guardian Service-Server ausfällt. Shielded VMs lassen sich auf Guarded Hosts nur dann starten, wenn der dazugehörige Host Guardian Service verfügbar ist.

Die Absicherung der VMs erfolgt durch eine eigene Active Directory-Gesamtstruktur, die von der herkömmlichen Gesamtstruktur getrennt ist. Diese wird bei der Einrichtung des HGS automatisch erstellt. Außerdem erstellt der Assistent automatisch einen Failovercluster im Rahmen der Einrichtung der Serverrolle. Neben dem Server-Manager können Sie den Host Guardian Service auch in der PowerShell installieren. Dazu verwenden Sie den Befehl:

Install-WindowsFeature -Name HostGuardianServiceRole -IncludeManagementTools -Restart

Damit der Host Guardian Service einen Hyper-V-Host als Guarded Host akzeptiert, also Shielded VMs auf diesem Host betreiben kann, muss der Hyper-V-Host vom Host Guardian Service akzeptiert werden. Dazu ist auf den Hyper-V-Hosts in produktiven Umgebungen ein TPM-Chip ab Version 2 notwendig, wenn Sie mit der Hardware-Attestation arbeiten. Dieser sichert später auch die Shielded VMs entsprechend ab. Der Server muss außerdem EFI 2.3.1 mit sicherem Start (Secure Boot) nutzen. Für die Einrichtung ist in diesem Fall keine Vertrauensstellung zwischen der Active Directory-Gesamtstruktur des Host Guardian Service und der Active Directory-Gesamtstruktur mit den Hyper-V-Hosts (Fabric) notwendig.

Setzen Sie Hyper-V-Hosts ein, die weder TPM noch UEFI unterstützen, können Sie die Hyper-V-Hosts auch über Active Directory absichern und an den Host Guardian Service anbinden. Die Absicherung erfolgt dann über Active Directory-Sicherheitsgruppen. In diesem Fall erstellen Sie eine weitere Active Directory-Gesamtstruktur für den HGS und legen eine entsprechende Vertrauensstellung an.

Verbindung zwischen Host Guardian Service und Guarded Hosts

Um Shielded VMs zu nutzen, benötigen Sie zunächst einen Server beziehungsweise einen Cluster mit dem Host Guardian Service. Auf den zu schützenden Hyper-V-Hosts müssen Sie neben Hyper-V noch das Serverfeature *Hyper-V-Unterstützung durch Host Guardian* installieren. Dieses erweitert die Funktionen von Hyper-V um Möglichkeiten, Shielded VMs zu betreiben.

Außerdem müssen Sie bei der Installation des Hyper-V-Hosts sowie der Anbindung an den Host Guardian Service sicherstellen, dass die Remoteserver-Verwaltungstools für Shielded VMs installiert werden. Diese tragen die Bezeichnung »Abgeschirmte VM-Tools«. Diese Tools werden nicht automatisch auf Hyper-V-Hosts installiert, sondern müssen immer manuell installiert werden. Neue Shielded VMs müssen mit dem Typ Generation 2 erstellt werden. Bei der Absicherung durch den Host Guardian Service wird ein virtueller TPM-Chip (vTPM) eingebunden. Dazu können Sie ebenso das Cmdlet *Add-VMTPM* in der PowerShell nutzen. Die notwendigen Tools, um Hyper-V mit dem Host Guardian Service zu verbinden, können Sie auch in der PowerShell installieren:

Install-WindowsFeature -Name HostGuardian

Install-WindowsFeature -Name RSAT-Shielded-VM-Tools

Install-WindowsFeature -Name FabricShieldedTools -Restart

Die Absicherung von Hyper-V-Hosts erfolgt zum Beispiel über die Mitgliedschaft in einer Active Directory-Gruppe, wenn Sie nicht auf UEFI und TPM setzen. Wenn Sie nicht wissen, ob ein Host bereits mit einem HGS-Server verbunden ist, können Sie das mit den folgenden Cmdlets überprüfen:

Get-WindowsFeature HostGuardian

Get-HgsClientConfiguration

Host Guardian Service konfigurieren

Wenn Sie auf einem Server die Serverrolle für den Host Guardian Service installiert haben, zum Beispiel in der PowerShell mit

Install-WindowsFeature -Name HostGuardianServiceRole -IncludeManagementTools -Restart

erstellen Sie auf dem Server zunächst eine neue Active Directory-Domäne. Danach initialisieren Sie den HGS-Server. Im ersten Schritt öffnen Sie dazu eine PowerShell-Sitzung und konfigurieren die neue Domäne für HGS:

Install-HgsServer -HgsDomainName "hostgs.com" -SafeModeAdministratorPassword (Read-Host -Prompt Kennwort -AssecureString) -Restart

Danach richten Sie die Umgebung ein. Sie können für Testumgebungen auch ein selbst signiertes Zertifikat verwenden. In produktiven Umgebungen ist es besser, wenn Sie ein Zertifikat aus den Active Directory-Zertifikatdiensten verwenden. Die Einrichtung ist am einfachsten, wenn Sie die einzelnen Werte, die Sie in der PowerShell angeben müssen, zuvor in Variablen speichern:

$certificatePasswd = "Kennwort"

$signingCertPath = "C:\signingCert.pfx"

$encryptionCertPath = "C:\encryptionCert.pfx"

Kapitel 8: Hyper-V – Datensicherung und Wiederherstellung

$certStoreLocation = "Cert:\LocalMachine\My"

$certificatePassword = ConvertTo-SecureString -AsPlainText $certificatePasswd -Force

$signingCert = New-SelfSignedCertificate -DnsName "signing.$env:userdnsdomain" -CertStoreLocation $certStoreLocation

Export-PfxCertificate -Cert $signingCert -Password $certificatePassword -FilePath $signingCertPath

$encryptionCert = New-SelfSignedCertificate -DnsName "encryption.$env:userdnsdomain" -CertStoreLocation $certStoreLocation

Export-PfxCertificate -Cert $encryptionCert -Password $certificatePassword -FilePath $encryptionCertPath

$HgsServiceName = "hgscontoso"

Initialize-HGSServer -HgsServiceName $HgsServiceName -SigningCertificatePath $signingCertPath -SigningCertificatePassword $certificatePassword -EncryptionCertificatePath $encryptionCertPath -EncryptionCertificatePassword $certificatePassword -TrustActiveDirectory -Force

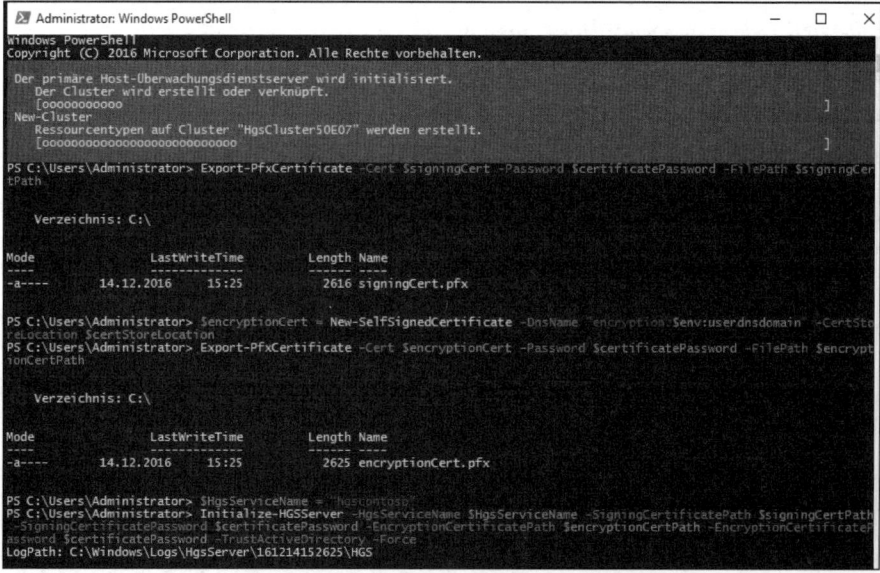

Abbildung 8.5: Die Einrichtung von HGS kann über die PowerShell erfolgen.

Vertrauensstellung zwischen Host Guardian Service und Active Directory einrichten

Nach der erfolgreichen Einrichtung müssen Sie sicherstellen, dass die Namensauflösung zwischen den beiden Active Directory-Gesamtstrukturen funktioniert. Dazu arbeiten Sie am besten mit bedingten Weiterleitungen in beiden Umgebungen (siehe Kapitel 13 und 25).

Sobald die Namensauflösung funktioniert, können Sie auf dem HGS-Server die Vertrauensstellung zwischen HGS-AD und Ihrem produktiven Active Directory einrichten, in dem sich die Guarded Hyper-V-Hosts befinden. Mehr dazu lesen Sie in Kapitel 17. Dazu verwenden Sie zum Beispiel die PowerShell:

Shielded VMs und Host Guardian Service

$HGSDomainName = "hostgs.com"

$ADDomainName = "joos.int"

$ADDomainUser = "Administrator"

$ADAdminPasswd = "<Kennwort>"

Netdom Trust $HGSDomainName /Domain:$ADDomainName /UserD:$ADDomain-Name\$ADDomainUser /PasswordD:$ADAdminPasswd /Add

Guarded Hyper-V-Hosts mit HGS verbinden

Die Hyper-V-Hosts, die Sie mit dem Host Guardian Service absichern wollen, müssen Mitglied einer neuen Active Directory-Gruppe sein. Dazu legen Sie die Active Directory-Gruppe an und nehmen die Hyper-V-Hosts auf. Zusätzlich müssen Sie noch die SIDs der Hyper-V-Hosts auslesen und auf dem HGS-Server importieren. In dieser Umgebung gehen wir davon aus, dass die Fabric-Domäne die Bezeichnung *joos.int* hat und der erste Guarded Host die Bezeichnung *cn1.joos.int*.

$GuardedGroupName="GuardedHosts"

$guardedhost="cn1.joos.int"

$GroupMember="CN=cn1,OU=Computers,DC=contoso,DC=int"

$guardedGroup = New-ADGroup -Name $GuardedGroupName -SamAccountName "GuardedHosts" -GroupCategory Security -GroupScope Global

Add-ADGroupMember -Identity $GuardedGroupName -Members $GroupMember

In der PowerShell lesen Sie mit *Get-ADGroup <Name der Gruppe>* auch die SID der Gruppe aus, die Sie später wiederum auf dem HGS-Server einlesen, um den Hyper-V-Host als Guarded Host zu konfigurieren. Danach legen Sie fest, welche Active Directory-Gruppe in der Fabric-Domäne die sicheren Hyper-V-Hosts enthält:

Add-HgsAttestationHostGroup -Name "hgs" -Identifier "S-1-5-21-3577257099-2098703079-2507792109-1649"

Den Befehl führen Sie wiederum in der PowerShell des HGS-Servers aus. Die SID können Sie in der PowerShell mit *Get-ADGroup <Name der Gruppe>* auslesen. Wenn alle notwendigen Features für die Anbindung von Hyper-V an den HGS installiert wurden, melden Sie sich in der PowerShell des ersten Hyper-V-Hosts am HGS an.

Dazu ist es wichtig, dass in der Gesamtstruktur mit den Hyper-V-Hosts die HGS-Domäne als DNS-Weiterleitung konfiguriert ist und umgekehrt. In diesem Beispiel ist der Name der Domäne des HGS *hostgs.com*. Den Befehl führen Sie auf dem Hyper-V-Host aus. Achten Sie darauf, die korrekten Daten Ihrer Umgebung einzugeben:

Set-HgsClientConfiguration -AttestationServerUrl "http://hostgs.com/Attestation" -KeyProtectionServerUrl "http://hostgs.com/KeyProtection" -Confirm:$false

Die erfolgreiche Anmeldung testen Sie am Guarded Host durch:

Get-HgsClientConfiguration

Kapitel 8: Hyper-V – Datensicherung und Wiederherstellung

Abbildung 8.6: Hyper-V-Hosts lassen sich in der PowerShell an Host Guardian-Server anbinden.

Auf dem HGS-Server überprüfen Sie die Konfiguration des Host Guardian Services mit:

Get-HgsTrace -RunDiagnostics

In der PowerShell testen Sie noch mit

Test-HgsServer -HgsDomainName <HGS-Domäne>

ob die Umgebung korrekt konfiguriert ist.

Microsoft bietet ein Whitepaper zur Fehlerbehandlung an, falls einzelne Bereiche nicht korrekt funktionieren (*http://tinyurl.com/h2z63mj*).

Zusätzlich rufen Sie mit den beiden folgenden Cmdlets Informationen zur erstellten Umgebung ab:

Get-HgsServer

Get-HgsAttestationPolicy

Hier sollten ebenfalls keine Fehler erscheinen, sondern die URLs und Daten sollten fehlerfrei angezeigt werden. Die geschützten Hyper-V-Hosts und die angebundenen System Center Virtual Machine Manager-Server müssen über diese URLs mit den Servern kommunizieren können. Außerdem sollten Sie mit dem Internet Explorer auf dem Server überprüfen, ob der HGS auf Anfragen antwortet. Dazu rufen Sie die folgende URL auf:

http://localhost/KeyProtection/service/metadata/2014-07/metadata.xml

Als Antwort erscheint eine XML-Seite mit Informationen. In produktiven Umgebungen sollten Sie noch die Ereignisse in der Ereignisanzeige der HGS-Server professionell überwachen. Entweder nutzen Sie dazu Tools wie System Center Operations Manager oder andere Überwachungswerkzeuge. Sie können dazu auch ein Ereignisabonnement erstellen. Im Rahmen des Abonnements können Sie die Ereignisse filtern, die das Abonnement nutzen soll. Dazu verwenden Sie den folgenden Filter:

Microsoft-Windows-HostGuardianService-Attestation/Admin,Microsoft-Windows-HostGuardianService-Attestation/Operational,Microsoft-Windows-HostGuardianService-KeyProtection/Admin,Microsoft-Windows-HostGuardianService-KeyProtection/Operational

Shielded VMs erstellen

Für das Erstellen einer Shielded VM benötigen Sie eine Vorlage für Shielded VMs sowie eine *.pdk*-Datei, die alle Daten des Guarded Hosts und seine Zertifikate enthält. Dazu ins-

Shielded VMs und Host Guardian Service

tallieren Sie eine neue VM und weisen ihr eine *.vhdx*-Datei zu. Die virtuelle Festplatte sollte zwei Partitionen enthalten, die beide mit NTFS formatiert sind. Verwenden Sie als Betriebssystem am besten Windows Server 2016.

Generell bereiten Sie diese Bereiche auf einem Hyper-V-Host vor, der (noch) nicht an HGS angebunden ist. Dabei muss es sich aber auch um einen Hyper-V-Host mit Windows Server 2016 handeln. Auf diesem installieren Sie zunächst die notwendigen Rollen und Features, um Shielded VMs zu verwalten. Das geht wieder am einfachsten in der Power-Shell mit:

Install-WindowsFeature -Name RSAT-Shielded-VM-Tools

Install-WindowsFeature -Name FabricShieldedTools -Restart

Auf dem Hyper-V-Host erstellen Sie eine neue VM mit einer neuen virtuellen Festplatte für die Vorlage. Achten Sie darauf, für die virtuelle Festplatte zwei Partitionen anzulegen. Formatieren Sie die Partitionen mit dem NTFS-Dateisystem.

Auch bei der Verwendung von System Center Virtual Machine Manager 2016 müssen Sie zuerst eine Vorlage für Shielded VMs erstellen. Die virtuelle Festplatte, die Sie als Vorlage verwenden, sollte in einer produktiven Umgebung mit dem GPT-Partitionsstil initialisiert werden. Bei der virtuellen Festplatte darf es sich nicht um einen dynamischen Datenträger in der Festplattenverwaltung handeln, sondern Sie müssen einen Basisdatenträger verwenden. Dies liegt daran, dass BitLocker keine dynamischen Festplatten unterstützt. Als Betriebssystem muss auf der virtuellen Festplatte Windows Server 2012/2012 R2 oder Windows Server 2016 installiert sein. Sie können aber auch virtuelle Festplatten mit Windows 8, 8.1 oder Windows 10 verwenden.

Sobald Sie die Features installiert haben, die virtuelle Festplatte mit der VM vorliegt und mit Sysprep verallgemeinert wurde, erstellen Sie ein selbst signiertes Zertifikat, das Sie für die Shielded VM-Vorlage verwenden. Damit Sie das Zertifikat später weiter nutzen können, speichern Sie die Daten in einer Variablen:

$certificate = New-SelfSignedCertificate -DnsName cert.contoso.int -CertStoreLocation $certStoreLocation -KeyExportPolicy Exportable

Anschließend erstellen Sie die signierte Vorlage für die Shielded VM. Hier verwenden Sie entweder die PowerShell oder den Assistenten *TemplateDiskWizard.exe* im Verzeichnis *C:\Windows\System32*. In der PowerShell verwenden Sie den folgenden Befehl:

$TemplatePath = "C:\protected_template.vhdx"

$TemplateName = "MyTemplate"

$Version = "1.1.1.1"

Protect-ServerVHDX -Path $TemplatePath -TemplateName $TemplateName -Version $Version -Certificate $certificate

Sobald die Vorlage erstellt ist, können Sie auf Basis dieser *.vhdx*-Datei eine neue VM erstellen. In den Eigenschaften dieser VM können Sie über den Menüpunkt *Sicherheit* Einstellungen bezüglich der Shielded VM vornehmen. Wichtig ist, dass Sie das in der *.vhdx*-Datei installierte Betriebssystem mit Sysprep generalisiert haben. Erst danach bereiten Sie das Betriebssystem mit dem *TemplateDiskWizard* wie beschrieben vor. Dabei setzen Sie entweder auf die grafische Oberfläche des Tools oder nutzen das Cmdlet *Protect-ServerVHDX* in der PowerShell. Die Konfiguration ist an dieser Stelle aber noch nicht abgeschlossen. Um alle Sicherheitseinstellungen korrekt zu setzen, verwenden Sie die Hinweise im Microsoft-Whitepaper, das Sie von der Seite *http://tinyurl.com/h2z63mj* herunterladen können.

Virtuelle Server gruppieren

In Windows Server 2016 können Sie virtuelle Server auch gruppieren und damit zu logischen Gruppen auf einem Host oder einem Cluster zusammenfassen (siehe Kapitel 9 und Kapitel 34). Die Verwaltung von Gruppen findet vor allem in der PowerShell statt. Dazu stehen die folgenden Cmdlets zur Verfügung:

- *New-VMGroup*
- *Get-VMGroup*
- *Remove-VMGroup*
- *Add-VMGroupMember*
- *Remove-VMGroupMember*
- *Rename-VMGroup*

Haben Sie Gruppen erstellt, können Sie jederzeit VMs zur Gruppe hinzufügen oder aus den Gruppen entfernen. Um eine Gruppe zu erstellen, verwenden Sie zum Beispiel den folgenden Aufruf:

New-VMGroup -Name JoosGroup -GroupType VMCollectionType

Um VMs einer Gruppe hinzuzufügen, arbeiten Sie am besten mit einer Variablen. Im ersten Schritt erstellen Sie eine Variable mit der Gruppe, der Sie eine VM hinzufügen wollen:

$VMG1 = Get-VMGroup -Name JoosGroup

Für die einzelnen VMs legen Sie ebenfalls eine Variable an:

$VM1 = Get-VM -Name Essentials

Danach können Sie die VM der Gruppe hinzufügen:

Add-VMGroupMember -VMGroup $VMG1 -VM $VM1

Die Gruppenmitgliedschaft können Sie wiederum mit der Option *Groups* anzeigen lassen, wenn Sie zum Beispiel das Cmdlet *Get-VM* verwenden:

Get-VM | ft Name, State, Groups -AutoSize

VMs können Mitglied in mehreren Gruppen sein. Lesen Sie sich dazu auch Kapitel 34 durch. Außerdem können Sie Gruppen verschachteln. Dazu müssen Sie Gruppen mit der Option *ManagementCollectionType* erstellen.

Zusammenfassung

In diesem Kapitel haben wir Ihnen gezeigt, wie Sie Hyper-V-Hosts und virtuelle Server mit Bordmitteln sichern. Wir sind ebenfalls darauf eingegangen, wie Sie Prüfpunkte von virtuellen Servern erstellen. Und auch das Sichern von Hyper-V mit Export- und Importvorgängen war Bestandteil dieses Kapitels. Mehr zum Thema Datensicherung lesen Sie in Kapitel 35.

Im nächsten Kapitel zeigen wir Ihnen, wie Sie Hyper-V hochverfügbar betreiben und die Livemigration und Replikation nutzen.

Kapitel 9
Hyper-V – Hochverfügbarkeit

In diesem Kapitel:
Einstieg in die Hochverfügbarkeit in Hyper-V	272
Hyper-V-Replikation in der Praxis	275
Livemigration ohne Cluster	283
Hyper-V im Cluster: Livemigration in der Praxis	285
Zusammenfassung	295

Microsoft hat in Windows Server 2016 die Hochverfügbarkeit in allen Bereichen weiter verbessert und bereits mit Windows Server 2012 R2 zusätzliche Möglichkeiten für kleinere Unternehmen integriert. Ein Cluster ist nicht immer notwendig und virtuelle Server lassen sich einfach zwischen Hyper-V-Hosts replizieren.

In Windows Server 2016 haben Sie weiterhin die Möglichkeit, auch mit der Standard-Edition einen Cluster aufzubauen (siehe Kapitel 34). Allerdings hat Microsoft mit Windows Server 2016 Unterschiede in den Storage-Funktionen integriert. So unterstützt nur die Datacenter-Edition alle Funktionen. In der Standard-Edition gibt es weder Storage Spaces Direct noch Storage Replica. Auch Shielded Virtual Machines fehlen in der Standard-Edition.

Die anderen Funktionen hat Microsoft auch in der Standard-Edition integriert. So verfügt diese ebenfalls über die Container-Technologie und die Nano-Installation. Allerdings muss hier beim Einsatz der Hyper-V-Container darauf geachtet werden, dass die Standard-Edition nur zwei Container lizenziert, da nur zwei VMs erlaubt sind.

Sie können auch in Windows Server 2016 Hyper-V im Cluster und virtuelle Server als Clusterressourcen betreiben. Dazu können Sie einen Nano-Server verwenden. Sie müssen dazu das Clusterpaket auf dem Nano-Server bereitstellen (siehe Kapitel 2). Die Verwaltung erfolgt entweder über die PowerShell oder mit der Clusterverwaltung von einer Arbeitsstation oder einem Server aus.

Unternehmen, die Server mit Hyper-V virtualisieren und eine Hochverfügbarkeit erreichen wollen, setzen auf die Livemigration im Cluster. Die Livemigration können Sie mit einem physischen gemeinsamen Datenträger oder mit iSCSI-Zielen bereitstellen, aber auch mit Storage Spaces Direct (siehe Kapitel 34). Die gemeinsamen Festplatten auf Basis von Shared-VHDX unterstützen keine Cluster für die Livemigration in Hyper-V. Dazu kommt, dass Shared-VHDX-Festplatten auf einem gemeinsamen Datenträger in einem physischen Cluster gespeichert sein müssen. Mehr dazu lesen Sie in Kapitel 34.

Betreiben Sie Hyper-V in einem Cluster, können Sie sicherstellen, dass beim Ausfall eines physischen Hosts alle virtuellen Server durch einen weiteren Host automatisch übernommen werden. Dazu betreiben Sie die virtuellen Server als Clusterressourcen. Beim Einsatz von virtuellen Clustern können Sie Fehler in Servern ebenfalls abfangen, allerdings keine Fehler der Hardware, da der Cluster virtuell abgebildet ist. Natürlich können Sie die virtuellen Clusterknoten auch auf physischen Clustern betreiben. In diesem Fall sind die virtuellen Server vor Ausfall der Hardware geschützt und die virtuellen Clusterdienste, zum Beispiel ein Dateiserver, vor dem Ausfall des virtuellen Betriebssystems auf einem virtuellen Clusterknoten.

Einstieg in die Hochverfügbarkeit in Hyper-V

So ist es zum Beispiel seit Windows Server 2012 möglich, die Livemigration auch auf Hyper-V-Hosts ohne Cluster zu nutzen oder virtuelle Maschinen zwischen Hyper-V-Hosts zu replizieren, ohne diese clustern zu müssen. Bei der Livemigration mit und ohne Cluster verschieben Sie virtuelle Server zwischen Hyper-V-Hosts in der Gesamtstruktur. Ebenfalls interessant ist die Möglichkeit, die virtuellen Festplatten eines Servers mit der Livemigration zu verschieben. Das heißt, die virtuellen Server selbst bleiben auf dem aktuellen Host, nur der Speicherort der Dateien ändert sich. So können Sie zum Beispiel die Dateien auf eine Freigabe verschieben. Mehr zu diesem Thema lesen Sie in den Kapiteln 1 und 7.

Hyper-V-Replikation und Cluster

Bei Hyper-V-Replica replizieren Sie virtuelle Server auf andere Server, ebenfalls im laufenden Betrieb. Als Verbindung ist nur eine Netzwerkleitung notwendig, kein gemeinsamer Datenträger. Mit Windows Server 2012 können Sie virtuelle Server zwischen zwei Hyper-V-Hosts replizieren, in Windows Server 2016 stehen drei Server zur Verfügung, genauso wie in Windows Server 2012 R2.

Mit dem Hyper-V Server 2016 bietet Microsoft die Hyper-Funktionen der Datacenter-Edition von Windows Server 2016 vollkommen kostenlos an. Mit dieser Variante von Windows Server 2016 können Sie auch Cluster installieren sowie die Funktionen nutzen, die wir nachfolgend beschreiben. Cluster lassen sich außerdem in der Standard-Edition erstellen. Cluster konnten in Windows Server 2008 R2 maximal 16 Knoten einsetzen. Windows Server 2016 erlaubt bis zu 64 Clusterknoten, auch in der Standard-Edition.

Windows Server 2008 R2 unterstützt zwar bereits die Livemigration, aber immer nur von einem Server gleichzeitig. Bei der Livemigration in einem Cluster überträgt Hyper-V den virtuellen Server mitsamt Inhalt des Arbeitsspeichers auf einen anderen Knoten im Cluster. Das hat den Vorteil, dass die Server immer verfügbar sind, auch bei einer Übertragung. Windows Server 2016 kann mehrere Livemigrationen auf einmal durchführen und Sie können außerdem Prioritäten festlegen.

Eine wichtige Rolle auch für Hyper-V spielt der Zugriff auf Dateifreigaben in Windows Server 2016. Durch die Verbesserungen lassen sich jetzt ebenso virtuelle Festplatten auf Freigaben speichern. Dies beschleunigt die Replikation und ebenso die Livemigration. Wichtig für den Zugriff auf Dateiserver ist das Server Message Protocol. Dieses stellt den Zugriff von Clientcomputern zum Server dar. Windows 10 und Windows Server 2016 kommen dazu mit dem neuen SMB 3.1.1-Protokoll (siehe Kapitel 5). Dieses ist vor allem für den schnellen Zugriff über das Netzwerk gedacht, wenn Daten normalerweise lokal gespeichert sein sollten. Beispiele dafür sind SQL Server-Datenbanken oder die Dateien von Hyper-V-Computern. Die neue Version erlaubt mehrere parallele Zugriffe auf Dateifreigaben. Das heißt, einzelne Zugriffe über das Netzwerk bremsen sich nicht mehr untereinander aus.

Zusätzlich ermöglicht SMB 3.1.1 beim Einsatz auf geclusterten Dateiservern einen besseren Failover zwischen Clusterknoten. Dabei berücksichtigt Windows Server 2016 die SMB-Sitzungen der Benutzer und Server und behält diese auch bei, wenn Sie virtuelle Dateiserver zwischen Clusterknoten verschieben.

SMB in Clustern berücksichtigen

Windows Server 2016 bietet mit der neuen Cluster Rolling Upgrade-Funktion die Möglichkeit, Cluster auf Basis von Windows Server 2012 R2 direkt zu Windows Server 2016 zu aktualisieren. Bei diesem Vorgang werden einzelne Clusterknoten vom Cluster entfernt, mit Windows Server 2016 neu installiert und dann wieder in den Cluster aufgenommen. Es ist also problemlos möglich, parallel auf Windows Server 2012 R2 und Windows Server 2016 im Cluster zu setzen.

Allerdings bleibt bei diesem Vorgang der Cluster im Kompatibilitätsmodus und nutzt weiterhin SMB 3.0.2 für die Kommunikation, auch mit Servern auf Basis von Windows Server 2016 oder Arbeitsstationen mit Windows 10. Die Technik bezeichnet Microsoft als Cluster Dialect Fencing. Sind auf einem Clusterknoten lokale Freigaben vorhanden, nutzt Windows Server 2016 SMB 3.1.1, auch wenn noch der Kompatibilitätsmodus für den Cluster aktiv ist. Allerdings werden in diesem Fall Freigaben auf dem Cluster, zum Beispiel über einen Scale-Out-Fileserver, mit SMB 3.0.2 abgewickelt. Sobald Sie aber auf den Windows Server 2016-Modus setzen, nutzt ebenfalls der SOFS das neue SMB 3.1.1.

Damit der Cluster das neue SMB-Protokoll 3.1.1 nutzt, müssen alle Clusterknoten auf Basis von Windows Server 2016 betrieben werden. Danach erfolgt die Deaktivierung des Kompatibilitätsmodus. Solange sich der Cluster im Kompatibilitätsmodus mit Windows Server 2012 R2 befindet, werden auch Dateifreigaben im Cluster, zum Beispiel für einen Scale-Out-Fileserver, auf Basis von SMB 3.0.2 eingebunden. Das ändert sich erst nach der Migration, wenn der Cluster auf den Modus von Windows Server 2016 umgestellt wird.

Zusätzlich ermöglicht SMB 3.1.1 beim Einsatz auf geclusterten Dateiservern einen besseren Failover zwischen Clusterknoten. Dabei berücksichtigt Windows Server 2016 die SMB-Sitzungen der Benutzer und Server und behält diese bei, wenn Sie virtuelle Dateiserver zwischen Clusterknoten verschieben.

SMB-Scale-Out verwendet Cluster Shared Volumes (CSV) für den parallelen Zugriff auf Dateien über alle Knoten in einem Cluster. Das erhöht die Leistung und die Skalierbarkeit von Serverdiensten, da alle Knoten beteiligt sind. Die Technologie arbeitet parallel zu Funktionen wie Transparent Failover und Multichannel. Auch diese Technik wird in Clustern mit Windows Server 2016 genutzt.

Entfernen Sie bei Migrationen zu Windows Server 2016 (siehe Kapitel 34) Knoten mit Windows Server 2012 R2 aus dem Cluster, muss auch das SMB-Protokoll berücksichtigt werden. Ab diesem Moment wird der Cluster im gemischten Modus ausgeführt, da die restlichen Clusterknoten noch auf Windows Server 2012 R2 basieren. Bis hierher kommt noch SMB 3.0.2 zum Einsatz. Die funktionelle Clusterebene bleibt bei Windows Server 2012 R2, bis Sie sie manuell umstellen (siehe Kapitel 34). Bei dieser Funktionsebene sind neue Features in Windows Server 2016, die die Kompatibilität beeinflussen, nicht aktiviert, das gilt auch für SMB 3.1.1.

Sie aktualisieren alle Clusterknoten nach und nach mit dieser Vorgehensweise, bis alle Clusterknoten von Windows Server 2012 R2 auf Windows Server 2016 umgestellt sind (siehe Kapitel 34). Nach diesen Vorgängen ändern Sie die Cluster-Funktionsebene auf den Windows Server 2016-Modus. Wie das geht, zeigen wir in Kapitel 34. Dazu verwenden Sie das PowerShell-Cmdlet *Update-ClusterFunctionalLevel*. Ab jetzt können Sie die neuen Funktionen von Windows Server 2016 nutzen und SMB 3.1.1 wird im Cluster aktiviert.

Sie können dem Cluster aber keine Knoten mit Windows Server 2012 R2 hinzufügen. Die Version des Clusters können Sie mit *Get-Cluster | Select UpdateFunctionalLevel* überprüfen. So erkennen Sie, ob auch SMB 3.1.1 zum Einsatz kommt.

Windows Server 2016 kann ebenfalls als NAS-Server dienen. Im neuen Betriebssystem lassen sich nicht nur iSCSI-Ziele mit dem Server verbinden, sondern Server mit Windows Server 2016 können selbst auch als iSCSI-Ziel arbeiten (siehe Kapitel 5). Die Clusterfunktion steht außerdem in Windows Server 2016 Standard zur Verfügung.

Damit die Server mit Windows Server 2016 und Clientcomputer mit Windows 10 untereinander schneller Daten austauschen können, ist keine Konfiguration notwendig. Diesen Geschwindigkeitszuwachs erhalten Unternehmen bereits standardmäßig. Von diesen Funktionen profitiert vor allem Hyper-V, wenn Sie Daten der virtuellen Server auf Freigaben mit Windows Server 2016 speichern.

Arten der Hochverfügbarkeit in Hyper-V

Mit Hyper-V-Replica lassen sich virtuelle Server zwischen Hyper-V-Hosts replizieren, ohne dass diese Bestandteil eines Clusters sein müssen. Der virtuelle Server wird vom Quellserver auf den Zielserver repliziert, also kopiert. Dieser Vorgang kann ad hoc erfolgen oder über einen Zeitplan. Aktiv bleibt immer der virtuelle Server auf dem Quellserver, der virtuelle Server auf dem Zielserver bleibt ausgeschaltet. Administratoren können einen Failover des virtuellen Servers manuell durchführen oder den virtuellen Server jederzeit erneut vom Quell- auf den Zielserver replizieren. In Windows Server 2016 können Sie zwei Zielserver definieren, um virtuelle Server zu replizieren.

Mit der Livemigration ohne Cluster können Sie virtuelle Server im laufenden Betrieb vom Quell- auf den Zielserver verschieben und online schalten. Es ist kein Cluster und kein gemeinsamer Datenträger notwendig. Mehr zu diesem Thema lesen Sie in den Kapiteln 1 und 7. Im Gegensatz zur Replikation ist der virtuelle Server weiterhin nur auf einem Server verfügbar und kann im laufenden Betrieb verschoben werden.

Des Weiteren gibt es in Windows Server 2016 die Möglichkeit, Hyper-V in einem Cluster zu betreiben und virtuelle Server als Clusterressourcen zu definieren. Hier sind die virtuellen Server schnell und einfach zwischen den Knoten verschiebbar. Einen Cluster können Unternehmen auch mit der Standard-Edition aufbauen. In Windows Server 2016 lassen sich mehrere Livemigrationen gleichzeitig durchführen und virtuelle Server lassen sich ferner priorisieren. Alle diese Funktionen stehen über Hyper-V Server 2016 kostenlos zur Verfügung.

Hyper-V-Replikation in der Praxis

Mit der Hyper-V-Replikation, auch als Hyper-V-Replica bezeichnet, lassen sich in Windows Server 2016 und Hyper-V Server 2016 virtuelle Festplatten und komplette virtuelle Server asynchron zwischen drei Hyper-V-Hosts im Netzwerk replizieren und synchronisieren. Windows Server 2012 unterstützt zwei Hyper-V-Hosts für die Replikation, seit Windows Server 2012 R2 und auch in Windows Server 2016 können Sie bis zu drei Hosts replizieren lassen. Sie können für die Replikation ebenso eine Kette konfigurieren. So kann zum Beispiel Server A zu Server B und dieser den gleichen virtuellen Server zu Server C replizieren.

In Windows Server 2012 konnten Sie das Synchronisierungsintervall nur bis zu fünf Minuten einstellen, seit Windows Server 2012 R2 haben Sie hier die Möglichkeit, alle 30 Sekunden die Daten zwischen den Hosts replizieren zu lassen. Alternativ können Sie die Replikation auf bis zu 15 Minuten Intervall ausdehnen.

Die Replikation findet über das Dateisystem und das Netzwerk statt, ein Cluster ist nicht notwendig. Die Replikationen lassen sich manuell, automatisiert oder nach einem Zeitplan ausführen. Sie können auf diesem Weg eine Testumgebung ausbauen oder die replizierten Server bei Ausfall eines Hyper-V-Hosts aktiv schalten. Mit Hyper-V-Replica können kleine und mittelständische Unternehmen eine effiziente Ausfallsicherheit erreichen.

Hyper-V-Hosts für Replikation aktivieren

Die Konfiguration erfolgt über einen Assistenten im Hyper-V-Manager oder der PowerShell. Die Einrichtung nehmen Sie über einen Assistenten im Hyper-V-Manager vor. Die Quell-VM läuft bei diesem Vorgang weiter. Fällt ein Hyper-V-Host aus, lassen sich die replizierten Server online schalten und als produktive Server nutzen. Nach der ersten Übertragung müssen nur noch Änderungen übertragen werden. Die erste Übertragung können Sie mit einem externen Datenträger vornehmen, wenn die Datenleitung nicht genügend Leistung bietet.

Die Replikation ist auch in Clustern möglich. In diesem Fall können Sie VMs zwischen verschiedenen Clustern und Rechenzentren replizieren lassen. Sie starten die Replikation über das Kontextmenü der entsprechenden virtuellen Maschine in der Failovercluster-Verwaltung. Die Einrichtung entspricht nach dem Start des Assistenten der Einrichtung ohne Cluster. Die Einstellungen für die Replikation nehmen Sie ebenfalls in der Clusterverwaltung vor. Dazu klicken Sie mit der rechten Maustaste auf den virtuellen Server.

Kapitel 9: Hyper-V – Hochverfügbarkeit

Abbildung 9.1: Aktivieren der Replikationskonfiguration in Hyper-V

Damit Hyper-V-Hosts eine Replikation ermöglichen, müssen Sie diese zunächst für alle beteiligten Hyper-V-Hosts aktivieren. Starten Sie anschließend den Assistenten über das Kontextmenü des virtuellen Servers auf dem Quellserver, geben Sie zunächst den Zielserver ein, also den Hyper-V-Host, auf den Sie die virtuelle Maschine replizieren wollen. Der virtuelle Server auf dem Quellserver bleibt aber weiterhin verfügbar und aktiv. Alle anderen VMs bleiben von der Replikation ebenfalls unbeeinträchtigt.

Damit ein Hyper-V-Host für Replikate zur Verfügung steht, müssen Sie auf dem entsprechenden Server in den Hyper-V-Einstellungen im Bereich *Replikationskonfiguration* diese Funktion zunächst aktivieren und konfigurieren. Sie legen hier den Datenverkehr fest und von welchen Servern der aktuelle Server Replikate entgegennimmt. Daher müssen Sie diese Funktion zunächst auf allen Hyper-V-Hosts aktivieren.

Setzen Sie Hyper-V-Server 2016 ein, können Sie diesen Server auch über den Hyper-V-Manager von einem anderen Server aus verwalten und auf diesem Weg die gleichen Einstellungen vornehmen (siehe Kapitel 2 und 3). Hier gibt es keinerlei Unterschiede zu den kostenpflichtigen Editionen von Windows Server 2016.

Tipp	Achten Sie darauf, noch die Regel in der erweiterten Konfiguration der Firewall (*Wf.msc*) für Hyper-V-Replica zu aktivieren. Diese hat die Bezeichnung *Hyper-V-Replikat HTTP-Listener*. Es gibt auch einen Listener für HTTPS.
	Bei den Regeln handelt es sich um eingehende Netzwerkregeln, für den ausgehenden Datenverkehr müssen Sie keine Änderungen vornehmen.

In produktiven Umgebungen sollten Sie die Daten virtueller Server besser SSL-verschlüsselt mit HTTPS übertragen. In diesem Fall muss den entsprechenden Hyper-V-Hosts ein Zertifikat von einer Zertifizierungsstelle, am besten auf Basis der Active Directory-Zertifikatsdienste zugewiesen sein. Dazu verwenden Sie ein Zertifikat, das Clients und Server authentifizieren kann und dem Namen des Hyper-V-Hosts entspricht.

Tipp	Wollen Sie Hyper-V-Replica mit HTTP nutzen, aktivieren Sie die entsprechende Firewallregel auch mit
	Enable-NetFirewallRule -DisplayName "Hyper-V Replica HTTP Listener (TCP-In)"
	in der PowerShell. Bei der Kerberos-Authentifizierung werden die replizierten Daten nicht verschlüsselt. Nur bei der zertifikatbasierten Authentifizierung werden die replizierten Daten während der Übertragung verschlüsselt. Wollen Sie HTTPS verwenden, schalten Sie auch diese Regeln frei.

Hyper-V-Replikation mit SSL konfigurieren

Im nächsten Abschnitt gehen wir darauf ein, wie Sie die Hyper-V-Replikation mit SSL übertragen und dadurch für mehr Sicherheit sorgen. Sie benötigen dazu entweder eine interne Zertifizierungsstelle oder Sie arbeiten mit einem selbst signierten Zertifikat. Wir zeigen Ihnen nachfolgend beide Wege.

Zertifikate für Hyper-V-Replikation aufrufen

In der lokalen Verwaltung von Zertifikaten können Sie in Active Directory Zertifikate auf einem Server installieren. Diese Zertifikate verwenden Sie dann für Hyper-V-Replica. Dazu gehen Sie folgendermaßen vor:

1. Starten Sie durch Eingabe von »certlm.msc« die Verwaltung der lokalen Zertifikate.
2. Klicken Sie mit der rechten Maustaste auf *Eigene Zertifikate* und wählen Sie *Alle Aufgaben/Neues Zertifikat anfordern*.
3. Bestätigen Sie die Option *Active Directory-Registrierungsrichtlinie*.
4. Aktivieren Sie auf der nächsten Seite die Option *Computer* und klicken Sie auf *Registrieren*. Das Zertifikat erscheint anschließend in der Konsole und lässt sich nutzen.
5. Sobald Sie diese Vorgänge abgeschlossen haben, ist das Zertifikat in Hyper-V verfügbar.

Rufen Sie im lokalen Zertifikatsspeicher des Servers (*certlm.msc*) die eigenen Zertifikate auf und lassen Sie sich die Eigenschaften anzeigen. Sie sehen bei der erweiterten Verwendung des Schlüssels die Möglichkeiten zur Client- und Serverauthentifizierung.

Mit selbst signierten Zertifikaten arbeiten

Alternativ haben Sie die Möglichkeit, mit selbst signierten Zertifikaten auf den beiden Hyper-V-Hosts zu arbeiten. Dazu verwenden Sie zum Beispiel die PowerShell und den folgenden Befehl:

New-SelfSignedCertificate -CertStoreLocation cert:\localmachine\my -DnsName <FQDN des Servers>

In produktiven Umgebungen ist das aber nicht empfohlen. Achten Sie darauf, dass die erstellten Zertifizierungsstellen auf den beiden Servern, mit denen Sie die selbst signierten Zertifikate erstellt haben, als vertrauenswürdig angezeigt werden. Sie sehen die Zertifikate im Zertifikatspeicher des Servers. Diesen rufen Sie über *Certlm.msc* auf.

Wollen Sie Hyper-V-Replica im Cluster nutzen, müssen Sie einen Hyper-V Replica Broker im Cluster-Manager von Windows Server 2016 erstellen. Dabei gehen Sie genauso wie bei jeder anderen Clusterressource vor. Zuvor sollten Sie aber ein neues Computerkonto im Snap-In *Active Directory-Benutzer und -Computer* erstellen. Rufen Sie die Registerkarte *Sicherheit* des neuen Objekts auf und ermöglichen Sie dem Computerkonto des Clusters den Vollzugriff auf das neue Konto.

Hyper-V-Replica mit SSL konfigurieren

Um SSL zu nutzen, rufen Sie auf beiden Hyper-V-Servern die Hyper-V-Einstellungen auf und klicken auf *Replikationskonfiguration*. Aktivieren Sie die Option *Zertifikatbasierte Authentifizierung verwenden (HHTPS)* und wählen Sie das Zertifikat aus, das Sie für die Übertragung verwenden wollen. Diese Einstellungen müssen Sie auf allen beteiligten Servern vornehmen. Richten Sie danach die Replikation ein, wie auf den folgenden Seiten erläutert.

Virtuelle Server zwischen Hyper-V-Hosts replizieren

Haben Sie die Konfiguration nicht vor Aktivierung der Replikation auf den Hosts vorgenommen, erkennt das der Replikations-Assistent und schlägt die Konfiguration des Zielservers während der Replikation vor. Diese Konfiguration ist dann auch über das Netzwerk möglich. Es ist allerdings empfehlenswert, diese Konfiguration vor der Einrichtung der Replikation von virtuellen Servern vorzunehmen.

Um einen virtuellen Server zwischen Hyper-V-Hosts mit Windows Server 2016 oder Hyper-V Server 2016 zu replizieren, klicken Sie nach der Konfiguration der Hosts mit der rechten Maustaste auf den entsprechenden virtuellen Server und wählen *Replikation aktivieren*. Es startet ein Assistent, in dem Sie detailliert festlegen, wie Sie den ausgewählten Server vom Quellserver auf den Zielserver replizieren. Der virtuelle Server auf dem Quellserver bleibt dabei verfügbar und wird nicht beeinträchtigt.

Hyper-V-Replikation in der Praxis

Abbildung 9.2: Starten der Replikation von virtuellen Servern

Im Assistenten legen Sie danach die Zielserver und anschließend den Authentifizierungstyp fest. Für Testumgebungen verwenden Sie die Kerberos-HTTP-Übertragung, für produktive Umgebungen ist die zertifikatbasierte Authentifizierung per HTTPS besser geeignet. Welche Authentifizierung der Zielserver akzeptiert, bestimmen Sie auf dem Zielserver in den Hyper-V-Einstellungen über *Replikationskonfiguration*.

Abbildung 9.3: Festlegen der Verbindungsparameter zur Replikation

Wenn Sie auf dem Server ein Zertifikat installiert und in den Hyper-V-Einstellungen das Zertifikat hinterlegt sowie die zertifikatbasierte Authentifizierung aktiviert haben, können Sie für die Verbindung auch diesen Authentifizierungstyp wählen.

Kapitel 9: Hyper-V – Hochverfügbarkeit

Außerdem steuern Sie im Assistenten, welche virtuellen Festplatten Sie replizieren wollen und in welchem Intervall die Replikation durchgeführt werden soll, nachdem Sie diese eingerichtet haben.

Im Assistenten können Sie außerdem die Prüfpunkte des Servers übertragen. Außerdem bestimmen Sie, ob Sie die erste Replikation über ein Speichermedium wie eine externe Festplatte oder direkt über das Netzwerk durchführen wollen. Auch einen Zeitplan legen Sie an dieser Stelle fest.

> **Hinweis** Damit die Replikation funktioniert, müssen Sie auf dem Zielserver in den erweiterten Einstellungen der Windows-Firewall (*Wf.msc*) die Regeln für den HTTP-Listener oder den HTTPS-Listener aktivieren, je nachdem, welchen Datenverkehr Sie verwenden wollen. Die Regeln sind bereits angelegt, aber noch nicht aktiviert.

Abbildung 9.4: Festlegen des Zeitplans der Replikation

Nachdem Sie die Replikation durchgeführt haben, befindet sich der virtuelle Server auf den Zielservern, ist aber ausgeschaltet. Über das Kontextmenü des virtuellen Servers auf dem Quellserver können Sie über *Replikation* das Replikationsverhalten anpassen und den Status abrufen. Die Replikation können Sie außerdem zwischen verschiedenen Editionen von Windows Server 2016 durchführen und auch Hyper-V Server 2016 als Quell- und Zielserver nutzen. Am besten funktioniert die Replikation, wenn Sie eine Active Directory-Gesamtstruktur zur Authentifizierung nutzen.

Über das Kontextmenü des replizierten virtuellen Servers auf dem Zielserver und der Auswahl von *Replikation* können Sie auch einen Failover durchführen. In diesem Fall kann der virtuelle Server auf einem der Zielserver (Replikat) die Aufgaben des virtuellen Servers auf dem Quellserver (Original) übernehmen. Die Replikation können Sie jederzeit beenden. Bei jeder erneuten Replikation legt Hyper-V auf dem Zielserver einen Prüfpunkt des virtuellen Servers an.

Hyper-V-Replikation in der Praxis

Abbildung 9.5: Erfolgreiche Replikation

Abbildung 9.6: Verwalten der Replikation

Sie können alle Einstellungen für Hyper-V-Replica in den Einstellungen der einzelnen virtuellen Server anpassen. Sie können auch festlegen, wann die Replikation stattfinden soll oder ob Sie die Replikation manuell durchführen wollen. In den Einstellungen können Sie gleichfalls festlegen, welche virtuellen Festplatten Sie replizieren wollen.

Tipp Mit dem Cmdlet *Measure-VMReplication* lassen Sie sich den Status der Replikate auf den einzelnen Hyper-V-Hosts anzeigen.

Failover mit Hyper-V-Replica durchführen

Der Vorteil von Hyper-V-Replica ist, dass Sie bei Ausfall eines Servers einen Failover durchführen können. Dazu klicken Sie den entsprechenden virtuellen Server, den Sie repliziert haben, im Hyper-V-Manager des Zielservers an und wählen im Kontextmenü den Eintrag *Replikation/Failover*.

Sie können einen Failover auch mit der Quell-VM starten, zum Beispiel vor der geplanten Wartung eines Hosts. In diesem Fall wählen Sie aus dem Kontextmenü die Option *Replikation/Geplantes Failover* aus. Bei diesem Vorgang kann der Quellserver alle Daten noch einmal zum Zielserver replizieren.

Zusätzlich können Sie auf dem Zielserver auch einen Testfailover durchführen. Dabei findet kein echter Failover statt, sondern der Assistent überprüft lediglich eine mögliche Übernahme der VM auf dem Zielserver.

Abbildung 9.7: Replikation verwalten und Failover starten

Anschließend wählen Sie aus, zu welchem Wiederherstellungspunkt Sie den Failover durchführen wollen, und können nun den Failover starten. Dies funktioniert allerdings nur, wenn der Quell-VM ausgeschaltet ist. Während des Failovers startet der Assistent den replizierten Server, der im Netzwerk dann zur Verfügung steht, genau wie die Quell-VM.

Auch wenn Sie einen geplanten Failover durchführen, müssen Quell-VM und Ziel-VM ausgeschaltet sein. Der Vorteil bei einem geplanten Failover vom Quell-Hyper-V-Host aus ist, dass Hyper-V noch nicht replizierte Änderungen an den Zielserver senden kann, sodass dieser über den neuesten Stand verfügt. Haben Sie einen geplanten Failover durchgeführt, ist der alte Quell-VM später die neue Ziel-VM und die alte Ziel-VM die neue Quell-VM für die Replikation. Das heißt, Sie können diesen Vorgang auch wieder umkehren.

Livemigration ohne Cluster

Neben Hyper-V-Replica können Sie virtuelle Server mit der neuen Livemigration auf einen anderen Hyper-V-Host verschieben, auch wenn dieser nicht Bestandteil eines Clusters ist. Bei diesem Vorgang kann die entsprechende virtuelle Maschine gestartet sein, genauso wie in einem Cluster. Sie müssen für die Livemigration auf beiden Servern den gleichen Prozessortyp einsetzen. Ansonsten bricht der Vorgang mit einem Fehler ab. In diesem Fall nutzen Sie Hyper-V-Replica. Diese Funktion benötigt keine identischen Prozessoren.

Damit Sie die Livemigration ohne Cluster nutzen können, müssen die entsprechenden Hyper-V-Hosts Mitglied der gleichen Active Directory-Domäne sein. Das Verschieben von virtuellen Servern mit der Hyper-V-Rolle muss ein Domänenadministrator durchführen. Außerdem muss das Konto Mitglied der lokalen Administratorgruppe auf beiden Hyper-V-Hosts sein. Damit Sie zwischen Hyper-V-Hosts ohne Cluster Livemigrationen durchführen können, müssen Sie für die entsprechenden Computerkonten in Active Directory Einstellungen bezüglich der Kerberos-Authentifizierung vornehmen.

Rufen Sie dazu in *Active Directory-Benutzer und -Computer* jeweils die Eigenschaften der beiden Computer auf und wechseln Sie zur Registerkarte *Delegierung*. Aktivieren Sie die Option *Computer bei Delegierungen angegebener Dienste vertrauen* und die Option *Nur Kerberos verwenden*. Klicken Sie anschließend auf *Hinzufügen* und wählen Sie den Server und die Dienste aus, die für das entsprechende Computerkonto Berechtigungen haben sollen. Für die Livemigration wählen Sie dazu den Server und die Dienste *Cifs* und *Microsoft Virtual System Migration Service* sowie *Microsoft Virtual Control Service* aus. Nehmen Sie diese Einstellung auf allen Hyper-V-Hosts vor, die virtuelle Maschinen austauschen sollen. Daneben können Sie hier virtuelle Server zwischen verschiedenen Editionen von Windows Server 2016 auswählen und auch auf Hyper-V Server 2016 setzen.

Im nächsten Schritt müssen Sie auf beiden Hyper-V-Hosts in den *Hyper-V-Einstellungen* im Hyper-V-Manager die Livemigration aktivieren. Sie finden diese Einstellung im Bereich *Livemigrationen*. Aktivieren Sie zunächst die Option *Ein- und ausgehende Livemigration ermöglichen* und danach bei Authentifizierungsprotokoll die Option *Kerberos verwenden*.

Legen Sie fest, wie viele Livemigrationen gleichzeitig auf dem Server erlaubt sein sollen. Der Standardwert in diesem Bereich ist 2. Aktivieren Sie dann bei *Eingehende Livemigrationen* entweder *Beliebiges verfügbares Netzwerk für die Livemigration verwenden* oder hinterlegen Sie manuell IP-Adressen.

Kapitel 9: Hyper-V – Hochverfügbarkeit

Abbildung 9.8: Konfigurieren von Livemigration in Hyper-V

Wie die meisten Einstellungen in Windows Server 2016 können Sie auch diese Einstellung in der PowerShell vornehmen. Dazu verwenden Sie der Reihe nach die folgenden Cmdlets:

Enable-VMMigration

Set-VMMigrationNetwork <IP-Adresse>

Set-VMHost -VirtualMachineMigrationAuthenticationType Kerberos

Anschließend können Sie virtuelle Server verschieben. Klicken Sie mit der rechten Maustaste auf den virtuellen Server, den Sie zwischen Hyper-V-Hosts verschieben wollen, und wählen Sie aus dem Kontextmenü die Option *Verschieben*. Anschließend wählen Sie auf der Seite *Verschiebungstyp auswählen* die Option *Virtuellen Computer verschieben*. Danach wählen Sie den Zielcomputer aus, auf den Sie den entsprechenden Computer verschieben wollen. Sie können neben kompletten virtuellen Servern ferner nur die virtuellen Festplatten verschieben. Auch den Speicherort der Daten legen Sie im Assistenten fest.

Im nächsten Fenster können Sie die Livemigration noch genauer spezifizieren. Sie haben die Möglichkeit, verschiedene Daten des virtuellen Servers in unterschiedliche Ordner zu verschieben oder alle Daten des Servers, inklusive der virtuellen Festplatten, in einen gemeinsamen Ordner. Liegt die virtuelle Festplatte eines virtuellen Servers auf einer Freigabe, können Sie auch nur die Konfigurationsdateien zwischen den Hyper-V-Hosts verschieben.

Haben Sie die Option zum Verschieben ausgewählt, verbindet sich der Assistent mit dem Remoteserver über den Remotedateibrowser und Sie können den lokalen Ordner auswählen, in den Hyper-V die virtuellen Festplatten und Konfigurationsdaten des virtuellen Servers verschieben soll. Als Letztes erhalten Sie noch eine Zusammenfassung angezeigt und starten das Verschieben mit *Fertig stellen*.

Livemigration ohne Cluster

Abbildung 9.9: Verschieben einer VM auf einen anderen Server

Diesen Vorgang können Sie ebenfalls skripten. Öffnen Sie dazu auf dem Quellserver eine PowerShell-Sitzung und geben Sie den folgenden Befehl ein:

Move-VM <Virtueller Server> <Zielserver> -IncludeStorage -DestinationStoragePath <Lokaler Pfad auf dem Zielserver>

Damit die Übertragung funktioniert, müssen die Prozessoren der Hyper-V-Hosts kompatibel miteinander sein. Ist das nicht der Fall, erhalten Sie eine Fehlermeldung angezeigt und können den Server nicht im laufenden Betrieb übertragen. Sie können in diesem Fall aber den virtuellen Server herunterfahren und den Vorgang erneut starten.

Ist der Name des virtuellen Switchs auf dem Zielserver nicht mit dem Quellserver identisch, erhalten Sie eine Fehlermeldung angezeigt und können den neuen virtuellen Switch auf dem Zielserver auswählen, damit dem virtuellen Server auch auf dem neuen Host eine Netzwerkverbindung zur Verfügung steht.

Abbildung 9.10: Einen virtuellen Server verschieben

Hyper-V im Cluster: Livemigration in der Praxis

Sie können in Windows Server 2016 Hyper-V im Cluster und virtuelle Server als Clusterressourcen betreiben. Unternehmen, die Server mit Hyper-V virtualisieren und eine Hochverfügbarkeit erreichen wollen, setzen auf die Livemigration im Cluster.

Betreiben Sie Hyper-V in einem Cluster, können Sie sicherstellen, dass beim Ausfall eines physischen Hosts alle virtuellen Server durch einen weiteren Host automatisch übernommen werden. Dazu betreiben Sie die virtuellen Server als Clusterressourcen. In Kapitel 34 gehen wir ebenfalls auf die Möglichkeiten von Clustern mit Windows Server 2016 ein. Außerdem erfahren Sie in Kapitel 34, wie Sie die neuen Storage Spaces Direct einrichten, um VMs im Cluster zentral zu speichern.

Hinweis	Sollen VMs auf zwei Clusterknoten verteilt werden, kann nur 50 % der Leistung eines Hosts für dessen VMs beansprucht werden. Die anderen 50 % dienen als Leistungsreserve für die VMs des anderen Knotens, wenn dieser aktualisiert werden soll oder ausfällt. Generell ist es hier sehr empfehlenswert, auf identische Hardware zu setzen. Nur dadurch lassen sich alle Funktionen von Hyper-V bezüglich der Replikation oder Migration von VMs effizient nutzen und virtuelle Server fehlerfrei übertragen.
	Durch den Betrieb von drei Knoten in einem Cluster, bei drei identisch gewählten Servern, können die beiden anderen Knoten den Ausfall eines Knotens verkraften. In diesem Fall kann die Leistung der Knoten im Cluster mit 66 % den Ressourcen zur Verfügung gestellt werden, zum Beispiel virtuellen Servern. Die restlichen 34 % dienen dem Ausfallschutz, wenn einer der Knoten ausfällt. Insgesamt lassen sich bis zu 64 Knoten in einem Cluster zusammenfassen. Nachdem die benötigte Leistung gemessen ist, sollte dieser Sachverhalt in die Planung der Knoten mit einfließen.

Clusterknoten vorbereiten

Legen Sie einen Namen für den Cluster fest. Beim Anlegen eines neuen Clusters müssen Sie seinen Namen eingeben. Über diesen Namen erfolgt der Verbindungsaufbau der verschiedenen Verwaltungswerkzeuge und der Namensauflösung.

Jeder Knoten des Clusters erhält ein Computerkonto in derselben Domäne. Daher benötigt jeder physische Knoten einen entsprechenden Rechnernamen. Sie benötigen für den Cluster mehrere IP-Adressen. Jeder physische Knoten benötigt je eine IP-Adresse, der Cluster als Ganzes erhält eine IP-Adresse, jeder virtuelle Server und die Netzwerkkarten für die private Kommunikation des Clusters erhalten je eine IP-Adresse in einem getrennten Subnetz (wichtig!).

Auf den Clusterknoten installieren Sie zunächst Windows Server 2016 und nehmen sie in die Domäne auf. Alle Clusterknoten sollten sich in der gleichen Active Directory-Domäne befinden.

Haben Sie das Betriebssystem auf dem Server installiert und die iSCSI-Laufwerke verbunden, nehmen Sie die IP-Einstellungen für die Knoten vor. Eine Netzwerkkarte dient dabei zur Kommunikation der Server mit dem Netzwerk. Die andere Netzwerkkarte dient zur Kommunikation (dem Heartbeat) der Knoten untereinander. Benennen Sie nach der Konfiguration der Netzwerkkarte die Verbindungen am besten um, zum Beispiel in *private* und *public*.

Setzen Sie Hyper-V im Cluster ein, müssen Sie bei der Datensicherung und der Erstellung von Prüfpunkten einige wichtige Punkte beachten. Sie sollten es möglichst vermeiden, Prüfpunkte von laufenden virtuellen Maschinen in Clustern zu erstellen. Setzen Sie einen solchen Prüfpunkt zurück, setzt dieser nicht nur den Inhalt der virtuellen Festplatte zurück, sondern auch den des Arbeitsspeichers der VM.

Dieser Umstand macht vor allem im Zusammenhang mit der Livemigration Probleme. Wenn Sie also Prüfpunkte von VMs in einem Cluster durchführen wollen, fahren Sie die VM herunter. Auch wenn Sie einen Prüfpunkt auf eine VM anwenden wollen, sollten Sie die Maschine vorher herunterfahren.

Grundlage für Livemigration mit Hyper-V oder dem generellen Betrieb von Hyper-V im Cluster ist zunächst ein normaler Cluster mit Windows Server 2016. Jeder Knoten des Clusters erhält ein Computerkonto in derselben Domäne in Active Directory. Jeder physische Knoten benötigt eine IP-Adresse, der Cluster erhält eine IP-Adresse, jeder virtuelle Server und die Netzwerkkarten für die private Kommunikation des Clusters erhalten eine IP-Adresse in einem getrennten Subnetz.

Cluster mit Windows Server 2016 installieren

Um Hyper-V in einem Cluster zu betreiben, installieren Sie zunächst einen herkömmlichen Cluster mit Windows Server 2016. Das funktioniert jetzt auch mit der Standard-Edition oder mit der kostenlosen Serverversion Hyper-V Server 2016 (siehe Kapitel 2). Bevor Sie Knoten in einen Cluster aufnehmen, sollten Sie aber Hyper-V auf den Knoten installieren.

Die Dateien der virtuellen Server sind auf dem gemeinsamen Datenträger des Clusters oder auf einem Storage Space Direct (siehe Kapitel 34) gespeichert. Fällt der aktive Knoten aus, kann ein anderer Knoten die virtuellen Server übernehmen. Auf dem gemeinsamen Datenträger sind auch die virtuellen Festplatten der virtuellen Server gespeichert. Dabei kann es sich um einen herkömmlichen gemeinsamen Datenträger oder eine Storage Spaces Direct-Infrastruktur (siehe Kapitel 34) handeln.

Hinweis Setzen Sie in den Einstellungen der Netzwerkverbindung auf der Registerkarte *WINS* in den erweiterten Einstellungen für IPv4 die Option *NetBIOS über TCP/IP deaktivieren*, da NetBIOS die interne Kommunikation eines Clusters stören kann.

In den erweiterten Eigenschaften der Windows-Firewall sollten Sie auf der Registerkarte *Erweitert* die Firewall für das private Clusternetz und für das Netzwerk zum Datenspeicher deaktivieren. Das Clustering installieren Sie auch in Windows Server 2016 als Feature über den Server-Manager. Während der Installation nehmen Sie keine Einstellungen vor. Achten Sie darauf, dass die gemeinsamen Datenträger auf allen Knoten verbunden und mit dem gleichen Laufwerkbuchstaben versehen sind. Sie können hier außerdem iSCSI-Ziele verwenden, wie in Kapitel 5 beschrieben. Sie müssen für die Erstellung eines Clusters aber keinen gemeinsamen Datenträger konfiguriert haben. Sie können den gemeinsamen Clusterspeicher auch problemlos nachträglich konfigurieren, zum Beispiel über Storage Spaces Direct.

Um die notwendigen Features für einen Hyper-V-Cluster zu installieren, können Sie ebenfalls die PowerShell verwenden. Verwenden Sie dazu die folgenden Cmdlets:

Install-WindowsFeature Hyper-V

Kapitel 9: Hyper-V – Hochverfügbarkeit

Install-WindowsFeature Failover-Clustering

Install-WindowsFeature Multipath-IO

Mehr zu diesem Thema erfahren Sie zudem in Kapitel 34.

Starten Sie dann auf dem ersten Knoten den Failovercluster-Manager durch Eingabe von »cluster« im Suchfeld des Startmenüs. Klicken Sie auf den Link *Konfiguration überprüfen*. Sie wählen im Fenster zunächst die potenziellen Clusterknoten aus und legen fest, welche Tests das Tool durchführen soll. Nachdem Sie einen Cluster erstellt haben, können Sie mit *Cluster überprüfen* die gleichen Tests durchführen. Die Tests können Sie jederzeit wiederholen.

Abbildung 9.11: Server für die Clusterinstallation testen

Nachdem der Assistent alle wichtigen Punkte erfolgreich getestet hat, erstellen Sie den Cluster. Sie können auch in der PowerShell einen Cluster erstellen. Die Syntax dazu lautet:

New-Cluster -Name <Clustername> -StaticAddress <IP-Adresse des Clusters> -Node <Knoten 1>, <Knoten 2>

Beim Erstellen des Clusters geben Sie zunächst den Namen sowie dessen IP-Adresse ein. Der Name des Clusters wird zur Verwaltung genutzt, und mit der IP-Adresse greifen Sie auf den Cluster zu.

Cluster Shared Volumes aktivieren

Ein wichtiger Punkt für die Livemigration sind die Cluster Shared Volumes (CSV). Diese ermöglichen es, dass mehrere Server in einem gemeinsamen Datenträger gleichzeitig auf einen gemeinsamen Datenträger zugreifen können. Das hat folgenden Hintergrund: Neben einem automatischen Failover lassen sich virtuelle Server auch manuell übertragen, auch Livemigration genannt. Der Start einer Livemigration kann entweder über die Clusterkonsole erfolgen, per Skript (auch PowerShell) oder über den System Center Virtual Machine Manager (SCVMM).

Hyper-V im Cluster: Livemigration in der Praxis

Die Livemigration setzt voraus, dass der Clusterknoten, der die VM hostet, noch läuft. Die Livemigration liest den Arbeitsspeicher des virtuellen Servers aus und überträgt ihn zum Zielserver. Alle Systeme, die mit Hyper-V laufen, lassen sich mit der Livemigration absichern. Das heißt, auch Linux- oder ältere Windows-Server lassen sich mit Livemigration im Cluster absichern.

Um Hyper-V mit Livemigration in einem Cluster zu betreiben, aktivieren Sie die Cluster Shared Volumes für den Cluster, nachdem Sie diesen erstellt haben. Windows legt dann auf der Betriebssystempartition im Ordner *ClusterStorage* Daten ab. Diese liegen aber nicht tatsächlich auf der Festplatte *C:* des Knotens, sondern auf dem gemeinsamen Datenträger, dessen Abruf auf den Ordner *C:\ClusterStorage* umgeleitet ist. Erstellen Sie einen Storage Space Direct, wie in Kapitel 34 behandelt, können Sie auf Basis dieses Storage Space Direct neue virtuelle Festplatten und schließlich neue Volumes erstellen. Diese können Sie über ihr Kontextmenü dem Cluster Shared Volume (CSV) hinzufügen.

Die *.vhd(x)*-Dateien der VMs liegen in diesem Ordner und sind daher von allen Knoten gleichzeitig zugreifbar. Fällt eine Netzwerkverbindung zum SAN von einem Knoten aus, verwendet der Knoten alternative Strecken über andere Knoten. Die virtuellen Maschinen, deren Dateien im CSV liegen, laufen uneingeschränkt weiter. Um CSV für einen Cluster zu aktivieren, gehen Sie folgendermaßen vor:

1. Starten Sie den Failovercluster-Manager.
2. Klicken Sie mit der rechten Maustaste im Bereich *Speicher/Datenträger* auf den Datenträger, den Sie für Hyper-V nutzen wollen, und wählen Sie *Zu freigegebenen Clustervolumes hinzufügen*.

Cluster in Windows Server 2016 beherrschen Dynamic I/O. Wenn die Datenverbindung eines Knotens ausfällt, kann der Cluster den Datenverkehr, der für die Kommunikation zu den virtuellen Computern im SAN notwendig ist, automatisch über die Leitungen des zweiten Knotens routen, ohne dazu einen Failover durchführen zu müssen. Sie können einen Cluster so konfigurieren, dass die Clusterknoten den Netzwerkverkehr zwischen den Knoten und zu den CSV priorisieren.

Danach können Sie virtuelle Server in der Clusterverwaltung oder im System Center Virtual Machine Manager erstellen:

1. Um eine virtuelle Maschine in einem Cluster zu erstellen, verwenden Sie den Failovercluster-Manager. Klicken Sie mit der rechten Maustaste auf *Rollen/Virtueller Computer/Neuer virtueller Computer* und starten Sie den Assistenten.
2. Wählen Sie den Clusterknoten aus, auf dem Sie diesen Server zunächst bereitstellen wollen.
3. Schließen Sie die Erstellung des virtuellen Servers ab. Der Assistent konfiguriert ihn automatisch für den Cluster. Die Konfiguration entspricht der Einrichtung von virtuellen Servern mit dem Hyper-V-Manager (siehe Kapitel 7).
4. Klicken Sie mit der rechten Maustaste auf den virtuellen Computer, sehen Sie, dass im Failovercluster-Manager auch die Steuerung der virtuellen Maschinen hinterlegt ist. Sie können über diesen Weg den virtuellen Server komplett verwalten. Wählen Sie *Virtuelle Computer starten* aus. Dadurch wird die Ressource online geschaltet und die virtuelle Maschine startet. Über das Kontextmenü können Sie sich jetzt mit dem virtuellen Computer verbinden und das Betriebssystem installieren.

Kapitel 9: Hyper-V – Hochverfügbarkeit

Abbildung 9.12: Dynamic I/O in einem Hyper-V-Cluster

Standardmäßig kann die Livemigration nach der Installation eines Clusters und der Integration von virtuellen Computern verwendet werden. Wollen Sie eine Livemigration durchführen, klicken Sie mit der rechten Maustaste auf den virtuellen Computer, rufen im Kontextmenü den Eintrag *Verschieben/Livemigration* auf und wählen den Knoten aus. Zuvor müssen Sie aber die Livemigration auf den entsprechenden Hyper-V-Hosts in den Hyper-V-Einstellungen konfigurieren. Dabei gehen Sie genauso vor wie bei der Konfiguration von Livemigration ohne Cluster.

Hyper-V im Cluster: Livemigration in der Praxis

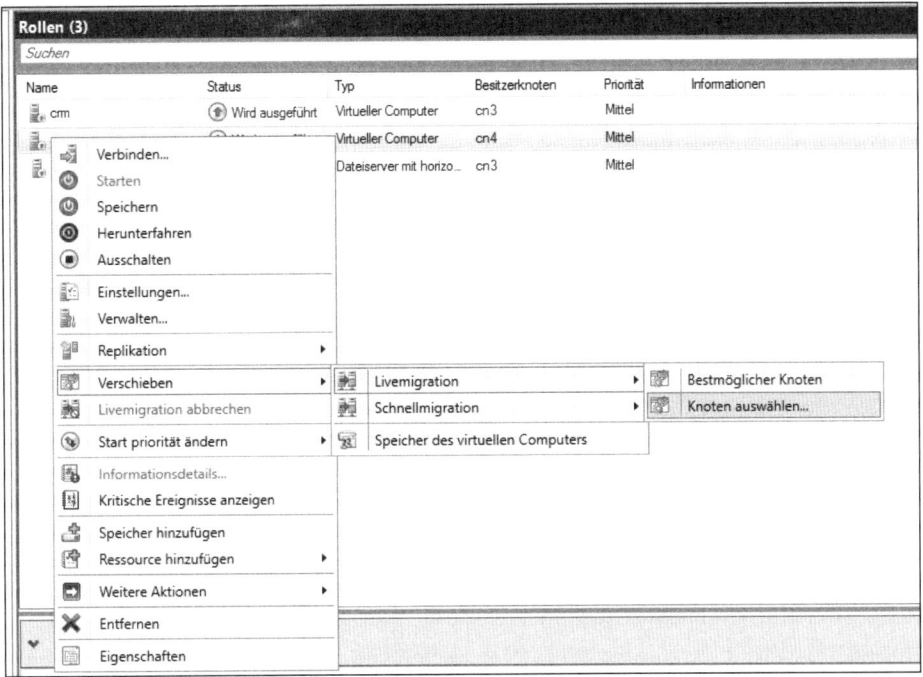

Abbildung 9.13: Starten der Livemigration in Hyper-V

Während der gesamten folgenden Aktion läuft die VM uneingeschränkt weiter und Anwender können ungestört mit dem virtuellen Server arbeiten. Der Ablauf dabei ist folgender:

1. Beim Start baut der Quellserver eine Verbindung zum Zielserver auf, der die virtuelle Maschine in Echtzeit erhalten soll.
2. Anschließend überträgt der Quellserver die Konfiguration der VM auf den Zielserver.
3. Der Zielserver erstellt auf Basis dieser leeren Konfiguration eine neue VM, die der zu verschiebenden VM entspricht.
4. Anschließend überträgt der Quellserver die einzelnen Seiten des Arbeitsspeichers zur Ziel-VM in einer Standardgröße von etwa 4 Kbyte. In diesem Schritt zeigt sich die Geschwindigkeit des Netzwerks. Je schneller das Netzwerk, umso schneller wird der Inhalt des Arbeitsspeichers übertragen.
5. Als Nächstes übernimmt der Zielserver die virtuellen Festplatten des Quellservers für die zu übertragende virtuelle Maschine.
6. Anschließend setzt der Zielserver die virtuelle Maschine online.
7. Als Nächstes wird der virtuelle Hyper-V-Switch informiert, dass der Netzwerkverkehr jetzt zur MAC-Adresse des Zielservers gesendet werden soll.

Die Leistung der Netzwerkkarte spielt dabei ebenfalls eine besondere Rolle. Aus diesem Grund spielen hier dedizierte Karten eine besondere Rolle. Der Unterschied zur Schnellmigration ist, dass die Maschinen während der Übertragung durch Livemigration aktiv bleiben und der Arbeitsspeicherinhalt zwischen den Servern übertragen wird. Bei der Schnellmigration deaktiviert Hyper-V die Maschinen zunächst. Windows Server 2016 beherrscht neben der Livemigration auch weiterhin die Schnellmigration (*Verschieben/ Schnellmigration*).

Sie können einen Cluster mit Windows Server 2016 so konfigurieren, dass die Clusterknoten den Netzwerkverkehr zwischen den Knoten und zu den gemeinsamen Datenträgern priorisieren. Für einen schnellen Überblick, welche Netzwerkeinstellungen der Cluster zur Kommunikation mit dem Cluster Shared Volume (CSV) nutzt, starten Sie eine PowerShell-Sitzung auf dem Server und rufen das Cmdlet *Get-ClusterNetwork* auf.

> **Tipp** Sie können über das Kontextmenü von geclusterten virtuellen Servern eine Replikation starten, genauso wie bei normalen Hyper-V-Hosts.

Virtuelle Server im Cluster verwalten

Die virtuellen Server, die Sie im Cluster erstellen, müssen Sie in der Failovercluster-Verwaltung steuern. Klicken Sie auf einen virtuellen Server, stehen im Aktionsbereich die verschiedenen Funktionen zur Verfügung. Diese erhalten Sie auch über das Kontextmenü des virtuellen Servers. Neu ist zum Beispiel der Bereich *Startpriorität ändern*. So können Sie festlegen, wann bestimmte virtuelle Server starten sollen.

Ebenfalls neu ist die Möglichkeit, die Überwachung für virtuelle Server im Cluster festzulegen. Sie finden diese Einstellung über *Weitere Aktionen/Überwachung konfigurieren*. Anschließend wählen Sie die Dienste aus, die der Cluster überwachen soll. Fällt in der VM einer der ausgewählten Dienste aus, kann der Cluster die VM neu starten oder auf einen anderen Knoten verschieben. Damit Sie diese Funktion nutzen können, müssen Sie in der Windows-Firewall allerdings die Überwachung in der Firewall zulassen:

1. Starten Sie die Systemsteuerung und navigieren Sie zu *System und Sicherheit/Windows-Firewall*.
2. Klicken Sie auf *Eine App oder ein Feature durch die Windows-Firewall zulassen*.
3. Aktivieren Sie das Feature *Überwachung für virtuelle Computer* und lassen Sie es für das Domänennetzwerk zu.

Alternativ aktivieren Sie die Remoteverwaltung mit der PowerShell, indem Sie *Enable-PSRemoting* eingeben und die Regeln aktivieren lassen. Anschließend können Sie vom Hyper-V-Host aus mit der PowerShell eine Verbindung mit der VM aufbauen und die Überwachung aktivieren. Das ist zum Beispiel bei Core-Servern sinnvoll.

MAC-Adressen im Cluster konfigurieren

Wichtig sind die Einstellungen für virtuelle MAC-Adressen in den Einstellungen der virtuellen Netzwerkkarten. Hier müssen Sie bezüglich der Livemigration, beim Betrieb von Hyper-V im Cluster und vor allem der Aktivierung des Betriebssystems von virtuellen Servern Einstellungen vornehmen, da Sie ansonsten ständig die Server neu aktivieren müssen. Außerdem spielen diese Einstellungen in NLB-Clustern mit Exchange und für SharePoint eine Rolle.

Verschieben Sie durch die Livemigration einen virtuellen Server mit aktivierten dynamischen MAC-Adressen im Cluster auf einen anderen Host, kann sich dessen MAC-Adresse beim nächsten Start ändern. Jeder Hyper-V-Host verfügt über einen eigenen Pool aus dynamischen MAC-Adressen. Welcher das ist, sehen Sie im Hyper-V-Manager über den Manager für virtuelle Switches.

Sie finden diese Einstellung im Bereich *Netzwerkkarte* der einzelnen virtuellen Server im Hyper-V-Manager. In diesen Einstellungen können Sie auch das Spoofing für Netzwerkkarten steuern. Hyper-V kann genau unterscheiden, welche Netzwerkdaten zu den einzelnen Servern gesendet werden sollen, und verwendet dazu die MAC-Adresse des virtuellen Servers. Das heißt, virtuelle Server empfangen nur die Daten, die für ihre MAC-Adresse gedacht sind.

Nacharbeiten: Cluster überprüfen und erste Schritte mit der Clusterverwaltung oder der PowerShell

Die zentrale Verwaltungsstelle eines Clusters ist die Failovercluster-Verwaltung, mit der Sie neue Cluster erstellen, neue Knoten hinzufügen und den Cluster verwalten. Das Befehlszeilentool *Cluster* ermöglicht die Verwaltung von Clustern in der Eingabeaufforderung oder über Skripts.

Eine ausführliche Hilfe über die Optionen erhalten Sie mit dem Befehl *Cluster /?*. Vor allem zur Automatisierung oder für Administratoren, die die Arbeit mit Befehlen in der Eingabeaufforderung bevorzugen, bietet Microsoft neben dem bekannten Befehl *Cluster* mit den verschiedenen Optionen auch das Cmdlet *Get-Cluster*, mit dem Sie in der PowerShell Aufgaben zur Clusterverwaltung durchführen.

Generell bietet das Cmdlet *Get-Cluster* (und weitere Cmdlets) in der PowerShell die gleichen Möglichkeiten wie das Tool *Cluster* in der herkömmlichen Eingabeaufforderung. Damit Sie Failovercluster in der PowerShell verwenden können, müssen Sie nicht mehr das Modul für Failovercluster in der PowerShell laden. Module kann die PowerShell automatisch laden.

Aufgabe	Eingabeaufforderung	PowerShell
Clustereigenschaften anzeigen	Cluster /prop	Get-Cluster
Cluster erstellen	Cluster /create	New-Cluster
Cluster löschen	Cluster /destroy	Remove-Cluster
Clusterknoten hinzufügen	Cluster /add	Add-ClusterNode
Cluster herunterfahren	Cluster /shutdown	Stop-Cluster
Clusterquorum verwalten	Cluster /quorum	Get-ClusterQuorum
		Set-ClusterQuorum
Status von Clusterknoten	Cluster node /status	Get-ClusterNode |fl *
Clusterknoten anhalten	Cluster node /pause	Suspend-ClusterNode
Clusterknoten fortsetzen	Cluster node /resume	Resume-ClusterNode
Clusterknoten starten	Cluster node /start	Start-ClusterNode
Clusterknoten stoppen	Cluster node /stop	Stop-ClusterNode
Clusterknoten entfernen	Cluster node /evict	Remove-ClusterNode

Tabelle 9.1: Clusterverwaltung in der PowerShell und Eingabeaufforderung

Kapitel 9: Hyper-V – Hochverfügbarkeit

Aufgabe	Eingabeaufforderung	PowerShell
Clusterinformationen nach dem Löschen bereinigen	Cluster node /forcecleanup	Clear-ClusterNode
Clustergruppen anzeigen	Cluster group	Get-ClusterGroup
Eigenschaften von Clustergruppen	Cluster group /prop	Get-ClusterGroup |fl *
Erstellen von Clustergruppen	Cluster group <Name> /create	Add-ClusterGroup
		Add-ClusterFileServerRole
		Add-ClusterPrintServerRole
		Add-ClusterVirtualMachineRole
		Hilfe über:
		Get-Help Add-Cluster*role
Clustergruppe löschen	Cluster group <Name> /delete	Remove-ClusterGroup <Name>
Clustergruppe online/offline schalten	Cluster group <Name> /online /offline	Start-ClusterGroup <Name>
		Stop ClusterGroup <Name>
Clustergruppe auf anderen Knoten verschieben	Cluster group <Name> move	Move-ClusterGroup
Clusterressourcen anzeigen	Cluster resource /prop	Get-ClusterResource |fl *
Erstellen/Löschen einer Clusterressource	Cluster resource <Name> /create /delete	Add-ClusterResource
		Remove-ClusterResource
Clusterressource online/offline schalten	Cluster resource <Name> /online /offline	Start-ClusterResource
		Stop-ClusterResource
Clusternetzwerk verwalten	Cluster network /prop	Get-ClusterNetwork

Tabelle 9.1: Clusterverwaltung in der PowerShell und Eingabeaufforderung (Forts.)

Klicken Sie den Namen des Clusters in der grafischen Verwaltungsoberfläche der Clusterverwaltung mit der rechten Maustaste an, können Sie die Eigenschaften des Clusters überprüfen und anpassen. Ebenso bietet das Kontextmenü zahlreiche Verwaltungsmöglichkeiten an.

Auf der Registerkarte *Allgemein* in den Eigenschaften des Clusters können Sie den Name des Clusters anpassen. Über die Registerkarte *Ressourcentypen* definieren Sie, welche Windows-Ressourcen dem Cluster zur Verfügung stehen. Und mit der Registerkarte *Clusterberechtigungen* steuern Sie den administrativen Zugriff der Administratoren auf den Cluster.

Über den Konsoleneintrag *Speicher* in der Clusterverwaltung werden Ihnen die gemeinsamen Datenträger aufgelistet. Hier sehen Sie den derzeitig aktuellen Knoten, der den Cluster aktiv verwaltet. Der zweite Knoten steht offline zur Verfügung. Hierüber fügen Sie auch neue Datenträger dem Cluster hinzu oder schalten vorhandene Ressourcen offline.

In einer Produktivumgebung sollten Sie auf jeden Fall den Konsoleneintrag *Netzwerke* aufrufen. Hier verwalten Sie die öffentlichen und privaten Verbindungen des Clusters. In den Eigenschaften der Verbindungen ist definiert, ob diese den Clients zum Verbindungsaufbau, nur für den Heartbeat oder für beides zur Verfügung stehen. Über die private Verbindung soll der Heartbeat des Clusters laufen. Markieren Sie dazu zunächst die *private-* und dann die *public-*Verbindung, und rufen Sie die Eigenschaften auf.

Achten Sie darauf, dass bei der privaten Verbindung nur die Option *Netzwerkkommunikation für Cluster in diesem Netzwerk zulassen* aktiviert ist. Dadurch ist sichergestellt, dass dem Heartbeat ein privater Kanal im Netzwerk zur Verfügung steht.

Bei den Eigenschaften der *public*-Verbindung sollten Sie die Option *Netzwerkkommunikation für Cluster in diesem Netzwerk zulassen* und die Option *Clients das Herstellen einer Verbindung über dieses Netzwerk gestatten* aktivieren, damit auf jeden Fall sichergestellt ist, dass die Clusterverbindung intern funktioniert, auch wenn eine private Netzwerkkarte ausfällt. Bei einer fast perfekten Ausfallsicherheitskonfiguration verfügt jeder Clusterknoten über mindestens drei Netzwerkkarten. Eine Karte dient der internen Kommunikation, eine ausschließlich der privaten, die dritte dient zur Ausfallsicherheit und ist für den gemischten Modus aktiviert. Nur dadurch erreichen Sie eine optimale Ausfallsicherheit.

Wollen Sie weitere Laufwerke im Cluster zur Verfügung stellen, müssen Sie diese in die Clusterverwaltung integrieren. Zuvor müssen Sie die Laufwerke aber auf allen Knoten verfügbar machen. Bereits integrierte Laufwerke sehen Sie, wenn Sie den Menübefehl *Speicher/Datenträger* aufrufen. Hier zeigt die Failovercluster-Verwaltung alle bereits integrierten Laufwerke und ihren Status an. Wählen Sie nach einem Klick mit der rechten Maustaste den Kontextmenübefehl *Speicher/Datenträger*, können Sie mit *Datenträger hinzufügen* neu installierte Datenträger in den Cluster integrieren.

Zusammenfassung

In diesem Kapitel haben wir Ihnen die Funktionen gezeigt, mit denen Sie Hyper-V hochverfügbar zur Verfügung stellen. Neben der neuen Replikation und der Livemigration ohne Cluster war auch der Betrieb eines Clusters mit Windows Server 2016 Thema dieses Kapitels.

Im nächsten Kapitel erfahren Sie mehr über den Umgang mit Active Directory.

Teil D
Active Directory

Kapitel 10: Active Directory – Grundlagen und erste Schritte 299
Kapitel 11: Active Directory – Installation und Nutzung 325
Kapitel 12: Active Directory – Erweiterung und Absicherung 359
Kapitel 13: Active Directory – Neue Domänen und Domänencontroller 371
Kapitel 14: Active Directory – Replikation 397
Kapitel 15: Active Directory – Fehlerbehebung und Diagnose 413
Kapitel 16: Active Directory – Sicherung, Wiederherstellung und Wartung 437
Kapitel 17: Active Directory – Vertrauensstellungen einrichten 445
Kapitel 18: Benutzer verwalten und Profile zuweisen 453
Kapitel 19: Richtlinien im Windows Server 2016-Netzwerk konfigurieren 481

Kapitel 10
Active Directory – Grundlagen und erste Schritte

In diesem Kapitel:
Active Directory mit Windows Server 2016 installieren und verstehen 303
Active Directory remote mit der PowerShell verwalten 308
Betriebsmasterrollen von Domänencontrollern verwalten 311
Schreibgeschützte Domänencontroller (RODC) einsetzen 321
Zusammenfassung. 323

In diesem Kapitel machen wir Sie mit dem praktischen Einsatz von Active Directory mit Windows Server 2016 vertraut. In den weiteren Kapiteln gehen wir ausführlicher auf die Installation und Verwaltung sowie die Erweiterung von Active Directory ein.

Domänencontroller lassen sich in Windows Server 2016 leicht installieren und verwalten. Den Installations-Assistenten für Active Directory hat Microsoft bereits mit Windows Server 2012 überarbeitet. Das Tool Dcpromo, der Einrichtungs-Assistent in Vorgängerversionen bis hin zu Windows Server 2008 R2, ist nicht mehr vorhanden. Die Verwaltungskonsole *Active Directory-Verwaltungscenter* von Windows Server 2008 R2 ist in Windows Server 2016 weiter verfügbar und bietet wichtige Verwaltungsmöglichkeiten.

Um Active Directory zu installieren, wählen Sie die Serverrolle *Active Directory-Domänendienste* als Serverrolle aus. Nach der Installation der notwendigen Systemdateien lässt sich der Einrichtungs-Assistent über einen Link im letzten Fenster starten. Alternativ starten Sie die Einrichtung über das Benachrichtigungsfenster im Server-Manager. Im Assistenten nehmen Sie ähnliche Eingaben vor wie in Windows Server 2008 R2, allerdings erscheinen weniger Fenster und der Assistent konfiguriert wichtige Einstellungen automatisch im Hintergrund.

Kapitel 10: Active Directory – Grundlagen und erste Schritte

Im letzten Fenster erhalten Sie eine Zusammenfassung und können Active Directory installieren. Der Installations-Assistent zur Integration von Active Directory in Windows Server 2016 wurde von Microsoft grundlegend überarbeitet. Er zeigt weniger Auswahlfenster und erlaubt eine schnellere Installation. Das Tool Dcpromo ist – wie erwähnt – nicht mehr im System integriert. Während der Installation der eigentlichen Serverrolle installieren Sie nur die Active Directory-Systemdateien, Sie nehmen keine Einstellungen vor.

Active Directory mit dem Verwaltungscenter verwalten

Mit dem Active Directory-Verwaltungscenter bietet Microsoft eine zentrale Anlaufstelle für alle Routineaufgaben in Active Directory in einer einzigen Oberfläche. Der Aufbau der Konsole ist stark aufgabenorientiert. Im Gegensatz zu den anderen Verwaltungstools basieren die Aufgaben im Verwaltungscenter auf Befehlen aus der PowerShell.

Abbildung 10.1: Active Directory verwalten Administratoren am einfachsten mit dem Verwaltungscenter.

Die Standard-Verwaltungskonsolen für Active Directory, zum Beispiel *Active Directory-Benutzer und -Computer* sind weiterhin verfügbar. Hier haben sich weder im Vergleich zu Windows Server 2008 R2 noch im Vergleich zu Windows Server 2012/2012 R2 größere Veränderungen ergeben. Das gilt auch für die Snap-Ins *Active Directory-Standorte und -Dienste* und *Active Directory-Domänen und Vertrauensstellungen*.

Das *Active Directory-Verwaltungscenter* bietet nicht alle Möglichkeiten der anderen beschriebenen Snap-Ins, sondern dient vor allem der Abarbeitung von Routineaufgaben wie das Zurücksetzen von Kennwörtern oder das Anlegen von neuen Objekten. Erstellen Sie neue Objekte wie Organisationseinheiten oder Benutzerkonten, zeigt das Center übersichtliche und leicht verständliche Formulare an.

Das Tool verbindet sich über die Active Directory-Webdienste mit Active Directory. Sie starten das Active Directory-Verwaltungscenter entweder über die Programmgruppe *Tools* im Server-Manager oder indem Sie *Dsac* in der PowerShell oder der Eingabeaufforderung eingeben. Auf der linken Seite der Konsole lässt sich durch die Domänen und die Organisationseinheiten navigieren. Im linken oberen Bereich können Sie zwischen einer Baumstruktur wie in *Active Directory-Benutzer und -Computer* und einer Struktur ähnlich wie dem Startmenü wechseln.

Verwenden Sie die Listenansicht (Ändern über die Registerkarten oben links), lässt sich beim Einblenden einer Organisationseinheit (Organizational Unit, OU) deren Inhalt an das Startfenster des Verwaltungscenters anheften, sodass dieser Bereich dauerhaft im Verwaltungscenter erscheint. Über den Menüpunkt *Globale Suche* lässt sich nach Objekten in allen Domänen der Gesamtstruktur suchen, unabhängig von der Domäne, mit der das Verwaltungscenter aktuell verbunden ist.

Direkt auf der Startseite können Sie häufige Aufgaben durchführen, wie das Zurücksetzen eines Benutzerkennworts oder das Durchsuchen von Active Directory. Sie können den Navigationsbereich des Active Directory-Verwaltungscenters jederzeit anpassen, indem Sie verschiedene Container aus jeder beliebigen Domäne als separate Knoten hinzufügen. Die Liste der zuletzt verwendeten Objekte wird automatisch unter einem Navigationsknoten angezeigt.

Hinweis In Windows Server 2016 sind Active Directory-Objekte vor dem versehentlichen Löschen geschützt. Dieser Schutz ist standardmäßig aktiviert. Nachdem Sie über das Menü *Ansicht* in *Active Directory-Benutzer und -Computer* die erweiterte Ansicht aktiviert haben, finden Sie auf der Registerkarte *Objekt* das Kontrollkästchen *Objekt vor zufälligem Löschen schützen* vor.

Diese Option steuert die Berechtigungen auf der Registerkarte *Sicherheit*. Der Gruppe *Jeder* wird der Eintrag *Löschen* verweigert. Dies äußert sich darin, dass ein Administrator vor dem Löschen eines solchen geschützten Objekts zunächst das Kontrollkästchen zu dieser Option deaktivieren muss, bevor er das Objekt löschen kann. Deaktivieren Sie das Kontrollkästchen nicht, erhalten Sie eine Fehlermeldung, dass der Zugriff verweigert wird, wenn Sie das Objekt löschen wollen.

PowerShell und Active Directory

Windows Server 2016 lässt sich auch in der PowerShell verwalten. Dazu hat Microsoft einige neue Cmdlets integriert. Mit dem Cmdlet *Install-ADDSDomainController* installieren Sie in einer bestehenden Domäne zum Beispiel einen neuen Domänencontroller. Mit *Install-ADDSDomain* installieren Sie eine neue Domäne, mit *Install-ADDSForest* eine neue Gesamtstruktur.

Um einen Domänencontroller herabzustufen, verwenden Sie das Cmdlet *Uninstall-ADDS-DomainController*. Die Cmdlets fordern Sie zur Eingabe aller notwendigen Optionen auf und und der Server wird anschließend neu gestartet. Konfigurationen wie DNS-Server und globaler Katalog nehmen Sie anschließend vor. Diese Aufgaben müssen Sie nicht mehr im Assistenten zur Installation durchführen.

Auch neue Cmdlets, um die Installation und Betrieb von Active Directory zu testen, hat Microsoft integriert. Dazu gibt es die neuen Cmdlets *Test-ADDSDomainControllerInstal-*

lation, Test-ADDSDomainControllerUninstallation, Test-ADDSDomainInstallation, Test-ADDSForestInstallation und Test-ADDSReadOnlyDomainControllerunInstallation. Mehr dazu lesen Sie in diesem Kapitel und in Kapitel 11.

Tipp	Um Active Directory-Objekte abzurufen, stellt Microsoft zahlreiche neue Cmdlets zur Verfügung. Eine Liste erhalten Sie über den Befehl *Get-Command Get-Ad**.
	Um neue Objekte zu erstellen, gibt es ebenfalls zahlreiche neue Cmdlets. Die Liste dazu erhalten Sie durch Eingabe von *Get-Command New-Ad**.
	Eine Liste mit Befehlen zum Löschen von Objekten zeigt die PowerShell mit *Get-Command Remove-Ad**.
	Änderungen an Active Directory-Objekten nehmen Sie mit *Set*-Cmdlets vor. Eine Liste erhalten Sie über *Get-Command Set-Ad**.

Zu Active Directory mit Windows Server 2016 migrieren

Wollen Sie Domänencontroller zu Windows Server 2016 aktualisieren, müssen Sie zunächst das Schema der Gesamtstruktur erweitern. Dazu führen Sie den Befehl *Adprep /forestprep* auf einem Domänencontroller aus. Sie finden das Tool im Ordner *support\adprep* auf der Windows Server 2016-DVD.

Damit Sie das Schema erweitern können, müssen Sie zuvor noch mit der Taste C die Erweiterung bestätigen. Diese Maßnahmen lassen sich nicht mehr rückgängig machen. Nach der Aktualisierung des Schemas sollten Sie mit *Adprep /domainprep* noch die einzelnen Domänen aktualisieren. Installieren Sie neue Domänencontroller, lassen sich diese problemlos in Active Directory aufnehmen. Auch Mitgliedsserver mit Windows Server 2016 können Sie in bestehende Domänen aufnehmen.

Bei Migrationen können Sie Betriebsmasterrollen von Vorgängerversionen auf die neuen Domänencontroller mit Windows Server 2016 übernehmen. Die Vorgänge dazu sind identisch mit der Übernahme in Windows Server 2008 R2 sowie Windows Server 2012/2012 R2.

Das DNS-System in Windows Server 2016 absichern

Bereits mit Windows Server 2008 R2 hat Microsoft DNSSEC eingeführt, um Zonen und Einträge abzusichern. In Windows Server 2016 können Zonen online digital signiert werden. DNSSEC lässt sich komplett in Active Directory integrieren. Das umfasst auch die Möglichkeit, dynamische Updates für geschützte Zonen zu aktivieren. Windows Server 2016 unterstützt offizielle Standards wie NSEC3 und RSA/SHA-2. Ebenfalls interessant ist die Unterstützung von DNSSEC auf schreibgeschützten Domänencontrollern (Read-only Domain Controller, RODC, siehe Kapitel 13). Findet ein RODC mit Windows Server 2016 eine signierte DNS-Zone, legt er automatisch eine sekundäre Kopie der Zone an und überträgt die Daten der DNSEC-geschützten Zone. Dies hat den Vorteil, dass auch Niederlassungen mit RODCs gesicherte Daten auflösen können, aber die Signatur und Daten der Zone nicht in Gefahr sind.

DNSSEC lässt sich über das Kontextmenü von Zonen erstellen. Die Signierung der Zone erfolgt über einen Assistenten. Der Assistent erlaubt die manuelle Signierung, eine Aktualisierung der Signierung und eine Signierung auf Basis automatischer Einstellungen. Mit Windows Server 2016 lassen sich signierte Zonen auch auf andere DNS-Server im Netzwerk replizieren.

Active Directory remote verwalten

Administratoren können zur Remoteverwaltung von Active Directory-Domänencontrollern entweder per Remotedesktop auf den Server zugreifen oder von der eigenen Arbeitsstation aus mit der PowerShell. Neben der PowerShell stehen aber auch andere Tools auf Arbeitsstationen zur Verfügung, um Active Directory zu verwalten. Wollen Sie Windows Server 2016 von Arbeitsstationen mit Windows 10 verwalten, verwenden Sie die Remoteserver-Verwaltungstools (siehe Kapitel 3).

Die Verwaltungstools für Active Directory finden Sie zum Beispiel über *Rollenverwaltungstools/AD DS-/AD LDS-Tools*. Hier stehen auch die Cmdlets zur Verwaltung von Active Directory zur Verfügung, zum Beispiel das Active Directory-Modul für Windows PowerShell. Damit Sie einen Server über die PowerShell remote verwalten können, müssen Sie die Remoteverwaltung auf dem Server aktivieren. Dazu geben Sie auf dem entsprechenden Server den Befehl *Enable-PSRemoting -Force* ein. Dieser Befehl aktiviert auch die Ausnahmen in der Windows-Firewall. Mit *Disable-PSRemoting -Force* können Sie die Remoteverwaltung eines Servers über die PowerShell wieder deaktivieren.

In Remote-PowerShell-Sitzungen verwenden Sie die gleichen Cmdlets wie auf den lokalen Servern. Allerdings erlauben nicht alle Cmdlets eine Remoteverwaltung. Sie sehen die kompatiblen Cmdlets am schnellsten, indem Sie überprüfen, ob das Cmdlet die Option *-ComputerName* unterstützt. Mit dem Befehl *Get-Help * -Parameter ComputerName* lassen Sie sich eine Liste aller dieser Cmdlets anzeigen.

Rufen Sie eine Hilfe zu Cmdlets auf, kann sich die PowerShell selbstständig aktualisieren. Die PowerShell bietet das Cmdlet *Update-Help*, das die Hilfedateien der PowerShell aktualisieren kann. Dazu muss der Server über eine Internetverbindung verfügen. Der Befehl ruft die Hilfe aus dem Internet ab. Ebenfalls eine hilfreiche Funktion in der PowerShell ist das Cmdlet *Show-Command*. Dieses blendet ein neues Fenster mit allen Befehlen ein, die in der PowerShell verfügbar sind. Sie können im Fenster nach Befehlen suchen und sich eine Hilfe zum Befehl sowie Beispiele anzeigen lassen.

Sie können in der PowerShell auch eine Remotesitzung auf einem Server starten. Am besten verwenden Sie dazu die PowerShell Integrated Scripting Environment (ISE). Diese ist bereits aktiviert. Nach dem Start können Sie eine Verbindung mit *Datei/Neue Remote-PowerShell-Registerkarte* öffnen. Hier geben Sie einen Servernamen und einen Benutzernamen ein, mit dem Sie sich verbinden wollen. Mehr zu diesem Thema erfahren Sie in Kapitel 40.

Active Directory mit Windows Server 2016 installieren und verstehen

In diesem Abschnitt zeigen wir Ihnen, wie Active Directory grundsätzlich aufgebaut ist und wie Sie eine Umgebung mit einer neuen Domäne installieren.

Der Aufbau von Active Directory

Es gibt Active Directory-Domänen und Domänencontroller. Die Domäne ist die grundlegende Strukturierungseinheit. Die Domänencontroller übernehmen die Verwaltung der Ordnerinformationen innerhalb einer Domäne. Die Benutzer-, Computer-, Freigaben- und Druckerinformationen werden in einer Datenbank gespeichert. Diese Datenbank ist eine JET-Datenbank (Joint-Engine-Technologie), die Microsoft auch bei Exchange einsetzt.

Active Directory kann aus mehreren selbstständigen Domänen bestehen, die zu einer gemeinsamen Organisation gehören. Alle verbundenen Domänen von Active Directory teilen sich eine Datenbank und ein Schema. Diese Domänen bilden eine Gesamtstruktur, im Englischen auch Forest genannt. Ein Forest ist die Grenze des Verzeichnisdiensts eines Unternehmens, in dem einheitliche Berechtigungen zugewiesen und delegiert werden können.

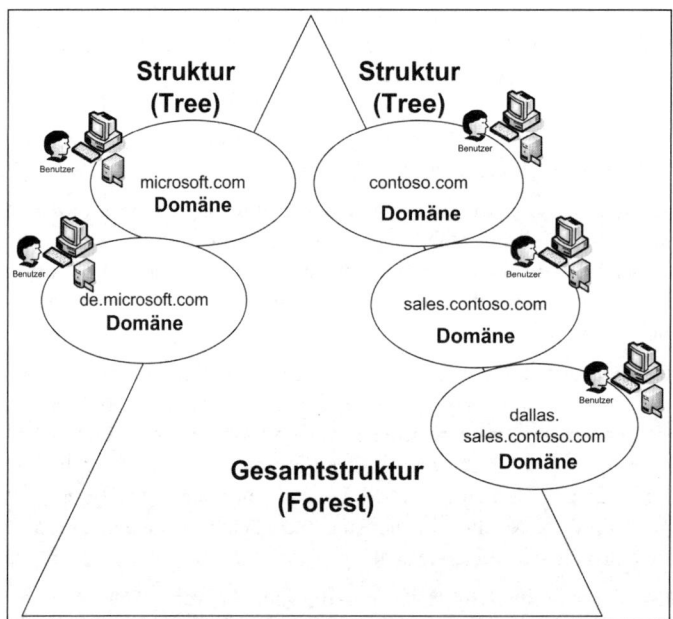

Abbildung 10.2: Aufbau einer Active Directory-Gesamtstruktur

Jede Domäne in Active Directory ist eine eigene Partition, die automatisch angelegt wird. Jede Partition wird von unterschiedlichen Domänencontrollern verwaltet. Diese Partitionierung erfolgt automatisch. Das Namensmodell von Active Directory orientiert sich an DNS. Domänen werden in Active Directory zu Strukturen (Trees) zusammengefasst. Eine Struktur muss über einen einheitlichen Namensraum verfügen. Hier wird mit DNS-Namen gearbeitet. Wenn eine Struktur beispielsweise *contoso.com* heißt, kann es innerhalb dieser Struktur weitere Einheiten geben, die beispielsweise *sales.contoso.com*, *marketing.contoso.com* und *dallas.marketing.contoso.com* heißen.

In einer Struktur (Tree) werden gegenseitige Vertrauensstellungen zwischen den beteiligten Domänen automatisch erzeugt. Darüber hinaus kann in einer Struktur eine Suche über mehrere Domänen hinweg erfolgen. Ein globaler Katalog-Server enthält die Informationen der Gesamtstruktur und kann Anfragen an die verantwortlichen Domänencontroller der jeweiligen Domäne weiterleiten.

Eine Active Directory-Gesamtstruktur (Forest) kann aus mehreren Strukturen (Trees) zusammengesetzt sein. Jedes Active Directory muss aus mindestens einer Struktur bestehen. Der ersten Domäne von Active Directory kommt eine besondere Bedeutung zu. Da sie die erste Domäne ist, bildet sie zugleich die erste Struktur von Active Directory und ist gleichzeitig die Rootdomäne der Gesamtstruktur. Wenn Sie ein Active Directory mit nur einer Domäne planen, bildet diese Domäne die Gesamtstruktur, die erste und einzige Struktur und die Rootdomäne von Active Directory. Die Domänen einer Struktur (Tree) teilen sich einen sogenannten Namensraum.

Im Beispiel von Abbildung 10.2 sind die beiden Strukturen *contoso.com* und *microsoft.com* trotz ihrer vollständig eigenständigen Namensräume Teil einer gemeinsamen Active Directory-Gesamtstruktur. Jede Domäne kann beliebige untergeordnete Domänen (Childdomänen genannt) haben, die wiederum wieder Childdomänen beinhalten können. Alle Domänen eines Namensraums werden als eigenständige Struktur bezeichnet.

Childdomänen sind wie die übergeordneten Domänen vollkommen eigenständig, teilen sich jedoch einen Namensraum und eine Active Directory-Gesamtstruktur. Sie bilden jeweils eigene Partitionen in Active Directory, die durch getrennte Domänencontroller verwaltet werden. Jede Domäne kann unterschiedliche Organisationseinheiten beinhalten. Organisationseinheiten können Sie sich wie Ordner im Explorer vorstellen, in denen Dateien liegen.

Durch Organisationseinheiten können Sie Objekte innerhalb von Domänen ordnen. Organisationseinheiten sind Container, in denen Objekte von Active Directory liegen können. Innerhalb von Organisationseinheiten können Berechtigungen delegiert und Richtlinien definiert werden, die für alle Objekte eines solchen Containers Gültigkeit haben. Organisationseinheiten sind die kleinsten Container in Active Directory. Eine Organisationseinheit kann mehrere Unterorganisationseinheiten beinhalten.

In Active Directory gibt es durch diese Definition vier verschiedene Container:

- **Gesamtstruktur (Forest)** – Dieser Container kann Strukturen (Trees) beinhalten.
- **Struktur (Tree)** – Dieser Container beinhaltet die einzelnen Domänen von Active Directory.
- **Domänen** – Dieser Containertyp beinhaltet Organisationseinheiten.
- **Organisationseinheiten (Organizational Units, OUs)** – Dieser Container beinhaltet Benutzer- und Computerkonten, kann aber auch weitere OUs beinhalten. Vor allem die Organisationseinheiten, die dafür zuständig sind, die einzelnen Objekte der Domäne zu ordnen, sollten frühzeitig geplant werden. Auch wenn jederzeit weitere OUs erstellt werden können, sollten sie bereits bei der Planung von Active Directory berücksichtigt werden.

Der wichtigste Container in Active Directory ist die Domäne. Sie ist die logische Struktur, in der das Unternehmen abgebildet ist. Gleichzeitig hat eine Domäne Auswirkung auf die physische Speicherung von Informationen: Die Domäne stellt die Grenze dar, innerhalb der Informationen gemeinsam verwaltet werden. Der erste Schritt in der Planung von Active Directory ist daher die Gestaltung von Domänen.

Eine neue Gesamtstruktur installieren

In diesem Abschnitt zeigen wir Ihnen anhand einer Schritt-für-Schritt-Anleitung, wie Sie Active Directory in Windows Server 2016 installieren. Wir gehen dabei von der Installation eines Domänencontrollers auf einem Server mit grafischer Benutzeroberfläche aus. In Kapitel 13 zeigen wir Ihnen die Installation eines Domänencontrollers auf einem Core-Server mit Windows Server 2016.

Hinweis	Microsoft hat die Schemaänderungen, die für die Installation von Active Directory notwendig sind, in den Assistenten zur Installation von Active Directory integriert.
	Sie können Adprep von der Windows Server 2016-DVD, aber auch weiterhin getrennt von der eigentlichen Installation von Windows Server 2016 durchführen. Die Ausführung ist außerdem über das Netzwerk möglich.

Nach der Installation ändern Sie zunächst den Namen des Servers ab. Starten Sie den Server-Manager und klicken Sie auf *Lokaler Server*. Anschließend klicken Sie im Bereich *Eigenschaften* auf den Computernamen des Servers und dann auf die Schaltfläche *Ändern*. Tragen Sie den Namen des Servers ein, zum Beispiel *dc02*. Bestätigen Sie die Änderung mit *OK* und lassen Sie den Server neu starten.

Nach dem Neustart klicken Sie mit der rechten Maustaste auf das Netzwerksymbol im Infobereich der Taskleiste und dann auf *Netzwerk- und Freigabecenter öffnen*. Anschließend klicken Sie auf den Link *Adaptereinstellungen ändern* links im Fenster. Rufen Sie die Eigenschaften der Netzwerkverbindung auf und dann die Eigenschaften von *Internetprotokoll Version 4*.

Tragen Sie eine statische IP-Adresse ein und aktivieren Sie die Option *Folgende DNS-Serveradressen verwenden*. Tragen Sie als IP-Adresse die IP-Adresse des Servers ein, da in Active Directory die Domänencontroller auch DNS-Server sein sollten (siehe Kapitel 6 und 25). Falls Sie den Server als zusätzlichen Domänencontroller installieren, tragen Sie als DNS-Server die IP-Adresse eines bereits vorhandenen DNS-Servers ein.

Schließen Sie alle Fenster und öffnen Sie den Server-Manager. Klicken Sie dann auf *Verwalten* im oberen Bereich und wählen Sie *Rollen und Features hinzufügen* aus. Bestätigen Sie die Startseite und wählen Sie dann *Rollenbasierte oder featurebasierte Installation* aus. Wählen Sie den lokalen Server aus der Liste im nächsten Fenster aus.

Abbildung 10.3: Starten der Active Directory-Installation

Active Directory mit Windows Server 2016 installieren und verstehen

Wählen Sie die Rolle *Active Directory-Domänendienste* aus und bestätigen Sie dann die Schaltfläche *Features hinzufügen*, um die notwendigen Erweiterungen zum Server hinzuzufügen. Bestätigen Sie die nächsten Fenster und aktivieren Sie dann im Fenster *Installationsauswahl bestätigen* die Option *Zielserver bei Bedarf automatisch neu starten*. Klicken Sie danach auf *Installieren*.

Nach der Installation klicken Sie im Server-Manager auf *AD DS* und dann im oberen Bereich bei *Konfiguration ist für "Active Directory-Domänendienste" auf "XXX" erforderlich* auf den Link *Details*. Wählen Sie in den Aufgabendetails in der Spalte *Aktion* den Link *Server zu einem Domänencontroller heraufstufen*.

Aktivieren Sie dann die Option *Neue Gesamtstruktur hinzufügen* und geben Sie den DNS-Namen der Domäne an, zum Beispiel *testdom.int*.

Abbildung 10.4: Erstellen einer neuen Gesamtstruktur

Auf der nächsten Seite belassen Sie die Standardeinstellungen und legen die Funktionsebene für Gesamtstruktur und Domäne fest. Geben Sie ein Kennwort für den Wiederherstellungsmodus ein. Der erste Domänencontroller muss globaler Katalog sein und darf nicht als schreibgeschützter Domänencontroller betrieben werden. Daher sind die Optionen bereits vorgewählt und lassen sich nicht ändern.

Bestätigen Sie das nächste Fenster *DNS-Optionen*. Dieses besagt nur, dass noch kein DNS-Server für die Gesamtstruktur vorhanden ist und daher keine Delegierung eingerichtet werden kann. Geben Sie danach den NetBIOS-Namen der Domäne an. Im nächsten Kapitel gehen wir genauer auf die einzelnen Punkte während der Einrichtung ein.

Hinweis   Sie können Domänencontroller mit Windows Server 2016 auch in Gesamtstrukturen im Betriebsmodus Windows Server 2012/2012 R2 betreiben.

Die nächsten Fenster müssen Sie nur bestätigen. Auf der Seite *Optionen prüfen* können Sie mit *Skript anzeigen* die Befehle anzeigen lassen, um den gleichen Vorgang in der PowerShell durchführen zu können. Bestätigen Sie die restlichen Fenster und klicken Sie dann auf *Installieren*. Ignorieren Sie die Warnungen. Nach der Installation steht der Domänencontroller zur Verfügung.

Tipp	Der Einrichtungs-Assistent von Active Directory überprüft vor der Einrichtung von Active Directory, ob Probleme beim Heraufstufen zu erwarten sind. Sie erhalten daraufhin Warnungen und Fehlerhinweise, bevor der Assistent startet.

Nach der Installation finden Sie im *Tools*-Menü des Server-Managers die verschiedenen Verwaltungswerkzeuge von Active Directory aufgelistet, zum Beispiel das Active Directory-Verwaltungscenter. Im Bereich *AD DS* des Server-Managers sind die Domänencontroller und deren Warnungen und Fehler zu sehen. Über das Kontextmenü des Servers im Bereich *AD DS* sind ebenfalls die Befehle für Active Directory zu erreichen.

Um Active Directory zu testen, starten Sie eine Eingabeaufforderung, zum Beispiel durch Eingabe von »cmd« auf der Startseite. Die Startseite rufen Sie mit der ⊞-Taste oder einem Klick mit der Maus unten links im Bildschirm auf. Geben Sie dann *Dcdiag* ein.

Mit *Nltest /dclist:<NetBIOS-Domänennamen>* lassen Sie sich den Namen des Domänencontrollers anzeigen, mit *Nslookup <Vollständiger Name des DC>* muss der Name und die IP-Adresse verfügbar sein. Mehr zu diesem Thema erfahren Sie auch in Kapitel 6.

Tipp	Unter Windows Server 2016 ist es möglich, den Dienst für Active Directory im laufenden Betrieb zu stoppen und wieder zu starten. Durch diese Funktion kann Active Directory auf einem Server auch neu gestartet werden, während die anderen Dienste des Servers weiter funktionieren. Dies kann zum Beispiel für die Offlinedefragmentierung der Active Directory-Datenbank sinnvoll sein oder für die Installation von Updates.
	Sie finden den dazugehörigen Systemdienst *Active Directory-Domänendienste* in der Dienststeuerung. Diese können Sie ausführen, indem Sie »services.msc« auf der Startseite eintippen. Der Dienst kann auch, wie alle anderen Dienste, über die Eingabeaufforderung mit *Net stop ntds* gestoppt und mit *net start ntds* wieder gestartet werden.

Active Directory remote mit der PowerShell verwalten

Mit Windows Server 2016 haben Sie die Möglichkeit, über eine lokale PowerShell-Sitzung von Arbeitsstationen aus remote auf Domänencontroller zuzugreifen, um Active Directory zu verwalten. Das ist oftmals wesentlich bequemer und effizienter als mit Remotedesktopsitzungen.

Um Server im Netzwerk über Arbeitsstationen mit Windows 10 zu verwalten, sind die Remoteserver-Verwaltungstools notwendig. In Kapitel 3 zeigen wir Ihnen, wie Sie diese installieren und betreiben. Damit sich Active Directory remote über die PowerShell verwalten lässt, müssen Sie *Rollenverwaltungstools/AD DS-/AD LDS-Tools/Active Directory-Modul für Windows PowerShell* installiert haben. Die Installation überprüfen Sie, wenn Sie »optionalfeatures« auf der Startseite auf dem Windows 10-Compuer eingeben.

Die Installation erfolgt im Server-Manager über die Auswahl von *Remoteserver-Verwaltungstools/Rollenverwaltungstools/AD DS- und AD LDS-Tools/Active Directory-Modul für Windows PowerShell*.

Die Remote-PowerShell aktivieren und Verbindungsprobleme beheben

Damit sich ein Server in der PowerShell remote verwalten lässt, muss die Funktion auf dem Zielserver zunächst aktiviert werden. Dazu geben Sie in einer PowerShell-Sitzung auf dem Zielserver den Befehl *Enable-PSRemoting -Force* ein. Der Befehl richtet die entsprechenden Ausnahmen in der Firewall ein und aktiviert die notwendigen Funktionen. Rückgängig machen lässt sich der Vorgang mit *Disable-PSRemoting -Force*.

Verbinden Sie sich von einem anderen Server oder von einer Arbeitsstation mit Active Directory oder mit den Verwaltungstools für Serverdienste, verwendet die Konsole immer eine Remote-PowerShell-Sitzung für die Verwaltung. Alle Befehle werden als Cmdlet übertragen, die grafische Oberfläche ist in vielen Fällen nur ein Hilfsmittel. Damit die Verbindung über das Netzwerk funktioniert, verwendet der Server die Funktionen Windows Remote Management (WinRM) und Web Services for Management (WSMan). Durch die Remote-PowerShell-Sitzung überträgt der Client seine Befehle an den Server.

Sollte die Verbindung nicht funktionieren, geben Sie in der Eingabeaufforderung noch den Befehl *Winrm enumerate winrm/config/listener* ein. Ein Listener mit dem Port 5985 muss aktiv und an alle IP-Adressen des Servers gebunden sein. Selbstverständlich darf der Port nicht durch eine Firewall blockiert werden. Standardmäßig schaltet Windows Server 2016 den Port in der Windows-Firewall frei. Setzen Unternehmen eine weitere Firewall zwischen Client und Server ein, müssen Sie diesen Port durchlassen.

Innerhalb einer Active Directory-Gesamtstruktur sind keine Maßnahmen notwendig. Damit der Zugriff auch über Domänengrenzen hinweg oder von einer Arbeitsgruppe zu einer Domäne funktioniert, müssen Sie auf dem Zielserver noch die Computer eintragen, die auf den Server zugreifen dürfen. Dazu verwenden Sie den folgenden Befehl:

Winrm set winrm/config/client @{TrustedHosts="<Alle Quellcomputer, durch Komma getrennt>"}

Cmdlets für die Remoteverwaltung und Abrufen der Hilfe nutzen

Nicht alle Cmdlets eignen sich für eine Remoteverwaltung von Servern. Sie können vor allem die Cmdlets nutzen, die über die Option *-ComputerName* verfügen. Um sich alle Cmdlets anzeigen zu lassen, die diese Option unterstützen, also Server auch über das Netzwerk verwalten können, hilft der Befehl *Get-Help * -Parameter ComputerName*.

Wollen Sie ausführliche Hilfen anzeigen, bietet das *Get-Help*-Cmdlet noch die Möglichkeit, ausführliche Hilfen und Beispiele anzuzeigen, zum Beispiel mit den Optionen *-Examples*, *-Detailed* und *-Full*. Generell ist der Umgang mit der PowerShell nicht sehr kompliziert. Geben Sie *Get-Command* ein, sehen Sie alle Befehle, die die Shell zur Verfügung stellt. Die PowerShell bietet eine ausführliche Hilfe an.

Haben Sie nur den Teil eines Befehls in Erinnerung, können Sie mit dem Platzhalter * arbeiten. Der Befehl *Get-Command *user* zeigt zum Beispiel alle Cmdlets an, deren Namen mit *user* enden. Ist der gesuchte Befehl nicht dabei, können Sie auch mehrere Platzhalter verwenden, zum Beispiel den Befehl *Get-Command *user**. Dieser Befehl zeigt alle Befehle an, in denen das Wort *user* vorkommt.

Wurde das gewünschte Cmdlet gefunden, unterstützt die PowerShell mit weiteren Möglichkeiten. Für nahezu alle Cmdlets gilt die Regel, dass sie in vier Arten vorliegen: Es gibt

Cmdlets mit dem Präfix *New-*, um ein Objekt zu erstellen, zum Beispiel *New-ADUser*. Das gleiche Cmdlet gibt es dann immer noch mit *Remove-*, um ein Objekt zu löschen, zum Beispiel *Remove-ADUser*.

Wollen Sie das Objekt anpassen, gibt es das Präfix *Set*, zum Beispiel *Set-ADUser*. Als Letztes gibt es noch das Cmdlet *Get-*, zum Beispiel *Get-ADUser*, um Informationen zum Objekt abzurufen. Neben dieses Cmdlets gibt es noch viele weitere wie zum Beispiel *Start-* und *Stop*-Cmdlets oder *Export-* und *Import*-Cmdlets. Geben Sie nur diesen Befehl ein, passiert entweder überhaupt nichts, das Cmdlet zeigt alle Objekte an, oder Sie werden nach der Identität des Objekts gefragt. So listet das Cmdlet *Get-ADUser -Filter ** alle Benutzer der Organisation auf.

Mit dem Befehl *Help <Cmdlet>* erhalten Sie eine Hilfe zum entsprechenden Cmdlet, zum Beispiel *Help New-ADUser*. Für viele Cmdlets gibt es noch die Option *Help <Cmdlet> -Detailed*. Dieser Befehl bietet noch mehr Informationen. Mit dem Befehl *Help <Cmdlet> -Examples* lassen sich Beispiele für den Befehl anzeigen. Auch das funktioniert für alle Befehle in der PowerShell. Seit der PowerShell-Version 3.0 hat Microsoft deutlich die Hilfefunktion erweitert.

Rufen Sie eine Hilfe zu Cmdlets auf, kann sich die PowerShell selbstständig aktualisieren. Das funktioniert eingeschränkt auch mit der früheren PowerShell-Version 2.0, wenn Sie für das Cmdlet *Get-Help* die Option *-Online* verwenden, zum Beispiel mit *Get-Help Get-Command -Online*. Die PowerShell bietet das Cmdlet *Update-Help*, das die Hilfedateien der PowerShell aktualisieren kann.

Dazu muss der Server über eine Internetverbindung verfügen. Der Befehl ruft die Hilfe direkt aus dem Internet ab. Ebenfalls eine interessante Funktion in der PowerShell ist das Cmdlet *Show-Command*. Dieses blendet ein neues Fenster mit allen Befehlen ein, die in der PowerShell verfügbar sind. Sie können im Fenster nach Befehlen suchen und sich eine Hilfe zum Befehl sowie Beispiele anzeigen lassen.

Mit *Get-*Cmdlets lassen Sie sich Informationen zu Objekten anzeigen. Die Option *|fl* formatiert die Ausgabe. Wollen Sie aber nicht alle Informationen, sondern nur einzelne Parameter anzeigen, können Sie diese nach der Option *|fl* anordnen. Wollen Sie zum Beispiel für Benutzer nur den *DistinguishedName* und den Status anzeigen lassen, verwenden Sie den Befehl *Get-ADUser -Filter * |fl DistinguishedName, Enabled*. Groß- und Kleinschreibung spielen für die Cmdlets keine Rolle.

Sie können in der PowerShell auch eine Remotesitzung auf einem Server starten. Am besten verwenden Sie dazu die PowerShell Integrated Scripting Environment (ISE). Diese ist in Windows 8 bereits aktiviert, muss allerdings teilweise in Windows 10 als Windows-Feature nachträglich aktiviert werden. Nach dem Start können Sie eine Verbindung mit *Datei/ Neue Remote-PowerShell-Registerkarte öffnen*. Hier geben Sie einen Servernamen und einen Benutzernamen ein, mit dem Sie sich verbinden wollen.

Um eine Remotesitzung in der normalen PowerShell aufzubauen, verwenden Sie das Cmdlet *New-PSSession*. Mit *Enter-PSSession <Servername>* bauen Sie eine Verbindung auf. Mit *Exit-Session* beenden Sie diese Sitzung wieder. Neu ist die Möglichkeit, Sitzungen zu unterbrechen und neu aufzubauen. Bei unterbrochenen Sitzungen laufen die Cmdlets weiter, auch wenn Sie sich vom Server getrennt haben. Dazu nutzen Sie die neuen Cmdlets *Disconnect-PSSession*, *Connect-PSSession* und *Receive-PSSession*.

Tipp	Über die normale PowerShell starten Sie die PowerShell ISE, indem Sie den Befehl *Ise* eingeben.

Die PowerShell erlaubt auch die Ausführung von Befehlen, wie von der Eingabeaufforderung gewohnt. Der Vorteil der Ausführung in der PowerShell ist, dass sich die Ausgabe filtern lässt. Geben Administratoren zum Beispiel *Ipconfig /all* ein, erhalten sie die gleichen Informationen wie in der Eingabeaufforderung. Es sind also keine zwei Konsolen nebeneinander notwendig. Soll die Ausgabe gefiltert werden, hilft die Option *Select-String -Pattern "<Text>"*, zum Beispiel *Ipconfig /all | Select-String -Pattern "gateway"*. Auf diesem Weg lassen sich Informationen wesentlich gezielter auslesen.

Durch die zahlreichen neuen Cmdlets in der PowerShell erhalten Sie in der PowerShell für Anmeldeskripts deutlich mehr Möglichkeiten. In der neuen Version lassen sich jetzt auch Netzlaufwerke in Windows verbinden. Dazu verwenden Sie das Cmdlet *New-PSDrive*. Dabei hilft die neue Option *-Persist*. Alle Optionen des Cmdlets sind über *Get-Help New-PSDrive -Detailed* verfügbar.

Betriebsmasterrollen von Domänencontrollern verwalten

In Active Directory sind zunächst alle Domänencontroller gleichberechtigt. Allerdings gibt es fünf unterschiedliche Rollen, die ein Domänencontroller annehmen kann und seine zentrale Aufgabe in Active Directory steuern. Die verschiedenen Rollen werden als Flexible Single Master Operations (FSMOs) bezeichnet. Jede dieser Rollen ist entweder einmalig pro Domäne (PDC-Emulator, Infrastrukturmaster, RID-Master) oder einmalig pro Gesamtstruktur (Schemamaster, Domänennamenmaster). Fällt eine dieser Rollen aus, kommt es in Active Directory zu Fehlfunktionen.

Tipp	Wollen Sie die Anzeige von Domänencontrollern in der PowerShell filtern lassen, zum Beispiel um die PDC-Master anzeigen zu lassen, verwenden Sie: *Get-ADDomainController -Filter {OperationMasterRoles -Like "PDC*"}* Wollen Sie nur die Namen und die installierten Betriebsmaster anzeigen, ergänzen Sie das Cmdlet noch mit: *|fl Hostname, OperationMasterroles*

Den PDC-Emulator verwalten

Die Rolle des PDC-Emulators gibt es in jeder Active Directory-Domäne ein Mal. Der erste installierte Domänencontroller einer Active Directory-Domäne bekommt diese Rolle automatisch zugewiesen. Er ist für die Anwendung und Verwaltung der Gruppenrichtlinien zuständig. Steht der Domänencontroller, der diese Rolle hat, nicht mehr zur Verfügung, werden Gruppenrichtlinien fehlerhaft angewendet und können nicht mehr verwaltet werden, da spezielle Verwaltungskonsolen, wie die Gruppenrichtlinien-Verwaltungskonsole, die Verbindung zum PDC-Emulator aufbauen. Der PDC-Emulator ist darüber hinaus für Kennwortänderungen bei Benutzern verantwortlich. Er steuert auch die externen Vertrauensstellungen einer Domäne. Der PDC-Master ist außerdem beim Klonen virtueller Domänencontroller beteiligt (siehe Kapitel 11). Ihn selbst können Sie nicht klonen, andere Domänencontroller schon.

Außerdem ist der PDC-Emulator der Zeitserver einer Domäne. Alle hier beschriebenen Funktionen sind gestört, wenn der PDC-Emulator nicht mehr zur Verfügung steht.

Wollen Sie überprüfen, welcher Domänencontroller die Rolle des PDC-Emulators in der Domäne verwaltet, öffnen Sie das Snap-In *Active Directory-Benutzer und -Computer* im Server-Manager oder über *Dsa.msc* auf der Startseite. Mit einem Klick der rechten Maustaste auf die Domäne im Snap-In und der Auswahl von *Betriebsmaster* im Kontextmenü öffnet sich ein neues Fenster. Hier sind die FSMOs der Domäne zu sehen.

Abbildung 10.5: Verwalten der Betriebsmasterrolle in Active Directory

Auf der Registerkarte *PDC* ist der aktuelle PDC-Emulator der Domäne zu sehen. Sie können sich den aktuellen PDC-Emulator auch mithilfe des Befehls *Dsquery server -hasfsmo pdc* in der Eingabeaufforderung anzeigen lassen, oder den PDC-Master mit dem folgenden Cmdlet:

Get-ADComputer (Get-ADDomainController -Discover -Service "PrimaryDC").Name -Property * |fl DNSHostname,OperatingSystem,OperatingSystemVersion

> **Tipp** Sie können in der PowerShell auch Daten einzelner Domänen abfragen. Dazu verwenden Sie das Cmdlet *Get-ADDomain*. Das Cmdlet *Get-ADForest* zeigt Informationen zu Gesamtstrukturen an. Auch hier können Sie nach den Spalten auf den gleichen Wegen filtern wie bei *Get-ADDomainController*. Sinnvoll ist das Cmdlet, wenn die FSMO-Rollen pro Domäne angezeigt werden sollen. In jeder Domäne gibt es die drei FSMO-Rollen, die Sie mit dem folgenden Befehl anzeigen lassen:
>
> *Get-ADDomain | Select InfrastructureMaster, RID-Master, PDCEmulator*

Schemamaster und Domänennamenmaster gibt es nur einmal pro Gesamtstruktur. Diese Informationen lassen sich wiederum mit dem Cmdlet *Get-ADForest* anzeigen:

Get-ADForest | Select-Object DomainNamingMaster, SchemaMaster

RID-Master: Neue Objekte in die Domäne aufnehmen

Auch die Rolle des RID-Masters erhält der erste installierte Domänencontroller einer Domäne automatisch. Den RID-Master gibt es einmal in jeder Domäne einer Gesamtstruktur. Die Aufgabe des RID-Masters ist es, den anderen Domänencontrollern einer Domäne relative Bezeichner (Relative Identifiers, RIDs) zuzuweisen. Wird ein neues Objekt in der Domäne erstellt, also ein Computerkonto, ein Benutzer oder eine Gruppe, wird diesem Objekt eine eindeutige Sicherheits-ID (SID) zugewiesen. Diese SID erstellt der Domänencontroller aus einer domänenspezifischen SID in Verbindung mit einer RID aus seinem RID-Pool.

Ist der RID-Pool eines Domänencontrollers aufgebraucht, werden ihm vom RID-Master neue RIDs zugewiesen. Steht der RID-Master nicht mehr zur Verfügung und bekommen die Domänencontroller damit keine RIDs mehr, können keine neuen Objekte in dieser Domäne erstellt werden, bis der RID-Master wieder einem Domänencontroller zur Verfügung gestellt wird. Auf der Registerkarte *RID* wird der RID-Master der Domäne angezeigt.

Der Befehl *Dsquery server -hasfsmo rid* zeigt den Master in der Eingabeaufforderung an. Außerdem können Sie sich die erfolgreiche Verbindung und den Status des RID-Pools anzeigen lassen. Geben Sie in der Eingabeaufforderung den Befehl *Dcdiag /v /test:ridmanager* ein. Suchen Sie dann den Bereich *Starting test: RidManager*. Hier sehen Sie, ob der Domänencontroller fehlerfrei eine Verbindung zum RID-Master aufbauen kann. Tritt an dieser Stelle ein Fehler auf, sollten Sie am besten den RID-Master auf einen anderen Server transferieren oder verschieben.

```
Starting test: RidManager
   * Available RID Pool for the Domain is 2100 to 1073741823
   * ml10.joos.int is the RID Master
   * DsBind with RID Master was successful
   * rIDAllocationPool is 1100 to 1599
   * rIDPreviousAllocationPool is 1100 to 1599
   * rIDNextRID: 1107
   ......................... ML10 hat den Test RidManager bestanden.
```

Abbildung 10.6: Testen des RID-Managers mit Dcdiag

Die Security-ID (SID) von Domänencomputern ist in Domänen immer einzigartig und ein wichtiger Punkt bei der Bereitstellung von Windows beziehungsweise der Überprüfung von Rechten. In manchen Fällen, vor allem beim Klonen, kann es passieren, dass doppelte SIDs im Netzwerk vorhanden sind.

Hier hilft das Sysinternals-Tool PsGetSid (*http://tinyurl.com/jszgyt8*), das in der Eingabeaufforderung die SID von Computern anzeigen kann. Sie müssen dazu lediglich *Psgetsid* eingeben. PsGetSid liest die SID von Computern ohne große Umwege aus und funktioniert ebenfalls im Netzwerk. Das heißt, Sie können mit dem Tool auch die SIDs von Remotecomputern auslesen. Zusätzlich lassen sich mit PsGetSid die SIDs von Benutzerkonten sowie zu Namen auslesen. Wollen Sie die SID eines Computers anzeigen, geben Sie den

Namen als Argument an. Dies funktioniert gleichfalls für Benutzernamen. Um die SID zu einem Namen zu übersetzen, geben Sie die SID als Argument ein.

Infrastrukturmaster: Gruppen über Domänen hinweg auflösen

Auch den Infrastrukturmaster gibt es in jeder Domäne einer Gesamtstruktur einmal. Diese Rolle erhält ebenfalls wieder der erste installierte Domänencontroller einer Active Directory-Domäne. In einer Gesamtstruktur mit nur einer Domäne spielt dieser Betriebsmaster keine Rolle. Seine Bedeutung steigt jedoch beim Einsatz mehrerer Domänen oder Strukturen.

Er hat in einer Domäne die Aufgabe, die Berechtigungen für die Benutzer zu steuern, die aus unterschiedlichen Domänen kommen. Da die Berechtigungsanfragen sonst sehr lange dauern würden, wenn zum Beispiel in den Berechtigungen einer Ressource Benutzerkonten oder Gruppen aus unterschiedlichen Domänen gesetzt sind, dient der Infrastrukturmaster einer Domäne sozusagen als Cache für diese Zugriffe, um die Abfrage der Berechtigungen zu beschleunigen. Clients in der Domäne haben möglicherweise Schwierigkeiten dabei, Objekte in anderen Domänen zu finden, wenn die Rolle nicht mehr funktioniert. Der Infrastrukturmaster sollte nicht auf einem globalen Katalog positioniert werden.

Er wird außerdem für die Auflösung von Verteilergruppen verwendet, wenn Unternehmen Microsoft Exchange Server einsetzen, da auch an dieser Stelle eine Gruppe Mitglieder aus verschiedenen Domänen der Gesamtstruktur enthalten kann. Auf der Registerkarte *Infrastruktur* ist dieser zu sehen oder in der Eingabeaufforderung mit *Dsquery server -hasfsmo infr*.

Schemamaster: Active Directory erweitern

Active Directory verfügt über ein erweiterbares Schema. Dieses bietet die Möglichkeit, zusätzliche Informationen im Ordner flexibel zu speichern. Diese Funktion wird beispielsweise von Exchange genutzt. Alle notwendigen Informationen zu einem E-Mail-Postfach werden in Active Directory abgelegt. Bei der Installation von Exchange wird das Schema von Active Directory um die notwendigen Attribute und Klassen erweitert.

Damit das Schema erweitert werden kann, wird der Schemamaster benötigt. In jeder Gesamtstruktur gibt es nur einen Schemamaster. Nur auf diesem Schemamaster können Änderungen am Schema vorgenommen werden. Steht der Schemamaster nicht mehr zur Verfügung, können auch keine Erweiterungen des Schemas stattfinden und die Installation von Exchange schlägt fehl. Der erste installierte Domänencontroller der ersten Domäne und Struktur einer Gesamtstruktur erhält die Rolle des Schemamasters. Der Schemamaster hat ansonsten keine Auswirkungen auf den laufenden Betrieb.

Damit der Schemamaster angezeigt werden kann, müssen Administratoren zunächst das Snap-In registrieren, das das Schema anzeigt. Aus Sicherheitsgründen wird dieses Snap-In zwar installiert, jedoch nicht angezeigt. Durch Eingabe des Befehls *Regsvr32 schmmgmt.dll* in der Eingabeaufforderung wird die Konsole verfügbar gemacht.

Im Anschluss können Sie das Snap-In *Active Directory-Schema* in eine MMC (Microsoft Management Console) über *Datei/Snap-In hinzufügen/entfernen* integrieren. Mit einem Klick der rechten Maustaste auf das Menü *Active Directory-Schema* und der Auswahl von *Betriebsmaster* öffnet sich ein neues Fenster, in dem der Betriebsmaster angezeigt wird. Sie können mithilfe dieses Fensters später den Betriebsmaster auch auf einen anderen Domänencontroller verschieben. Dazu müssen Sie sich über das Kontextmenü von Active Directory-Schema mit dem Domänencontroller verbinden, auf den Sie die Rolle übertragen wollen. Auch den Schemamaster können Sie sich in der Eingabeaufforderung anzeigen lassen:

Dsquery server -hasfsmo schema

Domänennamenmaster: Neue Domänen hinzufügen

Der Domänennamenmaster ist für die Erweiterung der Gesamtstruktur um neue Domänen oder Strukturen verantwortlich. In jeder Gesamtstruktur gibt es einen Domänennamenmaster. Diese Rolle wird automatisch dem ersten installierten Domänencontroller einer neuen Gesamtstruktur zugewiesen. Immer wenn ein Server zum Domänencontroller hochgestuft wird und eine neue Domäne erstellt werden soll, wird eine Verbindung zum Domänennamenmaster aufgebaut. Steht der Master nicht zur Verfügung oder kann keine Verbindung aufgebaut werden, besteht auch nicht die Möglichkeit, eine neue Domäne zur Gesamtstruktur hinzuzufügen.

Der Domänennamenmaster hat im produktiven Betrieb einer Domäne oder der Gesamtstruktur keine Aufgabe. Er wird nur benötigt, wenn eine neue Domäne in der Gesamtstruktur erstellt werden soll. Um sich den Domänennamenmaster anzeigen zu lassen, benötigen Sie das Snap-In *Active Directory-Domänen und -Vertrauensstellungen*. Klicken Sie mit der rechten Maustaste direkt auf das Snap-In und wählen im Kontextmenü den Eintrag *Betriebsmaster* aus, öffnet sich ein neues Fenster, in dem der Domänennamenmaster dieser Gesamtstruktur angezeigt wird. Den Domänennamenmaster können Sie sich auch in der Eingabeaufforderung anzeigen lassen:

Dsquery server -hasfsmo name

Den globalen Katalog nutzen

An jedem Standort in Active Directory sollte ein Globaler-Katalog-Server installiert sein. Der globale Katalog ist eine weitere Rolle, die ein Domänencontroller einnehmen kann. Im Gegensatz zu den beschriebenen FSMO-Rollen kann (und sollte auch) die Funktion des globalen Katalogs mehreren Domänencontrollern zugewiesen werden.

Dem globalen Katalog kommt in einer Active Directory-Domäne eine besondere Bedeutung zu. Er enthält einen Index aller Domänen einer Gesamtstruktur. Aus diesem Grund wird er von Serverdiensten wie Exchange Server und Suchanfragen verwendet, wenn Objekte aus anderen Domänen Zugriff auf eine Ressource der lokalen Domäne enthalten. Der globale Katalog spielt darüber hinaus eine wesentliche Rolle bei der Anmeldung von Benutzern. Steht der globale Katalog in einer Domäne nicht mehr zur Verfügung, erfolgt die Benutzeranmeldung langsamer, wenn keine speziellen Vorbereitungen getroffen worden sind.

Ein Domänencontroller mit der Funktion des globalen Katalogs repliziert sich nicht nur mit den Domänencontrollern seiner Domäne, sondern enthält eine Teilmenge aller Domänen in der Gesamtstruktur. Der erste installierte Domänencontroller einer Gesamtstruktur ist automatisch ein globaler Katalog. Alle weiteren globalen Kataloge müssen hingegen manuell hinzugefügt werden. Der globale Katalog dient auch zur Auflösung von universalen Gruppen. Sie sollten aber nicht alle Domänencontroller zu globalen Katalogen machen, da dadurch der Replikationsverkehr zu diesen Domänencontrollern stark zunimmt. In jedem Standort sollten zwei bis drei Domänencontroller diese Aufgabe übernehmen. Während der Heraufstufung zum Domänencontroller können Sie diese Auswahl bereits treffen. Aber auch nachträglich können Sie einen Domänencontroller zum globalen Katalog konfigurieren:

1. Um einen Domänencontroller als globalen Katalog zu konfigurieren, benötigen Sie das Snap-In *Active Directory-Standorte und -Dienste* aus dem Menü *Tools* im Server-Manager.
2. Öffnen Sie dieses Snap-In und rufen Sie die Eigenschaften der Option *NTDS Site Settings* über *Sites/<Name des Standorts>/Servers/<Servername>* auf.
3. Auf der Registerkarte *Allgemein* aktivieren Sie das Kontrollkästchen *Globaler Katalog*.

Haben Sie diese Konfiguration vorgenommen, repliziert sich der Server zukünftig mit weiteren Domänencontrollern und enthält nicht nur Informationen seiner Domäne, sondern einen Index der Gesamtstruktur.

Abbildung 10.7: Festlegen eines globalen Katalogs

Vor allem bei Unternehmen mit mehreren Niederlassungen, vielen Domänencontrollern und zahlreichen globalen Katalogservern besteht die Notwendigkeit, sicherzustellen, dass die globalen Kataloge korrekt funktionieren. Alle globalen Katalogserver werden als SRV-Records in der Active Directory-Zone im DNS registriert.

Um sich die globalen Katalogserver anzeigen zu lassen, öffnen Sie das Snap-In *DNS* und navigieren zu der DNS-Zone der Rootdomäne in der Gesamtstruktur. Klicken Sie mit der Maus auf die *_tcp*-Zone. In dieser Zone werden Ihnen alle globalen Katalogserver angezeigt. Die SRV-Records dieser Server verweisen auf den Port 3268.

Attribute für den globalen Katalog hinzufügen

Microsoft hat vordefiniert, welche Attribute im globalen Katalog gehalten werden. Wenn Active Directory erweitert wird, kann es erforderlich werden, weitere Attribute in den

Betriebsmasterrollen von Domänencontrollern verwalten

Katalog aufzunehmen, nach denen häufig von Anwendern oder Anwendungen gesucht wird. Diese Anpassung kann über das Snap-In *Active Directory-Schema* erfolgen. Da durch die Modifizierung dieser Einstellungen Änderungen am Schema vorgenommen werden, dürfen Anpassungen nur durch die *Schema-Admins* vorgenommen werden.

In diese Gruppe müssen die Administratoren explizit aufgenommen werden. Fehler bei der Verwaltung des Schemas können schwerwiegende Folgen haben. Daher muss gut überlegt werden, welche Administratoren in diese Gruppe aufgenommen werden und damit die Berechtigung erhalten, Attribute dem globalen Katalog hinzuzufügen.

Die Konfiguration erfolgt im Bereich *Attribute* des *Schema*-Snap-Ins. Bei den Eigenschaften eines Attributs können mehrere Optionen gesetzt werden. Zwei der Optionen sind von besonderer Bedeutung für die Effizienz von Zugriffen auf Active Directory:

- Mit *Dieses Attribut für Containersuche indizieren* wird festgelegt, dass auf den globalen Katalogservern eine Indexierung des Attributs erfolgt. Das ist sinnvoll, wenn das Attribut für Abfragen verwendet wird.
- Mit *Attribut in den globalen Katalog replizieren* wird konfiguriert, dass ein Attribut in den globalen Katalog aufgenommen wird.

Abbildung 10.8: Attribute in den globalen Katalog übernehmen

Betriebsmaster verwalten und verteilen

Die Stabilität und Performance der Betriebsmaster spielt für die Stabilität der Gesamtstruktur eine nicht unerhebliche Rolle. Aus diesem Grund sollten die Rollen auch möglichst optimal verteilt und verwaltet werden.

Standardmäßig besitzt der erste installierte Domänencontroller einer Gesamtstruktur alle fünf FSMO-Rollen seiner Domäne und der Gesamtstruktur. Jeder erste Domänencontroller weiterer Domänen verwaltet die drei Betriebsmasterrollen seiner Domäne (PDC-Emulator, RID-Master, Infrastrukturmaster). Vor allem in größeren Active Directoryies empfiehlt Microsoft jedoch die Verteilung der Rollen auf verschiedene Domänencontroller.

Empfehlungen zur Verteilung von Betriebsmastern

Zur optimalen Verteilung der FSMO-Rollen gibt es folgende Empfehlungen:

- Der Infrastrukturmaster sollte nicht auf einem globalen Katalog liegen, da ansonsten Probleme bei der Auflösung von Gruppen, die Mitglieder aus verschiedenen Domänen haben, auftreten können.
- Domänennamenmaster und Schemamaster sollten auf einem gemeinsamen Domänencontroller liegen, der auch globaler Katalog ist.
- PDC-Emulator und RID-Master kommunizieren stark miteinander und sollten daher auf einem gemeinsamen Domänencontroller liegen, der auch globaler Katalog ist.

Tipp   Um sich einen Überblick über alle Betriebsmaster einer Gesamtstruktur zu verschaffen, können Administratoren den Befehl *Netdom query fsmo* in der Eingabeaufforderung aufrufen.

Den Betriebsmaster übertragen

Auf Basis dieser Empfehlungen sollten Sie daher nach der Installation die Betriebsmaster entsprechend auf die einzelnen Domänencontroller der Domänen beziehungsweise der Gesamtstruktur aufteilen. Betriebsmasterrollen können ohne Weiteres im laufenden Betrieb von einem auf den anderen Domänencontroller übertragen werden.

Sie sollten bei diesen Vorgängen allerdings vorsichtig sein, da bei größeren Active Directories die Replikation etwas dauern kann und die Übertragung daher nicht sofort auf alle Domänencontroller durchgeführt wird. In diesem Fall besteht die Gefahr, dass für einzelne Anwender die übertragenen Betriebsmaster zeitweilig nicht mehr zur Verfügung stehen, was die beschriebenen Konsequenzen nach sich zieht. Am besten übertragen Sie daher diese Rollen zu einer Zeit, in der die Anwender nicht im Netzwerk arbeiten.

Wie Sie gesehen haben, werden die drei Betriebsmaster einer Domäne auf verschiedenen Registerkarten an der gleichen Stelle angezeigt. An dieser Stelle werden auch die einzelnen FSMO-Rollen übertragen. Gehen Sie dazu folgendermaßen vor:

1. Klicken Sie mit der rechten Maustaste im Snap-In *Active Directory-Benutzer und -Computer* auf die Domäne und wählen Sie im Kontextmenü den Eintrag *Domänencontroller ändern* aus.
2. Wählen Sie im nächsten Fenster den Domänencontroller aus, auf den Sie die Rolle übertragen wollen, und bestätigen Sie die Eingabe.

Betriebsmasterrollen von Domänencontrollern verwalten

Abbildung 10.9: Ändern des Domänencontrollers in einer Verwaltungskonsole

3. Klicken Sie dann wieder mit der rechten Maustaste auf die Domäne und wählen Sie dieses Mal im Kontextmenü den Eintrag *Betriebsmaster* aus.
4. Auf den drei Registerkarten *PDC*, *RID* und *Infrastruktur* wird der aktuelle Betriebsmaster und im unteren Feld der Domänencontroller, mit dem Sie sich verbunden haben, angezeigt.
5. Klicken Sie auf der Registerkarte, deren Betriebsmaster Sie verschieben wollen, auf die Schaltfläche *Ändern*. Sie können hier auch mehrere Betriebsmaster verschieben.

Abbildung 10.10: Übertragen von Betriebsmastern

6. Es erscheint eine Warnung, die Sie bestätigen müssen.
7. Nach dieser Warnung erscheint die Meldung, dass der Betriebsmaster erfolgreich übertragen wurde.
8. Auf dieselbe Weise gehen Sie bei der Übertragung der Betriebsmaster, Schemamaster und Domänennamenmaster vor. Diese beiden Betriebsmaster werden in der bekannten jeweiligen Verwaltungskonsole übertragen.

Tipp   Betriebsmasterrollen lassen sich auch in der PowerShell auf andere Domänencontroller verschieben. Das passende Cmdlet dazu ist:

Move-ADDirectoryServerOperationMasterRole

Mit *Get-Help Move-ADDirectoryServerOperationMasterRole* lassen Sie sich die umfangreiche Syntax und einige Beispiele für das Cmdlet anzeigen.

Den Besitz eines Betriebsmasters übernehmen

Wenn der bisherige Rolleninhaber (beispielsweise nach einem Ausfall) nicht mehr zur Verfügung steht, besteht auch die Möglichkeit, einem anderen Domänencontroller die FSMO-Rolle fest zuzuweisen. In diesem Fall darf der ursprüngliche Rolleninhaber jedoch nicht mehr in Active Directory integriert werden, da er vom Rollentausch nichts mitbekommen hat und damit zwei identische Betriebsmaster in einer Gesamtstruktur betrieben würden. Für die Besitzübernahme eines Betriebsmasters wird das Befehlszeilenprogramm Ntdsutil benötigt.

Voraussetzungen für die Besitzübernahme einer FSMO-Rolle

Wenn Sie eine FSMO-Rolle auf einen anderen Domänencontroller verschieben wollen, ohne dass der bisherige Rolleninhaber das mitbekommt, sollten Sie zwei Voraussetzungen berücksichtigen:

1. Die erste Voraussetzung ist, dass der bisherige Rolleninhaber nicht mehr ins Netzwerk integriert wird. Sie können den bisherigen Rolleninhaber neu installieren und nach der Besitzübernahme sogar mit gleichem Namen wieder in das Netzwerk integrieren. Zunächst sollten Sie jedoch die Active Directory-Replikation für den Verschiebevorgang abwarten.
2. Verschieben Sie den Domänennamenmaster und den Schemamaster am besten wieder auf einen anderen Domänencontroller der Rootdomäne in der Gesamtstruktur, der auch die Rolle eines globalen Katalogs hat.

Besitzübernahme in der Eingabeaufforderung durchführen

Um die Betriebsmasterrolle auf einen anderen Domänencontroller zu verschieben, öffnen Sie eine Eingabeaufforderung. Gehen Sie danach in folgender Reihenfolge vor:

1. Nach dem Aufruf von *Ntdsutil* geben Sie den Befehl *Roles* ein.
2. Geben Sie dann *Connections* ein.
3. Danach geben Sie *Connect to server <Servername>* ein. Tragen Sie als Name des Servers den zukünftigen Rolleninhaber ein.
4. Überprüfen Sie, ob die Verbindung hergestellt wurde und keine Fehlermeldung angezeigt wird.

5. Wurde die Verbindung erfolgreich hergestellt, geben Sie den Befehl *Quit* ein, um wieder zum vorherigen Menü *Fsmo maintenance* zurückzukehren.
6. Geben Sie den Befehl *Seize <FSMO-Rolle>* ein. Der Rollenname ist entweder *pdc* (PDC-Emulator), *rid master* (RID-Master), *schema master* (Schemamaster), *infrastructure master* (Infrastrukturmaster) oder *naming master* (Domänennamenmaster). In diesem Beispiel wird der Schemamaster verschoben. Der Befehl lautet also *Seize schema master*.
7. Daraufhin erscheint ein Warnfenster, in dem Sie den Vorgang bestätigen müssen.
8. Nachdem Sie das Fenster bestätigt haben, versucht der Assistent zunächst, ob der ursprüngliche Rolleninhaber erreicht und die Rolle damit normal übertragen werden kann.
9. Nach der erwarteten erfolglosen Kontaktaufnahme mit dem ursprünglichen Rolleninhaber wird die Rolle ohne weitere Zwischenfrage auf den neuen Server verschoben.

Tipp Sie können Rollen mit Ntdsutil auch wie in der grafischen Oberfläche übertragen, wenn der ursprüngliche Betriebsmaster also noch normal funktioniert. Geben Sie in diesem Fall statt des Befehls *Seize <FSMO-Rolle>* den Befehl *Transfer <FSMO-Rolle>* ein. Die sonstige Syntax des Befehls ist identisch. Um die einzelnen Rollen zu übertragen, können Sie in Ntdsutil folgende Befehle verwenden:

PDC-Emulator -> *Transfer pdc*

RID-Master -> *Transfer rid master*

Schemamaster -> *Transfer schema master*

Infrastrukturmaster -> *Transfer infrastructure master*

Domänennamenmaster > *Transfer naming master*

Schreibgeschützte Domänencontroller (RODC) einsetzen

Eine Möglichkeit, Domänencontroller in Niederlassungen abzusichern, sind die schreibgeschützten Domänencontroller (Read-only Domain Controller, RODC). Wie Sie diese Domänencontroller installieren, zeigen wir in Kapitel 13. Diese Domänencontroller erhalten die replizierten Informationen von den normalen Domänencontrollern und nehmen selbst keine Änderungen entgegen. Durch dieses neue Feature können Sie auch Domänencontroller in kleineren Niederlassungen betreiben, ohne dass das Sicherheitskonzept eines Unternehmens beeinträchtigt ist, weil die Domänencontroller in den Niederlassungen nicht geschützt sind.

Ein RODC schützt Active Directory davor, dass Kennwörter ausspioniert werden. Ein RODC kennt zwar alle Objekte in Active Directory, speichert aber nur die Kennwörter der Benutzer, die Sie explizit festlegen. Wird ein solcher Domänencontroller gestohlen und versucht ein Angreifer, die Kennwörter aus der Datenbank des Controllers auszulesen, sind die Konten der restlichen Domäne geschützt.

Während der Heraufstufung eines Domänencontrollers können Sie diesen zum RODC deklarieren. Der erste Domänencontroller muss allerdings ein normaler Domänencontroller sein. In diesem Fall repliziert sich der Domänencontroller von anderen Domänencontrollern, gibt aber selbst keine Änderungen weiter. Ein RODC nimmt keinerlei Änderungen an der Datenbank von Active Directory an, ein lesender Zugriff ist allerdings erlaubt. Schreibende Domänencontroller richten keine Replikationsverbindung zu RODCs ein, da eine Replikation nur von normalen Domänencontrollern (DCs) zu RODCs erfolgen kann. RODCs richten Replikationsverbindungen zu den schreibenden Domänencontrollern ein, die Sie bei der Heraufstufung angeben.

Klicken Sie im Snap-In *Active Directory-Benutzer und -Computer* mit der rechten Maustaste auf die OU *Domain Controllers*, können Sie im zugehörigen Kontextmenü den Eintrag *Konto für schreibgeschützten Domänencontroller vorbereiten* auswählen. In diesem Fall führen Sie in der Zentrale den Assistenten zum Erstellen eines neuen Domänencontrollers aus und weisen diesem ein Computerkonto zu. In der Niederlassung kann anschließend ein Administrator diesen Server installieren. Der Server bekommt automatisch die Funktion des RODCs zugewiesen.

Ein RODC bietet ein vollständiges Active Directory, allerdings ohne gespeicherte Kennwörter. Dieser Ordner auf dem RODC ist, wie der Name schon sagt, schreibgeschützt (read only), also nur lesbar. Zwar kann auch ein RODC Kennwörter speichern, aber nur genau diejenigen, die ein Administrator angibt. Bei der Verwendung von RODCs werden folgende Abläufe beim Anmelden eines Benutzers abgewickelt:

1. Ein Anwender meldet sich am Standort des RODC an.
2. Der RODC überprüft, ob das Kennwort des Anwenders auf den Server repliziert wurde. Falls ja, wird der Anwender angemeldet.
3. Ist das Kennwort nicht auf dem RODC verfügbar, wird die Anmeldeanfrage an einen vollwertigen DC weitergeleitet.
4. Wird die Anmeldung erfolgreich durchgeführt, wird dem RODC ein Kerberos-Ticket zugewiesen.
5. Der RODC stellt dem Anwender jetzt noch ein eigenes Kerberos-Ticket aus, mit dem dieser Anwender arbeitet. Gruppenmitgliedschaften und Gruppenrichtlinien werden übrigens nicht über die WAN-Leitung gesendet. Diese Informationen werden auf dem RODC gespeichert.
6. Als Nächstes versucht der RODC, das Kennwort dieses Anwenders in seine Datenbank von einem vollwertigen DC zu replizieren. Ob das gelingt oder nicht, hängt von der jeweiligen Gruppenmitgliedschaft ab.
7. Bei der nächsten Anmeldung dieses Anwenders beginnt der beschriebene Prozess von vorne.

> **Tipp**
>
> Die Kennwörter von Administratorkonten in Active Directory werden in keinem Fall auf einem schreibgeschützten Domänencontroller gespeichert. Diese Kennwörter sind durch ihre Wichtigkeit von der möglichen Replikation zum schreibgeschützten Domänencontroller ausgeschlossen.
>
> Geht die WAN-Verbindung in der Niederlassung mit dem RODC zu einem normalen DC verloren, findet keine Anmeldung mehr an der Domäne statt. Der RODC verhält sich dann wie ein normaler Mitgliedsserver und es ist nur die lokale Anmeldung am Server möglich.

Installieren Sie auf einem RODC den DNS-Dienst (Domain Name System, DNS), wird dieser Server zum schreibgeschützten DNS-Server. Hier gelten die gleichen Einschränkungen für einen RODC. Ein schreibgeschützter DNS-Server nimmt nur Änderungen von normalen DNS-Servern entgegen und akzeptiert selbst keine Änderungen. Ein schreibgeschützter DNS-Server steht für Benutzer als normaler DNS-Server für Abfragen zur Verfügung, unterstützt aber keine dynamische DNS-Registrierung.

Versucht sich ein Client zu registrieren, erhält er vom DNS-Server eine Rückmeldung, dass keine Aktualisierung akzeptiert wird. Im Hintergrund kann der Client versuchen, sich an einem normalen DNS-Server zu registrieren, der die Änderungen dann wieder zum schreibgeschützten DNS-Server repliziert.

Zusammenfassung

In diesem Kapitel haben Sie einen ersten Überblick über das Thema Active Directory in Windows Server 2016 erhalten. Wir haben Ihnen gezeigt, welche neuen Funktionen es gibt und welche Vorteile sie haben. Außerdem sind wir in diesem Kapitel auf die Installation von Active Directory in einer Testdomäne eingegangen und haben erläutert, wie Sie die Betriebsmaster verwalten. Ebenfalls Bestandteil dieses Kapitels war die Verwaltung von Active Directory über die PowerShell.

Im nächsten Kapitel gehen wir ausführlicher auf die Installation von Active Directory ein.

Kapitel 11
Active Directory – Installation und Nutzung

In diesem Kapitel:
DNS für Active Directory installieren 326
Active Directory-Domänendienste-Rolle installieren 331
Active Directory von Installationsmedium installieren 337
Active Directory mit PowerShell installieren 338
Virtuelle Domänencontroller betreiben (Klonen und Prüfpunkte)........................342
Domänencontroller entfernen..346
Zu Windows Server 2016-Active Directory migrieren 347
Das Active Directory-Verwaltungscenter und PowerShell 348
Uhrzeit in Windows-Netzwerken synchronisieren 352
Zusammenfassung..358

In diesem Kapitel zeigen wir Ihnen, wie Sie Active Directory mit Windows Server 2016 aufbauen und verwalten. Wir gehen darauf ein, welche Vorbereitungen Sie für einen Domänencontroller treffen müssen und wie der beste Weg ist, um ein Active Directory zu installieren. Dieses Kapitel stellt die Grundlage für die folgenden Kapitel dar, in denen wir uns noch tiefgehender mit den Möglichkeiten von Active Directory beschäftigen. Damit Sie Windows Server 2016 als Domänencontroller im Netzwerk einsetzen können, muss die Funktionsebene der Domäne und der Gesamtstruktur mindestens auf Windows Server 2008 gesetzt sein.

Im vorherigen Kapitel haben wir Ihnen bereits erläutert, wie Sie Active Directory in einer Testumgebung installieren. In den folgenden Abschnitten bauen wir die Installationsmöglichkeiten weiter aus. Haben Sie den Computernamen festgelegt, sollten Sie die IP-Einstellungen des Servers anpassen, wie in Kapitel 10 erläutert.

Wichtig ist an dieser Stelle, dass Sie die lokale IP-Adresse des Servers als primären DNS-Server festlegen. Da dieser Server der erste Domänencontroller des neuen Active Directory werden soll, wird er auch der erste DNS-Server. Tragen Sie in den Eigenschaften des IP-

Protokolls die IP-Adresse des Servers als bevorzugten Server ein. Der nächste Schritt besteht darin, den DNS-Server für Active Directory vorzubereiten.

An dieser Stelle müssen Sie noch keinen alternativen DNS-Server eintragen. Der alternative DNS-Server in den IP-Einstellungen wird erst von einem Client befragt, wenn der bevorzugte DNS-Server nicht mehr antwortet. Auch eine fehlerhafte Auflösung akzeptiert ein DNS-Client als Antwort. Die IP-Einstellungen für Netzwerkverbindungen erreichen Sie im *Netzwerk- und Freigabecenter* über den Link *Adaptereinstellungen ändern*. Am schnellsten gelangen Sie zu dieser Konfiguration über die Eingabe von »ncpa.cpl« im Suchfeld des Startmenüs.

Hinweis In Kapitel 6 geben wir ebenfalls wichtige Hinweise für den Betrieb von Servern in Active Directory. Diese Anmerkungen gelten auch für Domänencontroller.

DNS für Active Directory installieren

Der Assistent für die Installation von Active Directory kann zwar auch im Rahmen der Einrichtung die DNS-Funktionalität installieren und einrichten. Für ein besseres Verständnis der Thematik ist diese Vorgehensweise allerdings nicht optimal, da Sie viele Einstellungen später nicht verstehen. Außerdem legt der Assistent keine Reverse-Lookupzone an, also die Möglichkeit, IP-Adressen nach Namen aufzulösen (siehe Kapitel 6).

Das ist zwar für den Betrieb von Active Directory nicht zwingend notwendig, allerdings verbessern Reverse-Lookupzonen die Namensauflösung und Sie erhalten bei Nslookup keine Fehlermeldungen. Um DNS zu installieren, starten Sie den Server-Manager und klicken auf *Verwalten/Rollen und Features hinzufügen*. Wählen Sie die Rolle *DNS-Server* aus. Nach der Installation müssen Sie den Server nicht neu starten.

Wollen Sie ein neues Active Directory erstellen, besteht der erste Schritt darin, auf dem ersten geplanten Domänencontroller nach der Installation von Windows Server 2016 zunächst die DNS-Erweiterung zu installieren. Nach der Installation finden Sie das Verwaltungsprogramm für den DNS-Server im Server-Manager über den Bereich *Tools*.

Standardmäßig werden Sie mit dem lokal installierten DNS-Server verbunden. Erstellen Sie später eine einheitliche Managementkonsole (Microsoft Management Console, MMC), können Sie die Verwaltung mehrerer DNS-Server in Ihrem Unternehmen an einer Stelle verbinden. Klicken Sie mit der rechten Maustaste in der Konsole auf *DNS*, können Sie sich mit zusätzlichen DNS-Servern verbinden.

Mit den Knoten *Forward-Lookupzonen* und *Reverse-Lookupzonen* legen Sie die Zonen an, die Active Directory für seinen Betrieb benötigt. Im Knoten *Globale Protokolle/DNS-Ereignisse* (falls vorhanden) finden Sie gefilterte Meldungen der Ereignisanzeige des Servers. Über *Bedingte Weiterleitungen* können Sie Anfragen zu bestimmten DNS-Zonen an fest definierte DNS-Server weiterleiten.

Notwendige DNS-Zonen für Active Directory erstellen

Der nächste Schritt zur Erstellung von Active Directory besteht in der Erstellung der neuen Zonen, die die DNS-Domänen von Active Directory verwalten. Starten Sie dazu die DNS-Verwaltung.

Die erste und wichtigste Zone, die Sie auf einem DNS-Server erstellen, ist die *Forward-Lookupzone* der ersten Domäne von Active Directory. Klicken Sie dazu in der MMC (Microsoft Management Console) mit der rechten Maustaste auf *Forward-Lookupzonen* und wählen Sie im Kontextmenü den Eintrag *Neue Zone* aus. Es startet der Assistent zum Erstellen von neuen Zonen. Im nächsten Fenster können Sie festlegen, welche Art von Zone Sie erstellen wollen.

Wählen Sie die Option *Primäre Zone* aus. Beim Erstellen neuer Domänen in Active Directory werden ausschließlich primäre Domänen benötigt. Auf der nächsten Seite des Assistenten legen Sie den Namen der neuen Zone fest. Hier ist es extrem wichtig, dass Sie als Zonennamen exakt den Namen wählen, den Sie als DNS-Suffix des Servers eingetragen haben und den Sie als DNS-Namen der Active Directory-Domäne wählen wollen. Das DNS-Suffix des Namens legt der Installations-Assistent automatisch an, die Forward-Lookupzone auch. Das DNS-Suffix des Domänencontrollers wird später in diese Zone integriert und die erste Active Directory-Domäne speichert ihre SRV-Records ebenfalls in dieser Domäne.

Forward-Lookupzone anlegen

In diesem Beispiel lautet die Zone *paula.int*. Im Anschluss erscheint das Fenster, in dem Sie die Erstellung einer neuen Datei für die Zone bestätigen müssen. Sie könnten an dieser Stelle den Namen der Datei zwar ändern, sollten ihn aber möglichst immer so belassen, wie er festgelegt wurde.

Im nächsten Fenster legen Sie die dynamischen Updates der DNS-Zone fest. DNS-Server unter Windows Server 2016 arbeiten mit dynamischen Updates. Das heißt, alle Servernamen und IP-Adressen sowie die SRV-Records von Active Directory werden automatisch in diese Zone eingetragen. Ohne dynamische Updates können Sie in einer Zone kein Active Directory integrieren.

Der Installations-Assistent von Active Directory muss in einer Zone Dutzende Einträge automatisch erstellen können. Aktivieren Sie daher im Fenster die Option *Nicht sichere und sichere dynamische Updates zulassen*. Sichere Updates können Sie nach der Erstellung von Active Directory konfigurieren. Vor der Installation ist diese Einstellung deaktiviert.

Im Anschluss erhalten Sie nochmals eine Zusammenfassung Ihrer Angaben aufgelistet. Danach wird die Zone erstellt und in der MMC angezeigt. Innerhalb der Zone sollte bereits der lokale Server als Host (A) mit seiner IP-Adresse registriert sein. Diese Registrierung findet nur statt, wenn das primäre DNS-Suffix des Servers mit der erstellten Zone übereinstimmt und die dynamische Aktualisierung zugelassen wurde. In den IP-Einstellungen des Servers muss außerdem der DNS-Server eingetragen sein, der die Zone verwaltet.

Abbildung 11.1: Dynamische Updates für eine Zone aktivieren

Reverse-Lookupzone anlegen

Im Anschluss an die Forward-Lookupzone sollten Sie eine Reverse-Lookupzone erstellen. Diese Zone ist dafür zuständig, IP-Adressen in Rechnernamen zu übersetzen. Diese Zonen werden zwar für den stabilen Betrieb von Active Directory nicht zwingend benötigt, gehören aber dennoch zu einer ordentlichen Namensauflösung im Netzwerk.

Klicken Sie mit der rechten Maustaste auf den Menüpunkt *Reverse-Lookupzone* und wählen Sie *Neue Zone* aus. Auf der ersten Seite des Assistenten wählen Sie wieder die Option *Primäre Zone*. Auf der nächsten Seite können Sie festlegen, ob Sie eine IPv4- oder eine IPv6-Reverse-Lookupzone anlegen wollen. Legen Sie auf der nächsten Seite des Assistenten den IP-Bereich fest, der durch diese Zone verwaltet werden soll. Tragen Sie zur Definition des IP-Bereichs unter *Netzwerk-ID* den IP-Bereich ein, den Sie verwalten wollen. Für jeden eigenständigen IP-Bereich müssen Sie eine eigene Zone anlegen. Verwalten Sie ein Klasse-B-Netzwerk (255.255.0.0), können Sie auch einfach die letzte Stelle leer lassen. Hat sich bei einer Zone, die Sie für die Netzwerkkennung *192.168.* konfiguriert haben, ein Server mit der IP-Adresse *192.168.178.10* registriert, legt der DNS-Server automatisch eine Sortierung für die verschiedenen Subnetze an.

Sie müssen daher bei einem Klasse-B-Netzwerk nicht manuell für jedes Unternetz eine eigene Zone anlegen. Nur wenn sich der IP-Bereich vollständig unterscheidet, zum Beispiel *192.168.* und *10.1.*, müssen Sie zwei getrennte Zonen anlegen. Auf der nächsten Seite des Assistenten legen Sie den Zonennamen fest. Danach müssen Sie die dynamischen Updates zulassen und die Zusammenfassung bestätigen.

DNS-Zonen testen und Namen für den Server festlegen

Als Nächstes wird die neue Zone erstellt. Hat sich der Server noch nicht automatisch registriert, können Sie über die Eingabe des Befehls *Ipconfig /registerdns* in der Eingabeaufforderung die dynamische Registrierung anstoßen. Danach sollte die IP-Adresse des Servers in der Zone registriert sein. Die PowerShell verfügt über Cmdlets, um Netzwerkeinstellungen eines Computers zu steuern oder abzufragen, zum Beispiel *Get-NetIPAddress*. Durch Eingabe dieses Befehls erhalten Sie umfassende Informationen zu den Netzwerkeinstellun-

DNS für Active Directory installieren

gen und IP-Adressen eines Rechners. Sie sehen alle Daten zu den IPv4- und IPv6-Adressen eines Computers.

Das funktioniert aber nur dann, wenn Sie das DNS-Suffix des Servers vorher anpassen. Konfigurieren Sie daher zunächst über *Systemsteuerung/System und Sicherheit/System/ Erweiterte Systemeinstellungen/Computername/Ändern* neben dem NetBIOS-Namen des neuen Domänencontrollers (zum Beispiel *dc*) noch das DNS-Suffix. Klicken Sie dazu im Fenster auf die Schaltfläche *Weitere* und geben Sie das DNS-Suffix des Servers an. Tragen Sie an dieser Stelle exakt den DNS-Namen ein, den Ihre Active Directory-Domäne später erhalten soll, zum Beispiel *paula.int*.

Abbildung 11.2: Computername und DNS-Suffix eines Domänencontrollers definieren

Der vollständige Name des Servers (FQDN) setzt sich aus dem Computernamen und dem primären DNS-Suffix zusammen. Der vollständige Computername des Domänencontrollers lautet *dc.paula.int*. Haben Sie die Änderungen vorgenommen, müssen Sie den Server neu starten. Nach dem Neustart können Sie überprüfen, ob sich der Server in seine DNS-Zone sowie in die erstellte Reverse-Lookupzone eingetragen hat.

Mit dem Cmdlet *Test-DnsServer* können Sie die Verfügbarkeit und generelle Funktion von einem oder mehreren DNS-Servern testen. Geben Sie in der Liste die IP-Adressen der DNS-Server ein, deren Verfügbarkeit Sie testen wollen. Danach erhalten Sie eine Zusammenfassung der wichtigen Informationen und sehen, welche DNS-Server im Netzwerk verfügbar sind.

Sie können in der PowerShell auch überprüfen, welche Netzwerkverbindungen sich auf den DNS-Servern registrieren und ob das lokale Suffix des Rechners verwendet wird. Dazu nutzen Sie das Cmdlet *Get-DnsClient*. Wollen Sie anzeigen, welche DNS-Server ein Client für die verschiedenen Netzwerkkarten verwendet, geben Sie *Get-DnsClientServerAddress* ein.

DNS-Einstellungen überprüfen und Fehler beheben

Bevor Sie Active Directory auf dem Server installieren, sollten Sie sicherstellen, dass alle DNS-Einstellungen korrekt vorgenommen sind. Überprüfen Sie, ob sich der Server sowohl in der Forward- als auch in der Reverse-Lookupzone korrekt eingetragen hat.

Öffnen Sie danach eine Eingabeaufforderung und geben Sie den Befehl *Nslookup* ein. Die Eingabe des Befehls darf keinerlei Fehlermeldungen verursachen. Es muss der richtige FQDN des DNS-Servers und seine IP-Adresse angezeigt werden. Suchen Sie in Nslookup noch nach der IP-Adresse, muss diese nach dem Servernamen aufgelöst werden.

Sollte das nicht der Fall sein, gehen Sie Schritt für Schritt vor, um den Fehler einzugrenzen:

1. Sollte ein Fehler erscheinen, versuchen Sie es einmal mit dem Befehl *Ipconfig /registerdns* in der Eingabeaufforderung. Überprüfen Sie, ob sich der Server in die Zone eingetragen hat.
2. Sollte der Fehler weiterhin auftreten, überprüfen Sie, ob das primäre DNS-Suffix auf dem Server mit dem Zonennamen übereinstimmt.
3. Stellen Sie als Nächstes fest, ob die IP-Adresse des Servers stimmt und der Eintrag des bevorzugten DNS-Servers auf die IP-Adresse des Servers zeigt.
4. Überprüfen Sie in den Eigenschaften der Zone, ob die dynamische Aktualisierung zugelassen wird, und ändern Sie gegebenenfalls die Einstellung, damit die Aktualisierung stattfinden kann. Die Eigenschaften der Zonen erreichen Sie, wenn Sie mit der rechten Maustaste auf die Zone klicken und die *Eigenschaften* auswählen.

Treten keine Fehler auf, können Sie mit der Erstellung von Active Directory auf diesem Server beginnen. Dazu gehen Sie wie in Kapitel 10 erläutert vor.

Haben Sie Active Directory installiert, stehen auch in Windows Server 2016 die bekannten Tools Dcdiag, Repadmin & Co. zur Analyse zur Verfügung. Für die Namensauflösung können Sie weiterhin Nslookup oder die Cmdlets zur Verwaltung von DNS, zum Beispiel *Resolve-DnsName*, verwenden.

Tipp Wollen Sie zum Beispiel eine Namensauflösung für einen Server mit allen notwendigen Hosteinträgen, TTL und IP-Adressen durchführen, geben Sie *Resolve-DnsName <Name des Rechners>* ein. *Resolve-DnsName -Type All <DNS-Zone>* zeigt wichtige Informationen zur DNS-Zone an.

Um den Namen eines Computers auf Basis der IP-Adresse aufzulösen, verwenden Sie *Resolve-DnsName <IP-Adresse>*. Anschließend zeigt die PowerShell die gefundenen Rechner sowie die dazugehörige Reverse-Lookupzone an.

Resolve-DnsName kann auch DNS-Namen über das Internet auflösen lassen, zum Beispiel mit *Resolve-DnsName www.microsoft.de*. Wollen Sie nur die IPv4-Adressen anzeigen, nutzen Sie *(Resolve-DnsName www.microsoft.de).ip4address*.

Wollen Sie außerdem Abfragen von DNS-Zonen über einen DNS-Server anzeigen, verwenden Sie *Resolve-DnsName contoso.int -Server dc1.contoso.int*. Wer lieber mit Skripts arbeitet und sich nur die IP-Adressen anzeigen lassen will, kann auch den folgenden Befehl verwenden:

([system.net.dns]::GetHostEntry("dc1.contoso.int")).AddressList.IPAddressTostring

Active Directory-Domänendienste-Rolle installieren

Nachdem Sie diese Vorbereitungen getroffen haben, können Sie Active Directory auf dem Server installieren. Wie Sie dabei vorgehen, lesen Sie in Kapitel 10. In den folgenden Abschnitten gehen wir ausführlicher auf die Einrichtung einer neuen Gesamtstruktur ein.

Tipp	Neben dem Server-Manager (siehe Kapitel 10) können Sie die Binärdateien von Active Directory inklusive der Verwaltungstools auch in der PowerShell installieren. Dazu verwenden Sie den Befehl *Install-WindowsFeature -Name AD-Domain-Services -IncludeManagementTools*.
	Ob die Binärdateien für Active Directory installiert sind, können Sie mit dem Cmdlet *Get-WindowsFeature* anzeigen. Auf diesem Weg lässt sich in der PowerShell anzeigen, welche Serverdienste bereits installiert sind.
	Alle Befehle, die für Active Directory zur Verfügung stehen, erhalten Sie über *Get-Command -Module ADDSDeployment* angezeigt. Hilfestellungen rufen Sie mit *Get-Help <Cmdlet>* ab.

Voraussetzungen zum Betrieb von Active Directory testen

In der PowerShell testen Sie Domänencontroller mit den Cmdlets *Test-ADDSDomainControllerInstallation*, *Test-ADDSDomainControllerUninstallation*, *Test-ADDSDomainInstallation*, *Test-ADDSForestInstallation* und *Test-ADDSReadOnlyDomainControllerAccountCreation*.

Das Cmdlet *Test-ADDSDomainControllerInstallation* ermöglicht das Testen der Voraussetzungen für die Installation eines Domänencontrollers. Die Voraussetzungen für schreibgeschützte Domänencontroller testen Sie mit *Test-ADDSReadOnlyDomainControllerAccountCreation*. Das Cmdlet *Test-ADDSDomainControllerUninstallation* testet die Voraussetzungen für die Deinstallation eines Domänencontrollers. Das Tool bereitet die Ausführung des Cmdlets *Uninstall-ADDSDomainController* vor.

Mit *Test-ADDSDomainInstallation* testen Sie die Voraussetzungen für die Installation einer neuen Domäne in Active Directory, *Test-ADDSForestInstallation* testet das Gleiche für eine neue Gesamtstruktur auf Basis von Windows Server 2016. Damit Sie die Tests ausführen können, müssen Sie an verschiedenen Stellen noch Kennwörter eingeben. Diese akzeptiert das entsprechende Cmdlet aber nur als sichere Eingabe. Ein Beispiel für den Befehl ist:

Test-ADDSDomainControllerInstallation -DomainName <DNS-Name der Domäne> -SafeModeAdministratorPassword (Read-Host -Prompt Kennwort -AsSecureString)

Installation von Active Directory starten

Nachdem Sie die Serverrolle installiert haben, beginnen Sie mit der Einrichtung der Domäne. Diesen Vorgang starten Sie im Server-Manager über das Wartungssymbol.

> **Tipp**
>
> Sie können die Einrichtung von Active Directory auch in der PowerShell auf einem Computer im Netzwerk durchführen. Dazu verwenden Sie den folgenden Cmdlet-Aufruf:
>
> *Invoke-Command {Install-ADDSDomainController -DomainName <Domäne> -Credential (Get-Credential) -ComputerName <Name des Servers>.*

Wenn Sie die erste Domäne für Ihre Gesamtstruktur erstellen, wählen Sie die Option *Neue Gesamtstruktur hinzufügen* aus. Sie erstellen durch diese Auswahl eine neue Domäne und auch die dazugehörige Gesamtstruktur. Insgesamt gibt es in Active Directory die drei Container *Gesamtstruktur*, *Struktur* und *Domäne*. In den nächsten Abschnitten gehen wir ausführlicher auf dieses Thema ein.

Als Nächstes wählen Sie den DNS-Namen der Domäne. Dieser muss mit der erstellten DNS-Zone und dem DNS-Suffix des ersten Domänencontrollers übereinstimmen. Auf der nächsten Seite des Assistenten legen Sie die Funktionsebene der Gesamtstruktur und damit aller Domänen fest sowie einzelner Domänen. Active Directory kann unter verschiedenen Funktionsebenen betrieben werden:

- Funktionsebene der einzelnen Domänen in der Gesamtstruktur
- Funktionsebene der Gesamtstruktur, die dann für alle Domänen gültig ist

> **Hinweis**
>
> Sie können die Funktionsebene für die Domänen im Snap-In *Active Directory-Benutzer und -Computer* über das Kontextmenü der Domäne einstellen. Die Funktionsebene für die Gesamtstruktur stellen Sie über das Snap-In *Active Directory-Domänen und -Vertrauensstellungen* ein, ebenfalls über das Kontextmenü. Das Abändern der Funktionsebene lässt sich nicht rückgängig machen.

Während die Funktionsebene der Gesamtstruktur nur einmal verändert werden muss, müssen Sie für jede Domäne der Gesamtstruktur deren eigene Funktionsebene anpassen. Diese beiden Ebenen können teilweise unabhängig voneinander jeweils verschiedene Funktionsebenen annehmen. Innerhalb dieser Funktionsebenen gibt es keine Kompatibilitätsunterschiede für Mitgliedserver oder Mitglied-PCs. Wichtig ist der Modus nur für die integrierten Domänencontroller. Das heißt, auch im Betriebsmodus *Windows Server 2016* dürfen Sie Server mit Windows Server 2008/2008 R2/2012/2012 R2 als Mitgliedserver betreiben, nur eben nicht als Domänencontroller.

- **Windows Server 2008** – In dieser Funktionsebene werden Kennwortrichtlinien für mehrere Organisationseinheiten (OUs) unterstützt. Außerdem nutzt Windows in diesem Modus zur Replikation des *SYSVOL*-Ordners DFS, was wesentlich performanter und stabiler funktioniert. In diesem Modus können Sie den Kerberos-Verkehr mit AES 128 oder AES 256 verschlüsseln.
- **Windows Server 2008 R2** – Diese Funktionsebene ist für die Unterstützung des Active Directory-Papierkorbs notwendig oder wenn Sie Authentifizierungsrichtlinien mit Active Directory-Verbunddiensten konfigurieren wollen.
- **Windows Server 2012** – Diese Funktionsebene ist notwendig, wenn Sie erweiterte Active Directory-Funktionen nutzen wollen. Dazu gehören die Möglichkeiten, Domänencontroller zu klonen oder verwaltete Dienstkonten auf mehreren Servern einzuset-

zen. Auf der Windows Server 2012/2012 R2-Domänenfunktionsebene ist die Kerberos-Domänencontrollerrichtlinie für die Unterstützung der dynamischen Zugriffssteuerung und Kerberos Armoring aktiv. Die Gesamtstrukturfunktionsebene von Windows Server 2012/2012 R2 bietet keine neuen Features, stellt aber sicher, dass alle in der Gesamtstruktur erstellten neuen Domänen automatisch auf Windows Server 2012-Domänenfunktionsebene gestellt werden.

- **Windows Server 2012 R2** – Diese neue Funktionsebene aktivieren Sie, wenn Sie nur noch Domänencontroller mit Windows Server 2012 R2 einsetzen. Die Funktionsebene bietet die gleichen Möglichkeiten wie Windows Server 2012. Haben Sie Ihre Domänencontroller alle auf Windows Server 2012 R2 aktualisiert, sollten Sie die Gesamtstrukturfunktionsebene und die Domänenfunktionsebenen der Domänen auf Windows Server 2012 R2 heraufstufen, wenn Sie tiefgehende Active Directory-Funktionen aus Windows Server 2012 R2 nutzen, zum Beispiel Webanwendungen mit Claim-Based-Authentication und AD FS zusammen betreiben.

- **Windows Server 2016** – Diese Funktionsebene nutzen Sie, wenn Sie nur Domänencontroller mit Windows Server 2016 einsetzen. Alle neuen Funktionen in Active Directory werden damit aktiviert.

Auf der gleichen Seite des Assistenten konfigurieren Sie, dass der Domänencontroller auch zum DNS-Server konfiguriert wird. Der erste Domänencontroller in der Gesamtstruktur sollte möglichst immer DNS-Server sein.

Tipp Installieren Sie Active Directory in der PowerShell, können Sie steuern, ob der neue Domänencontroller auch als DNS-Server fungieren soll. Dazu verwenden Sie die Option *-InstallDNS*:

InstallDNS:$false

InstallDNS:$true

Der neue Domänencontroller wird darüber hinaus auch der erste globale Katalog-Server. Auf dieser Seite können Sie außerdem festlegen, ob ein Domänencontroller zum schreibgeschützten Domänencontroller (Read-only Domain Controller, RODC) werden soll. Hierbei wird auf dem Domänencontroller ein Replikat der Active Directory-Datenbank gespeichert, die keinerlei Änderungen akzeptiert. Mehr dazu erfahren Sie in Kapitel 13.

Der erste Domänencontroller einer Gesamtstruktur kann nicht zum RODC konfiguriert werden. Aus diesem Grund ist diese Option, genau wie die Auswahl zum globalen Katalog, deaktiviert, da dem ersten Domänencontroller bestimmte Verpflichtungen zukommen, die Sie an dieser Stelle nicht ändern können. Wir kommen bei der Integration eines zusätzlichen Domänencontrollers noch auf dieses Thema zurück.

Im Fenster legen Sie auch das Kennwort für den Verzeichnisdienst-Wiederherstellungsmodus an. Hierbei handelt es sich um das Kennwort des lokalen Administrators, wenn Sie zur Wiederherstellung von Active Directory ohne den Active Directory-Dienst starten.

Auf der nächsten Seite erkennt der Assistent, dass bereits eine Zone vorhanden ist, wenn Sie diese zuvor angelegt haben, wie in diesem Abschnitt erläutert. Der Assistent bietet an, eine neue Zone für Active Directory zu installieren und diese unterhalb der aktuellen Zone zu integrieren. Diese DNS-Delegierung sollten Sie aktivieren, damit die Daten von Active Directory in einer eigenen Zone unterhalb der aktuellen Zone gebündelt werden.

Abbildung 11.3: DNS-Delegation für Active Directory konfigurieren

Wollen Sie Active Directory aber genau innerhalb der Zone speichern, deaktivieren Sie die Option *DNS-Delegierung erstellen*. DNS-Delegierungen können Sie auch für andere Zonen anlegen, nicht nur für Active Directory.

DNS-Delegierung funktioniert folgendermaßen: Wenn Sie eine untergeordnete Domäne erstellen wollen, zum Beispiel die Domäne *de* unterhalb der Domäne *contoso.com*, haben Sie zwei Möglichkeiten, die Namensauflösung zu erstellen. Sie können auf den primären DNS-Servern der Zone *contoso.com* eine Unterdomäne *de* erstellen. In diesem Fall wird die neue Domäne unterhalb der Domäne *contoso.com* angezeigt. Alle DNS-Server, die die Zone *contoso.com* verwalten, sind auch für die Domäne *de.contoso.com* zuständig. Vor allem bei größeren Unternehmen kann die Erstellung von untergeordneten DNS-Domänen Probleme bereiten. Wenn zum Beispiel in der Zentrale in Dallas die Rootdomäne *contoso.com* verwaltet werden soll, aber die Administratoren in der deutschen Domäne *de* diese Zone aus Sicherheitsgründen nicht verwalten sollen, sondern nur ihre eigene, können Sie nicht einfach eine Unterdomäne anlegen, da sonst jeder Administrator eines DNS-Servers Änderungen in der ganzen Zone vornehmen könnte.

Durch fehlerhafte Änderungen kann dadurch ein weltweites Active Directory schnell außer Funktion gesetzt werden. Aus diesem Grund hat Microsoft in seinen DNS-Servern die Delegation von Domänen integriert. Gehen Sie dazu folgendermaßen vor: Auf dem DNS-Server der neuen untergeordneten Domäne wird eine eigene Zone *de.contoso.com* angelegt und konfiguriert. Zukünftig verwalten die Administratoren der Domäne *de* ihre eigene Zone *de.contoso.com*.

Damit die DNS-Server und Domänencontroller der restlichen Niederlassungen ebenfalls eine Verbindung zu der Zone *de.contoso.com* herstellen können, wird in der Hauptzone *contoso.com* eine sogenannte *Delegation* eingerichtet, in der festgelegt wird, dass nicht die DNS-Server der Zone *contoso.com* für die Domäne *de.contoso.com* zuständig sind, sondern die DNS-Server der Niederlassung in Deutschland. Durch diese Konfiguration können weiterhin alle Namen aufgelöst werden, aber die Administratoren der Niederlassungen können nur ihre eigenen Zonen verwalten, nicht die Zonen der anderen Niederlassungen.

Nachdem Sie die Delegation eingerichtet haben, wird die Zone unterhalb der Hauptzone als delegiert angezeigt. Dieser DNS-Server ist nicht mehr für diese Zone verantwortlich, kann aber Namen in der Domäne durch die Delegation auflösen, indem er Anfragen an die DNS-Server weiterleitet, die in der Delegation angegeben sind.

Ein DNS-Server der Zone *contoso.com*, der eine Anfrage für die Domäne *de.contoso.com* erhält, gibt diese Abfrage an die DNS-Server weiter, die in der Delegation hinterlegt sind. Die Zone *de.contoso.com* wird auf den DNS-Servern, die die Zone verwalten, genauso verwaltet, wie die Zone *contoso.com* auf dem Haupt-DNS-Server. Die Delegation auf den DNS-Servern der Zone *contoso.com* hat keinerlei Auswirkungen auf die Verwaltung der Zone *de.contoso.com*. Die Delegation ist nur eine Verknüpfung zu den DNS-Servern in der Zone *de.contoso.com*.

In der Ansicht der DNS-Verwaltung auf den DNS-Servern von *contoso.com* werden die Delegationen grau angezeigt. Delegationen können jederzeit gelöscht und wieder angelegt werden, da sie keinerlei Auswirkungen auf die Zone haben, zu der sie delegiert sind. Lassen Sie den Assistenten zum Erstellen von Active Directory eine Delegation einrichten, erstellt er eine neue DNS-Zone mit dem Namen *_msdcs.<DNS-Name des Servers>*. In der originalen DNS-Zone legt der Assistent eine Delegierung zur neu angelegten Zone an. So ist sichergestellt, dass Anpassungen an der DNS-Zone des Servers Active Directory nicht beeinträchtigen. Legen Sie keine Delegierung an, erstellt der Assistent innerhalb der bereits vorhandenen DNS-Zone einen neuen Ordner mit der Bezeichnung *_msdcs*.

Nachdem Sie die Konfiguration von DNS abgeschlossen und einen Benutzernamen mit Administratorrechten für die Änderung der Zone eingegeben haben, wechseln Sie zur nächsten Seite des Assistenten. Hier legen Sie den NetBIOS-Namen der neuen Domäne fest.

Im nächsten Fenster legen Sie den Speicherort der Datenbank und der Protokolle fest, die Active Directory zum Speichern der Informationen benötigt. Sie sollten hier den Ordner an der Stelle belassen, die vorgeschlagen wird. Im Anschluss müssen Sie noch die Ordner festlegen, die als *Netlogon*- und *SYSVOL*-Freigabe verwendet werden. In diesem Ordner werden die Anmeldeskripts und später die Gruppenrichtlinien gespeichert. Übernehmen Sie auch an dieser Stelle den Standardpfad, da eine Änderung keinen Sinn ergeben würde.

Anschließend erhalten Sie eine Zusammenfassung angezeigt. Klicken Sie auf *Weiter*, testet der Assistent den Server, ob Active Directory installiert werden kann. Sie erhalten noch Informationen und Warnungen, die Sie berücksichtigen sollten. Mit *Installieren* beginnt der Assistent die Installation von Active Directory.

Über das Kontextmenü eines Domänencontrollers in der Servergruppe *AD DS* können Sie Verwaltungstools und Tools zur Analyse der Domäne starten. Es öffnet sich eine Eingabeaufforderung, in der Sie eine Analyse durchführen können.

Die Analyse startet aber nicht, indem Sie das Tool im Kontextmenü des Servers im neuen Server-Manager starten. Hier öffnet sich lediglich eine neue Eingabeaufforderung, die die Hilfe des Tools anzeigt. Die Diagnose selbst starten Sie nach der Installation von Active Directory, indem Sie eines der Tools *Dcdiag* oder *Repadmin* verwenden und dabei auf die verschiedenen Optionen der Befehle setzen. Mehr zu diesem Thema erfahren Sie in Kapitel 10 und den folgenden Kapiteln in diesem Buch.

DNS in Active Directory integrieren und sichere Updates konfigurieren

Die erste Maßnahme, die Sie nach der Installation von Active Directory durchführen sollten, ist die Integration der DNS-Zonen in Active Directory. Windows Server 2016 führt diesen Vorgang automatisch durch, wenn der Assistent die Zone erstellt. Sie sollten die Einstellungen aber überprüfen.

Durch diese Integration werden die kompletten Daten der DNS-Zonen über die Active Directory-Replikation verteilt. Haben Sie die Installation des DNS-Servers nicht manuell vorgenommen, sondern durch den Assistenten für Active Directory, sind die Zonen bereits automatisch in Active Directory integriert. Um diese Konfiguration zu überprüfen, rufen Sie zunächst das DNS-Snap-In über den Server-Manager auf. Erweitern Sie die Zone, sehen Sie die Erweiterungen, die Active Directory hinzugefügt hat. In den einzelnen Unterdomänen der Zone finden Sie die verschiedenen SRV-Records. Um die Zone in Active Directory zu integrieren, markieren Sie die gesamte DNS-Zone.

1. Klicken Sie mit der rechten Maustaste auf die Zone und wählen Sie im Kontextmenü den Eintrag *Eigenschaften*.
2. Auf der Registerkarte *Allgemein* können Sie durch Klicken auf die Schaltfläche *Ändern* im Bereich *Typ* die Zone in Active Directory integrieren lassen.
3. Aktivieren Sie im Fenster *Zonentyp ändern* das Kontrollkästchen *Zone in Active Directory speichern*.
4. Haben Sie diese Einstellung vorgenommen, können Sie noch im Bereich *Dynamische Updates* die Option *Nur sichere* aktivieren.

Abbildung 11.4: DNS-Zonen in Active Directory speichern

Bei dieser Einstellung können sich nur Computer, die sich erfolgreich in Active Directory authentifizieren, dynamisch in DNS registrieren.

Bei der Integration der DNS-Zone in Active Directory sehen Sie auch die Möglichkeit, eine Stubzone zu erstellen. Eine Stubzone ist die Kopie einer Zone, die nur die für diese Zone erforderlichen Ressourceneinträge zum Identifizieren der autorisierenden DNS-Server enthält.

Haben Sie die Zone in Active Directory integriert, können Sie auch die Replikation der DNS-Daten anpassen: Klicken Sie in den Eigenschaften einer Zone im Bereich *Replikation* auf *Ändern*, können Sie konfigurieren, auf welche Server die DNS-Daten repliziert werden sollen. Sie können die Zone auf alle DNS-Server der Gesamtstruktur, auf alle DNS-Server der aktuellen Domäne oder auf alle Domänencontroller der aktuellen Domäne replizieren.

Active Directory von Installationsmedium installieren

Abbildung 11.5: DNS-Datenreplikation konfigurieren

DNS-IP-Einstellungen anpassen

Windows Server 2016 hat die Eigenart, die Konfiguration der Netzwerkverbindungen automatisch abzuändern, sodass die Einstellungen für manche Administratoren verwirrend sein können. Geben Sie nach der Fertigstellung der Installation von Active Directory auf dem Domänencontroller in der Eingabeaufforderung »nslookup« ein, erhalten Sie unter Umständen eine etwas verwirrende Ausgabe. Der Server gibt als Adresse :1 zurück. In Kapitel 6 sind wir bereits auf das Thema eingegangen.

Die Ausgabe wird durch eine Konfiguration der Netzwerkverbindungen verursacht. Rufen Sie zunächst die Verwaltung Ihrer Netzwerkverbindungen auf. Der schnellste Weg ist, wenn Sie »ncpa.cpl« im Startmenü eingeben. Rufen Sie die Eigenschaften des IPv6-Protokolls auf. Wie Sie sehen, hat Windows Server 2016 die Option *Folgende DNS-Serveradressen verwenden* aktiviert und den Eintrag ::1 hinterlegt. Dies entspricht bei IPv6 dem Eintrag 127.0.0.1 (localhost) bei IPv4.

Durch diesen Eintrag fragt der DNS-Server bei Reverse-Abfragen per IPv6 den lokalen DNS-Server. Legen Sie daher eine IPv6-Reverse-Lookupzone an und stellen Sie sicher, dass ein Zeiger zur IPv6-Adresse des Servers eingetragen wird.

Aktivieren Sie am besten die Option *DNS-Serveradresse automatisch beziehen*. Durch diese Konfiguration vermeiden Sie die irreführende Meldung in Nslookup. Rufen Sie als Nächstes die Eigenschaften für das IPv4-Protokoll auf. Auch hier hat der Assistent als bevorzugten DNS-Server die Adresse des lokalen Hosts hinterlegt (127.0.0.1). In diesem Fall funktionieren zwar Abfragen per DNS, aber diese Konfiguration ist nicht sauber und resultiert in einer fehlerhaften Ausgabe bei Nslookup. Tragen Sie auch hier die richtige IPv4-Adresse des Servers ein. Anschließend sollte die Eingabe von »nslookup« in der Eingabeaufforderung keine Fehler mehr ausgeben.

Active Directory von Installationsmedium installieren

Soll ein Domänencontroller nach der Installation seine Replikationsdaten nicht über das Netzwerk beziehen, sondern einen Datenträger verwenden, den Sie auf Basis der aktuellen Active Directory-Daten erstellt haben, müssen zuvor einige Vorbereitungen getroffen werden.

Für die Installation eines Domänencontrollers in Niederlassungen oder bereits ausgelasteten Netzwerken bietet es sich an, auf einem Quell-Domänencontroller zunächst Daten aus Active Directory zu exportieren, auf einen Datenträger zu kopieren und zur Niederlassung zu senden. Bei der Heraufstufung eines Domänencontrollers kann dieses Medium verwendet werden.

So muss der Domänencontroller in der Niederlassung nur noch das Delta zwischen Medium und aktuellen Daten mit seinen Replikationspartnern synchronisieren, was deutlich Netzwerklast spart. Auf den folgenden Seiten zeigen wir Ihnen, wie Sie dazu am besten vorgehen.

Das Active Directory-Installationsmedium vorbereiten

Um ein Installationsmedium vorzubereiten, müssen Sie sich an einem Domänencontroller mit Adminrechten anmelden. Gehen Sie im Anschluss folgendermaßen vor:

1. Öffnen Sie eine Eingabeaufforderung und rufen Sie das Befehlszeilentool *Ntdsutil* auf.
2. Geben Sie als Nächstes *Activate instance ntds* ein und bestätigen Sie.
3. Geben Sie *Ifm* ein und bestätigen Sie.
4. Geben Sie *Create rodc c:\temp* ein, um ein Installationsmedium für einen RODC (schreibgeschützter Domänencontroller) zu erstellen. Um einen vollwertigen DC mit dem Installationsmedium zu erstellen, geben Sie *Create full c:\temp* ein. Soll der *SYSVOL*-Ordner nicht mit eingeschlossen werden, verwenden Sie einen der beiden Befehle *Create nosysvol rodc c:\temp* oder *Create nosysvol full c:\temp*. Den Ordner können Sie natürlich beliebig ändern.
5. Beenden Sie Ntdsutil mit der wiederholten Eingabe von *Quit*.
6. Überprüfen Sie, ob der Ordner erstellt wurde und die Daten darin enthalten sind.

Domänencontroller mit Medium installieren

Kopieren Sie die Daten auf ein Medium und legen Sie dieses in den Server ein, den Sie mit diesem Medium installieren wollen. Soll die Installation unbeaufsichtigt erfolgen (siehe die Hinweise am Ende dieses Kapitels), verwenden Sie die Variable */ReplicationSourcePath*.

Verwenden Sie den Assistenten in der grafischen Oberfläche, aktivieren Sie auf der Seite *Installieren von Medium* die Option *Daten von Medien an folgendem Speicherort replizieren* und wählen Sie den lokalen Ordner aus, in dem die Daten abgelegt wurden. Dieses Fenster erscheint, wenn Sie über den Installations-Assistenten von Active Directory einen zusätzlichen Domänencontroller installieren (siehe Kapitel 12).

Active Directory mit PowerShell installieren

Auch Core-Server können Sie als Domänencontroller verwenden. In Kapitel 13 kommen wir noch mal ausführlich auf dieses Thema zurück. Die Installation von Active Directory nehmen Sie in diesem Fall zum Beispiel über die PowerShell vor. Das funktioniert natürlich ebenso auf herkömmlichen Domänencontrollern.

Active Directory mit PowerShell installieren

Mit dem Cmdlet *Install-ADDSDomainController* installieren Sie in einer bestehenden Domäne einen neuen Domänencontroller. Mit *Install-ADDSDomain* installieren Sie eine neue Domäne, mit *Install-ADDSForest* eine neue Gesamtstruktur. Um einen Domänencontroller herabzustufen, verwenden Sie das Cmdlet *Uninstall-ADDSDomainController*.

Die Cmdlets fragen alle notwendigen Optionen der Reihe nach ab, falls Sie die Optionen nicht bereits mit dem Cmdlet konfiguriert haben, und der Server wird neu gestartet. Konfigurationen für den DNS-Server und den globalen Katalog nehmen Sie anschließend vor. Diese Aufgaben müssen Sie nicht mehr im Assistenten zur Installation durchführen.

Bevor Sie einen Core-Server als Domänencontroller installieren, nehmen Sie die IP-Einstellungen auf dem Server vor. Gehen Sie dazu vor, wie in den Kapiteln 2, 3, 4 und 6 beschrieben. Sie haben auch die Möglichkeit, Active Directory in der grafischen Benutzeroberfläche zu installieren und danach die grafische Oberfläche vom Server zu entfernen (siehe Kapitel 3). Alternativ aktivieren Sie die Remoteverwaltung und nehmen die Einrichtung über Verwaltungstools von anderen Servern vor oder über eine Arbeitsstation. In diesem Fall nehmen Sie den Core-Server in die Domäne auf (siehe Kapitel 6), verbinden sich mit dem Server über einen anderen Rechner und den Server-Manager. Über diesen Weg können Sie auf einem Core-Server Active Directory genauso installieren wie mit lokalen Verwaltungswerkzeugen.

Um Active Directory mit der PowerShell zu installieren, geben Sie in der Eingabeaufforderung zunächst »powershell« ein. Im ersten Schritt müssen Sie mit *Install-WindowsFeature AD-Domain-services -IncludeManagementTools* die Active Directory-Domänendienste auf dem Server installieren.

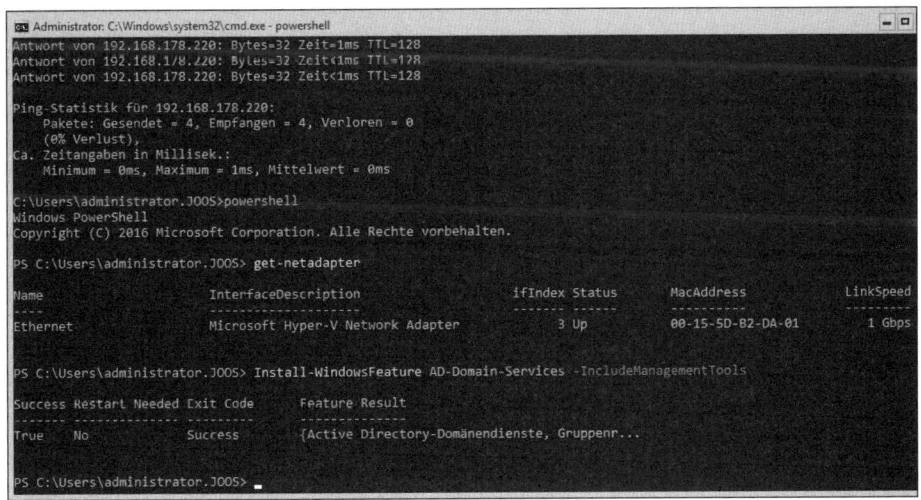

Abbildung 11.6: Active Directory auf einem Core-Server installieren

Anschließend stehen die bereits genannten Cmdlets zur Verfügung. Geben Sie keine Optionen für die Cmdlets ein, fragt der Assistent die notwendigen Daten ab. Sie können sich die Befehle auch anzeigen lassen, wenn Sie den Assistenten auf einem Server durchlaufen, und sich am Ende das Skript anzeigen lassen. Hier sehen Sie die Befehle und Optionen, die Sie für die PowerShell benötigen.

Um zum Beispiel einen neuen Domänencontroller zu installieren, verwenden Sie das Cmdlet *Install-ADDSDomainController*. Damit der Befehl funktioniert, geben Sie den

Namen der Domäne mit an und konfigurieren das Kennwort für den Verzeichnisdienst-Wiederherstellungsmodus als SecureString. Dazu verwenden Sie den folgenden Aufruf:

Install-ADDSDomainController -DomainName <DNS-Name der Domäne> -SafeModeAdministratorPassword (Read-Host -Prompt Kennwort -AsSecureString)

Der Befehl fragt nach dem Kennwort für den Verzeichnisdienst-Wiederherstellungsmodus und speichert es als sichere Zeichenfolge ab.

Sie können alle notwendigen Optionen für die Installation auch direkt im Cmdlet angeben, zum Beispiel für die Installation von DNS oder die Funktionsebene von Domäne und Gesamtstruktur. Dazu verwenden Sie zum Beispiel die folgenden Optionen:

- *-ForestMode <{Win2008 | Win2008R2 | Win2012 | Win2012R2 | Win2016}>*
- *-DomainMode <{Win2008 | Win2008R2 | Win2012 | Win2012R2 | Win2016}>*
- *-InstallDNS <{$false | $true}>*
- *-SafeModeAdministratorPassword <secure string>*

Eine neue Gesamtstruktur installieren Sie mit dem Cmdlet *Install-ADDSForest -Domainname <DNS-Name>*. Ein Beispiel für die Ausführung ist der folgende Befehl:

Install-ADDSForest -DomainName corp.contoso.com -CreateDNSDelegation -DomainMode Win2012 -ForestMode Win2012R2 -DatabasePath d:\NTDS -SYSVOLPath d:\SYSVOL -LogPath e:\Logs

In Kapitel 13 zeigen wir Ihnen, wie Sie in einer Gesamtstruktur weitere Domänencontroller, Domänen oder Strukturen integrieren. Um zum Beispiel eine neue Domäne im Betriebsmodus *Windows Server 2012* in einer Gesamtstruktur zu installieren, verwenden Sie den folgenden Cmdlet-Aufruf:

Install-ADDSDomain   -SafeModeAdministratorPassword   -Credential   (Get-Credential corp\EnterpriseAdmin1) -NewDomainName child -ParentDomainName corp.contoso.com -InstallDNS   -CreateDNSDelegation   -DomainMode   Win2012   -ReplicationSourceDC DC1.corp.contoso.com -SiteName Houston -DatabasePath d:\NTDS -SYSVOLPath d:\SYSVOL -LogPath e:\Logs -Confirm:$false

Um in dieser Domäne dann wiederum einen weiteren Domänencontroller zu installieren, verwenden Sie den folgenden Befehl:

Install-ADDSDomainController -Credential (Get-Credential corp\administrator) -DomainName corp.contoso.com

Ist der entsprechende Server bereits Mitglied der Domäne und haben Sie sich mit einem Domänenadministrator angemeldet, können Sie auch den Befehl *Install-ADDSDomainController -DomainName corp.contoso.com* verwenden. Ein weiteres Beispiel für die Installation eines neuen Domänencontrollers ist:

Install-ADDSDomainController   -Credential   (Get-Credential   contoso\EnterpriseAdmin1) -CreateDNSDelegation -DomainName corp.contoso.com -SiteName Boston -InstallationMediaPath "c:\ADDS IFM" -DatabasePath "d:\NTDS" -SYSVOLPath "d:\SYSVOL" -LogPath "e:\Logs"

In Kapitel 13 zeigen wir Ihnen ausführlich, wie Sie schreibgeschützte Domänencontroller (RODC) installieren und Core-Server als zusätzliche Domänencontroller. Sie können auch diese Domänencontroller in der PowerShell installieren. Ein Beispiel ist:

Add-ADDSReadOnlyDomainControllerAccount -DomainControllerAccountName RODC1- DomainName corp.contoso.com -SiteName Boston DelegatedAdministratorAccountName joost

Um dann auf dem Server Active Directory zu installieren, verwenden Sie:

Install-WindowsFeature -Name AD-Domain-Services -IncludeManagementTools

Den Server stufen Sie dann mit dem folgenden Befehl zum Domänencontroller hoch:

Install-ADDSDomainController -DomainName corp.contoso.com -SafeModeAdministrator-Password (Read-Host -Prompt "DSRM-Kennwort:" -AsSecureString) -Credential (Get-Credential Corp\joost) -UseExistingAccount

Mehr zu diesem Thema lesen Sie in Kapitel 13.

Beispiel: Erstellen einer neuen Active Directory-Gesamtstruktur in der PowerShell

Eine neue Gesamtstruktur wird mit dem Befehl *Install-ADDSForest* installiert. Mit verschiedenen Optionen lassen sich die Daten der Gesamtstruktur mitgeben, um eine Domäne zu installieren. Eine typische Testumgebung sieht folgendermaßen aus:

Install-ADDSForest

-CreateDnsDelegation:$false

-DatabasePath "C:\Windows\NTDS"

-DomainMode "Win2012R2"

-DomainName "testdom.int"

-DomainNetbiosName "testdom"

-ForestMode "Win2012R2"

-InstallDns:$true

-LogPath "C:\Windows\NTDS"

-NoRebootOnCompletion:$false

-SysvolPath "C:\Windows\SYSVOL"

-Force:$true

Wird der Befehl ausgeführt, müssen Sie nur noch das Kennwort für den Verzeichnisdienst-Wiederherstellungsmodus eingeben. Anschließend wird die Domäne und Gesamtstruktur erstellt. Während der Installation der Gesamtstruktur wird der Server automatisch neu gestartet.

Anschließend ist die Domäne einsatzbereit. Im Rahmen der Installation wird auf dem Server auch der DNS-Dienst installiert. Nachdem der Server zum Domänencontroller heraufgestuft wurde, wird die DNS-Zone der Domäne automatisch mit sicheren DNS-Updates konfiguriert. Das heißt, es können sich zwar neue Clients in der DNS-Zone registrieren, aber nur dann, wenn sie Mitglied der Domäne sind.

Virtuelle Domänencontroller betreiben (Klonen und Prüfpunkte)

Mit Windows Server 2012 R2 hat Microsoft den Betrieb von virtuellen Domänencontrollern optimiert. Im Gegensatz zu Vorgängerversionen stellen Prüfpunkte und geklonte Domänencontroller keine Gefahr mehr für das komplette Active Directory dar. Microsoft empfiehlt sogar, Domänencontroller virtuell zu klonen, da sich so neue Domänencontroller wesentlich schneller zur Verfügung stellen lassen als mit einer herkömmlichen Installation.

Hinweis Damit Sie Domänencontroller optimal virtualisieren und auch klonen können, müssen mindestens folgende Bedingungen eingehalten werden:

- Der PDC-Emulator muss sich auf einem Domänencontroller mit Windows Server 2012/2012 R2 oder Windows Server 2016 befinden (siehe Kapitel 10).
- Den PDC-Emulator können Sie nicht klonen, er muss während des Klonvorgangs immer verfügbar sein.
- Die Domäne muss bereits über mindestens zwei Domänencontroller mit Windows Server 2012/2012 R2/2016 verfügen, da Sie nur den zweiten Domänencontroller klonen können. Der erste stellt den PDC-Emulator zur Verfügung.
- Die Virtualisierungslösung muss diese neue Technik unterstützen (VM-Generation ID). Aktuell ist das vor allem Hyper-V in Windows Server 2012/2012R2/2016 und VMware vSphere 6/6.5.

Ob die von Ihnen eingesetzte Virtualisierungslösung die neue VM-Generation ID unterstützt, erkennen Sie im Geräte-Manager eines virtualisierten Servers mit Windows Server 2016. Bei den Systemgeräten muss der Treiber *Microsoft Hyper-V-Generierungszähler* (*Microsoft Hyper-V Generation Counter*) mit der Treiberdatei *vmgencounter.sys* existieren.

Möglichkeiten zur Virtualisierung von Domänencontrollern

Mit Windows Server 2016 haben Sie zum Beispiel die Möglichkeit, einen virtuellen Domänencontroller zu installieren, diesen mit Sysprep vorzubereiten und dieses Image für das Klonen zu verwenden. Um einen Domänencontroller zu klonen, ist die Datei *DCCloneConfig.xml* wichtig. Diese muss sich im Ordner mit der Active Directory-Datenbank befinden (standardmäßig *C:\Windows\NTDS*).

Kopieren Sie die virtuelle Festplatte des virtuellen Domänencontrollers oder exportieren und importieren Sie den virtuellen Server zu einem neuen Server, erkennt das Windows Server 2016. Das Betriebssystem stuft den neuen Server automatisch zum Domänencontroller herauf, erstellt eine neue lokale Active Directory-Datenbank und verwendet als Replikationsquelle die geklonte lokale Datenbank. Nach der erfolgreichen Heraufstufung repliziert sich der neue Domänencontroller dann ganz normal mit den anderen Domänencontrollern, wie jeder andere Domänencontroller auch.

Sie können mit diesem Klonvorgang Domänencontroller ebenso in neue Domänen, Strukturen oder sogar Gesamtstrukturen installieren. Damit die Sicherheit in Active Directory nicht beeinträchtigt wird, lässt sich der Vorgang dazu delegieren. So müssen Domänenadmins das Klonen von neuen Domänencontrollern erst genehmigen. Das Klonen nehmen dann Hyper-V-Admins vor. Das müssen nicht unbedingt dieselben Mitarbeiter sein. Die Grundlage, um virtuelle Domänencontroller zu klonen, ist die Datei *DCCloneConfig.xml*. Diese müssen Administratoren in der PowerShell erstellen lassen. Es lassen sich generell alle Domänencontroller klonen, Sie müssen keine besonderen Vorbereitungen treffen.

Windows Server 2016 erkennt ein Zurücksetzen mit einem Prüfpunkt und kann die fehlenden Daten zwischen lokaler Active Directory-Datenbank und der Datenbank von anderen Domänencontrollern replizieren. Sie müssen bei diesen Vorgängen nichts beachten, sondern können beliebige Snapshots erstellen und diese wieder zurücksetzen, wenn das notwendig ist.

Dazu erhält neben jeder Transaktion in Active Directory (USN) auch jede Active Directory-Datenbank selbst eine ID, InvocationID genannt. Zusammen mit der USN einer Transaktion und der InvocationID der Active Directory-Datenbank auf dem jeweiligen Domänencontroller ergibt das eine eindeutige Nummerierung aller Transaktionen in Active Directory. Installieren Sie einen Domänencontroller mit Windows Server 2016 auf einem Hyper-V-Host mit Windows Server 2016, erstellt der Server eine eindeutige VM Generation ID und speichert diese im Computerobjekt des Domänencontrollers in Active Directory. Auf diesem Weg kann Active Directory erkennen, welcher Domänencontroller virtuell betrieben wird und wie dessen ID ist. Setzen Sie einen Snapshot auf einem Windows Server 2016-Domänencontroller zurück, erkennt Active Directory das.

Bereitstellung virtueller Domänencontroller vorbereiten und XML-Dateien erstellen

Um einen virtuellen Domänencontroller zu klonen, müssen Sie für den Server eine Datei *DCCloneConfig.xml* in der PowerShell erstellen. Diese Datei können Sie auf Basis einer Vorlage einrichten und an Ihre eigenen Bedürfnisse anpassen.

Bevor Sie einen virtuellen Domänencontroller klonen, müssen Sie auf dem Server das Cmdlet *Get-ADDCCloningExcludedApplicationList* ausführen. Das Cmdlet überprüft, ob es auf dem virtuellen Server Anwendungen gibt, die das Klonen nicht unterstützen.

Entdeckt das Cmdlet nicht kompatible Dienste, zum Beispiel den DHCP-Dienst oder einen installierten Virenscanner, erhalten Sie entsprechende Informationen angezeigt. In diesem Fall müssen Sie den entsprechenden Dienst erst vom Server entfernen. Alternativ tragen Sie den Dienst später in die Datei *CustomDCCloneAllowList.xml* ein. Diese muss in etwa folgendermaßen aussehen:

```xml
<?xml version=1.0 encoding=utf-8 ?>
<AllowList>
    <Allow>
      <Name></Name>
      <Type>Service</Type>
    </Allow>
    <Allow>
      <Name></Name>
      <Type>Program</Type>
    </Allow>
</AllowList>
```

Listing 11.1 Beispiel für eine angepasste Datei CustomDCCloneAllowList.xml

Eine Liste der Anwendungen und Dienste, die das Klonen unterstützen, finden Sie in der Datei *C:\Windows\System32\DefaultDCCloneAllowList.XML* auf dem virtuellen Domänencontroller. Die Konfiguration für das Klonen nehmen Sie später in der Datei *DCCloneConfig.xml* vor. Die Beispieldatei *SampleDCCloneConfig.xml* finden Sie im Ordner *C:\Windows\System32*.

In der *.xml*-Datei pflegen Sie in den verschiedenen Bereichen die IP-Adresse des neuen Servers sowie die Subnetzmaske, das Standardgateway und die DNS-Server, die der neue Server zur Namensauflösung verwenden soll. Sie legen hier auch den neuen Namen des Domänencontrollers fest.

Tipp	Nachdem Sie die Datei *DCCloneConfig.xml* erstellt haben, kopieren Sie sie in den Ordner mit der Active Directory-Datenbank, also normalerweise in den Ordner *C:\Windows\NTDS*. Den Ordner legen Sie während der Heraufstufung zum Domänencontroller fest. In der PowerShell erstellen Sie die Datei neu, indem Sie das Cmdlet *New-ADDCCloneConfigFile* verwenden. Beispiel: *New-ADDCCloneConfigFile -Offline -CloneComputerName CloneDC1 -SiteName REDMOND -IPv4Address "10.0.0.2" -IPv4DNSResolver "10.0.0.1" -IPv4SubnetMask "255.255.0.0" -IPv4DefaultGateway "10.0.0.1" -Static -Path F:\Windows\NTDS* Befinden sich auf dem Quellserver nicht-kompatible Anwendungen, die das Cmdlet *Get-ADDCCloningExcludedApplicationList* anzeigt, müssen Sie diese entweder entfernen oder in die Datei *CustomDCCloneAllowList.xml* im gleichen Ordner aufnehmen.

Quell-Domänencontroller vor dem Klonen überprüfen und vorbereiten

Der Quell-Domänencontroller muss mit dem PDC-Master der Domäne kommunizieren können (siehe Kapitel 10). Das testen Sie zum Beispiel mit den beiden Befehlen *Dcdiag /test:locatorcheck /v* und *Nltest /server:<PDC-Emulator> /dclist:<Domäne>*. Mehr zu den beiden Befehlen lesen Sie in den Kapiteln 10 und 15.

Sie können nur Quell-Domänencontroller klonen, die Mitglied der Gruppe *Klonbare Domänencontroller* in Active Directory sind. Nehmen Sie Domänencontroller dazu am besten im Snap-In *Active Directory-Benutzer und -Computer* auf der Registerkarte *Mitglied von* in dieser Gruppe auf.

Hinweis	Sie können nur Domänencontroller klonen, die nicht eingeschaltet sind. Das heißt, Sie müssen den entsprechenden Domänencontroller herunterfahren, bevor Sie ihn klonen können.

Festplatten von virtuellen Domänencontrollern kopieren

Um die Festplatten eines virtuellen Domänencontrollers zu kopieren, den Sie klonen wollen, haben Sie zwei Möglichkeiten. Sie können die Festplatten mit dem Explorer kopieren und in einen neuen Server einbinden oder Sie exportieren den virtuellen Computer (siehe

Kapitel 8). Microsoft empfiehlt, immer alle virtuellen Festplatten eines virtuellen Domänencontrollers zu kopieren, nicht nur die Systemfestplatte.

> **Hinweis** Bevor Sie einen virtuellen Domänencontroller exportieren oder dessen virtuelle Festplatten kopieren, löschen Sie zuvor alle seine Prüfpunkte. Sie können nach dem Vorgang problemlos Prüfpunkte für den neuen Domänencontroller und für den Quell-Domänencontroller erstellen.

Wo die virtuellen Festplatten des Domänencontrollers gespeichert sind, sehen Sie im Hyper-V-Manager in dessen Einstellungen im Bereich *IDE-Controller* oder *SCSI-Controller*.

Sie können die virtuellen Festplatten auch in der PowerShell mit den Cmdlets *Get-VMIde-Controller*, *Get-VMScsiController*, *Get-VMFibreChannelHba* und *Get-VMHardDiskDrive* abfragen.

Um einen virtuellen Server zu exportieren, müssen Sie ihn ausschalten. Anschließend erscheint im Kontextmenü des Servers der Menübefehl *Exportieren*.

Geklonten Domänencontroller für die Aufnahme in Active Directory vorbereiten

Bevor Sie den neuen Domänencontroller in Active Directory aufnehmen können, müssen Sie die durch den Klonvorgang angepasste Datei *DCCloneConfig.xml* vom Quellcomputer in den Ordner mit der Active Directory-Datenbank, also normalerweise in den Ordner *C:\Windows\NTDS* vom Quell- auf den Zielcomputer kopieren. Windows hat den Namen der Datei angepasst, um zu zeigen, dass ein Klonvorgang stattgefunden hat. Ändern Sie den Namen wieder um zu *DCCloneConfig.xml*.

> **Hinweis** Bis Sie den Zielcomputer in Active Directory eingebunden haben, muss der Quell-Domänencontroller ausgeschaltet bleiben. Der Ziel-Domänencontroller muss aber Kontakt zum PDC-Emulator der Domäne aufbauen können, von der er geklont wurde (siehe Kapitel 10).

Befinden sich auf dem Quellserver nicht kompatible Anwendungen, die das Cmdlet *Get-ADDCCloningExcludedApplicationList* anzeigt, müssen Sie die Datei *CustomDCCloneAllowList.xml* im gleichen Ordner aufnehmen. Dazu starten Sie aber den neuen virtuellen Domänencontroller nicht, sondern binden seine virtuelle Festplatte in den Explorer des Hyper-V-Hosts ein und kopieren die Datei (siehe Kapitel 6). Nach dem Kopieren werfen Sie die virtuelle Festplatte wieder aus.

Anschließend erstellen Sie entweder einen neuen virtuellen Computer und verwenden die kopierte Festplatte (siehe Kapitel 7) oder Sie importieren den exportierten Server (siehe Kapitel 8) mit dem Hyper-V-Manager oder der PowerShell. Beim Importieren wählen Sie die Option *Virtuellen Computer kopieren* aus.

Starten Sie den Domänencontroller, liest er die Datei *DCCloneConfig.xml* ein und bereitet sich selbst für das Klonen vor. Während des Windows-Starts erhalten Sie auch eine entsprechende Meldung.

Melden Sie sich nach dem erfolgreichen Start an, können Sie die Domänendienste normal nutzen. Überprüfen Sie, ob sich der neue Domänencontroller in Active Directory eingebunden hat (siehe Kapitel 15). Der Domänencontroller muss in der OU *Domain Controllers* in *Active Directory-Benutzer und -Computer* eingetragen sein. Als Name verwendet der Klonvorgang den Namen, den Sie in der Datei *DCCloneConfig.xml* eingetragen haben.

Außerdem muss Windows eine Replikationsverbindung eingetragen haben. Testen Sie diese über das Kontextmenü.

Hinweis Achten Sie darauf, dass weder der Quell- noch der Ziel-Domänencontroller über aktive Prüfpunkte verfügen dürfen. Löschen Sie alle Prüfpunkte. Sie können nach dem Klonvorgang für beide Domänencontroller neue Prüfpunkte erstellen.

Achten Sie darauf, dass der Quell-Domänencontroller ausgeschaltet ist und der PDC-Emulator der Quelldomäne verfügbar ist. Starten Sie anschließend die Ziel-VM. Diese muss eine Verbindung zum PDC-Emulator aufbauen können. Der Quell-Domänencontroller darf im Netzwerk aber nicht online sein.

Tipp In der Ereignisanzeige finden Sie Einträge der IDs 29218 und 29248 bis 29266. Achten Sie außerdem auf die Quellen *Microsoft-Windows-DirectoryServices-DSROLE-Server* und *Microsoft-Windows-ActiveDirectory_DomainService*.

Domänencontroller entfernen

In Kapitel 15 zeigen wir Ihnen, wie Sie einen Domänencontroller in Active Directory bei einem Fehler entfernen und die Metadaten bereinigen. In Windows Server 2016 können Sie dazu auch zunächst nur das Computerkonto aus der Organisationseinheit *Domain Controllers* entfernen und hier die Metadaten löschen lassen.

Domänencontroller per PowerShell herabstufen

Ein gelöschtes Domänencontrollerkonto können Sie mit dem Active Directory-Verwaltungscenter und dem Active Directory-Papierkorb wiederherstellen (siehe Kapitel 12). Damit das funktioniert, müssen Sie den Active Directory-Papierkorb aber zunächst aktivieren. In Kapitel 12 zeigen wir Ihnen, wie Sie dazu vorgehen.

Um einen Domänencontroller herabzustufen, also von einem Domänencontroller zu einem Mitgliedsserver zu machen, verwenden Sie das Cmdlet *Uninstall-ADDSDomainController*. Mehr zu diesem Thema lesen Sie in Kapitel 15.

Um einen Domänencontroller herabzustufen, verwenden Sie den folgenden Befehl:

Uninstall-ADDSDomainController -LocalAdministratorPassword (Read-Host -Prompt Kennwort -AsSecureString

Über diesen Weg setzen Sie auch gleich das lokale Kennwort des Administrators. Handelt es sich um den letzten Domänencontroller, verwenden Sie noch die Option *-LastDomaincontrollerInDomain*. Lesen Sie sich zu diesen Anmerkungen Kapitel 15 durch. Haben Sie den Domänencontroller herabgestuft, können Sie die Active Directory-Domänendienste-Rolle ebenfalls in der PowerShell entfernen (siehe Kapitel 4). Dazu verwenden Sie zum Beispiel den folgenden Befehl:

Uninstall-WindowsFeature AD-Domain-Services

Active Directory über den Server-Manager entfernen

Starten Sie auf einem Domänencontroller den Assistenten zum Entfernen von Rollen und Features im Server-Manager, können Sie den Domänencontroller herabstufen und die Binärdateien ebenfalls entfernen. Lesen Sie sich dazu auch Kapitel 4 durch.

Starten Sie den Assistenten zum Entfernen und wählen Sie *Active Directory-Domänendienste* zum Entfernen aus. Der Assistent erkennt, dass der Server bereits zum Domänencontroller heraufgestuft wurde, und bietet eine Herabstufung über den Link *Diesen Domänencontroller tiefer stufen* an.

Haben Sie den Link ausgewählt, startet der Assistent zur Herabstufung. Sie können im Fenster auswählen, ob der Server eine Verbindung zu anderen Domänencontrollern aufbauen soll, um sich herabzustufen, oder ob Sie Active Directory erzwungen vom Server entfernen wollen.

Auf der nächsten Seite des Fensters erhalten Sie Informationen, welche Rollen auf dem Server von dem Entfernen betroffen sind, vor allem, ob es sich um einen DNS-Server oder einen globalen Katalog handelt. Anschließend müssen Sie das Entfernen dieser Rollen sowie das Entfernen der DNS-Delegierung noch bestätigen. Im Assistenten legen Sie auch das neue lokale Administratorkennwort fest. Durch einen Klick auf *Tiefer stufen* entfernen Sie schließlich den Domänencontroller.

Zu Windows Server 2016 Active Directory migrieren

Sie können Domänencontroller mit Windows Server 2016 auch in Netzwerken mit Windows Server 2008/2008 R2/2012 integrieren. Dazu muss allerdings das Schema vorbereitet werden. Sie verwenden dazu das Tool *Adprep* von der Windows Server 2016-DVD. Die Syntax dazu lautet:

Adprep /forestprep /forest <Gesamtstruktur> /userdomain <Domäne> /user <Benutzername> /password *

Mit der zusätzlichen Option */logdsid* aktivieren Sie eine detailliertere Protokollierung. Die Datei *adprep.log* befindet sich im Ordner *%WinDir%\System32\Debug\Adprep\Logs*.

Der Befehl *Adprep /domainprep /gpprep* wird bei der AD DS-Installation ausgeführt. Mit dem Befehl werden Berechtigungen festgelegt, die für die des Richtlinienergebnissatzes (Resultant Set of Policy, RSOP) wichtig sind. Wir gehen nachfolgend auf die einzelnen Vorgänge ein.

Domänen zu Windows Server 2016 aktualisieren

Eine direkte Aktualisierung zu Windows Server 2016 ist nur für Domänencontroller mit Windows Server 2012/2012 R2 möglich, wird aber von Microsoft nicht empfohlen (siehe

Kapitel 2 und 3). Achten Sie dabei aber auf die Übertragung der Betriebsmaster (siehe Kapitel 10 und 15).

Hinweis Damit Sie Domänencontroller mit Windows Server 2016 in Domänen integrieren können, muss die Gesamtstrukturfunktionsebene und die Domänenfunktionsebene auf Windows Server 2008 oder höher gesetzt sein.

Wollen Sie Domänencontroller zu Windows Server 2016 aktualisieren, müssen Sie zunächst das Schema der Gesamtstruktur erweitern. Dazu führen Sie den Befehl *Adprep /forestprep* auf einem Domänencontroller aus. Sie finden das Tool im Ordner *support\adprep* auf der Windows Server 2016-DVD.

Damit Sie das Schema erweitern können, müssen Sie zuvor noch mit der Taste [C] die Erweiterung bestätigen. Nach der Aktualisierung des Schemas müssen Sie mit *Adprep /domainprep* noch die einzelnen Domänen aktualisieren.

Das Active Directory-Verwaltungscenter und PowerShell

Die meisten Bereiche zur Ausführung von Routineaufgaben können Sie im Active Directory-Verwaltungscenter finden. Das Tool verbindet sich über die Active Directory-Webdienste mit Active Directory und stellt Routineaufgaben zur Verfügung.

Abbildung 11.7: Das Active Directory-Verwaltungscenter in Windows Server 2016

Das Active Directory-Verwaltungscenter und PowerShell

Sie starten das Active Directory-Verwaltungscenter entweder über die Programmgruppe *Tools* im Server-Manager oder indem Sie »dsac« im Suchfeld des Startmenüs eintippen. Auf der linken Seite der Konsole navigieren Sie durch die Domäne und die Organisationseinheiten. Im linken oberen Bereich können Sie die Ansicht anpassen.

Verwenden Sie die linke Ansicht, verhält sich die Navigation ähnlich dem Startmenü. Über die Kategorie *Globale Suche* können Sie in allen Domänen der Gesamtstruktur suchen, unabhängig von der Domäne, mit der Sie aktuell verbunden sind.

Direkt auf der Startseite können Sie häufige Aufgaben wie beispielsweise das Zurücksetzen eines Benutzerkennworts oder das Durchsuchen von Active Directory durchführen. Sie können die Seite durch Anzeigen oder Ausblenden verschiedener Fenster anpassen.

Wenn Sie das Active Directory-Verwaltungscenter öffnen, wird die Domäne, an der Sie derzeit auf diesem Server angemeldet sind, im linken Bereich angezeigt. Auch Domänen, die nicht zu derselben Gesamtstruktur wie die lokale Domäne gehören, können Sie anzeigen und verwalten, wenn sie über eine Vertrauensstellung verfügen. Sowohl unidirektionale als auch bidirektionale Vertrauensstellungen werden unterstützt.

In der Listenansicht können Sie Spalten anzeigen, die mehr Informationen enthalten als das Snap-In *Active Directory-Benutzer und -Computer*. Sie können Ihre Active Directory-Domänen über verschiedene Domänencontroller verwalten. Dazu klicken Sie die Domäne mit der rechten Maustaste an und wählen *Domänencontroller ändern*. Über diesen Weg ändern Sie auch die Funktionsebene von Gesamtstruktur und Domäne und aktivieren den Active Directory-Papierkorb für die entsprechende Gesamtstruktur.

Klicken Sie auf *Verwalten/Navigationsknoten hinzufügen* und im daraufhin geöffneten Fenster rechts unten auf den Link *Verbindung mit anderen Domänen herstellen*. Tippen Sie in das Feld *Verbindung herstellen mit* den Namen der Domäne ein, die Sie zusätzlich verwalten wollen. Wählen Sie die Container aus, die dem Navigationsbereich hinzugefügt werden sollen.

Abbildung 11.8: Die Oberfläche des Active Directory-Verwaltungscenters anpassen

---

Tipp   Sie können das Active Directory-Verwaltungscenter auch mit unterschiedlichen Anmeldeinformationen öffnen, indem Sie den Befehl *Runas /user:<Domäne\Benutzerkonto> dsac* verwenden, zum Beispiel über eine Verknüpfung. Vor dem Start erscheint dann ein Fenster, in dem Sie das Kennwort für das Konto eingeben.

Zur Anpassung des Navigationsbereichs können Sie Navigationsknoten hinzufügen, umbenennen oder entfernen, Duplikate dieser Knoten erstellen oder sie im Navigationsbereich nach oben oder unten verschieben. Klicken Sie mit der rechten Maustaste auf den Knoten, den Sie ändern möchten. Sie können die Position oder den Namen des Knotens ändern oder den Knoten duplizieren.

Die Liste der zuletzt verwendeten Objekte wird automatisch unter einem Navigationsknoten angezeigt, wenn Sie mindestens einen Container innerhalb dieses Navigationsknotens besuchen. Für jeden Navigationsknoten können Sie einen bestimmten Domänencontroller konfigurieren.

Active Directory und die PowerShell

Um Active Directory-Objekte in der PowerShell abzurufen, stellt Microsoft zahlreiche neue Cmdlets zur Verfügung. Eine Liste erhalten Sie am schnellsten über den Befehl *Get-Command Get-Ad**. Um neue Objekte zu erstellen, gibt es ebenfalls zahlreiche neue Cmdlets. Die Liste dazu erhalten Sie durch Eingabe von *Get-Command New-Ad**.

Eine Liste mit Befehlen zum Löschen von Objekten zeigt die PowerShell mit *Get-Command Remove-Ad**. Änderungen an Active Directory-Objekten nehmen Sie mit *Set*-Cmdlets vor. Eine Liste erhalten Sie über *Get-Command Set-Ad**.

Neu im unteren Bereich des Active Directory-Verwaltungscenters ist die *Windows PowerShell-Verlauf History* zu finden. Diese bietet PowerShell-Befehle als Protokoll an. Dazu müssen Sie nur auf den Link klicken und sehen alle durchgeführten Aufgaben der grafischen Oberfläche als Befehl für die PowerShell. Dieses Fenster dient aber nicht nur als Protokoll, sondern Sie können Befehle für Skripts aus dem Fenster herauskopieren.

Ebenfalls eine wichtige Funktion in der PowerShell ist das Cmdlet *Show-Command*. Dieses blendet ein Fenster mit allen Befehlen ein, die in der PowerShell verfügbar sind. Sie können im Fenster nach Befehlen suchen und sich eine Hilfe zum Befehl anzeigen lassen sowie Beispiele. Außerdem können Sie hier Befehle zusammenbauen und ausführen lassen.

Nicht alle Cmdlets eignen sich für eine Remoteverwaltung von Servern. Sie können vor allem die Cmdlets nutzen, die über die Option *-ComputerName* verfügen. Um sich alle Cmdlets anzeigen zu lassen, die diese Option unterstützen, also Server auch über das Netzwerk verwalten können, hilft der Befehl *Get-Help *-Parameter ComputerName*.

Haben Sie Active Directory installiert, stehen auch in Windows Server 2016 die bekannten Tools Dcdiag, Repadmin & Co. zur Analyse zur Verfügung. Für die Namensauflösung können Sie weiterhin Nslookup verwenden oder die Cmdlets zur Verwaltung von DNS, zum Beispiel *Resolve-DnsName*.

Damit Sie die Befehle ausführen können, müssen Sie an verschiedenen Stellen noch Kennwörter eingeben. Diese akzeptiert das entsprechende Cmdlet aber nur als sichere Eingabe. Ein Beispiel für den Befehl ist:

Test-ADDSDomainControllerInstallation -DomainName <DNS-Name der Domäne> -SafeModeAdministratorPassword (Read-Host -Prompt Kennwort -AssecureString)

Um zum Beispiel einen neuen Domänencontroller zu installieren, verwenden Sie das Cmdlet *Install-ADDSDomainController*. Damit der Befehl funktioniert, geben Sie den Namen der Domäne mit und konfigurieren das Kennwort für den Verzeichnisdienst-Wiederherstellungsmodus als SecureString. Dazu verwenden Sie den folgenden Befehl:

Install-ADDSDomainController -DomainName <DNS-Name der Domäne> -SafeModeAdministratorPassword (Read-Host -Prompt Kennwort -AssecureString)

Der Befehl fragt nach dem Kennwort für den Verzeichnisdienst-Wiederherstellungsmodus und speichert dieses als sichere Zeichenfolge ab. Domänencontroller können Sie auch in der PowerShell an neue Standorte verschieben:

Get-ADomainController <Name des Servers> | Move-ADDirectoryServer -Site <Name des Standorts>.

Sie können die Replikationsverbindungen auch in der PowerShell anzeigen. Dazu verwenden Sie den Befehl *Get-ADReplicationConnection*. Sie können sich in der PowerShell ebenfalls ausführliche Informationen zu den einzelnen Standorten anzeigen lassen. Dazu verwenden Sie den Befehl *Get-ADReplicationSite -Filter **. Um sich nur den Namen anzeigen zu lassen, verwenden Sie *Get-ADReplicationSite -Filter * | ft Name*. Eine Liste der Domänencontroller und Standorte erhalten Sie mit *Get-ADDomainController -Filter * | ft Hostname,Site*.

Falls Replikationsprobleme in Active Directory auftreten, sollten Sie zunächst sicherstellen, dass die Domänencontroller, die Probleme bei der Replikation haben, für den richtigen Standort konfiguriert sind. Dazu geben Sie in der Eingabeaufforderung den Befehl *Nltest /dsgetsite* ein. In der Anzeige sehen Sie, welchem Standort der Domänencontroller zugewiesen ist und ob er seinen Standort auch erkennt.

Um die Domänencontroller im Netzwerk anzuzeigen, reicht es aus, wenn Sie den Befehl *Get-ADDomainController* eingeben. Dadurch erhalten Sie nicht nur den Namen, sondern auch Informationen zur Domäne, Organisationseinheit, GUID, IP-Adresse, FSMO-Rollen und mehr.

Wie alle Cmdlets kann dieses Cmdlet formatiert angezeigt werden, indem Sie das Cmdlet *Get-ADDomainController |fl* nutzen und zusätzlich die Spalten angeben, die angezeigt werden sollen. Wollen Sie zum Beispiel nur den Namen, das Betriebssystem, die IP-Adresse und die installierten FSMO-Rollen anzeigen lassen, verwenden Sie den folgenden Befehl:

Get-ADDomainController |fl HostName, IPV4Address, OperationMasterroles, OperatingSystem

Mit *|ft* zeigen Sie die Informationen als formatierte Tabelle an.

Tipp Bei dem Cmdlet *Get-ADDomainController*, aber auch bei anderen *Get*-Cmdlets (siehe Kapitel 40), haben Sie die Möglichkeit, die Anzeige zu filtern. Ein Beispielfilter ist das Anzeigen von schreibgeschützten Domänencontrollern:

Get-ADDomainController -Filter {isreadonly -eq $true}

Um die schreibgeschützten Domänencontroller auszublenden, wird das folgende Cmdlet verwendet:

Get-ADDomainController -Filter {isreadonly -eq $false}

Nach dieser Syntax können Sie auch nach allen anderen Feldern filtern lassen, die sich über *Get-ADDomainController* anzeigen lassen. Dazu wird einfach die Option *-Filter* und der Name der Spalte in geschweiften Klammern zusammen mit der Option verwendet, ob der Filter zutreffen (*$true*) oder nicht zutreffen (*$false*) soll.

In diesem Zusammenhang ist die Spalte *IsGlobalCatalog* interessant, da hier nach globalen Katalogen gefiltert werden kann. Das ist vor allem in größeren Umgebungen interessant.

Objekte schützen und wiederherstellen

In Windows Server 2016 sind Active Directory-Objekte vor dem versehentlichen Löschen geschützt. Dieser Schutz ist standardmäßig aktiviert. Nachdem Sie über das Menü *Ansicht* in *Active Directory-Benutzer und -Computer* die erweiterte Ansicht aktiviert haben, finden Sie im jeweiligen Eigenschaftenfenster auf der Registerkarte *Objekt* das Kontrollkästchen *Objekt vor zufälligem Löschen schützen* vor.

Diese Option steuert die Berechtigungen auf der Registerkarte *Sicherheit*. Der Gruppe *Jeder* wird der Eintrag *Löschen* verweigert. Dies äußert sich darin, dass ein Administrator vor dem Löschen eines solchen geschützten Objekts zunächst das Kontrollkästchen zu dieser Option deaktivieren muss, bevor er das Objekt löschen kann.

Den Papierkorb für gelöschte Objekte verwalten Sie in Windows Server 2016 im Active Directory-Verwaltungscenter. Grundlage ist der Papierkorb von Active Directory, den Sie zunächst für die Gesamtstruktur aktivieren müssen. Diesen Vorgang nehmen Sie über das Kontextmenü der Gesamtstruktur auf der linken Seite der Konsole im Active Directory-Verwaltungscenter vor. Sie können den Papierkorb nur dann aktivieren, wenn die Funktionsebene der Gesamtstruktur auf Windows Server 2008 R2 gesetzt ist.

Um gelöschte Objekte wiederherzustellen, verwenden Sie am besten das Active Directory Administration Center in Windows Server 2016. Das hat den Vorteil, dass Ihnen eine grafische Oberfläche zur Verfügung steht. Nachdem Sie den Papierkorb aktiviert und das Active Directory-Verwaltungscenter neu gestartet haben, gibt es für die entsprechende Gesamtstruktur einen neuen Ordner *Deleted Objects*.

Uhrzeit in Windows-Netzwerken synchronisieren

Administratoren, die mehrere Server und verschiedene Arbeitsstationen im Netzwerk verwalten, müssen vor allem beim Einsatz in Active Directory auf die Zeitsynchronisierung achten. Während sich alleinstehende Rechner direkt mit einer Zeitquelle im Internet oder einer Funkuhr synchronisieren können, arbeiten Windows-Rechner in einem Netzwerk zusammen, vor allem beim Einsatz von Active Directory. Die Konfiguration des Zeitdiensts in Windows ist über die Registry oder das Befehlszeilentool *W32tm* möglich. Eingeschränkte Möglichkeiten bietet auch der Befehl *Net time*. Es steht allerdings keine grafische Oberfläche für die Konfiguration zur Verfügung.

Grundlagen zur Zeitsynchronisierung in Active Directory

In Active Directory sollten die Uhren der Rechner und Server nicht mehr als fünf Minuten voneinander abweichen. Da Active Directory bei der Authentifizierung mit Kerberos arbeitet, einem System, das stark auf Tickets, Zeitstempel und damit gültige Uhrzeiten aufbaut, besteht die Gefahr, dass Authentifizierungsaufgaben nicht funktionieren, wenn die Uhren einzelner Rechner stärker voneinander abweichen.

Standardmäßig toleriert Kerberos in Active Directory eine Zeitdifferenz von fünf Minuten. Diese Einstellungen sollten Sie nicht ändern, haben aber die Möglichkeit dazu. Sie müssen für diese Änderung die Gruppenrichtlinie der entsprechenden Computer anpassen. Rufen Sie zunächst den Editor für lokale Gruppenrichtlinien (Gpedit.msc) auf. Navigieren Sie zu

Uhrzeit in Windows-Netzwerken synchronisieren

Computerkonfiguration/Windows-Einstellungen/Sicherheitseinstellungen/Kontorichtlinien/Kerberos-Richtlinie. Hier finden Sie die verschiedenen Einstellungen für die Gültigkeit der Tickets.

Der PDC-Master einer Active Directory-Domäne ist der autorisierende Zeitserver der Domäne und für die Uhrzeiten aller anderen Domänencontroller, Mitgliedsserver und Arbeitsstationen in der Gesamtstruktur verantwortlich (siehe Kapitel 10). Alle Domänencontroller einer Domäne synchronisieren ihre Zeit mit dem PDC-Emulator der eigenen Domäne. Zum Synchronisieren der Zeit verbindet sich der Client oder Mitgliedsserver mit dem Domänencontroller, an dem er sich an der Domäne anmeldet.

Setzen Sie im Unternehmen eine verschachtelte Struktur mit mehreren Domänen ein, synchronisieren sich die einzelnen PDC-Master der Domänen jeweils mit dem PDC-Master der übergeordneten Domäne. Der PDC-Master der Stammdomäne ist schließlich der Server, von dem sich alle anderen Server die Zeit holen. Auf diese Weise gibt es keine Schleifen bei der Konfiguration, da die Synchronisierung der Uhrzeit genau festgelegt ist. Hierarchisch geht es vom ersten PDC-Emulator der Gesamtstruktur nach unten zu den anderen PDC-Emulatoren, den Domänencontrollern und schließlich zu den einzelnen Mitgliedsservern und Arbeitsstationen.

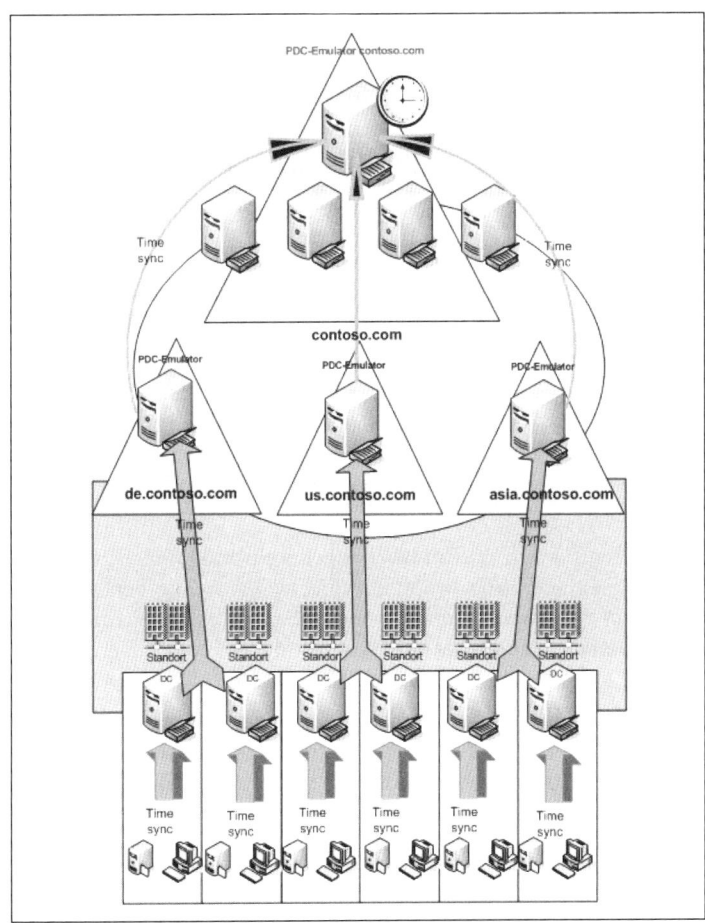

Abbildung 11.9: Zeitsynchronisierung in komplexeren Active Directory-Umgebungen

Das heißt, beim ersten Domänencontroller einer Gesamtstruktur müssen Sie darauf achten, entweder die Zeit mit dem Internet oder mit einer Funkuhr zu synchronisieren. Standardmäßig verwenden PDC-Master die BIOS-Zeit des Rechners, wenn im Netzwerk kein übergeordneter Zeitserver oder PDC-Emulator angegeben ist.

Hier können Sie natürlich von anderen Zeitquellen synchronisieren, neben Internetuhren und Funkuhren auch kompatible Layer-3-Netzwerkwitches. Wichtig ist nur die NTP-Kompatibilität des entsprechenden Geräts. Die Rolle des PDC-Emulators gibt es in jeder Active Directory-Domäne ein Mal. Der erste installierte Domänencontroller einer Active Directory-Domäne bekommt diese Rolle automatisch zugewiesen.

Er ist für die Anwendung und Verwaltung der Gruppenrichtlinien zuständig und darüber hinaus für Kennwortänderungen bei Benutzern verantwortlich. Er steuert die externen Vertrauensstellungen einer Domäne und stellt den Zeitserver der Domäne zur Verfügung.

Wollen Sie überprüfen, welcher Domänencontroller die Rolle des PDC-Emulators in Ihrer Domäne verwaltet, öffnen Sie das Snap-In *Active Directory-Benutzer und -Computer* im Server-Manager oder über *Dsa.msc*. Klicken Sie mit der rechten Maustaste im Snap-In auf die Domäne und wählen Sie im Kontextmenü den Eintrag *Betriebsmaster* aus. Es öffnet sich ein neues Fenster.

Klicken Sie auf die Registerkarte *PDC*. Mehr zu diesem Thema lesen Sie in Kapitel 10. Sie können sich den aktuellen PDC-Emulator auch mithilfe des Befehls *Dsquery server -hasfsmo pdc* in der Eingabeaufforderung anzeigen lassen.

Das NTP-Protokoll und Befehle zur Zeitsynchronisierung

Windows verwendet für die Synchronisation der Uhren das NTP-Protokoll (Network Time Protocol). Dieses Protokoll kommuniziert über den UDP-Port 123. Das heißt, dieser Port muss zwischen allen Clientcomputern und dem entsprechenden Domänencontroller geöffnet sein. Windows synchronisiert die Zeit beim Starten von Windows und in regelmäßigen Abständen automatisch mit dem Windows Time Service (WTS oder auch W32Time).

Sie können auf einer Arbeitsstation oder einem Server einen manuellen Synchronisierungsvorgang auslösen, indem Sie in einer Eingabeaufforderung den Befehl *W32tm /resync* ausführen. Der PC oder Server verbindet sich mit seinem Zeitserver und synchronisiert die Uhrzeit.

Außer der Option *resync* stehen für den W32tm-Befehl noch weitere Optionen zur Verfügung. Diese sehen Sie, wenn Sie in der Eingabeaufforderung »w32tm« eingeben. Mit dem Befehl *W32tm /query /computer:<Computername> /configuration* lassen Sie sich zum Beispiel die aktuelle Konfiguration des Zeitdiensts anzeigen. Mit diesem Tool steuern Sie alle Zeiteinstellungen.

Achten Sie vor allem auf Domänencontrollern darauf, dass in der Ereignisanzeige unter *System* keine Fehlermeldungen der Quelle *W32Time* stehen. Bei regelmäßigen Fehlern deutet das darauf hin, dass der Domänencontroller Probleme hat, die Zeit mit seinem PDC-Emulator zu synchronisieren.

Der beste Weg, die Zeit des obersten PDC-Emulators aktuell zu halten, ist ein Zeitserver im Internet, zum Beispiel die Zeitserver der Technischen Universität in Braunschweig. Diese erreichen Sie über die Servernamen *ptbtime1.ptb.de*, *ptbtime2.ptb.de* und *ptbtime3.ptb.de*. Auf der Seite *http://www.pool.ntp.org* finden Sie eine Liste zahlreicher Zeitserver im Internet.

Standardmäßig konfigurieren sich Windows-Rechner automatisch mit Domänencontrollern, sobald diese Mitglied einer Domäne sind. Der Client oder Mitgliedsserver verbindet sich dazu mit dem Domänencontroller, an dem er sich an der Domäne anmeldet, zum Synchronisieren der Zeit. Sie können mit dem Befehl *W32tm /config /syncfromflags:domhier /update* diese Synchronisierung nachträglich aktivieren, wenn sie nicht funktioniert oder Sie sie ausgeschaltet haben. Anschließend müssen Sie auf dem Computer aber den Zeitdienst neu starten. Verwenden Sie dazu zum Beispiel die beiden folgenden Befehle:

Net stop w32time

Net start w32time

Net Time vs. W32tm

Alle Zeiteinstellungen auf einem Server oder einem Mitgliedscomputer nehmen Sie mit dem Tool W32tm in der Eingabeaufforderung vor. Zusätzlich können Sie noch mit *Net time* in der Eingabeaufforderung verschiedene Aufgaben durchführen. Der Befehl *Net time* ist allerdings ein komplett unabhängiger Mechanismus zu W32tm und ermöglicht zum Beispiel die Zeitabfrage von Remotecomputern im Netzwerk. Das funktioniert zwar auch mit W32tm, ist aber komplizierter und weniger zuverlässig, vor allem wenn Ports geschlossen sind.

Das Befehlszeilentool Net befindet sich im *System32*-Ordner von Windows und steuert verschiedene Aufgaben im Netzwerk, zum Beispiel auch das Verbinden von Netzlaufwerken (*Net use * \\<Freigabe>*). Wollen Sie die Uhrzeit eines Servers im Netzwerk anzeigen, verwenden Sie den Befehl *Net time \\<Servername>*. Die Verbindung erfolgt dabei über das RPC-Protokoll, nicht mit NTP.

Sie können auch die lokale Zeit eines Computers mit der Zeit eines Servers im Netzwerk synchronisieren. Dazu verwenden Sie den Befehl *Net time \\<Servername> /set /yes*. Der Befehl funktioniert aber nicht von alleinstehenden Servern zu Domänencontrollern aufgrund von Sicherheitsrichtlinien. Mit dem Befehl *Net help time* lassen Sie sich eine ausführliche Hilfe zu *Net time* anzeigen.

Rufen Sie in einer Domäne *Net time* ohne Optionen auf, versucht sich der Computer mit einem Domänencontroller zu verbinden, um dessen Zeit anzuzeigen. Mit der Option */domain* können Sie die entsprechende Domäne angeben, in der der Client einen Domänencontroller zur Anzeige suchen soll.

Zeitsynchronisierung konfigurieren (Funkuhr vs. Internetzeit)

Wie bereits erläutert wurde, ist der einfachste Weg zur Zeitsynchronisierung die Verwendung einer Uhr im Internet. Das Problem bei dieser Konfiguration ist, dass der Server beim Ausfall der Internetleitung oder der entsprechenden Zeitserver seine Uhrzeit nicht mehr synchronisieren kann. Sie haben in diesem Fall aber die Möglichkeit, mit einer lokalen Uhr zu konfigurieren.

Haben Sie aber am PDC-Emulator direkt eine Funkuhr angeschlossen, die dessen BIOS-Zeit automatisch steuert, müssen Sie keine Server mit W32tm hinterlegen. In diesem Fall sollten Sie jedoch die Registry auf dem PDC-Emulator so anpassen, dass der Server konfiguriert ist, seine eigene BIOS-Zeit zu verwenden, keine externen Zeitserver.

Ansonsten erhalten Sie in der Ereignisanzeige des Servers verschiedene Fehler angezeigt, die darauf hinweisen, dass der Server seine Zeit nicht synchronisieren darf. Durch die folgende Konfiguration legen Sie in der Registry fest, dass der Domänencontroller ein zuverlässiger Zeitserver für alle Computer im Netzwerk ist, da er sich selbst mit einer Funkuhr synchronisiert. Gehen Sie dazu folgendermaßen vor:

1. Öffnen Sie den Registrierungs-Editor und navigieren Sie zu *HKEY_LOCAL_MACHINE\SYSTEM\CurrentControlSet\Services\W32Time\Config*.
2. Suchen Sie den Wert *AnnounceFlags*.
3. Ändern Sie den Wert von *AnnounceFlags* auf den Wert *A* ab.
4. Starten Sie den Zeitdienst auf dem Server neu, zum Beispiel mit dem Befehl *Net stop w32time && Net start w32time*.

Gehen Sie folgendermaßen vor, um einen Domänencontroller für die Synchronisierung mit einer externen Zeitquelle zu konfigurieren:

1. Öffnen Sie den Registrierungs-Editor.
2. Navigieren Sie zu *HKEY_LOCAL_MACHINE\SYSTEM\CurrentControlSet\Services\W32Time\Parameters*.
3. Klicken Sie im rechten Bereich mit der rechten Maustaste auf *Type* und ändern Sie den Wert von *NT5DS* auf *NTP* ab.
4. Navigieren Sie zu *HKEY_LOCAL_MACHINE\SYSTEM\CurrentControlSet\Services\W32Time\Config*.
5. Ändern Sie den Wert *AnnounceFlags* auf den Wert *5* ab.
6. Navigieren Sie zu *HKEY_LOCAL_MACHINE\SYSTEM\CurrentControlSet\Services\W32Time\TimeProviders\NtpServer*.
7. Klicken Sie im rechten Bereich mit der rechten Maustaste auf *Enabled* und ändern Sie den Wert auf *1* ab.
8. Navigieren Sie zu *HKEY_LOCAL_MACHINE\SYSTEM\CurrentControlSet\Services\W32Time\Parameters*.
9. Klicken Sie im rechten Bereich mit der rechten Maustaste auf *NtpServer* und ändern Sie den Wert auf den gewünschten NTP-Server ab. Tragen Sie am besten eine durch Leerzeichen getrennte Liste ein. Sie müssen ‚0x1 an das Ende der einzelnen DNS-Namen anhängen. Tragen Sie ein ‚0x2 hinter den Eintrag ein, verwendet Windows diesen Server nur, wenn er Server mit dem Eintrag ‚0x1 nicht erreichen kann. Klappt nach der Konfiguration die Zeitsynchronisierung nicht, unterstützt der entsprechende Server nicht die Standardkonfiguration von NTP. In diesem Fall tragen Sie ‚0x4 nach dem Servernamen ein. Diese Option aktiviert den Symmetric Active Mode. Normalerweise verwendet NTP einen Client-Server-Modus, der auch für die meisten Zeitserver funktioniert.
10. Navigieren Sie zu *HKEY_LOCAL_MACHINE\SYSTEM\CurrentControlSet\Services\W32Time\TimeProviders\NtpClient*.
11. Klicken Sie im rechten Bereich mit der rechten Maustaste auf *SpecialPollInterval* und ändern Sie den Wert auf *Dezimal* ab. Tragen Sie das Intervall in Sekunden ein, in dem sich der Server mit dem Internet synchronisiert. Der von Microsoft empfohlene Dezimalwert ist 900. Dieser Wert konfiguriert den Zeitserver für ein Intervall von 15 Minuten.

12. Geben Sie in der Eingabeaufforderung den Befehl *Net stop w32time && net start w32time* ein.

Anschließend können Sie in der Ereignisanzeige des Domänencontrollers über *System* überprüfen, ob die Synchronisierung funktioniert. Hier sehen Sie die entsprechende Meldung der Quelle *Time-Service*. Neben den Eintragungen über die Registry können Sie die Einstellungen auch über *W32tm.exe* vornehmen, etwa mit den folgenden Befehlen:

W32tm /config /manualpeerlist:<Zeitserver> /syncfromflags:manual /reliable:yes /update

Net stop w32time

Net start w32time

Die Zeitserver trennen Sie durch Leerzeichen voneinander. Die gesamte Liste der Zeitserver tragen Sie in Anführungszeichen ein. Der Befehl hat grundsätzlich die gleichen Auswirkungen wie die Anpassungen in der Registry. Führen Sie den Befehl vor der Bearbeitung der Registry aus, sehen Sie die erstellten Einträge, zum Beispiel bei den hinterlegten Zeitservern.

Die Option *reliable* definiert den Zeitserver als vertrauenswürdige Zeitquelle. *syncfromflags* legt fest, dass sich der Server mit einem Zeitserver im Internet (*/syncfromflags:manual*) oder in der Gesamtstruktur (*/syncfromflags:domhier*) synchronisieren soll.

Mit dem Befehl *W32tm /monitor* können Sie die Synchronisierung überwachen und die Einstellungen anzeigen. Den Status der Synchronisierung sehen Sie mit dem Befehl *W32tm /query /status*. Überprüfen Sie nach der Konfiguration, ob sich der Server problemlos mit dem externen Zeitserver synchronisiert und keine Fehler in der Ereignisanzeige erscheinen. Die verschiedenen Einstellungen, die Sie in der Registry vornehmen können, finden Sie im Knowledge Base-Artikel auf der Seite *http://tinyurl.com/hj382lh*.

Zeitsynchronisierung bei der Virtualisierung beachten

Virtualisieren Sie Server, müssen Sie bei der Zeitsynchronisierung in der entsprechenden Virtualisierungslösung eventuell ebenfalls Konfigurationen vornehmen. Vor allem, wenn Sie Domänencontroller, SharePoint oder Exchange-Server virtualisieren, sind Konfigurationsmaßnahmen notwendig. Auf jedem virtuellen Computer installiert Hyper-V automatisch die Integrationsdienste. Dabei handelt es sich um ein Softwarepaket, das die Leistung virtueller Server deutlich verbessert (siehe die Kapitel 7 bis 9).

Rufen Sie dazu für jeden Server die Einstellungen auf und klicken Sie auf *Integrationsdienste*. Hier können Sie einstellen, ob sich die virtuellen Server mit dem Host synchronisieren sollen. Für virtuelle Windows-Server in Active Directory-Domänen sollten Sie diese Synchronisierung deaktivieren, da durch die Zeitsynchronisierung Inkonsistenzen auftreten können. Vor allem bei der Virtualisierung von SharePoint, Exchange oder virtuellen Domänencontrollern liegt in dieser Konfiguration eine häufige Fehlerquelle.

Zusammenfassung

In diesem Kapitel haben wir Ihnen gezeigt, wie Sie einen Active Directory-Domänencontroller installieren. Auch den ersten Umgang mit dem Active Directory-Verwaltungscenter haben Sie in diesem Kapitel kennengelernt. Ebenfalls ein wichtiger Punkt war die Installation von Active Directory über ein Installationsmedium oder per Antwortdatei auf Core-Servern. Und schließlich war das Thema Zeitsynchronisierung ein wichtiger Bestandteil des Kapitels.

In den folgenden Kapiteln widmen wir uns der Erweiterung von Active Directory mit zusätzlichen Domänencontrollern, zum Beispiel schreibgeschützten Domänencontrollern. Ferner sind die Installation zusätzlicher Domänen und Domänenstrukturen Thema dieser Kapitel.

Kapitel 12
Active Directory – Erweiterung und Absicherung

In diesem Kapitel:
Offline-Domänenbeitritt (Djoin) 359
Verwaltete Dienstkonten (Managed Service Accounts) 363
Der Active Directory-Papierkorb im Praxiseinsatz...367
Zusammenfassung..370

In diesem Kapitel erfahren Sie, wie Sie Computer über das Netzwerk sowie delegiert zu Domänen hinzufügen und wie Sie die verwalteten Dienstkonten einsetzen. Auch auf den Active Directory-Papierkorb gehen wir in diesem Kapitel ein.

Offline-Domänenbeitritt (Djoin)

In Windows Server 2016 können Sie Computerkonten von Windows 7/8/8.1- und Windows 10-Computern auch dann einer Domäne hinzufügen, wenn diese aktuell keine Verbindung mit dem Domänencontroller haben. Dies funktioniert ebenfalls für Windows Server und ebenso für Nano-Server oder Core-Server mit Windows Server 2016.

Sobald der Client eine Verbindung hergestellt hat, wendet er die notwendigen Einstellungen und Berechtigungen an, die für einen Domänenbeitritt notwendig sind. So können Sie zum Beispiel Clients von Niederlassungen in Domänen aufnehmen, wenn aktuell keine Verbindung zur Domäne besteht.

Neu seit Windows Server 2012 R2 ist die Möglichkeit, Computer an Domänen anzubinden, die mit DirectAccess angebunden sind. Auch hierzu können Sie das Befehlszeilentool *Djoin* verwenden. Wir zeigen Ihnen diese Vorgänge ebenfalls in diesem Kapitel. Mehr zu DirectAccess lesen Sie in Kapitel 32.

Vorteile und technische Hintergründe zum Offline-Domänenbeitritt

Wollen Sie zum Beispiel viele virtuelle Computer gleichzeitig zur Domäne aufnehmen, beispielsweise in einem Virtual-Desktop-Infrastructure-Szenario, können Sie Active Directory so vorbereiten, dass sich die Computer schnell und problemlos anbinden lassen. Sobald ein solcher Client das erste Mal startet, führt er die notwendigen Änderungen durch. Ein erneuter Start des Rechners ist nicht notwendig. Dadurch beschleunigt sich auch das Bereitstellen von Windows 7/8/8.1- und Windows 10-Computern im Netzwerk.

Djoin funktioniert auch zusammen mit schreibgeschützten Domänencontrollern (RODC). Dazu nehmen Sie mit Djoin die Computer in die Domäne auf und lassen die Konten zum RODC replizieren. Sobald sich die Computer in der Niederlassung mit dem Netzwerk verbinden, authentifizieren sie sich am schreibgeschützten Domänencontroller und sind in Active Directory verfügbar.

Ein weiterer Vorteil ist der automatisierte Domänenbeitritt von neuen Computern bei der Bereitstellung von Windows 10 im Unternehmen, da Sie die notwendigen Befehle für den Domänenbeitritt in die Antwortdatei der automatischen Installation aufnehmen können.

Voraussetzungen für die Verwendung des Offline-Domänenbeitritts

Damit Sie den Offline-Domänenbeitritt verwenden können, müssen Sie Windows 7/8/8.1, Windows 10 oder Windows Server 2008 R2/2012/2012 R2/2016 als Betriebssystem einsetzen. Sie können diese Betriebssysteme aber auch in Domänen aufnehmen, die noch keine Domänencontroller unter Windows Server 2016 betreiben. In diesem Fall verwenden Sie die Option */downlevel*. Standardmäßig geht Djoin davon aus, dass eine Verbindung zu einem Domänencontroller unter Windows Server 2016 besteht.

Nur Benutzer, die über die Rechte verfügen, Computer einer Domäne hinzuzufügen, können Djoin nutzen. Dazu müssen Sie entweder über Domänenadminrechte verfügen oder ein Administrator muss die entsprechenden Rechte delegieren.

Tipp	Die Rechte, um Computer in eine Domäne aufzunehmen, können Sie über Gruppenrichtlinien setzen. Bearbeiten Sie dazu unter *Computerkonfiguration/Richtlinien/Windows-Einstellungen/Sicherheitseinstellungen/Lokale Richtlinien/Zuweisen von Benutzerrechten* den Wert *Hinzufügen von Arbeitsstationen zur Domäne*. Nehmen Sie hier die Benutzerkonten auf, die über die entsprechenden Rechte verfügen sollen.

Offline-Domänenbeitritt durchführen

Der Offline-Domänenbeitritt erfolgt über das Tool Djoin in der Eingabeaufforderung auf einem Computer unter Windows 7/8/8.1, Windows 10 oder Windows Server 2008 R2/ 2012/2012 R2 oder Windows Server 2016, der bereits Mitglied der Domäne ist. Sie müssen für die Verwendung über das Schnellmenü (⊞ + X) eine Eingabeaufforderung mit Administratorrechten starten und über Rechte verfügen, um Computerkonten zur Domäne hinzuzufügen.

Die Ausgabe in die Datei oder auf dem Bildschirm enthält die Metadaten für den Domänenbeitritt. Microsoft bezeichnet diese auch als BLOB. Bei der Ausführung können Sie entweder eine verschlüsselte Datei erstellen, die Sie dann auf dem Clientrechner verwenden müssen. Oder Sie speichern die Daten in einer Datei *Unattend.xml*, um Antwortdateien vollkommen zu automatisieren.

Das Tool Djoin besitzt verschiedene Optionen, die in Tabelle 12.1 detailliert aufgelistet sind.

Option von Djoin	Erläuterung
/provision	Erstellen eines Computerkontos in der Domäne
/domain <Name der Domäne>	Domäne, in der Sie das Konto erstellen wollen
/machine <Name>	Name des Computers, den Sie zur Domäne hinzufügen
/machineou <Organisationseinheit>	OU, in der das Konto erstellt werden soll. Ohne Angabe einer OU verwendet Djoin die OU *Computer*.
/dcname <Name>	Name des Domänencontrollers, auf dem das Konto zuerst verfügbar sein soll
/reuse	Verwenden eines bereits vorhandenen Computerkontos, dessen Kennwort zurückgesetzt wird
/downlevel	Aufnehmen eines Computers auf einem Domänencontroller, auf dem nicht Windows Server 2016 installiert ist
/savefile <Name der Datei>.txt	Textdatei, in der Daten des Domänenbeitritts für die Ausführung auf dem Client gespeichert werden. Der Inhalt der Datei ist verschlüsselt.
/defpwd	Verwendet das standardmäßige Kennwort für Computerkonten (nicht notwendig)
/nosearch	Überspringt Konflikte, wenn das Konto bereits vorhanden ist. Benötigt die Option /dcname.
/printblob	Gibt einen Base64-codierten Wert für Antwortdateien aus
/requestodj	Führt einen Offline-Domänenbeitritt beim nächsten Neustart aus
/loadfile	Verwendet die Ausgabe einer vorherigen Ausführung von Djoin
/windowspath <Pfad>	Pfad zum *Windows*-Ordner, wenn nicht der Standard verwendet werden soll
/loalos	Zielcomputer, den Sie der Domäne hinzufügen wollen. Diese Option kann nicht auf einem Domänencontroller durchgeführt werden.

Tabelle 12.1: Optionen von Djoin

Generell ist der Ablauf bei einem Domänenbeitritt recht einfach. Sie führen im Grunde genommen folgende Schritte durch:

1. Sie verwenden *Djoin /provision*, um die Metadaten für den Domänenbeitritt des Zielcomputers zu erstellen. Als Option geben Sie die Domäne an. Achten Sie darauf, dass

Sie die Eingabeaufforderung im Administratormodus öffnen. Ein Beispiel für die Datei wäre:

Djoin /provision /domain joos.int /machine client134 /savefile c:\client134.txt

Inhalt der Datei sind das Kennwort der Maschine, der Name der Domäne und des Domänencontrollers sowie die SID der Domäne. Kopieren Sie die Datei auf den Rechner. Der Inhalt ist verschlüsselt und bringt Außenstehenden nichts.

2. Auf dem Zielcomputer verwenden Sie den folgenden Befehl, um den Rechner in die Domäne aufzunehmen:

Djoin /requestodj /loadfile c:\temp\client134.txt /windowspath %SystemRoot% /localos

3. Starten Sie den Zielcomputer, wird der Computer automatisch in die Domäne aufgenommen, sobald eine Verbindung zu einem Domänencontroller besteht.

Offline-Domänenbeitritt bei einer unbeaufsichtigten Installation über Antwortdatei

Wollen Sie einen Offline-Domänenbeitritt während der Installation zum Beispiel im unbeaufsichtigten Modus durchführen, ist dies ebenfalls möglich. Dazu müssen Sie beim Erstellen des Computerkontos auf der Domäne den Inhalt der Metadaten anstatt in einer verschlüsselten Datei in eine Antwortdatei integrieren. Antwortdateien tragen normalerweise die Bezeichnung *Unattend.xml*. Sie müssen in der Antwortdatei dazu eine neue Sektion erstellen. Diese trägt die Bezeichnung:

Microsoft-Windows-UnattendJoin/Identification/Provisioning

Diese Sektion enthält zusätzlich eine Unterstruktur, die folgendermaßen aussieht:

```
<Component>
<Component name=Microsoft-Windows-UnattendedJoin>
    <Identification>
        <Provisioning>
            <AccountData>Base64Encoded Blob</AccountData>
        </Provisioning>
    </Identification>
</Component>
```

Sie müssen die Metadaten, die Sie beim Erstellen der Datei erhalten, zwischen die Tags *<AccountData>* und *</AccountData>* einfügen. Nachdem Sie die Datei erstellt haben, können Sie den Computer unbeaufsichtigt installieren. Die Syntax bei Antwortdateien lautet *Setup /unattend:<Antwortdatei>*.

DirectAccess Offline Domain Join

Sie können über den Offline-Domänenbeitritt auch Clients anbinden, die mit DirectAccess an das Netzwerk angebunden sind (siehe Kapitel 32).

Auch in diesem Fall nutzen Sie den Aufruf *Djoin /provision*, um das Konto zu erstellen und eine BLOB-Datei zu erhalten:

Djoin /provision /domain <Name der Domäne> /machine <Name des Computers> /policynames <DA Client GPO> /rootcacerts /savefile <Datei> /reuse

Haben Sie eine Zertifizierungsstelle im Einsatz, verwenden Sie:

Djoin /provision /machine <Name des Computers> /domain <Name der Domäne>> /policynames <DA Client GPO > /certtemplate <Name des Zertifikats> /savefile <Datei> /reuse

Mit *Djoin /requestodj* lesen Sie die Daten aus der BLOB-Datei auf dem Zielcomputer ein. Anschließend starten Sie den entsprechenden Computer, und schon ist er Mitglied der Domäne. Die Reihenfolge des Offline-Domänenbeitritts zusammen mit DirectAccess ist folgende:

1. Sie verwenden *Djoin /provision* wie in diesem Kapitel erläutert, um das Konto in der Domäne zu erstellen.
2. Sie nehmen das Konto des erstellten Clients in die *DirectAccessClients*-Sicherheitsgruppe auf.
3. Sie kopieren die BLOB-Datei auf den Client oder versenden sie per E-Mail. Sie führen auf dem Client den Befehl *Djoin /requestodj* aus.
4. Sie starten den PC neu.

Verwaltete Dienstkonten (Managed Service Accounts)

Die verwalteten Dienstkonten sind eine Neuerung seit Windows Server 2008 R2 und wurden in Windows Server 2012 R2 deutlich verbessert. In Windows Server 2016 funktionieren die verwalteten Dienstkonten noch in etwa so wie in Windows Server 2012 R2. Sie können ein verwaltetes Dienstkonto für mehrere Server nutzen. Dazu hat Microsoft zu den bereits verwalteten Dienstkonten (Managed Service Accounts, MSA) noch die gruppierten verwalteten Dienstkonten (Grouped Managed Service Accounts, gMSA) entwickelt.

Im Fokus der neuen Funktion stehen die Dienstkonten von Serveranwendungen wie Exchange oder SQL Server 2012/2014/2016, die zum einen wichtig für den Betrieb, zum anderen aber auch kritisch im Bereich der Sicherheit sind, da die Benutzerkonten, mit denen diese Dienste starten, oft über weitreichende Rechte verfügen.

Vor allem die Dienste *Lokaler Dienst*, *Netzwerkdienst* und *Lokales System* werden häufig für Serveranwendungen verwendet. Der Nachteil dieser lokalen Dienste ist die fehlende Möglichkeit, Einstellungen auf Domänenebene vorzunehmen. Verwenden Administratoren statt dieser Konten Benutzerkonten aus Active Directory, ergeben sich bezüglich der Verwaltung der Kennwörter neue Probleme.

Damit Sie die OU *Managed Service Accounts* und die darin angelegten Dienstkonten sehen, müssen Sie unter Umständen im Snap-In *Active Directory-Benutzer und -Computer* die erweiterte Ansicht über das Menü *Ansicht* aktivieren.

| Hinweis | Die Administration der verwalteten Dienstkonten findet ausschließlich in der PowerShell statt. Verwenden Sie nicht das Snap-In *Active Directory-Benutzer und -Computer*. |

Verwaltete Dienstkonten: Technische Hintergründe

Verwaltete Dienstkonten sind Benutzerkonten in Active Directory, die zur Benutzung von lokalen Diensten verwendet werden. Dabei werden die Kennwörter dieser Konten nicht manuell, sondern automatisch bei bestimmten Bedingungen durch Active Directory geändert. Administratoren können solche Änderungen manuell anstoßen.

Der Vorteil ist, dass die Systemdienste, die diese Benutzerkonten verwenden, bei Kennwortänderungen nicht von Administratoren konfiguriert werden müssen, sondern die Änderung der Kennwörter automatisch übernehmen. Die Verwaltung solcher Dienstkonten lässt sich auch an Nichtadministratoren delegieren, zum Beispiel interne Programmierer des Datenbanksystems.

Das Kennwort des Computers verhält sich wie das Kennwort eines Computerkontos in Active Directory, lässt sich also zentralisiert durch das System selbst steuern. Dies bedeutet, dass das verwaltete Benutzerkonto eines Computers dann aktualisiert wird, wenn Active Directory auch das Kennwort des jeweiligen Computerkontos anpasst, das dem verwalteten Dienstkonto zugewiesen ist. Diese Einstellungen lassen sich auf dem Server in der Registry anpassen. Navigieren Sie dazu zu folgendem Schlüssel:

HKEY_LOCAL_MACHINE\SYSTEM\CurrentControlSet\Services\NetLogon\Parameters

Wichtig sind an dieser Stelle die beiden folgenden Werte:

- **DisablePasswordChange** – Der Wert muss auf *0* oder *1* gesetzt sein. Ist der Wert nicht vorhanden, geht Windows vom Wert *0* aus.

- **MaximumPasswordAge** – Hier legen Sie einen Wert zwischen 1 und 1.000.000 in Tagen fest. Der Standardwert ist 30, auch wenn der Wert nicht vorhanden ist.

Das automatisch gesetzte Kennwort hat eine Länge von 240 Zeichen und ist stark verschlüsselt. Außerdem besteht das Kennwort aus verschiedenen Zeichen, lässt sich also nicht erraten oder hacken.

In der Verwaltungskonsole *Active Directory-Benutzer und -Computer* finden Sie eine neue OU mit der Bezeichnung *Managed Service Accounts*. Diese OU ist für die Verwaltung der verwalteten Dienstkonten von zentraler Bedeutung. Verwaltete Dienstkonten lassen sich so nutzen wie die standardmäßig vorhandenen Benutzer.

Verwaltete Dienstkonten: Produktiver Einsatz

Sie legen die Dienstkonten über die PowerShell, genauer ausgedrückt über das Active Directory-Modul der PowerShell mit dem Cmdlet *New-ADServiceAccount "Name Account"* an. Standardmäßig legt das Cmdlet in Windows Server 2016 ein neues gruppiertes verwaltetes Dienstkonto an.

Wollen Sie ein verwaltetes Dienstkonto nur für einen einzelnen Server anlegen, verwenden Sie zusätzlich die Option *-StandAlone*.

Hinweis	Bevor Sie gruppierte Konten anlegen, müssen Sie zunächst einen neuen Masterschlüssel für die Domäne erstellen:
	Add-KdsRootKey -EffectiveImmediately
	Standardmäßig dauert es ab diesem Moment zehn Stunden, bis Sie verwaltete Dienstkonten anlegen können. In Testumgebungen können Sie den Zeitraum mit dem folgenden Befehl umgehen:
	Add-KdsRootKey -EffectiveTime ((Get-Date).AddHours(-10))

Tipp	Die Verwaltung der Managed Service Accounts findet ausschließlich in der PowerShell statt. Es gibt aber Zusatztools wie Managed Service Accounts GUI (*http://tinyurl.com/jysmr2k*).
	Die Freeware kann verwaltete Dienstkonten in Windows Server 2008 R2 verwalten sowie die neuen Funktionen in Windows Server 2012/2012 R2 und Windows Server 2016.

Der Ablauf beim manuellen Anlegen in der PowerShell bei der Verwendung von Managed Service Accounts ist folgender:

1. Sie legen das verwaltete Dienstkonto in Active Directory an.
2. Sie verbinden das Konto mit einem Computerkonto, auf dem der Dienst genutzt werden soll.
3. Sie installieren das verwaltete Dienstkonto auf dem jeweiligen Computer.
4. Sie passen die Systemdienste auf dem lokalen Computer an, um das neue Konto zu nutzen.

Zukünftig ändert sich das Kennwort für dieses Konto vollkommen automatisch, ohne dass Sie eingreifen müssen.

Die Befehlssyntax zum Anlegen eines Dienstkontos sieht folgendermaßen aus:

New-ADServiceAccount <Name> -DNSHostName <DNS-Name des Diensts> -PrincipalsAllowedToRetrieveManagedPassword <Gruppe der Computer, die das Konto nutzen> -KerberosEncryptionType <Verschlüsselungstyp AES128, AES256> -ServicePrincipalNames <Service Principal Names>

Sie haben auch die Möglichkeit, die Computerkonten, die das verwaltete Dienstkonto nutzen sollen, in einer Gruppe aufzunehmen. So lässt sich zum Beispiel das Konto für eine Lastenausgleichsfarm verwenden. Sie können die Funktion aber nicht in Failoverclustern verwenden.

Verwaltete Dienstkonten in der grafischen Oberfläche anlegen

Mit der Freeware Managed Service Accounts GUI (*http://tinyurl.com/jysmr2k*) legen Sie wesentlich einfacher verwaltete Dienstkonten in Windows Server 2016 an.

Sie können mit dem Tool auch gruppierte verwaltete Konten anlegen, also verwaltete Dienstkonten, die sich auf mehreren Servern nutzen lassen. Dazu laden Sie sich das Tool

Kapitel 12: Active Directory – Erweiterung und Absicherung

herunter und installieren es entweder auf einer Arbeitsstation mit installierten RSAT oder auf einem Server. Starten Sie das Tool, können Sie in der grafischen Oberfläche einen verwalteten Dienst anlegen.

Abbildung 12.1: Verwaltete Dienstkonten können Sie mit der Freeware Managed Service Accounts GUI anlegen.

Um ein neues verwaltetes Dienstkonto anzulegen, klicken Sie im Tool auf *New*. Im neuen Fenster geben Sie alle gewünschten Daten ein. Hier wählen Sie auch aus, ob Sie ein klassisches verwaltetes Dienstkonto oder ein gruppiertes Konto anlegen möchten.

Sobald Sie auf *OK* klicken, wird das Konto in Active Directory angelegt. Sie sehen das neue Konto auch in der OU *Managed Service Accounts*, wenn Sie die Konsole *Active Directory-Benutzer und -Computer* starten.

Bevor Sie in Managed Service Accounts GUI gruppierte Konten anlegen können, müssen Sie, wie beim herkömmlichen Anlegen auch, einen neuen Masterschlüssel für die Domäne erstellen. Dazu verwenden Sie den Befehl:

Add-KdsRootKey -EffectiveImmediately

Standardmäßig dauert es auch hier zehn Stunden, bis Sie gruppierte verwaltete Dienstkonten anlegen können. Schneller geht es, wenn Sie den folgenden Befehl aufrufen:

Add-KdsRootKey -EffectiveTime ((Get-Date).AddHours(-10))

Nachdem Sie das verwaltete Dienstkonto angelegt haben, bietet Managed Service Accounts GUI an, das Konto gleich einem Server zuzuweisen. Sie können das aber auch jederzeit manuell in der PowerShell oder nachträglich in Managed Service Accounts GUI durchführen.

Im Gegensatz zu herkömmlichen verwalteten Dienstkonten können Sie gruppierte verwaltete Dienstkonten gleich mehreren Servern zuweisen. Dazu führen Sie in Managed Service Accounts GUI den Assistenten zum Verwalten des gruppierten Kontos aus und weisen die Computerkonten zu. Klicken Sie dazu auf *Add* und geben Sie den Namen des Servers ein.

Auf dem Server selbst müssen Sie beim entsprechenden Dienst das Konto auswählen, ohne ein Kennwort einzugeben. Danach wird der Dienst über das verwaltete Dienstkonto gesteuert.

Der Active Directory-Papierkorb im Praxiseinsatz

Den Papierkorb für gelöschte Objekte verwalten Sie im Active Directory-Verwaltungscenter.

Active Directory-Papierkorb verstehen und aktivieren

Grundlage ist der Papierkorb von Active Directory, den Sie zunächst für die Gesamtstruktur aktivieren müssen. Diesen Vorgang nehmen Sie über das Kontextmenü der Gesamtstruktur auf der linken Seite der Konsole im Active Directory-Verwaltungscenter vor.

Sie können den Papierkorb auch in der PowerShell aktivieren. Der Befehl dazu am Beispiel der Domäne *contoso.com* lautet:

Enable-ADOptionalFeature -Identity 'CN=Recycle Bin Feature,CN=Optional Features,CN=Directory Service,CN=Windows NT,CN=Services,CN=Configuration,DC=contoso,DC=com' -Scope ForestOrConfigurationSet -Target 'contoso.com'

Hinweis Starten Sie nach der Aktivierung des Active Directory-Papierkorbs das Active Directory-Verwaltungscenter neu. Erst dann stehen alle Funktionen zur Verfügung, um gelöschte Objekte wiederherzustellen.

Sie können den Papierkorb nur dann aktivieren, wenn die Funktionsebene der Gesamtstruktur auf Windows Server 2008 R2 oder höher gesetzt ist (siehe Kapitel 10). Wiederherstellen können Sie Objekte im Active Directory-Verwaltungscenter von Windows Server 2016.

Der Papierkorb arbeitet mit dem Wert *isDeleted* und dem Wert *isRecycled*. Ist der Wert *isRecycled* für ein Active Directory-Objekt auf *True* gesetzt, können Sie dieses nicht wiederherstellen. Nur Objekte, bei denen *isDeleted* auf *True* gesetzt ist, lassen sich restaurieren.

Objekte lassen sich innerhalb der Tombstone-Lifetime wiederherstellen. Diese beträgt bei Windows Server 2016 180 Tage. Sie finden den jeweiligen Wert für Ihr Active Directory am besten in ADSI-Edit über den Container *Konfiguration*.

Dazu öffnen Sie ADSI-Edit über den Startbildschirm und verbinden sich über das Kontextmenü von ADSI-Edit mit der Domäne. Wählen Sie bei *Bekannten Namenskontext auswählen* die Option *Konfiguration* aus.

Navigieren Sie zu *Konfiguration/Configuration/Services/Windows NT/Directory Service*. Rufen Sie die Eigenschaften von *Directory Service* auf. Den Tombstone-Wert finden Sie auf der Registerkarte *Attribut-Editor* beim Wert *tombstoneLifetime*. Sie können den Wert an dieser Stelle auch anpassen, das ist allerdings in den wenigsten Fällen notwendig.

Sobald Sie ein Objekt in Active Directory löschen, erhält es den Wert *True* bei *isDeleted* und ist in Active Directory nicht mehr verfügbar, lässt sich aber noch wiederherstellen. Der Zeitraum, in dem Sie das Objekt durch *isDeleted* auch wiederherstellen können, bezeichnet Microsoft als Deleted Object Lifetime (DOL).

Diesen Wert, der ebenfalls 180 Tage beträgt, finden Sie über *msDS-deletedObjectLifetime*. Nach 180 Tagen, festgelegt durch DOL, erhält das Objekt den Wert *True* bei *isRecycled* und ist **nicht** mehr wiederherstellbar.

Ist auch die Tombstone-Lifetime abgelaufen, wird das Objekt komplett aus der Datenbank gelöscht. Da beide Werte identisch sind, wird das Objekt nach 180 Tagen standardmäßig aus der Datenbank gelöscht.

Objekte aus dem AD-Papierkorb mit Bordmitteln wiederherstellen

Um gelöschte Objekte wiederherzustellen, verwenden Sie am besten das Active Directory-Verwaltungscenter in Windows Server 2016. Dies hat den Vorteil, dass Ihnen eine grafische Oberfläche zur Verfügung steht. Nachdem Sie den Papierkorb aktiviert und das Active Directory-Verwaltungscenter neu gestartet haben, existiert für die entsprechende Gesamtstruktur ein neuer Ordner mit der Bezeichnung *Deleted Objects*.

Darin können Sie nach gelöschten Objekten suchen und diese wiederherstellen. Dazu klicken Sie die Objekte mit der rechten Maustaste an.

Abbildung 12.2: Wiederherstellen von Objekten aus dem Active Directory-Papierkorb

Sie können die Wiederherstellung auch in der PowerShell durchführen. Dazu verwenden Sie den Befehl:

Get-ADObject -Filter {<Name des Objekts>} -IncludeDeletedObjects | Restore-ADObject

Wenn Sie zum Beispiel das Benutzerkonto mit dem Anzeigenamen *Thomas Joos* wiederherstellen wollen, geben Sie ein:

Get-ADObject -Filter {DisplayName -eq "Thomas Joos"} -IncludeDeletedObjects | Restore-ADObject

Der Active Directory-Papierkorb im Praxiseinsatz

Handelt es sich bei dem Objekt, das Sie wiederherstellen wollen, um ein untergeordnetes Objekt, müssen Sie erst alle Objekte herstellen, die dem Objekt übergeordnet sind, wenn diese ebenfalls gelöscht wurden. Ansonsten bricht die Wiederherstellung untergeordneter Objekte mit einem Fehler ab. Mit dem folgenden Befehl lassen Sie sich gelöschte Objekte mit dem passenden Namen zunächst anzeigen:

Get-ADObject -Filter {DisplayName -eq "Thomas Joos"} -IncludeDeletedObjects

Haben Sie zum Beispiel eine OU mit Benutzerkonten gelöscht, müssen Sie erst die OU, dann die einzelnen Benutzerkonten wiederherstellen. Mit *Get-ADObject* zeigen Sie die Objekte an und übergeben diese per Pipeline-Zeichen (|) an das Cmdlet *Restore-ADObject*. Kennen Sie die ursprüngliche Hierarchie der Organisationseinheit nicht, müssen Sie mit dem Cmdlet *Get-ADObject* die Hierarchie erst wieder herausfiltern:

Get-ADObject -SearchBase "CN=Deleted Objects,DC=contoso,DC=com" -ldapFilter:"(msDS-lastKnownRDN=Thomas Joos)" -IncludeDeletedObjects -Properties lastKnownParent

Dieser Befehl gibt auch übergeordnete Objekte des gelöschten Objekts an.

Mit dem folgenden Befehl lassen Sie sich alle untergeordneten Objekte in der besagten OU anzeigen:

Get-ADObject -SearchBase "CN=Deleted Objects,DC=contoso,DC=com" -Filter {lastKnownParent -eq 'OU=Einkauf\\0ADEL:26e19d03-80db-4c9c-b7dd-e472193222e0,CN=Deleted Objects,DC=contoso,DC=com'} -IncludeDeletedObjects -Properties lastKnownParent | ft

Tipp Zur Erinnerung: Den Namen für die OU erfahren Sie über den vorhin bereits verwendeten Aufruf des Cmdlets *Get-ADObject* mit der Option *-ldapFilter*:

Get-ADObject -SearchBase "CN=Deleted Objects,DC=contoso,DC=com" -ldapFilter:"(msDs-lastKnownRDN=Thomas Joos)" -IncludeDeletedObjects -Properties lastKnownParent

Sie müssen bei der Verwendung im Cmdlet *Get-ADObject* unbedingt einen weiteren umgekehrten Schrägstrich im Namen verwenden. Sie müssen also zunächst die Organisationseinheit *Einkauf* wiederherstellen, bevor Sie das untergeordnete Objekt *Thomas Joos* wiederherstellen können.

Da alle bisherigen Untersuchungen mit dem *lastKnownParent*-Attribut durchgeführt wurden, das auf das direkt übergeordnete Objekt verweist, aber nicht angibt, ob das nächste übergeordnete Objekt ebenfalls gelöscht wurde, müssen Sie mit dem Wert *lastKnownParent* überprüfen, ob *Einkauf* nicht noch einer weiteren Organisationseinheit untergeordnet ist, die auch gelöscht wurde:

Get-ADObject -SearchBase "CN=Deleted Objects,DC=contoso,DC=com" -ldapFilter:"(msDs-lastKnownRDN=Einkauf)" -IncludeDeletedObjects -Properties lastKnownParent

Im Beispiel sehen Sie, dass die OU *Einkauf* direkt in der Domäne *contoso.com* angelegt ist, also keine weitere Organisationseinheit gelöscht wurde. Es reicht also, wenn Sie die OU *Einkauf* wiederherstellen, um das Objekt *Thomas Joos* wiederherzustellen:

Get-ADobject -ldapFilter:"(msDS-lastKnownRDN=Einkauf)" -IncludeDeletedObjects | Restore-ADObject

Der Befehl gibt keine Ausgabe aus. Öffnen Sie das Snap-In *Active Directory-Benutzer und -Computer* und aktualisieren Sie die Ansicht mit der Taste [F5]. Die OU muss jetzt wieder vorhanden sein.

Der Befehl stellt allerdings nur die OU wieder her, nicht die gelöschten Objekte innerhalb der OU. Diese müssen Sie manuell herstellen, zum Beispiel mit:

Get-ADObject -SearchBase "CN=Deleted Objects,DC=contoso,DC=com" -Filter {lastKnownParent -eq "OU=Einkauf,DC=contoso,DC=com"} -IncludeDeletedObjects | Restore-ADObject

Die Lebensdauer des gelöschten Objekts wird vom Wert des *msDS-deletedObjectLifetime*-Attributs bestimmt. Die Lebensdauer eines veralteten Objekts wird vom Wert des Attributs *tombstoneLifetime* bestimmt. Standardmäßig sind diese Attribute auf NULL festgelegt. Die Lebensdauer des veralteten Objekts beträgt also 180 Tage.

Sie können die Werte von *msDS-deletedObjectLifetime* und *tombstoneLifetime* jederzeit ändern. Innerhalb der Lebensdauer können Sie ein gelöschtes Objekt wiederherstellen. In der Active Directory-Datenbank wird beim Löschen eines Objekts das Attribut *isDeleted* auf den Wert *True* gesetzt.

Das gelöschte Objekt wird in den versteckten Container *Deleted Objects* verschoben und sein *Distinguished Name (DN)* erhält dadurch einen neuen Wert. Die *Deleted Object Lifetime* wird durch den Wert im Attribut *msDS-deletedObjectLifetime* bestimmt. Ist die Zeit des im Attribut *msDS-deletedObjectLifetime* definierten Werts abgelaufen, ändert sich das logisch gelöschte Objekt zu einem *Recycled Object*.

Zusammenfassung

In diesem Kapitel sind wir auf die praktischen Hintergründe der neuen Funktionen von Active Directory in Windows Server 2016 eingegangen. Sie haben erfahren, wie man mit verwalteten Dienstkonten das Netzwerk absichert oder mit dem neuen Active Directory-Papierkorb Objekte wiederherstellt.

Im nächsten Kapitel zeigen wir Ihnen, welche Erweiterungsmöglichkeiten für Active Directory und schreibgeschützte Domänencontroller (RODC) in Windows Server 2016 zur Verfügung stehen.

Kapitel 13
Active Directory – Neue Domänen und Domänencontroller

In diesem Kapitel:
Core-Server als zusätzlichen Domänencontroller betreiben 372
Schreibgeschützter Domänencontroller (RODC) 375
Neue untergeordnete Domäne erstellen 383
Neue Domänenstruktur in einer Gesamtstruktur einführen 391
Das Active Directory-Schema erweitern 393
Zusammenfassung. 395

In diesem Kapitel zeigen wir Ihnen, wie Sie existierende Domänen und Gesamtstrukturen mit weiteren Domänen, Domänencontrollern oder Strukturen ergänzen. Wir gehen darauf ein, wie Sie schreibgeschützte Domänencontroller installieren und verwalten. In den Kapiteln 10 und 11 haben wir bereits gezeigt, wie Sie Domänencontroller installieren und dazu auch die PowerShell einsetzen.

Auch beim Einsatz von Windows Server 2016 als Domänencontroller sollten Unternehmen für eine gewisse Hochverfügbarkeit sorgen. Zusätzliche Domänencontroller entlasten sich gegenseitig und mit schreibgeschützten Domänencontrollern lassen sich Niederlassungen und kleine Büros sicher anbinden.

Als zusätzliche Domänencontroller eignen sich auch Core-Installationen von Windows Server 2016. Diese bieten zwar keine grafische Oberfläche, dafür aber mehr Sicherheit und Leistung. Der neue Nano-Server in Windows Server 2016 kann zwar als Mitglied in eine Domäne aufgenommen werden, unterstützt selbst aber noch nicht die Domänencontroller-Rolle. Das kann sich in Zukunft jedoch ändern. Die Antwort von Microsoft darauf lautet: »Nano Server doesn't support the DC role yet.«

Core-Server als zusätzlichen Domänencontroller betreiben

Um einen Core-Server als Domänencontroller zu betreiben, sollte der Server zunächst als Mitgliedsserver in die Domäne aufgenommen werden. Das stellt sicher, dass später auch die Installation von Active Directory auf dem Server funktioniert. Am einfachsten ist die Konfiguration über das Tool Sconfig vorzunehmen.

Über den Menüpunkt *8) Netzwerkeinstell.* wird der Server zunächst an das Netzwerk angebunden. Hier müssen die IP-Adressen, das Subnetz und die DNS-Server angegeben und konfiguriert werden.

Nachdem die IP-Adresskonfiguration vorgenommen wurde, sollte der Core-Server seinen neuen Namen über Sconfig erhalten. Das kann zwar auch beim Domänenbeitritt erledigt werden, es schadet aber nicht, diese Konfiguration vorher vorzunehmen. Nach einem Neustart lässt sich der Server dann als herkömmlicher Mitgliedsserver an die Domäne anbinden. Nach einem weiteren Neustart ist der Server Mitglied der Domäne. Auf einem Domänencontroller kann das über das Snap-In *Active Directory-Benutzer und -Computer* getestet werden. Die Domänenmitgliedschaft zeigt der Core-Server aber auch über Sconfig an.

Mit Nslookup sollte die Namensauflösung getestet werden. Die anderen Domänencontroller sollten den Core-Server auflösen können und umgekehrt. Auch die Kontaktaufnahme per Ping sollte getestet werden.

Vorbereitungen in der PowerShell durchführen

Wer die Vorbereitungen zur Installation eines Domänencontrollers nicht mit Sconfig vornehmen will, sondern über die PowerShell, startet mit dem Befehl »powershell« aus der Eingabeaufforderung des Servers heraus eine PowerShell-Sitzung. Mit *Get-NetAdapter* lassen sich Informationen zum Netzwerkadapter des Servers auslesen. Die Informationen werden dazu verwendet, die IP-Einstellungen zu setzen, zum Beispiel mit folgendem Befehl:

New-NetIPAddress -IPAddress 192.168.178.230 -InterfaceAlias "Ethernet" -DefaultGateway 192.168.178.1 -AddressFamily IPv4 -PrefixLength 24

Die DNS-Einstellungen werden mit folgendem Cmdlet gesetzt:

Set-DnsClientServerAddress -InterfaceAlias "Ethernet" -ServerAddresses ("192.168.178.220", "192.168.178.230")

Standardmäßig registriert Windows Server 2016 den Server mit dem Namen als Domänencontroller, den er beim Start erhält. Sie können den Server in der PowerShell aber auch umbenennen. Dazu verwenden Sie den Befehl:

Rename-Computer -Name [Computername]

Nachdem der Server zum Domänencontroller heraufgestuft wurde, ist ein Umbenennen nicht mehr möglich. Um den Server danach neu zu starten, können Sie ebenfalls die PowerShell verwenden. Als Cmdlet verwenden Sie dazu *Restart-Computer*.

In der PowerShell können Sie für die Bereitstellung von Windows Server 2016 aber nicht nur Domänencontroller erstellen, sondern auch Computer mit Windows Server 2016 als

Mitgliedscomputer in die Domäne aufnehmen. Dazu verwenden Sie das Cmdlet *Add-Computer -DomainName [Domänenname]*.

Tipp	Um die Domänencontroller im Netzwerk anzuzeigen, reicht es aus, wenn Sie den Befehl *Get-ADDomainController* eingeben. Dadurch erhalten Sie auch Informationen zur Domäne, Organisationseinheit, GUID, IP-Adresse, FSMO-Rollen und weitere Infos zum Domänencontroller.

Wie alle Cmdlets kann das Cmdlet *Get-ADDomainController* die Anzeige auch formatieren, indem Sie die Formatierungsoption *|fl* und dahinter die Spalten angeben, die in der PowerShell angezeigt werden sollen. Wollen Sie zum Beispiel nur den Namen, das Betriebssystem, die IP-Adresse und die installierten FSMO-Rollen anzeigen lassen, verwenden Sie den folgenden Befehl:

Get-ADDomainController |fl HostName, IPV4Address, OperationMasterroles, OperatingSystem

Mit *|ft* zeigen Sie die Informationen als formatierte Tabelle an. Bei dem Cmdlet haben Sie auch die Möglichkeit, die Anzeige zu filtern. Ein Beispielfilter ist das Anzeigen von schreibgeschützten Domänencontrollern:

Get-ADDomainController -Filter {IsReadOnly -eq $true}

Um die schreibgeschützten Domänencontroller auszublenden, verwenden Sie:

Get-ADDomainController -Filter {IsReadOnly -eq $false}

Nach dieser Syntax können Sie außerdem nach allen anderen Feldern filtern lassen, die sich über *Get-ADDomainController* anzeigen lassen. Dazu verwenden Sie die Option *-Filter* und den Namen der Spalte in geschweiften Klammern, zusammen mit der Option, ob der Filter zutreffen *($true)* oder nicht zutreffen *($false)* soll. In diesem Zusammenhang ist auch die Spalte *IsGlobalCatalog* interessant, da hier nach globalen Katalogen gefiltert werden kann. Das ist vor allem in größeren Umgebungen wichtig.

Active Directory auf dem Core-Server installieren und einrichten

Nachdem der Server generell funktioniert, werden die notwendigen Funktionen für Active Directory installiert:

Install-WindowsFeature AD-Domain-Services -IncludeManagementTools

Die erfolgreiche Installation wird in der PowerShell angezeigt. Anschließend wird Active Directory eingerichtet und der Server mit der vorhandenen Domäne verbunden. Um einen neuen Domänencontroller in einer vorhandenen Domäne zu installieren, verwenden Sie das Cmdlet *Install-ADDSDomainController*. Damit der Befehl funktioniert, geben Sie den Namen der Domäne ein und konfigurieren das Kennwort für den Verzeichnisdienst-Wiederherstellungsmodus als SecureString:

Install-ADDSDomainController -DomainName <DNS-Name der Domäne> -SafeModeAdministratorPassword (Read-Host -Prompt Kennwort -AsSecureString)

In diesem Beispiel ist der DNS-Name der Domäne *Joos.int*. Der Befehl installiert auch einen DNS-Server auf dem Domänencontroller. Die Daten werden über Active Directory automatisch repliziert:

Kapitel 13: Active Directory – Neue Domänen und Domänencontroller

Install-ADDSDomainController -DomainName joos.int -InstallDNS:$True -Credential (Get-Credential) -SafeModeAdministratorPassword (Read-Host -Prompt Kennwort -AsSecureString)

Abbildung 13.1: Installieren eines neuen Domänencontrollers auf Basis von Windows Server 2016

Sobald der Server neu gestartet ist, wird er als Domänencontroller angezeigt. Das ist über das Snap-In *Active Directory-Benutzer und -Computer* zu sehen. Außerdem sollte im Snap-In *Active Directory-Standorte und -Dienste* eine Replikationsverbindung zwischen einem Domänencontroller und dem neuen Domänencontroller angezeigt werden.

Über das Kontextmenü kann eine manuelle Replikation gestartet werden. Diese sollte keine Fehlermeldungen anzeigen. Auch die DNS-Verwaltung sollte überprüft werden. Dazu kann der Core-Server über das Netzwerk an die DNS-Verwaltung auf einem anderen Server oder einer Arbeitsstation angebunden werden. Für Windows 10 stellt Microsoft in diesem Fall die Remoteserver-Verwaltungstools zur Verfügung (*http://tinyurl.com/jmrdeea*).

Wichtig ist, dass die Zone für Active Directory in Active Directory integriert ist und damit durch die Replikation in Active Directory auf neue Server verteilt wird. Die IP-Adresse des Core-Servers kann dann auch als DNS-Server auf den Clients und anderen Arbeitsstationen verwendet werden.

Um die Verbindung mit Active Directory zu verifizieren, sollten auf dem Core-Server folgende Befehle ausgeführt werden. Die Domäne lautet in diesen Beispielen wieder *joos.int*:

Nltest /dsgetsite

Nltest /dclist:Joos

Repadmin /showreps

Dcdiag

Schreibgeschützter Domänencontroller (RODC)

Haben Sie eine neue Domäne installiert, sollten Sie immer so schnell wie möglich einen zusätzlichen Domänencontroller installieren. Die Installation ist schnell durchgeführt und Sie können damit sicher sein, dass die Daten der Active Directory-Domäne bei Ausfall des ersten Servers nicht verloren gehen und Anwender sich weiter anmelden können. Wir zeigen Ihnen in diesem Abschnitt, wie zusätzliche Domänencontroller in einer Domäne installiert werden.

Dabei muss es sich nicht zwingend um einen schreibgeschützten Domänencontroller handeln, wir gehen aber in diesem Beispiel davon aus.

Vorbereitungen für die Integration eines zusätzlichen Domänencontrollers in eine Domäne

Der erste Schritt bei der Integration eines zusätzlichen Domänencontrollers in eine Domäne besteht aus der Installation des Betriebssystems (siehe Kapitel 2 und 3). Achten Sie darauf, dass Sie den Server mit dem gleichen Stand des Betriebssystems installieren, damit Sie eine homogene Umgebung erhalten.

Achtung Exchange Server 2007/2010/2013 und Exchange Server 2016 unterstützen keine schreibgeschützten Domänencontroller. An jedem Standort, an dem ein Exchange-Server betrieben wird, muss auch ein normaler Domänencontroller positioniert werden.

Keine Probleme haben dagegen SQL Server, System Center Configuration Manager, Outlook, System Center Operations Manager sowie SharePoint Server. Auch die Serverrollen in Windows Server 2016 haben keine Schwierigkeiten mit einem RODC.

Weisen Sie dem zusätzlichen Domänencontroller zunächst einen passenden Namen zu, zum Beispiel *rodc*, und konfigurieren Sie das primäre DNS-Suffix auf dem Server. Gehen Sie bei diesem Schritt so vor wie bei der Erstellung des ersten Domänencontrollers (siehe Kapitel 10 und 11).

Installieren Sie nach dem Neustart des Servers, wie beim ersten Server, ebenfalls die DNS-Rolle (siehe Kapitel 11). Haben Sie den Server als Domänencontroller in Active Directory mit aufgenommen, steht er außerdem als DNS-Server für die Mitgliedsserver und Arbeitsstationen zur Verfügung.

Weisen Sie dem zusätzlichen Domänencontroller zunächst den ersten Domänencontroller, den Sie installiert haben, als bevorzugten DNS-Server zu. Später kann diese Einstellung noch abgeändert werden, aber für das Beitreten der Domäne muss der Server einen DNS-Server in der Domäne erreichen können.

Neue Domänencontroller integrieren

Installieren Sie im Anschluss die Active Directory-Domänendienste wie bei der Installation eines normalen Domänencontrollers auch. Die Unterscheidung der Konfiguration findet erst im Rahmen der Einrichtung des Servers statt. Wählen Sie daher im Assistenten zur Einrichtung von Active Directory die Option *Domänencontroller zu einer vorhandenen Domäne hinzufügen*. Sie können diesen Vorgang auch in der PowerShell durchführen. Wie das geht, zeigen wir Ihnen in Kapitel 11.

Haben Sie die Option ausgewählt, müssen Sie noch die Domäne angeben, der Sie einen Domänencontroller hinzufügen wollen. Über die Schaltfläche *Ändern* müssen Sie das Konto eines Administrators festlegen, der über die Rechte verfügt, Domänencontroller zu einer Domäne hinzuzufügen. Verwenden Sie dazu die Syntax *<Domäne>\<Benutzername>*.

Abbildung 13.2: Installieren eines neuen Domänencontrollers

Im nächsten Fenster wählen Sie die Optionen des Servers aus. Sie können über dieses Fenster die DNS-Rolle installieren, den Server zum globalen Katalog und den Domänencontroller zu einem schreibgeschützten Domänencontroller heraufstufen.

Außerdem wählen Sie den physischen Standort des Domänencontrollers aus. Active Directory bietet die Möglichkeit, eine Gesamtstruktur in mehrere Standorte zu unterteilen, die durch verschiedene IP-Subnetze voneinander getrennt sind. Durch diese physische Trennung der Standorte ist es nicht notwendig, für jede Niederlassung eine eigene Domäne zu erstellen.

An jedem Standort müssen zwar weiterhin Domänencontroller installiert werden, allerdings kann die Domäne von einem zentralen Standort aus verwaltet werden, von dem die Änderungen auf die einzelnen Standorte repliziert werden. Die Replikation zwischen verschiedenen Standorten in Active Directory läuft weitgehend automatisiert ab. Damit die Replikation aber stattfinden kann, müssen Sie zunächst die notwendige Routingtopologie erstellen. Bei der Erstellung der Routingtopologie fallen hauptsächlich folgende Aufgaben an:

- Erstellen von Standorten in der Active Directory-Verwaltung
- Erstellen von IP-Subnetzen und zuweisen an die Standorte.
- Erstellen von Standortverknüpfungen für die Active Directory-Replikation
- Konfiguration von Zeitplänen und Kosten für die optimale Standortreplikation

Schreibgeschützter Domänencontroller (RODC)

Damit Sie die standortübergreifende Replikation von Active Directory verwenden können, sollten Sie in jedem Standort, an dem später ein Domänencontroller angeschlossen wird, ein unabhängiges IP-Subnetz verwenden. Dieses IP-Subnetz wird in der Active Directory-Verwaltung hinterlegt und dient fortan zur Unterscheidung der Standorte in Active Directory.

Das wichtigste Werkzeug, um Standorte in Active Directory zu verwalten, ist das Snap-In *Active Directory-Standorte und -Dienste*, das auch über den Server-Manager zur Verfügung gestellt wird.

Auf der nächsten Seite des Assistenten legen Sie fest, ob der neue Domänencontroller zum globalen Katalog konfiguriert werden soll. Außerdem können Sie an dieser Stelle festlegen, dass der Domänencontroller nur als schreibgeschützter Domänencontroller (RODC) verwendet wird, also dieser Server keine Änderungen entgegennimmt, außer als Replikation von seinem übergeordneten Domänencontroller. Im gleichen Fenster geben Sie auch das Kennwort für den Verzeichnisdienst-Wiederherstellungsmodus an.

Abbildung 13.3: Konfiguration des zusätzlichen Domänencontrollers als schreibgeschützten Domänencontroller (RODC)

Auf der nächsten Seite wählen Sie die Benutzergruppen oder direkt die Benutzer aus, deren Kennwörter auf den RODC repliziert werden dürfen. Wird für eine Gruppe die Replikation des Kennworts verweigert, steht den Mitgliedern dieser Gruppe der RODC nicht als Anmeldeserver zur Verfügung, da er die Kennwörter nicht verifizieren kann. Durch diese Konfiguration können Sie recht leicht festlegen, welche Benutzer sich an diesem Domänencontroller anmelden dürfen und welche nicht.

Diese Richtlinien spielen für die Authentifizierung von Benutzern an einem Domänencontroller eine wichtige Rolle. Authentifiziert sich ein Benutzer an einem RODC, kontaktiert dieser einen normalen Domänencontroller, um die Anmeldeinformationen zu kopieren.

Der Domänencontroller erkennt, dass die Anforderung von einem RODC kommt, und überprüft auf Basis der Richtlinien für die Kennwortreplikation, ob diese Daten zu dem jeweiligen RODC übertragen werden dürfen. Wird die Replikation durch die Richtlinie gestattet, werden die Anmeldeinformationen vom Domänencontroller zum RODC übertragen und dort zwischengespeichert, sodass weitere Anmeldungen deutlich schneller ablaufen.

Kapitel 13: Active Directory – Neue Domänen und Domänencontroller

Abbildung 13.4: Festlegen der Benutzerkonten und Gruppen, deren Kennwörter auf den RODC repliziert werden

In der OU *Users* gibt es bereits die standardmäßigen Benutzergruppen *Zulässige RODC-Kennwortreplikationsgruppe* und *Abgelehnte RODC-Kennwortreplikationsgruppe*. Benutzerkonten, die Sie diesen Benutzergruppen zuordnen, können sich an diesem Domänencontroller anmelden, da die Kennwörter repliziert wurden (*Zulässige RODC-Kennwortreplikationsgruppe*). Oder sie können sich nicht anmelden, da die Kennwörter nicht zur Verfügung stehen (*Abgelehnte RODC-Kennwortreplikationsgruppe*).

Sie können die Einstellungen, die Sie in diesem Dialogfeld vornehmen, jederzeit über die Eigenschaften des Computerkontos im Server-Manager wieder anpassen, nachdem der Server zum Domänencontroller heraufgestuft worden ist.

Auf der nächsten Seite des Assistenten geben Sie eine Benutzergruppe an, die die Berechtigung zur Verwaltung des Domänencontrollers erhält. Mitglieder der angegebenen Gruppe dürfen den Server verwalten beziehungsweise Änderungen darauf vornehmen. Die Gruppe oder der Benutzer, die beziehungsweise den Sie hier angeben, erhalten lokale Administratorberechtigungen auf dem Controller, aber keinerlei Rechte in der Active Directory-Domäne.

Im nächsten Dialogfeld legen Sie fest, ob der Domänencontroller die Daten von Active Directory über das Netzwerk oder die WAN-Leitung erhalten soll oder ob Sie die Datensicherung von Active Directory verwenden möchten (siehe Kapitel 11). Diese Option ist vor allem sinnvoll, wenn Sie einen neuen Domänencontroller für eine kleine Niederlassung installieren.

Schreibgeschützter Domänencontroller (RODC)

Abbildung 13.5: Ablauf bei der Anmeldung von Anwendern über schreibgeschützte Domänencontroller

Ist diese Niederlassung nur über eine schmalbandige WAN-Leitung angebunden, kann die Replikation der Active Directory-Daten sehr lange dauern und vor allem die Leitung blockieren. Sie können an dieser Stelle auch auf einem Domänencontroller in der Zentrale eine Datensicherung des Servers vornehmen, diese auf CD/DVD brennen, mit der Post verschicken und anschließend auf dem Server einlesen.

Abbildung 13.6: Festlegen des Quellmediums für die Active Directory-Replikation

Kapitel 13: Active Directory – Neue Domänen und Domänencontroller

Auf der Seite des Assistenten wählen Sie auch aus, von welchem Domänencontroller Sie die Replikation zum neuen Domänencontroller für die Installation ausführen wollen. Alle weiteren Fenster sind identisch mit der Installation des ersten Domänencontrollers.

Ein Beispielskript für die Installation eines schreibgeschützten Domänencontrollers für die PowerShell sehen Sie in Listing 13.1.

```
Import-Module ADDSDeployment
Install-ADDSDomainController `
-AllowPasswordReplicationAccountName `
@("CONTOSO\Zulässige RODC-Kennwortreplikationsgruppe") `
-NoGlobalCatalog:$false `
-Credential (Get-Credential) `
-CriticalReplicationOnly:$false `
-DatabasePath "C:\Windows\NTDS" `
-DelegatedAdministratorAccountName "CONTOSO\joost" `
-DenyPasswordReplicationAccountName `
@("VORDEFINIERT\Administratoren", `
"VORDEFINIERT\Server-Operatoren", `
"VORDEFINIERT\Sicherungs-Operatoren", `
"VORDEFINIERT\Konten-Operatoren", `
"CONTOSO\Abgelehnte RODC-Kennwortreplikationsgruppe")`
-DomainName "contoso.int" `
-InstallDns:$true `
-LogPath "C:\Windows\NTDS" `
-NoRebootOnCompletion:$false `
-ReadOnlyReplica:$true `
-SiteName "Erbach" `
-SysvolPath "C:\Windows\SYSVOL" `
-Force:$true
```

Listing 13.1 Installieren eines schreibgeschützten Domänencontrollers in der PowerShell

---

Achtung **Einschränkungen für schreibgeschützte Domänencontroller**

Beim Einsatz von RODCs müssen einige Einschränkungen beachtet werden:

- An jedem Active Directory-Standort wird pro Domäne nur ein einziger schreibgeschützter Domänencontroller (RODC) unterstützt.
- Zwischen RODCs kann keine Replikation durchgeführt werden.
- Wird am Active Directory-Standort ein Exchange-Server betrieben, muss an diesem Standort auch ein normaler Domänencontroller positioniert werden. Exchange unterstützt keine RODCs für den Zugriff auf den globalen Katalog.
- Fällt die WAN-Verbindung zwischen RODC und einem normalen Domänencontroller aus, können am Standort mit dem RODC keine Kennwortänderungen der Anwender durchgeführt werden. Auch Computerkonten lassen sich nicht anlegen. Außerdem wird die Anmeldung aller Konten, deren Kennwort nicht auf den RODC repliziert ist, abgelehnt.
- Werden an einem Standort mit einem RODC neue Computerkonten aufgenommen, werden die dazu notwendigen RID (Relative Identifier) von einem schreibgeschützten Domänencontroller bezogen. Ein RODC verfügt über keinen RID-Pool.

Damit sich Benutzer aus der Domäne an einem RODC authentifizieren können, müssen sie zwingend in der Gruppe *Zulässige RODC-Kennwortreplikationsgruppe* sein, ansonsten wird die Anmeldung verweigert.

In den Eigenschaften des Computerkontos des schreibgeschützten Domänencontrollers auf der Registerkarte *Kennwortreplikationsrichtlinie* werden nach einem Klick auf die Schaltfläche *Erweitert* alle auf dem RODC zwischengespeicherten Kennwörter und Benutzer angezeigt.

RODC-Installation delegieren

Da es sich bei RODC meist um Server in Niederlassungen handelt, besteht auch die Möglichkeit, die Installation des Servers zu delegieren. Dazu wird vorher ein neues Computerkonto für den RODC in der Domäne erstellt. Anschließend kann der Administrator vor Ort den Server installieren und zum RODC der Domäne heraufstufen. Das Vorgehen dazu ist folgendermaßen:

1. Öffnen Sie das Snap-In *Active Directory-Benutzer und -Computer*.
2. Klicken Sie in der OU *Domain Controllers* für die Domäne, in der Sie den RODC installieren wollen, mit der rechten Maustaste.
3. Wählen Sie im Kontextmenü den Eintrag *Konto für schreibgeschützten Domänencontroller vorbereiten*.
4. Anschließend startet der Assistent.
5. Geben Sie den Namen des RODCs ein. Der Administrator vor Ort muss anschließend den Server exakt so benennen.
6. Anschließend können alle Optionen genauso wie bei der normalen Installation eines RODC vorgegeben werden.
7. Der Administrator kann auf dem RODC vor Ort anschließend den Assistenten über den Server-Manager starten.

Sie können ein Konto für einen schreibgeschützten Domänencontroller auch in der PowerShell mit dem Cmdlet *Add-ADDSReadOnlyDomainControllerAccount* anlegen. Installieren Sie einen neuen schreibgeschützten Domänencontroller, können Sie ein bereits existierendes Konto verwenden.

Dabei überprüft der Assistent, ob der aktuelle Servername mit dem Namen eines vorbereiteten Kontos übereinstimmt, sobald ein Administrator den Server heraufstufen will. Der Server darf allerdings noch kein Mitglied der Domäne sein.

RODC löschen

Wenn Sie ein Computerkonto eines RODCs löschen, können Sie über einen Assistenten veranlassen, dass alle Benutzer, deren Konto auf dem RODC gespeichert war, ihr Kennwort ändern müssen. Sie können auch eine Liste der Benutzer erstellen lassen. Das ist zum Beispiel sinnvoll, wenn ein RODC verloren gegangen ist und Sie das Konto aus Active Directory löschen wollen.

Hinweis	Wird ein schreibgeschützter Domänencontroller gestohlen, enthält dieser ausschließlich nur die Daten der Benutzerkonten, die zur Replikation auf den Server explizit ausgewählt sind. Alle anderen Daten von Active Directory sind auf dem Server nicht verfügbar und können daher auch nicht ausgelesen werden.
	Entfernt ein Administrator das Computerkonto des gestohlenen Domänencontrollers, erhält er ein Auswahlfenster angezeigt, über das die Kennwörter der Benutzer und Computer, die auf den RODC repliziert sind, zurückgesetzt werden können.
	Selbst wenn es einem Dieb gelingen sollte, die Daten vom RODC auszulesen, sind diese wertlos, weil sie zurückgesetzt wurden. Bei diesem Vorgang löscht Active Directory nicht die Benutzer- und Computerkonten selbst, sondern ausschließlich die Kennwörter. Diese Daten lassen sich außerdem nicht nur zurücksetzen, sondern über den Assistenten besteht zusätzlich eine Exportmöglichkeit der Konten.

Notwendige Nacharbeiten nach der Integration eines zusätzlichen Domänencontrollers

Haben Sie den Domänencontroller in die Domäne aufgenommen, sollten Sie zunächst noch einige Nacharbeiten durchführen, um ihn optimal einzubinden.

Starten Sie zunächst auf dem neuen Domänencontroller das Snap-In *DNS-Verwaltung*. Überprüfen Sie, ob die Daten der DNS-Zonen auf den Domänencontroller repliziert wurden. Ist sichergestellt, dass die DNS-Daten repliziert sind, ist die DNS-Funktionalität auf dem zusätzlichen Domänencontroller vorhanden. Die Replikation kann allerdings durchaus einige Minuten dauern.

IP-Adresse und DNS-Server auf Domänencontrollern anpassen

Im nächsten Schritt sollten Sie die IP-Einstellungen auf den Domänencontrollern optimieren. Tragen Sie in den IP-Einstellungen jeweils den anderen Domänencontroller als bevorzugten Server und als alternativen Domänencontroller den Controller selbst ein. Dies zumindest dann, wenn sich beide am selben Standort befinden. Durch diese Konfiguration ist sichergestellt, dass die beiden Domänencontroller über Kreuz die Namen auflösen können.

Wird ein Domänencontroller neu gestartet, besteht die Möglichkeit, dass der DNS-Dienst vor Active Directory beendet wird und das Herunterfahren unnötig lange dauert. In diesem Fall werden darüber hinaus noch Fehlermeldungen in der Ereignisanzeige protokolliert. Aus Gründen der Ausfallsicherheit ist es daher immer am besten, wenn ein Domänencontroller jeweils einen anderen Domänencontroller als bevorzugten DNS-Server verwendet. Nur wenn dieser bevorzugte Server nicht zur Verfügung steht, werden die eigenen Daten des Domänencontrollers verwendet. Haben Sie diese Einstellungen vorgenommen, können Sie mit dem Befehlszeilentool Nslookup überprüfen, ob die Namensauflösung auf den Domänencontrollern noch fehlerfrei funktioniert.

Öffnen Sie dazu eine Eingabeaufforderung und rufen Sie den Befehl *Nslookup* auf. Geben Sie danach einmal die Bezeichnung des ersten und dann die des zweiten Domänencontrollers ein, also in diesem Beispiel *dc01.contoso.com* und *dc03.contoso.com*. Auf dem anderen Domänencontroller sollten Sie diese Aufgaben ebenfalls durchführen. Es sollte kein Fehler angezeigt werden, damit sichergestellt ist, dass die Namensauflösung funktioniert. Mehr zum Thema lesen Sie in den Kapiteln 10 und 11.

Replikation der beiden Domänencontroller überprüfen

Nach einigen Minuten sollten Sie die Replikation der beiden Domänencontroller überprüfen. Starten Sie dazu über das Menü *Tools* im Server-Manager das Snap-In *Active Directory-Standorte und -Dienste*. Navigieren Sie zum Knoten des Standortnamens und öffnen Sie den Knoten *Servers*.

An dieser Stelle sollten alle Domänencontroller angezeigt werden. Klicken Sie bei den Servern auf den kleinen Pfeil links neben dem Namen, sehen Sie darunter einen weiteren Eintrag mit der Bezeichnung *NTDS Settings*. Klicken Sie auf diesen, wird auf der rechten Seite jeder Replikationspartner des Domänencontrollers angezeigt. Klicken Sie auf diese automatisch erstellten Verbindungen mit der rechten Maustaste, können Sie im Kontextmenü die Option *Jetzt replizieren* auswählen. Im Anschluss daran erscheint ein Fenster, das Sie über die erfolgreiche Replikation informiert.

Hinweis Normale Domänencontroller richten Replikationsverbindungen nur zu anderen normalen Domänencontroller ein. Schreibgeschützte Domänencontroller sind mit einer einseitigen Replikationsverbindung konfiguriert.

Abbildung 13.7: Überprüfen der Replikationsverbindung von neuen Domänencontrollern

Führen Sie diese Replikation für beide Domänencontroller durch, damit sichergestellt ist, dass die Active Directory-Replikation zwischen den beiden Domänencontrollern funktioniert. Damit ist die Erstellung des zusätzlichen Domänencontrollers abgeschlossen und Sie haben alle notwendigen Maßnahmen zur Überprüfung durchgeführt.

Sie sollten auch die Betriebsmaster auf den verschiedenen Servern optimal verteilen. Lesen Sie dazu die Anmerkungen in den Kapiteln 10 und 11.

Neue untergeordnete Domäne erstellen

Eine weitere häufige Aufgabe ist in einer Active Directory-Gesamtstruktur die Erstellung einer untergeordneten Domäne. Wenn Sie eine Active Directory-Gesamtstruktur durch die Erstellung der ersten Domäne, also dem Heraufstufen des ersten Domänencontrollers, definieren, ist diese Domäne die Rootdomäne (Stammdomäne) der Gesamtstruktur. Viele

Unternehmen binden an diese Domäne weitere Domänen, die als untergeordnete Domänen bezeichnet werden.

Ein Beispiel hierfür ist die Domäne *joost.int* als erste Domäne in einer Active Directory-Gesamtstruktur. Sie können an diese Domäne beliebig weitere untergeordnete Domänen anbinden, zum Beispiel die Domäne *de.joos.int*. Die beiden Domänen agieren vollkommen unabhängig voneinander, teilen sich aber den gleichen Namensraum. Bei der Erstellung der Domäne wird automatisch eine Vertrauensstellung zwischen *joos.int* und *de.joos.int* eingerichtet.

Auf diese Weise werden in vielen Gesamtstrukturen Niederlassungen angebunden, die eine eigene IT-Abteilung haben. In der Zentrale des Unternehmens wird eine Rootdomäne (oft als Stammdomäne bezeichnet) erstellt, und die einzelnen Niederlassungen werden als untergeordnete Domänen angebunden. Auch wenn die Rootdomäne nicht erreichbar ist, können alle Anwender in den untergeordneten Domänen problemlos weiterarbeiten. Eine dauerhafte Verbindung ist nicht zwingend notwendig.

DNS-Infrastruktur an untergeordnete Domänen anpassen

Bei der Erstellung von untergeordneten Domänen werden durch die enge Verzahnung von Active Directory und DNS auch die Anforderungen an die DNS-Infrastruktur komplizierter. Bevor Sie eine neue untergeordnete Domäne erstellen, müssen Sie zunächst die passende DNS-Infrastruktur dafür anlegen. Wenn Sie untergeordnete Domänen erstellen, haben Sie für die Namensauflösung grundsätzlich zwei Möglichkeiten:

1. Die DNS-Server der Rootdomäne verwalten auch die DNS-Domänen der untergeordneten Domänen.
2. Die untergeordneten Domänen verwalten jeweils ihre eigene DNS-Domäne.

Erstellen Sie eine neue untergeordnete Domäne, sollten Sie zunächst genau planen, wie die DNS-Infrastruktur dafür erstellt wird. Wenn die DNS-Server der Rootdomäne auch für die Namensauflösung in der untergeordneten Domäne zuständig sind, sollten Sie die Replikationseinstellungen für die Zone so ändern, dass sie auf alle DNS-Server und Domänencontroller repliziert wird.

Da untergeordnete Domänen oft physisch durch eine WAN-Leitung von der Rootdomäne getrennt sind, besteht die Notwendigkeit, die DNS-Daten der untergeordneten Domäne in die Niederlassung zu replizieren. In diesem Fall müssen Berechtigungskonzepte erstellt werden, da ansonsten Administratoren der untergeordneten Domäne Änderungen an der DNS-Infrastruktur der übergeordneten Domäne durchführen können.

In vielen Unternehmen wird dieses Sicherheitsproblem dadurch gelöst, dass die untergeordnete Domäne als eigenständige Zone ausschließlich von den Administratoren der untergeordneten Domäne verwaltet wird. Dadurch ist sichergestellt, dass jede Domäne ihre eigene DNS-Zone verwaltet, damit die Administratoren der einzelnen untergeordneten Domänen sich nicht gegenseitig beeinträchtigen können.

Wir zeigen Ihnen im Anschluss die Erstellung beider Varianten. Anhand dieser Fakten können Sie dann selbst entscheiden, welche Möglichkeiten Sie für die einzelnen untergeordneten Domänen einsetzen.

DNS-Domäne für eine neue untergeordnete Domäne erstellen

Die erste Möglichkeit der Namensauflösung ist die Erstellung einer neuen DNS-Domäne unterhalb der Rootdomäne auf den Root-Domänencontrollern. Diese Domäne befindet sich auf dem DNS-Server in der gleichen Zone wie die DNS-Domäne der Rootdomäne.

Um eine neue Domäne unterhalb einer DNS-Domäne zu erstellen, müssen Sie zunächst das Snap-In zur DNS-Verwaltung starten. Klicken Sie dann mit der rechten Maustaste auf die Zone, unter der Sie die neue DNS-Domäne erstellen wollen. Wählen Sie im Kontextmenü den Eintrag *Neue Domäne* aus. Im nächsten Fenster müssen Sie die Bezeichnung der neuen Domäne eingeben.

Abbildung 13.8: Erstellen einer neuen, untergeordneten Domäne

Da die neue Domäne unterhalb einer bereits existierenden DNS-Domäne angelegt wird, müssen Sie nur die Bezeichnung der Domäne ohne die Endung der Rootdomäne angeben. In diesem Beispiel lautet die Bezeichnung *de* unterhalb der Zone *joos.int*.

Nachdem Sie die Erstellung bestätigt haben, wird die neue Domäne unterhalb der Zone angezeigt. Weitere Angaben sind nicht erforderlich, da die Einstellungen für die Replikation der dynamischen Updates und Berechtigungen durch die übergeordnete Zone an die untergeordnete Domäne weitergegeben werden.

Damit Sie auf dem Domänencontroller der untergeordneten Domäne Active Directory installieren können, müssen Sie in den IP-Einstellungen des neuen Domänencontrollers einen DNS-Server der übergeordneten Domäne als bevorzugt eintragen. Zum Erstellen einer untergeordneten Domäne ist eine Kontaktaufnahme zu der übergeordneten Domäne notwendig.

Dieser Kontakt wird über DNS hergestellt und kann nur zustande kommen, wenn der neue Domänencontroller eine Verbindung aufbauen kann und die Namen der Domänencontroller der Rootdomäne kennt. Nach der Heraufstufung des neuen Domänencontrollers der untergeordneten Domäne sollten Sie auf diesem zunächst die DNS-Erweiterung installieren, damit er die DNS-Daten seiner Zone empfangen kann.

Zusätzlich müssen Sie dann in den Eigenschaften der DNS-Zone die Replikation so anpassen, dass die DNS-Daten nicht nur auf die DNS-Server der gleichen Domäne repliziert werden, sondern auf alle DNS-Server der Gesamtstruktur. Da die DNS-Server der neuen untergeordneten Domäne nicht zur gleichen Domäne gehören, ist diese Maßnahme notwendig.

Nachdem die DNS-Daten auf den untergeordneten Domänencontrollern angezeigt werden, können Sie in den IP-Einstellungen der Server die DNS-Server der untergeordneten Domäne als bevorzugte und die der übergeordneten Domäne als alternative DNS-Server konfigurieren. Dadurch ist sichergestellt, dass die Namensauflösung funktioniert, selbst wenn unter Umständen die DNS-Server der untergeordneten Domäne nicht zur Verfügung stehen.

Da diese Aufgabe erst durchgeführt werden kann, wenn Active Directory auf den neuen Domänencontrollern installiert wurde, müssen Sie zunächst die Heraufstufung der untergeordneten Domänencontroller vornehmen.

DNS-Zonen delegieren

Die zweite Variante der Namensauflösung einer neuen untergeordneten Domäne ist die sogenannte Delegierung. Installieren Sie zunächst auf dem neuen Domänencontroller die DNS-Erweiterung. Anschließend erstellen Sie auf dem neuen DNS-Server eine neue Zone. Dabei gehen Sie so vor wie in Kapitel 11 erläutert.

Die neue Zone erhält dieselbe Bezeichnung wie die neue untergeordnete Domäne. In diesem Beispiel wird der Domänencontroller *dc-berlin* der erste Domänencontroller der untergeordneten Domäne *de.joos.int* unterhalb der Domäne *joos.int*. Gehen Sie dazu folgendermaßen vor:

1. Legen Sie zunächst den Computernamen fest. Auch das primäre DNS-Suffix des neuen Domänencontrollers kann an dieser Stelle bereits eingegeben werden. Der Computername ist in diesem Beispiel *dc-berlin*, das primäre DNS-Suffix *de.joos.int*. Mehr zu diesem Thema lesen Sie in Kapitel 10 und 11.

2. Konfigurieren Sie in den IP-Einstellungen des Domänencontrollers seine eigene IP-Adresse als bevorzugten DNS-Server.

3. Erstellen Sie in der DNS-Verwaltung eine neue Zone mit der Bezeichnung der neuen untergeordneten Domäne, in diesem Beispiel *de.joos.int*. An dieser Stelle spielt die bereits vorhandene DNS-Domäne der Rootdomäne noch keine Rolle. Achten Sie auf die dynamischen Updates der Zone (siehe Kapitel 11).

Im nächsten Schritt müssen Sie dafür sorgen, dass sich beide DNS-Server gegenseitig auflösen können. Es muss in der untergeordneten Domäne möglich sein, Servernamen der übergeordneten Domäne aufzulösen. Außerdem müssen in der übergeordneten Domäne Servernamen der untergeordneten Domäne per DNS aufgelöst werden können. Dazu wird die DNS-Zone der Rootdomäne so konfiguriert, dass alle Abfragen an die untergeordnete Domäne zu deren Domänencontroller weitergeleitet werden.

Die DNS-Server der übergeordneten Domäne kümmern sich fortan nicht mehr um die Verwaltung der untergeordneten Domäne, sondern haben diese Aufgabe an die Domänencontroller der untergeordneten Domäne delegiert. Für diesen Vorgang müssen Sie die Delegierung zunächst auf den DNS-Servern der übergeordneten Domäne einrichten. Klicken Sie dazu mit der rechten Maustaste auf die DNS-Zone der übergeordneten Domäne und wählen Sie im Kontextmenü den Eintrag *Neue Delegierung* aus.

Neue untergeordnete Domäne erstellen

Abbildung 13.9: Erstellen einer neuen Delegierung innerhalb der übergeordneten Domäne

Es erscheint das Startfenster des Delegierungs-Assistenten. Im nächsten Fenster tragen Sie den Namen der neuen delegierten Domäne ein. Auch hier müssen Sie nur den Namen der untergeordneten Domäne eintragen, in diesem Beispiel *de*. Der Assistent vervollständigt automatisch den Namen zum FQDN. Dieser Vorgang ist vollkommen unabhängig von der Erstellung der neuen Zone in der untergeordneten Domäne.

Die Namensauflösung von der übergeordneten Domäne zu Servern der untergeordneten Domäne funktioniert allerdings erst dann, wenn die Zone in der untergeordneten Domäne erstellt wurde und die Delegierung in der übergeordneten Domäne eingerichtet ist.

Wenn ein Client oder ein Server einen DNS-Server der übergeordneten Domäne als bevorzugten DNS-Server eingetragen hat und einen Namen der untergeordneten Domäne auflösen will (zum Beispiel ein zweiter Domänencontroller für die Active Directory-Replikation), kann nach der erfolgreichen Einrichtung der Delegierung der übergeordnete DNS-Server die Anfrage an den untergeordneten DNS-Server weiterleiten, der die Antwort an den übergeordneten DNS-Server weitergibt. Dieser DNS-Server gibt die entsprechende Antwort an den Client zurück.

Im Assistenten müssen Sie den Namenserver angeben, der für die Auflösung der delegierten Domäne zuständig ist. Da an dieser Stelle die Namensauflösung noch nicht funktioniert, weil Sie sie gerade erst konfigurieren, müssen Sie die einzelnen Eingaben manuell durchführen. Dazu klicken Sie zunächst auf die Schaltfläche *Hinzufügen*.

Tragen Sie nun im Bereich *Vollqualifizierter Serverdomänenname* den Namen des Servers ein. Die Auflösung oder das Durchsuchen der Zone funktioniert an dieser Stelle noch nicht. Geben Sie danach im Bereich *IP-Adresse* die IP-Adresse des oben eingetragenen DNS-Servers der untergeordneten Domäne ein und klicken Sie auf OK. Nach dieser Aktion wird dieser DNS-Server als Namenserver für die Delegierung verwendet.

Sie können später noch Änderungen vornehmen oder weitere Server hinzufügen, wenn zum Beispiel in der untergeordneten Domäne ein weiterer Domänencontroller hinzugefügt wird. Durch das Eintragen von zwei Servern in der delegierten Domäne erhalten Sie eine Ausfallsicherheit bei der Namensauflösung von der übergeordneten zur untergeordneten Domäne. Im Anschluss daran wird die delegierte Domäne abgeblendet in der DNS-Domäne angezeigt.

Überprüfen Sie jetzt mit dem Befehlszeilentool Nslookup, ob die Auflösung fehlerfrei funktioniert. Öffnen Sie dazu die Eingabeaufforderung und geben Sie auf dem DNS-Server der Rootdomäne (oder einem Client, der diesen als bevorzugten DNS-Server konfiguriert hat) den Befehl »nslookup« ein. Überprüfen Sie den FQDN des DNS-Servers der untergeordneten Domäne, in diesem Beispiel also *dc-berlin.de.contoso.com*.

Kapitel 13: Active Directory – Neue Domänen und Domänencontroller

Die IP-Adresse des Servers muss fehlerfrei zurückgegeben werden. Das funktioniert aber erst dann, wenn Sie auf dem untergeordneten Domänencontroller DNS für die untergeordnete Domäne konfiguriert haben und sich der DNS-Server eingetragen hat. Gehen Sie hier so vor, wie in Kapitel 11 gezeigt. Lesen Sie auch die Anmerkungen in Kapitel 6 zu diesem Thema durch.

Abbildung 13.10: Überprüfen der Namensauflösung von der übergeordneten zur untergeordneten Domäne

An dieser Stelle ist die Namensauflösung von der übergeordneten zur untergeordneten Domäne hergestellt. Sie müssen noch die Namensauflösung von der untergeordneten zur übergeordneten Domäne herstellen. Die beste Variante hierzu ist eine Weiterleitung:

1. Klicken Sie dazu mit der rechten Maustaste im Snap-In der DNS-Verwaltung auf *Bedingte Weiterleitungen*.
2. Wählen Sie im Kontextmenü den Eintrag *Neue bedingte Weiterleitung* aus und tragen Sie die übergeordnete DNS-Domäne ein.
3. Tragen Sie die IP-Adresse eines DNS-Servers der übergeordneten Domäne ein. Wenn in der übergeordneten Domäne mehrere DNS-Server für die Namensauflösung zuständig sind, tragen Sie alle DNS-Server ein.
4. Diesen Vorgang müssen Sie nicht auf jedem DNS-Server der untergeordneten Domäne durchführen, wenn Sie die Einträge auf die DNS-Server der untergeordneten Domäne replizieren lassen. Das funktioniert allerdings erst dann, wenn die untergeordnete Domäne erstellt worden ist.
5. Nachdem Sie diese Konfiguration vorgenommen haben, öffnen Sie wieder eine Eingabeaufforderung und geben »nslookup« ein. Überprüfen Sie, ob von der untergeordneten Domäne die Domänencontroller der übergeordneten Domäne aufgelöst werden können. Auch hier sollten keine Fehler mehr auftreten. In diesem Beispiel ist *dc-berlin.de.joos.int* ein untergeordneter Domänencontroller und *core.joos.int* ein Domänencontroller der übergeordneten Domäne *joos.int*.

Abbildung 13.11: Konfigurieren eines Weiterleitungsservers in der untergeordneten Domäne

Achten Sie darauf, dass beim Einsatz von mehreren untergeordneten Domänen auch die Namensauflösung zwischen den untergeordneten Domänen untereinander funktioniert. Nur durch eine lückenlos konfigurierte Namensauflösung ist die Replikation in Active Directory sichergestellt.

Damit haben Sie die Konfiguration der DNS-Einstellungen abgeschlossen. Die Namensauflösung sollte sowohl innerhalb der Domänen als auch zwischen den Domänen reibungslos funktionieren.

Domänencontroller für eine neue untergeordnete Domäne heraufstufen

Nachdem Sie sichergestellt haben, dass die Namensauflösung für die neue untergeordnete Domäne funktioniert und der zukünftige Active Directory-Domänencontroller der untergeordneten Domäne auch die Namen in der übergeordneten Domäne auflösen kann, können Sie mit dem Assistenten zur Einrichtung von Active Directory die neue Domäne erstellen.

Dabei gehen Sie analog vor wie in den Kapiteln 10 und 11 bereits erläutert: Sie installieren die Serverrolle der Active Directory-Domänendienste und starten den Assistenten zur Einrichtung.

Aktivieren Sie im Assistenten die Option *Neue Domäne zu einer vorhandenen Gesamtstruktur hinzufügen* aus. Wählen Sie aus, ob Sie einer vorhandenen Domäne eine weitere Domäne hinzufügen möchten, zum Beispiel *de.joos.int* (untergeordnete Domäne), oder ob Sie in der Gesamtstruktur einen weiteren unabhängigen Namensraum hinzufügen möchten (*Strukturdomäne*), zum Beispiel der Gesamtstruktur *joos.int* den Namensraum *woodgroove.local*. Mehr dazu erfahren Sie im nächsten Abschnitt dieses Kapitels.

Kapitel 13: Active Directory – Neue Domänen und Domänencontroller

Im Fenster geben Sie außerdem den Namen der übergeordneten Domäne und der neuen untergeordneten Domäne ein. Außerdem müssen Sie einen Benutzernamen festlegen, der das Recht hat, neue Domänen in die Gesamtstruktur aufzunehmen.

Abbildung 13.12: Erstellen einer neuen Domäne in einer vorhandenen Gesamtstruktur

Auf der nächsten Seite wählen Sie die Funktionsebene der Domäne und die Optionen für den Domänencontroller aus (siehe auch Kapitel 10 und 11). Die Vorgehensweise ist identisch mit der Installation einer neuen Gesamtstruktur, wie in den Kapiteln 10 und 11 bereits behandelt.

Sie können sich anschließend an dem Server an der untergeordneten Domäne anmelden und die Domäne wie jede andere auch verwalten. Von der Verwaltung unterscheiden sich untergeordnete Domänen nicht von übergeordneten Domänen, sie erleichtern jedoch die Verteilung der Administration innerhalb von Active Directory. Untergeordnete Domänen werden im Snap-In *Active Directory-Domänen und -Vertrauensstellungen* in der Baumstruktur entsprechend unter ihrer übergeordneten Domäne angezeigt.

Hinweis Nachdem Sie den DNS-Server der neuen untergeordneten Domäne zum Domänencontroller heraufgestuft haben, sollten Sie die Zone der neuen Domäne ebenfalls in Active Directory integrieren und die Replikation der DNS-Daten so einstellen, wie Sie es wünschen.

Standardmäßig werden die Daten auf allen Domänencontrollern der neuen Domäne bereits repliziert und angezeigt, sobald die DNS-Funktion installiert wird. Sie sollten auch darauf achten, dass in den Netzwerkeinstellungen des neuen Domänencontrollers er selbst beziehungsweise ein anderer Domänencontroller mit DNS-Funktionalität dieser Domäne als DNS-Server eingetragen ist. Auch den Betriebsmodus dieser Domäne müssen Sie separat zu den anderen Domänen in Ihrem Active Directory heraufstufen.

Ein Beispiel für das Erstellen einer untergeordneten Domäne in der PowerShell ist:

Install-ADDSDomain -NewDomainName de -ParentDomainName joos.int -DomainType Child -SafeModeAdministratorPassword (Read-Host -Prompt "Kennwort:" -AsSecureString)

Neue Domänenstruktur in einer Gesamtstruktur einführen

Neben der möglichen Einführung untergeordneter Domänen können in einer Gesamtstruktur auch neue Domänenstrukturen hinzugefügt werden. Eine Struktur innerhalb einer Gesamtstruktur teilt sich mit allen ihren untergeordneten Domänen einen Namensraum. In diesem Beispiel wäre das die Struktur *joos.int* mit der untergeordneten Domäne *de.joos.int*. In manchen Unternehmen kann es jedoch sinnvoll sein, unabhängige Namensräume zu erstellen, die zwar Bestandteil der Gesamtstruktur, aber vom Namen her von den anderen Domänen unabhängig sind.

Ein Beispiel wäre die neue Struktur *woodgroove.local* in der Gesamtstruktur *joos.int*. Neue Strukturen werden vor allem dann geschaffen, wenn Teile des Unternehmens, zum Beispiel durch eine Akquisition, vom Namen her unabhängig erscheinen wollen. Im Grunde genommen ist eine neue Domänenstruktur zunächst nichts anderes als eine neue untergeordnete Domäne der Rootdomäne der Gesamtstruktur, mit dem Unterschied, dass sie einen eigenen Namensraum aufweist.

Bevor Sie eine neue Struktur einführen können, müssen Sie auch hier zunächst die passende DNS-Infrastruktur erstellen. Bei der Erstellung einer neuen Struktur gibt es keine Möglichkeit, eine neue Delegierung zu erstellen, da der Namensraum von der bisherigen Struktur komplett unabhängig ist.

Auch wenn eine neue Struktur vom Namen her mit der ersten erstellten Struktur einer Gesamtstruktur gleichwertig ist, ist die zweite Struktur immer untergeordnet. Die Gesamtstruktur trägt in Active Directory immer die Bezeichnung der ersten installierten Struktur.

In der ersten Struktur und der in ihr erstellten ersten Domäne befinden sich außerdem die beiden Betriebsmasterrollen *Domänennamenmaster* und *Schemamaster*. Ein wichtiger Punkt bei der Erstellung von mehreren Strukturen innerhalb einer Gesamtstruktur ist auch der Pfad der Vertrauensstellungen.

In einem Active Directory vertrauen sich alle Domänen innerhalb einer Struktur untereinander. Diese transitiven Vertrauensstellungen werden automatisch eingerichtet. Es werden allerdings keine Vertrauensstellungen zwischen untergeordneten Domänen verschiedener Strukturen eingerichtet, sondern nur zwischen den Rootdomänen der einzelnen Strukturen.

Wenn Anwender auf Daten verschiedener untergeordneter Domänen zugreifen wollen, muss die Authentifizierung daher immer den Weg bis zur Rootdomäne der eigenen Struktur gehen, dann zur Rootdomäne der anderen Struktur und schließlich zur entsprechenden untergeordneten Domäne. Diese Authentifizierung kann durchaus einige Zeit dauern.

Es gibt allerdings Möglichkeiten, diese Aufgabe zu beschleunigen. Dazu müssen Sie manuelle Vertrauensstellungen direkt zwischen den untergeordneten Domänen der verschiedenen Strukturen innerhalb der Gesamtstruktur erstellen.

DNS-Infrastruktur für eine neue Domänenstruktur erstellen

Um eine neue Struktur innerhalb einer Gesamtstruktur anzulegen, müssen Sie zunächst eine passende DNS-Infrastruktur schaffen. Sie können dazu entweder wieder auf den DNS-Servern einer bereits vorhandenen Struktur eine neue DNS-Zone mit der Bezeichnung der neuen Struktur oder auf den neuen Domänencontrollern der neuen Struktur eine eigenständige neue Zone erstellen.

Gehen Sie dazu genauso vor wie bei der Erstellung der ersten Struktur. Wenn Sie die neue Zone erstellt haben, sollten Sie auf den DNS-Servern der neuen Struktur in den Weiterleitungen eine entsprechende Weiterleitung zur anderen Struktur einrichten, wie sie bereits bei der Delegierung von DNS-Domänen weiter vorne in diesem Kapitel beschrieben wurde.

Auf allen DNS-Servern aller Strukturen sollten Weiterleitungen eingerichtet werden, die entsprechende Anfragen an die DNS-Server der jeweiligen Struktur weiterleiten können.

Überprüfen Sie die Namensauflösung wieder mit Nslookup, damit sichergestellt ist, dass die Auflösung zwischen den verschiedenen Strukturen auch funktioniert. Erst wenn die Namensauflösung zwischen der neuen und der bereits vorhandenen DNS-Domäne funktioniert, können Sie die neue Struktur in Active Directory erstellen. Wenn Sie eine neue Struktur innerhalb einer Gesamtstruktur erstellen, müssen Sie sich bei der Gesamtstruktur authentifizieren und der neue Domänencontroller muss eine Verbindung zum Domänennamenmaster aufbauen können.

Tragen Sie in den IP-Einstellungen des ersten Domänencontrollers der neuen Struktur seine eigene IP-Adresse als bevorzugten DNS-Server ein. In den Eigenschaften des DNS-Servers tragen Sie die Weiterleitungen zu den DNS-Servern der Rootdomäne ein, in der sich der Domänennamenmaster befindet.

IP-Einstellungen beim Einsatz von mehreren Domänen optimieren

Installieren Sie einen zusätzlichen Domänencontroller für eine Domäne, müssen Sie sicherstellen, dass der bevorzugte DNS-Server in den IP-Einstellungen den Namen der Zone auflösen kann, die die Domäne verwaltet. Sie können in den IP-Einstellungen eines Servers mehrere DNS-Server eintragen. Es wird immer zunächst der bevorzugte DNS-Server verwendet. Die alternativen DNS-Server werden erst eingesetzt, wenn der bevorzugte DNS-Server nicht mehr zur Verfügung steht, weil er zum Beispiel gerade neu gestartet wird.

Ein Server verwendet nicht alle konfigurierten DNS-Server parallel oder hintereinander, um Namen aufzulösen. Kann der bevorzugte DNS-Server den DNS-Namen nicht auflösen und meldet dies dem Client zurück, wird nicht der alternative Server eingesetzt. Auch das Zurückgeben einer nicht erfolgten Namensauflösung wird als erfolgreiche Antwort akzeptiert.

Über die Schaltfläche *Erweitert* in den IP-Einstellungen in Windows lassen sich weitere Einstellungen vornehmen, um die Zusammenarbeit mit DNS zu konfigurieren. Sie können auf der Registerkarte *DNS* der erweiterten Einstellungen weitere alternative DNS-Server eintragen. Aktivieren Sie auf den Domänencontrollern in den IP-Einstellungen über die Schaltfläche *Erweitert* auf der Registerkarte *DNS* die Option *Diese DNS-Suffixe anhängen (in Reihenfolge)*. Tragen Sie als Nächstes zuerst den Namensraum der eigenen Struktur ein und hängen Sie danach die Namensräume der anderen Strukturen an. Lesen Sie sich dazu Kapitel 5 durch, in dem wir diese Optionen detailliert behandeln, da sie auch für Mitgliedserver wichtig sind.

Der Sinn dieser Konfiguration ist die schnelle Auflösung von Servern in den anderen Strukturen. Wenn Sie zum Beispiel den Domänencontroller *dc01* in der Struktur *contoso.int* auflösen wollen, müssen Sie immer *dc01.contoso.int* eingeben. Zuerst sollten immer die eigene Domäne und der eigene Namensraum eingetragen sein, bevor andere Namensräume abgefragt werden. Wenn Sie diese Maßnahme durchgeführt haben, lässt sich mit Nslookup der Effekt überprüfen.

Sie können an dieser Stelle lediglich *dc01* eingeben. Der Server befragt seinen bevorzugten DNS-Server, ob ein Server mit dem Namen *dc01.woordgroove.local* gefunden wird. Da dieser Server nicht vorhanden ist (sonst würde dieser Trick nicht funktionieren), wird der nächste Namensraum abgefragt. Das ist in diesem Beispiel *contoso.int*.

Da die Zone *contoso.int* als Weiterleitung in den DNS-Servern definiert ist, fragt der DNS-Server jetzt beim DNS-Server dieser Zone nach und löst den Namen richtig auf. Viele Administratoren geben auf ihrem DNS-Server einfach einen neuen statischen Hosteintrag ein, der auf die IP-Adresse des Servers des anderen Namensraums zeigt.

Diese Vorgehensweise ist aber nicht korrekt, auch wenn sie grundsätzlich funktioniert. Es wird in diesem Fall nämlich nicht der richtige DNS-Name des entsprechenden Servers zurückgegeben, sondern der Servername mit der Zone des DNS-Servers, in die der Server als Host eingetragen wurde.

Vor allem in einem größeren Active Directory sollten Administratoren darauf achten, die Konfigurationen so vorzunehmen, dass sie auch formal korrekt sind. Das hilft oft, unbedachte Probleme zu vermeiden. Wenn Sie zum Beispiel in der Zone *woodgroove.local* einen neuen Eintrag *dc01* für den Domänencontroller *dc01.contoso.int* erstellen, der auf die IP-Adresse des Servers verweist, wird der Name als *dc01.woodgroove.local* aufgelöst, obwohl der eigentliche Name des Servers *dc01.contoso.int* ist. Dadurch funktioniert zwar die Auflösung, aber es wird ein falscher Name zurückgegeben.

Die neue Domänenstruktur erstellen

Sobald sichergestellt ist, dass die Namensauflösung funktioniert und die Active Directory-Domänendienste-Rolle auf dem Server installiert ist, verwenden Sie den Assistenten, um Active Directory einzurichten. Aktivieren Sie im Assistenten die Option *Neue Domäne zu einer vorhandenen Gesamtstruktur hinzufügen*.

Wählen Sie aus, ob Sie einer vorhandenen Domäne eine weitere Domäne hinzufügen möchten, zum Beispiel *de.contoso.int* (untergeordnete Domäne), oder ob Sie in der Gesamtstruktur einen weiteren unabhängigen Namensraum, also eine Struktur hinzufügen möchten (Strukturdomäne), zum Beispiel der Gesamtstruktur *contoso.int* den Namensraum *woodgroove.local*. Beide Domänen können sich im gleichen Namensraum befinden. Die weitere Einrichtung entspricht der Konfiguration von untergeordneten Domänen.

Das Active Directory-Schema erweitern

Das Schema ist das Herzstück von Active Directory. Mit dem Schema wird definiert, welche Informationen im Verzeichnis abgelegt werden können. Gleichzeitig ist das Schema aus mehreren Gründen besonders sensibel. Je mehr Informationen in Active Directory abgelegt werden, desto größer wird die Datenbank. Die Performance ist allerdings nur bei bestimmten Operationen wie einer domänenweiten Abfrage betroffen.

Im Regelfall wird bei Abfragen über Indizes gearbeitet, sodass die Größe der Datenbank und damit die Erweiterung des Schemas dafür keine Rolle spielt. Es gibt zudem Abfragen, die nicht über den globalen Katalog laufen und die erfordern, dass alle Objekte angefasst werden.

Dazu zählen Operationen, bei denen sichergestellt werden muss, dass kein eindeutiger Name gesetzt wurde. In Active Directory können Objektklassen und Attribute hinzugefügt werden. Diese können nicht mehr entfernt werden. Objekte und Attribute lassen sich allenfalls deaktivieren. Das entspricht dem Ansatz der meisten professionellen Datenbankmanagementsysteme.

Im Kern bedeutet dies, dass Änderungen nicht vollständig rückgängig gemacht werden können und daher wohl überlegt sein müssen. Allerdings gilt, dass nicht mehr erforderliche Objekte und Attribute keine Auswirkungen auf die Größe von Active Directory und die Performance haben. Daher ist die Verwaltung des Schemas an die Gruppe der Schemaadmins gebunden. Die wichtigsten Fragestellungen sind:

- Die Schritte für die Änderung des Schemas erfordern eine gründliche Überlegung. Dazu gehört eine saubere Planung, je nachdem, ob Sie neue Objektklassen definieren oder Attribute zu bestehenden Objektklassen hinzufügen wollen.

- Überlegen Sie genau, ob die geplanten Änderungen am Schema erforderlich sind. Dies bedeutet, ob Informationen in Active Directory oder in einer Datenbank gespeichert werden. Bei Anwendungen, die auf Verzeichnisdienste zugreifen, wird häufig sowohl mit Informationen im LDAP-Verzeichnis und mit einem Datenbankmanagementsystem gearbeitet. Die Grundregel für das Design der Anwendungen ist, dass die stabilen Informationen zu Benutzern und anderen Verzeichnisobjekten im Verzeichnis abgelegt werden, während Daten, die sich permanent ändern, in der Datenbank gespeichert werden.

- Die oben bereits erwähnten Problemstellungen im Zusammenhang mit der Erweiterung des Schemas müssen vertraut sein.

- Es müssen Verwaltungsanwendungen oder Erweiterungen bestehender Verwaltungsanwendungen entwickelt werden, mit deren Hilfe die neuen Objekte und Attribute verwaltet werden können. Dazu ist erforderlich, dass Sie mit den Methoden für die Entwicklung und Erweiterung von Administrationsanwendungen vertraut sind.

Dies sind die wichtigsten Überlegungen, die vor der eigentlichen Implementierung von Änderungen im Schema durchgeführt werden müssen. Die Administration des Schemas kann über das MMC-Snap-In *Active Directory-Schema* erfolgen. Das Snap-In muss manuell in eine MMC eingefügt werden. Mit diesem Snap-In lassen sich die Informationen zu den Klassen und Attributen im Schema anzeigen.

Hier können Sie auch neue Klassen und Attribute anlegen und außerdem die Zugriffsberechtigungen für das Schema anpassen. Beim Erstellen einer Klasse müssen im ersten Schritt die Identifikationen für die Klasse eingegeben werden. Dazu zählen neben einem eindeutigen Namen die Objekt-ID im X.500-Schema und der Typ der Klasse. Im nächsten Dialogfeld können die Attribute konfiguriert werden, die in die Klasse aufgenommen werden sollen. Es werden zwei Arten unterschieden:

- Verbindliche Attribute müssen in jedem Fall eingegeben werden. Diese können nicht deaktiviert werden.

- Optionale Attribute können deaktiviert werden und müssen vom Benutzer nicht eingegeben werden.

Mit der Festlegung von verbindlichen Attributen sollte Sie grundsätzlich sehr zurückhaltend sein. Wenn es Situationen gibt, in denen dieses Attribut bei einem Objekt doch nicht verwendet werden soll, darf es auf keinen Fall gesetzt werden. Im Zweifelsfall ergibt es mehr Sinn, Plausibilitätsprüfungen bei den Administrations-Anwendungen durchzuführen, über die Attributwerte verändert werden.

Bei den Attributen sind zunächst die Namen zu definieren. Zusätzlich müssen Syntax und Wertebereich konfiguriert werden. Für die Syntax gibt es eine Vielzahl vorgegebener Auswahlen. Mit der Option *Mehrwertig* kann konfiguriert werden, dass mehrere Werte für dieses Attribut eingegeben werden. Das ist zum Beispiel bei Telefonnummern sinnvoll.

Zusammenfassung

In diesem Kapitel haben wir Ihnen gezeigt, wie Sie zusätzliche Domänencontroller, auch schreibgeschützte Domänencontroller, im Netzwerk integrieren. Ebenfalls war die Erweiterung von Active Directory mit zusätzlichen Domänen und Domänenstrukturen Thema dieses Kapitels. Wir sind auch ausführlich auf die Zusammenarbeit zwischen DNS und Active Directory eingegangen.

Im nächsten Kapitel widmen wir uns der Verwaltung verschiedener Active Directory-Standorte sowie der Replikation zwischen verschiedenen Domänencontrollern.

Kapitel 14
Active Directory – Replikation

In diesem Kapitel:
Grundlagen der Replikation 398
Routingtopologie in Active Directory konfigurieren 399
Fehler bei der Active Directory-Replikation beheben 408
Zusammenfassung. 412

Ein weiterer wichtiger Bereich in der Verwaltung und Erstellung von Active Directory ist die Replikation der Domänencontroller, vor allem über mehrere Standorte hinweg. Active Directory-Domänen lassen sich über mehrere physische Standorte verteilen. Die Trennung der einzelnen Standorte in Active Directory erfolgt durch IP-Subnetze.

Dazu müssen die Administratoren eines Unternehmens alle IP-Subnetze anlegen, die im Unternehmen verwendet werden, und diese Subnetze wiederum einzelnen Standorten zuweisen. Zwischen den Standorten können Standortverknüpfungen erstellt werden, über die alle Domänencontroller ihre Daten replizieren.

Die Replikation zwischen Standorten erfolgt mit komprimierten Daten und weit weniger häufig als innerhalb eines LAN. Die Hauptaufgabe von Standorten besteht darin, den Datenverkehr über WAN-Leitungen so niedrig wie möglich zu halten und die Replikation von Domänencontrollern zu optimieren. In diesem Kapitel zeigen wir Ihnen, wie Sie die Replikation einrichten und eventuelle Fehler beheben.

Hinweis	In Kapitel 10 haben wir Ihnen bereits einige neue Cmdlets für die Verwaltung von Active Directory gezeigt. Auch für die Einrichtung der Replikation können Sie die PowerShell verwenden.
	Eine Liste der verfügbaren Befehle erhalten Sie durch Eingabe von *Get-Command *adreplication**. Um sich eine Hilfe zu den Cmdlets anzuzeigen, verwenden Sie *Get-Help <Cmdlet>*.

Grundlagen der Replikation

Active Directory verwendet einen integrierten Dienst, der die Replikation innerhalb und zwischen Standorten automatisch steuert. Dieser Dienst, Konsistenzprüfung (Knowledge Consistency Checker, KCC) genannt, verbindet die Domänencontroller der verschiedenen Standorte und erstellt automatisch eine Replikationstopologie auf Basis der definierten Zeitpläne und Standortverknüpfungen. Wenn in den Standorten mehr als nur ein Domänencontroller zur Verfügung gestellt wird, werden zwischen den Standorten nicht alle Domänencontroller repliziert.

In jedem Standort gibt es sogenannte Bridgehead-Server, die die Informationen ihres Standorts an die Bridgehead-Server der anderen Standorte weitergeben. Dadurch wird der Verkehr über die WAN-Leitung minimiert, da nicht mehr alle Domänencontroller Daten extern versenden.

Damit Sie die Replikation zwischen Standorten nutzen können, müssen Sie zunächst Standorte definieren. Diesen Standorten müssen Sie alle IP-Subnetze zuweisen, die in Ihrem Unternehmen eingesetzt werden. Als Nächstes müssen Sie zwischen den Standorten Standortverknüpfungen herstellen und schließlich die bereits vorhandenen Domänencontroller auf die einzelnen Standorte verteilen.

Wenn Sie Standorte definiert haben, werden zukünftig Domänencontroller abhängig von ihrer IP-Adresse automatisch dem Standort zugewiesen, zu dessen Subnetz die IP-Adresse gehört.

Bereits vorhandene oder bereits einem Standort zugewiesene Domänencontroller müssen nachträglich manuell über das Snap-In *Active Directory-Standorte und -Dienste* dem richtigen Standort zugewiesen werden. Sie können bereits während der Heraufstufung von Domänencontroller den Standort zuweisen. Das funktioniert aber auch jederzeit nachträglich

Durch diese physische Trennung der Standorte ist es nicht mehr notwendig, für jede Niederlassung eine eigene Domäne zu erstellen. An jedem Standort müssen zwar weiterhin Domänencontroller installiert sein, allerdings können Sie die Domäne von einem zentralen Standort aus verwalten, von dem die Änderungen auf die einzelnen Standorte repliziert werden.

Routingtopologie in Active Directory konfigurieren

Abbildung 14.1: Die Active Directory-Replikation im Überblick

Routingtopologie in Active Directory konfigurieren

Die Replikation zwischen verschiedenen Standorten in Active Directory läuft weitgehend automatisiert ab. Damit sie aber stattfinden kann, müssen Sie zunächst die notwendige Routingtopologie erstellen. Bei der Erstellung der Routingtopologie fallen hauptsächlich folgende Aufgaben an, die auf den nächsten Seiten ausführlicher behandelt werden:

- Erstellen von Standorten in Active Directory
- Erstellen von IP-Subnetzen und Zuweisen an die Standorte
- Erstellen von Standortverknüpfungen für die Active Directory-Replikation
- Konfiguration von Zeitplänen und Kosten für die optimale Standortreplikation

Kapitel 14: Active Directory – Replikation

Abbildung 14.2: Standorte auf Basis von IP-Subnetzen

Damit Sie die standortübergreifende Replikation von Active Directory verwenden können, sollten Sie in jedem Standort, an dem später ein Domänencontroller angeschlossen ist, ein unabhängiges IP-Subnetz verwenden. Dieses IP-Subnetz wird in der Active Directory-Verwaltung hinterlegt und dient künftig zur Unterscheidung der Standorte in Active Directory.

Das wichtigste Verwaltungswerkzeug, um Standorte in Active Directory zu verwalten, ist das Snap-In *Active Directory-Standorte und -Dienste*. Um neue Standorte zu erstellen, müssen Sie Mitglied der Gruppe *Organisations-Administratoren* sein. Administratoren, die nicht Mitglieder dieser Gruppe sind, dürfen keine Standorte in Active Directory erstellen.

Abbildung 14.3: Die Replikation zwischen Standorten nehmen Bridgehead-Server vor.

Es ist nicht unbedingt notwendig, dass jeder Standort mit der Zentrale durch eine Sterntopologie verbunden ist. Die Replikation in Active Directory ermöglicht auch die Anbindung von Standorten, die zwar mit anderen Standorten verbunden sind, aber nicht mit der Zentrale. In jedem Standort sollten darüber hinaus ein oder mehrere unabhängige IP-Subnetze verwendet werden.

Active Directory unterscheidet auf Basis dieser IP-Subnetze, ob Domänencontroller zum gleichen oder zu unterschiedlichen Standorten gehören, und steuert entsprechend die Replikation.

Neue Standorte erstellen

Sobald die Voraussetzungen für die Routingtopologie vorhanden sind, sollten Sie die einzelnen physischen Standorte im Snap-In *Active Directory-Standorte und -Dienste* erstellen. Sie finden das Snap-In am schnellsten über den Server-Manager im Menü *Tools*. Wenn Sie das Snap-In öffnen, wird unterhalb des Eintrags *Sites* der erste Standort als *Standardname-des-ersten-Standorts* bezeichnet. Im ersten Schritt sollten Sie für diesen Standardnamen den richtigen Namen eingeben, indem Sie ihn mit der rechten Maustaste anklicken und im Kontextmenü den Befehl *Umbenennen* wählen.

Sie müssen die Domänencontroller im Anschluss nicht neu starten, der Name wird sofort aktiv. Als Nächstes können Sie alle notwendigen Standorte erstellen, an denen Sie Domänencontroller installieren wollen. Klicken Sie dazu mit der rechten Maustaste im Snap-In auf *Sites* und wählen im Kontextmenü den Eintrag *Neuer Standort* aus.

Sie können Standorte auch in der PowerShell erstellen. Dazu verwenden Sie den Befehl *New-ADReplicationSite <Standort>*.

Abbildung 14.4: Einen neuen Standort in Active Directory erstellen

Es öffnet sich ein neues Fenster, in dem Sie den Namen des Standorts sowie die Standortverknüpfung, die diesem Standort zugewiesen werden soll, auswählen können. Standardmäßig gibt es bereits die Verknüpfung *DEFAULTIPSITELINK*. Verwenden Sie bei der Erstellung eines neuen Standorts zunächst diese Standortverknüpfung.

Bestätigen Sie die Erstellung mit *OK*, werden Sie in einem Meldungsfeld darauf hingewiesen, welche Aufgaben nach der Erstellung zusätzlich durchgeführt werden müssen. Bestätigen Sie diese Meldung, damit der Standort erstellt wird. Anschließend erscheint der neue Standort im Snap-In. Legen Sie auf die gleiche Weise alle Standorte in Ihrer Gesamtstruktur an. Nur Mitglieder der Gruppe *Organisations-Admins* dürfen neue Standorte in Active Directory erstellen.

> **Tipp** Erstellen Sie eine *.csv*-Datei, die mit der Zeile *name* beginnt, können Sie eine Liste von Standorten in eigenen Zeilen erstellen. Diese können Sie dann auf einen Schlag mit dem Befehl *Import-Csv 1Path C:\newsites.csv | New-ADReplicationSite* als Standort anlegen.

IP-Subnetze erstellen und zuweisen

Nachdem Sie die Standorte erstellt haben, an denen Domänencontroller installiert werden sollen, müssen Sie IP-Subnetze anlegen und diese dem jeweiligen Standort zuweisen. Um ein neues Subnetz zu erstellen, klicken Sie mit der rechten Maustaste im Snap-In *Active Directory-Standorte und -Dienste* auf den Konsoleneintrag *Subnets* und wählen im Kontextmenü den Befehl *Neues Subnetz*. Es öffnet sich ein neues Fenster, in dem Sie das IP-Subnetz definieren und dem jeweiligen Standort zuweisen können.

In Windows Server 2016 können Sie auch Subnetze auf IPv6-Basis erstellen. Nachdem Sie das Subnetz erstellt haben und die Erstellung mit *OK* bestätigen, wird es unterhalb des Konsoleneintrags *Subnets* angezeigt.

Wiederholen Sie diesen Vorgang für jedes Subnetz in Ihrem Unternehmen. Auch IP-Subnetze, in denen keine Domänencontroller installiert sind, die aber unter Umständen Mitgliedsrechner enthalten, die sich bei dem Domänencontroller anmelden, sollten Sie an dieser Stelle anlegen und dem entsprechenden Standort zuweisen.

Wenn Sie den Eintrag *Subnets* in der Konsole anklicken, werden Ihnen auf der rechten Seite alle IP-Subnetze und die ihnen zugewiesenen Standorte angezeigt. Die Zuweisung des Subnetzes zu einem bestimmten Standort kann jederzeit über dessen Eigenschaften geändert werden. Sie können auch nachträglich Standorte erstellen und neue Subnetze vorhandenen Standorten zuweisen.

Routingtopologie in Active Directory konfigurieren

Abbildung 14.5: Subnetze in Windows Server 2016 erstellen

Standortverknüpfungen und Standortverknüpfungsbrücken erstellen

Nachdem Sie Standorte und die in den Standorten vorhandenen IP-Subnetze erstellt haben, können Sie neue *Standortverknüpfungen* anlegen. Bei der Installation von Active Directory wird bereits automatisch die Standortverknüpfung *DEFAULTIPSITELINK* angelegt. Für viele Unternehmen reicht diese Verknüpfung bereits aus.

Wenn Sie in Ihrem Unternehmen verschiedene Bandbreiten von WAN-Leitungen einsetzen, ist es sinnvoll, auch verschiedene Standortverknüpfungen zu erstellen. Sie können auf Basis jeder Standortverknüpfung einen Zeitplan festlegen, wann die Replikation möglich ist. Standortverknüpfungen können auf Basis von IP oder SMTP erstellt werden. SMTP hat starke Einschränkungen bei der Replikation und wird nur selten verwendet. Sie sollten daher auf das IP-Protokoll setzen, über das von Active Directory alle Daten repliziert werden können.

Kapitel 14: Active Directory – Replikation

Um eine neue Standortverknüpfung zu erstellen, klicken Sie in der Konsolenstruktur mit der rechten Maustaste auf den Eintrag *IP* unterhalb von *Inter-Site Transports* und wählen im Kontextmenü den Eintrag *Neue Standortverknüpfung* aus.

Abbildung 14.6: Standortverknüpfungen zur Anbindung von Niederlassungen erstellen

Nachdem Sie die Erstellung einer neuen Standortverknüpfung gewählt haben, öffnet sich ein Fenster, in dem Sie die Bezeichnung der Standortverknüpfung sowie die Standorte festlegen. Wählen Sie den Namen der Standortverknüpfung so, dass bereits durch ihre Bezeichnung darauf geschlossen werden kann, welche Standorte miteinander verbunden sind, zum Beispiel *Berlin <> Frankfurt*, oder auch die Art der Verbindung zwischen den verschiedenen Niederlassungen.

In diesem Fenster können Sie auswählen, welche Standorte mit dieser Standortverknüpfung verbunden sein sollen. Ein Standort kann Mitglied mehrerer Standortverknüpfungen sein.

Die Replikation findet immer über die Standortverknüpfungen statt, deren Kosten am geringsten sind. Wenn Sie den Namen der neuen Standortverknüpfung und ihre Mitglieder festgelegt haben, können Sie mit *OK* die Erstellung abschließen. Klicken Sie das Protokoll *IP* an, werden auf der rechten Seite alle erstellten Standortverknüpfungen angezeigt.

Nachdem Sie die Standortverknüpfung erstellt haben, können Sie die Eigenschaften der Verknüpfung im Snap-In *Active Directory-Standorte und -Dienste* anpassen. Auf der Registerkarte *Allgemein* legen Sie zunächst fest, in welchem Intervall die Informationen zwischen den Standorten repliziert werden sollen. Standardmäßig wird die Replikation alle drei Stunden durchgeführt und die Kosten sind auf 100 eingestellt. Die Active Directory-Replikation verwendet immer die Standortverknüpfungen, deren Kosten bei der Verbindung am günstigsten sind.

Nach einem Klick auf die Schaltfläche *Zeitplan ändern* können Sie festlegen, zu welchen Zeiten die Replikation über diese Standortverknüpfung möglich ist. Sie können zum Beispiel für Niederlassungen mit schmalbandiger Verbindung die Replikation nur außerhalb der Geschäftszeiten oder am Wochenende zulassen. Die Replikationsdaten von Active Directory werden zwischen verschiedenen Standorten komprimiert.

Den Befehl *Neue Standortverknüpfungsbrücke* im Kontextmenü benötigen Sie an dieser Stelle nicht. *Standortverknüpfungsbrücken* werden verwendet, wenn zwischen zwei Standorten keine physische Verbindung besteht, aber beide über einen dritten Standort angebunden sind. Standortverknüpfungsbrücken werden automatisch erstellt. Sie müssen diese nur dann manuell erstellen, wenn Sie den Automatismus deaktivieren. Diese automatische Erstellung können Sie deaktivieren, indem Sie die Eigenschaften des Elements *IP* unterhalb von *Inter-Site Transports* aufrufen und das Kontrollkästchen *Brücke zwischen allen Standortverknüpfungen herstellen* deaktivieren.

Tipp   Neue Standortverknüpfungen lassen sich auch in der PowerShell anlegen. Ein Beispiel dafür ist:

New-ADReplicationSiteLink CORPORATE-BRANCH1 -SitesIncluded CORPORATE,BRANCH1 -OtherAttributes @{'options'=1}

Die Kosten und den Zeitrahmen der Synchronisierung können Sie ebenfalls in der PowerShell festlegen:

Set-ADReplicationSiteLink CORPORATE-BRANCH1 -Cost 100 -ReplicationFrequencyInMinutes 15

Domänencontroller zu Standorten zuweisen

Nachdem Sie die Routingtopologie erstellt haben, werden neu installierte Domänencontroller durch ihre IP-Adresse automatisch dem richtigen Standort zugewiesen. Bereits installierte Domänencontroller müssen Sie jedoch manuell an den richtigen Standort verschieben.

Klicken Sie dazu den Server im Snap-In *Active Directory-Standorte und -Dienste* mit der rechten Maustaste an und wählen Sie im Kontextmenü die Option *Verschieben* aus. Daraufhin werden Ihnen alle Standorte angezeigt und Sie können den neuen Standort des Domänencontrollers auswählen. Nachdem Sie den Domänencontroller an einen anderen Standort verschoben haben, sollten Sie den Server neu starten.

Sie können einen Domänencontroller auch per Ziehen/Ablegen an einen anderen Standort verschieben. Achten Sie vor dem Verschieben des Domänencontrollers darauf, dass die IP-Einstellungen des Servers zu den zugewiesenen IP-Subnetzen des neuen Standorts passen.

Die Replikationsverbindungen richtet Windows Server 2016 automatisch ein. Sie sehen diese im Snap-In *Active Directory-Standorte und -Dienste* über *Sites/<Standort>/<Servers>/<Servername>/NTDS-Settings*. Sie können hier auch manuelle Verbindungen einrichten, indem Sie über das Kontextmenü *Neue Verbindung für die Active Directory-Domänendienste* auswählen.

Domänencontroller können Sie auch in der PowerShell an neue Standorte verschieben:

Get-ADDomainController <Name des Servers> | Move-ADDirectoryServer -Site <Name des Standorts>

Sie können die Replikationsverbindungen auch in der PowerShell anzeigen. Dazu verwenden Sie den Befehl *Get-ADReplicationConnection*.

> **Tipp**
>
> Sie können sich in der PowerShell ausführliche Informationen zu den einzelnen Standorten anzeigen lassen. Dazu verwenden Sie den Befehl *Get-ADReplicationSite -Filter **.
>
> Um sich nur den Namen anzeigen zu lassen, verwenden Sie *Get-ADReplicationSite -Filter * | ft Name*, eine Liste der Domänencontroller und Standorte erhalten Sie mit *Get-ADDomainController -Filter * | ft Hostname,Site*.

Die Konsistenzprüfung (Knowledge Consistency Checker)

Wenn Sie die Routingtopologie erstellt haben, kann der Knowledge Consistency Checker (KCC) die Verbindung der Domänencontroller automatisch herstellen. Der KCC konfiguriert auf Basis der konfigurierten Standorte, der Standortverknüpfungen und deren Zeitplänen und Kosten sowie den enthaltenen Domänencontrollern automatisch die Active Directory-Replikation. Der KCC läuft vollkommen automatisch auf jedem Domänencontroller der Gesamtstruktur.

Sind zwei Standorte nicht durch Standortverknüpfungen verbunden, erstellt er automatisch Standortverknüpfungsbrücken, wenn eine Verbindung über einen dritten Standort hergestellt werden kann.

Der KCC verbindet nicht jeden Domänencontroller mit jedem anderen, sondern erstellt eine intelligente Topologie. Er überprüft die vorhandenen Verbindungen alle 15 Minuten auf ihre Funktionalität und ändert bei Bedarf automatisch die Replikationstopologie. Innerhalb eines Standorts erstellt der KCC möglichst eine Ringtopologie, wobei zwischen zwei unterschiedlichen Domänencontrollern maximal drei andere Domänencontroller stehen sollten.

Zwischen verschiedenen Standorten werden die Active Directory-Daten nicht von allen Domänencontrollern auf die anderen Domänencontroller der Standorte übertragen, sondern immer jeweils nur von einem Domänencontroller. Dieser Domänencontroller, auch Bridgehead-Server (Brückenkopf-Server) genannt, repliziert sich mit den Bridgehead-Servern der anderen Standorte automatisch.

Der KCC legt automatisch fest, welche Domänencontroller in einer Niederlassung zum Bridgehead-Server konfiguriert werden, Sie müssen keine Eingaben oder Maßnahmen vornehmen. Die Auswahl der Bridgehead-Server in einem Standort übernimmt der Intersite Topology Generator (ISTG), ein Dienst, der zum KCC gehört.

Der KCC wiederum legt für jeden Standort fest, welcher Domänencontroller der ISTG sein soll. Wenn Sie einen Standort im Snap-In *Active Directory-Standorte und -Dienste* anklicken, wird auf der rechten Seite der Eintrag *NTDS Site Settings* angezeigt. Rufen Sie die Eigenschaften dieses Eintrags auf, wird Ihnen im Abschnitt *Generator für standortübergreifende Topologie* der derzeitige ISTG angezeigt.

Routingtopologie in Active Directory konfigurieren

Abbildung 14.7: Intersite Topology Generator (ISTG) eines Standorts anzeigen

An dieser Stelle können Sie auch das Kontrollkästchen *Zwischenspeichern der universellen Gruppenmitgliedschaft aktivieren* einschalten. Diese Option hat dann eine Bedeutung, wenn Sie am Standort keinen globalen Katalog betreiben, der die Mitgliedschaften der universellen Gruppen zwischenspeichert, oder Sie den globalen Katalog entlasten wollen.

Da universelle Gruppen Mitglieder aus mehreren Domänen und Standorten enthalten können, ist die Information, welche Benutzerkonten Mitglied sind, bei der Anmeldung eines Benutzers oder dem Zugreifen auf Ressourcen sehr wichtig. Haben Sie an einem Standort keinen globalen Katalog installiert, sollten Sie auf mindestens einem Domänencontroller diese Option aktivieren. Wenn Sie das Zwischenspeichern der universellen Gruppenmitgliedschaft aktivieren, ergeben sich die folgenden Vorteile:

- Es ist kein globaler Katalogserver an jedem Standort in der Domäne erforderlich beziehungsweise der globale Katalog wird entlastet.

- Die Anmeldezeiten werden verringert, weil die authentifizierenden Domänencontroller nicht mehr auf einen globalen Katalog zugreifen müssen, um universelle Gruppenmitgliedschaftsinformationen abzurufen.

- Die Auslastung der Netzwerkbandbreite wird minimiert, weil ein Domänencontroller nicht alle in der Gesamtstruktur vorhandenen Objekte replizieren muss.

Standardmäßig überprüft der KCC automatisch alle 15 Minuten die Funktionalität der Routingtopologie. Wenn Sie Änderungen an der Routingtopologie durchgeführt haben, besteht die Möglichkeit, die Routingtopologie sofort erstellen zu lassen. Am besten kann die Routingtopologie vom derzeitigen ISTG-Rolleninhaber aus überprüft werden. Gehen Sie dazu folgendermaßen vor:

1. Öffnen Sie das Snap-In *Active Directory-Standorte und -Dienste*.
2. Navigieren Sie zu dem Standort, von dem aus Sie die Überprüfung starten wollen.
3. Klicken Sie auf den derzeitigen ISTG-Rolleninhaber des Standorts.
4. Klicken Sie mit der rechten Maustaste auf den Konsoleneintrag *NTDS Settings* und wählen Sie im Kontextmenü den Untermenüeintrag *Alle Aufgaben/Replikationstopologie überprüfen* aus.

Die Überprüfung dauert einige Zeit, abhängig von der Anzahl der Standorte und Domänencontroller. Alle Verbindungen werden überprüft und gegebenenfalls neu erstellt. Sie erhalten anschließend eine entsprechende Meldung angezeigt.

Sie können die Replikation zwischen zwei Domänencontrollern jederzeit manuell starten. Die Verbindungen, die der KCC erstellt hat, werden automatisch angezeigt. Wenn Sie eine solche Verbindung mit der rechten Maustaste anklicken, können Sie die Replikation zu diesem Server mit der Option *Jetzt replizieren* sofort ausführen. Starten Sie die Replikation zu einem Domänencontroller, der in einem anderen Standort sitzt, wird die Replikation allerdings nicht sofort durchgeführt, sondern erst zum nächsten Zeitpunkt, den der Zeitplan zulässt.

Bevor die Daten repliziert werden, stellt der Domänencontroller zunächst sicher, ob er eine Verbindung zu dem Domänencontroller herstellen kann, zu dem die Daten repliziert werden. Wenn mit dem Replikationspartner erfolgreich kommuniziert werden kann, erhalten Sie eine entsprechende Erfolgsmeldung angezeigt. Kann der Replikationspartner nicht erreicht werden, wird eine Fehlermeldung ausgegeben.

Fehler bei der Active Directory-Replikation beheben

In Active Directory mit vielen Niederlassungen und zahlreichen Domänencontrollern ist die Replikation zwischen diesen Standorten eine häufige Fehlerursache. Bei einem einzelnen Standort werden nur selten Probleme auftreten. Bei der Fehlersuche bezüglich der Replikation sollten Sie zunächst die beteiligten Domänencontroller überprüfen und testen, ob diese innerhalb ihres Standorts funktionieren.

Der nächste Schritt sollte der Blick in die Ereignisanzeige und das Protokoll *Verzeichnisdienst* sein. Achten Sie vor allem auf Fehler von *NTDS KCC*, *NTDS Replication* oder *NTDS General*. Bereits mithilfe dieser Fehlermeldungen können Sie auf den nachfolgend genannten Internetseiten eine Lösung für das Problem finden:

- http://www.eventid.net
- http://www.experts-exchange.com
- http://support.microsoft.com

Bei Problemen mit der Active Directory-Replikation sollte immer eine vollständige Diagnose der Domänencontroller vorausgehen, die bereits auf den vorigen Seiten beschrieben wurde. Fertigen Sie eine einfache Skizze der Replikationsverbindungen der Domänencontroller an und halten Sie genau fest, welche Domänencontroller sich nicht mehr mit welchen anderen Domänencontrollern replizieren können. Wenn Sie mithilfe dieser Skizze die Probleme verdeutlichen, werden Sie schnell erkennen, welcher Domänencontroller die Hauptursache für das Problem ist.

Suche mit der Active Directory-Diagnose

Wenn die Replikationen zu Domänencontrollern im gleichen Standort und auch die Replikationen zu anderen Standorten funktionieren, lässt sich das Problem vielleicht besser eingrenzen. Auch die Replikationsprobleme zu dem oder den Domänencontrollern, zu denen nicht repliziert werden kann, sollten eingegrenzt werden.

Zunächst sollten Sie die Replikationswege von Active Directory aufzeichnen und genau feststellen, welche Domänencontroller sich nicht mehr mit anderen Domänencontrollern replizieren. An dieser Stelle können Sie als Nächstes mit den Diagnosetools wie Dcdiag die problematischen Domänencontroller genauer untersuchen.

Die häufigsten Fehlerursachen ausschließen

Bevor Sie mit Tools die Replikation im Detail untersuchen, sollten Sie zunächst die gravierendsten und häufigsten Fehlerursachen ausschließen:

- Liegt auf dem Domänencontroller, der sich nicht mehr replizieren kann, ein generelles Problem vor, das sich mit Dcdiag herausfinden lässt? Liegen also die Probleme überhaupt nicht in der Replikation, sondern hat der Domänencontroller eine Funktionsstörung?
- Wurde auf dem Domänencontroller eine Software installiert, die die Replikation stören kann, beispielsweise Sicherheitssoftware, Virenscanner, Firewall oder Sonstiges?
- Ist auf dem Domänencontroller, mit dem die Replikation nicht mehr stattfinden kann, die Hardware ausgefallen?
- Liegt unter Umständen nur ein Leitungs-, Router- oder Firewallproblem vor?
- Lässt sich der entsprechende Domänencontroller noch anpingen und lässt sich der DNS-Name des Servers auflösen?
- Gibt es generelle Probleme mit der Authentifizierung zwischen den Domänencontrollern, die durch Zugriff-verweigert-Meldungen angezeigt werden?
- Sind die Replikationsintervalle zwischen Standorten so kurz eingestellt, dass die vorherige Replikation noch nicht abgeschlossen ist und die nächste bereits beginnt?
- Wurden Änderungen an der Routingtopologie vorgenommen, die eine Replikation verhindern können?

Nltest zum Erkennen von Standortzuweisungen eines Domänencontrollers

Falls Replikationsprobleme in Active Directory auftreten, sollten Sie zunächst sicherstellen, dass die Domänencontroller, die Probleme bei der Replikation haben, für den richtigen Standort konfiguriert sind.

Dazu geben Sie in der Eingabeaufforderung den Befehl *Nltest /dsgetsite* ein. In der Anzeige sehen Sie, welchem Standort der Domänencontroller zugewiesen ist und ob er seinen Standort auch erkennt. Wird an dieser Stelle der Standort fehlerfrei aufgelöst, ist diese Konfiguration schon mal in Ordnung.

Repadmin zum Anzeigen der Active Directory-Replikation

Das wichtigste Tool, um die Replikation in Active Directory zu überprüfen, ist Repadmin. Geben Sie in der Eingabeaufforderung den Befehl *Repadmin /showreps* ein. Angezeigt werden alle durchgeführten Replikationsvorgänge von Active Directory sowie etwaige Fehler, die auf die Ursache für eine nicht funktionierende Replikation hinweisen. Sie können sich die Anzeige auch in eine Datei mit *Repadmin /showreps >c:\repl.txt* umleiten lassen.

Tipp Mit *Repadmin /showreps */csv > reps.csv* leiten Sie die Replikationsinformationen in eine .csv-Datei um.

Untersuchen Sie bei Problemen genau, wann welche Replikation funktioniert und welche Verbindung nicht funktioniert. In der Anzeige erhalten Sie auch die Gründe, warum die Replikation nicht durchgeführt werden kann.

Funktioniert die interne Replikation im gleichen Standort zu Domänencontrollern ohne Probleme, stellen Sie sicher, dass die Replikation nur einige Minuten zurückliegt. Dann können Sie interne Replikationsprobleme der Domänencontroller ausschließen.

Wird festgestellt, dass ein Domänencontroller keine Replikation durchführen kann, erhalten Sie eine Meldung angezeigt. Die Fehlermeldung können Sie zum Beispiel in einer Suchmaschine verwenden. Wenn sich der lokale Domänencontroller replizieren kann, liegt vermutlich ein Problem auf dem entfernten Domänencontroller oder mit der Verbindung vor. Untersuchen Sie auf anderen Domänencontrollern, ob diese replizieren können. Falls nicht, liegt sicherlich ein Problem mit dem entfernen Domänencontroller vor.

Fehlermeldungen können Sie direkt in einer Suchmaschine eingeben und erhalten oft bereits hilfreiche Lösungsvorschläge. Sie sehen, dass Sie einige Maßnahmen aus dem Tool ableiten können, die Sie bei der Fehlersuche unterstützen. Wichtig auch in diesem Bereich der Fehlersuche ist, dass Sie die Beschreibung des Fehlers so genau wie möglich wählen, damit Sie bei der Suche im Internet nur die wirklich passenden Antworten präsentiert bekommen.

Funktioniert eine Replikationsverbindung nicht, müssen Sie für jeden Server die Server-GUID auslesen. Dazu verwenden Sie den Befehl *Repadmin /showreps*. Jeder Server zeigt die DSA-Objekt-GUID an. Diese müssen Sie für das Hinzufügen einer Verbindung verwenden.

Die GUID verwenden Sie anschließend mit dem Befehl *Repadmin /add*. Der Domänennamen für dieses Beispiel ist *contoso.int*. Die Server-GUIDs für die beiden Domänencontroller sind:

DC1 GUID = e8b4bce7-13d4-46bb-b521-8a8ccfe4ac06

DC5 GUID = d48b4bce7-13d4-444bb-b521-7a8ccfe4ac06

Im Snap-In *Active Directory-Standorte und -Dienste* löschen Sie alle Verbindungsobjekte. Erstellen Sie als Nächstes eine neue Verbindung vom defekten Domänencontroller zu einem funktionierenden Domänencontroller. Der Befehl dazu ist folgender:

Repadmin /add "cn=configuration,dc=contoso,dc=int" e8b4bce7-13d4-46bb-b521-8a8ccfe4ac06._msdcs.contoso.int d48b4bce7-13d4-444bb-b521-7a8ccfe4ac06._msdcs.contoso.int

In Ihrer Umgebung verwenden Sie Ihre eigenen Server-GUIDs und Ihren eigenen Domänennamen. Der Rest der Eingabe ist identisch.

Während dieser Prozedur erhalten Sie manchmal den Fehler 8441 (distinguished name already exists). In diesem Fall ist die Verbindung bereits vorhanden. Führen Sie eine vollständige Replikation über die erstellte Verbindung durch. Verwenden Sie dazu den folgenden Befehl:

Repadmin /sync cn=configuration, dc=contoso,dc=int DC1 e8b4bce7-13d4-46bb-b521-8a8ccfe4ac06 /force /full

Stellen Sie danach im Snap-In *Active Directory-Standorte und -Dienste* sicher, dass wieder automatisch generierte Verbindungsobjekte von der defekten Maschine zum funktionierenden Domänencontroller vorhanden sind. Überprüfen Sie anschließend, ob die Replikation in alle Richtungen funktioniert.

Replikation in der PowerShell testen

Den Status der Replikation erfahren Sie auch in der PowerShell. Dazu verwenden Sie das Cmdlet *Get-ADReplicationUpToDatenessVectorTable <Name des Servers>*. Eine Liste aller Server erhalten Sie mit:

*Get-ADReplicationUpToDatenessVectorTable * | Sort Partner,Server | ft Partner,Server,UsnFilter*

Um die einzelnen Standorte und die Domänencontroller der Standorte anzuzeigen, verwenden Sie die beiden folgenden Cmdlets:

*Get-ADReplicationSite -Filter * | ft Name*

*Get-ADDomainController -Filter * | ft Hostname,Site*

Sie können die Replikationsverbindungen auch in der PowerShell anzeigen. Dazu verwenden Sie den Befehl *Get-ADReplicationConnection*.

Sie können sich in der PowerShell zusätzlich ausführliche Informationen zu den einzelnen Standorten anzeigen lassen. Dazu verwenden Sie den Befehl *Get-ADReplicationSite -Filter **. Weitere interessante Cmdlets in diesem Bereich sind:

- *Get-ADReplicationPartnerMetadata*
- *Get-ADReplicationFailure*
- *Get-ADReplicationQueueOperation*

Kerberos-Test mit Dcdiag ausführen

Die Version von Dcdiag, die mit Windows Server 2016 ausgeliefert wird, enthält einen Test, mit dem sich Replikationsprobleme anzeigen lassen, die von Kerberos-Problemen verursacht werden.

Öffnen Sie eine neue Eingabeaufforderung und geben Sie den folgenden Befehl ein:

Dcdiag /test:CheckSecurityError /s:<Name des Domänencontrollers, der Probleme hat>

Anschließend überprüft Dcdiag für diesen Domänencontroller, ob irgendeine Active Directory-Replikationsverbindung Probleme mit der Übertragung von Kerberos hat. Sie erhalten eine detaillierte Ausgabe aller eventuell festgestellten Probleme.

Diese Auflistung ist eine wertvolle Hilfe bei der Suche nach Problemen in Active Directory. Oft spielen auch Sicherheitsprobleme bei der Replikation von Domänencontrollern eine Rolle. In diesem Fall erscheinen häufig Fehlermeldungen der Art »Zugriff verweigert«.

Die notwendigen SRV-Records in DNS überprüfen

Jeder Domänencontroller in Active Directory verfügt neben seinem Host-A-Namen, zum Beispiel *dc01.contoso.int*, noch über einen zugehörigen *CNAME*, der das sogenannte DSA(Directory System Agent)-Objekt seiner NTDS-Settings darstellt.

Dieses DSA-Objekt ist als SRV-Record im DNS unterhalb der Zone der Domäne unter dem Knoten *_msdcs* zu finden. Der CNAME ist die GUID dieses DSA-Objekts. Domänencontroller versuchen, ihren Replikationspartner nicht mit dem herkömmlichen Host-A-Eintrag aufzulösen, sondern mit dem hinterlegten CNAME. Sollte die Replikation nicht funktionieren, weil unterhalb der Active Directory-DNS-Domäne *_msdcs*-Einträge fehlen, können Sie in der Eingabeaufforderung durch Eingabe des Befehls *Dcdiag /fix* die Einträge wiederherstellen. Überprüfen Sie nach der Ausführung dieses Befehls, ob der CNAME des Servers registriert ist.

Zusammenfassung

In diesem Kapitel haben wir Ihnen erläutert, wie Sie Active Directory auf verschiedene physische Standorte verteilen, die Replikation der Domänencontroller einrichten und eventuell dabei auftretende Fehler beheben.

Im nächsten Kapitel zeigen wir ausführlich, wie Sie Fehler in Active Directory finden und beheben.

Kapitel 15
Active Directory – Fehlerbehebung und Diagnose

In diesem Kapitel:

Bordmittel zur Diagnose verwenden	414
Die Ereignisprotokollierung von Active Directory konfigurieren	426
Einbrüche in Active Directory effizient erkennen	427
Active Directory bereinigen und Domänencontroller entfernen	432
Zusammenfassung	436

Treten in Active Directory Probleme auf, können Sie oft leicht bereits mit Bordmitteln eine Diagnose durchführen und die Lösung für das Problem finden. Auch beim Installieren von neuen Domänencontrollern oder wenn Sie sich einen Überblick über die Replikation der Domänencontroller verschaffen wollen, helfen Bordmittel.

Vor allem nach der Installation eines Domänencontrollers ist eine Diagnose sinnvoll, um die Stabilität zu gewährleisten. In diesem Kapitel zeigen wir Ihnen, wie Sie effizient und schnell Fehler finden und diese beheben.

Hinweis   In Kapitel 14 sind wir ebenfalls auf Diagnosetools und die Fehlerbehebung im Bereich der Replikation eingegangen.

Bordmittel zur Diagnose verwenden

In den folgenden Abschnitten gehen wir auf die wichtigsten Bordmittel ein, mit denen Sie Domänencontroller überprüfen und Fehler einschränken können. Fehlerhinweise, die Sie durch die Tools aufdecken, können Sie in eine Suchmaschine eingeben und erhalten auf diesem Weg meist schon einen Ansatz zur Fehlerbehebung.

Haben Sie Active Directory installiert, stehen auch in Windows Server 2016 die bekannten Tools Dcdiag, Repadmin & Co. zur Analyse zur Verfügung. Für die Namensauflösung können Sie weiterhin Nslookup oder die neuen Cmdlets zur Verwaltung von DNS wie zum Beispiel *Resolve-DNSName* verwenden. Über das Kontextmenü eines Domänencontrollers in der Servergruppe *AD DS* können Sie Verwaltungstools und Tools zur Analyse der Domäne starten.

Die Analyse startet aber nicht, indem Sie das jeweilige Tool im Kontextmenü des Servers im neuen Server-Manager starten. Hier öffnet sich lediglich eine neue Eingabeaufforderung, die die Hilfe des Tools anzeigt. Die Diagnose selbst starten Sie nach der Installation von Active Directory, indem Sie Dcdiag oder Repadmin verwenden und dabei die verschiedenen Optionen der Befehle mit angeben.

Die Domänencontrollerdiagnose einsetzen

Das wichtigste Tool für die Diagnose von Domänencontrollern ist Dcdiag. Sie können das Tool in der Eingabeaufforderung mit Administratorrechten aufrufen, indem Sie »Dcdiag« eingeben. Eine ausführliche Diagnose erhalten Sie durch den Aufruf des Befehls *Dcdiag /v*.

Möchten Sie eine ausführlichere Diagnose durchführen, sollten Sie die Ausgabe in eine Datei umleiten, da Sie dadurch das Ergebnis besser durchlesen und eventuell auch an einen Spezialisten weitergeben können. Die Eingabeaufforderung könnte dann zum Beispiel *Dcdiag/v >c:\dcdiag.txt* lauten. Für eine erste Überprüfung reicht die normale Diagnose mit Dcdiag jedoch vollkommen aus. Fehler sollten Sie in einer Suchmaschine recherchieren und beheben. Im idealen Fall sollte Dcdiag keine Fehler zeigen.

Tipp   Mit *Dcdiag /a* überprüfen Sie alle Domänencontroller am gleichen Active Directory-Standort, über *Dcdiag /e* werden alle Server in der Gesamtstruktur getestet.

Um sich nur die Fehler und keine Informationen anzeigen zu lassen, wird *Dcdiag /q* verwendet. Die Option *Dcdiag /s:<Domänencontroller>* ermöglicht den Test eines Servers über das Netzwerk.

Der Systemdienst *Dateireplikation* verbindet die Domänencontroller der verschiedenen Standorte und erstellt automatisch eine Replikationstopologie auf Basis der definierten Zeitpläne und Standortverknüpfungen. Die Konsistenzprüfung (Knowledge Consistency Checker, KCC) ist ein automatischer Mechanismus in Active Directory. Dieser läuft auf jedem Domänencontroller und erstellt sowie pflegt die Topologie des Netzwerks, um die optimalen Replikationspartner zu finden. Er erstellt automatisch Standortverknüpfungsbrücken, wenn zwei Standorte nicht miteinander verbunden sind, sondern nur über einen dritten Standort erreicht werden können.

Der KCC versucht, mit Erfahrungswerten zur Performance der Replikation die optimale Struktur aufzubauen. Dieser Ansatz ist deshalb empfehlenswert, weil die Struktur durch den KCC alle 15 Minuten überprüft wird und damit ausgefallene Verbindungen erkannt werden. Der Zeitraum für die Überprüfung kann verlängert werden. Innerhalb eines Standorts spielt der Netzwerkverkehr keine große Rolle.

Die Replikationsdaten innerhalb eines Standorts werden daher, im Gegensatz zur Replikation zwischen Standorten, nicht komprimiert. Der KCC versucht automatisch, innerhalb eines Standorts eine Ringtopologie und maximal drei Hops zwischen zwei Domänencontrollern zu erstellen. Das heißt, nicht jeder Domänencontroller muss unbedingt mit jedem anderen Domänencontroller Daten replizieren. Allerdings dürfen nur maximal drei Schritte zwischen zwei Domänencontrollern liegen.

Je mehr Standorte in Active Directory definiert sind, desto intensiver muss der KCC die Routingtopologie dauerhaft überwachen. Aus diesen Gründen müssen Domänencontroller über mehr Performance verfügen als in Umgebungen mit nur einem oder wenigen Standorten. Wenn in den Standorten mehr als nur ein Domänencontroller zur Verfügung gestellt wird, werden zwischen den Standorten nicht alle Domänencontroller repliziert.

An jedem Standort gibt es sogenannte Bridgehead-Server, die die Informationen ihres Standorts an die Bridgehead-Server der anderen Standorte weitergeben. Dadurch wird der Verkehr über die WAN-Leitung minimiert, da nicht mehr alle Domänencontroller Daten extern versenden. Der Intersite Topology Generator (ISTG) wählt für jeden Standort automatisch die am besten geeigneten Bridgehead-Server aus.

Microsoft empfiehlt, die Bridgehead-Server nicht manuell zu konfigurieren, sondern den ISTG zu verwenden. Wenn Sie Bridgehead-Server manuell auswählen und einzelne Server zu bevorzugten Bridgehead-Servern konfigurieren, kann der KCC nur zwischen diesen Servern auswählen, nicht zwischen allen Domänencontrollern eines Standorts. Außerdem besteht darüber hinaus noch die Gefahr, dass bei Ausfall aller bevorzugten Bridgehead-Server keine Replikation zu und von diesem Standort durchgeführt werden kann.

Tipp   Mit *Dcdiag /a* überprüfen Sie alle Domänencontroller am gleichen Active Directory-Standort, über *Dcdiag /e* werden alle Server in der Gesamtstruktur getestet.

Um sich nur die Fehler und keine Informationen anzeigen zu lassen, verwenden Sie *Dcdiag /q*. Die Option *Dcdiag /s:<Domänencontroller>* ermöglicht den Test eines Servers über das Netzwerk.

Es wird während des Tests auch geprüft, ob das Computerkonto in Active Directory in Ordnung ist und ob es korrekt registriert wurde. Sie können über die Option *Dcdiag /RecreateMachineAccount* eine Fehlerbehebung versuchen, wenn der Test fehlschlägt. Über *Dcdiag /FixMachineAccount* können Sie ebenfalls eine Fehlerbehebung probieren. Eine weitere Option zur Fehlerbehebung ist *Dcdiag /fix*.

Die Namensauflösung mit Nslookup testen

Die Namensauflösung ist einer der wichtigsten Bereiche für die Diagnose von Active Directory und Windows-Netzwerken. Funktioniert ein Serverdienst nicht, liegt das Problem in den meisten Fällen entweder an Berechtigungen oder der Namensauflösung. Ein wichtiger Test in Active Directory besteht darin, dass Sie in der Eingabeaufforderung

»nslookup« eintippen. An dieser Stelle sollte kein Fehler auftreten. Lesen Sie sich zu diesem Thema auch die Kapitel 5, 10 und 11 durch.

Dieser Test zeigt, dass der bevorzugte DNS-Server erreicht werden kann und sein Computername sowie seine IP-Adresse im DNS registriert sind. Erhalten Sie hier bereits eine Fehlermeldung angezeigt, sollten Sie überprüfen, ob die IP-Adresse des DNS-Servers in der *Reverse-Lookupzone* registriert ist. Sollte der Server noch nicht registriert sein, versuchen Sie mit *Ipconfig /registerdns* in der Eingabeaufforderung, eine erneute automatische Registrierung beim DNS-Server durchzuführen.

Das ist eine häufige Fehlerquelle. Lesen Sie dazu die Anmerkungen in den Kapiteln 5, 10 und 11. Danach sollten Sie durch die Eingabe des vollständigen Computernamens aller restlichen Domänencontroller feststellen, ob alle notwendigen Domänencontroller per DNS erreicht werden können.

Treten in Active Directory Fehler auf, sollten Sie immer zunächst überprüfen, ob sich die beteiligten Server im DNS auflösen können. Verwenden Sie dazu das Befehlszeilentool Nslookup. Neben Nslookup beschreiben wir im nächsten Abschnitt noch weitere Tools, die für die Fehlersuche und Verwaltung von DNS unter Windows Server 2016 eine besondere Rolle spielen. Nslookup gehört zu den Bordmitteln von Windows Server 2016 und ist auch in Windows 7/8/8.1 und Windows 10 integriert. Wenn ein Servername mit Nslookup nicht aufgelöst werden kann, sollten Sie überprüfen, wo das Problem liegt:

1. Ist in den IP-Einstellungen des PC, auf dem Sie das Tool Nslookup aufrufen, der richtige DNS-Server als bevorzugt eingetragen?
2. Verwaltet der bevorzugte DNS-Server die Zone, in der Sie eine Namensauflösung durchführen wollen? (Siehe Kapitel 11)
3. Wenn der Server diese Zone nicht verwaltet, ist auf der Registerkarte *Weiterleitungen* in den Eigenschaften des Servers ein Server eingetragen, der die Zone auflösen kann? (Siehe Kapitel 13)
4. Wenn eine Weiterleitung eingetragen ist, kann der Server, zu dem weitergeleitet wird, die Zone auflösen? (Siehe die Kapitel 5, 10, 11 und 12)
5. Wenn dieser Server nicht für die Zone verantwortlich ist, leitet er wiederum die Anfrage weiter?

An irgendeiner Stelle der Weiterleitungskette muss ein Server stehen, der die Anfrage schließlich auflösen kann, sonst kann der Client keine Verbindung aufbauen und die Abfrage des Namens wird nicht erfolgreich sein. Gehen Sie strikt nach dieser Vorgehensweise vor, werden Sie bereits recht schnell den Fehler in der Namensauflösung finden.

Sollte bei Ihnen ein Fehler auftauchen, müssen Sie in der Reverse- und der Forward-Lookupzone überprüfen, ob sich der Server dynamisch in das DNS integriert hat. In Ausnahmefällen kann es vorkommen, dass die Aktualisierung der Reverse-Lookupzone nicht funktioniert hat. In diesem Fall können Sie einfach den Eintrag des Servers manuell ergänzen. Dazu müssen Sie lediglich einen neuen Zeiger (engl. Pointer) erstellen. Ein Zeiger oder Pointer ist ein Verweis von einer IP-Adresse zu einem Hostnamen. Kurz nach der Installation kann dieser Befehl durchaus noch Fehler melden.

Versuchen Sie, die IP-Adresse des Domänencontrollers erneut mit *Ipconfig /registerdns* zu registrieren. Nach einigen Sekunden sollte der Name fehlerfrei aufgelöst werden. Sobald Sie Nslookup aufgerufen haben, können Sie beliebig Servernamen auflösen. Wenn Sie keinen FQDN eingeben, sondern nur den Computernamen, ergänzt der lokale Rechner automatisch den Namen durch das primäre DNS-Suffix des Computers beziehungsweise durch die in den IP-Einstellungen konfigurierten DNS-Suffixe (siehe Kapitel 5).

Sie sollten auf kritischen Servern beziehungsweise auf Servern, bei denen die Namensauflösung nicht funktioniert, mit Nslookup überprüfen, an welcher Stelle Probleme auftauchen. Wenn Sie Nslookup aufrufen, um Servernamen aufzulösen, wird als DNS-Server immer der Server befragt, der in den IP-Einstellungen des lokalen Rechners hinterlegt ist. Sie können von dem lokalen Rechner aus aber auch andere DNS-Server mit der Auflösung befragen. Geben Sie dazu in der Eingabeaufforderung *Nslookup <host> <server>* ein (also zum Beispiel *Nslookup dc02.microsoft.com dc01.contoso.com*).

Bei diesem Beispiel versucht Nslookup, den Host *dc02.microsoft.com* mithilfe des Servers *dc01.contoso.com* aufzulösen. Anstatt den zweiten Eintrag, also den DNS-Server, mit seinem FQDN anzusprechen, können Sie auch die IP-Adresse angeben. Wenn Sie als Servereintrag bei dieser Eingabeaufforderung einen DNS-Server mit seinem FQDN eingeben, setzt dies voraus, dass der DNS-Server, den der lokale Rechner verwendet, zwar nicht den Host *dc02.microsoft.com* auflösen kann, aber dafür den Server *dc01.contoso.com*.

Der DNS-Server *dc01.contoso.com* wiederum muss dann den Host *dc02.microsoft.com* auflösen, damit keine Fehlermeldung ausgegeben wird. Sie können also mit Nslookup sehr detailliert die Schwachstellen Ihrer DNS-Auflösung testen. Wenn Sie mehrere Hosts hintereinander abfragen wollen, müssen Sie nicht jedes Mal den Befehl *Nslookup <host> <server>* verwenden, sondern können Nslookup mit dem Befehl *Nslookup -<server>* starten, wobei der Eintrag *server* dem Namen oder der IP-Adresse des DNS-Servers entspricht, den Sie befragen wollen, zum Beispiel *Nslookup -10.0.0.11*

Sie können die beiden eben erwähnten Optionen auch kombinieren:

- Wenn Sie zum Beispiel Nslookup so starten, dass nicht der lokal konfigurierte DNS-Server zur Namensauflösung herangezogen wird, sondern der Remoteserver *10.0.0.11*, können Sie innerhalb der Nslookup-Befehlszeile durch Eingabe von *<host> <server>* wieder einen weiteren DNS-Server befragen.
- Nslookup wird in der Eingabeaufforderung gestartet und so konfiguriert, dass der DNS-Server *10.0.0.11* zur Namensauflösung herangezogen wird.
- Nslookup überprüft, ob der lokal konfigurierte DNS-Server in seiner Reverse-Lookupzone die IP-Adresse *10.0.0.11* zu einem Servernamen auflösen kann. Da dies funktioniert, wird als Standardserver für diese Nslookup-Befehlszeile der DNS-Server *10.0.0.11* mit seinem FQDN *dc01.contoso.com* verwendet. Wäre an dieser Stelle eine Fehlermeldung erschienen, dass der Servername für *10.0.0.11* nicht bekannt ist, würde das bedeuten, dass der DNS-Server, der in den IP-Einstellungen des lokalen Rechners konfiguriert ist, in seiner Reverse-Lookupzone den Servernamen nicht auflösen kann. In diesem Fall sollten Sie die Konfiguration der Reverse-Lookupzone überprüfen und sicherstellen, dass alle Zeiger (Pointer) korrekt eingetragen sind. Zu einer konsistenten Namensauflösung per DNS gehört nicht nur die Auflösung von Servernamen zu IP (Forward), sondern auch von IP zu Servernamen (Reverse).
- In der nächsten Zeile soll der Rechnername *dc02.microsoft.com* vom Server *10.0.0.13* aufgelöst werden. Der Server *10.0.0.13* kann jedoch den Servernamen *dc02.microsoft.com* nicht auflösen. In diesem Fall liegt ein Problem auf dem Server *10.0.0.13* vor, der die Zone *microsoft.com* nicht auflösen kann. Sie sollten daher auf dem Server *10.0.0.13* entweder in den Eigenschaften des DNS-Servers auf der Registerkarte *Weiterleitungen* überprüfen, ob eine Weiterleitung zu *microsoft.com* eingetragen werden muss. Alternativ können Sie eine sekundäre Zone für *microsoft.com* auf dem Server *10.0.0.13* anlegen, wenn dieser Rechnernamen für die Zone *microsoft.com* auflösbar sein soll.

- Als Nächstes wird versucht, den gleichen Servernamen *dc02.microsoft.com* über den Standardserver dieser Nslookup-Befehlszeile aufzulösen. Der Standardserver kann den Servernamen problemlos auflösen, was zeigt, dass diese Konfiguration in Ordnung ist.

Die Standard-OUs überprüfen

Nach einer Neuinstallation sollten Sie überprüfen, ob sich das Snap-In *Active Directory-Benutzer und -Computer* über *Tools* im Server-Manager fehlerfrei öffnen lässt und die sechs wichtigsten Organisationseinheiten (Organizational Units, OUs) angezeigt werden. Diese OUs sind in jeder Domäne identisch und müssen vorhanden sein:

- **Builtin** – Im Container *Builtin* befinden sich vom System vordefinierte Gruppen.
- **Computers** – Der Container *Computers* enthält Computerkonten für alle Computer, die in die Domäne aufgenommen wurden. Jeder Computer wird mit einem eigenen Konto in Active Directory verwaltet.
- **Users** – Im Container *Users* befinden sich die Benutzer und Gruppen, die von Windows Server 2016 automatisch angelegt werden.
- **ForeignSecurityPrincipals** – Der Container *ForeignSecurityPrincipals* enthält Informationen über SIDs, die mit Objekten aus entfernten, vertrauten Domänen verbunden sind.
- **Domain Controllers** – Im Container *Domain Controllers* befinden sich Computerkonten für alle Domänencontroller der Domäne.
- **Managed Service Accounts** – Dieser Container dient zur Unterstützung verwalteter Benutzerkonten für Dienste.

Sie müssen nicht den Inhalt der Container überprüfen. Es genügt, wenn Sie testen, ob sie angelegt wurden. Achten Sie darauf, im Snap-In *Active Directory-Benutzer und -Computer* über das Menü *Ansicht* den Eintrag *Erweiterte Features* zu aktivieren.

Die Active Directory-Standorte überprüfen

Sie sollten bei Problemen oder nach Installationen von Domänencontrollern überprüfen, ob die Domänencontroller dem jeweils richtigen Standort zugewiesen sind und ob an jedem Standort ein Server zum globalen Katalog konfiguriert wurde.

Haben Sie bereits mehrere Domänencontroller installiert, sollten Sie überprüfen, ob bei allen Domänencontrollern automatisch konfigurierte Replikationsverbindungen eingerichtet wurden und auch funktionieren. Alle installierten Domänencontroller sollten angezeigt werden und sich ohne Fehler mit ihren Replikationspartnern replizieren lassen.

Installieren Sie einen neuen Domänencontroller oder einen Mitgliedsserver, sollten Sie vor allem dann, wenn dieser auch zum Exchange-Server werden soll, in der Eingabeaufforderung testen, ob dieser Server seinen Standort auflösen kann und korrekt konfiguriert ist.

Geben Sie dazu den Befehl *Nltest /dsgetsite* ein. Es darf kein Fehler auftreten, sondern der Server muss seinen richtigen Standort ausgeben. Erscheinen an dieser Stelle Fehler, überprüfen Sie die IP-Einstellungen des Servers und die DNS-Konfiguration des bevorzugten DNS-Servers (siehe die Kapitel 5, 10, 11 und 12).

Auch die IP-Subnetze und ihre korrekte Zuordnung zu den richtigen Standorten sollte hier überprüft werden (siehe Kapitel 14). Den Standardnamen des ersten Standorts passen Sie am besten über *Active Directory-Standorte und -Dienste* an. Klicken Sie dazu den Standort mit der rechten Maustaste an und wählen Sie im Kontextmenü den Eintrag *Umbenennen* (siehe Kapitel 14).

Die Replikationsverbindungen richtet Windows Server 2016 automatisch ein. Sie sehen diese im Snap-In *Active Directory-Standorte und -Dienste* über *Sites/<Standort>/<Servers>/<Servername>/NTDS-Settings*. Sie können hier auch manuelle Verbindungen einrichten, indem Sie über das Kontextmenü *Neue Verbindung für die Active Directory-Domänendienste* auswählen. Überprüfen Sie, ob Replikationsverbindungen vorhanden sind und funktionieren.

Die Domänencontrollerliste überprüfen

Geben Sie in der Eingabeaufforderung den Befehl *Nltest /dclist:<NetBIOS-DOMÄNENNAME>* ein, zum Beispiel *Nltest /dclist:Joos*. Alle Domänencontroller sollten mit ihren vollständigen Domänennamen ausgegeben werden. Werden einzelne Domänencontroller nur mit ihrem NetBIOS-Namen angezeigt, überprüfen Sie deren DNS-Registrierung auf den DNS-Servern.

```
Auswählen Administrator: Eingabeaufforderung

C:\Users\administrator.JOOS>nltest /dclist:joos
Liste der Domänencontroller (DCs) in Domäne 'joos' von '\\CORE' abrufen.
    core.joos.int [PDC]  [DS] Standort: Bad-Wimpfen
    rodc.joos.int [RODC] [DS] Standort: Bad-Wimpfen
Der Befehl wurde ausgeführt.
```

Abbildung 15.1: Vollständige Domänencontrollerliste und Standort in der Eingabeaufforderung anzeigen

---

Tipp Starten Sie mit *Net stop netlogon* und dann *Net start netlogon* den Anmeldedienst auf dem Domänencontroller neu, versucht der Dienst, die Daten der Datei *netlogon.dns* aus dem Ordner *\Windows\System32\config\netlogon.dns* erneut in DNS zu registrieren. Gibt es hierbei Probleme, finden Sie im Ereignisprotokoll unter *System* Einträge zum Dienst, die bei der Problemlösung weiterhelfen.

Auch der Befehl *Nltest /dsregdns* hilft oft bei Problemen in der DNS-Registrierung. Funktioniert die erneute Registrierung nach einem Neustart des Anmeldedienstes nicht, löschen Sie die DNS-Zone *_msdcs* und die erstellte Delegierung.

Beim nächsten Start des Anmeldedienstes liest dieser die Daten von *netlogon.dns* ein, erstellt die Zone *_msdcs* neu und schreibt die Einträge erneut in die Zone. Mit Dcdiag lässt sich die Diagnose bezüglich weiterer Probleme noch mal durchführen. Einen ausführlichen Test führen Administratoren mit *Dcdiag /v* durch.

Die Active Directory-Dateien überprüfen

Die Active Directory-Dateien werden in einer Datenbank gespeichert. Diese Datenbank ist eine Datei im Dateisystem auf den Domänencontrollern. Die Active Directory-Datenbank wird in der Datei *ntds.dit* in demjenigen Ordner gespeichert, den Sie bei der Heraufstufung zum Domänencontroller festgelegt haben.

Standardmäßig wird die Active Directory-Datenbank im Ordner *C:\Windows\NTDS* abgelegt. Überprüfen Sie, ob die Dateien auf dem Domänencontroller vorhanden sind und noch genügend Festplattenplatz frei ist, damit die Datenbank wachsen kann. Sie können den Umfang der Active Directory-Datenbank jederzeit feststellen, indem Sie die Größe dieser Datei überprüfen.

Bei den *.jrs*-Dateien handelt es sich um die Transaktionsprotokolle der Datenbank. Die Datei *edb.chk* ist die Checkpointdatei. Diese Datei enthält die Informationen, welche Transaktionsprotokolle bereits in die Datenbank geschrieben wurden.

Das Domänenkonto der Domänencontroller überprüfen und Kennwort zurücksetzen

Die Domänencontroller sollten im Snap-In *Active Directory-Benutzer und -Computer* in der OU *Domain Controllers* angezeigt werden. Von diesem Konto aus sollten Sie ohne Probleme die Eigenschaften aufrufen können. Die Informationen auf den einzelnen Registerkarten sollten fehlerfrei dargestellt werden und die korrekten Daten enthalten.

Außerdem können Sie mit dem Befehl *Net accounts* in der Eingabeaufforderung den Status des Domänenkontos eines Domänencontrollers überprüfen. Innerhalb der Ausgabe von *Net accounts* sollte die Rolle des Computers *PRIMÄR* sein, wenn es sich um den PDC-Emulator handelt. Bei allen anderen Domänencontrollern wird an dieser Stelle die Rolle *Sicherung* angezeigt.

Bei Kerberos werden die Identität des Benutzers und die Identität des authentifizierenden Servers festgestellt. Kerberos arbeitet mit einem sogenannten Ticket-System, um Benutzer zu authentifizieren. Kennwörter werden in einem Active Directory niemals über das Netzwerk übertragen. Damit sich ein Benutzer an einem Server authentifizieren kann, um zum Beispiel auf eine Freigabe eines Dateiservers zuzugreifen, wird ausschließlich mit verschlüsselten Tickets gearbeitet.

Ein wesentlicher Bestandteil der Kerberos-Authentifizierung ist das Schlüsselverteilungscenter (Key Distribution Center, KDC). Dieser Dienst wird auf allen Domänencontrollern ausgeführt und ist für die Ausstellung der Authentifizierungstickets zuständig. Der zuständige Kerberos-Client läuft auf allen Windows-Arbeitsstationen. Wenn sich ein Benutzer an einer Arbeitsstation in Active Directory anmeldet, muss er sich zunächst an einem Domänencontroller und dem dazugehörigen KDC authentifizieren. Im nächsten Schritt erhält der Client ein Ticket-genehmigendes Ticket (TGT) vom KDC ausgestellt. Nachdem der Client dieses TGT erhalten hat, fordert er beim KDC mithilfe dieses TGT ein Ticket für den Zugriff auf den Dateiserver an. Diese Authentifizierung führt der Ticket-genehmigende Dienst (Ticket Granting Service, TGS) auf dem KDC aus.

Nach der erfolgreichen Authentifizierung des TGT durch den TGS stellt dieser ein Dienstticket aus und übergibt es an den Client. Dieses Dienstticket gibt der Client an den Server weiter, auf den er zugreifen will, in diesem Beispiel den Dateiserver. Durch dieses Ticket kann der Dateiserver sicher sein, dass sich kein Eindringling mit einem gefälschten Benutzernamen anmeldet. Durch das Dienstticket wird sowohl der authentifizierende Domänencontroller als auch der Benutzer authentifiziert.

Bordmittel zur Diagnose verwenden

Sollten Probleme mit dem Schlüsselverteilungscenter oder Kerberos im Allgemeinen auftreten, besteht unter Umständen noch ein Problem bei der Kerberos-Authentifizierung. In diesem Fall wird allerdings in der Regel eine entsprechende Fehlermeldung bei Dcdiag angezeigt, die auf Probleme mit LDAP oder Kerberos hinweisen. Kerberos ist für die Anmeldung in Active Directory von existenzieller Wichtigkeit.

Aber auch wenn diese Tools keine Fehler ausgegeben haben, kann das Zurücksetzen des Maschinenkennworts eine letzte Hoffnung sein, einen ausgefallenen Server oder Domänencontroller wieder zur Zusammenarbeit mit seiner Domäne zu bewegen. Um das Kennwort zurückzusetzen, müssen Sie folgendermaßen vorgehen:

1. Beenden Sie auf dem problematischen Domänencontroller den Dienst *Kerberos-Schlüsselverteilungscenter*.
2. Setzen Sie den Dienst auf *Manuell*.
3. Öffnen Sie eine neue Eingabeaufforderung mit Administratorrechten und geben Sie den folgenden Befehl ein:

    Netdom resetpwd /server:<Ein Domänencontroller der Domäne, der noch funktioniert> /userd:<Administratorbenutzer der Domäne> /passwordd:<Kennwort des Administrators>

4. Wenn Sie den Befehl ausführen, muss auf jeden Fall eine positive Rückantwort kommen, die bestätigt, dass das Kennwort der Maschine zurückgesetzt wurde.
5. Starten Sie im Anschluss den Server neu.
6. Starten Sie den Dienst *Kerberos-Schlüsselverteilungscenter* auf dem Server erneut und setzen Sie den Dienst auf *Automatisch*.
7. Jetzt sollte der Server wieder uneingeschränkt funktionieren. Überprüfen Sie die korrekte Verbindung mit der Domäne durch das Tool Dcdiag.

Die administrativen Freigaben überprüfen

Auf Domänencontrollern gibt es verschiedene Freigaben, die für den Betrieb von Active Directory notwendig sind. Die beiden Freigaben *NETLOGON* und *SYSVOL* sollten fehlerfrei dargestellt werden. Überprüfen Sie die Freigaben mithilfe des Aufrufs *Net share* in der Eingabeaufforderung. Standardmäßig werden die beiden folgenden Ordner freigegeben:

- *C:\Windows\SYSVOL\sysvol\<DOMÄNE>\SCRIPTS* als Freigabe *NETLOGON*
- *C:\Windows\SYSVOL\sysvol* als Freigabe *SYSVOL*

Beide Freigaben werden durch *Net share* in der Eingabeaufforderung angezeigt. Alternativ überprüfen Sie die administrativen Freigaben im Server-Manager über *Datei-/Speicherdienste/Freigaben*. Auch hier werden die Freigaben angezeigt.

Die Gruppenrichtlinien überprüfen

Automatisch werden nach der Installation durch Active Directory die beiden folgenden Gruppenrichtlinien angelegt:

- *Default Domain Controller Policy*
- *Default Domain Policy*

Die Einstellungen der beiden Gruppenrichtlinien werden im Dateisystem auf den Domänencontrollern gespeichert. Für beide Richtlinien gibt es im Ordner *C:\Windows\SYS-*

VOL\domain\Policies jeweils einen Unterordner, der durch eine eindeutige GUID dargestellt wird. Überprüfen Sie, ob diese beiden Unterordner vorhanden sind und fehlerfrei geöffnet werden können:

- {31B2F340-016D-11D2-945F-00C04FB984F9} = Default Domain Policy
- {6AC1786C-016F-11D2-945F-00C04fB984F9} = Default Domain Controller Policy

Die DNS-Einträge von Active Directory überprüfen

Nach der Installation von Active Directory werden in der Forward-Lookupzone der entsprechenden Domäne zahlreiche Einstellungen vorgenommen. Überprüfen Sie in der DNS-Verwaltung, ob die Einträge von Active Directory fehlerfrei vorgenommen worden sind. Sie brauchen nicht alle Einträge zu überprüfen, können aber schon an der Übersicht erkennen, ob überhaupt Einträge erstellt wurden. Alle notwendigen Dienste von Active Directory werden als SRV-Record im DNS gespeichert.

Die häufigsten Fehler aller Art innerhalb von Active Directory oder anderen Netzwerken, bei denen die Namensauflösung eine wichtige Rolle spielt, sind Fehler im DNS. Jeder Domänencontroller in Active Directory hat neben seinem Host-A-Namen, zum Beispiel *core.joos.int*, noch einen zugehörigen CNAME, der das sogenannte DSA(Directory System Agent)-Objekt seiner NTDS-Settings darstellt. Dieses DSA-Objekt ist als SRV-Record im DNS unterhalb der Zone der Domäne unter dem Knoten *_msdcs* zu finden.

Der CNAME ist die GUID dieses DSA-Objekts. Domänencontroller versuchen, ihren Replikationspartner nicht mit dem herkömmlichen Host-A-Eintrag aufzulösen, sondern mit dem hinterlegten CNAME. Ein Domänencontroller versucht, nach der erfolglosen Namensauflösung des CNAME eines Domänencontrollers einen Host-A-Eintrag zu finden. Schlägt auch das fehl, versucht der Domänencontroller, den Namen mit NetBIOS entweder über Broadcast oder einen WINS-Server aufzulösen.

Jeder Domänencontroller braucht einen eindeutigen CNAME, der wiederum auf seinen Host-A-Eintrag verweist. Überprüfen Sie bei Replikationsproblemen, ob diese Einträge vorhanden sind. Sollte die Namensauflösung mit DNS nicht funktionieren, steht Ihnen noch das Tool Dnslint zur Verfügung, mit dem die SRV-Records in Active Directory überprüft werden können. Sie können das Tool bei Microsoft von der Seite *http://tinyurl.com/jdk77tm* herunterladen. Entpacken Sie es nach dem Herunterladen in einen Ordner. Sie müssen es nicht installieren. Für das Tool gibt es insgesamt drei verschiedene Funktionen, die jeweils DNS überprüfen und einen entsprechenden HTML-Bericht generieren. Diese drei Funktionen sind:

- **Dnslint /d** – Diese Funktion diagnostiziert mögliche Ursachen einer langsamen Delegierung.
- **Dnslint /ql** – Diese Funktion überprüft benutzerdefinierte DNS-Datensätze auf mehreren DNS-Servern.
- **Dnslint /ad** – Diese Funktion überprüft DNS-Datensätze, die speziell für die Active Directory-Replikation verwendet werden.

Die Syntax lautet:

Dnslint /d <Domänenname> | /ad [<LDAP_IP_Adresse>] | /ql <Input_Datei>
[/c [smtp,pop,imap]] [/no_open] [/r <Report_Name>] [/t] [/test_tcp] [/s <DNS_IP_Adresse>]
[/v] [/y]

Bordmittel zur Diagnose verwenden

Bei der Ausführung von Dnslint müssen Sie eine der Befehlszeilenoptionen /d, /ad oder /ql verwenden. Mit *Dnslint /ad* können Sie überprüfen, ob Ihre Domänencontroller die DNS-Einträge in Active Directory zur Replikation abrufen können. Geben Sie zur Überprüfung den Befehl *Dnslint /ad <IP-Adresse des ersten DC> /s <IP-Adresse des zweiten DC>* ein. Das Tool benötigt einige Sekunden und überprüft, ob in Active Directory die notwendigen _msdcs-Einträge vorhanden sind. Geben Sie an dieser Stelle nicht den DNS-Namen der beiden Server an, die Replikationsprobleme haben, sondern die IP-Adressen.

Die Option /ad dient zur Angabe eines Domänencontrollers, der die notwenigen GUIDs im DNS auflösen können muss. Jeder Domänencontroller muss in der Lage sein, die Namen dieser GUIDs per DNS aufzulösen. Testen Sie auf jedem Server mit Dnslint, ob die einzelnen Server Probleme bei der Auflösung dieser GUIDs haben. Sollten in diesem Bereich Fehler auftreten, liegen die Replikationsprobleme eindeutig zunächst an diesen fehlenden GUIDs.

Die Option /s dient dazu, dem Befehl einen DNS-Server mitzuteilen, der die Zone _msdcs von Active Directory verwaltet. Der Server hinter der Option /ad dient zum Verbindungsaufbau per LDAP, während der Server hinter /s zum Auflösen per DNS dient. Sie müssen nicht unbedingt zwei unterschiedliche Server angeben, sondern können auch zweimal die gleiche IP-Adresse verwenden.

Nachdem der Befehl abgeschlossen ist, wird Ihnen ein HTML-Bericht angezeigt, mit dessen Hilfe Sie die Probleme der GUID-Auflösung mit DNS nachvollziehen können. Der Bericht zeigt die Auflösung der einzelnen GUIDs der Domänencontroller und die vorhandenen Fehler an. Beim Starten des Befehls verbindet sich Dnslint zunächst mit dem Domänencontroller, um alle GUIDs der Gesamtstruktur abzufragen.

Die Abfrage erfolgt mit LDAP. Aus diesem Grund müssen Sie vor der Ausführung sicherstellen, dass Sie den Befehl unter einem Benutzerkonto starten, das über genügend Rechte verfügt. Sobald die GUID Liste vom LDAP-Server zurückgegeben wird, versucht Dnslint über den mit der Option /s konfigurierten DNS-Server, diese GUIDs zu ihrer IP-Adresse aufzulösen.

Mit der Befehlszeilenoption /d fordern Sie Domänennamentests an. Diese Befehlszeilenoption ist für die Behandlung von Problemen in Bezug auf eine langsame Delegierung nützlich. Sie müssen den zu testenden Domänennamen angeben. Die Befehlszeilenoption /d lässt sich nicht in Verbindung mit der Option /ad verwenden.

Mit der Befehlszeilenoption /ad rufen Sie einen Active Directory-Test auf und mit /ql fordern Sie DNS-Abfragetests von einer Liste ab. Die Befehlszeilenoption /ql versendet die DNS-Abfragen, die in einer Texteingabedatei angegeben sind. Sie müssen den Namen und den Pfad der Eingabedatei angeben. Die Befehlszeilenoption /ql unterstützt A-, PTR-, CNAME-, SRV- und MX-Datensatzabfragen. Mit dem folgenden Befehl können Sie eine Beispieleingabedatei erstellen:

Dnslint /ql autocreate

Die Befehlszeilenoption /ql lässt sich nicht in Verbindung mit den Optionen /d, /ad oder /c verwenden.

Wenn Sie /ad verwenden, müssen Sie zusätzlich die Option /s angeben, um einen DNS-Server zu bestimmen, der für die _msdcs-Unterdomäne in der Stammdomäne der Active Directory-Struktur autorisierend ist. Wenn Sie die Option /ad verwenden, können Sie den Befehl /s *localhost* ausführen, um festzustellen, ob das lokale System die Datensätze auflösen kann, die bei den Active Directory-Tests gefunden werden. Verwenden Sie die Option /t, um die Ausgabe in einer Textdatei anzufordern. Die Textdatei besitzt denselben Namen wie der HTML-Bericht und wird auch in dem gleichen Ordner gespeichert.

Verwenden Sie die Option */test_tcp*, um den TCP-Port 53 zu testen. Standardmäßig wird nur der UDP-Port 53 getestet. Die Option */test_tcp* überprüft, ob TCP-Port 53 auf Abfragen reagiert. Diese Option kann nicht in Verbindung mit der Option */ql* verwendet werden. Mit */v* erhalten Sie eine Ausgabe auf dem Bildschirm. Bei dieser Option zeigt das Tool auf dem Bildschirm an, welche Schritte zur Datensammlung durchgeführt werden.

Die Betriebsmaster testen

Als Nächstes sollten Sie auf einem neuen Domänencontroller testen, ob dieser sämtliche FSMO-Rolleninhaber kennt (siehe Kapitel 10). Diese lassen Sie sich gebündelt mit *Netdom query fsmo* anzeigen oder einzeln über die Befehle:

Dsquery server -hasfsmo pdc (PDC-Master)

Dsquery server -hasfsmo rid (RID-Master)

Dsquery server -hasfsmo infr (Infrastrukturmaster)

Dsquery server -hasfsmo schema (Schemamaster)

Dsquery server -hasfsmo name (Domänennamenmaster).

Die Leistungsüberwachung zur Diagnose nutzen

Windows Server 2016 stellt mit der Leistungsüberwachung ein mächtiges Tool zur Verfügung, um Performanceprobleme auf einem Server aufzudecken. Die Bedienung hat sich im Vergleich zu den Vorgängerversionen kaum geändert. Sie finden das Tool im Server-Manager über *Tools/Leistungsüberwachung*.

Schneller starten Sie das Tool durch Eingabe von »perfmon.msc« im Startbildschirm. Mit *Perfmon /res* starten Sie den Ressourcenmonitor, der eine Echtzeitanzeige der aktuell verbrauchten Ressourcen bietet, ähnlich wie der Task-Manager. Vor allem wenn in Active Directory noch Zusatzdienste wie zum Beispiel SharePoint, Exchange oder SQL Server installiert sind, tauchen schnell Leistungsprobleme auf, die sich aber oft durch die Leistungsüberwachung aufdecken und beheben lassen.

Liegen Leistungsprobleme in Exchange oder anderen Serverdiensten vor, die von Active Directory abhängen (zum Beispiel bezüglich des Postfachzugriffs oder des Versendens von Nachrichten), liegt häufig auch ein Problem in Active Directory oder DNS vor.

Das heißt, parallel zur Leistungsüberwachung sollten Sie noch eine Diagnose der Namensauflösung sowie eine Diagnose der Domänencontroller durchführen, zum Beispiel über Dcdiag. Exchange, aber auch andere Dienste, die Active Directory benötigen, greifen über die Systemdatei *wldap32.dll* auf Active Directory zu. Dabei laufen (vereinfacht) folgende Vorgänge ab:

1. Die Datei *wldap32.dll* auf dem Exchange-Server erhält durch einen Exchange-Prozess eine Anfrage, um auf den globalen Katalog zuzugreifen.

2. Per DNS versucht der Server, den Globalen-Katalog-Server aufzulösen, um auf ihn zugreifen zu können. Dauert dieses Auflösen zu lange, verzögert sich bereits an dieser Stelle der Active Directory-Zugriff.

3. Nach der Namensauflösung baut die *wldap32.dll* eine Verbindung zum globalen Katalog auf und überträgt die Anfrage.
4. Anschließend wird eine TCP-Verbindung aufgebaut und eine LDAP-Abfrage gestartet. Damit die Verbindung funktioniert, benötigt die TCP-Verbindung drei Bestätigungen durch den Domänencontroller. Bei einer Latenz von zehn Millisekunden im Netzwerk dauert der Zugriff in diesem Fall also 30 Millisekunden, bevor der Exchange-Server die LDAP-Abfrage übertragen kann.
5. Die LDAP-Abfrage wird zur Datei *lsass* auf dem Domänencontroller übertragen, die auf den LDAP-Port des Servers hört.
6. Der Domänencontroller nimmt die Abfrage an den globalen Katalog entgegen und führt die Suche in seinem globalen Katalog durch.
7. Der globale Katalog sendet die Daten über die Netzwerkkarte zur Datei *wldap32.dll* auf dem Exchange-Server. Handelt es sich um eine hohe Anzahl von Daten, zum Beispiel beim Auflösen der Mitglieder einer Verteilergruppe, müssen erst alle Daten übertragen werden, bevor Exchange mit der Verarbeitung weitermachen kann.

Ein sehr großer Teil der Leistung hängt also bei Servern von der Netzwerkgeschwindigkeit zwischen dem Exchange-Server und dem globalen Katalog oder Domänencontroller ab. Aus diesem Grund sollten Sie bei Leistungsproblemen der Exchange-Infrastruktur auch immer die Geschwindigkeit des Netzwerks messen.

Auch die Geschwindigkeit zum DNS-Server und eine schnelle, stabile und korrekte Namensauflösung sind sehr wichtig. Die Geschwindigkeit zum DNS-Server darf 50 Millisekunden nicht überschreiten, wenn Sie die Leistung optimieren wollen. Dauert die Anfrage länger, haben Sie schon den ersten Flaschenhals in der Exchange-Leistung. Dazu reicht das Pingen des Servers aus, Sie benötigen noch nicht mal die Leistungsüberwachung.

Wichtig für die Verbindung von Exchange zu Active Directory ist die Indikatorgruppe *MSExchange ADAccess-Prozesse* in der Leistungsüberwachung. Diese fügt der Exchange-Installations-Assistent auf einem Server hinzu. Erweitern Sie diese Gruppe. Interessant sind darin die beiden Indikatoren *LDAP-Lesedauer* und *LDAP-Suchdauer*.

Klicken Sie dazu auf das Pluszeichen neben der Indikatorgruppe im oberen Bereich und dann auf die beiden Indikatoren. Bei *LDAP-Lesedauer* wird die Zeit gemessen, die eine LDAP-Abfrage bis zur Datenübermittlung benötigt. Und bei *LDAP-Suchdauer* sehen Sie die Zeit, die der Server für eine Suche per LDAP in Active Directory benötigt. Der Durchschnittswert für diese Indikatoren sollte unter 50 Millisekunden liegen, die Maximaldauer sollte nicht auf über 100 Millisekunden steigen.

Über die Symbolleiste der Leistungsüberwachung können Sie die Anzeige zwischen *Linie*, *Histogrammleiste* und *Bericht* wechseln. Auf diesem Weg können Sie zum Beispiel schneller eine Übersicht erhalten, wenn ein bestimmter Server Probleme beim Verbinden mit Active Directory hat.

Den LDAP-Zugriff auf Domänencontrollern überwachen

Damit von Active Directory abhängige Dienste schnell und effizient Daten aus dem Active Directory abrufen können, muss der globale Katalog schnell antworten und darf nicht überlastet sein. Um diese Auslastung zu überprüfen, können Sie ebenfalls die Leistungsüberwachung verwenden. Klicken Sie anschließend auf *Datensammlersätze/System/Active Directory Diagnostics*.

Klicken Sie anschließend auf das grüne Dreieck in der Symbolleiste, um den Sammlungssatz zu starten. Hat ein Server Leistungsprobleme, starten Sie den Sammlungssatz und lassen die Abfragen messen. Nach einiger Zeit beenden Sie die Messung über das Kontextmenü des Sammlungssatzes oder die Symbolleiste.

Anschließend können Sie über *Berichte/System/Active Directory Diagnostics* die Daten der letzten Messung anzeigen lassen. In verschiedenen Bereichen sehen Sie alle durchgeführten Aufgaben und deren Daten und Zugriffsgeschwindigkeiten. Auf diesem Weg sehen Sie schnell, wo Probleme auf dem Server verursacht werden.

Das Kennwort für den Wiederherstellungsmodus in Active Directory zurücksetzen

Um das Kennwort für den Wiederherstellungsmodus auf einem Domänencontroller zurückzusetzen, benötigen Sie das Tool Ntdsutil:

1. Rufen Sie in der Eingabeaufforderung den Befehl *Ntdsutil* auf.
2. Geben Sie den Befehl *Set dsrm password* ein und bestätigen Sie.
3. Geben Sie in der Zeile *DSRM-Administratorkennwort zurücksetzen* den Befehl *Reset password on server <Servername>* ein. Beim lokalen Server können Sie auch den Wert *null* eingeben und bestätigen.
4. Geben Sie das neue Kennwort ein und bestätigen Sie.
5. Geben Sie das neue Kennwort erneut ein.
6. Mit zweimal *Quit* verlassen Sie Ntdsutil. Das Kennwort für den Wiederherstellungsmodus ist jetzt zurückgesetzt und dient als Kennwort des lokalen Administrators.

Die Ereignisprotokollierung von Active Directory konfigurieren

Im nächsten Schritt besteht auch die Möglichkeit, die Diagnoseprotokollierung von Active Directory zu erhöhen. Standardmäßig schreiben Domänencontroller nur kritische Fehler von Active Directory in die Ereignisanzeige und hier speziell in das Protokoll *Verzeichnisdienst*. In diesem Protokoll sollten keine Fehler aufgeführt sein. Tauchen dennoch Fehler auf, sollten Sie diese genau überprüfen und die Ursachen abstellen.

Wenn Ihnen diese Protokollierung nicht ausreicht, besteht auch die Möglichkeit, sie zu erweitern. Active Directory speichert in diesem Fall deutlich mehr Informationen, die zur Überwachung oder Fehlerbehandlung von Active Directory verwendet werden können. In diesem Bereich ist der Best Practices Analyzer hilfreich. Mehr dazu finden Sie in Kapitel 3.

Sie können die Ereignisprotokollierung von Active Directory über die Registry steuern. Wenn Sie die Protokollierung auf einem Domänencontroller erweitern wollen, müssen Sie mit einem Registrierungs-Editor die Registry öffnen und zu folgendem Schlüssel navigieren:

HKEY_LOCAL_MACHINE\SYSTEM\CurrentControlSet\Services\NTDS\Diagnostics

An dieser Stelle können Sie für einzelne Bereiche den Wert mit einem REG_DWORD-Eintrag anpassen. Jeder Eintrag in diesem Schlüssel steht für einen eigenen Eventtyp. Sie müssen nicht generell die Überwachung für alle Einträge ändern, sondern können nur die Werte anpassen, die Sie genauer überwachen wollen.

Ihnen stehen verschiedene Ereignistypen zur Verfügung. Jeder dieser Werte wird durch einen eigenen REG_DWORD-Wert repräsentiert. Jedem Eintrag ist standardmäßig der Wert 0 zugeordnet. Durch Erhöhung dieses Werts können für die einzelnen Bereiche detaillierte Ereignisprotokollierungen eingestellt werden. Um die Protokollierung zu detaillieren, müssen Sie, wie bereits erwähnt, den Wert der einzelnen REG_DWORD-Einträge anpassen. Dazu stehen sechs Stufen von 0 bis 5 zur Verfügung:

- **0** – Diese Einstellung ist bereits standardmäßig für alle Ereignistypen gesetzt und protokolliert ausschließlich kritische Fehler.
- **1** – Bei dieser minimalen Einstellung werden auch etwas weniger kritische Probleme in der Ereignisanzeige protokolliert. Wenn Sie die Protokollierung von Active Directory erhöhen, sollten Sie zunächst mit diesem Wert beginnen. Bereits bei dieser Stufe werden deutlich mehr Meldungen in die Ereignisanzeige geschrieben. Überprüfen Sie daher zunächst, ob diese Stufe schon ausreichend ist, bevor Sie weiter erhöhen.
- **2** – Bei dieser Stufe wird die Protokollierung noch etwas erhöht. Sollte die Stufe 1 für Sie nicht ausreichen, dann wählen Sie zunächst Stufe 2.
- **3** – Ab der Stufe 3 werden alle Schritte der einzelnen Aufgaben in Active Directory protokolliert. Während sich die Stufen 0 bis 2 hauptsächlich für die Fehlersuche im weiteren Sinne anbieten, wird ab Stufe 3 sehr viel mehr protokolliert. Ab dieser Stufe wird der Server durch die starke Protokollierung extrem belastet. Wenn Sie die Protokollierung auf eine höhere Stufe als Stufe 2 setzen, sollten Sie über eine extrem leistungsfähige Hardware verfügen. Zur Überwachung und Fehlerbehebung von Active Directory reichen die Stufen von 0 bis 2 normalerweise aus.
- **4** – Diese Stufe erhöht den Protokollierungsgrad noch mal etwas mehr als Stufe 3. Allerdings findet in diesem Fall nicht die starke Steigerung wie bei der Erhöhung von Stufe 2 auf Stufe 3 statt.
- **5** – Diese Stufe ist die höchste, die Sie für einen Wert einstellen können. Hier werden alle Informationen in die Ereignisanzeige geschrieben, die Active Directory protokollieren kann. Diese Stufe sollte nur für sehr wenige Kategorien gleichzeitig eingestellt werden, da der Protokollierungsgrad ansonsten die Übersicht in der Ereignisanzeige zu stark einschränkt.

Einbrüche in Active Directory effizient erkennen

Um Einbrüche und Angriffe auf Active Directory und die gesetzten Berechtigungen zu erkennen, gibt es Überwachungsrichtlinien. Die entsprechenden Einstellungen dazu nehmen Sie über Gruppenrichtlinien vor.

Um Zugriffe auf Active Directory zu überwachen, besteht der erste Schritt darin, eine bestehende Richtlinie zu bearbeiten, die den Domänencontrollern zugewiesen ist, zum Beispiel die *Default Domain Controller Policy*, oder eine neue Richtlinie zu erstellen und den Domänencontrollern zuzuweisen. In den Richtlinien werden dann die zu überwachenden Ereignisse konfiguriert.

Sobald die Domänencontroller die Einstellungen übernehmen, beginnen Sie mit der Überwachung und speichern die Daten in der Ereignisanzeige. Diese müssen Sie allerdings entsprechend filtern oder so konfigurieren, dass eine automatische Antwort erfolgt.

Die einfache Überwachung aktivieren

Sollen Sie auf Computern, Dateiservern oder Domänencontrollern den Zugriff auf Dateien und Objekte überwachen, müssen Sie die entsprechenden Einstellungen in der Überwachungsrichtlinie festlegen. Diese findet sich in der Richtlinienüberwachung im Bereich *Computerkonfiguration/Richtlinien/Windows-Einstellungen/Sicherheitseinstellungen/ Lokale Richtlinien/Überwachungsrichtlinie*. Die Überwachung der Zugriffe auf das Dateisystem von Servern unterscheidet sich von der Überwachung der Objekte in Active Directory nicht besonders. Dazu aktivieren Sie die Option *Objektzugriffsversuche überwachen*. Neben Dateizugriffen überwachen Sie mit dieser Einstellung auch Zugriffe auf Drucker. In der Standardeinstellung ist die Überwachung zunächst nicht aktiviert.

Abbildung 15.2: Active Directory in Windows Server 2016 überwachen

Nach der Aktivierung müssen Sie noch auswählen, ob erfolgreiche und/oder fehlgeschlagene Zugriffsversuche protokolliert werden sollen.

Um Anmeldungen in Active Directory zu überwachen, muss die Richtlinie *Anmeldeereignisse überwachen* aktiviert sein. Sie können auswählen, ob die Domänencontroller nur erfolgreiche Anmeldungen oder auch erfolglose Anmeldungen an Active Directory überwachen sollen. Die Option überwacht allerdings keine Anmeldungen an den Arbeitsstationen, sondern nur für die Domänencontroller selbst. Um auch Arbeitsstationen zu überwachen, muss die Richtlinie als Gruppenrichtlinie mit allen Computern verknüpft sein. Bei allen Einstellungen bedeutet die Überwachung von Fehlern, dass die Änderung versucht wurde, aber nicht geklappt hat. Mit *Erfolgreich* werden vollzogene Änderungen protokolliert.

Sobald die Überwachung aktiviert ist, schreibt der Server in der Ereignisanzeige über *Windows-Protokolle/Sicherheit* die Daten der Überwachung. Aus den Ereignissen ist ersichtlich, wann sich ein Benutzer an- und wieder abgemeldet hat.

Um die Überwachung auszudehnen, gibt es noch die Richtlinieneinstellung *Anmeldeversuche überwachen*, ebenfalls wieder mit den Möglichkeiten *Erfolgreich* oder *Fehler*. Im

Gegensatz zu den Anmeldeereignissen überwachen die Anmeldeversuche auch die Anmeldungen an Arbeitsstationen und Mitgliedsservern der Domäne. Diese Überwachung findet daher nur auf Domänencontrollern statt, da diese die Anmeldung von Benutzerkonten auf Mitgliedscomputern erst ermöglichen.

Die nächste Stufe der Überwachung ist die Bearbeitung der Benutzerkonten in Active Directory mit der Einstellung *Kontenverwaltung überwachen*. Domänencontroller können überwachen, wenn ein Administrator Änderungen an einem Benutzerkonto durchführt. Die Kontenverwaltung überwacht das Erstellen, Ändern und Löschen von Benutzerkonten sowie das Umbenennen, Aktivieren oder Deaktivieren. Auch die Änderung von Kennwörtern überwacht die Richtlinie. In der Ereignisanzeige unter *Windows-Protokolle/Sicherheit* findet sich dann der Eintrag, welcher Benutzer zu welchem Zeitpunkt eine Änderung durchgeführt hat und um welche Änderung es sich gehandelt hat.

Ein weiterer wichtiger Punkt bei der Überwachung ist *Systemereignisse überwachen*. Hierbei zeichnet der Server Aktionen wie das Herunterfahren von Computern und Änderungen auf, die das Betriebssystem betreffen. Um diesen Bereich noch weiter auszubauen, lässt sich zusätzlich *Richtlinienänderungen überwachen* aktivieren. Dabei halten die Server auch Anpassungen an Gruppenrichtlinien und lokalen Richtlinien fest. Sollen die Server außerdem das Beenden und Starten von Prozessen überwachen, hilft die Einstellung *Prozessnachverfolgung überwachen*. Diese erzeugt aber eine große Anzahl von Einträgen.

Lassen Sie die *Objektzugriffsversuche überwachen*, besteht auch die Möglichkeit, den Zugriff auf Dateiserver, Freigaben und die enthaltenen Dateien inklusive der Änderungen nachzuverfolgen. Nach dieser Aktivierung müssen Sie aber zusätzlich die Überwachung in den Eigenschaften des entsprechenden Ordners aktivieren. Nachdem Sie die Überwachung aktiviert haben, können Sie die eigentliche Überwachung für die zu überwachenden Dateien und Ordnern aktivieren. Dazu sind die Eigenschaften des Ordners und die Registerkarte *Sicherheit* wichtig.

Die erweiterte Überwachung nutzen

Neben den herkömmlichen Überwachungseinstellungen lassen sich mit Windows Server 2016 noch detaillierte Maßnahmen treffen, um das eigene Netzwerk effizient zu schützen. Hierzu hat Microsoft neben Richtlinien auch in der PowerShell neue Möglichkeiten integriert.

Unwichtige Überwachungsinformationen lassen sich auf diesem Weg deaktivieren, sodass Windows nur das Wichtigste protokolliert. Generell ist es empfehlenswert, die klassische Überwachung und die neue Überwachung nicht parallel zu verwenden, sondern sich für Basisüberwachung oder die erweiterte Überwachung zu entscheiden.

Ein Beispiel für die neue Überwachung ist die einfache Überwachung der An- oder Abmeldung an Computern. Die erweiterte Überwachung bietet hierzu eine Untergliederung in neun Unterbereiche an.

Die erweiterten Einstellungen sind über *Computerkonfiguration/Richtlinien/Windows-Einstellungen/Sicherheitseinstellungen/Erweiterte Überwachungsrichtlinienkonfiguration* zu finden. Wie bei der normalen Überwachung ist es sehr empfehlenswert, für die Überwachung eine eigene Gruppenrichtlinie für Überwachungseinstellungen zu erstellen und zuzuweisen.

Kapitel 15: Active Directory – Fehlerbehebung und Diagnose

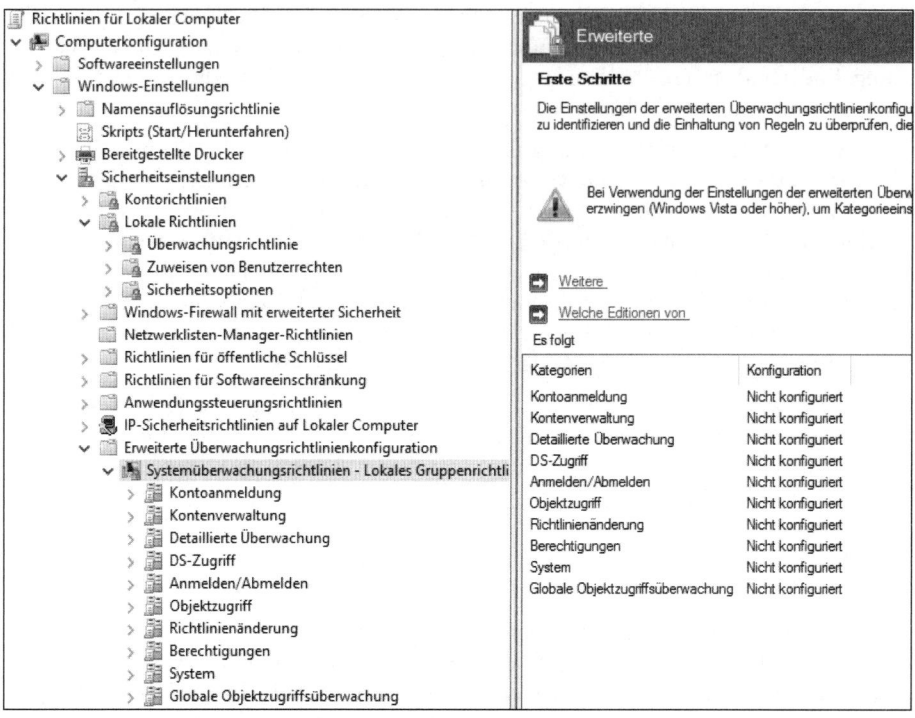

Abbildung 15.3: Erweiterte Sicherheitsüberwachung in Windows Server 2016

Der Vorteil der neuen Überwachungsfunktionen ist eine spezifischere Aufgliederung der überwachten Ereignisse. Es lassen sich zum Beispiel die einzelnen Anmeldefunktionen ausführlich überwachen und untergliedern. Die Einstellungen dazu sind bei *Computerkonfiguration/Richtlinien/Windows-Einstellungen/Sicherheitseinstellungen/Erweiterte Überwachungsrichtlinienkonfiguration/Systemüberwachungsrichtlinien/Kontoanmeldung* zu finden.

Um auszuschließen, dass sich alte Einstellungen und Optionen in den erweiterten Überwachungseinstellungen überschneiden, sollten Sie die Einstellungen setzen, in denen festgelegt ist, dass die neuen Einstellungen die alten immer außer Kraft setzen. Die Einstellung *Überwachung: Unterkategorieeinstellungen der Überwachungsrichtlinie erzwingen* ist in den Richtlinien über *Computerkonfiguration/Richtlinien/Windows-Einstellungen/Sicherheitseinstellungen/Lokale Richtlinien/Sicherheitsoptionen* zu finden.

Ein wichtiger Punkt bei der Überwachung sind die Benutzerkonten und vor allem die Sicherheitsgruppen in Active Directory. Durch Ändern der Mitgliedschaft können nicht unerhebliche Sicherheitsgefahren entstehen, vor allem bei Administratorgruppen. Diese Überwachung ist im Bereich *Kontenverwaltung* der erweiterten Einstellungen zu finden. Da hierbei Active Directory überwacht wird, muss die entsprechende Gruppenrichtlinie mit den Domänencontrollern verknüpft sein, zum Beispiel mit der Organisationseinheit *Domain Controllers*. Die Verwendung der Standardrichtlinie *Default Domain Controllers Policy* ist nicht zu empfehlen.

Nachdem die Richtlinie erstellt und die Einstellungen definiert sind, sollten Sie die Richtlinie auf den Domänencontrollern mit *Gpupdate /force* in der Eingabeaufforderung übernehmen. Ob die Einstellungen übernommen wurden, testen Sie mit dem Befehl *Auditpol /get /category:**.

Lassen Sie über Richtlinien zum Beispiel Sicherheitsgruppen überwachen, muss als Nächstes noch festgelegt werden, welche Sicherheitsgruppen die Überwachung berücksichtigen soll. Sie müssen dazu die Eigenschaften der Sicherheitsgruppe im Snap-In *Active Directory-Benutzer und -Computer* aufrufen, die Registerkarte *Sicherheit* öffnen, auf *Erweitert* klicken und anschließend die Registerkarte *Überwachung* in den Vordergrund holen.

Diese Registerkarte ist nur zu sehen, wenn im Snap-In über das Menü *Ansicht* der Eintrag *Erweiterte Features* aktiviert ist. Um die Überwachung zu aktivieren, klicken Sie doppelt auf den ersten Eintrag *Jeder* und wählen dann *Alle Eigenschaften schreiben* aus. Nach der Änderung übernehmen die Domänencontroller die Änderungen durch Eingabe von *Gpupdate /force*.

Ist die Überwachung erfolgreich, finden Sie in der Ereignisanzeige auf den Domänencontrollern über *Windows-Protokolle/Sicherheit* einen neuen Eintrag mit der ID 4728 vor, wenn der Sicherheitsgruppe (zum Beispiel den Domänen-Admins) neue Benutzer hinzugefügt werden. In der Meldung der Ereignisanzeige ist zu sehen, welcher Benutzer die Änderung durchgeführt hat und welcher Benutzer aufgenommen wurde. Wird ein Benutzer entfernt, erscheint eine Meldung mit der ID 4729.

Sie können über das Kontextmenü der IDs eine Aufgabe hinterlegen. Über diese Aufgabe besteht zum Beispiel die Möglichkeit, eine E-Mail zu senden, sobald eine Änderung stattfindet. In der Aufgabe legen Sie den Absender, den Empfänger, einen Text und den SMTP-Server fest. Neben E-Mails lassen sich über diesen Weg auch Programme und Batchdateien starten. Mit etwas Feinarbeit können Sie also komplett ohne Zusatzwerkzeuge eine umfangreiche Überwachungskonfiguration betreiben.

Windows Server 2016 kann auch mit Bordmitteln die Ereignisanzeigen verschiedener Server im Netzwerk zusammentragen und anzeigen. Diese Funktion trägt die Bezeichnung *Abonnements* und lässt sich direkt in der Ereignisanzeige einrichten. Basis ist der Systemdienst *Windows-Ereignissammeldienst*. Dieser muss auf dem Server gestartet sein, der die verschiedenen Ereignisse sammeln soll, sowie auf allen beteiligten Servern. Im ersten Schritt müssen Sie die Remoteverwaltung auf den einzelnen Servern aktivieren.

Dazu führen Sie auf jedem Quellcomputer und dem Sammlungscomputer in einer Eingabeaufforderung mit Administratorrechten (über das Kontextmenü der Startschaltfläche) den Befehl *Winrm quickconfig* aus. Im nächsten Schritt ist noch der Aufruf des Befehls *Wecutil qc* notwendig. Das Tool konfiguriert das Weiterleiten von Ereignissen über das Netzwerk zu einem Sammlungscomputer.

Anmeldungen im Netzwerk überwachen

Mit dem Befehlszeilentool LogonSessions von Sysinternals (*http://tinyurl.com/jljqq8x*) zeigen Sie alle angemeldeten Sitzungen auf einem Computer an. Geben Sie den Befehl ohne Optionen ein, reicht unter Umständen der Puffer der Eingabeaufforderung nicht aus, da zu viele Informationen enthalten sind. Verwenden Sie in diesem Fall die Option *Logonsessions | more* oder vergrößern Sie den Puffer der Eingabeaufforderung über ihre Eigenschaften. Alternativ lassen Sie die Ausgabe über die Option > *logon.txt* in eine Datei umleiten.

Mithilfe dieses Programms erhalten Sie sehr schnell ausführliche Informationen, welche Sitzungen gerade auf dem Computer geöffnet sind. Verwenden Sie zusätzlich noch die Option *-p*, zeigt das Tool auch die geöffneten Prozesse der einzelnen Sitzungen und damit der angemeldeten Benutzer an.

So können Sie effizient überwachen, wer auf einem Server angemeldet ist und mit welchen Applikationen der Anwender arbeitet. Neben den angemeldeten Benutzern zeigt das Tool auch die Systemkonten an. Außer auf Terminalservern ist das Tool hervorragend in Active Directory-Umgebungen einsetzbar.

Active Directory bereinigen und Domänencontroller entfernen

In manchen Fällen ist der Aufwand einer Fehlerbehebung derart hoch, dass es einfacher und schneller ist, den betroffenen Domänencontroller neu zu installieren und wieder in Active Directory zu integrieren. Durch die erneute Integration erhält der Domänencontroller wieder die Daten von den anderen Domänencontrollern der Domäne. Wenn Sie einen Domänencontroller aus dem Active Directory entfernen müssen, gibt es grundsätzlich folgende Möglichkeiten:

1. Der Domänencontroller soll zu einem Mitgliedsserver heruntergestuft werden, wenn zum Beispiel auf einem Server Exchange und Domänencontroller zusammen Probleme bereiten, aber der Server noch mit Active Directory verbunden ist.
2. Der Domänencontroller läuft zwar noch und verwaltet installierte Applikationen, hat aber seine Verbindung zu Active Directory verloren. Er soll heruntergestuft werden, ohne eine Verbindung mit Active Directory zu haben oder neu installiert zu werden. Active Directory muss dazu nachträglich bereinigt werden.
3. Der Domänencontroller ist komplett ausgefallen und funktioniert nicht mehr. Active Directory muss mitgeteilt werden, dass der Domänencontroller nicht mehr verfügbar ist.

Auf den folgenden Seiten sind die Abläufe der einzelnen Möglichkeiten beschrieben, um einen Domänencontroller aus dem Active Directory zu entfernen.

Entfernen eines Domänencontrollers vorbereiten

Wird ein Domänencontroller aus Active Directory entfernt, sollten Sie einige Vorbereitungen treffen, damit die Anwender durch dessen Ausfall nicht betroffen sind:

- Stellen Sie sicher, dass der Domänencontroller nicht als bevorzugter oder alternativer DNS-Server von einem anderen Rechner der Domäne verwendet wird (auch nicht als DNS-Weiterleitungsserver).
- Übertragen Sie alle FSMO-Rollen auf andere Domänencontroller. Wir haben diese Vorgänge in Kapitel 10 beschrieben.
- Entfernen Sie – falls möglich – vor der Herabstufung DNS von diesem Domänencontroller. Haben Sie DNS entfernt, überzeugen Sie sich, dass auf einem anderen DNS-Server in den Eigenschaften der DNS-Zone der Server auf der Registerkarte *Namenserver* nicht mehr aufgeführt wird. Entfernen Sie aber nicht den Hosteintrag des Servers, da dieser für die Herabstufung noch benötigt wird.
- Stellen Sie sicher, dass der Domänencontroller nicht an irgendeiner Stelle als Domänencontroller explizit eingetragen ist, zum Beispiel auf einem Linux-Server oder einem Exchange-Server.

- Entfernen Sie alle von Active Directory abhängigen Dienste wie VPN, Zertifizierungsstelle oder andere Programme, die nach der Herabstufung nicht mehr funktionieren werden.
- Wenn es sich bei diesem Server um einen globalen Katalog handelt, konfigurieren Sie einen anderen Server als globalen Katalog und entfernen Sie im Snap-In *Active Directory-Standorte- und -Dienste* unter *Sites/<Standort des Servers>/<Servername>/Eigenschaften der NTDS-Settings* das Häkchen bei *Globaler Katalog*.

Den Domänencontroller herabstufen

Um einen Domänencontroller herabzustufen, verwenden Sie am besten die PowerShell und das Cmdlet *Uninstall-ADDSDomainController*. Sie müssen noch das lokale Kennwort des Administrators über den Befehl festlegen. Dieses Kennwort müssen Sie als SecureString in der PowerShell definieren. Die Syntax dazu lautet:

Uninstall-ADDSDomainController -LocalAdministratorPassword (Read-Host -Prompt "Kennwort" -AsSecureString)

Mit *Get-Help Uninstall-ADDSDomainController* erhalten Sie weitere Informationen zu dem Befehl.

Wenn es sich bei dem herabzustufenden Domänencontroller um einen globalen Katalog handelt, werden Sie darüber mit einer Meldung informiert. Mit der Option *-LastDomainControllerInDomain* können Sie festlegen, ob es sich bei diesem Domänencontroller um den letzten seiner Domäne handelt.

In diesem Fall würde nicht nur der Domänencontroller aus der Gesamtstruktur entfernt, sondern die ganze Domäne. Haben Sie Ihre Auswahl getroffen, beginnt der Assistent mit der Herabstufung des Domänencontrollers.

Sobald Active Directory vom Server entfernt wurde, können Sie diesen neu starten. Nach der Herabstufung eines Domänencontrollers wird dieser als Mitgliedsserver in die Domäne aufgenommen. Wenn auf dem Server Applikationen installiert waren, zum Beispiel Exchange, stehen diese nach dem Neustart weiterhin zur Verfügung.

Hinweis Auch wenn ein herabgestufter Domänencontroller im Anschluss noch als Mitgliedsserver verwendet werden kann, sollten Sie sicherheitshalber das Computerkonto aus der Domäne entfernen und das Betriebssystem neu auf dem Server installieren, um Altlasten zu entsorgen.

Auch den Servernamen sollten Sie ändern, wenn aus ihm hervorgeht, dass es sich um einen Domänencontroller gehandelt hat.

Wenn Sie einen Domänencontroller, der die Verbindung mit dem Active Directory verloren hat, nicht neu installieren wollen, können Sie Active Directory trotz fehlender Verbindung entfernen. Verwenden Sie in diesem Fall beim Aufruf des Cmdlets *Uninstall-ADDSDomainController* zusätzlich noch die Option *-Force*.

Nach der erzwungenen Entfernung von Active Directory ist der Domänencontroller allerdings kein Mitgliedsserver mehr, sondern ein alleinstehender Server. Sie können sich daher an diesem Server nicht mehr bei der Domäne anmelden.

Kapitel 15: Active Directory – Fehlerbehebung und Diagnose

Hinweis   Mehr zur Herabstufung eines Domänencontrollers und das Entfernen von Active Directory von einem Server lesen Sie in Kapitel 11.

Die Metadaten von Active Directory bereinigen

Die Metadaten von Active Directory enthalten alle Einträge und Servernamen, die zu Active Directory gehören. Wenn ein Domänencontroller ausfällt oder erzwungen aus dem Active Directory entfernt wird, sollten die Metadaten nachträglich bereinigt werden.

Für diese Bereinigung benötigen Sie wiederum das Befehlszeilentool Ntdsutil, das Sie bereits beim Verschieben der FSMO-Rollen kennengelernt haben (siehe Kapitel 10). Wenn Sie das Computerobjekt eines Domänencontrollers aus der OU *Domain Controller* entfernen, bereinigen die verbliebenen Domänencontroller ebenfalls das Active Directory. Es ist aber sicherer, wenn Sie die Metadaten zumindest überprüfen und Reste der alten Domänencontroller entfernen. Um die Metadaten von Active Directory zu bereinigen, starten Sie zunächst Ntdsutil in der Eingabeaufforderung. Gehen Sie wie in den folgenden Schritten beschrieben vor:

1. Geben Sie nach dem Start von Ntdsutil den Befehl *Metadata cleanup* ein.
2. Geben Sie im Anschluss daran *Connections* ein.
3. Geben Sie den Befehl *Connect to server <Domänencontroller>* ein. Verwenden Sie am besten einen globalen Katalog und führen Sie diese Maßnahmen in einer Terminalsitzung auf dem Server aus.
4. Geben Sie dann einmal den Befehl *Quit* ein, um wieder zum Menü *metadata cleanup* zurückzukehren.
5. Als Nächstes geben Sie *Select operation target* ein.
6. Es folgt der Befehl *List domains*. Damit werden alle Domänen der Gesamtstruktur angezeigt.
7. Geben Sie danach den Befehl *Select domain <Nummer der Domäne>* ein. Wählen Sie als Nummer die Domäne aus, von der Sie den Domänencontroller entfernen wollen.
8. Geben Sie als Nächstes *List sites* ein. Daraufhin werden alle Standorte der Gesamtstruktur angezeigt.
9. Wählen Sie den Standort aus, von dem Sie einen Domänencontroller entfernen wollen. Verwenden Sie dazu den Befehl *Select site <Nummer des Standorts>*.
10. Nachdem Sie den Standort ausgewählt haben, geben Sie den Befehl *List servers in site* ein. Es werden alle Server in diesem Standort angezeigt.
11. Dann müssen Sie mit *Select server <Nummer des Servers>* den Server angeben, den Sie aus Active Directory entfernen wollen.
12. Nachdem Sie den Server ausgewählt haben, geben Sie *Quit* ein, damit Sie wieder zum Menü *metadata cleanup* gelangen.
13. Geben Sie nun den Befehl *Remove selected server* ein. Es folgt eine Warnmeldung, in der Sie das Entfernen des Servers bestätigen müssen. Nach der Bestätigung dieser Meldung wird der Server aus Active Directory entfernt.

Active Directory bereinigen und Domänencontroller entfernen

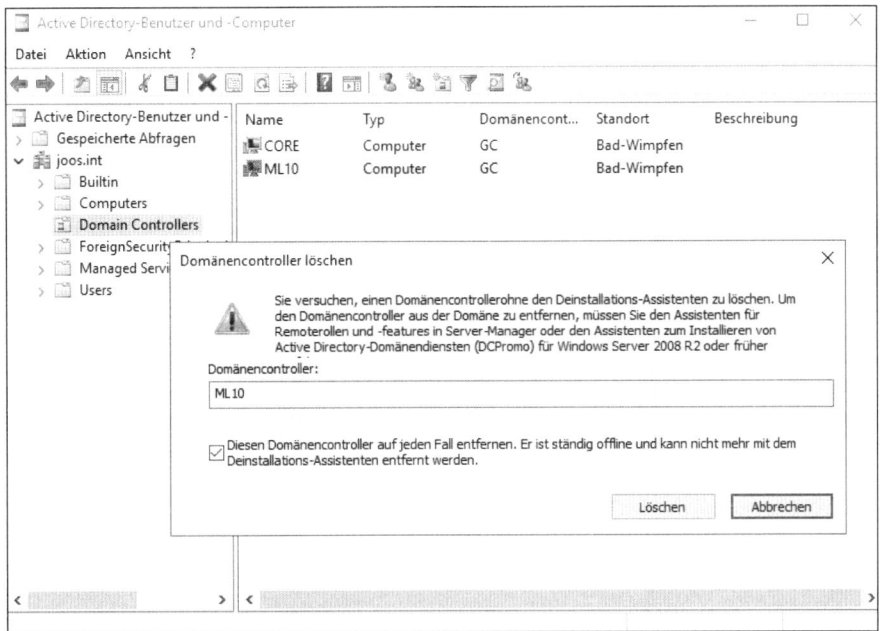

Abbildung 15.4: Einen Domänencontroller aus Active Directory entfernen

14. In Ntdsutil werden die einzelnen Vorgänge beim Entfernen des Servers angezeigt.
15. Im Anschluss können Sie Ntdsutil mit *Quit* beenden. Die Active Directory-Metadaten sind bereinigt.

Nachdem die Metadaten von Active Directory bereinigt wurden, sollten Sie noch die Einträge im DNS bereinigen. Entfernen Sie alle SRV-Records, in denen noch der alte Server steht, aus der DNS-Zone der Domäne. Gehen Sie bei der Entfernung vorsichtig vor und löschen Sie keine Daten von anderen Domänencontrollern. Entfernen Sie auch alle Hosteinträge des Servers.

In allen Einstellungen und Einträgen auf dem DNS-Server und in der DNS-Zone sollte der Server entfernt sein. Nachdem Sie alle DNS-Einträge aus der Zone entfernt haben, können Sie das Computerkonto des Servers löschen, falls dies noch nicht geschehen ist. Löschen Sie das Konto aus der OU *Domain Controllers* im Snap-In *Active Directory-Benutzer und -Computer*. Im nächsten Schritt müssen Sie den Domänencontroller noch aus dem Standort löschen, dem er zugeordnet war. Verwenden Sie dazu das Snap-In *Active Directory-Standorte und -Dienste*.

Navigieren Sie dafür zum Standort des Domänencontrollers, wählen Sie im zugehörigen Kontextmenü den Befehl *Löschen* aus oder drücken Sie die Entf-Taste. Der Server sollte sich ohne Probleme löschen lassen. Überprüfen Sie als Nächstes in den NTDS-Settings jedes Domänencontrollers in Active Directory, ob der Domänencontroller noch als Replikationspartner eingetragen ist, und entfernen Sie in diesem Fall die Verbindung. Der Server sollte sich mit keinem anderen Domänencontroller mehr replizieren.

Zusammenfassung

In diesem Kapitel haben wir Ihnen ausführlich gezeigt, wie Sie Fehler in Active Directory beheben und Ihre Domänen hinsichtlich ihrer Funktionalität überprüfen können. Neben der Fehlersuche sollten Sie die in diesem Kapitel aufgeführten Tools auch zur Diagnose der Domänencontroller einsetzen.

Im nächsten Kapitel erfahren Sie, wie sich Active Directory sichern und wiederherstellen lässt.

Kapitel 16
Active Directory – Sicherung, Wiederherstellung und Wartung

In diesem Kapitel:
Active Directory sichern und wiederherstellen 438
Active Directory-Datenbank warten 441
Zusammenfassung. 444

In diesem Kapitel zeigen wir Ihnen, wie Sie die Active Directory-Datenbank sichern, wiederherstellen und warten. Wollen Sie einzelne Objekte wiederherstellen, verwenden Sie den Active Directory-Papierkorb und das Active Directory-Verwaltungscenter (siehe Kapitel 11 und 12). Active Directory ist, wie die Exchange-Datenbank, eine Jet-basierte Datenbank. Die Datenbank liegt in Form der Datei *ntds.dit* auf jedem Domänencontroller im Ordner *\Windows\NTDS*. Für die Datensicherung und anschließende Wiederherstellung reicht es jedoch nicht aus, nur diese Datei zu sichern. Es sind einige Maßnahmen notwendig, die bei der Sicherung und einer eventuell notwendigen Wiederherstellung benötigt werden.

Die Sicherung von Active Directory erfolgt zusammen mit der Sicherung von anderen wichtigen Systemkomponenten eines Servers. Bei dieser Sicherung, die auch durch das Windows-eigene Datensicherungsprogramm durchgeführt werden kann, werden alle zusammenhängenden Daten, die Active Directory benötigt, ebenfalls gesichert. Sie sollten mit Ihrem Datensicherungsprogramm regelmäßig eine Datensicherung von Active Directory durchführen. Alternativ kann die Active Directory-Datensicherung durch das

Windows-Datensicherungsprogramm in eine Datei erfolgen, die dann wiederum durch die Datensicherung auf eine CD/DVD oder über das Netzwerk gesichert wird.

In Kapitel 11 sind wir bereits auf wichtige Zusatztools eingegangen, mit denen Objekte in Active Directory wiederhergestellt werden können, falls diese versehentlich gelöscht wurden. Wird die Systempartition eines Domänencontrollers gesichert, enthält diese Sicherung zusätzlich noch den Boot Configuration Data Store (BCD-Store), die kompletten Windows-Systemdateien mit der Registry, den Inhalt des *SYSVOL*-Ordners, die Active Directory-Datenbank (*ntds.dit*) sowie die Logdateien von Active Directory. Auch wenn bei der Sicherung alle Daten gesichert werden, gibt es weiterhin verschiedene Möglichkeiten der Wiederherstellung: Es kann der komplette Server wiederhergestellt werden, der Systemstatus kann wiederhergestellt werden, aber auch einzelne Dateien und Ordner können aus der Sicherung wieder zurückgespielt werden. Um den Systemstatus zurückzusichern, muss unter Windows Server 2016 der Domänencontroller im Verzeichnisdienst-Wiederherstellungsmodus gestartet werden.

Active Directory sichern und wiederherstellen

In diesem Abschnitt zeigen wir Ihnen die notwendigen Schritte, um eine Datensicherung von Active Directory auf einem Domänencontroller wiederherzustellen. Die hier beschriebene Sicherung lässt sich manuell durchführen, es kann aber auch ein Zeitplan erstellt werden. Mehr zum Thema Datensicherung erfahren Sie in den Kapiteln 8, 35 und 36.

Active Directory mit der Windows Server-Sicherung sichern

Rufen Sie zunächst die Windows Server-Sicherung auf und starten Sie den Assistenten für eine Einmalsicherung oder mit einem Sicherungszeitplan. Wählen Sie bei der Option der Sicherung *Benutzerdefiniert* aus.

Hinweis	Die Windows Server-Sicherung ist standardmäßig nicht installiert. Sie müssen das Feature über den Server-Manager nachinstallieren (siehe Kapitel 4). Das Verwaltungsprogramm zur Sicherung finden Sie nach der Installation des Windows-Features über das Menü *Tools* im Server-Manager.

Es besteht auch die Möglichkeit, die Option *Vollständig* für die Sicherung des Servers auszuwählen. In diesem Fall wird neben der Datensicherung von Active Directory der komplette Server mit allen vorhandenen Festplatten und Partitionen gesichert. Generell ist das der empfohlene Weg, wenn Sie sicherstellen wollen, dass im Notfall der komplette Server wiederhergestellt werden kann.

Auf der nächsten Seite wählen Sie über *Elemente hinzufügen* aus, welche Elemente gesichert werden sollen. Aktivieren Sie die Optionen *Systemstatus* und *System-reserviert*, damit notwendige Daten zur Wiederherstellung von Active Directory mitgesichert werden. Bei einem UEFI-System müssen Sie noch *Bare-Metal-Recovery* mit auswählen.

Active Directory sichern und wiederherstellen

Abbildung 16.1: Die zu sichernden Elemente auswählen

Auf der nächsten Seite wählen Sie aus, wo die Daten im Netzwerk gesichert werden sollen. Die Sicherungsdateien der Datensicherung können nicht auf derselben Partition gespeichert werden, die gesichert wird.

Durch Aktivierung der Option *VSS-Kopiesicherung* in den erweiterten Einstellungen nutzt das Sicherungsprogramm den Volumeschattenkopie-Dienst (Volume Shadow Copy Service, VSS). Nach der Bestätigung der restlichen Eingaben beginnt der Assistent mit der Sicherung.

Tipp Das Sicherungsprogramm ermöglicht es, die Datensicherung über die Eingabeaufforderung zu konfigurieren. Das kann zum Beispiel sinnvoll sein, wenn die Sicherung über ein Skript oder unter Server Core durchgeführt werden soll. Mit dem folgenden Befehl wird die Sicherung der notwendigen Partitionen auf die Zielfestplatte durchgeführt:

Wbadmin start backup -allcritical -backuptarget:<Zielfestplatte> -quiet

Durch Angabe der Option *-quiet* ist keine weitere Bestätigung erforderlich, sondern die Sicherung beginnt sofort.

Mit dem folgenden Befehl werden alle hinterlegten Partitionen in die Sicherung einbezogen:

Wbadmin start backup -include:<Partition1>:,<Partition2>:,<PartitionN> -backuptarget:<Zielfestplatte>: -quiet

Die Partitionen werden durch Komma ohne Leerzeichen voneinander getrennt.

Active Directory aus der Datensicherung wiederherstellen

Um eine Wiederherstellung durchzuführen, starten Sie zunächst den Domänencontroller neu und drücken direkt nach dem Start die Taste [F8], bis das Bootmenü erscheint. Achten Sie aber darauf, dass sich die Datei, die die Datensicherung enthält, lokal auf dem Server befindet, da diese zur Wiederherstellung benötigt wird.

Wählen Sie in den Bootoptionen den Menüpunkt *Verzeichnisdienstwiederherstellung* aus und lassen Sie Windows neu starten. Melden Sie sich bei der Anmeldung mit dem Kennwort des Verzeichnisdienst-Wiederherstellungsmodus an. Nachdem Sie sich angemeldet haben, können Sie die Wiederherstellung durchführen.

Tipp   Soll ein Domänencontroller beim nächsten Start mit dem Verzeichnisdienst-Wiederstellungsmodus gestartet werden, geben Sie den Befehl *Bcdedit /set safeboot dsrepair* ein. Befindet sich der Server im Verzeichnisdienst-Wiederherstellungsmodus, wird mit dem Befehl *Bcdedit /deletevalue safeboot* beim nächsten Mal wieder normal gestartet.

So ersparen Sie sich das Drücken der Taste [F8], wenn Sie sich zum Beispiel nicht direkt an der Konsole befinden. Mit dem Befehl *Shutdown t 0 -r* wird der Server dann neu in dem jeweilig konfigurierten Modus gestartet.

Beachten Sie, dass ein Domänencontroller den Anwendern nicht zur Verfügung steht, während er sich im Verzeichnisdienst-Wiederherstellungsmodus befindet. Sie sollten daher dafür sorgen, dass noch andere Domänencontroller zur Verfügung stehen, bei denen sich die Anwender anmelden können. Achten Sie darauf, dass am Domänencontroller keine Anmeldung an der Domäne möglich ist. Die Anmeldung erfolgt über die Schaltfläche *Anderer Benutzer*. Als Benutzername wird *Administrator* verwendet und das Kennwort für den Verzeichnisdienst-Wiederherstellungsmodus.

Sie müssen sicherstellen, dass der Server, auf dem Sie die Active Directory-Daten wiederherstellen wollen, wieder funktioniert. Das Betriebssystem muss in der gleichen Version wie vor dem Ausfall installiert sein. Auch der Name des Servers und die Festplattenkonfiguration müssen identisch sein. Nachdem Sie diese Vorbedingungen erfüllt haben, können Sie den Server im Verzeichnisdienst-Wiederherstellungsmodus starten. Da das Betriebssystem auf dem Server neu installiert wurde, lässt sich dieser Vorgang problemlos durchführen. Nachdem Sie den Server im Verzeichnisdienst-Wiederherstellungsmodus gestartet haben, führen Sie, wie weiter vorne beschrieben, eine nicht autorisierende Wiederherstellung durch, um sicherzustellen, dass alle Daten auf den Server zurückgespielt wurden. Starten Sie nach dem Wiederherstellungsvorgang den Server normal durch und stellen Sie wie bei der nicht autorisierenden Wiederherstellung fest, ob er wieder normal in Active Directory funktioniert.

Wenn ein Domänencontroller einer Domäne ausfällt, werden Sie in den wenigsten Fällen den Weg einer nicht autorisierenden Wiederherstellung gehen müssen. Die einzige Ausnahme wäre, wenn sich der Server der Domäne in einer Niederlassung befindet, die nur durch eine schmalbandige Leitung mit der Domäne in der Zentrale verbunden ist. Wenn Sie einen Domänencontroller einer Niederlassung wiederherstellen wollen, ist der beste Weg, ihn neu zu installieren und wieder in die Domäne als zusätzlichen Domänencontroller mit aufnehmen (siehe Kapitel 13). In diesem Fall erhält der Domänencontroller alle Funktionen und Daten von Active Directory zurück. Wenn Sie einen ausgefallenen Domänencontroller wiederherstellen möchten, ohne dass ein Backup benötigt wird, gehen Sie folgendermaßen vor:

1. Stellen Sie zunächst sicher, dass ein weiterer Domänencontroller in der Domäne und dem Standort verfügbar ist. Ohne einen weiteren Domänencontroller der Domäne ist die Wiederherstellung eines Domänencontrollers nicht möglich.
2. Bereinigen Sie zunächst Active Directory von den alten Daten des Domänencontrollers, wie in Kapitel 15 beschrieben.
3. Stellen Sie sicher, dass der noch vorhandene Domänencontroller alle FSMO-Rollen von dem ausgefallenen Domänencontroller übernommen hat (siehe die Kapitel 10 und 11).
4. Konfigurieren Sie den noch vorhandenen Domänencontroller als globalen Katalogserver, falls außer dem ausgefallenen Server kein anderer Domänencontroller dieser Niederlassung ein globaler Katalogserver ist (siehe Kapitel 10).
5. Stellen Sie sicher, dass die Bereinigung von Active Directory in alle Niederlassungen repliziert wurde (siehe die Kapitel 14 und 15).
6. Installieren Sie den ausgefallenen Domänencontroller neu mit Windows Server 2016 und allen Patches (siehe die Kapitel 2 und 3).
7. Installieren Sie auf dem Server auch die DNS-Funktionalität, falls diese vorher auf diesem Server installiert war (siehe die Kapitel 10 und 11).
8. Geben Sie dem Server den gleichen Netzwerknamen wie vor dem Ausfall und stellen Sie in den Netzwerkeinstellungen ein, dass ein in der Domäne verfügbarer DNS-Server verwendet wird (siehe Kapitel 5).
9. Rufen Sie den Assistenten für die Erstellung von Active Directory auf (siehe die Kapitel 10 und 13).
10. Nachdem der Server erfolgreich als Domänencontroller installiert wurde, können Sie die Rollen, die er vor dem Ausfall hatte, auf ihn zurückschieben (siehe Kapitel 10). Die Active Directory-Daten werden automatisch auf ihn repliziert.

Der Weg, einen Domänencontroller einfach neu in die Domäne aufzunehmen, anstatt eine Datensicherung zu verwenden, ist oft schneller und sauberer. Achten Sie jedoch unbedingt darauf, vor der erneuten Aufnahme in eine Domäne die Metadaten von Active Directory zu bereinigen, damit keine veralteten Daten in Active Directory die erneute Heraufstufung des Domänencontrollers verhindern (siehe Kapitel 15).

Active Directory-Datenbank warten

Mit dem Zusatztool Ntdsutil können auch verschiedene Wartungsmaßnahmen mit der Active Directory-Datenbank durchgeführt werden. Diese beschreiben wir in diesem Abschnitt.

Die Active Directory-Datenbank verschieben

Unter manchen Umständen, wenn zum Beispiel der Festplattenplatz auf dem Server nicht mehr ausreicht oder wenn der Domänencontroller an ein hochsicheres SAN angeschlossen ist, kann es sinnvoll sein, den Datenordner von Active Directory auf einen anderen Datenträger zu verschieben. Damit Sie die Datenbank von Active Directory auf einem Domänencontroller verschieben können, müssen Sie den Server im Verzeichnisdienst-Wiederherstellungsmodus starten. Gehen Sie zum Verschieben folgendermaßen vor:

1. Starten Sie zunächst den Domänencontroller im Verzeichnisdienst-Wiederherstellungsmodus und melden Sie sich am Server an.
2. Starten Sie Ntdsutil und geben Sie anschließend den Befehl *Activate instance ntds* ein.
3. Geben Sie den Befehl *Files* ein.
4. Geben Sie den Befehl *Move db to <Laufwerk:\Ordner>* ein, um die Datenbank zu verschieben. Wenn der Name des neuen Ordners Leerzeichen enthält, setzen Sie die Bezeichnung in Anführungszeichen.
5. Nachdem Sie den Befehl bestätigt haben, läuft ein Skript ab, das die Datenbank in den gewünschten Ordner verschiebt.
6. Geben Sie nach dem erfolgreichen Verschieben der Datenbank den Befehl *Move logs to <Laufwerk:\Ordner>* ein, damit die Logdateien von Active Directory ebenfalls verschoben werden.
7. Geben Sie an dieser Stelle den Befehl *Integrity* ein, um die Konsistenz der Active Directory-Datenbank zu überprüfen.
8. Verlassen Sie Ntdsutil und überprüfen Sie, ob die Dateien im neuen Ordner angelegt wurden.
9. Stellen Sie sicher, dass die Dateiberechtigungen auf NTFS-Ebene für den neuen Ordner der Active Directory-Datenbank noch korrekt sind. Rufen Sie dazu die Eigenschaften des Ordners auf und wechseln Sie zur Registerkarte *Sicherheit*. In den Berechtigungen sollten die vier Gruppen *Administratoren*, *Ersteller-Besitzer*, *Lokaler Dienst* und *System* eingetragen sein.
10. Die beiden Gruppen *Administratoren* und *System* sollten Vollzugriff auf den Ordner haben. Bei den anderen Benutzergruppen sind keinerlei Berechtigungen eingetragen und keine Berechtigungen verweigert. Die Berechtigungen dürfen auch nicht von übergeordneten Ordnern vererbt werden, sondern sollten direkt in diesem Ordner gesetzt sein. Vererbte Berechtigungen werden abgeblendet angezeigt. Sollten die Berechtigungen bei Ihnen nicht exakt so gesetzt sein, ändern Sie sie entsprechend ab.

Die Active Directory-Datenbank offline defragmentieren

Bei der Active Directory-Datenbank handelt es sich, wie bei der Datenbank von Exchange, um eine Jet-basierte ESE-Datenbank. Die Active Directory-Datenbank wächst zwar nicht so stark wie die Datenbank eines Exchange-Servers an, aber dennoch kann es sinnvoll sein, sie zu defragmentieren. Vor allem in größeren Organisationen, bei denen die Active Directory-Datenbank durchaus mehrere Gigabyte groß werden kann, sollte zumindest jährlich eine Offlinedefragmentierung durchgeführt werden.

Bevor Sie eine Offlinedefragmentierung durchführen, sollten Sie eine Sicherung des Systemstatus Ihres Active Directory durchführen. Wie bei der Offlinedefragmentierung von Exchange wird zunächst die Datenbank kopiert, dann offline defragmentiert und anschließend zurückkopiert. Stellen Sie daher sicher, dass sich auf dem Datenträger, auf dem Sie die Offlinedefragmentierung durchführen, genügend Speicherplatz frei ist. Um eine Offlinedefragmentierung durchzuführen, gehen Sie folgendermaßen vor:

1. Starten Sie den Server im Verzeichnisdienst-Wiederherstellungsmodus.
2. Öffnen Sie eine Eingabeaufforderung und starten Sie Ntdsutil.

3. Geben Sie anschließend den Befehl *Activate instance ntds* ein.
4. Geben Sie den Befehl *Files* ein, um zum Menü *file maintenance* zu gelangen.
5. Geben Sie den Befehl *Compact to <Laufwerk:\Ordner>* ein. Wählen Sie als Verzeichnis einen beliebigen Ordner auf der Festplatte aus. Ntdsutil kopiert die Datenbankdatei in diesen Ordner und defragmentiert sie.
6. Wenn keine Fehlermeldungen während der Offlinedefragmentierung auftreten, können Sie die Datei *ntds.dit* aus dem Ordner, in den sie defragmentiert wurde, zurück in den Datenbankpfad der produktiven Datenbank kopieren. Diesen Vorgang führt Ntdsutil nicht automatisch aus, sondern Sie müssen die Datei manuell kopieren. Sichern Sie die alte Version der *ntds.dit*-Datei aus dem produktiven Datenbankordner. Verschieben Sie die defragmentierte Datei in den produktiven Ordner der Datenbank und überschreiben Sie die alte Version.
7. Geben Sie im Menü *file maintenance* von Ntdsutil den Befehl *Integrity* ein, um die Integrität der Datenbank festzustellen.
8. Wurde die Integrität der neuen Datenbank sichergestellt, können Sie den Domänencontroller ganz normal neu starten. Sollten Fehler auftreten, kopieren Sie die zuvor gesicherte Originalversion zurück und führen einen erneuten Integritätstest durch. Ist der Test diesmal erfolgreich abgeschlossen, führen Sie eine weitere Offlinedefragmentierung durch und starten den Test erneut. Sie sollten den Domänencontroller erst im normalen Modus starten, wenn sichergestellt ist, dass die Datenbank auch konsistent ist.

Tipp Da Active Directory als Systemdienst läuft, kann dieser für die Defragmentierung auch beendet werden. In diesem Fall muss der Server nicht im Verzeichnisdienst-Wiederherstellungsmodus gestartet werden, sodass andere Dienste auf dem Server weiter von den Anwendern verwendet werden können.

Die Active Directory-Datenbank reparieren

Unter manchen Umständen kann es vorkommen, dass die Active Directory-Datenbank nicht mehr funktioniert. Gehen Sie bei einem solchen Problem folgendermaßen vor:
1. Starten Sie den Server im Verzeichnisdienst-Wiederherstellungsmodus.
2. Öffnen Sie eine Eingabeaufforderung und starten Sie Ntdsutil.
3. Geben Sie anschließend den Befehl *Activate instance ntds* ein.
4. Geben Sie *Files* ein, um zum Menü *file maintenance* zu gelangen.
5. Geben Sie *Integrity* ein, um einen Integritätstest der Datenbank durchzuführen. Wenn dieser Test eine Fehlermeldung anzeigt, können Sie versuchen, die Datenbank über Ntdsutil zu retten.
6. Verlassen Sie mit *Quit* das Menü *file maintenance*, aber bleiben Sie in der Oberfläche von Ntdsutil.
7. Geben Sie den Befehl *Semantic database analysis* ein.
8. Geben Sie zunächst den Befehl *Verbose on* ein, damit Sie detaillierte Informationen erhalten.
9. Geben Sie als Nächstes den Befehl *Go fixup* ein.
10. Das Tool beginnt daraufhin mit der kompletten Diagnose der Active Directory-Datenbank und versucht, eine Reparatur durchzuführen.

11. Verlassen Sie im Anschluss Ntdsutil und starten Sie den Domänencontroller neu. Überprüfen Sie, ob die Active Directory-Datenbank wieder funktioniert. Sollten noch immer Schwierigkeiten auftreten, stellen Sie die Datenbank aus einer Datensicherung wieder her und überprüfen Sie im Anschluss, ob Active Directory bei diesem Stand noch konsistent war. Sie sollten so lange Backups zurückspielen, bis sichergestellt ist, dass die Datenbank wieder konsistent ist.

Snapshots der Active Directory-Datenbank erstellen

In Windows Server 2016 ist es möglich, einen Snapshot der Active Directory-Datenbank zu erstellen und bereitzustellen. Diese bereitgestellte Offlineversion der Datenbank kann dann ebenso bearbeitet werden wie die Onlineversion. Der Snapshot wird als Schattenkopie der Datenbank erstellt. Die Bereitstellung der Active Directory-Datenbank wird durch das Tool Dsamain durchgeführt.

Die Erstellung von Snapshots wird wiederum mit dem Befehl *Snapshot* in Ntdsutil gestartet. Auf den Snapshot kann mit beliebigen LDAP-Tools wie zum Beispiel Ldp oder dem Snap-In *Active Directory-Benutzer und -Computer* zugegriffen werden. Snapshots dürfen nur von Domänen-Admins und Organisations-Admins erstellt werden.

Um einen Snapshot bereitzustellen, muss nicht unbedingt ein solcher mit Ntdsutil erstellt werden. Auch eine Datensicherung von Active Directory kann bereitgestellt werden. Der beste und schnellste Weg, einen Snapshot zu erstellen, ist folgender:

1. Öffnen Sie eine Eingabeaufforderung und starten Sie Ntdsutil.
2. Geben Sie *Snapshot* ein.
3. Geben Sie den Befehl *Activate instance ntds* ein.
4. Geben Sie *Create* ein. Der Snapshot wird anschließend erstellt und seine GUID angezeigt.
5. Geben Sie den Befehl *Mount <GUID des Snapshots>* ein. Mit *List mounted* werden alle gemounteten Snapshots angezeigt. Mit *Unmount <GUID>* wird die Bereitstellung wieder aufgehoben und mit *Delete <GUID>* der Snapshot wieder gelöscht.

Tipp Per Skript oder als geplante Aufgabe wird ein Snapshot auch durch die Eingabe des Befehls *Ntdsutil "activate instance ntds" snapshot create quit quit* erstellt.

Mit dem Befehl *Dsamain /dbpath <Pfad zur Datenbankdatei> /ldapport <Port>* kann eine Offlinekopie der Active Directory-Datenbank auch als LDAP-Server bereitgestellt werden. Anschließend kann auf diese Offlinekopie wie auf jeden LDAP-Server zugegriffen werden.

Zusammenfassung

Wir haben Ihnen in diesem Kapitel gezeigt, wie Sie die Active Directory-Daten sichern und wiederherstellen. Im Gegensatz zum Active Directory-Papierkorb, der in Kapitel 12 vorgestellt wurde, haben wir in diesem Kapitel erläutert, wie Sie Daten mit der Windows Server-Sicherung sichern und später wiederherstellen. Und auch die Pflege der Datenbank, zum Beispiel die Offlinedefragmentierung, war Thema dieses Kapitels.

Im nächsten Kapitel gehen wir auf die Erstellung von Vertrauensstellungen für Active Directory ein.

Kapitel 17
Active Directory – Vertrauensstellungen einrichten

In diesem Kapitel:

Wichtige Grundlagen zu Vertrauensstellungen in Active Directory	445
Varianten der Vertrauensstellungen in Active Directory	448
Eine Vertrauensstellung einrichten	448
SID-Filterung automatisch aktivieren	451
Zusammenfassung	452

In Active Directory spielen Vertrauensstellungen eine wichtige Rolle. In einer Gesamtstruktur werden bei der Erstellung von Domänen automatisch Vertrauensstellungen zwischen Domänen und Strukturen eingerichtet. Diese Vertrauensstellungen sind transitiv. Wenn Sie in Windows Server 2016 eine Vertrauensstellung zwischen den Domänen A und B sowie zwischen B und C einrichten, dann vertraut auch Domäne A der Domäne C oder umgekehrt die Domäne C der Domäne A.

Wichtige Grundlagen zu Vertrauensstellungen in Active Directory

Durch Domänen, untergeordnete Domänen und Strukturen gibt es die Möglichkeit, fast unbegrenzt Domänen anbinden zu können, die sich automatisch untereinander vertrauen. In Active Directory vertraut jede Domäne jeder anderen Domäne, die Bestandteil der glei-

Kapitel 17: Active Directory – Vertrauensstellungen einrichten

chen Gesamtstruktur ist. Es ist nicht mehr notwendig, zahlreiche manuelle Vertrauensstellungen einzurichten.

Abbildung 17.1: Transitive Vertrauensstellungen unter Windows Server 2016 in Active Directory

Administratoren müssen keinerlei Maßnahmen durchführen, damit sich Domänen in einer Gesamtstruktur untereinander vertrauen. In einer Gesamtstruktur werden jedoch nicht automatisch Vertrauensstellungen zwischen allen Domänen eingerichtet, sondern es wird ein gewisses Schema beibehalten:

- Vertrauensstellungen zwischen übergeordneten und untergeordneten Domänen werden immer automatisch eingerichtet. Dieser Typ wird *Untergeordnete Vertrauensstellung* genannt.

- Zusätzlich werden noch Vertrauensstellungen zwischen den Rootdomänen der einzelnen Strukturen eingerichtet. Es gibt jedoch keine Vertrauensstellungen zwischen den Domänen verschiedener Strukturen. Diese vertrauen sich auf Basis der transitiven Vertrauensstellungen. Der Zugriff auf die Ressourcen wird zwischen Domänen durch transitive Vertrauensstellungen ermöglicht, nicht durch die direkte Verbindung zwischen den Domänen. Die Vertrauensstellungen zwischen den Rootdomänen der verschiedenen Strukturen werden *Strukturstamm-Vertrauensstellungen* genannt.

Die Verwaltung der Vertrauensstellungen findet mithilfe des Snap-Ins *Active Directory-Domänen und -Vertrauensstellungen* statt. Wenn Sie in diesem Snap-In die Eigenschaften einer Domäne aufrufen, finden Sie auf der Registerkarte *Vertrauensstellungen* alle ein- und ausgehenden Vertrauensstellungen dieser Domäne und die dazugehörigen Informationen.

Außer den automatisch eingerichteten Vertrauensstellungen können Sie zusätzlich manuelle Vertrauensstellungen einrichten. Für viele Administratoren ist die Richtung der Ver-

Wichtige Grundlagen zu Vertrauensstellungen in Active Directory

trauensstellungen noch immer gewöhnungsbedürftig, da die einzelnen Begriffe teilweise etwas verwirrend sind. Generell gibt es in Active Directory zunächst zwei verschiedene Arten von Vertrauensstellungen: unidirektionale und bidirektionale. Bei unidirektionalen Vertrauensstellungen vertraut eine Domäne der anderen, aber nicht umgekehrt. Das heißt, die Benutzer der Domäne 1 können zwar auf Ressourcen der Domäne 2 zugreifen, aber die Benutzer in der Domäne 2 nicht auf Ressourcen in der Domäne 1. Dieser Vorgang ist auch umgekehrt denkbar.

Abbildung 17.2: Vertrauensstellungen in Active Directory verstehen

Weitere Unterscheidungen der Vertrauensstellungen in Active Directory sind ausgehende und eingehende Vertrauensstellungen. Bei ausgehenden Vertrauensstellungen vertraut die Domäne 1 der Domäne 2. Das heißt, Anwender der Domäne 2 dürfen auf Ressourcen der Domäne 1 zugreifen.

Bei diesem Vorgang ist die Domäne, von der die Vertrauensstellung ausgeht, die vertrauende (trusting) Domäne. Bei der Domäne mit der eingehenden Vertrauensstellung handelt es sich um die vertraute (trusted) Domäne, in der die Benutzerkonten angelegt sind, die Berechtigungen in der vertrauenden Domäne haben.

Bevor eine Vertrauensstellung erstellt wird, prüft der Server die Eindeutigkeit in folgender Reihenfolge:

- Den NetBIOS-Namen der Domäne
- Den vollqualifizierten Domänennamen (Fully Qualified Domain Name, FQDN) der Domäne
- Die Sicherheits-ID (SID) der Domäne

Diese drei Punkte müssen eindeutig sein, da ansonsten keine Vertrauensstellung erstellt werden kann. Wenn die Domänen-SID identisch ist, muss eine der beiden Domänen erneut installiert werden. Diese Szenarien können eintreffen, wenn eine Domäne von der anderen geklont oder nach dem Installieren des Betriebssystems auf einem Server dieser geklont und anschließend Sysprep nicht angewendet wurde. Meist erhalten Sie in diesem Fall eine Fehlermeldung in der Art »Dieser Vorgang kann nicht auf der aktuellen Domäne ausgeführt werden«.

Varianten der Vertrauensstellungen in Active Directory

Neben den beschriebenen Vertrauensstellungen in Active Directory gibt es verschiedene Möglichkeiten, nachträglich manuelle Vertrauensstellungen einzurichten:

- Externe Vertrauensstellungen zu einer anderen Struktur oder Domäne
- Gesamtstrukturübergreifende Vertrauensstellungen, um die Rootdomänen von zwei unterschiedlichen Gesamtstrukturen zu verbinden. Alle Domänen der beiden Gesamtstrukturen vertrauen sich anschließend automatisch transitiv.
- Vertrauensstellungen zu einem Nicht-Windows-Kerberos-System

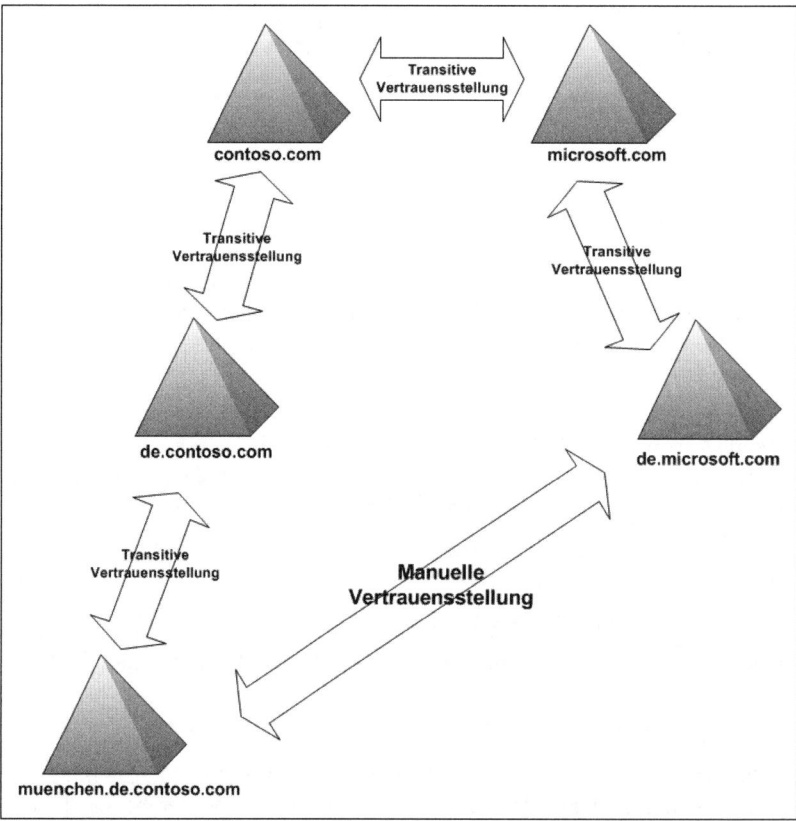

Abbildung 17.3: Pfad der Vertrauensstellungen mit mehreren Domänenstrukturen in einer Gesamtstruktur

- Vertrauensstellungen zwischen untergeordneten Domänen verschiedener Strukturen, sogenannte Shortcut Trusts oder abkürzende Vertrauensstellungen, sind ebenfalls möglich. Diese Art der Vertrauensstellung wird häufig verwendet, um den Zugriff auf Ressourcen zwischen Domänen zu beschleunigen. In Active Directory vertrauen sich alle Domänen innerhalb einer Struktur untereinander. Diese Einrichtung der transitiven Vertrauensstellungen erfolgt automatisch. Es werden allerdings keine Vertrauensstellungen zwischen untergeordneten Domänen verschiedener Strukturen eingerichtet, sondern nur zwischen den Rootdomänen der einzelnen Strukturen. Wenn Anwender auf Daten verschiedener untergeordneter Domänen zugreifen wollen, muss die Authentifizierung daher immer den Weg bis zur Rootdomäne der eigenen Struktur gehen, dann zur Rootdomäne der anderen Struktur und schließlich zur entsprechenden untergeordneten Domäne. Diese Authentifizierung kann durchaus einige Zeit dauern.

Eine Vertrauensstellung einrichten

Wenn Sie eine Vertrauensstellung zu einer externen Domäne erstellen wollen, sollten Sie zunächst sicherstellen, dass die Namensauflösung zwischen den Domänen fehlerfrei funktioniert (siehe Kapitel 13). Erst wenn die Namensauflösung stabil und zuverlässig funktioniert, sollten Sie die Vertrauensstellung einrichten.

1. Um eine Vertrauensstellung einzurichten, rufen Sie im Snap-In *Active Directory-Domänen und Vertrauensstellungen* die Eigenschaften der Domäne auf, von der die Vertrauensstellung ausgehen soll.
2. Wechseln Sie in den Eigenschaften zur Registerkarte *Vertrauensstellungen*.
3. Klicken Sie auf die Schaltfläche *Neue Vertrauensstellung*. Es erscheint der Assistent zur Einrichtung neuer Vertrauensstellungen. Bestätigen Sie das Fenster und geben Sie auf der zweiten Seite den Namen der Domäne an, zu der Sie eine Vertrauensstellung einrichten wollen.
4. Wenn Sie eine Vertrauensstellung zu einer Active Directory-Domäne aufbauen wollen, verwenden Sie am besten den DNS-Namen. Wählen Sie als Nächstes die Art der Vertrauensstellung aus.

Abbildung 17.4: Art der Vertrauensstellung auswählen

Bei einer externen Vertrauensstellung kann eine uni- oder bidirektionale Vertrauensstellung zu einer einzelnen Domäne (in einer separaten Gesamtstruktur) eingerichtet werden. Diese Art einer Vertrauensstellung ist nie transitiv. Eine externe Vertrauensstellung kann

Kapitel 17: Active Directory – Vertrauensstellungen einrichten

notwendig sein, wenn Benutzer Zugriff auf Ressourcen einer anderen Domäne in einer anderen Gesamtstruktur brauchen und keine Gesamtstrukturvertrauensstellung besteht.

Dadurch wird eine explizite Vertrauensstellung nur zu dieser einen Domäne erstellt. Wenn diese Domäne weiteren Domänen vertraut, bleibt der Zugriff auf die weiteren Domänen verwehrt. Gesamtstrukturvertrauensstellungen haben den Vorteil, dass sie eine vollständige Kerberos-Integration zwischen Gesamtstrukturen bieten, und zwar bidirektional und transitiv.

Für die gesamtstrukturübergreifenden Vertrauensstellungen müssen einige Voraussetzungen geschaffen werden:

- Die Namensauflösung zwischen den Gesamtstrukturen muss funktionieren. Stellen Sie domänenspezifische Weiterleitungen her und überprüfen Sie, ob sich die Domänencontroller der beiden Gesamtstrukturen untereinander per DNS auflösen können (siehe Kapitel 13). Alternativ können Sie einen DNS-Server erstellen, der für die Zonen beider Gesamtstrukturen zuständig ist.

- Bei Gesamtstruktur-übergreifenden Vertrauensstellungen müssen Sie nur die beiden Rootdomänen der Gesamtstrukturen durch eine Vertrauensstellung verbinden. Dann vertrauen sich die Domänen der beiden Gesamtstrukturen transitiv, sodass Sie durch eine Vertrauensstellung mehrere Domänen miteinander verbinden können.

Nach der Auswahl der Art der Vertrauensstellung können Sie festlegen, ob Sie eine unidirektionale oder bidirektionale Vertrauensstellung aufbauen wollen:

- **Bidirektional** – In diesem Fall können sich die Anwender beider Domänen bei der jeweils anderen Domäne authentifizieren.

- **Unidirektional: eingehend** – Bei dieser Variante legen Sie fest, dass es sich bei dieser Domäne um die vertraute Domäne der Vertrauensstellung handelt. In diesem Fall können sich die Benutzer dieser Domäne bei der anderen Domäne authentifizieren.

- **Unidirektional: ausgehend** – Mit dieser Vertrauensstellung konfigurieren Sie, dass sich ausschließlich die Anwender der anderen Domäne bei dieser Domäne anmelden dürfen. Die Benutzer dieser Domäne können sich hingegen nicht bei der anderen Domäne anmelden.

Abbildung 17.5: Richtung von Vertrauensstellungen festlegen

Im nächsten Fenster können Sie bei *Gesamtstrukturvertrauensstellung* auswählen, ob Sie auch gleich die Vertrauensstellung in der anderen Domäne der anderen Gesamtstruktur erstellen wollen.

Im nächsten Fenster legen Sie den Bereich der Authentifizierung der Vertrauensstellung fest. Die meisten Administratoren verwenden hier die Option *Ausgewählte Authentifizierung* beziehungsweise bei einer Gesamtstrukturvertrauensstellung die Option *Gesamtstrukturweite Authentifizierung*. Dabei können die Anwender der anderen Domäne durch Gruppenmitgliedschaften oder direkte Berechtigungen Zugriff auf die Ressourcen dieser Domäne nehmen.

Wenn Sie die Variante *Ausgewählte Authentifizierung* auswählen, müssen Sie für jeden Server, auf den die Anwender der anderen Domäne zugreifen dürfen, in den Sicherheitseinstellungen die Option *Darf authentifizieren* aktivieren. Durch diese Einstellung erhöhen Sie zwar die Sicherheit auf der anderen Seite, aber auch den Verwaltungsaufwand für die Berechtigungsstruktur. Wenn Sie diese Option aktivieren, wird der Zugriff auf die einzelnen Server im Unternehmen für die Benutzer der anderen Domäne verweigert. Erst muss diese Verweigerung für jeden Server mit Aktivierung der Option *Darf authentifizieren* einzeln zurückgenommen werden. Im nächsten Fenster müssen Sie ein Kennwort für die Vertrauensstellung festlegen. Merken Sie sich dieses Kennwort, da Sie es unter Umständen später wieder für die Verifizierung verwenden müssen.

Hinweis Verbinden Sie zwei Gesamtstrukturen durch eine gesamtstrukturübergreifende Vertrauensstellung, sollten möglichst alle Domänennamen eindeutig sein. Sobald in den Gesamtstrukturen doppelte DNS- oder NetBIOS-Namen auftreten, können diese Domänen nicht auf Ressourcen der jeweils anderen Gesamtstruktur zugreifen.

Wählen Sie im nächsten Fenster aus, ob Sie die Vertrauensstellung überprüfen wollen. Falls die Einrichtung einer Vertrauensstellung nicht funktioniert, liegt es fast immer an Problemen mit der Namensauflösung oder entsprechenden Berechtigungen. Unter Umständen müssen Sie sich bei der Überprüfung der Vertrauensstellung erneut bei der anderen Domäne authentifizieren.

Wenn in Ihrer Gesamtstruktur mehrere Strukturen eingesetzt werden, können Sie in der gesamtstrukturübergreifenden Vertrauensstellung festlegen, welche Namensräume beziehungsweise Strukturen diese Vertrauensstellung nutzen kann. Sie können einzelne Namensräume aus dem Routing entfernen oder später über die Eigenschaften der Vertrauensstellung hinzufügen. Für die Verwaltung dieser verschiedenen Strukturen können Sie in den Eigenschaften der Vertrauensstellung die Registerkarte *Namensuffixrouting* verwenden.

SID-Filterung automatisch aktivieren

Der SID-Filter wird automatisch aktiviert, wenn eine Vertrauensstellung zu einer externen Domäne eingerichtet wird. Mit der SID-Filterung werden ausgehende Vertrauensstellungen gesichert. Dadurch soll verhindert werden, dass Administratoren in der vertrauten (trusted) Domäne unberechtigt Berechtigungen innerhalb der vertrauenden (trusting) Domäne vergeben.

Der SID-Filter stellt sicher, dass sich in der vertrauenden Domäne ausschließlich Benutzer aus der vertrauten Domäne authentifizieren dürfen, deren SID die Domänen-SID der vertrauten Domäne enthalten. Wenn die SID-Filterung deaktiviert ist, könnte ein außenstehender Benutzer, der Administratorrechte in der vertrauten Domäne besitzt, den Netzwerkverkehr der vertrauenden Domäne abhören und die SID eines Administrators auslesen. Im Anschluss kann er diese SID seiner eigenen SID-History anhängen. Durch diesen Vorgang würde also ein Administrator der vertrauten Domäne zu Administratorrechten in der vertrauenden Domäne gelangen. Durch die Aktivierung der SID-Filterung ist es allerdings auch möglich, dass die SID-History der Anwender ignoriert wird, die diese unter Umständen aus anderen Domänen durch eine Migration erhalten haben. In diesem Fall könnten Probleme bei der Authentifizierung von Ressourcen auftreten.

Der SID-Filter kann daher nicht immer eingesetzt werden. Wenn Sie für Ressourcen in der vertrauenden Domäne Berechtigungen für eine universale Gruppe aus Active Directory der vertrauten Domäne vergeben, müssen Sie zuvor sicherstellen, dass diese universale Gruppe auch in der vertrauten Domäne erstellt wurde, und nicht in einer anderen Domäne von Active Directory. Wurde die universale Gruppe nicht in der vertrauten Domäne erstellt, enthält sie nicht die SID dieser Domäne und darf durch die SID-Filterung nicht auf die Ressourcen in der vertrauenden Domäne zugreifen. Aus den genannten Gründen, vor allem bei Migrationen oder Vertrauensstellungen zu Domänen eines anderen Active Directory, kann es sinnvoll sein, die SID-Filterung zu deaktivieren.

Die Deaktivierung der SID-Filterung erfolgt über das Befehlszeilentool Netdom. Um die SID-Filterung zu deaktivieren, geben Sie in der Eingabeaufforderung den folgenden Befehl ein:

Netdom trust <Vertrauende Domäne> /domain:<Vertraute Domäne> /quarantine:no /userD:<Domänenadministrator> /passwordD:<Kennwort des Domänenadministrators>

Sie können die SID-Filterung wieder ganz einfach aktivieren, indem Sie die Option */quarantine* auf *yes* setzen, also mit dem Befehl:

Netdom trust <Vertrauende Domäne> /domain:<Vertraute Domäne> /quarantine:yes /userD:<Domänenadministrator> /passwordD: <Kennwort des Domänenadministrators>

Zusammenfassung

In diesem Kapitel haben wir Ihnen gezeigt, wie Sie Vertrauensstellungen innerhalb einer Active Directory-Gesamtstruktur einrichten, um die Leistung zu verbessern, aber auch Vertrauensstellungen zwischen Gesamtstrukturen einrichten, was vor allem bei Migrationen eine wichtige Rolle spielt.

Im nächsten Kapitel widmen wir uns der Benutzerverwaltung in Active Directory und der verschiedenen Möglichkeiten der Benutzerprofile.

Kapitel 18
Benutzer verwalten und Profile zuweisen

In diesem Kapitel:
Grundlagen der Benutzerverwaltung 454
Benutzerprofile nutzen 460
Gruppen verwalten 470
Benutzer in Windows Server 2016 Essentials verwalten 475
Zusammenfassung. 479

In diesem Kapitel erfahren Sie, wie Benutzer in Active Directory und auf lokalen Servern verwaltet werden. Außerdem gehen wir darauf ein, wie Sie Benutzerprofile in Active Directory und auf Clients mit Windows 7/8/8.1/10 verwalten. Außerdem erfahren Sie, wie Benutzer mit dem Active Directory-Verwaltungscenter administriert werden. Mehr dazu lesen Sie auch in den vorherigen Kapiteln.

Die Verwaltung von Benutzern einer Domäne findet in der Regel mit dem Snap-In *Active Directory-Benutzer und -Computer* statt. Lokale Benutzerkonten verwalten Sie über den lokalen Benutzer-Manager, den Sie über »lusrmgr.msc« im Suchfeld des Startmenüs aufrufen.

Grundlagen der Benutzerverwaltung

In Active Directory gibt es verschiedene Administratorengruppen, die über unterschiedliche Berechtigungen verfügen. Nur wenn ein Konto in allen wichtigen Administratorgruppen Mitglied ist, verfügt es über umfassende Rechte in Active Directory. Diese Gruppen befinden sich im Container *Users*. Im folgenden Abschnitt stellen wir diese Gruppen ausführlicher vor, damit Sie die Auswirkungen verstehen, wenn Sie einen Anwender als Mitglied einer dieser Gruppen aufnehmen.

- **Domänen-Admins** – Enthalten die Administratoren, die die lokale Domäne verwalten und umfassende Rechte in dieser Domäne haben. Ein Administrator ist jeweils nur für eine Domäne zuständig. Wenn Sie mehrere Domänen in einer Gesamtstruktur anlegen, gibt es mehrere Benutzerkonten *Administrator*, die jeweils zu einer Domäne gehören und nur in dieser einen Domäne volle administrative Berechtigungen besitzen. Domänen-Admins haben in einer Domäne umfassendere Rechte als Organisations-Admins.

- **Organisations-Admins** – Eine spezielle Gruppe von Administratoren, die Berechtigungen für alle Domänen in Active Directory besitzen. Sie haben auf Ebene der Gesamtstruktur die meisten Rechte, aber in einzelnen Domänen haben die Domänen-Admins mehr Rechte. Organisations-Admins gibt es nur in der Rootdomäne.

- **Schema-Admins** – Sind eine der kritischsten Gruppen überhaupt. Mitglieder dieser Gruppe dürfen Veränderungen am Schema von Active Directory vornehmen. Produkte, die das Schema von Active Directory erweitern, wie zum Beispiel Exchange, können nur installiert werden, wenn der installierende Administrator in dieser Gruppe Mitglied ist.

Hinweis Das Konto *Administrator* in der ersten installierten Domäne einer Gesamtstruktur ist das wichtigste und äußerst kritische Konto im gesamten System. Es erlaubt den administrativen Zugriff auf alle wichtigen Systemfunktionen und ist Mitglied aller beschriebenen Administratorengruppen.

Einige der Gruppen sind nur in der ersten innerhalb der Gesamtstruktur eingerichteten Domäne definiert. Andere Gruppen erstellt Windows Server 2016 erst nach der Installation bestimmter Dienste wie DNS und DHCP. Wir gehen nachfolgend ausführlicher auf diese Gruppen ein.

Vor allem in Gesamtstrukturen sind diese Standardgruppen in der Rootdomäne besonders wichtig:

- **DHCP-Administratoren** – Dürfen DHCP-Server in der Domäne verwalten. Die Gruppe wird nach der Installation des ersten DHCP-Servers auf einem Domänencontroller der Domäne erstellt.

- **DHCP-Benutzer** – Enthält Benutzerkonten, die lesend auf die Informationen des DHCP-Diensts zugreifen, aber keine Änderungen vornehmen dürfen. Diese Gruppe ist nur für Administratoren und Operatoren, nicht für normale Benutzer oder Computer relevant. Computer, die DHCP-Adressen anfordern, müssen darin nicht aufgenommen werden.

- **DnsAdmins** – Diese Gruppe enthält die Administratoren für DNS-Server. Dieser Gruppe sind keine Benutzer zugeordnet. Sie kann verwendet werden, um die Administration von DNS-Servern zu delegieren. Das ist vor allem dann von Bedeutung, wenn die DNS-Infrastruktur eines Unternehmens von Administratoren verwaltet wird, die nicht für die Active Directory-Umgebung zuständig sind. Diese Gruppe wird erst angelegt, wenn ein DNS-Server auf einem Domänencontroller erstellt wurde, der seine Informationen in Active Directory verwaltet.

- **DnsUpdateProxy** – In dieser Gruppe befinden sich Computer, die als Proxy für die dynamische Aktualisierung von DNS-Einträgen fungieren können. Diese Gruppe steht nur zur Verfügung, wenn ein Domänencontroller angelegt wird. In diese Gruppe können Sie zum Beispiel DHCP-Server aufnehmen, die dynamische DNS-Einträge für die Clients auf den DNS-Servern erstellen sollen.

- **Richtlinien-Ersteller-Besitzer** – Diese Gruppe umfasst die Anwender, die Gruppenrichtlinien für die Domäne erstellen dürfen. Das können Administratoren sein, die sich nur um diese Aufgabe in der Gesamtstruktur kümmern.

- **WINS Users** – Diese Gruppe wird angelegt, wenn ein WINS-Server auf einem der Domänencontroller existiert. In ihr befinden sich die Benutzer, die nur über Leserechte für die WINS-Datenbank verfügen.

Die Gruppen *DnsUpdateProxy*, *Organisations-Admins*, *Schema-Admins* und *DnsAdmins* werden in der ersten Domäne definiert, die in einer Gesamtstruktur eingerichtet wird. Dies ist gleichzeitig die oberste Domäne der ersten Struktur der Gesamtstruktur. Einer Gruppe können Benutzer und Benutzergruppen aus unterschiedlichen Domänen der Struktur hinzugefügt werden.

Active Directory-Benutzerverwaltung

Um einen Benutzer anzulegen, klicken Sie im ersten Schritt mit der rechten Maustaste auf die Organisationseinheit (Organizational Unit, OU). Im Kontextmenü dieses Containers wählen Sie im Untermenü *Neu* den Befehl *Benutzer* aus. Alternativ verwenden Sie das Active Directory-Verwaltungscenter.

Tipp Das Snap-In *Active Directory-Benutzer und Computer* rufen Sie am schnellsten über »dsa.msc« auf, das Active Directory-Verwaltungscenter mit »dsac«.

Abbildung 18.1: Neue Objekte im Active Directory-Verwaltungscenter anlegen

Im ersten Dialogfeld legen Sie die Namensinformationen für diesen Benutzer fest, wenn Sie *Active Directory-Benutzer und -Computer* verwenden. Im Active Directory-Verwaltungscenter finden Sie alles auf einer Seite. Bei einigen Optionen können Sie über das kleine schwarze Dreieck einzelne Einstellungsmöglichkeiten ein- und ausblenden lassen. Im Hauptfenster kann der Vorname, ein oder mehrere Mittelinitialen und der Nachname angegeben werden.

Den Benutzeranmeldenamen legen Sie als DNS-Namen für Windows Server 2016 (*joost@contoso.int*) und als NetBIOS-kompatibler Namen (*contoso\joost*) fest. Meist melden sich die Benutzer über den NetBIOS-Namen an. Der NetBIOS-Name darf eine Länge von bis zu 20 Zeichen haben und muss innerhalb der Domäne eindeutig sein. Es darf aber mehrere Benutzer mit dem gleichen Benutzernamen in unterschiedlichen Domänen der Gesamtstruktur geben, da sich hier der Name schon durch die verschiedenen Domänen unterscheidet.

Durch Auswahl der Schaltfläche *Weiter* wechseln Sie zur zweiten Seite des Assistenten, wenn Sie *Active Directory-Benutzer und -Computer* verwenden. Falls Sie den Benutzer im Active Directory-Verwaltungscenter anlegen, nehmen Sie alle Einstellungen auf der ersten Seite des Assistenten vor. Wichtig sind noch folgende Optionen, unabhängig davon, ob Sie *Active Directory-Benutzer und -Computer* oder das Active Directory-Verwaltungscenter verwenden:

- Wenn das Kontrollkästchen *Benutzer muss Kennwort bei der nächsten Anmeldung ändern* aktiviert ist, muss der Benutzer bei der ersten Anmeldung ein neues Kennwort eingeben. Er erhält dazu eine entsprechende Aufforderung.

- *Benutzer kann Kennwort nicht ändern* ist selbsterklärend und wird meist für Dienstkonten verwendet.

- Aktivieren Sie das Kontrollkästchen *Kennwort läuft nie ab*, muss der Anwender das Kennwort nicht ändern, auch wenn in den Gruppenrichtlinien eine entsprechende Änderung vorgeschrieben ist.

- Durch das Kontrollkästchen *Konto ist deaktiviert* in *Active Directory-Benutzer und -Computer* wird das Konto zwar erstellt, steht aber nicht zur Anmeldung bereit, bis ein Administrator das Konto aktiviert. Diese Option ist von Bedeutung, wenn ein Benutzer für eine längere Zeit abwesend ist und verhindert werden soll, dass trotzdem mit seinem Konto gearbeitet wird. Beispiele dafür sind Mutterschutz, längerer Urlaub und ähnliche Situationen. Sie dürfen einen Benutzer in dieser Situation nicht löschen, da die Zugriffsrechte jeweils über die eindeutige Sicherheits-ID (SID) vergeben werden. Wenn Sie den Benutzer löschen und neu definieren, erhält er eine neue SID, die sich definitiv von seiner früheren unterscheidet. Damit müssen Sie ihm alle Zugriffsrechte neu zuweisen.

Zum Anlegen sind keine weiteren Einstellungen möglich. Sie können ohnehin nach dem Anlegen eines Benutzers alle weiteren Einstellungen nachträglich anpassen. Auch hier können Sie das Snap-In *Active Directory-Benutzer und -Computer* oder das Active Directory-Verwaltungscenter einsetzen.

Benutzerkonten verwalten

Im Kontextmenü eines angelegten Benutzers in *Active Directory-Benutzer und -Computer* steht Ihnen eine Reihe von Möglichkeiten zur Verfügung. Darauf gehen wir nachfolgend ein. Viele Einstellungen erreichen Sie auch über das Active Directory-Verwaltungscenter.

- Mit dem Befehl *Kopieren* können Sie die meisten Einstellungen dieses Benutzerkontos in ein neues Konto übernehmen. Die Einstellungen für den Benutzernamen und das Kennwort müssen erneut eingegeben werden. Dazu wird der beschriebene Assistent aufgerufen. Beim Kopieren werden die Gruppenmitgliedschaften übernommen.

- Durch Auswahl von *Einer Gruppe hinzufügen* können Sie den Benutzer zu Gruppen Ihrer Domäne oder Gesamtstruktur hinzufügen. Durch Auswahl von *Mitglieder einer Gruppe hinzufügen* können Sie den Benutzer zu Gruppen Ihrer Domäne hinzufügen. Sie können entweder Objektnamen eingeben oder alternativ auf *Erweitert* klicken, um nach Gruppen zu suchen. Dort können Sie Teile von Namen eingeben oder sich alle Gruppen auflisten lassen. Die Änderung wurde eingeführt, um in großen Umgebungen effizienter suchen zu können.

- Der Befehl *Konto deaktivieren* kann verwendet werden, um die zeitweilige Deaktivierung eines Kontos durchzuführen. Das Konto bleibt mit allen Einstellungen erhalten, kann aber nicht zur Anmeldung genutzt werden. Deaktivierte Konten werden durch ein besonderes Symbol in der Anzeige des Snap-Ins *Active Directory-Benutzer und -Computer* gekennzeichnet. Ein deaktiviertes Konto können Sie über den gleichen Weg wieder aktivieren.

- Mit *Kennwort zurücksetzen* können Sie einem Benutzer ein neues Kennwort zuweisen.

- Mit dem Befehl *Verschieben* lässt sich ein Dialogfeld öffnen, über das der Benutzer in eine andere OU der Domäne, in der er angelegt wurde, verschoben werden kann. Damit können auf einfache Weise Reorganisationen durchgeführt werden.

- Zusätzlich gibt es die beiden Befehle *Löschen* und *Umbenennen*. Mit diesen kann ein Benutzerkonto gelöscht oder der vollständige Name des Benutzers verändert werden. Beim Löschen ist darauf zu achten, dass es sich um eine nicht widerrufbare Aktion handelt, weil damit die SID des Benutzers gelöscht wird. Haben Sie den Active Directory-Papierkorb aktiviert (siehe Kapitel 12), können Sie das Objekt mit dem Active Directory-Verwaltungscenter wiederherstellen. Durch das Anlegen eines Benutzers mit gleichem Namen erzeugen Sie nicht das gleiche Benutzerkonto, da sich die SID ändert. Die Wiederherstellung muss in diesem Fall über den Active Directory-Papierkorb ablaufen.

Im Active Directory-Verwaltungscenter stehen an dieser Stelle weniger Optionen zur Verfügung, da hier nur die wichtigsten Befehle notwendig sind. Häufige Aufgaben finden Sie hier auch gleich auf der Startseite, zum Beispiel das Zurücksetzen von Benutzerkennwörtern.

Abbildung 18.2: Kontextmenü von Benutzerkonten

Die meisten Informationen liefert der Befehl *Eigenschaften* im Kontextmenü. Damit können Sie im Snap-In auf ein Dialogfeld zugreifen, in dem Sie über eine Vielzahl von Registerkarten die Eigenschaften von Benutzern anpassen können. Im Active Directory-Verwaltungscenter erhalten Sie die gleiche formularbasierte Ansicht wie beim Anlegen. Über die Kategorie *Erweiterungen* zeigt aber ebenfalls das Active Directory-Verwaltungscenter die fehlenden Registerkarten an. Auch hier lassen sich wieder einzelne Bereiche ein- und ausblenden. Rufen Sie im Snap-In *Active Directory-Benutzer und -Computer* zuvor den Menübefehl *Ansicht/Erweiterte Features* auf, damit alle Registerkarten angezeigt werden:

- Auf der Registerkarte *Allgemein* befinden sich unter anderem die Informationen zum vollständigen Namen des Benutzers, die Sie beim Anlegen des Benutzerkontos eingegeben haben.
- Auf der Registerkarte *Konto* werden die Einstellungen für Kennwörter und Anmeldenamen verwaltet:
    - **Anmeldezeiten** – Mit dieser Schaltfläche öffnen Sie ein Dialogfeld, in dem Sie die Zeiten festlegen, zu denen sich ein Benutzer anmelden darf.
    - **Anmelden an** – Über diese Schaltfläche wählen Sie Computer aus, an denen sich der Anwender anmelden darf.
    - **Kontosperrung aufheben** – Dieses Kontrollkästchen wählen Sie, nachdem ein Konto gesperrt wurde. Die Situationen, in denen ein Konto gesperrt werden soll, können Sie in den Gruppenrichtlinien konfigurieren (siehe Kapitel 19).
    - **Benutzer kann das Kennwort nicht ändern** – Setzt ein Kennwort auf eine feste Vorgabe, die nur von entsprechend autorisierten Operatoren und von Administratoren verändert werden kann.
    - **Kennwort läuft nie ab** – Definiert, dass für dieses Konto keine Änderungen nach in den Richtlinien definierten Zeiträumen erforderlich werden.
    - **Kennwort mit umkehrbarer Verschlüsselung speichern** – Führt dazu, dass Administratoren die Kennwörter auslesen können.
    - **Konto ist deaktiviert** – Führt dazu, dass das Konto nicht mehr für eine Anmeldung genutzt werden kann, aber mit allen Eigenschaften verfügbar bleibt.

Grundlagen der Benutzerverwaltung

- **Benutzer muss sich mit einer Smartcard anmelden** – Hat zur Folge, dass sich ein Benutzer in jedem Fall unter Verwendung einer Smartcard authentifizieren muss. Er kann sich nicht mehr mit einer Kombination von Benutzername und Kennwort anmelden.
- **Konto ist vertraulich und kann nicht delegiert werden** – Verhindert die Delegation eines Kontos an andere Benutzer. Es kann nur von Administratoren verwaltet werden.
- **Nur Kerberos-DES-Verschlüsselungstypen für dieses Konto** – Legt fest, welche Verschlüsselungsverfahren für das Konto eingesetzt werden. Das ist für das Deployment von Clients im internationalen Umfeld mit unterschiedlichen rechtlichen Rahmenbedingungen für die Verschlüsselung von Bedeutung. Das gilt auch für das Festlegen des maximalen Verschlüsselungszustands in den nachfolgenden beiden Punkten.
- **Dieses Konto unterstützt Kerberos-AES-128-Bit-Verschlüsselung** – Steuert die Verschlüsselung für das Konto.
- **Dieses Konto unterstützt Kerberos-AES-256-Bit-Verschlüsselung** – Steuert die Verschlüsselung für das Konto.
- **Keine Kerberos-Präauthentifizierung erforderlich** – Laut dem Kerberos-Standard ist die TGT-Anforderung des Clients ein unverschlüsseltes Paket, da es keine sicherheitssensiblen Daten enthält. Bei Verwendung der Kerberos-Präauthentifizierung ist dieses Paket bereits mit dem privaten Schlüssel des Benutzers/Anforderers verschlüsselt. Für die Interoperabilität mit anderen Kerberos-Implementierungen kann diese Präauthentifizierung deaktiviert werden.

Zusätzlich legen Sie im unteren Bereich ein Ablaufdatum für das Konto fest. Die Registerkarte *Mitglied von* zeigt eine Liste der Gruppen an, in denen der Benutzer Mitglied ist.

Über die Registerkarte *Einwählen* können Sie die RAS-Berechtigungen für diesen Benutzer konfigurieren. Eine weitere interessante Registerkarte bei den Eigenschaften eines Benutzers ist *Objekt*. Diese wird nur angezeigt, wenn Sie im Menü *Ansicht* die erweiterten Features aktiviert haben. Auf dieser Registerkarte werden einige systeminterne Informationen angezeigt. Dazu gehört der vollqualifizierte Domänenname des Objekts, die Objektklasse – die Klasse, auf der dieses Objekt basiert – sowie Erstellungs- beziehungsweise Änderungsdaten und die USN (Update Sequence Number). Die USN wird fortlaufend vergeben und zeigt an, um die wievielte Änderung in Active Directory es sich handelt. Sie bildet die Basis für die Replikation, da dadurch überprüft werden kann, ob die Einträge auf zwei unterschiedlichen Domänencontrollern den gleichen Status haben. Auf dieser Registerkarte können Sie auch konfigurieren, dass das Objekt nicht gelöscht werden kann.

Benutzer für Remotedesktop verwalten

In den Eigenschaften eines Benutzers stehen Ihnen mehrere Registerkarten zur Verfügung, in denen Sie die Eigenschaften des Benutzerkontos für die Anmeldung auf Remotedesktopservern (siehe auch Kapitel 28) speziell anpassen können:

- *Umgebung*
- *Sitzungen*
- *Remoteüberwachung*
- *Remotedesktopdienste-Profil*

Auf der Registerkarte *Remoteüberwachung* legen Sie fest, ob dieser Benutzer von Administratoren gespiegelt werden kann, und mit welchen Optionen das möglich ist. Hier legen Sie auch fest, ob sich Administratoren ohne Bestätigung durch den Benutzer auf die Sitzung spiegeln können. Die Einstellungen in den Benutzerkonten haben nur für diesen Benutzer Gültigkeit.

Auf der Registerkarte *Remotedesktopdienste-Profil* können Sie das servergespeicherte Profil festlegen, das ausschließlich für die Terminalsitzungen dieses Benutzers verwendet wird. Zusätzlich können Sie auf dieser Registerkarte definieren, ob mit dem Benutzer ein bestimmtes Netzlaufwerk verbunden werden soll. Hier bestimmen Sie auch, ob sich ein Benutzer überhaupt auf einem Remotedesktop anmelden darf. Zu den servergespeicherten Profilen kommen wir noch in den nächsten Abschnitten zurück.

Die Registerkarten *Umgebung* und *Sitzungen* entsprechen den analogen Einstellungen für das Remotedesktopprotokoll in der Konfiguration der Remotedesktopdienste. Wenn der Remotedesktop nur verwendet wird, um eine einzige Anwendung zur Verfügung zu stellen, oder alle anderen Anwendungen über eine Startapplikation gestartet werden sollen, können Sie dem Anwender über die Registerkarte *Umgebung* statt des Windows-Desktops auch nur diese Applikation zur Verfügung stellen.

Aktivieren Sie dazu das Kontrollkästchen *Folgendes Programm beim Anmelden starten* und geben Sie anschließend das zu startende Programm mit dem kompletten Pfad an. Durch diesen Schritt müssen die Anwender beim Starten der Verbindung nicht noch ein Programm starten und können darüber hinaus keine Einstellungen auf dem Remotedesktop verändern.

Benutzerprofile nutzen

Wenn Computer einer Domäne beitreten, legt Windows automatisch ein neues Benutzerprofil für den Domänenbenutzer an. Benutzerprofile werden auf den Arbeitsstationen, aber auch auf den Domänencontrollern verwaltet.

Benutzerprofile lokal und im Profieinsatz verstehen

Alle persönlichen Einstellungen der einzelnen Benutzer auf einem Computer speichert Windows in einem Benutzerprofil. Dieses Profil ist ein Ordner mit dem Namen des Benutzers im Ordner *C:\Benutzer* beziehungsweise *C:\Users*.

Wenn Sie ein Profil löschen, erstellt Windows dieses neu, sobald sich der Benutzer erneut am Computer anmeldet. Alle Einstellungen des Benutzers werden beim Löschen zurückgesetzt, das Profil wird neu erstellt und ist folglich vollkommen leer. Beachten Sie aber, dass beim Löschen eines Profils alle Daten des jeweiligen Benutzers verloren gehen. Sie sollten diese daher vorher möglichst sichern. Ausnahme ist, wenn Sie die Ordner im Profil über Gruppenrichtlinien umleiten.

Benutzerprofile verwalten

Über den Link *Erweiterte Benutzerprofileigenschaften konfigurieren* im Fenster *Benutzerkonten* der Systemsteuerung (*Systemsteuerung/Benutzerkonten/Benutzerkonten*) können Sie sich alle Benutzerprofile auf einem PC unter Windows 8/8.1/10 anzeigen lassen und verwalten. Sie sehen an dieser Stelle auch die Größe des jeweiligen Profils. Im Ordner auf der Festplatte des Profils befinden sich mehrere Unterordner. Die persönlichen Daten jedes Benutzers liegen in seinem eigenen Ordner, auf den nur er selbst sowie die Administratoren Zugriff haben.

Abbildung 18.3: Benutzerprofile unter Windows 8/8.1/10 verwalten

Die Benutzerprofile erstellt Windows zunächst als Kopie des Standardprofils, des Default Users. Zusätzlich gibt es einen Ordner *All Users*. Während der Ordner *Default User* die Einstellungen für neu zu erstellende Benutzerprofile für alle Benutzer enthält, finden sich in *All Users* die Einstellungen für die bereits erstellten Profile, die für alle Nutzer der Arbeitsstation gelten. Damit diese beiden Ordner angezeigt werden, müssen Sie die versteckten Dateien einblenden lassen.

In Windows 8/8.1/10 öffnen Sie dazu im Menüband des Explorers die Registerkarte *Ansicht* und klicken auf *Optionen/Ordner- und Suchoptionen ändern*. Auf der Registerkarte *Ansicht* können Sie anschließend versteckte Dateien anzeigen lassen. Sie können die Aktivierung auch über Kontrollkästchen auf der Registerkarte *Ansicht* durchführen.

Ordnerstruktur von Profilen

Zur Abwärtskompatibilität hat Microsoft zusätzlich einige Verknüpfungen eingefügt, die in den vorangegangenen Windows-Versionen noch verwendet wurden oder die direkt auf einen anderen Ordner verweisen.

Folgende Ordner spielen dabei eine wesentliche Rolle. Achten Sie aber darauf, dass einige Ordner standardmäßig im Explorer ausgeblendet sind. Sie müssen zunächst die versteckten Dateien aktivieren:

- **Desktop** – Symbole und Einstellungen des Benutzerdesktops
- **Dokumente** – Standardmäßiger Speicherort aller persönlichen Dateien eines Benutzers

- **Downloads** – Speicherort aller Downloads
- **Favoriten** – Favoriten des Internet Explorers
- **Musik** – Ablageort von Musikdateien
- **Videos** – Ablageort für gespeicherte Filmdateien
- **Bilder** – Ablageort für Bilddateien und Grafiken
- **Suchvorgänge** – Ablageort für abgespeicherte Suchen
- **AppData** – Ablageort für benutzerspezifische Daten und Systemdateien von Applikationen. Diesen Ordner sehen Sie nur, wenn Sie in den Explorer-Optionen die versteckten Dateien anzeigen lassen.
- **Gespeicherte Spiele** – Zentraler Ablageort für Spielstände von kompatiblen Windows-Spielen
- **Links** – Hierbei handelt es sich um die Favoriten im Windows-Explorer

Neben den Ordnern befindet sich im Profilpfad die Datei *NTUSER.DAT*. Diese enthält die Einstellungen der Registry, die sich dort unter *HKEY_CURRENT_USER (HKLM)* finden. Die gesamten benutzerspezifischen Einstellungen sind hier enthalten. Sie müssen dazu die versteckten und geschützten Systemdateien einblenden lassen. Sie finden diese Möglichkeit auf der Registerkarte *Ansicht* im Explorer nach einem Klick auf *Optionen/Ordner- und Suchoptionen ändern*.

Zur Vereinheitlichung von anwendungsspezifischen Daten hat Microsoft den Ordner *AppData* im Benutzerprofil eingeführt. Dieser Ordner enthält die drei Unterordner:

- *Local*
- *LocalLow*
- *Roaming*

In den beiden Ordnern *Local* und *LocalLow* speichert Windows Daten von Anwendungen, die nicht mit dem Benutzer bei der Verwendung von verschiedenen Arbeitsstationen mitwandern.

Der Ordner *Roaming* enthält die Daten, die benutzerspezifisch sind und für servergespeicherte Profile verwendet werden können. Diese Daten können mit dem Benutzer auf verschiedene Arbeitsstationen mitwandern.

Unter den Windows-Versionen vor Windows Vista und Windows 7 hat der Ordner *All Users* die Inhalte zur Verfügung gestellt, die für alle Anwender auf dem PC gegolten haben. So war es möglich, durch Bearbeitung eines einzelnen Ordners die Einstellungen aller Benutzer anzupassen. Beispiel für den Einsatz von *All Users* war das Startmenü oder der Inhalt des Desktops, der sich immer aus dem eigenen Benutzerprofil und dem Inhalt des Ordners *All Users* zusammensetzte.

Hatten Sie eine Verknüpfung in den Ordner *\All Users\Startmenü* kopiert, wurde sie bei allen Benutzern des PC im Startmenü angezeigt. In Windows 8/8.1/10 ist der Ordner *C:\Users\All Users* nur noch als Verknüpfung vorhanden, die auf den Ordner *C:\ProgramData* verweist. Hier wird wiederum auf das Profil *Öffentlich* unter *C:\Users* verlinkt.

Wie bei den Vorgängerversionen legt Windows 8/8.1/10 automatisch ein neues Profil an, wenn sich Benutzer das erste Mal am PC anmelden.

Servergespeicherte Profile für Benutzer in Active Directory festlegen

Auf der Registerkarte *Profil* eines Benutzerkontos im Snap-In *Active Directory-Benutzer und -Computer* können Sie die notwendigen Angaben hinterlegen, um komplette Profile auf den Server auszulagern.

Abbildung 18.4: Profileigenschaften im Snap-In Active Directory-Benutzer und -Computer *anzeigen*

Um servergespeicherte Profile für Anwender festzulegen, rufen Sie die Eigenschaften des Benutzerkontos auf und wechseln zur Registerkarte *Profile*. Bei *Profilpfad* geben Sie den Ordner an, in den Windows das Benutzerprofil des Anwenders beim Abmelden speichern und beim Anmelden laden soll.

Bei Verwendung eines serverbasierenden Benutzerprofils steht dieses Profil an allen Arbeitsstationen im Netzwerk zur Verfügung. Durch die Angabe dieses Pfads wird automatisch ein leerer Ordner für diesen Benutzer erstellt. Die Angabe des Profilpfads erfolgt in der Form \\<Servername>\<Freigabename>\%UserName%.

Der Profilpfad verweist auf den Ordner, in dem das Benutzerprofil des Anwenders abgelegt ist. Haben Sie keinen Pfad angegeben, arbeitet Windows nur mit lokalen Benutzerprofilen. Wenn sich ein Benutzer anmeldet, überprüft Windows, ob für diesen Benutzer ein Profilpfad angegeben und damit ein serverbasierendes Profil definiert ist. Ist dies der Fall, vergleicht Windows, ob das serverbasierende oder das lokale Profil aktueller ist. Ist das serverbasierende Profil aktueller, lädt Windows die geänderten Dateien aus diesem Profil auf das lokale System.

Achten Sie aber darauf, dass die Gruppe *Jeder* – oder eine Sicherheitsgruppe, in der sich die Benutzer befinden – das Recht haben muss, Ordner in der Freigabe für die Profile zu erstellen und in die Ordner zu schreiben.

Bei der Abmeldung aktualisiert Windows das serverbasierende Profil durch die lokal veränderten Dateien. Bei der ersten Anmeldung eines Benutzers nach der Definition eines Profilpfads lädt Windows entweder ein vordefiniertes Profil vom Server oder kopiert bei der Abmeldung das bisherige lokale Profil des Benutzers auf den Server.

Die zweite Einstellung bezieht sich auf das Anmeldeskript. Hier können Sie angeben, dass Windows ein Programm ausführen soll, wenn sich ein Benutzer anmeldet. In den meisten

Fällen handelt es sich um eine Batchdatei oder ein VB-Skript. Diese Einstellung ist nicht mehr erforderlich, da Skripts für die An- und Abmeldung von Benutzern über die Gruppenrichtlinien konfiguriert werden können. Mehr dazu lesen Sie im nächsten Kapitel.

Der Basisordner gibt an, welches Netzwerklaufwerk für den Benutzer automatisch verbunden werden soll.

Auf der Registerkarte *Remotedesktopdienste-Profil* können Sie angeben, ob ein Benutzer auf einem Remotedesktopserver ein zusätzliches Profil bekommt. Die Einstellung des Profilpfads erlaubt die Verwendung eines zweiten Benutzerprofils ausschließlich für die Nutzung mit dem Remotedesktop. Beim Verwenden von gleichen Profilen auf den Arbeitsstationen und dem Remotedesktop können sich Konflikte ergeben, wenn für den Remotedesktop kein eigenes Profil verwendet wird.

Verbindliche Profile (Mandatory Profiles)

Windows unterscheidet zwischen persönlichen und verbindlichen Profilen. Ein persönliches Profil kann nur einem Benutzer zugeordnet sein und dient diesem als Ausgangsposition. Die Anpassungen, die er vornimmt, speichert Windows in diesem Profil. Ein Benutzer, dem ein verbindliches Profil zugeordnet ist, kann daran zwar Änderungen vornehmen, aber diese werden nicht gespeichert. Bei Beginn jeder Arbeitssitzung hat er damit die gleichen Einstellungen für seine Arbeitsumgebung. Die Umwandlung eines normalen Profils in ein verbindliches Profil erfolgt durch die Umbenennung der Datei *Ntuser.dat* in *Ntuser.man*.

Verbindliche Profile können mehrere Anwender gemeinsam verwenden. Dazu geben Sie für alle Anwender den gleichen Benutzerprofilpfad an. Sie müssen nur einen Ordner auf dem Server erstellen, in dem Sie das Profil speichern. Falls sich ein Benutzer zum ersten Mal anmeldet, lädt der Client das Profil vom Server. Bei der Abmeldung des Benutzers aktualisiert Windows das Profil auf dem Server, wenn es sich um normale servergespeicherte Profile handelt. Bei der Verwendung von verbindlichen Profilen erfolgt keine Aktualisierung des serverbasierenden Profils. Bei der nächsten Anmeldung vergleicht Windows die Daten für das lokale Profil und für das auf dem Server gespeicherte Profil. Das aktuellere der beiden Profile wird geladen.

Verwenden Sie ein verbindliches Profil, lädt Windows dieses immer automatisch. Ein verbindliches Profil wird also bei jeder Anmeldung geladen. Ist der Server, auf dem das Profil gespeichert ist, nicht verfügbar, verwendet Windows eine lokal zwischengespeicherte Kopie des Profils. Wenn sich ein Benutzer an einer anderen Arbeitsstation anmeldet, wird bei der Anmeldung über den Eintrag für den Benutzerprofilpfad bei den Eigenschaften des Benutzers im Snap-In *Active Directory-Benutzer und -Computer* erkannt, dass dieser Benutzer über ein Benutzerprofil verfügt. Ändern Sie die Bezeichnung der Datei *Ntuser.man* wieder in *Ntuser.dat* ab, darf der Anwender wieder Änderungen vornehmen.

Eine weitere Steigerung von verbindlichen Profilen sind superverbindliche Profile (Super Mandatory Profiles). Bei einem solchen Profil kann sich der Anwender nur dann am PC anmelden, wenn das verbindliche Profil auf dem Server zur Verfügung steht. Wenn der PC keine Verbindung zum Server herstellen kann, wird die Anmeldung verweigert. Um ein solches superverbindliches Profil zu erstellen, gehen Sie zunächst genauso wie beim Anlegen eines verbindlichen Profils vor. Ändern Sie den Namen des Benutzerprofilordners so ab, dass dieser Ordner der Syntax <*Profilname*>*.man.v2* entspricht. Fügen Sie auf der Registerkarte *Profil* in Active Directory hinter den Pfad des Benutzerprofils noch die Endung *.man* hinzu, diesmal ohne das *v2*.

Durch diese Aktion wurde aus dem verbindlichen Profil mit der Datei *Ntuser.man* ein superverbindliches Profil, bei dem auch der Ordner des Profils über die Endung *.man.v2* verfügt.

Ein Default-Netzwerkbenutzerprofil erstellen

Wenn Sie für alle PCs im Unternehmen das gleiche standardmäßige Profil bei der ersten Anmeldung erstellen wollen, können Sie dieses am besten auf einem Domänencontroller ablegen. Achten Sie in diesem Fall aber darauf, dass bei jeder ersten Anmeldung eines Anwenders an einem PC Daten über das Netzwerk kopiert werden, was bei entsprechender Benutzerlast eine ganze Menge sein kann. Um ein solches standardmäßiges Default-Profil anzulegen, gehen Sie folgendermaßen vor:

1. Melden Sie sich an einem PC mit Windows 10 mit dem Benutzerkonto an der Domäne an, das Sie als Standardprofil definieren wollen.
2. Führen Sie alle Einstellungen aus, zum Beispiel Bildschirmschoner, Hintergrundbild und so weiter, die Sie für das Profil festlegen wollen.
3. Melden Sie sich nach der Fertigstellung der Einstellungen ab.
4. Melden Sie sich am gleichen PC mit einem Domänenadmin-Konto an.
5. Erstellen Sie in der NETLOGON-Freigabe auf einem Domänencontroller den neuen Ordner *Default User.v2*.
6. Klicken Sie auf dem PC mit der rechten Maustaste auf *Computer* im Startmenü und rufen Sie den Befehl *Eigenschaften* auf.

    In Windows 8/8.1/10 öffnen Sie auf dem Desktop ein Explorer-Fenster und klicken im Navigationsbereich auf *Dieser PC*. Alternativ können Sie auch einfach die Tastenkombination ⊞ + Pause drücken.
7. Klicken Sie links im Fenster auf den Link *Erweiterte Systemeinstellungen*.
8. Klicken Sie im Bereich *Benutzerprofile* auf *Einstellungen*.
9. Markieren Sie den Benutzer, dessen Profil Sie als Standard definieren wollen, und klicken Sie auf *Kopieren nach*. Ist die Option für das jeweilige Profil nicht aktiv, dann kopieren Sie den Inhalt des Ordners über den Explorer in das Default-Profil auf dem Server. Achten Sie aber darauf, die versteckten Dateien zu aktivieren, genauso wie die geschützten Systemdateien. Bearbeiten Sie anschließend die Sicherheitseigenschaften des Ordners auf dem Server und weisen Sie der Gruppe *Jeder* das Recht *Ändern* für das Profil zu. Um Manipulationen des Profils zu vermeiden, können Sie auch eine Sicherheitskopie erstellen, mit der Sie das Profil wiederherstellen können, wenn das notwendig ist. Die NETLOGON-Freigabe befindet sich auf dem Domänencontroller im Ordner *C:\Windows\SYSVOL\sysvol\contoso.com\scripts*.
10. Geben Sie den Pfad zum *Default User*-Ordner in der NETLOGON-Freigabe an, das Sie zuvor angelegt haben, zum Beispiel \\x2k16\NETLOGON\Default User.v2.
11. Klicken Sie im Bereich *Benutzer* auf *Ändern*.
12. Geben Sie im Benutzerfeld *Jeder* ein und klicken Sie auf *Namen überprüfen*.
13. Klicken Sie anschließend auf *OK*.
14. Bestätigen Sie im Anschluss alle noch offenen Fenster mit *OK*, damit das Profil kopiert werden kann. Das servergespeicherte Profil ist jetzt vorbereitet.

Melden sich Benutzer an Rechnern an, die Mitglied der Domäne sind, erhalten sie anschließend exakt das Profil zugeteilt, das Sie in der Freigabe \\NETLOGON auf dem Anmeldedomänencontroller angelegt haben. In den Profileigenschaften der Anwender legen Sie aber einen anderen Profilpfad fest, zum Beispiel \\<Server>\Profiles\%User-Name%. Dann speichert der Computer das erstellte Profil für den Anwender servergespeichert im hinterlegten Pfad ab, da nur bei der ersten Anmeldung das Standardprofil der Freigabe \\NETLOGON verwendet wird.

Sie können darüber hinaus im unteren Bereich des Dialogfelds den Eintrag für Benutzer ändern, wenn Sie das Profil in den Ordner eines anderen Anwenders kopieren möchten. Über die Schaltfläche *Typ ändern* können Sie festlegen, ob bei der Anmeldung das lokal zwischengespeicherte Profil verwendet oder ob mit dem serverbasierenden Profil gearbeitet werden soll.

Bei der Erstellung von Benutzerprofilen sind einige Besonderheiten zu beachten. Sie sollten immer daran denken, dass die Benutzer, wenn sie sich an unterschiedlichen Arbeitsstationen anmelden, immer mit unterschiedlichen Bildschirmauflösungen konfrontiert sind. Sie sollten bei der Definition immer den typischen Arbeitsplatz des Benutzers, für den das Profil vordefiniert wird, beachten. Das gilt vor allem für verbindliche Profile. Ein weiterer Punkt ist, dass das in *Default User* gespeicherte Profil, das zum Einsatz kommt, wenn Sie keine zentralen Profile für alle Benutzer vorgeben, auf jedem einzelnen Computer definiert ist.

Ordner von Profilen umleiten

Windows 8/8.1/10 bietet die Möglichkeit, verschiedene Ordner innerhalb des Profils auf ein Serverlaufwerk umzuleiten. Dadurch ist sichergestellt, dass die Daten der Anwender sicher auf einem Server gespeichert werden, aber dennoch transparent darauf zugegriffen werden kann, wenn ein Anwender zum Beispiel seinen *Dokumente*-Ordner öffnet. Die Größe der Profile wird dadurch reduziert, die Anmeldezeit verkürzt. Sie finden die Ordnerumleitungen im Gruppenrichtlinienverwaltungs-Editor unter *Benutzerkonfiguration/Richtlinien/Windows-Einstellungen/Ordnerumleitungen*.

Die effizienteste Möglichkeit zur Ordnerumleitung besteht über eine Gruppenrichtlinie in einer Active Directory-Domäne. Windows Server 2016 bietet dazu auch die Möglichkeit, Ordner abhängig von einer Sicherheitsgruppe umzuleiten, sodass für unterschiedliche Abteilungen im Unternehmen unterschiedliche Ordner im Netzwerk als Umleitung verwendet werden können.

Bei der Umleitung können Sie die Ordner in vordefinierte Ordner auf den Servern umleiten oder für jeden Anwender in einem spezifischen Ordner automatisch einen Ordner für die Ordnerumleitung anlegen lassen. Die Einstellungen in den Richtlinien für die Ordnerumleitung sind selbsterklärend. Sie konfigurieren die Einstellungen über das Kontextmenü und wählen den Befehl *Eigenschaften* aus.

Auf der Registerkarte *Ziel* legen Sie die Umleitungsoptionen fest. Einen Stammordner, also eine Freigabe, auf die alle Anwender zugreifen dürfen, müssen Sie daher zuvor anlegen. Innerhalb des Stammordners legt Windows Unterordner für die Benutzer an und konfiguriert automatisch entsprechende Rechte exklusiv für den Benutzer, genauso wie bei den Profilen.

Für die Anwender ändert sich bei der Umleitung nichts. Sie arbeiten mit den normalen Verknüpfungen des Rechners. Der Vorteil ist, dass Profile schlank bleiben und wichtige Daten automatisch auf den Servern landen, ohne Benutzer zu beeinträchtigen oder dass komplizierte Konfigurationen notwendig sind. Haben Sie das automatische Anlegen von Ordnern aktiviert, legt Windows diese erst dann in der konfigurierten Freigabe an, wenn Anwender darauf zugreifen und Daten speichern.

Benutzerprofile nutzen

Abbildung 18.5: Ordnerumleitung über Gruppenrichtlinien aktivieren

In den Eigenschaften der Bibliotheken auf dem Clientrechner lässt sich der Pfad der Umleitung anzeigen.

Sie können die entsprechende Freigabe auch als Netzlaufwerk verbinden. Dadurch wird sichergestellt, dass alle Daten der umgeleiteten Ordner im Netzwerk liegen und ein Anwender vollkommen transparent darauf zugreifen kann.

Profile mit Delprof2 löschen

Das Freeware-Tool Delprof2 (*http://tinyurl.com/hofy4dd*) ermöglicht das Löschen von Profilen, wenn zum Beispiel Berechtigungs- oder Zugriffsprobleme vorliegen.

Mit dem Tool lassen sich veraltete Profile sehr schnell von einem Computer entfernen. Neben den Standardoptionen können Sie mit dem Tool auch die lokalen Kopien von servergespeicherten Profilen löschen. Ebenfalls sind Zeitabfragen möglich. Dadurch können Sie Profile mit einem bestimmten Alter löschen lassen. Das Tool starten Sie über die Eingabeaufforderung oder innerhalb eines Anmeldeskripts. Seine Syntax lautet:

Delprof2 [/q] [/i] [/p] [r] [/c:[\\]] [/d:]

- **/q** – Keine Rückmeldungen
- **/i** – Ignoriert Fehler und führt den Löschvorgang fort.
- **/p** – Erfordert eine Bestätigung für das Löschen jedes einzelnen Profils.
- **/r** – Löscht lokale Kopien von servergespeicherten Profilen.
- **/c:<Computername>** – Löscht Profile auf einem Remotecomputer.
- **/d:<Tage>** – Löscht Profile mit einem bestimmten Alter von x Tagen.
- **/l** – Zeigt nur an, welche Profile gelöscht werden, wenn das Tool startet (What-if).

Anmelde- und Abmeldeskripts für Benutzer und Computer

Sie können Benutzern in Active Directory Anmeldeskripts zuweisen, die ein Computer ausführt, sobald sich der Benutzer anmeldet. Über Gruppenrichtlinien lassen sich sogar Skripts starten, die beim Starten, Herunterfahren, bei der Abmeldung und zusätzlich noch bei der Anmeldung ablaufen. Es gibt daher fünf Arten von Skripts, die Administratoren Anwendern oder Computern zuweisen können. Es ist auch möglich, mehrere Arten von Skripts zu mischen. Windows-Computer führen alle aus.

Um automatisch Befehle beim Start eines PC oder beim Anmelden von Benutzern ausführen zu lassen, gibt es folgende Möglichkeiten:

1. Das klassische Anmeldeskript, das in den Eigenschaften des Profils eingetragen ist. Die Ausführung sieht der Anwender teilweise in einem Fenster der Eingabeaufforderung.
2. Anmeldeskripts in den Gruppenrichtlinien für Benutzer
3. Abmeldeskripts in den Gruppenrichtlinien für Benutzer
4. Skripts in den Gruppenrichtlinien beim Hochfahren eines Computers, unabhängig vom Benutzer
5. Skripts in den Gruppenrichtlinien beim Herunterfahren eines Computers, unabhängig vom Benutzer

Die klassischen Anmeldeskripts, die Programme und Befehle ausführen, hinterlegen Sie auf der Registerkarte *Profil* in den Eigenschaften der Benutzer. An dieser Stelle haben Sie auch die Möglichkeit, das lokale Benutzerprofil des Anwenders auf eine Freigabe zu speichern. Damit die Skripts beim Anmelden von Benutzern starten, müssen Sie die Dateien und die Programme, die die Skripts starten sollen, in der NETLOGON-Freigabe auf den Domänencontrollern speichern.

Wenn Sie ein Skript in die NETLOGON-Freigabe eines Domänencontrollers kopieren, wird es durch den Dateireplikationsdienst (File Replication Service, FRS) automatisch auf die anderen Domänencontroller repliziert. Überprüfen Sie den Vorgang oder kopieren Sie das Skript manuell. Der lokale Speicherort der NETLOGON-Freigabe ist der Ordner *\Windows\SYSVOL\sysvol\<Domänennamen>\scripts*.

Die Skripts können entweder einfache Batchdateien, spezielle Varianten mit KiXtart (*http://www.kixtart.org*) oder AutoIT (*http://www.autoitscript.com/site*), aber auch andere Skriptdateien sein. Windows muss die Skripts nur ausführen können und über die entsprechende Erweiterung verfügen.

Klassische Anmeldeskripts laufen sichtbar ab, wenn sich ein Anwender bei seinem Computer anmeldet. Mit klassischen Anmeldeskripts ist es nicht möglich, Skripts zu schreiben, die ein Computer bereits beim Starten abarbeitet. In einem Active Directory können Sie neben den klassischen Skripts auch Skripts beim Anmelden und Abmelden sowie beim Starten und Herunterfahren eines Computers über Richtlinien festlegen (siehe Kapitel 19). Dies hat den Vorteil, dass sich solche Skripts außerdem Organisationseinheiten oder ganzen Domänen zuordnen lassen. Die Skripts werden in den Gruppenrichtlinien an folgender Stelle hinterlegt:

- Skripts für Computer zum Starten und Herunterfahren werden über *Computerkonfiguration/Richtlinien/Windows-Einstellungen/Skripts* gesteuert.
- Skripts für Anwender beim An- oder Abmelden werden über *Benutzerkonfiguration/Richtlinien/Windows-Einstellungen/Skripts* gesteuert.

Die Abarbeitung von Skripts in den Gruppenrichtlinien hat den Vorteil, flexibler zu sein. Es besteht auch die Möglichkeit, herkömmliche Anmeldeskripts einfach über Gruppenrichtlinien ausführen zu lassen, nicht mehr über die Eigenschaften der Benutzerprofile. Die Skripts in den Gruppenrichtlinien laufen nicht sichtbar im Hintergrund ab. Benutzer bekommen von den Skripts nichts mit, auch wenn herkömmliche *.bat-* oder *.cmd-*Dateien im Einsatz sind. Um Skripts in den Gruppenrichtlinien zu verwenden, gehen Sie folgendermaßen vor:

1. Legen Sie die entsprechende Gruppenrichtlinie an und verknüpfen Sie diese mit der Domäne oder den gewünschten Organisationseinheiten.
2. Öffnen Sie die Bearbeitung der Gruppenrichtlinie und navigieren Sie zu dem Bereich, für den Sie das Skript hinterlegen wollen, also *Computerkonfiguration* oder *Benutzerkonfiguration*.
3. Klicken Sie doppelt auf den jeweiligen Eintrag des Skripts, also *Anmelden*, *Abmelden*, *Starten* oder *Herunterfahren*. Neben herkömmlichen Skripts lassen sich an dieser Stelle auch PowerShell-Skripts anbinden.
4. Klicken Sie auf die Schaltfläche *Dateien anzeigen*. Es öffnet sich ein Explorer-Fenster.
5. Kopieren Sie anschließend Ihre Skriptdatei in diesen geöffneten Ordner.
6. Klicken Sie dann auf die Schaltfläche *Hinzufügen* und wählen Sie das Skript aus. Das Skript wird danach im Fenster angezeigt. Sie können auch mehrere Skripts hintereinander ausführen lassen.

Auch die Kombination von klassischen Skripts und Skripts über Gruppenrichtlinien ist möglich. Das heißt, manche Skripts können in den Eigenschaften der Benutzerkonten gespeichert sein und ablaufen, andere in den Gruppenrichtlinien. Es ist ebenfalls kein Problem, wenn die Skripts in den Gruppenrichtlinien von übergeordneten OUs nach unten vererbt werden und in den untergeordneten OUs weitere Skripts starten.

Sie können alle möglichen Formen miteinander kombinieren. Wenn Unternehmen mit klassischen und Gruppenrichtlinienskripts arbeiten, laufen beide parallel ab. Diesen Sachverhalt sollten Administratoren in den Skripts beachten, wenn zum Beispiel Abhängigkeiten existieren. Skripts in den Gruppenrichtlinien laufen meistens vor den klassischen Anmeldeskripts.

Außer speziellen Skripts lassen sich in den Gruppenrichtlinien auch diverse Einstellungen hinterlegen, die den Ablauf der Skripts steuern. Die Einstellungen sind in den Gruppenrichtlinien zu finden. Die entsprechenden Erläuterungen und Hilfen finden Administratoren direkt in der Hilfe der jeweiligen Einstellung. Folgende Richtlinieneinstellungen spielen dabei eine Rolle:

- *Computerkonfiguration/Richtlinien/Administrative Vorlagen/System/Skripts*
- *Computerkonfiguration/Richtlinien/Administrative Vorlagen/System/Anmelden*
- *Computerkonfiguration/Richtlinien/Administrative Vorlagen/System/Gruppenrichtlinie*
- *Benutzerkonfiguration/Richtlinien/Administrative Vorlagen/System/Skripts*
- *Benutzerkonfiguration/Richtlinien/Administrative Vorlagen/System/Anmelden*

Gruppen verwalten

Nicht weniger wichtig als die Verwaltung von Benutzern ist die Verwaltung von Gruppen in Active Directory. Im nachfolgenden Abschnitt gehen wir darauf ein, wie Sie Gruppen anlegen und verwenden.

Gruppen anlegen und verwenden

Gruppen werden ebenfalls im Snap-In *Active Directory-Benutzer und -Computer* erstellt und verwaltet. Wählen Sie im Menü *Neu* die Option *Gruppe* aus. In Active Directory werden die folgenden drei Gruppentypen unterschieden:

- Lokal (in Domäne)
- Global
- Universal

Abbildung 18.6: Eine neue Gruppe erstellen

Bei der Unterscheidung und Verwendung dieser Gruppen müssen Sie folgende Punkte beachten:

- **Lokale Gruppen** – Werden für die Zusammenfassung von globalen Gruppen oder in Ausnahmefällen Benutzern eingesetzt, denen Sie Zugriffsberechtigungen erteilen. Aus lokalen Gruppen in einem Active Directory werden automatisch domänenlokale Gruppen. Der Unterschied besteht darin, dass diese Gruppen einheitlich auf allen Mitgliedssystemen der Domäne zu sehen sind. Der Vorteil ist, dass damit eine lokale Gruppe nur einmal pro Domäne definiert werden muss.

- **Globale Gruppen** – Sind überall in der Gesamtstruktur sichtbar, können aber nur Mitglieder aus der eigenen Domäne enthalten. Globale Gruppen können Mitglied von lokalen und universellen Gruppen werden. Globale Gruppen lassen sich zudem verschachteln.

- **Universelle Gruppen** – Alle Informationen über Zugehörigkeiten zu universellen Gruppen sind auf den Globaler-Katalog-Servern gespeichert. Universelle Gruppen sind in allen Domänen der Gesamtstruktur verfügbar und können Mitglieder aus allen Domänen enthalten. Durch die Replikation im globalen Katalog belasten sie allerdings das Netzwerk und die Globaler-Katalog-Server.

Neben den verschiedenen Gruppenbereichen können zwei unterschiedliche Gruppentypen erstellt werden.

- **Sicherheit** – Definiert, dass es sich um eine Gruppe handelt, über die Zugriffsberechtigungen zugeordnet werden sollen. Diese Gruppe können Sie zusätzlich als E-Mail-Verteilerliste verwenden.
- **Verteilung** – Gibt an, dass die Gruppe nur für Verteiler in E-Mail-Programmen zur Verfügung steht. Sie können diese Gruppen aber nicht für die Zuordnung von Zugriffsberechtigungen verwenden.

Die Eigenschaften von Gruppen können Sie auch nach dem Erstellen bearbeiten. Dazu rufen Sie die Eigenschaften der Gruppen auf. Neben dem Gruppennamen können Sie eine Beschreibung für die Gruppe eingeben.

- Auf der Registerkarte *Mitglieder* können Sie über die Schaltflächen *Hinzufügen* und *Entfernen* neue Benutzer in Gruppen aufnehmen oder entfernen.
- Auf der Registerkarte *Mitglied von* werden die Gruppen angezeigt, in denen diese Gruppe Mitglied ist.
- Über die Registerkarte *Verwaltet von* sehen Sie den Benutzer, der für eine Gruppe zuständig ist. Dazu wird über die Schaltfläche *Ändern* eine Liste der Benutzer und Gruppen geöffnet, aus der der entsprechende Benutzer ausgewählt werden kann.

Berechtigungen für Benutzer und Gruppen verwalten

Die Vergabe von Zugriffsberechtigungen sollte immer an Gruppen erfolgen, da damit der geringste administrative Aufwand entsteht. Wenn ein weiterer Benutzer diese Berechtigung erhalten soll, müssen Sie ein Benutzerkonto nur der Gruppe zuordnen, die Zugriff auf einen Ordner hat. Die Berechtigungen müssen nicht verändert werden. Ebenso lassen sich die Zugriffsberechtigungen einzelnen Benutzern entziehen, indem Sie diese aus der Gruppe entfernen.

Microsoft empfiehlt folgende Berechtigungsstruktur:
1. Eine domänenlokale Gruppe erhält Berechtigung auf den Ordner und Freigabe.
2. Globale Gruppen mit Benutzern werden in die lokale Gruppe aufgenommen.
3. Benutzerkonten der Anwender sind Mitglieder der einzelnen globalen Gruppen.

Kapitel 18: Benutzer verwalten und Profile zuweisen

Abbildung 18.7: Aufbau einer Berechtigungsstruktur basierend auf Gruppen

Die Berechtigungen im Dateisystem speichert Windows in der Zugriffssteuerungsliste (Access Control List, ACL). Während der Anmeldung erstellt ein Domänencomputer für den Benutzer ein Zugriffstoken, das die Sicherheits-ID (Security ID, SID) des Benutzerkontos enthält, sowie die SIDs der Gruppen, in denen der Benutzer Mitglied ist. Beim Zugriff auf eine Freigabe vergleicht der Server die Einträge des Tokens mit der ACL und ermittelt daraus die Berechtigung. Dazu addiert Windows die Berechtigungen für jeden übereinstimmenden Eintrag. Ein Benutzer bekommt die Berechtigungen, die seinem Konto zugewiesen sind, sowie alle Berechtigungen, die den Gruppen zugewiesen sind, in denen er Mitglied ist.

Geben Sie einem Benutzerkonto die Berechtigung *Lesen* und bekommt zusätzlich eine Gruppe, in der dieser Benutzer Mitglied ist, die Berechtigung *Schreiben* zugewiesen, ergeben die effektiven Berechtigungen *Lesen und Schreiben*. Um die Berechtigungen zu setzen, aktivieren Sie in den Eigenschaften des Ordners oder der Datei die Registerkarte *Sicherheit*. Zusätzlich ist es möglich, einzelnen Benutzern oder Gruppen Berechtigungen zu verweigern, wobei die Verweigerung immer Vorrang hat.

Beispiel:

Auf eine Datei sollen alle Mitarbeiter der Abteilung *Buchhaltung* (mit der Mitgliedschaft in der gleich benannten Gruppe) Zugriff erhalten. Eine Ausnahme bilden dabei allerdings die Auszubildenden, die ebenfalls Mitglied der Gruppe *Buchhaltung* sind. Wenn der Gruppe *Buchhaltung* der Zugriff auf diese Datei erlaubt wird, erhalten auch die Auszubildenden Zugriff, da sie Mitglied der Gruppe sind. Anschließend können Sie der Gruppe *Auszubildende* den Zugriff verweigern. So erhalten die Auszubildenden zwar den Zugriff durch die Mitgliedschaft in der Gruppe *Buchhaltung*, der ihnen aber durch die Mitgliedschaft in der Gruppe *Auszubildende* verweigert wird.

Die Verbindung der Clients erfolgt zunächst zu einem Server. Auf diesem Server steht eine Freigabe zur Verfügung. Eine Freigabe definiert, auf welche Ordner auf den Datenträgern Anwender zugreifen können. Der Client sieht nicht die physischen Festplatten auf den Servern und die dort definierten Ordnerstrukturen. Vielmehr stellt ihm eine Freigabe einen Eintrittspunkt zum Server bereit, von dem aus er die dort definierten Ordnerstrukturen durchsuchen kann. Der Benutzer muss nicht wissen, welche Festplatten es auf den Servern gibt und wie diese strukturiert sind, sondern soll nur die Bereiche sehen, die für ihn relevant sind.

Für Freigaben können Administratoren Zugriffsberechtigungen definieren. Auch hier ist die Arbeit mit Gruppen der beste Weg. Damit können Sie Freigaben als weitere Ebene der Sicherheit einsetzen, zusätzlich zu den Berechtigungen auf der Ebene des Dateisystems.

Auf Ordner im Dateisystem sollten die Administratoren Vollzugriff erhalten. Zusätzlich sollten Sie eine domänenlokale Gruppe anlegen, die Berechtigung auf der Ordnerebene und auf Freigabeebenen erhält.

Der Sinn dieses Konzepts liegt darin, dass Sie einerseits nicht ständig Berechtigungen für den freigegebenen Ordner ändern müssen, da nur die domänenlokale Gruppe Zugriff erhält. Da die Anwender in globalen Gruppen aufgenommen sind, können Sie die Gruppen auch in andere domänenlokale Gruppen in anderen Domänen von Active Directory aufnehmen. Das hat in großen Organisationen den Vorteil, dass Freigaben sehr effizient überall zur Verfügung stehen.

Mitgliedschaften und Änderungen sollten Sie deshalb auf ein Minimum reduzieren. Sie sollten keine einzelnen Benutzer zu den Berechtigungen auf Freigabe- oder Dateiebene hinzufügen. Zugriffsberechtigungen vergeben Sie im Regelfall pro Ordner einheitlich. Eine Anpassung von Berechtigungen für einzelne Dateien ist nur in Ausnahmen sinnvoll und lässt sich oft dadurch umgehen, dass Sie mit eigenen Ordnern arbeiten. Im Beispiel von Abbildung 18.7 sehen Sie den Sinn dieses Konzepts:

- Domänenlokale Gruppen können zwar globale Gruppen aus der kompletten Gesamtstruktur aufnehmen, aber selbst nicht in anderen Domänen verwendet werden.
- Globale Gruppen können nur Mitglieder aus der eigenen Domäne aufnehmen, haben aber dafür die Möglichkeit, dass sie überall in Active Directory verwendet werden können.
- Die Vertriebsmitarbeiter in Dallas können durch dieses Konzept sowohl auf die Freigabe in Dallas als auch auf die Freigabe in München zugreifen. Wenn neue Mitarbeiter Zugriff erhalten müssen, kann dies durch Aufnahme in die entsprechende globale Gruppe recht schnell erledigt werden. Zugriffsberechtigungen sollten nie ad hoc, sondern immer nur nach genau definierten Konzepten vergeben werden. Nur so lässt sich sicherstellen, dass mit einem durchdachten und damit sicheren Verfahren gearbeitet wird.

Szenario: Administrative Verwaltung einer Organisationseinheit delegieren

Ein gutes Praxisbeispiel für die Delegierung von Benutzerrechten in Active Directory ist das Zurücksetzen von Kennwörtern, die zum Beispiel Support-Mitarbeiter erhalten sollen. Wenn Anwender ihr Kennwort vergessen oder ein neues Kennwort zugewiesen bekommen, sollte das nicht die Aufgabe der Systemadministratoren sein. In diesem Fall könnte zum Beispiel der Abteilungsleiter oder ein Poweruser diese Aufgaben übernehmen. Es besteht außerdem die Möglichkeit, an eine bestimmte Gruppe genau diese Rechte für seine OU zu delegieren:

1. Legen Sie zunächst eine globale oder universelle Benutzergruppe an, die die Rechte der Delegierung erhalten soll. Auch wenn die Gruppe zunächst keinen Benutzer enthält, sollten Sie in den Berechtigungen von Active Directory niemals nur einzelne Konten eintragen, da ansonsten die Berechtigungsstruktur sehr kompliziert wird. Außerdem müssen Sie jede Änderung direkt am System vornehmen, anstatt nur Benutzer der Gruppe hinzuzufügen oder aus der Gruppe zu entfernen.
2. Klicken Sie mit der rechten Maustaste auf die OU, in der die Benutzerkonten abgelegt sind, deren Verwaltung Sie delegieren wollen. Wählen Sie im Kontextmenü den Befehl *Objektverwaltung zuweisen* aus.
3. Fügen Sie im Assistenten die angelegte Gruppe hinzu, der Sie das Recht zur Verwaltung der OU geben wollen. Welche Rechte die Gruppe erhält, legen Sie erst später fest.
4. Aktivieren Sie im nächsten Fenster als zuzuweisende Aufgabe zum Beispiel das Recht *Erstellt, entfernt und verwaltet Benutzerkonten*. Wenn Sie den entsprechenden Nutzern nur das Recht zum Ändern der Kennwörter geben wollen, können Sie hier auch die Option *Setzt Benutzerkennwörter zurück und erzwingt Kennwortänderung bei der nächsten Anmeldung* verwenden. Wollen Sie speziellere Rechte erteilen, aktivieren Sie die Option *Benutzerdefinierte Aufgaben zum Zuweisen* erstellen.

Abbildung 18.8: Rechte zur Delegation an eine Gruppe auswählen

Beenden Sie den Assistenten, um die Delegierung abzuschließen. Anschließend erhalten alle Mitglieder, die Sie in die Gruppe aufnehmen, die entsprechenden Rechte. Entfernen

Sie ein Benutzerkonto aus der Gruppe, verliert es diese Rechte. Bei der Änderung von Gruppenmitgliedschaften muss sich der entsprechende Benutzer in den meisten Fällen neu anmelden, bevor er die entsprechenden Rechte erhält.

Die entsprechenden Rechte für diese Gruppe finden Sie, indem Sie im Snap-In *Active Directory-Benutzer und -Computer* über den Menübefehl *Ansicht/Erweiterte Features* die erweiterten Ansichtsfunktionen aktivieren. Wenn Sie danach die Eigenschaften der OU oder der Domäne aufrufen und die Registerkarte *Sicherheit* öffnen, sehen Sie die delegierten Rechte. Klicken Sie hier auf *Erweitert*, finden Sie im folgenden Fenster auf der Registerkarte *Berechtigungen* die genauen Rechte der Gruppe aufgelistet, die Sie delegiert haben. Wenn Sie die Delegierung wieder rückgängig machen wollen, müssen Sie einfach an dieser Stelle die Rechte der Gruppe wieder entfernen.

Nachdem der Gruppe die entsprechenden Rechte zur Verwaltung dieser OU zugewiesen wurden und Sie die Benutzer in die Gruppe aufgenommen haben, sollten Sie den entsprechenden Benutzern noch ein Administrationsprogramm zur Verfügung stellen, über das sie die OU verwalten können. Dazu verwenden Sie am besten die Remoteserver-Verwaltungstools (Remote Server Administration Tools, RSAT). Weitere Informationen dazu finden Sie in den Kapiteln 3, 4 und 7.

Benutzer in Windows Server 2016 Essentials verwalten

Die Verwaltung der Benutzer und Computer läuft in Windows Server 2016 Essentials etwas anders ab. Wir gehen in Kapitel 36 ausführlicher auf die Einrichtung der Sicherung und die Anbindung von Computern an Windows Server 2016 Essentials ein. In den folgenden Abschnitten erklären wir Ihnen, wie Sie Benutzer im Dashboard von Windows Server 2016 Essentials anlegen. In Kapitel 41 gehen wir ausführlicher auf Windows Server 2016 Essentials ein.

Legen Sie ein neues Benutzerkonto an, können Sie automatisch Benutzerrollen zuweisen, um dem Anwender Standard- oder Administratorrechte zuzuweisen. Sie haben auch die Möglichkeit, eine Benutzerrolle jederzeit zu ändern. Auf diese Weise können Sie zum Beispiel aus einem Standardbenutzer einen Administratorbenutzer machen. Administratoren dürfen das Dashboard auf ihrem Client starten und auf diese Weise den Server verwalten. Normale Anwender erhalten nach der Anmeldung auf ihrem PC ein Launchpad angezeigt, über das sie auf die Freigaben auf dem Server zugreifen können. Dazu muss der Clientcomputer über einen Connector an den Server angebunden werden (siehe Kapitel 36).

Neues Benutzerkonto anlegen

Um einen neuen Benutzer anzulegen, rufen Sie das Dashboard auf, klicken auf *Benutzer* und anschließend über den rechten Bereich auf die Option *Benutzerkonto hinzufügen*. Das Dashboard können Administratorbenutzer auch direkt auf ihrem Client aufrufen, nachdem dieser an den Server angebunden ist.

Es startet ein Assistent, über den Sie die Daten des Anwenders eingeben. Sie legen zunächst den Vor- und Nachnamen sowie zusätzlich den Benutzerkontonamen fest. Mit diesem meldet sich der Benutzer an seinem Computer an, sobald der Connector installiert ist (siehe Kapitel 36). Benutzer brauchen Namen und Kennwort auch für die Installation des Connectors. Mehr zu diesem Thema lesen Sie in Kapitel 41.

Kapitel 18: Benutzer verwalten und Profile zuweisen

Anschließend legen Sie noch das Kennwort für den Anwender fest und dessen Zugriffsebene. *Standardbenutzer* dürfen auf Freigaben zugreifen, *Administratoren* dürfen über das Launchpad auch noch das Dashboard aufrufen, den Server verwalten und auf alle Daten zugreifen.

Sie können in der Steuerung der Freigaben festlegen, welche Rechte einzelne Benutzer, alle Standardbenutzer und Administratoren für einzelne Freigaben erhalten.

Abbildung 18.9: Ein neues Benutzerkonto in Windows Server 2016 Essentials anlegen

Haben Sie Windows Server 2016 Essentials an Office 365 oder Microsoft Azure angebunden, können Sie im Rahmen der Benutzererstellung auch gleich ein neues E-Mail-Konto in Office 365 anlegen. Sie können dazu entweder ein neues Konto in Office 365 erstellen oder ein vorhandenes Office 365-Konto verwenden, das dem Anwender zugewiesen wird.

Abbildung 18.10: Windows Server 2016 Essentials-Benutzer an Office 365 anbinden

Benutzer in Windows Server 2016 Essentials verwalten

Auf der nächsten Seite zeigt der Assistent alle vorhandenen Freigaben an und Sie können festlegen, welche Rechte der Benutzer auf die Freigaben erhalten soll.

Standardmäßig gibt es nach der Installation von Windows Server 2016 Essentials nur die Freigabe *Firma*. Die Standardbenutzer dürfen auf die Freigabe lesend zugreifen, Administratoren dürfen schreiben. Sie haben die Möglichkeit, für jedes einzelne Benutzerkonto festzulegen, ob der entsprechende Anwender lesend (schreibgeschützt) oder sowohl lesend als auch schreibend auf die Freigaben zugreifen darf.

Abbildung 18.11: Rechte für das neue Benutzerkonto festlegen

Erstellen Sie weitere Freigaben (siehe Kapitel 20), können Sie in den Eigenschaften der Benutzerkonten und in den Eigenschaften der Freigabe steuern, welche Rechte Benutzer auf die Freigabe erhalten. Die Freigaben erscheinen automatisch im Launchpad.

Auf der nächsten Seite legen Sie fest, auf welche Bereiche des Remotewebzugriffs der Anwender zugreifen darf. Diese können Anwender zum Beispiel über das Internet aufrufen. Sie können einzelne Bereiche ausklammern oder den kompletten Remotewebzugriff für den Benutzer sperren, indem Sie das Kontrollkästchen *Remotewebzugriff und Zugriff auf Webdienstanwendungen zulassen* deaktivieren. Sobald der Computer des Anwenders mit dem Server verbunden ist, kann er sich mit seinem Benutzerkonto anmelden und auf die Daten auf dem Server zugreifen.

Scheidet ein Benutzer dauerhaft aus dem Unternehmen aus, können Sie das Benutzerkonto komplett löschen. Dazu wählen Sie im Kontextmenü den Befehl *Benutzerkonto entfernen* aus. Anschließend löscht der Assistent das Konto komplett vom Server. Bevor das Konto gelöscht wird, können Sie noch bestimmen, ob der Server auch die Daten des Benutzers löschen oder beibehalten soll. Diese befinden sich auf dem Server im Ordner *Benutzer*.

Auf persönliche Ordner zugreifen

Beim Hinzufügen eines neuen Benutzerkontos legt der Assistent automatisch einen Ordner für das Benutzerkonto auf dem Server an. Auf diesen Ordner darf nur der entsprechende Benutzer über die Freigaben im Launchpad zugreifen. Alle Daten, die der Benutzer in diesem Ordner speichert, liegen auf dem Server.

Für den schnellen Zugriff kann der Anwender auch die Freigabe *Benutzer* über das Kontextmenü als Netzlaufwerk verbinden. Bei der Sicherung berücksichtigt der Server automatisch die Daten in dieser Freigabe.

Um auf die Daten zuzugreifen, können Sie aber nicht die Freigabe verwenden, sondern müssen direkt auf dem Server oder über den Remotedesktop auf den Ordner auf der Festplatte des Servers zugreifen. Standardmäßig befindet sich der Ordner auf dem Server im Pfad *C:\ServerFolders\Benutzer*.

Benutzerkonten verwalten

Nachdem Sie ein Benutzerkonto angelegt haben, können Sie jederzeit Änderungen an den Rechten, dem Kennwort und den Optionen des Kontos vornehmen. Auch dazu verwenden Sie wieder das Dashboard auf dem Server. Müssen Sie auf dem Server das Kennwort des Benutzers ändern, klicken Sie mit der rechten Maustaste im Dashboard auf den Eintrag für das Benutzerkonto und wählen im Kontextmenü den Befehl *Benutzerkennwort ändern*. Anschließend geben Sie zweimal das neue Kennwort ein und klicken auf *Kennwort ändern*.

Mit Windows Server 2016 Essentials können Sie die Konfiguration der Kennwörter festlegen beziehungsweise ändern. Dazu steht im Dashboard der Link *Kennwortrichtlinie festlegen* zur Verfügung. Über den Assistenten können Sie mit einem Schieberegler festlegen, wie die Kennwörter der Anwender aufgebaut sein sollen.

Aktivieren Sie das Kontrollkästchen *Kennwörter laufen nicht ab*, müssen die Anwender das Kennwort nicht nach Ablauf von 180 Tagen ändern, sondern können es dauerhaft einsetzen.

Klicken Sie doppelt auf ein Benutzerkonto im Dashboard, öffnen sich die Eigenschaften und Sie können über verschiedene Registerkarten Einstellungen ändern. Auf der Registerkarte *Allgemein* sind nachträglich der Vor- und Nachname sowie die Zugriffsebene änderbar. Den Kontonamen können Sie nach der Erstellung aus Sicherheitsgründen nicht mehr ändern.

Außerdem können Sie an dieser Stelle das Konto deaktivieren, indem Sie das Kontrollkästchen *Benutzer ist aktiv* deaktivieren. Standardmäßig zeigt der Connector für Windows Server 2016 Essentials auf den Clientcomputern nur Fehler auf dem Client an (siehe Kapitel 36). Sie können für einzelne Benutzer aber auch festlegen, dass sie alle Warnungen im Netzwerk in der Meldungsanzeige sehen, sogar die Fehler des Servers. Die Anwender benötigen dazu keine Administrationsrechte. Damit der Connector auf Clientcomputern alle Fehler anzeigt, rufen Sie im Dashboard die Eigenschaften des Benutzerkontos auf. Anschließend aktivieren Sie in den Benutzereigenschaften auf der Registerkarte *Allgemein* die Option *Benutzer kann Integritätswarnungen für das Netzwerk anzeigen*.

Auf der Registerkarte *Freigegebene Ordner* können Sie für jede Freigabe auf dem Server (siehe Kapitel 20) den Zugriff für das Benutzerkonto steuern. Hier ändern Sie zum Beispiel die Rechte, wenn Sie nach der Erstellung des Benutzerkontos noch weitere Freigaben angelegt haben.

Mit der Registerkarte *Zugriff überall* steuern Sie die Funktionen, auf die das Benutzerkonto zugreifen darf, wenn der Zugriff über Remoteweb erfolgen soll. Standardmäßig darf jeder Benutzer den Remotewebzugriff nutzen. Sie können die Berechtigung aber für jeden einzelnen Benutzer steuern.

Auf der Registerkarte *Computerzugriff* können Sie festlegen, auf welche Computer der Anwender über den Remotedesktop zugreifen darf, wenn er sich mit dem Remotewebzugriff verbindet. Verbindet sich der Anwender über das Internet mit der Adresse *https://<Servername>/remote*, kann er sich direkt am Server authentifizieren. Computer, die Sie in den Eigenschaften des Benutzerkontos für den Zugriff berechtigen, erscheinen im Remotewebzugriff und der Anwender kann auf den Desktop des Computers zugreifen. Der Computer muss dazu eingeschaltet sein.

Ist ein Anwender im Urlaub oder längere Zeit abwesend, können Sie sicherstellen, dass sich kein Benutzer mit dem Konto anmelden kann, indem Sie es zeitweise deaktivieren. Alle Daten des Benutzers bleiben dabei erhalten und Sie können das Konto jederzeit wieder aktivieren. Die Deaktivierung nehmen Sie im Dashboard vor. Dazu rufen Sie die Registerkarte *Benutzer* auf und klicken mit der rechten Maustaste auf das Benutzerkonto. Wählen Sie aus den Optionen *Benutzerkonto deaktivieren* aus.

Zusammenfassung

Auch wenn die Verwaltung der Benutzer und die Delegation von Rechten noch sehr ähnlich zu Windows Server 2012 R2 ist, haben Sie in diesem Kapitel erfahren, dass vor allem im Bereich der Benutzerprofile und der Verwendung von servergespeicherten Profilen in Windows Server 2016 Änderungen integriert wurden, die die Möglichkeiten im Netzwerk deutlich verbessern.

Im nächsten Kapitel zeigen wir Ihnen, wie Sie mit Gruppenrichtlinien die Konfiguration von Computern und Benutzereinstellungen weitgehend automatisieren können.

Kapitel 19
Richtlinien im Windows Server 2016-Netzwerk konfigurieren

In diesem Kapitel:
Erste Schritte mit Richtlinien 482
Gruppenrichtlinien verwalten 489
Gruppenrichtlinien testen und Fehler beheben 499
Softwareverteilung über Gruppenrichtlinien 507
Geräteinstallation mit Gruppenrichtlinien konfigurieren 510
Mit AppLocker Desktop- und Windows-Apps in Netzwerken steuern 513
Zusammenfassung. 520

Die Einstellungen, die Anwender im Windows Server 2016-Netzwerk erhalten, die Anpassungen an Computern und die Ordnerumleitungen nimmt Windows Server 2016 über Gruppenrichtlinien vor. Sie können diese Einstellungen direkt in diesen Richtlinien bearbeiten oder eigene Richtlinien definieren, um bestimmte Einstellungen zu automatisieren.

Mit den Richtlinien in Windows Server 2016 können Sie nicht nur Desktopeinstellungen anpassen, sondern auch sicherheitsrelevante Einstellungen und die Konfiguration von Programmen, wie Internet Explorer, Microsoft Edge, Windows-Explorer, Office-Programmen oder die Zuweisung von Sicherheitseinstellungen und Zertifikaten sowie die Konfiguration von Firewallregeln. Für diese Verwaltungsarbeiten stehen die Gruppenrichtlinien zur Verfügung.

Lokale Sicherheitsrichtlinien funktionieren auch unter Windows Server 2016 mit speziellen Registry-Schlüsseln, die zu keinen permanenten Änderungen der Registry führen. Die Informationen werden so lange in diesen Schlüsseln gehalten, wie die Einstellung in der lokalen Sicherheitsrichtlinie gültig ist.

Erste Schritte mit Richtlinien

Viele Einstellungen der Gruppenrichtlinien in Windows Server 2016 funktionieren nur auf Clients mit Windows 8.1/10, zum Beispiel die Einstellungen für den Datenschutz. Beim Zusammenspiel von Windows Server 2016 und Windows 10 lassen sich auch Gruppenrichtlinien automatisch anwenden, wenn sich ein Client über ein virtuelles privates Netzwerk (Virtual Private Network, VPN) mit dem Netzwerk verbindet. Dafür sorgt die DirectAccess-Technik in Windows 10 und Windows Server 2016. Damit Sie die Gruppenrichtlinienverwaltung von Windows Server 2016 auf einem Computer mit Windows 10 ausführen können, benötigen Sie die Remoteserver-Verwaltungstools (RSAT), die Sie bei Microsoft unter *http://tinyurl.com/jmrdeea* herunterladen können (siehe auch Kapitel 3 und 4).

Über diese Tools lassen sich unter anderem die Richtlinien verwalten. Achten Sie aber darauf, möglichst keine Änderungen an den Einstellungen der Standardrichtlinien von Windows Server 2016 vorzunehmen. Damit Richtlinien angewendet werden, benötigen Clients keine zusätzliche Software, der Beitritt zur Domäne reicht aus.

> **Hinweis** Windows 10 Pro unterstützt nicht alle Gruppenrichtlinieneinstellungen, die Windows 10 Enterprise unterstützt. Beispiele dafür sind die Deaktivierung des Stores oder die Zuweisung eines bestimmten Startmenü-Layouts.
>
> Microsoft hat in der TechNet eine Liste veröffentlicht, welche GPO-Einstellungen nur mit Windows 10 Enterprise und Windows 10 Education (entspricht Windows 10 Enterprise) möglich sind (*http://tinyurl.com/j8oaxz8*).

Verwaltungswerkzeuge für Gruppenrichtlinien

Sie können Gruppenrichtlinien auch über die Windows-PowerShell verwalten. Dazu steht das PowerShell-Modul *GroupPolicy* zur Verfügung, das Sie mit dem Befehl *Import-Module GroupPolicy* in Windows-PowerShell ISE importieren können. Die PowerShell ist in Windows Server 2016 automatisch installiert, ebenso die grafische Oberfläche (ISE, Integrated Scripting Environment). Die Konfiguration der Gruppenrichtlinien nehmen Sie mit dem Verwaltungsprogramm *Gruppenrichtlinienverwaltung* vor. Sie finden es über das Menü *Tools*. Über das Kontextmenü einer Richtlinie können Sie deren Bearbeitung starten und Einstellungen in der Richtlinie ändern.

Sie starten die Gruppenrichtlinienverwaltung auch über *Gpmc.msc*. Mit *Gpedit.msc* rufen Sie den Editor für lokale Gruppenrichtlinien auf. Nach der Installation von Active Directory in Windows Server 2016 gibt es bereits zwei Gruppenrichtlinienobjekte. Diese Richtlinien sollten Sie möglichst nicht verändern. Wenn Sie neue Einstellungen festlegen möchten, sollten Sie möglichst eigene Gruppenrichtlinien definieren und die Einstellungen der Standardrichtlinien so belassen, wie sie sind.

Wichtige Begriffe für Gruppenrichtlinien

Viele Einstellungen, die Sie bei den Benutzern und Clientrechnern vornehmen, zum Beispiel für die Energieverwaltung oder Ordnerumleitung, nimmt Windows Server 2016 über Richtlinien vor. Bei der Verwendung eigener Einstellungen bietet es sich an, möglichst eigene Gruppenrichtlinienobjekte (Group Policy Objects, GPOs) zu erstellen.

Erste Schritte mit Richtlinien

Nach dem Start verbindet sich die Konsole der Gruppenrichtlinienverwaltung (Group Policy Management Console, GPMC) automatisch mit der Domäne. Über das Kontextmenü einer Richtlinie und der Auswahl von *Bearbeiten* startet der Gruppenrichtlinienverwaltungs-Editor. Dieser besteht aus zwei Hälften. Auf der linken Seite können Sie auswählen, für welchen Bereich Sie Einstellungen vornehmen wollen:

- Die Einstellungen unter *Computerkonfiguration* werden auf Server und PCs angewendet, sobald diese gestartet werden.
- Die Einstellungen unter *Benutzerkonfiguration* werden auf die Profile der einzelnen Anwender angewendet, sobald sich diese beim Server anmelden.

Abbildung 19.1: Richtlinienverwaltung in Windows Server 2016

Die Einstellungen sind jeweils in drei weitere Einträge unterteilt:

- **Softwareeinstellungen** – Über diesen Eintrag können Sie Applikationen automatisch verteilen lassen, deren Installation auf *.msi*-Dateien beruhen.

- **Windows-Einstellungen** – In diesem Bereich befinden sich die meisten Einstellungen, die Sie vornehmen können. Für jede Einstellung finden Sie auch zahlreiche Erklärungen.
- **Administrative Vorlagen** – Hier finden sich Möglichkeiten zur Einstellung und Automatisierung von Windows Server 2016 und Windows Vista/Windows 7/8/8.1/10. Sie können Einstellungen im Explorer, dem Desktop und vielen anderen Funktionen in Windows vornehmen.

Klicken Sie sich durch die Einträge der Konsolenstruktur, werden auf der rechten Seite die Einstellungen angezeigt, die in diesem Bereich verfügbar sind. Öffnen Sie die Einstellungen per Doppelklick, können Sie Änderungen vornehmen, die an die Benutzer bei der Benutzerkonfiguration oder die Server bei der Computerkonfiguration weitergegeben werden.

Die Gruppenrichtlinien ermöglichen auch Einstellungen, bei denen PowerShell-Skripts beim Starten/Herunterfahren beziehungsweise An- oder Abmelden immer vor normalen Skripts ablaufen. Sie finden diese Einstellungen über *Computerkonfiguration/Richtlinien/Administrative Vorlagen/System/Skripts*. Mehr zu diesem Thema erfahren Sie in Kapitel 18. Interessant sind auch die erweiterten Starter-Gruppenrichtlinienobjekte. Bei diesen Richtlinien handelt es sich um schreibgeschützte Vorlagen, die Sie bei der Erstellung von neuen Richtlinien nutzen können. Wir gehen in diesem Kapitel noch ausführlicher auf diese Themen ein.

Windows Server 2016 unterstützt als Neuerung zum Beispiel die Konfiguration der Energiesparoptionen für Windows 10. Dadurch besteht die Möglichkeit, an zentraler Stelle die Energiesparoptionen der Notebooks und PCs festzulegen. Anwender, die ihren PC über Nacht angeschaltet lassen, können so sicherstellen, dass sich Monitor und Festplatten ausschalten, was eine deutliche Kostenreduktion bedeuten kann, da sogar für normale Desktop-PCs Energiesparmaßnahmen konfiguriert werden können. Auch der Zugriff auf USB-Sticks kann in Windows Server 2016 zusammen mit Windows 10 konfiguriert werden.

Eine Einstellung in den Gruppenrichtlinien kann verschiedene Zustände annehmen. Diese können Sie in den einzelnen Einstellungen konfigurieren. Viele Einstellungen entsprechenden folgendem Prinzip:

- **Aktiviert** – Bei dieser Einstellung wird die Konfiguration auf das Zielobjekt angewendet und weitergegeben.
- **Deaktiviert** – Bei dieser Einstellung wird die Konfiguration der Gruppenrichtlinie auf dem Server auf den Standard zurückgesetzt.
- **Nicht konfiguriert** – Bei dieser Einstellung wird die lokale Einstellung des Clients beibehalten und durch die Gruppenrichtlinie nicht geändert.

Im Bereich *Hilfe* oder auf der Registerkarte *Erklärung* finden Sie ausführliche Hinweise zur ausgewählten Einstellung und deren Auswirkungen. Bevor Sie eine Einstellung aktivieren, sollten Sie sich möglichst immer diese Hinweise genau durchlesen. Bietet eine Richtlinie weitere Einstellungen, können Sie diese entsprechend über Menüs, Dropdownfelder oder der Eingabe von Werten konfigurieren.

Gruppenrichtlinien verknüpfen Sie mit einem Container in der Domäne. Wenn Sie über genügend Berechtigungen verfügen, können Sie mit einer zentralen Gruppenrichtlinienverwaltung (Group Policy Management Console, GPMC) die Gruppenrichtlinien mehrerer Domänen und sogar Gesamtstrukturen verwalten. Standardmäßig werden Sie bereits mit der lokalen Domäne, dem PDC-Emulator dieser Domäne und damit mit Ihrer Gesamtstruktur verbunden. Wenn Sie weitere Domänen Ihrer Gesamtstruktur anzeigen lassen wollen, klicken Sie in der GPMC mit der rechten Maustaste auf den Knoten *Domä-*

nen und wählen im Kontextmenü den Befehl *Domänen anzeigen* aus. Danach können Sie alle Domänen aktivieren, die in Ihrer Gesamtstruktur vorhanden sind.

Abbildung 19.2: Einstellungsmöglichkeiten in Gruppenrichtlinien

Standardmäßig verbindet sich die GPMC automatisch mit dem PDC-Emulator der Domäne, da dieser für die Verwaltung der Gruppenrichtlinien zuständig ist. Wollen Sie jedoch einen anderen Domänencontroller auswählen, zum Beispiel weil der Zugriff auf den PDC-Emulator zu langsam ist, wenn Sie in einer Niederlassung Gruppenrichtlinien verwalten, klicken Sie in der GPMC mit der rechten Maustaste auf die Domäne und wählen im Kontextmenü die Option *Domänencontroller ändern*.

Unterhalb jeder Organisationseinheit werden die Gruppenrichtlinien angezeigt, die mit der OU verknüpft wurden. Sie können in der GPMC auch neue Organisationseinheiten erstellen und Verknüpfungen zwischen den neuen OUs und Gruppenrichtlinien einrichten.

Gruppenrichtlinieneinstellungen effizient einsetzen

Ein wichtiger Punkt im Bereich der Richtlinienverwaltung ist der Knoten *Einstellungen* (Preferences) unter den Richtlinieneinstellungen, wenn Sie die Bearbeitung einer Richtlinie in der Gruppenrichtlinienverwaltung starten. Über diese Vorgaben ermöglichen Sie Einstellungsvorschläge, die Anwender nicht zwingend übernehmen müssen. Das heißt, Sie geben bestimmte Einstellungen vor, die jedoch vom Anwender geändert werden können. Die Einstellungen setzt das Betriebssystem um, lässt aber Anwendern die Möglichkeit, Einstellungen selbst zu ändern. Das verhält sich bei Gruppenrichtlinien anders. Einstellungen, die Sie hier umsetzen, sind im Betriebssystem deaktiviert und lassen sich nicht mehr ändern.

Abbildung 19.3: Einstellungen in Gruppenrichtlinien definieren

Richtlinien sind also feste Vorgaben, die Anwender auch zwingend übernehmen müssen. Eine Änderung auf dem Client ist nicht möglich, da die Richtlinie die entsprechenden Einstellungen deaktiviert. Setzen Sie in den Gruppenrichtlinien Anpassungen um, können Anwender auf ihren Computern entweder gar keine Änderungen in diesem Bereich mehr vornehmen, da diese abgeblendet dargestellt sind, oder die Einstellungen werden beim Neustart wieder durch die Richtlinien überschrieben.

Über den Knoten *Einstellungen* lassen sich hingegen Vorgaben festlegen, die von den Clientcomputern übernommen werden, genauso wie herkömmliche Richtlinien. Nehmen Sie Anpassungen über den Knoten *Einstellungen* vor, bleiben diese auch dann auf den Rechnern erhalten, wenn Sie sie wieder entfernen.

Anwender können solche Einstellungen aber selbst lokal anpassen. Nehmen Sie im Knoten *Einstellungen* im Gruppenrichtlinienverwaltungs-Editor Einstellungen vor, verwendet dieser Editor die gleiche grafische Oberfläche wie die entsprechende Einstellung auf dem Computer selbst.

Sie wählen die Einstellungen aus, klicken mit der rechten Maustaste in den Ergebnisbereich rechts und wählen im Kontextmenü den Eintrag *Neu*. Anschließend können Sie Einstellungen festlegen, die an die Computer übergeben werden. Über die Einstellungen können Sie beispielsweise auch neue Ordner oder Dateien im Dateisystem auf den Rechnern anlegen lassen.

Über die Registerkarte *Gemeinsam* einer solchen Einstellung können Sie darüber hinaus mit Filtern genau auswählen, auf welche Art von Rechnern die Richtlinie angewendet wer-

Erste Schritte mit Richtlinien

den soll. Über diese Einstellungen können Sie beispielsweise auch Netzwerkfreigaben verbinden lassen. Die Einstellungen sind selbsterklärend. Um Preferences zu erstellen, gehen Sie folgendermaßen vor:

1. Starten Sie die Gruppenrichtlinienverwaltung.
2. Klicken Sie mit der rechten Maustaste auf *Gruppenrichtlinienobjekte* und wählen Sie im Kontextmenü den Eintrag *Neu*.
3. Erstellen Sie eine neue Gruppenrichtlinie, klicken Sie sie mit der rechten Maustaste an und wählen Sie *Bearbeiten*.
4. Klicken Sie unter *Computerkonfiguration* oder *Benutzerkonfiguration* auf *Einstellungen*. Gruppenrichtlinien steuern Sie über den Menüpunkt *Richtlinien*.
5. Wählen Sie die Einstellung aus, die Sie auf den Rechnern vorgeben, auf die Sie die Richtlinie anwenden wollen.
6. Klicken Sie mit der rechten Maustaste im rechten Bereich des Fensters und wählen Sie im Kontextmenü den Eintrag *Neu*.
7. Erstellen Sie die Einstellung und nehmen Sie Ihre Änderungen vor.

Abbildung 19.4: Eine neue Einstellung anlegen

Wählen Sie auf der Registerkarte *Gemeinsam* oder *Gemeinsame Optionen* über *Zielgruppenadressierung* die Filterung aus, auf deren Basis Sie die Durchführung der Richtlinie starten wollen. Anschließend müssen Sie die neue Richtlinie mit den Einstellungen noch mit der Domäne oder einer bestimmten Gruppe verknüpfen. Wie das geht, zeigen wir Ihnen in den folgenden Abschnitten, wenn es um die Verwaltung von herkömmlichen Gruppenrichtlinien geht.

Diese Möglichkeiten in den Richtlinien dienen also vor allem der Anpassung einzelner Werte. Sie können auch Sammlungen erstellen. Dabei handelt es sich um mehrere Werte, die in einer Ordnerhierarchie angeordnet werden. Um zum Beispiel einen neuen Wert in der Registry zu erstellen, wählen Sie *Registrierungselement* im Kontextmenü von *Registrierung* aus. Über einen Browser kann der gewünschte Registry-Pfad ausgewählt werden, ähnlich zum Registry-Editor auf dem lokalen Rechner.

Wird als Option *Aktualisieren* gewählt, setzt die Preference den Wert immer auf den festgelegten Wert zurück, auch wenn ein Benutzer diesen lokal ändert. Bei der Auswahl von *Ersetzen* wird der lokale Pfad auf dem Rechner dagegen gelöscht und gegen den Wert in der Preference ersetzt. Das ist nicht immer empfohlen. Als Aktion lassen sich aber auch neue Werte erstellen oder Werte löschen.

Über die Option *Neu/Registrierungs-Assistent* können Sie Einstellungen von einem Quellrechner exportieren und auf die Zielrechner übertragen, denen die gewünschte Group Policy Preference zugeordnet wird. Über die neuen Fenster können Sie Einstellungen definieren, die an die Computer übergeben werden sollen.

Über die Registerkarte *Gemeinsame Optionen* einer neuen Preference können Sie mit Filtern auswählen, auf welche Art von Rechnern die Richtlinie angewendet werden soll. Dieser Filter ist unabhängig von der tatsächlichen Gruppenrichtlinie. Das heißt, die Gruppenrichtlinie wird auf eine bestimmte OU mit Computerkonten oder Benutzer angelegt, danach legt der Filter in den Preferences noch fest, auf welchen Rechner in dieser OU die Registry-Einstellung angepasst wird. Wählen Sie auf der Registerkarte *Gemeinsame Optionen* über *Zielgruppenadressierung* die Filterung aus, auf deren Basis Sie die Durchführung der Richtlinie starten wollen, stehen verschiedene Optionen zur Verfügung. Anschließend muss die neue Richtlinie mit den Einstellungen noch mit der Domäne oder einer bestimmten Gruppe verknüpft werden. Die Vorgehensweise dazu entspricht der Vorgehensweise von normalen Richtlinien.

Registry-Einstellungen von Gruppenrichtlinien herausfinden

Eine Möglichkeit, um nach Gruppenrichtlinieneinstellungen zu suchen, ist die Internetseite Group Policy Search (*http://tinyurl.com/js4xexm*). Sie können hier in einer Baumstruktur nach bestimmten Einstellungen suchen. Auf der rechten Seite sehen Sie für die entsprechende Einstellung die genaue Bezeichnung und vor allem den Registry-Key und den Registry-Wert, der geändert wird. Interessant ist das zum Beispiel, wenn Sie Einstellungen auch auf Rechnern vornehmen wollen, die keine Gruppenrichtlinien unterstützen. Sie können auf der Internetseite nach bestimmten Gruppenrichtlinien suchen.

Das Tool NIT-GPOSearch (*http://tinyurl.com/j3j376u*) liest die Gruppenrichtlinienvorlagen in Ihrem Netzwerk ein und erlaubt die Suche nach bestimmten Einstellungen. Geben Sie zum Beispiel »Desktop« ein, erhalten Sie als Suchergebnis alle Gruppenrichtlinieneinstellungen, die Ihnen dabei helfen, den Desktop von Rechnern einzustellen.

Gruppenrichtlinien verwalten

Wenn Sie mit der Verwaltung von Gruppenrichtlinien beginnen, sollten Sie zunächst zwei Definitionen verstehen, die oft verwechselt werden. Beide Bereiche tauchen auch in der Gruppenrichtlinienverwaltung auf:

- Gruppenrichtlinienobjekte (Group Policy Objects, GPOs)
- Gruppenrichtlinienverknüpfungen

Allgemein wird oft von Gruppenrichtlinien gesprochen. Damit sind meist die GPOs gemeint. Ein GPO ist eine Gruppenrichtlinie, in der Einstellungen vorgenommen und gespeichert sind. Diese Einstellungen legen für Benutzer-PCs oder Benutzerkonten fest, wie sich die Systeme verhalten, zum Beispiel die automatische Konfiguration des Internet Explorers oder von Microsoft Edge in Windows 10.

Diese Einstellungen sind innerhalb eines Containers, des GPO, gespeichert. Damit diese Einstellungen angewendet werden, muss das GPO mit Organisationseinheiten oder einer Domäne verknüpft sein. Erst wenn ein GPO mit einer Organisationseinheit oder der Domäne verknüpft ist, wenden die Computer in der Domäne die Einstellungen innerhalb des GPO auf die entsprechende OU oder die ganze Domäne an. In diesem Fall spricht man von Gruppenrichtlinienverknüpfungen. Ein GPO kann nicht nur mit einer OU verknüpft sein, sondern mit mehreren. Wenn Sie Einstellungen in einem GPO ändern, wendet es diese Änderungen auf alle verknüpften OUs an. Ändern Sie aber Einstellungen in einem GPO ab, das noch nicht mit einer OU verknüpft ist, übernehmen Computer auch keinerlei Änderungen. Diese erfolgen erst dann, wenn das GPO verknüpft ist.

Eine neue Gruppenrichtlinie erstellen

Um Einstellungen per Gruppenrichtlinie an die PCs, Server oder Benutzerkonten in Ihrem Netzwerk weiterzugeben, ist es am besten, immer nach der gleichen Vorgehensweise zu verfahren:

1. Planen der Einstellungen für die Richtlinie.
2. Festlegen der OUs, auf die die Richtlinie angewendet werden soll.
3. Erstellen des GPO.
4. Konfiguration der Einstellungen des GPO.
5. Verlinken (verknüpfen) des GPO mit den gewünschten OUs.
6. Testen der Einstellungen.
7. Fehlerbehebung, wenn etwas nicht funktioniert.

Um ein neues GPO zu erstellen, klicken Sie in der Gruppenrichtlinienverwaltung auf den Knoten *Gruppenrichtlinienobjekte* und wählen im Kontextmenü den Befehl *Neu* aus. Geben Sie danach dem GPO einen passenden Namen, der wiedergibt, welche Einstellungen mit diesem GPO verteilt werden.

Das GPO wird unter dem Menüpunkt *Gruppenrichtlinienobjekte* angezeigt. Hier finden Sie alle GPOs, die Sie erstellt haben oder die Windows Server 2016 bereits automatisch angelegt hat. Interessant an dieser Stelle sind auch die *Starter-Gruppenrichtlinienobjekte*, die als eine Art Vorlage dienen können. Erstellen Sie eine neue Richtlinie, können Sie eine Starter-Richtlinie auswählen und deren bereits vorhandene Einstellungen in die neue Richtlinie übernehmen. Klicken Sie auf den Knoten *Starter-Gruppenrichtlinienobjekte*, können Sie in Windows Server 2016 Vorlagen erstellen lassen.

Abbildung 19.5: Erstellen und Verwalten von neuen Gruppenrichtlinienobjekten

Nach der Erstellung des Gruppenrichtlinienobjekts (GPO) ist dieses in der Domäne vorhanden. Allerdings gibt das GPO keine Einstellungen weiter, da es noch nicht verknüpft ist und keinerlei Einstellungen enthält.

Der nächste Schritt besteht daher darin, die Gruppenrichtlinie zu bearbeiten und die Einstellungen vorzunehmen, die Sie an die Arbeitsstationen verteilen wollen. In diesem Beispiel zeigen wir Ihnen die notwendigen Einstellungen dafür, dass automatisch auf allen Rechnern im Netzwerk der Proxyserver eingetragen ist und weitere Einstellungen im Internet Explorer, Microsoft Edge oder für andere Browser.

Klicken Sie im Knoten *Gruppenrichtlinienobjekte* mit der rechten Maustaste auf das neu erstellte GPO und wählen Sie im Kontextmenü den Eintrag *Bearbeiten* aus. Damit öffnet sich der Gruppenrichtlinienverwaltungs-Editor, mit dessen Hilfe Sie die Einstellungen innerhalb des GPO vornehmen. Der Gruppenrichtlinienverwaltungs-Editor besteht aus zwei Hälften. Auf der linken Seite können Sie auswählen, für welchen Bereich Sie Einstellungen vornehmen wollen. Gruppenrichtlinieneinstellungen nehmen Sie über den Knoten *Richtlinien* vor.

- Die Einstellungen unter *Computerkonfiguration* wenden PCs beim Starten an.
- Die Einstellungen unter *Benutzerkonfiguration* wendet Windows an, wenn sich ein Benutzer am PC anmeldet.

Wenn Sie sich durch die Knoten auf der linken Seite klicken, sehen Sie auf der rechten Seite die Einstellungen, die in diesem Bereich verfügbar sind. Öffnen Sie die Einstellungen einer Gruppenrichtlinie per Doppelklick, können Sie Konfigurationen vornehmen, die an die Benutzer bei der Benutzerkonfiguration oder an die PCs bei der Computerkonfiguration weitergegeben werden.

Gruppenrichtlinienobjekte mit einem Container verknüpfen

Damit die Einstellungen in der Gruppenrichtlinie angewendet werden, müssen Sie diese mit einer OU oder der ganzen Domäne verknüpfen. Klicken Sie dazu in der Gruppenrichtlinienverwaltung mit der rechten Maustaste entweder auf die OU, mit der Sie dieses GPO verknüpfen wollen, oder auf die Domäne. Wählen Sie im Kontextmenü den Eintrag *Vorhandenes Gruppenrichtlinienobjekt verknüpfen* aus. Sie können auch direkt in der Gruppenrichtlinienverwaltung neue Organisationseinheiten erstellen.

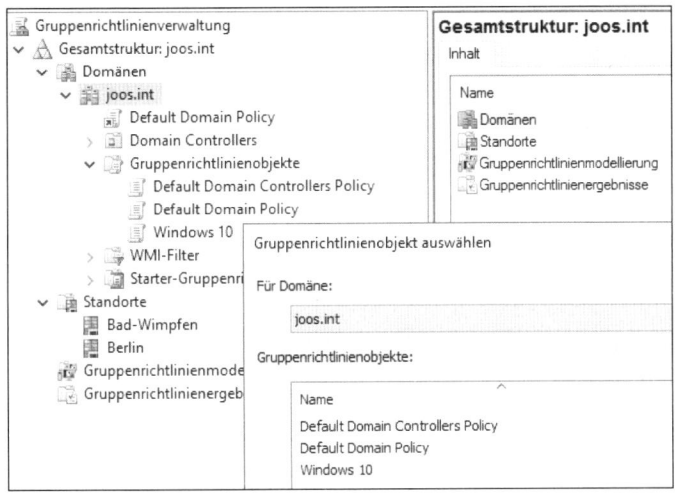

Abbildung 19.6: Verknüpfen einer GPO mit einem Container im Windows Server 2016-Netzwerk

Es öffnet sich ein Fenster, in dem Ihnen alle Gruppenrichtlinien angezeigt werden, die in der Domäne bereits konfiguriert sind. Wählen Sie in dem Fenster das GPO aus und bestätigen Sie mit OK. Nach der erfolgreichen Auswahl wird die Verknüpfung des GPO unterhalb der Domäne beziehungsweise der entsprechenden Organisationseinheit angezeigt.

Sie können das GPO auch nur mit einzelnen oder beliebig vielen OUs verknüpfen. Wenn Sie später eine Änderung an dem GPO vornehmen, wird diese Änderung automatisch an alle verknüpften OUs weitergegeben. In der Gruppenrichtlinienverwaltung erkennen Sie durch die Baumstruktur unter jedem Container, welche Gruppenrichtlinien verknüpft sind. Ab diesem Moment ist das GPO aktiv, da Einstellungen innerhalb des GPO vorgenommen wurden und das GPO verknüpft ist. Als Nächstes können Sie testen, ob die Einstellungen übernommen wurden.

Abbildung 19.7: Anzeigen der verknüpften GPOs

Gruppenrichtlinien erzwingen und Priorität erhöhen

Da Sie mehrere GPOs mit einer OU verknüpfen können, lässt sich die Priorität von Richtlinien so setzen, dass eine Richtlinie immer vor einer anderen gestartet wird. Außerdem besteht die Möglichkeit, eine Einstellung in einer Richtlinie zu setzen und in einer anderen Richtlinie wieder zurückzunehmen, zum Beispiel in einer untergeordneten OU.

Sie haben außerdem die Möglichkeit, die Erzwingung einer Einstellung zu veranlassen. Das heißt, auch wenn in untergeordneten OUs eine Einstellung wieder rückgängig gemacht wird, bleibt die Einstellung so gesetzt, wie in der erzwungenen Richtlinie konfiguriert. Sie können zum Beispiel die Einstellung aktivieren, dass nach gewisser Zeit der Bildschirmschoner auf den Arbeitsstationen aktiviert wird und Anwender ein Kennwort eingeben müssen, wenn der Bildschirm entsperrt werden soll. Das ist vor allem dann sinnvoll, wenn Anwender ihren Platz verlassen.

Falls der Bildschirm nicht gesperrt ist, können andere Anwender ungehindert unter dem Namen des angemeldeten Benutzers Aktionen durchführen. Sie finden die Einstellungen für Bildschirmschoner unter *Benutzerkonfiguration/Richtlinien/Administrative Vorlagen/Systemsteuerung/Anpassung*. Auf der rechten Seite können Sie verschiedene Einstellungen vornehmen und so beispielsweise den Sperrbildschirm von Windows 10 deaktivieren. Oder Sie legen ein bestimmtes Hintergrundbild für den Anmeldebildschirm fest beziehungsweise verhindern, dass Anwender die Startseite und den Anmeldebildschirm anpassen.

Zur Konfiguration können Sie entweder ein neues GPO erstellen oder ein bereits vorhandenes konfigurieren. Die Standardrichtlinien sollten Sie möglichst auch bei einer solchen Konfiguration nicht ändern. Konfigurieren Sie die folgenden Einstellungen:

- *Bildschirmschoner aktivieren* auf *Aktiviert*.
- *Kennwortschutz für den Bildschirmschoner verwenden* ebenfalls auf *Aktiviert*.
- *Zeitlimit für Bildschirmschoner* auf *Aktiviert* und als Einstellung 600 Sekunden bis zur Aktivierung.

Gruppenrichtlinien verwalten

Haben Sie die gewünschten Eintragungen vorgenommen, können Sie den Gruppenrichtlinienverwaltungs-Editor wieder schließen. Verknüpfen Sie die erstellte Richtlinie mit der Domäne oder einer OU.

Wenn Sie die Richtlinie erstellt und verknüpft haben, klicken Sie die Domäne in der Gruppenrichtlinienverwaltung an. Auf der rechten Seite sehen Sie alle Gruppenrichtlinien, die direkt mit der Domäne verknüpft sind. Markieren Sie die Verknüpfung der Bildschirmschoner-Richtlinie auf der rechten Seite der Gruppenrichtlinienverwaltung und klicken Sie auf die Pfeile, bis die Verknüpfung ganz oben angeordnet ist. Dadurch ist sichergestellt, dass diese Verknüpfung und die Einstellungen des verknüpften GPO zuerst angewendet werden.

Durch die Vererbung von Gruppenrichtlinien besteht die Möglichkeit, dass die Einstellung einer Gruppenrichtlinie durch eine andere Gruppenrichtlinie, die in einer untergeordneten OU definiert ist, überschrieben wird.

Für Benutzer innerhalb eines Containers gilt immer die zuletzt angewendete Richtlinie. Wenn also in der Domänenrichtlinie eine Einstellung gesetzt wird, die in der OU des Benutzers zurückgenommen wird, gilt das auch für den Benutzer. Wenn Domänenadministratoren sicherstellen wollen, dass gewisse Gruppenrichtlinien nicht überschrieben werden können, besteht die Möglichkeit, die Einstellungen dieser Richtlinie zu erzwingen. In diesem Fall kann von untergeordneten Organisationseinheiten die Durchsetzung dieser Gruppenrichtlinie nicht verhindert werden.

Sie können eine Gruppenrichtlinie erzwingen lassen, indem Sie auf der rechten Seite der Gruppenrichtlinienverwaltung auf der Registerkarte *Verknüpfte Gruppenrichtlinienobjekte* die Verknüpfung mit der rechten Maustaste anklicken. Wählen Sie im daraufhin geöffneten Kontextmenü den Eintrag *Erzwungen* aus.

Nach der Auswahl erscheint eine Meldung, in der Sie das Erzwingen der Richtlinie bestätigen müssen. Nach der Bestätigung wird die Richtlinie als *Erzwungen* angezeigt. Dadurch stellen Sie sicher, dass diese Einstellungen für alle Benutzer der Domäne Gültigkeit haben und in keiner OU aufgehoben werden können.

Wenn Sie anschließend eine untergeordnete OU aktivieren, sehen Sie auf der rechten Seite auf der Registerkarte *Gruppenrichtlinienvererbung*, dass die Richtlinie auch hier als *Erzwungen* angezeigt wird. Das heißt, die Anwendung dieser Richtlinie kann nicht verhindert werden.

Abbildung 19.8: Erzwungene Richtlinien in der Gruppenrichtlinienvererbung anzeigen

Die Vererbung für Gruppenrichtlinien deaktivieren

Für manche Gruppenrichtlinien ist es unter Umständen sinnvoll, die standardmäßige Vererbung zu deaktivieren. Wenn Sie zum Beispiel in allen OUs einer Domäne Einstellungen weitergeben wollen, in einer anderen OU aber nicht, können Sie in dieser OU die Verwendung der Richtlinie deaktivieren, auch wenn diese mit der gesamten Domäne verknüpft ist.

Abbildung 19.9: Gruppenrichtlinien vererben sich in Domänen nach unten.

Die Grenzen von Gruppenrichtlinien stellen immer Domänen dar. Über Domänen hinweg lassen sich keine Gruppenrichtlinien festlegen.

Wenn Sie die entsprechende OU in der Gruppenrichtlinienverwaltung anklicken, können Sie auf der rechten Seite der Konsole auf der Registerkarte *Gruppenrichtlinienvererbung* erkennen, welche Verknüpfungen von übergeordneten OUs auf diese OU übernommen – also vererbt – werden. Sie können allerdings nicht die Vererbung einzelner Gruppenrichtlinien deaktivieren, sondern nur die Vererbung als Ganzes.

Klicken Sie dazu in der Gruppenrichtlinienverwaltung mit der rechten Maustaste auf die OU, für die Sie die Vererbung deaktivieren wollen, und wählen Sie im Kontextmenü den Eintrag *Vererbung deaktivieren* aus.

Nachdem Sie die Vererbung von Gruppenrichtlinien für eine OU deaktiviert haben, wird diese OU in der Gruppenrichtlinienverwaltung mit einem blauen Kreis und einem weißen Ausrufezeichen angezeigt.

Gruppenrichtlinien verwalten

Abbildung 19.10: Vererbung für eine OU deaktivieren

Auf die gleiche Weise können Sie die Vererbung wieder aktivieren. Auf der Registerkarte *Gruppenrichtlinienvererbung* werden jetzt nur noch die Gruppenrichtlinien angezeigt, die erzwungen werden. Achten Sie darauf, dass Sie bei der Deaktivierung der Vererbung die Richtlinien manuell mit der OU verknüpfen. Erzwungene Gruppenrichtlinien lassen sich auch durch die Deaktivierung der Vererbung nicht deaktivieren. Diese Richtlinien bleiben immer aktiv.

Domänenbasierte Gruppenrichtlinienobjekte mit .admx-Dateien verwalten

Zentral gespeicherte *.admx*-Dateien ermöglichen es den Administratoren, domänenbasierte GPOs mit den gleichen *.admx*-Dateien zu bearbeiten. Wenn Sie die *.admx*-Dateien nicht zentral speichern, funktioniert das Bearbeiten der GPOs genauso wie im vorherigen Abschnitt bei der Bearbeitung.

Nachdem Sie einen zentralen Speicherort eingerichtet haben, nutzen Gruppenrichtlinientools nur noch diese zentral gespeicherten *.admx*-Dateien und ignorieren die lokalen Versionen. Die Ordnerstruktur für die zentrale Speicherung befindet sich im *SYSVOL*-Ordner auf den Domänencontrollern. Sie müssen diesen nur einmal pro Domäne erstellen. Der Dateireplikationsdienst repliziert ihn dann auf alle anderen Domänencontroller der jeweiligen Domäne. Es wird empfohlen, die Ordnerstruktur auf dem PDC-Emulator der Domäne zu erstellen. Da sich Domänencontroller standardmäßig mit dem PDC-Emulator verbinden, können die Gruppenrichtlinientools so schneller auf die *.admx*-Dateien zugreifen. Der zentrale Speicherort setzt sich folgendermaßen zusammen:

- Ein Stammordner, in dem alle sprachneutralen *.admx*-Dateien enthalten sind.
- Unterordner mit den sprachspezifischen *.admx*-Dateien.

Zum Erstellen eines zentralen Speicherorts für *.admx*-Dateien gehen Sie folgendermaßen vor:

1. Erstellen Sie auf Ihrem Domänencontroller einen Stammordner: *%SystemRoot%\SYSVOL\domain\Policies\PolicyDefinitions*.
2. Erstellen Sie unter *%SystemRoot%\SYSVOL\domain\Policies\PolicyDefinitions* einen Unterordner für jede Sprache, die von Ihren Gruppenrichtlinienadministratoren verwendet wird. Jeder Unterordner sollte entsprechend der passenden ISO-Abkürzung benannt werden. Der Unterordner für *Englisch/USA* sieht zum Beispiel so aus: *%SystemRoot%\SYSVOL\domain\Policies\PolicyDefinitions\EN-US*. Bei deutschen Servern wird *DE-DE* verwendet.

Um diese Schritte durchführen zu können, müssen Sie Mitglied der Active Directory-Gruppe Domänen-Admins sein. Nach der Erstellung des zentralen Speicherorts müssen Sie die *.admx*-Dateien, deren Einstellungen Sie zentral verwalten wollen, in den zentralen Speicherort kopieren. Gehen Sie dazu folgendermaßen vor:

1. Öffnen Sie eine Eingabeaufforderung.
2. Kopieren Sie alle sprachneutralen Dateien (*.admx*) in den zentralen Ordner *\PolicyDefinitions*.
3. Kopieren Sie alle sprachspezifischen Dateien (*.adml*) in die entsprechenden Unterordner.

Tipp Neben Windows 10 Version 1607 lassen sich auch für Office 2016 Vorlagen für Gruppenrichtlinien herunterladen und einbinden (*http://tinyurl.com/p4nzxbo*). Die Richtlinien ermöglichen den sicheren Betrieb von Office 2016-Programmen auf Rechnern mit Windows 10.

Auch viele Einstellungen für Office 2010/2013 lassen sich über Gruppenrichtlinien durchführen. Im Downloadcenter stellt Microsoft Gruppenrichtlinienvorlagen zur Verfügung (*http://tinyurl.com/cewlclm* und *http://tinyurl.com/k7nvkpz*), über die Sie Office 2010/2013 per Richtlinie anpassen können.

Damit sich diese verwenden lassen, müssen Sie die *.admx*-Dateien nach dem Entpacken auf dem Domänencontroller in den Ordner *C:\PolicyDefinitions* kopieren. Die Gruppenrichtliniensprachdateien (*.adml*) müssen Sie aus dem jeweiligen Sprachenordner in den Ordner unter *C:\PolicyDefinitions* kopieren.

Die aktuellen Richtlinienvorlagen für Windows 10 finden Sie ebenfalls im Microsoft Download-Center unter *http://tinyurl.com/hcwra5x*.

Microsoft Store, Cortana und Datensammlungen in Windows 10 sperren

Wollen Sie auf Rechnern den Microsoft Store sperren, damit andere Anwender keine Apps installieren, können Sie den Gruppenrichtlinienverwaltungs-Editor verwenden. Dieser steht zwar in den Editionen Pro und Enterprise von Windows 10 zur Verfügung, allerdings funktioniert die Sperrung des Stores nur in Windows 10 Enterprise und Education.

Navigieren Sie zu *Computerkonfiguration/Administrative Vorlagen/Windows-Komponenten/Store*. Aktivieren Sie die Richtlinieneinstellungen zur Deaktivierung des kompletten Stores oder nur das automatische Herunterladen von Updates. Starten Anwender nach der Einrichtung den Store, erscheint eine entsprechende Meldung.

Unternehmen, die auf Windows 10 Enterprise setzen, können weitere Sicherheitseinstellungen festlegen, die in Windows 10 Pro nicht verfügbar sind. Besonders interessant ist in diesem Bereich die Richtlinieneinstellung *Computerkonfiguration/Richtlinien/Administrative Vorlagen/Windows-Komponenten/Datensammlung und Vorabversionen*. Diese Einstellungen können Sie nutzen, um den Datenschutz zu verbessern, da Windows 10 durch Aktivierung weniger Daten ins Internet sendet.

Über Gruppenrichtlinieneinstellungen lässt sich Cortana generell recht gut steuern. Dazu nutzen Sie im Knoten *Computerkonfiguration/Administrative Vorlagen/Windows-Komponenten/Suche* die Einstellung *Nicht im Web suchen und keine Webergebnisse in der Suche anzeigen*. Durch die Aktivierung dieser Option wird verhindert, dass Anwender über Cortana im Internet nach Informationen suchen. Bei solchen Suchvorgängen werden auch Informationen des lokalen Rechners in das Internet gesendet und in der Cloud gespeichert. Das ist nicht immer im Interesse des Unternehmens.

Mit der Richtlinieneinstellung *Cortana zulassen* können Sie mit der Option *Deaktivieren* Cortana per Richtlinie komplett deaktivieren. Die herkömmliche Standardsuche in Windows funktioniert danach problemlos weiterhin.

Mit der Einstellung *Cortana auf dem Sperrbildschirm zulassen* wird festgelegt, ob die Cortana-Funktion auf Windows 10-Rechnern erlaubt sein soll. Diese bietet die Möglichkeit, Cortana auch dann zu nutzen, wenn der Rechner gesperrt ist.

Microsoft Edge mit Richtlinien steuern

Der Edge-Browser als Nachfolger des Internet Explorers wird in Windows 10 Anniversary Update weiter ausgebaut. Es ist jetzt zum Beispiel möglich, Erweiterungen zu installieren. Das ist allerdings in Unternehmen nicht immer gewünscht. Auch Microsoft Edge lässt sich über Gruppenrichtlinien steuern. Zu finden sind die Einstellungsmöglichkeiten über *Computerkonfiguration/Richtlinien/Administrative Vorlagen/Windows-Komponenten/Microsoft Edge*. Hier können Sie zahlreiche Einstellungen vornehmen, um die Arbeit mit Microsoft Edge zu verbessern.

In den Gruppenrichtlinien-Einstellungen von Microsoft Edge können Sie Cookies verbieten und auch die Skriptausführung in Edge blockieren. Außerdem können Sie an dieser Stelle festlegen, dass die Anwender keine Erweiterungen im Browser installieren dürfen. Dazu deaktivieren Sie die Richtlinieneinstellung *Erweiterungen zulassen*.

Sicherheitseinstellungen für das Netzwerk steuern

In manchen Situationen kann es passieren, dass Windows 10 oder Windows Server 2016 den aktuellen Netzwerktyp nicht erkennt und so einen falschen Netzwerktyp (öffentlich, privat oder Arbeitsplatz/Domäne) verwendet. Dies äußert sich in Problemen beim Netzwerkzugriff, vor allem bei Notebooks oder Heimarbeitsplätzen. Sie haben in Windows 10 Pro und Enterprise die Möglichkeit, über Gruppenrichtlinien nicht identifizierte Netzwerke manuell zuzuordnen:

1. Navigieren Sie zu *Computerkonfiguration/Windows-Einstellungen/Sicherheitseinstellungen/Netzwerklisten-Manager-Richtlinien*.

2. Öffnen Sie die Einstellung *Nicht identifizierte Netzwerke*.
3. Legen Sie hier die Einstellung fest, die Sie wünschen.

Tipp	Standardmäßig erreichen Universal-Apps das Internet nur direkt. Wenn Sie einen Proxyserver einsetzen, sollten Sie im System Änderungen vornehmen, damit die Apps eine Verbindung mit dem Internet herstellen können. Da in solchen Umgebungen normalerweise Windows 10 Pro oder Enterprise im Einsatz sind, können Sie die Einstellungen über Gruppenrichtlinien setzen. Navigieren Sie zu *Computerkonfiguration/Administrative Vorlagen/Netzwerk/Netzwerkisolation*.
	Auf der rechten Seite finden Sie die Einstellungen, um die Apps über einen Proxy mit dem Internet zu verbinden. Aktivieren Sie die Einstellung für den Proxy und geben Sie den URL und den Port ein, auf dem der Proxy auf Anfragen wartet.

Benutzer und Kennwörter mit Gruppenrichtlinien absichern

Durch das Festlegen von sicheren Kennwörtern oder der Verhinderung zur Speicherung von Anmeldedaten lässt sich Windows im Netzwerk wesentlich sicherer betreiben.

Unabhängig davon, ob Unternehmen mit lokalen Anmeldungen oder der Authentifizierung mit Active Directory arbeiten, ergibt es Sinn, die Struktur von Kennwörtern über Richtlinien zu steuern. So kann festgelegt werden, wie kompliziert die Kennwörter von Anwendern sein sollen, wann diese geändert werden müssen und ob Anmeldenamen lokal gespeichert werden sollen. Diese Sicherheitsmaßnahmen gibt es auch noch in Windows 10 und Windows Server 2016.

Die wichtigsten Einstellungen für mehr Sicherheit von Kennwörtern sind im Bereich *Computerkonfiguration/<Richtlinien>/Windows-Einstellungen/Sicherheitseinstellungen/Lokale Richtlinien/Sicherheitsoptionen* zu finden.

Mit der Richtlinie *Interaktive Anmeldung: Anwender vor Ablauf des Kennworts zum Ändern des Kennworts auffordern* wird festgelegt, wie viele Tage vor dem Ablauf eines Kennworts die Anwender bereits eine Meldung erhalten, um ihr Kennwort zu ändern.

Mit *Interaktive Anmeldung: Anzahl zwischenzuspeichernder vorheriger Anmeldungen (für den Fall, dass der Domänencontroller nicht verfügbar ist)* steuern Sie, ob Windows Anmeldungen zwischenspeichern soll, und wenn ja, wie viele verschiedene Anmeldungen. Dies ermöglicht die Anmeldung an Rechnern, wenn kein Domänencontroller erreicht werden kann.

Mit *Interaktive Anmeldung: Benutzerinformationen anzeigen, wenn Sitzung gesperrt ist* können Sie sicherstellen, dass am PC nicht zu sehen ist, welcher Benutzer derzeit angemeldet ist, wenn dieser den Bildschirm gesperrt hat. Über die Richtlinie lässt sich festlegen, dass Domäne und Benutzer, nur der Benutzer oder keinerlei Informationen angezeigt werden sollen.

Die Richtlinie *Interaktive Anmeldung: Letzten Benutzernamen nicht anzeigen* legt fest, dass bei der Anmeldung an Windows-Rechnern immer Benutzername und Kennwort angegeben werden müssen. Windows speichert bei Aktivierung keine Benutzernamen, was die Sicherheit deutlich erhöht, vor allem wenn sich an Rechnern Administratoren anmelden.

Mit den Richtlinieneinstellungen *Konten: Administrator umbenennen* und *Konten: Gastkonto umbenennen* können auf einen Schlag das Gastkonto und das Administratorkonto auf Rechnern umbenannt werden. Zusätzlich zur Deaktivierung kann dadurch die Sicherheit von Rechnern deutlich erhöht werden.

Seit Windows 8 und in Windows 10 können sich Anwender auch mit Microsoft-Konten an Rechnern anmelden. Das ist grundsätzlich ebenso für Firmenrechner möglich, aber aus Sicherheitsgründen problematisch. Die Einstellungen dazu sind in den lokalen Einstellungen von Windows zu finden.

Sie können über die Richtlinie *Konten: Microsoft-Konten blockieren* festlegen, dass sich Benutzer nur mit bereits vorhandenen Microsoft-Konten an Windows anmelden dürfen (*Benutzer können keine Microsoft-Konten hinzufügen*) oder gar keine Anmeldung mit Microsoft-Konten erlaubt ist (*Benutzer können keine Microsoft-Konten hinzufügen oder sich damit anmelden*).

Im oberen Bereich der Richtlinien und Sicherheitsoptionen sind auch die Richtlinien für die Benutzerkontensteuerung zu sehen. Über diese Richtlinien lässt sich das Verhalten der Benutzerkontensteuerung für Rechner ab Windows 7 festlegen.

Mit *Benutzerkonfiguration/Administrative Vorlagen/System/STRG+ALT+ENTF (Optionen)* können Sie festlegen, welche Optionen den Anwendern zur Verfügung stehen, wenn sie diese Tastenkombination nutzen.

Gruppenrichtlinien testen und Fehler beheben

Im Anschluss an die Konfiguration und Anbindung von Richtlinien können Sie die Gruppenrichtlinie auf einer Windows-Arbeitsstation mit *Gpupdate /force* in der Eingabeaufforderung übertragen. Alternativ können Sie die Arbeitsstation neu starten. Sie können außerdem den Bildschirmschoner in der Gruppenrichtlinie festlegen, allerdings dürfen die Anwender auch diesen dann nicht mehr verändern.

Einstieg in die Fehlerbehebung von Gruppenrichtlinien

Beim Einsatz von Gruppenrichtlinien ist es notwendig, zu überprüfen, ob Einstellungen auf den Clients überhaupt verwendet werden und wie sich diese auswirken. Eine Fehlersuche bei Gruppenrichtlinien ist ebenfalls eine häufige Aufgabe, wenn bestimmte Einstellungen oder ganze Richtlinien nicht mehr wirksam sind. Sie sehen in der Beschreibung der meisten Richtlinien, mit welchen Betriebssystemen diese kompatibel sind.

Sie haben auch die Möglichkeit, die Verwaltungswerkzeuge von Gruppenrichtlinien, also vor allem die Gruppenrichtlinien-Verwaltungskonsole auf einem Clientrechner zu installieren. Der Vorteil dabei ist, dass Sie Testtools nicht auf Servern installieren müssen, sondern Arbeitsstationen des Administrators verwenden können. Auf einem Admin-PC sind Zusatztools wesentlich besser aufgehoben als auf einem Server.

Damit Sie die Gruppenrichtlinienverwaltung von Windows Server 2016 auf einem Computer mit Windows 10 ausführen können, benötigen Sie die Remoteserver-Verwaltungstools (RSAT), die Sie bei Microsoft unter *http://tinyurl.com/jmrdeea* herunterladen können (siehe Kapitel 3 und 4). Über diese Tools lassen sich unter anderem die Richtlinien verwalten.

Damit Clientcomputer Richtlinien anwenden, benötigen PCs grundsätzlich keine zusätzliche Software. Entweder ist der Computer kompatibel mit der entsprechenden Richtlinieneinstellung oder nicht. Windows 10 und Windows Server 2016 bieten die Möglichkeit, Gruppenrichtlinien über die Windows-PowerShell zu verwalten. Dazu steht das neue PowerShell-Modul *GroupPolicy* zur Verfügung, das Sie mit dem Befehl *Import-Module*

GroupPolicy in die Windows-PowerShell ISE oder in einer normalen PowerShell-Sitzung importieren können. Die wichtigsten Cmdlets können Sie sich anzeigen lassen, indem Sie *Get-Command *gpo** aufrufen.

Mit dem Befehl *Help <Cmdlet>* erhalten Sie eine Hilfe zum entsprechenden Cmdlet, zum Beispiel *Help New-GPO*. Für viele Cmdlets gibt es noch die Option *Help <Cmdlet> -Detailed*. Dieser Befehl bietet noch mehr Informationen. Mit dem Befehl *Help <Cmdlet> -Examples* lassen sich Beispiele für den Befehl anzeigen. Auch das funktioniert für alle Befehle in der PowerShell.

Um Gruppenrichtlinien lokal zu testen, können Sie die Gruppenrichtlinie auf einer Windows-Arbeitsstation mit *Gpupdate /force* in der Eingabeaufforderung übertragen. Alternativ können Sie die Arbeitsstation neu starten. Haben Sie die Einstellungen korrekt vorgenommen, können Sie so feststellen, ob die Arbeitsstation oder der Server die Richtlinie angewendet hat.

Sie sollten bei der Einführung von Richtlinien immer eigene Gruppenrichtlinien anlegen und bereits vorhandene Standardrichtlinien nicht bearbeiten. Das hat den Vorteil, dass bei einem Problem auf jeden Fall der Weg frei bleibt, die eigenen Richtlinien zu deaktivieren.

Vorgehensweise bei der Fehlerbehebung von Gruppenrichtlinien

Falls Gruppenrichtlinien nicht funktionieren, können die Ursachen sehr unterschiedlich sein. Sie sollten Schritt für Schritt untersuchen, wo das Problem liegen könnte. Legen Sie am besten für die unterschiedlichen Einstellungen verschiedene Gruppenrichtlinien an und verknüpfen Sie diese mit der entsprechenden OU oder der ganzen Domäne. Bei der Überprüfung helfen noch folgende Punkte:

- Stellen Sie sicher, dass die Clients den DNS-Server verwenden, auf dem die SRV-Records von Active Directory gespeichert sind.
- Überprüfen Sie mit Nslookup in der Eingabeaufforderung, ob auf den Clients die Namensauflösung zur Domäne funktioniert.
- Überprüfen Sie die Ereignisanzeige auf Fehler.
- Ist der Benutzer/Computer in der richtigen OU, auf der die Richtlinie angewendet wird?
- Versuchen Sie, die Richtlinie auf eine Sicherheitsgruppe anzuwenden? Dies ist nicht ohne Weiteres möglich und erfordert einige Nacharbeit.
- Stimmt die Vererbung? In welcher Reihenfolge starten die Gruppenrichtlinien?
- Haben Sie etwas an der standardmäßigen Vererbung der Richtlinie verändert?
- Haben Sie irgendwo *Erzwungen* oder *Vererbung deaktivieren* aktiviert?
- Geben Sie auf dem PC in der Eingabeaufforderung als angemeldeter Benutzer *Gpresult > gp.txt* ein, um sich das Ergebnis der Richtlinie anzeigen zu lassen.

Das Windows-MMC-Snap-In *Richtlinienergebnissatz* bietet eine grafische Oberfläche und wertet die angewendeten Richtlinien aus. Sie können sich den Richtlinienergebnissatz auf einer Arbeitsstation über *MMC/Datei/Snap-In hinzufügen/Richtlinienergebnissatz* anzeigen lassen. Eine weitere Möglichkeit ist die Eingabe von »rsop.msc«.

Gruppenrichtlinien testen und Fehler beheben

Mit dem Assistenten können Sie die Gruppenrichtlinien übertragen lassen und sich in der grafischen Oberfläche alle angewendeten Gruppenrichtlinien anzeigen lassen. Sie starten die Überprüfung über den Menübefehl *Aktion/Abfrage aktualisieren*.

Abbildung 19.11: Die übertragenen Einstellungen auf einem Computer überprüfen

Auf der Internetseite Gruppenrichtlinien.de von Mark Heitfeld (*http://tinyurl.com/gwnbrll*) finden Sie weiterführende Informationen und Tipps rund um den Einsatz von Gruppenrichtlinien und der Fehlerbehebung. Schauen Sie sich auf dieser Seite um, wenn Sie den Einsatz von Gruppenrichtlinien planen.

Auch auf der englischsprachigen Seite von sdmsoftware.com *http://tinyurl.com/j69lsu6* finden Sie ausführliche Informationen und Tools für Gruppenrichtlinien. Im deutschsprachigen Gruppenrichtlinien-Forum von Microsoft (*http://tinyurl.com/j3ymafh*) erhalten Sie ebenfalls umfassende Informationen.

Auf einem Computer können Sie in der Eingabeaufforderung mit dem Tool *Gpresult /h <HTML-Datei>* einen HTML-Bericht erstellen, der aufzeigt, welche Gruppenrichtlinien der Client anwendet und welche Einstellungen enthalten sind. Mit der Option */x* erstellen Sie eine *.xml*-Datei, die Sie in Programmen oder Skripts einlesen können.

Ein Beispiel ist der Befehl *Gpresult /h c:\temp\test.html*. Anschließend können Sie die Datei im Browser öffnen und sich den Bericht anzeigen lassen. Das Tool kann noch mehr Berichte erstellen.

Fehlerbehebung mit Group Policy Log View

Wenn Gruppenrichtlinien auf einzelnen Rechnern nicht korrekt angewendet werden, können Sie das kostenlose Microsoft-Tool Group Policy Log View (*http://tinyurl.com/a5kvesh*) verwenden, um die Fehler genauer einzugrenzen.

Installieren Sie das Tool auf einem Rechner, den Sie analysieren wollen. Nachdem das Tool installiert ist, öffnen Sie eine Eingabeaufforderung mit Administratorrechten. Wechseln Sie in das Verzeichnis, in das Sie das Tool installiert haben. Geben Sie zur Überwachung der Gruppenrichtlinien den Befehl *Gplogview -o gpevents.txt* ein.

Das Tool analysiert jetzt alle Einträge der Gruppenrichtlinien und zeigt im Verzeichnis eine Textdatei an, in der die Fehler zu den Gruppenrichtlinien gesammelt werden. Sie können das Tool auch in einem Anmeldeskript hinterlegen. Dadurch wird es auf jedem Rechner ausgeführt, der das Anmeldeskript nutzt.

Wenn Sie im Anmeldeskript die Datei mit dem Auswertungsergebnis noch in einer Freigabe speichern, können Sie gezielt die Verwendung der Gruppenrichtlinien auf mehreren Rechnern überwachen. In diesem Fall lassen Sie die Auswertungsdatei aber nicht nur im Netzwerk speichern, sondern geben dem Dateinamen auch noch den jeweiligen Rechnernamen des ausgewerteten Rechners mit. Dazu verwenden Sie den Befehl:

Gplogview -o \\<Server>\<Freigabe>\%computername%-gpevent.txt

Sie können auch eine HTML-Datei als Bericht erstellen lassen. Die Syntax in diesem Fall ist folgende:

Gplogview -h -o \\<Server>\<Freigabe>\%computername%-gpevent.html

Im HTML-Bericht zeigt das Tool auch Farben an. Je rötlicher der Eintrag im Feld *Activity Id* ist, umso gravierender ist der Fehler. Das Tool kann die Anwendung der Gruppenrichtlinien aber auch in Echtzeit überwachen. Dazu öffnen Sie eine Befehlszeile mit Administratorrechten und starten die Echtzeitüberwachung mit:

Gplogview -m

Das Tool überwacht nun den lokalen Rechner auf die Anwendung von Gruppenrichtlinien. Öffnen Sie jetzt eine zweite Eingabeaufforderung und geben Sie darin den Befehl *Gpupdate /force* ein. Im Fenster mit Group Policy Log View sehen Sie die Auswertung der Richtlinie. Neben Group Policy Log View können Sie auch *Gpresult* mit der folgenden Syntax verwenden:

Gpresult /h <Verzeichnis zu einer HTML-Datei>

Auch dadurch erhalten Sie ein Ergebnis, wie die Gruppenrichtlinien auf dem lokalen Server angewendet werden. Hier sehen Sie zudem die einzelnen umgesetzten Einstellungen.

Neben der Sammlung von Protokolleinträgen in Ereignisanzeigen können Sie aber auch nur bestimmte Ereignisse anzeigen lassen. Dazu verwenden Sie die Option *-a* und die Activity-ID des Eintrags. Diese ID sehen Sie in der Protokolldatei nach dem Datum. Das Format ist in etwa:

a9034339-85ce-4ab6-9444-b14c33a93e89

Wollen Sie nur die Einträge mit der eben genannten Activity-ID in der Textdatei erfassen, weil Sie zum Beispiel gezielt nach einer bestimmten Meldung suchen, verwenden Sie den Befehl:

Gplogview -a a9034339-85ce-4ab6-9444-b14c33a93e89 -o \\dell\x\%computername%-GPEvents.txt

Umgekehrt können Sie diese Activity-ID auch aus den Ergebnisdateien ausfiltern, wenn Sie sie nicht benötigen. Dazu fügen Sie einfach die Option *-n* hinzu:

Gplogview -n -o \\dell\x\%computername%-GPEvents.txt

GPO Log View hilft aber auch bei der gezielten Problemsuche. Dazu können Sie das Tool im Monitormodus starten. In diesem Fall wartet es auf die Abarbeitung von Gruppenrichtlinien und erstellt danach eine Protokolldatei. Sinnvoll ist das zum Beispiel, wenn Sie im Hintergrund mit *Gpupdate* eine Aktualisierung der Gruppenrichtlinien durchführen. Der Vorgang dabei ist recht einfach: Sie öffnen eine Befehlszeile mit Administratorrechten und starten das Tool im Monitormodus:

Gplogview.exe -m

In einem weiteren Fenster starten Sie jetzt zum Beispiel *Gpupdate*. Im Fenster mit GPO Log View sehen Sie nun in Echtzeit alle Meldungen, die die Richtlinien erzeugen. Auf diesem Weg finden Sie Fehler wesentlich schneller.

Eine weitere Hilfe dabei ist der Befehl *Gpresult > gp.txt*, um sich das Ergebnis der Richtlinie anzeigen zu lassen, unabhängig von GPO Log View.

Datensicherung und Wiederherstellung von Gruppenrichtlinien

Beim Einsatz von Gruppenrichtlinien sollten Sie diese in regelmäßigen Abständen sichern. Vor allem, wenn Sie eigene Richtlinien erstellen, bietet sich eine solche Sicherung an. Zu einer richtigen Backupstrategie gehört in einem Unternehmen auch die Sicherung der Gruppenrichtlinien. Sichern Sie am besten die Gruppenrichtlinie immer in einen speziellen Ordner auf der lokalen Festplatte und kopieren Sie danach diesen Ordner auf einen Datenträger im Netzwerk, damit auch bei Ausfall einer lokalen Festplatte die Sicherung noch zur Verfügung steht.

Mit der Gruppenrichtlinien-Verwaltungskonsole (Group Policy Management Console, GPMC) können Sie einzelne Gruppenrichtlinien sichern und wiederherstellen, ohne eine Datensicherung von Active Directory verwenden zu müssen. Da die Datensicherung von Gruppenrichtlinien in Dateien gespeichert wird, können Sie die Sicherung auch zum Erstellen neuer Gruppenrichtlinien verwenden, indem Sie gesicherte Gruppenrichtlinien in neu erstellte Gruppenrichtlinien importieren.

Um eine Datensicherung einzelner oder aller Gruppenrichtlinien durchzuführen, klicken Sie in der GPMC auf den Knoten *Gruppenrichtlinienobjekte*. Dieser enthält alle Gruppenrichtlinien. Klicken Sie mit der rechten Maustaste auf eine Gruppenrichtlinie und wählen Sie im Kontextmenü den Eintrag *Sichern* aus.

Bei der Sicherung von Gruppenrichtlinien werden die Einstellungen in eine Datei exportiert. Diese Datei können Sie zur Wiederherstellung importieren. Sie können auch direkt auf den Knoten *Gruppenrichtlinienobjekte* klicken und im Kontextmenü den Eintrag *Alle sichern* auswählen, um sämtliche Gruppenrichtlinien einer Domäne gleichzeitig zu sichern. Bei der Sicherung eines GPO werden folgende Informationen gesichert:

- Einstellungen des GPOs als *.xml*-Datei
- Der Globally Unique Identifier (GUID) des GPO
- Die Berechtigungen des GPO
- WMI-Filter und deren Verlinkung
- Zeitstempel der Datensicherung
- Benutzerdefinierte Information zum gesicherten GPO

Kapitel 19: Richtlinien im Windows Server 2016-Netzwerk konfigurieren

Danach erscheint ein Fenster, in dem Sie einen Ordner auf der Festplatte auswählen und eine Beschreibung der Sicherung hinterlegen können.

Nach der Bestätigung Ihrer Eingaben beginnt der Sicherungs-Assistent mit der Datensicherung der Gruppenrichtlinie und speichert diese im ausgewählten Ordner der Festplatte. Jede Datensicherung wird auf der Festplatte mit einer eindeutigen GUID im ausgewählten Ordner abgelegt.

Abbildung 19.12: Datensicherung von Gruppenrichtlinien starten

Die Verwaltung der gesicherten Gruppenrichtlinien findet allerdings nicht über das Dateisystem statt, sondern ebenfalls mit der GPMC. Klicken Sie in der GPMC mit der rechten Maustaste auf den Knoten *Gruppenrichtlinienobjekte*. Wählen Sie im daraufhin geöffneten Kontextmenü den Befehl *Sicherungen verwalten* aus. Mit diesem Kontextmenübefehl können Sie alle Datensicherungen der Gruppenrichtlinien an zentraler Stelle verwalten.

Wenn Sie mehrere Sicherungen vorgenommen haben und zahlreiche Gruppenrichtlinien verwalten müssen, können Sie in diesem Fenster auch das Kontrollkästchen *Für jedes Gruppenrichtlinienobjekt nur die neueste Version anzeigen* aktivieren. In diesem Fall werden aus dem Fenster alle Datensicherungen ausgeblendet, die vor der aktuellsten Sicherung des einzelnen GPO angelegt wurden. Sie können die einzelnen Sicherungen markieren und sich über die Schaltfläche *Einstellungen anzeigen* die Einstellungen in der Richtlinie anzeigen lassen, die Sie zum Zeitpunkt der Sicherung gesetzt hatten. Die Einstellungen werden Ihnen als .html-Datei angezeigt. Bei der Wiederherstellung einer Gruppenrichtlinie werden die Daten der exportierten Datei wieder in die produktive Richtlinie importiert. Sie können eine Wiederherstellung durchführen, falls Sie die Gruppenrichtlinie versehentlich gelöscht haben oder einen älteren Versionsstand der Einstellungen der Gruppenrichtlinie wiederherstellen möchten.

Bei der Wiederherstellung einer Gruppenrichtlinie stellt Windows, neben den Einstellungen der Richtlinien auch die Berechtigungen für das Gruppenrichtlinienobjekt sowie (falls vorhanden) die Verknüpfungen der WMI-Filter wieder her. Um eine Gruppenrichtlinie zu restaurieren, klicken Sie in der Verwaltung der Sicherungen auf die Schaltfläche *Wiederherstellen*.

Sie können Gruppenrichtlinien auch komplett kopieren. Bei einem Kopiervorgang erstellt Windows eine vollständig neue Gruppenrichtlinie mit neuer GUID und importiert die Einstellungen der Quellrichtlinie. Nach diesem Vorgang sind die beiden Gruppenrichtlinien vollkommen unabhängig voneinander, haben aber identische Einstellungen. Um Gruppenrichtlinien zu kopieren, klicken Sie in der GPMC auf den Knoten *Gruppenrichtlinienobjekte* in der Domäne, aus der Sie die Richtlinie kopieren wollen:

1. Klicken Sie mit der rechten Maustaste auf die entsprechende Gruppenrichtlinie und wählen Sie im Kontextmenü den Befehl *Kopieren* aus. Es erscheint keine weitere Meldung, wenn Sie die Gruppenrichtlinie kopiert haben.
2. Klicken Sie als Nächstes in der GPMC auf den Knoten *Gruppenrichtlinienobjekte* in der Domäne, in der Sie die Gruppenrichtlinie einfügen wollen.
3. Klicken Sie mit der rechten Maustaste auf den Knoten *Gruppenrichtlinienobjekte* und wählen Sie im Kontextmenü den Befehl *Einfügen* aus. Alternativ können Sie die entsprechende Richtlinie auch per Drag&Drop auf den Gruppenrichtlinienobjekt-Container der anderen Gesamtstruktur ziehen.
4. Anschließend erscheint der Assistent zum domänenübergreifenden Kopieren von Gruppenrichtlinien.
5. Im nächsten Fenster müssen Sie entscheiden, ob in der neuen Domäne die Standardberechtigungen gesetzt werden oder ob Sie die ursprünglichen Berechtigungen des GPO übernehmen beziehungsweise migrieren.
6. Als Nächstes werden die Berechtigungen der Gruppenrichtlinie überprüft. Wenn Sie die Berechtigungen der ursprünglichen Gruppenrichtlinie nicht übernehmen wollen, werden die Berechtigungen der neuen Gruppenrichtlinie auf die Standardberechtigungen gesetzt.
7. Danach erhalten Sie noch ein Informationsfenster und der Assistent beginnt mit dem Import der Gruppenrichtlinie.

Wenn Sie die Gruppenrichtlinienverwaltung gestartet haben, können Sie mit einem Klick der rechten Maustaste auf den Eintrag *Gruppenrichtlinienverwaltung* in der Konsolenstruktur im Kontextmenü den Befehl *Gesamtstruktur hinzufügen* auswählen. Standardmäßig werden Sie mit der Gesamtstruktur und der Domäne verbunden, in der die Gruppenrichtlinienverwaltung gestartet wird. Sie können einmal hinzugefügte Gesamtstrukturen wieder aus der Konsole entfernen, wenn Sie sie mit der rechten Maustaste anklicken und im Kontextmenü den Befehl *Entfernen* auswählen.

Wenn Sie externe Domänen oder andere Gesamtstrukturen hinzufügen wollen, müssen zu diesen Domänen bidirektionale Vertrauensstellungen vorhanden sein. Wollen Sie für die Verwaltung der Gruppenrichtlinien in der GPMC von externen Gesamtstrukturen nicht gleich eine Vertrauensstellung einrichten, können Sie *Überprüfung für Vertrauensstellung* deaktivieren.

In diesem Fall müssen Sie in der Systemsteuerung mithilfe von *Benutzerkonten/Anmeldeinformationsverwaltung* für die Gesamtstruktur ein Benutzerkonto mit Kennwort anlegen, das Sie zur Administration der Gruppenrichtlinien berechtigt. Hinterlegen Sie als Servernamen die Bezeichnung *.<DNS-Name der Gesamtstruktur>*, zum Beispiel *.contoso.com*.

Hinweis	Wenn Sie eine Gruppenrichtlinie kopieren, wird diese nicht automatisch mit Containern verknüpft. Sie müssen eine kopierte Gruppenrichtlinie zunächst mit den gewünschten Containern verknüpfen, ansonsten werden die Einstellungen der Richtlinie nicht angewendet.

Neben dem kompletten Kopieren von Gruppenrichtlinien können Sie auch nur die Einstellungen einer Gruppenrichtlinie in eine bereits vorhandene Richtlinie übernehmen. Beim Importieren einer Gruppenrichtlinie werden die Einstellungen aus ihrer Datensicherung verwendet. Beim Importvorgang werden alle Einstellungen der Zielrichtlinie gelöscht und danach die Einstellungen der Quellrichtlinie übernommen.

Um Einstellungen aus der Datensicherung von Gruppenrichtlinien in eine neue Richtlinie zu übernehmen, klicken Sie mit der rechten Maustaste auf die Gruppenrichtlinie im Knoten *Gruppenrichtlinienobjekte* und wählen im Kontextmenü den Eintrag *Einstellungen importieren* aus. Es öffnet sich der Importeinstellungen-Assistent.

Beim Importieren der Einstellungen gehen alle Einstellungen der Zielrichtlinie verloren. Aus diesem Grund schlägt Ihnen der Assistent zunächst die Sicherung des Ziel-GPO vor.

Im nächsten Fenster müssen Sie zunächst den Sicherungsordner der Gruppenrichtlinien festlegen. Danach können Sie die Quellrichtlinie auswählen, aus der Sie die Einstellungen in die Zielrichtlinie übernehmen wollen. An dieser Stelle können Sie die Einstellungen mit der Schaltfläche *Einstellungen anzeigen* noch einmal überprüfen. Danach erhalten Sie eine Zusammenfassung angezeigt und anschließend werden die Einstellungen von der Quell- in die Zielrichtlinie übernommen.

Gruppenrichtlinienmodellierung

Mit der Gruppenrichtlinienmodellierung aus der GPMC lassen sich die Auswirkungen von Gruppenrichtlinien simulieren. Durch diese Funktion können Sie die Einstellungen vor der eigentlichen Inbetriebnahme einer Gruppenrichtlinie ausführlich testen. Um eine Simulation für eine bestimmte Domäne oder OU durchzuführen, klicken Sie mit der rechten Maustaste auf den Knoten und wählen im Kontextmenü den Eintrag *Gruppenrichtlinienmodellierungs-Assistent* aus. Es erscheint das Startfenster des Assistenten.

Zunächst bestimmen Sie die Domäne sowie einen Domänencontroller. Danach müssen Sie den Container auswählen, in dem sich die Benutzer und Computer befinden, für die Sie die Simulation durchführen wollen. Hier trägt der Assistent standardmäßig die OU ein, über die Sie ihn gestartet haben.

Im nächsten Fenster können Sie Optionen bezüglich des Standorts und der Netzwerkverbindung auswählen. Normalerweise können Sie die vorgegebenen Einstellungen übernehmen. Auf weiteren Seiten können Sie simulieren, was passieren würde, wenn die getesteten Benutzer nicht mehr in ihren entsprechenden Sicherheitsgruppen Mitglied wären. Außerdem lassen sich Active Directory-Standorte und langsame Verbindungen simulieren und erstellte WMI-Filter integrieren. Danach können Sie die gleichen Einstellungen für die Computerkonten auswählen. In den meisten Fällen reichen für Tests die Standardeinstellungen aus und müssen nicht verändert werden. Nachdem Sie die Zusammenfassung bestätigt haben, beginnt bereits die Simulation. Abhängig von der Anzahl Ihrer Benutzer und Computer kann die Simulation bei mehreren Gruppenrichtlinien durchaus eine

Weile dauern. Im Anschluss daran erhalten Sie einen detaillierten Bericht im .html-Format über die Auswirkungen der simulierten Gruppenrichtlinien für den konfigurierten Container angezeigt.

Auf die gleiche Weise lassen sich für den Knoten *Gruppenrichtlinienergebnisse* Abfragen generieren, die exakt aufzeigen, welche Operationen der einzelnen Gruppenrichtlinien angewendet werden und was diese verursachen. Diese Diagnose lässt sich zum Beispiel auch für die Fehlersuche nutzen.

Abbildung 19.13: Simulieren von Gruppenrichtlinien

Softwareverteilung über Gruppenrichtlinien

Die Konfiguration der Softwareverteilung bei Windows Server 2016 kann über die Gruppenrichtlinien erfolgen. Dort können Sie *.msi*-Dateien für die Installation auf Clientsystemen zuordnen. Das ist zwar nicht so komfortabel wie mit System Center Configuration Manager, aber für einzelne Anwendungen oder Tools durchaus sinnvoll.

Die Softwareverteilung erfolgt über die in diesem Kapitel ausführlich behandelten Gruppenrichtlinien. Die Konfiguration der Softwareverteilung in Gruppenrichtlinien erfolgt über den Bereich *Computerkonfiguration/Richtlinien/Softwareeinstellungen* beziehungsweise *Benutzerkonfiguration/Richtlinien/Softwareeinstellungen*. Dort findet sich jeweils der Eintrag *Softwareinstallation*.

Über den Befehl *Paket* im Untermenü *Neu* des Kontextmenüs dieses Eintrags führen Sie die Bereitstellung eines Programms auf Basis von *.msi*-Dateien durch. Dazu kopieren Sie

Kapitel 19: Richtlinien im Windows Server 2016-Netzwerk konfigurieren

zunächst die Installationsdateien des Programms, das Sie installieren wollen, auf eine Netzwerkfreigabe, für die Anwender über Leserechte verfügen. Anschließend binden Sie die *.msi*-Datei ein. Installationen, die auf *.exe*-Dateien aufbauen, funktionieren auf diese Weise nicht.

Abbildung 19.14: Ein neues Softwarepaket zur automatischen Installation bereitstellen

Wählen Sie anschließend die *.msi*-Datei von der Netzwerkfreigabe aus. Als Nächstes können Sie die Bereitstellungsmethode auswählen. Stellen Sie das Paket für Computer bereit, nicht für Benutzer, steht die Option *Veröffentlicht* nicht zur Verfügung.

Wählen Sie die Option *Veröffentlicht* aus, erscheint das Paket auf dem Client zur manuellen Installation in der Systemsteuerung. Alle erforderlichen Einstellungen sind automatisch gesetzt. Durch einen Doppelklick auf das Paket können Sie die Eigenschaften bearbeiten.

Wählen Sie die Option *Zugewiesen* aus, erstellt Windows ebenfalls automatisch einen Eintrag. Wählen Sie besser die Option *Erweitert* aus. Bei dieser Auswahl können Sie Einstellungen exakter definieren. Es öffnet sich ein neues Fenster mit verschiedenen Registerkarten, über die Sie die automatische Installation konfigurieren können.

Über die Registerkarte *Bereitstellung von Software* wählen Sie zwischen *Veröffentlicht* und *Zugewiesen* aus. Abhängig von der Auswahl stehen im unteren Bereich weitere Optionen zur Verfügung, die die Installation beeinflussen:

- **Automatisch installieren, wenn die Dateierweiterung aktiviert wird** – Diese Option bewirkt, dass die Anwendung beim Öffnen einer Datei, deren Dateityp für diese Anwendung registriert ist, automatisch installiert wird. Vorher ist die Anwendung auf dem Computer nicht verfügbar.

- **Anwendung deinstallieren, wenn sie außerhalb des Verwaltungsbereichs liegt** – Mit dieser Option legen Sie fest, dass der Computer eine Anwendung automatisch von den Clientsystemen entfernt, wenn die Gruppenrichtlinien, über die sie eingerichtet ist, keine Gültigkeit mehr für diesen Benutzer oder Computer haben. Das ist bei Anwendungen sinnvoll, die Zugriff auf kritische Informationen im Unternehmen gewähren.

- **Paket in der Systemsteuerung unter "Software" nicht anzeigen** – Hiermit legen Sie fest, dass das Paket zwar über die Gruppenrichtlinie verteilt wird, in der Systemsteuerung aber nicht erscheint. Das kann hilfreich sein, um zu verhindern, dass Anwender dieses Paket deinstallieren. Das Installationsprogramm kann über Skripts oder durch Zugriff auf die Freigabe gesteuert werden.
- **Anwendung bei Anmeldung installieren** – Durch diese Option lässt sich definieren, dass die Anwendung bei der Anmeldung eines Benutzers automatisch installiert wird.

Abbildung 19.15: Software-Installation über Gruppenrichtlinien anpassen

Über die Einstellungen für Benutzeroberflächenoptionen konfigurieren Sie, ob dem Benutzer alle Installationsmeldungen präsentiert werden oder ob sich das System darauf beschränkt, nur den Installationsfortschritt anzuzeigen.

Auf der Registerkarte *Aktualisierungen* sehen Sie Informationen über die Zusammenhänge zwischen verschiedenen .*msi*-Paketen, die Sie verteilen. Im oberen Bereich können Sie über die Schaltfläche *Hinzufügen* Pakete aus dieser oder anderen Gruppenrichtlinien angeben, die durch das aktuell bearbeitete Paket aktualisiert werden sollen. Im unteren Bereich sind Pakete aufgeführt, die dem bearbeiteten Paket übergeordnet sind.

Über die Registerkarte *Kategorien* können Sie Kategorien angeben, unter denen diese Anwendung im Bereich *Software* der Systemsteuerung aufgelistet sein soll. Auf der Registerkarte *Änderungen* können Sie .*mst*-Dateien angeben, die Sie für das Paket anwenden wollen. Mit solchen Transformationsdateien können Sie Einstellungen für die Installation anpassen, zum Beispiel bei der automatischen Installation von Office.

Mit der Registerkarte *Sicherheit* lassen sich die Zugriffsberechtigungen für die Nutzung der Installationspakete konfigurieren. Haben Sie alle Einstellungen vorgenommen, bestätigen Sie die Eingaben und schließen das Fenster. Im Fenster der Gruppenrichtlinienverwaltung sehen Sie das Paket und können es auf Wunsch auch nachträglich bearbeiten. Verteilen Sie Anwendungen und Tools am besten über eigenständige Gruppenrichtlinien. Diese verknüpfen Sie anschließend mit der OU oder der ganzen Domäne, wie jede andere Gruppenrichtlinie auch. Im laufenden Betrieb eines Rechners lassen Sie mit *Appwiz.cpl* die Richtlinie auf den Computer übertragen.

Haben Sie eine Anwendung veröffentlicht, finden Anwender sie in der Systemsteuerung über *Programm vom Netzwerk beziehen* in der Verwaltung der Programme. Diese starten Sie am schnellsten über das Tool *Appwiz.cpl*. Durch die Auswahl von *Installieren* wird die Anwendung anschließend auf dem Computer installiert.

Geräteinstallation mit Gruppenrichtlinien konfigurieren

Sie haben in den Gruppenrichtlinien oder lokalen Richtlinien von Windows Server 2016 und auch Windows 10 die Möglichkeit, die Installation von Geräten auf den Clientcomputern zu steuern. In diesem Bereich fällt ferner die Konfiguration und Anbindung von USB-Sticks. Generell können Sie verschiedene Aufgaben durchführen, die die Geräteinstallation von Benutzern betreffen. Die Anwender haben dann das Recht, entsprechende Geräte sogar ohne Administratorrechte zu installieren, oder erhalten eine Meldung, falls nicht unterstützte Geräte mit den Computern verbunden werden sollen:

- Sie können verhindern, dass Anwender Geräte installieren, und dabei genau festlegen, welche Geräte sie nicht installieren dürfen.
- Sie können konfigurieren, dass Anwender nur Geräte, also auch USB-Sticks, installieren, die auf einer Liste der genehmigten Geräte stehen.
- Umgekehrt können Sie Anwendern untersagen, Geräte zu installieren, die auf einer bestimmten Liste stehen. Alle anderen Geräte können in diesem Fall von den Anwendern installiert werden.
- Sie können den Schreib- und Lesezugriff auf USB-Sticks konfigurieren. Das gilt aber nicht nur für USB-Sticks, sondern auch für CD-, DVD-Brenner, Disketten oder externe Festplatten.

Geräteidentifikationsstring und Gerätesetupklasse

Windows untersucht bei der Anbindung eines neuen Geräts zwei Informationen, die das angeschlossene Gerät übermittelt. Auf Basis dieser Informationen kann Windows entscheiden, ob ein interner Windows-Treiber genutzt oder der Treiber eines Drittherstellers verwendet werden soll. Auch zusätzliche Funktionen der Endgeräte lassen sich dadurch aktivieren.

Diese beiden Informationen zur Installation von Gerätetreibern sind die Geräteidentifikationsstrings und die Gerätesetupklasse. Ein Gerät verfügt normalerweise über mehrere Geräteidentifikationsstrings, die der Hersteller festlegt. Dieser String ist auch in der *.inf*-Datei des Treibers hinterlegt. Auf dieser Basis entscheidet Windows, welchen Treiber es installieren soll. Es gibt zwei Arten von Geräteidentifikationsstrings:

- **Hardware-IDs** – Diese Strings liefern eine detaillierte und spezifische Information über ein bestimmtes Gerät. Hier sind der genaue Name, das Modell und die Version des Geräts als sogenannte Geräte-ID festgelegt. Teilweise liefert der Treiber nicht alle

Geräteinstallation mit Gruppenrichtlinien konfigurieren

Informationen, zum Beispiel die Version, mit. In diesem Fall kann Windows selbst entscheiden, welche Version des Treibers installiert wird.

- **Kompatible IDs** – Diese IDs verwendet Windows, wenn kein passender Treiber zum Gerät gefunden werden kann. Diese Informationen sind allerdings optional und sehr allgemein gehalten. Der Treiber unterstützt dann nur Grundfunktionen des Geräts. Verwendet Windows diese ID zur Treiberinstallation, lassen sich zumindest die Grundfunktionen des Geräts verwenden.

Windows weist Treiberpaketen einen gewissen Rang zu. Je niedriger der Rang, umso besser passt der Treiber zum Gerät. Der beste Rang für einen Treiber ist 0. Je höher der Rang, umso schlechter passt der Treiber. In Windows 8/8.1/10 und Windows Server 2016 können beide Informationen nicht nur zur Identifikation des Gerätetreibers verwendet werden, sondern auch zur Zuweisung von Richtlinien, über die Windows die Funktionen und Berechtigungen des Geräts verwaltet.

Die Gerätesetupklassen sind eigene Arten von Identifikationsstrings. Auch auf diese Strings verweist das Treiberpaket. Alle Geräte, die sich in einer gemeinsamen Klasse befinden, installiert Windows auf die gleiche Weise, unabhängig von ihrer eindeutigen Hardware-ID.

Dies bedeutet beispielsweise, dass Windows alle DVD-Laufwerke auf exakt die gleiche Weise installiert. Die Gerätesetupklasse ist durch einen Globally Unique Identifier (GUID) angegeben. Um die Hardware-ID oder die Gerätesetupklasse eines Geräts zu ermitteln, verbinden Sie dieses am besten zunächst mit einem Windows-PC und lassen den Treiber installieren. Im Anschluss rufen Sie den Geräte-Manager auf. Öffnen Sie die Eigenschaften des Geräts und wechseln Sie zur Registerkarte *Details*. Über die Auswahl der Option *Hardware-IDs* im Dropdownmenü *Eigenschaften* können Sie sich alle Hardware-IDs eines Geräts anzeigen lassen. Diese Informationen können Sie später in der Richtlinie hinterlegen.

Über dieses Menü können Sie auch weitere Informationen über die Eigenschaften des Geräts anzeigen lassen, unter anderem die Geräteklasse. Die Werte lassen sich markieren und über die Tastenkombination `Strg`+`C` in die Zwischenablage kopieren sowie bei Bedarf mit `Strg`+`V` wieder in die Gruppenrichtlinien einfügen.

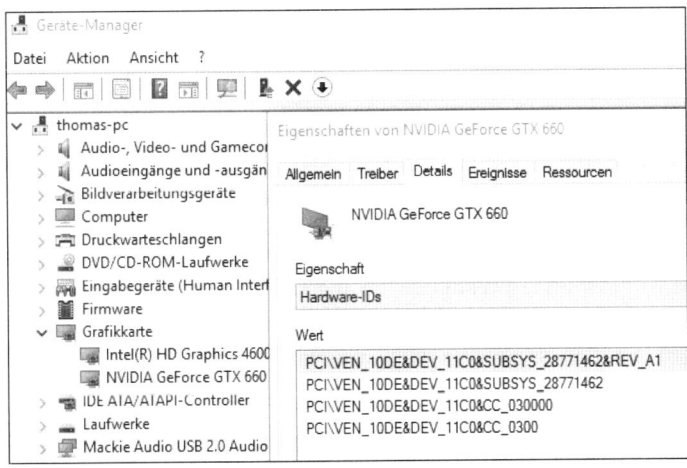

Abbildung 19.16: Hardware-IDs eines Geräts anzeigen

Die Einstellungen für die Geräteinstallationen nehmen Sie über Gruppenrichtlinien vor. Die Einstellungen finden Sie über *Computerkonfiguration/Richtlinien/Administrative Vorlagen/System/Geräteinstallation/Einschränkungen bei der Geräteinstallation*.

Aktivieren Sie an dieser Stelle die Richtlinie *Administratoren das Außerkraftsetzen der Richtlinien unter "Einschränkungen bei der Geräteinstallation" erlauben*, können Administratoren auf PCs mit aktivierter eingeschränkter Geräteinstallation über den Assistenten zum Hinzufügen von Hardwaretreibern beliebige Gerätetreiber installieren. Das funktioniert auch dann, wenn Sie bestimmte Geräte von der Installation ausschließen.

Zusätzlich haben Sie an dieser Stelle weitere Möglichkeiten, die Sie per Richtlinie verteilen können:

- **Installation von Geräten verhindern, die nicht in anderen Richtlinien beschrieben sind** – Aktivieren Sie diese Einstellung, können Anwender keine Geräte installieren, bis diese Geräte in der Einstellung *Installation von Geräten mit diesen Geräte-IDs zulassen* oder *Installation von Geräten mit Treibern zulassen, die diesen Gerätesetupklassen entsprechen* definiert sind.

- **Installation von Geräten verhindern, die nicht in anderen Richtlinien beschrieben sind** – Wenn Sie diese Richtlinie nicht konfigurieren oder aktivieren, können Anwender alle Geräte installieren. Ausgenommen davon sind Geräte, die in den Einstellungen *Installation von Geräten mit diesen Geräte-IDs verhindern* oder *Installation von Geräten mit Treibern verhindern, die diesen Gerätesetupklassen entsprechen* oder *Installation von Wechselgeräten verhindern* definiert sind.

- **Administratoren das Außerkraftsetzen der Richtlinien unter "Einschränkungen bei der Geräteinstallation" erlauben** – Bei dieser Einstellung können die Mitglieder der lokalen Administratoren-Gruppe jede Art von Treiber installieren, unabhängig von den Gruppenrichtlinieneinstellungen. Dazu muss der Administrator allerdings den Assistenten zum Hinzufügen von neuer Hardware verwenden. Wenn diese Einstellung nicht gesetzt ist, dürfen auch die Administratoren die entsprechenden Geräte nicht installieren.

- **Installation von Geräten mit diesen Geräte-IDs verhindern** – Hier können Sie eine Liste festlegen, in der Sie alle Hardware-IDs und kompatiblen IDs der Geräte hinterlegen, deren Installation Sie verhindern wollen. Diese Richtlinie hat immer Vorrang vor allen anderen Richtlinien, in denen die Installation von Geräten erlaubt ist.

- **Installation von Geräten mit Treibern verhindern, die diesen Gerätesetupklassen entsprechen** – Bei dieser Richtlinie wird für die Anwender die Installation kompletter Geräteklassen verhindert. Diese Einstellung hat Vorrang vor allen anderen Einstellungen und Richtlinien, die die Installation von Geräten erlauben.

- **Installation von Geräten mit diesen Geräte-IDs zulassen** – Hier können Sie eine Liste aller Geräte auf Basis der Hardware-ID oder der kompatiblen ID hinterlegen, die die Anwender installieren dürfen. Diese Richtlinie ist aber nur in Verbindung mit der Richtlinie *Installation von Geräten verhindern, die nicht in anderen Richtlinien beschrieben sind* sinnvoll, da dadurch die Anwender davon abgehalten werden, andere Geräte als die hinterlegten zu installieren. Diese Richtlinie kann durch die Richtlinien *Installation von Geräten mit Treibern verhindern, die diesen Gerätesetupklassen entsprechen*, *Installation von Geräten mit diesen Geräte-IDs verhindern*, *Installation von Wechselgeräten verhindern* überschrieben werden.

- **Installation von Geräten mit Treibern zulassen, die diesen Gerätesetupklassen entsprechen** – Hier können Sie, analog zur Richtlinie mit den Geräte-IDs, festlegen, welche Geräteklassen die Anwender installieren dürfen.

So funktioniert die Steuerungen in Geräteinstallationen über Gruppenrichtlinien

Um in den Richtlinien für die Zulassung oder Verhinderung der Installation von Geräten Hardware-IDs aufzunehmen, rufen Sie die Eigenschaften dieser Einstellung auf und aktivieren Sie diese. Klicken Sie im Anschluss auf die Schaltfläche *Anzeigen* und dann auf Schaltfläche *Hinzufügen*. Hier können Sie die Hardware-ID einfügen, die Sie zuvor in den Eigenschaften des Geräts im Geräte-Manager in die Zwischenablage kopiert haben.

Wird die Installation eines Geräts untersagt, erhält der Anwender eine entsprechende Fehlermeldung angezeigt, die darauf hinweist, dass die Installation auf Basis einer Richtlinie untersagt ist. In den Richtlinien können Sie auch einen benutzerdefinierten Text hinterlegen.

Gruppenrichtlinien für den Zugriff auf Wechselmedien konfigurieren

Zusätzlich zur Möglichkeit, die Installation von Geräten zu steuern, können in Windows 8/8.1/10 Gruppenrichtlinien erstellt sein, die den schreibenden und lesenden Zugriff auf Wechselmedien steuern. Die Richtlinie zur Steuerung von Wechselmedien können Sie sowohl unter der Computerkonfiguration als auch in der Benutzerkonfiguration durchführen. Sie finden die Einstellungen für den Zugriff auf Wechselmedien unter

- *Computerkonfiguration/Richtlinien/Administrative Vorlagen/System/Wechselmedienzugriff*
- *Benutzerkonfiguration/Richtlinien/Administrative Vorlagen/System/Wechselmedienzugriff*

Die Einstellungen dieser Richtlinie sind selbsterklärend. Wenn Sie eine Richtlinie aufrufen, finden Sie eine ausführliche Information über die Auswirkungen der Richtlinie. Nicht jedes Brennprogramm von Drittherstellern hält sich an die Einstellungen in der Richtlinie für den schreibenden Zugriff auf CDs oder DVDs. Wenn Sie sicherstellen wollen, dass keine CDs oder DVDs gebrannt werden können, sollten Sie die Installation von DVD- oder CD-Brennern über die entsprechende Richtlinie verweigern.

Mit AppLocker Desktop- und Windows-Apps in Netzwerken steuern

Administratoren von Windows-Netzwerken können mit Windows Server 2016 und Windows 8/8.1/10 über Richtlinien unerwünschte Anwendungen sperren und so Sicherheitslücken schließen. Die Funktionen sind der Enterprise-Version von Windows 8/8.1/10 vorbehalten.

Auf diesem Weg können Sie verhindern, dass Anwender transportable Programme über USB-Stick, E-Mail oder anderen Speichermöglichkeiten ausführen können. Durch die Einbindung in Gruppenrichtlinien haben Sie zusätzlich die Möglichkeit, für verschiedene Gruppen unterschiedliche Einstellungen vorzunehmen.

Auch wenn Anwender keine Administratorrechte haben, können sie dennoch problemlos viele Programme starten. Die Programme haben dann die gleichen Rechte wie der Benutzer und können teilweise sogar Daten ins Internet übertragen. Aus diesem Grund ist eine gewisse Einschränkung durchaus sinnvoll.

AppLocker in Unternehmen nutzen

Damit Sie AppLocker nutzen können, müssen Sie im Unternehmen Windows 8/8.1/10 in der Edition Enterprise einsetzen. AppLocker ist zudem in Windows Server 2016 enthalten.

Hinweis Betriebssysteme und Versionen von Windows 8/8.1/10, die nicht kompatibel mit AppLocker sind, wenden die Regeln nicht an. Es besteht also keine Gefahr, dass Sie Rechner außer Funktion setzen, wenn Sie AppLocker einsetzen und das Betriebssystem die Regeln nicht versteht.

AppLocker ermöglicht die Erstellung von Whitelists und Blacklists. Auch eine Kombination von Regeln ist möglich. AppLocker kann Anwendungen sperren und für fortgeschrittene Einsatzszenarien einzelne *.dll*-Dateien. Ferner lassen sich konkrete Versionen von Programmen und *.dll*-Dateien berücksichtigen.

AppLocker kann auch automatische Regeln erstellen und bestimmte Ordner auf neue Programme hin überwachen. Neben Gruppenrichtlinien können Sie ebenso über Sicherheitsgruppen filtern. AppLocker können Sie auch in der PowerShell steuern. Dazu laden Sie in der PowerShell mit *Import-Module applocker* die entsprechenden Cmdlets. Eine Liste der verschiedenen Cmdlets erhalten Sie mit *Get-Command *applocker**.

Gruppenrichtlinien für AppLocker erstellen

Die Konfiguration von Richtlinien findet in zwei Stufen statt. Sie erstellen eine Richtlinie und weisen ihr AppLocker-Regeln zu. Um AppLocker zu verwenden, navigieren Sie zu *Computerkonfiguration/Richtlinien/Windows-Einstellungen/Sicherheitseinstellungen/Anwendungssteuerungsrichtlinien*. Klicken Sie auf *AppLocker*. Hier erstellen Sie die Regeln für AppLocker.

- Bei *Ausführbare Regeln* erstellen Sie Regeln für Programme mit den Endungen *.exe* und *.com*.
- *Windows Installer-Regeln* steuern die Ausführung von Setupdateien (*.msi* und *.msp*).
- Über *Skriptregeln* erfassen Sie Dateien mit den Endungen *.js*, *.ps1*, *.vbs*, *.cmd* und *.bat*.
- Mit dem Knoten *App-Paketregeln* steuern Sie den Zugriff der Anwender auf Windows-Apps auf den Windows 8/8.1/10-PCs.

Die Regeln lassen sich kombinieren und Sie können auswählen, ob die entsprechende Regel Programme erlauben oder sperren soll. Zusätzlich können Sie bei jeder Regel noch Ausnahmen für bestimmte Programme hinterlegen.

Mit AppLocker Desktop- und Windows-Apps in Netzwerken steuern

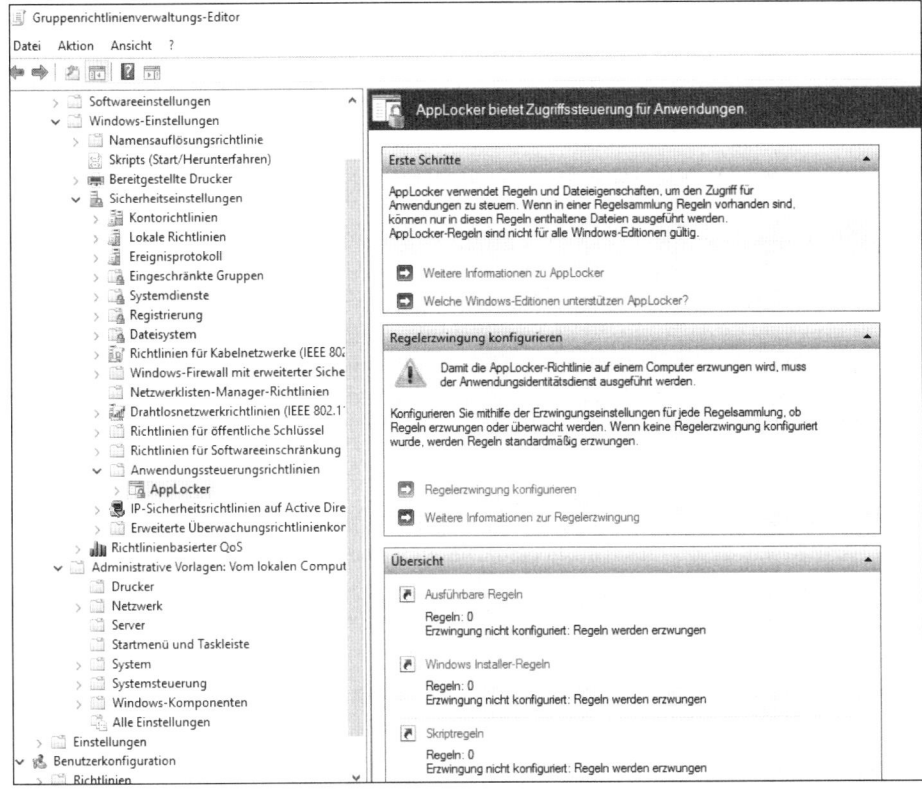

Abbildung 19.17: AppLocker in Windows Server 2016 verwenden

Verweigerungsregeln überschreiben die Zulassungsregeln. Wenn Sie die Ausführung von Programmen verweigern, können Sie keine Regel erstellen, die einer bestimmten Gruppe die Ausführung erlaubt. In diesem Fall sollten Sie die Filterung in der Regel so steuern, dass nicht alle Benutzer eingeschränkt sind.

AppLocker unterstützt bei diesen Vorgängen auch Gruppen in Active Directory. Erstellen Sie eine neue AppLocker-Regel und hinterlegen Sie die Benutzergruppe. Später können Sie dann die Ausführung von Programmen über die Gruppenmitgliedschaft steuern, ohne die AppLocker-Regeln neu erstellen oder ändern zu müssen.

Regeln für AppLocker erstellen

Ausführbare Regeln bieten einen Einstieg in AppLocker. Hier können Sie bestimmte Programme blockieren oder bestimmte Versionen sperren lassen:

1. Navigieren Sie zu *Computerkonfiguration/Richtlinien/Windows-Einstellungen/Sicherheitseinstellungen/Anwendungssteuerungsrichtlinien*. Klicken Sie auf *AppLocker*. Die Steuerung können Sie auch auf einzelnen Computern vornehmen. Dann finden Sie AppLocker im Editor für lokale Gruppenrichtlinien über *Computerkonfiguration/Windows-Einstellungen/Sicherheitseinstellungen/Anwendungssteuerungsrichtlinien*.
2. Klicken Sie mit der rechten Maustaste auf *Ausführbare Regeln*.
3. Wählen Sie im Kontextmenü den Eintrag *Neue Regel erstellen* aus.

Kapitel 19: Richtlinien im Windows Server 2016-Netzwerk konfigurieren

4. Bestätigen Sie die erste Seite *Vorbereitung* mit einem Klick auf *Weiter* und wählen Sie auf der Seite *Berechtigungen* aus, ob die Regel Anwendungen zulassen oder verweigern soll.
5. Wählen Sie im Dropdownmenü die Gruppe aus, auf die Sie diese Regel anwenden wollen.
6. Auf der nächsten Seite legen Sie fest, auf welcher Grundlage Sie Programme sperren möchten:
   - **Herausgeber** – Durch diese Auswahl können Sie Anwendungen auf Basis ihres Zertifikats filtern. Dazu muss die Anwendung jedoch digital signiert sein. Bei Standardsoftware ist das oft der Fall, beim Einsatz selbst entwickelter Anwendungen funktioniert das nicht, wenn Sie die Anwendung nicht signiert haben. Diese Auswahl ist am besten geeignet, da sie sich nur schwer umgehen lässt. Die Zertifikate einer ausführbaren Datei lassen sich von normalen Benutzern nicht aushebeln. Diese Auswahl ist also empfohlen.
   - **Pfad** – Mit dieser Auswahl berücksichtigt die Regel Programme in einem bestimmten Ordner. Anwender können in diesem Fall aber Programme aus dem Ordner verschieben. In diesem Fall greift die Regel nicht mehr. Benutzer können daher solche Regeln ganz einfach aushebeln. Diese Auswahl ist also nicht empfohlen.
   - **Dateihash** – Hierbei handelt es sich einfach ausgedrückt um den Fingerabdruck der Datei. Dieser ändert sich bei jeder neuen Version und Aktualisierung. Bei jeder Änderung des Programms müssen Sie auch die entsprechende Regel ändern.

Die weiteren Fenster unterscheiden sich etwas, abhängig von der Auswahl, die Sie zum Filtern verwenden.

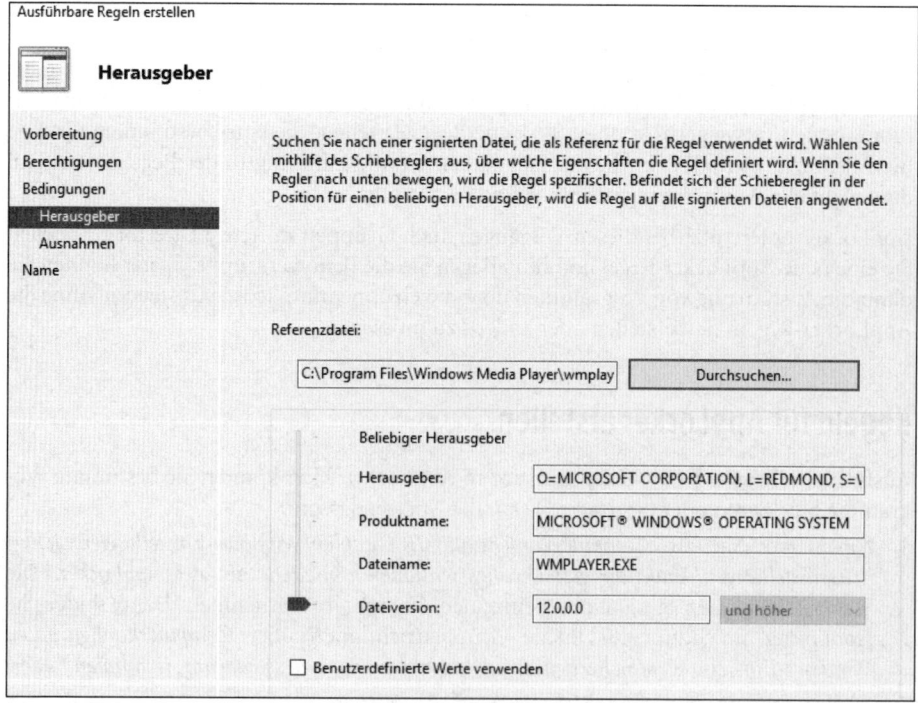

Abbildung 19.18: Filteroptionen für das Programm auswählen

Zunächst wählen Sie ein Referenzprogramm des Herstellers aus, dessen Programme Sie filtern wollen. Mit dem Schieberegler legen Sie Einstellungen wie die Version des Programms fest, das Sie in der Regel erfassen wollen.

Sie haben auch die Möglichkeit, Versionen von Programmen zu sperren. Aktivieren Sie die Option *Benutzerdefinierte Werte verwenden*, können Sie bestimmen, ab oder bis welcher Version Sie das Programm in der Regel erfassen wollen. Auf diesem Weg lassen sich unerwünschte Versionen von Programmen ausfiltern.

Über die weiteren Fenster des Assistenten legen Sie fest, ob Sie Ausnahmen für die Regel erfassen wollen. Sie können die Regeln jederzeit nachträglich anpassen. Auf diesem Weg erstellen Sie alle Regeln, die Sie in dem GPO erfassen wollen. Sobald Sie das GPO mit den Regeln fertiggestellt haben, verknüpfen Sie es mit einer OU oder der Domäne. Anschließend wenden die Computer die Richtlinie an und setzen die hinterlegten Regeln um.

Die Umsetzung von AppLocker-Richtlinien testen Sie am besten durch einen Neustart oder indem Sie *Gpupdate /force* in einer Eingabeaufforderung mit Administratorrechten eingeben.

Regeln automatisch erstellen und AppLocker erzwingen

Sie können AppLocker auch veranlassen, automatisch Regeln zu erstellen. Dazu legen Sie einen bestimmten Ordner fest. Diesen Ordner scannt AppLocker automatisch nach neuen Programmen und nimmt diese direkt in die Regeln auf.

Klicken Sie zur Erstellung einer solchen automatischen Regel mit der rechten Maustaste auf *Ausführbare Regeln* und wählen Sie im Kontextmenü den Eintrag *Regeln automatisch generieren*. Wählen Sie im Assistenten den Ordner aus, der in AppLocker eingebunden werden soll, sowie die Benutzergruppe, für die Sie die Regel anwenden wollen. Im Anschluss legen Sie fest, auf welcher Grundlage AppLocker die Regel erstellen soll.

Auch hier haben Sie die Möglichkeit, den Herausgeber, den Dateihash oder einen Pfad zu verwenden, genauso wie bei den manuellen Regeln. Ähnliche Dateien lassen sich in gemeinsame Regeln zusammenfassen. Anschließend erstellt der Assistent Zulassungsregeln für die gefundenen Programme. Auch diese Regeln können Sie nachträglich anpassen.

Klicken Sie auf *AppLocker* im linken Bereich der Konsole, können Sie auf der rechten Seite festlegen, wie sich AppLocker auf den Clientcomputern verhalten soll. Dazu wählen Sie die Option *Regelerzwingung konfigurieren*. Aktivieren Sie *Regeln erzwingen* oder die Einstellung *Nur überwachen*. Im Überwachungsmodus setzt AppLocker die Regeln nicht um, sondern protokolliert nur die betroffenen Anwendungen. Sie finden die Meldungen in der Ereignisanzeige über *Anwendungs- und Dienstprotokolle/Microsoft/AppLocker*.

Abbildung 19.19: AppLocker-Regeln automatisch erstellen

Abbildung 19.20: AppLocker konfigurieren

Auf der Registerkarte *Erweitert* aktivieren Sie die DLL-Regeln. Nach der Aktivierung finden Sie im linken Bereich der Konsole die neue Option *DLL-Regeln*. Hier erstellen Sie AppLocker-Regeln auf Basis von *.dll*-Dateien. Diesen Bereich sollten Unternehmen aber erst dann verwenden, wenn es bereits eine AppLocker-Infrastruktur gibt.

DLL-Regeln erstellen Sie genauso wie ausführbare Regeln. Der Unterschied dabei ist nur, dass Sie keine *.com*- oder *.exe*-Dateien auswählen, sondern *.dll*-Dateien, die die Regel erfassen soll. Auch hier können Sie – wie bei ausführbaren Regeln – bestimmte Versionen sperren, erlauben oder filtern.

Die Erstellung dieser Regeln funktioniert genauso wie alle anderen Regeln. Das Filtern von *.dll*-Dateien kann die Clientcomputer stark ausbremsen und eine hohe Anzahl an Anwendungen ungewollt sperren.

Die Benutzerkontensteuerung über Richtlinien konfigurieren

In Unternehmen lässt sich das Verhalten der Benutzerkontensteuerung per Gruppenrichtlinie konfigurieren. Die dazu notwendigen Einstellungen finden Sie über *Computerkonfiguration/Richtlinien/Windows-Einstellungen/Sicherheitseinstellungen/Lokale Richtlinien/Sicherheitsoptionen*.

Führt ein Anwender Aufgaben durch, die Administratorrechte benötigen, erscheint ein Bestätigungsfenster oder ein Authentifizierungsfenster, wenn Sie an einer Arbeitsstation als Standardbenutzer angemeldet sind. Auch so lassen sich Anwendungen sperren.

Eine neue Gruppenrichtlinie für sichere Kennwörter erstellen

Navigieren Sie zu den Einstellungen der Kennwörter unter *Computerkonfiguration/Richtlinien/Windows-Einstellungen/Sicherheitseinstellungen/Kontorichtlinien/Kennwortrichtlinien* in einer Gruppenrichtlinie, können Sie bestimmen, welche Struktur die Kennwörter der Anwender haben sollen. In Windows Server 2016 gibt es verschiedene Einstellungen, die Sie zur Konfiguration von sicheren Kennwörtern verwenden können:

- **Kennwort muss Komplexitätsvoraussetzungen entsprechen** – Bei dieser Option muss das Kennwort mindestens sechs Zeichen lang sein. Das Kennwort darf maximal zwei Zeichen enthalten, die auch in der Zeichenfolge des Benutzernamens vorkommen. Außerdem müssen drei der fünf Kriterien von komplexen Kennwörtern erfüllt sein:
  - Großbuchstaben (A bis Z)
  - Kleingeschriebene Buchstaben (a bis z)
  - Ziffern (0 bis 9)
  - Sonderzeichen (zum Beispiel !, &, /, %)
  - Unicodezeichen (€, @, ®)
- **Kennwortchronik erzwingen** – Hier können Sie festlegen, wie viele Kennwörter im Active Directory gespeichert bleiben sollen, die ein Anwender bisher bereits verwendet hat. Wenn Sie diese Option wie empfohlen auf 24 setzen, darf sich ein Kennwort erst nach 24 Änderungen wiederholen.
- **Kennwörter mit umkehrbarer Verschlüsselung speichern** – Bei dieser Option speichert Windows die Kennwörter so, dass die Administratoren sie auslesen können. Sie sollten diese Option deaktivieren. Dazu müssen Sie die Richtlinieneinstellung definieren und diese auf *Deaktiviert* setzen.
- **Maximales Kennwortalter** – Hier legen Sie fest, wie lange ein Kennwort gültig bleibt, bis der Anwender es ändern muss.
- **Minimale Kennwortlänge** – Der Wert legt fest, wie viele Zeichen ein Kennwort mindestens enthalten muss. Dafür wird ein Wert von acht Zeichen empfohlen.
- **Minimales Kennwortalter** – Hier steuern Sie, wann ein Anwender ein Kennwort frühestens ändern darf, also wie lange es mindestens aktuell sein muss. Diese Option ist zusammen mit der Kennwortchronik sinnvoll, damit die Anwender das Kennwort nicht so oft ändern, dass sie wieder ihr altes verwenden können. Microsoft empfiehlt an dieser Stelle einen Wert von 2.

Firewalleinstellungen über Gruppenrichtlinien setzen

Auf Client-PCs erstellen Sie neue Regeln in der Windows-Firewall über die erweiterte Konsole. Diese starten Sie durch Eingabe von »wf.msc« im Suchfeld der Startseite. Sie können jedoch auch über Gruppenrichtlinien Firewallregeln erstellen und diese an die Clients verteilen.

Sie finden die Einstellungen über *Computerkonfiguration/Richtlinien/Windows-Einstellungen/Sicherheitseinstellungen/Windows-Firewall mit erweiterter Sicherheit*.

Hier können Sie eingehende und ausgehende Regeln festlegen. Die Oberfläche dazu ist die gleiche wie bei der lokalen Verwaltung der Firewall.

Zusammenfassung

In diesem Kapitel sind wir ausführlich darauf eingegangen, wie Sie Gruppenrichtlinien mit Windows Server 2016 verwenden. Im nächsten Kapitel zeigen wir Ihnen, wie Sie Dateiserver mit Windows Server 2016 optimal betreiben.

Teil E
Datei- und Druckserver mit Windows Server 2016

Kapitel 20: Dateiserver und Daten im Netzwerk freigeben 523
Kapitel 21: Ressourcen-Manager für Dateiserver 565
Kapitel 22: BranchCache konfigurieren und nutzen 591
Kapitel 23: Druckerserver betreiben 605

Kapitel 20
Dateiserver und Daten im Netzwerk freigeben

In diesem Kapitel:

SMB 3.1.1 in Windows Server 2016 nutzen	524
Berechtigungen für Dateien und Ordner verwalten	526
Dateien und Ordnern überwachen	534
Ordner freigeben	536
Richtlinien für Datenspeicher festlegen (Storage QoS)	545
Dateien und Freigaben auf Windows Server 2016 migrieren	552
Serverspeicher in Windows Server 2016 Essentials im Dashboard verwalten	562
Zusammenfassung	564

In diesem Kapitel erklären wir Ihnen den Umgang mit Windows Server 2016 als Datei- oder Druckserver. Wir gehen dabei auf die Möglichkeiten ein, Freigaben zu erstellen und zu verwalten, aber auch auf die Sicherheitsoptionen und Einstellungen, die auf einem Dateiserver notwendig sind.

Damit auf einen Windows Server 2016 über Freigaben zugegriffen werden kann, müssen Sie zunächst sicherstellen, dass im Netzwerk- und Freigabecenter die Dateifreigaben aktiviert sind. Erst dann ist der Zugriff über das Netzwerk möglich. Installieren Sie auch auf dem Server die Rolle *Dateiserver*, um auf alle Möglichkeiten zugreifen zu können. In Kapitel 5 gehen wir auf die Verwaltung der Datenträger ein. Lesen Sie sich zum Aufbau eines Dateiservers daher Kapitel 5 durch. In Kapitel 4 sind wir ebenfalls auf den Rollendienst eingegangen. Daher sollten Sie sich mit diesem Kapitel bei Bedarf noch mal näher beschäftigen.

SMB 3.1.1 in Windows Server 2016 nutzen

Windows Server 2016 und Windows 10 kommunizieren mit der neuen Version 3.1.1 des Server Message Block-(SMB-)Protokolls. Dieses bietet einige Neuerungen bezüglich der Leistung und der Sicherheit. Damit die neue Version genutzt wird, müssen die beteiligten Computer mit Windows Server 2016 oder Windows 10 installiert sein. Windows Server 2016 und Windows 10 kann zwar problemlos mit älteren Windows-Versionen und auch mit Linux über SMB kommunizieren, allerdings wird in diesem Fall die jeweilige SMB-Version des ältesten Systems verwendet, das bei der Verbindung zum Einsatz kommt.

Mehr Sicherheit und Leistung in SMB 3.1.1

Die neue SMB-Version soll deutlich sicherer sein und Man-in-the-Middle-Angriffe verhindern. Dazu wird SMB Encryption erweitert. Die Technik verhindert seit SMB 3.0 (Windows 7 und Windows Server 2012), dass Angreifer auf übertragene Daten zugreifen. In SMB 3.1.1 wird die Chiffre bereits beim Verbindungsaufbau ausgetauscht. Dies soll die Sicherheit von SMB-Verbindungen bereits gewährleisten, bevor sich Client und Server gegenseitig authentifiziert haben. Microsoft bezeichnet diese Neuerung in SMB 3.1.1 auch als »Pre-Authentication Integrity«. Die Daten zur Authentifizierung werden mit SHA-512 verschlüsselt. Außerdem wird die Authentifizierung sicherer gestaltet.

SMB 3.1.1 nutzt für SMB Encryption als Verschlüsselungsverfahren AES-128-GCM. Der direkte Vorgänger SMB 3.0.2 in Windows Server 2012 R2 und Windows 8.1 hat hier auf AES-128-CCM gesetzt. Laut Microsoft kommt AES-128-GCM in Windows Server 2016 und Windows 10 besser mit aktuellen Prozessoren von Intel und AMD zurecht. Dieser Sachverhalt kann die Zugriffe per SMB deutlich beschleunigen, vor allem zwischen Servern, wenn zum Beispiel Storage Spaces Direct oder die neue Storage-Replikation in Windows Server 2016 zum Einsatz kommen sollen. Beide neuen Funktionen sind dazu in der Lage, mit SMB 3.1.1 zu kommunizieren. Microsoft nennt eine mögliche Leistungssteigerung von 100 % beim Kopieren von großen Dateien über das Netzwerk.

Neben SMB Encryption gibt es noch SMB Signing. Beide Funktionen können parallel genutzt werden, da nur so sichergestellt ist, dass Client und Server nicht übernommen und auch keine Daten ausgelesen werden.

SMB Encryption in der Praxis

Generell lässt sich die SMB-Verschlüsselung auch über die PowerShell steuern. Dabei stehen die folgenden Cmdlets zur Verfügung:

Set-SmbServerConfiguration -EncryptData <0|1>

Set-SmbShare -Name <Freigabe> -EncryptData <0|1>

New-SmbShare -Name <Freigabe> -Path <Pfad> -EncryptData 1

In Ausnahmefällen kann der Zugriff auch unverschlüsselt durchgeführt werden. Hier steht der folgende Befehl zur Verfügung:

Set-SmbServerConfiguration -RejectUnencryptedAccess <0|1>

Die SMB-Verschlüsselung lässt sich also pro Server und alle oder einzelne Freigaben definieren. Wenn die SMB-Verschlüsselung für einen Server konfiguriert ist, besteht keine Möglichkeit, auf Ebene der Freigaben Anpassungen vorzunehmen, um zum Beispiel die

Verschlüsselung für einzelne Freigaben zu deaktivieren. Haben Sie die SMB-Verschlüsselung auf einem Server aber deaktiviert, kann die Verschlüsselung auf Basis einzelner Freigaben nachträglich aktiviert werden. Wenn die Verschlüsselung für eine Freigabe oder den kompletten Server aktiviert ist, erhalten Clients keinen Zugriff, wenn sie unverschlüsselte Anfragen stellen. Dieses Verhalten kann mit der PowerShell gesteuert werden:

Set-SmbServerConfiguration -RejectUnencryptedAccess <0|1>

Wird die Option *-RejectUnencryptedAccess* auf »0« gesetzt, akzeptiert der Server auch unverschlüsselte Anfragen von Clients, die keine Verschlüsselung unterstützen. Das sind zum Beispiel Server mit Windows Server 2003 oder Rechner mit Windows XP. Neben der Steuerung von SMB für komplette Server (*Set-SmbServerConfiguration*) und einzelne Freigaben (*Set-SmbShare*) können Sie mit der PowerShell auch die Einstellungen von SMB anzeigen lassen. Mit den beiden Befehlen *Get-SmbServerConfiguration* und *Get-SmbShare* lassen sich auch detaillierte Informationen zu Freigaben und der lokalen SMB-Konfiguration anzeigen.

Kompatibilität mit älteren SMB-Versionen

Rechner mit Windows Server 2016 und Windows 10 können problemlos mit älteren Windows-Versionen kommunizieren. Allerdings wird in diesem Fall die ältere Version aus Kompatibilitätsgründen eingesetzt. Diese verfügt weder über die Sicherheitsfunktionen noch über die (möglichen) Leistungssteigerungen von SMB 3.1.1. Das gilt übrigens auch für den Einsatz mit Windows Server 2012 R2 und Windows 8.1.

Die Vorgänger von Windows Server 2016 und Windows 10 nutzen die Version 3.0.2. Sobald ein Server mit Windows Server 2016 mit einem Client auf Basis von Windows 8.1 kommunizieren muss, nutzt er SMB 3.0.2. Sind noch Windows 7 und Windows Server 2012 im Einsatz, setzen Windows 10 und Windows Server 2016 bei der Kommunikation mit diesen Betriebssystemen auf SMB 3.0. Hier fehlen maßgebliche Neuerungen für den schnellen und sicheren Datenaustausch im Netzwerk oder zum Beispiel die Möglichkeit, mehrere parallele Zugriffe per SMB zu nutzen (SMB-Multichannel).

SMB-Zugriff auf Nano-Servern steuern

Auf Nano-Servern ist der SMB-Zugriff standardmäßig nicht aktiv. Zwar nutzen auch Nano-Server die SMB-Version 3.1.1, allerdings sind alle Zugriffe gesperrt, bis Sie sie erlauben. Sie können auf einem Nano-Server auch über das Netzwerk auf Freigaben zugreifen. Und Administratoren steht die C$-Freigabe zur Verfügung, um Dateien auf den Server zu kopieren. Dies ist vor allem dann wichtig, wenn Sie mit dem Server nachträglich einer Domäne beitreten wollen oder dieser für den Datenaustausch dienen soll. Damit der Zugriff funktioniert, müssen Sie in der Nano Server Recovery Console in der Konfiguration die Firewallregel für den SMB-Zugriff per Datei- und Druckerfreigabe freischalten. Dazu verwenden Sie die Taste F4 . Danach können Sie den Domänenbeitritt eines Nano-Servers konfigurieren.

SMB 1.0 im Netzwerk ausfindig machen und deaktivieren

Da Windows Server 2003 und Windows XP nicht mehr offiziell unterstützt werden, gibt es im Netzwerk keinen Grund, weiterhin auf SMB 1.0 zu setzen. Allerdings besteht in Windows Server 2016 weiterhin die Möglichkeit dazu. Wenn jedoch kein SMB 1.0 mehr eingesetzt werden soll, können Sie die SMB 1.0-Funktionen aus Windows Server 2016 entfernen. In diesem Fall können sich Rechner mit Windows Server 2003 und Windows XP nicht mehr per SMB mit dem Server verbinden. Dadurch erhöht sich auch die Sicherheit, da SMB 1.0-Verbindungen nahezu problemlos gekapert werden können. Um SMB 1.0 aus Windows Server 2016 zu entfernen, verwenden Sie die PowerShell mit dem folgenden Cmdlet-Aufruf:

Remove-WindowsFeature FS-SMB1

Sie können auf Servern mit Windows Server 2016 überwachen lassen, ob noch Clients mit SMB 1.0 einen Zugriff auf den Server vornehmen wollen. In diesem Fall schaltet der Server in den unsicheren SMB 1.0-Modus für diese Verbindung. Die Überwachung aktivieren Sie in Windows Server 2016 mit der PowerShell und folgendem Befehl:

Set-SmbServerConfiguration -AuditSmb1Access $true

Um sich anzeigen zu lassen, ob es noch Clients mit Windows Server 2003 oder Windows XP im Netzwerk gibt, kann ebenfalls die PowerShell verwendet werden. Der Befehl dazu lautet:

Get-WinEvent -LogName Microsoft-Windows-SMBServer/Audit

Hinweis Samba unterstützt ab Version 4.3 auch SMB 3.1.1. Es lohnt sich also für Unternehmen, die auf Windows 10 setzen und im Netzwerk Samba-Server einsetzen, auf die neue Version 4.x zu aktualisieren. Zusätzlich lassen sich mit Samba Domänencontroller aufsetzen, die kompatibel zu Windows 10 sind.

Berechtigungen für Dateien und Ordner verwalten

Die Berechtigungen im Dateisystem sind in der Zugriffssteuerungsliste (Access Control List, ACL) gespeichert. Während der Anmeldung generiert Windows für den Benutzer ein sogenanntes Zugriffstoken, das die Sicherheits-ID (Security ID, SID) des Benutzerkontos sowie die SIDs der Gruppen enthält, in denen der Benutzer Mitglied ist.

Beim Zugriff auf eine Datei vergleicht Windows die Einträge des Tokens mit der ACL und ermittelt daraus die Berechtigung. Dazu addiert das System die Berechtigungen für jeden übereinstimmenden Eintrag. Ein Benutzer bekommt die Berechtigungen, die seinem Konto zugewiesen sind, sowie alle Berechtigungen, die den Gruppen zugewiesen sind, in denen er Mitglied ist.

Geben Sie einem Benutzerkonto die Berechtigung *Lesen* und bekommt zusätzlich eine Gruppe, in der dieser Benutzer Mitglied ist, die Berechtigung *Schreiben* zugewiesen, ergeben die effektiven Berechtigungen *Lesen* und *Schreiben*. Um die Berechtigungen zu setzen, wählen Sie in den Eigenschaften des Ordners oder der Datei die Registerkarte *Sicherheit*. Mehr zu diesem Thema lesen Sie auch in Kapitel 18.

Berechtigungen für Dateien und Ordner verwalten

Abbildung 20.1: Berechtigungen für Ordner und Dateien verwalten

Zusätzlich ist es möglich, einzelnen Benutzern oder Gruppen Berechtigungen zu verweigern, wobei die Verweigerung immer Vorrang hat. Auch wenn ein Benutzer in einer Gruppe Mitglied ist, die Berechtigungen auf einen Ordner hat, verweigert Windows den Zugriff, wenn er über eine Gruppe oder sein Benutzerkonto in der Verweigerungsliste eingetragen ist.

Beispiel

Auf eine Datei sollen alle Mitarbeiter der Buchhaltung (mit der Mitgliedschaft in der gleich benannten Gruppe) Zugriff erhalten. Eine Ausnahme machen dabei allerdings die Auszubildenden, die ebenfalls Mitglied der Gruppe *Buchhaltung* sind.

Wenn der Gruppe *Buchhaltung* der Zugriff auf diese Datei erlaubt ist, erhalten auch die Auszubildenden Zugriff, da sie Mitglied der Gruppe sind. Sie können der Gruppe *Auszubildende* den Zugriff verweigern. So erhalten die Auszubildenden zwar den Zugriff durch die Mitgliedschaft in der Gruppe *Buchhaltung*, der ihnen aber durch die Mitgliedschaft in der Gruppe *Auszubildende* verweigert wird.

Erweiterte Berechtigungen auf Ordner definieren

Um spezielle Berechtigungen zu setzen und weitere Einstellungen vorzunehmen, wählen Sie auf der Registerkarte *Sicherheit* die Schaltfläche *Erweitert*. Um die erweiterten Berechtigungen zu konfigurieren, klicken Sie im neuen Fenster auf *Bearbeiten*.

Als Nächstes können Sie entweder bestehende Einträge bearbeiten oder neue Benutzerkonten hinzufügen, denen Sie dann spezielle Berechtigungen zuweisen.

Kapitel 20: Dateiserver und Daten im Netzwerk freigeben

Abbildung 20.2: Erweiterte Sicherheitseinstellungen für Ordner bearbeiten

Damit Sie für den Ordner erweiterte Berechtigungen zuweisen können, müssen Sie entscheiden, wie weit sich diese Berechtigungen auswirken. Dazu wählen Sie aus der Liste *Übernehmen für* in den Eigenschaften eines Eintrags aus, in welchem Bereich sich die speziellen Berechtigungen auswirken sollen.

- **Nur diesen Ordner** – Die Berechtigungen werden nur für diesen Ordner gesetzt und gelten nicht für darin enthaltene Unterordner oder Dateien.

- **Diesen Ordner, Unterordner und Dateien** – Die Berechtigungen werden auf die komplette Ordnerstruktur angewendet und gelten für alle Ordner und Dateien unterhalb dieses Ordners.

- **Diesen Ordner, Unterordner** – Die Berechtigungen werden nur auf diesen Ordner und alle Unterordner gesetzt, Berechtigungen auf Dateien werden nicht gesetzt.

- **Diesen Ordner, Dateien** – Die Berechtigungen gelten nur für diesen Ordner und die darin enthaltenen Dateien.

- **Nur Unterordner und Dateien** – Dieser Ordner wird von der Vergabe der Berechtigungen ausgenommen, sondern die Berechtigungen werden nur auf darin enthaltene Dateien und andere Ordner gesetzt.

- **Nur Unterordner** – Dieser Ordner wird von der Vergabe der Berechtigungen ausgenommen, die Berechtigungen werden nur auf darin enthaltene Ordner gesetzt.

- **Nur Dateien** – Dieser Ordner wird von der Vergabe der Berechtigungen ausgenommen, die Berechtigungen werden nur auf darin enthaltene Dateien gesetzt.

Setzen Sie nach der Auswahl die erweiterten Berechtigungen. Über die Schaltfläche *Alle löschen* können Sie die Liste der gesetzten Berechtigungen wieder löschen. Auch bei Dateien gibt es eine Unterteilung in Standard- und erweiterte Berechtigungen.

Berechtigungen für Dateien und Ordner verwalten

Abbildung 20.3: Erweiterte Berechtigungen für einen Ordner und einen Benutzer bearbeiten

Zunächst werden nur die grundlegenden Berechtigungen angezeigt. Klicken Sie daher auf den Link *Erweiterte Berechtigungen anzeigen*, um zusätzliche Rechte angezeigt zu bekommen.

Berechtigungen verstehen

Weisen Sie einem Benutzerkonto die Berechtigung *Lesen* für einen Ordner zu und bekommt zusätzlich eine Gruppe, in der dieser Benutzer Mitglied ist, die Berechtigung *Schreiben* zugewiesen, ergeben die effektiven Berechtigungen *Lesen* und *Schreiben*.

Es gelten grundsätzlich die engsten Einschränkungen der Zugriffsberechtigungen. Wenn ein Benutzer Vollzugriff auf eine Freigabe hat und ein Ordner auf dem PC nur gelesen werden darf, darf der Benutzer tatsächlich nur lesen, auch wenn er per Vollzugriff über das Netzwerk zugreift.

Abbildung 20.4: Berechtigungsebenen in Windows

Hat ein Benutzer im Dateisystem *Vollzugriff* und wurde auf die Freigabe nur das Leserecht vergeben, darf er auf den Ordner über das Netzwerk nur lesend zugreifen. Er kann allerdings lokal auf dem Computer oder über andere überlappende Freigaben, die diese Einschränkung nicht haben, mit mehr Rechten zugreifen. Die Berechtigungen bilden daher

Kapitel 20: Dateiserver und Daten im Netzwerk freigeben

immer eine Schnittmenge zwischen Freigabeberechtigungen und Berechtigungen auf dem Dateisystem (NTFS oder ReFS).

Berechtigungen für den Zugriff über das Netzwerk nehmen Sie über die Registerkarte *Freigabe* in den Eigenschaften des Ordners über die Schaltfläche *Erweiterte Freigabe* vor. Mit *Berechtigungen* legen Sie fest, wer über das Netzwerk auf den PC zugreifen darf. Den jeweiligen Benutzer müssen Sie vorher auf dem PC mit der Freigabe anlegen.

Die Festlegung auf NTFS-Ebene, also für das Dateisystem, erfolgt über die Eigenschaften eines Ordners auf der Registerkarte *Sicherheit*. Nach jeweils einem Klick auf die Schaltfläche *Bearbeiten* und *Hinzufügen* können Sie neue Benutzer, denen Sie Berechtigungen gewähren wollen, hinzufügen. Dabei haben Sie folgende Möglichkeiten:

- **Vollzugriff** – Erlaubt den vollen Zugriff auf den Ordner oder die Datei. Bei Ordnern bedeutet das, dass Benutzer Dateien hinzufügen und löschen dürfen. Bei Dateien stehen alle Funktionen zur Verfügung. Dazu gehört auch die Veränderung von Zugriffsberechtigungen. Mit diesem Recht sollten Sie vorsichtig umgehen.

- **Ändern** – Die Berechtigungen sind im Vergleich mit dem Vollzugriff auf das Schreiben, Lesen, Ändern und Löschen beschränkt. Benutzer können keine Berechtigungen erteilen, sonst aber alles mit den Dateien machen.

- **Lesen, Ausführen** – Für Programmdateien relevant, da diese ausgeführt werden dürfen. Fehlt dieses Recht, darf ein Benutzer keine Programme starten, die in diesem Ordner gespeichert sind.

- **Ordnerinhalt auflisten (nur bei Ordnern)** – Benutzer dürfen den Inhalt des Ordners anzeigen. Die Inhalte der Dateien im Ordner lassen sich aber nicht anzeigen.

- **Lesen** – Definiert, dass eine Datei gelesen, aber nicht ausgeführt oder geöffnet werden darf.

- **Schreiben** – Die Datei darf verändert, jedoch nicht gelöscht werden. Anwender dürfen nur Daten hinzufügen.

Mit dem Befehlszeilentool *Openfiles* können Sie Dateien und Ordner, die auf einem System geöffnet wurden, auflisten und trennen. Vor jedem Dateinamen sehen Sie eine ID und den Namen des jeweiligen Benutzers.

Greifen mehrere Benutzer gleichzeitig auf eine Datei zu, zeigt Openfiles diese Datei unter zwei unterschiedlichen ID-Kennungen entsprechend zwei Mal an. Damit geöffnete Dateien angezeigt werden, müssen Sie zunächst das Systemflag *Maintain Objects List* aktivieren. Mit dem Befehl *Openfiles /local on* wird das Systemflag eingeschaltet. Der Befehl *Openfiles /local off* schaltet es aus.

Erst nach der Aktivierung dieses Flags werden mit Openfiles geöffnete Dateien angezeigt. Nachdem Sie das Flag gesetzt haben, müssen Sie den Computer neu starten. Wenn Sie nach dem Neustart in der Eingabeaufforderung *Openfiles* eingeben, werden die geöffneten Dateien angezeigt.

Möchte man feststellen, welche Dateien auf einem wechselbaren Datenträger (zum Beispiel USB-Stick) geöffnet sind, empfiehlt sich der Befehl *Openfiles |find /i "z:"*, wobei z: der Laufwerkbuchstabe des USB-Sticks ist.

Wenn Sie noch offene Dateien auf Ihrem System vorfinden und diese schließen möchten, verwenden Sie den Befehl *Openfiles /disconnect /id <id>* oder *openfiles /disconnect /a <user>*. Als <id> wird die von Openfiles mitgeteilte ID eingetragen, als <user> die mitgeteilte Nutzerkennung.

So setzen Sie diese Berechtigungen optimal:
1. Um Berechtigungen für einen Ordner oder eine Datei zu setzen, wählen Sie in den Eigenschaften des Ordners oder der Datei die Registerkarte *Sicherheit*.
2. Im oberen Bereich sehen Sie, welche Benutzer oder Gruppen bereits Berechtigungen für den Ordner haben.
3. Klicken Sie im oberen Bereich auf eine Gruppe oder einen Benutzer, sehen Sie dessen Standardrechte im unteren Bereich.
4. Über die Schaltfläche *Bearbeiten* können Sie die Berechtigungen steuern.
5. Klicken Sie auf *Hinzufügen*, um neue Benutzer oder Gruppen der Liste hinzuzufügen, oder auf *Entfernen*, um eine Gruppe zu löschen.
6. Wollen Sie Benutzer hinzufügen, klicken Sie zuerst auf *Hinzufügen* und anschließend im neuen Fenster auf *Erweitert*.
7. Klicken Sie im neuen Fenster auf *Jetzt suchen*. Windows zeigt dann alle Benutzerkonten und Gruppen an, die Sie auf dem Computer angelegt haben.
8. Wählen Sie das Benutzerkonto aus, dem Sie Rechte erteilen wollen.
9. Das Benutzerkonto wird jetzt in die Liste übernommen und Sie können zunächst Standardrechte erteilen. Welche Bedeutung die verschiedenen Rechte haben, ist nachfolgend erläutert.

Besitzer für ein Objekt festlegen

Der Objektbesitzer ist der Anwender mit den umfangreichsten Rechten für einen Ordner oder eine Datei. Vor allem wenn Anwender versehentlich auch den Administrator von der Berechtigungsliste streichen, kommt dem Objektbesitzer eine besondere Bedeutung zu. Dieser kann nämlich auf den Administrator geändert werden. So lassen sich versehentlich gesperrte Ordner durch die Hintertür wieder öffnen:

1. Um den Besitzer einer Datei festzustellen oder zu ändern, öffnen Sie zunächst die Eigenschaften des Objekts und wählen dort die Registerkarte *Sicherheit*.
2. Anschließend klicken Sie auf die Schaltfläche *Erweitert*.
3. Auf der Registerkarte *Berechtigungen* sehen Sie unter *Besitzer* den Inhaber dieses Objekts.
4. Um den Besitz zu übernehmen, klicken Sie auf *Ändern* und wählen dann das Konto in der Liste aus.
5. Wollen Sie den Besitzer nicht nur für diesen Ordner, sondern auch für alle Unterordner und darin enthaltenen Dateien ersetzen, aktivieren Sie das Kontrollkästchen *Besitzer der Objekte und untergeordneten Container ersetzen*.

Berechtigungen vererben

Grundsätzlich gilt bei Ordnerstrukturen das Prinzip der Vererbung. Das heißt, eine Berechtigung, die ein Benutzer auf einen Ordner erhält, erhält er auch auf die darin enthaltenen Verzeichnisse und Dateien. Weisen Sie einem Benutzerkonto die Berechtigung *Ändern* für einen Ordner zu, sehen Sie in den untergeordneten Ordnern, dass der Benutzer die gleichen Berechtigungen hat. Allerdings sind die entsprechenden Felder grau unterlegt. Damit wird angezeigt, dass die Berechtigungen nicht explizit in diesem Ordner zugewiesen werden, sondern vom übergeordneten Ordner vererbt sind.

Sie können für Unterordner einzelne Rechte verweigern. Wählen Sie auf der Registerkarte *Sicherheit* die Schaltfläche *Erweitert*. Mit der Schaltfläche *Vererbung deaktivieren* schalten Sie die Berechtigungsweitergabe ab. Anschließend können Sie bereits gesetzte Rechte übernehmen oder die Liste löschen lassen und neu setzen. Sie können über die Schaltfläche auch die Vererbung wieder aktivieren.

Wichtig ist noch das Kontrollkästchen *Alle Berechtigungseinträge für untergeordnete Objekte durch vererbbare Berechtigungseinträge von diesem Objekt ersetzen*. Aktivieren Sie diese Option, übernimmt Windows die hier gesetzten Rechte für alle Ordner und Dateien, die in dem aktuellen Ordner gespeichert sind. Windows setzt alle bereits konfigurierten Berechtigungen zurück. In der Liste der Berechtigungen sehen Sie den Vererbungsstatus von Berechtigungen in der Spalte *Geerbt von*.

Effektive Berechtigungen festlegen

Um die effektiven Berechtigungen anzuzeigen, öffnen Sie in den Eigenschaften des Ordners die Registerkarte *Sicherheit* und dann die erweiterten Einstellungen. Wählen Sie die Registerkarte *Effektiver Zugriff* aus. Sie sehen alle speziellen Berechtigungen, die der Benutzer in Summe hat. Um die Berechtigungen für einen anderen Benutzer anzuzeigen, wählen Sie über den Link *Einen Benutzer auswählen* ein anderes Konto aus.

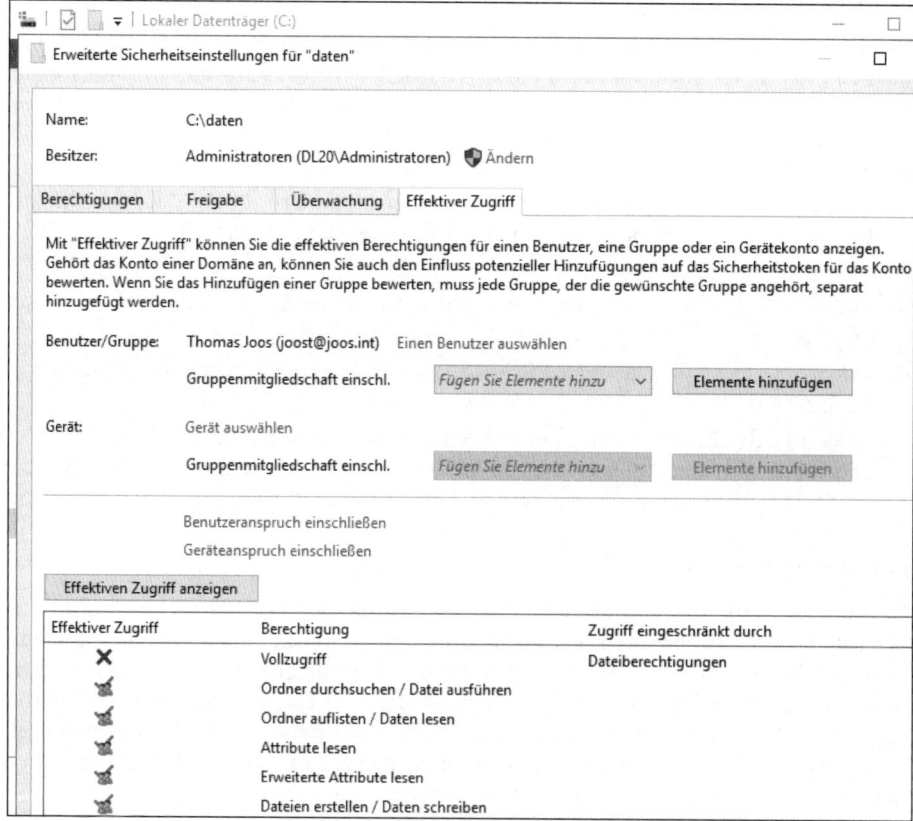

Abbildung 20.5: Effektive Berechtigungen eines Benutzers für einen Ordner anzeigen

Tools zur Überwachung von Berechtigungen nutzen

In diesem Abschnitt gehen wir auf einige Tools ein, die Ihnen dabei helfen, Berechtigungen für Dateien und Ordner zu überprüfen und zu überwachen.

Berechtigungen von Ordnern und der Registry überwachen (AccessChk)

Mit AccessChk von der Seite *http://tinyurl.com/h3smhgg* können Sie in der Eingabeaufforderung über eine ausführliche Liste anzeigen lassen, welche Rechte ein Benutzer auf Dateien, Dienste oder Teile der Registry hat. Das Tool hilft dabei, die Berechtigungen auch für verschachtelte Ordnerstrukturen auszulesen. Die Syntax lautet:

Accesschk [-s][-r][-w][-n][-p][-k][-c]|[-d]] <Benutzername> <Datei, Ordner, Registry-Key oder Dienst>

Option	Auswirkung
-c	Diese Option verwenden Sie, wenn es sich um einen Dienst handelt. Wenn Sie den Platzhalter * eingeben, zeigt das Tool die Rechte für alle Systemdienste an.
-d	Verarbeitet nur Ordner
-k	Diese Option liest Rechte in der Registry aus, zum Beispiel *HKLM\SOFTWARE*.
-n	Zeigt nur Objekte an, für die kein Zugriff besteht
-p	Angeben eines Prozessnamens. Die Option unterstützt auch den Platzhalter *.
-r	Zeigt nur Leserechte an
-s	Rekursive Abfrage
-w	Zeigt nur Schreibrechte an

Tabelle 20.1: Optionen von AccessChk

Wenn Sie sich die Rechte des Benutzers *joost* für einen Ordner *C:\Einkauf* anzeigen lassen wollen, verwenden Sie den Befehl *Accesschk joost c:\einkauf*. Bei jeder Datei erhalten Sie die Information, ob Leserechte (R), Schreibrechte (W) oder beides (RW) bestehen.

Wollen Sie die Zugriffsberechtigungen für einen Benutzer für einen bestimmten Registry-Key abprüfen, können Sie zum Beispiel den Befehl *Accesschk -kns contoso\joost hklm\software* verwenden. Geben Sie keinen Benutzernamen an, sondern nur einen Ordner, zeigt AccessChk alle Benutzerkonten und deren Rechte auf den Ordner an.

Mit AccessChk können Sie feststellen, welche effektiven Berechtigungen Anwender oder Gruppen haben, und es ist hervorragend für den Einsatz in Skripts geeignet. Effektive Berechtigungen sind die Berechtigungen, die ein Anwender (auch auf Basis seiner Gruppenmitgliedschaften) tatsächlich auf einen Ordner oder eine Datei hat. Um die effektiven Berechtigungen anzuzeigen, öffnen Sie in den Eigenschaften des Ordners die Registerkarte *Sicherheit* und dann die erweiterten Einstellungen. Wählen Sie die Registerkarte *Effektive Berechtigungen* aus. Sie sehen alle speziellen Berechtigungen, über die der Benutzer verfügt. Um die Berechtigungen für einen anderen Benutzer anzuzeigen, wählen Sie über *Ändern* ein anderes Konto aus.

Sie können AccessChk aber auch mit einer grafischen Oberfläche bedienen. Dazu verwenden Sie AccessEnum aus den Sysinternals-Tools (siehe den folgenden Abschnitt).

Mit AccessChk überprüfen Sie also die Berechtigungsstruktur im Netzwerk. Die Berechtigungen im Dateisystem sind in der Zugriffssteuerungsliste (ACL, Access Control List) gespeichert. Während der Anmeldung wird für den Benutzer ein sogenanntes Zugriffstoken generiert, das die Sicherheits-ID (SID) des Benutzerkontos enthält, sowie die SIDs der Gruppen, in denen der Benutzer Mitglied ist.

Berechtigungen mit grafischer Oberfläche auslesen (AccessEnum)

Mit AccessEnum aus den Sysinternals-Tools (*http://tinyurl.com/hoaafnk*) erhalten Sie eine grafische Oberfläche für AccessChk, mit der Sie Berechtigungen eines Benutzers oder einer ganzen Gruppe für Ordner oder Teile der Registry überprüfen können. Sie wählen in der Oberfläche einen Ordner aus und lassen sich anschließend die Berechtigungen anzeigen.

Das Tool zeigt auch an, ob Rechte für einen Ordner oder eine Datei verweigert sind. Den Ordnernamen sehen Sie in der Spalte *Path*, in der Spalte *Read* sehen Sie die entsprechenden Rechte. Ein Anwender, der zum Beispiel Schreibrechte auf den Ordner *c:\users\joost* und alle darunter liegenden Ordner besitzt, aber über kein Schreibrecht auf den Ordner *C:\Users* verfügt, wird mit dem Eintrag *C:\Users\Joost* und dem Namen des Kontos in der Spalte *Write* dargestellt.

Über das Menü stehen Ihnen Einstellungsmöglichkeiten zur Verfügung. Ist die Option *Show Local System account* aktiviert, zeigt AccessEnum auch die Zugriffsrechte des lokalen Systemkontos. Deaktivieren Sie diese, ignoriert das Tool die Zugriffsrechte, die sich auf den lokalen Systemaccount (*NT-AutoritätSystem*) beziehen. Über die Option *File display options* lässt sich festlegen, dass das Tool nur dann die Rechte von untergeordneten Objekten anzeigt, wenn diese von dem entsprechenden übergeordneten Objekt abweichen. Mit einem Klick auf die Spaltenüberschriften können Sie die Einträge sortieren. Über die Schaltfläche *Registry* können Sie auch innerhalb der Registrierungsdatenbank nach Berechtigungen suchen lassen.

Vor allem bei der Kontrolle der Berechtigungen für verschiedene Freigaben hilft das Tool, einen schnellen Überblick zu erhalten, welche Benutzer und Gruppen Zugriffe auf die verschiedenen Ordner haben. Kann das Tool die Rechte nicht korrekt lesen oder die Sicherheits-ID (SID) nicht umsetzen, sehen Sie drei Fragezeichen.

Dateien und Ordnern überwachen

In den meisten Fällen kann eine Überwachung der Zugriffe auf Ordner nützlich sein. Bei der Überwachung hält Windows in Protokolldateien fest, wer bestimmte Operationen auf Dateien und Ordnern ausführt. Die Aktivierung der Überwachung von Ordnern nehmen Sie am besten über lokale Richtlinien oder über Gruppenrichtlinien in Windows-Domänen vor.

Einstieg in die Überwachung von Verzeichnissen

Nachdem Sie die Überwachung für den Computer im Allgemeinen aktiviert haben, müssen Sie die eigentliche Überwachung für die entsprechenden zu überwachenden Dateien und Ordner aktivieren.

Öffnen Sie dazu die Eigenschaften des Objekts und wählen Sie auf der Registerkarte *Sicherheit* die Schaltfläche *Erweitert*. Auf der Registerkarte *Überwachung* sehen Sie, welche Operationen Windows protokollieren soll. Damit Sie die bei der Überwachung anfallenden Protokolldaten sinnvoll bearbeiten können, sollten Sie von diesen Einschränkungsmöglichkeiten Gebrauch machen und nur das Nötigste protokollieren. Über *Bearbeiten* legen Sie fest, welche Gruppen/Benutzer das System überwachen soll.

Wie bei den NTFS-Berechtigungen gilt auch hier das Prinzip der Vererbung, das Sie bei Bedarf ausschalten können. Nachdem Sie *Hinzufügen* gewählt haben, können Sie über den Link *Prinzipal auswählen* den zu überwachenden Benutzer auswählen. Wie schon bei der Vergabe spezieller NTFS-Berechtigungen können Sie wieder angeben, inwieweit sich diese Einstellungen auf untergeordnete Objekte und Ordner auswirken. Wählen Sie anschließend im Feld *Anwenden auf* aus, welche Zugriffe Windows protokollieren soll.

Abbildung 20.6: Die Überwachung für einen Ordner konfigurieren

Die Anzeige der Protokollierung erfolgt in der Ereignisanzeige. Diese starten Sie am schnellsten durch Eintippen von »eventvwr« im Suchfeld der Startseite. In der Ereignisanzeige finden Sie die protokollierten Zugriffsversuche im Protokoll *Sicherheit* unterhalb des Knotens *Windows-Protokolle*.

Die mit einem Schlüssel gekennzeichneten Einträge stehen für erfolgreiche Zugriffe, wogegen ein Schloss für fehlgeschlagene Zugriffe steht. Genauere Informationen zu einem Eintrag erhalten Sie, wenn Sie ihn öffnen. Ein einzelner Zugriff erzeugt eine ganze Reihe von Einträgen im Sicherheitsprotokoll.

Die Überwachung mit Richtlinien steuern

Auch wenn Sie Berechtigungen für einen Ordner vergeben, kommt es durchaus vor, dass Dateien verändert oder sogar gelöscht werden. Mit der Objektüberwachung können Sie genau feststellen, wann welche Anwender mit welchen Rechten auf Dateien zugegriffen haben:

1. Öffnen Sie die lokale Richtlinie für den Computer durch Eingabe von »gpedit.msc« im Suchfeld des Startmenüs. Sie können natürlich auch Gruppenrichtlinien verwenden und so mehrere Server anbinden.

2. Navigieren Sie zu *Computerkonfiguration/(Richtlinien)/Windows-Einstellungen/Sicherheitseinstellungen/Lokale Richtlinien/Überwachungsrichtlinie*.
3. In den Standardeinstellungen ist die Überwachung nicht aktiviert. Nach der Aktivierung der einzelnen Optionen müssen Sie noch auswählen, ob Windows erfolgreiche und/oder fehlgeschlagene Zugriffsversuche protokollieren soll.
4. Die Überwachung der Zugriffe auf das Dateisystem aktivieren Sie über *Objektzugriffsversuche überwachen*. Neben Dateizugriffen überwachen Sie mit dieser Einstellung auch Zugriffe auf Drucker. Nach der Aktivierung müssen Sie noch auswählen, ob erfolgreiche und/oder fehlgeschlagene Zugriffsversuche protokolliert werden sollen.
5. Auf der rechten Seite ist der Eintrag *Dateisystem überwachen* zu sehen. Hier wird die Überwachung auf Ebene des NTFS-Systems gesteuert. In den Einstellungen muss dazu zunächst die Option *Folgende Überwachungsereignisse konfigurieren* aktiviert werden. Danach kann festgelegt werden, ob erfolgreiche Zugriffe auf das entsprechende Verzeichnis überwacht werden sollen (*Erfolg*) oder auch fehlerhafte Zugriffe, die Windows blockiert hat (*Fehler*). Fehlerhafte Zugriffe können zum Beispiel Hacker-Angriffe aufdecken.

Die Überwachung darf nur von Administratoren auf den Servern vorgenommen werden. Soll das Recht zur Überwachung delegiert werden, lässt sich dies ebenfalls in den Gruppenrichtlinien steuern. Die Einstellung *Verwalten von Überwachungs- und Sicherheitsprotokollen* steuern Sie über *Computerkonfiguration/Richtlinien/Windows-Einstellungen/Sicherheitseinstellungen/Lokale Richtlinien/Zuweisen von Benutzerrechten*.

Ordner freigeben

Ordner stellen Sie auch in Windows Server 2016 über Freigaben zur Verfügung. Sie können für Freigaben Benutzern das Recht geben, zu schreiben, zu lesen oder Daten zu verändern. Ist der Computer kein Mitglied einer Domäne, achten Sie darauf, dass Sie im Benutzer-Manager von Windows die Benutzerkonten, für die Sie Rechte vergeben wollen, erst anlegen müssen.

Die Anwender müssen sich dann bei der Verbindung mit der Freigabe mit dem Benutzernamen und dem konfigurierten Kennwort authentifizieren. Wichtig in diesem Zusammenhang sind die vorherigen Abschnitte in diesem Kapitel sowie die Kapitel 5 und 18.

Freigaben erstellen

Alle Unterordner, die ein freigegebener Ordner enthält, sind ebenfalls im Netzwerk verfügbar.

Klicken Sie den Ordner mit der rechten Maustaste an, wählen Sie im Kontextmenü die Option *Eigenschaften* und auf der Registerkarte *Freigabe* die Option *Erweiterte Freigabe* aus.

Standardmäßig darf die Gruppe *Jeder* lesend auf die Freigabe zugreifen. Wenn Sie möchten, dass alle Anwender im Netzwerk schreiben dürfen, müssen Sie das Schreibrecht vergeben. Das Recht *Ändern* berechtigt zum Lesen, Schreiben und Löschen.

Ordner freigeben

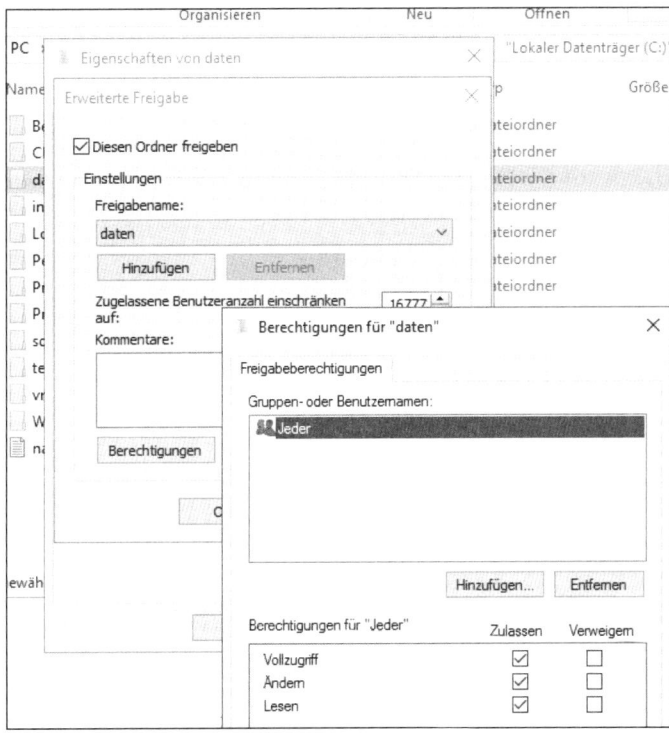

Abbildung 20.7: Eine Dateifreigabe konfigurieren

Über die Schaltfläche *Berechtigungen* legen Sie fest, welche Anwender über die Freigabe auf den Rechner zugreifen dürfen. Mit *OK* schließen Sie die Freigabe ab. Um Benutzerkonten zusätzlich zu den Berechtigungen hinzuzufügen, klicken Sie auf der Registerkarte *Berechtigungen* auf *Hinzufügen*, dann auf den Link *Prinzipal auswählen* und schließlich auf *Erweitert*. Im folgenden Fenster können Sie sich alle Benutzerkonten Ihres Computers oder der Domäne anzeigen lassen und den Benutzer auswählen, für den Sie Berechtigungen vergeben wollen.

Sie können auf der Registerkarte *Sicherheit* in den Eigenschaften des Ordners zusätzlich noch Berechtigungen auf Basis des Dateisystems vergeben. Klicken Sie dazu auf *Bearbeiten*. Die einzelnen Möglichkeiten, die Sie hier haben, lesen Sie in den vorherigen Abschnitten in diesem Kapitel und in Kapitel 18.

Tipp Freigaben lassen sich in der Eingabeaufforderung durch den Befehl *Net share <Name der Freigabe> <Pfad des Ordners, der freigegeben werden soll>* ebenfalls freigeben.

Der Assistent zum Erstellen von Freigaben

Durch Eintippen von »shrpubw« im Suchfeld der Startseite rufen Sie den Assistenten zur Erstellung von Freigaben auf. Nach einem Klick auf *Weiter* können Sie im nächsten Fenster des Assistenten den Ordner auswählen, den Sie im Netzwerk zur Verfügung stellen wollen.

Kapitel 20: Dateiserver und Daten im Netzwerk freigeben

Auf der nächsten Seite legen Sie den Freigabenamen sowie die Offlineverfügbarkeit der Freigabe fest. Wir kommen dazu noch in einem weiteren Abschnitt. Ist eine Freigabe offline verfügbar, kann diese zum Beispiel mithilfe von Offlinedateien synchronisiert werden. Das ist für mobile Computer sinnvoll.

Auf der letzten Seite des Assistenten legen Sie schließlich fest, welche Berechtigungen Anwender über das Netzwerk auf die Freigabe bekommen sollen. Über die Schaltfläche *Fertig stellen* wird die Freigabe abgeschlossen.

Abbildung 20.8: Freigaben erstellen

Über das Netzwerk geöffnete Dateien anzeigen (PsFile)

Öffnen Anwender eine Datei auf einem Computer über das Netzwerk, lässt sich das ebenfalls anzeigen. Dazu verwenden Sie das Tool PsFile von *http://tinyurl.com/gngfkhc*. Auch mit dem Befehlszeilentool Openfiles können Sie die Dateien anzeigen. Mehr dazu lesen Sie in den vorherigen Abschnitten in diesem Kapitel. Sie können zwar auch mit dem Befehl *Net file* eine Liste der über das Netzwerk geöffneten Dateien anzeigen, allerdings schneidet der Befehl lange Pfadnamen ab. Außerdem können Sie mit *Net file* keine Daten auf Remotecomputern abfragen, sondern nur für das lokale System.

Rufen Sie nur den Befehl *Psfile* ohne Optionen auf, zeigt das Tool geöffnete Dateien an, inklusive des genauen Dateipfads. Wollen Sie die geöffneten Dateien auf einem Computer im Netzwerk abfragen, können Sie dazu ebenfalls PsFile verwenden. Die Syntax dazu lautet:

Psfile [\\<Computer> [-u <Benutzername> [-p <Kennwort>]]] [[Id | <Pfad>] [-c]]

- **-u** – Mit dieser Option können Sie den Benutzernamen zum Anmelden am Remotecomputer angeben.
- **-p** – Mit dieser Option geben Sie das Kennwort für den Benutzernamen mit. Wenn Sie kein Kennwort angeben, müssen Sie dieses bei der Ausführung des Befehls angeben.
- **Id** – Hier können Sie die ID der Datei angeben, von der Sie ausführlichere Informationen anzeigen lassen wollen oder die geschlossen werden soll.
- **Pfad** – Pfad der Dateien, die angezeigt werden sollen.
- **-c** – Schließt die Dateien, deren ID Sie angegeben haben.

Versteckte Freigaben anzeigen

Auch wenn es möglich ist, die Zugriffsberechtigungen auf eine Freigabe so einzustellen, dass einem unbefugten Anwender der Zugriff auf die Dateien und Ordner der Freigabe verwehrt wird, wird die Freigabe selbst aber immer angezeigt, unabhängig von den zugewiesenen Berechtigungen.

Spezielle Freigaben können aber vor Anwendern versteckt werden, sodass sie nicht als Freigaben auftauchen, unabhängig von den jeweiligen Berechtigungen. Um zu verhindern, dass Anwender eine Freigabe sehen, verstecken Sie sie , indem Sie dem Freigabenamen ein Dollarzeichen anhängen. Sie können sich mit dieser Freigabe jetzt nur noch durch direkte Eingabe des Freigabenamens (inklusive Dollarzeichen) verbinden.

Hinweis   Administratoren können auf die komplette Festplatte über das Netzwerk zugreifen, indem sie die Freigabe *C$* beziehungsweise *<Laufwerkbuchstabe>$* verwenden. Diese Freigaben werden Adminfreigaben genannt. Nur Administratoren haben Zugriff darauf.

Sie sollten auf der Ebene der Freigaben die gleichen Gruppen berechtigen wie auf NTFS-Ebene. Die Festlegung auf NTFS-Ebene erfolgt über die Eigenschaften eines Ordners auf der Registerkarte *Sicherheit*.

Alle Freigaben anzeigen

Sie können in der Computerverwaltung alle Freigaben Ihres Servers verwalten. Sie finden die Verwaltung der Freigaben in der Computerverwaltung. Alternativ können Sie die Computerverwaltung über den Befehl *Compmgmt.msc* starten. In der Computerverwaltung können Sie sich auch mit anderen Servern verbinden, zum Beispiel Core-Server, die lokal nicht über dieses Snap-In verfügen.

In der Eingabeaufforderung sehen Sie Freigaben, wenn Sie den Befehl *Net share* eingeben. Eine weitere Möglichkeit ist der Aufruf von *Fsmgmt.msc*. Mit diesem Tool können Sie sich auch in der grafischen Oberfläche die geöffneten Dateien anzeigen lassen.

Abbildung 20.9: Freigaben eines Servers in der grafischen Oberfläche anzeigen

Im Bereich *Freigegebene Ordner* stehen Ihnen an dieser Stelle drei verschiedene Einträge zur Verfügung, über die Sie Freigaben verwalten und überprüfen können:

- **Freigaben** – Wenn Sie auf diesen Eintrag klicken, werden Ihnen alle Freigaben angezeigt, die derzeit auf dem Computer verfügbar sind. Über das Kontextmenü zu diesem Eintrag können Sie neue Freigaben erstellen und über das Kontextmenü der einzelnen Freigaben lassen sich die Einstellungen der jeweiligen Freigabe konfigurieren.
- **Sitzungen** – Über diesen Eintrag werden Ihnen alle aktuell über das Netzwerk verbundenen Benutzer angezeigt. Sie können die Benutzer per Klick mit der rechten Maustaste vom Server trennen.
- **Geöffnete Dateien** – Hier werden alle Dateien angezeigt, die derzeit von verbundenen Benutzern über Freigaben auf dem Server geöffnet sind. Hier können Sie die Dateien auch schließen.

Auf Freigaben über das Netzwerk zugreifen

Wenn Sie eine Freigabe eines anderen Computers im Netzwerk als Laufwerk verbinden wollen, öffnen Sie am besten den Explorer und klicken dann im Navigationsbereich auf *Computer* beziehungsweise *Dieser PC*. Wählen Sie im Menüband den Eintrag *Netzlaufwerk verbinden* aus.

Geben Sie als Nächstes den Freigabenamen im Feld *Ordner* ein. Die Syntax dazu lautet \\<*Computername oder IP-Adresse*>\<*Name der Freigabe*>. Alternativ klicken Sie auf *Durchsuchen* und dann doppelt auf den Computer, auf dem sich die Freigabe befindet, mit der Sie sich verbinden wollen. Klicken Sie auf *Fertig stellen*, öffnet sich eventuell ein Anmeldefenster, in dem Sie die Authentifizierungsdaten eines Benutzers auf dem Remotecomputer eingeben müssen.

Eine weitere Möglichkeit, um Netzlaufwerke zu verbinden, steht Ihnen über die Eingabeaufforderung mit dem Befehl *Net use* zur Verfügung. Eine Eingabeaufforderung öffnen Sie entweder durch Eintippen von »cmd« im Suchfeld der Startseite. Eine weitere Möglichkeit des Aufrufs ist ein Rechtsklick in die linke untere Bildschirmecke (oder das Drücken der Tastenkombination ⊞+X) und anschließender Auswahl des Befehls *Eingabeaufforderung* oder *Eingabeaufforderung (Administrator)*.

- **Net use** – Zeigt alle derzeit verbundenen Netzlaufwerk an.
- **Net use <Laufwerkbuchstabe>: /del** – Trennt das angegebene Netzlaufwerk. Verwenden Sie *, trennt Windows alle Netzlaufwerke.
- **Net use <Laufwerkbuchstabe>: \\<Computer mit Freigabe>\<Freigabename>** – Durch Eingabe dieses Pfads verbinden Sie das Netzlaufwerk. Verwenden Sie *, aktiviert Windows den nächsten freien Buchstaben.

Sie können den Befehl auch mit der folgenden Syntax aufrufen:

Net use <Laufwerkbuchstabe>: \\<Computer mit Freigabe>\<Freigabename> <Benutzername> <Kennwort>

Mit diesem Befehl können Sie ein Laufwerk mithilfe eines anderen Benutzers als dem derzeitig angemeldeten verbinden.

Verbundene Netzlaufwerke zeigt Windows im Explorer an. Sie können verbundene Laufwerke per Rechtsklick wieder trennen.

Mit Offlinedateien für den mobilen Einsatz unter Windows 10 arbeiten

Mit Offlinedateien haben Sie die Möglichkeit, Dateien aus dem Netzwerk, zum Beispiel von einem Dateiserver, auch dann verfügbar zu machen, wenn Anwender mit einem Notebook oder Tablet unterwegs sind. Dazu wird auf dem Notebook eine Kopie der entsprechenden Datei erstellt, sodass diese auch ohne Netzwerkverbindung zur Verfügung steht.

Sie können die entsprechenden Dateien auch dann auf dem Notebook bearbeiten, wenn Sie nicht mit dem Netzwerk verbunden sind. Bei der nächsten Verbindung werden die Dateien mit dem Server synchronisiert, sodass die Dateien auf dem Server und dem Notebook wieder übereinstimmen.

So funktionieren Offlinedateien

Die Verwaltung der Offlinedateien unter Windows 10 findet über das Synchronisierungscenter statt, das Sie durch Eingabe von »mobsync« im Suchfeld des Startmenüs aufrufen können. Über den Link *Offlinedateien verwalten* im Synchronisierungscenter öffnet sich ein neues Fenster, über das Sie entsprechenden Einstellungen vornehmen können.

In den Eigenschaften jeder Offlinedatei können spezielle Einstellungen vorgenommen werden. Nachdem das System für den Offlinebetrieb aktiviert ist, können Sie Ordner und Dateien von Servern für den Offlinebetrieb verfügbar machen. Hier gibt es Steuerungsmöglichkeiten sowohl vom Client als auch vom Server aus.

Vom Client aus verwenden Sie den Befehl *Immer offline verfügbar*, der sich im Kontextmenü findet, wenn Sie eine Freigabe, eine Datei oder einen Ordner auf einem Server markiert haben, die oder das für den Offlinezugriff freigegeben ist.

Sie können auf diese Weise einzelne Dateien, ganze Ordner oder ein komplettes Netzlaufwerk offline verfügbar machen. Achten Sie aber darauf, dass es sich bei Offlinedateien um Kopien von Dateien aus dem Netzwerk handelt und der Speicherplatzbedarf mit ihrer Anzahl zunimmt. Sie sollten daher möglichst nur Dateien offline verwenden, die Sie tatsächlich benötigen, nicht gleich alle auf einmal. Bei der ersten Auswahl dieser Option bereitet Windows den Computer vor und nimmt zusätzlich die Dateien und Ordner in den Offlinemodus auf.

Vom Server mit der entsprechenden Freigabe aus kann die Nutzung von Offlinedateien über die Freigabe gesteuert werden. Beim Erstellen von Freigaben findet sich die Option *Zwischenspeichern* in den erweiterten Einstellungen der Freigabe. Wenn Sie diese auswählen, können Sie steuern, ob das Zwischenspeichern von Dateien in dem freigegebenen Ordner zugelassen ist. Standardmäßig wird das manuelle Zwischenspeichern von Dateien zugelassen. Das heißt, Freigaben lassen es zu, dass Anwender die Offlinedateien von Clients aus konfigurieren.

Kapitel 20: Dateiserver und Daten im Netzwerk freigeben

Abbildung 20.10: Offlinedateien einer Freigabe in Windows Server 2016 konfigurieren

Wenn die Option *Keine Dateien oder Programme aus dem freigegebenen Ordner offline verfügbar machen* aktiviert ist, erscheint der Befehl *Immer offline verfügbar* auf dem Client nicht. Es werden drei Varianten für das Zwischenspeichern von Dokumenten unterschieden:

- Mit *Nur von Benutzern angegebene Dateien und Programme sind offline verfügbar* können die Benutzer auswählen, indem sie die entsprechende Option im Kontextmenü der Freigabe oder des Ordners innerhalb der Freigabe verwenden.

- Die Option *Alle Dateien und Programme, die Benutzer über den freigegebenen Ordner öffnen, automatisch offline verfügbar machen* bewirkt, dass alle Dokumente und ausführbaren Dateien in dieser Freigabe lokal zwischengespeichert werden. In diesem Fall muss sich der Benutzer nicht mehr darum kümmern, die Dokumente offline verfügbar zu machen.

- Über das Kontrollkästchen *Für hohe Leistung optimieren* lässt sich festlegen, dass ausführbare Dateien aus dieser Freigabe auf dem Client verfügbar bleiben, wenn sie einmal genutzt wurden. In diesem Fall sollten die Zugriffsberechtigungen für die Freigabe auf *Lesen* gesetzt sein, um zu verhindern, dass Windows veränderte Programme zurückspeichert.

Sie können die Einstellungen der Synchronisierungseigenschaften von Offlinedateien im Synchronisierungscenter von Windows 10 anpassen. Das Synchronisierungscenter finden Sie über das Startmenü oder die Systemsteuerung.

Bei der Synchronisation kann es zu Konflikten kommen. Dies ist immer dann der Fall, wenn eine Datei im Offlinebetrieb verändert wurde und wenn sie vor der Synchronisation auf dem Server ebenfalls verändert wurde. Der Client erkennt dies über einen Vergleich der Speicherungsdaten dieser Dateien und zeigt bei der Synchronisation Meldungen an. Bei einem Konflikt kann entweder die eigene Version der Datei übernommen oder die eigene Datei unter einem anderen Namen abgespeichert werden.

Mit Offlinedateien arbeiten

Als Bestätigung, dass eine Datei oder der Ordner offline verfügbar ist, klicken Sie erneut mit der rechten Maustaste auf die Datei oder den Ordner. Überprüfen Sie, ob ein Häkchen neben *Immer offline verfügbar* angezeigt wird. Eine Kopie der Datei auf der Festplatte wird mit der Netzwerkkopie synchronisiert, sobald die Netzwerkverbindung wieder hergestellt wird. Wenn Sie eine Datei als Offlinedatei markieren, erhält diese ein neues Dateisymbol, das die Datei als Offlinedatei kennzeichnet.

Den Status der Verbindung sehen Sie unten im Explorer-Fenster. Wenn der Status *Offline* lautet, arbeiten Sie an einer Offlinekopie der Datei auf dem Computer. Lautet der Status *Online*, arbeiten Sie an der Datei im Netzwerk. Außerdem zeigt Windows für offline verfügbare Ordner den grünen Kreis an und für nicht verfügbare Ordner ein X, das kennzeichnet, dass Sie keinen Zugriff auf diese Dateien haben.

Wenn Sie mit Offlinedateien in verschiedenen Ordnern arbeiten, können Sie alle Dateien anzeigen, ohne jeden Ordner einzeln öffnen zu müssen:

1. Öffnen Sie wie beschrieben die Verwaltung der Offlinedateien in Windows über das Synchronisierungscenter und klicken Sie auf *Offlinedateien verwalten*.
2. Klicken Sie im Dialogfeld *Offlinedateien verwalten* auf die Schaltfläche *Offlinedateien anzeigen*.

Manchmal empfiehlt es sich, die Offlinedateien sofort zu synchronisieren, beispielsweise dann, wenn die Verbindung zum Netzwerk demnächst getrennt wird und sichergestellt sein muss, dass die neuesten Dateiversionen im Netzwerk gespeichert sind.

Wenn Sie erstmalig Offlinedateien einrichten, wird im Infobereich der Taskleiste neben der Uhr ein neues Symbol integriert, das das Synchronisierungscenter darstellt. Wenn Sie mit der rechten Maustaste auf das Symbol klicken, können Sie auf die wichtigsten Funktionen zugreifen, zum Beispiel *Alle synchronisieren*. Das Symbol befindet sich eventuell bei dem Pfeil links, über den Sie die weniger aktiven Symbole erreichen.

Abbildung 20.11: Offlinedateien synchronisieren

Neben dieser Möglichkeit können Sie die Synchronisierung auch anders erreichen:

1. Öffnen Sie das Synchronisierungscenter.
2. Klicken Sie auf die Synchronisierungspartnerschaft *Offlinedateien* und dann in der Symbolleiste auf *Synchronisieren*.

Wenn Sie nur den Inhalt eines bestimmten Ordners synchronisieren möchten, öffnen Sie den Ordner im Explorer und klicken mit der rechten Maustaste auf den Ordner oder die Datei. Wählen Sie anschließend *Synchronisieren*. Nachdem Sie Offlinedateien aktiviert und eingerichtet haben, werden diese als eine Synchronisierungspartnerschaft im Synchronisierungscenter angezeigt. Hierüber können Sie auch eventuelle Konflikte erkennen sowie weitere Einstellungen vornehmen. Sie erreichen den Zeitplan, die Konfliktanzeige und die Eigenschaften über das Kontextmenü.

Zusätzlich können Sie in den Eigenschaften eines offline verfügbaren Ordners auf der Registerkarte *Offlinedateien* den aktuellen Stand des Ordners einsehen. Hier lässt sich auch die Offlineverfügbarkeit des Ordners steuern und die Synchronisierung aktivieren.

Kapitel 20: Dateiserver und Daten im Netzwerk freigeben

Wenn Sie im Synchronisierungscenter die Synchronisierungspartnerschaft der Offlinedateien öffnen, können Sie über die Schaltfläche *Zeitplan* genau einstellen, wann die Offlinedateien synchronisiert werden sollen. Auf der ersten Seite des Assistenten legen Sie zunächst fest, für welche übergeordnete Netzlaufwerke Sie den Zeitplan für die Synchronisierung steuern wollen.

Auf der nächsten Seite bestimmen Sie, ob die Synchronisierung zeitabhängig oder nach einer bestimmten Aktion, zum Beispiel bei Anmeldung am PC, erfolgen soll. Wählen Sie zur Synchronisierung die Option *Nach Zeitplan* aus, können Sie auf der nächsten Seite den Zeitpunkt der Synchronisierung definieren. Zusätzlich können Sie hier einstellen, wie oft die Synchronisierung stattfinden und in welchen Abständen sie wiederholt werden soll.

Abbildung 20.12: Zeitplan für die Synchronisierung festlegen

Über den Assistenten lässt sich detailliert einstellen, wann die Synchronisierung starten soll und wann nicht. Hier können vor allem für Notebooks Einstellungen vorgenommen werden, die eine Synchronisierung verhindern, um die Akkulaufzeit zu erhöhen.

Wollen Sie als Synchronisierungsoption keine Zeiten konfigurieren, sondern spezielle Ereignisse wie zum Beispiel die Anmeldung oder das Sperren des PC, wählen Sie die Option *Beim Eintreten eines Ereignisses*. Im Anschluss stellt Ihnen Windows 10 die Ereignisse zur Verfügung, die eine Synchronisierung auslösen. Über die Schaltfläche erreichen Sie die gleichen Detaileinstellungen wie bei der Synchronisierung nach Zeitplan.

Die Größe und die Anzahl der Offlinedateien bestimmen den Umfang des verwendeten Speicherplatzes auf der Festplatte, den die Offlinedateien belegen. Um festzustellen, wie viel Speicherplatz die Offlinedateien belegen, öffnen Sie die Verwaltung der Offlinedateien und wechseln zur Registerkarte *Datenträgerverwendung*. Hier sehen Sie, wie viel Speicherplatz von den Offlinedateien belegt wird.

Über die Schaltfläche *Limits ändern* können Sie den Speicherplatz steuern, der auf dem Notebook für Offlinedateien zur Verfügung steht. Offlinedateien werden nur dann verschlüsselt, wenn Sie dies entsprechend auswählen. Sie können über die Registerkarte *Verschlüsselung* das Verschlüsseln von Offlinedateien aktivieren. Beim Verschlüsseln der Offlinedateien verschlüsseln Sie nur die auf dem Computer gespeicherten Offlinedateien, nicht die Netzwerkversionen der Dateien.

Richtlinien für Datenspeicher festlegen (Storage QoS)

Mit Storage Quality of Service (QoS) können Sie über Richtlinien zentral für alle Server mit Windows Server 2016 festlegen, welche Leistung für Serveranwendungen, andere Server, VMs und Anwender zur Verfügung stehen. Über diese Richtlinien lassen sich Scale-Out-Fileserver (SOFS) steuern, aber auch virtuelle Festplatten von virtuellen Windows-Servern. Neben herkömmlichen virtuellen Festplatten können Sie die Richtlinie außerdem für Shared-VHDX-Festplatten einsetzen, also für virtuelle Cluster innerhalb eines physischen Clusters.

Einstieg in Speicherrichtlinien

Zwar konnten Sie bereits mit Windows Server 2012 R2 Richtlinien festlegen, allerdings war die Konfiguration sehr eingeschränkt und nur auf einen einzigen Server beschränkt. In Windows Server 2016 spielt die Technik ihre Vorteile vor allem durch die zentrale Verwaltung in der PowerShell und im System Center Virtual Machine Manager aus, aber auch durch Möglichkeiten der Zuweisung an Gruppen von VMs, einzelne Hyper-V-Hosts, ganze Cluster oder virtuellen Scale-Out-Fileservern, die sich ebenfalls mit Windows Server 2016 sehr leicht virtualisieren lassen.

Die Verbindung zwischen den Hyper-V-Hosts und dem Scale-Out-Fileserver erfolgt über das SMB3-Protokoll. Microsoft hat in SOFS-Clustern den Policy-Manager integriert. Wenn ein Hyper-V-Host eine VM startet, wird das durch den Policy-Manager überwacht. Der Manager überprüft, ob Richtlinien definiert sind und ob die virtuellen Festplatten der gestarteten VM diese einhalten. Sind Steuerungen notwendig, teilt der Policy-Manager das dem Hyper-V-Host mit, der die entsprechende VM und deren virtuelle Festplatten steuert.

Dateiaktionen, die ein Hyper-V-Host auf einer virtuellen Festplatte vornimmt, werden in einer solchen Umgebung als »Flow« bezeichnet. Nutzt eine VM mehrere virtuelle Festplatten, hat jede ihre eigenen Flows. Nutzen Sie Shared-VHDX, also eine virtuelle Festplatte für mehrere virtuelle Server, verfügt jeder virtuelle Server über seinen eigenen Flow. Für Richtlinien spielt auch der Wert *InitiatorName* eine Rolle. Dabei handelt es sich um die VM, die den Flow auf ihre virtuelle Festplatte auf dem Dateiserver auslöst. Der Host, auf dem die VM gespeichert ist, wird in diesem Zusammenhang auch als »InitiatorNodeName« bezeichnet.

Storage-Richtlinien werden in der Clusterdatenbank gespeichert. Sie bestehen vor allem aus den Werten *PolicyId*, *MinimumIOPS*, *MaximumIOPS*, *ParentPolicy* und *PolicyType* (*Aggregated* oder *Dedicated*). Mit der *PolicyID* wird eine Richtlinie eindeutig im Cluster identifiziert. Die ID ist auch im Hyper-V-Manager zu sehen genauso wie in SCVMM 2016 oder in der PowerShell.

Richtlinien können den Typ *Aggregated* oder *Dedicated* erhalten. Wird bei *PolicyType* der Typ *Aggregated* verwendet, werden die Werte *MinimumIOPS*, *MaximumIOPS* und *Bandwidth* zwischen allen Flows geteilt, die einer Richtlinie zugewiesen sind. Alle VHD-Laufwerke, die diese Richtlinie nutzen, teilen sich die zugewiesenen Werte. Mit dem Typ *Dedicated* weisen Sie wiederum die Werte speziell einem einzelnen VHD-Laufwerk zu.

Wenn Sie Failovercluster in Windows Server 2016 erstellt und Cluster Shared Volumes (CSV) aktiviert haben, wird automatisch eine Speicher-QoS-Ressource dem Cluster hinzugefügt. Bevor Sie Speicherrichtlinien konfigurieren, überprüfen Sie also zunächst, ob die

Ressource im Failovercluster-Manager angezeigt wird. Sie können Informationen dazu auch in der PowerShell anzeigen. Dazu verwenden Sie das Cmdlet *Get-ClusterResource -Name "Storage Qos Resource"*. Auf deutschen Servern nutzen Sie dazu die deutsche Bezeichnung, also: *Get-ClusterResource -Name "Speicher-Qos-Ressource"*. Hyper-V unterstützt in Windows Server 2016 Storage QoS bereits bei der Installation.

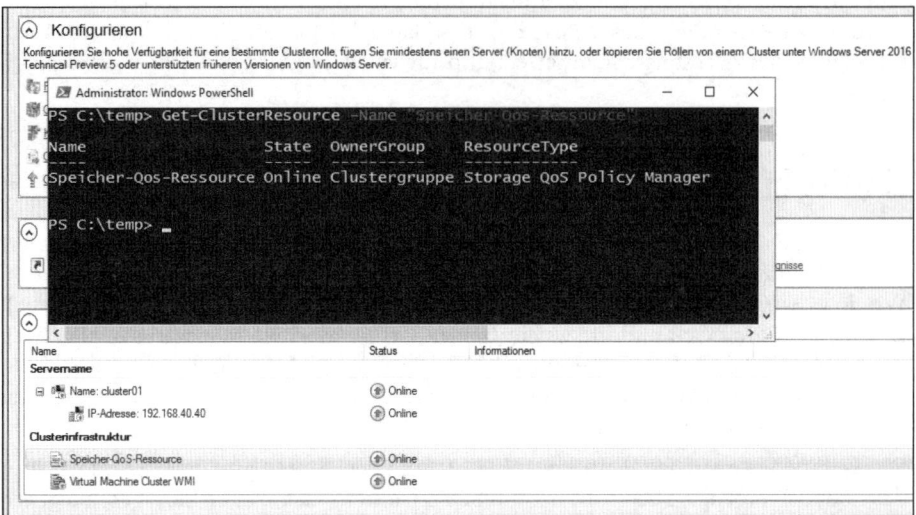

Abbildung 20.13: Storage QoS wird einem Cluster automatisch hinzugefügt, sobald Sie CSV aktivieren.

Mit Windows Server 2016 lassen sich jetzt im Netzwerk weitere Richtlinien erstellen sowie deutlich mehr Einstellungen definieren. Das ist auch interessant für Unternehmen, die iSCSI-Ziele auf Basis von Windows Server 2016 einsetzen oder die neuen Storage Spaces Direct in Windows Server 2016 nutzen.

Über die Richtlinien können Sie den Datendurchsatz und die Bandbreite festlegen und steuern. Dadurch lassen sich Anwendungen priorisieren, die auf Daten zugreifen. Auch wenn die Technik vor allem für Dateiserver interessant ist, lassen sich alle blockbasierten Speicher daran anbinden und auf diese Weise zum Beispiel VMs in einem Hyper-V-Cluster optimieren (siehe Kapitel 9).

Sie können in Windows Server 2016 Richtlinien für Storage QoS auf Basis einzelner virtueller Server, einzelner virtueller Festplatten oder ganzer Gruppen erstellen. Sie können Richtlinien auch für eine Gruppe an virtuelle Festplatten oder virtuelle Server zuweisen. Virtuelle Festplatten, die Sie mit einer gemeinsamen Richtlinie konfigurieren, aggregieren die Werte für *MinimumIOPS* und *MaximumIOPS*.

Die zugewiesenen Richtlinien können Sie entweder in der PowerShell anzeigen und verwalten oder in kleineren Umgebungen im Hyper-V-Manager. In größeren Umgebungen können Sie dazu auch den System Center Virtual Machine Manager 2016 verwenden.

Richtlinien für Datenspeicher festlegen (Storage QoS)

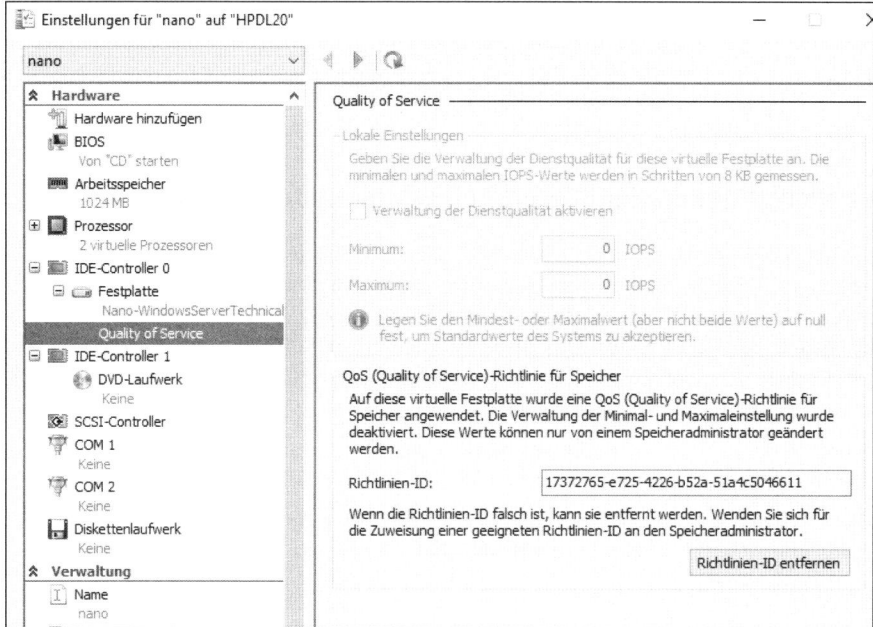

Abbildung 20.14: Nachdem eine Richtlinie zugewiesen wurde, sehen Sie die Einstellungen dazu im Hyper-V-Manager.

Hinweis Wollen Sie ohne Richtlinien arbeiten, können Sie für einzelne virtuelle Festplatten im Hyper-V-Manager das Kontrollkästchen *Verwaltung der Dienstqualität aktivieren* einschalten. Dazu rufen Sie bei *Festplatte* den Eintrag *Quality of Service* auf.

Im Fenster setzen Sie jetzt den Minimumwert und den Maximumwert, den eine virtuelle Festplatte erhalten soll. Arbeiten Sie mit Richtlinien, wird dieser Wert abgeblendet dargestellt. Dafür sehen Sie im Fenster die ID der Speicherrichtlinie und können diese als Administrator auch entfernen.

Um Speicherrichtlinien zu verwalten, können Sie auch die Remote Server Administration Tools (RSAT) für Windows 10 verwenden (*http://tinyurl.com/jmrdeea*). Auf Servern mit Windows Server 2016 müssen Sie für die Verwaltung der Speicherrichtlinien die Verwaltungstools für Hyper-V und Failovercluster installieren.

Storage QoS in der PowerShell verwalten

In einem Failovercluster (siehe Kapitel 9) wird Storage QoS automatisch als Clusterressource aktiviert. Um die Einstellungen von QoS auf einem Server anzuzeigen, verwenden Sie am besten die PowerShell und den folgenden Cmdlet-Aufruf:

Get-ClusterResource -Name "Storage Qos Resource"

Dadurch erhalten Sie Informationen zu den Einstellungen von Storage QoS. Auch die Leistung kann über die PowerShell überwacht werden. Hier stehen die Cmdlets *Get-StorageQosFlow* und *Get-StorageQosVolume* zur Verfügung. Die Cmdlets sind vor allem dann interessant, wenn Sie die Leistung virtueller Festplatten in Hyper-V überwachen wollen, die Sie mit Storage QoS verwalten. Die Cmdlets zeigen die Werte in Millisekunden an. In diesem Zusammenhang ist auch das Cmdlet *Get-StorageQosPolicyStore* interessant, das die Einstellung für *IOPS Normalization* anzeigt.

Neue Richtlinien in der PowerShell erstellen und verwalten

Um neue Richtlinien zu erstellen, verwenden Sie ebenfalls die PowerShell und das Cmdlet *New-StorageQosPolicy*. Auch hier spielen die Werte für *MinimumIOPS* und *MaximumIOPS* eine Rolle. Diese können Sie in der neuen Richtlinie anlegen. Wollen Sie die Richtlinie weiterverwenden, zum Beispiel für das Zuweisen zu einem Server oder der Abfrage von Informationen, speichern Sie sie mit dem Typ *Dedicated*, also nur für eine einzelne virtuelle Festplatte in einer Variablen, zum Beispiel mit:

$desktopVmPolicy = New-StorageQosPolicy -Name Desktop -PolicyType Dedicated -MinimumIOPS 100 -MaximumIOPS 200

Für das Zuweisen einer Richtlinie benötigen Sie ihre ID. Haben Sie die Richtlinie in einer Variablen gespeichert, können Sie die ID aus dieser auslesen:

$desktopVmPolicy.PolicyId

Wollen Sie jetzt die Speicherrichtlinie verwenden, rufen Sie in der PowerShell den Namen der VMs ab, denen die Richtlinie zugewiesen werden soll. Dazu verwenden Sie das Cmdlet *Get-VM*. Die Informationen können Sie an das Cmdlet zum Anzeigen der virtuellen Festplatten weiterleiten. Dazu verwenden Sie wiederum das Cmdlet *Get-VMHardDiskDrive*. Da die PowerShell auch mehrere Pipes unterstützt, können Sie die abgefragten Festplatten der abgefragten VMs wiederum an das Cmdlet *Set-VMHardDiskDrive* weiterleiten. Durch die Option *-QoSPolicyID* weisen Sie die Richtlinie auf Basis der ID zu. Wir verwenden in diesem Beispiel die virtuellen Server mit der Bezeichnung »Nano« für die Zuweisung der Richtlinie:

Get-VM -Name Nano* | Get-VMHardDiskDrive | Set-VMHardDiskDrive -QoSPolicyID 17372765-e725-4226-b52a-51a4c5046611

Sie sehen die Richtlinien-ID auch in den Eigenschaften der virtuellen Festplatte im Hyper-V-Manager. Dazu wechseln Sie zum Menüpunkt *Festplatte/Quality of Service*. Im Fenster können Sie die Richtlinie auch entfernen. Durch das Zuweisen der Richtlinien werden die manuellen Einstellungsmöglichkeiten der virtuellen Festplatte deaktiviert.

Aggregated Policies nutzen

Möchten Sie sicherstellen, dass sich ein Pool von virtuellen Festplatten die Bandbreite und IOPS teilt, erstellen Sie sogenannte »Aggregated Policies«. Weisen Sie eine solche Richtlinie den virtuellen Festplatten mehrerer VMs zu, wird der Wert *MinimumIOPS* zwischen den virtuellen Festplatten so aufgeteilt, wie die Festplatten die Leistung abrufen. Zusammen übersteigen die VMs außerdem nie den Wert, der als *MaximumIOPS* angegeben wurde. Der Aufruf dazu sieht dann zum Beispiel folgendermaßen aus:

New-StorageQosPolicy -Name SqlWorkload -MinimumIOPS 1000 -MaximumIOPS 5000 -PolicyType Aggregated

Richtlinien für Datenspeicher festlegen (Storage QoS)

Die Zuweisung der Richtlinie erfolgt auf dem gleichen Weg wie die Zuweisung einer Dedicated-Richtlinie. Die Konfiguration einer Richtlinie ist natürlich keine Einbahnstraße. Sie können Richtlinien und deren Werte jederzeit anpassen. Wollen Sie zum Beispiel den Wert *MaximumIOPS* der oben erstellten »Aggregated«-Policy anpassen, verwenden Sie den folgenden Cmdlet-Aufruf:

Get-StorageQosPolicy -Name SqlWorkload | Set-StorageQosPolicy -MaximumIOPS 6000

Die Zuweisung der Richtlinie müssen Sie in diesem Fall natürlich nicht wiederholen. Wenn Sie sich die Werte der Richtlinie und der zugewiesenen VMs anzeigen lassen, werden die neuen Werte bei den VMs angezeigt. Das können Sie zum Beispiel mit dem folgenden Cmdlet überprüfen:

Get-StorageQosPolicy -Name SqlWorkload | Get-StorageQosFlow | Format-Table InitiatorName, PolicyId, MaximumIOPS, MinimumIOPS, StorageNodeIops -AutoSize

Wollen Sie Richtlinien entfernen, verwenden Sie System Center Virtual Machine Manager 2016 oder die PowerShell. Der Aufruf dazu lautet in diesem Beispiel:

Get-StorageQosPolicy -Name SqlWorkload | Remove-StorageQosPolicy

Haben Sie eine Richtlinie versehentlich gelöscht, können Sie sie auf Basis ihrer alten ID wiederherstellen. Wollen Sie eine Richtlinie von einer virtuellen Festplatte entfernen, nicht die Richtlinie selbst, dann verwenden Sie diesen Aufruf:

Get-VM -Name <Name der VM> | Get-VMHardDiskDrive | Set-VMHardDiskDrive -QoSPolicyID $null

Dazu lassen Sie sich zunächst die VMs anzeigen, die als Status für eine Policy den Wert *UnkownPolicyId* haben, zum Beispiel mit:

Get-StorageQosFlow -Status UnknownPolicyId | ft InitiatorName, PolicyId -AutoSize

Danach erstellen Sie auf Basis der alten PolicyID eine neue ID, zum Beispiel mit:

New-StorageQosPolicy -PolicyId 7e2f3e73-1ae4-4710-8219-0769a4aba072 -PolicyType Aggregated -Name RestoredPolicy -MinimumIOPS 100 -MaximumIOPS 2000

Überprüfen Sie danach, ob der Status wieder als »Ok« angezeigt wird. Wollen Sie in der PowerShell überprüfen, ob und welche Speicherrichtlinien zugewiesen sind, rufen Sie mit *Get-VMHardDiskDrive |fl* die Informationen der virtuellen Festplatten ab. Die ID der Richtlinie ist über den Wert *QoSPolicyID* zu sehen. Verwenden Sie dazu zum Beispiel folgenden Befehl:

Get-VMHardDiskDrive -VMName nano | fl Name, QosPolicyID

Wollen Sie wiederum die Werte der Speicherrichtlinie auslesen, dann verwenden Sie:

Get-StorageQosPolicy |fl

Wichtig ist an dieser Stelle auch der Status der Richtlinie. Zeigt Hyper-V diese als »Ok« an, funktioniert die Richtlinie und mit den IOPS-Werten ist alles in Ordnung. Reicht die Leistung einer VM so wie in der Richtlinie als *MinimumIOPS* vorgegeben nicht aus, erhält die Richtlinie den Status *InsufficientThroughput*. In diesem Fall steht also nicht genügend Leistung zur Verfügung. Auf Basis dieses Werts können Sie sich VMs anzeigen lassen, für deren Betrieb keine ausreichende Leistung verfügbar ist:

Get-StorageQosFlow -Status InsufficientThroughput | fl

```
Auswählen Administrator: Windows PowerShell
PS C:\Users\administrator.CONTOSO> Get-VMHardDiskDrive -vmname nano | fl Name, QosPolicyID

Name        : Festplatte on IDE controller number 0 at location 0
QosPolicyID : 17372765-e725-4226-b52a-51a4c5046611


PS C:\Users\administrator.CONTOSO> Get-StorageQosPolicy |fl

Name         : Default
PolicyId     : 00000000-0000-0000-0000-000000000000
MaximumIops  : 0
MinimumIops  : 0
PolicyType   : Dedicated
ParentPolicy : 00000000-0000-0000-0000-000000000000
Status       : Ok

Name         : Desktop
PolicyId     : 17372765-e725-4226-b52a-51a4c5046611
MaximumIops  : 200
MinimumIops  : 100
PolicyType   : Dedicated
ParentPolicy : 00000000-0000-0000-0000-000000000000
Status       : Ok
```

Abbildung 20.15: Die zugewiesenen Speicherrichtlinien können Sie in der PowerShell abfragen.

Kann eine Richtlinie nicht korrekt zugewiesen werden, erhält sie den Status *Unknown-PolicyId*. Solche Richtlinien sollten Sie löschen und neu erstellen.

Die Cmdlets zum Abrufen von Informationen für Speicherrichtlinien können Sie auch miteinander verbinden. Dadurch können Sie aktuelle Informationen zum Speicherverbrauch anzeigen lassen. Das Cmdlet dazu sieht zum Beispiel folgendermaßen aus:

Get-StorageQosPolicy -Name Desktop | Get-StorageQosFlow | ft InitiatorName, *IOPS, Status, FilePath -AutoSize

Sie erhalten dadurch diejenigen VMs angezeigt, die diese Policy nutzen, sowie die Werte der Richtlinie und den Speicherort der virtuellen Festplatte.

Storage QoS im Cluster überwachen

Zusammen mit Storage QoS hat Microsoft in Windows Server 2016 auch Möglichkeiten integriert, um den Zustand des kompletten Clusters und aller VMs zu überwachen. Wollen Sie zum Beispiel überprüfen, ob im Cluster VMs positioniert sind, die keine gültigen Richtlinien nutzen, rufen Sie die Informationen mit dem folgenden Cmdlet ab:

Get-StorageSubSystem -FriendlyName Clustered* | Debug-StorageSubSystem

Sie können aber auch den generellen Zustand des Clusters bezüglich des Datenspeichers anzeigen lassen:

Get-StorageSubSystem -FriendlyName Clustered*

Hier erscheint entweder die Meldung, dass alles in Ordnung ist, oder Sie erhalten einen Hinweis, wo Probleme auch bezüglich der Richtlinien vorliegen.

Speicherrichtlinien in System Center Virtual Machine Manager 2016 definieren

Arbeiten Sie mit SCVMM 2016, können Sie auch hier Speicherrichtlinien verwalten. Die Einstellungen dazu finden Sie über *Fabric/Speicher/QoS-Richtlinien*. Alle Richtlinien, die Sie erstellt haben, sind hier zu sehen. Außerdem können Sie an dieser Stelle eigene Richtlinien definieren. Die Richtlinien an dieser Stelle gelten aber nicht für die VMs und die virtuellen Festplatten, sondern für den Speicher, der an SCVMM angebunden ist, um VMs zu speichern.

Beim Erstellen einer neuen Richtlinie können Sie in diesem Bereich aber auch die neuen Speicherrichtlinien für Windows Server 2016 festlegen. Hier stehen in der grafischen Oberfläche die gleichen Funktionen zur Verfügung, die Sie auch in der PowerShell steuern können.

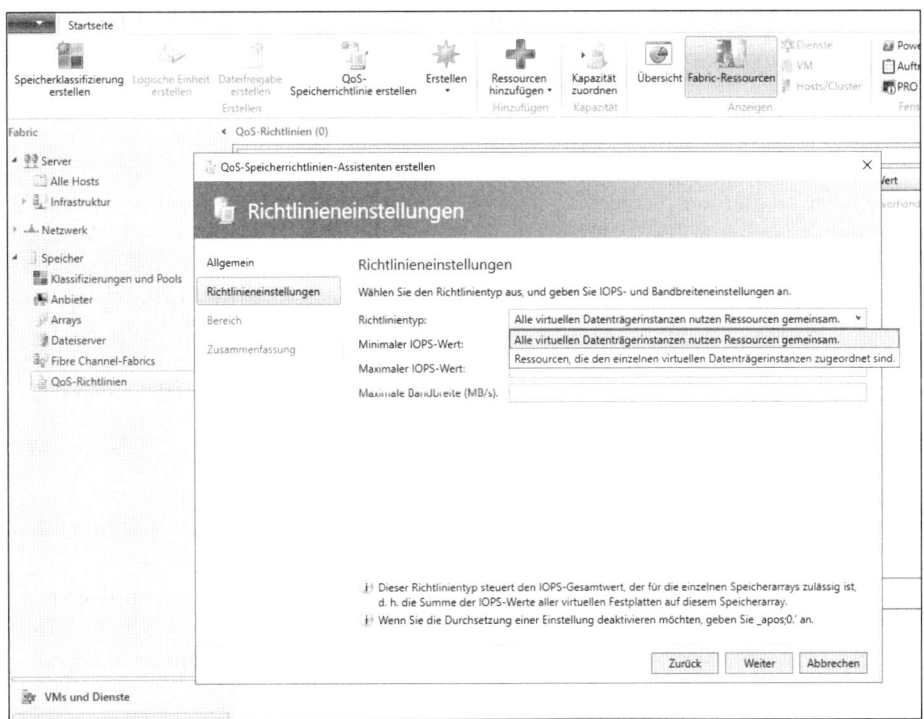

Abbildung 20.16: In SCVMM 2016 können Sie Speicherrichtlinien für Windows Server 2016 festlegen.

In diesem Zusammenhang lassen sich außerdem die Speicherrichtlinien aller virtuellen Festplatten verwalten, die auf einer Freigabe eines SOFS-Servers abgelegt sind. Auch die Speicherung auf Storage Spaces Direct kann dadurch verwaltet werden. Beim Erstellen einer Richtlinie können Sie dazu im Assistenten als Bereich für die Richtlinie einen oder mehreren SOFS auswählen. In den Eigenschaften von VMs können Sie in SCVMM ebenfalls Speicherrichtlinien überprüfen und zuweisen. Sie finden die Einstellungen im Bereich *Erweitert* unterhalb der virtuellen Festplatten.

Dateien und Freigaben auf Windows Server 2016 migrieren

Eine wichtige Aufgabe bei der Migration ist die Übernahme der Dateien und der Freigaben auf den neuen Server mit Windows Server 2016. Im folgenden Abschnitt zeigen wir Ihnen verschiedene Wege, wie Sie diese Daten übernehmen können.

Daten mit Robocopy übernehmen

Microsoft empfiehlt die Übernahme der Daten mit Robocopy, das zu den Bordmitteln von Windows Server 2016 gehört. Verwenden Sie zum Beispiel den folgenden Befehl:

Robocopy \\<Quellserver>\Users \\<Zielserver>\UserShares /E /COPY:DATSOU /R:10 /LOG: C:\migration.txt

Robocopy ist ein Befehlszeilentool, das ähnlich wie Xcopy funktioniert, aber deutlich mehr Möglichkeiten bietet. Das Tool gehört zu den Bordmitteln von Windows.

Der grundsätzliche Aufruf von Robocopy sieht folgendermaßen aus:

Robocopy <Quelle> <Ziel>< Datei(en)>/< Option>

Platzhalter sind erlaubt. Wenn Sie keine Dateien oder Platzhalter eingeben, verwendet Robocopy standardmäßig (*.*), kopiert also alle Dateien. Als Quelle und Ziel kann ein Ordner, ein Laufwerk oder auch ein UNC-Pfad angegeben werden (\\<Server>\<Freigabe>). Die Optionen werden hinter dem Befehl angefügt. Sie können beliebig viele Optionen miteinander kombinieren.

Option	Funktion
/S	Kopiert Unterordner (außer leere Ordner)
/E	Kopiert Unterordner (auch leere Ordner)
/LEV:n	Kopiert nur bis zu einer Verzeichnistiefe von *n*. Die restlichen Ordner werden nicht kopiert.
/Z	Wenn der Kopiervorgang unterbrochen wird, können Sie mit dieser Option an der Stelle weitermachen, an der abgebrochen wurde. Es können aber nicht alle Dateien kopiert werden.
/B	Dateien werden im Backupmodus kopiert. Es werden also alle Dateien kopiert, auch diejenigen, mit denen die Option /Z Probleme hat.
/ZB	Es wird zunächst die Option /Z probiert. Schlägt das bei einer Datei fehl, verwendet Robocopy die Option /B.
/COPY:copyflags	Kopiert nur die Dateiattribute, die definiert werden. Dazu muss das Dateisystem auf dem Quell- und dem Zielordner im NTFS-Format formatiert sein. D – Daten S – Sicherheit (NTFS ACLs) A – Attribute O – Besitzer-Informationen T – Zeitstempel U – Informationen zur Überwachung Standardmäßig kopiert Robocopy nur mit der Option /COPY:DAT. Überwachung, Sicherheit und Datenbesitzer werden standardmäßig nicht kopiert.

Tabelle 20.2: Mögliche Optionen von Robocopy

Dateien und Freigaben auf Windows Server 2016 migrieren

Option	Funktion
/COPYALL	Kopiert alles, also wie /COPY:DATSOU (s.o.).
/NOCOPY	Es wird nichts kopiert (nur sinnvoll für Spiegelung, wenn gelöscht werden soll).
/SEC	Entspricht dem Schalter /COPY:DATS. Sicherheitsinformationen und ACLs werden kopiert.
/MOV	Verschiebt Dateien (löscht nach dem Kopieren die Quelldateien)
/MOVE	Verschiebt Dateien und Ordner (löscht nach dem Kopieren die Quellordner und Quelldateien)
/PURGE	Löscht Dateien und Ordner im Zielverzeichnis, die auf dem Quellordner nicht mehr vorhanden sind
/MIR	Spiegelt einen kompletten Ordner. Löscht also auch Dateien im Ziel, die in der Quelle nicht mehr vorhanden sind.
/A+:{R|A|S|H|N|T}	Ändert die Dateiattribute beim Kopieren: R – Read only, S – System, N – Not content indexed, A – Archive, H – Hidden, T – Temporary
/A-:{R|A|S|H|N|T}	Löscht die definierten Attribute beim Kopieren: R – Read only, S – System, N – Not content indexed, A – Archive, H – Hidden, T – Temporary
/CREATE	Erstellt leere Ordner, falls diese in der Quelle ebenfalls vorhanden sind
/FAT	Ändert die Dateinamen ab, damit sie dem 8.3-Format entsprechen, also maximal acht Zeichen vor und drei nach dem Punkt
/FFT	Kopiert auf Systeme, die kompatibel zu NTFS sind, aber eigentlich nur das FAT-Dateisystem beherrschen (wird eher selten benötigt)
/MON:n	Zählt die Änderungen von Dateien im Quellordner mit und startet nach *n* Änderungen den Kopiervorgang nach dem Zeitraum, der mit /MOT (s.u.) definiert wird. Verwenden Sie diese Option, um Robocopy im Hintergrund laufen zu lassen.
/MOT:n	Führt den Kopiervorgang nach *n* Minuten erneut aus. In Kombination mit /MON möglich.
/RH:hhmm-hhmm	Definiert, innerhalb welcher Zeit kopiert werden darf. Die Werte sind im 24-Stunden-Format angegeben und müssen im Format 0000 bis 2359 eingegeben werden.
/PF	Die Option ist optimal, wenn ein laufender Kopiervorgang über den mit /RH definierten Zeitraum hinausgeht. Der Kopiervorgang kann so schneller abgeschlossen werden.
/IPG:n	Mit dieser Option wird *n* Millisekunden gewartet, bevor weiterkopiert wird. Vor allem für Kopiervorgänge zwischen Niederlassungen kann so die Bandbreite eingespart werden.
/IA:{R|A|S|H|C|N|E|T|O}	Kopiert nur Dateien mit den definierten Attributen: R – Read only, A – Archive, S – System, H – Hidden, C – Compressed, N – Not content indexed, E – Encrypted, T – Temporary O – Offline
/XA:{R|A|S|H|C|N|E|T|O}	Kopiert keine Dateien mit den definierten Attributen: R – Read only, A – Archive, S – System, H – Hidden, C – Compressed, N – Not content indexed, E – Encrypted, T – Temporary, O – Offline
/A	Kopiert nur Dateien, in denen die Eigenschaft *Archiv* gesetzt wurde (kann über die Eigenschaften einer Datei durchgeführt werden)
/M	Wie /A, allerdings wird das Archivattribut in der Quelldatei zurückgesetzt.
/XF file [file]	Kopiert diese Dateien nicht. Sie können mehrere hintereinander schreiben. Diese Option setzen Sie am Ende des Befehls. Sie können auch mit * als Platzhalter arbeiten.
/XD dir [dir]	Kopiert diese Ordner nicht. Auf diese Weise können Sie Unterordner beim Spiegeln überspringen lassen, indem Sie deren Pfad im Befehl angeben.
/XC	Schließt Dateien aus, die im Quellordner als geändert markiert sind
/XN	Kopiert keine Dateien, die im Quellordner als neuer deklariert sind

Tabelle 20.2: Mögliche Optionen von Robocopy

Kapitel 20: Dateiserver und Daten im Netzwerk freigeben

Option	Funktion
/XO	Wie /XN, nur werden Dateien nicht kopiert, die im Quellordner als älter definiert sind.
/MAX:n	Kopiert keine Dateien, die größer als n Bytes sind
/MIN:n	Kopiert keine Dateien, die kleiner als n Bytes sind
/MAXAGE:n	Kopiert keine Dateien, die älter als n Tage sind. Sie können n auch als Datum in der Form von YYYYMMDD angeben.
/MINAGE:n	Kopiert keine Dateien, die neuer sind (Syntax s.o.)
/MAXLAD:n	Kopiert keine Dateien, auf die vor n Tagen nicht zugegriffen wurde (Syntax s.o.)
/MINLAD:n	Wie /MAXLAD, nur nach n Tagen, also neuere Dateien
/R:n	Definiert die maximalen Fehler, die beim Kopieren übergangen werden (standardmäßig 1 Mio.)
/W:n	Definiert die Sekunden, die gewartet wird, wenn ein Kopiervorgang nicht erfolgreich war, um es erneut zu versuchen
/REG	Speichert /R und /W in der Registry als Standardwert für weitere Robocopy-Jobs
/L	Gibt nur eine Liste der Dateien aus, führt aber keinen Kopiervorgang durch. Die Option ist sinnvoll, um einen Kopiervorgang zu simulieren. Sie setzen dazu die Option einfach ans Ende des Befehls.
/TS	Zeigt den Zeitstempel der Quelldateien in der Protokolldatei an
/FP	Zeigt den vollen Pfadnamen in der Protokolldatei
/NS	Zeigt nicht die Datei- und Ordnergröße in der Protokolldatei an
/NFL	Protokolliert keinen Kopiervorgang außer Fehler
/NP	Zeigt den Fortschritt des Kopiervorgangs bei großen und kleinen Dateien nicht an (%-Angabe)
/ETA	Zeigt die Dauer der Kopiervorgänge an
/LOG:file	Speichert das Protokoll in der definierten Datei
/LOG+:file	Hängt das Protokoll an eine bereits bestehende Protokolldatei an
/TEE	Zeigt die Vorgänger auch in der Eingabeaufforderung an, nicht nur im Protokoll
/JOB:job	Liest die Parameter von einer Jobdatei aus
/SAVE:job	Speichert die Parameter in einer Jobdatei
/QUIT	Führt nichts aus. Zeigt in Verbindung mit dem *job*-Schalter den Inhalt der Jobdatei an.

Tabelle 20.2: Mögliche Optionen von Robocopy

Wenn der Kopiervorgang einer Datei aus irgendwelchen Gründen fehlschlägt (zum Beispiel ist die Datei in Benutzung oder Windows hat den Zugriff verweigert), führt Robocopy innerhalb eines definierten Zeitraums einige weitere Versuche durch, um den Kopiervorgang trotzdem erfolgreich abzuschließen. Robocopy wartet standardmäßig 30 Sekunden und 1 Mio. Versuche, um den Kopiervorgang durchzuführen. Diese beiden Werte lassen sich mit den Optionen /W und /R steuern sowie mit /REG als Standard in der Registry festlegen. Bei jedem Vorgang verwendet der Kopiervorgang die Optionen /W und /R. Sind im Befehlsaufruf diese Optionen nicht gesetzt, verwendet das Tool die Standardwerte.

Wenn Sie Datei- oder Ordnernamen kopieren, die ein Leerzeichen enthalten, geben Sie den Pfad in Anführungszeichen an, zum Beispiel *Robocopy "\fs01\einkauf\lieferanten 2016" \fs01\archiv\einkauf*. Alle Optionen verwendet das Tool von links nach rechts. Nach unserer Erfahrung verwenden die meisten Administratoren die Option /MIR, weil so schnell und einfach eine Spiegelung eines Ordners angelegt wird. Ein Beispielskript, auch auf Basis der Optionen von Tabelle 20.2, könnte folgendermaßen aussehen:

```
echo on
del C:\Users\thomas\Desktop\backup.log
robocopy "C:\Users\thomas\Documents" "x:\backup\dokumente" /mir /r:5 /
log+:C:\Users\thomas\Desktop\backup.log
robocopy "C:\Users\thomas\Pictures" "x:\backup\Pictures" /mir /r:5 /
log+:C:\Users\thomas\Desktop\backup.log
robocopy "C:\Users\thomas\Documents" "z:\backup\dokumente" /mir /r:5 /
log+:C:\Users\thomas\Desktop\backup.log
robocopy "C:\Users\thomas\Pictures" "z:\backup\Pictures" /mir /r:5 /
log+:C:\Users\thomas\Desktop\backup.log
robocopy "C:\Users\thomas\Documents" "u:\backup\dokumente" /mir /r:5 /
log+:C:\Users\thomas\Desktop\backup.log
robocopy "C:\Users\thomas\Pictures" "u:\backup\Pictures" /mir /r:5 /
log+:C:\Users\thomas\Desktop\backup.log
shutdown /s /t 30
```

Um die Daten in einer Freigabe auf einen anderen Rechner zu spiegeln, schreiben Sie am besten ein Skript mit dem Befehl *Robocopy <Quellordner> <Sicherungslaufwerk>:\<Sicherungsordner> /MIR*. Mit dem Befehl *Robocopy c:\users\thomas\documents y:\backup /mir* kopiert Windows die Ordner und Dateien aus dem *Dokumente*-Ordner auf das Laufwerk Y: in den Ordner *backup*. Die Option */MIR* kopiert nur geänderte Dateien und löscht Dateien im Zielordner, die im Quellordner nicht mehr vorhanden sind. Das heißt, der erste Kopiervorgang dauert recht lange, da erst alle Dateien kopiert werden müssen. Der zweite geht aber deutlich schneller, da nur geänderte Dateien kopiert werden. Löschen Sie im Quellordner eine Datei, löscht der Kopiervorgang diese auch im Backupordner.

So erhalten Sie immer eine 1:1-Kopie Ihrer wichtigsten Daten. Sie können ohne Weiteres auch mehrere Ordner sichern. Verwenden Sie in diesem Fall einfach mehrmals den Befehl nacheinander in einem Skript.

Nur Freigaben und deren Rechte übernehmen

Wollen Sie keine Daten kopieren, sondern nur die bestehenden Freigaben und Rechte vom Quell- auf den Zielserver übertragen, benötigen Sie die Registry:

1. Öffnen Sie auf dem Server die Registry durch Eingabe von *Regedit*.
2. Navigieren Sie zu *HKEY_LOCAL_MACHINE\SYSTEM\CurrentControlSet\services\LanmanServer\Shares*.
3. Exportieren Sie diesen Schlüssel über das Kontextmenü.
4. Wollen Sie nicht alle Freigaben übernehmen, öffnen Sie die exportierte Datei und löschen Sie die Einträge der Freigaben, die Sie nicht übernehmen wollen.
5. Kopieren Sie die Datei auf den Zielserver und klicken Sie doppelt auf die Datei, um sie auf dem Zielserver zu importieren. Achten Sie aber darauf, dass dieser Import die Einträge der vorhandenen Freigaben auf dem Zielserver überschreibt.
6. Starten Sie anschließend den Server neu.
7. Überprüfen Sie auf dem Server, ob die Freigaben vorhanden sind.

Das Dateiserver-Migrationstoolkit einsetzen

Wollen Unternehmen Dateiserver auf neuere Hardware umstellen, liegt ein häufiges Problem darin, dass sämtliche Freigaben neu erstellt, die Daten übernommen und die Rechte neu zugewiesen werden müssen. Zwar gibt es viele Werkzeuge, um Daten zu synchronisieren, allerdings können die wenigsten Tools auch NTFS-Rechte übernehmen und Freigaben erzeugen. Hier hilft Microsoft mit dem kostenlosen Dateiserver-Migrationstoolkit. Das Toolkit hilft dabei, Migrationen für die Benutzer vollkommen transparent durchzuführen, auch auf ganze DFS-Stämme (Distributed File System, verteiltes Dateisystem).

Die Migration zu Windows Server 2016 im Überblick

Das Tool übernimmt komplette Ordner, legt Ordner und Freigaben an, kopiert Dateien und setzt die NTFS-Rechte korrekt um. Auch Berichte erstellt das Toolkit. Die ganze Übernahme findet mit einem einfach zu bedienenden Assistenten statt. Außerdem kann das Toolkit sehr schnell Daten kopieren, sodass sogar mehrere Hundert Gigabyte kein Problem darstellen. Selbst das Kopieren nur geänderter Daten ist möglich, sodass Sie zunächst eine Datensicherung zurücksichern können und dann erst die Daten mit dem Toolkit übernehmen. Das Dateiserver-Migrationstoolkit führt alle Aufgaben in einem Aufwasch durch und Sie können die Konfiguration sehr detailliert über einen Assistenten oder durch Anpassen einer *.xml*-Datei steuern.

Ein weiterer Vorteil des Dateiserver-Migrationstoolkits ist die Möglichkeit, mehrere Dateiserver auf einen neuen Server umzuziehen, auch zu DFS, und zwar unabhängig vom Betriebssystem. Da das Toolkit außerdem Windows Server 2008 R2 und damit Windows Server 2016 unterstützt, lässt sich so die Migration zum neuen Betriebssystem deutlich vereinfachen. Sie können dieses Toolkit bei Microsoft von der Seite *http://tinyurl.com/hv7ty3v* herunterladen.

Quellserver und Zielserver müssen nicht mit dem gleichen Betriebssystem installiert sein, was bei der Migration zu Windows Server 2016 sehr hilfreich ist. Und das Toolkit kann auch Daten von mehreren Dateiservern in einem Durchlauf auf einen neuen Server übernehmen, mit allen gesetzten Rechten.

Mit dem Dateiserver-Migrationstoolkit können Sie sowohl zu DFS-Stämmen als auch zu ganz normalen Dateiservern migrieren. DFS als Quelle ist jedoch nicht möglich, sondern nur als Zielsystem.

Selbst Clusterdienste unterstützt das Toolkit als Quelle und als Ziel. Treten bei der Datenübernahme Probleme auf, kann das Toolkit ein Rollback durchführen. Erkennt es bei der Eintragung von Rechten, dass sich bestimmte SIDs nicht auflösen lassen, entfernt es automatisch die problematischen Berechtigungen von den Freigaberechten. Diese Option können Sie aber einstellen, dazu später mehr. Der generelle Ablauf ist ganz einfach:

1. Sie installieren einen neuen Server mit Windows Server 2016.
2. Im Anschluss installieren Sie das Dateiserver-Migrationstoolkit und konfigurieren den Prozess der Migration.
3. Wollen Sie nachträglich noch Daten am Prozess anpassen, konfigurieren Sie einfach die entsprechende *.xml*-Datei des Projekts. Das ist zum Beispiel sinnvoll, wenn Sie den Zielpfad ändern wollen, da das Tool als Stammordner immer den Namen des Quellservers verwendet. Diese Konfiguration können Sie nur in der *.xml*-Datei vornehmen.
4. Sie starten das Projekt und kopieren die Daten auf den neuen Server. Das Dateiserver-Migrationstoolkit kopiert die Daten, die Ordnerstruktur und die Berechtigungen auf den neuen Server. Die Daten auf dem alten Server bleiben erhalten, die Freigaben auf Wunsch auch.

Die Migration von Daten einrichten

Nachdem Sie das Dateiserver-Migrationstoolkit auf dem neuen Dateiserver installiert haben, rufen Sie aus der Programmgruppe das Programm *Dateiservermigrations-Assistent* auf. Dieser Assistent führt Sie durch die Migration. Wollen Sie zu DFS migrieren, müssen Sie zunächst Vorarbeiten durchführen. Dazu später mehr.

Nach dem Start des Assistenten können Sie entweder ein neues Migrationsprojekt beginnen oder ein bereits gespeichertes Projekt fortsetzen. Wenn Sie ein neues Migrationsprojekt beginnen, erscheint zunächst der Willkommensbildschirm des Dateiserver-Migrationstoolkits.

Nachdem Sie diesen Bildschirm bestätigt haben, können Sie einen Projektnamen und den Speicherort für die Projektdatei festlegen. Die Daten des zu migrierenden Dateiservers werden nicht in diesen Ordner migriert. Im Projektordner liegen nur die Konfigurationsdaten des Projekts, die Sie bei einem erneuten Start laden können. Die Konfiguration speichert das Toolkit in einer *.xml*-Datei, die Sie nachträglich bearbeiten können. Sie können später den Ordner festlegen, in den die Daten kopiert werden.

Im nächsten Fenster des Assistenten legen Sie fest, ob Sie einen DFS-Stamm migrieren wollen. Wenn Sie einen normalen Dateiserver migrieren wollen, können Sie in diesem Fenster das Kontrollkästchen deaktivieren. Im nächsten Fenster bestimmen Sie den Speicherort der Dateien und Ordner, die von dem zu migrierenden Dateiserver auf den neuen Server kopiert werden sollen. Nachdem Sie diese Angaben vorgenommen haben, können Sie den Assistenten mit *Fertig stellen* beenden. An dieser Stelle sind keine weiteren Maßnahmen notwendig und der Assistent ist bereit zur Migration.

Sie sollten diese Migration außerhalb der Geschäftszeiten durchführen, da während des Kopiervorgangs alle Anwender von ihren Freigaben auf dem Quelldateiserver getrennt werden. Bis zu dieser Stelle brauchen Sie nichts zu befürchten. Hier nehmen Sie nur allgemeine Angaben vor, ohne Aktionen durchzuführen.

Erst nach dem Beenden des Assistenten beginnt die eigentliche Migration. Zunächst müssen Sie mit *Server hinzufügen* den Namen des zu migrierenden Quellservers eingeben. Wenn Sie den Server hinzugefügt haben und der Assistent den Namen des Servers auflösen kann, zeigt das Tool alle Freigaben auf diesem Server in der Liste an und markiert sie automatisch. Sie können mit dem Tool auch Daten zwischen Dateiservern mit Windows Server 2016 migrieren.

Gelegentlich kann es passieren, dass das Dateiserver-Migrationstoolkit keine Verbindung mit WMI zum Quellserver aufbauen kann. In diesem Fall müssen Sie zunächst die WMI-Regeln für die Windows-Firewall aktivieren, um die Kommunikation zu gestatten. Dazu verwenden Sie am besten den folgenden Befehl:

Netsh advfirewall firewall set rule group="Windows-Verwaltungsinstrumentation (WMI)" new enable=yes

Bei der Aktivierung der Regeln darf keine Fehlermeldung auftreten. Sie können sich die grafische Verwaltungsoberfläche der Windows-Firewall auch anzeigen lassen, indem Sie »wf.msc« im Suchfeld des Startbildschirms eingeben. Unter *Eingehende Regeln* finden Sie dann die aktivierten Regeln, die ab jetzt den Zugriff gestatten.

Sollten die Befehle in der Eingabeaufforderung nicht funktionieren, aktivieren Sie die entsprechenden WMI-Regeln direkt über die grafische Verwaltungsoberfläche. Wählen Sie dazu die eingehenden und die ausgehenden Firewallregeln aus und aktivieren Sie diese über das Kontextmenü dieser Regeln.

Kapitel 20: Dateiserver und Daten im Netzwerk freigeben

Sie können entscheiden, welche Freigaben das Tool auf den neuen Server übernehmen soll, und einzelne Freigaben für die Übernahme deaktivieren. Im rechten Bereich der Konsole sehen Sie unter *Details*, wie viele Daten die einzelnen Freigaben enthalten und wie groß die Datenmenge ist.

Bei der Durchführung der späteren Migration übernimmt der Assistent die Ordnerstrukturen und die Dateiinhalte der Ordner. Zusätzlich gibt der Assistent die Ordner wieder unter dem gleichen Namen frei wie auf dem Quelldateiserver. Auch die NTFS-Berechtigungen werden auf den neuen Dateiserver uneingeschränkt übernommen.

Abbildung 20.17: Die Freigaben des Quellservers anzeigen

Wenn Sie mit dem Dateiserver-Migrationstoolkit Ordner auf einen neuen Server migrieren, entfernt der Assistent auf dem Quellserver alle Freigaben. Die freigegebenen Ordner und alle Daten bleiben auf den Datenträgern erhalten, auch die NTFS-Berechtigungen und der Inhalt bleiben bestehen. Das Dateiserver-Migrationstoolkit entfernt allerdings alle Freigaben, damit die Anwender nicht versehentlich auf die alten Freigaben zugreifen. Sie können diesen Vorgang jedoch während der Migration einstellen.

Stellen Sie sicher, dass in der Anzeige des Quellservers alle Freigaben angezeigt und für die Migration markiert sind. Sobald dies gewährleistet ist, gelangen Sie mit *Fortsetzen* zur nächsten Seite des Assistenten. Sie können bei der Auswahl des Quellservers bestimmen, ob die NTFS-Berechtigungen kopiert und die Freigaben auf dem Quelldateiserver beendet werden sollen. Sie können an dieser Stelle mehrere Dateiserver auswählen und mit einem Schritt verschiedene Dateiserver auf den neuen Server migrieren.

Sobald Sie sich vergewissert haben, dass Ihre Eingaben korrekt sind, können Sie mit *Fortsetzen* zur nächsten Seite des Assistenten wechseln. Im folgenden Schritt überprüft der

Assistent, ob alle Freigaben verfügbar sind und darauf zugegriffen werden kann. Bei allen Freigaben, die migriert werden können, setzt der Assistent ein Häkchen. Achten Sie darauf, dass bei allen Freigaben die Möglichkeit der Migration besteht, und beseitigen Sie bereits an dieser Stelle etwaige Berechtigungs- oder Zugriffsprobleme. Der Assistent zeigt Ihnen nach der Überprüfung die Anzahl der Dateien und die Gesamtgröße der zu migrierenden Daten an.

Vor allem bei Dateiservern mit einer großen Anzahl an Freigaben und vielen Daten sollten Sie vorab genau evaluieren, wie lange der Kopiervorgang über das Netzwerk dauert. Während der Migration der Daten sollten keine Anwender auf den Quell- oder Zielserver zugreifen, damit der Assistent alle Daten ungestört migrieren und die Berechtigungen genau so setzen kann, wie diese auf dem Quellserver eingestellt sind. Vergleichen Sie die Gesamtzahl der zu migrierenden Dateien im Assistenten mit der tatsächlichen Anzahl von Dateien auf dem Quellserver. Nur so ist sichergestellt, dass der Assistent tatsächlich alle Daten übernimmt.

Im Anschluss können Sie mit *Fortsetzen* die Migration beginnen. Sie erhalten eine Warnmeldung, dass alle Anwender von ihren Freigaben getrennt und die Freigaben zurückgesetzt werden. Möchten Sie noch Änderungen vornehmen, zum Beispiel einstellen, dass der Stammordner auf dem Zielserver nicht den Namen des Quellservers enthält, bearbeiten Sie die *.xml*-Datei im Projektordner mit einem Editor und ändern Sie den Pfad auf Wunsch ab. Im Anschluss beginnt der Assistent mit der Migration der Daten. Im Bereich *Details* sehen Sie in Echtzeit, welche Daten der Assistent bereits übernommen hat und wo eventuelle Probleme auftreten. Mit *Abbrechen* können Sie den Kopiervorgang beenden. Alle Ordner des Quellservers werden im konfigurierten Unterordner auf dem Zielserver angelegt und freigegeben.

Der Assistent kopiert nur neue Daten von den Quellservern auf die Zielserver. Das heißt, Sie können vor dem Kopieren der Daten durch das Dateiserver-Migrationstoolkit auch eine Datensicherung auf dem neuen Server zurückspielen, was oft schneller geht. Führen Sie dann den Assistenten durch, übernimmt das Toolkit nur neue Dateien. Dadurch erreichen Sie einen wesentlichen Geschwindigkeitsgewinn. Die NTFS-Berechtigungen auf dem Quellserver übernimmt der Assistent auf den Zielserver, löscht aber keine Daten auf dem Quellserver. Die Freigaben auf dem Quellserver werden entfernt, wenn Sie diese Option ausgewählt haben. Nach dem erfolgreichen Kopiervorgang öffnet sich ein Fenster, das Sie über den Abschluss informiert. Zusätzlich können Sie sich in diesem Fenster einen detaillierten Bericht über die Migration anzeigen lassen.

Speichern Sie den Bericht ab und legen Sie ihn auf einem Laufwerk ab, damit Sie später nachweisen können, dass alle Daten auf den neuen Server migriert wurden. Im Anschluss finden Sie im Zielordner des Zielservers einen neuen Unterordner mit der Bezeichnung des Rechnernamens des Quellservers, falls Sie die Konfiguration in der *.xml*-Datei nicht entsprechend angepasst haben. Unterhalb dieses Ordners befinden sich alle Ordner in der gleichen Struktur wie auf dem Quellserver. Das Toolkit hat alle Dateien übernommen, die Ordner sind freigegeben und die NTFS-Berechtigungen kopiert. Auf dem Quellserver sind weiterhin alle Daten vorhanden und die Freigaben wurden entfernt.

Bevor Sie jedoch Anwender auf die Freigaben zugreifen lassen, sollten Sie die Rechtestruktur überprüfen, ob auch wirklich alle Rechte korrekt übernommen wurden.

Den DFS-Konsolidierungsstamm-Assistenten nutzen

Im Vergleich zur Migration von herkömmlichen Freigaben ist die Migration von Freigaben zu DFS-Stämmen auf neue Server etwas komplizierter. Mit dem Dateiserver-Migrationstoolkit können Sie keine DFS-Stämme migrieren, also kein DFS als Quelle verwenden, aber von mehreren herkömmlichen Dateiservern zu DFS (Distributed File System, verteiltes Dateisystem) unter Windows Server 2016 migrieren.

Die notwendigen Namensräume legt ein Assistent an und die ursprünglichen Pfade der Anwender funktionieren weiter. Allerdings ist das Tool aufgrund seines Alters unter Umständen fehlerhaft bei der Migration. Deshalb ist es vor der Migration notwendig, dass Sie die Dateinamen der aktuellen Dateiserver umbenennen. Sinn ist, dass auf neuen Dateiservern DFS eingerichtet ist und die neuen Dateiserver auf Clientanfragen antworten, wenn Anwender auf die alten Servernamen zugreifen. Dies ist wichtig, weil sich für Anwender in den Verknüpfungen und Netzlaufwerken nichts ändern soll. In diesem Fall dürfen die alten Dateiserver aber nicht mehr auf ihren bisherigen Namen antworten. Das heißt, für die Anwender ändert sich nach der Migration nichts, die UNC-Pfade bleiben gleich. Da Sie aber die Dateiserver umbenennen müssen, können Anwender in dieser Phase nicht mehr auf die Daten zugreifen, sondern erst, nachdem der Assistent eingerichtet ist. Wollen Sie den Vorgang zunächst testen, ohne Ihre Dateiserver umzubenennen, gibt es auch dazu eine Möglichkeit.

Neben dem Assistenten zur Übernahme von Daten enthält das Dateiserver-Migrationstoolkit noch den DFS-Konsolidierungsstamm-Assistenten, den Sie als eigene Verknüpfung in der Programmgruppe des Toolkits finden. Dieser Assistent sorgt dafür, dass der UNC-Pfad von Freigaben auf den Quelldateiservern erhalten bleibt und Anwender zukünftig mit der alten Verbindung auf den neuen Server zugreifen dürfen, auch wenn es sich hierbei um eine DFS-Infrastruktur handelt. Sogar der Zugriff auf die Dateien, die sich noch auf den alten Servern befinden, die den neuen Namen haben, funktioniert.

Ein Beispiel dazu:

Sie wollen den Dateiserver *fs01* zum DFS-Dateiserver *fs2016* migrieren. Auf *fs2016* ist DFS eingerichtet. Bevor Sie den DFS-Assistenten des Dateiserver-Migrationstoolkits starten, müssen Sie den Server *fs01* umbenennen, zum Beispiel in *fs01mig*. Im Assistenten hinterlegen Sie später diesen Namen, sodass er die entsprechende Konfiguration für die Namensauflösung durchführen kann und Anwender weiter mit dem alten Namen auf den Server mit dem neuen Namen zugreifen können. Auf diese Weise bleiben Verknüpfungen zu den verschiedenen Ordnern auch zum neuen DFS-Stamm gültig.

Der Assistent ändert dazu auch die notwendigen DNS- und WINS-Einträge der Quell- und Zielserver ab beziehungsweise erstellt neue Einträge. Das Tool unterstützt außerdem Failovercluster und DFS-Hochverfügbarkeit. Passende Netzwerknamensressourcen kann der Assistent problemlos erstellen. Anwender, die den ursprünglichen UNC-Pfad auf die Dateien verwenden, leitet der Server zum neuen Pfad um, auch wenn dieser in einem DFS liegt. Unabhängig davon, ob die Dateien noch auf dem Quelldateiserver liegen oder bereits auf den Zieldateiserver mit DFS migriert sind, funktioniert der alte UNC-Pfad weiterhin.

Microsoft empfiehlt, für diese Konfiguration einen alleinstehenden DFS-Stamm zu verwenden, keinen domänenintegrierten. Nachdem Sie den Servernamen eingegeben haben, überprüft der Assistent noch dessen Konfiguration. Als Nächstes müssen Sie den Pfad angeben, in den der Assistent die einzelnen DFS-Stämme speichern kann. Für jeden Dateiserver, den Sie mit dem Toolkit zu DFS migrieren, ist ein eigener Stamm notwendig, der sich in diesem Ordner auf den DFS-Servern befindet. Ist der Ordner auf dem Server noch nicht angelegt, übernimmt dies der Assistent automatisch.

Auf der nächsten Seite geben Sie jetzt den alten Namen des Dateiservers und dessen neuen Namen ein. An dieser Stelle können Sie auch den Test durchführen, der bereits weiter vorne in diesem Abschnitt erwähnt wurde. Geben Sie im Assistenten anstelle des ursprünglichen Servernamens einen temporären Namen an. Wollen Sie beispielsweise den Server *dfs* migrieren, geben Sie *dfs* als aktuellen Namen und *dfs-test* als ursprünglichen Namen an. Um zu testen, ob der Assistent die Änderungen erfolgreich durchgeführt hat, versuchen Sie anschließend, mit dem Pfad *\\dfs-test\<Freigabename>* auf den Server zuzugreifen. Um diese Änderungen zu entfernen, verwenden Sie das Befehlszeilentool *Dfsconsolidate* mit der Option */DeleteRoot*. Sie finden das Tool im Installationsordner des Dateiserver-Migrationstoolkits.

Führen Sie die eigentliche Migration durch, müssen Sie vor der Ausführung des Assistenten den Servernamen ändern. Bei *Ursprünglicher Name* tragen Sie den Namen vor der Umbenennung, bei *Aktueller Name* den Namen nach der Umbenennung ein.

Wichtig ist, dass der Server im Bereich *Aktueller Name* verfügbar ist. Klicken Sie sich weiter durch den Assistenten, legt das Toolkit die entsprechenden Daten fest und meldet die erfolgreiche Konfiguration. Sie finden in der Forward-DNS-Zone einen neuen Eintrag zum aktuellen Server, der auf die alte IP-Adresse verweist. Sie können also bereits auf die entsprechenden Freigaben auf dem alten Dateiserver mit dem neuen Namen zugreifen. Im entsprechenden Rootordner auf dem DFS-Server befindet sich ein neuer Ordner mit dem Namen des Servers und den entsprechenden Verknüpfungen.

Alle Freigaben des alten Servers sind jetzt auch über den neuen und den alten Namen verfügbar. Außerdem hat der Assistent den Servernamen als DFS-Namensraum hinzugefügt. Um diesen anzuzeigen, gehen Sie folgendermaßen vor:

1. Rufen Sie die DFS-Verwaltung auf und klicken mit der rechten Maustaste auf *Namespaces*.
2. Wählen Sie aus dem Kontextmenü die Option *Namespaces zur Anzeige hinzufügen*.
3. Aktivieren Sie die Option *Server* und geben Sie den Servernamen des DFS-Servers ein.
4. Klicken Sie auf *Namespaces anzeigen*.
5. Wählen Sie den neuen Namensraum aus. Dieser trägt die Bezeichnung des ursprünglichen Servernamens des Quellservers.
6. Klicken Sie auf *OK*.
7. Der Namensraum wird jetzt angezeigt.
8. Sobald Sie auf den Namensraum klicken, sehen Sie alle Freigaben des Quellservers.
9. Auf den Clients können Sie den Vorgang testen, indem Sie auf die Freigaben zugreifen, genauso wie vorher. Für Benutzer ändert sich absolut nichts und es sind keine Konfigurationen notwendig.

Der letzte Schritt der Migration ist die Datenübernahme der Freigaben und Ordner auf den neuen Server. Um die Daten zu übernehmen, verwenden Sie den normalen Assistenten zur Übernahme von Ordnern, wie bei herkömmlichen Dateiservern auch. Wie Sie dabei vorgehen, wurde bereits weiter vorne in diesem Abschnitt behandelt.

Im Fenster des Assistenten, in dem Sie festlegen, ob Sie zu DFS migrieren wollen, aktivieren Sie die Option *Verwenden Sie folgenden DFS-Stammserver* und geben den Namen des DFS-Servers ein. Anschließend überprüft der Assistent den Server und zeigt die erstellten Namensräume und verbundenen Freigaben an.

Kapitel 20: Dateiserver und Daten im Netzwerk freigeben

Die weiteren Schritte entsprechen der Übernahme von normalen Dateiservern. Das gilt ebenfalls für die restliche Migration. Sie sehen in den Fenstern auch den Namen des DFS-Servers und den alten Namen des Servers.

Serverspeicher in Windows Server 2016 Essentials im Dashboard verwalten

In diesem Abschnitt zeigen wir Ihnen, wie Sie Festplatten in das Dashboard von Windows Server 2016 Essentials integrieren und Daten in kleinen Netzwerken freigeben. Im Dashboard auf dem Server können Sie über *Speicher* auf der Registerkarte *Festplatten* den aktuell verfügbaren Speicher auf dem Server überprüfen.

Sie haben an dieser Stelle auch die Möglichkeit, über Assistenten einzelne Freigaben auf neue Datenträger zu verschieben. Die Konsole zeigt allerdings nur Datenträger an, die Sie in das Betriebssystem integriert und formatiert haben. Hier gehen Sie vor, wie in Kapitel 5 beschrieben. Sie können auch in Windows Server 2016 Essentials Speicherpools nutzen und einrichten. Lesen Sie sich dazu bei Bedarf noch mal das Kapitel 5 durch.

Sobald der Datenträger formatiert ist, lässt er sich im Dashboard verwenden. Auf der Registerkarte *Serverordner* haben Sie die Möglichkeit, Daten von Anwendern mit Assistenten und auf einen Rutsch auf neue Datenträger zu verschieben und Freigaben zu erstellen.

Abbildung 20.18: Freigaben in Windows Server 2016 Essentials verwalten

Ordner im Dashboard verwalten

Windows Server 2016 Essentials ermöglicht zwar auch die Freigabe und Verwaltung von Ordnern mit den Windows Server 2016-Bordmitteln, aber im Dashboard sind einfach zu bedienende Assistenten integriert, um Ordner freizugeben. Sie sollten daher primär das Dashboard für das Freigeben von Ordnern verwenden.

Um Freigaben zu verwalten, klicken Sie im Dashboard zunächst auf die Schaltfläche *Speicher*. An dieser Stelle sehen Sie die bereits freigegebenen Ordner in Windows Server 2016

Serverspeicher in Windows Server 2016 Essentials im Dashboard verwalten

Essentials. Klicken Sie eine bereits existierende Freigabe mit der rechten Maustaste in der Konsole an, können Sie mit *Ordner öffnen* ein Explorer-Fenster öffnen, das den Inhalt des Ordners anzeigt.

Mit dem Kontextmenübefehl *Freigabe des Ordners beenden* heben Sie die Freigabe auf und Anwender können sich nicht mehr mit dem Ordner verbinden. Die Daten bleiben aber auf dem Server und die Freigabe lässt sich jederzeit wieder neu erstellen.

Mit dem Kontextmenübefehl *Ordnereigenschaften anzeigen* starten Sie ein neues Fenster, in dem Sie einstellen, welche Benutzer Zugriff auf die Freigabe erhalten sollen. Auf der Registerkarte *Freigeben* sehen Sie die angelegten Benutzer und können über das Dropdownmenü deren Rechte festlegen.

Abbildung 20.19: Ordner in Windows Server 2016 Essentials verwalten

Freigaben im Dashboard erstellen

Um eine neue Freigabe im Dashboard zu erstellen, klicken Sie im Dashboard im rechten Fensterbereich unter der Überschrift *Serverordner-Aufgaben* auf den Befehl *Ordner hinzufügen*.

Es startet ein Assistent, mit dem Sie festlegen können, wie die Freigabe den Anwendern zur Verfügung steht. Der erste Schritt besteht darin, bei *Ort* den freizugebenden Ordner auf dem Server sowie den Namen der Freigabe auszuwählen. Auch eine Beschreibung geben Sie an dieser Stelle ein.

Wählen Sie die Festplatte aus, auf der Sie die Daten der Freigabe speichern wollen. Sie müssen den Ordner vorher nicht im Explorer anlegen, der Assistent erstellt den entsprechenden Unterordner im Ordner *ServerFolders* der Festplatte. Hier sind immer alle Freigaben verfügbar, die Sie auf dem Server verwenden. Setzen Sie mehrere Festplatten ein, befindet sich auf jeder Festplatte dieser Ordner.

Auf der nächsten Seite legen Sie die Berechtigungen fest. Diese Rechte können Sie in den Eigenschaften der Freigabe jederzeit anpassen. Auch in den Eigenschaften der Benutzerkonten im Dashboard legen Sie fest, wie die einzelnen Anwender auf die verschiedenen Freigaben zugreifen dürfen.

Nachdem Sie die Freigabe erstellt haben, sollten Sie noch definieren, dass die Daten der Freigabe ebenfalls mitgesichert werden (siehe Kapitel 36).

Zusammenfassung

In diesem Kapitel haben wir Ihnen gezeigt, wie Sie Windows Server 2016 als Dateiserver betreiben und Freigaben erstellen. Auch die Konfiguration von Zugriffsberechtigungen über Gruppen und im NTFS- beziehungsweise ReFS-Dateisystem war Thema dieses Kapitels. Schließlich sind wir näher auf die Verwendung von Offlinedateien sowie auf die Freigabe von Dateien unter anderem mit Windows Server 2016 Essentials eingegangen.

Im nächsten Kapitel beschäftigen wir uns ausführlicher mit dem Ressourcen-Manager für Dateiserver und dem verteilten Dateisystem (Distributed File System, DFS). Beide Themenbereiche beziehen sich auf Enterprise-Umgebungen.

Kapitel 21
Ressourcen-Manager für Dateiserver

In diesem Kapitel:
Kontingente in Windows Server 2016 verwalten 566
Die Dateiprüfungsverwaltung nutzen 572
Speicherberichte in FSRM verwalten...575
Dateiklassifizierungsdienste einsetzen 576
Dateiserver vor Ransomware in Unternehmen schützen...579
Freigaben über DFS organisieren und replizieren 581
Zusammenfassung..589

Mit dem Ressourcen-Manager für Dateiserver organisieren Sie Ihre Dateiserver im Unternehmen. Sie können mit dem Tool Kontingente erstellen, Freigaben auf bestimmte Dateitypen durchsuchen oder Daten mit Metadaten versorgen. Auch in Zusammenarbeit mit SharePoint bieten die Dienste eine wertvolle Hilfe. Wir zeigen Ihnen in diesem Kapitel, wie Sie die verschiedenen Möglichkeiten des Ressourcen-Managers für Dateiserver nutzen. Zusätzlich gehen wir in diesem Kapitel auch auf das verteilte Dateisystem (DFS) ein.

Kapitel 21: Ressourcen-Manager für Dateiserver

Abbildung 21.1: Den Ressourcen-Manager für Dateiserver verwenden

Der Ressourcen-Manager für Dateiserver ist standardmäßig nicht installiert. Sie können das Tool über den Server-Manager hinzufügen. Die Optionen dazu finden Sie über *Datei- und iSCSI-Dienste*. Nach der Installation starten Sie das Tool am schnellsten durch Eingabe von »fsrm.msc« im Suchfeld des Startmenüs.

Tipp	Nachdem Sie das Programm gestartet haben, können Sie im Kontextmenü zum Eintrag *Ressourcen-Manager für Dateiserver* über *Optionen konfigurieren* detaillierte Benachrichtigungen und Berichte erstellen lassen.
	Vor allem die E-Mail-Adressen der Administratoren sollten Sie angeben, damit diese später die konfigurierten Berichte und Warnungen erhalten. Nachdem Sie die Administratoren eingetragen haben, überprüfen Sie zunächst mit einem Klick auf die Schaltfläche *Test-E-Mail senden*, ob die E-Mail beim gewünschten Empfänger ankommt.

Kontingente in Windows Server 2016 verwalten

Windows 10 und Windows Server 2016 bieten (wie schon die Vorgängerversionen) die Möglichkeit, Datenkontingente festzulegen. Administratoren können so bestimmen, wie viele Daten Anwender speichern dürfen. Der Ressourcen-Manager für Dateiserver (Fileserver Resource Manager, FSRM) erlaubt eine Steuerung dieser Funktion. Mit diesem Tool lassen sich an zentraler Stelle alle Dateiserver eines Unternehmens konfigurieren und Datenträgerkontingente (Quotas) steuern. Sie können Anwender daran hindern, unerwünschte Dateien auf den Servern abzulegen, zum Beispiel *.mp3*-Dateien oder Bilder. Mit FSRM können Sie außerdem detaillierte Berichte und Vorlagen für Quotas erstellen. Die Technik lässt sich auch zusammen mit Storage Spaces Direct nutzen.

Starten können Sie den Ressourcen-Manager für Dateiserver über die Verwaltungstools des Windows-Servers im Startmenü, dem Server-Manager oder durch Eingabe von

»fsrm.msc« im Suchfeld des Startmenüs. Standardmäßig ist der Rollendienst nicht installiert. Wollen Sie ihn nutzen, müssen Sie ihn zunächst installieren. Dazu rufen Sie im Menü *Verwalten* den Befehl *Rollen und Features hinzufügen* auf und wählen dann über die Serverrolle *Datei-/Speicherdienste/Datei- und iSCSI-Dienste* den Eintrag *Ressourcen-Manager für Dateiserver* aus.

Kontingente mit FSRM verwalten

Mit einem Kontingent können Sie festlegen, dass ein Benutzer nur eine bestimmte Menge an Daten auf einem Laufwerk speichern kann. Sie können mithilfe von FSRM eine E-Mail an Administratoren und den Benutzer senden, damit dieser rechtzeitig Daten auf seinem Laufwerk löschen kann, bevor der Speicherplatz zur Neige geht.

Erweitern Sie den Konsoleneintrag *Kontingentverwaltung*, steht Ihnen hier die Konfiguration von Kontingenten und von Kontingentvorlagen zur Verfügung. Sie können Kontingente für einzelne Freigaben oder ganze Datenträger festlegen. Über diese Kontingente legen Sie also Speichergrenzen fest, die von den Benutzern nicht überschritten werden dürfen.

Beispiele

Sie können eine Grenze von 200 MB für den persönlichen Ordner eines Benutzers auf einem Server festlegen und bestimmen, dass Sie und der Benutzer benachrichtigt werden, wenn 180 MB Speicherplatz überschritten sind.

Für den gemeinsam verwendeten Ordner einer Gruppe legen Sie ein flexibles Kontingent von 500 MB fest. Erreicht die Gruppe diese Speicherbeschränkung, informiert der Server alle Benutzer in der Gruppe per E-Mail, dass das Speicherkontingent temporär auf 520 MB erweitert wurde.

Sie können festlegen, dass Sie eine Benachrichtigung erhalten, wenn die Größe eines Ordners 2 GB erreicht, ohne jedoch das Kontingent dieses Ordners zu beschränken.

Kontingente und Kontingentvorlagen erstellen

Kontingente erstellen Sie aus einer Vorlage oder individuell für einzelne Ordner. Wenn Sie Kontingente aus Vorlagen erstellen, können Sie die Kontingente zentral verwalten, indem Sie statt der einzelnen Kontingente die Vorlagen konfigurieren. Alle Kontingente, die diese Vorlage nutzen, werden dann auf Wunsch automatisch aktualisiert. Bei der Erstellung gehen Sie folgendermaßen vor:

Um ein neues Kontingent zu erstellen, klicken Sie im Knoten *Kontingentverwaltung* mit der rechten Maustaste auf den vorher markierten Eintrag *Kontingente* und wählen im Kontextmenü den Befehl *Kontingent erstellen* aus.

Legen Sie unter *Kontingentpfad* den Pfad zu dem Ordner fest, für den das Kontingent gelten soll. Um ein Kontingent basierend auf einer Vorlage zu erstellen, wählen Sie unter *Eigenschaften aus dieser Kontingentvorlage übernehmen* die Vorlage aus, auf der das neue Kontingent basieren soll. Mit *Erstellen* wird das Kontingent auf den Ordner angewendet.

Kapitel 21: Ressourcen-Manager für Dateiserver

Abbildung 21.2: Ein neues Kontingent erstellen

Sie können aber Kontingente auch auf Basis von Vorlagen erstellen lassen. Klicken Sie nach Auswahl des Knotens *Kontingentvorlagen* mit der rechten Maustaste auf die Vorlage, die Sie verwenden möchten. Wählen Sie im darauf geöffneten Kontextmenü den Befehl *Kontingent mithilfe einer Vorlage erstellen*.

Um eine Kontingentvorlage als Basis für das Kontingent zu verwenden, wählen Sie im Dialogfeld *Kontingent erstellen* die Option *Eigenschaften aus dieser Kontingentvorlage übernehmen* aus und legen dann über das zugehörige Listenfeld die Vorlage fest. Alle Vorlageneigenschaften werden im Bereich *Zusammenfassung der Kontingenteigenschaften* angezeigt. Klicken Sie anschließend auf *Erstellen*.

Aktivieren Sie nach der Erstellung im Navigationsbereich auf den Knoten *Kontingente*, wird Ihnen im mittleren Fensterbereich des FSRM das eben definierte Kontingent angezeigt. Wenn Sie ein neues Kontingent erstellen, können Sie bei der Erstellung die Option *Vorlage autom. anwenden, Kontingente in Unterordnern erstellen* aktivieren. Sobald in dem konfigurierten Ordner ein neuer Unterordner erstellt wird, wendet der Server dieses Kontingent für diesen Unterordner automatisch an.

Schwellenwerte und Grenzwerte verstehen

Sie können einer Vorlage durch Klicken auf die Schaltfläche *Hinzufügen* verschiedene Schwellenwerte und Aktionen wie beispielsweise die Ereignisprotokollierung oder das Senden von E-Mails zuweisen. An dieser Stelle lassen sich auch der Text der E-Mails konfigurieren, die vorhandenen Vorlagen bearbeiten oder neue Vorlagen erstellen.

Kontingente in Windows Server 2016 verwalten

Bei der Erstellung von Kontingentvorlagen oder herkömmlichen Kontingenten können Sie harte oder weiche Grenzen festlegen.

Bei harten Grenzen werden beim Überschreiten der Grenze die Schreibrechte des Anwenders aufgehoben, sodass er keine weiteren Dateien mehr in diesem Ordner speichern kann. Bei einer weichen Grenze ist das Speichern weiterhin möglich, allerdings werden Benachrichtigungsaktionen ausgelöst. Über Benachrichtigungsschwellenwerte bestimmen Sie, was passiert, wenn die Kontingentgrenze erreicht wird.

Abbildung 21.3: Grenzen für ein Kontingent festlegen

Sie können E-Mail-Benachrichtigungen senden, ein Ereignis protokollieren, einen Befehl oder ein Skript ausführen oder Berichte generieren. Standardmäßig werden keine Benachrichtigungen generiert. Um Benachrichtigungen zu konfigurieren, die bei Erreichen der Kontingentgrenze generiert werden, markieren Sie in der Liste *Benachrichtigungsschwellenwerte* den Schwellenwert und klicken auf *Bearbeiten*. Um E-Mail-Benachrichtigungen zu konfigurieren, legen Sie auf der Registerkarte *E-Mail-Nachricht* die folgenden Optionen fest:

- Aktivieren Sie das Kontrollkästchen *E-Mail an die folgenden Administratoren senden* und geben Sie die E-Mail-Adressen der Administratorkonten ein, die Benachrichtigungen erhalten sollen. Trennen Sie mehrere Konten durch Semikola voneinander. Um den Anwender selbst zu kontaktieren, aktivieren Sie das Kontrollkästchen *E-Mail an den Benutzer senden, der den Schwellenwert überschritten hat*.

- Der Text in eckigen Klammern fügt Variableninformationen zu dem Kontingentereignis hinzu, das die Benachrichtigung verursacht hat. Die Variable *[Source File Owner Email]* fügt beispielsweise den Namen des Benutzers oder der Anwendung ein, von dem die Datei auf den Datenträger geschrieben wurde. Klicken Sie auf die Schaltfläche *Variable einfügen*, um weitere Variablen in den Text einzufügen.

- Um einen Eintrag im Ereignisprotokoll zu protokollieren, aktivieren Sie auf der Registerkarte *Ereignisprotokoll* das Kontrollkästchen *Warnung an Ereignisprotokoll senden*.

- Wollen Sie einen Befehl oder ein Skript auszuführen, aktivieren Sie auf der Registerkarte *Befehl* das Kontrollkästchen *Diesen Befehl oder dieses Skript ausführen* und geben Sie den Befehl ein.

- Wollen Sie die automatische Generierung von Speicherberichten festlegen, aktivieren Sie auf der Registerkarte *Bericht* das Kontrollkästchen *Berichte generieren* und wählen Sie aus, welche Berichte generiert werden sollen. Nachdem Sie die Benachrichtigungstypen konfiguriert haben, die generiert werden sollen, klicken Sie auf *OK*, um den Schwellenwert zu speichern.

Um weitere Benachrichtigungsschwellenwerte zu konfigurieren, klicken Sie im Bereich *Benachrichtigungsschwellenwerte* des Eigenschaftenfensters für die Kontingentvorlagen auf *Hinzufügen*. Geben Sie oben im Dialogfeld *Schwellenwert hinzufügen* den Prozentsatz der Kontingentgrenze ein, bei dem Benachrichtigungen generiert werden sollen. Der Standardschwellenwert für die erste Benachrichtigung liegt bei 85 %.

Kontingentvorlagen anpassen

Sie können die Eigenschaften der vorhandenen oder von Ihnen erstellten Kontingentvorlagen jederzeit bearbeiten, wenn Sie auf der entsprechenden Vorlage oder dem Kontingent einen Doppelklick ausführen. Wenn Sie eine Vorlage ändern und die Änderung abspeichern, erscheint ein neues Dialogfeld mit verschiedenen Optionen:

- **Vorlage nur auf abgeleitete Kontingente anwenden** – Mit dieser Option werden alle Kontingente mit den neuen Einstellungen der Vorlage überschrieben, wenn die Kontingente noch den Einstellungen der Originalvorlage entsprechen, also nicht nachträglich verändert wurden.

- **Vorlage auf alle abgeleiteten Kontingente anwenden** – Mit dieser Option werden alle Änderungen der Vorlage auf die Kontingente übertragen, die mit der Vorlage erstellt wurden, unabhängig davon, ob in den einzelnen Kontingenten nach der Erstellung Einstellungen geändert wurden. Wenn Sie auswählen, die Änderungen an allen Kontingenten vorzunehmen, die von der Originalvorlage abgeleitet sind, werden alle von Ihnen erstellten benutzerdefinierten Kontingenteigenschaften überschrieben.

- **Vorlage nicht auf abgeleitete Kontingente anwenden** – Wenn Sie diese Option wählen, werden die Änderungen der Vorlage nicht auf die bereits erstellten Kontingente übertragen, sondern nur auf neue Kontingente angewendet, die Sie mit der Vorlage erstellen.

Die gleichen Optionen stehen Ihnen zur Verfügung, wenn Sie ein automatisch erstelltes Kontingent bearbeiten.

Kontingente in Windows Server 2016 verwalten

Abbildung 21.4: Kontingente nach der Bearbeitung einer Vorlage aktualisieren

Entsprechen die Werte *Verwendet* und *Verfügbar* für einige erstellte Kontingente nicht der tatsächlichen Einstellung für *Grenze*, könnte die Ursache ein verschachteltes Kontingent sein. Dabei handelt es sich bei dem Kontingent, das für einen Ordner gilt, um ein restriktiveres Kontingent, das von einem seiner übergeordneten Ordner abgeleitet ist.

Wechseln Sie in diesem Fall im Knoten *Kontingentverwaltung* zu *Kontingente* und wählen Sie dann den Kontingenteintrag mit dem Problem aus. Klicken Sie im Aktionsbereich auf *Kontingente anzeigen, die sich auf Ordner auswirken*, und suchen Sie nach Kontingenten, die auf übergeordnete Ordner angewendet sind. So können Sie identifizieren, welche Kontingente restriktive Einstellungen für das ausgewählte Kontingent haben.

Datenträgerkontingente für Laufwerke festlegen

Öffnen Sie im Explorer von Windows Server 2016 das Kontextmenü eines Laufwerks und wählen Sie den Befehl *Eigenschaften* aus. Im darauf geöffneten Dialogfeld steht Ihnen die Registerkarte *Kontingent* zur Verfügung. Nachdem Sie die Kontingentüberwachung aktiviert haben, können Sie festlegen, welche Datenmenge die einzelnen Benutzer auf dem Computer speichern dürfen.

Der Unterschied zur Kontingentverwaltung im Ressourcen-Manager ist, dass Sie an dieser Stelle immer nur einen Eintrag für komplette Datenträger erstellen. Sie können an dieser Stelle weder Ordner mit Kontingenten berücksichtigen noch mehrere Server oder Laufwerke zentral verwalten. Klicken Sie auf die Schaltfläche *Kontingenteinträge*, können Sie festlegen, für welche Anwender Sie besondere Grenzen festlegen wollen. Alle anderen Anwender können die maximale Datenmenge speichern, die Sie auf der Hauptseite des Fensters festlegen.

Nützlich ist dieses einfache Werkzeug, um die Datenträgerverwendung zu überwachen. Dazu aktivieren Sie die Kontingentüberwachung im Explorer, legen aber keine Grenzwerte fest.

So erhalten Sie auch ohne die Verwendung des Ressourcen-Managers für Dateiserver eine umfangreiche Überwachungsmöglichkeit der Datenträgernutzung. Über die Schaltfläche *Kontingenteinträge* sehen Sie die einzelnen Benutzer und Gruppen sowie deren Datenträgernutzung. In der Eingabeaufforderung verwenden Sie dazu den Aufruf *Fsutil quota query <Laufwerk>*.

Kapitel 21: Ressourcen-Manager für Dateiserver

Abbildung 21.5: Kontingenteinträge für komplette Laufwerke festlegen

Administratoren sind von der Kontingentüberwachung nicht ausgenommen, allerdings können Administratoren auch bei harten Grenzwerten weiter speichern. Normale Benutzer dürfen beim Erreichen des Grenzwerts nicht mehr speichern.

Hinweis Datenfestplatten lassen sich in Windows Server 2016 auch mit dem neuen Dateisystem ReFS (Resilient File System, unverwüstliches Dateisystem) formatieren (siehe Kapitel 5). ReFS kann allerdings keine Kontingente verwalten. Das heißt, Sie müssen Datenträger mit NTFS formatieren, wenn Sie Kontingente im Explorer oder über den Ressourcen-Manager erstellen wollen.

Die Dateiprüfungsverwaltung nutzen

Über den Konsoleneintrag *Dateiprüfungsverwaltung* im Ressourcen-Manager für Dateiserver können Sie Dateiprüfungen erstellen, um zu steuern, welche Dateitypen von Benutzern gespeichert werden können, und um Benachrichtigungen zu senden, wenn Benutzer versuchen, blockierte Dateien zu speichern.

Auf diese Weise können Sie zum Beispiel sicherstellen, dass keine Musikdateien, Bilder oder Videos in persönlichen Ordnern auf einem Server gespeichert werden, können jedoch die Speicherung bestimmter Arten von Mediendateien zulassen, die die Rechteverwaltung unterstützen oder den Unternehmensrichtlinien entsprechen.

Die Dateiprüfungsverwaltung nutzen

Speziellen Anwendern im Unternehmen können dagegen besondere Privilegien zum Speichern beliebiger Dateien in ihren persönlichen Ordnern gewährt werden. Mit diesem Feature von FSRM können Sie also Ihren Anwendern das Speichern von bestimmten Dateianhängen wie zum Beispiel *.mp3*, *.mpeg* oder *.wmv* untersagen. Versucht ein Anwender, eine solche Datei zu speichern, können Sie Benachrichtigungen konfigurieren, die automatisch verschickt werden.

Eine Dateiprüfung erstellen

Wenn Sie in FSRM den Eintrag *Dateiprüfungen* mit der rechten Maustaste anklicken, können Sie eine neue Dateiprüfung über den gleichnamigen Kontextmenübefehl erstellen. Ähnlich wie bei den Kontingenten müssen Sie einen Pfad festlegen, auf dem die Dateiprüfung aktiviert ist. Sie können die Prüfung anhand einer Vorlage anlegen oder eine benutzerdefinierte Prüfung definieren. In beiden Fällen können Sie konfigurieren, dass die Anwender daran gehindert werden, unerwünschte Dateien zu speichern (aktive Prüfung). Sie können den Anwendern allerdings auch das Speichern erlauben, aber dennoch eine Aktion zur Überwachung konfigurieren (passive Prüfung).

Hinweis Wenn im geprüften Pfad einer Dateiprüfung bereits Dateien gespeichert sind, die blockiert werden sollen, hindert die Dateiprüfung Anwender nicht am Zugriff. Erst das Speichern nach der aktivierten Dateiprüfung wird verhindert und überwacht.

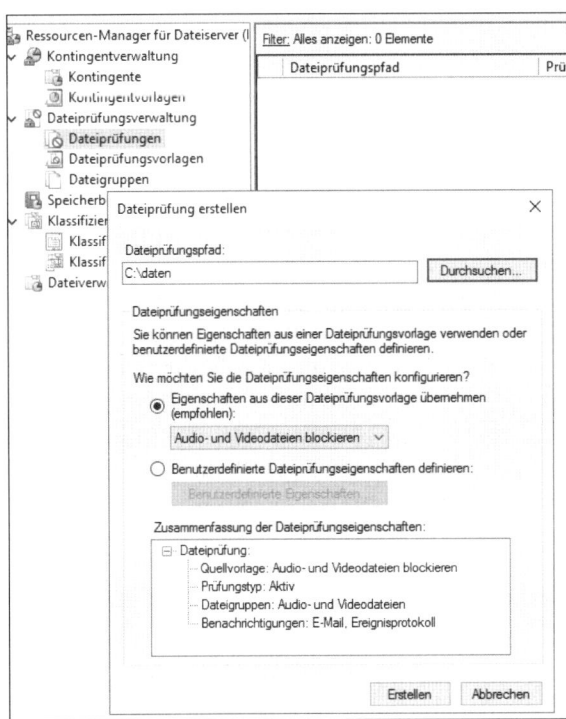

Abbildung 21.6: Eine Dateiprüfung erstellen

Wie bei den Kontingenten können Sie auch für die Dateiprüfungen eigene Vorlagen erstellen oder die bereits erstellten Vorlagen bearbeiten. Sie können die Einstellungen einer bereits erstellten Vorlage in eine neue kopieren und so die Einstellungen einer Vorlage für andere verwenden. Wenn Sie eine Vorlage bearbeiten und speichern, werden Sie (wie bei den Vorlagen für Kontingente) gefragt, ob die Änderungen an die Dateiprüfungen übergeben werden sollen, die mithilfe dieser Vorlage erstellt wurden.

Wählen Sie unter *Wie möchten Sie die Dateiprüfungseigenschaften konfigurieren?* die Option *Benutzerdefinierte Dateiprüfungseigenschaften definieren* aus und klicken Sie dann auf die Schaltfläche *Benutzerdefinierte Eigenschaften*. Möchten Sie Eigenschaften aus einer vorhandenen Vorlage kopieren, wählen Sie die zu verwendende Vorlage aus und klicken auf *Kopieren*. Wählen Sie unter *Prüfungstyp* den Typ aus, der angewendet werden soll:

- **Aktives Prüfen** – Verhindert, dass Benutzer Dateien speichern, die zu blockierten Dateigruppen gehören, und generiert Benachrichtigungen, wenn Benutzer versuchen, blockierte Dateien zu speichern. Wenn ein Benutzer versucht, eine verbotene Datei zu speichern, erhält er eine entsprechende Zugriff-verweigert-Fehlermeldung angezeigt.
- **Passives Prüfen** – Sendet Benachrichtigungen, hindert Benutzer jedoch nicht daran, blockierte Dateien zu speichern.

Wählen Sie unter *Dateigruppen* die Dateien aus, die einbezogen werden sollen. Um E-Mail-Benachrichtigungen für die Dateiprüfung zu konfigurieren, legen Sie auf der Registerkarte *E-Mail-Nachricht* die Optionen fest, analog zur Erstellung von Kontingenten. Klicken Sie auf *Erstellen*, um die Dateiprüfung zu speichern. Sie werden gefragt, ob Sie eine Dateiprüfungsvorlage auf der Grundlage der Dateiprüfungseigenschaften speichern möchten, die Sie gerade definiert haben. Wenn Sie die aktuellen Einstellungen in anderen Dateiprüfungen verwenden möchten, sollten Sie eine Vorlage speichern. Die Vorlage wird auf die neue Dateiprüfung angewendet.

Dateiprüfungsausnahmen festlegen

Um Dateien zuzulassen, die von Dateiprüfungen blockiert werden, erstellen Sie eine Dateiprüfungsausnahme. Dabei handelt es sich um eine besondere Art der Dateiprüfung, die Dateiprüfungen in einem bestimmten Ausnahmepfad außer Kraft setzt.

Das heißt, dass eine Ausnahme für alle Regeln erstellt wird, die von einem übergeordneten Ordner abgeleitet sind. Sie können keine Dateiprüfungsausnahme für einen Ordner erstellen, für den bereits eine Dateiprüfung besteht. Sie müssen die Ausnahme einem Unterordner zuweisen oder Änderungen an der vorhandenen Dateiprüfung vornehmen.

Klicken Sie mit der rechten Maustaste auf *Dateiprüfungen* und rufen Sie im zugehörigen Kontextmenü den Befehl *Dateiprüfungsausnahme erstellen* auf. Wählen Sie unter *Ausnahmepfad* den Pfad aus, für den die Ausnahme gelten soll. Die Ausnahme wird auf den Ordner und alle seine Unterordner angewendet. Um festzulegen, welche Dateien von der Dateiprüfung ausgenommen werden sollen, wählen Sie unter *Dateigruppen* jede Dateigruppe aus, die in der Dateiprüfungsausnahme enthalten sein soll. Ändern Anwender die Endungen der Dateien ab, können diese weiterhin gespeichert werden.

Dateigruppen für die Dateiprüfung anlegen

Eine Dateigruppe wird verwendet, um einen Namensraum für eine Dateiprüfung, eine Dateiprüfungsausnahme oder einen Speicherbericht zu definieren. Sie werden in *Einzuschließende Dateien* (Dateien, die zur Gruppe gehören) und *Auszuschließende Dateien* (Dateien, die nicht zur Gruppe gehören) unterschieden.

Standardmäßig werden bereits viele Dateigruppen angelegt, die Sie beliebig bearbeiten können. Um eine neue Dateigruppe zu erstellen, klicken Sie in der Konsolenstruktur von FSRM mit der rechten Maustaste auf *Dateigruppen* und wählen im zugehörigen Kontextmenü den Eintrag *Dateigruppe erstellen* aus. Bei Eingabe von *.exe als ein- oder auszuschließende Datei werden zum Beispiel alle ausführbaren Dateien ausgewählt.

Speicherberichte in FSRM verwalten

Sie können mit dem Ressourcen-Manager für Dateiserver auch Berichte erstellen, die die Nutzung der Freigaben und Ordner visualisieren. Dazu nutzen Sie den Knoten *Speicherberichteverwaltung* in der Konsolenstruktur von FSRM.

Wenn Sie diesen Knoten mit der rechten Maustaste anklicken, stehen Ihnen verschiedene Optionen zum Erstellen der Berichte zur Verfügung. Sie können einen Zeitplan erstellen, nach dem ein Bericht regelmäßig erstellt werden soll, oder Sie können einen manuellen Bericht anfertigen. Dazu stehen Ihnen verschiedene Berichtsdaten und Formate zur Verfügung.

Ein Bericht kann zum Beispiel alle doppelt vorhandenen Dateien auf einem Laufwerk oder auf einem Server identifizieren. So lässt sich Speicherplatz schnell freigeben, ohne dass Daten verloren gehen. Sie können einen Bericht für Dateien nach Dateigruppe ausführen, um zu identifizieren, wie Speicherressourcen zwischen verschiedenen Dateigruppen aufgeteilt sind. Oder Sie erstellen einen Bericht für Dateien nach Besitzer, um zu analysieren, wie einzelne Benutzer die gemeinsamen Speicherressourcen verwenden.

Jeder Bericht kann ein eigenes Format haben. Sie können zum Beispiel regelmäßige HTML-Berichte und Abteilungsberichte erstellen, die den Abteilungsleitern einen Überblick über den aktuellen Speicherbedarf der Dateien verschafft. Durch die Speicherberichte können Sie sich bequem per E-Mail regelmäßig einen Überblick über den aktuellen Stand Ihrer Dateiserver verschaffen. Die Vorgehensweise bei der Erstellung der Berichte ist sehr simpel. Auf der Registerkarte *Zustellung* können Sie eine E-Mail-Adresse festlegen, an die die einzelnen Berichte gesendet werden.

Wollen Sie einen Speicherbericht erstellen, gehen Sie folgendermaßen vor:
1. Klicken Sie mit der rechten Maustaste auf *Speicherberichteverwaltung* und dann auf *Neue Berichtaufgabe planen*.
2. Tragen Sie zunächst auf der Registerkarte *Einstellungen* einen Berichtsnamen ein.
3. Wechseln Sie zur Registerkarte *Bereich* und klicken Sie auf die Schaltfläche *Hinzufügen*.
4. Wählen Sie die Volumes und/oder Ordner aus, für die Berichte generiert werden sollen, und bestätigen Sie mit *OK*.
5. Wählen Sie auf der Registerkarte *Einstellungen* im Abschnitt *Berichtsdaten* per Klick auf das jeweilige Kontrollkästchen die Berichte aus, die Sie generieren möchten.

Kapitel 21: Ressourcen-Manager für Dateiserver

6. Möchten Sie die Einstellungen eines Berichts anpassen, markieren Sie diesen und klicken auf die Schaltfläche *Parameter bearbeiten*.
7. Bearbeiten Sie die Parameter nach Bedarf und bestätigen Sie mit *OK*.
8. Möchten Sie Administratoren per E-Mail Kopien der Berichte zustellen, aktivieren Sie auf der Registerkarte *Zustellung* das Kontrollkästchen *Berichte an die folgenden Administratoren senden* und geben Sie die E-Mail-Konten ein.
9. Um die Berichte zu planen, holen Sie die Registerkarte *Zeitplan* in den Vordergrund. Hier können Sie einen Ausführungszeitpunkt bestimmen und festlegen, ob die Berichte an bestimmten Wochentagen, wöchentlich oder monatlich generiert werden sollen.
10. Um die Berichtsaufgabe zu speichern, klicken Sie auf *OK*. Diese wird anschließend im mittleren Fensterbereich des FSRM angezeigt.

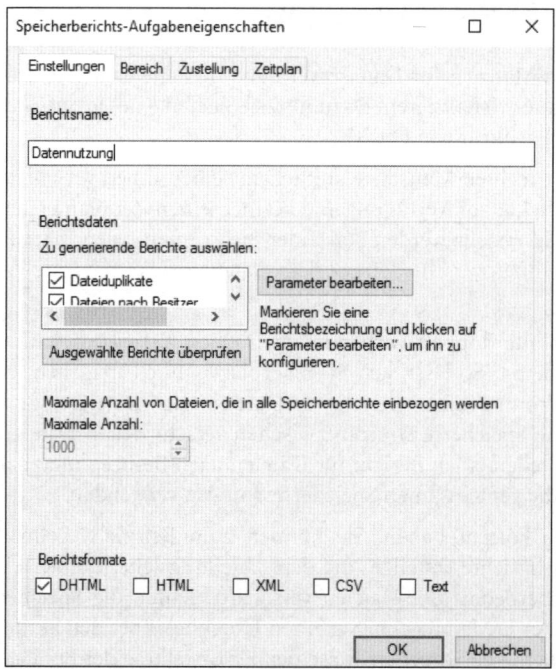

Abbildung 21.7: Die Speicherberichteverwaltung nutzen

Dateiklassifizierungsdienste einsetzen

Die Dateiklassifizierungsdienste (File Classification Infrastructure, FCI) im Ressourcen-Manager für Dateiserver stellen eine interessante Funktion für Dateiserver dar, um zum Beispiel Daten zu SharePoint zu migrieren. Die Dienste können bestehende Dokumente untersuchen, Inhalte feststellen und entsprechende Richtlinien anwenden.

Dazu können Sie Dokumenten zusätzliche Eigenschaften zuweisen. Diese Eigenschaften werden direkt im Dokument abgelegt, nicht im NTFS-Dateisystem. Die Dateiklassifizierungsdienste gehören zum Rollendienst *Ressourcen-Manager für Dateiserver*. Sie verwalten daher diese Funktion auch über die Verwaltungskonsole des Ressourcen-Managers für

Dateiserver (FSRM). Über den Menüpunkt *Klassifizierungsverwaltung* bearbeiten Sie die Dateiklassifizierung.

Hinweis Die Dateiklassifizierung funktioniert ebenfalls in Failoverclustern und bei eingescannten Dokumenten, die per optischer Zeichenerkennung (Optical Character Recognition, OCR) bearbeitet sind.

Klassifizierungseigenschaften und Klassifizierungsregeln verstehen und nutzen

Die Eigenschaften verhalten sich ähnlich zu den Eigenschaften von Dateien in SharePoint. Eigenschaften, die Sie an dieser Stelle für Dokumente festlegen, werden nicht im NTFS-Dateisystem gespeichert, sondern direkt in der Datei.

Klicken Sie im Knoten *Klassifizierungsverwaltung* mit der rechten Maustaste auf *Klassifizierungseigenschaften*, können Sie nach Auswahl des Kontextmenübefehls *Lokale Eigenschaft erstellen* festlegen, welche neuen Kriterien Dateien zugeordnet werden sollen. So lässt sich zum Beispiel festlegen, ob ein Dokument zu einem Projekt gehört, private Daten enthält, nur für den internen Gebrauch oder für bestimmte Personen nutzbar sein soll:

1. Legen Sie zunächst den Namen der neuen Eigenschaft fest, zum Beispiel »Nur für internen Gebrauch«.
2. Geben Sie anschließend eine Beschreibung der Eigenschaft an, falls diese nicht aus dem Namen ersichtlich ist.
3. Über *Eigenschaftentyp* stehen Ihnen verschiedene Möglichkeiten zur Verfügung, um die Eigenschaft zu spezifizieren. Neben Ja/Nein können Sie eine Multiple-Choice-Liste erstellen, eine Nummer angeben oder eine Uhrzeit hinterlegen.
4. Im unteren Bereich bearbeiten Sie schließlich die Eingaben genauer, die als Klassifizierung zur Auswahl stehen.

Sie können mehre Eigenschaften festlegen und diese auch nachträglich ändern. Die Eigenschaften werden in FSRM unter *Klassifizierungsverwaltung/Klassifizierungseigenschaften* angezeigt.

Das Anlegen und Bearbeiten von Klassifizierungseigenschaften ändert aber noch keine Dokumente ab, sondern bietet nur die Verwendung der jeweiligen Eigenschaften an. Damit diese auch mit Dokumenten verknüpft werden, müssen Sie Klassifizierungsregeln erstellen, über das Kontextmenü von *Klassifizierungsregeln*.

Erstellen Sie eine neue Regel, legen Sie zunächst den Namen der Regel fest und bestimmen Sie auf der Registerkarte *Bereich*, welche Ordner im Dateisystem die Regel berücksichtigen soll. Auf der Registerkarte *Klassifizierung* legen Sie fest, dass Sie Dateien mit der Ordnerklassifizierung ändern möchten, und wählen die erstellte Klassifizierungseigenschaft und den Wert aus, den der Server den Dateien zuordnen soll. Anschließend stempelt die Regel alle Dateien in den entsprechenden Ordnern automatisch mit den hinterlegten Klassifizierungseigenschaften.

Über den Befehl *Klassifizierungszeitplan konfigurieren* im Kontextmenü der *Klassifizierungsregeln* können Sie festlegen, wann Klassifizierungsregeln starten sollen, ob Sie einen Bericht erhalten möchten (wenn ja, in welchem Format) und vieles mehr.

Klassifizierungsregeln werden durch Klassifizierungszeitpläne gesteuert. Speichern Anwender neue Dokumente in den entsprechenden Ordnern, stempelt der Server automatisch die Dateien mit den entsprechenden Metadaten. Die Klassifizierungsregeln verwenden dann wiederum die Klassifizierungseigenschaften. Sie können die Regeln an dieser Stelle auch sofort ausführen lassen. Auf der Registerkarte *Klassifizierung* in den Eigenschaften einer Regel legen Sie bei *Klassifizierungsmethode* fest, ob Sie die Klassifizierung auf Basis des Ordners, in dem das Dokument gespeichert ist, durchführen wollen, oder auf Basis des Inhalts. Bei *Eigenschaft* wählen Sie die Klassifizierungseigenschaft aus, die Sie für die Regel und den hinterlegten Bereich untersucht und festgelegt haben wollen.

Auf der Registerkarte *Klassifizierung* können Sie über *Parameter* erweiterte Eigenschaften festlegen, die auf .NET Framework basieren. Sie müssen die zusätzlichen Klassifizierungsparameter aber nicht verwenden. Der Einsatz ist nur sinnvoll, wenn Sie sich mit den programmiertechnischen Hintergründen von .NET auskennen. Der Hintergrund hier sind die .NET Regular Expressions. An dieser Stelle können Sie den Inhalt des Dokuments nach bestimmten Inhalten und Textstellen durchsuchen.

Sie können mehrere Regeln erstellen und komplexere Regeln anwenden. Auch das Zuteilen von einzelnen Eigenschaften zu Dateien ist möglich. Haben Sie den Suchlauf gestartet, sehen Sie in den Eigenschaften der Dateien auf der Registerkarte *Klassifizierung* die zugeordneten Eigenschaften.

Dateiverwaltungsaufgaben bei der Dateiklassifizierung einsetzen

Nachdem Sie Klassifizierungsregeln erstellt haben, die zum festgelegten Zeitpunkt die Dateiklassifizierungseigenschaften auf bestimmte Dateien anwenden, können Sie über Dateiverwaltungsaufgaben festlegen, was der Server mit den gefundenen Dateien machen soll. Diese Aufgaben spielen allerdings für das Zusammenspiel mit SharePoint eine untergeordnete Rolle. Über das Kontextmenü von *Dateiverwaltungsaufgaben* legen Sie eine neue Aufgabe an. Auf verschiedenen Registerkarten steuern Sie wieder den Ablauf:

1. Auf der Registerkarte *Allgemein* legen Sie den Namen sowie den Bereich fest, auf den die Aufgabe angewendet werden soll.
2. Auf der Registerkarte *Bereich* bestimmen Sie den Ordner oder das Laufwerk, den beziehungsweise das Sie mit der Aufgabe verwalten wollen.
3. Auf der Registerkarte *Aktion* definieren Sie, welche Art von Aufgabe durchgeführt soll. Sie können zum Beispiel abgelaufene Dateien, also Dateien, die längere Zeit nicht mehr im Einsatz sind, archivieren oder löschen. Oder Sie können benutzerdefinierte Skripts hinterlegen und darüber zum Beispiel bestimmte Rechte setzen oder Dateien in andere Ordner verschieben.
4. Auf der Registerkarte *Bedingung* legen Sie fest, auf welche Dateien die Aktion der Registerkarte *Aktion* angewendet werden soll. Zusätzlich legen Sie auf der Registerkarte *Bedingung* noch die Tage fest, nach deren Grenzwerten die Aktion auf der Registerkarte *Aktion* durchgeführt werden soll, zum Beispiel, wenn Sie die Archivierung nach der Aktion *Dateiablauf* festlegen wollen.
5. Auf der Registerkarte *Zeitplan* legen Sie fest, wann die Aufgabe starten soll. Über das Kontextmenü können Sie eine Aufgabe auch sofort starten.

Haben Sie Dokumente auf dem Dateisystem mit Metadaten versorgt, können Sie über die *Inhaltsorganisation* Regeln festlegen, die die Dokumente auf Basis der hinterlegten Metadaten in speziellen Ordnern speichern. Dazu müssen Sie lediglich zusätzliche Regeln für den Inhalt erstellen und diese an die Metadaten der Klassifizierungsverwaltung anbinden.

Dateiserver vor Ransomware in Unternehmen schützen

Ransomware, also Viren, die den Rechner sperren und Daten verschlüsseln, sind eine starke Plage auf PCs. Diese Angreifer können aber auch Dateiserver befallen und sich dadurch im Netzwerk ausbreiten. Auch wenn ein Virenschutz auf den Arbeitsstationen und Servern installiert ist, besteht die Gefahr eines Ransomware-Befalls auf dem Dateiserver. Mit etwas Nacharbeit lässt sich das aber verhindern, auch mit dem Ressourcen-Manager für Dateiserver.

Es besteht jederzeit die Gefahr, sich im Netzwerk einen Erpressungs-Trojaner einzufangen. Vor allem, wenn mobile Anwender oder Anwender mit Heimarbeitsplätzen auf den Server zugreifen, kann es passieren, dass Ransomware auf den Server gelangt. Es reicht schon, wenn der Virenscanner keine aktuellen Definitionsdateien nutzen kann. Dazu kommt, dass Erpressungs-Trojaner alle Dateien verschlüsseln, sogar die Dateien auf Netzlaufwerken. In diesem Fall schützt der lokale Virenscanner auf dem Dateiserver nicht, da die Verschlüsselung der Dateien nicht automatisch ein Virenangriff sein muss. Viele Erpressungs-Trojaner verbreiten sich über Word-Dokumente.

Allgemeine Tipps für den Schutz vor Ransomware

Unabhängig von Tools und Serverdiensten sollten sich Administratoren umfassende Gedanken zum Schutz gegen Ransomware machen. Um den Schutz zu erhöhen, sollten die folgenden generellen Vorgehensweisen ergriffen werden:

- Die Schreibberechtigungen auf Dateiservern sollten auf das Minimum reduziert werden.
- Eingehende E-Mails sollten besonders sorgfältig auf Archivdateien (ZIPs) und Word-Dokumente gescannt werden.
- Die Abstände der Datensicherungen und deren Aufbewahrungszeit sollten optimiert werden, also häufigere Datensicherungen, die länger aufbewahrt werden.
- Die Anwender sollten über Ransomware aufgeklärt werden und wie sie sich selbst schützen können.
- Die Abstände für Aktualisierungen der Definitionsdateien für Virenscanner auf Servern und Arbeitsstationen sollten verringert werden.

Generelle Vorgehensweise beim Befall gegen Ransomware

Sobald ein Rechner mit Ransomware befallen ist, sollten Sie folgende Vorgehensweise wählen:
1. Trennen Sie den Rechner sofort vom Netzwerk.
2. Schalten Sie den Rechner aus.

3. Sichern Sie die komplette Festplatte des Rechners auf einen externen Datenträger, zum Beispiel mit einer Imagesicherung. Im nächsten Abschnitt sind die Tools dazu zu finden.
4. Blockiert Sie die Ransomware komplett, können Sie mit dem kostenlosen Tool Kaspersky WindowsUnlocker (*http://tinyurl.com/o84wqzc*) zumindest den generellen Zugriff auf den Rechner freischalten.
5. Versuchen Sie, den Rechner mit einem herkömmlichen Virenscanner zu bereinigen. Hier stellen viele Antiviren-Hersteller kostenlose Live-CDs zur Verfügung, die häufig auch solche Angreifer entfernen können. Im nächsten Abschnitt finden Sie zu diesem Zweck eine Liste der wichtigsten Antivirenscanner.
6. Starten Sie den Rechner im abgesicherten Modus.
7. Versuchen Sie, ob Sie den letzten Wiederherstellungspunkt aktivieren können und dadurch die Verunreinigung entfernt werden kann.

Schattenkopien helfen bei Windows-Servern

Arbeiten Unternehmen mit Schattenkopien (siehe Kapitel 5), lassen sich verschlüsselte Dateien über die Schattenkopien des Servers wiederherstellen. Unternehmen, die diese Funktion noch nicht nutzen, sollten diese für Windows-Dateiserver aktivieren. Erpressungs-Trojaner verschlüsseln zwar die aktiven Dateien, aber nicht die Schattenkopien.

Schattenkopien werden in den Eigenschaften von Datenträgern auf dem Dateiserver auf der Registerkarte *Schattenkopien* konfiguriert. Bei der Nutzung von Schattenkopien muss berücksichtigt werden, dass dafür einiges an Speicherplatz erforderlich ist, da alle Änderungen gespeichert werden müssen.

Werden zusätzliche Datenträger eingebaut, müssen Administratoren die Schattenkopien zunächst manuell konfigurieren. Bei den Eigenschaften der Schattenkopien kann ein Limit für den maximal dadurch belegten Platz auf dem Datenträger definiert werden. Darüber hinaus lässt sich ein Zeitplan für die Erstellung von Schattenkopien erstellen. Sie können Schattenkopien auch jederzeit manuell über die Schaltfläche *Jetzt erstellen* erzeugen. Der hauptsächliche Nutzen der Schattenkopien liegt darin, dass versehentlich gelöschte oder veränderte Dateien sehr schnell wiederhergestellt werden können. Das ist bei Ransomware zumindest ein grundlegender Schutz.

Ressourcen-Manager für Dateiserver gegen Ransomware nutzen

In Windows Server 2016 haben Sie die Möglichkeit, mit dem Ressourcen-Manager für Dateiserver den Zugriff von Anwendern auf die Dateien etwas mehr unter Kontrolle zu behalten. Diese zusätzliche Serverrolle wird über den Server-Manager installiert. Wenn das Verwaltungsprogramm gestartet ist, können über den Kontextmenübefehl *Optionen konfigurieren* zum Eintrag *Ressourcen-Manager für Dateiserver* zunächst allgemeine Einstellungen angepasst werden. Hier konfigurieren Sie Benachrichtigungen und Berichte zur Nutzung des Servers.

Die E-Mail-Adressen der Empfänger werden in den Optionen festgelegt, damit Administratoren später die konfigurierten Berichte und Warnungen bei Ransomware-Befall per E-Mail erhalten. Nachdem die Administratoren eingetragen sind, sollte mit *Test-E-Mail senden* überprüft werden, ob die E-Mail ankommt.

Der Ressourcen-Manager für Dateiserver ist kein Virenscanner. Er kann also nicht aktiv nach Angreifern suchen. Es besteht aber die Möglichkeit, ihm mitzuteilen, mit welchen Dateiendungen die Angreifer normalerweise auf den Server gelangen. Diese Dateigruppen lassen sich mit dem Ressourcen-Manager sperren. Die Dateigruppen werden entweder über die grafische Oberfläche angelegt oder mit dem PowerShell-Cmdlet *New-FsrmFile-Group*. Microsoft stellt dazu im TechNet ein Skript zur Verfügung (*http://tinyurl.com/jhyzjzr*). Hier ist auch die genaue Syntax zum Erstellen der Dateigruppe zum Schutz vor Ransomware zu sehen. Die Dateiliste sollte ständig erweitert werden.

Die Vorgehensweise dazu wird im bekannten Exchange-Blog Frankys Web (*http://tinyurl.com/z4ys8za*) beschrieben. Hier sind auch die verschiedenen Dateiendungen zu sehen, die durch die aktuellen Erpressungs-Trojaner verwendet werden. Aber auch der Blog von Spiceworks (*http://tinyurl.com/j3h6hbc*) listet die Dateiendungen auf. Wer Anwendern mit Ransomware auf dem Rechner die Rechte für die Freigaben entziehen will, findet auf Frankys Web ein passendes Skript (*http://tinyurl.com/gsr3ymm*).

Auf der Registerkarte *Befehl* lässt sich beim Erstellen einer Dateiprüfung festlegen, dass der Server bei einem solchen Angriff heruntergefahren wird. Dadurch wird das Verschlüsseln verhindert. Führen Sie dazu einfach das Befehlszeilentool *Shutdown* aus, und zwar mit den Optionen */s* für Herunterfahren und *t 0* für die sofortige Ausführung der Anweisung.

Freigaben über DFS organisieren und replizieren

In größeren Netzwerken sind die Freigaben oft über viele Server verteilt, sodass es schwierig wird, eine gesuchte Freigabe auf Anhieb auf dem richtigen Server zu finden. Gelegentlich wird auch gewünscht, dass die Freigaben für einzelne Abteilungen oder Projektgruppen in irgendeiner Form logisch zusammengefasst werden können. Letzteres würde bedeuten, dass die Freigaben auf einen Server kopiert werden. Sobald aber mehrere Projektgruppen auf eine Freigabe zugreifen sollen, ist diese Methode nicht mehr praktikabel. Eine Funktion, die dieses Problem lösen soll, ist das verteilte Dateisystem (Distributed File System, DFS).

Einführung und wichtige Informationen beim Einsatz von DFS

In einem DFS wird eine logische Struktur über physische Ordner entwickelt, die auf einem oder mehreren Servern liegen können. Windows Server 2016 unterstützt zwei Varianten des DFS. Der Domänen-DFS-Stamm verwendet Active Directory, um die Struktur- und Konfigurationsinformationen für das DFS zu speichern.

Einfach ausgedrückt bietet das DFS die Möglichkeit, Freigaben zu definieren, die auf unterschiedlichen Dateiservern liegen. Anwender müssen nicht wissen, auf welchem Dateiserver die Dateien liegen, sondern kennen nur noch den Freigabenamen. Diese Form von verteilten Dateisystemen kann fehlertolerant aufgebaut werden. So wird die automatische Replikation von Daten zwischen verschiedenen Servern unterstützt. Der eigenständige DFS-Stamm wird pro Server konfiguriert. Die Informationen werden nur auf diesem einen Server abgelegt und nicht repliziert.

Abbildung 21.8: DFS im Praxiseinsatz

Für ein Domänen-DFS muss der Server, auf dem der Konsolenstamm bereitgestellt ist, ein Domänencontroller oder ein Mitgliedsserver einer Active Directory-Domäne sein. Wichtig ist, dass bei Domänen-DFS mehrere DFS-Roots auf einem Server gehostet werden können.

Über das DFS selbst steuern Sie keine Zugriffsberechtigungen. Die Rechte von Benutzern legen Sie vielmehr über die Dateisysteme fest. DFS-Verknüpfungen sind Ordner im DFS-Baum, die auf eine Freigabe verweisen. Wenn eine DFS-Verknüpfung *Excel-Dateien* angelegt ist, kann diese auf die Freigabe *Budgets* des Servers *file01* verweisen. Der Benutzer sieht bei der Verbindung zum DFS einen Ordner *Excel-Dateien*. Wenn er auf diesen Ordner zugreift, wird er mit dem Server *file01* verbunden und kann dort auf die Dateien und Unterordner des Ordners *Budgets* zugreifen.

Bei der Erstellung einer DFS-Verknüpfung geben Sie den Namen ein, unter dem die Freigabe im DFS erscheinen soll. Mit dieser Freigabe wird ein freigegebener Ordner verbunden. Die DFS-Root vermittelt den Anwendern einen Überblick über alle verfügbaren Freigaben.

DFS-Namespaces und DFS-Replikation

DFS besteht hauptsächlich aus den beiden Technologien DFS-Namespaces und DFS-Replikation. Diese bieten – zusammen eingesetzt – einen vereinfachten fehlertoleranten Dateizugriff, Nutzlastverteilung und WAN-kompatible Replikation. Die DFS-Replikation ist ein Multimasterreplikationsmodul, das die Replikationszeitplanung und Bandbreiteneinschränkung unterstützt. Die DFS-Replikation verwendet ein als RDC (Remote Differential Compression, Remoteunterschiedskomprimierung) bezeichnetes neues Komprimierungsprotokoll, mit dem Dateien über ein Netzwerk mit eingeschränkter Bandbreite effizient aktualisiert werden können. RDC erkennt, wenn Daten in Dateien eingefügt oder anders angeordnet oder aus Dateien entfernt wurden. Dadurch ist es möglich, mit der DFS-Replikation nur die beim Aktualisieren von Dateien auftretenden Änderungen zu replizieren.

Mit DFS-Namespaces, früher als verteiltes Dateisystem bezeichnet, können Sie freigegebene Ordner, die sich auf unterschiedlichen Servern befinden, zusammenfassen und den Benutzern als virtuelle Ordnerstruktur, den sogenannten Namespace, zur Verfügung stellen. Sobald ein Benutzer versucht, auf einen Ordner im Namespace zuzugreifen, stellt der Clientcomputer eine Verbindung mit einem Namespaceserver her. Der Namespaceserver sendet dem Clientcomputer einen Verweis mit einer Liste von Servern, auf denen der freigegebene Ordner gespeichert ist.

Der Clientcomputer speichert den Verweis im Cache und stellt einen Kontakt mit dem ersten Server im Verweis her. Normalerweise ist das ein Server am Standort des Clients. Wenn einer der Server nicht mehr zur Verfügung steht, findet ein Failover des Clientcomputers auf den verbleibenden Server statt.

Wollen Sie DFS im Unternehmen einsetzen, sollten Sie vor der Einrichtung einige wichtige Planungspunkte beachten, die wir im folgenden Abschnitt zusammengestellt haben:

- Sie können DFS nicht dafür verwenden, um Exchange-Datenbanken oder Postfächer abzusichern.
- Offlinedateien können ebenfalls in einem DFS eingesetzt werden. Achten Sie aber darauf, dass in Szenarios, in denen mehrere Mitarbeiter auf die gleiche Datei schreibend zugreifen, Probleme entstehen können, da durch die Offlinesynchronisierung in Verbindung mit der DFS-Replikation durchaus Dateien synchronisiert werden, die von mehreren Mitarbeitern bearbeitet wurden, und so unter manchen Umständen Informationen verloren gehen können.
- Da durch das Scannen von Dateien mit Virenscannern unter Umständen der Dateistempel verändert und dadurch die Replikation im DFS aktiviert wird, sollten Sie auch den Einsatz eines Virenscanners planen. Stellen Sie sicher, dass Ihr Virenscanner nicht unnötigen Replikationsverkehr verursacht und kompatibel zu DFS ist.
- Die beteiligten Server in der DFS-Infrastruktur müssen nicht Mitglied der gleichen Domäne oder Struktur sein, aber zwingend in der gleichen Gesamtstruktur.
- DFS-Replikation sollte möglichst nicht in Umgebungen eingesetzt werden, in denen mehrere Mitarbeiter auf unterschiedlichen Servern mit denselben Dateien arbeiten. Durch die DFS-Replikation können so sehr schnell Änderungen von Mitarbeitern verloren gehen.
- Sie sollten die DFS-Replikation regelmäßig überwachen. Microsoft stellt dazu das Tool Dfsradmin zur Verfügung. Hierbei handelt es sich um ein Befehlszeilenprogramm, das Sie als Aufgabe in einem Skript regelmäßig verwenden sollten, um Berichte über die

Kapitel 21: Ressourcen-Manager für Dateiserver

DFS-Replikation zu erstellen. Geben Sie in einer Eingabeaufforderung *Dfsradmin* ein, erhalten Sie ausführliche Informationen über die Syntax.

- Die DFS-Replikation repliziert auch die NTFS-Berechtigungen auf Dateien. Achten Sie aber darauf, dass die Änderung der Berechtigung von zahlreichen Dateien großen Replikationsverkehr verursacht, da diese Änderungen repliziert werden müssen. Sie sollte daher die Dateiberechtigungen bereits vor der Einrichtung von DFS konfigurieren und abschließen.

- Der DFS-Replikationsverkehr zwischen Servern wird verschlüsselt und kann daher nicht abgehört werden.

- Die DFS-Replikation unterstützt die Replikationszeitplanung und Bandbreiteneinschränkung in 15-minütigen Schritten innerhalb eines Zeitraums von sieben Tagen. Administratoren wählen beim Angeben eines Replikationsintervalls die Start- und die Stoppzeit sowie die zu verwendende Bandbreite in diesem Intervall aus. Die Einstellungen für die Bandbreitenauslastung liegen im Bereich zwischen 16 Kbit/s und 256 Mbit/s oder voller, unbeschränkter Bandbreite. Sie können eine sofortige Replikation mit dem Befehl *Dfsrdiag SyncNow* starten.

- Die globalen Konfigurationseinstellungen für die DFS-Replikation, wie zum Beispiel die Topologie und der Replikationszeitplan, werden in Active Directory gespeichert. Die Einstellungen werden außerdem auf jedem Mitgliedsserver in einer lokalen *.xml*-Datei gespeichert. Diese Datei kann von der DFS-Replikation mit den in Active Directory gespeicherten Einstellungen neu erstellt werden, wenn sie beschädigt oder der Server nach einem Ausfall wiederhergestellt wird.

- Bevor Sie einer Replikationsgruppe einen neuen Server hinzufügen, können Sie ein Prestaging der replizierten Ordner auf den Zielservern ausführen. Dazu können Sie die Daten auf die Server kopieren, eine Sicherung wiederherstellen oder Dateien von einem Band, einer DVD oder einer Wechselfestplatte kopieren. Auf diese Weise entsteht bei der anfänglichen Synchronisierung nur minimaler WAN-Datenverkehr. Falls die Dateien auf dem Zielserver veraltet sind, repliziert die DFS-Replikation mithilfe der Remoteunterschiedskomprimierung (Remote Differential Compression, RDC) nur die Änderungen, die seit dem Prestaging der Daten aufgetreten sind.

Sie können in einer DFS-Infrastruktur auch die Dateiprüfungen des Ressourcen-Managers für Dateiserver verwenden, die ebenfalls in diesem Kapitel beschrieben werden. Zusätzlich zu dieser Dateiprüfung können Sie in der DFS-Replikation konfigurieren, dass manche Dateitypen von der Replikation ausgeschlossen werden.

Wollen Sie in einer DFS-Infrastruktur Kontingente oder Dateiprüfungen einsetzen, sollten Sie darauf achten, dass vor der Einrichtung der Dateiprüfung keine Dateitypen bereits gespeichert wurden, die später gefiltert werden sollen. Die Dateiprüfung entdeckt nur, wenn neue Dateien abgelegt werden, bereits vorhandene Dateien werden nicht blockiert.

Auf jeden Fall sollten Sie sicherstellen, dass kein Ordner bereits sein Kontingent überschreitet, wenn Sie DFS oder die Kontingentverwaltung einrichten. Sie sollten bei der Einrichtung von harten Kontingenten, bei denen Anwender nach Überschreitung nicht mehr speichern dürfen, vorsichtig sein. Unter manchen Umständen, wenn ein Ordner zum Beispiel kurz vor dem Erreichen der Grenze ist, kann es passieren, dass durch die DFS-Replikation diese Grenze überschritten wird. Arbeiten Sie in einer DFS-Infrastruktur daher besser mit weichen Grenzen, bei denen die Anwender noch schreiben dürfen, aber Meldungen generiert werden.

Voraussetzungen für DFS

Damit Sie DFS sinnvoll verwenden können, müssen in Ihrem Unternehmen einige Voraussetzungen geschaffen sein. Zunächst benötigen Sie Active Directory, da nur unter dem Betrieb eines DFS-Stamms in Active Directory die Struktur sinnvoll ist. Des Weiteren benötigen Sie idealerweise Dateiserver unter Windows Server 2016.

Sie können das DFS auch so einrichten, dass mehrere Dateiserver ihre Daten miteinander replizieren. Dazu verwendet DFS einen ähnlichen Mechanismus wie beim Replizieren der Anmeldeskripts zwischen den Domänencontrollern, den Dateireplikationsdienst (File Replication Service, FRS). Die Replikation der DFS-Daten wird aber nicht durch den FRS des Servers durchgeführt, sondern durch die DFS-Replikation. Die DFS-Replikation kommuniziert nicht mit FRS, sondern läuft eigenständig. Dadurch ist es möglich, eine Freigabe auf mehrere Ziele zu verweisen. Sie können diese Konfiguration leicht über den Assistenten zur Einrichtung von DFS durchführen. Durch diese Replikation können Sie auch Niederlassungen anbinden. Dies hat den Vorteil, dass Mitarbeiter in den Niederlassungen mit den gleichen Dateien arbeiten und DFS dafür sorgt, dass die Daten von und zu den Niederlassungen repliziert werden.

Wenn einer der DFS-Server ausfällt, fällt das den Anwendern nicht auf, denn ohne dass sie es merken, verbindet der DFS-Stamm sie auf den zweiten Server. Sie sollten aus diesen Gründen eine DFS-Root auf den Domänencontrollern konfigurieren. Wenn Sie für die Ausfallsicherheit der Domänencontroller sorgen, zum Beispiel durch den Einsatz mehrerer Domänencontroller, finden die Clients immer einen DFS-Rootserver.

Sie können für jede DFS-Verknüpfung, also jede Freigabe, die in DFS hinterlegt ist, mehrere Ziele angeben, zwischen denen die Daten zur Ausfallsicherheit repliziert werden. Zusätzlich kann dieser Mechanismus zur Anbindung von Niederlassungen verwendet werden. Wenn der Dateiserver in der Zentrale steht, müssen die Niederlassungen über langsame WAN-Leitungen zugreifen. Mit DFS kann in der Niederlassung ein kleiner Dateiserver aufgestellt werden, auf den die Daten repliziert werden. Die Mitarbeiter der Außenstelle können dadurch genauso effizient und schnell auf die Freigaben und notwendige Dateien zugreifen wie die Mitarbeiter in der Zentrale.

DFS installieren und einrichten

DFS installieren Sie am besten über den Server-Manager und die Rolle *Datei-/Speicherdienste/Datei- und iSCSI-Dienste*. Stellen Sie sicher, dass die Rollendienste *DFS-Namespaces* und *DFS-Replikation* installiert sind. Überprüfen Sie nach der Installation, ob die Systemdienste *DFS-Replikation* und *DFS-Namespace* auf *Automatisch* gesetzt und gestartet sind.

Nachdem Sie die notwendigen Rollendienste installiert haben, können Sie das Snap-In *DFS-Verwaltung* über das Menü *Tools* im Server-Manager starten. Alternativ starten Sie die Verwaltungsoberfläche über *Dfsmgmt.msc*. Die Verwaltungsoberfläche dient zur Konfiguration und Verwaltung sowohl des DFS-Namespace als auch der DFS-Replikation.

Kapitel 21: Ressourcen-Manager für Dateiserver

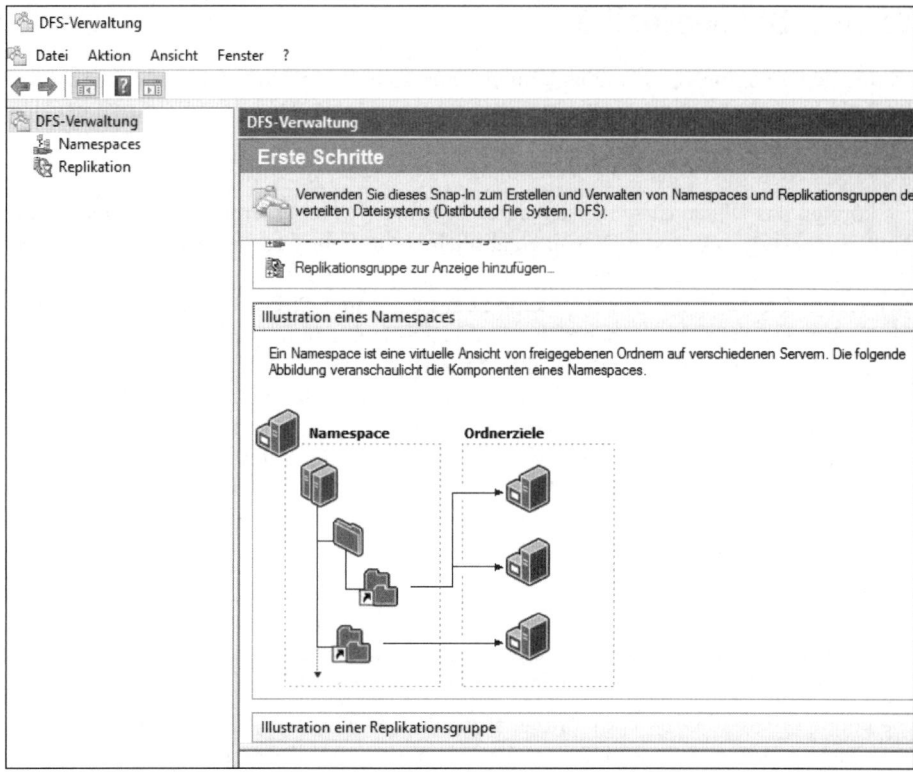

Abbildung 21.9: DFS mit der DFS-Verwaltung konfigurieren

Sie können DFS auch auf Core-Servern installieren. Wie Sie dabei vorgehen, lesen Sie in Kapitel 3 und 4.

DFS-Namespace einrichten

Die Einrichtung eines DFS-Namespace nehmen Sie in der DFS-Verwaltung vor. Ein DFS-Namespace verbindet mehrere physische Freigaben auf verschiedenen Servern zu einer virtuellen DFS-Freigabe, auf die Anwender zugreifen können.

Wenn Sie einen Namespace erstellen, wählen Sie aus, welche freigegebenen Ordner dem Namespace hinzugefügt werden sollen, entwerfen die Hierarchie, in der die Ordner angezeigt werden, und legen die Namen für die freigegebenen Ordner im Namespace fest. Wenn der Namespace von einem Benutzer angezeigt wird, werden die Ordner so angezeigt, als seien sie auf einer einzelnen Festplatte gespeichert. Benutzer können im Namespace navigieren, ohne die Namen der Server oder der freigegebenen Ordner kennen zu müssen, die der jeweilige Host für die Daten sind. Um einen neuen Namespace einzurichten, gehen Sie folgendermaßen vor:

1. Klicken Sie in der DFS-Verwaltung mit der rechten Maustaste auf *Namespaces* und wählen Sie im Kontextmenü den Eintrag *Neuer Namespace* aus.
2. Im ersten Fenster des Assistenten wird der Namespaceserver festgelegt. Dabei handelt es sich nicht gezwungenermaßen um einen Server, auf dem die Freigaben liegen, son-

Freigaben über DFS organisieren und replizieren

dern es kann sich auch um einen Domänencontroller oder einen anderen Mitgliedsserver handeln.
3. Im nächsten Dialogfeld wählen Sie den Namen für den neuen Namespace aus.
4. Der Namespacestamm ist der Ausgangspunkt des Namespace.

Abbildung 21.10: Einen neuen DFS-Namespace erstellen

5. Auf der nächsten Seite des Assistenten legen Sie den Namespacetyp fest. Dieser Namespacetyp wird als *Domänenbasierter Namespace* bezeichnet, da er mit einem Domänennamen beginnt und seine Metadaten in Active Directory gespeichert werden. Ein domänenbasierter Namespace kann auf mehreren Namespaceservern gehostet werden.
6. Nachdem Sie die Daten eingegeben haben, können Sie den Namespace erstellen lassen, der anschließend in der DFS-Verwaltung angezeigt wird. Sie können zur Ausfallsicherheit jederzeit dem Namespace weitere Namespaceserver hinzufügen. Dies allerdings nur dann, wenn Sie einen domänenbasierten Namespace erstellt haben. Klicken Sie zum Hinzufügen mit der rechten Maustaste auf den erstellten Namespace.
7. Klicken Sie anschließend mit der rechten Maustaste auf den neuen Namespace und wählen Sie *Neuer Ordner* aus. Danach können Sie einen neuen Ordner erstellen, auf den die Anwender zugreifen. Ordnerziele verweisen auf physische Freigaben auf Servern. Sie können beliebig viele Ordner mit dazugehörigen Ordnerzielen erstellen. Die Anwender greifen von ihren Clients zwar physisch auf die Ordnerziele zu, allerdings verwenden sie als Namen die Bezeichnung, die Sie im DFS festlegen. Bestätigen Sie die Erstellung. Sie werden noch gefragt, ob Sie gleich eine Replikationsgruppe erstellen wollen. Dies müssen Sie an dieser Stelle nicht tun. Replikationsgruppen werden in einem späteren Abschnitt noch ausführlicher beschrieben.

Anschließend verbindet DFS den erstellten virtuellen Ordner mit den tatsächlich vorhandenen Freigaben auf den verschiedenen Servern. Der nächste Schritt besteht in der Konfiguration von Verweisen.

Haben Sie den Namespace erstellt, können Anwender auf Daten zugreifen, indem sie \\<*Active Directory-Domäne*\<*Name des Namespace*> eingeben. In der Freigabe erscheinen alle Ordner, die Sie angelegt haben. Der virtuelle DFS-Ordner zeigt den Inhalt der festgelegten Ordnerziele an. Die Anwender müssen dazu nicht die tatsächlichen Server oder die Namen der Freigabe kennen.

DFS-Replikation einrichten

Wollen Sie den Inhalt von physischen Freigaben replizieren, können Sie diese Funktion für einzelne Ordner im Namespace aktivieren. Standardmäßig ist die Replikation nicht aktiviert. Um sie zu aktivieren, klicken Sie mit der rechten Maustaste auf den Ordner und wählen im Kontextmenü den Eintrag *Ordner replizieren* aus. Anschließend startet der Assistent, mit dem Sie die Replikation konfigurieren. Über die Technologie kann DFS die Daten in den Freigaben zwischen den Ordnerzielen in einem DFS-Ordner replizieren.

Auf der ersten Seite legen Sie den Namen der Replikationsgruppe fest. Eine Replikationsgruppe besteht aus einer Reihe von Servern, die an der Replikation eines replizierten Ordners beteiligt sind. Der Name der Replikationsgruppe stimmt mit dem Namespacepfad überein und der Name des replizierten Ordners mit dem Ordnernamen in der DFS-Verwaltung.

Auf der nächsten Seite werden die Freigaben und die dazugehörigen Server angezeigt, deren Freigaben repliziert werden.

Als Nächstes wählen Sie das primäre Mitglied der Replikationsgruppe aus. Bestimmen Sie hier den Server, der den aktuellsten Inhalt enthält. Im Anschluss legen Sie fest, welche Replikationstopologie Sie verwenden wollen. Die Definitionen der Replikationstopologien sind selbsterklärend.

Auf der nächsten Seite definieren Sie die Bandbreite oder den Zeitplan für die Replikation. Anschließend wird die Replikation erstellt. Nachdem sie erstellt wurde, wird sie in der DFS-Verwaltung unter dem Knoten *Replikation* angezeigt. Sie können die Eigenschaften der Replikation jederzeit über das Kontextmenü anpassen.

Die erste Replikation beginnt nicht sofort. Die Topologie- und DFS-Replikationseinstellungen müssen zu allen Domänencontrollern repliziert werden und jedes Mitglied der Replikationsgruppe muss seinen nächstgelegenen Domänencontroller abfragen, um diese Einstellungen zu erhalten. Die erste Replikation tritt zunächst zwischen dem primären Mitglied und den empfangenden Replikationspartnern des primären Mitglieds auf.

Wenn ein Mitglied alle Dateien vom primären Mitglied empfangen hat, repliziert dieses Mitglied Dateien ebenfalls zu seinen empfangenden Partnern. Beim Empfang von Dateien des primären Mitgliedsservers während der ersten Replikation verschieben die empfangenden Mitgliedsserver Dateien, die auf dem primären Server nicht vorhanden sind, in den Ordner *DfsrPrivate\PreExisting*. Wenn eine Datei mit einer Datei auf dem primären Mitglied identisch ist, wird sie nicht repliziert.

Wenn sich die Version einer Datei auf dem empfangenden Mitglied von der Version des primären Mitglieds unterscheidet, wird die Version des empfangenden Mitglieds in den Konfliktordner für gelöschte Dateien verschoben. Nach der Initialisierung des replizierten Ordners wird die Bezeichnung *Primäres Mitglied* entfernt.

Klicken Sie auf eine Replikationsverbindung, können Sie in der Mitte der Konsole über vier Registerkarten die Einstellungen der Replikationsgruppe anpassen. Auf diesen Registerkarten werden unterschiedliche Details zur ausgewählten Replikationsgruppe, ihren Mitgliedern und ihren replizierten Ordnern angezeigt.

Zusammenfassung

In diesem Kapitel sind wir auf die Verwaltungsmöglichkeiten von Dateiservern mit dem Ressourcen-Manager für Dateiserver eingegangen. Mit diesem Werkzeug können Sie die Freigaben im Netzwerk effizient über Kontingente, Dateiprüfungen und Klassifizierungen verwalten. Ebenfalls Bestandteil des Kapitels war das verteilte Dateisystem (Distributed File System, DFS) in Windows Server 2016.

Im nächsten Kapitel beschäftigen wir uns mit der BranchCache-Funktion von Windows Server 2016. Mit dieser Funktion können Windows 10-Rechner in Niederlassungen wesentlich schneller auf Dateifreigaben in der Zentrale zugreifen.

Kapitel 22
BranchCache konfigurieren und nutzen

In diesem Kapitel:
BranchCache im Überblick – Niederlassungen effizient anbinden 592
Gehosteter Cache (Hosted Cache) nutzen 592
Verteilter Cache (Distributed Cache) nutzen 596
BranchCache auf dem Hosted Cache-Server konfigurieren 598
BranchCache auf Clients konfigurieren 601
Leistungsüberwachung und BranchCache 603
Zusammenfassung 604

Windows 7 bis 10 zusammen mit Windows Server 2016 ermöglicht einen schnelleren Zugriff zu Dateien in Freigaben von Dateiservern. Das ist auch dann möglich, wenn die Verbindung durch langsame WAN-Leitungen erfolgt. Dazu bieten Windows-Server die BranchCache-Funktionalität. Damit BranchCache optimal funktioniert, muss auf den beteiligten Webservern und Dateiservern Windows Server 2016 betrieben werden. Für die Bereitstellung von BranchCache in Organisationen unterschiedlicher Größe benötigen Sie in Windows Server 2016 und Windows 8 bis 10 nur ein einziges Gruppenrichtlinienobjekt. Es sind keine verschiedenen Einstellungen für unterschiedliche Niederlassungen notwendig. Clients können Sie mit Gruppenrichtlinien standardmäßig als verteilte Cachemodusclients konfigurieren. Die Computer suchen nach einem gehosteten Cacheserver. Ist ein solcher verfügbar, werden Clients automatisch als gehostete Cachemodusclients konfiguriert.

Mit Windows Server 2016 können Sie so viele gehostete Cacheserver wie benötigt bereitstellen. BranchCache verwendet die Datenbanktechnologie Extensible Storage Engine (ESE) von Microsoft Exchange Server. Das macht die Speicherung der Daten wesentlich stabiler. In Windows Server 2016 sind keine Serverzertifikate erforderlich.

Kapitel 22: BranchCache konfigurieren und nutzen

Tipp BranchCache können Sie jetzt auch umfassend in der PowerShell verwalten. Die entsprechenden Cmdlets erhalten Sie durch Eingabe von *Get-Command *bc** angezeigt.

BranchCache im Überblick – Niederlassungen effizient anbinden

Windows 7 bis 10 kann über das Netzwerk kopierte Dateien automatisch auf der Festplatte zwischenspeichern. Beim erneuten Zugriff auf dieselbe Datei muss Windows 7 bis 10 nur noch neue Daten laden. Alles, was schon mal übertragen wurde, bleibt auf der Festplatte im Cache durch Zugriffsberechtigungen geschützt gespeichert.

Ändern sich an der Quelle Dateien, überträgt Windows 7 bis 10 nicht die kompletten geänderten Dateien erneut, sondern nur die Blöcke, die sich geändert haben. Das gilt auch für den Zugriff über DirectAccess oder andere VPN-Szenarien und in allen Konfigurationen von BranchCache. Alleine dadurch beschleunigt sich der Datenzugriff enorm. Diese Technik funktioniert auch ohne Windows Server 2016.

Abbildung 22.1: BranchCache im Überblick

Ruft ein Client mit Windows 7 bis 10 in einer Niederlassung Dateien von der Zentrale ab, speichert der BranchCache-aktivierte Dateiserver in der Niederlassung die Daten zwischen. Ruft ein weiterer Client die gleichen Daten ab, stellt der Dateiserver diesem Client die zwischengespeicherten Daten zur Verfügung, sodass diese nicht erneut über das Netzwerk übertragen werden müssen. Dadurch beschleunigt sich der Zugriff und spart Bandbreite im WAN ein, die für andere Anwendungen zur Verfügung stehen.

BranchCache unterstützt für die Übertragung der Daten verschiedene Sicherheitstechniken. Neben IPv4 und IPv6 lassen sich Datenzugriffe per SSL oder IPsec absichern. Auch die Autorisierung findet in einem solchen Szenario beschleunigt statt. Diese Technik ist natürlich verschlüsselt.

Gehosteten Cache (Hosted Cache) nutzen

BranchCache lässt sich in den beiden Betriebsmodi Hosted Cache und Distributed Cache betreiben. Bei Hosted Cache stellen Unternehmen in der Niederlassung, in der Windows 7/8/8.1/10-Computer installiert sind, einen Host zur Verfügung, der die Daten vom zentralen Dateiserver über die WAN-Leitung zwischenspeichern kann.

Befindet sich in einer Niederlassung mit Windows 7/8/8.1/10-Computern noch ein Server mit Windows Server 2016, lassen sich auf diesem Server über Hosted Cache zentral Daten zwischenspeichern, sodass der Zugriff von allen Clientcomputern unter Windows 7/8/8.1/10 aus beschleunigt wird, ohne dass die Sicherheit darunter leidet. Die Computer greifen auf den Host in der Niederlassung zu, um Daten der Zentrale abzurufen.

Benötigen Clients Daten, die noch nicht auf dem Hosted Cache-Server gespeichert sind, ruft dieser die Daten vom Content-, Datei- oder Webserver in der Zentrale ab. Der erste Zugriff der Clients ist dadurch etwas langsamer, weitere Zugriff laufen aber deutlich schneller ab.

Die Konfiguration dieser Technik erfolgt in den Gruppenrichtlinien. Sie finden die Einstellungen unter *Computerkonfiguration/Richtlinien/Administrative Vorlagen/Netzwerk*. Über *LanMan-Server* nehmen Sie Einstellungen für die Server vor. Die Clientkonfiguration nehmen Sie über *BranchCache* vor.

Abbildung 22.2: BranchCache über Gruppenrichtlinien in Windows Server 2016 konfigurieren

Kapitel 22: BranchCache konfigurieren und nutzen

> **Hinweis** Eine Hosted Cache-Konfiguration ist unabhängig von Active Directory-Standorten und wird über Gruppenrichtlinien gesteuert. In den Gruppenrichtlinieneinstellungen legen Sie fest, ab welcher Netzwerkgeschwindigkeit Clients BranchCache nutzen sollen. Die ganze Konfiguration ist vollkommen unabhängig von der Active Directory-Infrastruktur.

Abbildung 22.3: BranchCache mit Hosted Cache-Server betreiben

Microsoft empfiehlt die Konfiguration über eine eigene Richtlinie. Mit der Gruppenrichtlinieneinstellung *Hashversionsunterstützung für BranchCache* im Knoten *LanMan-Server* können Sie angeben, ob Hashes der Version 1 (V1), der Version 2 (V2) oder V1- und V2-Hashes im Einsatz sind. Hashes werden auf Basis der Daten in freigegebenen Ordnern, für die BranchCache aktiviert ist, erstellt. Durch V2-Inhaltsinformationen werden kleinere Datenblöcke mit variabler Größe beschrieben und größere Einsparungen von WAN-Bandbreite ermöglicht. V1-Hashes sind mit Windows 7 und Windows Server 2008 R2/2012 kompatibel, V2-Hashes mit Windows 8/8.1/10 und Windows Server 2012 R2/2016.

Mit der Richtlinieneinstellung *Alter für Segmente im Datencache festlegen* können Sie den Zeitraum in Tagen angeben, für den Segmente im BranchCache-Datencache auf Clientcomputern gültig sind. Wenn Sie diese Richtlinieneinstellung deaktivieren oder nicht konfigurieren, wird ein Standardalter von 28 Tagen festgelegt.

Gehosteten Cache (Hosted Cache) nutzen

Über *Gehostete Cacheserver konfigurieren* bestimmen Sie, ob Clientcomputer für die Verwendung des gehosteten Cachemodus konfiguriert werden. Zusätzlich können Sie die Computernamen der gehosteten Cacheserver angeben. Im gehosteten Cachemodus kann durch Clientcomputer Inhalt von einem oder mehreren gehosteten Cacheservern abgerufen werden, die in derselben Filiale installiert sind. Mit dieser Einstellung können Sie Clientcomputer automatisch konfigurieren, die für den gehosteten Cachemodus mit Computernamen der gehosteten Cacheserver in der Filiale konfiguriert sind. Damit diese Richtlinieneinstellung wirksam wird, müssen Sie auch die Richtlinieneinstellung *BranchCache aktivieren* steuern. Diese Richtlinieneinstellung kann nur auf Clientcomputer angewendet werden, auf denen Windows 8/8.1/10 installiert ist. Sie hat keine Auswirkungen auf Computer, auf denen Windows 7 oder Windows Vista installiert ist.

Mit *Automatische Erkennung von gehostetem Cache pro Dienstverbindungspunkt aktivieren* werden Clientcomputer so konfiguriert, dass sie mit Active Directory nach gehosteten Cacheservern suchen. Es werden die gefundenen Server und der gehostete Cachemodus und nicht die manuelle BranchCache-Konfiguration oder die BranchCache-Konfiguration durch andere Gruppenrichtlinien verwendet. Wenn Sie diese Richtlinieneinstellung zusätzlich zu der Richtlinieneinstellung *BranchCache aktivieren* setzen, wird durch BranchCache-Clients in der lokalen Filiale nach gehosteten Cacheservern gesucht. Wenn gehostete Cacheserver gefunden werden, wird der gehostete Cachemodus aktiviert. Werden keine gehosteten Cacheserver gefunden, wird der gehostete Cachemodus nicht aktiviert und eine andere manuell oder durch eine Gruppenrichtlinie festgelegte Konfiguration verwendet.

Wenn die Richtlinieneinstellung *BranchCache-Modus "Gehosteter Cache" festlegen* angewendet wird, erfolgt keine automatische Suche nach gehosteten Cacheservern. Dies gilt auch für die Richtlinieneinstellung *Gehostete Cacheserver konfigurieren*. Diese Richtlinieneinstellung kann nur auf Clientcomputer angewendet werden, auf denen Windows 8/8.1/10 installiert ist. Diese Richtlinie hat keine Auswirkungen auf Computer, auf denen Windows 7 oder Windows Vista installiert ist. Wenn Sie diese Einstellung deaktivieren oder nicht konfigurieren, erfolgt keine Suche nach gehosteten Cacheservern anhand von Dienstverbindungspunkten.

Mit *BranchCache aktivieren* können Sie festlegen, ob BranchCache auf Clientcomputern aktiviert wird. Zusätzlich müssen Sie angeben, ob es sich bei den Clientcomputern um gehoste Cachemodus- oder verteilte Cachemodusclients handelt. Konfigurieren Sie dazu die folgenden Richtlinieneinstellungen:

- *BranchCache-Modus "Verteilter Cache" festlegen*
- *BranchCache-Modus "Gehosteter Cache" festlegen*
- *Gehostete Cacheserver konfigurieren*

Im verteilten Cachemodus wird durch die Clientcomputer der Inhalt von BranchCache-fähigen Inhaltsservern in der Zentrale heruntergeladen, der Inhalt lokal zwischengespeichert und anderen Clients im verteilten BranchCache-Cachemodus in der Filiale zur Verfügung gestellt.

Wenn Clientcomputer als Clients im gehosteten Cachemodus konfiguriert sind, kann zwischengespeicherter Inhalt von einem gehosteten Cacheserver in der Filiale heruntergeladen werden. Beim Abrufen von Inhalt von einem Inhaltsserver durch die gehosteten Cacheclients kann der Inhalt außerdem auf die gehosteten Cacheserver hochgeladen werden, damit er für andere gehostete Cacheclients in der Filiale verfügbar ist.

Auf dem Server in der Niederlassung müssen Sie im Server-Manager das Feature *Branch-Cache* installieren (Seite *Features auswählen*), damit dieser mit den anderen Clients der Niederlassung und den zentralen Dateiservern zusammenarbeiten kann.

In den Gruppenrichtlinien legen Sie außerdem fest, wie viel Bandbreite zur Verfügung stehen muss, damit das Feature Daten zwischenlagert. Ist das Netzwerk zu langsam, soll es durch solche Funktionen natürlich nicht ausgebremst werden.

Auf dem zentralen Dateiserver installieren Sie den Rollendienst *BranchCache für Netzwerkdateien*, der zur Rolle *Datei- und iSCSI-Dienste* gehört. Installieren Sie diesen Rollendienst, müssen Sie das bereits erwähnte Feature nicht installieren. Erst nach der Installation des Rollendiensts lässt sich BranchCache für Freigaben aktivieren. Um einen Hosted Cache-Server in einer Niederlassung zu betreiben, müssen Sie keinen dedizierten Server zur Verfügung stellen, es muss sich nur um einen Server mit Windows Server 2016 handeln, zum Beispiel einen Domänencontroller in der Niederlassung. Der Ablauf dabei ist recht einfach:

1. Ein Client ruft vom zentralen Dateiserver eine Datei oder einen aktualisierten Teil einer Datei ab, wenn sich diese bereits im Cache befinden sollte.
2. Das Dokument wird vom zentralen Dateiserver auf den Client übertragen. Dabei authentifiziert der zentrale Dateiserver, in diesem Szenario der Contentserver, den Anwender und seinen Computer in Active Directory.
3. Der Client überprüft auf Basis des Hash, ob der Teil der Datei oder die Datei selbst bereits auf dem Hosted Cache-Server der Niederlassung vorhanden ist.
4. Der Hosted Cache-Server verbindet sich mit dem Client und überträgt über einen gesicherten Kanal fehlende Daten auf den Server. Die Daten werden dabei über AES 128 verschlüsselt.
5. Benötigt ein anderer Client der Niederlassung dasselbe Dokument, ruft der Client dieses automatisch vom Hosted Cache ab. Die Authentifizierung findet aber über den zentralen Server, den Contentserver, statt.

Verteilten Cache (Distributed Cache) nutzen

In kleineren Niederlassungen, in denen Unternehmen keinen eigenen Server, aber Clients mit Windows 7 bis 10 betreiben, können Sie auch den Distributed Cache verwenden. Bei diesem Modus gibt es keinen Hostserver in der Niederlassung, sondern Windows 7/8/8.1/10-Clients rufen Daten ab und speichern diese lokal zwischen. Andere Windows 7/8/8.1/10-Clients in der Niederlassung können auf die Daten zugreifen, sodass auch hier einmal abgerufene Daten deutlich effizienter und schneller zur Verfügung stehen.

So lässt sich die Positionierung von Servern in Niederlassungen vermeiden und BranchCache dennoch nutzen. Diese Technik funktioniert aber nur innerhalb eines einzelnen Subnetzes. Wird ein Client, der den Inhalt bereitstellt, heruntergefahren, stehen die Daten natürlich nicht zur Verfügung. Braucht ein anderer Client diese Daten, müssen diese erneut über das WAN übertragen werden.

Verteilten Cache (Distributed Cache) nutzen

Abbildung 22.4: Verteilten Cache nutzen

Hinweis Arbeiten Sie mit Distributed Cache, tauschen die Windows 7/8/8.1/10-Clients zwischengespeicherte Dateien über das HTTP-Protokoll aus. Dazu müssen Sie sicherstellen, dass auf den Clients die Firewalleinstellungen BranchCache zulassen und den HTTP-Verkehr sowie das WS-Discovery-Protokoll nicht blockieren. Diese Einstellung nehmen Sie entweder lokal auf den Rechnern oder besser über eine Gruppenrichtlinie vor.

Standardmäßig verwendet Windows Server 2016 nicht für alle Freigaben BranchCache, Sie können die Einstellung für jede Freigabe getrennt vornehmen:

1. Rufen Sie die Eigenschaften der Freigabe auf, für die Sie BranchCache aktivieren wollen.
2. Über die Schaltfläche *Erweitert* und die Registerkarte *Zwischenspeichern* steuern Sie den BranchCache-Zugriff der Anwender.

Achtung Bei der Übertragung teilt der BranchCache die Daten in Blöcke auf und erstellt für jeden Block einen Hashwert. Beim Übertragen der Daten komprimiert der Server die Blöcke, wodurch die Datenmenge enorm reduziert werden kann.

Sie können die Funktion aber erst dann aktivieren, wenn Sie den bereits erwähnten Rollendienst installiert haben, ansonsten ist die Funktion deaktiviert. Bei Distributed Cache und mehreren Windows 7/8/8.1/10-Computern in der Niederlassung arbeiten die Clients mit dem Web Services Discovery Multicast-Protokoll, um im Subnetz abzufragen, ob ein Windows 7/8/8.1/10-Client die benötigten Daten bereits lokal gespeichert hat.

Kapitel 22: BranchCache konfigurieren und nutzen

Abbildung 22.5: BranchCache in den erweiterten Eigenschaften einer Freigabe konfigurieren

Viele Einstellungen in BranchCache nehmen Sie über Gruppenrichtlinien vor. Sie können in der Eingabeaufforderung aber auch mit *Netsh branchcache* verschiedene Einstellungen konfigurieren und Informationen abrufen. In den folgenden Abschnitten zeigen wir Ihnen jeweils die Konfiguration von BranchCache über die Eingabeaufforderung. Geben Sie in der Eingabeaufforderung nur *Netsh branchcache* ein, erhalten Sie eine Zusammenfassung angezeigt, welche Möglichkeiten Sie in der Eingabeaufforderung haben.

Abbildung 22.6: BranchCache über die Eingabeaufforderung mit Netsh konfigurieren

BranchCache auf dem Hosted Cache-Server konfigurieren

Der Hosted Cache-Server ist der BranchCache-Server, der in der Niederlassung positioniert ist und für die Clients in der Niederlassung die Daten zwischenspeichert. Er verbindet sich dazu mit dem Dateiserver in der Zentrale, um Daten abzurufen.

Feature für Hosted Cache installieren

Auf dem Hosted Cache-Server müssen Sie zunächst das Feature *BranchCache* installieren und den Server anschließend als Hosted Cache-Server konfigurieren. Sie verwenden dazu den Server-Manager und die bereits erwähnte Seite *Features auswählen*. Die Einrichtung erfolgt über Gruppenrichtlinien. Sie können aber auch mit PowerShell-Skripts arbeiten. Die Einrichtung erfolgt dabei in mehreren Schritten:

1. Aktivierung von BranchCache unter Windows 7 bis 10.
2. Auswahl des Modus, also Hosted Cache oder Distributed Cache.
3. Konfiguration der Cachegröße auf dem Client beim Einsatz von Distributed Cache. Standardmäßig verwendet Windows 7 bis 10 fünf Prozent des lokalen Speicherplatzes.
4. Verwenden Sie Hosted Cache, müssen Sie den Hosted Cache-Server in der Niederlassung angeben.

Hinweis Wollen Sie die lokalen Daten auf dem Server bei Hosted Cache oder auf den Clients bei Distributed Cache verschlüsseln, ist der Einsatz von BitLocker empfehlenswert. BitLocker arbeitet mit BranchCache zusammen, ohne dass Sie die beiden Technologien miteinander verbinden müssen. Es reicht aus, auf dem Server oder Client BitLocker zu aktivieren. Auch das verschlüsselnde Dateisystem (EFS) kann die lokalen Daten auf dem Server absichern (siehe Kapitel 5).

Die Einstellungen für Dateiserver in Gruppenrichtlinien finden Sie über *Computerkonfiguration/Richtlinien/Administrative Vorlagen/Netzwerk*. Über *LanMan-Server* nehmen Sie Einstellungen für die Server und die Clientkonfiguration über *BranchCache* vor. Auf dem Dateiserver, der als Contentserver dient, aktivieren Sie die Einstellung *Hashveröffentlichung für BranchCache*.

Stellen Sie die Veröffentlichung nur für Freigaben ein, auf denen Sie manuell BranchCache aktivieren, müssen Sie beachten, dass Sie für Freigaben diese Einstellungen ebenfalls vornehmen müssen. Wie das geht, haben Sie auf den vorherigen Seiten erfahren. Arbeiten Sie mit einem Cluster, müssen Sie die Verschlüsselungsdaten zwischen den Clusterknoten replizieren lassen, damit der Zugriff von den Clients aus funktioniert. Öffnen Sie dazu auf allen Clusterknoten eine Eingabeaufforderung mit Administratorrechten und rufen Sie den folgenden Befehl auf:

Netsh branchcache set key passphrase=<Selbst definierter Schlüssel>

Sie müssen den Befehl auf allen Knoten eingeben.

Zertifikate auf dem Hosted Cache-Server betreiben

Die Kommunikation der Clients mit dem Hosted Cache-Server wird für den Datenaustausch über Transport Layer Security (TLS) abgewickelt. Dabei arbeiten Clients und Server mit Zertifikaten. Auf dem Hosted Cache-Server sollte dazu ein Zertifikat zur Verfügung stehen, dem die Clients vertrauen. Das ist in Windows 8 bis 10 und Windows Server 2016 zwar optional, aber generell durchaus sinnvoll.

Am besten arbeiten Sie dazu mit einer internen Zertifizierungsstelle . Auf dem Hosted Cache-Server installieren Sie ein Serverzertifikat, dessen Zertifizierungsstelle die Clients in der Niederlassung vertrauen müssen. Haben Sie das Zertifikat installiert oder ein Zertifikat eines Drittherstellers erworben, muss dieses im lokalen Computerkonto auf dem Hosted Cache-Server abgelegt sein. Um das zu überprüfen, gehen Sie folgendermaßen vor:

1. Geben Sie »certlm.msc« im Suchfeld des Startmenüs ein.
2. Unter *Eigene Zertifikate/Zertifikate* muss das Zertifikat des Servers hinterlegt sein.
3. Ist das Zertifikat bereits vorhanden, klicken Sie doppelt darauf. Wie Sie Zertifikate ausstellen, lesen Sie in Kapitel 30.
4. Wechseln Sie zur Registerkarte *Details*.
5. Klicken Sie auf das Feld *Fingerabdruck* des Zertifikats.
6. Kopieren Sie den Wert in die Zwischenablage oder eine Textdatei.

Sie benötigen diesen Wert des Fingerabdrucks, um das Zertifikat ordnungsgemäß mit BranchCache zu verbinden. Öffnen Sie dazu auf dem Hosted Cache-Server eine Eingabeaufforderung mit Administratorrechten und geben Sie den folgenden Befehl ein:

Netsh HTTP ADD SSLCERT IPPORT=0.0.0.0:443 CERTHASH=<Fingerabdruck ohne Leerzeichen> APPID={d673f5ee-a714-454d-8de2-492e4c1bd8f8}

Achten Sie darauf, an der entsprechenden Stelle alle Werte des Fingerabdrucks zu verwenden, aber die Leerzeichen zu entfernen. Ein Beispiel des Befehls wäre:

Netsh HTTP ADD SSLCERT IPPORT=0.0.0.0:443 CERTHASH=?9651f566c7d0e42679805a 6df8688fe14646fc3a APPID={d673f5ee-a714-454d-8de2-492e4c1bd8f8}

Mit dem Befehl *Netsh http show urlacl* können Sie überprüfen, ob das Zertifikat korrekt mit der URL *https://+:443/C574AC30-5794-4AEE-B1BB-6651C5315029/* verbunden ist. Sie finden diese URL oft ganz unten im Fenster.

Klicken Sie doppelt auf das Serverzertifikat in der *Zertifikate*-Konsole, sehen Sie auf der Registerkarte *Details* im Bereich *Erweiterte Schlüsselverwendung*, ob das Zertifikat für Clientauthentifizierung und Serverauthentifizierung konfiguriert ist.

Achten Sie darauf, dass die Clients der Zertifizierungsstelle, die das Zertifikat ausgestellt hat, vertrauen. Dazu muss das Zertifikat der Stammzertifizierungsstelle als vertrauenswürdig bei den Clients hinterlegt sein.

Einstellungen auf dem Hosted Cache-Server anpassen

Standardmäßig verwendet der Hosted Cache-Server ein Prozent des Speicherplatzes für BranchCache. Wollen Sie den Wert ändern, verwenden Sie den folgenden Befehl:

Netsh branchcache set cachesize size=<Prozent> percent=true

Nehmen Sie die Einstellungen über Gruppenrichtlinien vor, können Sie den Wert nicht mehr über die Eingabeaufforderung anpassen. Konfigurieren Sie die Einstellungen nicht über eine Richtlinie, können Sie den Hosted Cache auf dem Server auch mit dem Befehl *Netsh branchcache set service mode=HOSTEDSERVER* aktivieren. Der Server nimmt Daten standardmäßig auf den beiden Ports 80 und 443 entgegen. Der Port 80 dient zur Verbindung von Clients, die Daten vom Server abrufen wollen, der Port 443 dient zum Hochladen von Daten von anderen Clients in den Cache. Generell lassen sich diese Ports anpassen. Allerdings ist diese Anpassung nicht empfehlenswert, da Sie diese auf allen Clients manuell vornehmen und Registry-Werte ändern müssen.

Tipp Mit dem Befehl *Netsh branchcache show status all* lassen Sie sich auf dem Hosted Cache-Server die Einstellungen anzeigen. Hier sehen Sie, ob alle Werte korrekt hinterlegt sind.

Contentserver konfigurieren

Der Contentserver ist der Datei- oder Webserver in der Zentrale, auf dem Sie den Rollendienst und das Feature für BranchCache installiert, über Gruppenrichtlinien den Hashzugriff konfiguriert und bei den Freigaben BranchCache aktiviert haben. Führen Sie auch auf dem Contentserver in der Eingabeaufforderung den Befehl *Netsh branchcache show status all* aus, um seine Konfiguration zu überprüfen. Die Einstellungen für Server, die als Hosted Cache-Server dienen, finden Sie in den Gruppenrichtlinien über *Computerkonfiguration/Richtlinien/Administrative Vorlagen/Netzwerke*. Über *LanMan-Server* nehmen Sie Einstellungen für die Server vor. Die Clientkonfiguration nehmen Sie über *BranchCache* vor. Auf dem Dateiserver, der als Contentserver dient, aktivieren Sie die Einstellung *Hashveröffentlichung für BranchCache*. BranchCache aktivieren Sie über die Eigenschaften der Freigabe:

1. Rufen Sie die Eigenschaften der Freigabe auf, für die Sie BranchCache aktivieren wollen.
2. Klicken Sie auf der Registerkarte *Freigabe* auf die Schaltfläche *Erweitert*.
3. Wechseln Sie auf die Registerkarte *Zwischenspeichern*.
4. Aktivieren Sie das Kontrollkästchen *BranchCache*.

BranchCache auf Clients konfigurieren

Standardmäßig ist BranchCache auf Windows 7/8/8.1/10-Clients deaktiviert. Damit BranchCache im Netzwerk funktioniert, müssen Sie die Funktion auf den Servern aktivieren, für Freigaben aktivieren und anschließend die Clients im Netzwerk an die BranchCache-Infrastruktur anbinden.

Deaktivieren Sie den Netzwerkverkehr von BranchCache über die Firewalleinstellungen in Windows 7 bis 10, können andere Clients im Netzwerk bei einer Distributed Cache-Umgebung nicht auf die Daten des Rechners zugreifen. Arbeiten an dem Client aber verschiedene Benutzer, profitieren diese dennoch von BranchCache, allerdings nur lokal auf dem Rechner.

Clientkonfiguration mit Gruppenrichtlinien konfigurieren

Zur Aktivierung von BranchCache erstellen Sie am besten ein neues Gruppenrichtlinienobjekt und weisen dieses den Clients zu, die BranchCache nutzen sollen. Die Clientaktivierung finden Sie über die Einstellungen für Dateiserver in den Gruppenrichtlinien über *Computerkonfiguration/Richtlinien/Administrative Vorlagen/Netzwerk*. Hier aktivieren Sie außerdem den unterstützten Modus und den freien Speicherplatz für BranchCache. Aktivieren Sie *BranchCache-Modus "Gehosteter Cache" festlegen*, müssen Sie über die Richtlinie auch den FQDN des Servers in der Niederlassung festlegen (Hosted Cache-Server), der die Daten vom Dateiserver der Zentrale (Contentserver) abruft.

Firewalleinstellungen für BranchCache setzen

Damit BranchCache funktioniert, müssen Sie auf den Clients noch Firewalleinstellungen anpassen. Diese Einstellungen sind für den Modus *Distributed Cache* und den Modus *Hosted Cache* notwendig. Am besten verwenden Sie dazu eine Gruppenrichtlinie:

1. Sie finden die Einstellungen über *Computerkonfiguration/Richtlinien/Windows-Einstellungen/Sicherheitseinstellungen/Windows-Firewall mit erweiterter Sicherheit/Eingehende Regeln*.
2. Erstellen Sie über das Kontextmenü eine neue Regel.
3. Wählen Sie die Option *Vordefiniert*.
4. Wählen Sie als Regel *BranchCache – Inhaltsabruf (verwendet HTTP)* und schließen Sie die Erstellung der Regel ab.

Betreiben Sie BranchCache im Modus *Distributed Cache*, müssen Sie auf dem gleichen Weg eine weitere Regel erstellen. Wählen Sie als vordefinierte Regel *BranchCache – Peerermittlung (verwendet WSD)*. Über das WSD-Protokoll ermitteln Clients, ob eine benötigte Datei bereits auf einem Windows 7/8/8.1/10-Client im Netzwerk gespeichert ist. Diese Regel benötigt eine Kommunikation auf Port 3702, die Inhaltsübermittlung verwendet Port 80.

Clientkonfiguration mit Netsh

Neben der Möglichkeit, mit Gruppenrichtlinien zu arbeiten, können Sie auch mit der Eingabeaufforderung den Cachemodus bearbeiten und Einstellungen vornehmen.

Hinweis Gruppenrichtlinieneinstellungen haben Vorrang vor Einstellungen, die Sie mit *Netsh* vornehmen, und überschreiben die Einstellungen wieder, wenn sich diese überschneiden.

BranchCache für Distributed Cache aktivieren

Wollen Sie in der Niederlassung mit Distributed Cache arbeiten, verwenden Sie den folgenden Befehl:

Netsh branchcache set service mode=DISTRIBUTED

Sind bereits Richtlinien gesetzt, erhalten Sie bei der Ausführung auf dem Client eine entsprechende Meldung. Geben Sie den Befehl ein, wird die Firewall auf dem Client bereits automatisch für die beiden erwähnten Firewallregeln aktiviert.

BranchCache für Hosted Cache aktivieren

Wollen Sie mit Hosted Cache in der Niederlassung arbeiten, verwenden Sie folgenden Befehl:

Netsh branchcache set service mode=HOSTEDCLIENT LOCATION=<Server in Niederlassung, der als Hosted Cache-Server funktioniert>

Auch dieser Befehl konfiguriert automatisch die Firewall auf dem Client.

Tipp   Mit dem Befehl *Netsh branchcache show status all* können Sie sich einen Status der Clientkonfiguration anzeigen lassen. Mit dem Befehl *Netsh branchcache show hostedcache* lassen Sie sich den Hosted Cache-Server anzeigen.

Mit dem Befehl *Netsh branchcache flush* löschen Sie den lokalen Cache auf den Clientcomputern.

Die beiden neuen Technologien BranchCache und DirectAccess arbeiten zusammen. Setzen Sie im Unternehmen Windows Server 2016 und Windows 7 bis 10 mit DirectAccess ein, können Clientrechner auf alle Funktionen im Netzwerk zugreifen, genauso wie beim internen Zugriff. Das hat zum Beispiel den Vorteil, dass auch Gruppenrichtlinien auf Clients funktionieren.

Damit dieser Zugriff funktioniert, muss der DirectAccess-Server im internen Netzwerk unter Windows Server 2016 laufen. Die Verbindung zwischen Client und Server funktioniert über ein IPsec-gesichertes virtuelles privates Netzwerk (Virtual Private Network, VPN). Die Kommunikation erfolgt dazu mittels IPv6 zwischen Windows 7 bis 10 und dem DirectAccess-Server unter Windows Server 2016.

Sobald sich der Client mit dem Netzwerk verbunden hat, kommuniziert dieser weiter mit IPv4, die IPv6-Verbindung endet aus Sicherheitsgründen am DirectAccess-Server. Verwenden Sie im Unternehmen IPv6, kann der IPsec-Datenverkehr natürlich auch im internen Netzwerk fortgeführt werden. Auf dem DirectAccess-Server legen Sie außerdem fest, auf welche internen Server der Zugriff erfolgen darf.

Zwischen den Clients, die BranchCache nutzen, muss der Port 3702 erlaubt sein und der Port 80 darf nicht blockiert werden. Für die Verschlüsselung verwenden die Clients und der Hosted Cache-Server oft auch SSL und benötigen daher die Kommunikation über den Port 443.

Leistungsüberwachung und BranchCache

In Windows Server 2016 finden Sie einige Erweiterungen für den Leistungsmonitor bezüglich BranchCache. Wollen Sie BranchCache überwachen, fügen Sie am besten alle Leistungsindikatoren hinzu und wechseln über die dritte Schaltfläche von links in den Modus *Bericht*. So erhalten Sie einen guten Überblick.

Den Leistungsmonitor starten Sie am schnellsten, wenn Sie »perfmon« im Suchfeld der Startseite eingeben. Damit die Leistungsindikatoren verfügbar sind, müssen Sie das Feature *BranchCache* auf dem Server aktivieren. Mehr zu diesem Thema lesen Sie in Kapitel 38.

Kapitel 23
Druckerserver betreiben

In diesem Kapitel:
Mit Smartphones oder Tablet-PCs im Netzwerk drucken 606
Freigegebene Drucker verwalten 609
Druckjobs verwalten 612
Druckprobleme im Netzwerk lösen 615
Zusammenfassung. 619

In diesem Kapitel zeigen wir Ihnen, wie Sie Windows Server 2016 als Druckerserver betreiben. Wir gehen ebenfalls darauf ein, wie Sie Smartphones und Tablet-PCs anbinden und das Drucken auch mit diesen Geräten ermöglichen.

Möchten Sie einen Server mit Windows Server 2016 auch als Druckerserver einsetzen, installieren Sie die Serverrolle *Druck- und Dokumentdienste* über den Server-Manager. In diesem Fall werden die notwendigen Verwaltungsprogramme installiert und in der Windows-Firewall die Ausnahmen für freigegebene Drucker eingetragen. Windows Server 2016 wird mit Druckertreibern geliefert, die auch mit früheren Windows-Versionen einsetzbar sind. Damit ein Drucker im Netzwerk zur Verfügung gestellt wird, müssen Sie ihn zunächst auf dem Druckerserver installieren. Die Installation erfolgt dabei genauso wie die Installation eines lokalen Druckers auf einer Arbeitsstation. Danach geben Sie ihn frei und binden die Arbeitsstationen, Tablet-PCs und Smartphones an.

Mit Smartphones oder Tablet-PCs im Netzwerk drucken

Es gibt eine Vielzahl an Möglichkeiten, Drucker an das Netzwerk und an die verschiedenen PCs, Smartphones oder Tablet-PCs anzubinden. Viele Drucker beherrschen WLAN und auch die Anbindung von PowerLine-Adaptern, die Stromleitungen für das Netzwerk nutzen, sind ein möglicher Weg, um auch entfernte Drucker an Windows Server 2016 anzubinden. Viele Drucker verfügen über eine eigene Netzwerkschnittstelle, die eine direkte Ansteuerung erlaubt. Dazu kommen noch Drucker mit WLAN-Fähigkeit.

Auch viele DSL-Router und Firewalls bieten mittlerweile die Möglichkeit, Drucker per USB anzubinden und im Netzwerk freizugeben. Das ist vor allem für kleine Unternehmen sehr wichtig. Wollen Sie Drucker im Netzwerk freigeben, muss zum Drucken dieser Computer angeschaltet sein. Einfacher ist es, Drucker direkt im Netzwerk zur Verfügung zu stellen, am besten mit einer eigenen Schnittstelle. Auch hier können Sie aber Drucker zusätzlich noch an Druckerserver mit Windows Server 2016 anbinden.

Drucker in Windows freigeben

Wenn Sie einen Drucker an einem Server mit Windows Server 2016 angeschlossen haben und von anderen PCs im Netzwerk darauf zugreifen wollen, können Sie diesen freigeben:

1. Dazu installieren Sie den Drucker auf dem Server. Rufen Sie anschließend in der Systemsteuerung *Geräte und Drucker anzeigen* auf. Hier sehen Sie den entsprechenden Drucker.
2. Öffnen Sie das Kontextmenü zum Drucker und wählen Sie den Eintrag *Druckereigenschaften* aus. Wechseln Sie zur Registerkarte *Freigabe*.
3. Anschließend aktivieren Sie die Option *Drucker freigeben* und geben einen Namen für den Drucker ein. Dieser sollte so kurz wie möglich sein, da Clientcomputer sich mit diesem Namen mit dem Computer verbinden.
4. Aktivieren Sie die Option *Druckauftragsaufbereitung auf Clientcomputern durchführen*. So entlasten Sie den Druckerserver.
5. Sie haben noch die Möglichkeit, durch Aktivieren des Kontrollkästchens *Im Verzeichnis anzeigen* den Drucker über Active Directory auffindbar zu machen. Doch dazu später mehr.

Wichtig ist noch die Schaltfläche *Zusätzliche Treiber*. Wenn sich ein Clientcomputer mit der Freigabe des Druckers verbindet, erhält er vom PC auch einen passenden Treiber. Unterscheidet sich aber das Betriebssystem des Druckerhosts von dem des Clientcomputers, lässt sich der Drucker nicht verbinden. Das gilt auch dann, wenn auf dem Host ein 64-Bit-System installiert ist und der Client ein 32-Bit-System verwendet. In diesem Fall aktivieren Sie bei den zusätzlichen Treibern noch die Option für das jeweilige Betriebssystem.

Nach dem Bestätigen der Eingaben mit *OK* wird der Drucker freigegeben und steht im Netzwerk zur Verfügung. Damit sich dieser Drucker mit Clientcomputern verbinden lässt, ist der einfachste Weg die Eingabe der Zeichenfolge \\<*Server-Name des Druckerhosts*>\<*Name der Druckerfreigabe*> im Explorer. Den Drucker sehen Sie im Explorer ebenfalls, wenn Sie auf *Netzwerk* klicken. Ist der Drucker nicht sofort ersichtlich, klicken Sie auf den Namen des Computers, der den Drucker zur Verfügung stellt.

Mit Smartphones oder Tablet-PCs im Netzwerk drucken

Abbildung 23.1: Drucker in Windows Server 2016 freigeben

Drucker über WLAN anbinden

Effizient lassen sich Drucker über WLAN anbinden. Dazu müssen Sie einen Drucker einsetzen, der über einen eigenen WLAN-Adapter verfügt, oder ihn an einen WLAN-Accesspoint anbinden. Zunächst binden Sie diesen über seine eigene Steuerung an das WLAN-Netzwerk an. Das funktioniert normalerweise direkt an der entsprechenden Hardware über einfach zu bedienende Assistenten. Ist der Drucker im Netzwerk verfügbar, sollten Sie den aktuellsten Druckertreiber beim Hersteller herunterladen und den Drucker anbinden. Netzwerkwissen ist in den wenigsten Fällen notwendig, da der Treiber die entsprechenden Schritte erledigt.

Abbildung 23.2: Druckertreiber können WLAN-Drucker schnell und einfach anbinden.

Anschließend müssen Sie den Druckertreiber nur noch an den Geräten anschließen, die den Drucker nutzen wollen. Konfigurieren Sie noch die Energiesparoptionen auf dem Gerät entsprechend, schaltet sich der Drucker in einen Energiesparmodus, wenn er nicht drucken muss. Der Vorteil bei dieser Technik ist, dass kein Computer angeschaltet sein muss, um den Drucker zu nutzen, sondern er ständig im Netzwerk zur Verfügung steht. Die Drucker verfügen in den meisten Fällen auch über einen internen Webserver, der verschiedene Einstellungen und Statusabfragen erlaubt. Auf diesem Weg lassen sich besonders leicht Smartphones und Tablet-PCs anbinden.

Auf dem gleichen Weg binden Sie Drucker direkt über eine normale Netzwerkschnittstelle an (LAN). In diesem Fall müssen Sie den Drucker entweder mit einem Router oder WLAN-Accesspoint verbinden, der auch über eine normale Netzwerkschnittstelle verfügt. Ist kein direkter Anschluss möglich, verwenden Sie PowerLine-Adapter. Diese können den Netzwerkverkehr direkt über Steckdosen weiterleiten. Damit dies funktioniert, sollten sich die Steckdosen idealerweise im gleichen Stromkreis befinden. Ansonsten besteht die Möglichkeit, dass sich die verschiedenen Adapter nicht finden. Elektriker können in diesem Fall aber mit elektronischen Bauteilen wie Phasengleichschaltern eine Verbindung herstellen. PowerLine-Adapter gibt es zum Beispiel von AVM, Devolo, aber auch Netlink und anderen Herstellern.

Verwenden Sie möglichst immer Adapter eines Herstellers, auch wenn viele kompatibel miteinander sind. Die Adapter verfügen über ein eigenes Steuerungsprogramm. Sie können für den Datenverkehr ein Kennwort hinterlegen, sodass in Mehrfamilienhäusern niemand den Datenverkehr mitschneiden kann. So können auch kleine Unternehmen Drucker schnell und einfach anbinden.

Eigenen Netzwerkanschluss konfigurieren

Wenn die Drucker über keinen optimierten Treiber verfügen, der eine direkte Anbindung an das Netzwerk erlaubt, können Sie die entsprechende Verbindung manuell herstellen. Auch beim Anschluss eines USB-Druckers an einen externen Druckerserver können Sie auf dem Druckerserver manuell einen Netzwerkanschluss erstellen, der den Druckertreiber mit dem Drucker verbindet. Die Verbindung funktioniert natürlich auch mit professionelleren Druckerservern:

1. Dazu installieren Sie den Druckertreiber auf dem Server und wählen irgendeinen Anschlussport aus. Dieser muss nicht funktionieren.
2. Nach der Installation rufen Sie über das Kontextmenü die *Druckereigenschaften* auf und wechseln zur Registerkarte *Anschlüsse*. Klicken Sie auf *Hinzufügen* und wählen Sie *Standard TCP/IP-Port* aus.
3. Es startet ein Assistent, der Sie bei der Anbindung unterstützt. Geben Sie bei *Druckername oder -IP-Adresse* die IP-Adresse ein, die im Drucker konfiguriert ist. Diese sehen Sie direkt am Drucker in den Netzwerkeinstellungen. Das Feld *Portname* lassen Sie leer, außer der Hersteller des Hardwaredruckerservers gibt eine bestimmte Angabe vor.
4. Anschließend versucht der Assistent eine Erkennung und bindet den Drucker an. Findet der Assistent keinen Anschlussnamen, verwenden Sie die Einstellung *Generic Network Card*.
5. Stellen Sie sicher, dass auf der Registerkarte *Anschlüsse* der neue Port hinzugefügt und ausgewählt ist. Der Drucker sollte jetzt funktionieren.

Mit iPhone und iPad drucken (AirPrint)

Ein häufiges Problem ist das Drucken von Dateien über das Smartphone oder einen Tablet-PC. Während auf PCs die Installation eines Druckertreibers ausreicht, lassen sich an Smartphones über diesen einfachen Weg keine Druckausgaben durchführen.

Drucker lassen sich per USB auch nicht so einfach an Smartphones anschließen. Für iPhone und iPad gibt es die Funktion AirPrint. Diese erlaubt das Drucken über WLAN, aber nur bei bestimmten Druckern. Um diese Funktion zu nutzen, ist keine Installation notwendig. Sie müssen einfach die *Weiterleiten*-Funktion auswählen und den Druck starten. Anschließend scannt das iPhone/iPad das Netzwerk auf kompatible Drucker und bietet eine Druckerauswahl an. Den Druckauftrag sendet das Gerät per WLAN direkt an den Drucker. Sie benötigen dazu weder eine App noch einen Druckerserver. Alle Apps, die über eine interne Druckfunktion verfügen, können AirPrint nutzen.

Freigegebene Drucker verwalten

Unabhängig davon, wie Sie einen Drucker installiert und freigegeben haben, können Sie in der Systemsteuerung auf dem Druckerserver Einstellungen vornehmen, um den Drucker im Netzwerk anzupassen und auch Rechte zu konfigurieren.

Die Einstellungen von Druckern anpassen

Sie finden die Einstellungen in der Systemsteuerung über *Hardware/Geräte und Drucker*. Klicken Sie mit der rechten Maustaste auf den Drucker und wählen Sie *Druckereigenschaften*.

Über die Registerkarte *Sicherheit* lassen sich die Zugriffsberechtigungen für Drucker konfigurieren. Hier gibt es drei Berechtigungen, die standardmäßig zugeordnet werden können:

- **Drucken** – Erlaubt die Ausgabe von Dokumenten auf dem Drucker. In den meisten Fällen ist hier die Gruppe *Jeder* eingetragen, das heißt, jeder Anwender darf den Drucker nutzen. Hier sollte die Gruppe entfernt werden. Anschließend kann zum Beispiel eine neu erstellte Gruppe hinzugefügt werden, die das Recht erhält, den Drucker zu nutzen. Andere Benutzergruppen außer Administratoren sollten nicht das Recht haben, den Drucker zu nutzen.
- **Diesen Drucker verwalten** – Ermöglicht die Veränderung von Druckereinstellungen, wie bei den auf den vorangegangenen Seiten beschriebenen Festlegungen.
- **Dokumente verwalten** – Erlaubt die Verwaltung von Warteschlangen und damit beispielsweise das Löschen von Dokumenten aus solchen Warteschlangen. Dieses Recht sollten entweder Administratoren erhalten oder speziell geschulte Anwender, die Dokumente aus den Druckwarteschlangen löschen sollen.

Auf freigegebene Drucker zugreifen

Drucker können Sie wie Netzlaufwerke im Explorer durch die Syntax \\<*Servername*>\<*Drucker*> oder mit *Net use* <*Servername*>\<*Drucker*> verbinden. Um auf einen freigegebenen Drucker im Netzwerk zuzugreifen, können Sie auch den Assistenten für die

Druckerinstallation verwenden. Das ist zum Beispiel sinnvoll, wenn Sie den Drucker im Ordner, also in Active Directory, veröffentlicht haben. Klicken Sie auf *Drucker hinzufügen*, finden Windows 7 und Windows 8.1/10 veröffentlichte Drucker automatisch.

Eigenschaften von Druckern in der PowerShell ändern

Sie können Einstellungen von Druckern in der PowerShell anpassen. Dazu verwenden Sie das Cmdlet *Set-PrinterConfiguration*. Beispiele sind zum Beispiel das Anpassen der Papiergröße von Druckaufträgen. Im Gegensatz zur grafischen Oberfläche können Sie auf einem Druckerserver gleichzeitig für alle Drucker die Papiergröße festlegen:

Get-Printer | Set-PrintConfiguration -PaperSize A4

Zusätzlich zu *Set-PrintConfiguration* gibt es aber auch die Möglichkeit, Informationen anzuzeigen. Dazu verwenden Sie das Cmdlet *Get-PrintConfiguration*. Auch dieses können Sie mit *Get-Printer* verknüpfen, um sich zum Beispiel die Papiergröße der Drucker auf dem Server anzeigen zu lassen:

Get-Printer | Get-PrintConfiguration |ft PrinterName, PaperSize

Nachfolgend finden Sie eine Liste aller Cmdlets in der PowerShell, mit denen Sie Drucker in der PowerShell verwalten:

- *Add-Printer* – Fügt einen Drucker hinzu
- *Add-PrinterDriver* – Installiert einen Druckertreiber
- *Add-PrinterPort* – Installiert einen Druckerport
- *Get-PrintConfiguration* – Zeigt die Konfiguration eines Druckers an
- *Get-Printer* – Zeigt Informationen zu Druckern an
- *Get-PrinterDriver* – Zeigt die installierten Druckertreiber an
- *Get-PrinterPort* – Zeigt die vorhandenen Druckerports an
- *Get-PrinterProperty* – Zeigt die Eigenschaften der Drucker an
- *Get-PrintJob* – Zeigt die Druckjobs an
- *Read-PrinterNfcTag* – Zeigt Informationen eines Druckers von einem NFC-Tag an
- *Remove-Printer* – Löscht Drucker
- *Remove-PrinterDriver* – Löscht Druckertreiber
- *Remove-PrinterPort* – Löscht Druckerports
- *Remove-PrintJob* – Löscht Druckaufgaben
- *Rename-Printer* – Benennt einen Drucker um
- *Restart-PrintJob* – Startet einen Druckjob neu
- *Resume-PrintJob* – Setzt einen Druckjob fort
- *Set-PrintConfiguration* – Passt die Druckerkonfiguration an
- *Set-Printer* – Passt Drucker an
- *Set-PrinterProperty* – Passt die Druckereigenschaften an
- *Suspend-PrintJob* – Hält einen Druckauftrag an
- *Write-PrinterNfcTag* – Schreibt ein Drucker-NFC-Tag

Druckaufträge in der PowerShell erzeugen

Übergeben Sie die Ausgabe von Cmdlets mit der Option | *Out-Printer* an das Cmdlet *Out-Printer*, druckt die PowerShell die Ausgabe auf dem Standarddrucker aus. Den Drucker können Sie auch mit seinem tatsächlichen Namen in der Druckersteuerung angeben. Vergessen Sie dabei nicht, den Druckernamen in Anführungszeichen zu setzen.

Mit dem Cmdlet *Write-Warning* lassen sich eigene Warnungen in der PowerShell anzeigen. *Write-Host* schreibt Nachrichten. Beide sind farblich unterschiedlich formatiert. Farbzuweisungen lassen sich nur für *Write-Host* setzen. Die Farben konfigurieren Sie mit *-ForegroundColor* und *-BackgroundColor* manuell. Folgende Werte sind möglich:

- Black (Schwarz)
- DarkBlue (Dunkelblau)
- DarkGreen (Dunkelgrün)
- DarkCyan (Dunkelzyan)
- DarkRed (Dunkelrot)
- DarkMagenta (Dunkelmagenta)
- DarkYellow (Dunkelgelb)
- Gray (Grau)
- DarkGray (Dunkelgrau)
- Blue (Blau)
- Green (Grün)
- Cyan (Zyan)
- Red (Rot)
- Magenta (Magentarot)
- Yellow (Gelb)
- White (Weiß)

Auch diese Warnungen und Informationen können Sie dann direkt mit *Out-Printer* drucken lassen. Sie haben außerdem die Möglichkeit, direkt einen Text auf dem Drucker auszugeben. Dazu verwenden Sie den Befehl "*<Beliebiger Text>*" | *Out-Printer*. Wollen Sie den Drucker ansteuern, zum Beispiel einen Drucker im Netzwerk verwenden, geben Sie folgenden Befehl ein:

"*<Text>*" | *Out-Printer -Name \\<Druckerserver>\<Freigegebener Drucker>*

Neben Texten können Sie auf diesem Weg auch Informationen ausdrucken, zum Beispiel eine Liste aller aktuell gestarteten Prozesse:

Get-Process | *Out-Printer*

Sie können außerdem den Inhalt von Textdateien direkt auf Drucker ausgeben:

Get-Content <Datei> | *Out-Printer*

Druckberechtigungen mit Skripts setzen (SetACL)

Berechtigungen lassen sich auch über Skripts umsetzen. Dabei kann das von Helge Klein entwickelte kostenlose Tool SetACL (*http://tinyurl.com/zmnojqj*) helfen. Mit diesem können Administratoren die Berechtigungen von freigegebenen Druckern anpassen. Ein Beispielbefehl sieht folgendermaßen aus:

Setacl -on "\\<Server>\<Drucker>" -ot prn -actn ace -ace "n:<Domäne>\<Gruppe>;p:print"

Mit dem folgenden Befehl werden die Rechte gelöscht:

Setacl -on "\\<Server>\<Drucker>" -ot prn -actn trustee -trst "n1:<Domäne>\<Gruppe>;ta:remtrst;w:dacl"

Sinnvoll ist dies zum Beispiel dann, wenn die Standardgruppen per Skript entfernt und danach die gewünschten Gruppen hinzugefügt werden sollen. Die Gruppe *Jeder* darf bei neu freigegebenen Druckern zum Beispiel immer drucken. Soll diese Gruppe entfernt werden, nutzen Sie beispielsweise den folgenden Befehl:

Setacl -on "\\<Server>\<Drucker>" -ot prn -actn trustee -trst "n1:Jeder;ta:remtrst;w:dacl"

Mit SetACL lassen sich aber auch Berechtigungen anzeigen. Der Befehl dazu sieht folgendermaßen aus:

Setacl -on "\\<Server>\<Drucker>" -ot prn -actn list

Wollen Sie zum Beispiel der Gruppe *Helpdesk* in der Active Directory-Domäne *contoso* das Recht erteilen, die Warteschlange des Druckers *brother* auf dem Server *web* zu bearbeiten, wird der folgende Befehl verwendet:

Setacl -on "\\web\brother" -ot prn -actn ace -ace "n:contoso\Helpdesk;p:man_docs"

Eine umfangreiche Liste zum Umgang mit dem Tool finden Sie auf der Hilfeseite von SetACL (*http://tinyurl.com/zrhexrk*). Für erfahrene Entwickler stellt Helge Klein, der Programmierer von SetACL, auch eine DLL-Version zur Verfügung. Diese lässt sich zum Beispiel in selbst entwickelte Programme oder grafische Oberflächen integrieren.

Druckjobs verwalten

Führt ein Drucker viele Druckjobs aus, ist es oft notwendig, dass Sie diese Jobs beobachten und unter Umständen beenden, wenn ein Job einen Drucker vollständig blockiert. Klicken Sie in der Druckersteuerung doppelt auf den entsprechenden Drucker und wählen Sie dann *Druckaufträge anzeigen*. Damit wird die Druckwarteschlange geöffnet. Darin sind alle Dokumente zu finden, die aktuell im Druck sind beziehungsweise auf den Ausdruck warten.

Über die Befehle in den Menüs *Drucker* und *Dokument* lassen sich die anstehenden Druckjobs verwalten. Die dort verfügbaren Befehle sind weitgehend selbsterklärend. Wenn sich fehlerhafte Druckjobs in der Verwaltung des Druckers nicht löschen lassen, beenden Sie die Druckwarteschlange auf dem Server. Sie können diesen Vorgang entweder über die Dienstesteuerung vornehmen oder in der Eingabeaufforderung *Net stop spooler* eingeben und anschließend den Dienst wieder mit *Net start spooler* starten lassen. Alle Druckaufträge sollten jetzt gelöscht sein oder sich zumindest ohne weitere Fehler löschen lassen.

Druckjobs verwalten

Die Druckverwaltungs-Konsole als Zentrale für Druckerserver

Die Druckverwaltung ist eine zentrale Verwaltungsoberfläche für Drucker in Ihrem Unternehmen. Sie starten das Tool über die Programmgruppe *Tools* im Server-Manager. Sie können mit dieser Konsole alle Druckerserver Ihres Unternehmens an einer zentralen Stelle verwalten und neue Drucker hinzufügen oder entfernen.

Abbildung 23.3: Druckerserver mit der Druckverwaltung überwachen und konfigurieren

Klicken Sie mit der rechten Maustaste auf der Konsolenstruktur auf den Eintrag *Druckerserver*, können Sie weitere Server der Verwaltungskonsole hinzufügen, die Sie zukünftig über diese zentrale Stelle verwalten können. Auf den Servern müssen aber die Druck- und Dokumentdienste installiert sein, wie zu Beginn dieses Kapitels beschrieben. Die Drucker der verbundenen Druckerserver werden in der Druckverwaltung an drei Orten gespeichert: *Benutzerdefinierte Filter*, *Druckerserver* und *Bereitgestellte Drucker*.

Benutzerdefinierte Filteransichten erstellen

Der Eintrag *Benutzerdefinierte Filter* in der Druckverwaltung enthält verschiedene Filter, über die Sie auf einen Blick alle notwendigen Informationen zu den installierten Druckern im Unternehmen anzeigen können.

Sie können erkennen, welche Drucker derzeit nicht bereit sind, und zwar von allen Druckerservern, die Sie verbunden haben. Außerdem werden Ihnen an dieser Stelle alle Drucker sowie alle installierten Druckertreiber angezeigt. Ebenso lassen sich alle Druckaufträge in der Konsole filtern.

Neben den bereits standardmäßig angelegten Filtern können Sie durch einen Klick mit der rechten Maustaste auf den Knoten *Benutzerdefinierter Filter* weitere Filter erstellen, zum Beispiel Farbdrucker, Duplexdrucker oder welche Kategorien auch immer Sie benötigen. Der Assistent zum Erstellen eines neuen benutzerdefinierten Filters lässt viele Auswahlmöglichkeiten zu.

Drucker exportieren und importieren

Klicken Sie mit der rechten Maustaste auf einen der verbundenen Druckerserver, können Sie verschiedene Aufgaben durchführen. Unter anderem können Sie gleichzeitig sämtliche Druckertreiber exportieren. Die Exportdatei können Sie auf einem anderen Druckerserver wieder importieren. Durch das Exportieren erhalten Sie außerdem eine Datensicherung der Druckkonfiguration und können beim Einsatz zahlreicher Drucker auf dem Server sehr schnell eine Wiederherstellung durchführen, da Sie nur die Exportdatei benötigen.

Über das Kontextmenü können Sie auch neue Drucker hinzufügen. Im Gegensatz zum normalen Installations-Assistenten für Drucker können Sie über den Assistenten in der Druckverwaltung automatisch nach verfügbaren Druckern im gleichen Subnetz suchen lassen.

Drucker verwalten und über Gruppenrichtlinien verteilen

Klicken Sie mit der rechten Maustaste auf einen Drucker, können Sie über das Kontextmenü verschiedene Aufgaben durchführen.

So können Sie zum Beispiel mit dem Befehl *Mit Gruppenrichtlinie bereitstellen* eine Gruppenrichtlinie auswählen, in die Sie den Drucker integrieren. Alle Benutzer und alle Computer, für die diese Richtlinie angewendet wird, werden automatisch mit dem angegebenen Drucker verbunden.

Abbildung 23.4: Drucker über Gruppenrichtlinien verteilen

Wenn die Verarbeitung der Gruppenrichtlinie auf Clientcomputern ausgeführt wird, werden die Druckerverbindungseinstellungen auf die dem Gruppenrichtlinienobjekt zugeordneten Benutzer oder Computer angewendet.

Über diese Methode bereitgestellte Drucker werden im Knoten *Bereitgestellte Drucker* in der Druckverwaltung angezeigt. Ein Drucker, der auf diese Weise installiert wurde, kann von jedem Benutzer dieses Computers verwendet werden. Bevor Sie Drucker mithilfe der Gruppenrichtlinie installieren, muss für die Druckerverbindungseinstellungen ein Gruppenrichtlinienobjekt vorhanden sein, das den entsprechenden Benutzern und Computern zugewiesen wurde:

1. Klicken Sie in der Gruppenrichtlinienkonsole mit der rechten Maustaste auf das Gruppenrichtlinienobjekt, das die Druckerverbindungseinstellungen enthält, und klicken Sie dann auf *Bearbeiten*.
2. Wenn die Druckerverbindungen pro Computer bereitgestellt werden, navigieren Sie zu *Computerkonfiguration/Windows-Einstellungen/Skripts (Starten/Herunterfahren)*.
3. Wenn die Druckerverbindungen pro Benutzer bereitgestellt werden, navigieren Sie zu *Benutzerkonfiguration/Windows-Einstellungen/Skripts (Anmelden/Abmelden)*.
4. Klicken Sie mit der rechten Maustaste auf *Start* oder *Anmeldung* und wählen Sie im Kontextmenü den Eintrag *Eigenschaften* aus.
5. Klicken Sie im Dialogfeld auf die Schaltfläche *Dateien anzeigen*.
6. Kopieren Sie die Datei *PushPrinterConnections.exe* an diesen Speicherort und schließen Sie dann das Dialogfeld. Die Datei befindet sich im Ordner *C:\Windows\System32*.
7. Klicken Sie auf *Hinzufügen*.
8. Geben Sie *PushPrinterConnections.exe* in das Feld *Skriptname* ein.
9. Wenn Sie die Protokollierung aktivieren möchten, geben Sie *-log* in das Feld *Skriptparameter* ein. Protokolldateien werden auf dem Computer, auf den die Richtlinie angewendet wird, in die Datei *%WinDir%\Temp\ppcMachine.log* oder *%Temp%\ppcUser.log* geschrieben.
10. Klicken Sie auf *OK*.
11. Wenn Sie die Druckerverbindungseinstellungen aus dem Gruppenrichtlinienobjekt entfernen, entfernt das Dienstprogramm *PushPrinterConnections.exe* die entsprechenden Drucker beim nächsten Neustart oder bei der nächsten Benutzeranmeldung vom Clientcomputer.

Druckprobleme im Netzwerk lösen

Wenn Anwender über das Internet auf freigegebene Drucker zugreifen wollen oder per IP-Verbindung mit einem Netzwerkdrucker verbunden sind, gibt es eine Vielzahl an möglichen Problemen.

Natürlich sollten Sie auch überprüfen, ob der Drucker auf dem Druckerserver optimal funktioniert und nicht als »Offline« auf dem Server angezeigt wird. Auf Rechnern im Netzwerk können Sie den verbundenen Drucker löschen und dann erneut verbinden. Am schnellsten geht das, wenn Sie im Explorer mit *\\<Druckerservername>* die Freigaben des Servers anzeigen lassen und per Doppelklick den Drucker erneut verbinden. Alternativ verwenden Sie das Kontextmenü des Druckers.

Sie sollten über das Kontextmenü des Netzwerksymbols im Netzwerk- und Freigabecenter überprüfen, ob im entsprechenden Netzwerkprofil (Domäne oder Privat) die Datei- und Druckerfreigabe aktiviert ist.

Generelle Vorgehensweise beim Lösen von Druckproblemen

Liegen bei Ihnen Probleme mit dem Drucken im Netzwerk vor, sollten Sie zunächst überprüfen, ob der Fehler am lokalen Netzwerk liegt oder am Drucker selbst. Checken Sie die Druckwarteschlange auf dem Druckerserver und prüfen Sie, ob einzelne Druckaufträge den Drucker blockieren. Auf jeden Fall sollten Sie zunächst auf dem Drucker selbst mit dem Ausdruck einer Testseite sicherstellen, dass der Drucker an sich funktioniert. Kann der Drucker seine eigene Testseite ausdrucken und der angeschlossene Computer direkt auch drucken, liegt das Problem am Netzwerk. Diese beiden Punkte stehen immer am Anfang.

Ist der Drucker direkt am Netzwerk angeschlossen, überprüfen Sie die Netzwerkverfügbarkeit und pingen Sie den Drucker an. Haben Sie den Drucker an einen Windows-Druckerserver angeschlossen, überprüfen Sie über das Kontextmenü die Druckeigenschaften, ob der korrekte Port hinterlegt ist. Arbeiten Sie mit einem LPR-Port/TCP-IP-Port, kann es helfen, einen neuen Port zu erstellen. Binden Sie den Drucker dann an den neuen Port und löschen Sie den alten. Sie können den Drucker auch einfach zunächst an einen anderen Port konfigurieren, dann den TCP-Port löschen und danach neu erstellen. Doch dazu später mehr.

Deaktivieren oder aktivieren Sie für den Anschluss die Optionen *Bidirektionale Unterstützung aktivieren* und *Druckerpool aktivieren* auf der Seite mit den Anschlüssen. Auch hier kann es oft zu Problemen kommen, wenn der Druckertreiber diese Funktion nicht unterstützt.

Auf der Registerkarte *Erweitert* können Sie entweder die Funktion *Druckaufträge direkt zum Drucker leiten* oder *Über Spooler drucken, um Druckvorgänge schneller abzuschließen* aktivieren. Testen Sie hier verschiedene Einstellungen. Abhängig von den Druckjobs auf dem Server und dem eingesetzten Treiber kann es hier zu Problemen kommen, wenn die Einstellungen nicht kompatibel sind.

Mit Änderungen an diesen Einstellungen lassen sich häufig Druckprobleme im Netzwerk beheben. Allerdings sollten Sie zum Testen die Druckaufträge löschen und dann jeweils immer einen neuen Druckauftrag testen lassen.

Auf der Registerkarte *Erweitert* können Sie auch den Treiber auswählen, mit dem der Drucker arbeitet. Eine andere Treiberversion kann bei Problemen durchaus Abhilfe schaffen.

Druckjobs überprüfen und löschen

Wenn ein Druckjob den Drucker blockiert, ist oft der beste Weg, den Druckerspooler-Dienst auf dem lokalen Rechner oder Druckerserver neu zu starten. Dazu verwenden Sie in der Eingabeaufforderung mit administrativen Rechten den Befehl *Net stop spooler* und danach *Net start spooler*.

Administratoren von Druckerservern können auch die PowerShell verwenden, um Druckprobleme aufzuspüren und Informationen über Druckjobs zu erhalten. So lassen sich die Aufträge anhalten, fortsetzen, löschen und mehr. Auf Wunsch können Sie für alle Drucker alle Aufträge anzeigen und diese sogar filtern lassen:

Get-Printer | Get-PrintJob | fl

Dadurch ist schnell erkennbar, welcher Druckjob einen Drucker ausbremst und alle weiteren Aufträge blockiert. Wollen Sie Druckaufträge löschen, verwenden Sie das Cmdlet *Remove-PrintJob*. Auch hier haben Sie die Möglichkeit, die Printjobs einzelner Drucker zu filtern und löschen zu lassen:

Remove-PrintJob -PrinterName "Samsung" -ID 1

Die PowerShell kann aber auch anzeigen, welche Benutzer einen Druckjob gestartet haben. Auf Wunsch können Sie dann in der PowerShell bei allen Druckern im Unternehmen die

Druckaufträge eines bestimmten Anwenders löschen lassen. Auch das geht in der PowerShell wesentlich schneller als mit grafischen Werkzeugen:

Get-Printer | Get-PrintJob | where UserName -LIKE <Benutzername> | Remove-PrintJob

Mit *Suspend-PrintJob* halten Sie Druckjobs an, mit *Resume-PrintJobs* starten Sie diese wieder.

Problembehebungen mit Assistenten durchführen

Microsoft bietet zur Problemlösung auch Assistenten an, mit denen Sie Probleme beheben können. Suchen Sie in Windows 7 bis 10 nach »Problembehandlung«, erhalten Sie eine Seite der Systemsteuerung, über die Sie verschiedene Probleme lösen können, darunter auch Probleme mit Druckern. Klicken Sie auf *Hardware und Sound/Drucker verwenden*, startet ein Assistent, der beim Beheben von Druckerproblemen helfen kann.

Bereits beim ersten Scanvorgang überprüft der Assistent, ob er Fehler finden und beheben kann. Liegt ein Problem mit dem Druckzwischenspeicher vor, kann der Assistent diese gleich beheben. Reicht diese Lösung nicht aus, können Sie auf der nächsten Seite entweder den Drucker auswählen, der Probleme bereitet, oder Sie können den Link *Mein Drucker ist nicht aufgeführt* verwenden, um Netzwerkdrucker, die versehentlich getrennt wurden, wieder zu verbinden. Nach der Auswahl des Druckers versucht der Assistent, Probleme zu beheben.

Über den Link *http://tinyurl.com/ktts7q9* bietet Microsoft eine *.diagcab*-Datei an, die Sie auf dem Rechner ausführen können. Auch hierüber wird ein Assistent zur Problembehandlung gestartet. Der Assistent entspricht weitgehend den Möglichkeiten des Offline-Assistenten, kann aber mehr Probleme lösen. Da die Ausführung nur wenige Sekunden dauert, ist der Einsatz durchaus sinnvoll.

Berechtigungen und Sicherheitseinstellungen überprüfen

Über die *Druckereigenschaften* steht Ihnen die Registerkarte *Sicherheit* zur Verfügung. Hier sehen Sie, welche Anwender den Drucker nutzen und verwalten dürfen. Überprüfen Sie an dieser Stelle, ob die entsprechende Benutzergruppe das Recht hat, den Drucker zu nutzen. Überprüfen Sie auch, ob das Benutzerkonto des entsprechenden Anwenders Mitglied der Benutzergruppe ist.

Es gibt aber auch noch andere Bereiche, in denen Berechtigungen beim Drucken eine Rolle spielen. Können Anwender auf Remotedesktop-Sitzungshosts nicht drucken oder gibt es auf anderen Servern Probleme mit dem Drucken, überprüfen Sie die Berechtigungen für das Verzeichnis *C:\Windows\System32\Spool*. In den Eigenschaften des Verzeichnisses sollten Sie auf der Registerkarte *Sicherheit* überprüfen, ob die entsprechenden Benutzer oder Gruppen das Recht haben, dieses Verzeichnis zu lesen und in das Verzeichnis zu schreiben. Eine Rolle spielt das vor allem dann, wenn Sie in kleinen Niederlassungen oder Netzwerken den RDP-Dienst auf Domänencontrollern oder anderen Servern zusätzlich installieren. Eine weitere Rolle spielt das Verzeichnis *C:\Windows\System32\Spool\Printers*. Geben Sie hier der Gruppe *Jeder* das Recht zum Ändern, wenn die Drucker nicht funktionieren. Auch dadurch lassen sich Probleme mit Netzwerkdruckern beheben.

Drucker mit WMI ansprechen

Wenn Sie die Daten von Servern auslesen wollen, zum Beispiel Informationen zu Druckern, können Sie auch auf WMI-Befehle setzen. Ausführliche Informationen zu Festplatten lassen sich zum Beispiel ebenfalls mit WMI-Befehlen abrufen. Dazu gibt es das Cmdlet *Get-WmiObject*. Verwenden Sie die Option *Win32_LogicalDisk*, lassen sich Informationen zu Festplatten anzeigen. Ähnlich funktionieren die Abfragen auch für Drucker. Dazu verwenden Sie *Get-WmiObject* mit folgenden Erweiterungen:

- *Win32_Printer* – Druckwarteschlangen
- *Win32_PrintJob* – Druckjobs
- *Win32_PrinterDriver* – Alle Treiber, die installiert sind
- *Win32_TCPIPPrinterPort* – IP-Ports
- *Win32_PrinterConfiguration* – Druckerkonfiguration
- *Win32_PrinterSetting* – Druckerinformationen zu allen Druckern
- *Win32_PrinterShare* – Freigaben der Drucker
- *Win32_PrinterDriverDll* – Installierte DLLs

Wie mit vielen Befehlen über WMI können Sie auch Informationen von Rechnern im Netzwerk auslesen. Die installierten Drucker auf einem Druckerserver können Sie zum Beispiel in einer Variablen speichern und diese dann weiterverwenden, um auf Wunsch die Liste auszudrucken oder auszulesen:

$Printer = Get-WmiObject -Class Win32_Printer -ComputerName [Druckerserver]

Sie können aber noch weitergehen und die Anzeige filtern lassen. Dazu verwenden Sie die Option *-Filter* des Cmdlets *Get-WmiObject*. Auf diesem Weg lassen Sie sich nur die Druckwarteschlangen von bestimmten Druckern auf speziell festgelegten Servern anzeigen. Diese Informationen können Sie außerdem in einer Variablen speichern, wie zuvor gezeigt. Sie können die Ausgabe aber auch direkt in der PowerShell anzeigen:

Get-WmiObject -Class Win32_Printer -ComputerName [Druckerserver] -Filter 'Name = "[Druckername]"'

Sie können sich außerdem den Status zu allen oder einzelnen Druckern anzeigen lassen. Sie erhalten den Status als Zahl:

(Get-WmiObject Win32_Printer -Filter "Name='<Druckername>'").PrinterStatus

Folgende Druckerstatus sind möglich:

1 = Andere

2 = Unbekannt

3 = Bereit

4 = Druckt

5 = Wärmt auf

6 = Druckauftrag beendet

7 = Offline

Sie können die Ausgabe auch skripten, um das Ergebnis ansprechender zu formatieren, wenn Sie zum Beispiel alle Drucker eines Servers anzeigen wollen:

$printstatus = (Get-WmiObject Win32_Printer -Filter "Name='<Drucker>'").PrinterStatus

if ($printstatus = 1) {"Druckerstatus: Unbekannt"}

if ($printstatus = 2) {"Druckerstatus: Unbekannt"}

if ($printstatus = 3) {"Druckerstatus: Bereit"}

if ($printstatus = 4) {"Druckerstatus: Druckt"}

if ($printstatus = 5) {"Druckerstatus: Wärmt auf"}

if ($printstatus = 6) {"Druckerstatus: Druckauftrag beendet"}

if ($printstatus = 7) {"Druckerstatus: Offline"}

Viele Drucker liefern auf diesem Weg ferner erweiterte Informationen, wenn zum Beispiel Fehler vorliegen. Auch hier erhalten Sie den Status wieder als Zahlencode:

Get-WmiObject Win32_Printer -Filter "Name='<Drucker>'").DetectedErrorState

0 = Unbekannt

1 = Anderer

2 = Kein Fehler, Drucker nicht verfügbar

3 = Wenig Papier

4 = Kein Papier

5 = Wenig Toner

6 = Kein Toner

7 = Klappe geöffnet

8 = Papierstau

9 – Offline

10 = Service

11 = Ausgabeschacht voll

Außerdem können Sie hier wieder ein Skript erstellen und die Anzeige formatieren. Neben der Möglichkeit, Drucker auszulesen, können Sie aber auch Änderungen durchführen. Sie können zum Beispiel den Namen eines Druckers in einer Variablen speichern und den Drucker in der PowerShell über WMI umbenennen:

$Printer = Get-WmiObject -Cclass Win32_Printer -ComputerName [Druckerserver] -Filter 'Name = "[Druckername]"'

$Printer.Name = "<Neuer Name>"

$Printer.Put()

Zusammenfassung

In diesem Kapitel haben wir Ihnen gezeigt, wie Sie Drucker unter Windows Server 2016 freigeben und diese Drucker effizient im Netzwerk verwalten und verteilen. Auch über die Anbindung von Smartphones und Tablet-PCs konnten Sie in diesem Kapitel etwas lesen.

Im nächsten Kapitel zeigen wir Ihnen, wie DHCP in Windows Server 2016 funktioniert und wie Sie die Funktionen von DHCP in Windows Server 2016 nutzen.

Teil F
Infrastrukturen mit Windows Server 2016

Kapitel 24: DHCP- und IPAM-Server einsetzen 623
Kapitel 25: DNS einsetzen und verwalten 651
Kapitel 26: Windows Server-Container, Docker und Hyper-V-Container 677
Kapitel 27: Webserver mit IIS einrichten 693
Kapitel 28: Remotedesktopdienste installieren und Anwendungen virtualisieren 729
Kapitel 29: Arbeitsstationen virtualisieren per Virtual Desktop Infrastructure (VDI) 783

Kapitel 24
DHCP- und IPAM-Server einsetzen

In diesem Kapitel:
DHCP-Server einsetzen 624
Eine DHCP-Datenbank auf einen anderen Server verschieben 635
Die Ausfallsicherheit von DHCP-/DNS-Servern gewährleisten..636
IPAM im Praxiseinsatz..643
Zusammenfassung...650

Mit DHCP verwalten Sie die IP-Adressen im Netzwerk. Dazu stellt Windows Server 2016, wie seine Vorgänger auch, einen DHCP-Server bereit. Seit Windows Server 2012 gibt es einige Neuerungen in diesem Bereich, zum Beispiel den neuen Serverdienst *IP-Adressverwaltungsserver* (IPAM-Server). In den Einstellungen für virtuelle Switches in Hyper-V können Sie außerdem den DHCP-Wächter aktivieren. Dieser verhindert, dass virtuelle Server im Netzwerk IP-Adressen verteilen.

Ebenfalls wichtig sind Richtlinien in DHCP. Mit diesen lassen sich IP-Adressen besser verteilen. Ebenso ist die Zusammenarbeit und Synchronisierung von zwei DHCP-Servern im Netzwerk interessant. Diese Failovertechnologie benötigt keinen Cluster, sondern nur zwei DHCP-Server mit Windows Server 2016.

DHCP-Server lassen sich zu Teams zusammenfassen. Ein Team mit Windows Server 2016 kann Einstellungen, IP-Bereiche und Leases untereinander synchronisieren und replizieren. Fällt ein DHCP-Server aus, übernimmt ein anderer dessen Aufgabe und kann die Leases der Clients weiter verwalten. Einfach ausgedrückt können DHCP-Server mit Windows Server 2016 den exakt gleichen Bereich verwalten, und zwar gleichzeitig.

Kapitel 24: DHCP- und IPAM-Server einsetzen

DHCP-Server einsetzen

DHCP steht für Dynamic Host Configuration-Protokoll. Mit diesem Serverdienst können Arbeitsstationen von einer zentralen Stelle aus automatisch mit IP-Adressen versorgt werden. Einer der zentralen Bereiche von DHCP bei Windows Server 2016 ist die Integration in DNS und die gemeinsame Verwaltung mit IPAM.

Einen DHCP-Server installieren

Der DHCP-Server-Dienst wird über den Server-Manager installiert. Um ihn einem Server hinzuzufügen, installieren Sie über den Server-Manager die Rolle *DHCP-Server*. Dadurch installieren Sie außerdem die Verwaltungstools für DHCP. Wie alle anderen Rollen können Sie auch DHCP im Server-Manager über das Netzwerk installieren.

Abbildung 24.1: Vereinfachter Datenverkehr bei der Verwendung von DHCP

Einen DHCP-Server grundlegend konfigurieren

Haben Sie die Serverrolle installiert, starten Sie die Einrichtung über das Wartungssymbol oben rechts im Server-Manager. Über einen Assistenten nehmen Sie die Grundeinrichtung des DHCP-Servers vor. In den ersten Schritten legen Sie über den Assistenten die notwendigen Sicherheitsgruppen für DHCP an und autorisieren den Server in Active

Directory. Erst nach der Autorisierung verteilt der Server IP-Adressen im Netzwerk. Den eigentlichen Dienst verwalten Sie über das Verwaltungsprogramm *DHCP* aus dem *Tools*-Menü.

In den Eigenschaften von IPv4 und IPv6 legen Sie auf der Registerkarte *Erweitert* mit der Schaltfläche *Bindungen* fest, auf welchen Netzwerkkarten der Server auf DHCP-Anfragen antwortet. Sind in einem Server mehrere Netzwerkkarten eingebaut, besteht auch die Möglichkeit, den Server auf mehrere dieser Schnittstellen hören zu lassen.

Abbildung 24.2: Bindungen für einen DHCP-Server auswählen

Bereiche erstellen

Ein DHCP-Server verteilt bestimmte IP-Adressen auf Basis von Bereichen, die Sie im Kontextmenü von IPv4 oder IPv6 über den Eintrag *Neuer Bereich* anlegen. Hier steuern Sie, welche IP-Adressen Computer von diesem DHCP-Server erhalten sollen. Zunächst geben Sie einen Namen und eine Beschreibung für einen Bereich an.

Auf der nächsten Seite legen Sie die Start-IP-Adresse und die End-IP-Adresse sowie die Subnetzmaske des Bereichs fest.

Als Nächstes legen Sie die IP-Bereiche innerhalb des neuen Bereichs fest, aus denen der Server keine IP-Adressen verteilen soll. Sie können in diesem Bereich auch nur einzelne IP-Adressen ausschließen oder die Antwort des Servers verzögern lassen, sodass unter Umständen andere DHCP-Server vorher auf die Anfragen von Clients antworten.

Kapitel 24: DHCP- und IPAM-Server einsetzen

```
Bereichserstellungs-Assistent

IP-Adressbereich
    Sie können den Adressbereich für den Bereich bestimmen, indem Sie einen ganzen
    Satz von aufeinanderfolgenden IP-Adressen identifizieren.

    Konfigurationseinstellungen für DHCP-Server
    Geben Sie den Adressbereich an, den der Bereich verteilt.

        Start-IP-Adresse:   192 . 168 . 135 . 10
        End-IP-Adresse:     192 . 168 . 137 . 10

    Konfigurationseinstellungen, die auf den DHCP-Client übertragen werden

        Länge:              16
        Subnetzmaske:       255 . 255 .  0 .  0
```

Abbildung 24.3: Die Start- und End-Adresse eines IP-Adressbereichs festlegen

Bei der Einrichtung des DHCP-Bereichs legen Sie im Anschluss die Leasedauer fest. Diese Einstellung lässt sich nachträglich noch bearbeiten. Weist ein DHCP-Server einem Client eine IP-Adresse zu, dann ist diese Zuweisung immer auf einen gewissen Zeitraum beschränkt, die sogenannte Leasedauer, die in der Standardeinstellung 8 Tage beträgt. Windows Server 2016 unterscheidet an dieser Stelle zwischen stationären (verkabelten) Computern, die erfahrungsgemäß länger mit dem Netzwerk verbunden sind, und mobilen (drahtlosen) Computern, also Notebooks von mobilen Mitarbeitern. Je länger die Leasedauer, umso länger wird eine IP-Adresse für einen Client reserviert. Abhängig von dieser Zeit durchläuft der DHCP-Client drei Phasen:

1. Nachdem die Leasedauer zur Hälfte abgelaufen ist, wendet sich der Client an den Server, um die erhaltene IP-Adresse erneut zu bestätigen. Ist der DHCP-Server betriebsbereit, wird die Leasedauer wieder auf ihren ursprünglichen Wert zurückgesetzt, also verlängert. Antwortet der Server nicht, wird der Client in regelmäßigen Abständen einen neuen Versuch unternehmen.
2. Steht nach Ablauf der Zeit der ursprüngliche DHCP-Server nicht mehr zur Verlängerung zur Verfügung, versucht der DHCP-Client nach 7/8 der Leasedauer, irgendeinen DHCP-Server zu erreichen, der ihm eine neue IP-Adresse zuweisen kann. Auch diesen Versuch wiederholt er in regelmäßigen Abständen.
3. Nach Ablauf der Leasedauer muss der Client seine IP-Adresse freigeben und versucht nun weiter, einen DHCP-Server zu erreichen, der ihm eine neue IP-Adresse zuweist.

Bei ausreichend verfügbaren IP-Adressen sollte die Leasedauer möglichst hoch gesetzt werden, damit die Clients keine unnötige Netzwerklast erzeugen. Nur wenn die Anzahl der verfügbaren Adressen kleiner als die Gesamtzahl der Computer ist, sollte der Wert so niedrig gewählt werden (unter Umständen sogar im Stundenbereich), dass der DHCP-Server nicht mehr benötigte Adressen schnell wieder aus der Datenbank löschen und anderen Clients zuweisen kann. Nach der Installation des DHCP-Servers kann die Leasedauer noch genauer konfiguriert werden.

Dazu ein Beispiel: Wenn sich 400 mobile Benutzer mit einem Netzwerk verbinden können, in dem nur rund 240 freie Adressen verfügbar sind, führt das dazu, dass faktisch 160 IP-Adressen mehr benötigt würden. Wenn davon maximal 100 Benutzer gleichzeitig verbunden sind, lässt sich dieser Engpass durch eine sinnvolle Festlegung der Leasedauer umgehen. Die Leasedauer sollte sich in etwa an der durchschnittlichen Verweildauer der

Benutzer im lokalen Netzwerk orientieren. Auch in einigen Servicebereichen, in denen immer neue Systeme an ein Netzwerk angeschlossen werden müssen und die ihre IP-Adressen über DHCP erhalten, sind sehr kurze Leasedauern sinnvoll.

Anschließend können Sie für den Bereich noch erweiterte Einstellungen wie Standardgateway, DNS oder andere DHCP-Optionen festlegen. Zunächst legen Sie in den erweiterten Optionen das Standardgateway fest, das der Server an Clients verteilen soll.

Anschließend legen Sie die DNS-Einstellungen fest, die an die Clients verteilt werden sollen. An dieser Stelle können neben DNS-Servern auch die DNS-Domänen mitgegeben werden, die den DHCP-Clients zugewiesen werden sollen. Computer, die bereits Mitglied der Domäne sind, erhalten den DNS-Namen ohnehin statisch bereits bei der Domänenmitgliedschaft zugewiesen. Alleinstehende Computer ohne DNS-Konfiguration können durch diese Funktion jedoch ebenfalls die DNS-Domäne des Unternehmens auflösen. Es schadet nicht, wenn Sie hier die Domäne eintragen. Arbeiten Sie im Unternehmen mit mehreren DNS-Domänen innerhalb eines IP-Bereichs, besteht außerdem die Möglichkeit, den Eintrag an dieser Stelle leer zu lassen. Haben Sie die IP-Adresse der DNS-Server eingetragen, kann über die Schaltfläche *Auflösen* sichergestellt werden, dass die IP-Adresse des Servers stimmt und er auch erreicht werden kann.

Abbildung 24.4: Die DNS-Einstellungen für DHCP-Clients konfigurieren

Auf der nächsten Seite legen Sie die WINS-Server fest, die den Clients zugewiesen werden sollen. WINS spielt in modernen Netzwerken aber so gut wie keine Rolle mehr.

Hinweis   **APIPA (Automatic Private IP Addressing)**

Für den Fall, dass kein DHCP-Server für das automatische Zuweisen einer IP-Adresse erreicht werden kann, bestimmt Windows eine Adresse in der für Microsoft reservierten IP-Adressierungsklasse, die von *169.254.0.1* bis *169.254.255.254* reicht. Diese Adresse wird verwendet, bis ein DHCP-Server gefunden wird. Dieses Beziehen einer IP-Adresse wird als automatische IP-Adressierung bezeichnet (APIPA).

Bei dieser Methode wird kein DNS, WINS oder Standardgateway zugewiesen, da diese Methode nur für ein kleines Netzwerk mit einem einzigen Netzwerksegment entworfen wurde. Um die APIPA-Funktion zu deaktivieren, müssen Sie in der Registrierung unter *HKEY_LOCAL_MACHINE\SYSTEM\CurrentControlSet\Services\Tcpip\Parameters* einen Schlüssel namens *IPAutoconfigurationEnabled* anlegen und ihm den Wert *0* zuweisen. Diese Konfiguration kann derzeit noch nicht über Gruppenrichtlinien verteilt werden. Generell wird empfohlen, die Einstellungen auf den Standardwerten zu belassen.

Nach der Erstellung eines DHCP-Bereichs in der Verwaltungskonsole können Sie jederzeit festlegen, wie der Server auf Anfragen reagieren soll und welche Adressen er bereits verteilt hat. Sie können über das Kontextmenü ebenfalls Einstellungen von Bereichen anpassen.

Auf der Registerkarte *Allgemein* können bei Bedarf der Name und die Beschreibung des Bereichs sowie die Start-IP-Adresse, die End-IP-Adresse und die Leasedauer verändert werden. Im Knoten *Adresspool* ist der Adressbereich mit den ein- und ausgeschlossenen Adressen zu sehen. Unter *Adressleases* werden die derzeit vergebenen IP-Adressen, auch Leases genannt, im definierten Bereich angezeigt. Der Knoten *Reservierungen* beinhaltet die IP-Adressen, die einer MAC-Adresse fest zugeordnet worden sind.

Zusätzlich zu den Einstellungen bei der Erstellung des Bereichs können Sie die Leasedauer auf *Unbegrenzt* setzen, wenn Sie die Eigenschaften des Bereichs aufrufen. Diese Einstellung wird jedoch nicht empfohlen. Die Registerkarte *DNS* im Eigenschaftenfenster des Bereichs entspricht exakt der Registerkarte *DNS* der Servereigenschaften, wobei die Bereichseinstellungen Vorrang vor den Servereinstellungen haben.

Tipp   Wenn ein Bereich aktiviert ist, sollten Sie ihn erst dann deaktivieren, wenn die enthaltenen IP-Adressen nicht weiter im Netzwerk verfügbar sein sollen. Nach dem Deaktivieren eines Bereichs akzeptiert der DHCP-Server diese Adressen nicht mehr als gültig.

Wenn Adressen nur zeitweise deaktiviert sein sollen, können Sie durch Bearbeiten oder Ändern von Ausschlussbereichen in einem aktiven Bereich das gewünschte Resultat ohne ungewollte Nebeneffekte erzielen. Ausgeschlossene Bereiche lassen sich über das Kontextmenü des Knotens *Adresspool* erzeugen.

Die Einstellungen eines Bereichs können Sie auch in der PowerShell abfragen. Dazu verwenden Sie den Befehl *Get-DhcpServerv4Scope*. Alle neuen Cmdlets zur Verwaltung von DHCP in Windows Server 2016 erhalten Sie durch die Eingabe von *Get-Command *dhcp**.

DHCP-Server autorisieren

Sobald der DHCP-Server Mitglied in einer Active Directory-Domäne ist, muss er in Active Directory autorisiert werden, falls diese Aktion nicht bereits während der Installation durchgeführt wurde. Daher erscheint der entsprechende Einrichtungsassistent in Windows Server 2016 direkt nach der Installation der Serverrolle.

Nur Mitglieder der Gruppe *Organisations-Admins* können standardmäßig DHCP-Server autorisieren. Dadurch ist sichergestellt, dass er IP-Adressen automatisch an die Clients verteilen kann. Nach der Installation wird ein DHCP-Server zunächst als *Nicht autorisiert* angezeigt, was Sie am roten Pfeil erkennen, der nach unten gerichtet ist, wenn Sie die Verwaltung des DHCP-Servers öffnen. Klicken Sie in der DHCP-Verwaltung mit der rechten Maustaste auf den Servernamen und wählen Sie im Kontextmenü den Befehl *Autorisieren* aus. Auf diesem Weg können Sie die Autorisierung auch wieder aufheben.

Wenn der DHCP-Serverdienst von Windows Server 2016 startet, fragt er zunächst Active Directory, um festzustellen, ob der DHCP-Server sich in der Liste der autorisierten DHCP-Server befindet. Ist dies der Fall, sendet er eine *DHCPinform*-Nachricht in das Netzwerk, um festzustellen, ob es andere Verzeichnisdienste gibt und er bei diesen gültig ist. Falls der DHCP-Server dagegen keinen Eintrag in Active Directory vorfindet oder keinen Active Directory-Server finden kann, geht er davon aus, dass er nicht autorisiert ist, und beantwortet keine Clientanfragen. Dieser Mechanismus funktioniert allerdings nur dann optimal, wenn mit Active Directory gearbeitet wird.

Bei alleinstehenden Servern mit Windows Server 2016 und DHCP-Dienst kann der DHCP-Serverdienst nur genutzt werden, solange keine Active Directory-Domäne im Netzwerk gefunden wird. Der Schutz von Active Directory greift natürlich nicht, wenn sich auch andere nicht auf Windows Server 2016 basierende DHCP-Server im Netzwerk befinden, beispielsweise ein Router.

Dynamische DNS-Updates konfigurieren

Damit der DHCP-Server für die Clients eine automatische DNS-Registrierung auf den DNS-Servern durchführen kann, müssen Sie ihn zunächst dafür konfigurieren. Wenn Sie die Eigenschaften von IPv4 oder IPv6 des DHCP-Servers aufrufen, können Sie auf der Registerkarte *DNS* konfigurieren, welche Einträge der DHCP-Server auf den DNS-Servern erstellen soll.

Abbildung 24.5: DNS-Anbindung eines DHCP-Servers konfigurieren

Setzen Sie Clients ein, die kein dynamisches DNS unterstützen, sollten Sie in den Eigenschaften des DHCP-Servers auf der Registerkarte *DNS* das Kontrollkästchen *DNS-Einträge für DHCP-Clients, die keine Aktualisierungen anfordern* sowie zusätzlich die Option *DNS-Einträge immer dynamisch aktualisieren* aktivieren.

Ein Computer, dessen Leasedauer für die IP-Adresse abgelaufen ist, muss seine Adresse abgeben. Daher löscht der DHCP-Server in der Standardeinstellung auch die zugehörigen

DNS-Einträge. Falls Sie die Einträge trotzdem behalten wollen, deaktivieren Sie das Kontrollkästchen *A- und PTR-Einträge beim Löschen der Lease verwerfen*.

Über die Schaltfläche *Konfigurieren* auf der Registerkarte *DNS* in den Eigenschaften des DHCP-Servers können Sie noch den Namenschutz aktivieren, der bereits existierende Einträge im DNS vor Änderungen schützt.

In der Gruppe *DnsUpdateProxy* in der Domäne befinden sich Computer, die als Proxy für die dynamische Aktualisierung von DNS-Einträgen fungieren können. DHCP-Server werden in diese Gruppen nicht automatisch aufgenommen. Sie sollten die Computerkonten der DHCP-Server in die Gruppe *DnsUpdateProxy* aufnehmen, wenn die DNS-Aktualisierung nicht funktioniert. Alternativ können Sie auf der Registerkarte *Erweitert* in den Eigenschaften für IPv4 oder IPv6 Anmeldedaten hinterlegen, die eine Aktualisierung ermöglichen.

Statische IP-Adressen reservieren

Einige Geräte, zum Beispiel Netzwerkdrucker, können nur sehr umständlich auf eine feste IP-Adresse konfiguriert werden, manche nutzen sogar nur DHCP. Damit sich aber die Anwender nicht täglich auf neue IP-Adressen der Drucker einstellen müssen, sollen die Adressen dennoch statisch sein. Da ein DHCP-Server aber immer auf eine Anfrage irgendeine Adresse aus seinem konfigurierten Bereich vergeben kann, muss diese nicht mit der dem Gerät zuletzt zugewiesenen übereinstimmen.

In einem solchen Fall bietet sich eine Reservierung an, bei der die Hardware- oder MAC-Adresse des Druckers oder sonstigen Netzwerkgeräts mit einer bestimmten IP-Adresse verknüpft wird. Fordert dieses Gerät nun eine IP-Adresse an, vergleicht der DHCP-Server die MAC-Adresse mit seiner Datenbank und weist ihm daraufhin, zwar dynamisch, aber trotzdem immer wieder dieselbe Adresse zu. Dieser Vorgang wird Reservierung genannt.

Um eine Reservierung zu erstellen, klicken Sie unterhalb des Bereichs mit der rechten Maustaste auf den Knoten *Reservierungen* und wählen im Kontextmenü den Befehl *Neue Reservierung* aus. Geben Sie als Nächstes den Namen der Reservierung ein. Anschließend muss die IP-Adresse, die diesem Gerät immer zugewiesen wird, sowie die MAC-Adresse angegeben werden. Bei Druckservern finden Sie diese in der Regel auf einem Gehäuseaufkleber. Auf Netzwerkkarten finden Sie diesen Aufkleber häufig ebenfalls vor, nur leider in den seltensten Fällen an der Außenblende.

Sie können die MAC-Adresse auch über die Eingabeaufforderung mit dem Befehl *Ipconfig /all* ermitteln. Die MAC-Adresse wird in der Zeile *Physische Adresse* angezeigt.

Tipp   Unter Umständen kann es sehr hilfreich sein, sich an einer zentralen Stelle alle MAC-Adressen in Ihrem Netzwerk anzeigen zu lassen. Mit der Batchdatei *GetMac.bat*, die Sie von der Seite *http://tinyurl.com/z39h6zg* herunterladen können, werden alle MAC-Adressen in einem Netzwerk in der Eingabeaufforderung ausgelesen. Geben Sie dazu den Befehl *Getmac <Subnetz> <Startadresse> <Endadresse>* ein.

So werden zum Beispiel mit *Getmac 192.168.1 10 30* die MAC-Adressen aller Rechner im Subnetz *192.168.1* von der IP-Adresse *192.169.1.10* bis zur Adresse *192.169.1.30* ausgelesen. Danach werden die Ergebnisse in der Textdatei *used_ips.txt* ausgegeben, die im selben Ordner angelegt wird, aus dem Sie *Getmac.bat* starten.

Mit diesem kostenlosen Tool erhalten Sie schnell alle verfügbaren MAC-Adressen in einem IP-Bereich. Öffnen Sie nach dem Scanvorgang die Textdatei *used_ips.txt*, um sich die MAC-Adressen der Clients anzeigen zu lassen.

Wenn Sie nach dem Erstellen einer Reservierung die Eigenschaften des neuen Objekts öffnen, können Sie alle Einstellungen bis auf die zuzuweisende IP-Adresse wieder ändern. Die zusätzliche Registerkarte *DNS* erlaubt es Ihnen, für dieses eine Gerät zu bestimmen, ob der DHCP-Server die dynamische Registrierung beim DNS-Server übernimmt.

Diese Registerkarte entspricht exakt der Registerkarte *DNS* in den Eigenschaften des DHCP-Servers. Im Kontextmenü der Reservierung finden Sie außerdem den Befehl *Optionen konfigurieren*. Neben den Möglichkeiten für den Server beziehungsweise für den Bereich können zusätzlich zur IP-Adresse und zum Subnetz noch weitere Einstellungen übergeben werden.

Zusätzliche DHCP-Einstellungen durchführen

Zur Konfiguration der Optionen öffnen Sie entweder die *Eigenschaften* der Serveroptionen oder der jeweiligen Bereichsoptionen. Serveroptionen haben für alle erstellten Bereiche Gültigkeit, während Bereichsoptionen nur für den Bereich gelten, für den sie konfiguriert wurden.

Um die Optionen zu bearbeiten, wählen Sie im Kontextmenü zum Knoten *Bereichsoptionen* den Eintrag *Optionen konfigurieren* aus. Aktivieren Sie nun das Kontrollfeld für die gewünschte Option und tragen Sie anschließend im Feld *Dateneingabe* jeweils die entsprechenden IP-Adressen, Namen oder Ähnliches ein. Die wichtigsten Optionen dabei sind:

- 003 Router (Standardgateway)
- 006 DNS-Server
- 015 DNS-Domänenname
- 044 WINS/NBNS-Server
- 046 WINS/NBT-Knotentyp

Tipp Wichtig ist die Überprüfung der Konsistenz der DHCP-Datenbank. Klicken Sie dazu mit der rechten Maustaste auf den Knoten *IPv4* oder *IPv6* und wählen Sie dann im Kontextmenü den Befehl *Alle Bereiche abstimmen* aus. Der Server überprüft daraufhin, ob die Inhalte der Bereiche und der Datenbank konsistent sind und keine Überschneidungen auftreten.

DHCP-Server mit Tools testen und Fehler finden

Die beiden bekanntesten Tools zur Fehlersuche auf DHCP-Servern sind *Dhcptest.exe* (*http://tinyurl.com/zql6kj9*) und *Dhcpcheck.exe* (*http://tinyurl.com/zon8mbd*).

Beide Tools sind schon etwas älter, funktionieren aber auch mit aktuellen DHCP-Servern. Es spielt dabei überhaupt keine Rolle, auf welchem Betriebssystem oder welcher Hardware der DHCP-Server betrieben wird. Sie müssen die Tools nicht installieren, sondern führen Sie über die Eingabeaufforderung aus.

Der Vorteil von *Dhcptest.exe* ist, dass das Tool alle gefundenen DHCP-Server im Netzwerk und auch den kompletten Datenverkehr zwischen Client und Server anzeigt. Dadurch lassen sich schneller Fehler erkennen und unbekannte Netzwerke auslesen.

Soll zum Beispiel ein bestimmter DHCP-Server getestet werden, wird das Tool mit der Syntax *Dhcpcheck.exe -host:<IP-Adresse>* aufgerufen. Wie bei *Dhcptest.exe* muss auch jeder Datenverkehr über die Windows-Firewall freigegeben werden. Im Gegensatz zu *Dhcptest.exe* zeigt *Dhcpcheck.exe* aber nur an, ob der jeweilige DHCP-Server funktioniert. Weiterführende Informationen werden nicht angezeigt.

Ein weiteres Tool in diesem Bereich ist DHCP Explorer (*http://tinyurl.com/9euwm*). Im Gegensatz zu den anderen Tools muss DHCP Explorer unter Windows installiert werden.

DHCP Find ist ebenfalls ein Windows-Tool mit grafischer Oberfläche (*http://tinyurl.com/975gw2e*). Nach dem Start können Sie ein DHCP-Paket in das Netzwerk senden und erhalten im Fenster angezeigt, welche Antwort ein DHCP-Server zurückgegeben hat.

DHCP mit Netsh bei Core-Servern verwalten

Der DHCP-Dienst von Windows Server 2016 lässt sich mit dem Befehl *Netsh* auch über die Eingabeaufforderung verwalten. Vor allem auf Core-Servern ist dieses Tool ein möglicher Weg zur Verwaltung, wenn nicht die DHCP-Konsole von einem anderen Server verwendet werden soll oder kann. Geben Sie dazu in der Eingabeaufforderung zunächst *Netsh* ein und bestätigen Sie.

Anschließend geben Sie *Dhcp* ein und bestätigen. Jetzt können die spezifischen DHCP-Befehle in der Eingabeaufforderung verwendet werden. Die folgenden Befehle stehen zur Verfügung. Innerhalb der Konsole können weitere Befehle über *List* angezeigt werden:

- **Add server** – Fügt einen DHCP-Server zur Liste der autorisierten Server in Active Directory hinzu. Die Syntax dazu lautet *Add server <Server-DNS> <Server-IP>*. Der Parameter *<Server-DNS>* gibt den DHCP-Server an, der hinzugefügt werden soll. Der Server wird durch die IP-Adresse identifiziert, daher sind beide Optionen wichtig.

- **Delete server** – Löscht einen DHCP-Server aus der Liste der autorisierten Server in Active Directory. Die Syntax dazu lautet *Delete server <Server-DNS> <Server-IP>*. Der Parameter *<Server-DNS>* gibt den DHCP-Server an, der hinzugefügt werden soll. Der Server wird durch die IP-Adresse identifiziert, daher sind beide Optionen wichtig.

- **Server** – Wechselt vom aktuellen Netsh-DHCP-Befehlszeilenkontext zu dem eines anderen DHCP-Servers. Werden keine Parameter verwendet, wechselt *Server* vom aktuellen Befehlszeilenkontext zum Kontext des lokalen Computers.

- **Show server** – Zeigt eine Liste der autorisierten Server in Active Directory an.

DHCP mit der richtlinienbasierten Zuweisung konfigurieren

Die richtlinienbasierte Zuweisung (Policy Based Assignment, PBA) ermöglicht es, DHCP-Clients nach bestimmten Attributen zu gruppieren, die im DHCP-Clientanforderungspaket enthalten sind. Die Richtlinien sind (einfach ausgedrückt) verbesserte Reservierungen, die über die Abfrage von MAC-Adressen hinausgehen.

DHCP-Richtlinien verstehen

Eine Richtlinie enthält eine Gruppe von Bedingungen. Je nach Typ des Clients können Sie zum Beispiel unterschiedliche Einstellungen für die Leasedauer einstellen. Die folgenden Felder in der DHCP-Clientanforderung sind bei der Definition von Richtlinien verfügbar:

- Herstellerklasse
- Benutzerklasse
- MAC-Adresse
- Client-ID
- Informationen zum Relay-Agent

Es gibt drei Typen von Richtlinieneinstellungen, die Sie den Clients zuteilen können:

- **IP-Adressbereich** – Sie können auf Basis der Richtlinie unterschiedliche IP-Adressbereiche verwenden.
- **Standard-DHCP-Optionen** – Sie können mehrere Standard-DHCP-Optionen zum Versand an einen Client konfigurieren.
- **Herstellerspezifische DHCP-Optionen** – Es lassen sich eine oder mehrere herstellerspezifische DHCP-Optionen zum Versand an den Client konfigurieren.

Der DHCP-Server wertet Richtlinien nach einer fest definierten Reihenfolge aus. Wenn Richtlinien auf den Server- und Bereichsebenen vorhanden sind, wendet der Server beide Gruppen von Richtlinien an und wertet die Bereichsrichtlinien vor den Serverrichtlinien aus. Wenn auf Bereichsebene keine Richtlinien definiert sind, gelten die Richtlinien auf der Serverebene für den Bereich. Eine einzige Clientanforderung kann mehreren Richtlinien entsprechen.

Wenn eine Clientanforderung den Bedingungen einer Richtlinie entspricht, weist der Server die erste freie IP-Adresse aus dem Bereich gemäß der Bestimmungen durch die Regel zu. Wenn einer Richtlinie mehrere Adressbereiche zugeordnet sind, weist der Server IP-Adressen zu, indem er zunächst versucht, eine IP-Adresse aus dem niedrigsten Adressbereich zuzuweisen. Wenn in keinem der Adressbereiche, die durch die Richtlinie zugeordnet sind, freie IP-Adressen verfügbar sind, verarbeitet der Server die nächste passende Richtlinie, die durch die Verarbeitungsreihenfolge definiert wird.

Wenn keine der passenden Richtlinien über eine freie IP-Adresse verfügt, löscht der Server das Clientpaket und protokolliert ein Ereignis. Entspricht ein DHCP-Clientpaket keiner der für den Bereich gültigen Richtlinien oder ist keine der passenden Richtlinien für ein Clientpaket einem IP-Adressbereich zugeordnet, leiht der Server dem Client eine IP-Adresse aus dem IP-Adressbereich, der für den Bereich ohne richtlinienspezifische IP-Adressbereiche konfiguriert ist.

Der DHCP-Server wertet die Felder in der Clientanforderung in Bezug auf die einzelnen anwendbaren Richtlinien für den Bereich in der angegebenen Reihenfolge aus. Wenn die Clientanforderung den Bedingungen einer für den Bereich anwendbaren Richtlinie entspricht und die Einstellungen bestimmte Optionen umfassen, gibt der Server diese Optionen an den Client zurück. Entsprechen mehrere Richtlinien der Clientanforderungen, gibt der Server die Summe der Optionen zurück, die für die einzelnen passenden Richtlinien angegeben werden.

DHCP-Richtlinien erstellen

Um Richtlinien zu erstellen, verwenden Sie den Knoten *Richtlinien* in der DHCP-Verwaltung von Windows Server 2016. Über das Kontextmenü erstellen Sie eine neue Richtlinie. Zunächst geben Sie einen Namen und eine Beschreibung für die Richtlinie ein. Anschließend legen Sie im nächsten Fenster eine oder mehrere Bedingungen fest.

Klicken Sie auf der Seite *Bedingungen für die Richtlinie konfigurieren* auf *Hinzufügen*. Wählen Sie im Dialogfeld *Bedingung hinzufügen/bearbeiten* über *Kriterien* die zu verwendende Option aus. Legen Sie die Bedingung fest. Sie können mehrere Bedingungen definieren und diese auch mit Und/Oder miteinander verknüpfen.

Nach einem Klick auf *Weiter* können Sie dem Client noch verschiedene DHCP-Server-Optionen oder IP-Adressen zuteilen. Klicken Sie abschließend auf *Fertig stellen*. Sie können die Richtlinien in der Verarbeitungsreihenfolge nach oben und unten verschieben sowie löschen oder deaktivieren. Außerdem können Sie die Eigenschaften einer Richtlinie jederzeit anpassen.

Die MAC-Filterung für DHCP in Windows Server 2016 nutzen

Eine weitere Funktion in Windows Server 2016 ist die MAC-Filterung des DHCP-Servers. Diese Funktion steuern Sie in der DHCP-Konsole über den Knoten *IPv4/Filter*. Der Filter ermöglicht die Festlegung spezieller Zulassungs- und Verweigerungsfilter.

Mit der Liste können Sie sicherstellen, dass bestimmte festgelegte Geräte eine DHCP-Adresse erhalten oder der Server bestimmte Geräte blockiert. Sie können weiße Listen erstellen, bei denen kein Gerät eine IP-Adresse erhält, außer den Geräten auf der Liste. Und Sie können zusätzlich auch schwarze Liste pflegen. Im Gegensatz zu weißen Listen blockieren schwarze Listen nur die Geräte auf der Liste, alle anderen Geräte erhalten vom DHCP-Server eine Adresse zugeteilt. Standardmäßig ist der DHCP-Server für eine schwarze Liste konfiguriert, enthält aber keine MAC-Adressen, die er blockiert.

Die MAC-Adressen können Sie über die grafische Oberfläche manuell eingeben oder mit Platzhaltern einen ganzen Bereich blockieren oder erlauben. Sie können Listen aber auch über das Kontextmenü einzelner Leases des Servers pflegen. Eine weitere Möglichkeit ist das Importieren einer Textdatei zum Blockieren. Klicken Sie mit der rechten Maustaste auf einen Rechner unter *Adressleases* eines Bereichs, können Sie den Rechner mit *Zu Filter hinzufügen* zu einem der Filter hinzufügen.

Anschließend sehen Sie die entsprechenden Rechner innerhalb des Filters. Die Filter sind standardmäßig deaktiviert. Wollen Sie diese aktivieren, können Sie das über das Kontextmenü erledigen. Sobald Sie eine MAC-Adresse im Verweigerungsfilter aufgenommen haben und der Filter aktiv ist, erhält dieses Gerät keine IP-Adresse mehr von diesem DHCP-Server. Aktivieren Sie den Filter *Zulassen*, blockiert der Server alle Anfragen, außer die MAC-Adressen, die im Zulassungsfilter aufgenommen sind. Aktivieren Sie beide Filter, vergibt der DHCP-Server auch dann nur Adressen an Rechner, die in der Zulassungsliste enthalten sind, mit Ausnahme von Geräten, deren MAC-Adressen in der Verweigerungsliste stehen.

Klicken Sie in der DHCP-Konsole mit der rechten Maustaste auf den Knoten *IPv4* und rufen Sie die Eigenschaften auf, können Sie auf der Registerkarte *Filter* weitere Einstellungen vornehmen. Wollen Sie manuell MAC-Adressen in die einzelnen Filter aufnehmen, klicken Sie mit der rechten Maustaste auf den Filter und wählen *Neuer Filter* aus. Sie können auch mit dem Zeichen *** bei der Eingabe des Filters arbeiten. Haben Sie eine Liste von MAC-Adressen, die Sie in die Filter aufnehmen wollen, können Sie das kostenlose Zusatzprogramm von Microsoft mit der Bezeichnung MAC Filter Import Tool (*http://tinyurl.com/zyvpq3f*) verwenden. Die Syntax in der Textdatei sieht folgendermaßen aus:

MAC_ACTION = {ALLOW}

000b21ffe430 # Client01

000b21ffd260 # Client02

000b21ffe330 # Client03

000b23ffd260 # Client04

Nachdem Sie auf *Import* geklickt haben, sind die MAC-Adressen Bestandteil der entsprechenden Filterliste. Neben der Konfiguration mit der grafischen Oberfläche können Sie die Filterlisten in der Eingabeaufforderung pflegen. Dazu nutzen Sie das Tool Netsh. Die Aktivierung der Listen erfolgt nach folgender Syntax:

Netsh dhcp server v4 set filter [enforceallowlist=1|0] [enforcedenylist=1|0]

Wollen Sie zum Beispiel die Zulassungsliste aktivieren, verwenden Sie den Befehl:

Netsh dhcp server v4 set filter enforceallowlist=1

Um MAC-Adressen zu den Listen hinzuzufügen, verwenden Sie den Befehl:

Netsh dhcp server v4 add filter allow|deny mac-address ["Kommentar"]

Ein Beispielaufruf dafür wäre:

Netsh dhcp server v4 add filter allow 01-1b-23-de-db-61 "client01"

Eine DHCP-Datenbank auf einen anderen Server verschieben

Unter manchen Umständen muss die DHCP-Datenbank und ihr Inhalt auf einen neuen Server verschoben werden. Es können nur DHCP-Datenbanken derselben Sprachversion wiederhergestellt werden. Damit Sie diese Schritte ausführen können, müssen Sie auf dem DHCP-Quell- und -Zielserver Mitglied der Gruppe *Administratoren* oder der Gruppe *DHCP-Administratoren* sein:

1. Sichern Sie die DHCP-Datenbank auf dem Quellserver über das Kontextmenü des Servers in der Verwaltungskonsole. Der DHCP-Dienst erstellt während des normalen Betriebs auch eine automatische Sicherungskopie der DHCP-Datenbank. Standardmäßig wird diese Kopie der Datenbanksicherung im Ordner *Windows\System32\Dhcp\Backup* gespeichert.
2. Beenden Sie den DHCP-Server. Dadurch wird verhindert, dass der Server nach dem Sichern der Datenbank neue Adressleases an Clients zuweist.
3. Deaktivieren Sie den DHCP-Serverdienst.
4. Kopieren Sie den Ordner mit der DHCP-Sicherungsdatenbank auf den DHCP-Zielserver.
5. Öffnen Sie auf dem Zielserver die DHCP-Verwaltungskonsole.
6. Klicken Sie im Kontextmenü auf *Wiederherstellen*.
7. Wählen Sie den Ordner mit der DHCP-Sicherungsdatenbank aus und klicken Sie dann auf *OK*.

Eine weitere Möglichkeit, die DHCP-Daten zu exportieren, besteht über die Eingabeaufforderung. Geben Sie dazu die folgenden Befehle ein:

Netsh

Dhcp

Server <IP-Adresse des Quellservers>

Export <Pfad und Datei> all

Anschließend kopieren Sie die Datei auf den Zielserver und importieren die Datenbank wieder. Verwenden Sie dazu folgende Befehle:

1. Beenden Sie den DHCP-Server mit *Net stop dhcpserver*.
2. Löschen Sie die Datei *dhcp.mdb* im Ordner *C:\Windows\System32\dhcp*.
3. Starten Sie den DHCP-Server mit *Net start dhcpserver* neu.
4. Geben Sie *Netsh* ein.
5. Geben Sie *Dhcp* ein.
6. Geben Sie *Server <IP-Adresse des Zielservers>* ein.
7. Geben Sie *Import <Pfad der Datei>* ein.
8. Beenden Sie den DHCP-Server mit *Net stop dhcpserver*.
9. Starten Sie den DHCP-Server mit *Net start dhcpserver* neu.

Die Ausfallsicherheit von DHCP-/DNS-Servern gewährleisten

Server, die für den Betrieb der Infrastruktur zuständig sind, wie zum Beispiel DNS- oder DHCP-Server, sind für den Betrieb in Unternehmen von immenser Bedeutung. Fallen diese Server aus, können andere Computer im Netzwerk keine Verbindung mehr miteinander herstellen, weil entweder IP-Adressen oder eine korrekte Namensauflösung fehlen. Die Vergabe von IP-Adressen in Unternehmen erfolgt meist per DHCP. Allerdings machen sich nicht alle Administratoren über die Ausfallsicherheit Gedanken. Dabei hat der Ausfall eines solchen Servers für ein Unternehmen oft enorme Auswirkungen. Erhalten die Arbeitsstationen und VPN-Server zum Beispiel keine IP-Adresse mehr, ist der Verbindungsaufbau zu wichtigen Serverdiensten unterbrochen. Die beiden Serverdienste bieten aber einfache Möglichkeiten zur Schaffung der Ausfallsicherheit.

Sie können neben den bekannten Möglichkeiten zur Ausfallsicherheit, die bereits seit Windows Server 2008 R2 gelten, in Windows Server 2016 verschiedene DHCP-Server zu Teams zusammenfassen, auch ohne Cluster.

Die DHCP-Funktionalität ist clusterfähig. Durch die Einführung eines Clusters erhält jedes Unternehmen einen hervorragenden Ausfallschutz der DHCP-Server. Allerdings besteht der große Nachteil dieser Lösung in den hohen Kosten und der komplizierten Verwaltbarkeit eines Clusters. Aus diesem Grund setzen nur sehr wenige Unternehmen einen Cluster ausschließlich für DHCP ein. Häufig wird in Unternehmen auf andere Lösungen gesetzt, um die Ausfallsicherheit von DHCP-Servern zu gewährleisten.

DHCP für Failover konfigurieren

DHCP-Failover in Windows Server 2016 ermöglicht die Bereitstellung einer ausfallsicheren DHCP-Serverstruktur auch ohne Cluster. Wenn ein DHCP-Server nicht mehr erreichbar ist, kann der DHCP-Client seine aktuelle IP-Adresse weiterverwenden, indem er einen anderen DHCP-Server im Unternehmensnetzwerk kontaktiert.

Tipp	DHCP-Failover unterstützt nur zwei Server mit IPv4-Konfiguration. Die Server können auch Mitglied einer Arbeitsgruppe sein. Eine Domänenmitgliedschaft ist nicht unbedingt erforderlich.

DHCP-Failover in Windows Server 2016 verstehen

Mit dem DHCP-Failoverfeature können zwei DHCP-Server IP-Adressen und Optionskonfiguration für dasselbe Subnetz oder denselben Bereich bereitstellen. Zwischen den zwei DHCP-Servern werden Leaseinformationen ausgetauscht. Es ist auch möglich, das Failover in einer Lastausgleichskonfiguration zu konfigurieren, in der Clientanforderungen auf die zwei Server verteilt sind.

Die Failoverbeziehung ist auf IPv4-Bereiche und -Subnetze beschränkt. Computer, die IPv6 verwenden, bestimmen ihre eigene IPv6-Adresse mit der statuslosen automatischen IP-Konfiguration. In diesem Modus stellt der DHCP-Server nur die DHCP-Optionskonfiguration bereit. Der Server verfügt über keine Leasestatusinformationen.

Ein Server mit der Rolle eines primären Servers für ein Subnetz kann aber auch ein sekundärer Server für ein anderes Subnetz sein. In einer Lastenausgleichsmodus-Bereitstellung verarbeiten die beiden Server gleichzeitig IP-Adressen und Optionen für Clients in einem angegebenen Subnetz. Die Clientanforderungen werden per Lastenausgleich verarbeitet und auf die beiden Server verteilt.

Damit DHCP-Failover funktioniert, muss die Zeit zwischen den beiden Servern in einer Failoverbeziehung synchronisiert sein (siehe Kapitel 11). Wenn der Assistent für die Failoverkonfiguration startet, vergleicht er die aktuelle Uhrzeit auf den Servern, die für Failover konfiguriert werden sollen. Wenn der Zeitunterschied zwischen den Servern größer als eine Minute ist, wird der Einrichtungsprozess für ein Failover mit einem Fehler angehalten.

Ein Failover konfigurieren

Öffnen Sie auf dem DHCP-Server die DHCP-Konsole, klicken Sie mit der rechten Maustaste auf den DHCP-Bereich, den Sie ausfallsicher betreiben wollen. Klicken Sie dann auf *Failover konfigurieren*. Klicken Sie im Assistenten für die Failoverkonfiguration auf *Weiter*. Geben Sie auf der zweiten Seite den Partnerserver an und klicken Sie dann auf *Weiter*.

Kapitel 24: DHCP- und IPAM-Server einsetzen

Abbildung 24.6: Einen Partnerserver für DHCP festlegen

Geben Sie im Dialogfeld *Neue Failoverbeziehung erstellen* einen Namen ein oder übernehmen Sie den angezeigten Standardnamen. Legen Sie außerdem einen gemeinsamen geheimen Schlüssel für diese Failoverbeziehung fest. Sie können hier auch den Modus auswählen, mit dem Sie die Ausfallsicherheit verwenden wollen. Sie können *Lastenausgleich* oder *Hot Standby* auswählen. Standardmäßig ist der Modus *Lastenausgleich* ausgewählt. Hier teilen sich die Server die Anfragen.

Danach wird noch das Intervall für ein Switchover sowie ein Schlüssel für den gesicherten Datenaustausch der beiden Server festgelegt. Das Intervall legt fest, wie lange ein Server versucht, seinen Partner zu erreichen, bis dieser die DHCP-Adressverteilung aktiv übernimmt. Zum Abschluss erscheint ein Bestätigungsfenster und die Replikation wird aktiviert. Nach kurzer Zeit erscheint der IP-Bereich auf dem Zielserver.

Klicken Sie auf *Weiter* und anschließend auf *Fertig stellen*. Stellen Sie sicher, dass die Failoverkonfiguration erfolgreich ist, und klicken Sie dann auf *Schließen*.

Aktualisieren Sie auf dem zweiten Failoverserver die DHCP-Konsole und überprüfen Sie, ob dieselbe DHCP-Bereichskonfiguration des ersten Servers jetzt auch auf dem zweiten vorhanden ist.

Nachdem Sie die Einrichtung abgeschlossen haben, können Sie das Failover in den Eigenschaften des IP-Bereichs auf der Registerkarte *Failover* anzeigen. Prüfen Sie, dass neben *Zustand des Servers* und *Partnerserver* jeweils korrekte Einträge angezeigt werden.

Die Ausfallsicherheit von DHCP-/DNS-Servern gewährleisten

Abbildung 24.7: Das Failover wurde erfolgreich eingerichtet.

Über das Kontextmenü des Bereichs können Sie auch außerhalb des definierten Replikationsplans die Daten zwischen den Servern replizieren oder die Beziehung wieder aufheben. Bearbeiten können Sie das Failover außerdem in den Eigenschaften von IPv4 auf dem ersten und zweiten Server. Hier können Sie zusätzlich den Modus anpassen.

Abbildung 24.8: Das Failover in der DHCP-Konsole bearbeiten

Eine Ausfallsicherheit durch Konflikterkennung einrichten

Als praktisch hat sich die Funktion der Konflikterkennung erwiesen, bei der ein DHCP-Server zunächst versucht, einen Verbindungsaufbau mit der IP-Adresse herzustellen, die er als Nächstes vergeben will. Bekommt er darauf keine Antwort, ist die Adresse unbenutzt und steht für den nächsten Client zur Verfügung.

Gibt es bereits einen Client mit der gleichen IP-Adresse, erkennt das der Server und verwendet einfach die nächste Adresse aus seinem IP-Bereich. Sind im Unternehmen mehrere DHCP-Server im Einsatz, ist der beste Weg, beide mit den exakt gleichen Bereichen aus einem identischen Adresspool zu konfigurieren.

Die Konflikterkennung stellen Sie in den Eigenschaften von IPv4 oder IPv6 auf der Registerkarte *Erweitert* ein. Standardmäßig ist diese auf 0 gesetzt und damit nicht aktiv. Durch das Abändern dieses Werts auf 1 oder 2 aktivieren die Server diese Erkennung und die Gefahr der Vergabe von gleichen IP-Adressen besteht nicht mehr.

Abbildung 24.9: Die Konflikterkennung verwenden

Der Nachteil dabei ist, dass sich die Dauer der Adressvergabe erhöht. Das stellt aber normalerweise kein Problem dar, vor allem angesichts der Tatsache, dass dadurch die Ausfallsicherheit deutlich verbessert ist.

Beachtet werden muss dabei aber auch, dass alle eingesetzten DHCP-Server hinsichtlich ihrer Hardware so ausgestattet sind, dass sie den Ausfall eines Servers abfangen können. Dazu gehört neben CPU- und Speicherausstattung außerdem entsprechende Leistung im Netzwerk. Am besten sind in einem DHCP-Server mehrere Netzwerkkarten integriert, die sich die Last teilen. Für jeden zusätzlichen Konflikterkennungsversuch des DHCP-Diensts verzögert sich die Adressvergabe um zusätzliche Sekunden. Aus diesem Grund sollten maximal zwei Konflikterkennungsversuche erfolgen.

Eine Ausfallsicherheit mit der 80/20-Regel einrichten

Eine weitere Möglichkeit und Strategie der Ausfallsicherheit für DHCP-Server ist die sogenannte 80/20-Regel. Diese Regel ist ähnlich der Variante, den verfügbaren Adresspool auf mehrere Bereiche aufzuteilen. Bei dieser Variante verwaltet ein DHCP-Server 80 % der Adressen des Adresspools und ein zweiter Server die restlichen 20 %. Die IP-Adressen dürfen sich in diesem Fall nicht überlappen. Fällt ein Server aus, kann der zweite Server zumindest teilweise übernehmen. Idealerweise ist der zweite Server so ausgestattet, dass er im Notfall alle Clients mit IP-Adressen versorgen kann.

Diese Variante ist zum Beispiel beim Einsatz mehrerer Subnetze denkbar. Auch hier lassen sich die Adressen aus den verschiedenen Subnetzen 80/20 auf verschiedene Server aufteilen. Allerdings muss bei dieser Technik der primäre Server wieder so schnell wie möglich funktionieren, damit dem Backupserver nicht die IP-Adressen ausgehen. Teilen sich mehrere DHCP-Server einen Bereich im Netzwerk, müssen Sie auf allen Servern die Reservierungen entsprechend eintragen.

Bereiche gruppieren (Superscopes)

Wenn ein DHCP-Server ausfällt, muss nicht immer das Betriebssystem oder die Hardware schuld sein. Es besteht auch die Möglichkeit, dass der Server keine IP-Adressen mehr zur Verfügung hat, weil die IP-Adressen des Bereichs erschöpft sind. Automatisch bedient sich ein DHCP-Server nämlich nicht aus den freien IP-Adressen aus weiteren Bereichen, die eventuell auf dem Server konfiguriert sind. Um diesem Problem vorzubeugen, helfen die Bereichsgruppierungen (Superscopes), die mehrere Bereiche auf einem Server unter einem Dach zusammenfassen.

Clients, die IP-Adressen anfragen, erhalten IP-Adressen aus allen Bereichen des Superscopes. Sind die IP-Adressen eines Bereichs erschöpft, erhalten Clients IP-Adressen aus einem anderen Bereich auf dem Server, der noch über freie Adressen verfügt. Dadurch besteht keine Gefahr, dass der DHCP-Server die Anfragen von Clients ablehnt, nur weil ein Bereich für IP-Adressen erschöpft ist. Der Server vergibt an Clients einfach Adressen aus anderen Bereichen innerhalb des gleichen Superscopes. In diesem Fall muss das Routing im Unternehmen so konfiguriert sein, dass die Clients mit den neuen IP-Adressen auch alle notwendigen Server erreichen.

Mehrere IP-Bereiche auf DHCP-Servern ergeben hauptsächlich dann Sinn, wenn sich diese in verschiedenen Subnetzen befinden. Da der DHCP-Server bei der Adressvergabe aber nicht überprüft, ob das Routing noch funktioniert, ist es sinnvoll, vor der Erstellung von Bereichsgruppierungen zunächst den Routingweg im Unternehmen zu überprüfen und anzupassen, sofern dies notwendig ist. Schließlich müssen DHCP-Clients alle notwendigen Netzwerkverbindungen aufbauen können, unabhängig davon, welche IP-Adresse der DHCP-Server aus dem Superscope zuweist.

Ebenfalls wichtig: Sofern die Anfragen an DHCP-Server über Router erfolgen, ist es notwendig, dass die Router keine DHCP-Requestpakete blockieren, sondern diese passieren lassen. Da nicht alle Router diese Option unterstützen beziehungsweise nicht in allen Unternehmen nur wegen der DHCP-Konfiguration die Router angepasst werden können, besteht auch die Möglichkeit, ein DHCP-Relay zu verwenden.

Diese Funktion ermöglicht die Verbindung zwischen Clients und DHCP-Servern in verschiedenen Netzwerken. Dazu fordern die Clients vom DHCP-Relay eine IP-Adresse an. Das Relay ist im gleichen Subnetz positioniert wie die Clients. Anschließend fordert das DHCP-Relay vom eigentlichen DHCP-Server eine Adresse an und teilt sie dem Client zu. Der Vorgang dauert auch nicht wesentlich länger als bei der Verwendung der Konflikterkennung.

Eine Ausfallsicherheit bei DHCP-Servern durch verschiedene Bereiche herstellen

Die Ausfallsicherheit bei DHCP-Servern herzustellen gestaltet sich etwas schwieriger, als das zum Beispiel bei DNS oder Domänencontrollern der Fall ist. Aufgrund der laufenden und schnellen Änderungen an der DHCP-Datenbank ist eine Replikation zwischen zwei DHCP-Servern bis Windows Server 2016 nicht möglich, da während des Replikationsvorgangs bereits ein weiterer Client eine IP-Adresse anfordern könnte, die der andere DHCP-Server soeben vergeben hat. Die Folge wäre ein IP-Adresskonflikt.

Der häufigste Weg, um eine Ausfallsicherheit herzustellen, besteht darin, dass Administratoren den verfügbaren IP-Adresspool im Unternehmen auf verschiedene Server aufteilen. Jeder DHCP-Server erhält in diesem Fall einen eigenen Pool von IP-Adressen, der sich nicht mit dem des anderen DHCP-Servers überlappen darf. Den kompletten Adresspool aufzuteilen, ist aber nur dann sinnvoll, wenn ein Server allein alle Computer mit IP-Adressen versorgen könnte.

Eine weitere Möglichkeit ist, auf allen Servern einen Bereich zu konfigurieren, der den gesamten Adresspool enthält. Auf jedem Server hinterlegen Sie in der DHCP-Konfiguration als Ausnahmen die IP-Adressen, die die anderen DHCP-Server im Unternehmen verteilen sollen. Fällt ein DHCP-Server aus, lassen sich diese Ausnahmen problemlos entfernen und die noch laufenden Server übernehmen die Aufgaben des ausgefallenen Servers. Allerdings müssen bei dieser Lösung auch Reservierungen auf den Servern ihre Berücksichtigung finden.

Die Reservierungen lassen sich für jeden DHCP-Bereich getrennt auf dem Server festlegen. Benötigt zum Beispiel eine bestimmte Arbeitsstation oder ein Server immer die gleiche IP-Adresse und erhält diese per DHCP, spielen Reservierungen eine wichtige Rolle. Aus diesem Grund müssen auf allen DHCP-Servern, die als DHCP-Bereiche identische Adresspools haben, also die gleichen IP-Adressen vergeben können, auch alle Reservierungen hinterlegt sein. Dadurch ist sichergestellt, dass jeder beteiligte DHCP-Server alle Reservierungen kennt und an die entsprechenden Clients zuweisen kann.

Erhalten nämlich bestimmte Clients nicht die IP-Adresse, die als Reservierung vorgesehen ist, sondern durch den Ausfall eines DHCP-Servers eine andere Adresse, kann das zu unvorhergesehenen Problemen führen, zum Beispiel beim Netzwerkzugriff direkt über die IP-Adresse. Aber auch wenn der Zugriff nicht über die IP-Adresse erfolgt, sondern über den DNS- oder NetBIOS-Namen, kann es durchaus einige Zeit dauern, bis alle WINS- und DNS-Server oder lokale Konfigurationen wie HOST- und LMHOST-Dateien und vor allem die verschiedenen Zwischenspeicher auf den Servern und Arbeitsstationen mit der neuen IP-Adresse aktualisiert sind.

Daher ist beim Einsatz von Reservierungen extrem wichtig, diese Komponente bei der Ausfallplanung zu berücksichtigen und bereits rechtzeitig festzulegen, was passieren soll, wenn der DHCP-Client nicht seine vorgesehene IP-Adresse erhält. Eine Alternative ist in diesem Fall, mit der Vergabe von statischen IP-Adressen anstatt mit Reservierungen zu arbeiten.

Einen Standby-Server mit manueller Umschaltung einrichten

Ein weiterer Weg zur Herstellung der Ausfallsicherheit ist die Konfiguration eines Standby-Servers für den produktiven DHCP-Server. Die Umschaltung kann jedoch nur manuell erfolgen, ein Automatismus ist bei diesem Weg nicht möglich. Der Vorteil der Lösung ist jedoch der günstige Preis im Vergleich zur hohen Ausfallsicherheit. Grundlage für einen Standby-DHCP-Server ist die Möglichkeit, DHCP mit dem Befehl Netsh zu konfigurieren.

Dadurch lassen sich alle notwendigen Maßnahmen in einer Batchdatei zusammenfassen. Die Ausführung erfolgt manuell oder per geplantem Task. Mit der Batchdatei ist es möglich, die Sicherung des aktiven Servers auf den Standby-DHCP-Server zu übertragen, und das regelmäßig. Die Batchdatei verwendet dazu die Option *Export* von Netsh. So lassen sich alle aktuellen Konfigurationen und aktuellen DHCP-Leases erfassen und auf den Backup-DHCP-Server kopieren.

Der zweite DHCP-Server ist in Active Directory nicht autorisiert, vergibt also keine IP-Adressen an die Clients, bis Sie entsprechende Konfigurationen vornehmen. Fällt der primäre Server aus, muss dessen Autorisierung nur noch aufgehoben und der Datenaustausch deaktiviert werden. Im Gegenzug autorisieren Sie den Backupserver, der mit der aktuellsten Konfiguration mit seiner Arbeit beginnt und IP-Adressen verteilt.

IPAM im Praxiseinsatz

Mit Windows Server 2016 bietet Microsoft weitere Funktionen, um DHCP-Server stabil, sicher und hochverfügbar im Netzwerk zur Verfügung zu stellen. Eine Neuerung seit Windows Server 2012 ist IP-Adressverwaltungsserver (IPAM-Server). Dieser Serverdienst überwacht und steuert zentral DHCP- und DNS-Server. Die Installation erfolgt als Serverfeature, die Verwaltung über Assistenten im Server-Manager.

Der Dienst kann Änderungen und die Serverdienste zentral überwachen. IPAM dient nicht nur der Überwachung von DNS- und DHCP-Servern, sondern bietet auch eine Verwaltungsmöglichkeit dieser Server über eine gemeinsame Oberfläche. IPAM verfügt über folgende Funktionen:

- Automatisches Auffinden der IP-Adress-Infrastruktur im Unternehmen
- Erstellen von Berichten über die IP-Infrastruktur
- Überwachung der Infrastrukturserver im Netzwerk und der vorhandenen IP-Adressen
- Überwachung von Netzwerkzugriffschutzservern
- Überwachung von Domänencontrollern

IPAM-Grundlagen

IPAM sollte auf einem Mitgliedsserver der Domäne installiert sein. Microsoft erlaubt aber auch die Installation auf einem Domänencontroller. Bei der Bereitstellung gibt es mehrere Möglichkeiten: Sie können in jeder Niederlassung einen IPAM-Server installieren oder einen zentralen IPAM-Server, der alle Daten des Unternehmens sammelt. Setzen Unternehmen verschiedene IPAM-Server ein, können diese ihre Daten aber nicht untereinander austauschen. Alle Server arbeiten komplett getrennt voneinander.

IPAM hat seine Grenzen in der Gesamtstruktur. Das heißt, ein Server kann immer nur die Infrastrukturserver einer Gesamtstruktur und aller angebundenen Domänen verwalten. Der Server muss Mitglied einer Domäne in der Gesamtstruktur sein.

Neben Windows Server 2016 kann IPAM auch Infrastrukturserver mit Windows Server 2008 R2 und Windows Server 2012/2012 R2 anbinden. Externe Geräte, DHCP-Relays oder WINS kann IPAM nicht überwachen. Dies gilt ebenfalls für Infrastrukturdienste aus anderen Betriebssystemen. Auch eine Überprüfung der Konsistenz der IP-Adressen mit Routern oder Switches ist nicht möglich.

Seine Daten speichert IPAM in einer eigenen Datenbank. Dabei berücksichtigt der Server auch IP-Adressleases und An- oder Abmeldevorgänge von Benutzern. Nach der Installation der Serverrolle für IPAM über den Server-Manager müssen Sie zunächst festlegen, welchen IP-Bereich, welche Domäne oder welche Gesamtstruktur IPAM nach zu verwalteten Servern durchsuchen soll.

Den festgelegten Bereich durchsucht IPAM automatisch und bindet neue Server oder IP-Bereiche an das System an. Damit sich Infrastrukturserver mit IPAM verwalten lassen, müssen Einstellungen in der Firewall gesetzt sein. Diese können Sie manuell setzen oder über Gruppenrichtlinien. Die Regeln lassen sich über einen Assistenten erstellen und einrichten. Den Assistenten finden Sie im Server-Manager. Zur Kommunikation mit den verwalteten Servern im Netzwerk verwendet IPAM RPC und WMI.

Sobald die Richtlinien oder manuellen Einstellungen gesetzt sind, können Sie das Netzwerk auf kompatible Server hin untersuchen lassen. Auch diesen Vorgang starten Sie über den Server-Manager im IPAM-Bereich. Hierbei muss außerdem ausgewählt werden, welche Server IPAM anbinden soll. Zur Auswahl stehen Domänencontroller, DHCP-Server und DNS-Server. Diese lassen sich für jede Domäne genau auswählen. IPAM sucht über einen Zeitplan ständig nach neuen Servern im festgelegten Bereich. Den Zeitplan ändern Sie über die Windows-Aufgabe *Microsoft/Windows/IPAM/DiscoveryTask*. Für jeden einzelnen Server lässt sich festlegen, ob dieser an IPAM angebunden werden soll oder nicht. Zur Verwaltung verfügt IPAM auch über ein Rechtemodell auf Basis der Mitgliedschaft in Sicherheitsgruppen:

- **IPAM Users** – Mitglieder dieser Gruppe dürfen IPAM-Daten lesen, aber keine Einstellungen ändern.
- **IPAM MSM Administrators** – Mitglieder dieser Gruppe dürfen lesen und schreiben. Auch IPAM-Aufgaben dürfen die Administratoren genauso wie die Verwaltung der angebundenen Server durchführen.
- **IPAM ASM Administrators** – Diese Administratoren dürfen IP-Adressbereiche verwalten und andere IPAM-Aufgaben durchführen. In dieser Gruppe sollten die Netzwerkadministratoren Mitglied sein.
- **IPAM IP Tracking Administrators** – Diese Administratoren dürfen die Trackingdaten der IP-Adressen betrachten.
- **IPAM Administrators** – Diese Administratoren dürfen innerhalb von IPAM alle Aufgaben durchführen.

IPAM verwaltet IP-Adressen in IP-Adressbereichen und fasst Bereiche zu ganzen Blöcken zusammen. Die Blöcke können Sie bearbeiten und überwachen. DNS- und DHCP-Server bindet IPAM ebenfalls an. Für DHCP-Server können Sie zum Beispiel Bereiche erstellen, Servereinstellungen ändern oder Klassen anlegen.

Auf diese Weise verwalten Unternehmen alle DHCP-Server zentral in der IPAM-Konsole. Für DNS-Server lassen sich alle Zonen anzeigen und überwachen. Die IPAM-Konsole zeigt darüber hinaus noch die gesammelten Ereignisanzeigen aller angebundenen Serverdienste an. Die komplette Verwaltung von IPAM nehmen Sie im Server-Manager vor. Hierüber lassen sich auch die einzelnen Aufgaben erstellen und verwalten.

IPAM einrichten

Um IPAM zu nutzen, installieren Sie das Feature *IP-Anwendungsserver* auf einem Server. Anschließend finden Sie im Server-Manager einen neuen Verwaltungsbereich für IPAM. Hierüber richten Sie den Server mit einem Assistenten ein.

Tipp Sie können IPAM auch über die PowerShell mit *Install-WindowsFeature IPAM -Include-ManagementTools* installieren.

Im ersten Schritt klicken Sie auf *Verbindung mit IPAM-Server herstellen*. Wählen Sie im Fenster den IPAM-Server aus, den Sie im Unternehmen bereitstellen wollen. Danach klicken Sie auf *IPAM-Server bereitstellen*, um den IPAM-Server einzurichten. In Windows Server 2016 können Sie noch auswählen, ob Sie die IPAM-Datenbank auf dem lokalen Server in einer internen Windows-Datenbank (WID) oder auf Microsoft SQL Server speichern wollen. In den meisten Fällen reicht die interne Windows-Datenbank aber aus.

Übernehmen Sie auf der Seite zur Einrichtung der Bereitstellung die Option *Gruppenrichtlinienbasiert* und geben Sie unten ein Präfix für die neue Gruppenrichtlinie ein, zum Beispiel *IPAM*.

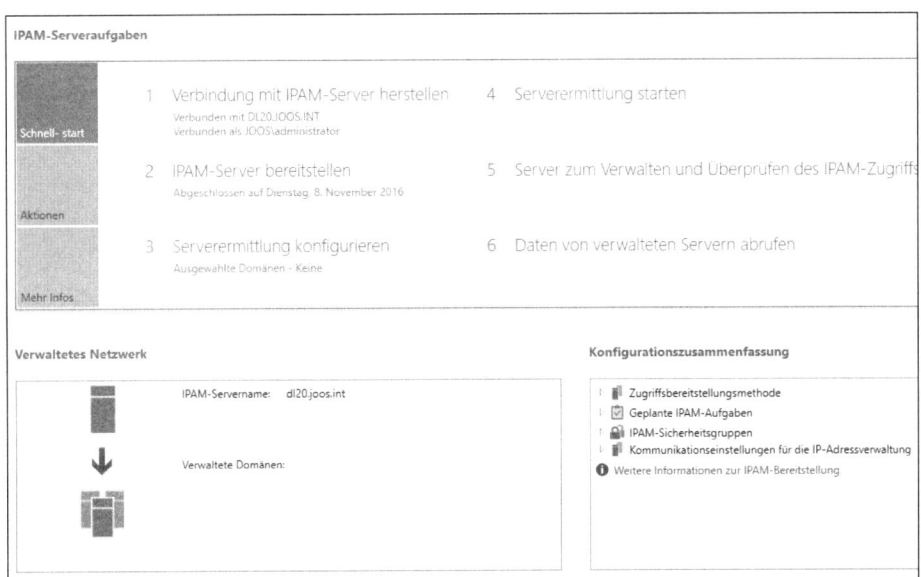

Abbildung 24.10: Einen IPAM-Server einrichten

Kapitel 24: DHCP- und IPAM-Server einsetzen

Nutzen Sie die gruppenrichtlinienbasierte Einrichtung von IPAM, lassen sich alle Server automatisiert anbinden und Sie müssen nicht alle Einstellungen für jeden IPAM-Server manuell vorgeben. Klicken Sie auf der nächsten Seite auf *Anwenden* und schließen Sie damit die Einrichtung von IPAM ab.

Nachdem Sie IPAM eingerichtet haben, binden Sie die verschiedenen Infrastrukturserver an die IPAM-Struktur an. Dazu wählen Sie im Server-Manager den Punkt 3 *Serverermittlung konfigurieren*. Hier legen Sie fest, welche Domäne Sie anbinden wollen. Klicken Sie dazu auf *Hinzufügen*. Wählen Sie dann im unteren Feld aus, welche Server Sie aus der angebundenen Domäne anbinden wollen. Klicken Sie auf *OK*.

Abbildung 24.11: Infrastrukturserver an IPAM anbinden

Nachdem Sie den Ermittlungsplan für die Anbindung der Server konfiguriert haben, klicken Sie in der IPAM-Übersicht auf *Server zum Verwalten und Überprüfen des IPAM-Zugriffs auswählen oder hinzufügen*. Es dauert aber eine Weile, bis der Ermittlungsplan die gefundenen Server an IPAM anbindet. Die Konsole bleibt daher zunächst leer.

Lassen Sie die Ansicht aktualisieren, sollten nach einiger Zeit die ersten Server erscheinen. Sie sehen den Status der Ermittlung, wenn Sie in der IPAM-Übersicht auf *Serverermittlung starten* und dann auf *Details* klicken. Nach dem Abschluss der Aufgabe sehen Sie die verschiedenen Server. Diese sind allerdings zunächst blockiert. Sie müssen die Verwaltung erst freischalten.

IPAM im Praxiseinsatz

Abbildung 24.12: Die angebundenen Server anzeigen

Damit Sie die angebundenen Server auch verwalten können, starten Sie auf dem IPAM-Server eine PowerShell-Sitzung mit Administratorrechten. Geben Sie in der PowerShell dann den folgenden Befehl ein:

Invoke-IpamGpoProvisioning -Domain <Domäne> -GpoPrefixName <Präfix der GPO> -IpamServerFqdn <IPAM-Server>

Nachdem der Befehl erfolgreich abgearbeitet ist, überprüfen Sie in der Gruppenrichtlinienverwaltung, ob neue Gruppenrichtlinien zur Anbindung von IPAM verfügbar sind. Für jede Serverrolle gibt es eine eigene Richtlinie.

Anschließend klicken Sie im Bereich *Serverbestand* mit der rechten Maustaste auf alle gefundenen Server in der IPAM-Konsole und wählen im Kontextmenü den Eintrag *Server bearbeiten* aus. Ändern Sie den *Verwaltbarkeitsstatus* auf *Verwaltet* und klicken Sie auf *OK*. Führen Sie diesen Vorgang für alle Server durch, die Sie an IPAM anbinden wollen.

Abbildung 24.13: Die Verwaltbarkeit von Infrastrukturservern anpassen

Die Server lassen sich aber erst dann verwalten, wenn die erstellten Gruppenrichtlinien angewendet wurden (siehe Kapitel 19). Am besten geben Sie dazu auf den einzelnen Servern in der Eingabeaufforderung mit Administratorrechten *Gpupdate /force* ein (siehe Kapitel 19). Lassen Sie die Ansicht aktualisieren. Stellen Sie sicher, dass der Server als verwaltet angezeigt wird. Über das Kontextmenü legen Sie auch fest, welchen Serverdienst Sie auf dem Server überwachen wollen.

Anbindungsfehler bei IPAM-Clients beheben

Werden Server nicht angezeigt, liegt entweder ein Problem mit der Zuordnung der entsprechenden Gruppenrichtlinie vor oder die Firewall blockiert den Zugriff. Wenn Sie einen Infrastrukturserver an IPAM angebunden und über dessen Kontextmenü eine Serverrolle ausgewählt und als verwaltet konfiguriert haben, wird dem Server eine der drei Richtlinien oder alle drei Richtlinien zugeordnet. Führen Sie in einer Eingabeaufforderung mit Administratorrechten erneut den Befehl *Gpupdate /force* aus und stellen Sie sicher, dass der Server die Richtlinien anwendet.

Auf dem Client finden Sie Protokolldateien, die Hinweise darauf enthalten, warum sich ein Client nicht an IPAM anbindet. Sie finden die Dateien im Ordner *%WinDir%\temp named*. Diese tragen die Bezeichnung *IpamDhcpLog.txt* und *IpamDnsLog.txt*.

Tippen Sie anschließend auf der Windows-Startseite »Aufgabe« ein und starten Sie die Aufgabenplanung. Klicken Sie auf *Aufgabenplanungsbibliothek*, sehen Sie die Aufgabe, die über die Gruppenrichtlinie erstellt wird, um den Server an IPAM anzubinden. Über das Kontextmenü rufen Sie deren *Eigenschaften* auf. Auf der Registerkarte *Aktionen* sehen Sie in der Aufgabe, welchen Befehl sie ausführen will. Um zu überprüfen, ob die Aufgabe funktioniert, gehen Sie folgendermaßen vor:

1. Öffnen Sie auf dem Client eine Eingabeaufforderung mit Administratorrechten.
2. Geben Sie den Befehl *Powershell* ein, bestätigen Sie aber noch nicht.
3. Tragen Sie hinter *Powershell* den Befehl aus der Spalte *Argumente hinzufügen* ein. Sie können ihn in die Zwischenablage kopieren und in die Eingabeaufforderung einfügen.
4. Setzen Sie Anführungszeichen zwischen der Option *-file* und am Ende von *IpamProvisioning.ps1* und führen Sie den Befehl aus.
5. Erhalten Sie die Meldung, dass die Optionen bereits gesetzt sind, funktioniert das Skript. Erhalten Sie andere Fehler, haben Sie einen Ansatz, wo das Problem liegt. Meistens liegt es an bestimmten Firewalleinstellungen.

Damit ein Server von IPAM überwacht werden kann, muss er in der IPAM-Konsole als verwaltbar markiert sein und die Gruppenrichtlinie anwenden. Erst wenn ein Server mit allen überwachten Serverrollen mit dem Status *Blockierung aufgehoben* angezeigt wird, unterstützt er IPAM. Überprüfen Sie auch in den Firewalleinstellungen auf den Clients, ob IPAM eingetragen und der Verkehr nicht blockiert wird.

IPAM arbeitet auf den angebundenen Servern und den IPAM-Servern selbst mit Aufgaben, die bestimmte Konfigurationen durchführen. Zur Verwaltung des Diensts können Sie diese Aufgaben auch anpassen oder überwachen. Sie finden sie in der Aufgabenplanung unter *Microsoft/Windows/IPAM*. Wichtig sind vor allem die folgenden Aufgaben:

- *DiscoveryTask* – Ermittelt die Domänencontroller, DHCP- und DNS-Server in der Gesamtstruktur. Die Aufgabe startet einmal am Tag.

- *AddressUtilizationCollectionTask* – Sammelt Daten zur Adressraumverwendung von den angebundenen DHCP-Servern und startet alle zwei Stunden.
- *AuditTask* – Sammelt Überwachungsinformationen von DHCP- und IPAM-Servern sowie IP-Leaseüberwachungsprotokolle von NPS- und DC-Servern. Die Aufgabe startet ebenfalls einmal am Tag.
- *ConfigurationTask* – Sammelt Überwachungsinformationen von DHCP- und DNS-Servern. Die Aufgabe startet alle sechs Stunden.
- *ServerAvailabilityTask* – Sammelt alle 15 Minuten den Dienstverfügbarkeitsstatus für DHCP- und DNS-Server.

Die IPAM-Infrastruktur überwachen und verwalten

Klicken Sie im IPAM-Navigationsbereich unter ÜBERWACHEN UND VERWALTEN auf *DNS- und DHCP-Server*. Neben *Servertyp* können Sie einen der Einträge *DNS*, *DHCP* oder *DNS und DHCP* auswählen. Angezeigt werden die Serververfügbarkeit, die Dauer im aktuellen Zustand, der Servername, die Serverrolle, der Domänenname und die IP-Adresse.

Klicken Sie auf einen DHCP-Server und überprüfen Sie unter *Detailansicht* die Informationen auf den Registerkarten *Servereigenschaften*, *Optionen* und *Ereigniskatalog*. Klicken Sie mit der rechten Maustaste auf den DHCP-Server. Sie können den DHCP-Server direkt über die IPAM-Konsole konfigurieren.

Wählen Sie neben *Servertyp* die Option *DHCP* und dann neben *Ansicht* die Option *Bereichseigenschaften* aus. Klicken Sie mit der rechten Maustaste auf den DHCP-Bereich und wählen dann im Kontextmenü den Eintrag *DHCP-Bereich duplizieren*, können Sie Bereiche kopieren. Auf dem gleichen Weg überwachen Sie die angebundenen DNS-Server und ihre Zonen. Neben der Überwachung können Sie noch IP Gruppen definieren, die mehrere DHCP-Server zusammenfassen.

IP-Adressblöcke mit IPAM festlegen

IP-Adressblöcke in IPAM sind größere Bereiche aus IP-Adressen. IP-Adressbereiche sind kleinere Bereiche aus IP-Adressen, diese entsprechen einem DHCP-Bereich. IP-Adressbereiche werden in IPAM zu IP-Adressblöcken zugeordnet. Diese Zuordnung nehmen Sie in der IPAM-Konsole vor:

1. Klicken Sie im IPAM-Navigationsbereich auf *IP-Adressblöcke*.
2. Klicken Sie im unteren Navigationsbereich mit der rechten Maustaste auf *IPv4* und dann auf *IP-Adressblock hinzufügen*.
3. Wählen Sie die Netzwerk-ID und die Präfixlänge aus, also das Subnetz.
4. Klicken Sie auf *OK* und wählen Sie dann neben *Aktuelle Ansicht* die Option *IP-Adressblöcke* aus. Über das Kontextmenü bearbeiten Sie Adressblöcke nachträglich.

Auf der Registerkarte *Konfigurationsdetails* im unteren Bereich der Konsole sehen Sie bei *Verwendete Adressen*, dass zurzeit IP-Adressen verwendet werden. Das sind ausgestellte Leases von DHCP-Servern, die an IPAM angebunden sind.

Wählen Sie neben *Aktuelle Ansicht* die Option *IP-Adressbereiche* aus. Überprüfen Sie die auf der Registerkarte *Konfigurationsdetails* angezeigten Informationen. Hier sollten die Bereiche der angebundenen DHCP-Server zu sehen sein.

Zusammenfassung

In diesem Kapitel haben wir Ihnen gezeigt, wie Sie einen DHCP-Server effizient und sicher im Netzwerk betreiben. Auch über die Ausfallsicherheit von DHCP durch den Betrieb mehrerer DHCP-Server konnten Sie in diesem Kapitel mehr erfahren. Ebenfalls Bestandteil des Kapitels waren der MAC-Filter von Windows Server 2016 sowie die neuen Funktionen zur Ausfallsicherheit von DHCP in Windows Server 2016. Und außerdem sind wir in diesem Kapitel auf den IP-Adressverwaltungsserver (IPAM-Server) eingegangen.

Im nächsten Kapitel werden wir uns mit dem Betrieb von DNS-Servern mit Windows Server 2016 beschäftigen.

Kapitel 25
DNS einsetzen und verwalten

In diesem Kapitel:
Zonen und Domänen erstellen 652
Die Eigenschaften eines DNS-Servers verwalten 660
DNS-Weiterleitungen verwenden 664
Sekundäre DNS-Server konfigurieren 664
DNS-Troubleshooting 665
Sicherheit in DNS (DNSSEC) 675
Zusammenfassung 676

DNS spielt auch in Windows Server 2016 zur Namensauflösung eine wichtige Rolle. In den Kapiteln 10 bis 17 sind wir bereits bei der Einrichtung von Active Directory auf DNS eingegangen. Allerdings bietet der DNS-Server unter Windows Server 2016 noch mehr Funktionen, als lediglich für einzelne Active Directory-Domänen die Namensauflösung zur Verfügung zu stellen.

DNS wird unter Windows Server 2016 weiterhin als Serverrolle installiert und konfiguriert. Für die Einrichtung von Active Directory muss diese Rolle nicht zwingend installiert sein, da der Server-Manager in diesem Fall DNS automatisch mitinstalliert. Unabhängig davon, ob ein DNS-Server Active Directory-Zonen verwaltet, kann er beliebig weitere DNS-Domänen in verschiedenster Ausprägung verwalten.

Zonen und Domänen erstellen

In diesem Abschnitt zeigen wir Ihnen, wie Sie manuell Zonen, Domänen und Einträge erstellen können. Clients, die den DNS-Server verwenden, können Abfragen dieser Zonen durchführen.

Neue Zonen erstellen

Über das Menü zur Verwaltung von DNS (Aufruf über *Tools/DNS*) können Sie verschiedene Zonen erstellen. Forward-Lookupzonen übersetzen DNS-Namen in IP-Adressen. Eine Reverse-Lookupzone übersetzt dagegen IP-Adressen in DNS-Namen. Lesen Sie dazu auch die Kapitel 10 bis 17. Nur auf Domänencontrollern kann mit den Active Directory-integrierten Zonen gearbeitet werden.

Unterschieden wird weiterhin zwischen primären und sekundären Zonen sowie Stubzonen, die nur auf andere DNS-Server verweisen. Bei der Einrichtung des ersten DNS-Servers müssen Sie eine primäre Zone erstellen. Grundsätzlich gilt, dass Sie in Active Directory-Umgebungen mit Active Directory-integrierten Zonen arbeiten sollten. Das bedeutet in der Konsequenz allerdings, dass die DNS-Serverdienste immer auf Domänencontrollern installiert werden müssen (siehe die Kapitel 10 bis 17).

Speichern Sie eine Zone in Active Directory, legen Sie damit fest, auf welche DNS-Server in der Gesamtstruktur diese Zone repliziert werden soll. Dieses Fenster erscheint aber nur, wenn eine Zone in Active Directory gespeichert ist. Die Reihenfolge der folgenden Fenster kann variieren, abhängig davon, welche Einstellungen Sie wählen.

Abbildung 25.1: Den Replikationsbereich für eine DNS-Zone festlegen

Der nächste Schritt ist die Festlegung des Zonennamens. Als Nächstes legen Sie fest, ob die Zone dynamische DNS-Einträge erlaubt und welche Bedingungen dafür zutreffen müssen. Dynamische Updates aktualisieren die Informationen zu einem Server oder Client. Die Einträge können von Clients oder über DHCP-Server aktualisiert werden.

Bei den Einstellungen für die Reverse-Lookupzone müssen Sie die Netzwerkkennung eingeben. Diese wird automatisch in den Namen der Reverse-Lookupzone umgesetzt. Diese Art von Zonen hat vorgegebene Namen. Falls mehrere IP-Subnetze zu der von Ihnen verwendeten Forward-Lookupzone gehören, müssen Sie mehrere Reverse-Lookupzonen erstellen.

Statische Einträge in der DNS-Datenbank anlegen

Die Administration der DNS-Server erfolgt über den Server-Manager durch Aufruf des Befehls *DNS* im Menü *Tools*. Es kann Situationen geben, in denen Sie Hostnamen manuell hinzufügen müssen und die dynamischen Einträge alleine nicht ausreichen.

In diesem Fall verwenden Sie den Befehl *Neuer Host (A oder AAAA)* im Kontextmenü der Zone, zu der der Eintrag hinzugefügt werden soll. Sie können dort den Hostnamen – ohne den Namen der Zone – und die IP-Adresse angeben. Sie können gleich einen als *PTR-Eintrag (Pointer)* bezeichneten Eintrag in der Reverse-Lookupzone vornehmen.

Abbildung 25.2: Neue statische Hosteinträge erstellen

Wenn Sie mit der rechten Maustaste auf eine Zone klicken, stehen Ihnen verschiedene Möglichkeiten zur Verfügung, um diese Zone zu verwalten:

- **Neu laden** – Mit diesem Befehl können Sie die Einstellungen und die Ansicht der Zone im Snap-In neu laden lassen. Diesen Befehl benötigen Sie selten. Die Zone wird aus Active Directory noch mal in die Ansicht übertragen.

- **Neuer Host (A oder AAAA)** – Mit diesem Befehl fügen Sie einen neuen statischen Eintrag in die DNS-Datenbank ein. Der AAAA-Eintrag enthält eine IPv6-Adresse, ein Host-A-Eintrag enthält eine IPv4-Adresse.

- **Neuer Alias (CNAME)** – Dieser Menübefehl dient zum Hinzufügen eines neuen Eintrags der Form »Canonical Name«. Dazu wird zu einem bereits vorhandenen Eintrag eines Servers ein weiterer Eintrag zu derselben IP-Adresse hinzugefügt. Dieser zusätzliche Eintrag wird auch Alias genannt. Wenn ein Client versucht, diesen Alias aufzulösen, wird bei der Ausgabe des Namens parallel zum Alias zusätzlich der richtige Eintrag ausgegeben.

- **Neuer Mail-Exchanger (MX)** – Mit dieser Option können Sie einen neuen SRV-Record mit der Bezeichnung *MX* erstellen. In einer normalen Umgebung werden Sie einen solchen MX-Record nicht benötigen. Er dient dazu, aus einer Zone den verantwortlichen SMTP-Server zu erfragen, zu dem E-Mails zugestellt werden sollen. Der

MX-Record ermöglicht es, unter einer Domäne mehrere Mailserver zu betreiben. Außerdem gibt er anderen Mailservern eine Priorisierung vor, in welcher Reihenfolge sie die Mailserver einer bestimmten Domain kontaktieren sollen. Internetprovider verwenden diese Priorisierung, um zu steuern, wohin E-Mails zuerst zugestellt werden sollen. Der MX10-Eintrag definiert, dass E-Mails vor der Zustellung zum MX20 zunächst zum Server zugestellt werden sollen, der als MX10 hinterlegt ist. Antwortet dieser Server nicht auf Anfragen, wird automatisch eine Zustellung zum MX20 versucht. Sie können auch einen MX30 definieren.

- **Neue Domäne** – Mit diesem Eintrag erstellen Sie unterhalb dieser Zone eine neue Domäne. Diese Unterdomäne, zum Beispiel *sales.contoso.com*, wird von diesem DNS-Server und dieser Zone verwaltet, ohne dass zusätzliche Zonen angelegt werden müssen. Wenn Sie eine neue Unterdomäne von Active Directory erstellen wollen, können Sie unterhalb der bereits erstellten Rootdomäne eine Unterdomäne erstellen oder eine eigene Zone, die allerdings getrennt verwaltet werden muss. In den Kapiteln 10 bis 17 gehen wir ausführlich auf diese Themen ein.

- **Neue Delegierung** – Mit diesem Menübefehl können Sie eine erstellte Zone an einen anderen DNS-Server delegieren. Zukünftig ist für diese Zone der DNS-Server zuständig, den Sie hier definiert haben. Die delegierte Zone wird im ursprünglichen DNS-Server als »delegiert« angezeigt. Wird dieser DNS-Server nach einem Eintrag aus einer delegierten Zone gefragt, weist er die Anfrage an den verantwortlichen DNS-Server weiter. Eine solche Delegation ist sinnvoll, wenn Sie eine Unterdomäne erstellen wollen, aber ein anderer DNS-Server in einer anderen Niederlassung für diese Zone zuständig sein soll.

Hinweis Wird der erste Domänencontroller einer neuen untergeordneten Domäne erstellt, richtet der Assistent unter Windows Server 2016 automatisch eine Delegation auf dem übergeordneten DNS-Server ein.

- **Weitere neue Einträge** – Zusätzlich zum MX-Record können Sie weitere Service-Records eintragen. Diese werden aber nur in Ausnahmefällen benötigt und nicht für den Betrieb von Active Directory.
- **DNSSEC** – Ermöglicht die Verschlüsselung der DNS-Daten.

Zonen erstellen und verwalten

Wenn Sie die Eigenschaften einer Zone aufrufen, stehen Ihnen verschiedene Registerkarten zur Verfügung, auf denen Sie die Konfiguration der Zone anpassen können.

Die Registerkarte *Sicherheit* dient zur Konfiguration der Sicherheitseinstellungen und der Berechtigungen für die Verwaltung der Zone. Hier können Sie Einstellungen vornehmen, um die Berechtigungsstruktur anzupassen, damit einige Benutzergruppen oder Administratoren zwar Informationen der Zone lesen, aber keine Informationen schreiben dürfen.

Allgemeine Einstellungen für DNS-Zonen festlegen

Auf der Registerkarte *Allgemein* können Sie festlegen, dass die Zone in Active Directory integriert wird und welche Systeme sich dynamisch aktualisieren dürfen. In kleineren

Netzwerken kann es durchaus sinnvoll sein, wenn Sie neben den sicheren auch unsichere Aktualisierungen zulassen.

Abbildung 25.3: Eine Zone über deren Eigenschaften verwalten

Die Entfernung alter Einträge aus der Zone konfigurieren

So bequem die dynamische Aktualisierung der DNS-Einträge für den Administrator auch sein mag, birgt sie doch die Gefahr, dass sich im Laufe der Zeit eine Menge veraltete Einträge ansammeln. Zum Beispiel ist dies bei Computern der Fall, die irgendwann mal in Betrieb waren, sich dynamisch registriert haben und später wieder außer Betrieb genommen wurden.

Die zugehörigen DNS-Einträge verbleiben allerdings in der Datenbank und erhöhen natürlich den Platzbedarf, die Zeit für Suchen in der Datenbank sowie die Übertragungszeiten bei der Replikation zu anderen DNS-Servern. Um dieses Wachstum zu verhindern, sollten Sie die Alterung der dynamischen Einträge konfigurieren. Dies kann auf der Registerkarte *Allgemein* über die Schaltfläche *Alterung* vorgenommen werden. In der Standardeinstellung bleiben alle Einträge so lange erhalten, bis sie vom Administrator manuell gelöscht werden. Aktivieren Sie das Kontrollkästchen *Veraltete Ressourceneinträge aufräumen*, um die Einträge mit Zusatzinformationen über den Zeitpunkt der letzten Aktualisierung, den sogenannten Zeitstempel, zu versehen und sie anschließend aufgrund dieser Informationen als veraltet erkennen und löschen zu können.

Da jede Änderung des Zeitstempels immer dazu führt, dass sekundäre DNS-Server eine Replikation der DNS-Daten anfordern, wird eine Mindestzeit vorgegeben, nach der der Zeitstempel wieder neu gesetzt werden kann. Registriert sich ein System während dieser Zeit erneut beim DNS-Server, erfolgt keine Veränderung an diesem Eintrag. Erst nach Ablauf der Zeit wird der Zeitstempel neu gesetzt. Diesen Wert legen Sie im Abschnitt *Intervall für Nichtaktualisierung* fest.

Die eigentliche Verweildauer eines Eintrags in der Datenbank legen Sie im zweiten Abschnitt *Aktualisierungsintervall* fest. Nach Ablauf dieser Zeitspanne wird ein System als inaktiv erkannt und der zugehörige Eintrag aus der Zone gelöscht. Der hier angegebene Wert muss größer sein als das minimale Intervall zwischen zwei Aktualisierungen des Zeitstempels, da sonst auch aktive Einträge gelöscht würden, die lediglich noch nicht aktualisiert werden konnten.

Abbildung 25.4: Die Zonenalterung für DNS-Zonen konfigurieren

Sie können den Prozess auch manuell starten, indem Sie im Kontextmenü des DNS-Servers den Befehl *Veraltete Ressourceneinträge aufräumen* aufrufen und die anschließende Sicherheitsabfrage bestätigen.

Den Autoritätsursprung (SOA) von DNS-Zonen definieren

Auf der Registerkarte *Autoritätsursprung (SOA)* werden Informationen abgelegt, die für die Replikation der Zone zu anderen Servern sowie die Zwischenspeicherung abgefragter DNS-Einträge wichtig sind. Damit sekundäre DNS-Server erkennen können, ob sich an den Daten des primären DNS-Servers etwas geändert hat und so eine Replikation notwendig geworden ist, wird für jede Zone eine Serien- oder Versionsnummer gepflegt. Diese Seriennummer wird mit jeder Veränderung an der Datenbank um 1 erhöht.

Fragt ein sekundärer DNS-Server die Seriennummer des primären DNS-Servers ab, stellt er einen Versionsunterschied fest und fordert eine Übertragung der Zonendaten an (man spricht hier auch von einem Zonentransfer). Diesen Wert können Sie nun selbst erhöhen, auch ohne dass neue Einträge in der Datenbank vorhanden sind. Dies ist zum Beispiel dann sinnvoll, wenn Sie eine Beschädigung in der DNS-Datenbank festgestellt und die Datenbank anschließend repariert oder von einer Sicherung wieder eingespielt haben.

Damit alle sekundären DNS-Server diese Datenbank erhalten, müssen Sie ihnen signalisieren, dass es eine Änderung gegeben hat.

Der im Feld *Primärer Server* angegebene Eintrag definiert den Server, der im SOA-Eintrag im DNS eingesetzt wird. Da aber noch andere Server als klassische sekundäre DNS-Server eingesetzt werden können, muss diesen ein eindeutiger primärer DNS-Server vorgegeben werden. Wählen Sie den gewünschten Server jeweils über *Durchsuchen* aus. Im folgenden Feld geben Sie an, wer der Verantwortliche für die Verwaltung der Zone ist. Dabei handelt es sich um die E-Mail-Adresse des DNS-Administrators, sodass andere Administratoren Kontakt zu ihm aufnehmen können, falls sie Probleme feststellen.

Zonen und Domänen erstellen

Abbildung 25.5: Einstellungen zum Übertragen von Informationen an sekundäre DNS-Server verwalten

Da das Zeichen <@> im DNS nicht erlaubt ist, wird es durch einen Punkt ersetzt. Der oben abgebildete Eintrag steht also für *hostmaster@joos.int*. Über das *Aktualisierungsintervall* teilt der primäre DNS-Server den sekundären Servern mit, wie oft sie überprüfen sollen, ob es Änderungen in der Zone gibt. Je kleiner die Abstände sind, desto aktueller sind natürlich auch die Kopien auf den sekundären Servern. Dafür steigt allerdings die bei der Übertragung anfallende Datenmenge, da je nach Anzahl der Änderungen und verwendeter Software beim sekundären Server eine Übertragung der kompletten Zonendaten notwendig sein kann. Zu große Intervalle dagegen führen unter Umständen zu falschen Informationen.

Kann die Aktualisierung der Daten nicht durchgeführt werden, zum Beispiel wegen eines Ausfalls des Servers oder der Netzwerkverbindung zwischen dem primären Server und den sekundären Servern, wird nach Ablauf des Wiederholungsintervalls der Versuch wiederholt. Kann die Replikation länger als unter *Läuft ab nach* nicht durchgeführt werden, werden die kompletten Informationen der Zone auf dem sekundären Server als ungültig markiert und nicht mehr weiterverwendet. Sie sollten diesen Wert daher nicht zu niedrig setzen. So könnte der Ausfall des primären DNS-Servers an einem Freitagnachmittag dazu führen, dass das komplette Netzwerk montags nicht mehr verwendet werden kann, da zwar für die Ausfallsicherheit sekundäre DNS-Server installiert wurden, diese ihre Daten aber länger als einen Tag nicht mit dem primären DNS-Server abgleichen konnten und ihre Zoneneinträge damit als ungültig markiert haben.

Eine Einstellung von drei Tagen dagegen hätte die Daten bis Montagnachmittag gültig sein lassen. Um die bei DNS-Abfragen entstehende Datenmenge zu reduzieren, werden die Ergebnisse auf Clients wie auf DNS-Servern in einem Cache zwischengespeichert. Wie lange sie gespeichert werden, wird über die TTL (Time to Live) angegeben. Bei dieser TTL handelt es sich um eine absolute Zeit. Kann ein DNS-Server eine Anfrage aus seinem Cache beantworten, dann gibt er als TTL nicht wieder den Startwert (hier 1 Stunde) weiter, sondern nur noch die verbleibende TTL von zum Beispiel 15 Minuten. Nach Ablauf der Zeit wird der Eintrag auf allen Systemen aus dem Cache gelöscht. Diese TTL kann für jeden Eintrag in der Zone separat gesetzt werden, der Wert gibt lediglich die Standardeinstellung vor. Die TTL für diesen Eintrag entspricht in der Standardeinstellung diesem Wert.

Den Namenserver einer DNS-Zone verwalten

Damit in der Zone nicht nur die Adresse des primären DNS-Servers im SOA-Eintrag aufgeführt wird, sondern auch die aller sekundären DNS-Server in den NS-Einträgen, müssen Sie diese zunächst in der Registerkarte *Namenserver* einfügen. Nachdem Sie über *Hinzufügen* einen neuen Eintrag erstellt haben, wird auch ein neuer Namenservereintrag in der Zone erstellt.

Falls es Änderungen beim Namen beziehungsweise an den IP-Adressen der DNS-Server gibt, können Sie diese über *Bearbeiten* ändern. Bevor ein DNS-Server abgeschaltet wird, sollten Sie ihn über *Entfernen* aus der Liste nehmen, damit kein Client mehr versucht, von diesem System noch Informationen zu erhalten.

Wenn Sie einen neuen Namenserver hinzufügen, geben Sie zunächst den vollständigen Hostnamen an. Alternativ können Sie auch über *Durchsuchen* einen bereits bestehenden DNS-Eintrag auswählen. Sofern Sie einen bereits eingetragenen Servernamen ausgewählt haben, brauchen Sie die zugehörigen IP-Adressen nicht von Hand einzutragen, sondern können sie über *Auflösen* direkt aus dem DNS-Server auslesen. Eine manuelle Überarbeitung der IP-Adressen ist im Anschluss auch über die Schaltflächen *Hinzufügen* und *Entfernen* möglich.

In einigen Fällen sind DNS-Server mit mehreren IP-Adressen ausgestattet. Sofern beide Schnittstellen für Clients und andere DNS-Server erreichbar sind, spielt die Reihenfolge keine große Rolle. Wird zwischen den beiden Karten aber nicht geroutet, dann sollten Sie über die Schaltflächen *Nach oben* und *Nach unten* die IP-Adresse an die erste Stelle setzen, die von den anderen Systemen erreicht werden kann, um Verzögerungen bei der Abfrage zu reduzieren. Wenn Sie noch weitere Namenserver hinzufügen wollen, müssen Sie diesen Eintrag erst mit *OK* bestätigen und anschließend einen weiteren Eintrag erstellen.

Zonenübertragungen für DNS-Zonen zulassen

Auf der einen Seite ist es natürlich gut, dass eine Replikation der Zonendaten auf sekundäre DNS-Server möglich ist, da dies die Verfügbarkeit und die Leistung erhöht. Andererseits drohen hier allerdings auch Gefahren. Ein Angreifer könnte so zum Beispiel eine Replikation der Daten anfordern, die er anschließend lokal modifiziert, und schließlich DNS-Anfragen auf seinen modifizierten Server umleitet.

Die Registerkarte *Zonenübertragungen* erlaubt eine gezielte Einschränkung dieses Zonentransfers. In der Standardeinstellung ist diese Funktion deaktiviert und erlaubt sekundären DNS-Servern keinen Zonentransfer. Wenn Sie das Kontrollkästchen *Zonenübertragungen zulassen* deaktiviert lassen, ist diese Funktion nicht verfügbar. In diesem Fall können nur noch Active Directory-integrierte Zonen zu anderen DNS-Servern repliziert werden, da hier die internen Replikationsmechanismen von Active Directory verwendet werden und nicht die des DNS.

Sofern Sie die Zonenübertragung erlauben, können Sie nun noch feiner abstufen, zu welchen Servern eine solche Zonenübertragung überhaupt nur durchgeführt werden darf:

- **An jeden Server** – Diese Variante ist die einfachste, da keine weitere Konfiguration mehr erfolgen muss. Dafür kann jeder DNS-Server jetzt den Zonentransfer anfordern, was eine entsprechende potenzielle Sicherheitslücke bedeutet.
- **Nur an Server, die in der Registerkarte "Namenserver" aufgeführt sind** – Da Sie im Vorfeld auf der Registerkarte *Namenserver* bereits die sekundären Namenserver eingepflegt haben, ist diese Einstellung auch mit wenig administrativem Aufwand verbunden. Server, die nicht auf dieser Registerkarte geführt sind, werden bei einer Anforderung des Zonentransfers abgewiesen.
- **Nur an folgende Server** – Hier definieren Sie nach einem Klick auf die Schaltfläche *Bearbeiten* die IP-Adressen der DNS-Server, die einen Zonentransfer anfordern dürfen. Da hier natürlich auch die sekundären DNS-Server eingepflegt werden müssen, die Sie bereits auf der Registerkarte *Namenserver* eingetragen haben, entsteht hier eine gewisse Redundanz und es besteht die Gefahr, dass IP-Adressen falsch eingetragen werden.

Der klassische Replikationsprozess sieht vor, dass ein sekundärer DNS-Server zunächst das Replikationsintervall aus dem SOA-Eintrag der Zone ausliest und dann in diesem Intervall den primären DNS-Server nach der aktuellen Versionsnummer der Zonendatenbank fragt. Diese Methode birgt allerdings zwei Risiken:

1. Die Daten der sekundären DNS-Server sind nicht aktuell. Außerdem kann eine Funktion, mit der Bandbreite bei der Zonenübertragung gespart werden soll, der inkrementelle Zonentransfer, nur dann verwendet werden, wenn eine bestimmte Menge an neuen Einträgen nicht überschritten wird. Bei Überschreitung dieser Menge muss wieder ein Transfer der kompletten Zone erfolgen.
2. Die sekundären DNS-Server fragen den primären DNS-Server zu häufig ab und erzeugen dabei unnötige Last auf dem Server sowie im Netzwerk, auch wenn es keine neuen Einträge gibt. Die Lösung ist eine Erweiterung vom bisher verwendeten Pullverfahren, bei dem der sekundäre Server vom primären Server aufgefordert wird, eine Überprüfung der Versionsnummer durchzuführen. Somit führen die sekundären Server nur dann eine Abfrage durch, wenn tatsächlich Änderungen an der Zone vorgenommen wurden. Dabei handelt es sich wieder um eine standardisierte Funktion, die auch andere DNS-Server verwenden können. Über die Schaltfläche *Benachrichtigungen* gelangen Sie zu der entsprechenden Konfigurationsseite.

Da alle Microsoft-DNS-Server die Benachrichtigungen bereits unterstützen, ist das Kontrollkästchen *Automatisch benachrichtigen* in der Standardeinstellung schon aktiviert und sollte nur für diejenigen Server abgeschaltet werden, bei denen es zu Kompatibilitätsproblemen kommt. Hier werden ebenfalls automatisch die Server benachrichtigt, die auf der Registerkarte für *Namenserver* aufgelistet sind. Alternativ können Sie auch hier wieder unter *Nur folgende Server* eine eigene Liste definieren.

Kapitel 25: DNS einsetzen und verwalten

Abbildung 25.6: DNS-Zonenübertragungen an andere DNS-Server konfigurieren

Die Eigenschaften eines DNS-Servers verwalten

Neben den Eigenschaften der einzelnen Zonen, die Sie über das Kontextmenü aufrufen können, stehen auch in den Eigenschaften des DNS-Servers selbst einige Möglichkeiten zur Konfiguration zur Verfügung. Wir gehen in diesem Abschnitt ausführlicher auf die einzelnen Registerkarten in den Eigenschaften eines DNS-Servers ein.

Die Schnittstellen eines DNS-Servers verwalten

Auf der Registerkarte *Schnittstellen* definieren Sie, auf welchen IP-Adressen der DNS-Server bei Anfragen reagiert. Dies ist zum Beispiel in solchen Fällen sinnvoll, in denen der DNS-Server mit mehreren Netzwerkkarten ausgestattet ist. Teilnetze, die zum Teil öffentlich zugänglich sind, können so von Anfragen an den Server ausgeschlossen werden, wodurch die Sicherheit des Systems erhöht wird.

Wenn Sie die Standardeinstellung, in der der DNS-Server Anfragen auf allen IP-Adressen entgegennimmt, ändern wollen, ändern Sie die Konfiguration von *Alle IP-Adressen* auf *Nur folgende IP-Adressen* und wählen anschließend im Feld *IP-Adresse* jeweils die gewünschte Adresse aus.

Erweiterte Einstellungen für einen DNS-Server definieren

Über die Registerkarte *Erweitert* können einige Serveroptionen konfiguriert werden:

- **Rekursionsvorgang (und Weiterleitungen) deaktivieren** – Unabhängig von den Weiterleitungen (siehe den nächsten Abschnitt) können Sie den DNS-Server auch lokal isolieren, indem Sie dieses Kontrollkästchen aktivieren. Damit greift der DNS-Server nur noch auf seine eigene Datenbank zu. Es werden keine Anfragen mehr an weitere DNS-Server weitergeleitet.

- **BIND-Sekundärzonen aktivieren** – Mit der Aktivierung dieses Kontrollkästchens können Sie die Kompatibilität des Servers zum System herstellen, deren Funktionsumfang nicht bis zu BIND 4.9.4 heranreicht. Dazu wird die Komprimierung der Daten beim Zonentransfer ausgeschaltet. Aus Performancegründen ist diese Funktion standardmäßig deaktiviert, die schnelle Übermittlung damit also aktiviert.

- **Beim Laden unzulässiger Zonendaten einen Fehler zurückgeben** – Der DNS-Server liest in der Standardeinstellung alle Zonendaten komplett ein und protokolliert fehlerhafte Einträge lediglich im Ereignisprotokoll. Damit kann der DNS-Server allerdings auch Hostnamen in seine Datenbanken aufnehmen, die nicht den offiziellen Spezifikationen aus den RFCs entsprechen, was wiederum bedeutet, dass es Systeme geben kann, die mit diesen Namen nicht arbeiten können. Sobald dieses Kontrollkästchen aktiviert ist, wird das Laden der kompletten Zone abgebrochen. Wie strikt die Überprüfung erfolgt, stellen Sie über die Option *Namensüberprüfung* ein. Dabei gibt es folgende Stufen:
  - **Ausschließlich RFC (ANSI)** – Nur Namen, die der offiziellen Spezifikation entsprechen.
  - **Kein RFC (ANSI)** – Alle Namen, die sich aus dem ANSI-Zeichensatz zusammensetzen.
  - **Multibyte (UTF8)** – Alle Namen, deren Zeichen über das Unicode Transformation Format (UTF-8) abgebildet werden können (zum Beispiel arabische oder asiatische Zeichensätze).
  - **Alle Namen** – Keine Einschränkung der verwendeten Zeichen.

- **Roundrobin aktivieren** – Die einfachste Form der Lastverteilung auf mehrere Computer wird als DNS-Roundrobin bezeichnet. Dabei wird ein Hostname mehrfach mit jeweils einer anderen IP-Adresse eingetragen. Erreicht den DNS-Server eine Anfrage des Clients, liefert er die Liste aller gefundenen IP-Adressen zurück, wobei er die Reihenfolge der Einträge jeweils um den Wert 1 verschiebt. Damit wird im Mittel jeder Eintrag gleich häufig an erster Stelle dem Client zurückgeliefert. Diese Funktion muss zum Beispiel dann deaktiviert werden, wenn Sie zwar mehrere Server unter demselben Namen nutzen wollen, die weiteren Systeme aber leistungsschwächer oder weiter entfernt sind und nur der Ausfallsicherheit dienen sollen. Wenn Sie die Funktion lediglich für bestimmte Typen deaktivieren möchten, kann dies nur über die Registry erfolgen. Fügen Sie dazu unter *HKEY_LOCAL_MACHINE\SYSTEM\CurrentControlSet\Services\DNS\Parameters* einen REG_SZ-Wert mit dem Namen *DoNotRoundRobinTypes* hinzu und tragen Sie als Werte die Recordtypen ein, zum Beispiel *a ns srv*.

- **Netzwerkmaskenanforderung aktivieren** – Um dem Client möglichst einen Server direkt in seiner Nähe zu nennen (in TCP/IP bedeutet das innerhalb desselben IP-Subnetzes), wird bei Hostnamen mit mehreren zugeordneten IP-Adressen vor der Umsortierung durch Roundrobin zunächst ermittelt, ob es einen Eintrag gibt, der dem Subnetz des Clients zuzuordnen ist. Dieser wird anschließend an die erste Stelle der zurückgegebenen Liste gesetzt. Nur wenn kein passender eindeutiger Eintrag gefunden wird, kommt Roundrobin zur Lastverteilung zum Einsatz.

- **Cache vor Beschädigungen sichern** – Diese Option ist von ihrer Bezeichnung her etwas irreführend, da es sich hier eher um einen Schutz vor zweifelhaften Einträgen im Cache handelt, die im Original als »Pollution« (Verschmutzung) bezeichnet werden.

Dies sind Einträge, die nicht aus erster Hand gewonnen, sondern durch Weiterleitungen von anderen DNS-Servern ermittelt wurden. Hierbei besteht natürlich eine gewisse Gefahr, dass es sich dabei um gefälschte Einträge handelt. Daher werden diese Ergebnisse zwar an den Client weitergeleitet, aber nicht in den Cache eingetragen. Wenn Sie diese Funktion deaktivieren, nimmt der DNS-Server alle Anfragen in seinen Cache auf, wodurch sich die Systemgeschwindigkeit etwas erhöhen kann.

- **DNSSEC-Überprüfung für Remoteantworten aktivieren** – Diese Option ist (falls DNSSEC bereitgestellt wurde) automatisch gesetzt und stellt sicher, dass der DNS-Server auch DNSSEC unterstützt. Wir kommen in einem eigenen Abschnitt noch ausführlicher auf dieses Thema zurück.

Zonendaten beim Start des DNS-Servers einlesen

Welche Zonendaten der DNS-Server bei seinem Start einliest, erfährt er in der Regel aus Active Directory und der Registry. Wenn kein Active Directory verwendet wird, können Sie die Einstellung *Zonendaten beim Start laden* auch auf *Von Registrierung* ändern. Die letzte Option *Von Datei* ist dann sinnvoll, wenn Sie eine Übernahme der Funktion von einem BIND-Server vorgenommen haben, der seine Konfiguration ebenfalls aus einer Konfigurationsdatei (*named.boot*) bezieht.

Die Datei *boot* muss im Ordner *%WinDir%\Sytem32\Dns* abgelegt sein. Nachdem Sie das Kontrollkästchen *Aufräumvorgang bei veralteten Einträgen automatisch aktivieren* aktiviert haben, geben Sie den Zeitraum des Aufräumvorgangs an, der festlegt, nach welcher Zeit ein dynamisch (also nicht manuell vom Administrator) erstellter DNS-Eintrag als veraltet betrachtet und aus der Datenbank entfernt wird. Über die Schaltfläche *Zurücksetzen* können Sie die Standardeinstellungen bei Bedarf wiederherstellen.

Die Protokollierung für DNS konfigurieren

Damit die Fehlersuche bei der Namensauflösung vereinfacht werden kann, ist es möglich, die komplette Kommunikation des DNS-Servers mit Clients und anderen Servern in einer Textdatei zu protokollieren. Wenn Sie den Dateipfad und -namen auf der Registerkarte *Debugprotokollierung* nicht angeben, wird die Datei als *%WinDir%\System32\Dns\Dns.log* abgespeichert.

Um zu vermeiden, dass diese Datei die komplette Festplatte füllt, ist immer eine maximale Größe anzugeben. Sobald dieses Limit erreicht ist, werden die ältesten Einträge überschrieben. Nachdem Sie die Protokollierung durch Aktivierung des Kontrollkästchens *Pakete zum Debuggen protokollieren* eingeschaltet haben, können Sie noch genauer angeben, welche Daten überhaupt in die Datei aufgenommen werden, damit Sie bei geringerer Datenmenge schneller suchen können:

- **Paketrichtung** – Mit dieser Einstellung legen Sie fest, ob Sie Pakete protokollieren, die vom DNS-Server stammen (*Ausgehend*) oder an ihn gerichtet sind (*Eingehend*).
- **Transportprotokoll** – DNS-Daten können über die beiden IP-Protokolle TCP und UDP übertragen werden. Die Protokollierung eines der Protokolle zu deaktivieren, ist dort nützlich, wo Sie Kommunikationsprobleme aufgrund von Paketfiltern vermuten. So können Sie leicht vergleichen, welche Pakete auf beiden Seiten gesendet beziehungs-

weise empfangen wurden, und anhand der Differenz feststellen, dass unter Umständen zum Beispiel eine Firewall nicht korrekt konfiguriert ist.

- **Paketinhalte** – Die übertragenen Daten sind generell in drei Gruppen unterteilt. Unter *Abfragen/Übertragungen* finden Sie alle DNS-Anfragen sowie die zugehörigen Antworten und die Daten für die Replikation von DNS-Servern. *Updates* steht für die Pakete, die bei der dynamischen Registrierung von Hosts beim DNS-Server gesendet werden, und *Benachrichtigungen* für die Pakete, mit denen ein DNS-Server einem anderen signalisiert, dass Änderungen an seiner Datenbank vorgenommen wurden, die der andere replizieren muss.

- **Pakettyp** – Nachdem Sie den Paketinhalt bereits eingeschränkt haben, legen Sie hier nun noch die Richtung fest, aus der die Übertragung gestartet wurde, wobei *Anforderung* für Anfragen vom Client oder Server steht. Bei den Einstellungen für Paketrichtung, Paketinhalt, Pakettyp und Transportprotokoll müssen Sie jeweils mindestens eine Option aktivieren.

- **Weitere Optionen** – Um die Datenmenge zu beschränken, wird nicht der komplette Paketinhalt, sondern es werden nur die wichtigsten Daten protokolliert. Falls Sie alle verfügbaren Informationen aufnehmen wollen, aktivieren Sie das Kontrollkästchen *Details*. Wenn Sie die Daten der Kommunikation mit einem bestimmten Computer aufnehmen wollen, können Sie auch Pakete nach IP-Adressen filtern. Hier lassen sich aber nur einzelne Adressen angeben. Die Filterung für ganze Netzwerke über die Eingabe einer Subnetzmaske ist leider nicht möglich.

Die Ereignisprotokollierung konfigurieren

Wie Sie in der Standardanzeige der Verwaltungskonsole bereits sehen, verfügt der DNS-Server über einen eigenen Abschnitt im Ereignisprotokoll (*Anwendungs- und Dienstprotokolle/DNS Server*). Sie können die Ereignisse aber auch direkt in der DNS-Konsole abrufen.

Über die Registerkarte *Ereignisprotokollierung* definieren Sie, welche Ereignisse in dieses Protokoll geschrieben werden. Wählen Sie unter *Folgende Ereignisse protokollieren* die gewünschte Option:

- **Keine Ereignisse** – Es erfolgt keine Protokollierung der Ereignisse. Dadurch sparen Sie zwar etwas Speicherplatz und Rechenzeit, haben dafür aber überhaupt keine Möglichkeit zur Fehlersuche, weshalb diese Einstellung nicht zu empfehlen ist.

- **Nur Fehler** – Auf dieser Stufe werden zumindest Fehler protokolliert. Dies können Probleme beim Start des Diensts, beim Laden der Datenbanken oder der Übernahme von Einträgen sein. Eine vollständige Fehlersuche ist jedoch auch hier noch nicht möglich.

- **Fehler und Warnungen** – Diese Einstellung erlaubt die Anzeige aller Fehler und Warnungen, die beim Start und Betrieb des DNS-Servers auftreten können. Damit steht Ihnen die komplette Datenmenge zur Verfügung, die in den meisten Fällen für das Troubleshooting ausreicht.

- **Alle Ereignisse** – In einigen Fällen ist eine Fehlersuche nur dann möglich, wenn Sie sehen, welche Operationen erfolgreich ausgeführt wurden. Dies ist auch die Standardeinstellung für die Protokollierung. Allerdings laufen Sie hier Gefahr, dass Sie in der Menge der Informationen die Warnungen oder Fehler übersehen. Ferner können je nach Konfiguration der Ereignisanzeige durch zu viele Einträge Informationen verloren gehen.

DNS-Weiterleitungen verwenden

Ihr DNS-Server kann nur Anfragen der Clients beantworten, für die Zonen hinterlegt wurden. Wenn Sie auch andere Zonen auflösen wollen, müssen Sie im DNS konfigurieren, welche Server kontaktiert werden sollen. Der DNS-Server überprüft zunächst, ob er selbst für die DNS-Domäne zuständig ist. Wenn er weder eine Zone finden kann noch eine Delegation, werden die DNS-Server kontaktiert, die über den Eintrag *Bedingte Weiterleitungen* in der Konsolenstruktur hinterlegt sind. In den Kapiteln 10 bis 17 gehen wir auf diese Thematik ebenfalls ein.

Abbildung 25.7: Die Weiterleitungsserver festlegen, zu denen ein DNS-Server Einträge weiterleiten kann

Wenn keine Weiterleitungen konfiguriert sind, werden automatisch die DNS-Server kontaktiert, die auf der Registerkarte *Stammhinweise* in den Eigenschaften des DNS-Servers hinterlegt sind. Wenn diese Server nicht erreicht werden, erhält der fragende Client eine Fehlermeldung zurück.

Damit die Benutzer und Server eine Verbindung ins Internet herstellen können, müssen Sie dafür sorgen, dass die Domänennamen im Internet aufgelöst werden können. Auch zu diesem Zweck wird DNS eingesetzt. Die DNS-Server von Active Directory können nicht nur die internen Zonen auflösen, sondern auch als Weiterleitungsserver die DNS-Server Ihres Providers verwenden oder alternativ die Stammhinweise, also die Root-DNS-Server des Internets.

Dadurch können die DNS-Server des Unternehmens zuverlässig interne und externe DNS-Namen auflösen.

Sekundäre DNS-Server konfigurieren

Das Erstellen einer sekundären Zone unterscheidet sich nur unwesentlich vom Erstellen einer primären Zone, weshalb wir uns hier nur mit den Unterschieden eingehender befassen. Sekundäre DNS-Server können Anfragen von Benutzern beantworten, verwalten aber keine eigene Zone, sondern erhalten Zonendaten von übergeordneten (primären) DNS-Servern. Haben Sie die Zonen in Active Directory integriert, gibt es nur primäre DNS-Server, da hier alle Server gleichgestellt sind.

Ein primärer DNS-Server kann aber auch für andere Zonen als sekundärer DNS-Server dienen. Die Konfiguration erfolgt pro Zone, nicht pro Domäne:

1. Sie starten den Vorgang, indem Sie in der Verwaltungskonsole im Kontextmenü des Eintrags *Forward-Lookupzonen* den Befehl *Neue Zone* und im zweiten Schritt des Assistenten die Option *Sekundäre Zone* wählen.
2. Geben Sie jetzt im Feld *Zonenname* den Namen der existierenden Domäne ein.
3. Anschließend müssen Sie die IP-Adresse mindestens eines DNS-Servers angeben, der eine Kopie der Zone gespeichert hat. Dabei muss es sich nicht unbedingt um den primären DNS-Server handeln. In diesem Fall wählen Sie einen der bereits vorhandenen sekundären DNS-Server aus. Die Liste wird anschließend, beginnend mit dem obersten Eintrag, abgearbeitet, bis ein Server auf die Anfrage zum Zonentransfer antwortet. Alle weiteren Server in der Liste werden dann nicht mehr berücksichtigt. Die Replikation findet also immer nur mit einem Server statt, nicht mit allen in der Liste aufgeführten Servern.

Falls Sie den Transfer manuell (außerhalb des regulären Intervalls) starten wollen, wählen Sie im Kontextmenü der Zone den Eintrag *Übertragung vom Master*. Danach wird ermittelt, ob es neue Einträge gibt, die anschließend angefordert werden. Der Eintrag *Neue Kopie der Zone vom Master übertragen* sorgt dafür, dass die bisher empfangenen Daten komplett verworfen werden und eine erneute Anforderung der kompletten Zone erfolgt, was zum Beispiel bei einer Beschädigung der lokalen DNS-Datei nach einem Systemabsturz der Fall sein kann.

DNS-Troubleshooting

In den meisten Netzwerken, vor allem beim Einsatz von Active Directory, hängen Fehler in den meisten Fällen von der DNS-Konfiguration ab. Die hauptsächliche Aufgabe von DNS (Domain Name System) ist die Auflösung von Computernamen zu IP-Adressen, auch Forward-Lookup genannt.

Eine weitere Aufgabe ist das Auflösen von IP-Adressen zu Computernamen, auch als Reverse-Lookup bezeichnet. Da viele Serverdienste von einer optimalen Namensauflösung abhängen, funktionieren diese nicht mehr richtig, wenn das DNS-System nicht korrekt konfiguriert oder sogar fehlerhaft ist. Computernamen im DNS bestehen nicht nur aus einem NetBIOS-Namen, wie zum Beispiel *dc01*, sondern zusätzlich aus dem Domänennamen, wie zum Beispiel *contoso.com*. Einen vollständigen Rechnernamen bezeichnet man auch als voll qualifizierten Domänennamen (Full Qualified Domain Name, FQDN). Der FQDN eines Servers *dc01* in der Domäne *contoso.com* lautet *dc01.contoso.com*.

Die beiden Rechner *dc01.contoso.com* und *dc01.contoso.int* sind zwei vollkommen unterschiedliche Systeme. Um eine Verbindung mit einem dieser Systeme aufzubauen, reicht es nicht aus, nur den Namen *dc01* auflösen zu können. Es ist wichtig, dass die beteiligten Computer, die die Verbindung zu den beiden Servern aufnehmen sollen, beide Domänennamen auflösen können. DNS-Domänen, wie in diesem Beispiel *contoso.com* und *contoso.int*, werden auf DNS-Servern in sogenannten Zonen verwaltet.

Eine Zone kann mehrere Subdomänen einer Domäne verwalten, zum Beispiel *de.contoso.com* oder *fr.contoso.com*. Allerdings kann eine Zone auf einem DNS-Server nicht verschiedene Namensräume verwalten, wie zum Beispiel *contoso.com* und *contoso.int*. In diesem Fall müssten für diese beiden DNS-Domänen zwei getrennte Zonen angelegt sein.

Eine weitere wichtige Aufgabe von DNS ist das Auflösen von SRV-Records (Service-Records). In SRV-Records werden spezielle Serverdienste abgelegt, die in DNS veröffentlicht sind. Ein Beispiel wäre der bekannte SRV-Record MX (Mailexchanger), der festlegt, welche E-Mail-Server es in einer Domäne gibt und wie die IP-Adresse dieser Server lautet. Aber auch Active Directory legt solche SRV-Einträge an. Wollen Computer spezielle Dienste in Active Directory erreichen, zum Beispiel einen globalen Katalogserver, können die DNS-Server befragt werden, die alle SRV-Records der globalen Katalogserver kennen.

DNS-Einstellungen überprüfen und Fehler beheben

Funktioniert die Namensauflösung nicht, sollten Sie strukturiert vorgehen, um Fehler zu finden. Auch wenn der Fehler auf den ersten Blick nichts mit DNS zu tun hat, lohnt es sich, zu überprüfen, ob sich Namen korrekt auflösen lassen. Überprüfen Sie, ob sich der Server sowohl in der Forward- als auch in der Reverse-Lookupzone korrekt eingetragen hat. Öffnen Sie danach eine Eingabeaufforderung und geben Sie den Befehl *Nslookup* ein. Die Eingabe des Befehls darf keinerlei Fehlermeldungen verursachen. Es muss der richtige FQDN des DNS-Servers und seine IP-Adresse angezeigt werden. Sollte das nicht der Fall sein, gehen Sie Schritt für Schritt vor, um den Fehler einzugrenzen:

1. Sollte ein Fehler erscheinen, versuchen Sie es einmal mit dem Befehl *Ipconfig /registerdns* in der Eingabeaufforderung.
2. Sollte der Fehler weiterhin auftreten, überprüfen Sie, ob das primäre DNS-Suffix auf dem Server mit dem Zonennamen der DNS-Zone übereinstimmt.
3. Stellen Sie als Nächstes fest, ob die IP-Adresse des Servers stimmt und der Eintrag des bevorzugten DNS-Servers in den IP-Einstellungen korrekt ist.
4. Überprüfen Sie in den Eigenschaften der Zone, ob die dynamische Aktualisierung zugelassen wird, und ändern Sie gegebenenfalls die Einstellung, damit die Aktualisierung stattfinden kann. Die Eigenschaften der Zonen erreichen Sie, wenn Sie mit der rechten Maustaste auf die Zone klicken und die *Eigenschaften* auswählen.

Wenn sich ein Servername mit Nslookup nicht auflösen lässt, gehen Sie auch hier am besten Schritt für Schritt vor:

1. Ist in den IP-Einstellungen des Servers der richtige DNS-Server als bevorzugt eingetragen?
2. Verwaltet der bevorzugte DNS-Server die Zone, in der Sie eine Namensauflösung durchführen wollen?
3. Wenn der Server diese Zone nicht verwaltet, ist auf der Registerkarte *Weiterleitungen* in den Eigenschaften des Servers ein Server eingetragen, der die Zone auflösen kann?
4. Wenn eine Weiterleitung eingetragen ist, kann der Server, zu dem weitergeleitet wird, die Zone auflösen?
5. Wenn dieser Server nicht für die Zone verantwortlich ist, leitet er wiederum die Anfrage weiter?

Achtung In Ausnahmefällen kann es vorkommen, dass die Aktualisierung der Reverse-Lookupzone nicht funktioniert hat. In diesem Fall ist der Server zwar in der Forward-Zone hinterlegt, aber nicht in der Reverse-Zone. In diesem Fall können Sie einfach den Eintrag des Servers manuell ergänzen. Dazu müssen Sie lediglich einen neuen Zeiger (engl. Pointer) erstellen. Ein Zeiger oder Pointer ist ein Verweis von einer IP-Adresse zu einem Hostnamen. Kurz nach der Installation kann dieser Befehl durchaus noch Fehler melden.

DNS-Troubleshooting

Versuchen Sie, die IP-Adresse des Domänencontrollers erneut mit *Ipconfig /registerdns* zu registrieren. Nach einigen Sekunden sollte der Name fehlerfrei aufgelöst werden. Sobald Sie Nslookup aufgerufen haben, können Sie beliebige Servernamen auflösen. Wenn Sie keinen FQDN eingeben, sondern nur den Computernamen, ergänzt der lokale Rechner automatisch den Namen durch das primäre DNS-Suffix des Computers beziehungsweise durch die in den IP-Einstellungen konfigurierten DNS-Suffixe.

Sie können von dem lokalen Rechner aus auch andere DNS-Server mit der Auflösung befragen. Geben Sie dazu in der Eingabeaufforderung die Anweisung *Nslookup <host><server>*, also zum Beispiel *Nslookup dc02.microsoft.com dc01.contoso.com* ein. Bei diesem Beispiel versucht Nslookup, den Host *dc02.microsoft.com* mithilfe des Servers *dc01.contoso.com* aufzulösen. Anstatt den zweiten Eintrag (also den DNS-Server mit seinem FQDN) anzusprechen, können Sie auch die IP-Adresse angeben.

```
C:\Dokumente und Einstellungen\Administrator>nslookup - 10.0.0.11    1
Standardserver:  dc01.contoso.com
Address:  10.0.0.11

> dc02.microsoft.com 10.0.0.13
Server:   [10.0.0.13]                                                 2
Address:  10.0.0.13

*** dc02.microsoft.com wurde von 10.0.0.13 nicht gefunden: Non-existent domain
> dc02.microsoft.com
Server:   dc01.contoso.com
Address:  10.0.0.11                     3

Name:     dc02.microsoft.com
Address:  10.0.0.12
>
```

Abbildung 25.8: Die Namensauflösung mit Nslookup testen

Wenn Sie als Servereintrag bei dieser Eingabeaufforderung einen DNS-Server mit seinem FQDN eingeben, setzt dies voraus, dass der DNS-Server, den der lokale Rechner verwendet, zwar nicht den Host *dc02.microsoft.com* auflösen kann, aber dafür den Server *dc01.contoso.com*. Der DNS-Server *dc01.contoso.com* wiederum muss dann den Host *dc02.microsoft.com* auflösen können, damit keine Fehlermeldung ausgegeben wird.

Sie können also mit Nslookup sehr detailliert die Schwachstellen Ihrer DNS-Auflösung aufdecken. Wenn Sie mehrere Hosts hintereinander abfragen wollen, müssen Sie nicht jedes Mal den Befehl *Nslookup <host><server>* verwenden, sondern können Nslookup mit dem Befehl *Nslookup -<server>* starten, wobei der Eintrag *server* der Name oder die IP-Adresse des DNS-Servers ist, den Sie befragen wollen, zum Beispiel *Nslookup -server 10.0.0.11*. Sie können die beiden Optionen auch kombinieren.

Wenn Sie zum Beispiel Nslookup so starten, dass nicht der lokal konfigurierte DNS-Server zur Namensauflösung herangezogen wird, sondern der Remoteserver 10.0.0.11, können Sie innerhalb der Nslookup-Befehlszeile durch Eingabe von *<host> <server>* wieder einen weiteren DNS-Server befragen.

Nslookup startet in der Eingabeaufforderung und ist so konfiguriert, dass das Tool den DNS-Server 10.0.0.11 zur Namensauflösung verwendet.

Nslookup überprüft, ob der lokal konfigurierte DNS-Server in seiner Reverse-Lookupzone die IP-Adresse 10.0.0.11 zu einem Servernamen auflösen kann (1). Da das funktioniert, zeigt die Ausgabe als Standardserver für diese Nslookup-Befehlszeile den DNS-Server 10.0.0.11 mit seinem FQDN *dc01.contoso.com* an. Wäre an dieser Stelle eine Fehlermeldung erschienen, dass der Servername für 10.0.0.11 nicht bekannt ist, würde das bedeuten, dass der DNS-Server, der in den IP-Einstellungen des lokalen Rechners konfiguriert ist, in seiner Reverse-Lookupzone den Servernamen nicht auflösen kann.

In diesem Fall sollten Sie die Konfiguration der Reverse-Lookupzone überprüfen und sicherstellen, dass alle Zeiger (Pointer) korrekt eingetragen sind. Zu einer konsistenten Namensauflösung per DNS gehört nicht nur die Auflösung von Servernamen zu IP (Forward), sondern auch von IP zu Servernamen (Reverse).

In der nächsten Zeile (2) soll der Rechnername *dc02.microsoft.com* vom Server 10.0.0.13 aufgelöst werden. Der Server 10.0.0.13 kann jedoch den Servernamen *dc02.microsoft.com* nicht auflösen. In diesem Fall liegt ein Problem auf dem Server 10.0.0.13 vor, der die Zone *microsoft.com* nicht auflösen kann. Sie sollten daher auf dem Server 10.0.0.13 entweder in den Eigenschaften des DNS-Servers auf der Registerkarte *Weiterleitungen* überprüfen, ob eine Weiterleitung zu *microsoft.com* eingetragen werden muss. Oder Sie legen eine sekundäre Zone für *microsoft.com* auf dem Server 10.0.0.13 an, wenn dieser Rechnernamen für die Zone *microsoft.com* auflösen können soll.

Als Nächstes wird versucht, den gleichen Servernamen *dc02.microsoft.com* über den Standardserver dieser Nslookup-Befehlszeile aufzulösen (3). Der Standardserver kann den Servernamen problemlos auflösen, was zeigt, dass diese Konfiguration in Ordnung ist.

Zusätzlich können Sie mit Nslookup auch die SRV-Records von Active Directory überprüfen. Clients können im DNS nachfragen, welcher Host im Netzwerk für die einzelnen Serverdienste verantwortlich ist. Active Directory baut stark auf diese SRV-Records auf. Aus diesem Grund ist eine Diagnose dieser Einträge mit Nslookup durchaus sinnvoll. Alle SRV-Records von Active Directory befinden sich parallel in der Datei *\%WinDir%\System32\config\netlogon.dns*. Die Datei lässt sich mit einem Editor auch anzeigen. Fehlen Einträge in den DNS-Zonen, die Active Directory benötigt, ist es meist hilfreich, wenn Sie den Befehl *Dcdiag /fix* ausführen. Dabei versucht das Tool, fehlende Einträge aus der Datei *netlogon.dns* einzubauen.

Ipconfig zur DNS-Diagnose verwenden

Ein weiteres wichtiges Tool ist Ipconfig, das ebenfalls zum Lieferumfang von Windows Server 2016 gehört. Vor allem die beiden Optionen */registerdns* und */flushdns* sollten jedem Administrator bekannt sein, der einen DNS-Server verwaltet. In der PowerShell verwenden Sie das Cmdlet *Clear-DNSClientCache*. Sie können sich in der PowerShell den Cache auch anzeigen lassen. Dazu verwenden Sie das Cmdlet *Get-DNSClientCache*.

Wenn Sie eine DNS-Diagnose durchführen und Fehlerbehebungsmaßnahmen daraus ableiten, müssen Sie aufpassen, dass Ihnen der lokale DNS-Cache keinen Strich durch die Rechnung macht. Wenn Sie mit Nslookup Namen auf dem DNS-Server überprüfen, versucht der Client, zunächst den Namen aus seinem lokalen DNS-Cache zu lesen. Wenn Sie einen eventuell vorhandenen Fehler behoben haben, kann dennoch der lokale DNS-Cache fehlerhafte Einträge enthalten. Löschen Sie daher immer vor der erneuten Abfrage den lokalen DNS-Cache in der Eingabeaufforderung mit *Ipconfig /flushdns*.

Auch der DNS-Server verwendet einen eigenen Cache, der bei einer Fehlerdiagnose störend sein kann. Wenn ein Client in seinem DNS-Cache keinen Eintrag finden kann, gibt er die Abfrage an den DNS-Server weiter. Bevor der Server in seinen Zonen überprüft, ob er die Anfrage beantworten kann beziehungsweise ob die Anfrage weitergeleitet wird, sucht er in seinem eigenen Server-Cache. Sie sollten daher bei einer Fehlerbehebung diesen Cache ebenfalls löschen lassen. Sie finden diese Möglichkeit im Kontextmenü des DNS-Servers im Snap-In *DNS*.

Startet ein Windows-Client, registriert er sich automatisch am DNS, wenn die lokalen Dienste *Anmeldedienst* und *DNS-Client* gestartet werden. Da Sie bei einer Fehlerbehebung nicht jedes Mal die beiden Dienste neu starten oder den ganzen Server neu booten wollen, können Sie in der Eingabeaufforderung mit dem Befehl *Ipconfig/registerdns* eine manuelle Aktualisierung der Einträge auf dem DNS durchführen.

Nach der Eingabe des Befehls sollten die Einträge recht schnell auf dem DNS aktualisiert sein. Sollte das dynamische Aktualisieren noch immer nicht funktionieren, überprüfen Sie in den Eigenschaften der Zone, ob die dynamische Aktualisierung aktiviert ist. Wenn sich an der Zone außerdem Arbeitsstationen und Server dynamisch registrieren sollen, die nicht Mitglied der Gesamtstruktur sind, können Sie auch die Option *Nicht sichere und sichere* aktivieren.

Der Domänencontroller kann nicht gefunden werden

Erhalten Clients oder Server die Meldung, dass der Domänencontroller nicht erreicht werden kann, sollten Sie auf den beteiligten Computern zunächst per Ping testen, ob eine Verbindung zur IP-Adresse des Servers funktioniert. Klappt das, stellen Sie sicher, dass in den Netzwerkeinstellungen der Server die IP-Adresse eines DNS-Servers eingetragen ist, der den Domänencontroller auflösen kann. Auch auf den Domänencontrollern selbst müssen in den Netzwerkeinstellungen die DNS-Server so gesetzt sein, dass die Auflösung funktioniert.

Achten Sie dabei außerdem in den erweiterten Netzwerkeinstellungen darauf, ob spezielle DNS-Suffixe gesetzt sind (siehe Kapitel 6). Auch der Test mit Nslookup zur Namensauflösung ist wichtig. Falls Sie nicht den vollständigen DNS-Namen des aufzulösenden Servers (FQDN) verwenden, stellen Sie sicher, dass das DNS-Suffix des Clients korrekt oder in den erweiterten DNS-Einstellungen der Netzwerkverbindung eingetragen ist.

Haben Sie diese Grundlagentests durchgeführt, aber die Auflösung funktioniert noch immer nicht, fehlen unter Umständen DNS-Einträge der Domänencontroller in den DNS-Zonen. Diese Einstellungen finden Sie unter *_msdcs* auf den DNS-Servern. Auf den Domänencontrollern finden Sie solche Fehler am schnellsten, wenn Sie *Dcdiag* in der Eingabeaufforderung eingeben. Überprüfen Sie auch mit *Nltest /dsgetsite*, ob der Domänencontroller dem richtigen Active Directory-Standort zugewiesen ist. Mit *Nltest /dclist:<NetBIOS-Name der Domäne>* lassen Sie sich eine Liste aller Domänencontroller einer entsprechenden Domäne anzeigen.

Die Einträge sollten als FQDN aufgelistet sein. Ebenfalls ein wichtiger Befehl ist *Nltest /dsgetdc:<NetBIOS-Name der Domäne>*. Dieser Befehl listet Name, IP-Adresse, GUID, FQDN von Active Directory und weitere Informationen auf. Alle Informationen sollten ohne Fehler angezeigt werden.

Starten Sie mit *Net stop netlogon* und dann *Net start netlogon* den Anmeldedienst auf dem Domänencontroller neu. Beim Starten versucht der Dienst, die Daten der Datei *netlogon.dns* erneut in DNS zu registrieren. Gibt es hierbei Probleme, finden Sie im Ereignisprotokoll unter *System* einen Eintrag des Diensts, der bei der Problemlösung weiterhilft.

Auch der Befehl *Nltest /dsregdns* hilft oft bei Problemen in der DNS-Registrierung. Funktioniert die erneute Registrierung durch Neustart des Anmeldedienstes nicht, löschen Sie die

DNS-Zone _msdcs und die erstellte Delegierung ebenfalls. Starten Sie dann den Anmeldedienst neu, liest dieser die Daten von *netlogon.dns* ein, erstellt die Zone _msdcs neu und schreibt die Einträge in die Zone zurück. Testen Sie anschließend wieder mit Dcdiag, ob die Probleme behoben sind. Einen ausführlichen Test führen Sie mit *Dcdiag /v* durch.

Die Namen von Mitgliedsservern auflösen

Stellen Sie Probleme bei der Namensauflösung von Mitgliedsservern fest, lassen sich diese leichter beheben. Die Server müssen die richtigen DNS-Server in den Netzwerkeinstellungen eingetragen haben. Außerdem muss ein Host-A-Eintrag in der entsprechenden Zone gesetzt sein. Arbeiten Sie mit dynamischer DNS-Registrierung, achten Sie darauf, dass dynamische Aktualisierungen für die Zone in den Eigenschaften von DNS erlaubt sind.

Vor allem, wenn es sich um Server handelt, die nicht Mitglied einer Domäne sind, aber von Active Directory-DNS-Servern aufgelöst werden sollen, müssen Sie darauf achten, die entsprechenden Namenseinträge manuell zu setzen oder auch unsichere Aktualisierungen für die Zone in den Eigenschaften der Zone festlegen. Im laufenden Betrieb starten Sie mit dem Befehl *Ipconfig /registerdns* die dynamische Aktualisierung auf dem Mitgliedsserver. Starten Sie mit *Net stop netlogon* und *Net start netlogon* den Anmeldedienst neu, um sicherzustellen, dass die Aktualisierung funktioniert hat.

Erweiterte Namensauflösung sicherstellen

Findet ein DNS-Server keine Daten zu einem Client, leitet der Server diese an den Server weiter, der als Weiterleitungsserver für die Domäne hinterlegt ist. Sind keine Weiterleitungsserver konfiguriert, verwenden DNS-Server die Server, die auf der Registerkarte *Stammhinweise* in den Eigenschaften des DNS-Servers hinterlegt sind.

Ein weiteres Problem kann darin liegen, dass der DNS-Server nicht bei allen eingebauten Netzwerkkarten und Netzwerkverbindungen auf Anfragen wartet. In den Eigenschaften des DNS-Servers finden Sie auf der Registerkarte *Schnittstelle* eine Auflistung aller IP-Adressen, bei denen Server auf DNS-Anfragen warten. Wollen Sie im Unternehmen auch sekundäre DNS-Zonen einsetzen, die nicht unbedingt unter Windows installiert sein müssen, können Sie auf diesen Servern nur dann die Zonen übertragen, wenn Sie in den Eigenschaften der Zone auf dem primären DNS-Server auf der Registerkarte *Zonenübertragungen* diese Übertragung zulassen. Standardmäßig verweigern Windows-DNS-Server eine solche Übertragung.

Ist zwischen verschiedenen DNS-Servern oder DNS-Server und Client eine Firewall positioniert, blockiert diese unter Umständen DNS-Abfragen. DNS-Server verwenden den UDP-Port 53, den Sie für DNS-Abfragen freischalten sollten. Gelingt der Verbindungsaufbau immer noch nicht, schalten Sie UDP-Ports über 1023 frei.

Ein häufiges Problem ist die Namensauflösung der eigenen Internetdomäne über interne DNS-Server, vor allem dann, wenn die Active Directory-Domäne die gleiche Bezeichnung hat, was nicht empfohlen ist. Dieses Problem lösen Sie dadurch, dass Sie manuell entweder nur einen Host-A-Eintrag mit der Bezeichnung »www« und der externen IP-Adresse der Internetseite erstellen oder für jeden Servernamen, den Sie extern auflösen lassen wollen, einen eigenen Eintrag. In diesem Fall lösen die internen DNS-Server den Eintrag der WWW-Seite korrekt nach der externen IP-Adresse auf.

Ändern Sie die IP-Adresse eines Servers, wird nicht unbedingt gleich sein entsprechender DNS-Eintrag geändert. Funktioniert nach einer IP-Änderung die Namensauflösung auch nach dem Ausführen von *Ipconfig /registerdns* nicht, löschen Sie den Host-A-Eintrag auf dem Server und versuchen die dynamische Registrierung erneut. Ist auf dem Client der korrekte DNS-Server eingetragen und auf dem DNS-Server die dynamische Aktualisierung aktiv, sollte sich der Server neu registrieren. Arbeiten Sie mit DHCP, müssen Sie noch weitere Bereiche beachten.

Damit der DHCP-Server für die Clients eine automatische DNS-Registrierung auf den DNS-Servern durchführen kann, müssen Sie ihn erst dafür konfigurieren. Wenn Sie die Eigenschaften von IPv4 oder IPv6 des DHCP-Servers aufrufen, können Sie auf der Registerkarte *DNS* konfigurieren, welche Einträge der DHCP-Server auf den DNS-Servern erstellen soll (siehe Kapitel 24).

Setzen Sie noch Clients ein, die kein dynamisches DNS unterstützen, sollten Sie in den Eigenschaften des DHCP-Servers auf der Registerkarte *DNS* die Option *DNS-A-Einträge für DHCP-Clients, die keine Aktualisierungen anfordern* sowie zusätzlich die Option *DNS-A-Einträge immer dynamisch aktualisieren* aktivieren. Sie sollten die Computerkonten der DHCP-Server in die Gruppe *DnsUpdateProxy* aufnehmen, wenn die DNS-Aktualisierung nicht funktioniert. Alternativ können Sie auf der Registerkarte *Erweitert* in den Eigenschaften für IPv4 oder IPv6 Anmeldedaten hinterlegen, die eine Aktualisierung ermöglichen. Ändern Sie die IP-Adresse des DNS-Servers selbst, stellen Sie sicher, dass in den Eigenschaften der Zonen, die dieser Server verwaltet, auf der Registerkarte *Namenserver* der korrekte Name und die richtige IP-Adresse hinterlegt ist.

Nslookup zur Auflösung von Internetdomänen verwenden

Bei entsprechend konfigurierter Weiterleitung auf dem DNS-Server muss ein lokaler Rechner auch Internetdomänen auflösen können. Die Antwort kann zwar etwas dauern, da der interne DNS-Server zunächst durch die konfigurierte Weiterleitung einen DNS-Server im Internet befragen muss. Wenn Sie aber eine Antwort erhalten, können Sie sicher sein, dass die Namensauflösung ins Internet ebenfalls funktioniert.

Sie können über Nslookup auch ausführlichere Informationen über eine DNS-Zone oder einen DNS-Server abfragen. Starten Sie dazu Nslookup in der Eingabeaufforderung und geben Sie den Befehl *Set debug* ein. Im Anschluss erhalten Sie deutlich ausführlichere Informationen über die Hostnamen, DNS-Server und DNS-Zonen, die Sie an dieser Stelle überprüfen.

Durch die Eingabe *Nslookup contoso.int* können Sie überprüfen, welche Namenserver für die DNS-Domäne *contoso.int* zuständig sind. Sie können auch auf einem Remoteserver feststellen, welche Namenserver für eine Domäne konfiguriert sind, ohne in das Snap-In *DNS* wechseln zu müssen.

Mit Nslookup SRV-Records oder MX-Records anzeigen

Eine der wichtigsten Abfragen, um zum Beispiel Exchange-SMTP-Connectors einzurichten, ist die Abfrage auf SRV-Records. Wenn Sie die bereits beschriebene Internetverbindung der DNS-Server sichergestellt haben, können Sie mit Nslookup auch die MX-Einträge von Domänen im Internet abfragen.

Dadurch lässt sich zum Beispiel sicherstellen, dass zu Ihnen geschickte E-Mails auch über diese MX-Server geschickt wurden. Die Abfrage von SRV-Records über Nslookup wird hauptsächlich für die Mailexchanger(MX)-Einträge verwendet. Um SRV-Records einer Domäne abzufragen, starten Sie in der Eingabeaufforderung ganz normal Nslookup. Geben Sie als Nächstes den Befehl *Set q=mx* ein, damit für abgefragte Domänen explizit nur der MX-Eintrag zurückgegeben wird. Sie können durch diese Diagnose auch zum Beispiel Ihren eigenen MX-Eintrag im Internet auf Korrektheit überprüfen.

Komplette Zonen mit Nslookup übertragen

Zusätzlich können Sie alle Einträge einer Zone in Nslookup anzeigen lassen. Starten Sie dazu in der Eingabeaufforderung Nslookup. Geben Sie als Nächstes den Befehl *Ls <Domäne>* ein, zum Beispiel *Ls contoso.com*. Nslookup stellt eine Verbindung zum Namenserver dieser Zone her und überträgt den Inhalt der kompletten Zone auf den lokalen Rechner, um ihn anzuzeigen.

Die Option *-a* liefert Aliasnamen und kanonische Namen (CNAMEs), *-d* liefert alle Daten, und *-t* filtert nach Typ. Durch diese Option können Sie sich alle Informationen über eine Zone anzeigen lassen.

Nachdem es sich bei dieser Abfrage um ein klares Sicherheitsproblem handelt, da ein Angreifer auf diese Weise sehr schnell an alle Informationen und Servernamen einer DNS-Zone gelangt, verweigert ein DNS-Server unter Windows Server 2016 standardmäßig diese Abfrage. Sie können jedoch diese Sicherheitseinstellungen für jede einzelne Zone auf einem DNS-Server anpassen. Rufen Sie dazu die Eigenschaften der Zone auf und wechseln Sie zur Registerkarte *Zonenübertragungen*. An dieser Stelle können Sie die Übertragung auf einzelne Server zulassen oder verweigern.

Zusätzlich können mit Nslookup auch die SRV-Records von Active Directory überprüft werden. Mit SRV-Records werden spezielle Netzwerkdienste, wie zum Beispiel Mailexchanger (MX) oder auch LDAP und Kerberos im DNS veröffentlicht. Clients können im DNS nachfragen, welcher Host im Netzwerk für die einzelnen Serverdienste verantwortlich ist. Active Directory baut stark auf diese SRV-Records auf. Aus diesem Grund ist eine Diagnose dieser Einträge mit Nslookup durchaus sinnvoll. Alle SRV-Records in Active Directory befinden sich parallel in der Datei *\%WinDir%\System32\config\netlogon.dns*.

Dnscmd zur Verwaltung eines DNS-Servers anwenden

Ein weiteres wichtiges Befehlszeilenprogramm ist Dnscmd, mit dem Sie einen DNS-Server über die Eingabeaufforderung verwalten können. Mit Dnscmd können sowohl Informationen über einen DNS-Server abgerufen als auch Informationen in Textdateien exportiert werden. Mit dem Tool lässt sich ein DNS-Server komplett über die Eingabeaufforderung verwalten, zum Beispiel über Skripts. Über *Dnscmd /?* erhalten Sie zusätzliche Informationen zu den verfügbaren Optionen angezeigt.

Unter manchen Umständen, zum Beispiel für die Diagnose von DNS-Problemen, kann es durchaus sinnvoll sein, eine komplette Zone aus dem DNS in eine Textdatei zu importieren. Wenn die Zonen nicht in Active Directory integriert sind, sondern es sich um normale primäre oder sekundäre DNS-Zonen handelt, ist ein Export mit Dnscmd unnötig.

Sie können in diesem Fall die Zonendateien mit der Endung *.dns* aus dem Ordner *\%WinDir%\System32\dns* kopieren. Active Directory-integrierte Zonen werden nicht in *.dns*-Dateien gespeichert, sondern direkt in die Active Directory-Datenbank eingefügt. Um mit Dnscmd eine Active Directory-integrierte DNS-Zone in eine Testdatei zu kopieren, öffnen Sie eine Eingabeaufforderung und geben zum Beispiel den folgenden Befehl ein:

Dnscmd dc01.contoso.com /ZoneExport contoso.com contoso.txt

Die Zonendatei wird in den Ordner *\%WinDir%\System32\dns* kopiert. Die Optionen von Dnscmd und ihre Aufgaben sind:

- **Dnscmd AgeAllRecords** – Verändert die Zeitstempel von Einträgen innerhalb einer bestimmten Zone, zum Beispiel

    Dnscmd reskit.com /AgeAllRecords test.reskit.com

- **Dnscmd ClearCache** – Löscht den Cache des Servers aus der Eingabeaufforderung.

- **Dnscmd Config** – Mit dieser Option können verschiedene Einstellungen der Zonen und des kompletten Servers vorgenommen werden.

- **Dnscmd CreateBuiltinDirectoryPartitions** – Mit dieser Option können DNS-Anwendungspartitionen auf Gesamtstruktur- oder Domänenebene erstellt werden. Der Befehl dient hauptsächlich zur Wiederherstellung der Standardanwendungspartitionen.

- **Dnscmd CreateDirectoryPartition** – Mit dieser Option können neben den Standardpartitionen weitere Anwendungspartitionen erstellt werden, um die DNS-Replikation detailliert zu steuern.

- **Dnscmd DeleteDirectoryPartition** – Löscht erstellte DNS-Anwendungsverzeichnispartitionen.

- **Dnscmd DirectoryPartitionInfo** – Zeigt Informationen über eine spezifische DNS-Anwendungsverzeichnispartition an.

- **Dnscmd EnlistDirectoryPartition** – Fügt DNS-Server zu der Replikationsliste einer Anwendungsverzeichnispartition hinzu.

- **Dnscmd EnumDirectoryPartitions** – Zeigt alle DNS-Anwendungsverzeichnispartitionen eines bestimmten Servers an.

- **Dnscmd EnumRecords** – Zeigt die Ressourcendatensätze eines bestimmten Knotens innerhalb einer DNS-Zone an.

- **Dnscmd EnumZones** – Zeigt die Zonen eines bestimmten Servers an, zum Beispiel

    Dnscmd reskit.com /EnumZones

    oder

    Dnscmd reskit.com /EnumZones /Auto-Created /Reverse

- **Dnscmd Info** – Zeigt bestimmte Einstellungen für den DNS-Server an, die auch im Registryschlüssel HKEY_LOCAL_MACHINE\SYSTEM*CurrentControlSet\Services\ DNS\Parameters* gespeichert sind. Beispiele hierfür sind

    Dnscmd reskit.com /Info IsSlave

    oder

    Dnscmd reskit.com /Info RecursionTimeout

- **Dnscmd NodeDelete** – Löscht alle Einträge eines bestimmten Hosts, zum Beispiel

    Dnscmd reskit.com /NodeDelete test.reskit.com Node /Tree

oder

Dnscmd reskit.com /NodeDelete test.reskit.com Host /f

- **Dnscmd RecordAdd** – Fügt einen neuen Eintrag auf einem bestimmten DNS-Server und einer bestimmten DNS-Zone hinzu.
- **Dnscmd RecordDelete** – Löscht einen Eintrag auf einem bestimmten DNS-Server und einer bestimmten DNS-Zone.
- **Dnscmd ResetForwarders** – Löscht die Liste der Weiterleitungsserver eines bestimmten DNS-Servers.
- **Dnscmd ResetListenAddresses** – Legt die Schnittstelle fest, auf die der DNS-Server auf Clientanfragen hört.
- **Dnscmd StartScavenging** – Veranlasst einen bestimmten DNS-Server, nach abgelaufenen Einträgen zu suchen.
- **Dnscmd Statistics** – Zeigt Informationen für einen bestimmten DNS-Server an oder löscht diese. Entsprechende Aufrufe sind zum Beispiel

  Dnscmd reskit.com /Statistics 00000001

  oder

  Dnscmd reskit.com /Statistics 00200000
- **Dnscmd UnenlistDirectoryPartition** – Löscht einen DNS-Server von der Replikationsliste einer bestimmten Zone, wenn eine eigene DNS-Anwendungsverzeichnispartition erstellt wurde.
- **Dnscmd WriteBackFiles** – Überprüft, ob im Arbeitsspeicher des DNS-Servers noch Änderungen stehen, die nicht auf die Festplatte geschrieben wurden, und speichert diese dann auf der Festplatte.
- **Dnscmd ZoneAdd** – Fügt einem Server eine neue Zone hinzu.
- **Dnscmd ZoneChangeDirectoryPartition** – Verschiebt eine Zone in eine bestimmte DNS-Anwendungsverzeichnispartition, um die Replikation der Zone besser zu steuern.
- **Dnscmd ZoneDelete** – Löscht eine bestimmte Zone von einem Server, zum Beispiel

  Dnscmd reskit.com /ZoneDelete test.reskit.com
- **Dnscmd ZoneExport** – Exportiert eine Zone in eine Textdatei.
- **Dnscmd ZoneInfo** – Zeigt Informationen einer bestimmten Zone an, die auch in der Registry im Schlüssel *HKEY_LOCAL_MACHINE\SYSTEM\CurrentControlSet\Services\DNS\Parameters\Zones\<Zonennamen>* gespeichert sind, zum Beispiel

  Dnscmd reskit.com /ZoneInfo test.reskit.com RefreshInterval

  oder

  Dnscmd reskit.com /ZoneInfo test.reskit.com Aging
- **Dnscmd ZonePause** – Pausiert eine Zone. Clientanfragen an diese Zone werden nicht beantwortet.
- **Dnscmd ZonePrint** – Zeigt alle Einträge einer Zone an.
- **Dnscmd ZoneResetType** – Ändert den Typ einer Zone.
- **Dnscmd ZoneRefresh** – Zwingt einen sekundären DNS-Server zum Abgleich der Zone mit seinem Master.

- **Dnscmd ZoneReload** – Lässt eine Zone aus Active Directory oder ihre Textdatei aus dem Ordner \%WinDir%\System32\dns neu laden.
- **Dnscmd ZoneResetMasters** – Setzt die IP-Adresse des Master-DNS-Servers auf die sekundären DNS-Server zurück.
- **Dnscmd ZoneResetScavengeServers** – Konfiguriert die IP-Adressen, die eine bestimmte Zone bereinigen dürfen.
- **Dnscmd ZoneResetSecondaries** – Legt auf einem DNS-Master-Server die IP-Adressen der sekundären DNS-Server fest, die Zonendaten abrufen dürfen.
- **Dnscmd ZoneResume** – Startet eine pausierte Zone wieder.
- **Dnscmd ZoneUpdateFromDs** – Aktualisiert eine Active Directory-integrierte Zone aus Active Directory.
- **Dnscmd ZoneWriteBack** – Überprüft, ob im Arbeitsspeicher für eine bestimmte Zone noch Einträge stehen, und schreibt diese auf die Festplatte.

Sicherheit in DNS (DNSSEC)

Bereits mit Windows Server 2008 R2 hat Microsoft DNSSEC eingeführt, um Zonen und Einträge abzusichern. Windows Server 2008 R2 konnte bereits Zonen digital signieren und dadurch vor unerlaubten Änderungen schützen. Die Erstellung des Schlüssels erfolgt manuell über das Befehlszeilentool *Dnscmd*. Dynamische DNS-Updates sind bei dieser Konfiguration nicht erlaubt.

In Windows Server 2016 lassen sich Zonen auch online digital signieren. Es ist nicht notwendig, diese vorher offline zu setzen. DNSSEC lässt sich in der neuen Version komplett in Active Directory integrieren. Dies umfasst außerdem die Möglichkeit, dynamische Updates für geschützte Zonen zu aktivieren. Windows Server 2016 unterstützt offizielle Standards wie NSEC3 und RSA/SHA-2. Windows Server 2008 R2 konnte das noch nicht. Die Verwaltungsoberfläche für DNS hat Microsoft ebenfalls verbessert und auch die Windows-PowerShell ermöglicht jetzt die Verwaltung von DNS über Skripts.

DNSSEC wird auch auf schreibgeschützten Domänencontrollern (Read-only Domain Controller, RODC) unterstützt. Findet ein RODC mit Windows Server 2016 eine signierte DNS-Zone, legt er automatisch eine sekundäre Kopie der Zone an und überträgt die Daten der DNSSEC-geschützten Zone. Dies hat den Vorteil, dass auch Niederlassungen mit RODCs gesicherte Daten auflösen können, aber die Signatur und Daten der Zone nicht in Gefahr sind.

DNSSEC lässt sich über das Kontextmenü von Zonen erstellen. Eine komplizierte Konfiguration in der Eingabeaufforderung ist nicht erforderlich. Auch das Offline-Setzen von Zonen ist nicht mehr notwendig.

Die Signierung der Zone erfolgt über einen Assistenten. Mit diesem können Administratoren recht einfach DNS-Zonen vor Manipulationen schützen. Der Assistent erlaubt die manuelle Signierung, eine Aktualisierung der Signierung und eine Signierung auf Basis automatischer Einstellungen.

Im Assistenten legen Sie außerdem den Schlüssel für die eigentliche Signatur fest. Auch dieser Vorgang lässt sich direkt in der Verwaltungskonsole über einen Assistenten festlegen.

Kapitel 25: DNS einsetzen und verwalten

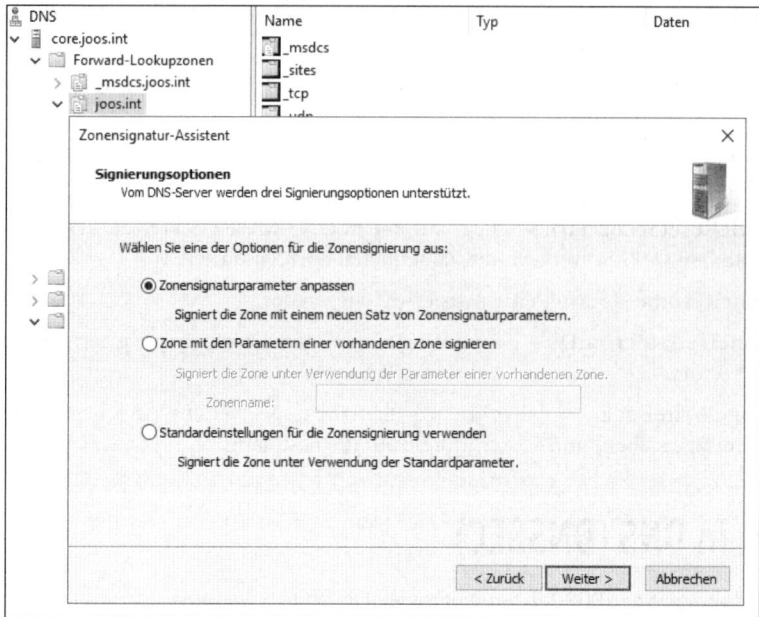

Abbildung 25.9: Die Verschlüsselung einer Zone festlegen

Sind die notwendigen Schlüssel erstellt, also der Schlüsselsignaturschlüssel (Key Signing Key, KSK) und der Zonensignaturschlüssel (Zone Signing Key, ZSK), lässt sich die Absicherung einrichten. Windows Server 2016 unterstützt hierbei Next Secure 3 (NSEC3), aber auch die ältere Version NSEC. In Windows Server 2016 stellt ein DNS-Server den Schlüsselmaster-Server dar. Dieser Server verwaltet die primäre Zone. Verwenden Sie NSEC3, lässt sich die Zone nicht auf DNS-Server mit Windows Server 2008 R2 übertragen. Die Zone muss dann auf Servern mit Windows Server 2016 gehostet werden. Auch auf den Clientcomputern muss mindestens Windows 8 installiert sein, um Daten von NSEC3-Zonen lesen zu können. Der Schlüsselmaster ist für alle Schlüssel der Zone verantwortlich.

In den DNSSEC-Eigenschaften einer Zone lassen sich die Einstellungen und Schlüssel jederzeit anpassen. Hier stehen alle Eigenschaften zur Verfügung, die auch der Assistent bietet. Außerdem ist das Aufheben der Signierung über diesen Weg möglich.

In den normalen DNS-Eigenschaften einer Zone lassen sich mit Windows Server 2016 auch dynamische Updates festlegen. Sobald ein Server der signierten Zone ein genehmigtes Update erhält, trägt er die Daten in die signierte Zone ein und repliziert die Daten zu den anderen Servern.

Zusammenfassung

In diesem Kapitel haben wir Ihnen die Verwaltung und den Betrieb von DNS-Servern mit Windows Server 2016 erläutert. Auch die neuen Möglichkeiten zur Absicherung von DNS über DNSSEC sowie Möglichkeiten zum Troubleshooting waren Thema dieses Kapitel. In den Kapiteln 10 bis 17 finden Sie Hinweise zur Verwaltung von DNS-Servern, die vor allem im Bereich von Active Directory eine wichtige Rolle spielen.

Im nächsten Kapitel zeigen wir Ihnen, wie Sie mit Containern arbeiten.

Kapitel 26
Windows Server-Container, Docker und Hyper-V-Container

In diesem Kapitel:

Die Grundlagen zu Container und Docker	678
Nano-Server als Container-Host verwenden	682
Erweiterte Konfiguration von Containern durchführen	685
Hyper-V-Container in Windows Server 2016 anlegen	689
Zusammenfassung	692

Neben Nano-Servern gehören Windows Server-Container als Docker-Implementation zu den wichtigsten Neuerungen in Windows Server 2016. Windows Server-Container lassen sich auch auf Nano-Servern ausführen und Nano-Server lassen sich wiederum als Cluster betreiben. Zusätzlich können Container sowohl in virtuellen Umgebungen als auch in virtuellen Clustern hochverfügbar zur Verfügung gestellt werden.

Container lassen sich somit auf allen Arten von Windows-Servern betreiben, also auf Nano-, Core- und Windows-Servern mit grafischer Oberfläche. Außerdem steht die Container-Technologie in Windows 10 Professional und Enterprise ab Version 1607 (Anniversary Update) zur Verfügung. Entsprechend können Administratoren oder Entwickler mit Windows 10 ebenfalls Container erstellen und diese auf Container-Hosts mit Windows Server 2016 übertragen. Hier kann auch auf den Docker-Hub in der Cloud gesetzt werden, um die Container-Images über das Internet und die Cloud zu übertragen.

Die Grundlagen zu Containern und Docker

Windows Server-Container ermöglichen den Betrieb von Cloudanwendungen oder Webdiensten in einer sicheren und einfach zu erstellenden Umgebung. Alles, was Sie benötigen, ist ein Container-Host auf Basis von Windows Server 2016. Dabei kann es sich um einen physischen Server handeln, eine virtuelle Maschine (VM) oder einen virtuellen Computer in Microsoft Azure.

Innerhalb des Container-Hosts, der zum Beispiel auf Basis eines Nano- oder Core-Servers mit Windows Server 2016 zur Verfügung gestellt wird, verwalten Sie die Images für Container und die Container selbst. Die Verwaltung findet vor allem über die PowerShell oder die Eingabeaufforderung statt. Auch die Container werden hierüber verwaltet. Der Verbindungsaufbau zum Container-Host kann über eine RDP-Sitzung erfolgen.

Container im Vergleich zu virtuellen Servern

Die Windows Server-Container sowie deren Erweiterung Hyper-V-Container basieren auf der Plattform Docker (*https://www.docker.com*). Microsoft arbeitet eng mit den Entwicklern von Docker zusammen, um eine optimale Integration von Docker zu gewährleisten. Die Verwaltung von Docker können Sie mit dem Docker-Client oder in der PowerShell vornehmen. Sie können Container auch mit System Center 2016 verwalten.

Virtualisieren Unternehmen Server auf herkömmlichen Technologien, gibt es einige Nachteile. Ein Nachteil besteht zum Beispiel darin, dass die Betriebssysteme in den virtuellen Servern eine Grundlast verursachen und damit Ressourcen verbrauchen und Sicherheitslücken darstellen.

Das Betriebssystem in Docker-Containern und die notwendigen Ressourcen sind auf dem Container-Host zusammengefasst. Startet ein Container, muss er nicht das komplette Betriebssystem booten, Bibliotheken laden und Ressourcen für das eigene Betriebssystem zur Verfügung stellen. Stattdessen nutzen Container nur Teile des Betriebssystems auf dem Container-Host. Die Vorteile dabei sind eine geringere Auslastung der Server und mehr Sicherheit. Der gestartete Container betrachtet die lokale Festplatte wie eine Kopie des Betriebssystems, inklusive Arbeitsspeicher, Dateien und andere Ressourcen.

Virtuelle Anwendungen sind kleiner als virtuelle Server, benötigen weniger Ressourcen und sind gleichzeitig sicherer, da die meisten Angriffspunkte fehlen. Außerdem lassen sich wesentlich mehr virtuelle Anwendungen auf einem Virtualisierungs-Host betreiben als herkömmliche virtuelle Server.

Windows Server-Container unterstützen zahlreiche Programmiersprachen und -Umgebungen. Entwickler können unter anderem .NET, ASP.NET, PowerShell, Python, Ruby on Rails, Java und viele andere Umgebungen nutzen. Der Container-Host auf Basis von Windows Server 2016 steuert, welche und wie viele Ressourcen des Hosts ein Container nutzen darf, ohne die anderen Container oder den Host zu beeinträchtigen.

Das Container-Feature installieren

Um Container zu nutzen, müssen Sie das Container-Feature installieren. Dabei spielt es zunächst keine Rolle, ob es sich um einen vollständig installierten Server, um einen Nano-Server oder um eine Core-Installation handelt. Auf einem herkömmlichen Server verwenden

Sie dazu den Server-Manager oder die PowerShell. Auf einem Core-Server installieren Sie das Feature vor allem in der PowerShell. Dazu verwenden Sie den Befehl *Install-WindowsFeature Containers*. Beim Erstellen eines neuen Nano-Servers lassen sich weitere Optionen in das Image einbinden. Dadurch lassen sich auch die Container-Funktionen installieren. Dazu verwenden Sie die Option *-Containers*. Mehr zu diesem Thema lesen Sie in Kapitel 2.

Anschließend benötigen Sie ein Image, auf dessen Basis Container erstellt werden können. Hier kommt entweder eine Core-Installation oder ein Nano-Server-Image zum Einsatz. Die Verwaltung erfolgt normalerweise mit der PowerShell, alternativ mit dem Docker-Client, den Sie über die PowerShell herunterladen können.

Mit dem Windows-Docker-Client können Sie Container verwalten. Der Docker-Client dient nur zur Verwaltung der Container-Technologie, die direkt in Windows Server 2016 integriert ist. Er stellt selbst keinen Serverdienst zur Verfügung. Der Client kann die Windows Server-Container verwalten, zusätzlich aber auch andere Hosts, zum Beispiel Linux-Server.

In Windows Server 2016 ist der Docker-Client ebenfalls integriert und steht über die Eingabeaufforderung zur Verfügung.

Um Windows Server-Container zu verwalten, installieren Sie die notwendigen Erweiterungen auf dem Server. Dazu muss der Server über eine Internetverbindung verfügen:

Install-Module -Name DockerMsftProvider -Force

Install-Package -Name docker -ProviderName DockerMsftProvider -Force

Restart-Computer -Force

Achtung   Achten Sie darauf, dass nach dem Neustart des Servers zusätzlich der Docker-Dienst gestartet werden muss. Rufen Sie dazu das Dienste-Fenster über »services.msc« im Suchfeld des Startmenüs auf und nehmen Sie die entsprechende Einstellung vor.

Anschließend steht der Server bereit und Sie können mit Containern arbeiten. Administratoren, die Docker mit PowerShell DSC installieren wollen, können folgende Befehle verwenden:

Install-Script -Name Install-DockerOnWS2016UsingDSC

Install-DockerOnWS2016UsingDSC.ps1

Tipp   Für Entwickler und Administratoren kann es interessant sein, Hyper-V für Container-Hosts auch in Windows 10 zu nutzen. Dazu sind auf dem Windows 10-Host einige Befehle notwendig:

Netsh advfirewall firewall add rule name="docker engine" dir=in action=allow protocol=TCP localport=2375

Stop-Service docker

Dockerd --unregister-service

Dockerd -H npipe:// -H 0.0.0.0:2375 --register-service

Start-Service docker

Erste Schritte mit Docker in Windows Server 2016

Der Befehl *Docker images* zeigt zum Beispiel die vorhandenen Docker-Images auf dem Windows-Server an. Standardmäßig sind noch keine Images vorhanden.

Tipp	Erhalten Sie bei der Ausführung des Docker-Befehls eine Fehlermeldung, dass die Authentifizierung fehlt, müssen Sie sich zuerst mit *Docker login* mit Ihrer Docker-ID anmelden. Eine Docker-ID erhalten Sie auf der Internetseite von Docker (*http://tinyurl.com/jrjfsoj*).

Um ein Image auf Basis von Windows Server 2016 zur Verfügung zu stellen, können Sie die notwendigen Daten direkt bei Microsoft/Docker herunterladen:

Docker pull microsoft/windowsservercore

Alternativ stehen folgende Befehle zur Verfügung:

Docker pull microsoft/windowsservercore:10.0.14393.321

Docker tag microsoft/windowsservercore:10.0.14393.321 microsoft/windowsservercore

Sie können als Image für Docker-Container in Windows Server 2016, neben der Core-Installation, auch eine Nano-Installation verwenden. In diesem Fall geben Sie den folgenden Befehl ein:

Docker pull microsoft/nanoserver

Wollen Sie einen Container erstellen und starten, verwenden Sie den Befehl *Docker run*. Der Befehl startet das festgelegte Image als Container. So können Sie sicherstellen, dass das Image funktioniert.

Docker run microsoft/windowsservercore

Tipp	Mit dem Docker-Client durchsuchen Sie den Docker-Hub nach Images auf Basis von Windows Server 2016. Dazu verwenden Sie zum Beispiel den Befehl: *Docker search Microsoft*

Auch ein Webserver auf Basis der Internetinformationsdienste (IIS) in Windows Server 2016 lässt sich als Container bereitstellen:

Docker run -it -p 80:80 microsoft/iis cmd

Nach dem Start steht der Webserver mit der Standardwebseite bereit. Um die Standardwebseite im Container zu löschen, verwenden Sie zum Beispiel:

Del C:\inetpub\wwwroot\iisstart.htm

Wollen Sie die Startseite mit einer eigenen Seite ersetzen, verwenden Sie den folgenden Befehl:

Echo "Test für IIS im Windows Server-Container" > C:\inetpub\wwwroot\index.html

Sobald der Container erstellt wurde, können Sie ihn über die Eingabeaufforderung und die PowerShell verwalten. Um sich eine Liste aller Container auf einem Container-Host anzuzeigen, verwenden Sie den Befehl

Docker ps -a

Tipp Die installierte Docker-Version und den Docker-Client lassen Sie sich mit *Docker version* anzeigen.

Verschiedene Images für Core und Nano nutzen

Welche Images Sie auf einem Container-Host nutzen können, hängt davon ab, auf welcher Installationsvariante von Windows Server 2016 Sie den Container-Host betreiben.

Auf Servern mit grafischer Oberfläche und Core-Servern können Sie das Core-Image und das Nano-Image von Windows Server 2016 verwenden. Auf Nano-Servern steht bei Windows-Servern nur das Nano-Image zur Verfügung, als Hyper-V-Container können Sie aber auch die Core-Server-Variante verwenden.

Windows Server-Container und der Host teilen sich einen einzelnen Kernel, da die Container den Kernel des Container-Hosts nutzen. Dabei muss das Basisimage des Containers mit dem des Hosts übereinstimmen. Windows Server 2016 kennt hier vier Versionierungsgrade: Hauptversion, Nebenversion, Build und die Revision, zum Beispiel »10.0.14393.0«. Die Revisionsnummer wird aktualisiert, wenn Windows-Updates installiert werden. Das Starten von Windows Server-Containern wird verhindert, wenn die Buildnummer nicht übereinstimmt. Das kann zum Beispiel passieren, wenn Sie Vorabversionen von Windows Server 2016 einsetzen oder aktualisierte Container nutzen. Wenn die Buildnummer übereinstimmt, die Revisionsnummer aber unterschiedlich ist, wird der Container zwar gestartet, allerdings ist der produktive Betrieb nicht empfohlen und wird von Microsoft auch nicht unterstützt.

Sie können in der Registry im Pfad *HKEY_LOCAL_MACHINE\Software\Microsoft\Windows NT\CurrentVersion* erkennen, welche Version auf einem Container-Host installiert ist. Stellen Sie sicher, dass die Tags auf *Docker Hub* oder die Image-Hash-Tabelle in der Beschreibung des Image zu der Version des Hosts passt.

Hinweis Hyper-V-Container verwenden eine eigene Instanz des Windows-Kernels. Daher müssen die Versionen von Container-Host und Container-Image nicht übereinstimmen.

Hyper-V-Container-Host anpassen

Wollen Sie Hyper-V-Container nutzen, benötigen Sie auf dem Container-Host natürlich noch Hyper-V als Serverrolle. Hier haben Sie auch die Möglichkeit, mit einer VM zu arbeiten. In diesem Fall müssen Sie aber für die VM die eingebettete (nested) Virtualisierung konfigurieren. Damit das funktioniert, müssen Sie auf dem Hyper-V-Host, auf dem Sie den Container/Hyper-V-Host betreiben, einige Anpassungen in der PowerShell vornehmen (siehe auch Kapitel 7):

#replace with the virtual machine name

$vm = "<virtual-machine>"

#configure virtual processor

```
Set-VMProcessor -VMName $vm -ExposeVirtualizationExtensions $true -Count 2
#disable dynamic memory
Set-VMMemory $vm -DynamicMemoryEnabled $false
#enable mac spoofing
Get-VMNetworkAdapter -VMName $vm | Set-VMNetworkAdapter -MacAddressSpoofing On
```

In der virtuellen Maschine, die Sie als Container-Host für Docker und Hyper-V-Container nutzen wollen, können Sie dann noch Hyper-V über die PowerShell installieren:

Install-WindowsFeature hyper-v

Nano-Server als Container-Host verwenden

Windows Server-Container auf Basis von Docker, aber auch die Hyper-V-Container lassen sich auch auf Nano-Servern betreiben. Sie haben hier zusätzlich die Möglichkeit, den Nano-Server zu virtualisieren. Wollen Sie auf dem Nano-Server auch Hyper-V-Container nutzen, müssen Sie in diesem Fall die eingebettete Virtualisierung aktivieren, so wie im vorangegangenen Abschnitt erläutert. In den Kapiteln 2 bis 4 und 7 sind wir bereits auf diese Themen eingegangen. Generell kann es sinnvoll sein, den Nano-Server in die Domäne mit aufzunehmen.

Eine Remote-PowerShell-Sitzung mit dem Nano-Server erstellen

Um die Container auf einem Nano-Server zu verwalten, sollten Sie am besten über eine RDP-Sitzung des Hyper-V-Hosts, auf dem Sie den Nano-Server virtualisieren, eine Remote-PowerShell-Sitzung zum Nano-Server aufbauen.

Fügen Sie im ersten Schritt den Nano-Server zu den vertrauenswürdigen Hosts auf dem Hyper-V-Host hinzu. Dazu verwenden Sie die IP-Adresse des Nano-Servers. Diese erfahren Sie auch über die Nano Server Recovery Konsole (siehe die Kapitel 2 und 3).

> **Hinweis** In diesem und den folgenden Beispielen hat der Nano-Server die IP-Adresse *192.168.178.225*, der Server trägt die Bezeichnung *nano-hyperv* und ist Mitglied der Domäne *joos.int*.

Set-Item WSMan:\localhost\Client\TrustedHosts 192.168.178.225 -Force

Danach erstellen Sie die Remote-PowerShell-Sitzung:

Enter-PSSession -ComputerName 192.168.178.225 -Credential joos\Administrator

Alle Befehle, die Sie jetzt eingeben, werden auf dem Nano-Server ausgeführt.

Windows-Updates auf Nano-Servern installieren

Damit Container auf Nano-Servern funktionieren, müssen Sie die neuesten Updates für Windows Server 2016 installieren. Das gilt natürlich genauso für Core-Server und Server mit grafischer Benutzeroberfläche. Auf Nano-Servern ist die Installation von Windows-Updates teilweise etwas komplizierter. Geben Sie zur Installation von Windows-Updates die folgenden Befehle in einer Remote-PowerShell-Sitzung ein:

$sess = New-CimInstance -Namespace root/Microsoft/Windows/WindowsUpdate -ClassName MSFT_WUOperationsSession

Invoke-CimMethod -InputObject $sess -MethodName ApplyApplicableUpdates

Nachdem alle Updates installiert sind, können Sie den Nano-Server über die Remote-PowerShell-Sitzung neu starten:

Restart-Computer -Force

Docker auf Nano-Servern installieren

Auch auf Nano-Servern müssen Sie Docker installieren, um Windows Server-Container zu nutzen. Verbinden Sie sich dazu nach der Installation der neuesten Updates mit einer Remote-PowerShell-Sitzung und installieren Sie Docker:

Install-Module -Name DockerMsftProvider -Repository PSGallery -Force

Install-Package -Name docker -ProviderName DockerMsftProvider

Nachdem die Installation abgeschlossen ist, starten Sie den Nano-Server neu:

Restart-Computer -Force

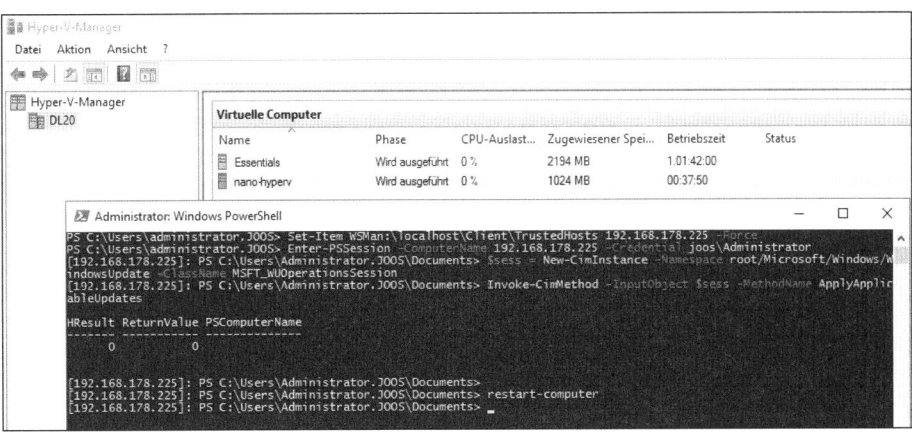

Abbildung 26.1: Installieren von Windows-Updates auf Nano-Servern über eine Remote-PowerShell-Sitzung

Basis-Container-Images auf dem Nano-Server integrieren

Um ein Container-Image auf Nano-Servern zu installieren, verwenden Sie den folgenden Befehl:

Docker pull microsoft/nanoserver

Wollen Sie auch Hyper-V-Container verwenden, müssen Sie Hyper-V auf Ihrem Nano-Server installieren. Wie Sie dazu vorgehen, zeigen wir in den Kapiteln 2 und 7. Anschließend können Sie das Container-Image für Core-Server auf den Nano-Server herunterladen:

Docker pull microsoft/windowsservercore

Abbildung 26.2: Docker installieren Sie über die PowerShell des Hyper-V-Hosts auf dem virtuellen Nano-Server.

Besonderheiten beim Betrieb von Docker unter Nano-Server

Für den Betrieb von Docker auf einem Nano-Server sind einige Besonderheiten zu berücksichtigen.

Erstellen Sie auf dem Nano-Server eine Firewallregel für die Docker-Verbindung. Bei unsicheren Verbindungen wird Port 2375 verwendet, bei sicheren Verbindungen Port 2376. Auch diese Befehle geben Sie wieder in der Remote-PowerShell-Sitzung ein:

Netsh advfirewall firewall add rule name="Docker daemon " dir=in action=allow protocol=TCP localport=2375

Erstellen Sie eine *daemon.json*-Datei auf dem Nano-Server-Host:

New-Item -Type File c:\ProgramData\docker\config\daemon.json

Geben Sie den folgenden Befehl ein, um die entsprechenden Daten in die Datei einzutragen:

Add-Content 'c:\programdata\docker\config\daemon.json' '{"hosts": ["tcp://0.0.0.0:2375", "npipe://"] }'

Starten Sie den Docker-Dienst neu:

Restart-Service docker

Einen Docker-Client installieren

Um auf dem Hyper-V-Host, auf dem Sie den Nano-Server installiert haben, die Container zu verwalten, benötigen Sie den Docker-Client auch auf dem Hyper-V-Host. Dazu geben Sie folgende Befehle in der PowerShell ein:

Invoke-WebRequest "https://download.docker.com/components/engine/windows-server/cs-1.12/docker.zip" -OutFile "$env:TEMP\docker.zip" -UseBasicParsing

Expand-Archive -Path "$env:TEMP\docker.zip" -DestinationPath $env:ProgramFiles

$env:path += ";c:\program files\docker"

[Environment]::SetEnvironmentVariable("Path", $env:Path + ";C:\Program Files\Docker", [EnvironmentVariableTarget]::Machine)

Anschließend können Sie über den Hyper-V-Host und den Docker-Client auf die Docker-Installation des Nano-Servers zugreifen:

Docker -H tcp://<IP-Adresse des Nano-Servers>:2375 run -it microsoft/nanoserver cmd

---

Tipp   Mit dem Befehl *Install-Module posh-docker* laden Sie die automatische Vervollständigung für den Docker-Client auf einen Rechner. Nach der Installation können Sie mit der ⇥-Taste durch die Befehle und Optionen des Docker-Clients schalten. In der PowerShell importieren Sie das Modul mit *Import-Module posh-docker*.

Hyper-V-Container auf Nano-Servern nutzen

Auf Nano-Servern können Sie Container mit dem Container-Image auf Basis des Nano-Image erstellen. Sie können dazu nicht das Core-Image verwenden. Setzen Sie aber auf Hyper-V-Container, können Sie auch das Core-Image als Vorlage für Windows Server-Container verwenden. Dazu müssen Sie jedoch auf dem Nano-Server zuvor Hyper-V installiert haben. Den Befehl können Sie ebenfalls in einer Remote-PowerShell-Sitzung durchführen:

Install-NanoServerPackage Microsoft-NanoServer-Compute-Package

Auch hier müssen Sie den Nano-Server danach neu starten:

Restart-Computer -Force

Erweiterte Konfiguration von Containern durchführen

Sobald Sie den Container-Host installiert und gestartet haben, können Sie mit Docker bereits Container-Images bei Microsoft herunterladen und starten. Auf Basis von Containern lassen sich schnell und einfach eigene Images erstellen. Sie können auch in den Containern Serveranwendungen installieren und bereitstellen.

Container erstellen und Serverdienste verwalten

Docker ermöglicht auch die lokale Verwaltung der Serverrollen. Erstellen Sie zum Beispiel mit dem folgenden Befehl einen neuen Container und wechseln durch Hinzufügen der Option *-it* direkt in die Eingabeaufforderung, können Sie innerhalb des Containers die PowerShell starten und Installationen vornehmen:

Docker run -it --name winiis -p 80:80 microsoft/windowsservercore

Sobald sich die Eingabeaufforderung des Containers öffnet, können Sie mit dem Befehl *Powershell* auf dem Container eine lokale PowerShell-Sitzung öffnen.

Anschließend prüfen Sie zunächst, ob die Internetinformationsdienste (IIS) auf dem Container installiert sind. Dazu verwenden Sie den gleichen Befehl wie bei herkömmlichen Servern mit Windows Server 2016:

Get-WindowsFeature web-server

Um IIS zu installieren, verwenden Sie wiederum den folgenden Befehl:

Install-WindowsFeature web-server

Sobald IIS im Container installiert ist, können Sie über den Befehl *Ipconfig* die IP-Adresse des Containers anzeigen lassen und zum Beispiel vom Container-Host aus mit dem Internet Explorer auf die IP-Adresse des Containers zugreifen. Da IIS installiert ist und Sie den Port 80 auf dem Container aktiviert haben, wird die IIS-Startseite angezeigt.

Tipp Mit *Docker inspect <ID>* können Sie erweiterte Informationen für Container sowie die IP-Adresse des Containers abrufen.

Container und eigene Images erstellen

Auch eigene Images können erstellt und bearbeitet werden. Dies erfolgt zum Beispiel auf Basis bestehender Container, die Sie wiederum mit *Docker ps -a* anzeigen lassen:

Docker commit <ID> <Ordner>/meincontainerimage

Beispiel:

Docker commit 662f25d6d835 windowsiis/joosimageiis

In Docker können Sie also auch Container mit bereits installierten Anwendungen als neues Image speichern und dieses Image für neue Container verwenden. Ob das Image erstellt wurde, können Sie mit *Docker images* anzeigen lassen.

Um Container zu löschen, verwenden Sie den Befehl *Docker rm <Name des Containers>*, der Befehl *Docker rmi <Name des Image>* löscht Docker-Images.

Um zum Beispiel einen Container mit IIS zur Verfügung zu stellen und auf dessen Basis weitere Images anzulegen, müssen Sie zunächst einen neuen Container erstellen, der auf dem vorgefertigten Image basiert:

Docker run -d -p 80:80 microsoft/iis ping -t localhost

Über den Befehl können Sie auch direkt die Ports aktivieren (*-p*) und sicherstellen, dass die Internetinformationsdienste als Dienst gestartet werden (*-d*). Alle gestarteten Container sehen Sie mit *Docker ps*. Nehmen Sie Änderungen an einem Container vor, können Sie diesen Container zum Beispiel als neues Image speichern und auf Basis dieses Image weitere Container. Dazu verwenden Sie den Befehl *Docker ps -a*, um sich den Namen des Containers anzuzeigen. Anschließend erstellten Sie das Image mit dem folgenden Befehl:

Docker commit <ID> <Neuer Name>

Dockerfiles für eigene Images erstellen

Auf Basis dieses Image erstellen Sie jederzeit weitere Container. Der Vorgang lässt sich automatisieren, indem Sie ein sogenanntes »Dockerfile« verwenden. Dabei handelt es sich um eine Anweisungsdatei für neue Container.

Erstellen Sie dazu ein Verzeichnis auf dem Host und legen Sie darin eine Datei *Dockerfile* (ohne Dateiendung) an. Sie können den Vorgang zum Beispiel mit der PowerShell durchführen:

Powershell New-Item c:\build\Dockerfile -Force

Die Automatisierung nehmen Sie über Befehle in der Datei vor. Dazu müssen Sie die Datei *Dockerfile* in Notepad öffnen:

Notepad c:\build\Dockerfile

In der Datei können Sie zum Beispiel festlegen, dass ein neues Image erstellt werden soll, das IIS als Basis nutzt. In der Datei können Sie auch bestimmen, dass Änderungen an der Konfiguration vorgenommen werden:

FROM microsoft/iis

RUN echo "Dockerfile-Test für automatische Bereitstellung" > c:\inetpub\wwwroot\index.html

Generell können Sie bei Dockerfiles mit der Anweisung *FROM* festlegen, auf welcher Basis der neue Container erstellt werden soll, zum Beispiel mit:

FROM windowsservercore

Mit *RUN* legen Sie fest, was im neuen Container-Image vorgenommen werden soll. Sie können zum Beispiel mit dem folgenden Befehl die Internetinformationsdienste (IIS) in einem neuen Container-Image installieren:

RUN dism.exe /online /enable-feature /all /featurename:iis-webserver /NoRestart

Wollen Sie das Visual Studio-Paket in einem Container installieren, verwenden Sie diesen Aufruf:

RUN start-Process c:\vcredist_x86.exe -ArgumentList '/quiet' -Wait

---

Tipp Sie können über ein Dockerfile auch PowerShell-Skripts in ein Container-Image kopieren und ausführen, zum Beispiel mit:

FROM windowsservercore

ADD script.ps1 /windows/temp/script.ps1

RUN powershell.exe -executionpolicy bypass c:\windows\temp\script.ps1

Um auf Basis dieser Änderungen wiederum ein Image zu erstellen, verwenden Sie in diesem Beispiel diesen Befehlsaufruf:

Docker build -t iis-dockerfile c:\Build

Abbildung 26.3: Docker-Container erstellen und verwalten Sie am besten in der PowerShell.

Sie können erstellte Container mit von Ihnen vorgenommenen Änderungen jederzeit als neues Image speichern und dieses Image wiederum für neue Container verwenden. So erstellen Sie also sehr schnell zahlreiche Container mit allen benötigten Einstellungen. Um ein Image zu erstellen, verwenden Sie zum Beispiel den folgenden Befehl:

Docker commit <ID> meincontainerimage

Sobald Sie das Image erstellt haben, können Sie es mit dem Befehl *Docker images* anzeigen lassen und als Grundlage für einen neuen Container verwenden:

Docker run -it --name dockertest2 meincontainerimage cmd

Container in die Cloud laden (Docker Push)

Mit dem Befehl *Docker pull* laden Sie Container-Images aus Ihrem Docker-Konto auf den Container-Host, um auf Basis des Image einen neuen Container zu erstellen. Sie können aber auch den umgekehrten Weg gehen und Images in Ihr Cloud-Konto hochladen. Der Vorteil dabei ist, dass Sie dieses Image jederzeit wieder herunterladen und auch auf anderen Container-Hosts verwenden können. Sie benötigen dazu eine Docker-ID und müssen sich mit *Docker login* anmelden.

Zum Hochladen von Container-Images verwenden Sie den folgenden Befehl:

Docker push <Benutzername>/iis-dockerfile

Nach dem Upload können Sie mit *Docker pull* das Image auf Container-Hosts herunterladen. Wollen Sie das Image nicht mehr verwenden, können Sie es löschen:

Docker rmi <Benutzername>/iis-dockerfile

Hyper-V-Container in Windows Server 2016 anlegen

Betreiben Sie Docker-Container mit Windows Server 2016 innerhalb von Hyper-V als spezielle Hyper-V-Container, schottet das Betriebssystem diese noch mehr ab als herkömmliche Windows Server-Container auf Basis von Docker. Das erhöht die Sicherheit und Stabilität.

Hyper-V-Container werden – ebenso wie virtuelle Server (siehe Kapitel 7) – über virtuelle Switches an das Netzwerk angebunden. Auch Hyper-V-Container bauen auf Docker auf, bieten aber mehr Möglichkeiten zur Erstellung von Containern.

Der Vorteil der Hyper-V-Container ist eine effizientere Isolierung sowie eine Optimierung der Umgebung für Hyper-V. Hyper-V-Container sind immer von anderen Containern und dem Host isoliert. Da Windows Server-Container Teile des Betriebssystems mit dem Host teilen, besteht das Problem, dass ein Container einen ganzen Host und andere Container beeinträchtigen kann. Mit Hyper-V-Containern ist das nicht möglich, da das Betriebssystem isoliert und virtualisiert wird. Dies ermöglicht es, Container mit Anwendungen auszuführen, die in »Lower Trust«-Umgebungen für Angriffe anfällig sind. Beispielsweise würde dies auf Webserver zutreffen.

Hyper-V-Container verstehen

Windows Server-Container teilen sich wichtige Bereiche des Betriebssystems mit dem Host und anderen Containern. Dadurch erhöht sich zwar im Vergleich zu virtuellen Servern die Effizienz der Container, bietet aber auch mögliche Angriffsflächen. Grundsätzlich ist es möglich, dass ein Container andere Docker-Container auf dem Host beeinträchtigt oder angreift. Der Nachteil von Hyper-V-Containern ist eine etwas schlechtere Leistung im Vergleich zu Windows Server-Container. Der Vorteil liegt in der besseren Isolierung der Container. Sie können auch Freigaben des Hosts in Hyper-V-Containern nutzen, zum Beispiel für die Datenspeicherung oder für Installationsmedien. Die Verwaltung von Hyper-V-Containern kann wie bei herkömmlichen Containern über die PowerShell oder die Eingabeaufforderung erfolgen.

In Hyper-V-Containern ist eine eigene Kopie des Betriebssystems integriert. Der Container läuft in einer Art eingeschränkter virtueller Maschine. Zusammen mit Nano-Servern lassen sich dadurch schnelle und sichere Container zur Verfügung stellen, die alle Vorteile von Windows Server 2016 nutzen. Windows Server-Container, Hyper-V-Container und Nano-Server können gemeinsam und parallel eingesetzt werden.

Sie können in Hyper-V-Containern auch Rechte delegieren, zum Beispiel für mandantengestützte Systeme. Die Hyper-V-Container eines Mandanten können miteinander kommunizieren, während die Container der anderen Mandanten abgeschottet sind. Die Abschottung der Gruppen erfolgt durch Hyper-V in Windows Server 2016. Hyper-V-Container lassen sich per Hyper-V-Replikation auf andere Hyper-V-Hosts replizieren und mit Hyper-V-Clustern hochverfügbar betreiben. Die Übertragung von Hyper-V-Containern auf andere Knoten mit der Livemigration ist ebenfalls möglich.

Kapitel 26: Windows Server-Container, Docker und Hyper-V-Container

Hinweis Container-Images müssen nicht angepasst werden, um sie auch als Hyper-V-Container zu nutzen. Images für Container lassen sich für herkömmliche Container, aber auch für Hyper-V-Container nutzen. Sie benötigen also keine verschiedenen Images für die unterschiedlichen Einsatzgebiete.

Bei Bedarf können Sie Windows Server-Container mit wenigen Schritten zu Hyper-V-Container konvertieren. Auch der umgekehrte Weg ist jederzeit möglich. Hyper-V-Container können Sie jederzeit wieder in herkömmliche Container konvertieren. Einstellungen und Daten gehen dabei nicht verloren.

Arbeiten Sie mit einem Nano-Server als Container-Host, können Sie in diesem Hyper-V-Container aktivieren. Nach der Aktivierung verfügt der Container über eine virtuelle Hardware. Diese können Sie in der PowerShell des Servers mit *Get-PnpDevice* anzeigen lassen. In Hyper-V-Containern werden Netzwerkadapter und SCSI-Adapter als Hyper-V-Hardware angezeigt.

Hyper-V-Container erstellen und konfigurieren

Haben Sie Container erstellt, können Sie sie mit der PowerShell und dem Docker-Client verwalten. Hier gibt es zunächst keine Unterschiede zwischen Hyper-V-Containern und Windows Server-Containern. Beim Erstellen eines Hyper-V-Containers mit Docker wird der Parameter *--isolation=hyperv* verwendet.

Wollen Sie einen herkömmlichen Container mit Docker zu einem Hyper-V-Container konvertieren, setzen Sie eine Isolierungsmarkierung. Der Befehl sieht dann zum Beispiel folgendermaßen aus:

Docker run --rm -it --isolation=hyperv nanoserver cmd

Die Vorteile lassen sich an einem Beispiel zeigen. Erstellen Sie mit dem folgenden Befehl einen Container und lassen darin einen dauerhaften Ping-Befehl laufen, ist der Prozess auf dem Host selbst zu erkennen:

Docker run -d Microsoft/windowsservercore ping localhost -t

Der erfolgreich erstellte Container wird mit *Docker ps* angezeigt. Mit *Docker top <Name des Containers>* lassen Sie sich die Prozesse im Container anzeigen. Den Namen sehen Sie mit *Docker ps*.

```
Usage:  docker top CONTAINER [ps OPTIONS]

Display the running processes of a container

C:\Users\administrator.JOOS>docker top fd4658719413
Name                    PID          CPU                  Private Working Set
smss.exe                3820         00:00:00.218         262.1 kB
csrss.exe               5192         00:00:00.281         974.8 kB
wininit.exe             5152         00:00:00.281         852 kB
services.exe            844          00:00:00.546         2.183 MB
lsass.exe               848          00:00:00.437         3.486 MB
svchost.exe             5900         00:00:00.250         2.322 MB
svchost.exe             5504         00:00:00.140         1.761 MB
svchost.exe             2512         00:00:00.312         2.261 MB
svchost.exe             1200         00:00:00.375         5.48 MB
svchost.exe             2292         00:00:00.140         3.002 MB
svchost.exe             3792         00:00:01.125         8.815 MB
svchost.exe             2392         00:00:03.234         4.653 MB
svchost.exe             5356         00:00:00.437         3.604 MB
svchost.exe             2212         00:00:00.015         872.4 kB
CExecSvc.exe            1080         00:00:00.031         733.2 kB
PING.EXE                708          00:00:00.093         598 kB
TrustedInstaller.exe    3696         00:00:00.078         1.278 MB
TiWorker.exe            4644         00:00:02.500         3.322 MB
```

Abbildung 26.4: Lassen Sie sich die im Container ablaufenden Prozesse anzeigen.

In diesem Beispiel sehen Sie anschließend den Ping-Prozess und dessen ID. Mit dem Befehl *Get-Process -Name ping* lassen Sie sich diese Informationen anzeigen. Dadurch ist zu erkennen, dass der Prozess über die gleiche ID wie im Container verfügt.

Alternativ können Sie einen isolierten Hyper-V-Container mit der Option *--isolation* erstellen:

Docker run -d --isolation=hyperv microsoft/nanoserver ping -t localhost

Auch hier lässt sich jetzt auf dem gleichen Weg die ID des Prozesses für den Ping-Befehl abrufen. Dazu verwenden Sie wieder *Docker top*. Suchen Sie erneut nach dem Prozess auf dem Host, ist dieser allerdings nicht zu sehen. Auf dem Host wird in diesem Fall aber der Prozess einer neuen VM sichtbar. Dabei handelt es sich um den virtuellen Computer, der den Hyper-V-Container kapselt und die ausgeführten Prozesse vor dem Hostbetriebssystem schützt.

Docker, Hyper-V-Container und VMs parallel einsetzen

Neben herkömmlichen Windows Server-Containern und Hyper-V-Containern, können Sie dann auf einem Hyper-V-Host (auch auf einem Nano-Server) virtuelle Maschinen erstellen, die wiederum mit den Containern kommunizieren können. Container-Host und Hyper-V-Host schließen sich also nicht aus.

Herkömmliche Installationen von Windows Server 2016 arbeiten mit Containern und Hyper-V-Containern zusammen, genauso wie Core- oder Nano-Installationen von Windows Server 2016. Die Server und Dienste lassen sich in einem gemeinsamen Netzwerk betreiben, auch zusammen mit anderen Betriebssystemen wie Windows Server 2012/2012 R2 oder Linux.

Windows Server-Container in der PowerShell verwalten

Container können Sie recht einfach über die PowerShell verwalten. Das gilt auch für lokale Installationen von Container-Hosts. Mit dem Befehl *Powershell* starten Sie in der Eingabeaufforderung eine neue PowerShell-Sitzung. Alle Befehle für die Verwaltung von Containern lassen Sie sich mit dem Befehl *Get-Command -Module Containers* auflisten.

Nachdem ein Container gestartet ist, können Sie eine PowerShell-Sitzung öffnen und sich mit dem Container verbinden. Dadurch verwalten Sie auch Einstellungen und Serverdienste im Container. Für den Verbindungsaufbau benötigen Sie die ID des Containers. Diese können Sie zum Beispiel mit *Docker ps* herausfinden.

Für den Verbindungsaufbau verwenden Sie den Befehl *Enter-PSSession*. Zusammen mit der Container-ID sowie der Option *RunAsAdministrator* bauen Sie eine Verbindung auf. Der Container hat eine eigene IP-Adresse erhalten, damit er mit dem Netzwerk/Internet kommunizieren kann. Die Syntax des Befehls sieht folgendermaßen aus:

Enter-PSSession -ContainerId <ID> -RunAsAdministrator

Befehle, die Sie hier eingeben, werden im Container durchgeführt. Mit *Exit* verlassen Sie die Sitzung im Container und arbeiten wieder mit dem eigentlichen Container-Host. Bei der Erstellung neuer Container spielen auch die virtuellen Switches auf dem Host eine Rolle. Diese können Sie in der PowerShell mit *Get-VMSwitch* anzeigen. Container verbinden sich über die virtuellen Switches mit dem Netzwerk.

Kapitel 26: Windows Server-Container, Docker und Hyper-V-Container

Sie können in Containern Sitzungen unterbrechen und erneut aufbauen. Bei unterbrochenen Sitzungen laufen die Cmdlets in der Sitzung weiter. Dazu nutzen Sie die Cmdlets *Disconnect-PSSession*, *Connect-PSSession* und *Receive-PSSession*.

Wollen Sie von einer lokalen PowerShell-Sitzung über das Netzwerk Programme auf einem Container starten, verwenden Sie den folgenden Befehl:

Invoke-Command -ContainerId <ID> -RunAsAdministrator -ScriptBlock { <Befehl> } -RunAsAdministrator

Ein Beispiel für die Ausführung ist:

Invoke-Command -ContainerId b2f55c8c-28d7-4c0c-ab2b-9ee62c9ae6ea -RunAsAdministrator -ScriptBlock { ipconfig } -RunAsAdministrator

Zusammenfassung

In diesem Kapitel haben Sie erfahren, wie Sie die neuen Container in Windows Server 2016 nutzen sowie Hyper-V-Container einsetzen. Auch die Installation von Container-Hosts war Thema in diesem Kapitel.

Im nächsten Kapitel erläutern wir Ihnen, wie Sie den Webserver IIS in Windows Server 2016 nutzen. Dieser lässt sich auch in Containern betreiben, aber auch auf Nano-Servern, auf Core-Servern und ebenso auf herkömmlichen Servern mit Windows Server 2016.

Kapitel 27
Webserver mit IIS einrichten

In diesem Kapitel:
Installation, Konfiguration und erste Schritte 694
Anwendungspools verwalten 701
Module in IIS 10 verwalten 703
Die IIS-Verwaltung delegieren 704
Sicherheitsfunktionen in IIS 10 konfigurieren 707
Webseiten, Dokumente und HTTP-Verbindungen konfigurieren 711
IIS 10 überwachen und Protokolldateien konfigurieren 715
Die Serverleistung optimieren 718
Einen FTP-Server betreiben 720
Die E-Mail-Anbindung von Servern konfigurieren 725
Zusammenfassung 727

Microsoft hat in Windows Server 2016 auch die Internetinformationsdienste (Internet Information Services, IIS) überarbeitet. In Windows Server 2016 sind die Internetinformationsdienste in der Version 10 enthalten. Wir gehen in diesem Kapitel ausführlicher auf diesen Webdienst ein. In Kapitel 30 finden Sie ebenfalls weitere Informationen zum Thema IIS.

Hinweis Die Internetinformationsdienste sind nicht nur auf Servern mit grafischer Oberfläche verfügbar, sondern auch auf Core-Servern, Nano-Servern und in Containern (siehe Kapitel 2, 3 und 26).

Auf den beiden Seiten *http://www.iis.net* und *http://www.microsoft.com/web* erhalten Sie zusätzliche Informationen und Tools rund um IIS.

Für die Remoteverwaltung von Webservern wird unter Windows Server 2016 HTTP und HTTPS verwendet. Der IP-Filter in IIS kann dynamisch IP-Adressen filtern und blockieren. Diese Funktion installieren Sie als eigenes Feature für IIS im Server-Manager.

In Windows Server 2016 haben Sie zusätzlich noch die Möglichkeit, SSL-Zertifikate einer IIS-Farm zentral zu speichern. Bis Windows Server 2008 R2 mussten Sie diese Daten noch lokal auf jedem Server der Farm speichern.

Mit IIS 10 in Windows Server 2016 unterstützt Microsoft auch HTTP/2. Außerdem können Sie für Hostheader auch Platzhalter verwenden, auch zusammen mit der PowerShell. Ein Cmdlet-Aufruf dazu sieht zum Beispiel folgendermaßen aus:

New-WebBinding -Name "Default Web Site" -IPAddress "" -Port 80 -HostHeader "*.contoso.com"*

Wollen Sie verhindern, dass sich der Webserver als IIS 10-Server nach außen meldet, können Sie den Serverheader in der PowerShell entfernen:

Set-WebConfigurationProperty -PsPath 'MACHINE/WEBROOT/APPHOST' -Filter "system.webServer/security/requestFiltering" -Name "removeServerHeader" -Value "True"

Hinweis	Die Internetinformationsdienste in der Version 10 arbeiten auch mit Nano-Servern zusammen und lassen sich auf Nano-Servern installieren. Die Verwaltung von IIS erfolgt in diesem Fall über das Netzwerk mit den gleichen Verwaltungstools wie bei der Verwaltung lokaler Server. Sie können in einer solchen Infrastruktur auch externe Dienste wie Tomcat oder WordPress direkt auf Nano-Servern betreiben.

Installation, Konfiguration und erste Schritte

IIS 10 installieren Sie als Rolle über den Server-Manager und der Rolle *Webserver*. Das Verwaltungstool finden Sie nach der Installation über den Server-Manager oder durch Eingabe von »inetmgr« im Suchfeld der Startseite. Die Installation von weiteren Rollendiensten können Sie jederzeit über den Server-Manager durchführen.

Der Internetinformationsdienste-Manager ist das zentrale Werkzeug zur Verwaltung des Webservers in Windows Server 2016. Lesen Sie sich dazu auch das Kapitel 30 durch.

Wichtig für den Betrieb von IIS ist der Ordner *C:\Windows\System32\inetsrv*. Dieser enthält die Dateien zur Konfiguration und Verwaltung von IIS sowie Module, die der Server benötigt. Standardmäßig verwendet das Befehlszeilentool Appcmd zum Lesen von Einstellungen und Schreiben von Änderungen die Datei *applicationHost.config* aus dem Ordner *C:\Windows\System32\inetsrv\config*. Es handelt sich dabei um eine editierbare *.xml*-Datei. Sie enthält Definitionen für alle Websites, Anwendungen, virtuelle Ordner und Anwendungspools. Auch globale Einstellungen sind hier hinterlegt. Aus diesem Grund ist die Sicherung mit Appcmd besonders sinnvoll.

Installation, Konfiguration und erste Schritte

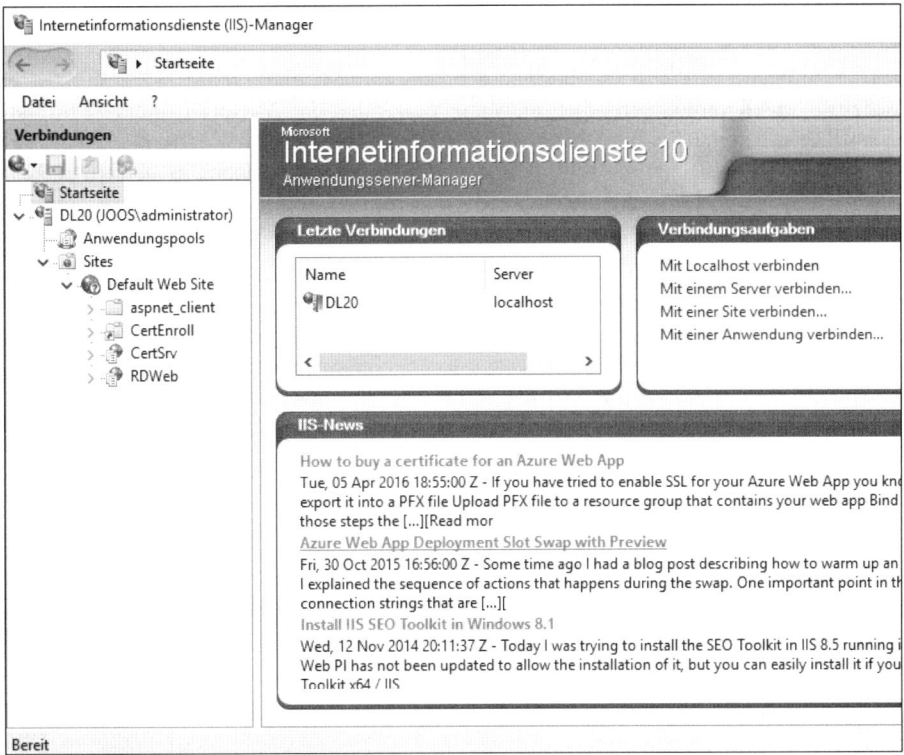

Abbildung 27.1: Die Internetinformationsdienste verwalten

Der Ordner *C:\inetpub* ist der Arbeitsordner von IIS. Er enthält verschiedene Unterordner. Hier sind die Webseiten gespeichert (*C:\inetpub\wwwroot*), die Fehlerseiten (*C:\inetpub\custerr*) und verschiedene Protokolldateien (*C:\inetpub\logs*). Auch eine regelmäßige Sicherung der Konfiguration (*C:\inetpub\history*) und der temporären Arbeitsordner (*C:\inetpub\temp*) finden Sie hier. Diese Dateien sichert Appcmd nicht, sondern sie müssen manuell gesichert werden.

Webseiten in IIS anzeigen

Die Webseiten, die ein IIS-Server verwaltet, können Sie in der grafischen Verwaltungsoberfläche oder über die Eingabeaufforderung anzeigen. In der grafischen Oberfläche sehen Sie die Webseiten und deren virtuellen Ordner in einer Baumstruktur wie im Explorer.

Neben der grafischen Oberfläche können Sie die Webseiten auch in der Eingabeaufforderung über den Befehl *Appcmd list SITE* anzeigen. Mit diesem Befehl werden aber nur die Webseiten, nicht die enthaltenen virtuellen Ordner aufgeführt. Auch der Status der einzelnen Seiten wird in der Eingabeaufforderung angezeigt. Allerdings befindet sich der Pfad zu diesem Tool nicht in den Systemvariablen. Sie können es daher nur aus dem Verzeichnis *C:\Windows\System32\inetsrv* heraus starten.

Kapitel 27: Webserver mit IIS einrichten

Webseiten hinzufügen und verwalten

Das Hinzufügen von Webseiten übernehmen viele Applikationen selbst, wie zum Beispiel Exchange, die Remotedesktopdienste, SharePoint oder die Active Directory-Zertifikatdienste (siehe Kapitel 30). Um eine neue Webseite manuell hinzuzufügen, klicken Sie mit der rechten Maustaste auf den Eintrag *Sites* und wählen im Kontextmenü den Befehl *Webseite hinzufügen* aus. Dieser Menübefehl steht auch im *Aktionen*-Bereich der MMC zur Verfügung.

Im daraufhin geöffneten Fenster geben Sie die Daten für die neue Webseite ein. Hier wählen Sie auch den Anwendungspool sowie den physischen Pfad zu den Daten der Webseite aus. Zusätzlich legen Sie fest, mit welchem Benutzerkonto sich das System in dem physischen Ordner anmeldet, um auf die Daten des Servers zuzugreifen. Im Bereich *Bindung* wählen Sie aus, mit welchem Protokoll auf die Webseite zugegriffen werden kann, welche IP-Adresse im Einsatz ist und welcher Port für den Zugriff offen ist. Mehr zu diesem Thema lesen Sie in Kapitel 30.

Abbildung 27.2: Eine neue Webseite in IIS erstellen und konfigurieren

Neben der grafischen Oberfläche können Sie neue Webseiten auch über die Eingabeaufforderung erstellen:

Appcmd add SITE /name:<Name> /id:<ID> /physicalPath:<Pfad> /bindings:<URL>

Hinweis Um das Befehlszeilentool Appcmd aufrufen zu können, müssen Sie in der Eingabeaufforderung zunächst in den Ordner *%Windir%\system32\inetsrv* wechseln.

Als *ID* können Sie eine normale Zahl zur Identifikation der Seite verwenden. Die Option *bindings* ist eine Kombination aus Protokoll, IP-Adresse, Port und Header der Seite. So wird durch die Option *http/*:88* bestimmt, dass die neue Seite auf alle Anfragen zu allen Domänen auf den Port 88 antwortet. Durch die Option *http/*:88:shop.contoso.com* hört die Seite auf den Port 88 aller IP-Adressen zur Domäne *shop.contoso.com*.

Installation, Konfiguration und erste Schritte

Beispiel

Um im physischen Ordner *c:\contoso* eine neue Seite mit der ID 2 zu erstellen, die auf HTTP-Anfragen zum Port 88 auf alle IP-Adressen und der Domäne *shop.contoso.com* hört, verwenden Sie den folgenden Befehl:

Appcmd add SITE /name:contoso /id:2 /physicalPath:c:\contoso /bindings:http/*:88:shop.contoso.com

Bindungen einer Seite nachträglich bearbeiten

Haben Sie eine Webseite erstellt, können Sie die Bindungen, also das Protokoll, die IP-Adresse und den Port, über den die Webseite zur Verfügung steht, anpassen. Über den Eintrag *Bindungen bearbeiten* im Kontextmenü einer Webseite können Sie auch Hostnamen von Webseiten nachträglich bearbeiten. Lesen Sie sich dazu das Kapitel 30 durch.

Abbildung 27.3: Die Bindungen von Webseiten können nachträglich angepasst werden.

Über die Bindungen aktivieren Sie zum Beispiel auch SSL für eine Webseite. Wie Sie dabei vorgehen, lesen Sie in Kapitel 30.

Grundeinstellungen von Webseiten bearbeiten

Über den Link *Grundeinstellungen* im *Aktionen*-Bereich der Verwaltungskonsole passen Sie den physischen Pfad und den Anwendungspool einer Webseite nachträglich an.

Abbildung 27.4: Die Grundeinstellungen einer Webseite bearbeiten

Den Webserver starten und beenden

Beim Installieren von Patches oder der Änderung von wichtigen Systemeinstellungen ist es oft notwendig, den Webserver neu zu starten. Dazu müssen Sie nicht den kompletten Server neu booten, sondern Sie können die Internetinformationsdienste einzeln beenden und starten. Das Beenden und den Start von IIS können Sie über die Verwaltungskonsole durchführen, indem Sie die entsprechenden Befehle aus dem Kontextmenü des Servers oder im *Aktionen*-Bereich auswählen.

Alternativ können Sie in der Eingabeaufforderung den Befehl *Net stop w3svc* zum Beenden und *Net start w3svc* zum Starten des Diensts eingeben. In vielen Fällen verwenden Sie zum Neustart auch das Dienstprogramm *Iisreset* in der Eingabeaufforderung. Damit keine Daten verloren gehen, sollten Sie den Befehl möglichst immer mit der Option */noforce* starten.

Neben dem Starten und Stoppen des kompletten Servers können Sie auch einzelne Webseiten zeitweise deaktivieren. Alle anderen Webseiten des Servers bleiben davon unbeeinflusst. Klicken Sie dazu im Internetinformationsdienste-Manager auf die Website, die neu gestartet oder beendet werden soll. Im *Aktionen*-Bereich der Konsole werden im Abschnitt *Website verwalten* die Befehle zum Neustart und zum Beenden angezeigt.

Über die Eingabeaufforderung können Sie mit dem Tool Appcmd ebenfalls einen Neustart oder das Beenden durchführen. Zum Beenden der Webseite *contoso* geben Sie den Befehl *Appcmd stop SITE /site.name:contoso* ein, mit *Appcmd start SITE /site.name:contoso* wird die Seite wieder gestartet.

Systemdateien des IIS verstehen

Wie bereits mehrfach erwähnt, bietet IIS 10 neben der Verwaltung über die grafische Oberfläche des Internetinformationsdienste-Managers auch ein Befehlszeilentool für die Verwaltung mit der Bezeichnung Appcmd an.

Das Tool befindet sich allerdings nicht im Pfad der Eingabeaufforderung, kann also nicht direkt aufgerufen werden. Sie müssen daher zuvor in den Ordner *\Windows\System32\inetsrv* wechseln. Eine ausführliche Hilfe erhalten Sie über *Appcmd /?*. Da die Hilfe kontextsensitiv ist, können Sie ferner für einzelne Befehle, wie zum Beispiel *Appcmd SITE /?*, die entsprechende Hilfe aufrufen. Wir zeigen Ihnen in den Abschnitten in diesem Kapitel auch die zu Appcmd gehörigen Befehle.

Mit Appcmd können Einstellungen des Servers, einzelner Webseiten und von *Web.config*-Dateien angepasst werden, zum Beispiel für Skripts. Für die Systemverwaltung von IIS und einzelner Seiten spielen hauptsächlich die drei Dateien *Machine.config*, *Web.config* und *applicationHost.config* eine wesentliche Rolle. In diesen drei Dateien werden die wichtigsten Systemeinstellungen von IIS vorgenommen.

Standardmäßig liest und schreibt das Tool Änderungen in die Datei *applicationHost.config*. Soll der Fokus auf die Datei *Machine.config* oder der obersten *Web.config*-Datei gesetzt werden, muss zusätzlich noch die Option *commit* verwendet werden. Die zusätzliche Option *MACHINE* für *commit* setzt den Fokus auf *Machine.config*, die Option *WEBROOT* aktiviert oder liest Änderungen aus der obersten *Web.config*.

Soll zum Beispiel der Bereich *machineKey* aus der obersten *Web.config* gelesen werden, verwenden Sie den Befehl *Appcmd list CONFIG /section:machineKey /commit:WEBROOT*. Sollen Einstellungen in der *Web.config*-Datei einzelner Seiten vorgenommen werden, muss die Bezeichnung der Seite in den Befehl integriert werden, zum Beispiel über *Appcmd set CONFIG "Contoso" /section:defaultDocument /enabled:false*.

Bei diesem Beispiel werden die Änderungen in der Datei *Web.config* für alle Webseiten unterhalb der Seite *Contoso* vorgenommen. Sollen Änderungen nur in einzelnen Unterwebseiten oder virtuellen Ordnern durchgeführt werden, muss dieser Pfad im Befehl mit angegeben werden, zum Beispiel über:

Appcmd set CONFIG "Contoso/Produkte" /section:defaultDocument /enabled:true

Beispiele

Sie können mit Appcmd auch die aktuellen Anfragen an einen Webserver anzeigen. Dazu wird der Befehl *Appcmd list REQUEST* verwendet.

Tipp   Die aktuellen Einstellungen eines Servers lassen sich mit Appcmd sichern. Mit dem Befehl *Appcmd add BACKUP <Name>* kann eine Sicherungskopie erstellt werden, zum Beispiel bevor Systemänderungen vorgenommen werden.

Die erstellten Sicherungen lassen sich über *Appcmd list BACKUPS* anzeigen und über *Appcmd restore BACKUP <Name>* wiederherstellen.

Das Tool sichert vor allem die folgenden Dateien und kann diese daher auch wiederherstellen:

- *config\applicationHost.config*
- *config\administration.config*
- *config\redirection.config*
- *config\metabase.xml*
- *config\mbschema.xml*
- Alle Schemadateien in *config\schema*

Nutzen Sie aber eine verteilte Konfiguration in IIS, sind die Konfigurationsdateien nicht auf dem lokalen Server gespeichert, sondern in einer Freigabe. Diese nutzen mehrere Webserver für ihre Konfiguration. Appcmd sichert nur lokale Dateien, keine Freigaben. Sichern Sie mit Appcmd in einer verteilten Konfiguration die Internetinformationsdienste, berücksichtigt das Tool aber die Datei *redirection.config*. Hier ist gespeichert, wo die Konfigurationsdateien von IIS liegen.

Sichern Sie den Server vor der Änderung zu einer verteilten Konfiguration und stellen diese wieder her, haben Sie nach der Wiederherstellung wieder eine lokale Konfiguration vorliegen.

Sie können zum Beispiel eine regelmäßige Aufgabe in Windows erstellen und die Konfiguration von IIS in eine Datei sichern. Die Datei lässt sich in der Sicherung des Servers integrieren. Dazu verwenden Sie den folgenden Befehl:

Appcmd add BACKUP "<Name der Datensicherung>"

Vorhandene Sicherungen können jederzeit wieder gelöscht werden. Rufen Sie dazu diesen Befehl auf:

Appcmd delete BACKUP "<Name der Datensicherung>"

Webanwendungen und virtuellen Ordner einer Webseite verwalten

Eine einzelne Webseite kann aus mehreren virtuellen Ordnern oder Anwendungen bestehen, die jeweils über eine eigene URL verfügen, aber unter einem gemeinsamen Dach, der Webseite, agieren.

Die Anwendungen werden im Internetinformationsdienste-Manager als untergeordnete Objekte der Webseite angezeigt. In der Eingabeaufforderung können Sie die Anwendungen eines Webservers mit dem Befehl *Appcmd list APP* anzeigen.

Wollen Sie nur die Anwendung einer einzelnen Webseite anzeigen, verwenden Sie den Befehl *Appcmd list APP /site.name:<Name>*.

Um eine neue Webanwendung zu erstellen, die eine bereits angelegte Webseite nutzt, klicken Sie mit der rechten Maustaste auf die Webseite, unter der Sie die neue Anwendung erstellen wollen, und wählen im Kontextmenü den Befehl *Anwendung hinzufügen* aus. Wollen Sie einen virtuellen Ordner hinzufügen, verwenden Sie im Kontextmenü die Option *Virtuelles Verzeichnis hinzufügen*.

Abbildung 27.5: Eine neue Anwendung zu einer Webseite hinzufügen

Es öffnet sich ein neues Fenster, über das Sie die Daten für die neue Anwendung konfigurieren. Hier geben Sie den Alias, den Anwendungspool, den physischen Pfad und den Benutzer an, mit dem der Dienst auf den Pfad zugreifen soll.

Nachdem die Anwendung erstellt ist, sehen Sie sie als untergeordnetes Objekt der Webseite. Über die Eingabeaufforderung verwenden Sie den Befehl:

Appcmd add APP /site.name:<Name der Webseite> /path:/<Alias der Anwendung> /physicalPath:<Pfad auf der Platte>

Die Einstellungen lassen sich ebenfalls wieder über den *Aktionen*-Bereich der Konsole bearbeiten.

Die erweiterten Einstellungen einer Webanwendung oder der kompletten Seite lassen sich durch den Link *Erweiterte Einstellungen* im *Aktionen*-Bereich oder im Kontextmenü mit dem Befehl *Anwendung verwalten* beziehungsweise *Website verwalten* aufrufen.

Entwicklungstools in Internet Explorer und Microsoft Edge nutzen

Vor allem für Administratoren, aber auch für Entwickler sind die Entwicklertools in Internet Explorer und Microsoft Edge interessant. Diese rufen Sie über die F12-Taste auf. Die Tools zeigen den Quelltext zu einer Seite an und helfen bei der Fehleranalyse, wenn zum Beispiel das Laden einer Seite sehr lange dauert.

Über die Registerkarte *Netzwerk* können Sie die Ladedauern von Seiten überprüfen, um festzustellen, welche Bereiche einer Website das Laden verzögern.

Um eine Seite auch nachträglich zu analysieren, können Sie die Ausgabe speichern.

Anwendungspools verwalten

Webseiten und Webanwendungen können Sie in eigenen Anwendungspools und damit Speicherbereichen betreiben. Der Absturz einer einzelnen Anwendung führt dabei nicht zum Absturz anderer Anwendungen oder des kompletten Servers.

Alle Anwendungspools werden im Internetinformationsdienste-Manager über den Eintrag *Anwendungspools* in der Konsolenstruktur angezeigt und konfiguriert. Über die Eingabeaufforderung können Sie die Anwendungspools über *Appcmd list APPPOOL* anzeigen lassen.

Abbildung 27.6: Die Anwendungspools verwalten und anzeigen

Über den Befehl *Anwendungen anzeigen* im Kontextmenü oder *Aktionen*-Bereich eines Anwendungspools zeigen Sie die Webseiten und Anwendungen an, die sich diesen Anwendungspool teilen. Über die *Zurück*-Schaltfläche in der Oberfläche kehren Sie im Fenster wieder zur Hauptansicht zurück.

In der Eingabeaufforderung wird die Anwendung eines Anwendungspools über *Appcmd list APP /apppool.name:<Name>* angezeigt.

Anwendungspools erstellen und verwalten

Beim Erstellen einer neuen Webseite können Sie im Fenster einen neuen Anwendungspool erstellen. Über den Eintrag *Anwendungspools* in der Konsolenstruktur des Internetinformationsdienste-Managers können Sie ebenfalls neue Anwendungspools über das Kontextmenü oder den *Aktionen*-Bereich erstellen.

Beim Erstellen geben Sie auf dem Standardfenster den Namen, die Version der unterstützten .NET-Version und den verwalteten Pipelinemodus an. Dieser steht normalerweise auf *Integriert*. Dadurch werden Anfragen direkt über IIS und der ASP.NET-Pipeline abgebildet. Ältere Anwendungen haben mit dieser Funktion unter Umständen Schwierigkeiten. In diesem Fall können Sie den Modus auf *Klassisch* stellen.

Wollen Sie die Identität des Anwendungspools oder erweiterte Einstellungen anpassen, rufen Sie nach der Erstellung den Befehl *Erweiterte Einstellungen* oder *Anwendungspoolstandardwerte festlegen* im Kontextmenü oder dem *Aktionen*-Bereich auf. In dem Fenster passen Sie die Einstellungen des Anwendungspools an.

Beenden Sie einen Anwendungspool auf einem Server, sind auch die in diesem Pool verankerten Anwendungen nicht mehr verfügbar. Das ist zum Beispiel beim Einsatz von Exchange interessant.

Exchange ActiveSync läuft als eigener Anwendungspool in IIS. Anwendungspools können für eine oder mehrere webbasierende Anwendungen definiert werden. Die Pools werden in getrennten Prozessräumen ausgeführt, sodass ein Fehler einer Anwendung in einem Pool keine Auswirkungen auf Anwendungen in anderen Pools hat.

Beenden Sie einen Pool, sind auch die enthaltenen Applikationen nicht mehr verfügbar. Da Exchange ActiveSync über einen eigenen Pool verfügt, können Sie über das Beenden des Pools auch Exchange ActiveSync dauerhaft oder für bestimmte Zeit auf diesem Server deaktivieren.

Auf die gleiche Weise können Sie auch andere Anwendungen zeitweise beenden. Funktioniert eine Anwendung nicht, sollten Sie ihren Anwendungspool überprüfen und feststellen, ob dieser funktioniert. Überprüfen Sie in der IIS-Verwaltung über *Anwendungspools* auch, ob alle notwendigen Exchange-Anwendungspools gestartet sind, beim Einsatz von Exchange zum Beispiel der Pool *MSExchangePowerShellAppPool*. Viele Webanwendungen legen automatisch eigene Anwendungspools in IIS an.

Stellen Sie auch sicher, dass das Benutzerkonto, das dem Anwendungspool der Webanwendung zugeordnet ist, Mitglied einer Administratorengruppe ist, wenn Webanwendungen bestimmte Rechte erhalten sollen. Um diesen Benutzer anzuzeigen, starten Sie den IIS-Manager und klicken auf *Anwendungspools*. Klicken Sie anschließend auf den Anwendungspool der Webanwendung.

Klicken Sie auf den Anwendungspool, sehen Sie auch die zugeordnete Identität. Alternativ klicken Sie im *Aktionen*-Bereich des IIS-Managers auf *Erweiterte Einstellungen*, nachdem Sie den Anwendungspool markiert haben.

Arbeitsprozesse in Anwendungspools zurücksetzen

Manche Anwendungen werden im Laufe der Zeit instabiler, da zu viele Anfragen vorliegen oder die Speicherlast zu stark ansteigt. Anwendungspools können in regelmäßigen Abständen die Arbeitsprozesse von Anwendungen zurücksetzen und damit neu starten. Diese Funktion ist ähnlich zum Neustart eines Servers.

Das Zurücksetzen von Arbeitsprozessen bereinigt laufende Anwendungen und kann sie nach dem Neustart beschleunigen. Dieses Wiederverwenden kann über das Kontextmenü konfiguriert werden. Dazu wählen Sie den Befehl *Wiederverwendung*. Dabei besteht die Möglichkeit, in regelmäßigen Zeitabständen, nach einer bestimmten Anzahl von Anfragen oder zu einer bestimmten Zeit ein Zurücksetzen zu konfigurieren. Weitere Möglichkeiten sind das Zurücksetzen bei der starken Auslastung des Arbeitsspeichers oder des virtuellen Speichers.

Das Zurücksetzen von Arbeitsprozessen für Webanwendungen kann Ereignisse in der Ereignisanzeige generieren. Auf der zweiten Seite des Assistenten zur Konfiguration dieses Vorgangs kann ausgewählt werden, welche Ereignisse protokolliert werden sollen.

Abbildung 27.7: Arbeitsprozesse für Anwendungspools zurücksetzen

Module in IIS 10 verwalten

IIS 10 unterscheidet im Betrieb zwischen systemeigenen (nativen) Modulen, die nicht von .NET-Funktionen wie ASP.NET erstellt werden, und verwalteten (managed) Modulen, die durch .NET-Prozesse erstellt werden. Bei den systemeigenen Modulen handelt es sich meistens um *.dll*-Dateien, die in den Webserver integriert werden müssen. Die Module werden über *Module* auf der Hauptseite des Internetinformationsdienste-Managers verwaltet und konfiguriert.

Native Module werden geladen, wenn der Arbeiterprozess (Worker Process) einer Anwendung gestartet und initialisiert wird. Native Module werden immer auf Serverbasis hinzugefügt, können für einzelne Webseiten oder Anwendungen aber deaktiviert werden.

Um ein systemeigenes Modul hinzuzufügen, wählen Sie in der Moduleverwaltung aus dem Kontextmenü oder dem *Aktionen*-Bereich die Option *Verwaltetes Modul hinzufügen* oder *Systemeigene Module konfigurieren* aus. Anschließend kann das entsprechende Modul aktiviert und über die Schaltfläche *Registrieren* dem Server hinzugefügt werden.

Nachdem Sie auf die Schaltfläche *Registrieren* geklickt haben, können Sie einen Namen für das Modul festlegen sowie die entsprechende *.dll*-Datei für das native Modul auswählen. Auf dem gleichen Weg kann ein Modul wieder deinstalliert werden, wenn es nicht mehr benötigt wird.

Die IIS-Verwaltung delegieren

Mit IIS 10 können Sie die Verwaltung von einzelnen Webseiten oder des kompletten Servers delegieren. Administratoren für Webseiten oder Anwendungen müssen nicht unbedingt auch Administratoren des kompletten Servers sein. Es besteht die Möglichkeit, die Verwaltung einzelner Funktionen und Webseiten an verschiedene Administratoren zu verteilen. Da viele IIS-Einstellungen in *Web.config*-Dateien abgelegt sind, können Berechtigungen und Einstellungen auch im Rahmen der Synchronisierung von Webseiten zwischen verschiedenen Servern kopiert werden.

Vorgehensweise bei der Delegierung von Berechtigungen

Um Benutzern das Recht der Verwaltung für einzelne Webseiten oder Anwendungen zu erteilen, können entweder Windows-Benutzerkonten oder spezielle IIS-Konten verwendet werden. Die IIS-Konten können nur innerhalb des Webservers für die Delegierung von Rechten verwendet werden. Damit die Webadministratoren ihre Webseiten auch verwalten können, muss der Verwaltungsdienst auf dem Webserver so konfiguriert sein, dass der Zugriff gestattet wird.

IIS-Manager-Benutzer verwalten

Damit Benutzerkonten speziell in IIS verwaltet werden können, starten Sie den *Internetinformationsdienste-Manager* in der Programmgruppe *Verwaltung*. Sie können das Tool auch durch Eintippen von »inetmgr« aufrufen. Die Benutzerverwaltung wird über den Menübefehl *IIS-Manager-Benutzer* durchgeführt. Klicken Sie darauf, werden im Fenster alle bereits angelegten Benutzer in IIS angezeigt. Über dieses Fenster können weitere Benutzer angelegt, die Kennwörter geändert oder Benutzer gelöscht werden.

Dieses Feature wird allerdings nur dann angezeigt, wenn der Rollendienst *Verwaltungsdienst* unterhalb der *Verwaltungsprogramme* für den Webserver installiert ist. Über das Kontextmenü eines IIS-Manager-Benutzers können Sie verschiedene Verwaltungsaufgaben durchführen. So besteht zum Beispiel auch die Möglichkeit, Benutzer zu deaktivieren. In diesem Fall kann der Benutzer bis zu seiner Aktivierung nicht mehr auf die Verwaltungsoberfläche zugreifen.

Berechtigungen der IIS-Manager-Benutzer verwalten

Nachdem die Benutzerkonten in IIS für die Delegierung angelegt sind, können Sie die Rechte für diese Benutzer über den Menüpunkt *IIS-Manager-Berechtigungen* verwalten. Dazu klicken Sie auf die Webseite, für die Sie den IIS-Manager delegieren wollen, und wählen den Menüpunkt *IIS-Manager-Berechtigungen* aus. Anschließend klicken Sie auf *Benutzer zulassen*. Es öffnet sich ein neues Fenster, über das Sie auswählen können, welche Benutzer zugelassen werden, um den Server zu verwalten. Hier können Sie natürlich auch mit Benutzern aus Active Directory arbeiten.

Die IIS-Verwaltung delegieren

Tipp Damit Sie Benutzer für Webseiten zulassen können, müssen Sie zunächst den *Verwaltungsdienst* im IIS-Manager unter *Verwaltung* aktivieren und die entsprechenden Einstellungen vornehmen. Hier steuern Sie zum Beispiel, ob neben Benutzern aus Windows/Active Directory auch die internen Benutzer aus dem IIS für die Zuweisung von Rechten verwendet werden dürfen.

Abbildung 27.8: Den Verwaltungsdienst für die Remoteverwaltung aktivieren und konfigurieren

Hinweis Standardmäßig ist die Möglichkeit, IIS-Manager für eine Webseite zu delegieren, deaktiviert, da der Server nur Windows-Benutzerkonten zulässt. Damit auch die angelegten IIS-Manager-Benutzer verwendet werden können, muss auf Serverebene über das Feature *Verwaltungsdienst* die Option *Windows-Anmeldeinformationen oder IIS-Manager-Anmeldeinformationen* aktiviert und bestätigt sein. Der Dienst muss anschließend gestartet werden. Erst dann kann in den IIS-Manager-Berechtigungen auch ein IIS-Manager ausgewählt werden.

Die Delegierung verwalten

Nachdem den entsprechenden IIS-Manager-Benutzern und/oder Windows-Benutzern das Recht zur Anmeldung für spezielle Webseiten gewährt wurde, können Sie festlegen, welche Rechte überhaupt für Webseiten auf dem Server delegiert werden.

Da die Delegierungseinstellungen automatisch nach unten vererbt werden, lässt sich gezielt einstellen, welche Rechte auf welcher Ebene und Webseite die einzelnen Manager-Benutzer erhalten sollen. Diese Einstellungen finden entweder in oberster Ebene über den

Server statt oder indem Sie auf eine übergeordnete Website im Internetinformationsdienste-Manager klicken. Die Verwaltung der Delegierung findet dann auf Ebene des Webservers im Abschnitt *Verwaltung* über das Feature *Delegierung von Features* statt.

In diesem Bereich legen Sie fest, welche Rechte die einzelnen Manager-Benutzer erhalten sollen. Über das Kontextmenü oder den *Aktionen*-Bereich der Konsole können bereits gesetzte Delegierungen wieder zurückgesetzt oder benutzerdefinierte Delegierungen konfiguriert werden.

Durch die benutzerdefinierte Delegierung können Sie Aufgaben für einzelne untergeordnete Sites festlegen. Auch hier werden die Rechte wieder an die untergeordneten Webseiten vererbt. Die benutzerdefinierten Delegierungen können Sie aber ebenfalls jederzeit entweder wieder auf den Standard oder auf Vererbung von oben zurücksetzen.

Für die einzelnen Features, die delegiert werden können, besteht die Möglichkeit, unterschiedliche Rechte festzulegen:

- **Lesen/Schreiben** – Bei diesem Recht darf das entsprechende Feature angezeigt und angepasst werden.
- **Schreibgeschützt** – Wird für ein Feature diese Option ausgewählt, kann der IIS-Manager, der sich an der Seite anmelden darf, die entsprechenden Einstellungen in der IIS-Verwaltung zwar anzeigen, aber nicht bearbeiten.
- **Nicht delegiert** – Bei diesem Recht wird das entsprechende Feature in der IIS-Verwaltung nicht angezeigt. So können die Administratoren der Webseite die Einstellung der jeweiligen Funktion nicht mal lesen.
- **Auf geerbt zurücksetzen** – Durch das Aktivieren dieser Option wird die benutzerdefinierte Einstellung des jeweiligen Features wieder auf den Standard zurückgestellt und das Recht wird vom jeweils übergeordneten Objekt vererbt. Das übergeordnete Objekt kann jeweils der Server oder eine Webseite sein.
- **Alle Delegierungen zurücksetzen** – Durch diese Option werden alle benutzerspezifischen Einstellungen der Features wieder auf den Standard zurückgesetzt.

Die Remoteverwaltung aktivieren

Damit die Delegierungen verwendet werden können, muss auf einem Server die Remoteverwaltung konfiguriert und aktiviert sein. Diese Option findet auf Serverebene über den Eintrag *Verwaltungsdienst* im Abschnitt *Verwaltung* statt. Damit die Einstellungen angepasst werden können, muss ein gestarteter Verwaltungsdienst zunächst beendet werden.

Erst dann können Sie Einstellungen vornehmen. Neben der allgemeinen Aktivierung und der Möglichkeit, neben Windows-Benutzern auch IIS-Manager-Benutzer zu berechtigen, können Sie in diesem Bereich der Konsole weitere Einstellungen zur Remoteverwaltung eines Servers vornehmen:

- Über das Listenfeld *IP-Adresse* wird die Netzwerkschnittstelle festgelegt, mit der sich Administratoren über das Netzwerk verbinden können. Dadurch besteht die Möglichkeit, in größeren Serverfarmen spezielle Netzwerkverbindungen nur für die Verwaltung zu definieren.
- Im Feld *Port* wird der Standardport festgelegt, über den sich die Benutzer verbinden.

Hinweis	Der Verwaltungsdienst verwendet für die Remoteverbindung von Clients standardmäßig den Port 8172. Ändern Sie den Port ab, muss im Internetinformationsdienste-Manager des Clients ebenfalls der neue Port beim Verbindungsaufbau festgelegt werden. Dazu wird dieser mit einem Doppelpunkt nach dem Servernamen angegeben.

- Über *SSL-Zertifikat* legen Sie fest, welches SSL-Zertifikat für die Verbindung verwendet werden soll. Hier werden die Zertifikate angezeigt, die als Serverzertifikat dem Server zugewiesen wurden. Über die SSL-Verbindung wird der Datenverkehr zwischen Client und Server verschlüsselt. Mehr zu diesem Thema lesen Sie in Kapitel 30.
- Im Ordner unterhalb des Kontrollkästchens *Anforderungen protokollieren in* werden die Protokolldateien festgelegt, in denen die Verbindungen der Administratoren über das Netzwerk festgehalten werden.
- Über den Bereich *Einschränkungen für IP-Adressen* können Sie entweder eine Liste pflegen, welchen Clients der Zugriff gestattet wird, oder eine Liste führen, welchen Clients der Zugriff generell untersagt wird. Hier wird auch festgelegt, ob nicht angegebenen Clients der Zugriff generell erlaubt wird (Standardeinstellung) oder nicht.

Auf der rechten Seite der Konsole werden die Einstellungen schließlich bestätigt und der Verwaltungsdienst gestartet oder beendet. Änderungen können nur vorgenommen werden, wenn der Dienst beendet wurde.

Sicherheitsfunktionen in IIS 10 konfigurieren

In diesem Abschnitt beschäftigen wir uns maßgeblich mit der Sicherheit und der Authentifizierung in IIS 10. Die Konfiguration der Authentifizierung ist eine der wichtigsten Konfigurationsmaßnahmen auf einem Webserver. Bei Windows Server 2016 können Sie die verschiedenen Authentifizierungsoptionen nachträglich installieren oder einzeln deinstallieren.

Auf dem Server stehen nur die Authentifizierungsoptionen zur Verfügung, die bei der Installation als Rollendienst ausgewählt wurden. Über den Server-Manager können Sie einzelne Rollendienste und auch Authentifizierungsoptionen nachträglich installieren oder deinstallieren.

Die anonyme Authentifizierung konfigurieren

Teilweise wird auf Webservern ein Zugriff benötigt, bei dem keinerlei Authentifizierung stattfindet. In IIS 10 ist diese anonyme Authentifizierung standardmäßig bereits aktiviert. Soll daher den Anwendern der Zugriff auf einige Ordner verwehrt werden, können Sie mit NTFS/ReFS-Berechtigungen den Zugriff entziehen.

Soll für eine Webseite immer eine Authentifizierung stattfinden, muss der anonyme Zugriff zunächst deaktiviert und eine Authentifizierungsvariante ausgewählt werden. Bei der Standardauthentifizierung erscheint ein Anmeldefenster und Anwender müssen sich mit Benutzernamen und Kennwort authentifizieren. Die Daten werden dabei in Klartext übertragen, können also durch spezielle Programme angezeigt werden. Sie können aber den Datenverkehr mit SSL verschlüsseln (siehe Kapitel 30). In diesem Fall ist auch die Standardauthentifizierung verschlüsselt.

Um die anonyme Authentifizierung generell auf dem Server zu aktivieren oder zu deaktivieren, öffnen Sie den Internetinformationsdienste-Manager und doppelklicken im Abschnitt *IIS* auf das Feature *Authentifizierung*. Über das Kontextmenü der Option *Anonyme Authentifizierung* aktivieren oder deaktivieren Sie diese.

An dieser Stelle aktivieren oder deaktivieren Sie auch die anderen Authentifizierungsoptionen, die auf dem Server verfügbar sein sollen.

Über die Eingabeaufforderung deaktivieren Sie die anonyme Authentifizierung mit dem Befehl

Appcmd set CONFIG /section:anonymousAuthentication /enabled:false

Mit dem folgenden Befehl wird die anonyme Authentifizierung wieder aktiviert:

Appcmd set CONFIG /section:anonymousAuthentication /enabled:true

Achten Sie darauf, dass der Ordner *C:\Windows\System32\Inetsrv*, in dem sich das Befehlszeilentool Appcmd von IIS 10 befindet, nicht im Standardpfad des Servers enthalten ist. Sie müssen daher entweder den Pfad hinzufügen oder in der Eingabeaufforderung zunächst in den Ordner wechseln. Die erfolgreiche Aktivierung oder Deaktivierung wird in der Eingabeaufforderung gemeldet und im IIS-Manager auch angezeigt.

Über das Kontextmenü der anonymen Authentifizierung kann neben der Deaktivierung auch die Bearbeitung der Funktion durchgeführt werden. In diesem Fall werden das Konto und das Kennwort, das für den anonymen Zugriff verwendet werden soll, konfiguriert. Sie können entweder ein spezielles Benutzerkonto auswählen oder es wird das Benutzerkonto verwendet, mit dem der Anwendungspool gestartet wird, in der die Anwendung, die den anonymen Zugriff verwendet, gespeichert ist.

Auch diese Einstellungen können Sie in der Eingabeaufforderung durchführen. Dazu verwenden Sie den folgenden Befehl:

Appcmd set CONFIG /section:anonymousAuthentication /userName:<Name> /password:<Kennwort>

Die Standardauthentifizierung konfigurieren

Bei der Standardauthentifizierung müssen sich Anwender über ein Windows-typisches Fenster zuerst am Server authentifizieren, dabei wird allerdings Benutzername und Kennwort im Klartext übertragen. Die Standardauthentifizierung ist daher nur für Webseiten sinnvoll, bei denen SSL aktiviert ist (siehe Kapitel 30). Hier wird der komplette Datenverkehr, auch die Standardauthentifizierung, verschlüsselt.

Die Standardauthentifizierung ist in der Voreinstellung nach der Installation deaktiviert. Um diese zu aktivieren oder auch wieder zu deaktivieren, rufen Sie im Internetinformationsdienste-Manager das Feature *Authentifizierung* im Bereich IIS auf. Über das Kontextmenü der Option *Standardauthentifizierung* kann diese aktiviert oder deaktiviert werden. Über *Bearbeiten* legen Sie zum Beispiel die Standarddomäne fest. Gibt ein Besucher einen Benutzer ein, wird das Konto erst in der hier angegebenen Domäne gesucht. Sie müssen aber zuvor den Rollendienst für die Standardauthentifizierung aktivieren.

Über die Eingabeaufforderung deaktivieren Sie die Standardauthentifizierung mit dem Befehl *Appcmd set CONFIG /section:basicAuthentication /enabled:false*. Mit dem Befehl *Appcmd set CONFIG /section:basicAuthentication /enabled:true* wird die Standardauthentifizierung aktiviert. Achten Sie darauf, dass der Ordner *C:\Windows\System32\Inetsrv*, in dem sich das Befehlszeilentool Appcmd von IIS 10 befindet, nicht im Standardpfad des Servers enthalten ist. Sie müssen daher entweder den Pfad hinzufügen oder in der Eingabeaufforderung zunächst in den Ordner wechseln. Die erfolgreiche Aktivierung oder Deaktivierung wird in der Eingabeaufforderung gemeldet und im IIS-Manager angezeigt.

Die Windows-Authentifizierung konfigurieren

Auch die Windows-Authentifizierung kann getrennt installiert werden und ist wie die Standardinstallation zunächst deaktiviert. Im Internetinformationsdienste-Manager können Sie im Bereich *IIS* über das Feature *Authentifizierung* auch diese Authentifizierungsmethode konfigurieren.

Über die Eingabeaufforderung deaktivieren Sie die Windows-Authentifizierung mit dem Befehl

Appcmd set CONFIG /section:windowsAuthentication /enabled:false

Mit dem folgenden Befehl wird die Windows-Authentifizierung aktiviert:

Appcmd set CONFIG /section:windowscAuthentication /enabled:true

IP-Adressen und Domänen einschränken

Über das Feature *Einschränkungen für IP-Adressen und Domänen* gelangen Sie zur Steuerung der Zugriffsregeln für den Webserver. Über das Kontextmenü oder den *Aktionen*-Bereich können bestimmte Zulassungs- oder Verweigerungsregeln für einzelne IP-Adressen oder komplette Bereiche erstellt werden.

Damit auch Domänen ausgeschlossen werden können, muss die DNS-Infrastruktur im Unternehmen Reverse-DNS unterstützen, um so im Internet die IP-Adressen der zugreifenden Clients zu einer Domäne auflösen zu können. Die Einschränkungen für Domänenfilterung müssen darüber hinaus zunächst aktiviert werden. Klicken Sie dazu im Feature *Einschränkungen für IP-Adressen und Domänen* auf die Option *Featureeinstellungen bearbeiten*. Damit Sie diese Funktion nutzen können, müssen Sie den Rollendienst *IP- und Domänenbeschränkungen* installieren. Sie finden diesen Rollendienst unter *Webserver (IIS)/Webserver/Sicherheit*.

Anschließend öffnet sich ein neues Fenster. Hier legen Sie zunächst fest, was mit Clients passieren soll, für die keine Regeln hinterlegt wurden. Standardmäßig dürfen alle Clients zugreifen, außer die, für die Sie Ablehnungseinträge konfigurieren.

Kapitel 27: Webserver mit IIS einrichten

Abbildung 27.9: Die Einstellungen der Einschränkungen für IP-Adressen und Domänen müssen zunächst konfiguriert werden.

Aktivieren Sie an dieser Stelle aber die Option *Verweigern*, dürfen nur die Clients eine Verbindung zu diesem Webserver herstellen, für die Sie einen Zulassungseintrag konfiguriert haben. Schalten Sie das Kontrollkästchen *Einschränkungen nach Domänenname aktivieren* ein, können auch Zulassungs- beziehungsweise Ablehnungseinträge konfiguriert werden, die als Basis einen bestimmten Domänennamen haben. Nach der Aktivierung erhalten Sie noch eine Warnung, dass Reverse-DNS-Einträge den Server belasten. Das ist allerdings auch abhängig von den Zugriffen.

Die IIS-Konfiguration im Netzwerk freigeben

Mit IIS 10 ist es weiterhin möglich, die Konfiguration des Webservers an einer zentralen Stelle im Netzwerk freizugeben, sodass mehrere Webserver von einer zentralen Stelle aus verwaltet werden können. Die Konfiguration dieser Funktion erfolgt im Internetinformationsdienste-Manager im Bereich *Verwaltung* über das Feature *Shared Configuration* (*Freigegebene Konfiguration*).

Im angegebenen Ordner müssen sich alle Konfigurationsdateien von IIS befinden. Erst dann lässt sich die Konfiguration durchführen. Aus diesem Grund bietet es sich vor der Konfiguration an, zunächst Einstellungen auf einem Webserver vorzunehmen und dann über den Link *Export Configuration* (*Konfiguration exportieren*) in den Einstellungen für die freigegebene Konfiguration die notwendigen Installationsdateien in eine Netzwerkfreigabe zu exportieren.

Beim Exportieren werden folgende Daten berücksichtigt:

- **administration.config** – Diese Datei enthält die Servereinstellungen für den Internetinformationsdienste-Manager.
- **applicationHost.config** – Diese Datei enthält die Einstellungen auf Serverebene.

- **configEncKey.key** – Diese Datei enthält den Verschlüsselungsschlüssel für den Zugriff auf die freigegebene Konfiguration. Alle Computer, die die gemeinsame Konfiguration nutzen, importieren diesen Schlüssel und speichern ihn lokal.

Wird die freigegebene Konfiguration auf einem Server aktiviert, muss das Kennwort angegeben werden, das beim Exportieren konfiguriert wurde. Erst dann wird diese Konfiguration übernommen. Nachdem die gemeinsame Konfiguration aktiviert wurde, sollten Sie den Internetinformationsdienste-Manager schließen und den Dienst *IIS-Verwaltungsdienst* neu starten.

Webseiten, Dokumente und HTTP-Verbindungen konfigurieren

Greifen Anwender auf einen Server über eine Domäne zu, zum Beispiel *http://www.contoso.com*, wird das Standarddokument der Seite angezeigt. Anwender müssen nicht *http://www.contoso.com/default.html* eingeben, sondern die Seite *default.html* kann in IIS bereits hinterlegt sein.

Sie können aber nicht nur ein Dokument angeben, sondern eine komplette Liste, die der Server nach und nach abarbeitet. Wird kein Standarddokument hinterlegt oder kann der entsprechende Ordner nicht durchsucht werden, erhält der Anwender eine *404 – Datei nicht gefunden*-Meldung.

Das Standarddokument festlegen

Damit ein Standarddokument angezeigt wird, muss diese Funktion zunächst aktiviert und entsprechende Standarddokumente hinterlegt sein. Die Konfiguration des Standarddokuments eines Servers findet über das Feature *Standarddokument* im Internetinformationsdienste-Manager statt.

Die Funktion ist standardmäßig bereits aktiviert und es sind einige Dokumente hinterlegt. Über das Kontextmenü kann die Funktion deaktiviert werden, zum Beispiel, wenn Sie die im nächsten Abschnitt erläuterte Funktion *Verzeichnis durchsuchen* konfigurieren. Auch neue Dokumente können an dieser Stelle hinterlegt werden.

Bereits vorhandene Dokumente lassen sich über ihr Kontextmenü aus der Liste entfernen. Hierüber kann auch die Reihenfolge, in der der Server nach einem Dokument sucht, konfiguriert werden. Standarddokumente lassen sich auf Ebene des Servers, aber auch für einzelne Webseiten und Anwendungen hinterlegen.

Abbildung 27.10: Die Standarddokumente in IIS konfigurieren

Das Feature »Verzeichnis durchsuchen« aktivieren und verwalten

Neben der Anzeige einer Webseite können Sie auch den Inhalt eines Ordners anzeigen lassen, um zum Beispiel Dokumente zum Download zur Verfügung zu stellen.

Abbildung 27.11: Die Verzeichnis durchsuchen-*Funktion aktivieren*

Aktivieren Sie im Internetinformationsdienste-Manager das Feature *Verzeichnis durchsuchen* und konfigurieren die Funktion, sehen Anwender den kompletten Inhalt des hinterlegten Ordners wie im Explorer, wenn in der URL nicht ein spezifisches Dokument hinterlegt ist. Auch wenn kein Standarddokument hinterlegt ist oder das Feature *Standarddokument* deaktiviert wurde, sehen Anwender in diesem Fall den ganzen Ordner in einer Explorer-ähnlichen Ansicht.

Standardmäßig ist dieses Features deaktiviert. Durch diese Funktion können verschiedene Dateien zur Verfügung gestellt werden, zum Beispiel ohne eine HTML-Seite zu konfigurieren. Klicken Sie im mittleren Bereich der IIS-Konsole doppelt auf den Menüpunkt *Verzeichnis durchsuchen*.

Diese Funktion können Sie auf Ebene des Servers, also der Standardwebseite, oder für einzelne Webseiten und Anwendungen aktivieren. Sollen nicht alle Ordner oder Dateien angezeigt werden, können Sie auch mit NTFS-Berechtigungen arbeiten.

HTTP-Fehlermeldungen und HTTP-Umleitungen konfigurieren

Auf Ebene des Servers oder der einzelnen Webseiten können Sie die Fehlermeldungen, die den Anwendern angezeigt werden, ebenfalls bearbeiten und konfigurieren. Über das Feature *Fehlerseiten* im Internetinformationsdienste-Manager können Sie sich eine Liste aller hinterlegten Fehlermeldungen anzeigen lassen. Über das Kontextmenü können entweder andere HTML-Seiten hinterlegt oder neue Fehlermeldungen konfiguriert und angezeigt werden.

Neben den Standardfehlermeldungen besteht die Möglichkeit, die angezeigten Meldungen anzupassen. Für die Fehlermeldungen 400, 403.9, 411, 414, 500, 500.11, 500.14, 500.15, 501, 503 und 505 können allerdings keine angepassten Fehlermeldungen erstellt werden.

Um angepasste Fehlermeldungen anzuzeigen, öffnen Sie die Verwaltung der Fehlerseiten im Internetinformationsdienste-Manager. Klicken Sie im *Aktionen*-Bereich auf den Link *Hinzufügen*. Anschließend öffnet sich ein Dialogfeld, über das Sie die verschiedenen Daten der Fehlermeldung konfigurieren können.

HTTP-Umleitungen konfigurieren

Bei einer HTTP-Umleitung werden alle Zugriffe auf eine bestimmte URL zu einer anderen URL automatisch umgeleitet. So können Sie zum Beispiel Ihre Seite umleiten lassen, wenn Teile davon bearbeitet werden.

Beispielsweise können Sie alle Anfragen zu *http://www.contoso.com/marketing/default.aspx* zur Seite *http://www.contoso.com/sales/default.aspx* umleiten lassen. Die Konfiguration der Umleitungen können Sie auf Serverebene oder auf Ebene der Webseiten über das Feature *HTTP-Umleitung* durchführen. Sie müssen diese Funktion aber zunächst als Rollendienst installieren.

Neben der Umleitung können Sie an dieser Stelle auch das Verhalten dieser Konfiguration festlegen. Aktivieren Sie das Kontrollkästchen *Alle Anforderungen an eigentliches Ziel (und nicht relativ zum Ziel) umleiten*, werden Anfragen immer exakt zu der Adresse umgeleitet, die in der Umleitung konfiguriert wurde.

Das gilt auch dann, wenn Anfragen an Unterordner gestellt werden. Aktivieren Sie das Kontrollkästchen *Anforderungen zu Inhalt in diesem Verzeichnis (nicht in Unterverzeichnissen) umleiten*, leitet der Server Anfragen, die an Unterordner des umgeleiteten Ordners gerichtet sind, direkt an das Weiterleitungsziel um.

Automatische Umleitung auf SSL-Seiten aktivieren

Versuchen Anwender, per HTTP auf die Seite zuzugreifen, erhalten sie eine HTTP-403-Fehlermeldung, wenn Sie SSL aktiviert und in den Einstellungen von IIS festgelegt haben. In Kapitel 30 beschreiben wir das Thema SSL ausführlicher.

Solche Fehlermeldungen verwirren allerdings die meisten Anwender und belasten unnötig die IT-Abteilung. Aus diesem Grund ist der beste Weg, wenn Sie statt der Anzeige des Fehlers eine automatische Umleitung auf die richtige SSL-Adresse auf dem Server hinterlegen.

Sie haben zwei Möglichkeiten der Umleitung. Die entsprechende Konfiguration führen Sie in der Konfiguration der HTTP-403-Fehlermeldung durch:

1. Rufen Sie auf dem Server den IIS-Manager auf.
2. Klicken Sie auf den Servernamen. Alternativ können Sie diese Umleitung durchführen, wenn Sie die Website anklicken. Auch hier gibt es die Option *Fehlerseiten*.
3. Doppelklicken Sie auf der Startseite im Bereich *IIS* auf *Fehlerseiten*.
4. Klicken Sie doppelt auf den Fehler 403.
5. Aktivieren Sie die Option *Antwortcode 302 für Umleitung* und tragen Sie die HTTPS-URL ein, auf die die Anwender zugreifen sollen.
6. Bestätigen Sie mit *OK*.

Diese Art der Umleitung funktioniert allerdings nicht immer, in diesem Fall verwenden Sie die zweite Möglichkeit für die Umleitung:

1. Starten Sie den IIS-Manager.
2. Klicken Sie auf die Seite, für die Sie die HTTP-Umleitung konfigurieren wollen.
3. Klicken Sie auf *Bindungen* (siehe auch Kapitel 30).
4. Ändern Sie den Port der Bindung von Port 80 auf einen anderen freien Port ab, zum Beispiel 8001.
5. Klicken Sie mit der rechten Maustaste auf *Sites* und erstellen Sie eine neue Website mit dem Befehl *Website hinzufügen*.
6. Weisen Sie der neuen Website bei *Sitename* den Namen zu, mit dem Anwender per HTTP auf den Server zugreifen, zum Beispiel *powerpivot.contoso.int*.
7. Legen Sie einen physischen Pfad an. Der Ordner bleibt leer, Sie benötigen ihn nur wegen IIS, nicht für die Konfiguration.
8. Belassen Sie die Bindung auf Port 80. Da Sie die Bindung der Standardseite bereits geändert haben, ist dieser Port frei. Tragen Sie als Hostnamen noch den Namen ein, auf den der Server antworten soll, zum Beispiel *powerpivot.contoso.int*.
9. Bestätigen Sie die Erstellung der Website. Sie erhalten eine Meldung, dass der Port 80 bereits belegt ist, auch wenn Sie den Port der SharePoint-Site von 80 auf einen anderen Port geändert haben. Dies liegt daran, dass der Port 80 noch der *Default Web Site* innerhalb von IIS zugeordnet ist. SharePoint beendet diese Site aber bei der Installation, sodass sie auf SharePoint-Servern keine Bedeutung mehr hat.
10. Klicken Sie als Nächstes auf die neu erstellte Seite und doppelklicken Sie dann im Bereich *IIS* auf *HTTP-Umleitung*.
11. Aktivieren Sie das Kontrollkästchen *Anforderungen zu diesem Ziel umleiten*.
12. Tragen Sie die HTTPS-Adresse ein, zu der der Server die Anfragen umleiten soll.
13. Aktivieren Sie das Kontrollkästchen *Alle Anforderungen an eigentliches Ziel umleiten*.
14. Klicken Sie auf *Übernehmen*.
15. Geben Anwender jetzt die URL ein, für die Sie eine Umleitung konfiguriert haben, wird der Zugriff von IIS erkannt und die Anfrage automatisch umgeleitet.

URLs vereinfachen

Damit Anwender zum Beispiel auf Outlook Web App in Exchange zugreifen können, müssen sie die URL *https://<Clientzugriff-Server>/owa* verwenden. Sie können aber diese URL vereinfachen. Ein Beispiel ist, dass Sie alle Zugriffe auf den Clientzugriffserver zur URL */owa* weiterleiten. Eine weitere Möglichkeit ist, dass Sie einen DNS-Eintrag *mail* erzeugen, damit Anwender nur noch *https://mail.<Domäne>* für den Zugriff eingeben müssen. Gehen Sie für die Konfiguration folgendermaßen vor:

1. Öffnen Sie den IIS-Manager auf dem Server.
2. Erweitern Sie den Knoten *<Servername>/Sites*.
3. Klicken Sie auf *Default Web Site*.
4. Im rechten Bereich des Fensters finden Sie im Abschnitt *IIS* die Option *HTTP-Umleitung*.
5. Öffnen Sie das Feature per Doppelklick.
6. Aktivieren Sie die Option *Anforderungen zu diesem Ziel umleiten*.
7. Geben Sie den vollständigen Pfad zu OWA ein, zum Beispiel *https://dell-exchange01.contoso.com/owa*.
8. Aktivieren Sie im Bereich *Umleitungsverhalten* die Option *Anforderungen zu Inhalt in diesem Verzeichnis (nicht in Unterverzeichnissen) umleiten*.
9. Wählen Sie bei *Statuscode* die Option *Gefunden (302)* aus.
10. Bestätigen Sie die Eingabe mit einem Klick auf den Link *Übernehmen* im *Aktionen*-Bereich.
11. Geben Sie in der Eingabeaufforderung den Befehl *Iisreset* ein, um IIS auf dem Server neu zu starten.

Achtung Konfigurieren Sie eine HTTP-Umleitung für eine übergeordnete Webseite, übernimmt IIS diese Einstellung für alle untergeordneten Webseiten und virtuellen Ordner.

Wollen Sie die Umleitung für diese untergeordneten Ordner deaktivieren, klicken Sie auf den Ordner und wählen Sie auch hier das Feature *HTTP-Umleitung* aus, um es zu deaktivieren.

IIS 10 überwachen und Protokolldateien konfigurieren

In diesem Abschnitt gehen wir auf die Überwachung der IIS-Zugriffe ein. Vor allem zur Fehlersuche beim Zugriff sind die verschiedenen Möglichkeiten der Überwachung ein wichtiger Punkt bei der Verwaltung von IIS. Die Überwachung kann auf Ebene des Servers, der Webseiten, von Applikationen und physischen wie virtuellen Ordnern abgewickelt werden.

Ablaufverfolgungsregeln für Anforderungsfehler definieren

Doppelklicken Sie im Internetinformationsdienste-Manager auf das Feature *Ablaufverfolgungsregeln für Anforderungsfehler*, können Sie Regeln erstellen, mit denen Sie die fehlerhaften Zugriffe auf den Server überwachen.

Neue Regeln lassen sich über das Kontextmenü oder den *Aktionen*-Bereich erstellen. Das Feature ist aber erst verfügbar, wenn Sie die Rollendienste *Ablaufverfolgung* und *Anforderungsüberwachung* bei *Systemzustand und Diagnose* installieren.

Abbildung 27.12: Regeln für die Ablaufverfolgung erstellen und verwalten

Auf der nächsten Seite des Assistenten legen Sie fest, welche Fehler protokolliert werden sollen. Sobald eine der hinterlegten Bedingungen auftritt, wird der Fehler protokolliert.

Auf einer weiteren Seite des Assistenten legen Sie fest, welche der Anbieter Sie überwachen wollen und, sofern möglich, auch welche Module der Anbieter. Über das Listenfeld *Ausführlichkeitsgrad* legen Sie fest, wie viele Daten protokolliert werden sollen. Hier kann für die jeweiligen Anbieter ein unterschiedlicher Protokollierungsgrad ausgewählt werden.

Nach der Erstellung der Regel wird diese im Fenster angezeigt. Sie können weitere Regeln erstellen und vorhandene Regeln können Sie über ihr Kontextmenü bearbeiten. Die Protokolldateien sind standardmäßig im Ordner *\inetpub\logs\FailedReqLogFiles* gespeichert.

Die allgemeine Protokollierung aktivieren und konfigurieren

Neben der Ablaufverfolgung für fehlerhafte Anforderungen können Sie auch den normalen Betrieb von IIS protokollieren. Dazu steht das Feature *Protokollierung* auf der Startseite des Internetinformationsdienste-Managers zur Verfügung.

Die Protokollierung kann für einzelne Seiten und Anwendungen getrennt aktiviert oder deaktiviert werden. Auch dazu steht das Feature *Protokollierung* zur Verfügung, wenn Sie die entsprechende Seite oder Anwendung im IIS-Manager anklicken. Standardmäßig ist die Protokollierung für den Server an sich und für Webseiten aktiviert.

Über den *Aktionen*-Bereich der Konsole kann die Protokollierung für einzelne Bereiche gezielt deaktiviert werden. Die Protokolldateien lassen sich in einem beliebigen Ordner ablegen und befinden sich standardmäßig im Ordner *\inetpub\logs\LogFiles*.

IIS 10 überwachen und Protokolldateien konfigurieren

Abbildung 27.13: Die Protokollierung für IIS konfigurieren

Im ersten Listenfeld legen Sie fest, ob für jede Webseite eine Protokolldatei oder eine Datei für den kompletten Server erstellt werden soll. Als Format stehen für die Protokolldatei verschiedene Möglichkeiten zur Verfügung. Die Codierung der Protokollierung sollten Sie bei UTF-8 belassen:

- **W3C** – Dies ist die Standardauswahl. Diese Protokolldateien werden textbasiert gespeichert und über die Schaltfläche *Felder auswählen* wird festgelegt, was in der Datei protokolliert werden soll. Die einzelnen Felder werden durch Leerzeichen getrennt.

- **IIS** – Bei dieser Auswahl werden die Protokolldateien ebenfalls im Textformat gespeichert. Die einzelnen Felder sind allerdings fest vorgegeben und können daher nicht angepasst werden. Die einzelnen Felder werden jeweils durch ein Komma getrennt.

- **NCSA** – Bei NCSA handelt es sich um die National Center For Supercomputing Applications. Auch hier werden die Felder fest vorgegeben und es werden weniger Informationen protokolliert als bei den anderen Protokollmethoden.

Ebenfalls in diesem Fenster legen Sie fest, wann neue Protokolldateien erstellt werden sollen, also nach einem bestimmten Zeitplan (Stündlich, Täglich, Wöchentlich oder Monatlich), nach einer bestimmten Größe oder überhaupt nicht. Die Auswahl hängt unter anderem von der Besucheranzahl des Servers ab. Wenn Sie das Kontrollkästchen *Lokale Zeit für Dateibenennung und Rollover verwenden* nicht aktivieren, wird standardmäßig die UTC-Zeit (Koordinierte universelle Weltzeit) verwendet (*http://de.wikipedia.org/wiki/Koordinierte_Weltzeit*).

Die Arbeitsprozesse der Anwendungspools überprüfen

Über das Feature *Arbeitsprozesse* auf der Startseite des Internetinformationsdienste-Managers werden die laufenden Prozesse sowie ihr Ressourcenverbrauch angezeigt. Anwendungspools können dabei auch mehrere Arbeitsprozesse, oft auch als Worker Processes bezeichnet, starten. Die eigentlichen Websites, sei es in Form von simplen statischen Websites oder als komplexe webbasierende Anwendungen, werden über diese Worker Processes abgewickelt, die eine Art von Mini-Webservern sind.

Diese Arbeitsprozesse nutzen die Dienste der zentralen Komponenten, agieren also aus Sicht der Anwendungen als Webserver. Die Verwaltungskomponente überwacht den Status der Arbeitsprozesse, löscht sie, wenn sie nicht mehr erforderlich sind, und kann sie neu starten, wenn Fehler in diesen Prozessen auftreten.

Die Serverleistung optimieren

In diesem Abschnitt zeigen wir Ihnen die Möglichkeiten auf, Anfragen an IIS mit den Bordmitteln des Internetinformationsdienste-Managers zu verbessern.

Die Komprimierung aktivieren

Mit der Komprimierung werden die Antwortzeiten eines Servers verbessert und Bandbreite bei der Übertragung von Webseiten kann gespart werden. Die Komprimierung steuern Sie über das Feature *Komprimierung* im Internetinformationsdienste-Manager.

Manche Einstellungen stehen nur auf Serverebene zur Verfügung. Viele Einstellungen können Sie aber auch auf Ebene der Websites und Anwendungen vornehmen, sodass jede Anwendung eigene Einstellungen für die Komprimierung verwenden kann. Aktivieren Sie die Komprimierung, belastet das zwar die Serverhardware, aber die Netzwerkleistung erhöht sich. Ob durch diese Maßnahmen mehr Leistung erzielt wird, hängt davon ab, ob der Server oder die Leitung der Flaschenhals ist. Da meist eher die Leitung für langsame Übertragungen verantwortlich ist, wird bei IIS 10 die Komprimierung von statischen Inhalten standardmäßig bereits aktiviert.

Haben Sie statischen Inhalt, zum Beispiel eine Seite oder eine Datei, bereits komprimiert, belastet das den Server nicht erneut, da diese Datei bei der nächsten Anfrage einfach wieder aus dem Komprimierungscache zur Verfügung gestellt wird. Aktivieren Sie auch die Komprimierung für dynamische Inhalte, muss jede Übertragung immer wieder erneut komprimiert werden, was zwar Bandbreite spart, aber CPU-Leistung kostet. Damit Sie auch dynamische Inhalte komprimieren können, müssen Sie zunächst den entsprechenden Rollendienst unter *Webserver (IIS)/Webserver/Leistung* installieren.

Die Serverleistung optimieren

```
Komprimierung
Konfigurieren Sie mit dieser Funktion die Einstellungen für die Komprimierung von Antworten
Bandbreitenkosten verringern.
   ☑ Komprimierung dynamischer Inhalte aktivieren
   ☑ Komprimierung statischer Inhalte aktivieren
   Statische Komprimierung
   ☑ Dateien komprimieren ab einer Größe (in Bytes):
     [2700]
   Cacheverzeichnis:
   [%SystemDrive%\inetpub\temp\IIS Temporary Compressed Files]  [...]
   ☑ Speicherplatzlimit pro Anwendungspool (in MB):
     [100]
```

Abbildung 27.14: Die Komprimierung für IIS konfigurieren

Sie können hier auch festlegen, ab welcher Größe Dateien komprimiert werden sollen und wie viel Speicherplatz jedem Anwendungspool und den darin enthaltenen Webseiten und Anwendungen zur Verfügung steht. Auch der Speicherplatz des Cache wird an dieser Stelle festgelegt.

Die Ausgabezwischenspeicherung verwenden

Im Cache des Webservers können Teile der Webseiten zur Verfügung gestellt werden, sodass die Abrufe dieser Teile den Server nicht belasten. Über das Feature *Ausgabezwischenspeicherung* im Internetinformationsdienste-Manager erreichen Sie die Verwaltung dieser Funktion. Die allgemeinen Einstellungen werden über den Befehl *Featureeinstellungen bearbeiten* über das Kontextmenü oder den *Aktionen*-Bereich vorgenommen.

In den Einstellungen können Sie die Funktion aktivieren sowie ein Limit festlegen. Der Cache wird allerdings erst dann produktiv genutzt, wenn Regeln festgelegt sind, die bestimmen, welche Daten der Server zwischenspeichern soll.

Auch das Kernelcaching steuern Sie an dieser Stelle. Bei dieser Funktion werden Anfragen an den Cache nicht im Benutzermodus des Servers durchgeführt, sondern im Kernel selbst. Die Anwendungen werden durch diese Funktion also nicht belastet. IIS entscheidet selbst, wie viel Speicher er zur Verfügung stellt. Nur wenn Sie feststellen, dass Ihr Server noch nicht vollständig ausgelastet ist, können Sie das Limit erhöhen, sollten dabei aber sehr vorsichtig vorgehen, da schnell ein gegenteiliger Effekt erreicht wird.

Über das Kontextmenü erstellen Sie neue Regeln für den Cache. Es öffnet sich ein neues Fenster, über das Einstellungen vorgenommen werden, wie Inhalte für den Benutzermodus und den Kernelmodus zwischengespeichert werden sollen. Zunächst legen Sie fest, welche Dateien zwischengespeichert werden können. Anschließend definieren Sie, wie lange die Daten im Zwischenspeicher verbleiben sollen.

Abbildung 27.15: Die Ausgabezwischenspeicherung konfigurieren

Sie können entweder eine Zwischenspeicherung bis zur Änderung der Datei oder ein Zeitintervall festlegen. Auch das generelle Verhindern der Zwischenspeicherung für einige Dateitypen kann an dieser Stelle konfiguriert werden. Sie können beliebig viele Cacheregeln erstellen. Die Regeln lassen sich nach der Erstellung jederzeit bearbeiten.

Einen FTP-Server betreiben

Mit IIS 10 lässt sich auch ein FTP-Server betreiben, um zum Beispiel Dateien für den Download zur Verfügung zu stellen. Bei der FTP-Komponente handelt es sich um einen eigenen Rollendienst, der nachträglich oder bereits bei der Installation der Internetinformationsdienste installiert werden kann.

Damit IIS auch als FTP-Server verwendet werden kann, benötigen Sie den Rollendienst *FTP-Server*. Sie können in Windows Server 2016 FTP auch mit SSL zur Verfügung stellen. Mit dem FTP-Server lässt sich ein virtueller Hostname für eine FTP-Site festlegen. Dadurch können Sie mehrere FTP-Sites erstellen, die zwar dieselbe IP-Adresse verwenden, aber auf Basis ihrer eindeutigen virtuellen Hostnamen unterschieden werden. Über einen Webbrowser greifen Sie mit der Adresse *ftp://<Servername>* zu. Sie können im Ordner normale Unterordner anlegen und mit NTFS-Berechtigungen arbeiten.

Den FTP-Server vorbereiten

Der FTP-Dienst bietet nicht so viele Konfigurationsparameter wie die Webseiten. Einige davon sind zudem relativ ähnlich zu denen, die sich im WWW-Dienst finden lassen. Nach der Installation müssen Sie den IIS-Manager neu starten. Erst dann werden die FTP-Einstellungen angezeigt.

Die Einstellungen zu FTP finden Sie nach der Installation über den Bereich *FTP* im Internetinformationsdienste-Manager.

Den FTP-Server einrichten

Die Installation eines FTP-Servers ist schnell durchgeführt. In den folgenden Abschnitten zeigen wir Ihnen Schritt für Schritt, wie Sie einen FTP-Server installieren, einrichten und betreiben:

Den FTP-Server installieren

Zunächst müssen Sie den Rollendienst *FTP-Server* für IIS installieren. Anschließend steht die Verwaltung im IIS-Manager zur Verfügung. Nach der Installation müssen Sie zunächst eine FTP-Site erstellen:

1. Klicken Sie zum Erstellen einer FTP-Site mit der rechten Maustaste auf den Knoten *Sites* im Internetinformationsdienste-Manager und wählen Sie *FTP-Site hinzufügen*.
2. Es startet der Assistent zur Einrichtung. Geben Sie den Namen sowie den Ordner auf der Festplatte an, in dem die Daten des FTP-Servers liegen.
3. Auf der nächsten Seite konfigurieren Sie die IP-Adresse, den Port und auf Wunsch einen virtuellen Hostnamen, wenn Sie zum Beispiel mehrere FTP-Server betreiben wollen.

Abbildung 27.16: Eine FTP-Seite in IIS 10 einrichten

4. Auf dieser Seite können Sie auch SSL für den FTP-Server aktivieren sowie das passende Zertifikat auswählen.
5. Als Nächstes wählen Sie aus, welche Authentifizierung Sie auf dem Server unterstützen möchten und welche Rechte diese Benutzer haben sollen.
6. Klicken Sie anschließend auf *Fertig stellen*, um die Seite zu erstellen.

Abbildung 27.17: Die Rechte für den FTP-Server festlegen

Anschließend sehen Sie die FTP-Site im IIS-Manager wie jede andere Website und können Einstellungen für diese Seite zur Verwaltung vornehmen.

Die Firewall konfigurieren

Wollen Sie die Authentifizierung weiter anpassen, wählen Sie das Feature *FTP-Authentifizierung* aus. Über das Feature *FTP-Firewallunterstützung* legen Sie fest, welche Ports der Server unterstützen und auf welche externe IP-Adresse er hören soll. Sollte der Verbindungsaufbau von Clients zum Port 21 nicht funktionieren, müssen Sie diesen Port in der Windows-Firewall erst freischalten.

Neben diesen Einstellungen müssen Sie, abhängig von Ihrer Konfiguration, weitere Einstellungen in der Firewall vornehmen, indem Sie neue Regeln erstellen.

Verwenden Sie dazu den folgenden Befehl:

Netsh advfirewall firewall add rule name="FTP (non-SSL)" action=allow protocol=TCP dir=in localport=21

Wollen Sie dynamische Ports für FTP freischalten, und die Stateful-FTP-Filterung verwenden, geben Sie den folgenden Befehl ein:

Netsh advfirewall set global StatefulFtp enable

Mit dem folgenden Befehl deaktivieren Sie die Filterung wieder:

Netsh advfirewall set global StatefulFtp disable

Einen FTP-Server betreiben

Wollen Sie FTP über SSL erlauben, müssen Sie auch diesen Verkehr freischalten. Verwenden Sie dazu den Befehl:

Netsh advfirewall firewall add rule name="FTP for IIS7" service=ftpsvc action=allow protocol=TCP dir=in

Abbildung 27.18: FTP in IIS 10 anpassen

Die Authentifizierung konfigurieren

Über das Kontextmenü von *Anonyme Authentifizierung* oder *Standardauthentifizierung* legen Sie fest, über welches Benutzerkonto oder Domäne die jeweilige Anmeldung erfolgen soll. Die Konfiguration ist grundsätzlich identisch mit der Konfiguration der jeweiligen Einstellung für Webseiten.

Über das Kontextmenü können Sie die jeweilige Anmeldung auch aktivieren oder deaktivieren. Über *FTP-Autorisierungsregeln* konfigurieren Sie die Rechte, die Benutzer auf die FTP-Site erhalten sollen. Neben den standardmäßig vorhandenen Regeln können Sie zusätzliche Regeln anlegen oder bestehende Regeln anpassen.

Die Möglichkeit, den IIS fernzuwarten, indem Sie den Verwaltungsdienst nutzen, funktioniert auch für den FTP-Server. Gehen Sie zur Einrichtung der Fernwartung analog vor. In diesem Fall müssen Sie bei der FTP-Authentifizierung noch über den Menübefehl *Benutzerdefinierte Anbieter* das Modul *IisManagerAuth* aktivieren. Danach wird bei der FTP-Authentifizierung zusätzlich noch die Authentifizierung über den IIS-Manager angezeigt.

Anschließend müssen Sie über *IIS-Manager-Berechtigungen/Benutzer zulassen* noch identische Einstellungen vornehmen, wie bei der Delegierung von IIS-Seiten. Legen Sie am besten für die FTP-Verwaltung einen eigenen Benutzer im IIS-Manager an und schalten Sie diesen dann explizit für FTP frei. Und schließlich müssen Sie für den Adminbenutzer die gleichen Zulassungsregeln analog erstellen wie für normale FTP-Benutzer auch. Um auf den Server zuzugreifen, verwenden Sie entweder ein FTP-Programm oder den Internet Explorer.

Die FTP-Benutzerisolation einsetzen

Mit dem Feature *FTP-Benutzerisolation* können Sie einzelne Benutzer auf dem FTP-Server voneinander abschotten und für Anwender jeweils einen eigenen Ordner zur Verfügung stellen. Aktivieren Sie *Benutzernamenverzeichnis*, werden die Benutzer mit ihrem eigenen Verzeichnis auf dem FTP-Server verbunden, aber nicht isoliert.

Der Ordner muss die gleiche Bezeichnung wie der Benutzername des Anwenders haben. Ist ein solcher Ordner oder auch virtueller Ordner nicht vorhanden, wird der Benutzer mit dem Stammordner auf dem FTP-Server verbunden. Aktivieren Sie die Option *FTP-Stammverzeichnis*, sehen alle Anwender den gleichen Ordner, die Isolierung ist komplett deaktiviert.

Abbildung 27.19: Die FTP-Benutzerisolation konfigurieren

Die Ordnernamen variieren von der Authentifizierungsebene:

- Verwenden Sie Benutzer innerhalb von IIS und die anonyme Verbindung, müssen Sie im FTP-Rootordner die Ordnerstruktur *<LocalUser>\Public* anlegen.
- Arbeiten Sie mit lokalen Benutzerkonten auf dem Server auf IIS-Ebene und nicht mit der anonymen Authentifizierung, verwenden Sie *%FtpRoot%\LocalUser\%UserName%* als Pfad.
- Arbeiten Sie mit lokalen Benutzerkonten auf dem Server auf Windows-Ebene und nicht mit der anonymen Authentifizierung, verwenden Sie *%FtpRoot%\LocalUser\%UserName%* als Pfad.
- Arbeiten Sie mit Domänenkonten, verwenden Sie den Pfadnamen *%FtpRoot%\%UserDomain%\%UserName%*.

Die Pfadangabe *%FtpRoot%* entspricht dabei dem Stammordner der FTP-Seite, die Sie erstellt haben. Alle virtuellen Ordner, die Sie auf der Stammebene der FTP-Seite erstellt haben, können von allen Benutzern eingesehen werden, die über entsprechende Rechte verfügen.

Aktivieren Sie eine der Isolierungsoptionen im unteren Bereich, stehen folgende Auswahlmöglichkeiten zur Verfügung. In diesem Fall sehen die Anwender nur den isolierten Bereich, keinerlei andere Ordner:

- **Benutzernamenverzeichnis** – Bei dieser Option dürfen Benutzer nur auf ihren eigenen Ordner zugreifen und in der Navigation in der Baumstruktur in keine anderen Ordner wechseln.
- **Physisches Benutzernamenverzeichnis** – Bei dieser Option erhalten Anwender nur Zugriff auf physisch vorhandene FTP-Ordner, keine virtuellen Ordner. Sind globale, virtuelle Ordner auf dem Server vorhanden, sind diese für alle Anwender zugreifbar.
- **Das FTP-Basisverzeichnis wurde in Active Directory konfiguriert** – Bei dieser Option legen Sie den Zugriff auf den Stammordner im Benutzerkonto in Active Directory des Anwenders fest.

Virtuelle Ordner legen Sie über das Kontextmenü der FTP-Seite im IIS-Manager an. Diese verweisen auf einen physischen Ordner, den Sie entweder vorher oder während der Einrichtung der virtuellen Seiten anlegen können. Wollen Sie in einer isolierten Umgebung Zugriffe auf Benutzerebene festlegen, sollten Sie innerhalb des FTP-Stammordners einen weiteren Ordner mit der Bezeichnung der Benutzerdomäne oder der Bezeichnung *LocalUser* anlegen. Innerhalb dieses Ordners definieren Sie dann die Ordner der jeweiligen Benutzer.

Der Ordnername, der virtuelle Ordner und der Benutzername müssen übereinstimmen. Sind globale Ordner deaktiviert, reicht es auch, einzelnen Anwendern nur virtuelle Ordner zur Verfügung zu stellen. Der einfachste Weg, eine zuverlässig funktionierende Benutzerisolierung durchzuführen, ist das Anlegen von physischen Ordnern, das Erstellen von virtuellen Ordnern mit Verweis auf die physischen Ordner und das durchgehend einheitliche Verwenden der gleichen Bezeichnungen der Ordnernamen und Benutzernamen. Wichtig ist auch das lokale Anlegen des Ordners *LocalUser* oder der jeweiligen Domäne. Legen Sie alle Ordner innerhalb des FTP-Stammordners an.

Die einzelnen physischen Ordner der Anwender können Sie auch mit NTFS-Berechtigungen absichern, wenn Sie mit Windows- oder Domänenkonten arbeiten. Wollen Sie zusätzlich noch Quotas einsetzen, verwenden Sie am besten den Ressourcen-Manager für Dateiserver (siehe Kapitel 21).

Die E-Mail-Anbindung von Servern konfigurieren

Wenn Sie auf einem Server mit Windows Server 2016 eine Serveranwendung betreiben, die eingehende oder ausgehende E-Mails verwenden muss, zum Beispiel SharePoint, können Sie den internen SMTP-Dienst in Windows Server 2016 verwenden.

Sie können zum Beispiel SharePoint für eingehende E-Mails konfigurieren. Durch diese Funktion können SharePoint-Websites E-Mails und Anlagen in Listen und Bibliotheken empfangen und automatisch speichern. In einer einfachen Lösung installieren Sie den SMTP-Dienst auf dem Server mit SharePoint.

Den SMTP-Dienst installieren und nutzen

Der SMTP-Dienst gehört zum Lieferumfang von Windows Server 2016. Ihn zu installieren und einzurichten ist kein kompliziertes Unterfangen. Dabei gehen Sie folgendermaßen vor:

1. Öffnen Sie den Server-Manager.
2. Klicken Sie auf *Verwalten/Rollen und Features hinzufügen*.
3. Wählen Sie auf der Seite *Features auswählen* die Option *SMTP-Server* aus.
4. Schließen Sie den Assistenten durch Bestätigen der jeweils angezeigten Seite ab.

Zum Verwalten des SMTP-Diensts verwenden Sie den IIS 6.0-Manager. Diesen installiert der Assistent automatisch zusätzlich zum SMTP-Server.

Den SMTP-Dienst konfigurieren

Zur Verwaltung des SMTP-Diensts und zur Konfiguration des Nachrichteneingangs starten Sie über die Programmgruppe *Tools* im Server-Manager den *Informationsdienste 6.0 (IIS)-Manager*. Klicken Sie im Navigationsbereich mit der rechten Maustaste auf den virtuellen SMTP-Server und dann auf *Starten*. Ist die Option abgeblendet dargestellt, ist der Server bereits aktiv. Als Nächstes passen Sie den SMTP-Server an:

1. Klicken Sie mit der rechten Maustaste auf den virtuellen SMTP-Server und dann auf *Eigenschaften*.
2. Holen Sie die Registerkarte *Zugriff* in den Vordergrund und klicken Sie im Bereich *Zugriffssteuerung* auf *Authentifizierung*.
3. Aktivieren Sie das Kontrollkästchen *Anonymer Zugriff*.
4. Bestätigen Sie mit *OK*.
5. Klicken Sie auf der Registerkarte *Zugriff* im Bereich *Relayeinschränkungen* auf *Relay*.
6. Aktivieren Sie die Option *Alle, mit Ausnahme der Computer in der Liste unten*. Alternativ können Sie auch die einzelnen Server, von denen Sie E-Mails entgegennehmen wollen, manuell in der Liste aufnehmen.
7. Klicken Sie auf *OK*.
8. Öffnen Sie die Verwaltung der Systemdienste, indem Sie »services.msc« im Suchfeld der Startseite eintippen.
9. Klicken Sie auf *Simple Mail Transfer Protocol (SMTP)* und wählen Sie dann den automatischen Start für den Dienst aus. Vergewissern Sie sich, dass der Dienst gestartet ist.

Stellen Sie sicher, dass die in IIS unter dem SMTP-Server aufgelisteten Domänen, die SharePoint oder ein anderer Serverdienst empfangen soll, dem vollqualifizierten Domänennamen des E-Mail-empfangenden Servers entsprechen, zum Beispiel *sps.contoso.com*.

Die Server, die E-Mails senden, müssen den Namen in DNS auflösen können. Am besten testen Sie das mit Nslookup. Damit die Auflösung funktioniert, muss die DNS-Zone entweder die automatische Registrierung von Einträgen unterstützen oder Sie erstellen manuell einen Hosteintrag für den Server in der Zone. In den IP-Einstellungen auf dem Server muss der DNS-Server eingetragen sein, der die Zone auflösen kann, damit eine automatische Registrierung erfolgen kann.

Wollen Sie auf dem Server eine eigene Domäne erstellen und verwalten, die für den E-Mail-Empfang verwendet werden soll, müssen Sie wieder den IIS6-Manager auf dem

Server starten und mit der rechten Maustaste auf *Domänen* klicken. Erstellen Sie dann mit *Neu/Domäne* eine eigene Domäne. Wählen Sie für die neue SMTP-Domäne die Option *Alias*. Als Namen für die Domäne geben Sie die Adresse ein, mit der der Server E-Mails empfangen soll.

Abbildung 27.20: Einen SMTP-Server mit Windows Server 2016 betreiben

Zusammenfassung

In diesem Kapitel haben wir Ihnen gezeigt, wie Sie den neuen Webserver in Windows Server 2016 mit der Version IIS 10 betreiben. Erläutert wurden auch die Installation, Einrichtung und Absicherung von Webservern. Ebenso sind wir auf die Verwaltung in der Eingabeaufforderung sowie das Erstellen von neuen Webseiten eingegangen. Und schließlich haben wir Ihnen gezeigt, wie die grundsätzliche Einrichtung eines FTP-Servers funktioniert.

Im nächsten Kapitel gehen wir auf die Einrichtung der Remotedesktopdienste und der Anbindung von Anwendern ein. Auch die Virtualisierung über den Remotedesktop ist Bestandteil des nächsten Kapitels.

Kapitel 28
Remotedesktopdienste installieren und Anwendungen virtualisieren

In diesem Kapitel:
Bessere Remotedesktopdienste in Windows Server 2016	730
Einen Remotedesktopserver installieren	734
Über Remotedesktop-Sitzungshosts drucken	748
Applikationen installieren	751
Mit dem Remotedesktopclient arbeiten	753
Den Remotedesktop-Sitzungshost verwalten	755
RemoteApps verwalten	759
Mit Remotedesktopgateways arbeiten	762
Einen Remotedesktop-Verbindungsbroker einrichten	765
Zertifikate installieren und einrichten	766
Virtual Desktop Infrastructure und Remotedesktop-Sitzungshost (RemoteFX)	770
MultiPoint-Server in der Praxis	774
Zusammenfassung	782

Mit den Remotedesktopdiensten (früher als Terminalserver bezeichnet) stellen Sie Anwendungen oder den Desktop für Anwender zentral auf Servern zur Verfügung. Im Vergleich zu Windows Server 2008 R2 hat Microsoft weitere Neuerungen in die Remotedesktopserver integriert. Aber auch im Vergleich zu Windows Server 2012 R2 gibt es in Windows Server 2016 zahlreiche Neuerungen, die eine Aktualisierung rechtfertigen.

Bessere Remotedesktopdienste in Windows Server 2016

Die Funktionen der Remotedesktopdienste in Windows Server 2016 entsprechen noch weitgehend den Funktionen in Windows Server 2012 R2. Die Verwaltung und die Möglichkeiten hat Microsoft nicht stark verändert. Dafür wurden einige Verbesserungen eingeführt, mit denen sich die Remotedesktopdienste besser verwalten und nutzen lassen.

Generation 2-VMs für VDI und besseres RemoteFX

Microsoft hat vor allem viele Neuerungen integriert, die zwar bereits in Windows Server 2012 R2 verfügbar, aber in den Remotedesktopdiensten nicht nutzbar waren. So lassen sich für virtuelle Desktops in Virtual Desktop Infrastructures (VDI) Vorlagen auf Basis von Generation 2-VMs erstellen. Virtuelle Computer in VDI-Infrastrukturen unterstützen in Windows Server 2016 das UEFI-System sowie Secure Boot in UEFI. Diese virtuellen Maschinen (VMs) nutzen auch virtuelle SCSI-Festplatten für den Boot, arbeiten also sofort im Virtualisierungsmodus und müssen nicht erst eine Emulation für den Systemstart durchführen.

Virtuelle Computer auf Basis von Generation 2 nutzen keinerlei emulierte Hardware mehr. Außerdem können diese Computer über das Netzwerk booten. Generation 2-VMs können Sie ab Windows Server 2016 auch in Linux-VMs nutzen. Dies bietet Linux-VMs ebenfalls die Möglichkeit, über UEFI zu booten und auch die Secure Boot-Funktion von UEFI zu nutzen.

Virtuelle GPUs unterstützen in Windows Server 2016 OpenGL/OpenCL. Zusammen mit den Verbesserungen in RemoteFX ermöglicht dies den Betrieb grafikintensiver Anwendungen wie beispielsweise Adobe Photoshop auf Remotedesktopservern.

Vor allem RemoteFX, das Protokoll für die Verbesserung der Grafikleistung auf virtuellen Desktops und RDS-Sitzungen, hat Microsoft erweitert. Sie finden die Einstellungen im Hyper-V-Manager über die Hyper-V-Einstellungen unter *Physische GPUs*. In Windows Server 2016 können Sie dadurch auch den Server Based Personal Desktops virtuelle Grafikkarten auf Basis von RemoteFX zuweisen. Für jeden Server können Sie dediziert steuern, ob er RemoteFX zur Verfügung stellen soll.

Damit Sie RemoteFX in Windows Server 2016 nutzen können, muss die Grafikkarte mindestens DirectX 11 unterstützen. Außerdem müssen Sie einen passenden Treiber installieren. Notfalls können Sie mit einem Treiber für Windows 8.1 oder Windows 10 arbeiten. Allerdings ist dies in produktiven Umgebungen nicht unbedingt zu empfehlen. Hier sollten Sie mit Grafikkarten arbeiten, die für RemoteFX optimiert sind.

Die Prozessoren auf dem Server müssen außerdem Second Level Address Translation-(SLAT-)Erweiterungen und Data Execution Prevention (DEP) unterstützen. Außerdem muss die Virtualisierung in der Firmware beziehungsweise im BIOS des Servers aktiviert sein. Um diese Vorgaben zu überprüfen, starten Sie die Systeminformationen in der Systemsteuerung, indem Sie über die Eingabeaufforderung oder das Suchfeld der Startseite das Tool *Msinfo32* aufrufen.

RemoteFX in Windows Server 2016 unterstützt OpenGL 4.4 und OpenCL 1.1 API. Außerdem können Sie mehr Grafikspeicher nutzen. Die neue Version unterstützt in diesem

Bereich jetzt mehr als 1 GB VRAM. Administratoren haben hier aber diverse Einstellungsmöglichkeiten und können auf Basis von Hyper-V festlegen, wie viel Arbeitsspeicher eine virtuelle Grafikkarte erhalten soll. Sobald auf dem Hyper-V-Host RemoteFX konfiguriert und aktiviert ist, können Sie einzelnen virtuellen Computern eine neue RemoteFX-Grafikkarte zuordnen. Auch dazu nutzen Sie den Hyper-V-Manager.

In Windows Server 2016 können Anwender durch diese Neuerungen außerdem mit Stifteingaben arbeiten. Dies funktioniert sowohl auf Hybrid-PCs/Notebooks als auch auf Tablet-PCs. Die Eingaben werden durch das RDP-Protokoll in die Sitzung des Anwenders weitergeleitet.

Server Based Personal Desktop (Private Server für Anwender)

Mit dem Server Based Personal Desktop lässt sich für Anwender ein personalisierter Server bereitstellen, der einen Windows 10-Desktop bietet. Sinnvoll ist dies in Umgebungen, in denen Anwender eigene Desktops erhalten sollen, aber keine Windows 10-Lizenz vorliegt, zum Beispiel bei Desktop as a Service (DaaS). Dadurch können Unternehmen auf Basis von Windows Server 2016 einen virtuellen Rechner für Anwender zur Verfügung stellen, der den Funktionen und Möglichkeiten von Windows 10 entspricht. Die Bereitstellung dieses Servers erfolgt als virtuelle Maschine (VM), in der der Anwender auf Wunsch auch administrative Rechte erhält.

Die neuen Server Based Personal Desktops ergänzen die Möglichkeiten von herkömmlich bereitgestellten Desktops darum, neue Sammlungen zu erstellen, in denen Anwender echte virtuelle Computer mit administrativen Rechten erhalten. Die Verwaltung erfolgt über das Cmdlet *New-RDSessionCollection* mit den drei neuen Optionen:

-PersonalUnmanaged – Legt den neuen Typ der Sammlung fest und erlaubt, dass Anwender direkt zu einem speziellen Sitzungshost weitergeleitet werden.

-GrantAdministrativePrivilege – Erteilt dem Anwender Administratorrechte auf dem Sitzungshost, indem er in die lokale Gruppe der Administratoren aufgenommen wird.

-AutoAssignUser – Legt fest, dass Anwender automatisch zu einem noch freien Sitzungshost verbunden werden, den noch kein anderer Anwender nutzt.

Die Zuweisung kann aber auch manuell erfolgen. Dadurch können Sie einem Benutzer einen fest definierten Sitzungshost zuweisen. Sie verwenden dazu das Cmdlet *Set-RDPersonalSessionDesktopAssignment* mit den folgenden Optionen, um die Zuweisung vorzunehmen:

-CollectionName <Name der Sammlung>

-ConnectionBroker<Name des Verbindungsbrokers>

-User <Benutzer>

-Name <Name des Sitzungshosts>

Anzeigen können Sie die Zuordnungen mit *Get-RDPersonalSessionDesktopAssignment*, gelöscht werden diese mit *Remove-RDPersonalSessionDesktopAssignment*.

MultiPoint-Server in RDS integrieren

Mit Windows Server 2016 integriert Microsoft die Funktionen der MultiPoint Services in RDS als neue Serverrolle. Die Technik bietet die Möglichkeit, dass Anwender Monitor, Tastatur und Maus direkt an den Server anschließen, aber dennoch eine eigene Umgebung erhalten. Im Gegensatz zu den herkömmlichen Remotedesktopdiensten erfolgt die Verbindung zum Server auf Wunsch auch über das RDP-Protokoll per Netzwerkzugriff. Maus und Tastatur werden üblicherweise an einem USB-Verteiler angeschlossen, der dann wiederum mit dem Server verbunden wird. Natürlich lassen sich die Dienste auch über Thin-Clients oder mit dem normalen RDP-Client nutzen.

Diese Funktion ist in die Standard- und Datacenter-Edition von Windows Server 2016 integriert. Vergleichbar ist das Produkt mit der Essentials-Rolle, die kleinen Unternehmen oder Niederlassungen die Möglichkeit bietet, auf einfache Weise Benutzer anzubinden. Neben Bildungseinrichtung und Schulungscentern ist diese Technologie auch für kleine Unternehmen und Niederlassungen geeignet.

Die MultiPoint Services verfügen über zusätzliche Funktionen, die in den Remotedesktopdiensten nicht integriert oder nur kompliziert umsetzbar sind. Da die Serverlösung vor allem für Bildungseinrichtungen und für Fortbildungen entwickelt wurde, bietet sie spezielle Funktionen in diesem Bereich. So lässt sich zum Beispiel der Bildschirm des Dozenten auf den angeschlossenen Clients anzeigen. Die Benutzeraktivitäten können vom Dozenten beobachtet und verwaltet werden. Und auch eine Aufnahme der Aktivitäten ist möglich. Administratoren haben mehr Einschränkungsmöglichkeiten, wenn es um den Zugriff auf Webseiten geht. Die Remotesteuerung eines angeschlossenen Desktops ist außerdem wesentlich einfacher möglich als in den Remotedesktopdiensten, das gilt auch für die Kommunikation zwischen Client und Administrator.

Einstieg in die Remotedesktopdienste

Die Installation erfolgt über den Server-Manager. Auch in Windows Server 2016 handelt es sich bei den Remotedesktopdiensten um eine Serverrolle, die verschiedene Rollendienste umfasst:

- **Remotedesktop-Virtualisierungshost** – Der Dienst wird in Hyper-V integriert, um in einem Pool virtuelle Desktops mit RemoteApp- und Desktopverbindung bereitzustellen.

- **Remotedesktop-Sitzungshost** – RemoteApp-Programme oder sitzungsbasierte Desktops nutzen diesen Dienst. Hierbei handelt es sich um den Nachfolger der Terminaldienste.

- **Remotedesktop-Verbindungsbroker** – Benutzer können erneut eine Verbindung mit ihren vorhandenen virtuellen Desktops, RemoteApp-Programmen und sitzungsbasierten Desktops herstellen. Die Verbindungsdaten merkt sich der Broker. In Windows Server 2016 können Sie diesen auch in Microsoft Azure installieren.

- **Web Access für Remotedesktop** – Ermöglicht Benutzern den Zugriff auf RemoteApp- und Desktopverbindung über einen Webbrowser. Auf diesem Weg stellen Sie zum Beispiel Remotedesktops im Internet zur Verfügung.

- **Remotedesktoplizenzierung** – Verwaltet die Lizenzen, die für eine Verbindung mit einem Remotedesktop-Sitzungshostserver oder einem virtuellen Desktop erforderlich sind. Sie können die RD-Lizenzierung zum Installieren, Ausstellen und Nachverfolgen der Verfügbarkeit von Lizenzen verwenden.

- **Remotedesktopgateway** – Ermöglicht es autorisierten Benutzern, von jedem Gerät mit Internetzugang eine Verbindung mit virtuellen Desktops, RemoteApp-Programmen und sitzungsbasierten Desktops in einem internen Unternehmensnetzwerk herzustellen.

Die Konfiguration erfolgt im Server-Manager. Windows Server 2016 bietet Sammlungen für Sitzungshosts (ehemals Terminalserver) und in Virtual Desktop Infrastructure(VDI)-Umgebungen auch für Virtualisierungshosts. In Windows Server 2016 können Sie mit den Remotedesktopdiensten auch virtuelle Desktops auf Basis von Windows 10 zur Verfügung stellen. Diese profitieren anschließend ebenfalls von den Neuerungen in Windows Server 2016.

Sie können Vorlagen für virtuelle Desktops erstellen und personifizierte sowie öffentliche Desktops erstellen. Eine Sitzungssammlung, früher Farm genannt, ist eine Gruppierung von RD-Sitzungshostservern für eine bestimmte Sitzung. Eine Sitzungssammlung wird verwendet, um sitzungsbasierte Desktops oder RemoteApp-Programme zur Verfügung zu stellen. Die Sitzungsvirtualisierung erfolgt über den Server-Manager. Dieser ermöglicht es, RD-Sitzungshostserver von einem zentralen Ort aus zu installieren und zu konfigurieren. Während der Installation haben Sie drei Möglichkeiten:

- **Standardbereitstellung** – Ermöglicht die flexible Bereitstellung der unterschiedlichen Remotedesktopdienste-Rollendienste auf unterschiedlichen Servern für den Produktionsbetrieb.

- **Schnellstart** – Alle notwendigen Remotedesktopdienste-Rollendienste werden auf einem einzigen Server installiert. Das ist zum Beispiel für Testumgebungen oder in kleineren Unternehmen sinnvoll.

- **MultiPoint Services** – Mit dieser Auswahl installieren Sie den MultiPoint-Server und können vor allem in Schulungsräumen und kleinen Niederlassungen über einen einzigen Server alle wichtigen Bereiche abbilden.

Abbildung 28.1: Den Bereitstellungstyp für die Remotedesktopdienste festlegen

Haben Sie die Auswahl getroffen, können Sie im Assistenten auswählen, ob Sie virtuelle Desktops oder Remotedesktopsitzungen zur Verfügung stellen wollen. Im Assistenten wählen Sie auf den folgenden Seiten die verschiedenen Server im Pool aus, denen Sie die unterschiedlichen Rollendienste zuweisen. Haben Sie im Szenario alle Server ausgewählt, die an der Infrastruktur teilnehmen sollen, schließen Sie die Installation über den Server-Manager ab.

Installieren Sie zum Beispiel einen Remotedesktop-Sitzungshost, um Anwendungen und Desktops zentral zur Verfügung zu stellen, müssen Sie nach der Installation der Rollendienste im Server-Manager eine Sitzungssammlung erstellen, also eine Remotedesktop-Serverfarm. In den nächsten Abschnitten gehen wir ausführlich auf die Installation einer solcher Farm ein.

Einen Remotedesktopserver installieren

In diesem Abschnitt zeigen wir Ihnen, wie Sie Remotedesktopserver in Windows Server 2016 installieren und die Serverdienste im Netzwerk verteilen.

Die notwendigen Rollendienste installieren und verteilen

Die Installation eines Remotedesktopservers findet über den Server-Manager statt, indem Sie *Verwalten/Rollen und Features hinzufügen* auswählen. Im Gegensatz zu herkömmlichen Rollen installieren Sie die Remotedesktopdienste über einen eigenen Assistenten, den Sie direkt vor der Installation eigentlicher Rollen starten.

Um die Serverrollen auf mehrere Server zu verteilen, müssen Sie diese zuvor über *Verwalten/Server hinzufügen* dem lokalen Server-Manager hinzufügen (siehe Kapitel 3).

Abbildung 28.2: Remotedesktopdienste installieren

Auf der zweiten Seite wählen Sie aus, ob Sie eine Standardbereitstellung durchführen oder eine Schnellstartinstallation mit nur einem einzigen Server installieren wollen. Außerdem können Sie an dieser Stelle die Installation der MultiPoint Services durchführen. Mit der

Einen Remotedesktopserver installieren

Standardinstallation können Sie eine Serverfarm mit mehreren Remotedesktop-Sitzungshosts installieren.

Über den Assistenten legen Sie danach fest, ob Sie eine Virtual Desktop Infrastructure (VDI) installieren wollen (siehe Kapitel 29), also virtuelle Computer auf Basis von Hyper-V, oder eine sitzungsbasierte Bereitstellung, also Server, die Anwendungen oder den Desktop den Anwendern zur Verfügung stellen.

Abbildung 28.3: Das Bereitstellungsszenario für die Remotedesktopdienste auswählen

Haben Sie das Szenario ausgewählt, bestätigen Sie die zu installierenden Rollendienste, die zum Szenario installiert werden müssen. Auf einem Server in der Sammlung müssen Sie den Remotedesktop-Verbindungsbroker installieren. Dieser war in Windows Server 2008 R2 optional, ist in Windows Server 2016 aber zwingend notwendig.

Abbildung 28.4: Die Bereitstellungsoptionen für die Remotedesktopdienste festlegen

Mit diesem Dienst können Sie Anwender mit ihrer ursprünglichen Sitzung erneut verbinden, wenn Sie mehrere Remotedesktopserver in einem Loadbalancing-Verbund einsetzen. Der Verbindungsbroker stellt einen Aggregationspunkt für RemoteApps im Unternehmen zur Verfügung und verbindet alle installierten Server, damit Sie diese zentral im Server-Manager verwalten können. Er sammelt RemoteApps der verschiedenen Server ein und stellt sie im Startmenü der Clientrechner zur Verfügung. Webzugriffsserver holen sich dazu die Daten von einem Server mit dem Verbindungsbroker.

Kapitel 28: Remotedesktopdienste installieren und Anwendungen virtualisieren

Abbildung 28.5: Den Remotedesktop-Verbindungsbroker installieren

Als Nächstes wählen Sie einen Server mit Web Access aus, der die RemoteApps der Farm zentral zur Verfügung stellt. Als Letztes wählen Sie noch den eigentlichen Server aus, der den Remotedesktop-Sitzungshost bereitstellt. Klicken Sie im letzten Fenster auf *Bereitstellen*, damit der Assistent auf den ausgewählten Servern die entsprechende Funktion installiert.

Abbildung 28.6: Der Server-Manager in Windows Server 2016 installiert auf allen beteiligten Servern die notwendigen Dienste.

Eine neue Sitzungssammlung einrichten

Installieren Sie Remotedesktop-Sitzungshosts, um Anwendungen und Desktops zentral zur Verfügung zu stellen, müssen Sie nach der Installation der Rollendienste im Server-Manager eine Sitzungssammlung erstellen. Dazu steht die neue Gruppe *Remotedesktopdienste* zur Verfügung, über die Sie die Infrastruktur installieren:

1. Klicken Sie in der linken Seite des Server-Managers auf *Remotedesktopdienste*.
2. Klicken Sie auf *Sammlungen*.
3. Klicken Sie auf *Aufgaben/Sitzungssammlung erstellen*. Es startet der Assistent zum Erstellen einer Sitzungssammlung (Farm).
4. Geben Sie im Assistenten zunächst einen Namen für die Sammlung ein.

Einen Remotedesktopserver installieren

5. Wählen Sie auf der nächsten Seite die Server aus, die der Sitzungssammlung beitreten sollen.
6. Legen Sie danach fest, welche Gruppe aus Active Directory Zugriff auf den Server erhalten soll. Hier bietet es sich an, wie in den Vorgängerversionen, eigene Gruppen anzulegen. Auf diese Weise können Sie über die Gruppenmitgliedschaft den Zugriff steuern.
7. Übernehmen Sie auf der Seite *Benutzergruppen angeben* die Standardauswahl, und klicken Sie auf *Weiter*.

In Windows Server 2016 können Sie über den Assistenten auch einen Benutzerprofildatenträger eingeben. Dazu verwenden Sie eine Freigabe. Hierbei handelt es sich um den Nachfolger der Terminaldiensteprofile. Schließen Sie die Erstellung der Gruppe ab. Anschließend steht die Farm zur Verfügung.

Tipp   Haben Sie die Sammlung erstellt und auch den Webzugriff über den Installations-Assistenten installiert, können Sie bereits mit der URL *https://<Servername>/rdweb* auf die Webfreigabe zugreifen. Per Webzugriff haben Sie auch die Möglichkeit, eine Verbindung mit anderen Servern oder mit PCs herzustellen, auf denen der Remotedesktop aktiviert ist.

Anwendungen virtualisieren (RemoteApp)

Wollen Sie nicht nur den Desktop zur Verfügung stellen, sondern auch einzelne Programme, die Anwender direkt über die Weboberfläche starten, klicken Sie im Server-Manager auf *Remotedesktopdienste* und dann auf die von Ihnen benannte Sammlung. Hier sehen Sie Informationen zur aktuellen Sammlung und können die verschiedenen Bereiche bearbeiten. Dazu klicken Sie jeweils im Bereich, den Sie verwalten wollen, auf *Aufgaben* und wählen dann aus, welche Konfiguration Sie anpassen möchten.

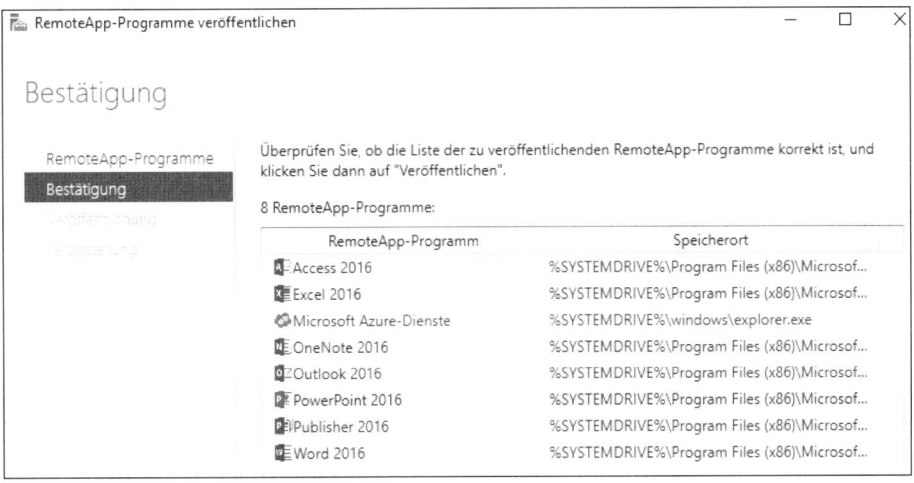

Abbildung 28.7: Anwendungen im Server-Manager veröffentlichen

Kapitel 28: Remotedesktopdienste installieren und Anwendungen virtualisieren

Um eine Anwendung der Liste hinzuzufügen, klicken Sie im Bereich *RemoteApp-Programme* auf den Link *RemoteApp-Programme veröffentlichen*. Im Anschluss startet der RemoteApp-Assistent, über den Sie die Anwendungen der Liste hinzufügen können. Wählen Sie entweder das Programm aus der Liste aus oder klicken Sie auf *Durchsuchen*, um die Startdatei der Anwendung hinzuzufügen. Sie können an dieser Stelle mehrere Anwendungen auswählen und auch die Eigenschaften der Applikationen jederzeit anpassen.

RemoteApps stehen nach der Veröffentlichung automatisch für alle Clients über den Webzugriff zur Verfügung. Diesen erreichen Sie über die URL *https://<Servername>/rdweb*. Nach der Authentifizierung stehen sofort alle veröffentlichten RemoteApps zur Verfügung und können verwendet werden, soweit die entsprechende Benutzerberechtigung vorhanden ist.

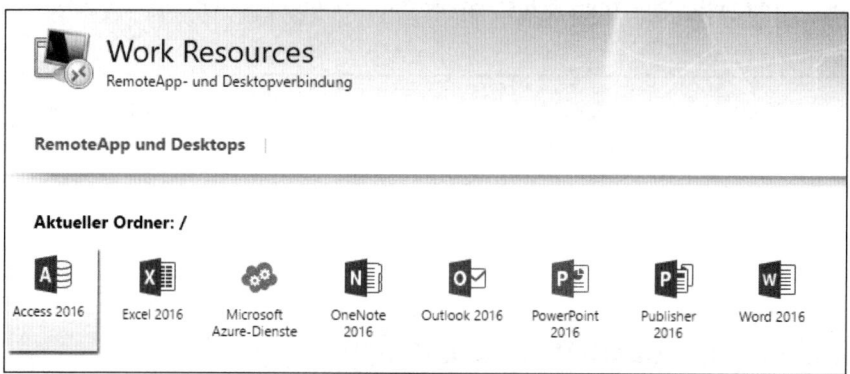

Abbildung 28.8: Die veröffentlichten Anwendungen über Remotedesktop Web Access verwenden

Sie können im Server-Manager über diesen Bereich jederzeit weitere Anwendungen veröffentlichen. Achten Sie aber darauf, dass die Anwendungen auf den Remotedesktop-Sitzungshosts installiert sein müssen, nicht auf dem Server mit Web Access oder dem Remotedesktop-Verbindungsbroker.

Um weitere Anwendungen hinzuzufügen, klicken Sie im Server-Manager in der Verwaltung der Remotedesktopdienste auf die entsprechende Sammlung. Im Bereich *Aufgaben* der App-Verwaltung können Sie veröffentlichte Anwendungen auch wieder entfernen.

Im Server-Manager sehen Sie die aktuell verbundenen Benutzer im Bereich *Verbindungen*, wenn Sie auf die Sammlung klicken. An dieser Stelle können Sie einzelne Verbindungen auch trennen.

Abbildung 28.9: Die verbundenen Benutzer der Remotedesktopdienste verwalten

Tipp	In Windows Server 2016 finden Sie die Option *Schatten* im Kontextmenü von Benutzersitzungen. Hierüber können Sie, wie in Vorgängerversionen von Windows Server 2012 beziehungsweise 2012 R2, eine Verbindung zur Sitzung des Anwenders aufbauen, auch spiegeln genannt. Dieser muss dazu die Verbindung bestätigen.

Remotedesktop lizenzieren

Sie benötigen für jeden Remotedesktopserver (Remotedesktop-Sitzungshost) eine Windows Server-Lizenz. Zusätzlich benötigen Sie für jeden Benutzer, wie bei normalen Serverzugriffen auf Datei- oder Druckserver, eine entsprechende Client-Zugriffslizenz. Diese CALs sind bei keinem Betriebssystem integriert, sondern müssen immer gesondert erworben werden.

Hinweis	In Windows Server 2016 können Sie keine Benutzer-CALs und RDS-CALs von Windows Server 2012/2012 R2 verwenden. Sie müssen also CALs neu erwerben.
	Setzen Sie Citrix XenApp, Citrix XenDesktop, Ericom PowerTerm WebConnect, Quest Virtual Access Suite, GraphOn Go-Global oder andere Lösungen für den Remotedesktop ein, müssen Sie auch RDS-CALs erwerben.
	Setzen Sie neue RDS-CALs ein, können Sie diese auch mit Vorgängerversionen von Windows Server 2016 betreiben. Welche Versionen miteinander erlaubt sind, sehen Sie auf der Seite *http://tinyurl.com/kbrb3ck*.

Bei einem Remotedesktopserver benötigen Sie zusätzlich für jeden Client, der sich mit ihm verbindet, eine spezielle Remotedesktopserver-Zugriffslizenz (RDS-CAL). Diese Lizenz wird pro PC oder pro Benutzer vergeben und gilt nicht pro gleichzeitigem Zugriff (siehe auch Kapitel 1). Das heißt, Sie müssen nicht so viele Lizenzen kaufen, wie gleichzeitig Benutzer mit dem Remotedesktopserver arbeiten, sondern so viele Lizenzen, wie Benutzer überhaupt mit dem Remotedesktopserver arbeiten.

Microsoft bietet für die Lizenzierung der RD-CALs die gleichen Lizenzierungsmöglichkeiten wie bei den normalen CALs (siehe Kapitel 1). Es gibt RD-Geräte-CALs und RD-Benutzer-CALs. Befindet sich der Remotedesktopserver in Active Directory, sollten Sie die Remotedesktopdienste-Lizenzierung auf einem Mitgliedsserver installieren. Sie haben 120 Tage Zeit, bevor Sie den Lizenzierungsdienst auf einem Server installieren und aktivieren müssen. Ein Remotedesktopserver findet in Active Directory Lizenzserver automatisch. Der Ablauf bei der Lizenzierung ist folgender:

1. Ein Client verbindet sich mit einem Remotedesktopserver (Remotedesktop-Sitzungshost).
2. Der Remotedesktopserver ruft von einem Remotedesktop-Lizenzserver eine Lizenz ab. Hierbei muss es sich nicht um den lokalen Remotedesktopserver handeln. Ein Lizenzserver kann Lizenzen für mehrere Remotedesktopserver zur Verfügung stellen. Für die Verbindung mit einem Administratorkonto benötigen Sie auch auf einem Remotedesktopserver keine Lizenz, es dürfen aber nur zwei Admins gleichzeitig verbunden sein.
3. Der Remotedesktopserver stellt dem Client die Lizenz zur Verfügung.

Kapitel 28: Remotedesktopdienste installieren und Anwendungen virtualisieren

Lizenzserver in den Remotedesktopdiensten registrieren sich automatisch in Active Directory. Installieren Sie einen neuen Remotedesktopserver, können Sie manuell Lizenzserver zuweisen. So ist sichergestellt, dass einzelne Remotedesktopserver genau mit den Lizenzservern arbeiten, die Sie als Administrator hinterlegen.

Um die Remotedesktopdienste-Lizenzierung zu installieren, wählen Sie im Server-Manager *Remotedesktopdienste* aus und klicken auf *Übersicht*. Über den Link *Remotedesktoplizenzierung* wählen Sie den Server aus, der die Lizenzierung steuert. Sie können an dieser Stelle allerdings nur Server auswählen, die Sie im Server-Manager über *Verwalten/Server hinzufügen* integriert haben.

Haben Sie die Server im Server-Manager integriert, können Sie schließlich über den Link *Remotedesktoplizenzierung* einen oder mehrere Server auswählen, auf denen Sie diesen Dienst betreiben wollen. Schließen Sie den Assistenten ab, um die Lizenzierung zu aktivieren.

Abbildung 28.10: Den Server für die Remotedesktoplizenzierung im Unternehmen auswählen

Nachdem Sie die Remotedesktoplizenzierung installiert haben, müssen Sie noch Einstellungen für die Sammlung konfigurieren. Dazu klicken Sie im Server-Manager unter *Remotedesktopdienste/Übersicht* bei *Bereitstellungsübersicht* auf *Aufgaben* und dann auf *Bereitstellungseigenschaften bearbeiten*. Klicken Sie danach auf *Remotedesktoplizenzierung*. Hier legen Sie fest, welche Lizenzierung Sie verwenden wollen und welchen Lizenzserver die Sammlung verwenden soll. Klicken Sie danach auf *Anwenden*.

Auf dem Server, den Sie als Remotedesktop-Lizenzserver installiert haben, finden Sie nach der Installation im Abschnitt *Windows-Verwaltungsprogramme* des Startmenüs das Tool *Remotedesktoplizenzierungs-Manager* vor. Sie können diesen Manager auch durch Eingabe von »licmgr« im Suchfeld des Startmenüs aufrufen.

Haben Sie das Programm gestartet, durchsucht es das Netzwerk und zeigt die gefundenen Lizenzserver an. Nicht aktivierte Lizenzserver werden entsprechend hervorgehoben. Um einen Lizenzserver zu aktivieren, klicken Sie mit der rechten Maustaste auf den Servernamen und wählen im Kontextmenü den Befehl *Server aktivieren*.

Anschließend können Sie den Server entweder direkt über die Konsole aktivieren, wenn Ihr Lizenzserver an das Internet angebunden ist, oder Sie führen die Aktivierung per Telefon durch.

Einen Remotedesktopserver installieren

Abbildung 28.11: Die Server für die Remotedesktoplizenzierung verwalten

Die Aktivierung können Sie auch über einen Webbrowser durchführen. Dazu verwenden Sie die URL *https://activate.microsoft.com* und geben die Produkt-ID ein, die Sie vom Lizenzierungs-Manager erhalten. Danach erhalten Sie eine Lizenzserver-ID, die Sie im Assistenten des Remotedesktoplizenzierungs-Managers eintragen.

Nachdem ein Lizenzserver aktiviert worden ist, stellt er eine temporäre Lizenz aus, die 120 Tage gültig ist. Nach diesem Testzeitraum müssen Ihre Clients allerdings mit permanenten Lizenzen versorgt werden, die Sie im Lizenzserver einspielen müssen. Diese Aktivierung ist kostenlos, nur nicht die RD-CALs, die Sie später benötigen. Die RDS-CALs erhalten Sie als Seriennummer, die Sie über das Kontextmenü des Lizenzservers im Remotedesktoplizenzierungs-Manager eintragen. Für die Aktivierung eines Lizenzservers benötigen Sie noch keine RD-CALs. Die Aktivierung ist kostenlos und notwendig, damit der Server zumindest Testlizenzen ausstellen kann, die bis zu 120 Tage gültig sind.

Nach der erfolgreichen Aktivierung wird der Lizenzserver als fehlerfrei dargestellt, aber oft mit einer Warnung. Klicken Sie auf den Server mit der rechten Maustaste und wählen Sie *Konfiguration prüfen* aus. Sie erhalten die Information, dass der Server nicht Mitglied der Windows-Gruppe *Terminalserver-Lizenzserver* ist. Durch einen Klick auf die Schaltfläche neben der Meldung können Sie das Computerkonto in die Gruppe aufnehmen.

Die Aufnahme ist notwendig, damit der Server Benutzern in der Domäne Lizenzen für den Zugriff auf den Remotedesktopserver zuteilen kann. Neben der Aktivierung müssen Sie auch noch den Lizenzmodus festlegen, wie auf den vorangegangenen Seiten beschrieben.

Im Remotedesktoplizenzierungs-Manager können Sie auch Berichte erstellen, um die Nutzung der Lizenzen zu bestimmten Zeiträumen anzuzeigen. Ausführliche Informationen werden allerdings nur dann angezeigt, wenn sich der Remotedesktopserver und die Arbeitsstationen in einer Active Directory-Domäne befinden.

Weitere Optionen der Lizenzierung wie den Suchmodus für den Lizenzserver oder den Lizenzierungsmodus können Sie im Server-Manager einstellen. Dazu klicken Sie im Bereich *Bereitstellungsübersicht* auf *Aufgaben* und wählen den Befehl *Bereitstellungseigenschaften bearbeiten* aus.

Kapitel 28: Remotedesktopdienste installieren und Anwendungen virtualisieren

Abbildung 28.12: Die Bereitstellung einer RDS-Umgebung anpassen

Klicken Sie auf *Lizenzierungsdiagnose*, können Sie sich Meldungen zur Lizenzierung anzeigen lassen. Dieses Programm finden Sie im Startmenü auf den Remotedesktop-Sitzungshosts. In diesem Tool können Sie auch Zertifikate hinterlegen und das Remotedesktopgateway anpassen.

Sie sollten in regelmäßigen Abständen eine Sicherung des Lizenzservers durchführen, damit bei einem Serverausfall die Datenbank mit den ausgestellten Lizenzen möglichst nicht verloren geht. Um einen Lizenzserver zu sichern, können Sie die Windows-Datensicherung verwenden. Standardmäßig befindet sich der Pfad im Ordner *\Windows\System32\lserver*.

Tipp	Sie können die Arbeitsweise des Lizenzservers mit Gruppenrichtlinien steuern. Wenn Sie eine Gruppenrichtlinie aufrufen, finden Sie die Richtlinien für die Remotedesktoplizenzierung in der Konsolenstruktur unter *Computerkonfiguration/(Richtlinien)/Administrative Vorlagen/Windows-Komponenten/Remotedesktopdienste/Remotedesktoplizenzierung*.

Remotedesktopsitzungen spiegeln

Mit Windows Server 2016 können sich Administratoren mit Sitzungen von Anwendern verbinden, um bei Problemen zu helfen. Die Funktion bietet viele Einstellungsmöglichkeiten, zum Beispiel auch die Option, dass Anwender mit dem Spiegeln der Sitzung einverstanden sein müssen.

Einstieg in die Spiegelung von verbundenen Benutzern

Sie können Ihre Remotedesktopserver per Remotedesktop oder von anderen Servern aus über den Server-Manager verwalten. Bequemer ist die Verwaltung von Servern aber von Arbeitsstationen aus. Das ist ein sehr effizienter Weg, da Sie auch den Server-Manager auf Arbeitsstationen installieren und alle Server einfach und effizient vom eigenen Rechner aus verwalten können. Die Verwaltung von Servern in Windows Server 2016 und Windows 10 können Sie komplett von Rechnern mit Windows 10 aus erledigen. Dazu brauchen Sie die Remoteserver-Verwaltungstools für Windows 10 (*http://tinyurl.com/jmrdeea*). Diese enthalten auch den Server-Manager und die Möglichkeit, Benutzersitzungen zu spiegeln, ohne dass Sie weitere Tools installieren müssen.

Haben Sie den Server-Manager in Windows 10 aufgerufen, klicken Sie auf *Verwalten/Server hinzufügen*. Hier durchsuchen Sie jetzt Ihre Domäne und wählen alle Server aus, die Sie von der Arbeitsstation aus verwalten wollen. Um Benutzersitzungen zu spiegeln, müssen Sie die Remotedesktop-Sitzungshosts und die Verbindungsbroker auswählen. Berechtigen Sie Anwender zum Spiegeln von Sitzungen, zum Beispiel Support-Mitarbeiter oder den Helpdesk. Installieren Sie auf den Rechnern der entsprechenden Mitarbeiter am besten auch die Remoteserver-Verwaltungstools und fügen zum Server-Manager die Remotedesktop-Sitzungshosts hinzu.

Wenn Sie eine Sammlung eingerichtet haben, sehen Sie die angebundenen Anwender im Bereich *Verbindungen*, wenn Sie auf den Namen der entsprechenden Sammlung klicken. Hier sind alle angebundenen Benutzer in der Farm zu sehen. Über das Kontextmenü verwalten Sie die Benutzer und starten auf Wunsch auch die Spiegelung, doch dazu später mehr.

Mit dem Befehlszeilentool *Query* können Sie auch in der Eingabeaufforderung verschiedene Abfragen starten, um sich einen Überblick zu verschaffen, welche Prozesse zurzeit laufen und welche Benutzer angemeldet sind. Spiegelungen zu den Sitzungen starten Sie dann im Server-Manager. In der Befehlszeile sind vor allem folgende Befehle interessant:

Query process – Alle laufenden Prozesse auf dem Remotedesktopserver werden angezeigt.

Query session – Alle laufenden Remotedesktopsitzungen werden angezeigt.

Query termserver – Alle Remotedesktopserver im Subnetz werden angezeigt.

Query user – Alle auf dem Remotedesktopserver angemeldeten Benutzer werden angezeigt.

Mit dem Befehlszeilentool *Reset* können Sie anhand ihrer ID Sitzungen auf dem Remotedesktopserver zurücksetzen. Sie können zum Beispiel mit der Anweisung *Query session* alle Sitzungen mit deren ID anzeigen lassen. Im Anschluss können Sie mit *Reset session <Nummer der Sitzung>* eine bestimmte Sitzung zurücksetzen. Dieser Vorgang geht oft schneller als im Server-Manager. Spiegelungen können Sie über diesen Weg aber nicht durchführen. Dazu müssen Sie in den Server-Manager wechseln.

Spiegelungen von Benutzersitzungen durchführen

Über das Kontextmenü von Sitzungen im Server-Manager können Sie auf Remotedesktop-Sitzungshosts Sitzungen von Anwendern spiegeln. Klicken Sie eine Sitzung mit der rechten Maustaste an, haben Sie verschiedene Möglichkeiten, die Benutzer zu verwalten. Mit der Option *Schatten* können Sie Sitzungen spiegeln. Es sind dazu keine weiteren Konfigurationen notwendig. Sobald Sie eine Sammlung erstellen und RemoteApps veröffentlichen, sind die Anwendungen zur Spiegelung bereit.

Spiegeln können Sie nicht nur Desktop-Sitzungen, sondern auch RemoteApps, inklusive deren Steuerelemente. Klicken Sie die Option zum Spiegeln an (*Schatten*), wählen Sie zunächst aus, ob Sie die Sitzung nur sehen wollen, ohne selbst steuern zu können (*Anzeige*), oder ob Sie in der Sitzung auch Eingaben vornehmen wollen (*Steuerelement*). Standardmäßig ist nach der Installation der Remotedesktop-Sitzungshosts beides erlaubt und möglich. Sie müssen dazu keinerlei Einstellungen vornehmen.

Außerdem können Sie festlegen, ob der Benutzer die Verbindung bestätigen muss oder ob die Verbindung auch ohne Bestätigung stattfinden soll. Standardmäßig ist in den Richtlinien von Remotedesktopservern die Zustimmung der Benutzer festgelegt. Wollen Sie sich mit Sitzungen verbinden, ohne dass Anwender die Verbindung bestätigen müssen, sind erst Änderungen in den Richtlinien der Remotedesktopserver notwendig. Zu diesen Einstellungen kommen wir später noch. Auch diese Einstellungen lassen sich über lokale Richtlinien oder mit Gruppenrichtlinien festlegen.

Aktivieren Sie die Anzeige einer Sitzung und bestätigt der entsprechende Anwender die Spiegelung, sehen Sie den Remotedesktop oder die geöffnete RemoteApp des Anwenders. Sie sehen allerdings nicht seinen Rechner oder andere Anwendungen, sondern nur seine Remotedesktopsitzung. Sie können bei der Verwendung der Anzeige auch keinerlei Eingaben vornehmen, sondern Sie sehen nur das, was der Benutzer in seiner RemoteApp oder seinem RDP-Desktop sieht. Eine Interaktion mit dem Benutzer ist nicht möglich, auch keine Unterhaltung, Datenaustausch oder sonstige Funktionen. Minimiert der Anwender die RemoteApp auf seinem Rechner, wird die App auch in der Spiegelsitzung minimiert und es ist kein Inhalt der Anwendung mehr zu sehen. Generell ist durch die Spiegelung festgelegt, dass nur die Anwendung und deren Informationen angezeigt werden, die auch in der gespiegelten Sitzung laufen. Alle anderen Daten auf dem zugegriffenen Rechner sind für den zugreifenden Administrator nicht sichtbar.

In den Standardeinstellungen von Remotedesktopservern erscheint bei den Anwendern immer eine Meldung auf dem Bildschirm, wenn eine Spiegelung erfolgen soll. Der Anwender kann in dieser Meldung die Spiegelung erlauben oder sie verweigern. Die Entscheidung des Benutzers kann von Administratoren nicht überstimmt werden. Nachdem die Spiegelung aufgebaut ist, kann der Administrator sie durch das Schließen des Fensters beenden, der Anwender kann sie in diesem Zusammenhang nicht schließen. Der Anwender erhält auch keine Information darüber, ob sich der Administrator von der Sitzung wieder getrennt hat.

RDP-Sitzungen remote steuern

Neben der Möglichkeit, die Sitzungen anzuzeigen, können Sie Benutzersitzungen natürlich auch komplett steuern. Dazu müssen Sie als Option *Steuerelement* auswählen, wenn Sie die Option *Schatten* für eine Benutzersitzung ausgewählt haben. Auch hier muss der entsprechende Benutzer die Verbindung erst genehmigen, wenn Sie mit den Standardeinstellungen arbeiten.

Die Trennung der Sitzung erfolgt auf dem gleichen Weg wie bei der Anzeige. Der Administrator muss das Fenster nur schließen. Der Anwender, den Sie spiegeln, sieht alle Eingaben, die Sie vornehmen. Leider fehlen Funktionen wie Chat oder Dateiaustausch. Auch Drag&Drop funktioniert zwischen den Sitzungen nicht. Ansonsten lassen sich in der Sitzung aber alle Aufgaben durchführen, die auch der gespiegelte Benutzer durchführen kann. Beide Benutzer arbeiten gleichzeitig mit dem Desktop oder der RemoteApp.

Gruppenrichtlinieneinstellungen und Systemeinstellungen für die Spiegelung definieren

Einstellungen für die Spiegelung nehmen Sie über lokale Richtlinien oder in den Gruppenrichtlinien vor, die Sie den Remotedesktop-Sitzungshosts zuweisen. Sie finden die Konfiguration über *Benutzerkonfiguration/(Richtlinien)/Administrative Vorlagen/Windows-Komponenten/Remotedesktopdienste/Remotedesktopsitzungs-Host/Verbindungen*. Hier finden Sie die Einstellung *Regeln für Remotesteuerung von Remotedesktopdienste-Benutzersitzungen festlegen*.

Sie können an dieser Stelle entweder eine Gruppenrichtlinie in der Domäne erstellen und den Remotedesktop-Sitzungshosts zuweisen oder Sie nehmen die Einstellung einfach in den lokalen Richtlinien der einzelnen Remotedesktop-Sitzungshosts vor (*Gpedit.msc*). Ohne weitere Einstellung dürfen nur Administratoren nach der Erstellung einer Sammlung im Server-Manager die Spiegelung durchführen. Es sind keine Zusatzwerkzeuge oder besondere Einstellungen notwendig, Spiegelungen funktionieren in Windows Server 2016 automatisch. Aktivieren Sie die Richtlinie auf einem Server, haben Sie verschiedene Einstellungsmöglichkeiten:

Um Einstellungen zu ändern, aktivieren Sie die Richtlinie und wählen aus dem Dropdownmenü eine der angezeigten Optionen aus:

- **Keine Remoteüberwachung zulassen** – Administratoren können keine Remotesteuerung verwenden oder Remotebenutzersitzungen anzeigen. Eine Spiegelung ist daher nicht erlaubt. Wenn ein Administrator eine Sitzung spiegeln will, erscheint die Meldung, dass die Funktion über Richtlinien blockiert ist.
- **Vollzugriff mit Erlaubnis des Benutzers** – Erlaubt Administratoren mit der Zustimmung des entsprechenden Benutzers die Steuerung einer Sitzung, also auch die Bedienung. Natürlich ist dann auch das Anzeigen erlaubt.
- **Vollzugriff ohne Erlaubnis des Benutzers** – Erlaubt Administratoren auch ohne Zustimmung des Benutzers die Steuerung der Sitzung. In diesem Fall können Administratoren beim Spiegeln sogar den Haken bei der Option entfernen, dass der Benutzer gefragt werden muss. Außerdem ist die Anzeigefunktion mit dieser Einstellung erlaubt.
- **Sitzung mit Erlaubnis des Benutzers anzeigen** – Erlaubt Administratoren das Anzeigen von Sitzungen mit Zustimmung des Benutzers. Eine Steuerung der Sitzungen ist aber nicht erlaubt.
- **Sitzung ohne Erlaubnis des Benutzers anzeigen** – Ermöglicht Administratoren das Anzeigen von Sitzungen auch ohne dessen Zustimmung.

Wenn Sie diese Richtlinieneinstellung deaktivieren, können Administratoren mit der Zustimmung des Benutzers in dessen Remotedesktopdienste-Sitzung eingreifen und Sitzungen spiegeln. Das geht auch, wenn Sie gar nichts konfigurieren.

Spiegelung für Nicht-Administratoren

Standardmäßig dürfen nur Administratoren des Servers Sitzungen auf den Remotedesktop-Sitzungshosts spiegeln. Sollen auch normale Anwender wie zum Beispiel Support-Mitarbeiter Sitzungen spiegeln dürfen, müssen Sie die entsprechenden Benutzerkonten erst berechtigen. Sie können dazu die Befehlszeile auf dem Remotedesktop-Sitzungshost verwenden:

Wmic /NameSpace:\\root\cimv2\TerminalServices PATH WIN32_TSPermissionsSetting.TerminalName="RDP-TCP" call AddAccount "<Domäne\Benutzer>", <Wert>

Für *<Wert>* stehen folgende Möglichkeiten zur Verfügung:

0 = WINSTATION_GUEST_ACCESS

1 = WINSTATION_USER_ACCESS

2 = WINSTATION_ALL_ACCESS

Damit die Anwender die Spiegelung durchführen können, ist es der beste Weg, wenn Sie auf den Arbeitsstationen der Anwender die Remoteserver-Verwaltungstools für Windows 10 installieren und den Server-Manager zur Verfügung stellen.

Mit welchen Optionen sich die Anwender zur Spiegelung verbinden können, also Anzeigen oder Steuern von Sitzungen, legen Sie über die Gruppenrichtlinien fest, wie zuvor beschrieben. Sobald Sie Anwendern das Spiegeln erlauben, dürfen diese die Spiegelung auch durchführen, selbst wenn Sie noch keine weiteren Einstellungen vorgenommen haben. Nach der entsprechenden Berechtigung dürfen die Anwender auch Administrator-Sitzungen spiegeln, allerdings nicht die Konsolen-Sitzung direkt auf dem Server.

Sitzungen trennen und neu verbinden

Neben der Spiegelung im Server-Manager können Administratoren die Sitzungen aber auch in der Befehlszeile trennen, ohne eine Spiegelung durchzuführen. Dazu stehen verschiedene Tools zur Verfügung. Mit *Tscon* und *Tsdiscon* können Remotedesktopsitzungen verbunden oder abgemeldet werden. Wenn Sie den optionalen Parameter */dest:<Sitzungsname>* verwenden, ist dieser die Kennung der Sitzung, mit der eine Verbindung hergestellt werden soll. Diese Sitzung wird getrennt, wenn eine Verbindung mit der neuen Sitzung hergestellt wird.

Mit der Option */dest:<Sitzungsname>* können Sie die Sitzung eines anderen Benutzers mit einer anderen Sitzung verbinden. Geben Sie bei der Option *password* kein Kennwort an und gehört die Zielsitzung einem anderen Benutzer, schlägt *Tscon* fehl. Mit der Konsolensitzung auf dem Server können Sie keine Verbindung herstellen.

Geben Sie zum Beispiel *Tscon 12* ein, um eine Verbindung mit Sitzung 12 auf dem aktuellen Remotedesktopserver herzustellen und um die aktuelle Sitzung zu trennen. Mit *Tscon 23 /password:<Kennwort>* bauen Sie eine Verbindung mit Sitzung 23 auf dem aktuellen Remotedesktopserver auf und trennen die aktuelle Sitzung.

Geben Sie *Tscon TERM03 /v /dest:TERM05* ein, um eine Verbindung zwischen der Sitzung *TERM03* und der Sitzung *TERM05* herzustellen und die noch verbundene Sitzung *TERM05* zu trennen.

Geben Sie keine Sitzungskennung oder keinen Sitzungsnamen an, trennt *Tsdiscon* die aktuelle Sitzung. Alle Anwendungen, die beim Trennen der Sitzung laufen, werden beim erneuten Verbinden mit dieser Sitzung automatisch und ohne Datenverlust wieder ausgeführt. Verwenden Sie den Befehl *Reset session*, um die aktiven Anwendungen der getrennten Sitzung zu beenden.

Beispiele

- Geben Sie *Tsdiscon* zum Trennen der aktuellen Sitzung ein.
- Geben Sie *Tsdiscon 10* zum Trennen von Sitzung 10 ein.
- Geben Sie *Tsdiscon TERM04* zum Trennen der Sitzung mit dem Namen *TERM04* ein.

Mit *Tskill* können Sie einzelne Prozesse auf einem Remotedesktopserver beenden. Sie können sich etwa mit *Query process* alle laufenden Prozesse anzeigen lassen und im Anschluss mit *Tskill <PID des Prozesses>* den Prozess beenden. Die Syntax des Befehls lautet:

Tskill {<Prozesskennung> | <Prozessname>} [/server:<Servername>] [{/id:<Sitzungskennung> | /a}] [/v]

- *<Prozesskennung>* – Die Kennung des zu beendenden Prozesses (PID).
- *<Prozessname>* – Der Name des zu beendenden Prozesses. Sie können bei der Eingabe dieses Parameters Platzhalterzeichen verwenden.
- */server:<Servername>* – Gibt den Remotedesktopserver an, auf dem sich der zu beendende Prozess befindet. Erfolgt keine Angabe, wird der aktuelle Remotedesktopserver verwendet.
- */id:<Sitzungskennung>* – Beendet den in der angegebenen Sitzung ausgeführten Prozess.
- */a* – Beendet den in allen Sitzungen ausgeführten Prozess.
- */v* – Zeigt Informationen zu den Aktionen an, die gerade ausgeführt werden.

Wenn Sie kein Administrator sind, können Sie den Befehl *Tskill* nur zum Beenden der Prozesse verwenden, die Sie besitzen. Beispiele:

Um den Prozess 6543 zu beenden, geben Sie *Tskill 6543* ein.

Um den in Sitzung 5 ausgeführten Prozess *explorer* zu beenden, geben Sie *Tskill explorer /id:5* ein.

Die Installation nacharbeiten

Haben Sie auf einem Server die Remotedesktopdienste installiert, sollten Sie einige empfohlene Nacharbeiten durchführen, die in diesem Abschnitt ausführlicher erläutert werden.

Die Auslagerungsdatei auf einem Remotedesktop-Sitzungshost optimieren

Zunächst sollten Sie die Auslagerungsdatei auf eine andere physische Festplatte des Servers verschieben, damit Schreibzugriffe auf die Auslagerungsdatei nicht von Schreibzugriffen auf der Festplatte ausgebremst werden.

Wenn keine zweite physische Festplatte zur Verfügung steht, ist ein Verschieben nicht sinnvoll, da die Auslagerung auf eine Partition derselben Festplatte keine positiven Auswirkungen hat. Zusätzlich sollten Sie die Größe der Auslagerungsdatei etwa auf das 2,5-Fache des tatsächlichen Arbeitsspeichers festlegen. Damit wird die Fragmentierung der Datei minimiert:

1. Die Einstellungen für die Auslagerungsdatei finden Sie über *Systemsteuerung/System und Sicherheit/System/Erweiterte Systemeinstellungen/Leistung/Einstellungen/Erweitert/ Virtueller Arbeitsspeicher/Ändern*.
2. Deaktivieren Sie das Kontrollkästchen *Auslagerungsdateigröße für alle Laufwerke automatisch verwalten*.
3. Aktivieren Sie die Option *Benutzerdefinierte Größe*.
4. Setzen Sie bei *Anfangsgröße* und bei *Maximale Größe* in etwa das 2,5-Fache Ihres Arbeitsspeichers ein. Dadurch ist sichergestellt, dass die Datei nicht fragmentiert wird, da sie immer die gleiche Größe hat. Setzen Sie die Größe der Auslagerungsdatei für Laufwerk C: auf 0.
5. Klicken Sie auf *Festlegen*.
6. Schließen Sie alle Fenster und starten Sie den Server neu.

Prozessorzeitplanung anpassen

Standardmäßig ist Windows Server 2016 dafür optimiert, Hintergrunddienste zu beschleunigen. Wenn Sie auf einem Server die Remotedesktopdienste installieren, sollten Sie aber die Optimierung auf Anwendungen einstellen, damit Benutzer möglichst performant arbeiten können.

Diese Einstellung sowie die Konfiguration der Auslagerungsdatei finden Sie an der gleichen Stelle wie die Konfiguration des virtuellen Arbeitsspeichers. Wählen Sie für die Prozessorzeitplanung die Option *Programme* aus.

Die Treiber aktualisieren

Überprüfen Sie nach der Installation, ob alle Geräte im Geräte-Manager korrekt erkannt worden sind. Vor allem der Treiber der Grafikkarte ermöglicht den Benutzern die Wahl der Farbtiefe, mit der die Sitzung aufgebaut wird. Installieren Sie daher möglichst aktuelle Treiber und stellen Sie sicher, dass jedes Gerät erkannt und mit einem passenden Treiber in das System integriert wurde.

Loopbackverarbeitung von Gruppenrichtlinien berücksichtigen

Setzen Sie Remotedesktop-Sitzungshosts zusammen mit Gruppenrichtlinien ein, bietet es sich an, die Server in einer eigenen Organisationseinheit (Organizational Unit, OU) abzulegen und für diese OUs dann Gruppenrichtlinien mit den gewünschten Einstellungen zu aktivieren.

Für diese Richtlinien sollten Sie auch den Loopbackverarbeitungsmodus aktivieren. Bei diesem Modus wendet die Gruppenrichtlinie auch Einstellungen des Benutzerbaums an, wenn das Konto der Anwender nicht in der OU registriert ist, in der die Richtlinie definiert wurde, sondern nur der entsprechende Server. So erhalten Sie die Möglichkeit, Benutzereinstellungen für Remotedesktopserver festzulegen, die nur bei der Anmeldung der Anwender auf den Remotedesktopservern angewendet werden, nicht bei der Anmeldung an ihren lokalen Computern.

Sie finden diese Einstellung über *Computer/Richtlinien/Administrative Vorlagen/System/Gruppenrichtlinie*. Wenn Sie die Richtlinie *Loopbackverarbeitungsmodus für Benutzergruppenrichtlinie* aktivieren, können Sie zwischen zwei Modi auswählen:

- **Ersetzen** – Aktivieren Sie diesen Modus, ersetzt die Richtlinie Einstellungen, die bereits von anderen Richtlinien an gleicher Stelle gesetzt sind.
- **Zusammenführen** – Bei dieser Einstellung werden die normalen Richtlinien des Anwenders und die Einstellungen für den Benutzer in der Remotedesktopserver-Richtlinie angewendet. Gibt es Konflikte, »gewinnt« die Richtlinie der Remotedesktopserver.

Über Remotedesktop-Sitzungshosts drucken

Verbinden sich Clients mit einem Remotedesktop-Sitzungshost, sind die installierten Drucker der Clients und die Drucker auf dem Server verfügbar. In diesem Abschnitt gehen wir auf einige Bereiche zur Einstellung des Druckerverhaltens in Windows Server 2016 ein.

Einstieg in das Drucken mit den Remotedesktopdiensten

Der Remotedesktop Easy Print Driver kann Druckaufträge verschiedener Drucker an den Client umleiten. Auch in die Gruppenrichtlinien wurden viele Einstellungen für die Konfiguration von Druckern integriert. Damit Sie den Easy Print Driver verwenden können, müssen Sie den aktuellen RDP-Client verwenden, am besten den Client in Windows 10, notfalls den Treiber in Windows 8.1.

Der Treiber unterstützt für die kompatiblen Drucker alle Features, nicht nur die grundlegenden Funktionen. Auch die Performance bei der Übertragung des Druckauftrags wird durch den Treiber verbessert. Unterstützen Clients diesen universalen Druckertreiber nicht, muss auf dem Remotedesktopserver ein aktueller Treiber der Drucker installiert sein. Auf dem Server wird beim Einsatz des Easy Print Drivers ein Abbild des Druckertreibers des Clients angezeigt, aber nicht installiert. Druckt ein Anwender in der Sitzung, leitet der Treiber den Druck in eine .xps-Datei um und schickt diese zum Client, auf dem der Druck schließlich auf dem Drucker ausgegeben wird.

Damit der Easy Print Driver funktioniert, muss nichts auf dem Server installiert sein. Die auf dem Client verfügbaren Drucker übernimmt der Server, sofern sie kompatibel sind. Auch die spezifischen Einstellungen des Druckers zeigt der Server an und leitet sie beim Abrufen wieder auf den Client zurück. Ob Drucker umgeleitet werden, muss im RDP-Client eingestellt sein. Auf der Registerkarte *Lokale Ressourcen* auf dem Client muss dies zunächst aktiviert werden.

In Windows Server 2016 gibt es auch Möglichkeiten, die Anbindung von Druckern über Gruppenrichtlinien zu steuern. Die meisten Einstellungen für Gruppenrichtlinien werden im Gruppenrichtlinien-Editor unter *Computerkonfiguration/Richtlinien/Administrative Vorlagen/Windows-Komponenten/Remotedesktopdienste* vorgenommen. Die Verwaltung von Druckern findet über den Untereintrag *Remotedesktopsitzungs-Host/Druckerumleitung* statt. Hier können auch die Einstellungen des Easy Print Drivers angepasst werden.

Wird die Richtlinie *Zuerst Easy Print-Druckertreiber für Remotedesktop verwenden* aktiviert, versucht ein Remotedesktopserver, zuerst diesen Treiber zu verwenden, bevor ein anderer Treiber installiert wird. Auch wenn diese Richtlinie nicht konfiguriert ist, verwendet der Remotedesktopserver standardmäßig zuerst den Easy Print Driver.

Unterstützt der Drucker diesen Treiber nicht, sucht der Remotedesktopserver als Nächstes lokal nach einem passenden Treiber. Findet er keinen Treiber, kann der Drucker in der Sitzung nicht verwendet werden. Standardmäßig ist diese Richtlinie nicht konfiguriert. Deaktivieren Sie diese Einstellung, versucht der Server, zunächst einen Druckertreiber zu finden, der kompatibel für den Drucker ist, und verwendet dann erst den Easy Print Driver.

Ob Drucker umgeleitet werden, muss im RDP-Client eingestellt sein. Dies muss beim Client auf der Registerkarte *Lokale Ressourcen* aktiviert werden.

Tipp Unterstützen Ihre Unternehmensdrucker den neuen Easy Print Driver nicht, können Sie auch unter Windows Server 2016 den Weg einer Druckermapping-Datei gehen. Diese Möglichkeit gibt es bereits seit Windows 2000 Server.

Dabei kann über eine spezielle Datei mehreren Druckern der gleiche Treiber zugeordnet werden. Sehen Sie sich dazu den Microsoft Knowledge Base-Artikel *http://tinyurl.com/gvhk4kb* (in englischer Sprache) oder *http://tinyurl.com/hd4ylkb* (in deutscher Übersetzung) an.

Druckerprobleme auf Remotedesktop-Sitzungshosts lösen

Arbeiten Unternehmen mit Remotedesktop-Sitzungshosts, müssen Anwender in vielen Fällen auch Dokumente ausdrucken. Leider kommt es bei der Verbindung der lokalen Drucker eines Anwenders mit seiner Remotedesktopsitzung oft zu Problemen. Stellt ein Anwender eine Verbindung mit einem Remotedesktop-Sitzungshost (Terminalserver) her, verbindet der Remotedesktopclient die Drucker mit der Sitzung. Die Einstellung dazu ist im Bereich *Lokale Ressourcen* des Clients zu finden.

Abbildung 28.13: Die Druckerumleitung können Anwender in ihrem Remotedesktopclient steuern.

Remotedesktopserver arbeiten normalerweise mit dem Easy Print Driver. Dieser kann Druckaufträge vom Server an den Client umleiten. Dazu schreibt der Treiber den Druck in eine *.xps*-Datei. Diese wird zum Client des Anwenders geschickt und dann ausgedruckt.

In diesem Zusammenhang sollten Sie sich auch in der Gruppenrichtlinienverwaltung den Bereich *Computerkonfiguration/Richtlinien/Administrative Vorlagen/Windows-Komponenten/Remotedesktopdienste* ansehen. Die Verwaltung von Druckern ist bei *Remotedesktopsitzungs-Host/Druckerumleitung* zu finden. Überprüfen Sie an dieser Stelle, ob die Einstellungen korrekt gesetzt sind. Die Druckerumleitungen müssen konfiguriert sein und den Standarddrucker oder eben den Easy Printer Driver verwenden.

Berechtigungsprobleme auf Remotedesktop-Sitzungshosts lösen

Die Druckerumleitung verursacht häufig Probleme auf Remotedesktop-Sitzungshosts, egal wie Sie die Einrichtung vornehmen.

Oft gibt es Probleme in Umgebungen, bei denen die Remotedesktopdienste auf Domänencontrollern betrieben werden, beziehungsweise auch auf anderen Servern, die besonders abgesichert sind. Außer beim Einsatz von Windows Server 2016 Essentials rät Microsoft von einem solchen Betrieb ab. Zunächst entstehen hier Sicherheitsprobleme und Probleme mit der Authentifizierung von Benutzerkonten. Außerdem leidet die Leistung des Servers. Dazu kommt, dass die Installation von Druckertreibern auf dem Server diesen eventuell in einen instabilen Zustand versetzt, was im Falle eines Domänencontrollers auch andere Server beziehungsweise andere Serverdienste auf dem gleichen Server beeinträchtigen kann.

Wenn Sie allerdings diese Nachteile in Kauf nehmen, können Sie technisch gesehen durchaus die Remotedesktopdienste auf einem Domänencontroller installieren. Allerdings gibt es hier oft Probleme bei der Installation von Druckern. Auch hier liegen wieder Sicherheitsprobleme vor, die sich jedoch relativ einfach beheben lassen. In den meisten Fällen liegt ein Berechtigungsproblem mit dem Verzeichnis *C:\Windows\System32\Spool* vor.

Rufen Sie die Eigenschaften des Verzeichnisses auf, wechseln Sie auf die Registerkarte *Sicherheit* und klicken Sie auf *Bearbeiten*. Nehmen Sie entweder eine neue Gruppe auf, die die Benutzerkonten der Remotedesktopbenutzer enthält, oder verwenden Sie die Benutzergruppe der Domäne. Geben Sie der Gruppe das Recht *Ändern* auf das Verzeichnis. Starten Sie anschließend den Server neu und testen Sie, ob die Drucker der Anwender funktionieren.

Arbeiten Sie nicht mit dem Easy Printer Driver, sondern mit einem speziellen Treiber für Drucker, müssen Sie darauf achten, dass dieser auch auf dem Remotedesktop-Sitzungshost installiert ist und funktioniert.

Drucker, die viele Anwender verwenden, können durchaus auch direkt auf dem Remotedesktop-Sitzungshost installiert werden. In diesem Fall müssen Sie aber auf den korrekten Treiber, die entsprechende Version und die korrekten Einstellungen in den Gruppenrichtlinien achten.

In manchen Umgebungen haben Anwender nicht genügend Rechte, um Drucker zu verbinden oder um Druckaufträge zu starten. Solche Rechte sind dann auch die Ursache, dass die komplette Druckerumleitung nicht funktioniert, unabhängig davon, welche Einstellungen Sie vorgenommen haben. Wenn Sie den Verdacht haben, dass solche Probleme in Ihrer Umgebung existieren, sollten Sie die Ereignisanzeige überprüfen. Sie finden normalerweise »Zugriff verweigert«-Meldungen, wenn dieses Problem vorliegt. Die Anwender selbst sehen diese Meldung nicht, sondern können nur feststellen, dass die Drucker nicht verbunden wurden.

Um den Fehler zu beheben, müssen Sie auf dem Server einige Einstellungen vornehmen und Rechte ändern. Öffnen Sie dazu den Windows-Explorer und navigieren Sie zu *C:\Windows\System32\Spool\Printers*. Rufen Sie die Eigenschaften des Verzeichnisses auf und wechseln Sie zur Registerkarte *Sicherheit*. Fügen Sie die Gruppe *Jeder* hinzu. Testen Sie, ob die Anwender jetzt Dokumente drucken können. Funktioniert die Verbindung nicht, überprüfen Sie die Rechte der Benutzer-Gruppe und passen Sie diese entsprechend an. Testen Sie zunächst, ob ein lesender Zugriff ausreicht. Falls nicht, lassen Sie den Schreibzugriff auf das Verzeichnis zu.

Applikationen installieren

Wollen Sie auf einem Remotedesktopserver Software für die Benutzer installieren, sollten Sie darauf achten, dass die entsprechende Software auch mit der Installation auf einem Remotedesktopserver kompatibel ist. Die aktuellen Microsoft-Programme aus dem Office-Paket sind standardmäßig kompatibel mit der Installation auf einem Remotedesktopserver. Allerdings können OEM- oder MSDN-Versionen von Office 2010/2013/2016 nicht auf Remotedesktopservern installiert werden. Sie benötigen dazu entsprechende Lizenzen.

Achten Sie beim Einsatz von Unternehmenssoftware darauf, ob sie Terminalserver, Remotedesktop oder Remotedesktop-Sitzungshosts unterstützt. Ist das nicht der Fall, testen Sie die Anwendung zuvor in einer Testumgebung. Die meisten Programme sind kompatibel zum Remotedesktop, allerdings nicht alle.

Installieren Sie eine Applikation auf einem Remotedesktopserver, sollten Sie den Server zuvor in den Installationsmodus versetzen. Sie verwenden dazu den Befehl *Change user* in der Eingabeaufforderung.

Mit *Change user /install* wird der Remotedesktopserver in den Installationsmodus versetzt. Sie geben diesen Befehl ein und installieren danach die Software. Durch den Befehl erstellt Windows im Systemordner *.ini*-Dateien für die Anwendung. Diese Dateien verwendet Windows als Masterkopien für benutzerspezifische *.ini*-Dateien.

Wenn die Anwendung zum ersten Mal startet, durchsucht sie den Basisordner nach *.ini*-Dateien. Wenn sich die *.ini*-Dateien nicht im Basisordner, sondern im Systemordner befinden, werden sie von den Remotedesktopdiensten in den Basisordner kopiert. So wird gewährleistet, dass jeder Benutzer über eine eindeutige Kopie der *.ini*-Dateien der Anwendung verfügt.

Neue *.ini*-Dateien werden im Basisordner erstellt. Jeder Benutzer muss über eine eindeutige Kopie der *.ini*-Dateien für eine Anwendung verfügen. Dadurch wird verhindert, dass verschiedene Benutzer über inkompatible Anwendungskonfigurationen verfügen. Wenn sich das System im Installationsmodus befindet, finden mehrere Aktionen statt:

- Von allen erstellten Registrierungseinträgen werden unter HKEY_LOCAL_MACHINE\SOFTWARE\Microsoft\Windows NT\CurrentVersion\Terminal Server\Install Schattenkopien erstellt.
- Zu *HKEY_CURRENT_USER* hinzugefügte Schlüssel werden in den Schlüssel *\Software* kopiert.
- Zu *HKEY_LOCAL_MACHINE* hinzugefügte Schlüssel werden in den Schlüssel *\Machine* kopiert.
- Wenn der *Windows*-Ordner von der Anwendung durch Systemaufrufe abgefragt wird, gibt der Remotedesktopserver den Ordner *Systemroot* zurück.
- Werden Einträge in der *.ini*-Datei mithilfe von Systemaufrufen hinzugefügt, werden sie zu den *.ini*-Dateien im Ordner *Systemroot* hinzugefügt.

Geben Sie nach der Installation *Change user /execute* ein, um den Ausführungsmodus zu aktivieren. Versucht die Anwendung, eine nicht vorhandene *.ini*-Datei zu lesen, wird diese von den Remotedesktopdiensten im Systemstamm gesucht.

Befindet sich die *.ini*-Datei im Systemstamm, wird sie in den Unterordner *\Windows* des Basisordners des Benutzers kopiert. Fragt die Anwendung den Ordner *Windows* ab, gibt der Remotedesktopserver den Unterordner *\Windows* des Basisordners des Benutzers zurück. Melden sich Benutzer an, wird von den Remotedesktopdiensten überprüft, ob die eigenen *.ini*-Dateien des Systems aktueller sind als die *.ini*-Dateien auf dem Computer.

Ist die Version des Systems aktueller, wird die *.ini*-Datei entweder ersetzt oder mit der aktuelleren Version zusammengeführt. Sind die Systemregistrierungswerte im Schlüssel *\Terminal Server\Install* aktueller als die Version unter *HKEY_CURRENT_USER*, wird die Version der Schlüssel gelöscht und durch die neuen Schlüssel aus *\Terminal Server\Install* ersetzt. Registrierungseinstellungen in *HKEY_CURRENT_USER* werden manchmal nicht bei der Installation erstellt, sondern beim ersten Ausführen eines Programms. Wird das

Programm nicht ausgeführt, während der Installationsmodus noch aktiv ist, werden die *HKEY_CURRENT_USER*-Einstellungen nicht in *HKEY_LOCAL_MACHINE* kopiert. Führt ein Benutzer das Programm erstmals aus, wird *HKEY_CURRENT_USER* mit den Standardeinstellungen geladen.

Reichen diese Standardeinstellungen nicht aus, müssen für jeden Benutzer individuelle Anpassungen vorgenommen werden. Um dieses Problem auf Remotedesktopservern zu vermeiden, sollte das Programm einmal ausgeführt werden, bevor der Installationsmodus auf einem Remotedesktopserver verlassen wird.

Mit *Change user /execute* wird der Remotedesktopserver wieder in den Ausführungsmodus versetzt. Wenn Sie ihn durchstarten, befindet er sich immer im ausführenden Modus, auch wenn er heruntergefahren wurde, weil Sie zuvor die Option */install* ausgeführt haben. Mit *Change user /query* fragen Sie den aktuellen Status des Servers ab. Unabhängig davon, wie Sie eine Applikation auf dem Remotedesktopserver installieren, sollten Sie nach der Installation in einer Remotedesktopserver-Sitzung überprüfen, ob die Applikation auf dem Remotedesktopserver funktioniert.

Um einen zuverlässigen Test durchzuführen, sollten Sie die Applikation möglichst in zwei gleichzeitig laufenden Sitzungen starten, da erst in diesem Fall die Remotedesktopserver-Kompatibilität sichergestellt ist.

Hinweis Installieren Sie eine Anwendung über eine *.msi*-Datei, müssen Sie diesen Befehl nicht verwenden, sondern können die Installation wie auf einem normalen PC ohne weitere Eingaben durchführen. In *.msi*-Dateien sind die entsprechenden Optionen für die Installation auf Remotedesktopservern bereits gesetzt.

Mit dem Remotedesktopclient arbeiten

Remotedesktopserver unter Windows Server 2016 können in den Sitzungen Digitalkameras und Media Player unterstützen, die an den Remotedesktopclient angeschlossen sind. Auch Plug & Play für diese Geräte wird unterstützt.

Wollen Sie die Weiterleitung von an den Client angeschlossenen Plug & Play-Geräten in die Remotedesktopserver-Sitzung erlauben, nehmen Sie im RDP-Client über *Optionen/ Lokale Ressourcen/Weitere* die Einstellungen vor.

Die Remotedesktopdienste unterstützen zahlreiche Auflösungen, zum Beispiel 1.680 × 1.050, 1.900 × 1.200 oder auch größere Auflösungen wie 2.560 × 1.440. Auch der Einsatz von Mehrmonitorlösungen wird unterstützt. Durch die Monitor-Spanning-Funktion können Remotedesktopserver-Sitzungen über mehrere Monitore gestreckt werden. Neben den herkömmlichen Auflösungen im 4:3-Format unterstützt Windows Server 2016 auch Auflösungen im 16:9- und 16:10-Format. Damit alle Funktionen der Remotedesktopdienste in Windows Server 2016 verwendet werden können, empfiehlt Microsoft den Einsatz des neuen Remotedesktopclients, der Bestandteil in Windows 10 und Windows Server 2016 ist.

Der Client kann Audiosignale bidirektional wiedergeben, das heißt, an ihm kann ein Mikrofon angeschlossen sein. Dadurch lassen sich Audiosignale vom Server zum Client leiten.

Tipp	Sie finden den Client für den Remotedesktop über *Remotedesktopverbindung* auf der Startseite von Windows 8.1 oder im Startmenü von Windows 10. Schneller können Sie den Client aufrufen, wenn Sie das Befehlzeilentool *Mstsc* aufrufen:

- Über den Befehl *Mstsc /w:<Auflösung> /h:<Auflösung>* geben Sie beim Starten des Clients die Auflösung an.
- Geben Sie *Mstsc /span* ein, kann die Remotedesktopserver-Sitzung in einer Mehrmonitorumgebung genutzt werden. Über die Option *span:i:1* wird die Erweiterung in einer *.rdp*-Datei hinterlegt.

Eine weitere Funktion ist die Schriftartglättung im RDP-Client. Mit dieser Funktion werden ClearType-Schriftarten in einer Remotedesktopserver-Sitzung besser dargestellt. Sie können die Funktion *Schriftartglättung* in den Optionen des RDP-Clients über die Registerkarte *Leistung* aktivieren. ClearType dient dazu, Computerschriftarten klar und mit geglätteten Kanten anzuzeigen. Bildschirmtext kann mithilfe von ClearType detaillierter dargestellt werden und ist daher über einen längeren Zeitraum besser zu lesen, da die Augen weniger stark belastet werden.

Jedes Pixel in einer Schriftart besteht aus drei Teilen: Rot, Blau und Grün. ClearType verbessert die Auflösung, indem die einzelnen Farben im Pixel aktiviert und deaktiviert werden. Ohne ClearType muss das gesamte Pixel aktiviert oder deaktiviert werden. Durch diese genauere Steuerung der Rot-, Blau- und Grünanteile eines Pixels kann die Darstellung auf einem Monitor deutlich verbessert werden. ClearType nutzt die Besonderheit der LCD-Technologie, bei der Pixel sich an einer festen Position befinden, indem Teile des Pixels aktiviert und deaktiviert werden.

Hinweis	Standardmäßig verwendet der RDP-Client eine Farbtiefe von 32 Bit. Dieser Modus ist der effizienteste im Kompromiss zwischen Darstellung und Netzwerkverkehr. Eine Herabstufung auf 24 oder 16 Bit bringt keine Geschwindigkeitsvorteile, schränkt aber die Anzeige ein.

Befehlszeilenparameter für den Remotedesktopclient nutzen

Der RDP-Client bietet beim Aufruf über die Eingabeaufforderung eine Reihe von Optionen, über die Sie einige Einstellungen direkt beim Aufruf mitgeben können:

Mstsc [<Verbindungsdatei>] [/v:<server[:port]>][/console] [/f[ullscreen]] [/w:<width>] [/h:<height>] [/public] | [/span] [/edit "Verbindungsdatei"] [/migrate] [/?] /v:<Server[:Port]>

- */f* – Startet die Remotedesktopverbindung im Vollbildmodus.
- */w:<Breite>* – Gibt die Breite des Fensters *Remotedesktopverbindung* an.
- */h:<Höhe>* – Gibt die Höhe des Fensters *Remotedesktopverbindung* an.
- */public* – Führt die Remotedesktopverbindung im öffentlichen Modus aus. Im öffentlichen Modus erfolgt durch den RDP-Client keine Zwischenspeicherung der Daten im lokalen System. Verwenden Sie den öffentlichen Modus, wenn Sie zum Beispiel eine Verbindung von einem System in einem Konferenzzentrum zu einem Geschäftsserver herstellen.

- */span* – Stimmt die Remotedesktopbreite und -höhe mit dem lokalen virtuellen Desktop ab und verteilt dies bei Bedarf monitorübergreifend. Beachten Sie, dass die Monitore alle die gleiche Höhe haben und parallel ausgerichtet sein müssen.
- */edit* – Öffnet die angegebene *.rdp*-Verbindungsdatei zum Bearbeiten. *.rdp*-Dateien werden verwendet, um die Verbindungsinformationen für ein bestimmtes Remotesystem zu speichern.
- */migrate* – Wandelt ältere Verbindungsdateien, die mit dem Clientverbindungs-Manager erstellt wurden, in neue *.rdp*-Verbindungsdateien um.

Digitalkameras und Mediaplayer umleiten

Plug & Play-Geräte wie Digitalkameras und Mediaplayer können Sie auf den Remotedesktopserver umleiten. Die Einstellungen finden sich im RDP-Client auf der Registerkarte *Lokale Ressourcen*. Über die Schaltfläche *Weitere* aktivieren Sie die Umleitung von Plug & Play-Geräten. Diese Umleitung funktioniert auch, wenn das Gerät nach dem Verbindungsaufbau mit dem Remotedesktopserver verbunden wird.

Abbildung 28.14: Auch lokale Plug & Play-fähige Geräte können mit dem RDP-Client auf den Remotedesktopserver umgeleitet werden.

Den Remotedesktop-Sitzungshost verwalten

Bevor Sie sich mit speziellen Funktionen wie dem Gateway oder Webzugriff auseinandersetzen, sollten Sie zunächst die Standardverwaltung eines Servers verstehen. Um Systemeinstellungen für eine Sammlung und den enthaltenen Remotedesktop-Sitzungshosts vor-

Kapitel 28: Remotedesktopdienste installieren und Anwendungen virtualisieren

zunehmen, verwenden Sie den Server-Manager und den Bereich *Remotedesktopdienste*. Klicken Sie auf *Sammlungen* und dann auf die Sammlung. Über *Aufgaben/Eigenschaften bearbeiten* können Sie die wichtigsten Einstellungen einer Sammlung konfigurieren.

Sie passen an dieser Stelle den Namen der Sammlung an sowie die Benutzer, die Zugriff auf die veröffentlichten Apps haben sollen. Im Bereich *Sitzung* bestimmen Sie, wie sich die Remotedesktopserver-Sitzungen der Benutzer bei den verschiedenen Zuständen verhalten sollen. Diese Einstellungen gelten für alle Benutzer, die sich mit der Sammlung verbinden.

Für einzelne Benutzer können Sie im Snap-In *Active Directory-Benutzer und -Computer* identische Einstellungen in den Eigenschaften des Benutzerkontos auf der Registerkarte *Sitzungen* einstellen. Benutzersitzungen können folgende Zustände annehmen:

- **Aktiv** – Der Benutzer ist mit der Sitzung verbunden und arbeitet. Es werden Daten zwischen Client und Server übermittelt.
- **Leerlauf** – Der Benutzer ist verbunden, es findet allerdings zwischen Server und Client kein Datenverkehr statt.
- **Getrennt** – Der Benutzer hat seinen Client von der Sitzung getrennt, sich aber nicht abgemeldet. Die Sitzung bleibt auf dem Remotedesktopserver bestehen und alle Programme laufen weiter. Der Benutzer kann sich erneut mit dem Remotedesktopserver verbinden und wird automatisch wieder mit seiner laufenden Sitzung verbunden.
- **Zurückgesetzt** – Die Sitzung ist nicht mehr vorhanden, alle Programme werden beendet. Dieser Status ähnelt dem Abmelden von einem Computer.

Sie können einstellen, dass eine Sitzung nach einer bestimmten Zeit getrennt wird oder getrennte Sitzungen zurückgesetzt werden. Sie definieren hier Grenzwerte für spätere Sitzungen. Diese Einstellungen sind für alle Benutzer bindend.

Abbildung 28.15: Die Sitzungseinstellungen für eine Sammlung anpassen

Im Bereich *Sicherheit* legen Sie die Verschlüsselungsstufe fest, mit der Clients über diese RDP-Verbindung Sitzungen aufbauen. Beachten Sie, dass die Geschwindigkeit der einzelnen Sitzungen abnimmt, je höher Sie die Verschlüsselung einstellen.

Den Remotedesktop-Sitzungshost verwalten

Über *Lastenausgleich* steuern Sie beim Einsatz mehrerer Remotedesktop-Sitzungshosts, in welcher relativer Gewichtung neue Benutzer auf die Server in der Sammlung verteilt werden sollen.

Über den Bereich *Clienteinstellungen* legen Sie fest, welche Funktionen der Clients auf dem Server verfügbar sein sollen. Hier steuern Sie, ob lokale Laufwerke oder die Zwischenablage verfügbar sind. Auch das Umleiten von Druckern steuern Sie hier.

Über *Benutzerprofil-Datenträger* steuern Sie, wo die Remotedesktop-Sitzungshosts die Daten der Benutzer speichern sollen. Sie können festlegen, welche Benutzerordner zentral gespeichert werden sollen, oder alternativ das komplette Profil berücksichtigen.

Die Remotedesktopdienste verwalten

Im Bereich *Verbindungen* einer Sammlung können Sie in Echtzeit sehen, welche Benutzer mit einem Server verbunden sind und welche Apps sowie welche Remotedesktop-Sitzungshosts zur Verfügung stehen. In diesem Bereich können Sie Benutzersitzungen trennen und getrennte Sitzungen zurücksetzen. Sie können für jede veröffentlichte App Einstellungen aufrufen und die App an Ihre Anforderungen anpassen.

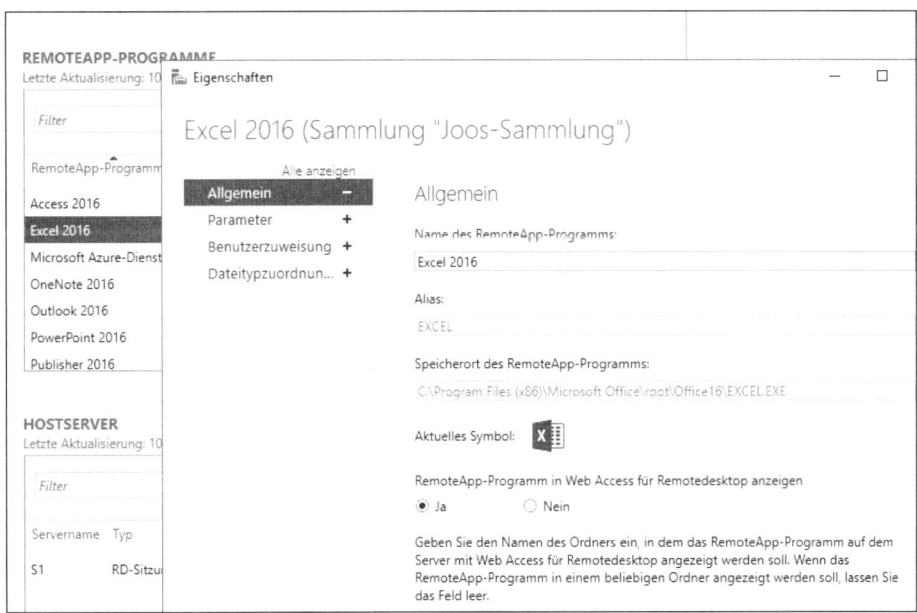

Abbildung 28.16: Die veröffentlichten Apps anpassen

Unabhängig von den Einstellungen der kompletten Sammlung können Sie für einzelne veröffentlichte Apps Sicherheitseinstellungen vornehmen und festlegen, welche Benutzer auf die einzelnen Apps zugreifen dürfen. Müssen bestimmte Anwendungen mit speziellen Optionen starten, können Sie auch diese hier festlegen. Klicken Sie eine Sitzung mit der rechten Maustaste an, können Sie diese Sitzung im Kontextmenü über die Option *Abmelden* wieder freigeben.

Single Sign-On (SSO) für Remotedesktop-Sitzungshosts einrichten

In Windows Server 2016 und Windows 10 können Sie SSO-Szenarien erstellen, damit sich Anwender nur noch einmal authentifizieren müssen, zum Beispiel an ihrer Arbeitsstation. Der Zugriff auf weitere Server im Netzwerk, RemoteApps und veröffentlichte Desktops (siehe Kapitel 30) erfolgt ohne weitere Authentifizierung.

Damit Sie diese Funktionalität nutzen können, müssen Sie Windows 8.1 oder Windows 10 zusammen mit Windows Server 2016 einsetzen. Außerdem müssen sich beide Systeme in der gleichen Active Directory-Gesamtstruktur befinden. Auf den Arbeitsstationen können Sie entweder die lokale Richtlinie bearbeiten oder Sie erstellen eine Gruppenrichtlinie. Navigieren Sie zum Bereich *Computerkonfiguration/Administrative Vorlagen/System/Delegierung von Anmeldeinformationen*.

1. Öffnen Sie die Richtlinie *Delegierung von Standardanmeldeinformationen zulassen*.
2. Aktivieren Sie diese Richtlinie.
3. Tragen Sie in der Serverliste *termsrv/<Servername>* ein. Wichtig an dieser Stelle ist, dass Sie vor dem Eintrag des Servernamens noch den Eintrag *termsrv* vornehmen. In einer Remotedesktopdienste-Infrastruktur verwenden Sie als Servernamen den FQDN des Remotedesktop-Verbindungsbrokers.

Den RD-Verbindungsbroker an Microsoft Azure anbinden

Um den RD-Verbindungsbroker (Connection Broker) an Microsoft Azure anzubinden, müssen Sie den nativen SQL-Client installieren (*http://tinyurl.com/gmw962w*). Dieser wird auch benötigt, wenn Sie einen eigenen Datenbankserver für die Hochverfügbarkeit von RDS installieren.

Abbildung 28.17: RD-Verbindungsbroker lassen sich hochverfügbar an eine Azure SQL-Datenbank anbinden.

Anschließend konfigurieren Sie im Server-Manager über das Kontextmenü des RD-Verbindungsbrokers die Hochverfügbarkeit der Umgebung. Bei der Einrichtung hilft ein Assistent. Wählen Sie als Option *Freigegebener Datenbankserver* aus. Anschließend geben Sie den DNS-Namen zu Ihrer Datenbank in Microsoft Azure sowie die kopierte Verbindungszeichenfolge inklusive der angepassten Daten zur Anmeldung an.

Danach erfolgt die Anbindung. Ist sie erfolgreich abgeschlossen, wird die Azure SQL-Datenbank verwendet. Binden Sie weitere Verbindungsbroker an, lassen sich diese auf dem gleichen Weg anschließen. Dadurch erreichen Sie eine Hochverfügbarkeit für den Verbindungsbroker, ohne dass Sie eine eigene Datenbank betreiben müssen.

RemoteApps verwalten

Sie können Anwendungen, die auf dem Remotedesktop-Sitzungshost installiert sind, für Anwender freigeben. Über den gleichen Weg können Sie die Bereitstellung der App auch wieder aufheben. Alle notwendigen Konfigurationen nehmen Sie im Server-Manager vor.

Abbildung 28.18: Die veröffentlichten Apps verwalten

Für den Anwender ist diese Technik transparent, er kann nicht feststellen, ob diese Anwendung lokal oder in einer Remotedesktopserver-Sitzung läuft. Durch diese Funktion wird auch die Sicherheit erhöht, da die Anwender keinen Zugriff auf den Desktop des Servers haben, sondern nur mit den Anwendungen eine Verbindung herstellen.

Die Bedienung von veröffentlichten Anwendungen ist identisch mit der Bedienung eines lokalen Programms auf dem PC. Anwender können die Größe des Fensters anpassen oder das Fenster minimieren. Die Anwendung wird in den Desktop des Anwenders integriert. Auch Symbole, die die Anwendung in der Informationsleiste anzeigt, werden auf dem Desktop des Anwenders angezeigt.

Die Funktion unterstützt alle Anwendungen, die auf einem Remotedesktopserver installiert werden können, Sie müssen dazu keine besonderen Versionen kaufen. Beim Einsatz von Office 2013/2016 benötigen Sie eine Lizenz, die für den Remotedesktopeinsatz freigegeben ist.

Anwender können mit ihrem Desktop, parallel zu den serverbasierten RemoteApp-Anwendungen, zusätzlich lokale Anwendungen starten. Ein Mischbetrieb ist möglich, auch ein Datenaustausch zwischen lokalen Anwendungen und RemoteApps, zum Beispiel über die Zwischenablage.

Die RemoteApp-Programme können Sie auch über eine Weboberfläche zur Verfügung stellen (*https://<Servername>/rdweb*). Die Verknüpfungen lassen sich durch die Softwareverteilung in den Gruppenrichtlinien in die Startmenüs/Startseiten oder Desktops auf den Clients pushen, wenn Sie mindestens Windows 7 einsetzen.

Remotedesktopdienste-RemoteApp konfigurieren

Um eine Anwendung als RemoteApp zur Verfügung zu stellen, müssen Sie zunächst den Remotedesktopserver regulär installieren und die Sammlung einrichten, wie in den vorangegangenen Abschnitten beschrieben.

Auch die Anwendungen werden auf normalen Weg auf dem Server installiert. Nachdem Sie den Server vorbereitet haben, finden Sie alle notwendigen Einstellungen im Server-Manager über *Remotedesktopdienste/Sammlungen/<Name der Sammlung>* im Bereich *RemoteApp-Programme*.

Über diesen Bereich fügen Sie zusätzliche Anwendungen hinzu und verwalten die Anwendungsliste. Auch Einstellungen für Apps rufen Sie auf diesem Weg auf. Um eine Anwendung der Liste hinzuzufügen, klicken Sie in der Spalte *Aufgaben* auf *RemoteApp-Programme veröffentlichen*. Im Anschluss startet der RemoteApp-Assistent, über den Sie die auf dem Server gefundenen Anwendungen der Liste hinzufügen können. Wählen Sie entweder das Programm aus der Liste aus oder klicken Sie auf *Hinzufügen*, um die Startdatei der Anwendung hinzuzufügen. Achten Sie darauf, dass die Anwendung auf den Remotedesktop-Sitzungshosts installiert sein muss. Sie können an dieser Stelle mehrere Anwendungen auswählen.

Auf der nächsten Seite sehen Sie eine vollständige Liste der ausgewählten Programme und veröffentlichen sie über die Schaltfläche *Veröffentlichen*. Die Apps sind anschließend direkt im Web Access der Remotedienste verfügbar. Bereits veröffentlichte Anwendungen sind davon nicht betroffen.

Tipp Über die Eigenschaften einer RemoteApp können Sie auf der Registerkarte *Benutzerzuweisung* auf Basis von Benutzergruppen oder Benutzern in Active Directory festlegen, welche Benutzer auf RemoteApps zugreifen dürfen.

Mit Windows 10 auf RemoteApps zugreifen

RemoteApps stehen nach der Veröffentlichung automatisch für alle Clients über den Webzugriff zur Verfügung. Diesen erreichen Sie über die URL *https://<Servername>/rdweb*. Nach der Authentifizierung stehen sofort alle veröffentlichten RemoteApps (soweit entsprechende Berechtigungen vorhanden sind) zur Verfügung.

Zwischen lokalen Anwendungen und RemoteApps auf dem Server können auch Daten ausgetauscht werden. So besteht beispielsweise die Möglichkeit, über eine ERP-Anwendung, die remote auf dem Remotedesktopserver ausgeführt wird, Daten über die Zwischenablage in eine lokal vorhandene Excel-Anwendung zu übernehmen oder umgekehrt. Die Abläufe dabei sind für den Anwender komplett transparent, da er bei der Bedienung der Software keinerlei Unterschiede zwischen der lokalen Anwendung und der Anwendung auf dem Server feststellen kann:

1. Um die Anbindung der veröffentlichten Anwendungen auf Windows 10-Clients zu testen, melden Sie sich am Client an und suchen in der Systemsteuerung nach *RemoteApp*.
2. Öffnen Sie die Verwaltung der RemoteApps und klicken Sie auf: *Auf RemoteApps und Desktops zugreifen*.
3. Geben Sie die URL *https://<Webzugriff-Server>/RDWeb/Feed/webfeed.aspx* ein. Der Webzugriff-Server erhält seine Daten vom Verbindungsbroker, auf dem Sie als Quelle wiederum den Remotedesktopserver eingerichtet haben.

Anschließend lädt der Client alle Daten zu den RemoteApps herunter und stellt diese auf der Startseite zur Verfügung. Sie erhalten hierzu ein Informationsfenster angezeigt. Sie sehen den aktuellen Verbindungsstatus auch über ein Symbol in der Taskleiste. Hier können Sie die Verbindung zum Server trennen oder sich die Einstellungen der Programme und den Status der Verbindung anzeigen lassen.

Anwender finden die Anwendungen auf der Startseite in Windows 8.1 oder im Startmenü von Windows 10 und können diese genauso aufrufen wie lokal installierte Anwendungen. Klicken Anwender auf eine Verknüpfung, öffnet sich die Anwendung auf dem Remotedesktopserver, aber die Anwender können mit der Software arbeiten, als ob sie lokal installiert ist.

Den Webzugriff auf die Remotedesktopdienste einrichten

Windows Server 2016 bietet einen Webzugriff für die Remotedesktopdienste an. Der Funktionsumfang ist ähnlich wie bei Outlook Web Access von Exchange. Standardmäßig werden die Applikationen, die Sie als RemoteApps zur Verfügung stellen, über den Remotedesktopdienste-Webzugriff veröffentlicht.

Hinweis   Wird der RemoteApps-Liste eine neue Anwendung hinzugefügt, wird diese automatisch im Remotedesktopdienste-Webzugriff angezeigt; es sind keine weiteren Maßnahmen zur Konfiguration notwendig.

Der Remotedesktopdienste-Webzugriff ist ein Rollendienst der Remotedesktopdienste, den Sie entweder bereits bei der Installation oder auch nachträglich anpassen können. Die Einstellungen dazu finden Sie im Server-Manager über *Remotedesktopdienste/Sammlungen*. Klicken Sie bei der entsprechenden Sammlung auf *Aufgaben* und dann auf *Bereitstellungseigenschaften bearbeiten*. Nach der Einrichtung steht Ihnen über *https://<Servername>/rdweb* der Webzugriff zur Verfügung.

Erstellen Sie eine neue Sammlung, legen Sie bereits bei der Einrichtung die Einstellungen für den Webzugriff fest. Die Rolle sollte auf einem Windows Server 2016 mit installierten Internetinformationsdiensten (IIS) durchgeführt werden (siehe Kapitel 27). Beim Server mit Web Access muss es sich aber nicht unbedingt um einen Remotedesktop-Sitzungshost handeln. Greifen Anwender über das Webportal auf den Remotedesktopserver zu, müssen sie nicht zuvor auch den RDP-Client gestartet haben. Anwendungen, die als RemoteApp konfiguriert sind, stehen standardmäßig automatisch auch über den Remotedesktopdienste-Webzugriff zur Verfügung und lassen sich über einen einfachen Klick starten.

Kapitel 28: Remotedesktopdienste installieren und Anwendungen virtualisieren

> **Hinweis** Handelt es sich beim Webzugriff-Server um einen anderen Server als den Remotedesktopserver, müssen Sie auf dem Remotedesktopserver mit den RemoteApps das Computerkonto des Servers mit Web Access in die Sicherheitsgruppe *RDS-Remotezugriffsserver* hinzufügen.

Standardmäßig arbeitet der Remotewebzugriff mit einem selbst signierten Zertifikat. Dieses sollten Sie in produktiven Umgebungen aber gegen ein Zertifikat einer internen Zertifizierungsstelle austauschen. Sie finden die Einstellungen dazu im Server-Manager über *Remotedesktopdienste/Sammlungen*. Klicken Sie die Sammlung an, für die Sie das Zertifikat anpassen wollen, und wählen Sie *Aufgaben/Bereitstellungseigenschaften bearbeiten*. Im Bereich *Zertifikate* erstellen Sie ein neues Zertifikat für die entsprechenden Dienste.

Abbildung 28.19: Ein neues Zertifikat für Remotedesktopdienste erstellen

Mit Remotedesktopgateways arbeiten

Die Aufgabe eines Remotedesktopgateways besteht darin, Anwendern, die sich über das Internet mit dem Unternehmen mit HTTPS verbinden, den Zugriff auf die internen Remotedesktopserver zu gestatten. Ein Remotedesktopgateway verbindet das RPD- mit dem HTTPS-Protokoll, um eine gesicherte Verbindung zu allen möglichen Remotedesktopservern, auch über RemoteApps, zu ermöglichen.

Gateways ermöglichen den Zugriff auf RDP-Sitzungen über Firewalls oder Netzwerkadressübersetzung (Network Address Translation, NAT) hinweg. Die Verbindung zwischen Client und Gateway erfolgt über den Port 443 (SSL). Nur die Verbindung zwischen dem Gateway und dem Remotedesktopserver erfolgt über den RDP-Port (3389).

Über Richtlinien können Sie festlegen, wer sich über das Internet auf die Remotedesktopserver verbinden darf und auf welche Server sich die Anwender verbinden können. Auch die Umleitung der lokalen Ressourcen wie Drucker, Zwischenablage und Laufwerke können Sie über diese Richtlinien steuern. Neben der herkömmlichen Authentifizierung werden auch Smartcards unterstützt.

Es ist nicht notwendig, dass sich diese Anwender zusätzlich über ein VPN oder RAS einwählen. Die Verbindung erfolgt über HTTPS und kann ohne weitere Maßnahmen RDP-Sitzungen im internen Netzwerk aufbauen. Gateways lassen sich so konfigurieren, dass Administratoren genau festlegen können, auf welche internen Server oder auch RDP-aktivierte PCs die Anwender über das Internet zugreifen können.

Gateways können auch die Netzwerkzugriffsschutz-Funktion (Network Access Protection, NAP) von Windows Server 2016 nutzen, um den Zugriff zu steuern (siehe Kapitel 31). Achten Sie darauf, dass der Name des Zertifikats mit dem DNS-Namen des Gateways übereinstimmt, mit dem sich die Anwender über das Internet verbinden. Stimmen die Namen nicht überein, erhalten die Anwender eine Zertifikate-Fehlermeldung, und der Zugriff wird blockiert. Natürlich muss der Client der Zertifizierungsstelle des Unternehmens vertrauen. Sie müssen dazu unter Umständen das Zertifikat der Stammzertifizierungsstelle im Zertifikatespeicher des Gateways und des Clients integrieren. Befinden sich Gateway und Firewall in einer Active Directory-Domäne, wird die Zertifizierungsstelle automatisch als vertrauenswürdig integriert. Die Zuweisung erfolgt über Richtlinien.

Der Verbindungsaufbau der Clients zu den Remotedesktopservern findet über die Richtlinien auf dem Gateway statt. Diese werden auch als Verbindungsautorisierungsrichtlinien bezeichnet. Außerdem gibt es noch die Ressourcenautorisierungsrichtlinien. Diese steuern, auf welche Server die Clients zugreifen dürfen, die Sie in mindestens einer Verbindungsautorisierungsrichtlinie festgelegt haben. Bevor der Zugriff auf ein Gateway und die Remotedesktopserver funktioniert, müssen Sie mindestens eine Verbindungsautorisierungsrichtlinie und eine Ressourcenautorisierungsrichtlinie konfiguriert haben.

Ein Remotedesktopgateway einrichten und konfigurieren

Um ein Gateway zu installieren, wählen Sie im Server-Manager im Bereich *Remotedesktopdienste/Übersicht* den Link *Remotedesktopgateway* aus. Es startet ein Assistent, über den Sie das Gateway einrichten. Achten Sie aber darauf, dass Sie den Server im Server-Manager vorher über *Verwalten/Server hinzufügen* verbinden müssen.

Während der Installation können Sie bereits das Zertifikat für die SSL-Verbindung auswählen. Für Testzwecke können Sie auch das selbst signierte Zertifikat der Remotedesktopdienste verwenden. In einer produktiven Umgebung sollten Sie jedoch möglichst eine eigene Zertifizierungsstelle verwenden oder ein Zertifikat von einer öffentlichen Zertifizierungsstelle, der die beteiligten Server und Arbeitsstationen vertrauen müssen. Sie können das Zertifikat in den Bereitstellungseigenschaften jederzeit ändern.

Kapitel 28: Remotedesktopdienste installieren und Anwendungen virtualisieren

Abbildung 28.20: Ein Remotedesktopgateway installieren

Nachdem der Server-Manager die Rolle für das RD-Gateway installiert hat, sollten Sie die notwendigen Richtlinien bearbeiten, mit denen sich Clients verbinden können. Die Einstellungen zur Konfiguration des RD-Gateways können Sie auch jederzeit in den Bereitstellungseigenschaften anpassen.

Die Richtlinien für das Gateway können Sie nicht über den Server-Manager erstellen, sondern benötigen den Remotedesktopgateway-Manager. Diesen rufen Sie über die Gruppe *Remote Desktop Services* im Menü *Tools* des Server-Managers auf.

Über den Eintrag *Richtlinien/Verbindungsautorisierungsrichtlinien* erstellen Sie im Remotedesktopgateway-Manager neue Richtlinien oder ändern Einstellungen vorhandener Richtlinien. Über das Kontextmenü von *Verbindungsautorisierungsrichtlinien* starten Sie einen Assistenten, mit dem Sie gleichzeitig eine Verbindungsautorisierungsrichtlinie (RD-CAP) und eine Ressourcenautorisierungsrichtlinie (RD-RAP) erstellen. Standardmäßig sind nach der Installation eines RD-Gateways bereits entsprechende Richtlinien vorhanden.

Ressourcenautorisierungsrichtlinien erstellen und verwalten

Die Konfiguration der Richtlinie, in der definiert wird, auf welche Remotedesktopserver die Anwender zugreifen können (RD-RAP), finden Sie über den Knoten *Ressourcenautorisierungsrichtlinien* im Remotedesktopgateway-Manager.

Prüfen Sie hier nach der Installation, ob in der entsprechenden Richtlinie die Remotedesktopserver entweder als einzelnes Computerkonto oder besser als Gruppe hinterlegt sind. Sie müssen an dieser Stelle sicher sein, dass Ihre Auswahl konsistent ist. Das heißt, dass für die Gruppen, die Sie in der RD-CAP definieren, eine RD-RAP existieren muss, die auf die entsprechende Gruppe in Active Directory verweist, in der sich die Computerkonten der Remotedesktopserver befinden.

Damit das Remotedesktopgateway funktioniert, müssen Sie darüber hinaus sicherstellen, dass der Systemdienst *Remotedesktopgateway* gestartet ist. Ohne diesen Dienst ist keine Verbindung möglich. Auch die Standardwebseite in der IIS-Verwaltung muss gestartet sein, damit der Zugriff funktioniert. Stellen Sie sicher, dass das Zertifikat für den Gatewayserver installiert ist.

Sie können in den Eigenschaften des Servers auf der Registerkarte *SSL-Zertifikat* entweder das bei der Installation erstellte Zertifikat verifizieren oder ein neues Zertifikat ausstellen. Sorgen Sie dafür, dass das Zertifikat auf dem Server installiert ist. Mehr zu diesem Thema lesen Sie in Kapitel 30.

Damit sich Clients über das Internet mit dem Gateway verbinden, müssen Anwender in den Optionen für den Remotedesktopclient auf der Registerkarte *Erweitert* die Schaltfläche *Einstellungen* anklicken. Anschließend können Sie Einstellungen für den Verbindungsaufbau über ein Gateway konfigurieren.

Abbildung 28.21: Den Verbindungsaufbau zu einem Remotedesktopgateway im RDP-Client konfigurieren

Einen Remotedesktop-Verbindungsbroker einrichten

Der Remotedesktop-Verbindungsbroker hat die Aufgabe, Benutzer wieder mit ihren getrennten Sitzungen zu verbinden, wenn Sie die Remotedesktopdienste in einer Sammlung einsetzen. Im Gegensatz zu Windows Server 2008 R2 ist der Betrieb eines Verbindungsbrokers in Windows Server 2016 nicht optional, sondern zwingend notwendig. Daher müssen Sie auch einen Server als Remotedesktop-Verbindungsbroker angeben, wenn Sie eine neue Sammlung erstellen.

Beim Einsatz von Loadbalancing, also mehrerer Server in der Sammlung, speichert diese Funktion den Benutzernamen, die Sitzungs-ID und den Remotedesktopserver, auf dem der Anwender verbunden war.

Der Netzwerklastenausgleich unterstützt die Lastverteilung auf der Ebene des TCP/IP-Protokolls und findet sich daher bei den Einstellungen für die Netzwerkverbindungen. Bei NLB werden mehrere Systeme zu einem Cluster zusammengeschlossen (siehe Kapitel 34). NLB sorgt dafür, dass die eingehenden TCP/IP-Anforderungen optimal auf die verschiedenen Server verteilt werden. Diese Art des Clusterings ist vor allem für Webserver sowie für Remotedesktopdienste sinnvoll.

Hinweis	Der Remotedesktop-Verbindungsbroker sollte nicht auf einem Remotedesktop-Sitzungshost installiert werden. Da der Remotedesktop-Verbindungsbroker auf die Network Loadbalancing(NLB)-Funktion von Windows Server 2016 aufsetzt, sollte auch diese Funktion eingerichtet werden.
	Der Sitzungsbroker speichert seine Informationen in einer Datenbank. Alle Server, die in einem NLB-Verbund beteiligt sind, sollten sich im selben Subnetz befinden. Sie müssen für alle beteiligten Server im NLB-Verbund den gleichen Farmnamen verwenden, da über diese Konfiguration der Remotedesktop-Verbindungsbroker die Benutzeranmeldungen verteilt.

Sie können leistungsfähigeren Servern mehr Benutzer zuteilen als weniger leistungsfähigen Servern. Diese Einstellungen sind zum Beispiel in den Gruppenrichtlinien enthalten. Die entsprechenden Einstellungen finden Sie unter *Computerkonfiguration/Richtlinien/Administrative Vorlagen/Windows-Komponenten/Remotedesktopdienste/Remotedesktopsitzungs-Host/Remotedesktop-Verbindungsbroker*.

Zertifikate installieren und einrichten

Viele Sicherheitseinstellungen in den Remotedesktopdiensten werden über Zertifikate abgewickelt. Standardmäßig verwenden die Remotedesktopdienste selbst signierte Zertifikate. Sie können Zertifikate von Drittherstellern verwenden oder auch auf Active Directory-Zertifikatdienste setzen.

RDS-Zertifikate im Überblick

Nachdem Sie alle Einstellungen in RDS vorgenommen haben, besteht einer der ersten Schritte darin, die Zertifikate korrekt zuzuweisen. Diesen Schritt nehmen Sie vor, wenn Sie die Sammlung eingerichtet und betriebsbereit gemacht haben. Die installierten Zertifikate können Sie natürlich jederzeit auf den einzelnen Servern anpassen.

Die Zertifikate werden nicht nur für die Authentifizierung der verschiedenen Webdienste in RDS genutzt, sondern auch für den Remotedesktopclient und die Anbindung der Clients oder die veröffentlichten Anwendungen. Es gibt eine Vielzahl von Kommunikationsvorgängen in RDS, die eine korrekte Konfiguration der Zertifikate erfordern.

Um Zertifikate in RDS zu installieren, rufen Sie den Server-Manager auf, klicken auf *Remotedesktopdienste* und dann auf den Menüpunkt *Übersicht*. Im Bereich *Bereitstellungsübersicht* klicken Sie danach auf *Aufgaben* und dann auf *Bereitstellungseigenschaften bearbeiten*. Der untere Menüpunkt unterstützt Sie dabei, die Zertifikate optimal zu integrieren. Hier befindet sich also der zentrale Bereich der Zertifikate in RDS. Bevor Sie diesen aber nutzen können, müssen Sie zuvor Zertifikate auf den Servern installieren und einrichten. Erst dann können Sie diese in RDS einbinden.

Sie haben an dieser Stelle im Server-Manager die Möglichkeit, entweder mit selbst signierten Zertifikaten zu arbeiten, oder Sie wählen ein Zertifikat aus, das Sie zuvor auf dem Server als Server-Zertifikat installiert haben. In produktiven Umgebungen sollten Sie aber besser mit richtigen Zertifikaten arbeiten. In diesem Bereich können Sie auch die Active Directory-Zertifikatdienste einsetzen. Im Assistenten können Sie bereits installierte Zertifikate auslesen oder Sie verwenden exportierte Zertifikate und *.pfx*-Dateien.

Sie können ein Zertifikat auch für mehrere Stellen in RDS verwenden oder für jeden Dienst ein eigenes Zertifikat. Die Vorgehensweise dabei ist ähnlich. Sie können allerdings einem Dienst nicht mehrere Zertifikate zuordnen. Achten Sie in jedem Fall darauf, dass die Zertifikate der Zertifizierungsstelle bei allen Clients und Servern gespeichert ist und die Clients dieser Zertifizierungsstelle vertrauen. Nach der Konfiguration der Zertifikate sollte für jeden angezeigten Dienst in RDS ein vertrauenswürdiges Zertifikat zur Verfügung stehen.

Zertifikate von den Active Directory-Zertifikatdiensten abrufen

Damit auf den RDS-Servern Zertifikate zur Verfügung stehen, installieren Sie im Netzwerk zum Beispiel die Active Directory-Zertifikatdienste. Zertifikate rufen Sie auf einem RDS-Server am schnellsten im IIS-Manager ab. Klicken Sie dazu auf den Servernamen und wählen dann *Serverzertifikate* aus. In der Verwaltung der Serverzertifikate klicken Sie auf der rechten Seite der Konsole auf *Domänenzertifikat erstellen*. Dadurch startet ein Assistent, mit dem Sie über das Netzwerk von der Zertifizierungsstelle ein Zertifikat abrufen können.

Zertifikate im IIS-Manager installieren

Verwenden Sie als gemeinsamen Namen zunächst **.<Domänennamen>*, zum Beispiel **.contoso.int*. Der Sinn dahinter ist, dass Sie dieses Zertifikat für alle Server und Webdienste gemeinsam nutzen können. Außerdem erhalten Anwender eine Fehlermeldung, wenn das Zertifikat nicht den Namen der Sammlung oder einen Platzhalter als Namen verwendet. Es gibt viele Gründe, besser mit einem Platzhalter- oder Domänenzertifikat zu arbeiten als mit benannten Zertifikaten für einzelne Server. Wollen Sie das nicht, verwenden Sie den Namen der Sammlung, für die Sie dieses Zertifikat ausstellen.

Die restlichen Daten geben Sie entsprechend Ihren Unternehmensdaten ein. Auf der nächsten Seite des Assistenten wählen Sie die Online-Zertifizierungsstelle aus, von der Sie das Zertifikat abrufen wollen. Hier sollte Ihre interne Active Directory-Zertifizierungsstelle erscheinen. Im Fenster legen Sie auch einen Namen für das Zertifikat fest. Mit diesem Namen erscheint es in der Konsole des IIS-Managers.

Danach ruft der Assistent das Zertifikat von der Zertifizierungsstelle ab und installiert es auf dem Server. Exportieren Sie danach das Zertifikat. Sie verwenden dazu aber nicht den IIS-Manager, sondern die Verwaltungskonsole für lokale Zertifikate. Diese starten Sie am schnellsten durch Eingabe von *certlm.msc*. Sie finden das ausgestellte Zertifikat über *Eigene Zertifikate/Zertifikate*.

Über das Kontextmenü und der Auswahl von *Alle Aufgaben/Exportieren* startet der Zertifikatexport-Assistent. Hier exportieren Sie das ausgestellte Zertifikat zunächst in eine Datei.

Lassen Sie im Assistenten auch den privaten Schlüssel des Zertifikats exportieren. Schließen Sie danach den Assistenten mit den Standardeinstellungen ab. Sie benötigen das Kennwort, das Sie beim Exportieren eingeben, später beim Importieren im Server-Manager wieder. Speichern Sie die *.pfx*-Datei entweder im Netzwerk oder auf dem Desktop des Servers, auf dem Sie die Zertifikate in RDS einbinden.

Zertifikat in RDS einbinden

Nachdem die *.pfx*-Datei zur Verfügung steht, binden Sie das Zertifikat in den RDS-Diensten ein. In der Verwaltung klicken Sie dazu auf *Vorhandenes Zertifikat auswählen* in den Bereitstellungseigenschaften, wie zuvor beschrieben. Klicken Sie auf *Anderes Zertifikat auswählen* und wählen Sie danach die Zertifikatdatei aus. Wenn auf dem Server bereits ein Zertifikat installiert ist, können Sie auch die Option *Auf dem RD-Verbindungsbrokerserver gespeichertes Zertifikat anwenden* auswählen. Danach sind die Zertifikate zunächst grundlegend installiert. Stellen Sie sicher, dass jedem Dienst ein passendes Zertifikat zugewiesen ist.

Abbildung 28.22: Die Zertifikate sind erfolgreich zugewiesen.

Erhalten Sie Fehlermeldungen bei der Zuweisung von Zertifikaten oder müssen Anwender die Zertifikate manuell bestätigen, ist es sinnvoll, das für die Farm verwendete Zertifikat auf jedem einzelnen Remotedesktop-Sitzungshost manuell zuzuweisen. Dazu verwenden Sie die PowerShell.

Zunächst rufen Sie den Fingerabdruck des Zertifikats auf dem Server ab:

Gci cert:\LocalMachine\My | select FriendlyName, Thumbprint

Danach verwenden Sie den Fingerabdruck:

Wmic /namespace:\\root\cimv2\TerminalServices PATH Win32_TSGeneralSetting Set SSLCertificateSHA1Hash="<Fingerabdruck>"

Den Befehl führen Sie auf allen Remotedesktop-Sitzungshosts in der Farm aus.

Eigene Zertifikate-Vorlagen für die Anmeldung an RDS verwenden

In produktiven Umgebungen kann es auch sinnvoll sein, mit eigenen Zertifikat-Vorlagen für RDS und die Kommunikation von Clients zu arbeiten. Denn hier haben Sie die Möglichkeit, gezielt zu steuern, welche Daten in den Zertifikaten hinterlegt werden und welche Funktionen Sie nutzen wollen.

Sie verbinden sich dazu am besten mit dem Server, auf dem Sie die Active Directory-Zertifikatdienste installiert haben, und rufen die Verwaltung der Zertifikate-Vorlagen auf. Am schnellsten geht das durch Eingabe von »certtmpl.msc« im Suchfeld des Startmenüs.

Im ersten Schritt kopieren Sie die Vorlage *Computer* über das Kontextmenü und der Auswahl *Vorlage duplizieren*. Sie können jetzt alle beliebigen Einstellungen anpassen, zum Beispiel auch die Kompatibilität mit Betriebssystemen. Wechseln Sie auf die Registerkarte *Allgemein* und geben Sie den Namen der Vorlage ein, zum Beispiel »RemoteDesktop«. Legen Sie die Gültigkeitsdauer fest. Wechseln Sie danach auf die Registerkarte *Erweiterungen* und klicken Sie auf *Anwendungsrichtlichtlinien/Bearbeiten*. Löschen Sie die Option *Clientauthentifizierung* für die Erstellung einer Vorlage der RDS-Server. Klicken Sie danach im gleichen Fenster auf *Hinzufügen*, um eine angepasste *Authentifizierungsrichtlinie* für RDS zu hinterlegen. Danach klicken Sie auf *Neu*, um die Richtlinie anzupassen.

Verwenden Sie als Namen für die neue Anwendungsrichtlinie »RemoteDesktopAuthentication«. Im Feld *Objekterkennung* ändern Sie den Wert ab. Dieser muss »1.3.6.1.4.311.54.1.2« lauten. Den Rest des Feldes können Sie löschen. Bestätigen Sie die Eingabe mit *OK*. Wählen Sie die neu erstellte Anwendungsrichtlinie aus und stellen Sie sicher, dass für die neue Vorlage die von Ihnen erstellte Anwendungsrichtlinie hinterlegt ist. Grundsätzlich könnten Sie auch die Serverauthentifizierung von den Anwendungsrichtlinien entfernen, da Sie die erstellte Vorlage für die Anmeldung der Anwender nutzen wollen. Schließen Sie jetzt die Bearbeitung der neuen Vorlage.

Eigene Zertifikate für die Anmeldung an RDS nutzen

Wenn Sie mit eigenen Vorlagen arbeiten, können Sie diese der Zertifizierungsstelle hinzufügen, damit auf deren Basis neue Zertifikate ausgestellt werden können. Öffnen Sie dazu die Verwaltung der Zertifizierungsstelle und klicken Sie auf *Zertifikatvorlagen*. Hier sind alle Vorlagen zu sehen, die derzeit für Zertifikate genutzt werden können. Damit Ihre eigene Vorlage hier erscheint, müssen Sie sie erst in der Konsole integrieren.

Klicken Sie dazu mit der rechten Maustaste auf *Zertifikatvorlagen* und wählen Sie *Neu/Auszustellende Zertifikatvorlage*. Im Fenster sehen Sie jetzt alle Vorlagen, die in der Active Directory-Zertifizierungsstelle zur Verfügung stehen, auch die von Ihnen erstellte. Wählen Sie diese aus. Danach steht sie zum Ausstellen von Zertifikaten zur Verfügung. Im nächsten Schritt können Sie das Ausstellen der Zertifikate über Gruppenrichtlinien automatisieren lassen. Wie Sie dabei vorgehen, lesen Sie in den nächsten Abschnitten.

Zertifikate mit Gruppenrichtlinien verteilen

Arbeiten Sie mit den Active Directory-Zertifikatdiensten und eigenen Vorlagen, können Sie über Gruppenrichtlinien Zertifikate automatisiert ausstellen und Anwendern oder Computern zuweisen lassen. Dazu öffnen Sie die Gruppenrichtlinienverwaltung, erstellen ein neues Gruppenrichtlinienobjekt (GPO) und ändern seine Einstellungen. Wechseln Sie in den Bereich *Computerkonfiguration/Richtlinien/Administrative Vorlagen/Windows-Komponenten/Remotedesktopdienste/Remotedesktopsitzungs-Host/Sicherheit*. Rufen Sie die Einstellung *Zertifikatvorlage für Serverauthentifizierung* auf. Geben Sie in den Namen die Zertifikatvorlage ein, die Sie erstellt haben. Achten Sie aber darauf, dass der Name der Zertifikatvorlage an dieser Stelle mit dem Namen der Zertifikatvorlage in den Einstellungen der Zertifizierungsstelle übereinstimmen muss.

Verknüpfen Sie jetzt das neue GPO mit den Computern in der Domäne, die ein Zertifikat auf Basis dieser Vorlage erhalten sollen. In kleineren Umgebungen können Sie das Zertifikat gleich mit der kompletten Domäne verknüpfen. Starten die Computer neu, wird auf Basis der Richtlinie automatisch ein Zertifikat mit Ihrer Zertifikatvorlage von den Zertifizierungsdiensten abgerufen. Sie können den Vorgang in der Befehlszeile durch Eingabe von *Gpupdate /force* auch erzwingen lassen.

Überprüfen Sie in den Einstellungen der lokalen Zertifikate, ob das Zertifikat vorhanden ist. Rufen Sie dazu auf den Computern *Certlm.msc* auf und wechseln Sie zu *Eigene Zertifikate/Zertifikate*. Hier muss ein neues Zertifikat mit der Bezeichnung des Computernamens und dem Eintrag *RemoteDesktopAuthentication* in der Spalte *Beabsichtigte Zwecke* vorhanden sein.

Ist das Zertifikat nicht vorhanden, überprüfen Sie über das Kontextmenü von *Eigene Zertifikate/Zertifikate*, ob Sie berechtigt sind, ein Zertifikat auf Basis der Vorlage manuell abzurufen. Hier muss die Vorlage erscheinen und die Möglichkeit bieten, ein Zertifikat abzurufen.

Erscheint die Vorlage an dieser Stelle nicht, liegt häufig ein Berechtigungsproblem vor. Rufen Sie dann auf dem Server mit der Zertifizierungsstelle die Konsole *Certtmpl.msc* auf und dann die Eigenschaften Ihrer Vorlage. Überprüfen Sie auf der Registerkarte *Sicherheit*, wer ein Zertifikat auf Basis dieser Vorlage nutzen darf. Wichtig ist, dass für die entsprechende Computergruppe der Haken bei *Registrieren* gesetzt ist.

Verbindungen mit Zertifikaten durchführen

Wurden auf den Servern und den Computern die Zertifikate installiert, starten Sie auf den Clients eine neue Remotedesktopverbindung, zum Beispiel durch Aufrufen von *Mstsc*. Wenn Sie sich mit dem Server verbinden, sind keine weiteren Eingaben mehr notwendig, da der Client das Zertifikat verwendet. Idealerweise haben Sie dazu auch noch Single Sign-On (SSO) für die Farm verwendet. Dann verwendet der Remotedesktopdiensteclient zur Anmeldung an den Remotedesktop-Sitzungshosts die lokalen Anmeldedaten des Anwenders und das hinterlegte Zertifikat. Diese Schritte erfahren Sie in den nächsten Abschnitten.

Virtual Desktop Infrastructure und Remotedesktop-Sitzungshost (RemoteFX)

Eine wichtige Funktion in den Remotedesktopdiensten ist auch RemoteFX. Diese hat Microsoft auch in Windows Server 2016 eingebaut und verbessert. Hierbei handelt es sich um eine erweiterte Funktion des Remotedesktopprotokolls (RDP), das die bessere grafische Darstellung von Windows 10-Desktops ermöglicht, die Sie zum Beispiel über Virtual Desktop Infrastructure (VDI) zur Verfügung stellen (siehe Kapitel 29). Sie können die Technik auch auf Remotedesktop-Sitzungshosts verwenden, um eine bessere Grafikleistung für Anwender zu erreichen. Vor allem 3D-Grafiken, Audio und Animationen laufen schneller in der neuen Version.

Neben einer Verbesserung der grafischen Darstellung enthält RemoteFX eine Verbesserung der USB-Unterstützung von virtuellen Windows 10-Computern zur Anbindung von USB-Laufwerken, Smartphones oder Digitalkameras. Damit Sie RemoteFX nutzen können, muss auf dem Server Windows Server 2016 und auf dem virtuellen Computer Windows 8.1 oder besser Windows 10 installiert sein. Auf dem Clientcomputer, mit dem Sie auf den virtuellen Windows 10-Computer zugreifen, muss Windows 8.1, besser Windows 10 installiert sein (mehr dazu siehe Kapitel 29).

Grundlagen und Voraussetzungen von RemoteFX

Bevor Sie RemoteFX nutzen, müssen Sie den aktuellsten Treiber für die Grafikkarte auf dem Hyper-V-Host installieren. Alle Berechnungen zu 3D-Grafiken nimmt der Server vor und leitet sie an den Client weiter, der die Daten nur noch anzeigen muss. RemoteFX ist kein eigenständiges Remoteprotokoll, sondern nur eine Erweiterung des Remotedesktopprotokolls (RDP).

Einstieg in RemoteFX

Sie können als Host für RemoteFX-Clients auch den kostenlosen Hyper-V-Server 2016 einsetzen (siehe Kapitel 7). Wollen Sie RemoteFX nicht nur für Hosted Desktops (siehe Kapitel 29), sondern auch für Sitzungen eines Remotedesktopdienste-Sitzungshosts verwenden, muss auf dem Server ebenfalls Windows Server 2016 installiert sein. Damit Sie RemoteFX nutzen können, muss der Prozessor Second Level Address Translation (SLAT) unterstützen (siehe Kapitel 7).

Intel verwendet hier auch die Bezeichnung *Extended Page Tables*, AMD nennt die Funktion *Nested Page Tables*. Der Grafikprozessor (GPU) muss DirectX 9.0c und DirectX 10.0 unterstützen, besser die neuen Versionen ab DirectX 11. Verwenden Sie mehrere Grafikkarten pro Server, müssen sie identisch sein, das gilt auch für Clusterknoten in einem Hyper-V-Cluster.

Generell ist die Installation des Grafikkartentreibers vor der Installation der Serverrollen für die Remotedesktopdienste oder Hyper-V zu empfehlen. Ein Monitor für eine virtuelle Maschine (VM), den Sie für RemoteFX konfiguriert haben, wird auf dem Server genauso wie ein lokal angeschlossener Monitor behandelt. Das heißt, der Server muss den Bildaufbau berechnen. Jede Sitzung benötigt in etwa 200 MB Grafikkartenspeicher bei der Verwendung von RemoteFX (bei 1.024 x 768 etwa 75 MB, bei 1.920 x 1.200 etwa 220 MB). Betreiben Sie mehrere Monitore, verdoppelt sich nicht die Anforderung, sondern es kommen noch einmal etwa 50 bis 100 MB hinzu. Allerdings arbeiten die Karten nicht immer zusammen und können nur ihren eigenen Speicher nutzen. Sie ordnen nicht selbst die Sitzungen oder virtuellen Clients den Karten zu, sondern der Hyper-V-Host skaliert automatisch.

In den Hyper-V-Einstellungen des Hyper-V-Managers können Sie bei *Physische GPUs* erkennen, ob der Server über eine RemoteFX-fähige Grafikkarte verfügt.

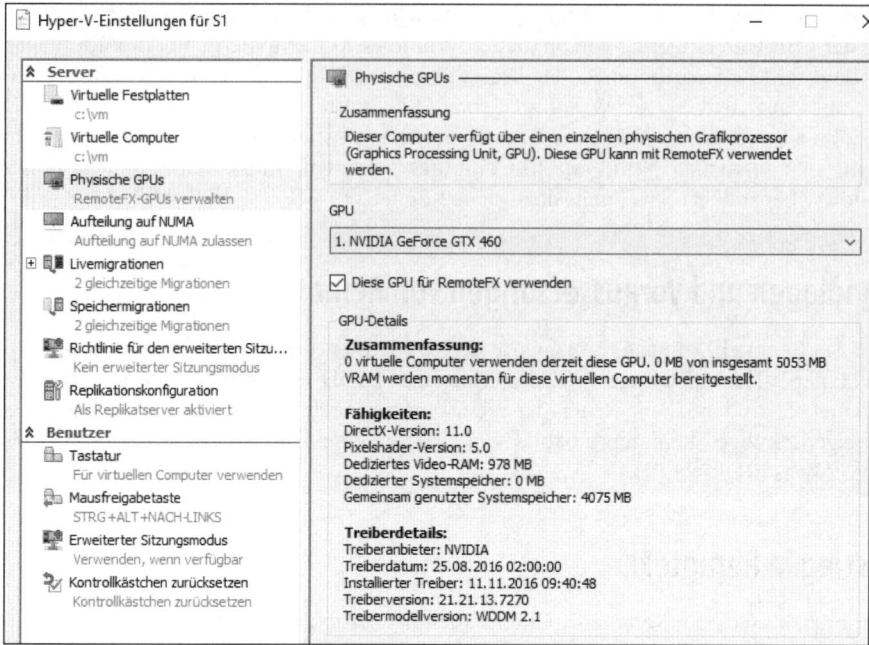

Abbildung 28.23: RemoteFX auf einem Server aktivieren

RemoteFX und Verwaltungsports

Wenn Sie spezielle Verwaltungsports an Servern mit einem speziellen Verwaltungsadapter verwenden, empfiehlt Microsoft die Installation des RemoteFX-Treibers, nachdem Sie RemoteFX auf dem Server installiert und aktiviert haben. Die Fernwartungskonsole auf Servern kann die RemoteFX-Verbindung stören. Dies liegt daran, dass diese Konsolen meist noch das alte XP-Treibermodell verwenden (XPDM).

RemoteFX benötigt aber das neue Treibermodell Windows Display Driver Model (WDDM). Auf einem Server lässt sich immer nur eine Art Treiber installieren. Ist also ein XPDM-Treiber installiert, lässt sich kein WDDM-Treiber installieren. Aus diesem Grund müssen Sie solche alten Karten entweder deaktivieren oder Sie verwenden den speziellen RemoteFX-Treiber für diese Karten, falls das Gerät kompatibel ist. Den Treiber installieren Sie in der Eingabeaufforderung durch Eingabe von:

Dism /online /enable-feature /featurename:Microsoft-Windows-RemoteFX-EmbeddedVideo-Cap-Setup-Package

Probleme bereiten können I/O-Virtualisierung (Intel VT-d, AMD-Vi und IOMMU). Diese Funktionen sollten Sie im BIOS des Servers ausschalten. Auch Intel Trusted Execution Technology (TXT) kann Probleme mit RemoteFX auslösen. Data Execution Prevention (DEP) muss auf dem Hyper-V-Host aktiv sein. AMD nennt diese Technik Enhanced Virus Protection (EVP), Intel bezeichnet sie mit *No Execution (NX)*.

In VMs und Remotesitzungen auf RemoteFX setzen

Der Treiber unterstützt RemoteFX auch beim Booten des Rechners, sodass Sie auf das BIOS zugreifen können. Anschließend können Sie dem virtuellen Computer eine neue Grafikkarte zuordnen. Dazu rufen Sie die Einstellungen des virtuellen Computers auf, klicken auf *Hardware*, wählen *RemoteFX-3D-Grafikkarte* aus und klicken auf *Hinzufügen*.

Ist die *Funktion*-Schaltfläche deaktiviert, unterstützt die Grafikkarte oder der installierte Treiber diese Funktion nicht. Außerdem muss auf dem Server, auf dem Sie RemoteFX nutzen wollen, die Serverrolle *Remotedesktopdienste* installiert sein. Diese enthält die notwendigen Funktionen für RemoteFX. Sie müssen diesen Rollendienst auch installieren, wenn Sie RemoteFX auf einem Remotedesktop-Sitzungshost zur Verfügung stellen wollen, nicht nur in einer VDI-Struktur (siehe Kapitel 29). Nach dem Hinzufügen haben Sie noch die Möglichkeit, die Anzahl der unterstützten Monitore sowie die Auflösung zu konfigurieren.

Ein weiterer Vorteil von RemoteFX ist die verbesserte Unterstützung von USB-Geräten auf den virtuellen Desktops. Verbinden Sie ein USB-Gerät mit dem Client, der über RDP mit dem RemoteFX-Gerät verbunden ist, installiert Windows 8.1/10 den Treiber. Es ist kein Treiber auf dem Client notwendig, der sich mit dem virtuellen Computer verbindet, sondern der USB-Stick ist lediglich auf dem virtuellen Windows 8.1/10-Client zu installieren. Diese Technik vermeidet Treiberprobleme auf den Clients und notwendige Umleitungen. Für Anwender ist die Umleitung der USB-Geräte transparent.

RemoteFX produktiv einrichten und verwalten

Haben Sie die notwendigen Vorbereitungen getroffen, können Sie für den virtuellen Client, auf dem Sie RemoteFX zur Verfügung stellen wollen, die Funktion integrieren:

1. Starten Sie den Hyper-V-Manager (siehe Kapitel 7).
2. Schalten Sie den virtuellen Client aus.
3. Rufen Sie über das Kontextmenü die Einstellungen des virtuellen Clients auf.
4. Klicken Sie auf *Hardware hinzufügen*.
5. Wählen Sie *RemoteFX-3D-Grafikkarte* aus.
6. Klicken Sie auf *Hinzufügen*. Sie können immer nur eine RemoteFX-3D-Grafikkarte pro Client aktivieren.
7. Starten Sie den virtuellen Client.
8. Melden Sie sich am Client an.
9. Windows 8.1/10 installiert jetzt den Treiber im virtuellen Client für die RemoteFX-3D-Karte.
10. Starten Sie den Client neu.

Abbildung 28.24: Eine RemoteFX-Karte zu einer virtuellen Maschine hinzufügen

Im Verbindungsfenster des Hyper-V-Managers bringt Ihnen RemoteFX nichts, Sie können nach der Installation der RemoteFX-3D-Karte diese Möglichkeit auch nicht mehr für den Verbindungsaufbau zum Client verwenden. Sie können RemoteFX nur über den Remotedesktopclient oder kompatiblen Thin-Clients nutzen. Damit Thin-Clients RemoteFX auf dem Hyper-V-Server nutzen können, müssen sie mindestens RDP 7.1 unterstützen.

Klappt der Verbindungsaufbau über das RDP-Protokoll nicht, rufen Sie die Einstellungen des virtuellen Clients auf und klicken auf *RemoteFX-3D-Grafikkarte*. Im rechten Bereich des Fensters können Sie jetzt die Karte entfernen. Möchten Sie stattdessen lediglich Einstellungen an der Hardware vornehmen, ist dies nur dann möglich, wenn der virtuelle Client ausgeschaltet ist. Anschließend können Sie sich wieder über den Hyper-V-Manager mit dem Client verbinden.

Damit Sie die USB-Umleitung von RemoteFX auch für Sitzungen auf einem Remotedesktop-Sitzungshost nutzen können, müssen Sie noch eine Gruppenrichtlinie oder lokale Richtlinie erstellen, die an die Remotedesktop-Sitzungshosts gebunden ist. Die entsprechende Einstellung finden Sie über die Richtlinie:

Computerkonfiguration/Administrative Vorlagen/Windows-Komponenten/Remotedesktopdienste/Remotedesktopverbindungs-Client/RemoteFX-USB-Geräteumleitung

Hier ist die passende Einstellung vorhanden, damit USB-Geräte, die Sie mit dem Client verbinden, der wiederum mit RDP-RemoteFX mit dem virtuellen Client oder der Remotedesktopsitzung verbunden ist, in die Sitzung umgeleitet werden. Haben Sie die Richtlinie aktiviert und wenden sie auf den Remotedesktop-Sitzungshost oder die virtuellen Clients an, sind alle USB-Geräte, die Sie mit dem Client verbinden, in der Sitzung verfügbar.

MultiPoint-Server in der Praxis

Mit Windows Server 2016 integriert Microsoft die Funktionen von Microsoft Windows MultiPoint Services als neue Serverrolle. Die Technik bietet die Möglichkeit, dass Anwender Geräte wie Monitor, Tastatur und Maus direkt an den Server anschließen können, aber dennoch eine eigene Arbeitsumgebung erhalten. Der virtuelle Desktop in der Umgebung mit den MultiPoint Services sieht aus wie bei den Remotedesktopdiensten. Auf Wunsch lässt sich das Ganze auch als VDI-Umgebung betreiben (siehe Kapitel 29).

MultiPoint lässt sich in kleinen Netzwerken nutzen, auch ohne dass Active Directory im Einsatz ist. In diesem Fall arbeiten Sie mit lokalen Benutzerkonten auf dem Server. Mit diesen Benutzerkonten melden sich Anwender am Server an. Die Verwaltung erfolgt in eigenen Tools, ähnlich zu den Essentials-Diensten in Windows Server 2012 R2. MultiPoint Services ersetzen aber nicht die Essentials-Rolle, sondern stellen eine weitere Lösung dar, um Anwender in kleinen Netzwerken anzubinden. Betreiben Sie im Netzwerk mehrere MultiPoint-Server, lassen sich diese natürlich an Active Directory anbinden. In diesem Fall können sich die Anwender mit ihren Domänenkonten anmelden. Arbeiten Sie mit Konten in Active Directory, können die Benutzerkonten allerdings nicht auf dem MultiPoint-Server mit dem MultiPoint-Manager verwaltet werden, sondern nur mit den bekannten Tools aus Active Directory. Diese lassen sich jedoch ebenfalls auf dem MultiPoint-Server installieren.

Station Hubs und Intermediate Hubs

Die Verbindung zum Server erfolgt nicht nur über das RDP-Protokoll, sondern auch durch einen direkten Anschluss der Komponenten am Server, zum Beispiel per USB. Außerdem gibt es spezielle Thin-Clients, die für MultiPoint optimiert sind. Diese tragen die Bezeichnung »Multifunctions USB Hubs«. Natürlich sind auch RDP-Verbindungen möglich.

Die Anwendungen und der Desktop, mit dem Anwender arbeiten, werden auf dem MultiPoint-Server installiert, genauso wie bei einem Remotedesktopserver. Dazu ist auch eine Anbindung über das Netzwerk möglich. Wenn der Monitor einer Arbeitsstation direkt am MultiPoint-Server angeschlossen ist, dann ist außerdem die Entfernung der Arbeitsstation vom Server limitiert. Die Limitierung hängt von der maximalen Länge des Videokabels ab. Grundsätzlich können Sie einen MultiPoint-Server komplett ohne Netzwerk betreiben.

In diesem Fall arbeiten die Anwender mit Stationen, die per USB an den Server angeschlossen sind. Speichern die Anwender die Daten auf dem Server, lässt sich ein MultiPoint Server komplett ohne Netzwerk einsetzen. USB-Verbindungen sind limitiert und unterstützen im Fall von USB 2.0 keine längeren Kabel als 5 Meter. Arbeiten Sie mit USB 3.0, erhöht sich die Reichweite. Dabei können Sie spezielle USB-Hubs verwenden, an die Thin-Clients und PCs angeschlossen werden.

Der jeweilige USB-Hub ist mit dem Server verbunden. In diesem Fall schließen Sie Monitor, Maus, Tastatur und andere externe Geräte an den Hub an. Der Hub ist am MultiPoint-Server angeschlossen oder an einem Sammel-Hub, mit der Bezeichnung Intermediate Hub. An diesen lassen sich mehrere Station Hubs anschließen. Der Intermediate Hub ist wiederum an den MultiPoint-Server angeschlossen. Reichen die Schnittstellen an einem Station Hub nicht aus, können Sie an diese noch einen oder mehrere Downstream Hubs anschließen. Hierdurch lassen sich weitere Peripheriegeräte verbinden. Wie eine solche Umgebung aussehen kann, zeigt Microsoft in einem TechNet-Artikel (*http://tinyurl.com/h73fds4*).

Normalerweise wird der Monitor direkt am Server angeschlossen, der dazu über eine passende Grafikkarte mit einer entsprechenden Anzahl an Anschlüssen verfügen muss. Maus und Tastatur werden üblicherweise an einem USB-Verteiler angeschlossen, der dann wiederum mit dem Server verbunden wird.

In Umgebungen, in denen Sie die Monitore der Clients direkt an den Server anschließen, erreichen Sie bezüglich der Grafikleistung natürlich die besten Ergebnisse. Denn hier kann die spezielle Grafikkarte des Servers alle Berechnungen durchführen und direkt ausgeben. Das ist bei der USB-Anbindung nicht möglich. Arbeiten Anwender aber mit RDP, kann auch hier eine gute Grafikleistung erreicht werden. Dazu müssen Sie auf dem Server jedoch RemoteFX konfigurieren, genauso wie auf einem Remotedesktop-Sitzungshost. Alle Funktionen zur Steuerung der angeschlossenen Geräte lassen sich mit den verbundenen Stationen vornehmen.

MultiPoint ist in die Standard- und Datacenter-Edition von Windows Server 2016 integriert. Einfach ausgedrückt handelt es sich bei MultiPoint um einen sehr einfachen Remotedesktop-Sitzungshost, der einer begrenzten Anzahl von Anwendern einen eigenen virtuellen Desktop zur Verfügung stellen kann.

Die MultiPoint Services installieren

Die Installation erfolgt über die Serverrolle *MultiPoint Services* oder noch besser über die Option *Installation von Remotedesktopdiensten*. Über den Assistenten können Sie neben der Installation der Remotedesktopdienste auch die MultiPoint Services installieren. Wie bei der Installation der Remotedesktopdienste wählen Sie über einen Assistenten aus, auf welchen Servern Sie MultiPoint installieren wollen.

Achten Sie darauf, dass Sie nach der Installation der MultiPoint Services den Server und das Betriebssystem aktivieren müssen. Außerdem müssen Sie Lizenzen hinzufügen, genauso wie bei den Remotedesktopdiensten. Die Verwaltung der Lizenzen können Sie im MultiPoint-Manager auf der Registerkarte *Start* über den Menübefehl *Clientzugriffslizenzen hinzufügen* verwalten. Hierüber starten Sie die Lizenzverwaltung der Remotedesktopdienste. Wollen Sie den Server in einer Domäne betreiben, können Sie diesen als Mitgliedsserver genauso aufnehmen.

Anwendungen und Drucker bereitstellen

Bevor Sie Anwendungen, wie Microsoft Office, auf einem MultiPoint-Server installieren, aktivieren Sie im MultiPoint-Manager auf der Registerkarte *Start* die Option *In den Konsolenmodus umschalten*. Nachdem Sie die Anwendungen installiert haben, aktivieren Sie die Option *In den Stationsmodus umschalten*.

Damit die Anwender auch drucken können, müssen Sie auf dem MultiPoint-Server die Drucker direkt installieren und freigeben, oder Sie arbeiten mit einem Druckerserver. Außerdem sollten Sie in den Eigenschaften der Drucker mit Berechtigungen arbeiten. Die Drucker, für die Anwender berechtigt sind, werden automatisch an den Stationen angezeigt, sobald diese auf dem Server installiert sind.

Abbildung 28.25: Die Diensteinstellungen im MultiPoint-Manager verwalten

Die MultiPoint Services konfigurieren

Die Verwaltung von MultiPoint erfolgt über das MultiPoint-Dashboard. Dieses verhält sich ähnlich wie die Essentials-Rolle in Windows Server 2012 R2 und Windows Server 2016. Über dieses Dashboard verwalten Sie die angeschlossenen PCs und Clients.

Zusätzlich spielt auch noch der MultiPoint-Manager bei der Verwaltung des Diensts eine wichtige Rolle. Hier legen Sie die Benutzer an und steuern die Systemeinstellungen des Servers. Mit dem MultiPoint-Manager verwalten Sie also den MultiPoint-Server, mit dem MultiPoint-Dashboard verwalten und steuern Sie die angebundenen Stationen. Sie können hier zum Beispiel Blockierungen einbauen, USB-Geräte sperren, Benutzersupport liefern und Stationen vom Server trennen.

Kapitel 28: Remotedesktopdienste installieren und Anwendungen virtualisieren

Abbildung 28.26: Im MultiPoint-Dashboard werden die angebundenen Stationen verwaltet.

Nachdem Sie die MultiPoint Services installiert haben, starten Sie zunächst den MultiPoint-Manager. Die Verwaltung des Servers über den MultiPoint-Manager unterteilt sich in verschiedene Menüpunkte. Im oberen Bereich des Managers stehen die Registerkarten *Start*, *Stationen*, *Benutzer* und *Virtuelle Desktops* zur Verfügung. Auf der rechten Seite des Managers legen Sie Einstellungen des Servers fest. Dabei ist der Menübefehl *Computereinstellungen bearbeiten* besonders interessant. Hier steuern Sie zum Beispiel, ob sich ein Benutzer auch an mehreren Stationen anmelden darf, ob eine Remoteverwaltung möglich ist und einiges mehr.

Abbildung 28.27: Die Servereinstellungen von MultiPoint anpassen

Über die Registerkarte *Stationen* erreichen Sie alle angebundenen PCs. Sie können die Station identifizieren, also auf dem Bildschirm der Station eine Meldung mit ihrem Namen anzeigen, und Benutzer von der Station abmelden. Außerdem können Sie an dieser Stelle alle Stationen anhalten und abmelden. Liegen für Stationen Fehler und Warnungen vor, zeigt das der Manager an.

Um zu verhindern, dass Anwender oder Administratoren Änderungen auf dem Server vornehmen, können Sie im MultiPoint-Manager auf der Registerkarte *Start* auch den Datenträgerschutz aktivieren. Sobald dieser aktiviert ist, speichert der Server keine Änderungen. Alle Änderungen, die Anwender vornehmen, werden beim Neustart wieder verworfen. Wollen Sie auf dem Rechner Windows-Updates installieren oder neue Programme, müssen Sie den Datenträgerschutz so lange deaktivieren, da ansonsten auch diese Änderungen wieder gelöscht werden.

Benutzer für MultiPoint verwalten

Bei der Registerkarte *Benutzer* handelt es sich um den Bereich, in dem Sie die Benutzer anlegen und verwalten, die mit dem Server arbeiten. Hier sehen Sie alle bereits angelegten Benutzer und können über das Kontextmenü des Fensters neue Benutzer anlegen.

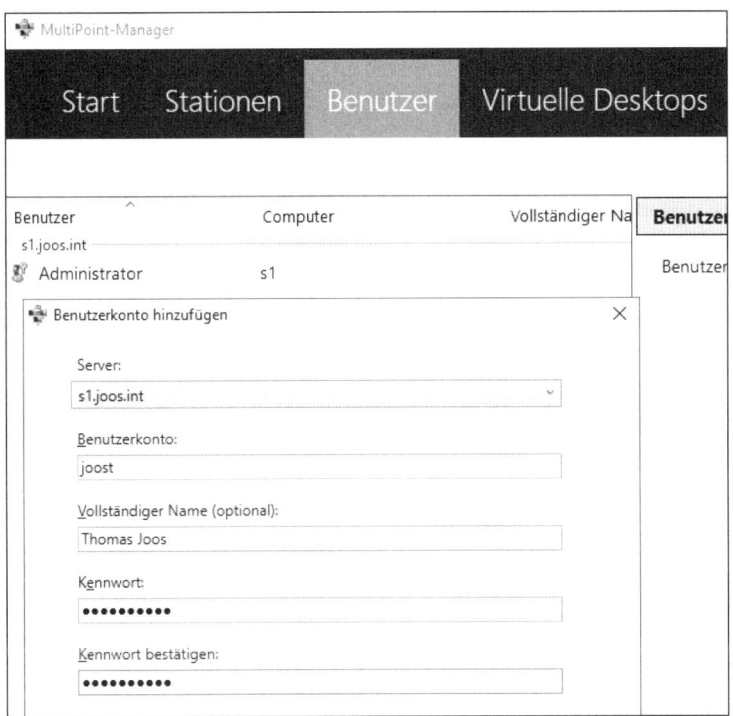

Abbildung 28.28: Im MultiPoint-Manager steuern Sie die Benutzer, die mit dem Server arbeiten.

Legen Sie einen Benutzer an, können Sie neben den Standardeingaben wie Anmeldename, vollständiger Name und Kennwort auch festlegen, um welche Art von Benutzer es sich handeln soll. Standardbenutzer dürfen mit dem Server und den freigegebenen Anwendungen auf dem Server arbeiten. Benutzer mit der Rolle *MultiPoint-Dashboardbenutzer* dürfen sich am Server anmelden und mit den Programmen arbeiten. Außerdem dürfen diese Benutzer das MultiPoint-Dashboard nutzen. In diesem lassen sich wiederum die anderen Sitzungen und Stationen verwalten. Diese Benutzer dürfen aber keine Einstellungen des Servers anpassen. Benutzer der Rolle *Benutzer mit Administratorrechten* dürfen den Server vollständig verwalten, andere Benutzer anlegen und umfassend mit dem MultiPoint-Manager und dem MultiPoint-Dashboard arbeiten.

Über das Kontextmenü von Benutzerkonten können Sie jederzeit mit dem Befehl *Zugriffsebene ändern* die Rechte im laufenden Betrieb anpassen. Damit die neuen Rechte aktiv sind, muss sich der Benutzer an seiner Station neu am Server anmelden.

Kapitel 28: Remotedesktopdienste installieren und Anwendungen virtualisieren

Abbildung 28.29: Benutzerrechte für Anwender steuern

Generell erlauben die MultiPoint Services allen Anwendern in einer Active Directory-Umgebung die Anmeldung am Server. Sie sollten diese Zugriffsmöglichkeiten aber anpassen. Die Berechtigungen werden wie beim Einsatz der Remotedesktopdienste auf Basis der Benutzergruppe *Remotedesktopbenutzer* festgelegt. Hier ist standardmäßig die Gruppe *Jeder* Mitglied, es darf also jeder Benutzer der Umgebung eine Verbindung aufbauen. Hier nehmen Sie entweder eine Domänengruppe und in diese die einzelnen Benutzerkonten aus Active Directory auf oder Sie arbeiten mit lokalen Benutzern und fügen diese der Gruppe hinzu. Möchten Sie den Zugriff beschränken, entfernen Sie die Gruppe *Jeder* aus der Gruppe *Remotedesktopbenutzer*.

Wollen Sie verschiedene Stationen mit einem bestimmten Benutzer anmelden, können Sie auf der Registerkarte *Stationen* im MultiPoint-Manager die automatische Anmeldung konfigurieren. Hier hinterlegen Sie die Anmeldedaten zur Station.

So arbeiten Anwender mit MultiPoint (Dateispeicherung)

Speichern Anwender Dateien, werden diese entweder auf dem MultiPoint-Server oder auf der mit dem Profil verbundenen Freigabe im Netzwerk gespeichert. Standardmäßig dürfen sich Anwender immer nur an einer Station am MultiPoint-Server anmelden. Sie können im MultiPoint-Manager aber festlegen, dass die Anmeldung auch an mehreren Stationen möglich ist. Administratoren steuern die einzelnen Sitzungen mit dem MultiPoint-Dashboard. Mit einem Doppelklick auf eine Station sehen Sie den aktuellen Inhalt des Monitors der Anwender.

Abbildung 28.30: Die Benutzersitzungen im MultiPoint-Dashboard verwalten

Im MultiPoint-Dashboard sehen Sie alle verbundenen Stationen und deren Benutzer. Sie können eine Verbindung mit der Station aufbauen, einen Chat öffnen oder einzelne Bereiche in der Station sperren. Über das Dashboard können Sie auch Webseiten, Desktops und Apps auf den Stationen sperren und steuern. Außerdem können Sie den Desktop des Administrators auf die Arbeitsstationen projizieren, Anwendungen starten und schließen sowie zahlreiche weitere Aufgaben durchführen. Alles Notwendige ist im Dashboard zu sehen.

Windows 10 Enterprise Virtual Desktops nutzen

Sie können über die MultiPoint Services in Windows Server 2016 den Anwendern auch eine Virtual Desktop Infrastructure (VDI) auf Basis von Windows 10 Enterprise zur Verfügung stellen. Die virtuellen Computer werden in diesem Fall über Hyper-V zur Verfügung gestellt. Die Einstellungen dazu finden Sie über die Registerkarte *Virtuelle Desktops* im MultiPoint-Manager. Diese Option nutzen Sie, wenn Sie den Anwendern eine komplett eigene Sitzung und ein getrenntes Betriebssystem auf Basis von Windows 10 Enterprise bereitstellen wollen. Sie sollten die VDI-Option nur dann verwenden, wenn auf dem Server die herkömmlichen Desktops auf Basis von Windows 10 nicht ausreichen.

Damit Sie virtuelle Desktops mit eigenen Betriebssystemen auf Basis von Windows 10 Enterprise einrichten können, müssen Sie verschiedene Aktionen durchführen. Zunächst müssen Sie die Funktion generell auf der Registerkarte *Virtuelle Desktops* im MultiPoint-Manager aktivieren. Danach müssen Sie eine Vorlage erstellen, also das Image eines virtuellen Computers mit Windows 10 Enterprise, auf Basis von Hyper-V in Windows Server 2016. Liegt Ihnen bereits ein Image vor, können Sie dieses an dieser Stelle auch importieren. Dazu müssen Sie die Imagedatei auf den MultiPoint-Server kopieren.

Um die Vorlage zu erstellen, kopieren Sie die *.iso*-Datei von Windows 10 auf die lokale Festplatte des MultiPoint-Servers. Danach erstellen Sie die Vorlage mithilfe der Optionen auf der Registerkarte *Virtuelle Desktops* im MultiPoint-Manager.

Kapitel 28: Remotedesktopdienste installieren und Anwendungen virtualisieren

Damit Sie virtuelle Desktops erstellen können, verwenden Sie wieder die Einstellungsmöglichkeiten auf der Registerkarte *Virtuelle Desktops*. Zuvor müssen Sie aber auf der Registerkarte *Start* des MultiPoint-Managers den Konsolenmodus aktivieren.

Zusammenfassung

Mit den Funktionen in den Remotedesktopdiensten wie RemoteApp, das Remotedesktopgateway, den Remotedesktopdienste-Webzugriff sowie dem neuen RDP-Client stellen die Remotedesktopdienste in Windows Server 2016 ein mächtiges Werkzeug zur Anwendungsvirtualisierung dar. Wir haben Ihnen in diesem Kapitel ausführlich gezeigt, wie Sie einen Remotedesktopserver unter Windows Server 2016 installieren und betreiben. Auch auf die MultiPoint Services sind wir eingegangen.

Im nächsten Kapitel erläutern wir Ihnen, wie Sie Desktops in Unternehmen zusammen mit Hyper-V und den Remotedesktopdiensten virtualisieren.

Kapitel 29
Arbeitsstationen virtualisieren per Virtual Desktop Infrastructure (VDI)

In diesem Kapitel:

Einstieg in VDI 784
Windows 10 als virtuellen Computer in einer VDI-Struktur einsetzen 784
Die virtuellen Desktop-Pools konfigurieren 787
Zusammenfassung..790

Zusammen mit Hyper-V und den Remotedesktopdiensten haben Unternehmen die Möglichkeit, virtuelle Computer auf Basis von Windows 10 per Remotedesktop zur Verfügung zu stellen. Im Vergleich zur Arbeit mit dem Desktop auf einem Remotedesktop-Sitzungshost steht so dem Anwender – wenn auch nur virtuell – ein eigener Computer zur Verfügung, der die Arbeit anderer Benutzer nicht beeinflusst.

Unternehmen sind bei der Konfiguration dieser Desktops durch diese Technik wesentlich flexibler, als würden alle Anwender mit einem Desktop der RemoteApps auf den Servern arbeiten. Diese virtuellen Computer lassen sich aus Kompatibilitätsgründen oder für Testzwecke bereitstellen. Oder einfach, um Energie zu sparen, da leistungsfähige Computer über das Netzwerk zur Verfügung stehen.

Einstieg in Virtual Desktop Infrastructure (VDI)

Virtuelle Computer erstellen Sie mit Hyper-V, die Anbindung erfolgt über den Remotedesktop-Verbindungsbroker, die Konfiguration im Server-Manager und die Bereitstellung über den Webzugriff (Web Access), als RDP-Datei oder über die Startseite herkömmlicher Computer mit Windows 10. Damit Sie Virtual Desktop Infrastructure (VDI) nutzen können, benötigen Sie einen Hyper-V-fähigen Server und einen Remotedesktopserver. Unternehmen haben die Möglichkeit, Anwendern direkt auf Basis ihres Benutzerkontos einen persönlichen virtuellen Computer bereitzustellen oder einen Pool zu installieren.

Es lassen sich auch mehrere Pools bereitstellen, zum Beispiel auf Basis des Betriebssystems, der Konfiguration oder der installierten Anwendungen. Dieser Pool steht dann verschiedenen Anwendern zur Verfügung. Unabhängig davon können die Anwender mit dem Computer so arbeiten, als ob es sich um einen herkömmlichen Computer handelt. Sie können mehrere Pools, zum Beispiel mit unterschiedlichen Programmen oder Konfigurationen erstellen und Anwendern über Web Access für Remotedesktop zur Verfügung stellen. Anwender sehen ein entsprechendes Symbol in der Weboberfläche für jeden Pool und werden beim Start mit einem freien Rechner des Pools verbunden oder eben mit einem definierten Rechner, wenn die virtuellen Computer fest zugeteilt sind.

Arbeiten Sie mit Pools, sollten Sie Anwender darauf hinweisen, dass sie lokal keine Daten speichern sollen. Da Rechner im Pool verschiedenen Anwendern zur Verfügung stehen und es nicht festgelegt ist, mit welchem Rechner im Pool ein Anwender beim nächsten Start verbunden wird, ist ein Speichern in Netzwerkfreigaben besser. Oder Sie arbeiten alternativ mit zugewiesenen virtuellen Computern, damit jeder Benutzer seinen eigenen Rechner hat.

Hinweis Als Betriebssystem auf virtuellen Computern in einer Virtual Desktop Infrastructure (VDI) sind nur Windows-Clientbetriebssysteme geeignet. Sie können zum Beispiel Rechner mit Windows Server 2016 in einem Pool zur Verfügung stellen. Mehr zu diesem Thema lesen Sie auch in Kapitel 28.

Windows 10 als virtuellen Computer in einer VDI-Struktur einsetzen

Viele Unternehmen, die auf Windows 10 aktualisieren wollen, benötigen dennoch teilweise noch ältere Windows-Computer im Netzwerk für die eine oder andere Anwendung. Dazu kann eine VDI-Infrastruktur mit Windows XP nützlich sein, bei der Anwender einen eigenen PC erhalten und sich mit diesem schnell und einfach über das Startmenü oder über Web Access für Remotedesktop verbinden können.

Einen Remotedesktop-Sitzungshost installieren

Damit Sie Hyper-V mit den Remotedesktopservern verbinden können, müssen Sie auf dem Server, auf dem Sie die virtuellen Desktops installieren, den Rollendienst für Remotedesktopdienste installieren. Dabei gehen Sie wie in Kapitel 28 erläutert vor. Die Konfiguration ist in Windows Server 2016 wesentlich einfacher als noch in Windows Server 2008 R2.

Wählen Sie über den Server-Manager *Verwalten/Rollen und Features hinzufügen* und anschließend *Installation von Remotedesktopdiensten*. Auf der Seite *Bereitstellungstyp* wählen Sie *Standardbereitstellung* (siehe auch Kapitel 28). Auf der Seite *Bereitstellungsszenario auswählen* wählen Sie schließlich *Auf virtuellen Computern basierende Desktopbereitstellung* aus. Installieren Sie Remotedesktop-Sitzungshosts und möchten Anwendungen oder Desktops auf den Servern (siehe Kapitel 28) veröffentlichen, wählen Sie die Option *Sitzungsbasierte Desktopbereitstellung* aus.

Abbildung 29.1: Eine neue VDI-Infrastruktur erstellen

Haben Sie das Szenario ausgewählt, sehen Sie auf der nächsten Seite des Assistenten, welche Rollendienste er installiert. Auf der folgenden Seite legen Sie wie bei Remotedesktop-Sitzungshosts (siehe Kapitel 28) den Remotedesktop-Verbindungsbroker fest. Dieser stellt die Verbindung zwischen Clients und der VDI-/Remotedesktop-Infrastruktur zur Verfügung. Hier können Sie nur Server auswählen, die Sie zuvor im Server-Manager über *Verwalten/Server hinzufügen* angebunden haben.

Haben Sie im Netzwerk bereits eine Remotedesktop-Infrastruktur installiert und ist damit schon ein Remotedesktop-Verbindungsbroker vorhanden, erkennt das der Assistent und schlägt die Anbindung an den Verbindungsbroker vor.

Im Rahmen der Installation wählen Sie danach die Server aus, auf denen Sie virtuelle Computer zur Verfügung stellen wollen. Diese tragen die Bezeichnung RD-Virtualisierungshostserver. Die Server müssen Hyper-V unterstützen.

Nach der Auswahl installiert der Assistent die notwendigen Rollendienste auf allen ausgewählten Servern und startet die Server bei Bedarf neu, genauso wie bei einer herkömmlichen Installation der Remotedesktopdienste. Sie erhalten eine Zusammenfassung angezeigt, welche Rollendienste der Assistent auf den verschiedenen Servern installiert.

Die VDI-Umgebung verwalten

Nachdem Sie die Installation abgeschlossen haben, verwalten Sie die VDI-Infrastruktur im Server-Manager genauso wie die Remotedesktopdienste. Sie finden die Konfiguration unter *Remotedesktopdienste*. Wie bei der Verwendung von Remotedesktop-Sitzungshosts (siehe Kapitel 28) erstellen Sie auch bei der Virtualisierung von Desktops eine neue Sammlung. Dazu verwenden Sie *Sammlung virtueller Desktops erstellen*.

In den Remotedesktopdiensten sind zwei Arten virtueller Desktopsammlungen verfügbar: persönliche und im Pool zusammengefasste Sammlungen. Sie können im Pool zusammengefasste virtuelle Desktops automatisch in einer Sammlung durch Remotedesktopdienste verwalten lassen oder sie manuell verwalten.

Eine verwaltete, im Pool zusammengefasste Sammlung virtueller Desktops bietet das automatische Erstellen von im Pool zusammengefassten virtuellen Desktops auf Basis einer virtuellen Desktopvorlage. Auch das automatische Installieren von Sicherheitsupdates und Anwendungen auf Basis einer virtuellen Desktopvorlage ist möglich.

Auf einem Benutzerprofildatenträger werden Benutzerprofilinformationen auf einer separaten virtuellen Festplatte gespeichert, sodass die Benutzerprofileinstellungen über in Pools zusammengefasste virtuelle Desktops verfügbar bleiben.

Beim Erstellen der virtuellen Desktopsammlung müssen Sie bei dem Computer mit einem Benutzerkonto mit der Berechtigung zum Hinzufügen von Computern zur Domäne angemeldet sein. Die virtuelle Desktopvorlage für Computer im Pool muss als virtueller Hyper-V-Computer hinzugefügt werden. Der virtuelle Computer muss mit Sysprep generalisiert und heruntergefahren werden. Außerdem müssen Sie die virtuelle Desktopvorlage zu Hyper-V hinzufügen, damit Sie diese der im Pool zusammengefassten Sammlung virtueller Desktops zuweisen können. Wie Sie dabei vorgehen, lesen Sie in den folgenden Abschnitten.

Virtuelle Computer installieren und für VDI vorbereiten

Im nächsten Schritt installieren Sie virtuelle Computer, die Sie als Vorlage für den Pool verwenden wollen, auf dem RD-Virtualisierungshost. Möchten Sie die virtuellen Computer in einem Pool bereitstellen, können Sie Windows 10 installieren. Nehmen Sie die Computer in die Domäne auf und bereiten Sie den Computer mit dem Befehlszeilentool Sysprep vor.

Neben der Anbindung an die Domäne müssen Sie bei der Installation zunächst nichts weiter beachten. Nach der Installation, Aktivierung und Anbindung an die Domäne sind auf den Computern noch einige Vorbereitungen zu treffen, damit diese optimal in einem VDI-Pool funktionieren.

Remotedesktop auf Clientcomputern aktivieren und konfigurieren

Im ersten Schritt aktivieren Sie Remotedesktop auf den Clientcomputern. Sie finden die Einstellung, wenn Sie die *Eigenschaften* von *Dieser PC* aufrufen ([⊞]+[Pause]) und auf den Link *Remoteeinstellungen* klicken. Aktivieren Sie den Remotedesktop mit der Option, dass nur sichere Verbindungen erlaubt sind.

Zusätzlich müssen Sie noch festlegen, welche Benutzer über den Remotedesktop auf den virtuellen Computer zugreifen dürfen. Klicken Sie dazu auf die Schaltfläche *Benutzer auswählen* oder rufen Sie durch Eingabe von »lusrmgr.msc« im Suchfeld des Startmenüs den lokalen Benutzer-Manager des Computers auf.

Standardmäßig dürfen per Remotedesktop *Administratoren* und Mitglieder der lokalen Gruppe *Remotedesktopbenutzer* zugreifen. Das Gleiche gilt auch für Server. Entweder nehmen Sie die einzelnen Benutzerkonten aus der Domäne in die lokale Gruppe *Remotedesktopbenutzer* auf oder Sie erstellen eine Gruppe in der Domäne und fügen sie der lokalen Gruppe *Remotedesktopbenutzer* hinzu.

Die einzelnen Benutzerkonten nehmen Sie dann nur noch in die Gruppe in der Domäne auf. So ist sichergestellt, dass alle berechtigten Anwender per RDP auf die Rechner im VDI-Pool zugreifen dürfen und Sie nur Mitgliedschaften konfigurieren müssen.

Remote-RPC-Zugriff auf Clientcomputern erlauben

Damit sich die Clients optimal an die VDI-Infrastruktur anbinden, sollten Sie mit Adminrechten auf den Clientcomputern noch den Registrierungs-Editor durch Eintippen von »regedit« im Suchfeld des Startmenüs öffnen:

1. Navigieren Sie zum Schlüssel *HKEY_LOCAL_MACHINE\SYSTEM\CurrentControlSet\Control\TerminalServer*.
2. Klicken Sie doppelt auf den Eintrag *AllowRemoteRPC* und geben Sie den Wert *1* ein.

Firewalleinstellungen auf Clientcomputern konfigurieren

Im nächsten Schritt müssen Sie auf den Clientcomputern noch die Firewalleinstellungen anpassen:

1. Öffnen Sie über das Schnellmenü (⊞+X) die Systemsteuerung.
2. Navigieren Sie zu *System und Sicherheit/Windows-Firewall*.
3. Klicken Sie auf *Eine App oder ein Feature durch die Windows-Firewall zulassen*.
4. Aktivieren Sie *Remotedienstverwaltung*.

System mit Sysprep vorbereiten

Damit Sie den vorbereiteten Computer als Vorlage für einen virtuellen Desktoppool verwenden können, müssen Sie ihn mit dem Befehlszeilentool Sysprep vorbereiten. Sie finden dieses Tool im Ordner *C:\Windows\System32\Sysprep*. Starten Sie es über sein Kontextmenü mit Administratorrechten. Wählen Sie *Out-of-Box-Experience (OOBE) für System aktivieren*, *Verallgemeinern* und *Herunterfahren* aus.

Die virtuellen Desktoppools konfigurieren

Nachdem Sie die Clients vorbereitet haben, können Sie fortfahren, den Pool zu generieren und an die Umgebung anzubinden. Erstellen Sie die verwaltete, in einem Pool zusammengefasste Sammlung virtueller Desktops, damit Benutzer eine Verbindung zu den Desktops in der Sammlung herstellen können.

Hinweis	Die Verwaltung der Sammlungen für virtuelle Desktops entspricht weitgehend der Verwaltung von Sammlungen für RemoteApps und Remotedesktop-Sitzungshosts. Lesen Sie sich daher zur Verwaltung einer VDI-Infrastruktur auch das Kapitel 28 durch.

Kapitel 29: Arbeitsstationen virtualisieren per Virtual Desktop Infrastructure (VDI)

Eine Sammlung virtueller Pools im Server-Manager erstellen

Um eine Sammlung für virtuelle Pools zu erstellen, gehen Sie folgendermaßen vor:
1. Klicken Sie im linken Bereich auf *Remotedesktopdienste* und anschließend auf *Sammlungen*.
2. Klicken Sie auf *Aufgaben* und dann auf *Sammlung virtueller Desktops erstellen*.
3. Klicken Sie auf der Seite *Vorbemerkungen* auf *Weiter*.
4. Tippen Sie auf der Seite *Namen für die Sammlung angeben* im Feld *Name* eine Bezeichnung für die Sammlung ein.
5. Klicken Sie auf der Seite *Sammlungstyp angeben* auf die Option *In einem Pool zusammengefasste Sammlung virtueller Desktops*. Stellen Sie sicher, dass das Kontrollkästchen *Virtuelle Desktops automatisch erstellen und verwalten* aktiviert ist, und klicken Sie dann auf *Weiter*.

Abbildung 29.2: Eine neue Sammlung auf Grundlage einer Desktopsammlung erstellen

6. Klicken Sie auf der Seite *Vorlage für virtuelle Desktops angeben* auf den Computer, den Windows Server 2016 als Vorlage verwenden soll. Wie Sie virtuelle Computer erstellen, lesen Sie in Kapitel 7 und in den vorherigen Abschnitten. Der virtuelle Computer, den Sie als Vorlage verwenden, muss im Hyper-V-Manager erstellt worden und ausgeschaltet sein.
7. Klicken Sie auf der Seite *Einstellungen für virtuelle Desktops angeben* auf *Einstellungen für die unbeaufsichtigte Installation angeben* und klicken Sie dann auf *Weiter*. In diesem Schritt des Assistenten können Sie auch eine Antwortdatei hinterlegen.
8. Geben Sie auf der Seite *Einstellungen des unbeaufsichtigten Modus angeben* die fehlenden Informationen ein, behalten Sie die Standardeinstellungen für nicht angegebene Optionen bei und klicken Sie dann auf *Weiter*.
9. Klicken Sie im Feld *Zeitzone* auf die Ihrem Standort entsprechende Zeitzone.
10. Legen Sie fest, in welcher Organisationseinheit die Computerkonten abgelegt werden sollen.

11. Wählen Sie aus, welche Benutzer Zugriff auf die virtuellen Desktops erhalten dürfen. Außerdem können Sie festlegen, wie viele virtuelle Desktops der Assistent vorbereiten soll und wie die Namen der Computer aufgebaut sein sollen.
12. Wählen Sie aus, wie viele virtuelle Desktops Sie auf den einzelnen RD-Virtualisierungshosts erstellen wollen.
13. Als Nächstes können Sie steuern, wo Sie die Dateien der virtuellen Computer speichern wollen. Sie können an dieser Stelle auf jedem Host, in einer Netzwerkfreigabe oder in einem CSV-Clusterlaufwerk die Dateien speichern lassen (siehe Kapitel 9).
14. Geben Sie auf der Seite *Benutzerprofil-Datenträger angeben* im Feld *Speicherort von Benutzerprofil-Datenträgern* eine entsprechende Freigabe an und klicken Sie dann auf *Weiter*. Stellen Sie sicher, dass die Computerkonten auf dem RD-Virtualisierungshost über Lese- und Schreibrechte für diesen Speicherort verfügen. In diesem Fall lassen sich die Daten der Anwender auf die Freigabe auslagern.
15. Klicken Sie auf der Seite *Auswahl bestätigen* auf *Erstellen*. Anschließend exportiert der Assistent den virtuellen Computer auf dem RD-Virtualisierungshost und importiert die virtuellen Computer in die RD-Infrastruktur. Sie sehen die Vorgänge auch im Hyper-V-Manager.

Den Desktop testen und verwenden

Zur Überprüfung, ob die verwaltete, im Pool zusammengefasste Sammlung virtueller Desktops erfolgreich erstellt wurde, bauen Sie zunächst eine Verbindung zum Server mit Web Access für Remotedesktop auf. Hier gehen Sie vor wie in Kapitel 28 beschrieben. Die Adresse ist in der Regel *https://<Servername>/rdweb*.

Wenn Sie eine Verbindung zwischen einem Server und einer Website eines Servers mit Web Access für Remotedesktop herstellen wollen, müssen Sie im Server-Manager die verstärkte Sicherheitskonfiguration für Internet Explorer deaktivieren (siehe Kapitel 3).

Um den Pool zu testen, melden Sie sich mit dem Benutzerkonto an Web Access für Remotedesktop an, das Sie berechtigt, RDP-Sitzungen auf den Clients zu öffnen. Klicken Sie auf das Symbol, das den virtuellen Desktoppool darstellt, und melden Sie sich an.

Unter Umständen müssen Sie erneut eine Authentifizierung für den Computer durchführen, wenn dieser Computer zum Beispiel über das Internet zugreift oder kein Mitglied der Domäne ist. Anschließend baut sich die RDP-Sitzung zu einem der freien Rechner im Pool auf. Die Anwender müssen dazu nicht wissen, welcher Rechner das ist, sondern werden automatisch weitergeleitet und können mit der RDP-Sitzung auf dem Computer arbeiten.

Tipp	Haben Sie RemoteApps an Windows 10-Clients verteilt (siehe Kapitel 28), finden Anwender auch auf der Startseite eine Verknüpfung zu den Rechnern im virtuellen Pool vor.
	Das gilt ebenfalls, wenn Sie einem Anwender einen persönlichen Desktop zur Verfügung stellen. Über den gleichen Weg wie die Verteilung der RemoteApps stellen Sie auch virtuelle Clients als Desktop zur Verfügung. Sie müssen dazu alle Schritte der vorherigen Abschnitte sowie diejenigen Schritte durchführen, die in Kapitel 28 im Abschnitt zu den RemoteApps erläutert wurden.

Personalisierte virtuelle Rechner verwenden

Sie können einem einzelnen Anwender jederzeit einen eigenen Rechner zur Verfügung stellen, der nicht aus dem Pool stammt. Außerdem ist es möglich, bestimmten Anwendern bei Bedarf einen zusätzlichen virtuellen Rechner zuzuweisen. In beiden Fällen ist das Vorgehen zur Einrichtung eines solchen virtuellen Rechners weitestgehend identisch. Sie wählen in diesem Fall auf der Seite *Sammlungstyp* aber die Option *Persönliche Sammlung von Desktops* aus. Deaktivieren Sie auf Wunsch das Kontrollkästchen *Virtuelle Desktops automatisch erstellen und verwalten* und klicken Sie dann auf *Weiter*. Klicken Sie auf der Seite *Vorhandene virtuelle Desktops angeben* auf den Namen des virtuellen Desktops und klicken Sie dann auf *Hinzufügen*.

Ein eigenes Hintergrundbild für gehostete Desktops aktivieren

Viele Unternehmen wollen, dass Anwender ein bestimmtes Hintergrundbild sehen, wenn sie mit einem virtuellen Computer arbeiten. Dazu arbeiten Sie am besten mit Gruppenrichtlinien. Legen Sie die Computerkonten der virtuellen Computer in eine eigene Organisationseinheit (OU) und konfigurieren Sie auf dieser OU eine Gruppenrichtlinie.

Da das Hintergrundbild, wie viele Einstellungen, eine benutzerspezifische Einstellung ist, müssen Sie zunächst festlegen, dass das Hintergrundbild für Computer fest vorgegeben wird. Mit der Richtlinie *Loopbackverarbeitungsmodus für Benutzergruppenrichtlinie* im Bereich *Computerkonfiguration/Richtlinie/Administrative Vorlagen/System/Gruppenrichtlinie* legen Sie fest, dass Einstellungen von Benutzern auf alle Computer angewendet werden. Mehr zu diesem Thema lesen Sie auch in Kapitel 28.

Aktivieren Sie die Richtlinie, können Sie als Option entweder *Ersetzen* oder *Zusammenführen* wählen. Wählen Sie *Ersetzen*, dann ersetzt die Richtlinie alle Einstellungen, die auf Benutzer festgelegt sind, auch aus anderen Richtlinien. Wählen Sie *Zusammenführen*, verwendet die Richtlinie alle Einstellungen. Bei Konflikten verwendet Windows Server 2016 die Richtlinie, für die Sie den Loopbackverarbeitungsmodus aktiviert haben. Anschließend können Sie das Hintergrundbild festlegen. Die Einstellung für Hintergrundbilder finden Sie bei *Benutzerkonfiguration/Richtlinien/Administrative Vorlagen/Desktop/Desktop* in der Richtlinie *Desktophintergrund*.

Zusammenfassung

In diesem Kapitel haben wir Ihnen erläutert, wie Sie neben der Sitzungsvirtualisierung mit Remotedesktop-Sitzungshosts auch virtuelle Computer über die Remotedesktopdienste zur Verfügung stellen. Dazu arbeiten in Windows Server 2016 die Remotedesktopdienste noch enger mit Hyper-V zusammen.

Im nächsten Kapitel zeigen wir Ihnen in der Praxis, wie Sie Zertifikate mit einer Active Directory-Zertifizierungsstelle zur Verfügung stellen.

Teil G
Sicherheit und Hochverfügbarkeit

Kapitel 30: Active Directory-Zertifikatdienste nutzen 793
Kapitel 31: Firewall, Defender und IPsec im Netzwerk einsetzen 809
Kapitel 32: Remotezugriff mit DirectAccess und VPN 827
Kapitel 33: Active Directory-Rechteverwaltungsdienste nutzen 849
Kapitel 34: Hochverfügbarkeit und Lastenausgleich 863
Kapitel 35: Datensicherung und Wiederherstellung 897
Kapitel 36: Datensicherung mit Windows Server 2016 Essentials 913
Kapitel 37: Windows Server Update Services 933
Kapitel 38: Diagnose und Überwachung 951

Kapitel 30
Active Directory-Zertifikatdienste nutzen

In diesem Kapitel:
Eine Zertifizierungsstelle installieren 794
Zertifikate zuweisen und installieren 799
Die Zertifizierungsstelle verwalten 802
Die Sicherheit für Zertifizierungsstellen verwalten 806
Zusammenfassung.. 807

Der Einsatz einer internen Zertifizierungsstelle ist in Active Directory nahezu unerlässlich. Viele aktuelle Serversysteme von Microsoft oder auch Drittanbietern benötigen Zertifikate für den Zugriff. Beispiele dafür sind Exchange Server 2013/2016, die Remotedesktopdienste oder auch SharePoint. Auch Microsoft SQL Server benötigt ein Zertifikat, wenn Sie Verbindungen verschlüsseln wollen.

Hinweis Da die Standard-Edition von Windows Server 2016 nahezu die gleichen Funktionen und Serverrollen unterstützt wie die Datacenter-Edition von Windows Server 2016 (siehe Kapitel 1), können Sie alle verfügbaren Funktionen der Active Directory-Zertifikatdienste auch auf Servern mit Windows Server 2016 Standard Edition betreiben.

Außerdem unterstützen alle Funktionen der Active Directory-Zertifikatdienste vollständig Core-Installationen von Windows Server 2016 (siehe die Kapitel 2 bis 4).

Für die Veröffentlichung von Outlook Web Access, Outlook Anywhere und Exchange ActiveSync (EAS) sind ebenfalls oft eigene Zertifikate notwendig. Mit den Webdiensten für die Zertifikatregistrierung und den Zertifikatregistrierungsrichtlinien können Sie Zertifikate über HTTP auch für verschiedene Gesamtstrukturen zur Verfügung stellen. So lassen sich Zertifizierungsstellen mit mehreren Gesamtstrukturen betreiben.

Eine Zertifizierungsstelle installieren

Installieren Sie die Zertifizierungsstelle möglichst auf einem Mitgliedsserver, nicht auf einem Domänencontroller. Entfernen Sie den Server, der die Zertifizierungsstelle verwaltet, aus der Domäne, verlieren die Zertifikate ihre Gültigkeit.

Die Serverrolle für Active Directory-Zertifikatdienste installieren

Die Installation führen Sie über das Hinzufügen der Rolle *Active Directory-Zertifikatdienste* im Server-Manager durch. Wählen Sie diese Rolle aus, können Sie die Zertifikatdienste mit einem Assistenten installieren, über den Sie verschiedene Auswahlmöglichkeiten haben.

Abbildung 30.1: Die Active Directory-Zertifikatdienste installieren

Insgesamt können Sie bei der Installation unter sechs Rollentypen auswählen:

- **Zertifizierungsstelle** – Hierbei handelt es sich um den wichtigsten Rollendienst, der die Basis der Zertifikatdienste darstellt. Dieser Rollendienst wird für das Ausstellen und Verwalten der Zertifikate benötigt.

- **Online-Responder** – Dieser Rollendienst stellt die Funktion zur Verfügung, mit der Clients erweiterte Informationen über den aktuellen Zustand der Zertifikatsabfrage übermittelt werden. Der Dienst setzt die Installation des IIS voraus. Der über diesen Rollendienst konfigurierte Webdienst wird über die Adresse *http://<Servername>/ocsp* aufgerufen.

- **Registrierungsdienst für Netzwerkgeräte** – Diese Funktion kann nur alleinstehend installiert werden, nicht zusammen mit einer Zertifizierungsstelle. Mit diesem Rollendienst wird die Funktion zum automatischen Ausstellen von Zertifikaten an Netzwerkgeräte ermöglicht.

- **Zertifikatregistrierungsrichtlinien-Webdienst** – Diesen Dienst benötigen Sie, wenn Sie eine richtlinienbasierte Zertifikatregistrierung ermöglichen, der Clientcomputer jedoch kein Mitglied einer Domäne ist. Der Webdienst verwendet HTTPS, um Informationen zur Zertifikatrichtlinie an Computer weiterzuleiten. Sie benötigen diesen Dienst nicht im Zusammenhang mit SharePoint.
- **Zertifikatregistrierungs-Webdienst** – Stellt einen Webdienst zur Verfügung, der Clients eine Aktualisierung der Zertifikate erlaubt, ohne dass die Computer Mitglied einer Domäne sein müssen.
- **Zertifizierungsstellen-Webregistrierung** – Wird dieser Rollendienst installiert, können auch Zertifikate über die Webadresse *http://<Servername>/certsrv* angefordert werden. Hierbei handelt es sich um die Webschnittstelle der Zertifikatdienste.

Sie sollten die Rollendienste *Zertifizierungsstelle* und *Zertifizierungsstellen-Webregistrierung* auswählen. Der Rollendienst *Zertifizierungsstellen-Webregistrierung* stellt die Weboberfläche der Zertifikatdienste zur Verfügung, die Sie über *http://<Servername>/certsrv* aufrufen können, um Zertifikate anzufordern.

Eine Zertifizierungsstelle einrichten

Nach der Installation der Serverrolle für die Zertifizierungsstelle starten Sie den Einrichtungs-Assistenten über das Wartungssymbol im Server-Manager.

Abbildung 30.2: Die Zertifizierungsstelle nach der Installation einrichten

Nach dem Start des Assistenten geben Sie den Benutzernamen ein, mit dem Sie den Dienst einrichten wollen. Standardmäßig übernimmt der Assistent den Benutzernamen, mit dem Sie am Server angemeldet sind. Als Nächstes wählen Sie aus, welche Rollendienste Sie konfigurieren wollen. Aktuell bereits installierte Rollendienste sind deaktiviert.

Kapitel 30: Active Directory-Zertifikatdienste nutzen

Auf der nächsten Seite legen Sie den Setuptyp fest. Hier sollten Sie die Option *Unternehmenszertifizierungsstelle* auswählen, da Sie bei der ersten Zertifizierungsstelle (Certificate Authority, CA) eine Root-CA installieren. Bei dieser Auswahl wird auch die CA in Active Directory integriert. Dadurch verteilt die Zertifizierungsstelle das Zertifikat der Zertifizierungsstelle auf allen Servern und Clientcomputern im Netzwerk. Mehr dazu lesen Sie auch in Kapitel 28.

Abbildung 30.3: Den Installationstyp der Zertifizierungsstelle auswählen

Auf der nächsten Seite des Assistenten legen Sie den Typ der Zertifizierungsstelle fest. Hier sollten Sie bei der ersten Installation möglichst eine *Stammzertifizierungsstelle* auswählen.

Abbildung 30.4: Den Zertifizierungsstellentyp festlegen

Bei der ersten Installation einer Zertifizierungsstelle wählen Sie aus, dass Sie einen neuen privaten Schlüssel erstellen wollen, da es für diese Zertifizierungsstelle noch keinen Schlüssel gibt. Auf der nächsten Seite des Assistenten bestimmen Sie, mit welcher Verschlüsselung Sie Zertifikate ausstellen wollen. Hier sollten Sie möglichst den Standard belassen.

Eine Zertifizierungsstelle installieren

Über die folgende Seite legen Sie den Namen für die neue Zertifizierungsstelle fest. Hier sollten Sie bei der ersten Stammzertifizierungsstelle im Unternehmen einen passenden Namen wählen. Im Anschluss definieren Sie die Gültigkeitsdauer für die Zertifikate und schließen die Konfiguration ab.

Nach der Installation können Sie über das Verwaltungsprogramm *Zertifizierungsstelle* im Menü *Tools* des Server-Managers überprüfen, ob die Installation erfolgreich war. Der Server sollte mit einem grünen Häkchen in der Verwaltungsoberfläche angezeigt werden.

Abbildung 30.5: Die Zertifizierungsstelle verwalten

Haben Sie bei der Installation noch den Rollendienst *Zertifizierungsstellen-Webregistrierung* ausgewählt, steht zusätzlich die Weboberfläche der Zertifizierungsstelle über den Link *http://<Servername>/certsrv* zur Verfügung. Diese Webseite sollte sich nach erfolgter Authentifizierung fehlerfrei öffnen lassen.

Abbildung 30.6: Die Webseite einer neu installierten Zertifizierungsstelle aufrufen

Zusätzlich existiert das Zusatztool Pkiview, mit dem sehr schnell der allgemeine Zustand der Zertifizierungsstelle überprüft werden kann. Findet das Tool Fehler, werden diese in einer Konsole angezeigt. Das Tool starten Sie am schnellsten durch Aufruf von *Pkiview* in einer Eingabeaufforderung.

Abbildung 30.7: Den Status einer Zertifizierungsstelle überprüfen

Alle Mitgliedscomputer einer Domäne vertrauen einer internen Stammzertifizierungsstelle mit dem Typ *Unternehmen* automatisch. Das Zertifikat dieser Zertifizierungsstelle wird dazu auf den Clientcomputern und Mitgliedsservern in den Zertifikatspeicher der vertrauenswürdigen Stammzertifizierungsstellen integriert. Damit der Server fehlerfrei Zertifikate ausstellen kann, muss er Mitglied der Gruppe *Zertifikateherausgeber* sein. Diese Gruppe befindet sich in der OU *Users*.

Die wichtigsten Daten der Active Directory-Zertifikatdienste lassen sich auch sichern. Wählen Sie im Kontextmenü der Zertifizierungsstelle in der Verwaltungskonsole die Option *Alle Aufgaben/Zertifizierungsstelle sichern*. Anschließend startet der Assistent, über den die Zertifizierungsstelle und deren Daten gesichert werden können.

Auf der nächsten Seite des Assistenten legen Sie fest, welche Dateien gesichert werden sollen und in welcher Datei die Sicherung abgelegt wird. Anschließend vergeben Sie ein Kennwort für die Sicherung, damit niemand Zugriff auf die Daten erhält. Auf dem gleichen Weg lassen sich auch Daten wiederherstellen.

Eigenständige Zertifizierungsstellen installieren

Eigenständige Zertifizierungsstellen werden dazu verwendet, S/MIME- oder SSL-Zertifikate auszustellen, falls keine Active Directory-Unterstützung benötigt wird. Diese Art der Zertifizierungsstellen ist vollkommen unabhängig von Active Directory. Eigenständige Zertifizierungsstellen verwenden auch keine Vorlagen, und Anwender müssen beim Beantragen von Zertifikaten mehr Informationen angeben, da diese nicht aus Active Directory gelesen werden können. Administratoren müssen außerdem jede Anfrage manuell genehmigen.

> **Tipp** Installieren Sie eine eigenständige Zertifizierungsstelle, erhalten wie bei der Unternehmenszertifizierungsstelle alle Mitgliedscomputer das Zertifikat der Zertifizierungsstelle.
>
> Das Zertifikat wird im Speicher der vertrauenswürdigen Stammzertifizierungsstellen abgelegt. Da keine Unterstützung für die Domäne integriert ist, werden alle Zertifikate ohne Benutzerüberprüfung ausgestellt.

Eine untergeordnete Zertifizierungsstelle installieren

Während der Einrichtung der Zertifikatdienste wählen Sie aus, ob Sie eine untergeordnete Zertifizierungsstelle einrichten wollen. Clients verbinden sich in diesem Fall mit der untergeordneten Zertifizierungsstelle und die Stammzertifizierungsstelle wird bei vielen Anfragen entlastet. Ansonsten sind die Installation und Verwaltung von untergeordneten Zertifizierungsstellen identisch mit denen übergeordneter Zertifizierungsstellen.

Zertifikate zuweisen und installieren

In diesem Abschnitt zeigen wir Ihnen, wie Sie von einem Computer ein Zertifikat von einer Zertifizierungsstelle anfordern und installieren. Generell können Sie bei der Zuweisung eines Zertifikats auch den Weg über die lokale Verwaltung der Zertifikate gehen. Die Zuweisung über die Weboberfläche der Zertifikatdienste funktioniert ebenso zuverlässig. Wir zeigen Ihnen nachfolgend die verschiedenen Möglichkeiten, die Sie zum Abrufen von Zertifikaten haben.

Zertifikate mit Assistenten aufrufen

In der lokalen Verwaltung von Zertifikaten können Sie in Active Directory auch Zertifikate auf einem Server installieren. Dazu gehen Sie folgendermaßen vor:

1. Starten Sie durch Eingabe von »certlm.msc« im Suchfeld des Startmenüs die Verwaltung der lokalen Zertifikate. Alternativ können Sie bei der Verwendung von Webservern auch den Internetinformationsdienste-Manager zum Abrufen von Zertifikaten verwenden (siehe Kapitel 28).

Abbildung 30.8: Ein neues Zertifikat registrieren

2. Klicken Sie mit der rechten Maustaste auf *Zertifikate* und wählen Sie dann *Alle Aufgaben/Neues Zertifikat anfordern*.
3. Bestätigen Sie auf der nächsten Seite die Option *Active Directory-Registrierungsrichtlinie*.
4. Aktivieren Sie auf der folgenden Seite die Option *Computer* und klicken Sie auf *Registrieren*. Das Zertifikat wird anschließend in der Konsole aufgeführt und lässt sich nutzen.

Zertifikate im IIS-Manager abrufen

Sie können SSL (Secure Sockets Layer) auf Webservern wie zum Beispiel SharePoint oder Remotedesktopdienste und Exchange nur verwenden, wenn der Server über ein Serverzertifikat verfügt. Dieses müssen Sie zunächst von der internen Zertifizierungsstelle anfordern und installieren. Sie können neben dem beschriebenen Weg der Zertifikatverwaltung auch den Internetinformationsdienste-Manager auf einem Server nutzen:

1. Öffnen Sie den Internetinformationsdienste-Manager über das Menü *Tools* im Server-Manager.
2. Klicken Sie auf den Servernamen.
3. Doppelklicken Sie auf das Feature *Serverzertifikate* im mittleren Bereich der Konsole. Hier sehen Sie alle Serverzertifikate, die Sie verwenden können, damit sich Anwender per SSL verbinden.
4. Klicken Sie im Bereich *Aktionen* auf *Zertifikatanforderung erstellen*. Alternativ können Sie auch *Domänenzertifikat erstellen* auswählen, wenn Sie mit den Active Directory-Zertifikatdiensten arbeiten. Die folgenden Fenster sind dabei identisch. Mehr dazu lesen Sie in Kapitel 28.

Geben Sie im neuen Fenster den Namen des Zertifikats ein. Achten Sie darauf, dass der Name, den Sie im Feld *Gemeinsamer Name* eingeben, dem Servernamen entspricht, mit dem Anwender auf den Server zugreifen. Verwenden Anwender für den Zugriff einen anderen Namen als den gemeinsamen Namen des Zertifikats, erhalten sie eine Zertifikatwarnung, die besagt, dass das Zertifikat für eine andere Seite ausgestellt ist.

Auch wenn Sie den FQDN eines Servers verwenden, zum Beispiel *sps01.contoso.com*, erhalten Anwender eine Fehlermeldung, wenn der Zugriff über den NetBIOS-Namen erfolgt, zum Beispiel mit *sps01*. Soll der Zugriff auf den Server mit *www.contoso.com* erfolgen, muss der gemeinsame Name des Zertifikats auch *www.contoso.com* sein. Greifen Sie mit verschiedenen Hostnamen einer Domäne zu, zum Beispiel *sps01.contoso.com* und *portal.contoso.com*, können Sie als gemeinsamen Namen auch mit dem Platzhalter * arbeiten, zum Beispiel **.contoso.com*. In diesem Zusammenhang spricht man von einem Platzhalterzertifikat.

Wählen Sie auf der nächsten Seite *Eigenschaften für Kryptografiedienstanbieter* die Einträge *Werte für Kryptografiedienstanbieter* und *Bitlänge* aus und klicken Sie dann auf *Weiter*. In den meisten Fällen können Sie den Standardwert belassen. Erstellen Sie ein Domänenzertifikat, können Sie auf der nächsten Seite direkt über *Auswählen* die Zertifizierungsstelle festlegen, wenn Sie in Active Directory eine Zertifizierungsstelle installiert haben.

Klicken Sie auf *Fertig stellen*, um das Zertifikat auf dem Server zu installieren. Speichern Sie die Anfrage als Datei, wenn Sie ein normales Zertifikat verwenden. Arbeiten Sie mit einem Domänenzertifikat, können Sie an dieser Stelle bereits den Assistenten abschließen.

Bei diesem Vorgang überträgt der Assistent automatisch das Zertifikat von den Active Directory-Zertifikatdiensten auf den Server.

Arbeiten Sie mit einer manuellen Zertifikatanfrage für ein Zertifikat eines Drittanbieters (oder auch mit den Active Directory-Zertifikatdiensten), müssen Sie noch weitere Schritte durchführen. Sie speichern dazu die Anfrage in einer Datei. Im nächsten Schritt öffnen Sie das Webfrontend des Zertifikatausstellers. Arbeiten Sie mit den Active Directory-Zertifikatdiensten, können Sie diese über die Adresse *http://<Servername>/certsrv* erreichen.

Wählen Sie anschließend auf der Webseite für die Zertifizierungsstelle die Option *Ein Zertifikat anfordern* und anschließend *Erweiterte Anforderung* aus. Als Nächstes wählen Sie die Option *Reichen Sie eine Zertifikatanforderung ein, die eine Base64-codierte CMD- oder PKCS10-Datei verwendet, oder eine Erneuerungsanforderung, die eine Base64-codierte PKCS7-Datei verwendet, ein.*

Im nächsten Fenster geben Sie im Feld *Gespeicherte Anforderung* den vollständigen Text der *.txt*-Datei ein, die Sie im Vorfeld erstellt haben. Sie könnend dazu die Datei im Editor öffnen und den Inhalt in die Zwischenablage kopieren. Beachten Sie: Sie müssen unbedingt den kompletten Text der Datei dazu verwenden! Klicken Sie dazu in die Datei und markieren Sie den kompletten Text mit [Strg]+[A]. Mit [Strg]+[C] kopieren Sie den Text in die Zwischenablage, mit [Strg]+[V] fügen Sie ihn in das Feld ein. Wählen Sie als Zertifikatvorlage noch *Webserver* aus, wenn Sie die Internetinformationsdienste (IIS) oder einen Serverdienst absichern wollen, und klicken Sie dann auf *Einsenden*.

Im nächsten Schritt laden Sie das Zertifikat als DER- oder Base64-Datei auf den Server und schließen den Browser. Als Nächstes müssen Sie das Zertifikat aus der heruntergeladenen *.cer*-Datei auf dem Server installieren:

1. Doppelklicken Sie im Internetinformationsdienste-Manager auf das Feature *Serverzertifikate*.
2. Wählen Sie *Zertifikatanforderung abschließen* im Aktionsbereich aus.
3. Geben Sie einen Anzeigenamen für das Zertifikat ein und bestätigen Sie mit *OK*. Verwenden Sie als Anzeigenamen am besten den gemeinsamen Namen des Zertifikats, den Sie bei der Erstellung ausgewählt haben.

Zertifikate über Webinterface ausstellen

In diesem Abschnitt zeigen wir Ihnen, wie Sie von einem Server ein Zertifikat von einer Zertifizierungsstelle unter Windows Server 2016 anfordern und installieren. Generell können Sie bei der Zuweisung eines Zertifikats auch den Weg über die lokale Verwaltung der Zertifikate gehen, aber die Zuweisung über die Weboberfläche funktioniert ebenso zuverlässig. Sie können zum Beispiel die Verschlüsselung in Microsoft SQL Server nur verwenden, wenn der Server über ein Serverzertifikat verfügt. Dieses müssen Sie zunächst von der internen Zertifizierungsstelle anfordern und installieren.

Aktivieren Sie auf der Webseite für die Zertifizierungsstelle (*http://<Servername>/certsrv*) die Option *Ein Zertifikat anfordern* und wählen Sie dann die *Erweiterte Zertifikatanforderung* aus. Aktivieren Sie vorher noch SSL für die Seite, wie im nächsten Abschnitt behandelt. Rufen Sie die Webseite der Zertifizierungsstelle auf, blockiert der Server viele Einstellungen. Nur beim Aufrufen über SSL funktioniert der Abruf von Zertifikaten:

1. Als Nächstes wählen Sie die Option *Eine Anforderung an diese Zertifizierungsstelle erstellen und einreichen*.

2. Wählen Sie als Vorlage die Option *Webserver* und als Namen den vollständigen Domänennamen des Servers aus. Klicken Sie anschließend auf *Einsenden* und dann auf *Dieses Zertifikat installieren*.
3. Das Zertifikat ist nun auf dem Server verfügbar.

Damit das Zertifikat fehlerfrei funktioniert, muss es auf dem Server innerhalb der vertrauenswürdigen Stammzertifizierungsstellen der Zertifizierungsstelle, von der Sie das Zertifikat haben, hinterlegt sein. Außerdem muss das Zertifikat auf den Clients, die auf den Server zugreifen, vorhanden sein. Wie das geht, zeigen wir ebenfalls in den nachfolgenden Abschnitten.

Zertifikate mit Gruppenrichtlinien verteilen

Arbeiten Unternehmen mit den Active Directory-Zertifikatdiensten und eigenen Vorlagen, können Administratoren über Gruppenrichtlinien Zertifikate automatisiert ausstellen und Anwendern oder Computern zuweisen lassen. Das ist zum Beispiel sinnvoll, wenn die Remotedesktopdienste eingesetzt werden.

Die Einstellungen dazu sind im Bereich *Computerkonfiguration/Richtlinien/Administrative Vorlagen/Windows-Komponenten/Remotedesktopdienste/Remotedesktopsitzungs-Host/Sicherheit* zu finden. Rufen Sie die Einstellung *Zertifikatvorlage für Serverauthentifizierung* auf, lässt sich hier der Name der Zertifikatvorlage eingeben, die erstellt wurde.

Hier muss aber darauf geachtet werden, dass der Name der Zertifikatvorlage an dieser Stelle mit dem Namen der Zertifikatvorlage in den Einstellungen der Zertifizierungsstelle übereinstimmen muss. Verknüpfen Sie das neue Gruppenrichtlinienobjekt mit den Computern in der Domäne, die ein Zertifikat auf Basis dieser Vorlage erhalten sollen, wird das Zertifikat automatisch verteilt.

Die Zertifizierungsstelle verwalten

Damit die Zertifizierungsstelle optimal funktioniert, müssen Sie einige Verwaltungsaufgaben durchführen. Dazu gehört zum Beispiel auch die Aktivierung von SSL.

Secure Sockets Layer (SSL) für Zertifikatdienste einrichten

Viele Optionen für den Webdienst der Zertifizierungsstelle funktionieren erst dann, wenn Sie SSL für die Webdienste aktivieren. Standardmäßig erreichen Sie den Webdienst über *http://<Servername>/certsrv*. Wenn Sie ein Zertifikat über diese URL abrufen wollen, erhalten Sie allerdings eine Meldung, dass Sie zunächst SSL für den Webdienst aktivieren müssen. Dazu gehen Sie folgendermaßen vor:

1. Klicken Sie im Internetinformationsdienste-Manager auf *Sites/Default Web Site*.
2. Klicken Sie rechts auf *Bindungen*.
3. Klicken Sie im neuen Fenster auf *Hinzufügen* und wählen Sie *https* aus.
4. Wählen Sie bei *SSL-Zertifikat* ein Zertifikat aus. Sie können das Zertifikat jederzeit anpassen.
5. Klicken Sie zweimal auf *OK*, um die Änderungen zu speichern.

Die Zertifizierungsstelle verwalten

Abbildung 30.9: Die SSL-Bindung für die Webdienste der Zertifizierungsstelle konfigurieren

Sobald Sie die Bindung definiert haben, können Sie auf die Seite per SSL zugreifen. Es sind zwar noch Optimierungsarbeiten notwendig, die wir in den nächsten Abschnitten behandeln, ein Zugriff ist aber per SSL bereits möglich. Dazu verwenden Sie den Link *https:// <Servername>/certsrv.*

Greifen Sie mit URLs auf den Server zu, erscheint unter Umständen mehrere Male ein Authentifizierungsfenster. Die Ursache liegt in einer Sicherheitsfunktion, die in Windows Server 2016 integriert ist. Diese verhindert den Zugriff auf einen Server über das Netzwerk mit einem anderen Namen als dem Servernamen.

In diesem Fall sollten Sie zunächst überprüfen, ob im Browser die Adresse auch als lokales Intranet konfiguriert ist. Achten Sie in diesem Fall darauf, dass Sie entweder mit einem Platzhalterzertifikat arbeiten, wie in den vorherigen Abschnitten beschrieben, oder für die entsprechende URL den richtigen Namen im Zertifikat angeben. Zusätzlich sollten Sie auf dem Server diese URLs noch in die Registry eintragen. Gehen Sie dafür so vor:

1. Rufen Sie durch Eingabe von »regedit« im Suchfeld des Startmenüs den Registrierungseditor auf.
2. Navigieren Sie zu HKEY_LOCAL_MACHINE\SYSTEM\CurrentControlSet\Control\Lsa\MSV1_0.
3. Klicken Sie mit der rechten Maustaste auf *MSV1_0*, wählen Sie *Neu* und dann *Wert der mehrteiligen Zeichenfolge*.
4. Geben Sie als Namen *BackConnectionHostNames* ein.
5. Klicken Sie mit der rechten Maustaste auf *BackConnectionHostNames* und dann auf *Ändern*.
6. Geben Sie in das Feld *Wert* die Hostnamen für die Sites ein, die sich auf dem lokalen Server befinden, und klicken Sie danach auf *OK*.
7. Starten Sie IIS mit *Iisreset* neu.

Hilft diese Vorgehensweise nicht, können Sie auf dem Server noch einen anderen Registry-Eintrag bearbeiten, der eventuell den Fehler behebt:
1. Navigieren Sie zu HKEY_LOCAL_MACHINE\SYSTEM\CurrentControlSet\Control\Lsa.
2. Klicken Sie mit der rechten Maustaste auf *Lsa*, wählen Sie *Neu* und dann *DWORD-Wert*.
3. Weisen Sie dem neuen Wert den Namen *DisableLoopbackCheck* zu.
4. Klicken Sie mit der rechten Maustaste auf *DisableLoopbackCheck* und dann auf *Ändern*.
5. Geben Sie in das Feld *Wert* den Wert *1* ein und klicken Sie anschließend auf *OK*.
6. Starten Sie den Server neu.

Zertifikate von Stammzertifizierungsstellen verwalten

Achtung Damit das Zertifikat fehlerfrei funktioniert, muss das Zertifikat der Zertifizierungsstelle, von der Sie es haben, in den vertrauenswürdigen Stammzertifizierungsstellen auf dem Server hinterlegt sein. Gleiches gilt für Clients, die auf den Server zugreifen.

Das Zertifikat der Stammzertifizierungsstelle muss hinterlegt sein, damit Server den Zertifikaten dieser Zertifizierungsstelle vertrauen. Haben Sie die Active Directory-Zertifikatdienste installiert, können Sie den Import des Zertifikats auf Clients und den Server beschleunigen, wenn Sie auf dem Server über *Gpupdate /force* die Gruppenrichtlinien erneut abrufen.

Die Installation der Zertifikate von internen Zertifizierungsstellen findet über die Gruppenrichtlinie in Active Directory statt. Arbeiten Sie mit einer Zertifizierungsstelle eines Drittanbieters, müssen Sie das Zertifikat der Zertifizierungsstelle in die vertrauenswürdigen Stammzertifizierungsstellen importieren. Zertifikate überprüfen Sie anhand der folgenden Schritte:
1. Geben Sie »certlm.msc« im Suchfeld des Startmenüs ein.
2. Erweitern Sie in der Konsole *Zertifikate/Vertrauenswürdige Stammzertifizierungsstellen/Zertifikate*.
3. Überprüfen Sie an dieser Stelle, ob das Zertifikat der Zertifizierungsstelle hinterlegt ist. Finden Sie das Zertifikat nicht, geben Sie in einer Eingabeaufforderung die Anweisung *Gpupdate /force* ein, um es per Gruppenrichtlinie abzurufen. Erscheint auch dann das Zertifikat nicht, exportieren Sie es auf dem Zertifikatserver selbst und importieren es auf den Server.

Sofern die Zertifizierungsstelle in der gleichen Active Directory-Domäne wie der Server installiert ist, für den Sie ein Zertifikat nutzen wollen, sollte dies automatisch stattfinden. Dies ist anders, sofern die Zertifizierungsstelle nicht in Active Directory integriert ist. In diesem Fall können Sie das Zertifikat leicht auf den Server mit der Zertifizierungsstelle exportieren.

Die vertrauenswürdigen Zertifizierungsstellen finden Sie auch über den Internet Explorer. Rufen Sie nach dem Start über *Extras/Internetoptionen* die Registerkarte *Inhalte* und dann per Klick auf die Schaltfläche *Zertifikate* und Auswahl der Registerkarte *Vertrauenswürdige*

Stammzertifizierungsstellen die Auflistung der Zertifizierungsstellen auf dem Server auf, der über das Zertifikat bereits verfügt.

Hier sollte das Zertifikat der Zertifizierungsstelle hinterlegt sein. Markieren Sie diese Zertifizierungsstelle und klicken Sie auf die Schaltfläche *Exportieren*. Unter Umständen tauchen an dieser Stelle mehrere Zertifikate Ihrer Stammzertifizierungsstelle auf, wählen Sie im Zweifel das mit dem spätesten Ablaufdatum aus. Erscheint beim Exportieren eine Abfrage des privaten Schlüssels des Zertifikats, haben Sie das falsche Zertifikat ausgewählt. Verwenden Sie dann einfach das andere Zertifikat. Exportieren Sie auf dem Server das Zertifikat in eine *.cer*-Datei.

Klicken Sie doppelt auf das Zertifikat, wird es auf dem Server angezeigt und Sie können es installieren. Klicken Sie auf die Schaltfläche *Zertifikat installieren*, um das Zertifikat auf den Server zu übertragen. Lassen Sie das Stammzertifikat in den Speicher der vertrauenswürdigen Stammzertifizierungsstellen importieren. Überprüfen Sie anschließend, ob es erfolgreich importiert wurde.

Auf allen beteiligten Servern und Arbeitsstationen muss der Zertifizierungsstelle des Unternehmens auf dieser Registerkarte vertraut werden. Eine weitere Möglichkeit, das Zertifikat der vertrauenswürdigen Stammzertifizierungsstelle zu ex- und importieren, ist das Snap-In zur Verwaltung von Zertifikaten. Um das Zertifikat über die MMC-Konsole zu exportieren, gehen Sie folgendermaßen vor:

1. Tippen Sie »certlm.msc« im Suchfeld des Startmenüs ein.
2. Erweitern Sie in der Konsole *Zertifikate/Eigene Zertifikate/Zertifikate*.
3. Nun können Sie das gewünschte Zertifikat exportieren.

Die Zertifizierungsstellentypen und -aufgaben kennenlernen

Bei der Installation der Active Directory-Zertifikatdienste wählen Sie aus, ob der Typ *Unternehmen* oder *Eigenständig* installiert werden soll. Wählen Sie *Unternehmen* aus, integriert Windows die Zertifikatdienste in Active Directory. Außerdem verteilt eine Zertifizierungsstelle (Certificate Authority, CA) das Zertifikat für die vertrauenswürdigen Stammzertifizierungsstellen auf den Computern automatisch über eine Gruppenrichtlinie. Diese Vorgänge wurden bereits zu Beginn des Kapitels beschrieben.

> **Hinweis** Alle Mitgliedscomputer einer Domäne vertrauen einer internen Stammzertifizierungsstelle mit dem Typ *Unternehmen* automatisch. Das Zertifikat dieser Zertifizierungsstelle wird dazu auf den Clientcomputern und Mitgliedsservern in den Zertifikatspeicher der vertrauenswürdigen Stammzertifizierungsstellen integriert.
>
> Damit der Server fehlerfrei Zertifikate ausstellen kann, muss er Mitglied der Gruppe *Zertifikateherausgeber* sein. Diese Gruppe befindet sich in der OU *Users*.

Innerhalb einer Unternehmenszertifizierungsstelle werden die Zertifikate auf Basis von Zertifikatvorlagen ausgestellt. Sie können in der Verwaltungskonsole *Certsrv.msc* und *Certtmpl.msc* jederzeit weitere Vorlagen erstellen.

Die Zertifikatvorlagen verwalten Sie aber hauptsächlich mit dem Snap-In *Zertifikatvorlagen*. Dieses startet, wenn Sie im Kontextmenü *Zertifikatvorlagen* in der Verwaltungskonsole *Zertifizierungsstelle* auf den Menüpunkt *Verwalten* klicken. Direkt starten Sie die Ver-

Kapitel 30: Active Directory-Zertifikatdienste nutzen

waltung durch die Eingabe von »certtmpl.msc« im Suchfeld des Startmenüs. Neben den Standardvorlagen gibt es noch zahlreiche weitere Vorlagen, die über die Verwaltungskonsole konfiguriert und aktiviert werden können.

Jede Zertifikatvorlage verfügt über eine eigene Sicherheitsverwaltung, die Sie über das Kontextmenü in den Eigenschaften auf der Registerkarte *Sicherheit* aufrufen. Erstellen Sie Zertifikate auf Basis der Zertifikatvorlagen, können die Zertifikatdienste die Daten und den Namen des Antragstellers automatisch aus Active Directory auslesen.

Zertifikateinstellungen über Gruppenrichtlinien verteilen

Die Einstellungen für Zertifikate finden Sie unter *Computerkonfiguration/Richtlinien/Windows-Einstellungen/Sicherheitseinstellungen/Richtlinien für öffentliche Schlüssel*. Über die Einstellungen an dieser Stelle werden zentral für alle Rechner einer Domäne Einstellungen vorgegeben. So kann zum Beispiel festgelegt werden, dass Anwender nur geprüfte und vertrauenswürdige Zertifikate herunterladen dürfen. In Kapitel 28 sind wir ausführlich auf diese Themen eingegangen.

Abbildung 30.10: Die Zertifikateinstellungen einer Domäne über Gruppenrichtlinien verwalten

Die Sicherheit für Zertifizierungsstellen verwalten

Zum Betrieb einer Zertifizierungsstelle gehört auch die Absicherung und die Steuerung der Berechtigungen für die CA. Die Active Directory-Zertifikatdienste sind in das Berechtigungsmodell von Active Directory integriert.

Die Zertifizierungsstellenverwaltung delegieren

Verwaltungsrollen können an verschiedene Personen in einer Organisation verteilt werden. Die rollenbasierte Verwaltung wird von Unternehmenszertifizierungsstellen und eigenständigen Zertifizierungsstellen unterstützt. Klicken Sie auf der Registerkarte *Zertifikatverwaltungen* auf *Zertifikatverwaltungen einschränken*, und überprüfen Sie, ob der Name der Gruppe oder des Benutzers angezeigt wird. Klicken Sie unter *Zertifikatvorlagen* auf *Hinzufügen* und wählen Sie die Vorlage für die Zertifikate aus, die von diesem Benutzer oder dieser Gruppe verwaltet werden sollen. Über *Berechtigungen* konfigurieren Sie die Rechte auf die einzelnen Gruppen. In Windows Server 2016 sind Zertifikatvorlagen enthalten, die unterschiedliche Typen von Registrierungs-Agents aktivieren.

Die Einstellungen für diese Agents werden auf der Registerkarte *Registrierungs-Agents* durchgeführt. Klicken Sie im Bereich *Registrierungs-Agents* auf *Hinzufügen* und geben Sie die Namen des Benutzers oder der Gruppen ein.

Auf der Registerkarte *Überwachung* werden die zu überwachenden Ereignisse ausgewählt. Die generellen Optionen der Überwachungsrichtlinie können in Gruppenrichtlinien unter *Computerkonfiguration/Windows-Einstellungen/Sicherheitseinstellungen/Lokale Richtlinien* eingestellt werden. Die Ereignisse werden im Überwachungsprotokoll der Ereignisanzeige festgehalten.

Active Directory-Zertifikatdienste sichern

Die wichtigsten Daten der Active Directory-Zertifikatdienste lassen sich auch sichern. Wählen Sie im Kontextmenü der Zertifizierungsstelle in der Verwaltungskonsole die Option *Alle Aufgaben/Zertifizierungsstelle sichern*. Anschließend startet der Assistent, über den die Zertifizierungsstelle und deren Daten gesichert werden können.

Auf der nächsten Seite des Assistenten wählen Sie aus, welche Dateien gesichert werden sollen und in welcher Datei die Sicherung abgelegt wird. Anschließend vergeben Sie ein Kennwort für die Sicherung, damit niemand Zugriff auf die Daten erhält. Im Anschluss wird die Zertifizierungsstelle gesichert. Auf dem gleichen Weg lassen sich auch Daten wiederherstellen.

Zusammenfassung

In diesem Kapitel haben wir Ihnen gezeigt, wie Sie Zertifizierungsstellen installieren, einrichten und in Active Directory verwenden, um zum Beispiel SSL-Zertifikate für Webserver anzufordern und zu installieren.

Im nächsten Kapitel erfahren Sie, wie sich Netzwerke mit dem Netzwerkzugriffschutz (Network Access Protection, NAP) absichern lassen.

Kapitel 31
Firewall, Defender und IPsec im Netzwerk einsetzen

In diesem Kapitel:
Windows Defender für den Virenschutz nutzen .... .810
Windows-Firewall nutzen. .... .817
Zusammenfassung. .... .825

Für Unternehmen, die keinen externen Virenscanner betreiben oder die während der Einrichtung des Servers bereits geschützt sein wollen, bietet Windows Server 2016 die standardmäßige Aktivierung von Windows Defender. Der Virenschutz Windows Defender trägt in Windows Server 2016 auch die Bezeichnung Windows Server Antimalware. Der Virenscanner aus den Clientversionen von Windows Server bietet einen rudimentären Virenschutz, der sich auch per Gruppenrichtlinie steuern lässt.

Installieren Sie auf dem Server einen anderen Virenscanner, wird Defender deaktiviert. Sie können Windows Defender in der grafischen Oberfläche verwalten, aber auch in der Befehlszeile und der PowerShell. Auf Nano-Servern lässt sich Windows Defender ebenfalls als Paket installieren. Standardmäßig ist hier der Virenschutz aber nicht aktiviert.

In diesem Kapitel erläutern wir Ihnen die grundlegende Steuerung von Windows Defender und gehen zusätzlich auf die anderen internen Sicherheitsfunktionen in Windows Server 2016 wie zum Beispiel der Windows-Firewall ein.

Windows Defender für den Virenschutz nutzen

Bereits bei der Installation ist Windows Defender in Windows Server 2016 so lange aktiv, bis eine andere Lösung installiert wird. Die Aktualisierung der Definitionsdateien findet über Windows Update statt. Sie müssen die Windows Update-Funktion manuell oder über Gruppenrichtlinien aktivieren.

Die Windows Update-Steuerung erreichen Sie in Windows Server 2016 über die Einstellungen-App und dann die Auswahl *Update und Sicherheit/Windows Update*. Die Einstellungen für den Windows Defender finden Sie wiederum direkt im Menü *Update und Sicherheit/Windows Defender*.

Abbildung 31.1: Windows Defender wird auch in Windows Server 2016 über Windows Update mit Definitionsdateien versorgt.

Um die grafische Oberfläche zur Verwaltung von Windows Defender zu installieren, verwenden Sie in der PowerShell den Cmdlet-Aufruf *Install-WindowsFeature -Name Windows-Defender-GUI*.

Windows Defender in der GUI und über die Eingabeaufforderung steuern

Windows Defender schützt das System im Hintergrund automatisch. Sie können die Schutzfunktion in der Eingabeaufforderung überprüfen:

Sc query Windefend

Der Dienst muss als gestartet angezeigt werden. Ausgeführt wird er durch die Datei *C:\Program Files\Windows Defender\MsMpEng.exe*. Grundsätzlich müssen auf dem Server folgende Dienste vorhanden sein:

- *Windows Defender-Dienst* (muss gestartet sein)
- *Windows Defender-Netzwerkinspektionsdienst (Windows Defender Network Inspection service, Wdnissvc)*

Windows Defender für den Virenschutz nutzen

Auf dem Server finden Sie im Verzeichnis *C:\Program Files\Windows Defender* Befehlszeilentools von Windows Defender, zum Beispiel *MPCMDRun.exe*. Sie können über den Server-Manager und den Assistenten zum Hinzufügen oder Entfernen von Rollen Windows Defender deinstallieren oder die GUI von Windows Defender installieren.

Zusätzlich sollten Sie die Ereignisse in der Ereignisanzeige der Server überwachen. Hier lassen sich alle wichtigen Informationen von Windows Defender auslesen. Wichtige Informationen dazu finden Sie auf der Seite *http://tinyurl.com/zhf6b7d*.

Definitionsdateien automatisiert herunterladen und installieren

Damit der Server zuverlässig geschützt wird, müssen Sie Windows Updates auf einem Server aktivieren. Das ist aber auch ohne den Einsatz von Windows Defender notwendig. Hier ist außerdem eine Anbindung an WSUS möglich. Die Verwaltung von Windows Defender in der grafischen Oberfläche starten Sie am schnellsten, wenn Sie im Suchfeld des Startmenüs »defender« eintippen. Nach dem Aufruf von Windows Defender sehen Sie auf der ersten Seite, wann das System zuletzt gescannt wurde und wann die letzte Aktualisierung stattgefunden hat beziehungsweise wie der Status von Windows Defender derzeit ist.

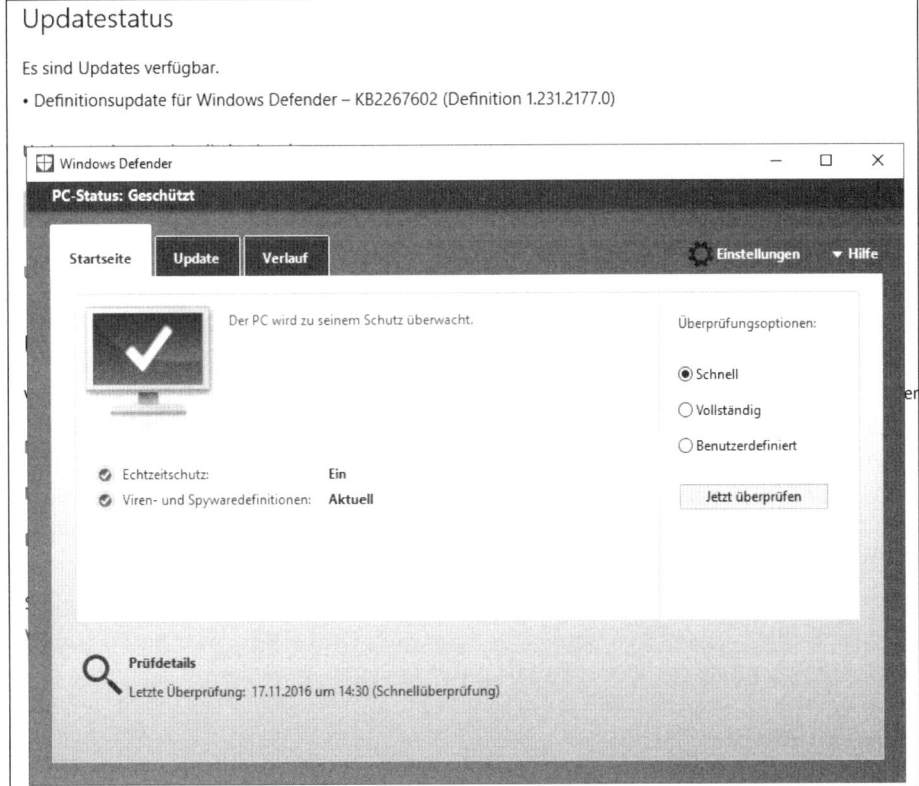

Abbildung 31.2: Windows Defender in Windows Server 2016 überprüfen

Klicken Sie im Fenster rechts auf den Link *Jetzt überprüfen*, beginnt Windows Defender, die Festplatte nach Schädlingen zu durchsuchen. Wenn Sie beim ersten Start nur eine Schnellüberprüfung durchführen wollen, aktivieren Sie vor der Überprüfung die Option *Schnell*.

Über die Registerkarte *Verlauf* können Sie sich die aktuellen Aktionen von Windows Defender anzeigen lassen und erfahren auch, ob Applikationen blockiert sind. Sie sollten den Verlauf in regelmäßigen Abständen überprüfen, damit Sie den Überblick behalten, welche Anwendungen blockiert sind und welche Schädlinge Windows Defender erkannt hat.

Über die Schaltfläche *Einstellungen* gelangen Sie zum Konfigurationsfenster von Windows Defender. Hier können Sie alle Einstellungen des Programms vornehmen. Auf der Registerkarte *Update* sehen Sie die Version der aktuell installierten Definitionsdateien und können – falls erforderlich – eine Aktualisierung durchführen.

Windows Defender in der PowerShell verwalten

Wollen Sie den Echtzeitschutz in Windows Server 2016 deaktivieren, verwenden Sie die PowerShell und hier den Aufruf:

Set-MpPreference -DisableRealtimeMonitoring $true

Um die Funktion wieder zu aktivieren, verwenden Sie:

Set-MpPreference -DisableRealtimeMonitoring $false

Wollen Sie einige Pfade aus der Echtzeitüberprüfung ausnehmen, verwenden Sie:

Add-MpPreference -ExclusionPath "<Verzeichnis>"

Diese Ausnahmen können Sie aus der Konfiguration auch wieder löschen:

Remove-MpPreference -ExclusionPath "<Verzeichnis>"

Generell stehen zum Steuern des Virenschutzes in Windows Server 2016 vor allem die folgenden Cmdlets zur Verfügung:

- *Add-MpPreference* – Ändert die Einstellungen von Windows Defender. Wollen Sie zum Beispiel einen Pfad zur Ausnahmeliste hinzufügen, verwenden Sie diesen Aufruf:

  Add-MpPreference -ExclusionPath "C:\temp"

  Um die Standardeinstellungen beim Entdecken eines Virus anzupassen, geben Sie die Option *-ThreatIDDefaultAction_Actions* an. Hier stehen die folgenden Optionen zur Verfügung:

  1: Clean

  2: Quarantine

  3: Remove

  4: Allow

  8: UserDefined

  9: NoAction

  10: Block

- *Get-MpComputerStatus* – Zeigt den Status des Virenschutzes an.
- *Get-MpPreference* – Zeigt Einstellungen der Scans und Updates an.

- *Get-MpThreat* – Zeigt den Verlauf der gefundenen Angriffe an.
- *Get-MpThreatCatalog* – Zeigt die Angriffe an, die von Defender gefunden wurden.
- *Get-MpThreatDetection* – Zeigt aktuelle Virenverseuchungen an.
- *Remove-MpPreference* – Entfernt Ausnahmen.
- *Remove-MpThreat* – Entfernt aktive Angriffe.
- *Set-MpPreference* – Konfiguriert die Scans. Wollen Sie zum Beispiel festlegen, dass Defender jeden Tag nach aktuellen Definitionsdateien sucht, verwenden Sie diesen Aufruf:

  Set-MpPreference -SignatureScheduleDay Everyday

  Sie können auch hier Ausnahmen definieren. Um mehrere Verzeichnisse von den Scans auszuschließen, verwenden Sie den folgenden Aufruf:

  Set-MpPreference -ExclusionPath "C:\temp", "C:\vms", "C:\NanoServer"

  Wollen Sie einzelne Prozesse als Ausnahme definieren, verwenden Sie

  Set-MpPreference -ExclusionProcess "vmms.exe", "Vmwp.exe"
- *Start-MpScan* – Startet einen Scan.
- *Update-MpSignature* – Aktualisiert die Definitionsdateien.

Tipp Alle Cmdlets zur Steuerung von Windows Defender in Windows Server 2016 können Sie mit *Get-Command -Module Defender* anzeigen lassen.

Windows Defender in den Einstellungen und Gruppenrichtlinien anpassen

Sie können über die Einstellungen-App auf die Konfiguration von Windows Defender in Windows Server 2016 zugreifen. Hier stehen generell die gleichen Funktionen wie in Windows 10 zur Verfügung. Nutzen Sie (noch) keinen externen Virenscanner, sollten Sie über *Einstellungen/Update und Sicherheit/Windows Defender* überprüfen, ob die Optionen *Echtzeitschutz*, *Cloudbasierter Schutz* und *Automatische Übermittlung von Beispielen* aktiviert sind. Bei dieser Vorgehensweise überträgt Windows Server 2016 ausführbare Dateien und *.dll*-Dateien, keine persönlichen Daten. Es werden weder Word-Dokumente noch *.pdf*-Dateien übertragen.

Außerdem sollten Sie sicherstellen, dass Windows Defender über alle aktuellen Virendefinitionen verfügt. Die Installation der Definitionen erfolgt über Windows Update.

Ausnahmen für Serverrollen verwalten

Standardmäßig ist Windows Defender bereits so konfiguriert, dass die notwendigen Ausnahmen für Serverrollen und auch für Hyper-V bereits eingetragen sind. Wollen Sie das nicht, können Sie die Ausnahmen deaktivieren. Dazu verwenden Sie die PowerShell und den folgenden Cmdlet-Aufruf:

Set-MpPreference -DisableAutoExclusions $true

Ausnahmen für Serverrollen und den Standardbetrieb definieren

Standardmäßig verwendet Windows Defender die folgenden Ausnahmen:

windir%\SoftwareDistribution\Datastore*tmp.edb

%ProgramData%\Microsoft\Search\Data\Applications\Windows\\\.log

%windir%\SoftwareDistribution\Datastore*Datastore.edb

%windir%\SoftwareDistribution\Datastore*edb.chk

%windir%\SoftwareDistribution\Datastore\\edb\.log

%windir%\SoftwareDistribution\Datastore\\Edb\.jrs

%windir%\SoftwareDistribution\Datastore\\Res\.log

%windir%\Security\database*.chk

%windir%\Security\database*.edb

%windir%\Security\database*.jrs

%windir%\Security\database*.log

%windir%\Security\database*.sdb

%allusersprofile%\NTUser.pol

%SystemRoot%\System32\GroupPolicy\Machine\registry.pol

%SystemRoot%\System32\GroupPolicy\User\registry.pol

%systemroot%\System32\Wins\\\.chk

%systemroot%\System32\Wins\\\.log

%systemroot%\System32\Wins\\\.mdb

%systemroot%\System32\LogFiles

%systemroot%\SysWow64\LogFiles

%windir%\Ntfrs\jet\sys*edb.chk

%windir%\Ntfrs\jet*Ntfrs.jdb

%windir%\Ntfrs\jet\log\\\.log

%windir%\Ntfrs\\Edb\.log

%systemroot%\Sysvol\\Nntfrs_cmp

%systemroot%\SYSVOL\domain\DO_NOT_REMOVE_NtFrs_PreInstall_Directory\\Ntfrs

%systemdrive%\System Volume Information\DFSR\db_normal

%systemdrive%\System Volume Information\DFSR\FileIDTable_*

%systemdrive%\System Volume Information\DFSR\SimilarityTable_*

%systemdrive%\System Volume Information\DFSR*.XML

%systemdrive%\System Volume Information\DFSR\db_dirty

%systemdrive%\System Volume Information\DFSR\db_clean

%systemdrive%\System Volume Information\DFSR\db_lostl

%systemdrive%\System Volume Information\DFSR\Dfsr.db

%systemdrive%\System Volume Information\DFSR*.frx

Windows Defender für den Virenschutz nutzen

%systemdrive%\System Volume Information\DFSR*.log
%systemdrive%\System Volume Information\DFSR\Fsr*.jrs
%systemdrive%\System Volume Information\DFSR\Tmp.edb
%systemroot%\System32\dfsr.exe
%systemroot%\System32\dfsrs.exe
%systemroot%\Sysvol\Domain*.adm
%systemroot%\Sysvol\Domain*.admx
%systemroot%\Sysvol\Domain*.adml
%systemroot%\Sysvol\Domain\Registry.pol
%systemroot%\Sysvol\Domain*.aas
%systemroot%\Sysvol\Domain*.inf
%systemroot%\Sysvol\Domain*.Scripts.ini
%systemroot%\Sysvol\Domain*.ins
%systemroot%\Sysvol\Domain\Oscfilter.ini
%windir%\Ntds\ntds.dit
%windir%\Ntds\ntds.pat
%windir%\Ntds\EDB*.log
%windir%\Ntds\Res*.log
%windir%\Ntds\Edb*.jrs
%windir%\Ntds\Ntds*.pat
%windir%\Ntds\EDB*.log
%windir%\Ntds\TEMP.edb
%windir%\Ntds\Temp.edb
%windir%\Ntds\Edb.chk
%systemroot%\System32\ntfrs.exe
%systemroot%\System32\lsass.exe
%systemroot%\System32\DHCP\\\.mdb
%systemroot%\System32\DHCP\\\.pat
%systemroot%\System32\DHCP\\\.log
%systemroot%\System32\DHCP\\\.chk
%systemroot%\System32\DHCP\\\.edb
%systemroot%\System32\Dns\\\.log
%systemroot%\System32\Dns\\\.dns
%systemroot%\System32\Dns\\\.scc
%systemroot%\System32\Dns*BOOT
%SystemDrive%\ClusterStorage
%clusterserviceaccount%\Local Settings\Temp

Kapitel 31: Firewall, Defender und IPsec im Netzwerk einsetzen

%SystemDrive%\mscs

%systemroot%\System32\dns.exe

%system32%\spool\printers*

%SystemRoot%\IIS Temporary Compressed Files

%SystemDrive%\inetpub\temp\IIS Temporary Compressed Files

%SystemDrive%\inetpub\temp\ASP Compiled Templates

%systemDrive%\inetpub\logs

%systemDrive%\inetpub\wwwroot

%SystemRoot%\system32\inetsrv\w3wp.exe

%SystemRoot%\SysWOW64\inetsrv\w3wp.exe

%SystemDrive%\PHP5433\php-cgi.exe

%systemroot%\WSUS\WSUSContent

%systemroot%\WSUS\UpdateServicesDBFiles

%systemroot%\SoftwareDistribution\Datastore

%systemroot%\SoftwareDistribution\Download

Zusätzlich wird der Pfad von FRS (File Replication Service) ebenfalls als Ausnahme definiert. Der Pfad ist über die Registry zu finden. Zusätzlich sind die Pfade in folgenden Registry-Keys als Ausnahme definiert:

- HKEY_LOCAL_MACHINE\System\CurrentControlSet\Services\NtFrs\Parameters\Working Directory
- HKEY_LOCAL_MACHINE\System\Currentcontrolset\Services\Ntfrs\Parameters\DB Log File Directory
- Replica_root\DO_NOT_REMOVE_NtFrs_PreInstall_Directory

Ausnahmen von Windows Defender für Hyper-V definieren

Die Ausnahmen für Hyper-V sind besonders wichtig. Hier scannt Windows Defender folgende Dateitypen nicht:

.vhd

.vhdx

.avhd

.avhdx

.vsv

.iso

.rct

.vmcx

.vmrs

Zusätzlich werden folgende Verzeichnisse nicht gescannt:

%ProgramData%\Microsoft\Windows\Hyper-V

%ProgramFiles%\Hyper-V

%SystemDrive%\ProgramData\Microsoft\Windows\Hyper-V\Snapshots

%Public%\Documents\Hyper-V\Virtual Hard Disks

Besonders wichtig sind darüber hinaus die folgenden Prozesse:

%systemroot%\System32\Vmms.exe

%systemroot%\System32\Vmwp.exe

Windows-Firewall nutzen

Auch in Windows Server 2016 spielt die Windows-Firewall bei der Absicherung von Windows-Servern eine wichtige Rolle und ist daher standardmäßig aktiviert. Die Konfiguration erfolgt grundsätzlich genauso wie in Windows Server 2012 R2 oder auf Arbeitsstationen ab Windows 7. In den folgenden Abschnitten erfahren Sie, welche erweiterten Möglichkeiten Ihnen für die Steuerung der Windows-Firewall zur Verfügung stehen.

Windows-Firewall in der PowerShell steuern

In Windows 8.1/10 und Windows Server 2016 können Sie zur Steuerung der Windows-Firewall mit der PowerShell viele Einstellungen durchführen. Vorteil dabei ist die Möglichkeit, die Konfiguration in Skripts zu übernehmen oder zu automatisieren.

Um eine neue Firewallregel zu erstellen, verwenden Sie zum Beispiel den folgenden Befehl:

New-NetFirewallRule -DisplayName "ICMP block" -Direction Inbound -Protocol icmp4 -Action Block

Wie Sie anhand des Befehls erkennen, geben Sie den Namen des Protokolls an, legen das Protokoll fest und steuern auch die jeweilige Aktion.

Anstatt mit *New-NetFirewallRule* eine neue Firewallregel zu erstellen, ist es häufig einfacher, bestehende Firewallregeln zu kopieren. Dazu verwenden Sie den Befehl *Copy-NetFirewallRule*. Arbeiten Sie mit IPsec, können Sie auch hier Regeln kopieren. Dazu wird das Cmdlet *Copy-NetIPsecRule* verwendet. Wir gehen auf IPsec noch in einem eigenen Abschnitt in diesem Kapitel detaillierter ein. Nachdem Sie eine Regel kopiert haben, können Sie sie umbenennen. Dazu verwenden Sie das Cmdlet *Rename-NetFirewallRule*. Sie können aber bereits beim Kopieren einen neuen Namen festlegen. Ein Beispielaufruf dazu wäre folgender:

Copy-NetFirewallRule -DisplayName "Require Outbound Authentication" -NewName "Alternate Require Outbound Authentication"

Löschen können Sie Firewallregeln ebenfalls über die PowerShell:

Remove-NetFirewallRule

Sie können Firewallregeln mit Gruppenrichtlinien verteilen. Hier besteht die Möglichkeit, Firewallregeln des Domänenprofils zu kopieren und anschließend per GPO zu verteilen. Auf diesem Weg können Sie aber auch die Firewallregeln abrufen, die über bestimmte Gruppenrichtlinien im Netzwerk verteilt werden:

Get-NetFirewallProfile -Profile Domain -PolicyStore <FQDN der Domäne>\<Name des GPO> | Copy-NetFirewallRule -NewPolicyStore <FQDN der Domäne>\<Neues GPO>

In der PowerShell können Sie Regeln aktivieren oder deaktivieren. Die Syntax dazu lautet:

Disable-NetFirewallRule -DisplayName "<Anzeigename>"

Möchten Sie zum Beispiel alle erstellten Regeln deaktivieren, die Sie mit einer bestimmten Gruppenrichtlinie im Netzwerk verteilen, verwenden Sie diesen Befehl:

Disable-NetFirewallRule -Direction Outbound -PolicyStore <Domäne>\<GPO>

Alternativ können Sie einen bestimmten Satz von Regeln zunächst in einer Variablen speichern und hierüber dann aktivieren oder deaktivieren:

$Rules = Get-NetFirewallRule -PolicyStore ActiveStore -PolicyStoreSourceType Dynamic

Disable-NetFirewallRule -InputObject $Rules

Wie bei vielen PowerShell-Cmdlets haben Sie auch bei Firewallregeln die Möglichkeit, die Ergebnisse mit dem Pipezeichen (|) direkt an ein anderes Cmdlet zu übergeben:

Get-NetFirewallRule -PolicyStore ActiveStore -PolicyStoreSourceType Dynamic | Disable-NetFirewallRule

Den Status von Firewallregeln zeigen Sie mit *Get-NetFirewallRule* an. Alle Regeln lassen sich mit *Get-NetFirewallRule -All* auflisten.

Um sich die aktivierten Regeln anzeigen zu lassen, die Datenverbindungen zulassen, verwenden Sie diesen Aufruf:

Get-NetFirewallRule -Enabled True -Action Allow

IPsec mit der Windows-Firewall nutzen

Die Windows-Firewall lehnt jeglichen eingehenden Netzwerkverkehr ab, der nicht als Antwort auf eine Anfrage des lokalen Servers eingeht oder für den keine Ausnahme konfiguriert ist. Die Firewall lässt allerdings ausgehenden Netzwerkverkehr automatisch zu. In der Verwaltungskonsole für die Windows-Firewall sind Einstellungen für IPsec (Internet Protocol Security) integriert. Auf diese Weise können Sie eigene Verschlüsselungsregeln erstellen oder IPsec verwenden.

Verbindungssicherheitsregeln konfigurieren

Öffnen Sie die Verwaltungskonsole für die Windows-Firewall durch Eintippen von »wf.msc« im Suchfeld des Startmenüs. Klicken Sie auf der linken Seite der Konsole mit der rechten Maustaste auf *Verbindungssicherheitsregeln* und wählen Sie im Kontextmenü den Eintrag *Neue Regel* aus. Es startet ein Assistent zum Erstellen von neuen Regeln für IPsec-Verbindungen. Sie können über den Assistenten mehrere Bedingungen für die Regel festlegen.

Erstellen Sie Gruppenrichtlinien mit integrierten Firewallregeln, können Sie diese über das Netzwerk auf weitere Server verteilen. Alternativ erstellen Sie auf den einzelnen Servern manuell Regeln für IPsec.

Windows-Firewall nutzen

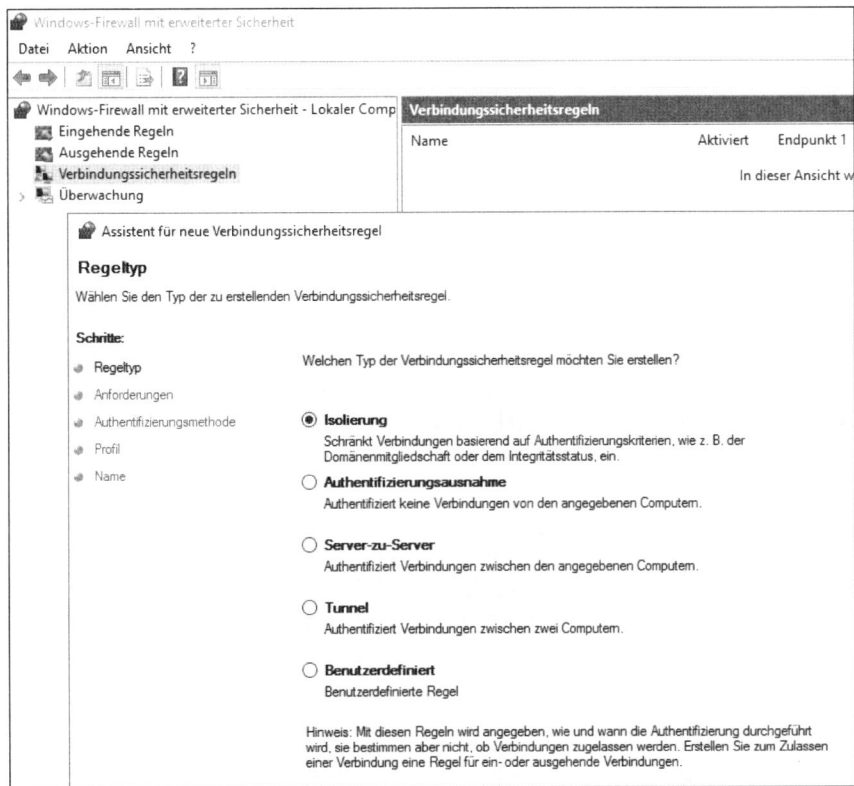

Abbildung 31.3: Eine Verbindungssicherheitsregel mit der Windows-Firewall erstellen

Als Basis einer Verbindungssicherheitsregel lassen sich die folgenden Konfigurationen vornehmen, unabhängig davon, ob Sie diese als Richtlinie oder lokal in der Firewall-Konsole erstellen:

- **Isolierung** – Legt über Active Directory oder über den Status von Computern fest, welche Computer von anderen isoliert sind. Sie müssen angeben, wann eine Authentifizierung zwischen den Computern stattfinden soll (zum Beispiel bei eingehendem oder ausgehendem Netzwerkverkehr) und ob die Verbindung geschützt sein muss oder ob dies nur angefordert wird, aber keine Voraussetzung ist. Die Isolation über den Status eines Computers nutzt den Netzwerkzugriffsschutz. Auf diesem Weg sichern Sie den Zugriff auf sensible Server auf IP-Ebene ab.

- **Authentifizierungsausnahme** – Legt über die IP-Adresse die Computer fest, die sich nicht authentifizieren müssen oder keine geschützte Verbindung benötigen.

- **Server zu Server** – Legt fest, wie die Verbindung zwischen Computern geschützt ist. Sie müssen Endpunkte (IP-Adressen) bestimmen, über die die Authentifizierung stattfinden soll. Außerdem müssen Sie die Authentifizierungsmethode festlegen.

- **Tunnel** – Legt eine durch einen Tunnel geschützte Verbindung fest, zum Beispiel bei Verbindungen über das Internet. Sie müssen die Tunnelendpunkte über ihre IP-Adressen angeben.

- **Benutzerdefiniert** – Erstellt eine frei konfigurierbare Regel mit allen zur Verfügung stehenden Optionen für IPsec.

Kapitel 31: Firewall, Defender und IPsec im Netzwerk einsetzen

Windows-Firewall mit Gruppenrichtlinien steuern

IPsec-Richtlinien können Sie entweder zusammen mit dem Netzwerkzugriffsschutz (Network Access Protection, NAP) oder als einzelne Firewallregel zwischen Servern einrichten. Wollen Sie IPsec zusammen mit NAP einsetzen, sollten Sie zunächst die NAP-Einstellungen vornehmen.

IPsec-Richtlinien erstellen Sie anhand der Einstellungen für die erweiterte Firewall über die Gruppenrichtlinien. Sie können dazu die Default Domain Policy verwenden oder für IPsec eine neue Gruppenrichtlinie erstellen, die Sie mit der OU verknüpfen, in der Sie die Computerkonten der Server und PCs aufnehmen, die per IPsec kommunizieren sollen:

Sie finden die notwendigen Einstellungen für IPsec in der Gruppenrichtlinienverwaltung über *Computerkonfiguration/Richtlinien/Windows-Einstellungen/Sicherheitseinstellungen/Windows-Firewall mit erweiterter Sicherheit*:

1. Rufen Sie über das Kontextmenü die Eigenschaften von *Windows-Firewall mit erweiterter Sicherheit* auf.
2. Anschließend stehen Ihnen verschiedene Registerkarten zur Verfügung, auf denen Sie die gewünschten Voreinstellungen festlegen können. Hauptsächlich nehmen Sie die Einstellungen für die verschiedenen Netzwerkprofile der Computer vor. Sie sollten für alle Netzwerkprofile identische Einstellungen definieren.
3. Setzen Sie den *Firewallstatus* auf *Ein (Empfohlen)*.
4. Setzen Sie die Option für *Eingehende Verbindungen* auf *Blocken (Standard)*.
5. Setzen Sie die Option auf *Ausgehende Verbindungen* auf *Zulassen (Standard)*.
6. Führen Sie diese Einstellungen für alle drei Netzwerkprofile durch.
7. Bestätigen Sie die Eingaben mit *OK*.

Abbildung 31.4: Die Windows-Firewall und sichere Verbindungen über Gruppenrichtlinien aktivieren

Windows-Firewall nutzen

Klicken Sie zur Erstellung von IPsec-Regeln auf *Verbindungssicherheitsregeln* und wählen Sie *Neue Regel* aus. Danach können Sie festlegen, welche Art von Regel Sie erstellen wollen. Dazu stehen Ihnen verschiedene Möglichkeiten zur Verfügung, wie im vorherigen Abschnitt beschrieben.

Für die Einrichtung von IPsec-Verbindungen eignet sich die Option *Isolierung* oder *Server-zu-Server*. Eine Isolierungsregel schränkt Verbindungen auf Grundlage der von Ihnen definierten Authentifizierungskriterien ein. Sie können Computer Ihrer Domäne von Computern außerhalb der Domäne isolieren.

Die Authentifizierungsausnahme verwenden Sie, um Computer von der Anforderung auszunehmen. Dieser Regeltyp kommt zum Einsatz, um den Zugriff auf Domänencontroller, Zertifizierungsstellen oder DHCP-Server sicherzustellen. Der Regeltyp *Server-zu-Server* kümmert sich um die Kommunikation zwischen zwei Computern. Mit einem Tunnel sichern Sie die Kommunikation von Computern zwischen Tunnelendpunkten ab, zum Beispiel bei virtuellen privaten Netzwerken oder L2TP-Tunneln (IPsec Layer Two Tunneling-Protokoll).

Auf der nächsten Seite des Assistenten legen Sie die Art der Authentifizierung fest. Wählen Sie hier die Option *Authentifizierung ist für eingehende Verbindungen erforderlich und muss für ausgehende Verbindungen angefordert werden* aus. Mit dieser Option bestimmen Sie, dass der gesamte eingehende Datenverkehr authentifiziert oder andernfalls blockiert wird. Der ausgehende Datenverkehr kann authentifiziert werden, ist aber auch bei fehlerhafter Authentifizierung zugelassen. Sie haben hier zwar alle Möglichkeiten zur Auswahl, müssen sich aber über die Konsequenzen im Klaren sein, falls die Authentifizierung nicht funktioniert.

Mit der Option *Authentifizierung für eingehende und ausgehende Verbindungen anfordern* legen Sie fest, dass der gesamte ein- und ausgehende Datenverkehr authentifiziert wird. Bei einer fehlerhaften Authentifizierung ist die Kommunikation jedoch trotzdem zugelassen. Wenn die Authentifizierung erfolgreich ist, ist auch der Datenverkehr authentifiziert. Die Option *Authentifizierung ist für eingehende und ausgehende Verbindungen erforderlich* legt fest, dass der gesamte ein- und ausgehende Datenverkehr authentifiziert ist. Andernfalls blockiert Windows den Datenverkehr.

Abbildung 31.5: Die Authentifizierung für eine IPsec-Isolierungsregel festlegen

Auf der nächsten Seite legen Sie fest, welche Art der Authentifizierung verwendet werden soll. Wählen Sie hier *Standard* aus. Haben Sie als Regeltyp *Server-zu-Server* festgelegt, verwenden Sie hier *Computerzertifikat*. Die Option *Standard* legt die Authentifizierungsmethode auf Basis der Konfiguration auf der Registerkarte *IPsec-Einstellungen* in den Eigenschaften der Windows-Firewall mit erweiterter Sicherheit fest.

Bei *Computer und Benutzer (Kerberos V5)* verwenden Sie sowohl die Computer- als auch die Benutzerauthentifizierung. Kerberos lässt sich nur verwenden, wenn die Computer und die Benutzer Mitglied einer Domäne sind. Bei *Computer (Kerberos V5)* ist die Computerauthentifizierung über Kerberos Version 5 erforderlich oder wird angefordert. *Benutzer (Kerberos V5)* ist die Benutzerauthentifizierung über Kerberos Version 5.

Aktivieren Sie die Option *Nur Integritätszertifikate akzeptieren*. Bei dieser Methode ist ein gültiges Integritätszertifikat zur Authentifizierung erforderlich oder Windows fordert dieses an. Diese Option erscheint nur bei der Auswahl des Regeltyps *Server-zu-Server*.

Klicken Sie auf *Durchsuchen* und wählen Sie die Root-CA aus. Aktivieren Sie auf der nächsten Seite die Regel für alle drei Netzwerkprofile. Schließen Sie die Erstellung der Regel mit der Definition der Bezeichnung ab. Die Regel wird anschließend in der Gruppenrichtlinie unter den Verbindungsregeln angezeigt.

Firewallregeln für Microsoft SQL Server steuern

Beim Betrieb von Microsoft SQL Server 2012/2014/2016 müssen Administratoren einiges im Bereich der Firewallregeln beachten. Das Freischalten der Firewalleinstellungen für die Verwaltung von Microsoft SQL Server 2012/2014/2016 kann auch in der Eingabeaufforderung erfolgen, zum Beispiel auf Core-Servern.

Regeln in der Eingabeaufforderung erstellen

Häufig erscheint bei der Installation von SQL Server zum Beispiel ein Fehler, dass die Windows-Firewall die entsprechenden Ports für SQL Server blockiert. Diese können Sie nachträglich aber immer noch freischalten. Die Warnungen können Sie daher übergehen, müssen aber nach der Installation nacharbeiten. Im MSDN sind ebenfalls Informationen zu den einzelnen Ports von SQL Server zu finden (*http://tinyurl.com/zdhntqp*).

Um die entsprechenden Ausnahmen für die Remoteverwaltung einzutragen, verwenden Sie zum Beispiel den folgenden Aufruf:

Netsh advfirewall firewall add rule name="SQL Server" dir=in action=allow program="C:\Program Files\Microsoft SQL Server\MSSQL11.MSSQLSERVER\MSSQL\Binn\sqlservr.exe" enable=yes profile=domain

Da auf Core-Servern der SQL Server Konfigurations-Manager nicht funktioniert, müssen Sie das TCP/IP-Protokoll in der Registry ändern. Dazu setzen Sie den Wert *Tcp* im Schlüssel *HKLM\SOFTWARE\Microsoft>Microsoft SQL Server\MSSQL11.MSSQLSERVER\MSSQLServer\SuperSocketNetLib* auf 1. Anschließend starten Sie den Server neu. Standardmäßig ist aber nach der Installation von Microsoft SQL Server 2012/2014/2016 TCP/IP ohnehin aktiviert. Sie sollten dennoch wissen, wie Sie den Wert steuern, wenn Sie die Installation über eine Konfigurationsdatei durchführen.

Sie müssen die Windows-Firewall auf dem Server konfigurieren, damit Microsoft SQL Server kommunizieren kann:

Netsh advfirewall firewall add rule name = SQLPorttcp dir = in protocol = tcp action = allow localport = 1433-1434 remoteip = localsubnet profile = DOMAIN

Netsh advfirewall firewall add rule name = SQLPortudp dir = in protocol = udp action = allow localport = 1433-1434 remoteip = localsubnet profile = DOMAIN

Zusätzlich aktivieren Sie über *Sconfig* noch die Remoteverwaltung für den Server. Hier sollten Sie am besten alle vier Punkte zulassen, die der Assistent auflistet.

Microsoft SQL Server können Sie in der PowerShell remote über das Netzwerk verwalten. Dazu müssen Sie aber auf dem entsprechenden Computer die Verwaltungstools für SQL Server 2012/2014/2016 über die Installations-DVD installieren und die Remoteverwaltung für den Server im SQL Server-Konfigurations-Manager und auch in der PowerShell aktivieren. Verwenden Sie dazu den Befehl *Enable-PSRemoting -Force*.

Der Befehl aktiviert auch die Ausnahmen in der Windows-Firewall. Außerdem müssen Sie in der Windows-Firewallsteuerung in der Systemsteuerung die folgenden Ausnahmen aktivieren, damit der Zugriff über das Netzwerk funktioniert:

- Datei- und Druckerfreigabe
- Remotedienstverwaltung
- Windows-Remoteverwaltung
- Windows-Remoteverwaltung (Kompatibilität)
- Windows-Verwaltungsinstrumentation (WMI)

Der Server-Broker des SQL-Servers nutzt den Port 4022. Auch dieser muss über die Firewall freigeschaltet werden, wenn Dienste nicht funktionieren. Welcher Port auf Ihrem SQL-Server genutzt wird, erfahren Sie über die folgende Abfrage:

SELECT name, protocol_desc, port, state_desc

 FROM sys.tcp_endpoints

 WHERE type_desc = 'SERVICE_BROKER'

Firewallregeln für SQL-Server in der grafischen Oberfläche erstellen

Damit Anwendungen wie SharePoint auf einen Server zugreifen dürfen, um zum Beispiel selbst Datenbanken zu erstellen, müssen Sie Firewallregeln definieren und im Konfigurations-Manager Protokolle freischalten. Dazu muss auf dem SQL-Server eine neue Firewallregel erstellt werden, da die Firewall die beiden TCP-Ports 1433 und 1434 blockiert. Mit diesen Ports bauen Clients eine Verbindung zum Server auf. Sie können die beschriebenen Wege in der PowerShell verwenden, aber auch die grafische Oberfläche:

1. Geben Sie dazu auf dem SQL-Server im Suchfeld des Startmenüs »wf.msc« ein.
2. Klicken Sie auf *Eingehende Regeln*.
3. Klicken Sie dann rechts auf *Neue Regel*.
4. Aktivieren Sie auf der ersten Seite des Assistenten zum Erstellen von neuen Firewallregeln die Option *Port*.
5. Aktivieren Sie auf der nächsten Seite die Optionen *TCP* und *Bestimmte lokale Ports*.
6. Geben Sie im Feld neben der Option *Bestimmte lokale Ports* den Wert *1433-1434* ein.
7. Aktivieren Sie auf der nächsten Seite die Option *Verbindung zulassen* und auf der folgenden Seite die Profile, für die Sie den Zugriff gestatten wollen. In sicheren Umgebungen reicht es auch aus, wenn Sie nur das Domänenprofil aktivieren.

8. Weisen Sie abschließend der Regel einen passenden Namen zu und bestätigen Sie die Erstellung.

Auf dem gleichen Weg erstellen Sie Regeln auch über die Konfiguration in den Gruppenrichtlinien. Haben Sie auf dem Server noch benannte Instanzen installiert und wollen auf diese über das Netzwerk mit dem Management Studio zugreifen, erstellen Sie eine weitere Regel, die die Ports UDP 1433-1434 zulässt.

Außerdem muss für die Verbindung der Systemdienst SQL Server-Browser gestartet sein. Dieser nimmt Abfragen aus dem Netzwerk entgegen und verteilt sie an die entsprechende Instanz beziehungsweise Server. Dazu ist es notwendig, dass der Server über das Netzwerk mit TCP/UDP erreichbar ist und die Ports TCP/UDP 1433-1434 in der Firewall freigeschaltet sind.

Erhalten Sie beim Netzwerkzugriff Fehler angezeigt, schalten Sie über die Standardeinstellung der Firewall in der Systemsteuerung noch die Remoteverwaltung des Servers frei. Sie finden die Einstellung in der Systemsteuerung unter *System und Sicherheit/Windows-Firewall* über den Link *Eine App oder ein Feature durch die Windows-Firewall durchlassen*.

Außerdem sollten Sie an dieser Stelle auch die verschiedenen anderen SQL Server-Dienste freischalten, vor allem den SQL Server-Browser. Dieser nimmt Anfragen aus dem Netzwerk an und verbindet die Clients mit der entsprechenden Instanz. Funktioniert die Verbindung zum SQL-Server nicht, öffnen Sie auf dem SQL-Server den SQL Server Konfigurations-Manager. Klicken Sie dann auf *SQL Server-Netzwerkkonfiguration/Protokolle für <Instanz>* und stellen Sie sicher, dass *TCP/IP* und *Named Pipes* aktiviert sind. Für den Zugriff über das Netzwerk ist vor allem TCP/IP notwendig, Named Pipes steuert den Zugriff auf dem lokalen Server.

Erweiterte Firewallregeln in der Eingabeaufforderung erstellen

Neben der grafischen Oberfläche der Firewall können Sie erweiterte Regeln, zum Beispiel für die Analysis Services, auch in der Eingabeaufforderung erstellen. Dazu verwenden beispielsweise beim Standardport TCP 2383 die folgende Syntax:

Netsh advfirewall firewall add rule name="SQL Server Analysis Services eingehend" dir=in action=allow protocol=TCP localport=2383 profile=domain

Sie können aber auch den SQL Server-Browser verwenden, um eine Verbindung mit einer benannten Instanz zu ermöglichen. In diesem Fall müssen Anwender in ihrem Programm lediglich die Syntax *<Servername>\<Instanzname>* eingeben, um auf Analysis Services zuzugreifen. Die Verbindung mit der entsprechenden Instanz nimmt dann der SQL Server-Browser-Dienst vor.

Dazu muss der Dienst gestartet sein und Sie müssen eine Firewallregel erstellen, die den Port TCP 2382 zulässt. Wenn Sie bei benannten Instanzen nicht den SQL Server-Browser-Dienst verwenden, müssen Sie einen festen Port zuweisen. Ohne SQL Server-Browser-Dienst müssen alle Clientverbindungen die Portnummer in der Verbindungszeichenfolge eingeben. Verwenden Sie dynamische Portzuweisungen für benannte Instanzen von Analysis Services, übernimmt der Dienst die erste verfügbare Portnummer, die er findet. Der Dienst verwendet bei jedem erneuten Start eine andere Portnummer.

Der SQL Server-Browser-Dienst überwacht sowohl den UDP-Port 1434 als auch den TCP-Port 2382 für das Datenbankmodul und Analysis Services. Auch wenn Sie die Blockierung des UDP-Ports 1434 für den SQL Server-Browser-Dienst bereits aufgehoben haben, müssen Sie die Blockierung des TCP-Ports 2382 für Analysis Services aufheben.

Neben dynamischen Ports für Analysis Services können Sie auch einen statischen Port für den Zugriff festlegen. Um eine Liste der Ports anzuzeigen, die in Ihrem System bereits verwendet werden, öffnen Sie eine Eingabeaufforderung und geben *Netstat -a -p TCP* ein. Suchen Sie sich einen freien Port. Nachdem Sie den neuen Port ermittelt haben, geben Sie ihn entweder durch Bearbeiten der Portkonfigurationseinstellung in der Datei *msmdsrv.ini* im Ordner *%ProgramFiles%\Microsoft SQL Server\MSAS11.<Instanz>\OLAP\Config im Abschnitt <Port><Portnummer></Port>* oder in SQL Server Management Studio in den Eigenschaften einer Analysis Services-Instanz an.

Starten Sie den Dienst der Analysis Services neu, oder am besten den ganzen Server, wenn Sie Änderungen vorgenommen haben. Den Neustart führen Sie am einfachsten über das Kontextmenü des Diensts im SQL Server-Konfigurations-Manager durch. Haben Sie den Dienst geändert, testen Sie den Zugriff erneut (wie in diesem Abschnitt erläutert) mit der PID des Diensts und dem Befehl

Netstat -ao -p TCP

Achten Sie darauf, dass Sie in der Windows-Firewall den neuen Port und den Port TCP 2382 für den Systemdienst SQL Server-Browser freischalten müssen, wenn Anwender mit der Syntax *<Servername>\<Instanz>* auf den Server zugreifen sollen. Auf Computern mit mehreren Netzwerkkarten überwacht Analysis Services alle IP-Adressen unter Verwendung des von Ihnen angegebenen Ports. In einem Cluster überwacht Analysis Services alle IP-Adressen der Clustergruppe, jedoch nur auf TCP-Port 2383. Sie können für eine gruppierte Instanz keinen anderen festen Port angeben.

Zusammenfassung

In diesem Kapitel haben Sie erfahren, wie Windows Defender in Windows Server 2016 funktioniert und welche Möglichkeiten Ihnen die Windows-Firewall bietet, um Ihr System zu schützen. Wir sind auch darauf eingegangen, wie spezielle Serverdienste wie Microsoft SQL Server mit der Windows-Firewall zusammenarbeiten und welche Möglichkeiten es zur Steuerung über die PowerShell, mit Gruppenrichtlinien und der Eingabeaufforderung gibt.

Im nächsten Kapitel zeigen wir Ihnen, wie Sie externen Arbeitsstationen den Zugriff über DirectAccess und ein virtuelles privates Netzwerk (Virtual Private Network, VPN) ermöglichen.

Kapitel 32
Remotezugriff mit DirectAccess und VPN

In diesem Kapitel:
Remotezugriff installieren und einrichten. 828
Den Remotezugriff verwalten 837
VPN verwalten 838
HTTPS-VPN über das Secure Socket Tunneling-Protokoll einrichten 840
Exchange & Co. veröffentlichen. 844
Zusammenfassung. 848

Mit DirectAccess können Sie PCs ab Windows 7 über das Internet direkt mit dem Unternehmensnetzwerk verbinden, ohne Zusatzsoftware einsetzen zu müssen. Für den Verbindungsaufbau ist kein VPN notwendig, Windows verbindet sich automatisch. Nach der ersten Einrichtung erkennt ein DirectAccess-PC selbstständig die Verbindung, verschlüsselt sie und kann sich mit dem Netzwerk verbinden. Auch Gruppenrichtlinien lassen sich über diesen Weg ausliefern.

Der Remotezugriff und DirectAccess lassen sich gemeinsam verwalten und es gibt keine Konflikte beim parallelen Einsatz der Systeme. Clientcomputer lassen sich effizient über das Internet sicher an das Netzwerk anbinden, ohne dass Anwender zunächst eine VPN-Verbindung aufbauen müssen. Der Datenzugriff funktioniert, Gruppenrichtlinien lassen sich anwenden und auch Software-Updates lassen sich verteilen. Die Kommunikation erfolgt über IPv6. Ist dies mit der aktuellen Datenverbindung nicht möglich, kapselt das Betriebssystem die IPv6-Pakete in IPv4-Pakete und versendet sie an die Zielserver.

In Windows Server 2016 und Windows 8/8.1/10 hat Microsoft in diesem Zusammenhang einige Neuerungen eingeführt, über die Windows 8/8.1/10-Clients die DirectAccess-Anbindung erleichtert wird:

- Sie können nur Windows 8/8.1/10 Enterprise und Windows 7 Ultimate/Enterprise mit DirectAccess nutzen. Optimal arbeitet nur Windows 10 Enterprise mit DirectAccess von Windows Server 2016 zusammen.
- Die Verbindung zwischen Client und Server erfolgt mit IP über HTTPS.
- Eine Zertifizierungsstelle und deren Einrichtung ist optional, also nicht zwingend notwendig. DirectAccess-Server arbeiten mit Kerberos und Active Directory zusammen.
- Windows Server 2016 erfordert keine IPv6-Anpassungen, sondern richtet notwendige Einstellungen automatisch ein.

Remotezugriff installieren und einrichten

Die Installation von DirectAccess und des Remotezugriffs erfolgt über den Server-Manager. Über *Verwalten/Rollen und Features hinzufügen/Remotezugriff* installieren Sie die notwendigen Funktionen auf dem Server. Weitere Einstellungen sind zur Installation nicht notwendig. Sie installieren auf diese Weise nur die notwendigen Systemdateien auf dem Server, die eigentliche Einrichtung erfolgt später.

Tipp   Microsoft stellt im TechNet eine umfassende Anleitung für DirectAccess in Windows Server 2016 (*http://tinyurl.com/zvhhxdn*) zur Verfügung.

Die Grundlagen zum Remotezugriff

In Windows Server 2016 sind DirectAccess und RRAS-VPN (Routing und RAS-Dienst) zu einer einzigen Remotezugriffsrolle zusammengefasst und werden in einer gemeinsamen Oberfläche verwaltet. Clientcomputer, auf denen Windows 8/8.1/10 und Windows 7 ausgeführt wird, können Sie als DirectAccess-Clientcomputer konfigurieren. Diese Clients können über DirectAccess auf interne Netzwerkressourcen zugreifen, ohne sich über eine VPN-Verbindung einloggen zu müssen. VPNs lassen sich aber weiterhin parallel einsetzen.

DirectAccess-Clientcomputer können von Remotezugriffsadministratoren über DirectAccess verwaltet werden, auch wenn sich die Clientcomputer nicht im internen Unternehmensnetzwerk befinden. Mehrere RAS/DirectAccess-Server können über eine einzige Remotezugriffs-Verwaltungskonsole verwaltet werden.

Die Remotezugriffsrolle wird über den Server-Manager oder die PowerShell installiert. Die Rolle umfasst DirectAccess sowie die Routing- und RAS-Dienste (bisher ein Rollendienst unter der Serverrolle für Netzwerkrichtlinien- und Zugriffsdienste). Die Remotezugriffsrolle besteht aus mehreren Komponenten:

- **DirectAccess und VPN (RAS)** – DirectAccess und VPN werden gemeinsam in der Remotezugriffs-Verwaltungskonsole verwendet.
- **Routing** – Bietet Unterstützung für NAT und generelles Routing, wenn der Server über mehrere Netzwerkadapter verfügt.

- **Webanwendungsproxy** – Mit dem Webanwendungsproxy lassen sich Dienste im lokalen Netzwerk über das Internet zur Verfügung stellen.

Auf dem VPN-Server muss mindestens ein Netzwerkadapter installiert, aktiviert und mit dem internen Netzwerk verbunden sein. Werden zwei Adapter verwendet, sollte ein Adapter mit dem internen Unternehmensnetzwerk und der andere mit dem externen Netzwerk (Internet oder privates Netzwerk) verbunden sein.

Hinweis	Es können nur die folgenden Betriebssysteme als DirectAccess-Clients verwendet werden: Windows Server 2016, Windows Server 2008 R2/2012/2012 R2, Windows 8/8.1/10 Enterprise, Windows 7 Enterprise und Windows 7 Ultimate.

Der Remotezugriffsserver muss Domänenmitglied sein. Der Server kann an der Schwelle zum internen Netzwerk oder geschützt durch eine Edgefirewall oder ein anderes Gerät bereitgestellt werden. Wird der VPN-Server durch eine Edgefirewall oder ein NAT-Gerät geschützt, muss das Gerät so konfiguriert sein, dass ein- und ausgehender Datenverkehr für den VPN-Server zugelassen wird.

Der Anwender, der den Remotezugriff auf dem Server einrichtet, muss lokale Administratorberechtigungen für den Server und Benutzerberechtigungen für die Domäne besitzen. Zusätzlich benötigt der Administrator Berechtigungen für die Gruppenrichtlinien, die bei der DirectAccess-Bereitstellung verwendet werden. Um die Features nutzen zu können, die die DirectAccess-Bereitstellung auf mobile Computer beschränken, ist die Berechtigung zum Erstellen von WMI-Filtern für den Domänencontroller erforderlich.

DirectAccess-Clients müssen Domänenmitglieder sein. Domänen, die Clients enthalten, können zur selben Gesamtstruktur gehören wie der Remotezugriffsserver. Alternativ lässt sich auch eine bidirektionale Vertrauensstellung mit der Remotezugriffsserver-Gesamtstruktur oder -Domäne verwenden. Eine Active Directory-Sicherheitsgruppe wird benötigt, um die Computer aufzunehmen, die als DirectAccess-Clients konfiguriert werden.

Geben Sie beim Konfigurieren der DirectAccess-Clienteinstellungen keine Sicherheitsgruppe an, wird das Client-Gruppenrichtlinienobjekt standardmäßig auf alle Notebooks in der Sicherheitsgruppe *Domänencomputer* angewendet. Die DirectAccess-Konfiguration kann nur von einem Domänenbenutzer mit lokalen Administratorrechten für den Direct-Access-Server durchgeführt werden. Das verwendete Konto muss außerdem Mitglied der Gruppe *Konten-Operatoren* sein oder dem Konto muss die zum Erstellen von Sicherheitsgruppen in Active Directory geeignete Berechtigung übertragen werden. Außerdem sind Berechtigungen zum Erstellen und Bearbeiten von Gruppenrichtlinienobjekten in der Domäne, zum Verknüpfen von Gruppenrichtlinienobjekten mit der Domäne und zum Anwenden von WMI-Filterberechtigungen bei der Übernahme von DirectAccess-Richtlinien für Notebooks erforderlich.

DirectAccess ist eine IPv6-abhängige Anwendung. Daher dürfen die IPv6-Technologien und auch IPv6-Übergangstechnologien auf dem RAS-Server nicht deaktiviert sein. Außerdem dürfen sie nicht durch Gruppenrichtlinien deaktiviert werden. Und zusätzlich muss die Active Directory-Domäne erreichbar sein.

Die Installation von DirectAccess und Remotezugriff vorbereiten

Passen Sie die Netzwerkadapter auf dem DirectAccess-Server an. Wenn Sie zwei Adapter verwenden, verbinden Sie die Schnittstelle zum internen Netzwerk sowie die Schnittstelle zum Internet und konfigurieren Sie die entsprechenden IP-Adressen. Benennen Sie auch die Namen der Netzwerkverbindungen entsprechend.

Achtung	Konfigurieren Sie kein Standardgateway auf Intranetschnittstellen beim Einsatz von DirectAccess-Server und fügen Sie den DirectAccess-Server Ihrer Domäne hinzu.

Für die Installation von DirectAccess sind anschließend drei Schritte notwendig:

1. **Installieren der Remotezugriffsserver-Rolle**

   Die Remotezugriffsserver-Rolle fasst das DirectAccess-Feature und den VPN-Rollendienst in einer neuen einheitlichen Serverrolle zusammen. Diese neue Remotezugriffsserver-Rolle ermöglicht die zentrale Verwaltung, Konfiguration und Überwachung sowohl von DirectAccess- als auch von VPN-basierten Remotezugriffsdiensten.

2. **Konfigurieren von DirectAccess**

   Der Assistent für erste Schritte sorgt für eine Vereinfachung der Konfiguration. In der grafischen Oberfläche lässt sich DirectAccess recht schnell einrichten.

3. **Aktualisieren von Clients mit der DirectAccess-Konfiguration**

   Zum Verwenden der DirectAccess-Einstellungen müssen Clients die Gruppenrichtlinien aktualisieren, während sie mit dem Intranet verbunden sind. Anschließend können sie eine Verbindung per DirectAccess auch über das Internet herstellen.

Rollendienste installieren und den Remotezugriff aktivieren

Starten Sie im Server-Manager *Verwalten/Rollen und Features hinzufügen* und installieren Sie die Rolle *Remotezugriff*. Auf der Seite *Rollendienste auswählen* können Sie festlegen, ob der Server als Router oder als Remotezugriffsserver mit VPN und DirectAccess funktionieren soll. Es wird nicht mehr zwischen DirectAccess und VPN unterschieden, die Installation erfolgt immer parallel.

Neu seit Windows Server 2012 R2 ist der Rollendienst *Webanwendungsproxy*. Dieser bietet auf Basis der Active Directory-Verbunddienste (Active Directory Federation Services, AD FS) die Möglichkeit, Webanwendungen in Private-Cloud-Umgebungen zu veröffentlichen. Nach der Installation des Webanwendungsproxys können Sie ihn über einen Assistenten einrichten, den Sie über das Benachrichtigungscenter des Server-Managers starten. Sinnvoll ist dies zum Beispiel, um die Webdienste von Microsoft Exchange im Internet zur Verfügung zu stellen.

Remotezugriff installieren und einrichten

Abbildung 32.1: DirectAccess und VPN über den Server-Manager installieren

Tipp Sie können den Remotezugriff auch über die PowerShell installieren. Dazu verwenden Sie den folgenden Cmdlet-Aufruf:

Install-WindowsFeature RemoteAccess -IncludeManagementTools

DirectAccess und den VPN-Zugang einrichten

Nach der Installation finden Sie im Server-Manager die neue Gruppe *Remotezugriff* vor. Über das Kontextmenü der hier integrierten Server lässt sich die Verwaltung des Remotezugriffs starten. Über eine gemeinsame Konsole findet dann die Einrichtung der beiden Funktionen statt.

Nach der Installation erscheint im Server-Manager die Meldung, dass eine Konfiguration für den Serverdienst erforderlich ist. Über die Meldung starten Sie den Assistenten für die erste Einrichtung. Dieser führt Sie durch alle Schritte.

Sie können den Assistenten auch über die Remotezugriffs-Verwaltungskonsole starten. Diese finden Sie im Menü *Tools* des Server-Managers.

Wählen Sie am besten den Link *Assistent für erste Schritte ausführen*. Dieser fragt nur die wichtigsten Optionen ab und richtet die Funktion ein. Sie können anschließend immer noch Änderungen vornehmen.

Der Assistent ermöglicht die Auswahl, ob auf dem Server DirectAccess und/oder VPN genutzt werden soll.

Kapitel 32: Remotezugriff mit DirectAccess und VPN

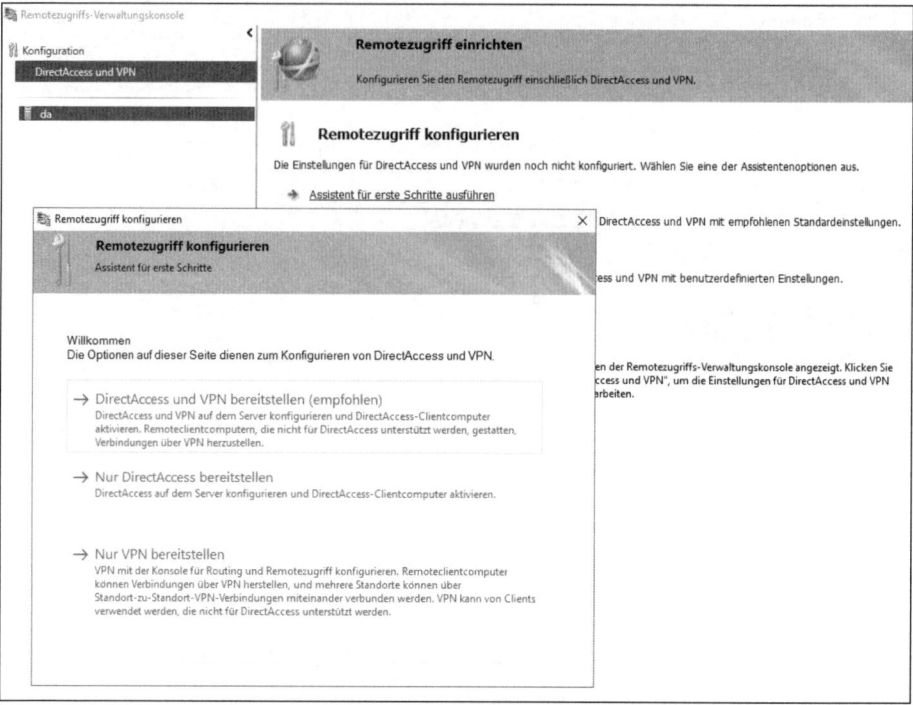

Abbildung 32.2: Den Assistenten zur Einrichtung von DirectAccess starten

Wählen Sie die Topologie Ihrer Netzwerkkonfiguration aus und geben Sie den öffentlichen Namen ein, mit dem Remotezugriffclients eine Verbindung herstellen sollen. Klicken Sie auf *Weiter*. Nach der Auswahl prüft der Assistent zunächst die Voraussetzungen und startet danach die Einrichtung. Auf der ersten Seite wählen Sie aus, wo der Server positioniert ist und wie der Zugriff erfolgen soll.

Abbildung 32.3: Die Netzwerktopologie für die Einrichtung von DirectAccess auswählen

Remotezugriff installieren und einrichten

Achten Sie nach der Einrichtung darauf, die Firewallregeln zu überprüfen, die DirectAccess auf dem Server einrichtet. Dies gilt vor allem dann, wenn Sie die Einrichtung nur mit einer einzelnen Netzwerkkarte vornehmen. In diesem Fall ist der DirectAccess-Server unter Umständen per RDP erreichbar und auch die Internetinformationsdienste (Internet Information Services, IIS) sind im Internet verfügbar. Sie können die Einstellungen aber in der Firewall des Servers steuern, nachdem Sie DirectAccess eingerichtet haben.

Standardmäßig stellt der Assistent für erste Schritte DirectAccess für Laptops und Notebookcomputer in der Domäne bereit, indem er einen WMI-Filter auf das Gruppenrichtlinienobjekt für die Clienteinstellungen anwendet. Klicken Sie an dieser Stelle aber noch nicht auf *Fertig stellen*, sondern auf den Link *hier*, um Einstellungen anzupassen.

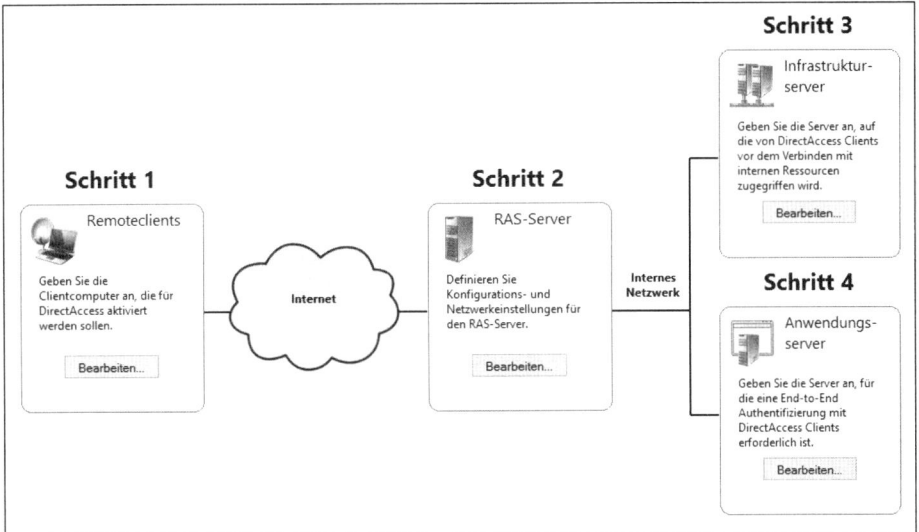

Abbildung 32.4: Die notwendigen Einstellungen für DirectAccess vor dem Fertigstellen des Assistenten anpassen

Standardmäßig erlaubt der Einrichtungs-Assistent den Zugriff per DirectAccess für alle Domänencomputer. Diese Einstellung sollten Sie möglichst anpassen und eine eigene Sicherheitsgruppe erstellen. Computer, deren Konten Sie in diese Gruppe aufnehmen, dürfen sich dann mit DirectAccess verbinden. Andere Computer dürfen das nicht.

Standardmäßig erstellt der Assistent automatisch WMI-Filter für die Gruppenrichtlinien von DirectAccess, die den Zugriff nur für Notebooks oder andere mobile Computer erlaubt. Sie können den Haken an dieser Stelle aber entfernen, da Sie den Zugriff ohnehin schon für einzelne Computer über die Sicherheitsgruppe eingeschränkt haben.

Passen Sie die Einstellungen an, können Sie neben der Sicherheitsgruppe für DirectAccess auch noch die Gruppenrichtlinien anzeigen, die für den Betrieb notwendig sind. Hier sollten Sie aber nichts ändern.

Kapitel 32: Remotezugriff mit DirectAccess und VPN

Abbildung 32.5: Die DirectAccess-Gruppe anpassen

Lassen Sie anschließend den Assistenten seine Arbeit beenden. Nach der ersten Einrichtung können Sie in der Verwaltungskonsole weitere Maßnahmen durchführen. Hat der Assistent die Einrichtung erfolgreich abgeschlossen, erhalten Sie entsprechende Meldungen und können die Einrichtung überprüfen. Warnungen zeigt der Assistent ebenfalls an. Hier sollten Sie in den Details überprüfen, wo das Problem liegt.

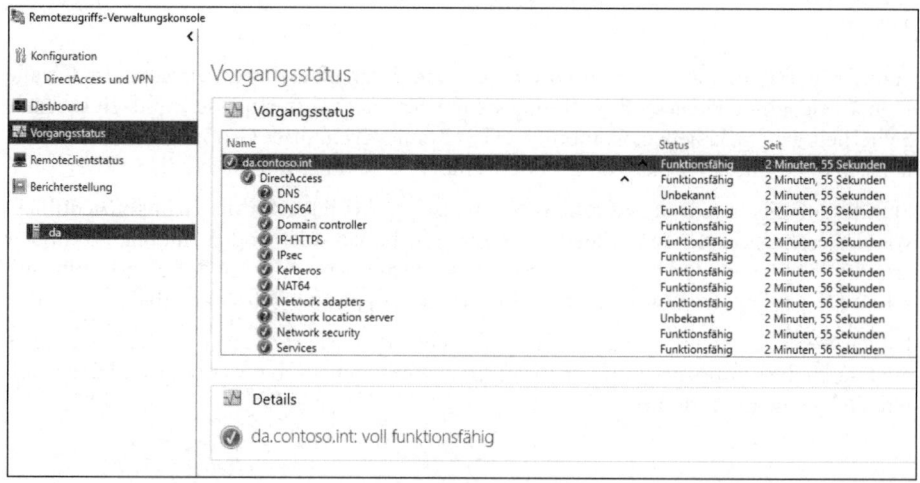

Abbildung 32.6: DirectAccess wurde erfolgreich eingerichtet, allerdings mit Warnungen.

Nach der ersten Einrichtung startet der Assistent die Konsole zur Überarbeitung der DirectAccess-Infrastruktur.

Klicken Sie in der Konsolenstruktur der Remotezugriffs-Verwaltungskonsole auf *Vorgangsstatus*. Warten Sie, bis der Status aller Monitore auf *Funktionsfähig* gesetzt ist. Klicken Sie danach im Bereich *Aufgaben* unter *Überwachung* auf *Aktualisieren*, um die Anzeige zu aktualisieren.

Clients mit der DirectAccess-Konfiguration aktualisieren

Haben Sie DirectAccess eingerichtet, müssen Sie die Clients aktualisieren, die sich mit DirectAccess verbinden sollen. Rufen Sie zunächst die Gruppenrichtlinien für den Client ab. Geben Sie dazu in der Eingabeaufforderung *Gpupdate /force* ein. Mehr zu diesem Thema lesen Sie auch in Kapitel 19.

Warten Sie, bis die Computerrichtlinien erfolgreich aktualisiert wurden, und rufen Sie in der PowerShell das Cmdlet *Get-DnsClientNrptPolicy* auf. Die Einträge in der Richtlinientabelle für die Namensauflösung (Name Resolution Policy Table, NRPT) für DirectAccess werden angezeigt. Der Assistent für erste Schritte hat diesen DNS-Eintrag für den DirectAccess-Server automatisch erstellt und ein zugehöriges selbst signiertes Zertifikat bereitgestellt, sodass der DirectAccess-Server als Netzwerkadressenserver fungieren kann.

Rufen Sie das Cmdlet *Get-NCSIPolicyConfiguration* auf. Die vom Assistenten bereitgestellten Einstellungen für die Statusanzeige der Netzwerkkonnektivität werden aufgelistet. Achten Sie auf den Wert für *DomainLocationDeterminationURL*. Sobald auf diese Netzwerkadressenserver-URL zugegriffen werden kann, ermittelt der Client, dass sie sich innerhalb des Unternehmensnetzwerks befindet, und die NRPT-Einstellungen werden nicht angewendet.

```
PS C:\Users\administrator> Get-NCSIPolicyConfiguration

Description                   : NCSI Configuration
CorporateDNSProbeHostAddress  : fd05:f3fb:3151:7777::7f00:1
CorporateDNSProbeHostName     : directaccess-corpConnectivityHost.contoso.int
CorporateSitePrefixList       : {fd05:f3fb:3151:1::/64, fd05:f3fb:3151:7777::/96, fd05:f3fb:3151:1000::1/128,
                                fd05:f3fb:3151:1000::2/128}
CorporateWebsiteProbeURL      : http://directaccess-WebProbeHost.contoso.int
DomainLocationDeterminationURL: https://DirectAccess-NLS.contoso.int:62000/insideoutside
```

Abbildung 32.7: DirectAccess nach der Einrichtung auf dem Client überprüfen

Rufen Sie das Cmdlet *Get-DAConnectionStatus* auf. Wenn der Client die Netzwerkadressenserver-URL erreichen kann, wird der Status *ConnectedLocally* angezeigt.

Diesen Status ruft der DirectAccess-Client vom Infrastrukturserver ab. Er verwendet dazu die Internetinformationsdienste auf dem DirectAccess-Server. Sie können die entsprechenden Einstellungen über die Verwaltungskonsole anpassen. Klicken Sie dazu im Bereich *Infrastrukturserver-Setup* auf *Bearbeiten*. Hier können Sie den Server und das dazugehörige Zertifikat auswählen.

Clients, die per DirectAccess verbunden sind, finden Sie über den Link *Remoteclientstatus* in der Remotezugriffs-Verwaltungskonsole. Sie können in der Konsole auch Berichte erstellen, um die Nutzung des Servers zu messen. Die Gruppenrichtlinien für die Anbindung an DirectAccess erstellen auch Firewallregeln und Verbindungssicherheitsregeln. Diese lassen Sie über *Wf.msc* auf dem Client anzeigen.

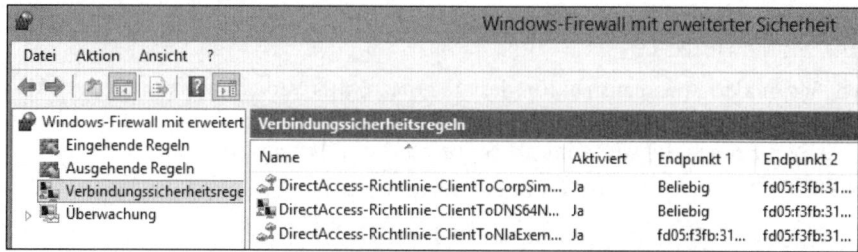

Abbildung 32.8: Die Verbindungssicherheitsregeln auf den Clients anzeigen

Während der Einrichtung legt der Assistent zusätzliche DNS-Einträge fest, mit denen er überprüfen kann, ob sich Clients im internen Netzwerk befinden oder über DirectAccess einwählen. Verbindet sich ein Client mit DirectAccess, sehen Sie die Verbindung, wenn Sie auf das Netzwerksymbol klicken.

Tipp Damit im Netzwerk DirectAccess funktioniert, sind auf den beteiligten Firewalls einige Anpassungen vorzunehmen. Zunächst muss 6to4-Datenverkehr (IP-Protokoll 41) eingehend und ausgehend erlaubt sein. Auch HTTPS-Datenverkehr darf über den Port 443 zum DirectAccess-Server kommunizieren.

Der TCP-Port 62000 muss zum DirectAccess-Server durchgelassen werden. Beim Einsatz von IPV6 muss außerdem das IP-Protokoll 50 sowie der UDP-Port 500 ein- und ausgehend geöffnet sein. Die Daten müssen in das Internet gesendet werden können. Zusätzlich sollten im internen Netzwerke ISATAP (IP-Protokoll 41) und der komplette IPv4/IPv6-Datenverkehr durchgelassen werden.

Die Bereitstellung prüfen

Im vorherigen Abschnitt wurde bereits erläutert, wie Sie DirectAccess auf dem Client testen. Sobald die HTTPS-Verbindung zum Netzwerkadressenserver (Infrastrukturserver) erfolgreich hergestellt wurde, deaktiviert der DirectAccess-Client die DirectAccess-Clientkonfiguration und verwendet eine direkte Verbindung zum Unternehmensnetzwerk.

Verbinden Sie einen Clientcomputer mit Ihrem Unternehmensnetzwerk und melden Sie sich mit einem Domänenbenutzernamen an. Öffnen Sie eine Eingabeaufforderung mit erhöhten Rechten und rufen Sie den Befehl *Ipconfig /all* auf. Im Abschnitt *Tunneladapter iphttpsinterface* sehen Sie, ob die Verbindung intern oder über DirectAccess erfolgt.

Rufen Sie in der PowerShell das Cmdlet *Get-DAConnectionStatus* auf. Der Status sollte als *ConnectedRemotely* angegeben werden. In diesem Fall sind Sie mit DirectAccess verbunden. Sie erkennen dies auch, wenn Sie im Desktop auf das Netzwerksymbol klicken. Geben Sie in der PowerShell *Get-NetIPAddress* ein, um die IPv6-Konfiguration zu prüfen. Kontrollieren Sie, ob der Tunneladapter *iphttpsinterface* aktiv ist und über eine gültige IP-HTTPS-Adresse verfügt. Ihr Client verwendet IP-HTTPS für das Tunneling von IPv6-Datenverkehr zum DirectAccess-Server über das Internet.

Geben Sie »wf.msc« im Suchfeld des Startmenüs ein. Erweitern Sie den Knoten *Überwachung* und dann *Sicherheitszuordnungen*, um die festgelegten IPsec-Sicherheitszuordnungen zu prüfen. Es müssen die Authentifizierungsmethoden *Computer (Kerberos)* und *Benutzer (Kerberos)* verwendet werden. Der Client nutzt den Kerberos-Proxy, der vom

DirectAccess-Assistenten automatisch bereitgestellt wird. Wählen Sie im Konsolenbaum den Eintrag *Verbindungssicherheitsregeln*, um die zugeordneten Richtlinien zu prüfen, die angewendet werden.

Auch wenn DirectAccess generell recht leicht einzurichten ist und Microsoft Assistenten für die Konfiguration zur Verfügung stellt, ist das Troubleshooting nicht gerade einfach. Microsoft bietet zur Fehlerbehebung das Microsoft Windows DirectAccess Client Troubleshooting Tool (*http://tinyurl.com/zm9fhu8*) kostenlos an, mit dem Anwender auf ihren Rechnern die Anbindung testen können. Um das Tool zu verwenden, muss es lediglich aufgerufen werden, eine Installation ist nicht notwendig.

Damit DirectAccess auf einem Rechner funktioniert, müssen die erstellten Gruppenrichtlinien angewendet werden. Dazu können Administratoren auf den Zielrechnern die Befehle *Rsop.msc* oder *Gpresult /r* nutzen. Auf diese Weise lässt sich überprüfen, ob die Richtlinien übertragen wurden. Nach einer Änderung der Gruppenmitgliedschaft müssen Computer zunächst neu gestartet werden, damit die Richtlinien übernommen werden. Und auch die Firewall muss auf den Rechnern gestartet sein. Weiterführende Hinweise sind auf der Internetseite »The DirectAccess Guide« (*http://tinyurl.com/gu4ptvg*) zu finden. Mit dem Guide können Administratoren auch für Windows Server 2016 eine umfangreiche Fehlerbehebung durchführen.

Den Remotezugriff verwalten

Unabhängig davon, ob Sie DirectAccess oder den Remotezugriff mit VPN/DFÜ nutzen, findet die Verwaltung in Windows Server 2016 über die Remotezugriffs-Verwaltungskonsole statt. Diese finden Sie direkt im Server-Manager. Schließen Sie den Assistenten zur Einrichtung ab. Dieser integriert die notwendigen Einstellungen, erstellt Gruppenrichtlinien und ändert Einstellungen auf dem Server.

Nach der ersten Einrichtung lässt sich die Remotezugriffs-Verwaltungskonsole öffnen. Hier können Sie jederzeit Änderungen vornehmen. Die Konsole können Sie auch über das Kontextmenü der Remotezugriffsserver im Server-Manager starten.

Über die Kategorie *Konfiguration* auf der linken Seite ändern Sie Einstellungen. Durch einen Klick auf die entsprechende Schaltfläche im mittleren Bereich können Sie verschiedene Anpassungen vornehmen.

Über *Remoteclients* legen Sie fest, welche Benutzer und Clientcomputer sich mit dem Netzwerk verbinden dürfen. Hier bietet es sich an, mit Gruppen aus Active Directory zu arbeiten und diese im Assistenten zu hinterlegen. Standardmäßig dürfen alle externen Benutzer eine Verbindung aufbauen. Hier ist eine eigene Active Directory-Gruppe besser geeignet.

Über den Assistenten lassen sich WMI-Filter hinterlegen und in den Einstellungen des RAS-Servers in der Mitte die Einstellungen ändern, die bei der Einrichtung über den Assistenten vorgenommen wurden. DirectAccess kann mit internen Zertifizierungsstellen arbeiten oder mit selbst signierten Zertifikaten, wodurch die Einrichtung wesentlich vereinfacht wird. Besser ist allerdings die Nutzung einer Zertifizierungsstelle auf Basis der Active Directory-Zertifikatdienste (siehe Kapitel 30).

Über die Einrichtung des Servers legen Sie die Art der Authentifizierung fest. An dieser Stelle müssen Sie auch die Verbindung von Windows 7-Computern genehmigen, wenn außer Windows 8/8.1/10 auch Clients mit dem älteren Betriebssystem Zugriff erhalten sollen. Standardmäßig lässt DirectAccess in Windows Server 2016 nur Windows 8/8.1/10-

Computer zu. Hier aktivieren Sie auch die Unterstützung des Netzwerkzugriffschutzes mit DirectAccess (siehe Kapitel 31).

Die notwendigen Einstellungen für Clientcomputer nimmt der Assistent über Gruppenrichtlinien vor. Deren Einstellungen lassen sich in der Gruppenrichtlinienverwaltung anpassen. Auch für die Einstellungen der DirectAccess-Server sind Gruppenrichtlinien verantwortlich. In den erweiterten Firewalleinstellungen finden Sie auf dem DirectAccess-Server ebenfalls Einstellungen für die Verbindung vor. Die Einstellungen lassen sich auch in der PowerShell überprüfen. Dabei unterstützt Sie zum Beispiel das Cmdlet *Get-NetTeredoConfiguration*.

Die Einstellungen können Sie jederzeit anpassen. Dazu rufen Sie die Remotezugriffs-Verwaltungskonsole auf und klicken auf den DirectAccess/VPN-Server, den Sie verwalten wollen.

Haben Sie alle Einstellungen vorgenommen, klicken Sie unten im Fenster auf *Fertig* und dann auf *Anwenden*, damit der Assistent die Einstellungen übernimmt. Im Fenster sehen Sie die Änderungen, die der Assistent vornimmt, und ob die Einstellungen erfolgreich übernommen wurden. Überprüfen Sie danach auch immer über den Link *Vorgangstatus*, ob alles noch funktioniert.

VPN verwalten

Windows Server 2016 arbeitet sowohl mit der neuen Remotezugriffs-Verwaltungskonsole als auch mit dem klassischen Routing und RAS-Konsole. Auch hier können Sie weiterhin Einstellungen vornehmen und zum Beispiel Konfigurationen von PPTP anpassen sowie Clients steuern.

RAS-Benutzer und RAS-Ports konfigurieren und verwalten

Eine einfache Methode, um mit Windows Server 2016 ein virtuelles privates Netzwerk (Virtual Private Network, VPN) aufzubauen, ist der Einsatz von PPTP (Point-to-Point Tunneling Protocol). Dieser Verbindungstyp ist zwar nicht so sicher wie L2TP oder IPsec, aber dennoch für viele Unternehmen sinnvoll.

Ein PPTP-basierter VPN-Datenverkehr besteht aus einer TCP-Verbindung zum TCP-Port 1723 auf dem VPN-Server, um den Tunnel zu verwalten, und aus GRE(Generic Routing Encapsulation)-gekapselten Paketen für die VPN-Daten. Der PPTP-Datenverkehr kann jedoch Probleme mit Firewalls, NATs und Webproxys haben. Um derartige Probleme zu vermeiden, müssen die Firewalls so konfiguriert werden, dass sie sowohl die TCP-Verbindung als auch GRE-gekapselte Daten ermöglichen.

PPTP ermöglicht die verschlüsselte Einkapselung von verschiedenen Netzwerkprotokollen und unterstützt Schlüssellängen bis zu 128 Bit. Nachdem die Authentifizierung durchgeführt wurde, wird die Verbindung verschlüsselt. Die Verschlüsselung baut auf dem Kennwort der Authentifizierung auf. Je komplexer das Kennwort ist, umso stärker ist die Verschlüsselung. Da die Verschlüsselung und der Transport der einzelnen IP-Pakete durch das GRE-Protokoll durchgeführt werden, müssen Sie darauf achten, dass die Hardwarefirewall beziehungsweise der DSL-Router, den Sie im Internet platzieren, dieses Protokoll beherrscht. Viele preisgünstige Modelle beherrschen GRE nicht. PPTP wird allerdings von immer weniger VPN-Clients unterstützt, da das Protokoll im Vergleich zu anderen Protokollen zu unsicher ist.

VPN verwalten

Eine weitere Variante, ein VPN aufzubauen, ist das Layer 2 Tunnel-Protokoll (L2TP). Dieses Protokoll ist sicherer als PPTP, aber dafür auch komplexer in der Einrichtung. Auch bei diesem Protokoll werden die IP-Pakete in die Verschlüsselung eingekapselt. Das L2TP verwendet IPsec, um eine Verschlüsselung aufzubauen. Beim Aufbau eines VPN mit L2TP wird der Datenverkehr, im Gegensatz zu PPTP, bereits vor der Authentifizierung zuverlässig verschlüsselt. Da L2TP zur Verschlüsselung des Datenverkehrs IPsec verwendet, kann mit diesem VPN-Typ auch eine 3DES-Verschlüsselung durchgeführt werden. Der Einsatz eines VPN auf Basis von L2TP setzt eine Zertifizierungsstellen-Infrastruktur voraus. Vor allem mittelständische Unternehmen tun sich wesentlich leichter, wenn als VPN-Protokoll PPTP verwendet wird. Der Einsatz eines VPNs mit L2TP ist nur Experten zu empfehlen, die genau wissen, wie Zertifizierungsstellen eingerichtet werden und L2TP beziehungsweise IPsec funktioniert. Für den schnellen, effizienten und sicheren Aufbau eines VPNs ist PPTP sicherlich die beste Wahl.

Sie können die Konfiguration im Server-Manager über *Tools/Routing und RAS* überprüfen. Öffnen Sie dieses Snap-In, sehen Sie die Konfigurationen, die der Assistent auf dem Windows Server 2016 durchgeführt hat. Klicken Sie auf den Konsoleneintrag *RAS-Clients*, werden alle derzeit verbundenen VPN-Clients sowie ihre aktuelle Verbindungsdauer aufgelistet. Klicken Sie mit der rechten Maustaste auf den Client, können Sie dessen Verbindung vom Server aus trennen.

Abbildung 32.9: Routing und RAS in Windows Server 2016 konfigurieren

Klicken Sie mit der rechten Maustaste auf den Eintrag *Ports*, können Sie die Anzahl der Ports und damit der gleichzeitig möglichen Einwahlen definieren. Wird zum Beispiel nur PPTP und kein L2TP verwendet, können die benötigen Ports für L2TP auf 0 gesetzt werden. Dies gilt auch beim Einsatz von PPTP. Sollen für die Einwahl für PPTP weniger Ports zur Verfügung stellen, lässt sich diese Anzahl reduzieren oder die Einwahlmöglichkeiten in diesem Bereich können komplett deaktiviert werden.

Über das Kontextmenü des Servers und Auswahl von *Routing und RAS konfigurieren und aktivieren* wird VPN in der Konsole eingerichtet.

Im Assistenten kann jetzt ausgewählt werden, wie der VPN-Server betrieben werden soll. Für einen VPN-Server wird die Option *RAS (DFÜ oder VPN)* verwendet. Im Rahmen der Einrichtung muss noch definiert werden, auf welche Netzwerkverbindung der Server nach Verbindungsanfragen hören soll und welche IP-Adressen zugewiesen werden sollen. Auch die Authentifizierung lässt sich festlegen. Anschließend kann die Konfiguration über den Assistenten abgeschlossen werden.

Durch einen Klick auf den Konsoleneintrag *RAS-Clients* sind alle derzeit verbundenen VPN-Clients sowie ihre aktuelle Verbindungsdauer zu sehen. Durch einen Rechtsklick auf den Client lässt sich dessen Verbindung vom Server aus trennen.

Damit Benutzer das Recht erhalten, auf einen VPN-Server zuzugreifen, muss im Snap-In *Active Directory-Benutzer und -Computer* auf der Registerkarte *Einwählen* im Bereich *Netzwerkzugriffsberechtigung* die Option *Zugriff gestatten* aktiviert sein. In einer produktiven Umgebung lässt sich auch die Option *Zugriff über NPS-Netzwerkrichtlinien steuern* wählen. In diesem Fall erstellen Administratoren eine Gruppe in Active Directory, zum Beispiel mit der Bezeichnung *VPN-Zugriff*, und nehmen die Benutzerkonten in die Gruppe mit auf, denen sie VPN-Zugriff gestatten wollen.

HTTPS-VPN über das Secure Socket Tunneling-Protokoll einrichten

Windows Server 2016 und Windows 8/8.1/10 unterstützen neben PPTP und L2TP auch das Secure Socket Tunneling-Protokoll (SSTP) für die VPN-Einwahl. Mit diesem Protokoll wird ein virtuelles privates Netzwerk auf Basis von HTTPS aufgebaut, das wesentlich einfacher durch Firewalls und NAT-Geräte geschleust werden kann. Meistens wird der Port 443 in Firewalls nicht geschlossen und auch eine Verbindung über Proxyserver ist möglich.

SSTP verwendet eine HTTP-über-SSL-Sitzung zwischen VPN-Clients und -Servern, um gekapselte IPv4- oder IPv6-Pakete auszutauschen. Ein IPv4- oder IPv6-Paket wird zunächst zusammen mit einem PPP-Header und einem SSTP-Header gekapselt. Die Kombination aus dem IPv4- oder IPv6-Paket, dem PPP-Header und dem SSTP-Header wird durch die SSL-Sitzung verschlüsselt. Ein TCP-Header und ein IPv4-Header werden hinzugefügt, um das Paket zu vervollständigen.

SSTP unterstützt allerdings keine authentifizierten Webproxykonfigurationen, in denen der Proxy während der HTTPS-Verbindungsanforderung irgendeine Form von Authentifizierung verlangt. Sie brauchen auch nicht die Internetinformationsdienste (IIS) zu installieren, da der Remotezugriff eingehende Verbindungen überwacht. Es kann jedoch gleichzeitig sowohl der Remotezugriff als auch IIS auf demselben Server vorhanden sein. Auf dem SSTP-Server muss ein Computerzertifikat mit der Serverauthentifizierung oder der Universaleigenschaft »Erweiterte Schlüsselverwendung« (Enhanced Key Usage, EKU) installiert sein. Dieses Computerzertifikat wird vom SSTP-Client verwendet, um den SSTP-Server zu authentifizieren, wenn die SSL-Sitzung eingerichtet wird. Der SSTP-Client überprüft das Computerzertifikat des SSTP-Servers. Um dem Computerzertifikat zu vertrauen, muss die Stammzertifizierungsstelle (CA) der CA, die das Computerzertifikat des SSTP-Servers ausgestellt hat, auf dem SSTP-Client installiert sein.

Der Ablauf beim Verbinden über SSTP

Wenn ein Benutzer auf einem Computer, der Windows Server 2016 und Windows 8/8.1/10 ausführt, eine SSTP-basierte VPN-Verbindung initiiert, findet Folgendes statt:

1. Der SSTP-Client richtet eine TCP-Verbindung mit dem SSTP-Server zwischen einem dynamisch zugewiesenen TCP-Port auf dem Client und TCP-Port 443 auf dem Server ein.

2. Der SSTP-Client sendet eine SSL-Client-Begrüßungsnachricht, die anzeigt, dass der Client eine SSL-Sitzung mit dem SSTP-Server einrichten will.
3. Der SSTP-Server sendet dem SSTP-Client sein Computerzertifikat.
4. Der SSTP-Client überprüft das Computerzertifikat, bestimmt die Verschlüsselungsmethode für die SSL-Sitzung, generiert einen SSL-Sitzungsschlüssel und verschlüsselt diesen dann mit dem öffentlichen Schlüssel des SSTP-Serverzertifikats.
5. Der SSTP-Client sendet das verschlüsselte Formular des SSL-Sitzungsschlüssels zum SSTP-Server.
6. Der SSTP-Server entschlüsselt den verschlüsselten SSL-Sitzungsschlüssel mit dem privaten Schlüssel seines Computerzertifikats. Die gesamte zukünftige Kommunikation zwischen dem SSTP-Client und dem SSTP-Server wird mit der ausgehandelten Verschlüsselungsmethode und dem SSL-Sitzungsschlüssel verschlüsselt.
7. Der SSTP-Client sendet eine HTTP-über-SSL-Anforderungsnachricht zum SSTP-Server.
8. Der SSTP-Client handelt mit dem SSTP-Server einen SSTP-Tunnel aus.
9. Der SSTP-Client handelt mit dem SSTP-Server eine PPP-Verbindung aus. Zu dieser Aushandlung gehören die Authentifizierung der Anmeldeinformationen des Benutzers mit einer PPP-Authentifizierungsmethode und die Konfiguration der Einstellungen für den IPv4- oder IPv6-Datenverkehr. Verbindungen, die unter Verwendung von PPP (Point-to-Point-Protokoll) erstellt wurden, müssen den Standards entsprechen, die in den PPP-RFCs festgelegt sind. Nachdem eine physische oder logische Verbindung mit einem PPP-basierten RAS-Server hergestellt ist, wird unter Verwendung der folgenden Aushandlungen eine PPP-Verbindung eingerichtet.

    PPP verwendet LCP (Link Control-Protokoll), um Verknüpfungsparameter wie die maximale PPP-Datenblockgröße, die Verwendung von Multilink und die Verwendung eines bestimmten PPP-Authentifizierungsprotokolls auszuhandeln. Das Link Control-Protokoll (LCP) konfiguriert die PPP-Datenblockerstellung. Die PPP-Datenblockerstellung bestimmt, auf welche Weise die Daten zu Datenblöcken zusammengefasst werden, bevor sie im WAN übertragen werden. Das standardmäßige PPP-Datenblockformat stellt sicher, dass RAS-Programme aller Hersteller miteinander kommunizieren können und Datenpakete von jeder RAS-Software erkennen, die den PPP-Standards entspricht.

    Der RAS-Client und der RAS-Server tauschen Nachrichten entsprechend des ausgehandelten Authentifizierungsprotokolls aus. Wenn EAP (Extensible Authentication-Protokoll) verwendet wird, handeln der Client und der Server eine bestimmte EAP-Methode aus, die als EAP-Typ bekannt ist. Dann werden Nachrichten dieses EAP-Typs ausgetauscht. Die Nutzung von EAP ist die von Microsoft favorisierte Variante für Wählverbindungen und erlaubt eine einheitliche Authentisierung eines Nutzers über LAN, WLAN und WAN. Wenn für die DFÜ-Verbindung der Rückruf konfiguriert ist, wird die physische Verbindung beendet und der RAS-Server ruft den RAS-Client zurück.
10. Der SSTP-Client beginnt, über die PPP-Verbindung IPv4- oder IPv6-Datenverkehr zu senden.

SSTP installieren

Um SSTP in einer Active Directory-Domäne verwenden zu können, müssen nicht alle Server und die Domäne zu Windows Server 2016 migriert werden. Es reicht der Einsatz eines VPN-Servers mit Windows Server 2016. Auf den Clients muss Windows Vista, Windows 7 und Windows 8/8.1/10 installiert sein. Die Berechtigung für die Einwahl der Benutzer erfolgt identisch zu den Berechtigungen über andere VPN-Methoden. Benutzern müssen nur die entsprechenden Rechte zugewiesen werden.

Die Installation von SSTP vorbereiten

Damit SSTP verwendet werden kann, muss der Rollendienst *Zertifizierungsstellen-Webregistrierung* der Rolle *Active Directory-Zertifikatdienste* installiert sein (siehe Kapitel 30). Der beste Weg ist, wenn Sie auf dem VPN-Server selbst eine Zertifizierungsstelle installieren, und zwar als Typ *Eigenständig*, **nicht** als *Unternehmenszertifizierungsstelle*. Richten Sie zuerst die Zertifizierungsstelle ein und installieren Sie danach über den Server-Manager noch den Rollendienst *Zertifizierungsstellen-Webregistrierung*.

Die Zertifizierungsstelle muss außerdem als Stammzertifizierungsstelle installiert sein. Alle weiteren Einstellungen wählen Sie so, wie in Kapitel 30 erläutert. Für eine Testumgebung und auch für die meisten Produktivumgebungen verwenden Sie einfach die Standardeinstellungen.

Sicherheitseinstellungen im Internet Explorer auf dem VPN-Server konfigurieren

Nachdem die Zertifizierungsstelle auf dem Server installiert ist, müssen Sie auf dem VPN-Server noch das Serverzertifikat installieren, über das das SSTP-VPN ermöglicht wird. Da der Internet Explorer von Windows Server 2016 sehr strenge Sicherheitseinstellungen aufweist, müssen Sie zunächst in den Optionen des Internet Explorers Änderungen vornehmen:

1. Starten Sie den Internet Explorer.
2. Drücken Sie die [Alt]-Taste und klicken Sie auf *Extras/Internetoptionen*.
3. Wechseln Sie zur Registerkarte *Sicherheit*.
4. Klicken Sie auf *Lokales Intranet* und stellen Sie sicher, dass die Sicherheitsstufe auf *Niedrig* eingestellt ist. In einer produktiven Umgebung sollten über die Schaltfläche *Stufe anpassen* nur die ActiveX-Controls aktiviert werden. Den geschützten Modus des Internet Explorers können Sie aktiviert lassen, außer Sie stellen bei Ihrer Verbindung Probleme fest.

Das Serverzertifikat auf dem VPN-Server installieren

Der nächste Schritt, den VPN-Server vorzubereiten, besteht darin, ein Serverzertifikat von der Zertifizierungsstelle anzufordern und zu installieren:

1. Geben Sie im Suchfeld des Startmenüs »certlm.msc« ein.
2. Klicken Sie anschließend mit der rechten Maustaste auf *Eigene Zertifikate/Zertifikate* und wählen Sie *Alle Aufgaben/Neues Zertifikat anfordern*.
3. Bestätigen Sie den Assistenten.
4. Klicken Sie auf der Seite *Zertifikatregistrierung* auf *Weiter*.
5. Wählen Sie *Computer* als Zertifikat aus und klicken Sie auf *Registrieren*.

Wird bei Ihnen kein Zertifikat angezeigt, müssen Sie auf dem Zertifikatserver in einer Microsoft Management Console (MMC) das Snap-In *Zertifikatvorlagen* laden:
1. Klicken Sie mit der rechten Maustaste auf das Zertifikat *Computer* und rufen Sie die *Eigenschaften* auf.
2. Wechseln Sie zur Registerkarte *Sicherheit*.
3. Klicken Sie auf *Authentifizierte Benutzer* oder *Domänen-Admins*, je nachdem, wem Sie das Recht zum Registrieren zuweisen möchten.
4. Klicken Sie bei dem Recht *Registrieren* auf *Zulassen* und bestätigen Sie.
5. Starten Sie auf dem NPS-Server das Snap-In *Zertifikate* erneut und überprüfen Sie, ob das Zertifikat jetzt registriert werden kann. Bis das Zertifikat angezeigt wird, kann es einige Zeit dauern.

Den VPN-Client konfigurieren

Damit Sie ein VPN über HTTPS mit SSTP verwenden können, muss auf den Clients Windows Vista, Windows 7 oder Windows 8/8.1/10 installiert sein. Damit sich der VPN-Client verbinden kann, muss das Zertifikat der Stammzertifizierungsstelle auf dem Client installiert werden.

Diese Vorgänge sind ausführlich in den Kapiteln 30 und 31 erläutert. In diesem Abschnitt erläutern wir Ihnen, wie das Zertifikat der Zertifizierungsstelle über die Weboberfläche der Zertifizierungsstelle in Ihrem Unternehmen angefordert wird. Computer, die Mitglied der gleichen Active Directory-Gesamtstruktur wie der Zertifikatserver sind, vertrauen dem Server automatisch.

Damit Clients über das Internet per HTTPS eine VPN-Verbindung aufbauen können, muss daher entweder vorher das Zertifikat im Unternehmen auf dem Rechner installiert werden oder Sie veröffentlichen die Zertifizierungsstelle im Internet. Um das Zertifikat der Zertifizierungsstelle auf dem Computer zu installieren, gehen Sie wie folgt vor:

1. Rufen Sie zunächst im Internet Explorer des Clients die Webseite der Zertifizierungsstelle auf (*https://<Servername>/certsrv*).
2. Nach einem Klick auf den Link *Download eines Zertifizierungsstellenzertifikats, einer Zertifikatkette oder einer Sperrliste* erscheint eine Sicherheitsmeldung im Internet Explorer, die Sie mit *Ja* bestätigen.
3. Klicken Sie auf der nächsten Seite auf den Link *Download des Zertifizierungsstellenzertifikats*.
4. Wählen Sie im Downloadfenster *Öffnen* aus.
5. Klicken Sie im neuen Fenster auf *Zertifikat installieren*.
6. Schließen Sie den Assistenten mit den Standardeinstellungen ab.

Anschließend muss das Zertifikat noch in den richtigen Zertifikatspeicher verschoben werden. Aktuell befindet es sich im Speicher des Benutzers, muss aber in den Speicher des lokalen Computerkontos, und zwar in den Speicher der vertrauenswürdigen Stammzertifizierungsstellen (siehe die Kapitel 30 und 31) kopiert werden. Gehen Sie dazu folgendermaßen vor:

1. Öffnen Sie eine neue MMC-Konsole.
2. Fügen Sie das Snap-In *Zertifikate* hinzu.
3. Wählen Sie als Option *Eigenes Benutzerkonto* aus.
4. Fügen Sie noch mal das Snap-In *Zertifikate* hinzu.
5. Wählen Sie als Option *Computerkonto* aus und bestimmen Sie den lokalen Computer.

6. Öffnen Sie den Konsoleneintrag *Zertifikate – Aktueller Benutzer/Zwischenzertifizierungsstellen/Zertifikate*.
7. Klicken Sie mit der rechten Maustaste auf das Zertifikat des VPN-Servers und wählen Sie im Kontextmenü den Eintrag *Kopieren* aus. Da das Zertifikat keinen privaten Schlüssel benötigt, muss es nicht exportiert werden.
8. Öffnen Sie den Konsoleneintrag *Zertifikate (Lokaler Computer)/Vertrauenswürdige Stammzertifizierungsstellen/Zertifikate* und fügen das Zertifikat per Klick mit der rechten Maustaste über den Kontextmenübefehl *Einfügen* ein.

SSTP-VPN-Verbindung konfigurieren

Der nächste Schritt besteht darin, eine VPN-Verbindung zu konfigurieren, die SSTP verwendet, nicht PPTP oder L2TP. Gehen Sie dazu folgendermaßen vor:

1. Öffnen Sie das *Netzwerk- und Freigabecenter* auf dem Computer.
2. Klicken Sie auf *Eine Verbindung oder ein Netzwerk einrichten*.
3. Wählen Sie *Verbindung mit dem Arbeitsplatz herstellen*.
4. Geben Sie die Daten der Verbindung ein, wie bei einer normalen VPN-Verbindung.
5. Rufen Sie in den Netzwerkverbindungen die Eigenschaften der neuen VPN-Verbindung auf.
6. Wechseln Sie zur Registerkarte *Sicherheit*.
7. Wählen Sie bei *VPN-Typ* die Option *Secure Socket Tunneling-Protokoll (SSTP)* aus.

Fehler bei SSTP-VPN beheben

Wie bei allen Verbindungen werden auch Informationen zum SSTP-VPN in der Ereignisanzeige des Servers gespeichert. Fehlermeldungen finden Sie im Protokoll *System* und die Meldungen zu SSTP unter *RasSstp*. Sollten Verbindungsprobleme auftreten, liegt es fast immer an fehlerhaften Zertifikaten und dem Namen des Zertifikats.

Unter den Eigenschaften in den Ports der RAS-Verwaltungskonsole können weitere Einstellungen bezüglich SSTP-VPN vorgenommen werden.

Auf der Registerkarte *Sicherheit* des Routing- und RAS-Servers konfigurieren Sie noch das Zertifikat, das die SSTP-Verbindung verwenden soll. In den Eigenschaften für Ports legen Sie die Anzahl und Konfiguration der Ports für SSTP fest.

Exchange & Co. veröffentlichen

Eine seit Windows Server 2012 R2 vorhandene Funktion bietet auch in Windows Server 2016 eine effiziente Möglichkeit, um Webanwendungen wie Exchange im Internet zur Verfügung zu stellen. Der Webanwendungsproxy (Web Application Proxy, WAP) hat die Aufgabe, eine sichere Schnittstelle vom internen Netzwerk zum Internet zur Verfügung zu stellen, vor allem für die Veröffentlichung von Serverdiensten.

Mit diesem Server-Feature können Unternehmen Webdienste wie zum Beispiel Exchange Outlook Web App und andere Webdienste wie SharePoint aus dem internen Netzwerk im Internet bereitstellen.

In Windows Server 2016 lassen sich Exchange ActiveSync-Geräte wesentlich stabiler anbinden. Diese verbinden sich über den Webanwendungsproxy, authentifiziert durch AD FS mit Exchange. In Windows Server 2012 R2 war das durch die nicht kompatible Authentifizierung noch nicht ohne Weiteres möglich. Außerdem kann der Webanwendungsproxy in Windows Server 2016 HTTP-Anfragen automatisch zu HTTPS-Adressen weiterleiten.

Sie können in Windows Server 2016 mit Platzhaltern arbeiten, um SharePoint oder andere Webanwendungen einfacher zu veröffentlichen. Auch das ist mit Windows Server 2012 R2 noch nicht möglich gewesen. Das Remotedesktopgateway und die über diesen Weg veröffentlichten Apps in den Remotedesktopdiensten lassen sich mit dem Webanwendungsproxy im Internet bereitstellen.

Auch das Routing von Anwenderanmeldungen ist möglich. Das heißt, Unternehmen können mit dem Webanwendungsproxy und den Active Directory-Verbunddiensten (AD FS) eine sichere und kostengünstige Veröffentlichung von Webdiensten durchführen und mit Bordmitteln verwalten.

Neben der Möglichkeit, die Authentifizierung an Exchange über das Internet mit dem Webanwendungsproxy durchzuführen, lassen sich mit der Lösung auch Single Sign-On-Szenarien mit Office 365 oder Microsoft Azure realisieren.

Einen Webanwendungsproxy installieren

Der Webanwendungsproxy ist ein Rollendienst der Serverrolle *Remotezugriff*. Diese installieren Sie im Server-Manager über *Verwalten/Rollen und Features hinzufügen*.

Hinweis Sie können die Active Directory-Verbunddienste und den Rollendienst *Webanwendungsproxy* nicht auf demselben Server installieren, sondern müssen dazu mindestens zwei Server betreiben.

Während der Installation des Rollendiensts müssen Sie keine Einstellungen vornehmen. Sie starten den Assistenten zur Einrichtung nach der Installation des Rollendiensts über das Benachrichtigungscenter im Server-Manager.

Im ersten Schritt bei der Einrichtung des Anwendungsproxys geben Sie den AD FS-Server an, der für die Authentifizierung verwendet werden soll. Diesen müssen Sie, unabhängig vom Webanwendungsproxy zuvor installiert und eingerichtet haben. Während der Einrichtung müssen die Anmeldedaten für ein Administratorkonto auf dem AD FS-Server eingegeben werden.

Anschließend legen Sie für den Server ein Serverzertifikat als AD FS-Proxy-Zertifikat fest. Das Zertifikat müssen Sie ebenfalls vor der Einrichtung des Webanwendungsproxys auf dem Server installieren.

Tipp Die lokale Verwaltung der Zertifikate starten Sie durch Eingabe von »certlm.msc« auf dem Server.

Sie können an dieser Stelle selbst signierte Zertifikate erstellen. Ein solches Zertifikat erstellen Sie auf Wunsch aber auch selbstsigniert in der PowerShell. Die Syntax dazu lautet:

New-SelfSignedCertificate -CertStoreLocation Cert:\LocalMachine\My -DnsName <FQDN des Servers>

Haben Sie die Daten angegeben und das Zertifikat ausgewählt, wird durch den Assistenten der Dienst eingerichtet. Sie können die erste Einrichtung des Webanwendungsproxys auch in der PowerShell durchführen. Dazu benötigen Sie lediglich den Servernamen des AD FS-Servers und den Fingerabdruck des Zertifikats.

Active Directory mit dem Webanwendungsproxy einrichten

Haben Sie den Assistenten für die Einrichtung des Webanwendungsproxys erfolgreich abgeschlossen, besteht der nächste Schritt darin, Active Directory anzupassen. Hier stellen Sie sicher, dass Outlook Web App, SharePoint oder andere Webdienste und der neue Webanwendungsproxy zusammenarbeiten.

Zunächst müssen Sie einen Service Principal Name (SPN) festlegen. Dieser stellt sicher, dass der Webanwendungsproxy auch Kerberos-Tokens für HTTP-basierte Anfragen anfordern kann. Zusätzlich müssen Sie hier festlegen, dass der Webanwendungsproxy das Recht erhält, sich am Exchange-Server im Namen des zugreifenden Anwenders anzumelden. Gleiches gilt auch für andere Webdienste. Der Benutzer selbst meldet sich über AD FS am Webanwendungsproxy an:

Für die Einrichtung öffnen Sie mit *Adsiedit.msc* den ADSI-Editor. Lassen Sie über das Kontextmenü von ADSI-Editor eine Verbindung zu Active Directory herstellen. Wählen Sie dazu im Fenster die Option *Standardmäßiger Namenskontext* aus und klicken Sie auf OK.

Navigieren Sie zum Objekt des Servers, auf dem Sie den Webanwendungsproxy installiert haben, und rufen Sie seine Eigenschaften auf.

Wechseln Sie auf die Registerkarte *Attribut-Editor* und klicken Sie auf *servicePrincipalName*. Bei dem Wert handelt es sich um eine *Mehrteilige Zeichenfolge*. Sie können also für diesen Wert mehrere Daten eingeben, die der Server nutzen kann.

Sie müssen an dieser Stelle zwei Zeilen hinzufügen. Beide Zeilen bekommen als Präfix den Eintrag *HTTP/*. In der ersten Zeile tragen Sie den NetBIOS-Namen ein, in der zweiten Zeile den FQDN, zum Beispiel:

HTTP/S1

HTTP/S1.CONTOSO.COM

Bestätigen Sie die Änderungen mit OK. Nachdem Sie Active Directory mit ADSI-Edit angepasst haben, rufen Sie als Nächstes das Snap-In *Active Directory-Benutzer und -Computer* auf:

1. Navigieren Sie zur OU mit dem Computerkonto des Webanwendungsproxys und rufen Sie dessen Eigenschaften auf.
2. Wechseln Sie zur Registerkarte *Delegierung*.
3. Aktivieren Sie die Optionen *Computer* bei *Delegierungen angegebener Dienste vertrauen/ Beliebiges Authentifizierungsprotokoll verwenden*.
4. Klicken Sie auf *Hinzufügen*, wählen Sie die Computerkonten Ihrer Exchange-Server aus und fügen Sie den Dienst *HTTP* für diese Server hinzu.

Exchange für Webanwendungsproxy anpassen

Im folgenden Beispiel zeigen wir Ihnen, wie Sie Outlook Web App und das Exchange Control Panel (ECP) in Exchange Server 2013 für die Anbindung über den Webanwendungsproxy anpassen. Die Anbindung von Exchange 2016 läuft genauso ab.

Die Einstellungen dazu nehmen Sie im Exchange Admin Center vor. Navigieren Sie zu den entsprechenden Servern und öffnen Sie im Bereich *ClientAccess* die Eigenschaften für das virtuelle Web.

Rufen Sie danach die Verwaltung des Remotezugriffs im Server-Manager auf. Dazu klicken Sie auf *Tools/Remotezugriffsverwaltung*. Im Fenster erstellen Sie neue Veröffentlichungen für den Webanwendungsproxy. Für die Einrichtung starten Sie in der Verwaltungskonsole einen Assistenten, mit dem Sie Webanwendungen über den Webanwendungsproxy veröffentlichen. Sie geben im Fenster die externe URL ein und wählen das externe Zertifikat aus. Auch den zuvor angepassten Service Principal Name (SPN) geben Sie im Fenster ein, zum Beispiel:

HTTP/S1.Contoso.int

Geben Sie zum Abschluss noch die notwendigen Daten der Server an und beenden Sie danach den Assistenten. Wenn Anwender eine externe URL aufrufen, die Sie hier veröffentlicht haben, erscheint die formularbasierte Authentifizierung von AD FS. Hier muss sich der Anwender authentifizieren und erhält dann Zugriff auf Outlook Web App.

Active Directory-Verbunddienste einrichten

Bevor der Webanwendungsproxy in Betrieb gehen kann, müssen im Netzwerk die Active Directory-Verbunddienste installiert und eingerichtet sein (siehe Kapitel 42). Die Installation dieser Dienste erfolgt ebenfalls über den Server-Manager in Windows Server 2016. Haben Sie alle Vorbereitungen getroffen, installieren Sie AD FS als Serverrolle auf dem Active Directory-Verbunddienste-Server. Die Rolle wird über *Verwalten/Rollen und Features hinzufügen* über den Rollendienst *Active Directory-Verbunddienste* installiert.

Während der Installation von AD FS sind keine Konfigurationsaufgaben durchzuführen, hier werden nur die notwendigen Dateien auf dem Server installiert. Die Einrichtung erfolgt erst anschließend. Zusätzlich müssen Sie für die Verwendung von Exchange und dem Webanwendungsproxy eine Vertrauensstellung zu AD FS einrichten. Dazu gehen Sie folgendermaßen vor:

1. Öffnen Sie im Server-Manager über *Tools/AD FS-Verwaltung* die Verwaltungskonsole von AD FS.
2. Navigieren Sie zu *Vertrauensstellungen/Anspruchsanbieter-Vertrauensstellungen*.
3. Erstellen Sie über das Kontextmenü einen neuen Anbieter.
4. Geben Sie bei der Einrichtung auf der Seite *Datenquelle auswählen* die URL *https://<Interner oder externer Name des AD FS-Servers>/adfs/services/trust* ein.
5. Schließen Sie den Assistenten ab.
6. Anschließend öffnen Sie das Fenster mit den Anspruchsregeln für die neue Vertrauensstellung. Hier fügen Sie die Option *Alle Windows-Kontoname-Ansprüche zulassen* hinzu.

Zusammenfassung

In diesem Kapitel haben wir Ihnen gezeigt, wie Sie Clientcomputer über das Internet an Active Directory-Domänen anbinden. Zusätzlich haben Sie erfahren, wie Sie ein virtuelles privates Netzwerk (Virtual Private Network, VPN) aufbauen und wie Sie Clients mit DirectAccess anbinden. Und schließlich haben wir Ihnen erklärt, wie Sie einen Webanwendungsproxy installieren und verwenden.

Im nächsten Kapitel erläutern wir Ihnen, wie Sie die Active Directory-Rechteverwaltung nutzen.

Kapitel 33
Active Directory-Rechteverwaltungsdienste nutzen

In diesem Kapitel:
Die Active Directory-Rechteverwaltung im Überblick. 850
Die Rechteverwaltung installieren und einrichten 851
Die dynamische Zugriffssteuerung nutzen. 858
Zusammenfassung. 862

Auch mit Windows Server 2016 stellt Ihnen Microsoft die Active Directory-Rechteverwaltung zur Verfügung. Mit dieser Technik können Sie erweiterte Berechtigungen steuern, zum Beispiel die Erlaubnis zum Ausdrucken von bestimmten Dokumenten oder andere Rechte.

Für die Editionen Standard und Datacenter benötigen Sie weiterhin Clientzugriffslizenzen (CALs). Auch in Windows Server 2016 können Sie diese benutzerbasiert oder pro Gerät erwerben, dürfen sie aber nicht aufsplitten. Clientzugriffslizenzen (CALs) und Remotedesktop-Clientzugriffslizenzen (RDCALs) sowie Lizenzen für die Active Directory-Rechteverwaltungsdienste (Active Directory Rights Management Services, AD RMS) sind in Windows Server 2016 weiterhin notwendig. Auch hier gibt es Gerätelizenzen oder Benutzerlizenzen für den Zugriff. Sie müssen bereits bei der Bestellung Ihrer Lizenzen im Voraus planen, welchen Lizenztyp Sie einsetzen wollen.

Kapitel 33: Active Directory-Rechteverwaltungsdienste nutzen

Die Active Directory-Rechteverwaltung im Überblick

Bei Windows Server 2016 stehen für Unternehmen vor allem die beiden Editionen Standard und Datacenter zur Auswahl. Die Active Directory-Rechteverwaltung (AD RMS) ist daher ebenfalls umfassend in der Standard-Edition des Windows-Servers enthalten und erlaubt auch kleineren Unternehmen, diese Funktion zu nutzen. In Windows Server 2016 ist es nicht notwendig, dass das Installationskonto, mit dem Sie die Active Directory-Rechteverwaltung (AD RMS) installieren, lokale Administratorrechte auf dem SQL-Server erhalten muss. Auf dem Server wichtige Informationen werden in einer Datenbank gespeichert. Allerdings muss das Konto innerhalb des SQL-Servers umfassende Administratorrechte erhalten. Außerdem muss auf dem SQL-Server der SQL Server-Browser gestartet sein, damit AD RMS auf den Server zugreifen darf. Vor der Installation von AD RMS muss der SQL-Server, auf dem die Dienste Daten speichern sollen, vorbereitet werden.

AD RMS und dynamische Zugriffssteuerung

AD RMS und die dynamische Zugriffssteuerung arbeiten zusammen. Wie bei der Rechteverwaltung lassen sich auch bei der dynamischen Zugriffssteuerung Richtlinien für den Zugriff auf Dateien erstellen. Diese Richtlinien steuern den Zugriff auf Dokumente parallel zum herkömmlichen Rechtemodell. Dieses hat sich auch in Windows Server 2016 nicht geändert.

In diesem Bereich arbeitet die dynamische Zugriffssteuerung auch mit den Dateiklassifizierungsdiensten zusammen (siehe Kapitel 21). Dieser Windows-Dienst erlaubt die Zuteilung von Metadaten (Tags) zu Dateien, die den Zugriff regeln. Auf Basis der Klassifizierung erstellen Administratoren zentrale Zugriffsrichtlinien (Central Access Policies, CAPs) als zusätzliche Berechtigungsebene.

Darf ein Anwender auf eine Datei über das Dateisystem zugreifen, verweigert die CAP aber den Zugriff, ist das Öffnen der Datei nicht zulässig. Dies gilt auch umgekehrt. Verweigerungen haben auch in Windows Server 2016 immer Vorrang vor erteilten Berechtigungen. Dürfen Anwender eine Datei nicht öffnen, besteht die Möglichkeit, direkt einen Administrator per E-Mail zu benachrichtigen. Dazu setzen Unternehmen am besten noch parallel zu Windows Server 2016 auf SharePoint und Exchange.

Der Zugriff auf Dateien wird durch Ordner nach unten vererbt, genauso wie bei herkömmlichen Berechtigungen. Anwender dürfen auch noch selbst Rechte erteilen, und auch Anwendungen dürfen automatisch Metadaten in Dateien schreiben, die sich anschließend auf die Rechte auswirken. Die zentrale Zugriffsrichtlinie des Unternehmens prüft die Metadaten der Dateien und weist die entsprechenden Rechte zu. Der Vorgang lässt sich dann mit AD RMS auch automatisieren.

Die Rechteverwaltung installieren und einrichten

Abbildung 33.1: Die dynamische Zugriffssteuerung im neuen Active Directory-Verwaltungscenter von Windows Server 2016 verwalten

Die Rechteverwaltung installieren und einrichten

Die Installation der Active Directory-Rechteverwaltung findet über den Server-Manager statt. Sie rufen dazu *Verwalten/Rollen und Features hinzufügen* auf und wählen die Rolle *Active Directory-Rechteverwaltungsdienste* aus. Die notwendigen zusätzlichen Features müssen ebenfalls bestätigt werden.

Die Active Directory-Rechteverwaltungsdienste bieten eine umfassende Unterstützung der PowerShell. Um die Dienste in PowerShell zu installieren, geben Sie den Befehl *Install-WindowsFeature ADRMS -IncludeAllSubFeature* ein.

Während der Installation muss ausgewählt werden, welche Rollendienste der Server bereitstellen soll. Auf diesem Weg lassen sich die Active Directory-Rechteverwaltungsdienste in einer einzelnen Gesamtstruktur betreiben oder mit dem Rollendienst *Unterstützung für Identitätsverbund* über mehrere Strukturen hinweg.

Tipp	Auf Core-Servern mit Windows Server 2016 können Sie die Active Directory-Rechteverwaltung ebenfalls installieren. Parallel dazu lassen sich auch auf Core-Servern noch Active Directory-Domänendienste (Active Directory Domain Services, AD DS) und Active Directory-Zertifikatdienste (Active Directory Certificate Services, AD CS) installieren (siehe die Kapitel 4, 10 bis 17 und 30).

Nach der Installation der Active Directory-Rechteverwaltungsdienste müssen Sie über den Server-Manager zunächst den Einrichtungs-Assistenten starten. Erst nachdem dieser Assistent durchgelaufen ist, funktioniert die Rechteverwaltung.

Sobald der AD RMS-Schutz für eine Datei hinzugefügt wird, bleibt er für die Datei bestehen. Standardmäßig kann der Schutz für eine Datei nur vom Inhaltsbesitzer entfernt werden. Der Inhaltsbesitzer gewährt anderen Benutzer das Recht, Aktionen am Inhalt der Datei vorzunehmen, zum Beispiel die Möglichkeit, die Datei anzuzeigen, zu kopieren oder zu drucken.

Hinweis Starten Sie den SQL Server-Browserdienst auf dem SQL-Server, bevor Sie die Active Directory-Rechteverwaltung einrichten. Erstellen Sie auch die notwendigen Regeln für den Netzwerkzugriff in der Windows-Firewall auf dem SQL-Server. Wie Sie dabei vorgehen, lesen Sie in den nächsten Abschnitten.

Den SQL-Server für AD RMS vorbereiten

AD RMS benötigen Zugriff auf einen SQL-Server. Wenn das TCP/IP-Protokoll aktiviert ist und eine Instanz von Microsoft SQL Server startet, wird dem Server ein TCP/IP-Port zugewiesen. Ist das Named Pipes-Protokoll aktiviert, lauscht SQL Server an einer speziell benannten Pipe. Dieser Port wird von der betreffenden Instanz zum Zugriff mit Clientanwendungen verwendet. Bei der Installation von SQL Server 2016 wird der TCP-Port 1433 und die Pipe *\sql\query* der Standardinstanz zugewiesen. Die Einstellungen lassen sich aber ändern.

Da ein Port oder eine Pipe von nur jeweils einer Instanz von SQL Server verwendet werden kann, verwenden benannte Instanzen andere Portnummern und Pipenamen. Sie können einer Instanz von SQL Server einen bestimmten Port zuweisen. Beim Verbindungsaufbau können Clients einen bestimmten Port angeben.

Wie das geht, zeigen wir im folgenden Abschnitt noch genauer. Wenn der Port jedoch dynamisch zugewiesen wird, kann sich die Portnummer bei jedem Neustart von SQL Server ändern, sodass die richtige Portnummer dem Client unbekannt bleibt. Das heißt, auf dem SQL-Server muss ein Dienst dafür sorgen, dass sich Anwender mit den Instanzen verbinden können, ohne den entsprechenden Port zu kennen. Diese Funktion übernimmt der Systemdienst *SQL Server-Browser*. Der Dienst ist nur dann notwendig, wenn auf einem SQL-Server mehr als eine Instanz installiert ist und wenn Sie die Active Directory-Rechteverwaltungsdienste einsetzen.

Beim Starten verwendet der SQL Server-Browser den UDP-Port 1434. Der SQL Server-Browser liest die Registrierung des Servers, identifiziert alle Instanzen auf dem Server und speichert die verwendeten Ports und Named Pipes. Wenn ein Server über zwei oder mehr Netzwerkkarten verfügt, gibt der SQL Server-Browser den ersten gefundenen aktivierten Port zurück.

Der SQL Server-Browser unterstützt IPv4 und IPv6. Wenn SQL Server-Clients eine Verbindung mit einer Instanz aufbauen, sendet der Client über den Port 1434 eine UDP-Nachricht an den Server. SQL Server-Browser antwortet anschließend mit dem TCP/IP-Port oder der Named Pipe der angeforderten Instanz. Wenn der SQL Server-Browserdienst nicht ausgeführt wird, können Sie dennoch eine Verbindung herstellen, wenn Sie den Port

Die Rechteverwaltung installieren und einrichten

oder die Pipe der Instanz angeben. Allerdings funktioniert das nicht mit den Active Directory-Rechteverwaltungsdiensten.

Damit Anwendungen wie die Active Directory-Rechteverwaltungsdienste auf einen Server zugreifen dürfen, um zum Beispiel selbst Datenbanken zu erstellen, müssen Sie Firewallregeln erstellen und im Konfigurations-Manager Protokolle freischalten. Dazu muss auf dem SQL-Server eine neue Firewallregel erstellt werden, da die Firewall die beiden TCP-Ports 1433 und 1434 blockiert. Mit diesen Ports bauen Clients eine Verbindung zum Server auf:

1. Geben Sie dazu auf dem SQL-Server im Suchfeld des Startmenüs »wf.msc« ein.
2. Klicken Sie auf *Eingehende Regeln*.
3. Klicken Sie dann auf *Neue Regel*.
4. Aktivieren Sie auf der ersten Seite des Assistenten zum Erstellen von neuen Firewallregeln die Option *Port*.
5. Aktivieren Sie auf der nächsten Seite die Optionen *TCP* und *Bestimmte lokale Ports*.
6. Geben Sie im Feld neben der Option *Bestimmte lokale Ports* den Wert *1433-1434* ein.
7. Aktivieren Sie auf der nächsten Seite die Option *Verbindung zulassen* und auf der folgenden Seite die Profile, für die Sie den Zugriff gestatten wollen. In sicheren Umgebungen reicht es auch aus, wenn Sie nur das Domänenprofil aktivieren.
8. Weisen Sie abschließend der Regel einen passenden Namen zu und bestätigen Sie die Erstellung.

Tipp Haben Sie auf dem Server noch benannte Instanzen installiert und wollen auf diese über das Netzwerk mit dem Management Studio zugreifen, erstellen Sie eine weitere Regel, die die Ports UDP 1433-1434 zulässt. Auch wenn Sie Active Directory-Rechteverwaltungsdienste einsetzen, müssen Sie diese Einstellung vornehmen.

Außerdem muss für die Verbindung der Systemdienst *SQL Server-Browser* gestartet sein. Dieser nimmt Abfragen aus dem Netzwerk entgegen und verteilt sie an die entsprechende Instanz oder den Server. Dazu ist es notwendig, dass der Server über das Netzwerk mit TCP/UDP erreichbar ist und die Ports TCP/UDP 1433-1434 in der Firewall freigeschaltet sind.

Erhalten Sie Fehler beim Netzwerkzugriff angezeigt, schalten Sie über die Standardeinstellung der Firewall in der Systemsteuerung noch die Remoteverwaltung des Servers frei. Sie finden die Einstellung in der Systemsteuerung unter *System und Sicherheit/Windows-Firewall* über den Link *Eine App oder ein Feature durch die Windows-Firewall durchlassen*.

Außerdem müssen Sie an dieser Stelle auch die verschiedenen anderen SQL Server-Dienste freischalten, vor allem den Serverdienst *SQL Server-Browser*. Dieser nimmt Anfragen aus dem Netzwerk entgegen und verbindet die Clients mit der entsprechenden Instanz.

Funktioniert die Verbindung zum SQL-Server nicht, öffnen Sie auf dem SQL-Server den SQL Server-Konfigurations-Manager. Klicken Sie dann auf *SQL Server-Netzwerkkonfiguration/Protokolle für <Instanz>* und stellen Sie sicher, dass *TCP/IP* und *Named Pipes* aktiviert sind. Für den Zugriff über das Netzwerk ist vor allem TCP/IP notwendig. Named Pipes steuert den Zugriff auf dem lokalen Server.

Kapitel 33: Active Directory-Rechteverwaltungsdienste nutzen

Vor allem bei der Developer Edition oder bei der kostenlosen Express Edition von SQL Server ist TCP/IP meist deaktiviert. In den Eigenschaften von *Protokolle für <Instanz>* nehmen Sie ebenfalls Einstellungen vor, genauso wie in den Eigenschaften von einzelnen Protokollen auf der rechten Seite.

Für die Eigenschaften aller Protokolle können Sie zum Beispiel eine Verschlüsselung aktivieren. Dann dürfen sich nur noch verschlüsselte Clients mit dem Server verbinden. Aktivieren Sie die Verschlüsselung, können Sie in den Eigenschaften von *Protokolle für <Instanz>* noch ein Zertifikat hinterlegen, das Sie für die Verschlüsselung verwenden.

An dieser Stelle nehmen Sie für alle installierten Instanzen Einstellungen für die verwendeten Protokolle vor. Über das Kontextmenü von *Protokolle für <Instanz>* finden Sie die Eigenschaften für alle Protokolle dieser Instanz. Hier können Sie ein installiertes Zertifikat hinterlegen und die Verschlüsselung aktivieren. Auf den Clients können Sie ebenfalls die Verschlüsselung aktivieren, sodass der Server nur noch verschlüsselte Verbindungen erlaubt. Standardmäßig ist die Verschlüsselung nicht aktiv.

Tipp Funktioniert die Verbindung zu einer benannten Instanz über das Netzwerk nicht und erhalten Sie noch den Fehler 26 bei der Verbindung angezeigt, sollten Sie zunächst auf dem Server, mit dem Sie auf die Instanz des anderen Servers zugreifen wollen, die Verbindung zum SQL Server-Browserdienst testen. Die Verbindung muss funktionieren, da ansonsten das Management Studio oder andere Clients nicht auf benannte Instanzen zugreifen können. Sie können dazu das Microsoft-Tool PortQry nutzen:

1. Laden Sie die Datei *PortQryV2.exe* von der Seite *http://tinyurl.com/6ryqa8x* herunter.

2. Rufen Sie das Tool mit den folgenden Optionen auf:

   Portqry -n <Servername> -p UDP -e 1434

3. Es muss eine Antwort des SQL Server-Browserdiensts und die verschiedenen Instanzen des Servers erscheinen. Nur wenn eine Instanz vom Browserdienst erkannt wird, kann der Systemdienst die Benutzeranfragen an die entsprechende Instanz weiterleiten.

Die Verbindung setzt voraus, dass die Server über Ping miteinander kommunizieren können und auch die Namen per DNS auflösbar sind. Sobald auf einem Server mehrere Instanzen installiert sind, muss der Systemdienst *SQL Server-Browser* gestartet sein. Ansonsten lässt sich auf benannte Instanzen nicht über das Netzwerk zugreifen. Sie können die Funktion des SQL Server-Browsers auch in der Eingabeaufforderung mit *Sc query sqlbrowser* testen. Der Dienst muss fehlerfrei funktionieren.

Funktioniert die Verbindung nicht, wenn Sie sich im Management-Studio verbinden, können Sie das Verbindungsprotokoll des Management-Studios auch steuern. Dazu geben Sie nicht die Verbindung in der Syntax *<Server>\<Instanz>* an, sondern mit *tcp:<Server>\<Instanz>* oder *np:<Server>\<Instanz>*, je nachdem, wie Sie die Verbindung testen wollen, also mit TCP/IP oder Named Pipes. Haben Sie in den Eigenschaften des TCP/IP-Protokolls für die Instanz einen Port definiert, können Sie auf dem Server, mit dem Sie auf die Instanz zugreifen wollen, diesen in der Verbindung mit der Syntax *<Server>\<Instanz>,<Port>* angeben. Hier funktioniert dann in der Regel die Verbindung.

Ist das entsprechende Protokoll auf dem Zielserver im SQL Server-Konfigurations-Manager für die Instanz freigeschaltet, muss die Verbindung auch funktionieren.

Wollen Sie zeitweise oder dauerhaft eine Instanz von SQL Server im Netzwerk ausblenden, also noch verfügbar machen, aber nicht mehr über das Netzwerk zur Verfügung stellen, verwenden Sie den SQL Server-Konfigurations-Manager. Rufen Sie die Eigenschaften von *Protokolle für <Instanz>* auf und wechseln Sie zur Registerkarte *Flags*. Konfigurieren Sie die Option *Instanz ausblenden* mit *Ja*.

AD RMS konfigurieren

Ist der SQL-Server verfügbar und die Rollendienste von AD RMS installiert, machen Sie sich an die Einrichtung der Funktion. Der erste Server in einer AD RMS-Umgebung ist der Stammcluster. Ein AD RMS-Stammcluster besteht aus einem oder mehreren AD RMS-Servern, die in einer Lastenausgleichsumgebung konfiguriert sind.

Unter Windows Server 2016 stellen das Hinzufügen der AD RMS-Rolle und die Konfiguration eines neuen AD RMS-Clusters zwei separate Vorgänge dar. Das war in Windows Server 2008 R2 noch anders. Nachdem Sie die Rolle erfolgreich hinzugefügt haben, ist eine weitere Konfiguration erforderlich, um die AD RMS-Rolle bereitzustellen:

1. Klicken Sie in Server-Manager auf das Symbol *Benachrichtigungen*.
2. Klicken Sie bei dem Taskereignis *Konfiguration ist für "Active Directory-Rechteverwaltungsdienste" auf "<Servername>" erforderlich* auf den Link *Zusätzliche Einstellungen konfigurieren*.
3. Der AD RMS-Konfigurations-Assistent wird geöffnet.
4. Klicken Sie im Konfigurations-Assistenten auf *Weiter*.

Abbildung 33.2: Den Assistenten zur Einrichtung von AD RMS starten

5. Akzeptieren Sie die Standardauswahl für den AD RMS-Cluster (*AD RMS-Stammcluster erstellen*) und klicken Sie auf *Weiter*.
6. Akzeptieren Sie die Standardauswahl für die Konfigurationsdatenbank (*Datenbankserver und Datenbankinstanz angeben*) und klicken Sie auf *Auswählen*.
7. Wählen Sie den SQL-Server aus und klicken Sie danach auf *Auflisten*, um die Instanzen einzulesen.

Kapitel 33: Active Directory-Rechteverwaltungsdienste nutzen

Abbildung 33.3: AD RMS mit dem SQL-Datenbankserver verbinden

8. Wählen Sie im Listenfeld *Datenbankinstanz* den Eintrag *DefaultInstance* aus und klicken Sie auf *Weiter*.
9. Klicken Sie im Dialogfeld *Dienstkonto angeben* auf *Angeben* und wählen Sie einen Administratorbenutzer aus. Sie können den Benutzer auch direkt eingeben. Sie benötigen für den Vorgang ein anderes Benutzerkonto als das Konto, mit dem Sie AD RMS einrichten.
10. Akzeptieren Sie den Kryptografiemodus 2 und klicken Sie dann auf *Weiter*.
11. Übernehmen Sie für *Clusterschlüsselspeicher* die Standardeinstellung (*Zentral verwalteten AD RMS-Schlüsselspeicher verwenden*) und klicken Sie dann auf *Weiter*.
12. Geben Sie auf der Seite *Clusterschlüsselkennwort* ein Kennwort ein und bestätigen Sie es. Klicken Sie auf *Weiter*.
13. Akzeptieren Sie für die Clusterwebsite die Standardeinstellung (*Default Web Site*) und klicken Sie dann auf *Weiter*.
14. Übernehmen Sie für *Verbindungstyp* die Standardeinstellung (*SSL-verschlüsselte Verbindung (https://) verwenden*) und geben Sie für *Vollqualifizierter Domänenname* den Namen des Servers ein.
15. Akzeptieren Sie bei *Serverzertifikat* die Standardeinstellung (*Selbstsigniertes Zertifikat zur SSL-Verschlüsselung erstellen*) und klicken Sie dann auf *Weiter*. Sie können an dieser Stelle auch eigene Zertifikate verwenden, wenn Sie auf die Active Directory-Zertifikatdienste setzen (siehe Kapitel 30). Am schnellsten fordern Sie ein Zertifikat an, indem Sie »certlm.msc« im Suchfeld des Startmenüs eintippen. Wenn Sie ein selbstsigniertes Zertifikat für das Cluster verwenden, können Sie eine Kopie des Zertifikats im Ordner *Vertrauenswürdige Stammzertifizierungsstellen* erstellen, damit ihm vertraut wird. Diesen Vorgang führen Sie ebenfalls in der Konsole *Certlm.msc* durch. Sie kopie-

Die Rechteverwaltung installieren und einrichten

ren dazu über das Kontextmenü einfach das Zertifikat und fügen es danach bei den vertrauenswürdigen Stammzertifizierungsstellen ein.

Abbildung 33.4: Die Clusteradresse auswählen

16. Akzeptieren Sie für *Lizenzgebendes Zertifikat* den Standardnamen und klicken Sie dann auf *Weiter*.
17. Akzeptieren Sie für *AD RMS-Dienstverbindungspunkt registrieren* die Standardeinstellung (*SCP jetzt registrieren*) und klicken Sie dann auf *Weiter*.
18. Überprüfen Sie zur Bestätigung Ihre Installationsauswahl und klicken Sie anschließend auf *Installieren*.
19. Klicken Sie auf *Schließen*.
20. Melden Sie sich vom Server ab und anschließend wieder an, um das Sicherheitstoken für das angemeldete Benutzerkonto zu aktualisieren.

Das Benutzerkonto, das bei der Installation der AD RMS-Serverrolle angemeldet ist, wird automatisch zu einem Mitglied der lokalen AD RMS-Gruppe *Organisations-Admins*. Ein Benutzer muss Mitglied dieser Gruppe sein, um AD RMS verwalten zu können. Der AD RMS-Stammcluster ist jetzt installiert und konfiguriert. Sobald Sie sich erneut anmelden, können Sie AD RMS über die Konsole der Active Directory-Rechteverwaltungsdienste verwalten.

AD RMS nach der Installation verwalten und überprüfen

Nach der Installation und Einrichtung verwalten Sie AD RMS mit dem Server-Manager oder indem Sie selbst das Verwaltungstool aufrufen. Klicken Sie dazu im Server-Manager auf *Tools* und wählen Sie *Active Directory-Rechteverwaltungsdienste* aus. Über die Konsole

Kapitel 33: Active Directory-Rechteverwaltungsdienste nutzen

können Sie Vertrauensrichtlinien und Ausschlussrichtlinien konfigurieren und Vorlagen für Benutzerrechterichtlinien erstellen.

Bevor Sie durch Rechte geschützten Inhalt verwenden können, müssen Sie die URL des AD RMS-Clusters zur Sicherheitszone *Lokales Intranet* auf den Clients mit Windows 8/10 hinzufügen:

1. Öffnen Sie im Windows 8/10-Client den Internet Explorer.
2. Klicken Sie auf *Extras* (mit der [Alt]-Taste einblenden) und dann auf *Internetoptionen*.
3. Klicken Sie auf die Registerkarte *Sicherheit* und dann auf *Lokales Intranet*.
4. Klicken Sie dann auf *Sites*.
5. Klicken Sie auf *Erweitert*.
6. Geben Sie unter *Diese Website zur Zone hinzufügen* die Adresse *https://<Servername des AD RMS-Clusters>* ein und klicken Sie dann auf *Hinzufügen*.
7. Klicken Sie auf *Schließen*.

Sie können den Zugriff auf die AD RMS-Lizenzierungswebsite überprüfen, indem Sie die URL im Internet Explorer eingeben. Es sollte eine Warnung zu den Zertifikaten für diese Website angezeigt werden. Dies kommt daher, dass Sie bei der Konfiguration von AD RMS ein selbst signiertes Zertifikat verwendet haben.

Klicken Sie im Menü eines Programms, zum Beispiel in Microsoft Office auf *Datei*, dann auf *Dokument schützen*, zeigen Sie dann auf *Zugriff einschränken* und klicken Sie auf *Eingeschränkter Zugriff*. Sie können an dieser Stelle Vorlagen vom AD RMS-Cluster herunterladen und in Office verwenden.

Abbildung 33.5: In Office-Programmen können Sie nach der Einrichtung von AD RMS auf die Funktionen des Servers zugreifen.

Die dynamische Zugriffssteuerung nutzen

Die dynamische Zugriffssteuerung (Dynamic Access Control, DAC) in Windows Server 2016 soll Unternehmen dabei helfen, die Berechtigungen von Dateien besser zu verwalten. Allerdings müssen Administratoren beachten, dass die Verwaltung dieser Rechte extrem kompliziert und mit viel Aufwand verbunden ist. Wir zeigen Ihnen, welche Hürden es zu umschiffen gibt und wie DAC im Unternehmen eingeführt werden kann.

Die grundsätzliche Funktionsweise von DAC ist recht einfach. Die Berechtigungen, die Anwender für ein Dokument haben, sind im Dokument selbst als Metadaten gespeichert. Die Berechtigungen, also Lesen, Schreiben, Drucken und mehr bleiben im Dokument immer gültig, unabhängig davon, ob es in einen anderen Ordner verschoben, als E-Mail verschickt oder in SharePoint gespeichert wird. Das bisherige Berechtigungsmodell bleibt auch in Windows Server 2016 erhalten, die dynamische Zugriffssteuerung ergänzt sie nur.

Damit Daten dynamisch gesichert werden können, müssen die einzelnen Dateien zunächst klassifiziert werden (siehe Kapitel 21). Dies kann in Windows Server 2016 durch die Dateiklassifizierungsdienste automatisch erfolgen. Auch Anwendungen können einzelne Dateien automatisch klassifizieren, und Benutzer selbst haben ebenfalls die Möglichkeit, ihre Dokumente zu klassifizieren.

Abbildung 33.6: Eine neue zentrale Zugriffsrichtlinie erstellen

Außerdem erben Dateien die Berechtigungstags übergeordneter Verzeichnisse. Auf Basis dieser Tags werden durch die DAC Rechte auf der Grundlage von Richtlinien zugewiesen,

Kapitel 33: Active Directory-Rechteverwaltungsdienste nutzen

die Administratoren erstellen. So lassen sich zum Beispiel Dokumente der Geschäftsleitung entsprechend markieren und automatisch schützen. Die automatische Absicherung übernehmen dann die Active Directory-Rechteverwaltungsdienste.

DAC erweitern das Standardrechtemodell um eine zusätzliche Schicht. Haben Anwender auf einen Ordner Schreibrechte, greifen aber über eine Freigabe zu, in der nur Leserechte definiert sind, haben sie effektive Rechte zum Lesen, nicht zum Schreiben. Beim Einsatz von DAC werden beim Zugriff auf Dateien die festgelegten Rechte also noch einmal erweitert. So lässt sich ein Grundschutz für Dokumente im Netzwerk festlegen.

Die Verwaltung von Rechten und Zugriffsrichtlinien nehmen Sie im neuen Active Directory-Verwaltungscenter vor. Grundlagen für die Berechtigungssteuerungen sind zentrale Zugriffsrichtlinien (Central Access Policies, CAP). Auch diese legen Sie im Active Directory-Verwaltungscenter fest. Die Richtlinien steuern, welche Rechte Anwender auf Ressourcen haben, die dieser zentralen Richtlinie zugeordnet sind.

Die zentralen Zugriffsregeln steuern, welche Berechtigungen einem bestimmten Satz von Ressourcen, also Dateien, Ordnern oder Bibliotheken, zugewiesen sind. Während die zentrale Zugriffsrichtlinie regelt, wer zugreifen darf, steuern zentrale Zugriffsregeln, mit welchen Rechten die Anwender auf die klassifizierten Dateien zugreifen dürfen und welche Ressourcen die Regel verwendet.

Abbildung 33.7: Eine zentrale Zugriffsregel erstellen

Nachdem festgelegt ist, wer auf welche Ressourcen zugreifen darf, definieren Sie in der zentralen Zugriffsregel, mit welchen genauen Rechten der Zugriff erfolgt. Auf diese Weise

Die dynamische Zugriffssteuerung nutzen

können Unternehmen eine Grundregel für Berechtigungen für alle Ressourcen in der Gesamtstruktur festlegen.

Damit die zentralen Zugriffsregeln Ressourcen genauer filtern können, um der zentralen Zugriffsrichtlinie die Zuteilung von Benutzern und den Zugriffsregeln das Zuteilen von Rechten zu erlauben, sind Ressourceneigenschaften notwendig. Diese Ressourceneigenschaften fassen bestimmte Dokumente zusammen.

Abbildung 33.8: Die Ressourceneigenschaften festlegen

Ein weiterer Baustein sind die Anspruchstypen (Claim Types), also die Zuteilung von Attributen. Dabei handelt es sich um Attribute in Active Directory. Berücksichtigen Unternehmen zum Beispiel das Active Directory-Attribut *department*, lassen sich in der zentralen Zugriffsrichtlinie einzelne Abteilungen abfragen, wie *Verkauf*. Alle Anwender in dieser Abteilung lassen sich dann besondere Rechte zuteilen. Unternehmen können aber auch Computerkonten mit einbeziehen und beides kombinieren.

Einer der wichtigsten Bausteine von DAC sind die Dateiklassifizierungsdienste (siehe Kapitel 21). Diese steuern Sie über den Ressourcen-Manager für Dateiserver. Die Installation erfolgt als Rollendienste der Rolle *Datei- und Speicherdienste* über den Server-Manager (siehe Kapitel 4 und 21).

Klassifizierungseigenschaften, die Sie für Dokumente festlegen, werden nicht im Dateisystem, sondern in der Datei direkt gespeichert. Klicken Sie mit der rechten Maustaste auf *Klassifizierungseigenschaften*, können Sie über *Eigenschaft erstellen* festlegen, welche neuen Kriterien Dateien zugeordnet werden können. So lässt sich zum Beispiel bestimmen, ob ein Dokument zu einem Projekt gehört, private Daten enthält, nur für den internen Gebrauch oder für bestimmte Personen nutzbar sein soll. Mehr zu diesem Thema lesen Sie in Kapitel 21.

Für die Eigenschaft geben Sie den Namen der neuen Eigenschaft an, zum Beispiel »Nur für internen Gebrauch«. Über *Eigenschaftentyp* stehen verschiedene Möglichkeiten zur Verfügung, die Eigenschaft festzulegen. Neben *Ja/Nein* können Sie eine Multiple-Choice-Liste erstellen, eine Nummer oder eine Uhrzeit hinterlegen. Im unteren Bereich bearbeiten Sie dann die Eingaben genauer, die als Klassifizierung zur Auswahl stehen.

Das Anlegen und Bearbeiten von Klassifizierungseigenschaften ändert aber noch keine Dokumente ab, sondern bietet nur die Verwendung der Eigenschaften an. Damit diese auch mit Dokumenten verknüpft werden, müssen Administratoren Klassifizierungsregeln erstellen. Über den Menübefehl *Klassifizierungszeitplan konfigurieren* können Sie festlegen, wann Klassifizierungsregeln starten sollen, ob Sie einen Bericht erhalten wollen, und wenn ja, in welchem Format. Klassifizierungsregeln werden durch Klassifizierungszeitpläne gesteuert. Die Klassifizierungsregeln verwenden wiederum die Klassifizierungseigenschaften.

Zusammenfassung

Dieses Kapitel sollte dazu dienen, Ihnen einen kurzen Einstieg in die Active Directory-Rechteverwaltung zu bieten. Und auch die Grundlagen zur dynamischen Zugriffssteuerung waren Thema dieses Kapitels.

Im nächsten Kapitel gehen wir detailliert auf die Hochverfügbarkeit mit Windows Server 2016 ein. Wenn Sie mehr über Cluster und die Hochverfügbarkeit bei Hyper-V erfahren wollen, lesen Sie bitte das Kapitel 9.

Kapitel 34
Hochverfügbarkeit und Lastenausgleich

In diesem Kapitel:

Grundlagen zum Lastenausgleich	864
Notwendige Vorbereitungen für NLB-Cluster	865
Den Netzwerklastenausgleich installieren	865
Einen NLB-Cluster erstellen	865
NLB versus DNS-Roundrobin	869
Storage Spaces Direct nutzen	871
Scale-Out-Fileserver erstellen	879
Cluster Operating System Rolling Upgrade	880
Cluster Aware Update nutzen und einrichten	884
Cloud Witness mit Microsoft Azure einrichten	889
Der Netzwerkcontroller im Überblick	891
Data Center Bridging (DCB)	894
Zusammenfassung	896

In Kapitel 9 haben wir Ihnen bereits gezeigt, wie Sie Cluster mit Windows Server 2016 und Hyper-V aufbauen. In diesem Kapitel erfahren Sie, wie Sie den Netzwerklastenausgleich in Windows Server 2016 nutzen. Die Installation und Verwaltung von Clustern ist Thema von Kapitel 9.

Anwender greifen zum Beispiel über SharePoint-Webserver auf die SharePoint-Anwendungsserver zu. Um Webserver ausfallsicher zur Verfügung zu stellen, auch ohne SharePoint, ist der beste Weg der Einsatz eines Netzwerklastenausgleich-Clusters (Network Load Balancing, NLB). SharePoint bietet die Möglichkeit, zusammen mit dem Netzwerklastenausgleich von Windows Server 2016 einen NLB-Cluster für Webserver zu erstellen. Auf diese Weise können Sie auch diese Server leichter hochverfügbar machen.

Grundlagen zum Lastenausgleich

Die Anwender verbinden sich mit dem NLB-Cluster, der die Anwender anschließend auf die einzelnen Server verteilt. Netzwerklastenausgleich-Cluster haben die Aufgabe, die Last eines Servers auf mehrere Server zu verteilen, damit die Auslastung einzelner Server gesenkt und die Performance verbessert wird. Auch beim Einsatz der Remotedesktopdienste nutzen Sie diese Funktion (siehe Kapitel 28). Hier nehmen Sie die Einrichtung aber über die Remotedesktop-Verwaltungskonsole vor. Sobald Sie einen Serverdienst auf mehrere Server verteilen können, zum Beispiel bei Webservern, ergibt ein NLB-Cluster Sinn.

Generell ist es unerheblich, ob Anwender zum ersten oder zweiten Server verbunden werden. Bei NLB bauen die Clients eine Verbindung zum NLB-Cluster auf, der wie ein Failovercluster über einen eigenen Namen und IP-Adresse verfügt. Anschließend verteilt der Cluster die entsprechende Anforderung der Anwender an einen Server im Cluster.

Beim Netzwerklastenausgleich können Sie bis zu 32 Server zu einem Netzwerklastenausgleich-Cluster zusammenfügen, der von außen über eine gemeinsame virtuelle IP-Adresse angesprochen wird und somit wie ein einziger Computer erscheint. Beim Zugriff durch die Anwender verteilt der Netzwerklastenausgleich die Anwender auf die Anwendungsserver der Farm. Dabei können Sie das Lastenausgleichsgewicht der einzelnen Hosts im Cluster für jeden einzelnen Server konfigurieren.

Fällt ein Host des Clusters aus, übernehmen die anderen Server im Cluster die Zugriffe der Anwender. Daten tauscht der NLB-Cluster allerdings nicht aus und NLB-Cluster verwenden auch keinen gemeinsamen Datenträger.

Das ist Sache eines Failoverclusters. Serverdienste wie Webserver können Sie aber vor Ausfall schützen, da diese keine Daten speichern müssen, sondern Daten nur weiterleiten. Der Zugriff der Clients erfolgt zwar über die virtuelle IP-Adresse des NLB-Clusters, aber letztlich auf die physischen Server in diesem Cluster. Für die Kommunikation der NLB-Hosts im NLB-Cluster können Sie auch IPv6 verwenden. Für einzelne Knoten lassen sich mehrere dedizierte IP-Adressen konfigurieren.

Mit dem Netzwerklastenausgleich-Manager nehmen Sie die komplette Steuerung des NLB-Clusters vor.

Achtung	Sie können Webserver auch über Hyper-V und NLB clustern, müssen aber an dieser Stelle bei der Konfiguration einiges beachten. Erstellen Sie einen NLB-Cluster, spielt die MAC-Adresse eine wichtige Rolle. In einigen Fällen ändert Windows diese MAC-Adresse in Hyper-V ab (siehe die Kapitel 7 bis 9). Standardmäßig verwendet Hyper-V dynamische MAC-Adressen. Jeder Host im Hyper-V-Cluster verfügt über einen eigenen Pool an MAC-Adressen.
	Führen Sie im Cluster einen Failover durch, ändert sich die MAC-Adresse des virtuellen Servers beim nächsten Neustart. In diesem Fall funktioniert der virtuelle NLB-Cluster nicht mehr. Mehr zu diesem Thema lesen Sie auch in Kapitel 9. Sie können diesen Fehler aber leicht umgehen. Rufen Sie die Einstellungen der virtuellen Server im Hyper-V-Manager auf, klicken Sie auf *Netzwerkkarte* und erweitern Sie den Knoten, um auf die erweiterten Features zugreifen zu können. Aktivieren Sie die statische Zuordnung der MAC-Adressen. Diese Einstellung lässt sich aber nur vornehmen, wenn der Server ausgeschaltet ist. Aktivieren Sie außerdem noch das Spoofing von MAC-Adressen für die Webserver.

Notwendige Vorbereitungen für NLB-Cluster

Setzen Sie mehrere Netzwerkkarten in den Webservern ein, sollten Sie entweder für eine der Karten ein Standardgateway eintragen oder das IP-Forwarding aktivieren. Diese Funktion ist in Windows Server 2016 allerdings standardmäßig deaktiviert. Um diese Funktion zu aktivieren, geben Sie in der Eingabeaufforderung den folgenden Befehl ein:

Netsh interface ipv4 set int "<Name der LAN-Verbindung>" forwarding=enabled

Durch diese Option erlauben Sie dem Server, IP-Pakete, die nicht zum lokalen Server gehören, an andere Server weiterzuleiten. Da die Server in einem Cluster laufen, ist das unbedingt notwendig.

Sind im Server zwei Netzwerkkarten verfügbar, sollten Sie eine Karte für den NLB-Cluster, die andere für das produktive Netzwerk einsetzen, mit denen sich die Anwender verbinden. Außerdem sollten Sie sicherstellen, dass die Namen dieser Verbindungen im Netzwerk- und Freigabecenter entsprechend gesetzt sind. Ist im Server nur eine Netzwerkkarte vorhanden, müssen Sie hierbei nichts beachten.

Den Netzwerklastenausgleich installieren

Als Nächstes müssen Sie auf allen Webservern, die Sie in den NLB-Cluster aufnehmen wollen, das Netzwerklastenausgleich-Feature installieren. Unter Windows Server 2016 erfolgt dies über den Server-Manager.

Öffnen Sie zur Installation den Server-Manager und klicken Sie auf *Verwalten/Rollen und Features hinzufügen*. Wählen Sie das Feature *Netzwerklastenausgleich* aus und führen Sie die Installation durch. Während der Installation des Features müssen keinerlei Konfigurationen vorgenommen werden.

Die Einrichtung des NLB-Clusters findet nachträglich in der entsprechenden Verwaltungskonsole statt. Installieren Sie das Feature auf allen Servern, die Sie zum NLB-Cluster hinzufügen wollen. Fügen Sie im Server-Manager über *Verwalten/Server hinzufügen* weitere Server hinzu, können Sie das Feature auf allen Servern im Cluster gleichzeitig installieren (siehe die Kapitel 3 und 4).

Nach der Installation können Sie auch gleich den DNS-Eintrag erstellen, in dem Sie den Namen und die IP-Adresse des NLB-Clusters hinterlegen. Anwender verwenden den Namen, den Sie an dieser Stelle hinterlegen, und werden zur IP-Adresse des NLB-Clusters weitergeleitet.

Rufen Sie zur Erstellung das DNS-Verwaltungsprogramm auf und erstellen Sie einen neuen Host-A-Eintrag mit dem Namen, den Sie dem NLB-Cluster geben wollen, und der IP-Adresse, die Sie dem NLB-Cluster zuweisen wollen (siehe Kapitel 25).

Einen NLB-Cluster erstellen

Nach der Installation erstellen Sie in der Netzwerklastenausgleich-Verwaltung einen neuen NLB-Cluster. Starten Sie dazu das Verwaltungsprogramm *Netzwerklastenausgleich-Manager* über das Menü *Tools* im Server-Manager. Klicken Sie dann mit der rechten Maustaste auf *Netzwerklastenausgleich-Cluster* und dann auf *Neuer Cluster*.

Kapitel 34: Hochverfügbarkeit und Lastenausgleich

Geben Sie im neuen Fenster den Servernamen des ersten Clusterknotens ein und klicken Sie dann auf *Verbinden*. Wählen Sie die Netzwerkverbindung aus, die Sie für den NLB-Cluster verwenden wollen, und klicken dann auf *Weiter*.

Abbildung 34.1: Verbindungsaufbau mit dem ersten Clusterknoten im NLB-Cluster

Auf der nächsten Seite fügen Sie die IP-Adresse hinzu, die Sie dem NLB-Cluster als Ganzes zuweisen wollen. Hier tragen Sie die IP-Adresse ein, die Sie auch als Hosteintrag auf dem DNS-Server hinterlegt haben.

Auf der nächsten Seite hinterlegen Sie bei *Vollständiger Internetname* den DNS-Eintrag als FQDN, den Sie in DNS hinterlegt haben. Belassen Sie den Clusterausführungsmodus auf *Unicast*. Stellen Sie Verbindungsprobleme fest, können Sie an dieser Stelle auch *Multicast* verwenden.

Bei Unicast erhält jeder Server im NLB-Cluster die gleiche MAC-Adresse. Die vorhandene MAC-Adresse der Netzwerkkarten entfernt der Assistent dabei. Setzen Sie Multicast ein, fügt der Assistent den MAC-Adressen der Netzwerkkarten eine zusätzliche MAC-Adresse hinzu. Die Clients können dann über ihre alte MAC-Adresse und über die neue des NLB-Clusters kommunizieren.

Auf der nächsten Seite belassen Sie die angelegte Standardregel oder passen sie an, wenn die Standardeinstellungen nicht für Ihre Umgebung geeignet sind, zum Beispiel bei besonderen Sicherheitsvorgaben.

Nutzen Sie Multicast-IP-Adressen mit IGMP, sind Class-D-IP-Adressen erforderlich. Auf der nächsten Seite löschen Sie auf Wunsch die angelegte Standardregel und erstellen mit *Hinzufügen* eine neue Regel. Die Regeln dienen für den Zugriff der Clients über das Netz-

Einen NLB-Cluster erstellen

werk. Standardmäßig wartet ein NLB-Cluster auf allen Ports seiner konfigurierten IP-Adressen auf Anfragen. Diese sollten Sie in sicheren Umgebungen aber einschränken.

Abbildung 34.2: Den Namen des NLB-Clusters festlegen

Erstellen Sie eine eigene Regel, deaktivieren Sie die Option *Alle* bei *Cluster-IP-Adresse* und wählen Sie die IP-Adresse des Clusters aus. Wollen Sie zum Beispiel einen NLB-Cluster für Exchange-Clientzugriffsserver erstellen (auch CAS-Array genannt), haben Sie die Möglichkeit, die Regeln anzupassen:

1. Als *Portbereich* verwenden Sie 135 als Anfangs- und als Endwert.
2. Aktivieren Sie bei *Protokolle* die Option *TCP*.
3. Aktivieren Sie bei *Filterungsmodus* die Option *Mehrfachhost*.
4. Belassen Sie die Einstellung für *Affinität* auf *Einfach*.
5. Klicken Sie dann auf *OK*.

Abbildung 34.3: Die Portregel für einen NLB-Cluster anpassen

Kapitel 34: Hochverfügbarkeit und Lastenausgleich

Erstellen Sie beim Einsatz von Exchange anschließend eine weitere Regel. Hier hinterlegen Sie als Portbereich die Ports, die von Outlook und dem CAS-Array verwendet werden. Haben Sie einen statischen Port für die Kommunikation festgelegt, können Sie diesen eintragen.

Arbeiten Sie nicht mit dem statischen Port, sondern mit der Standardeinstellung von Exchange, müssen Sie den Portbereich auf TCP 1024 bis 65535 verwenden. Sollen sich über das CAS-Array auch andere Clients verbinden, sollten Sie noch weitere Regeln für den entsprechenden Portbereich hinterlegen. Verwenden Sie dazu die gleichen Einstellungen und setzen Sie die notwendigen Ports ein. Nutzen Sie noch IMAP oder POP3, sollten Sie die Affinität für diese Regeln auf *Keine* setzen. Folgende Ports sind notwendig:

- Outlook Anywhere, Exchange ActiveSync, Outlook Web App – TCP 443
- IMAP4-SSL – TCP 993
- POP3-SSL – TCP 995
- IIS-Umleitung von HTTP auf HTTPS – TCP 80

Diese Regeln müssen Sie aber nur hinterlegen, wenn Sie die entsprechenden Protokolle auch tatsächlich verwenden. Haben Sie alle Regeln erstellt oder verwenden Sie die vorgefertigte Standardregel, klicken Sie auf *Fertig stellen*.

Achten Sie bei der Konfiguration auch bei der Zuweisung des Zertifikats zu den Servern auf den allgemeinen Zugriffsnamen des Zertifikats. Da die Clients nicht den Servernamen verwenden, sondern den Namen des NLB-Clusters, muss dieser Name auch als allgemeiner Name im Zertifikat hinterlegt sein. Alle NLB-Mitglieder sollten am besten das gleiche Zertifikat verwenden, und zwar mit dem identischen Namen, den Sie auch als Namen für den NLB-Cluster verwenden. Häufig kommen dabei Subject Alternative Name(SAN)-SSL-Zertifikate zum Einsatz. Mit diesen können Sie mehrere Domänen mit einer einzigen IP-Adresse verbinden.

Auf diesem Weg lassen sich mehrere Webseiten, Domänen und URLs mit einem einzigen Zertifikat abdecken. Verbindet sich ein Client per MAPI mit einem Clientzugriffsserver, also mit Outlook im internen Netzwerk oder über Outlook Anywhere über das Internet, spielt das RPC-Protokoll mit seinen dazugehörigen Ports eine wichtige Rolle. Zwischen dem Clientzugriffsserver findet eine Verbindung zwischen dem Port 135 und dem dynamischen Portbereich 6005-59530 statt.

Vor allem beim externen Zugriff kann es sinnvoll sein, den dynamischen Bereich einzugrenzen, da Sie ansonsten zahlreiche Ports in Firewalls oder Routern öffnen müssen. Dazu sind Änderungen in der Registry auf den Clientzugriffsservern und den Postfachservern vorzunehmen. Haben Sie alle Regeln bearbeitet oder erstellt, klicken Sie auf *Fertig stellen*.

Anschließend sehen Sie in der Verwaltung des Netzwerklastenausgleichs den Cluster, der aktuell nur ein Mitglied hat. Im nächsten Schritt fügen Sie weitere Webserver zum NLB-Cluster hinzu. Achten Sie darauf, dass auf allen Mitgliedern auch das Feature für den Netzwerklastenausgleich installiert sein muss. Klicken Sie mit der rechten Maustaste auf den erstellten Cluster und wählen Sie die Option *Host dem Cluster hinzufügen* aus.

Geben Sie den Namen des Servers ein, den Sie hinzufügen wollen, und klicken Sie auf *Verbinden*. Behalten Sie die bereits erstellten Portregeln bei und klicken Sie auf *Fertig stellen*. Fügen Sie alle Server auf dem gleichen Weg hinzu und stellen Sie sicher, dass die Verbindung funktioniert, also kein Fehler in der Clusterverwaltung angezeigt wird.

Abbildung 34.4: Zugriffsregeln für NLB-Cluster konfigurieren

NLB versus DNS-Roundrobin

Neben NLB können Sie auch über DNS-Roundrobin eine gewisse Ausfallsicherheit und Lastverteilung für Webserver ermöglichen. Die Konfiguration ist zwar sehr einfach, aber bei Weitem nicht so effizient wie ein NLB-Cluster.

Roundrobin ist ein einfacher Mechanismus, mit dem DNS-Server die Last auf Netzwerkressourcen, also auch verschiedene Server, verteilen können. Sie verwenden diese Funktion, um die Reihenfolge der zurückgegebenen Ressourceneinträge bei DNS-Abfragen in der Antwort auf eine Abfrage zyklisch zu ändern, wenn es für den verlangten DNS-Domänennamen mehrere Einträge desselben Typs gibt. Einfach ausgedrückt, erstellen Sie für jeden Server einen DNS-Eintrag mit demselben Namen und der jeweiligen IP-Adresse. Auf diese Weise können Sie in DNS konfigurieren, dass Clients bei der Namensabfrage eines Servers immer eine andere IP-Adresse erhalten und diese dann verwenden.

Dabei tragen Sie einen Hostnamen mehrfach mit jeweils einer anderen IP-Adresse in die DNS-Zone ein. Erreicht den DNS-Server jetzt eine Anfrage des Clients, liefert er die Liste aller gefundenen IP-Adressen zurück, wobei er die Reihenfolge der Einträge jeweils um eins verschiebt. Damit steht im Durchschnitt jeder Eintrag gleich häufig an erster Stelle.

Um dem Client möglichst einen Server direkt in seiner Nähe zu nennen, ermittelt Roundrobin bei Hostnamen mit mehreren zugeordneten IP-Adressen vor der Umsortierung, ob es einen Eintrag gibt, der dem Subnetz des Clients zuzuordnen ist. Diesen setzt das DNS-System dann anschließend an die erste Stelle der zurückgegebenen Liste. Nur wenn kein passender eindeutiger Eintrag vorhanden ist, kommt Roundrobin zur Netzwerklastverteilung zum Einsatz. Um einen Roundrobin-Eintrag zu erstellen, gehen Sie folgendermaßen vor:

1. Öffnen Sie die Verwaltung Ihres DNS-Servers.
2. Erstellen Sie in der Zone von Active Directory einen neuen Forward-Lookup-Eintrag mit der Bezeichnung des Roundrobin-Verbunds. Verwenden Sie als Namen keinesfalls den Namen eines Servers innerhalb des Verbunds, sondern einen eigenständigen Namen.

Kapitel 34: Hochverfügbarkeit und Lastenausgleich

3. Tragen Sie als IP-Adresse die Adresse eines Servers ein und bestätigen Sie die Erstellung des Eintrags.
4. Erstellen Sie jetzt für jeden weiteren Server der Farm einen identischen Eintrag, der jeweils zur IP-Adresse eines anderen Servers zeigt.
5. Abschließend haben Sie für jeden Server in der Farm einen Eintrag mit gleichem Namen und jeweils einer IP-Adresse.

Antwortet ein Server auf eine Clientanfrage nicht, erhält der Client einen Hinweis und muss die Anfrage wiederholen. Im Beispiel von Outlook äußert sich das in einer Fehlermeldung, und die Anwender müssen Outlook neu starten und hoffen, dass der nächste Server verfügbar ist.

Aus diesem Grund ist NLB ein wesentlich effizienteres Mittel, um die Last zu verteilen und für Ausfallsicherheit zu sorgen. Damit ein DNS-Server Roundrobin unterstützt, müssen Sie in der DNS-Verwaltung das Kontrollkästchen *Roundrobin aktivieren* in den Eigenschaften des Servers aktivieren (siehe Kapitel 25).

Abbildung 34.5: Roundrobin für DNS-Server mit Windows Server 2016 aktivieren

---

Hinweis   Erreicht den DNS-Server eine Anfrage des Clients, liefert er die Liste aller gefundenen IP-Adressen zurück, wobei er die Reihenfolge der Einträge jeweils um den Wert 1 verschiebt. Damit wird im Mittel jeder Eintrag gleich häufig an erster Stelle dem Client zurückgeliefert.

Wenn Sie die Funktion für bestimmte Typen deaktivieren wollen, kann dies nur über die Registry erfolgen. Fügen Sie dazu unter *HKEY_LOCAL_MACHINE\SYSTEM\CurrentControlSet\Services\DNS\Parameters* einen REG_SZ-Wert mit dem Namen *DoNotRoundRobinTypes* hinzu und tragen Sie als Werte die Recordtypen ein.

Storage Spaces Direct nutzen

Storage Spaces Direct stellen sicherlich die wichtigste Neuerung im Storage-Bereich von Windows Server 2016 dar. Mit diesem System können Sie lokal zugewiesenen Speicherplatz von Clusterknoten zu einem gemeinsamen, virtuellen Speicher im Cluster zusammenfassen. Der Speicher lässt sich im Cluster als gemeinsamer Datenträger nutzen, zum Beispiel zur Datenablage von virtuellen Servern im Cluster (siehe Kapitel 9).

Mit Storage Spaces Direct tritt Microsoft in Konkurrenz mit VMware Virtual SAN. Auch hier können Laufwerke mehrerer Server im Cluster als gemeinsamer Datenspeicher genutzt werden. Im Fokus dieser Technologie stehen vor allem Virtualisierungs-Umgebungen. Der gemeinsame Speicher eines Clusters für Hyper-V kann jetzt also auf verschiedene Standorte repliziert werden.

Außerdem stellen die Speicherorte der virtuellen Festplatten der VMs eines Hyper-V-Clusters keinen Single-Point-of-Failure mehr dar, wenn sie auf einem Storage Space Direct positioniert sind, dessen Festplatten sich auch noch auf verschiedene Server replizieren. Auf dieser Basis lassen sich VMs nicht nur speichern, sondern Unternehmen können auch Hyper-V-Replikation zusammen mit Storage Spaces Direct und Volume Replication nutzen. Als Dateisystem sollte NTFS oder besser das ReFS-Dateisystem eingesetzt werden. Dieses ist stabiler und bereits für Storage Spaces vorbereitet.

Einstieg in Storage Spaces Direct

Unternehmen erhalten dadurch also einen hochverfügbaren und sehr skalierbaren Datenspeicher, der auf die physischen Datenspeicher im Cluster aufbaut. Mit Storage Spaces Direct lassen sich nicht nur herkömmliche Datenträger zusammenfassen, sondern Sie können verschiedene Speichertechnologien miteinander bündeln, um mehr Speicherplatz mit höherer Geschwindigkeit zu erreichen. In einem Storage Space Direct (S2D) lassen sich NVMe-Speicher mit herkömmlichen SSD und HDD mischen. Windows Server 2016 teilt die Daten dazu ideal auf.

Setzen Sie noch einen Scale-Out-Fileserver als Clusterdienst ein, können Sie Freigaben auf Storage Spaces Direct speichern und innerhalb des SOFS verwalten und im Netzwerk zur Verfügung stellen. Storage-Replica kann wiederum die Daten von Storage Spaces Direct replizieren, zum Beispiel in anderen Rechenzentren und zu anderen Clustern. Wie Sie einen solchen Cluster erstellen, haben wir Ihnen bereits in Kapitel 9 gezeigt.

Storage Spaces Direct (S2D) ermöglichen in Windows Server 2016 also, dass lokale Datenträger von Clusterknoten im Cluster als gemeinsamer Datenspeicher genutzt werden können. Dazu fasst Windows Server 2016 die physischen Festplatten zu einem virtuellen Speicherpool zusammen. Auf Basis dieses übergreifenden Speicherpools lassen sich virtuelle Festplatten erstellen und zur Datenspeicherung im Cluster nutzen.

So funktionieren Storage Spaces Direct

Grundlage von S2D ist zunächst ein Cluster, in dem die Knoten über verschiedene physische Datenträger verfügen. Dabei kann es sich auch um verschiedene Datenträgersysteme handeln. Die Kommunikation zwischen den Datenträgern erfolgt mit dem SMB-Protokoll, inklusive SMB-Multichannel und SMB-Direct. Die Verbindung erfolgt über den Software

Storage Bus in Windows Server 2016. Auf diesen setzen die Storage-Pools auf. Diese fassen die physischen Festplatten der einzelnen Clusterknoten zu einem oder mehreren Speichern zusammen.

Die nächste Schicht sind Storage Spaces. Diese stellen virtuelle Festplatten dar, die auf die Storage-Pools aufbauen, die wiederum auf die physischen Festplatten der Clusterknoten aufbauen. Das Cluster Shared Volume (*C:\ClusterStorage*) ist dabei ebenfalls mit dem S2D verbunden. Die Daten in diesem Verzeichnis der Clusterknoten werden im Storage Space Direct abgelegt.

Im Cluster können Sie aber nicht nur Hyper-V betreiben und die VMs im Storage Space Direct ablegen, sondern auch einen Scale-Out-Fileserver. Dieser stellt die Freigaben im Netzwerk zur Verfügung. Die Freigaben sind auf den virtuellen Festplatten (Storage Spaces) gespeichert, die wiederum in den Storage-Pools gespeichert sind.

Virtualisieren Sie mit Hyper-V im Netzwerk, können Sie die Daten der VMs auch in den Freigaben des SOFS speichern. Dadurch werden die VMs im S2D abgelegt und durch den Cluster hochverfügbar und skalierbar zur Verfügung gestellt. Für Hyper-V ist aber nicht unbedingt ein Scale-Out-Fileserver notwendig. Lesen Sie sich dazu auch das Kapitel 9 durch.

Storage Spaces Direct in der Praxis

Um Storage Spaces Direct einzusetzen, brauchen Sie also einen Cluster mit mindestens drei Knoten, besser vier oder mehr. Wie Sie einen solchen Cluster erstellen, ist in Kapitel 9 zu sehen. Dadurch können Sie alle verfügbaren Konfigurationen einsetzen. Die Knoten müssen über passenden lokalen Datenspeicher verfügen, der sich in einem Pool zusammenfassen lässt. Die internen Festplatten der Clusterknoten stellen also den elementaren Teil des Datenspeichers dar. Für Storage Spaces Direct sollten Server über mindestens zwei zusätzliche Festplatten verfügen. Sie können dazu auch virtuelle Server verwenden.

Tipp	Auf allen Servern, die Mitglied des Clusters für Storage Spaces Direct werden sollen, müssen Sie die Serverrolle *Dateiserver* und die Clusterfeatures installieren. Am einfachsten geht das in der PowerShell mit dem Befehl:
	Install-WindowsFeature -Name File-Services, Failover-Clustering -IncludeManagement-Tools
	Außerdem müssen in der Datenträgerverwaltung die Festplatten für Storage Spaces Direct als online und initialisiert angezeigt werden. Partitionen dürfen nicht erstellt werden. Nach der Installation der Rolle und des Clusterfeatures sowie der Initialisierung der Festplatten können die Server neu gestartet werden – das müssen sie aber nicht. Wenn ein Neustart notwendig ist, erscheint in der PowerShell die entsprechende Meldung.

Geben Sie auf einem Clusterknoten in der PowerShell den Befehl *Get-PhysicalDisk* ein, zeigt die PowerShell alle Festplatten aller Clusterknoten an sowie die Information, dass diese poolfähig sind. Allerdings funktioniert das erst dann, wenn Sie die Storage Spaces Direct-Funktion im Cluster aktiviert haben.

Die Festplatten dürfen dazu über keine eigenen Partitionen verfügen. Im Rahmen des Konfigurationsüberprüfungs-Assistenten im Failovercluster-Manager finden Sie einen eigenen

Test, der sicherstellt, ob der Cluster Storage Spaces Direct unterstützt. Diesen sollten Sie vor der Einrichtung durchlaufen lassen, damit alles korrekt konfiguriert werden kann. Alternativ können Sie aber auch die PowerShell verwenden.

Abbildung 34.6: Im Failovercluster-Manager testen Sie die Tauglichkeit der Clusterknoten für Storage Spaces Direct.

Ein weiterer Vorteil von Storage Spaces Direct ist die Unterstützung von Nano-Servern mit Windows Server 2016. Sie können auf diesem Weg Cluster auf Basis von Nano-Servern aufbauen und sehr kleine, aber effiziente Hyper-V-Cluster erstellen. Sobald der Cluster aufgebaut ist, wie in Kapitel 9 beschrieben, lässt sich die Funktion in der PowerShell mit *Enable-ClusterStorageSpacesDirect* aktivieren.

Tipp Im Rahmen der Einrichtung können Sie die Clusterknoten in der PowerShell auf Clustertauglichkeit und Unterstützung für Storage Spaces Direct testen. Auch dazu können Sie die PowerShell verwenden. Der Befehl lautet:

Test-Cluster -Node <Knoten1,Knoten2,Knoten3,Knoten4> -Include "Storage Spaces Direct",Inventory,Network,"System Configuration"

Im Rahmen der Einrichtung eines Clusters (siehe auch Kapitel 9) sollte die Namensauflösung mit Nslookup geprüft werden, damit alle Clusterknoten im Netzwerk optimal funktionieren. In Testumgebungen spielen Warnungen keine Rolle, da diese die Installation des Clusters nicht verhindern. Nur Fehler dürfen keine erscheinen. In produktiven Umgebungen sollte den Warnungen natürlich nachgegangen werden, damit die Leistung des Clusters nicht beeinträchtigt wird.

Wenn der Test für alle Knoten erfolgreich absolviert wurde, wird im Anschluss der Cluster erstellt. Sie können dazu so vorgehen, wie in Kapitel 9 beschrieben, oder Sie verwenden die PowerShell:

New-Cluster -Name <ClusterName> -Node <Knoten1,Knoten2,Knoten3,Knoten4> -NoStorage

In Test- sowie in vielen produktiven Umgebungen wird mit DHCP für die Zuweisung des Clusters gearbeitet. Soll eine statische IP-Adresse verwendet werden, lautet der Befehl:

Kapitel 34: Hochverfügbarkeit und Lastenausgleich

New-Cluster -Name <ClusterName> -Node <Knoten1,Knoten2,Knoten3,Knoten4> -NoStorage -StaticAddress <X.X.X.X>

Tipp — Storage Spaces Direct werden im Cluster mit dem Cmdlet *Enable-ClusterStorageSpacesDirect* aktiviert.

Abbildung 34.7: Storage Spaces Direct wird im Cluster in der PowerShell aktiviert.

Hinweis — Bei der Verwendung des Cmdlets *Enable-ClusterStorageSpacesDirect* (http://tinyurl.com/jcfck9x) erstellt die PowerShell automatisch eine automatisierte Konfiguration, die auf der Hardware aufbaut, die in Storage Spaces Direct zusammengefasst ist.

Das Cmdlet erstellt dazu zum Beispiel den Storage-Pool sowie die passenden Storage-Tiers, wenn im System SSDs und herkömmliche HDDs integriert sind. In einer solchen Konfiguration wird der NVMe-Teil zum Zwischenspeichern genutzt, während SSDs und HDDs für das Speichern von Daten zur Verfügung stehen.

Um Storage Spaces Direct in produktiven Umgebungen zu verwenden, benötigen Unternehmen spezielle Hardware, vor allem kompatible Netzwerkkarten, die RDMA (Remote Direct Memory Access) beherrschen. In Testumgebungen lassen sich aber auch virtuelle Server, virtuelle Festplatten und virtuelle Netzwerkkarten ohne besondere Hardware nutzen.

Rufen Sie auf einem Clusterknoten in der PowerShell das Cmdlet *Get-PhysicalDisk* auf, werden alle Festplatten aller Clusterknoten sowie die Information angezeigt, ob diese poolfähig sind. Die Festplatten dürfen dazu über keine eigenen Partitionen verfügen.

Sobald der Speicher eingerichtet ist, erstellen Sie im Failovercluster-Manager im Bereich *Speicher/Pool* einen oder mehrerer Speicherpools. Diese umfassen die verschiedenen Datenträger der Clusterknoten.

In der PowerShell lautet die Syntax:

New-StoragePool -StorageSubSystemName <FQDN des Subsystems> -FriendlyName <StoragePoolName> -WriteCacheSizeDefault 0 -FaultDomainAwarenessDefault StorageScaleUnit -ProvisioningTypeDefault Fixed -ResiliencySettingNameDefault Mirror -PhysicalDisk (Get-StorageSubSystem -Name <FQDN des Subsystems> | Get-PhysicalDisk)

Storage Spaces Direct nutzen

Abbildung 34.8: Im Failovercluster-Manager lassen sich die physischen Festplatten der Clusterknoten zu einem Storage Spaces Direct zusammenfassen.

Der Cluster hat zunächst keinen gemeinsamen Datenspeicher. Sobald der Cluster erstellt und Storage Spaces Direct aktiviert ist, werden der notwendige Storage-Pool und danach die Storage Spaces erstellt. Anschließend legen Sie auf Basis des erstellten Storage-Pools virtuelle Festplatten, auch Storage Spaces genannt, an. Die Verwaltung der zugrunde liegenden Speicherstruktur wird durch den Cluster vorgenommen. Dateiserver oder Hyper-V-Hosts müssen also nicht wissen, auf welchen physischen Datenträgern die Daten tatsächlich gespeichert sind.

Sie können innerhalb von Storage Spaces Direct auch Storage Tiers erstellen. Dabei handelt es sich um die Vermischung von SSD-Laufwerken und HDD-Festplatten. Windows erkennt Dateien, die häufig in Verwendung sind, und speichert diese automatisch im SSD/NVMe-Bereich des Storage Space. Weniger verwendete Dateien werden auf die langsamen Festplatten ausgelagert. Natürlich können Sie auch manuell steuern, welche Art von Dateien auf schnellen Datenträgern zur Verfügung stehen soll und welche auf langsame Festplatten ausgelagert werden kann. Diese Technik wird Storage-Tiers genannt.

Windows Server 2016 speichert bei dieser Konfiguration häufig verwendete Daten im Pool vor allem auf All-Flash- oder SSD-Speichern und lagert weniger verwendete Daten auf die langsamen Platten aus. In Windows Server 2016 können Sie drei Storage-Tiers nutzen, und zwar NVMe, SSD und HDD. Der NVMe-Speicher wird zum Zwischenspeichern der häufig verwendeten Daten eingesetzt, während SSD und HDD zur Datenspeicherung dienen. Sie können aber auch verschiedene Kombinationen dieser drei Datenträgertypen erstellen und entsprechende Storage-Tiers definieren. Die Befehle dazu lauten wie folgt:

New-StorageTier -StoragePoolFriendlyName Pool -FriendlyName SSD-Storage -MediaType SSD

New-StorageTier -StoragePoolFriendlyName Pool -FriendlyName HDD-Storage -MediaType HDD

Kapitel 34: Hochverfügbarkeit und Lastenausgleich

Abbildung 34.9: Virtuelle Festplatten, auch Storage Spaces genannt, werden auf Basis des Speicherpools erstellt, der sich über die verschiedenen physischen Festplatten des Clusters ausdehnt.

Sobald also der Speicherpool im Cluster zur Verfügung steht, können Sie über das Kontextmenü der Pools im Failovercluster-Manager neue virtuelle Festplatten, auch Storage Spaces genannt, erstellen. Im Assistenten lässt sich auch die Verfügbarkeit und das Storage-Layout des neuen Storage Space festlegen. Dieser baut auf den erstellten Storage-Pool auf. Mehr zu diesem Thema lesen Sie in Kapitel 5.

Auf Basis des Storage Space erstellen Sie dann wiederum ein neues Volume, genauso wie bei herkömmlichen Speicherpools. Die Volumes können Sie wiederum über das Kontextmenü zum Cluster Shared Volume hinzufügen und damit zum Beispiel zur Datenspeicherung von VMs nutzen (siehe Kapitel 9).

Tipp Wie die Ausfallsicherheit von Storage Spaces Direct und den damit verbundenen virtuellen Festplatten funktioniert, können Sie in einem Blogbeitrag des TechNet lesen (*http://tinyurl.com/hx7okl2*).

Ausfallsicherheit bei Storage Spaces Direct

Storage Spaces Direct sind vor dem Ausfall eines Hosts geschützt. Bei einer entsprechenden Anzahl von Clusterknoten können auch mehrere Clusterknoten ausfallen, ohne dass Storage Spaces Direct in Mitleidenschaft gezogen werden. Auch komplette Gehäuse, Racks oder sogar ganze Rechenzentren können ausfallen, wenn die Daten zwischen genügend Clusterknoten repliziert werden können und unter Umständen auch auf Storage-Replikation gesetzt wird (siehe Kapitel 5). Mit Storage-Replikation können Sie in Windows Server 2016 auch ganze Storage Spaces Direct komplett zu anderen Clustern und Rechenzentren replizieren lassen.

Standardmäßig wird beim Erstellen eines Storage-Pools bereits mit der Hochverfügbarkeit gearbeitet. Hier spielt auch die Option *FaultDomainAwarenessDefault* und ihr Standardwert *StorageScaleUnit* eine wichtige Rolle. Sie können sich den Wert für den jeweiligen Storage-Pool jederzeit anzeigen lassen. Dazu verwenden Sie die PowerShell und den Befehl:

Get-StoragePool -FriendlyName <PoolName> | fl FriendlyName, Size, FaultDomainAwarenessDefault

```
PS C:\Users\administrator.JOOS> get-storagepool

FriendlyName        OperationalStatus  HealthStatus  IsPrimordial  IsReadOnly
------------        -----------------  ------------  ------------  ----------
Primordial          OK                 Healthy       True          False
Primordial          OK                 Healthy       True          False
S2D on hyperv-cluster OK               Healthy       False         False


PS C:\Users\administrator.JOOS> Get-StoragePool -FriendlyName "S2D on hyperv-cluster" | FL FriendlyName, Size, FaultDomainAwarenessDefault

FriendlyName                : S2D on hyperv-cluster
Size                        : 1620276412416
FaultDomainAwarenessDefault : StorageScaleUnit


PS C:\Users\administrator.JOOS>
```

Abbildung 34.10: Die Hochverfügbarkeit von Speicherpools in Storage Spaces Direct überprüfen

Virtuelle Festplatten, also die Storage Spaces im Speicherpool der Storage Spaces Direct-Umgebung, erben die Hochverfügbarkeit vom Storage-Pool, aus dem sie erstellt werden. Sie können sich den Wert von Storage Spaces hinsichtlich der Hochverfügbarkeit ebenfalls in der PowerShell anzeigen lassen:

Get-VirtualDisk -FriendlyName <VirtualDiskName>| fl FriendlyName, Size, FaultDomainAwareness, ResiliencySettingName

Eine virtuelle Festplatte besteht aus Extents mit einer Größe von 1 GB. Eine Festplatte mit 100 GB besteht also aus 100 Extents. Erstellen Sie eine virtuelle Festplatte mit der Hochverfügbarkeitseinstellung *Mirrored*, also gespiegelt, werden die einzelnen Extents der virtuellen Festplatte kopiert und auf verschiedenen Clusterknoten gespeichert.

Abhängig von der eingesetzten Anzahl an Knoten lassen sich zwei oder drei Kopien von Extents auf die Datenspeicher der verschiedenen Clusterknoten verteilen. Sichern Sie also eine 100 GB große virtuelle Festplatte durch dreifache Kopien ab, dann braucht diese Festplatte 300 Extents. Dabei versucht Windows Server 2016, die Extents möglichst gleichmäßig zu verteilen.

Dazu ein Beispiel:

Der Extent A wird auf den Knoten 1, 2 und 3 gespeichert. Der Extent B, auf der gleichen virtuellen Festplatte positioniert, wird auf den Knoten 1, 3 und 4 kopiert. Eine virtuelle Festplatte und ihre Daten/Extents ist also im kompletten Cluster auf allen Knoten verteilt.

Microsoft bietet auch die Möglichkeit, eine Umgebung mit Storage Spaces Direct mit drei Hosts aufzubauen. Das ist für kleine Unternehmen oder in Testumgebungen interessant. Unter vier Hosts unterstützt die Technik nur die Spiegelung der Daten zur Absicherung (Mirrored Resiliency). Sollen auch paritätsbasierende Datenträger (Parity-based Resiliency) erstellt werden, sind mindestens vier oder mehr Hosts notwendig. Storage Spaces Direct sind standardmäßig vor dem Ausfall eines Hosts geschützt.

Windows Server 2016 arbeitet dazu mit sogenannten Fault Domains. Dabei handelt es sich um eine Gruppe von Clusterknoten, die sich einen Single-Point-Of-Failure teilen. Eine Fault Domain kann ein einzelner Clusterknoten sein, ein Clusterknoten in einem gemeinsamen Rack/Gehäuse, aber auch alle Clusterknoten in einem Rechenzentrum. Die Verwaltung der Fault Domains nehmen Sie mit neuen *Get-*, *Set-*, *New-* und *Remove-*Cmdlets des Befehls *ClusterFaultDomain* vor.

Um sich zum Beispiel Informationen zu bereits erstellten Fault Domains anzeigen zu lassen, verwenden Sie:

Get-ClusterFaultDomain

Get-ClusterFaultDomain -Type Rack

Get-ClusterFaultDomain -Name "server01.contoso.com"

Sie können also auch mit verschiedenen Typen arbeiten. Um eigene Fault Domains zu erstellen, stehen zum Beispiel folgende Befehle zur Verfügung:

New-ClusterFaultDomain -Type Chassis -Name "Chassis 007"

New-ClusterFaultDomain -Type Rack -Name "Rack A"

New-ClusterFaultDomain -Type Site -Name "Shanghai"

Sie können Fault Domains auch miteinander verknüpfen oder anderen Fault Domains unterordnen:

Set-ClusterFaultDomain -Name "server01.contoso.com" -Parent "Rack A"

Set-ClusterFaultDomain -Name "Rack A", "Rack B", "Rack C", "Rack D" -Parent "Shanghai"

Fault Domains können in größeren Umgebungen auch in einer *.xml*-Datei vorgegeben und dann im System integriert werden. Dazu gibt es das neue Cmdlet *Get-ClusterFaultDomainXML*. Mit diesem können Sie die aktuelle Fault Domain-Infrastruktur in eine *.xml*-Datei speichern, zum Beispiel mit:

Get-ClusterFaultDomainXML | Out-File <Pfad>

Die *.xml*-Dateien können Sie jederzeit anpassen und als neue Infrastruktur einlesen. Dazu verwenden Sie die folgenden Befehle:

$xml = Get-Content <Path> | Out-String

Set-ClusterFaultDomainXML -XML $xml

Storage-Pools in Storage Spaces Direct optimieren

Bei längerer Verwendung kann es passieren, dass einzelne Festplatten im Storage-Pool mehr belastet werden als andere. Dazu kommt, dass neue physische Festplatten, die im System integriert werden, optimal eingebunden werden müssen. Microsoft bietet dazu neue Cmdlets, mit denen Sie Storage-Pools optimieren können, um Daten effizienter zu verteilen:

Optimize-StoragePool <PoolName>

Den aktuellen Status der Aktion können Sie in der PowerShell ebenfalls abfragen:

Get-StorageJob | ? Name -eq Optimize

Storage Spaces Direct können auch in System Center Virtual Machine Manager 2016 verwaltet werden. Hier lassen sich neue Cluster erstellen, die gleich Storage Spaces Direct nutzen, oder bestehende Cluster werden zu Clustern umgewandelt, die Storage Spaces Direct unterstützen. Außerdem gibt es die Möglichkeit der automatischen Konfiguration.

Scale-Out-Fileserver erstellen

Über den Assistenten zum Erstellen neuer Clusterrollen können Sie in Windows Server 2016 einen neuen Scale-Out-Fileserver im Cluster erstellen. Sobald er zur Verfügung steht und auch Zugriffspunkte festgelegt wurden, lassen sich Freigaben auf dem Server zur Verfügung stellen. Dazu müssen Sie keine virtuelle Maschine mit Windows Server 2016 im Cluster erstellen, sondern die Freigaben werden über den Scale-Out-Fileserver zur Verfügung gestellt.

Abbildung 34.11: In einem Cluster mit Windows Server 2016 lassen sich auch virtuelle Dateiserver ohne Hyper-V erstellen.

Der Dateiserver kann auf den gemeinsamen Datenspeicher des Clusters zugreifen und damit auch auf die S2D-Speicher. Im Rahmen der Erstellung des Dateiservers können Sie auswählen, ob Sie einen herkömmlichen Dateiserver erstellen wollen (*Dateiserver zur allgemeinen Verwendung*) oder einen Scale-Out-Fileserver (*Dateiserver mit horizontaler Skalierung für Anwendungsdaten*). Die Freigaben des Scale-Out-Fileservers (SOFS) werden im Failovercluster-Manager verwaltet und zur Verfügung gestellt.

Abbildung 34.12: Verwalten eines Scale-Out-Fileservers in Clustern mit Windows Server 2016

Cluster Operating System Rolling Upgrade

Die neue Funktion Cluster Operating System Rolling Upgrade ermöglicht die Aktualisierung von Clusterknoten mit Windows Server 2012 R2 zu Windows Server 2016, ohne dass Serverdienste ausfallen. Bei diesen Vorgängen werden weder Hyper-V-Dienste noch Dateiserverfreigaben beendet und sie stehen den Anwendern weiter zur Verfügung. Wenn Sie einen Clusterknoten zu Windows Server 2016 aktualisieren, gibt es also keine Ausfallzeit mehr.

Einen Cluster zu Windows Server 2016 aktualisieren

Sie können Clusterknoten mit Windows Server 2016 installieren und in bestehende Cluster mit Windows Server 2012 R2 integrieren. Auch das Verschieben von Clusterressourcen und virtuellen Maschinen zwischen den Clusterknoten ist dann möglich. Wenn alle Knoten auf Windows Server 2016 aktualisiert sind, wird die Clusterkonfiguration auf die neue Version gesetzt und unterstützt ab dann keine Vorgängerversionen wie Windows Server 2012 R2 mehr.

> **Hinweis** Bevor Sie einen Cluster zu Windows Server 2016 aktualisieren, sollten Sie eine vollständige Sicherung aller Clusterknoten und der Clusterdatenbank vornehmen. Außerdem sollten Sie Cluster Aware Update (CAU) während der Aktualisierung über Cluster Rolling Update (CRU) deaktivieren.
>
> Ob CAU auf einem Cluster aktiv ist, können Sie am schnellsten in der PowerShell mit *Get-CauRun* abfragen. Mit *Disable-CauClusterRole* deaktivieren Sie den Dienst.

Cluster Operating System Rolling Upgrade

Zur Aktualisierung eines Clusters steht das neue Cmdlet *Update-ClusterFunctionalLevel* zur Verfügung. Der Ablauf bei dieser Migration ist folgender:

1. Der Clusterknoten wird angehalten. Alle virtuellen Maschinen, die auf diesem Knoten ausgeführt werden, erkennt der Cluster. Dazu wählen Sie im Kontextmenü des Knotens den Befehl *Anhalten/Rollen ausgleichen*. Sie können dazu auch die PowerShell und den Befehl *Suspend-ClusterNode <Name des Knotens> -Drain* verwenden. Die virtuellen Maschinen und die anderen Clusterworkloads werden zu einem anderen Knoten verschoben, der noch in Produktion ist.
2. Die virtuellen Maschinen oder anderen Clusterworkloads werden zu einem anderen Knoten verschoben.
3. Das vorhandene Betriebssystem wird entfernt und eine Neuinstallation von Windows Server 2016 durchgeführt. Entfernen Sie vorher den Knoten aus dem Cluster. Dazu verwenden Sie entweder den Failovercluster-Manager oder die PowerShell und den Befehl *Remove-ClusterNode <Knoten>*. Danach installieren Sie Windows Server 2016 neu auf dem Server. Eine Aktualisierung des Betriebssystems ist in diesem Fall nicht zu empfehlen.
4. Nachdem Sie das Betriebssystem installiert haben, müssen Sie es für die Aufnahme im Cluster vorbereiten. Installieren Sie alle Updates und alle notwendigen Treiber und nehmen Sie den Server wieder in Active Directory auf. Sie können hier auch den gleichen Servernamen verwenden. An diesem Punkt wird der Cluster im gemischten Modus ausgeführt, da die restlichen Clusterknoten noch auf Windows Server 2012 R2 basieren. Sie können dazu die grafische Oberfläche verwenden oder in der PowerShell den folgenden Befehl aufrufen:

    Add-ClusterNode -Cluster <Name des Clusters>.
5. Die funktionelle Clusterebene bleibt bei Windows Server 2012 R2. Überprüfen Sie, ob alle Clusterknoten funktionieren. Auch dazu können Sie die PowerShell verwenden und den Befehl *Get-ClusterNode* aufrufen.
6. Sie aktualisieren jetzt alle Clusterknoten.

Nach diesen Vorgängen wird die Clusterfunktionsebene für Windows Server 2016 mit dem PowerShell-Cmdlet *Update-ClusterFunctionalLevel* geändert. Ab diesem Punkt können Sie die Vorteile von Windows Server 2016 nutzen. Sie können dem Cluster jetzt aber keine Knoten mit Windows Server 2012 R2 hinzufügen.

Tipp Die Version des Clusters können Sie mit *Get-Cluster | Select UpdateFunctionalLevel* überprüfen.

Windows Server 2016 erlaubt den Betrieb von Zeugenservern (Witness) in Microsoft Azure. Für global verteilte Cluster und Rechenzentren kann die Effizienz von Clustern erheblich verbessert und die Verwaltung erleichtert werden.

Durch *Cluster Compute Resiliency* und *Cluster Quarantine* verschiebt ein Windows-Cluster seine Clusterressourcen nicht mehr unnötig zwischen Knoten, wenn ein Clusterknoten Probleme hat. Windows versetzt einen Knoten in Isolation, wenn das Betriebssystem erkennt, dass er nicht mehr stabil funktioniert. Alle Ressourcen werden vom Knoten verschoben und Administratoren informiert. Der Netzwerkcontroller erkennt in diesem Zusammenhang auch fehlerhafte physische und virtuelle Netzwerke und kann entsprechend eingreifen. Ein Scale-Out-Fileserver lässt sich in einem Cluster mit Windows Server 2016 als Clusterressource verwenden und gleichzeitig auch mit einem Storage Space Direct verbinden.

Den Lastenausgleich aktivieren (Node Fairness)

Wenn Sie einen Cluster auf Windows Server 2016 aktualisiert haben, können Sie den automatischen Lastenausgleich aktivieren. Nach der Aktivierung kann Hyper-V virtuelle Maschinen automatisch zu weniger ausgelasteten Clusterknoten verschieben. Dazu nutzt Windows Server 2016 die Livemigration. Die bestehenden Server bleiben dabei gestartet. Node Fairness misst dazu die Auslastung des Arbeitsspeichers und der CPU im Cluster. Die Aktivierung dieser Funktion nehmen Sie im Failovercluster-Manager oder in der PowerShell vor. Im Failovercluster-Manager finden Sie die Einstellung in den Eigenschaften des Clusters auf der Registerkarte *Ausgleichsmodul*. Hier aktivieren und steuern Sie die Funktion.

Abbildung 34.13: Windows Server 2016 verfügt über sein eigenes Lastenausgleichsmodul.

Mit Node Fairness misst Windows Server 2016 die Auslastung des Arbeitsspeichers und der CPU von Virtualisierungshosts im Cluster. Auf Basis dieser Informationen kann der Cluster einzelne VMs oder ganze Gruppen auf andere weniger ausgelastete Hosts verteilen. Dazu sind keine Zusatzprodukte wie System Center Virtual Machine Manager (SCVMM) notwendig. Liegt die Auslastung von CPU oder Arbeitsspeicher über einem bestimmten Bereich, migriert der Cluster über die Livemigration die VMs automatisch auf weniger stark ausgelastete Knoten. Wichtig ist beim Einsatz von Node Fairness eine vorherige optimale Einrichtung der Livemigration, denn diese ist Basis für das Verschieben von VMs in Windows-Servern (siehe auch Kapitel 9).

Node Fairness und die dynamische Optimierung von SCVMM lassen sich nicht parallel nutzen. Allerdings stellt Node Fairness nur eine eingeschränkte Möglichkeit dar, um die Last im Cluster optimal zu verteilen. Die dynamische Optimierung in SCVMM stellt mehr Möglichkeiten zur Verfügung. Unternehmen, die auf SCVMM 2016 zusammen mit Windows Server 2016 setzen, sollten daher die dynamische Optimierung verwenden. Ohne den Einsatz von SCVMM 2016 ist Node Fairness aber durchaus sinnvoll.

In der PowerShell lässt sich die Funktion mit dem folgendem Cmdlet steuern:

(Get-Cluster).AutoBalancerMode = 1 oder 2

Durch Aktivierung des Werts *1* überprüft der Cluster bei der Aufnahme eines Knotens, ob eine Neubewertung stattfinden muss, beim Wert *2* überprüft er alle 30 Minuten. Durch Aktivierung des Werts *0* deaktivieren Sie Node Fairness im Cluster.

Generell entspricht Node Fairness in Windows Server 2016 den Funktionen von DRS in vSphere: Das Virtualisierungssystem kann die VMs auf Basis von Regeln effizienter auf die einzelnen Hosts im Cluster verteilen.

Die Schwellenwerte für das Verschieben von VMs über Node Fairness werden über die PowerShell gesteuert. Dazu steht der folgende Befehl zur Verfügung:

(Get-Cluster).AutoBalancerLevel = <Option>

Durch die Verwendung der Option *1* verschiebt der Host, wenn CPU oder Arbeitsspeicher zu 80 % ausgelastet sind. Das ist auch der Standardwert der Option. Bei *2* verschiebt der Cluster bereits bei 70 % Auslastung. Der aggressivste Wert ist *3*. Hier verschiebt der Cluster die VMs ständig, da dauerhaft geprüft wird, welcher Host zu stark belastet ist.

Startreihenfolge der VMs nach der Migration anpassen

In Windows Server 2016 können Sie darüber hinaus auch ohne SCVMM die Startreihenfolge von VMs im Cluster festlegen. Dazu klicken Sie im Failovercluster-Manager mit der rechten Maustaste auf die VMs und wählen im Kontextmenü die Option *Startpriorität ändern*. Sie sehen die Priorität auch im Failovercluster-Manager in der Spalte *Priorität*.

Sie können die Einstellungen dazu auch in der PowerShell anpassen. Alle zur Verfügung stehenden Cmdlets sehen Sie über den Befehl *Get-Command *ClusterGroup**. Hier haben Sie weiterhin die Möglichkeit, VMs zu gruppieren und dadurch zu einem Verbund zusammenzufassen. Außerdem können Sie über die Cmdlets Abhängigkeiten der Gruppen definieren, zum Beispiel die Abhängigkeit der Gruppe der Anwendungsserver von der Gruppe der SQL-Server. Dazu verwenden Sie das Cmdlet *Add-ClusterGroupSetDependency*.

Die Ausfallsicherheit steuern (Compute Resiliency)

Windows Server 2016 lässt im Cluster effizientere Steuerungen bezüglich der Verfügbarkeit zu. Nicht immer ist das sofortige Verschieben von VMs zu einem anderen Clusterknoten ideal, nur weil ein Knoten kurzzeitig Probleme hat. Selbst wenn ein Verschieben mit der Livemigration durchgeführt wurde, ist ein Failback teilweise ebenfalls nicht sinnvoll, wenn der ursprüngliche Knoten noch Probleme hat. Beispiel dafür sind kurzzeitige Netzwerkprobleme in einem Cluster.

Erkennt ein Cluster mit Windows Server 2016, dass ein Knoten kurzzeitig nicht mehr reagiert, erhält er den Status *Isoliert*. Hat ein Knoten über mehrere Stunden häufiger mit Ausfällen zu kämpfen, wird er in Quarantäne versetzt. Windows Server 2016 verschiebt dann die VMs des Knotens mit der Livemigration auf andere Knoten. Sie können die Quarantäne mit der PowerShell manuell beenden. Dazu verwenden Sie den Befehl *Start-ClusterNode -ClearQuarantine*. Die aktuellen Einstellungen des Clusters sehen Sie in der PowerShell mit dem Befehl *Get-Cluster | fl Res**.

Der Wert *ResiliencyDefaultPeriod* legt fest, wie lange VMs in Sekunden isoliert laufen dürfen, *ResiliencyLevel* bestimmt das Verhalten des Clusters. Der Standardwert *AlwaysIsolate* definiert, dass Knoten immer erst isoliert werden, bevor der Cluster alle VMs isoliert.

Cluster Aware Update nutzen und einrichten

Mit Windows Server 2012 hat Microsoft die Funktion Cluster Aware Update (CAU) eingeführt. Auch Windows Server 2016 arbeitet damit. Diese Technik ermöglicht die Installation von Softwareupdates im laufenden Betrieb des Clusterdiensts und erlaubt in Clustern eine Aktualisierung des Betriebssystems und von Serveranwendungen, ohne dass Clusterdienste ausfallen. Dazu kann ein Cluster Ressourcen automatisiert auf andere Knoten auslagern, damit die beteiligten Server im Cluster aktualisiert werden können.

Sinnvoll ist ein derartiger Ansatz vor allem dann, wenn es um Cluster mit Hyper-V geht. Denn hier sind nicht nur einige Serverdienste betroffen, sondern in den meisten Fällen zahlreiche virtuelle Server mit noch mehr Serverdiensten. Aber auch bei einfachen Clustern mit Exchange, SQL Server oder anderen Anwendungen ist der Einsatz von CAU sinnvoll. Wir geben Ihnen in diesem Abschnitt einen Einblick in die Funktion und zeigen Ihnen, wie Sie diese einrichten und verwalten.

Grundlagen der Einführung von Cluster Aware Update

Cluster Aware Update können Sie nur in Clustern nutzen, die mit Windows Server 2012/ 2012 R2 oder Windows Server 2016 betrieben werden. CAU unterstützt allerdings alle Clusteranwendungen, die auf Clustern laufen können. Außerdem können Sie CAU auch mit System Center Configuration Manager 2012/2012 R2/2016 verwenden.

Sie müssen allerdings darauf achten, dass sich die Softwareaktualisierungs-Komponente in SCCM nicht mit einer CAU-Installation überschneidet. Sie können bei der Konfiguration nur den kompletten zu aktualisierenden Cluster auswählen. Wenn Sie nur einzelne Knoten aktualisieren wollen, können Sie CAU nicht verwenden. Hier müssen Sie manuell die Windows Update-Funktion über Skripts steuern und ebenfalls per Skript die aktiven Clusterrollen auf andere Knoten verschieben.

System Center Virtual Machine Manager (VMM) 2012/2012 R2/2016 verfügt ebenfalls über eine Komponente, um Hyper-V-Cluster zu aktualisieren. Diese Funktion lässt sich aber nur mit SCVMM und mit Hyper-V nutzen. Andere Clusterdienste können Sie mit SCVMM nicht automatisch aktualisieren lassen. CAU unterstützt alle Clusterrollen in Windows Server 2012/2012 R2/2016, inklusive Hyper-V. Der Einsatz von VMM erfordert außerdem zusätzliche Lizenzen, während CAU für alle Editionen von Windows Server 2012/2012 R2 kostenlos als Feature von Failoverclustern zur Verfügung steht. Wenn Sie bereits SCVMM einsetzen, können Sie Hyper-V-Cluster auch mit VMM aktualisieren. In einem solchen Fall müssen Sie nicht auf CAU setzen.

Standardmäßig verwendet CAU die API für den Windows Update-Agent. Das heißt, Sie müssen zusätzlich zur Konfiguration von CAU noch festlegen, wie die Updates installiert werden sollen. Dazu verwenden Sie am besten eine WSUS-Infrastruktur und Gruppenrichtlinien zur Anbindung an WSUS. CAU nutzt die entsprechenden Updates und verwendet zur Installation die Quelle, die Sie in den Gruppenrichtlinien angegeben haben. Ohne WSUS verwendet CAU die interne Update-Funktion von Windows Server 2016. Wichtig zu wissen ist noch, dass CAU nur die Updates automatisiert installieren kann, die auch über Windows Update installiert werden.

Durch die Konfiguration von CAU in einem Cluster erstellen Sie eine neue Rolle, die zukünftig Softwareaktualisierungen vollkommen selbstständig durchführen kann. Diese Serverrolle ist der zentrale Bestandteil bei der automatisierten Aktualisierung der Clusterknoten. Die Rolle übernimmt auch die Konfiguration des Wartungsmodus auf den einzelnen Clusterknoten, kann Clusterknoten neu starten, Clusterrollen wieder auf die korrekten Clusterknoten verschieben und mehr. Das Verschieben von Clusterrollen auf andere Knoten entspricht einem geplanten Failover der Rollen. Solche Failover können Sie auch manuell vornehmen.

Vor der Einrichtung von CAU sollten Sie genau überprüfen, ob einzelne Serverdienste oder Clusterrollen Probleme damit haben, wenn ein Failover ausgelöst wird. Vor allem beim Betrieb von Hyper-V-Clustern sollten Sie im Vorfeld die einzelnen VMs auf Kompatibilität mit einem Failover überprüfen. CAU kann auch nur die Clusterknoten selbst aktualisieren. Betreiben Sie einen Hyper-V-Cluster, kann die Funktion nicht die einzelnen virtuellen Server aktualisieren. Hier sollten Sie mit WSUS und Windows Update-Einstellungen über Gruppenrichtlinien arbeiten.

Erstellen Sie zunächst im Snap-In *Active Directory-Benutzer und -Computer* ein neues Computerobjekt. Dieser Vorgang ist zwar optional, denn das Computerobjekt kann später auch der Assistent für CAU selbst erstellen. Allerdings stellt dieses Computerobjekt die Grundlage für die neue Clusterrolle zur Einrichtung der automatischen Aktualisierung dar. Sie müssen keine Einstellungen für das Objekt vornehmen, sondern es nur erstellen. Die Konfiguration nehmen Sie später bei der Einrichtung von CAU vor. Verwenden Sie als Beispiel den Namen des Clusters mit der Erweiterung CAU, zum Beispiel *cluster-cau*. Sie können aber jeden passenden Namen verwenden. Später wird das Computerobjekt mit dem Cluster verbunden.

Firewall-Einstellungen und mehr für Cluster Aware Update

Zusätzlich müssen Sie auf allen Clusterknoten, die an CAU teilnehmen sollen, eine eingehende Firewallregel erstellen. Als Regeltyp verwenden Sie *Vordefiniert/Remoteherunterfahren*. Das Verwaltungsprogramm für die Firewall starten Sie durch Eingabe von »wf.msc« im Suchfeld des Startmenüs. Ist die Regel bereits vorhanden, können Sie sie über das Kontextmenü einfach aktivieren. Der Sinn der Regel soll sein, dass der CAU-Dienst die einzelnen Clusterknoten bei Bedarf auch neu starten kann, nachdem Updates installiert sind.

Haben Sie diese Einrichtung durchgeführt, suchen Sie im Suchfeld des Startmenüs nach dem Einrichtungsprogramm »Clusterfähiges Aktualisieren« und starten das Tool. Mit diesem Programm nehmen Sie die grundlegenden Einstellungen für CAU vor. Im ersten Schritt lassen Sie sich mit dem Cluster verbinden, für den Sie CAU aktivieren wollen. Danach klicken Sie auf den Link *Vorbereitung auf das Clusterupdate analysieren*. Der Assistent überprüft im Anschluss, ob Sie CAU im Cluster aktivieren können und alle wichtigen Voraussetzungen erfüllt sind.

Kapitel 34: Hochverfügbarkeit und Lastenausgleich

Abbildung 34.14: Vor der Aktivierung von Cluster Aware Update analysieren Sie den Cluster. Damit stellen Sie sicher, dass die Funktion später auch optimal funktioniert.

Cluster Aware Update für den Cluster aktivieren

Haben Sie sich mit dem gewünschten Cluster verbunden und die Analyse durchgeführt, starten Sie anschließend die Einrichtung von CAU über den Assistenten. Diesen rufen Sie mit *Selbstaktualisierungsoptionen des Clusters konfigurieren* auf. Auf der ersten Seite des Assistenten erhalten Sie eine Information angezeigt, welche Konfigurationen der Assistent durchführt. Auf der nächsten Seite aktivieren Sie die Option *Selbstaktualisierungsoptionen des Clusters konfigurieren*.

Danach aktivieren Sie die Option *Ich habe das Computerobjekt für die CAU-Clusterrolle vorab bereitgestellt*, wenn Sie diesen Schritt bereits selbst durchgeführt haben. Geben Sie im Feld den Namen des Computerobjekts ein, das Sie im Vorfeld angelegt haben. Der Assistent kann das Objekt auch automatisch erstellen, was die Konfiguration in Testumgebungen vereinfacht. In produktiven Umgebungen ist es jedoch meistens sinnvoll, wenn Sie solche Aufgaben im Vorfeld vornehmen lassen. Oft gibt es auch verschiedene Administratorgruppen für Cluster und Active Directory. In diesem Fall ist es ebenfalls sinnvoll, vorher das Objekt durch berechtigte Administratoren anlegen zu lassen.

Auf der nächsten Seite legen Sie den Zeitplan fest, zu dem sich der Cluster und die einzelnen Knoten automatisiert aktualisieren sollen. Natürlich hängt diese Aktualisierung auch von der Verfügbarkeit der Updates ab. Auf der Seite *Erweiterte Optionen* können Sie weitere Einstellungen vornehmen, um CAU für Ihr Unternehmen anzupassen, diese sind aber optional.

Sinnvoll ist hier zum Beispiel die Option, die überprüft, dass die Aktualisierung nur dann gestartet wird, wenn alle Clusterknoten online sind und zur Verfügung stehen. Das ist vor allem dann wichtig, um andere Wartungsarbeiten auszuschließen. Bei der Installation von Patches muss CAU die auf dem Clusterknoten betriebenen Ressourcen auf andere Server im Cluster verschieben. Idealerweise sollten dann die anderen Knoten zur Verfügung stehen.

Cluster Aware Update nutzen und einrichten

Abbildung 34.15: Einen Zeitplan für die automatische Aktualisierung eines Clusters festlegen

Dazu aktivieren Sie die Option *True* bei *RequireAllNodesOnline*. Weitere Möglichkeiten sind das Hinterlegen von Skripts, die vor oder nach der Aktualisierung vom Clusterdienst gestartet werden sollen. Hier haben Administratoren alle Möglichkeiten zum Eingreifen in die Aktualisierung. Über die Skripts lassen sich zum Beispiel automatisiert E-Mails versenden oder bestimmte Dienste überprüfen. Am besten arbeiten Sie hier mit PowerShell-Skripts. Das Skript vor dem Update wird auf jedem einzelnen Clusterknoten ausgeführt, bevor der entsprechende Knoten angehalten und aktualisiert wird. Das Skript nach dem Update startet auf jedem einzelnen Clusterknoten, nachdem CAU die Updates installiert hat. Die erweiterten Einstellungen müssen Sie allerdings nicht erst bei der Einrichtung von CAU vornehmen. Der Assistent zum Aktivieren von CAU enthält auch einen Updateausführungs-Editor. Mit diesem bereiten Sie die Einstellungen vor, speichern sie als *.xml*-Datei und verwenden bei der Einrichtung von CAU einfach diese *.xml*-Datei.

Auf der nächsten Seite legen Sie bei der Einrichtung von CAU fest, wie der Clusterdienst mit empfohlenen Updates umgehen soll und ob diese die gleiche Rolle wie wichtige Updates spielen. Sie können hier gezielt festlegen, wie die Installation von Updates erfolgen soll. Im Anschluss erhalten Sie eine Zusammenfassung angezeigt und der Dienst wird schließlich erstellt.

Startet CAU ein Update, führt der Dienst ein Failover für die Clusterrollen durch. Nachdem ein Knoten aktualisiert wurde, werden die Clusterrollen durch ein Failback wieder auf den ursprünglichen Clusterknoten zurück verschoben.

Cluster Aware Update in der PowerShell steuern

Neben der Möglichkeit, die Aktualisierung mit der PowerShell zu starten, können Sie CAU auch mit anderen Cmdlets verwalten. So lässt sich beispielsweise in der PowerShell die Einrichtung von CAU mit *Add-CauClusterRole* einrichten oder mit *Export-CauReport* ein Bericht exportieren. Alle interessanten Cmdlets, inklusive deren Hilfe, lassen Sie am schnellsten auflisten, wenn Sie *Get-Command -Module ClusterAwareUpdating* eingeben.

Fehler bei der Einrichtung beheben

Zeigt der Assistent einen Fehler an, überprüfen Sie die Rechte für das Computerobjekt zur Clusteraktualisierung, das Sie im Vorfeld erstellt haben. Geben Sie in den Eigenschaften des Objekts dem Clusterkonto volle Zugriffsrechte auf das neue CAU-Konto. Alternativ lassen Sie den Assistenten selbst das Computerobjekt erstellen. In diesem Fall werden die Rechte durch den Assistenten gesetzt. Führen Sie bei Fehlern einfach die Analyse noch einmal durch und nehmen Sie die gleichen Einstellungen erneut vor.

Auch bei weiteren Tests sollten keine Fehler mehr angezeigt werden. Welche Patches der Dienst schließlich installiert, steuern Sie durch Freigabe der Patches auf einem WSUS-Server. Alternativ aktivieren Sie die lokale Updateverwaltung auf dem Server. Die Liste der Patches, die der Dienst als Nächstes installiert, erhalten Sie im Verwaltungsprogramm für CAU, wenn Sie auf *Vorschau der Updates für diesen Cluster anzeigen* klicken. Der Dienst greift dabei auf Windows Update auf dem Server zu. Wenn Sie mit WSUS arbeiten, werden die Updates von WSUS heruntergeladen. Arbeiten Sie mit Windows Update, verwendet diese Funktion wiederum direkt die Windows Update-Funktion im Internet.

Um eine sofortige Aktualisierung nach der Einrichtung zu starten, oder auch nachträglich, wenn Sie zum Beispiel gerade ein festes Wartungsfenster haben, klicken Sie auf *Updates auf diesen Cluster anwenden*. Danach beginnt der Dienst sofort mit der Aktualisierung der einzelnen Clusterknoten. Den Status der aktuellen Installationen sehen Sie im Verwaltungstool von CAU, mit dem Sie den Dienst bereits eingerichtet haben. Bei der Aktualisierung wird der entsprechende Knoten in den Wartungszustand versetzt, die Clusterressourcen, wie zum Beispiel die VMs, auf andere Knoten verschoben, danach die Aktualisierung gestartet und dann die Ressourcen wieder zurückübertragen. Danach wird der nächste Knoten aktualisiert und so weiter.

Updates mit Cluster Aware Update planen

CAU unterstützt verschiedene Aktualisierungsmodi, bei denen Sie Updates planen können. Mit der Remoteaktualisierung können Sie eine Aktualisierungsausführung manuell für den Cluster starten. Sie können dazu die Benutzeroberfläche, wie bereits beschrieben, oder das Cmdlet *Invoke-CauRun* in der PowerShell verwenden. Die Remoteaktualisierung ist der Standardaktualisierungsmodus für CAU. Mit der Aufgabenplanung können Sie auch das Cmdlet *Invoke-CauRun* zu einem von Ihnen gewünschten Zeitplan starten lassen. Achten Sie aber darauf, hier keinen Clusterknoten zu verwenden, sondern einen Server, der nicht Mitglied eines Clusters ist.

Mit der Selbstaktualisierung kann sich der Cluster auf Basis eines definierten Profils und automatisch selbst aktualisieren. Wenn Sie den Selbstaktualisierungsmodus aktivieren wollen, müssen Sie dem Cluster die CAU-Clusterrolle hinzufügen, wie zuvor beschrieben. Das Selbstaktualisierungsfeature von CAU wird wie jeder andere Clusterdienst betrieben. Sie können die Selbstaktualisierung auch für den geplanten und ungeplanten Failover verwenden.

Standardmäßig verwendet CAU als Reihenfolge der zu aktualisierenden Knoten deren Aktivitätsgrad. Die Knoten, auf denen die wenigsten Clusterrollen gehostet werden, aktualisiert der Dienst zuerst. Sie können aber eine Reihenfolge festlegen. Dazu verwenden Sie die CAU-Benutzeroberfläche und die Optionen zur Einstellung von CAU. Sie können in den Optionen die Anzahl der Knoten festlegen, die offline sein dürfen, wenn CAU mit der Aktualisierung startet.

CAU bietet außerdem Exportoptionen über PowerShell und die Benutzeroberfläche. Die Befehle in der PowerShell sind meist schneller zu erreichen:

Invoke-CauScan | ConvertTo-Xml

Get-CauReport | Export-CauReport

Entsprechende Optionen finden Sie auch direkt in der grafischen Benutzeroberfläche. Die Cmdlets und die grafische Oberfläche von CAU stehen zur Verfügung, wenn Sie die Verwaltungstools für Cluster installieren. Dazu können Sie den Server-Manager verwenden, aber auch die Remoteserver-Verwaltungstools (RSAT) für Windows 10.

Wollen Sie die Updates aus dem Internet herunterladen lassen, der Cluster verfügt aber über keine direkte Verbindung zum Internet, können Sie auch einen Proxyserver verwenden. Die Einstellungen können Sie zum Beispiel in der Eingabeaufforderung mit Netsh konfigurieren:

Netsh winhttp set proxy <Name oder IP des Proxy>:<Port> "<*.Domäne, , <local>>"

Sie legen im Befehl also den Namen oder die IP-Adressen und den Port des Proxys fest. Danach müssen Sie in Anführungszeichen die Ausnahmen eintragen. Hier geben Sie zunächst Ihre interne Domäne und zusätzlich noch die Option *<local>* an, um alle lokalen Server als Ausnahme zu konfigurieren.

Cloud Witness mit Microsoft Azure einrichten

Grundlage für Cloud Witness in einem Cluster mit Windows Server 2016 ist die Vorbereitung des passenden Microsoft Azure Storage Accounts (Speicherkonto). In diesem Konto wird das BLOB-File gespeichert, in dem die Zeugendaten für den Cluster gespeichert werden.

Dazu fügen Sie im Microsoft Azure-Portal über den Assistenten zum Hinzufügen von neuen Ressourcen (grünes Pluszeichen) über *Speicher/Speicherkonto* ein neues Speicherkonto hinzu. Wählen Sie im Bereich *Replikation* die Option *Lokal redundanter Speicher (LRS)* aus.

Die Erstellung eines Speicherkontos dauert eine gewisse Zeit. Wichtig zur Anbindung Ihrer Clusterknoten sind die Zugriffsschlüssel des Speicherkontos. Diese müssen Sie im Azure-Portal abrufen, damit Sie sie auf den Clusterknoten verwenden können. Die beiden Schlüssel sind über den Menübefehl *Zugriffsschlüssel* in der Verwaltung des Speicherkontos zu finden.

Wenn Sie ein Speicherkonto erstellen, erstellt Microsoft Azure zusätzlich eine URL, über die sich auf das Speicherkonto extern zugreifen lässt. Diese hat das folgende Format:

https://<Storage Account Name>.<Storage Type>.<Endpoint>

Dazu ein Beispiel:

https://cloudwitnessjoos.blob.core.windows.net

Kapitel 34: Hochverfügbarkeit und Lastenausgleich

Cluster an Microsoft Azure anbinden

Sobald Sie das Speicherkonto erstellt haben, können Sie das Quorum des Clusters anpassen. Am schnellsten geht das, wenn Sie im Failovercluster-Manager im Kontextmenü des Clusters die Option *Weitere Aktionen/Clusterquorumeinstellungen konfigurieren* auswählen. Hier können Sie über einen Assistenten die Quorumkonfiguration anpassen. Für die Anbindung an Microsoft Azure verwenden Sie *Erweiterte Quorumkonfiguration* und klicken auf *Weiter*, bis Sie zur Seite *Quorumzeuge auswählen* gelangen. Hier wählen Sie die Option *Cloudzeugen konfigurieren*.

Abbildung 34.16: Die Anbindung an Microsoft Azure erfolgt im Failovercluster-Manager von Windows Server 2016.

Auf dem nächsten Fenster geben Sie den Namen des Speicherkontos, das als Cloudzeuge verwendet werden soll, und den Zugriffsschlüssel ein. Danach schließt der Assistent die Anbindung an Microsoft Azure ab. Sie können die Anbindung an Microsoft Azure auch mit der PowerShell durchführen. Dazu verwenden Sie den folgenden Befehl:

Set-ClusterQuorum -CloudWitness -AccountName <StorageAccountName> -AccessKey <StorageAccountAccessKey>

Entspricht der Endpunkt nicht dem Standard *https://<Name>.blob.core.windows.net*, verwenden Sie diesen Aufruf:

Set-ClusterQuorum -CloudWitness -AccountName <StorageAccountName> -AccessKey <StorageAccountAccessKey> -Endpoint <Servername>

Lassen sich die Clusterknoten nicht direkt anbinden, können Sie testweise eine Anbindung über einen Proxy durchführen. Allerdings ist das nicht immer so einfach und funktioniert leider nicht sehr stabil. Eine Anleitung dazu finden Sie im MSDN (*http://tinyurl.com/hxtlqh9*).

Zeugenserver überprüfen

Sie können die erfolgreiche Anbindung auch im Microsoft Azure-Portal überprüfen. Klicken Sie auf das Speicherkonto und dann auf *BLOBs*, sehen Sie den neuen Container *msft-cloud-witness*. Dabei handelt es sich um den Container für die BLOB-Datei für den Cluster. Klicken Sie auf den Container, sehen Sie die Zeugendatei. Der Name der Datei ist die GUID des Clusters.

Im Failovercluster-Manager klicken Sie auf den Cluster und sehen dann in der Mitte des Fensters bei *Hauptressourcen des Clusters* den Cloudzeugen. Dieser muss als aktiv angezeigt werden. Per Doppelklick auf die Ressourcen rufen Sie deren Eigenschaften auf. Hier muss der *Status* die Option *Online* anzeigen.

In der PowerShell können Sie die Konfiguration mit *Get-ClusterQuorum* überprüfen. Der Befehl *Get-ClusterQuorum |fl* zeigt mehr Informationen an.

Der Netzwerkcontroller im Überblick

Mit Windows Server 2016 geht Microsoft ein großes Stück in Richtung Software Defined Networking. Bestandteil ist der neue Netzwerkcontroller als Rollendienst. Dieser ermöglicht die zentrale Verwaltung, Überwachung und auch Konfiguration von Netzwerkgeräten und virtuellen Netzwerken über eine zentrale Stelle. Der neue Dienst kann alle neuen Funktionen in Windows Server 2016 zusammen mit System Center Virtual Machine Manager zentral steuern und überwachen. Neben der Überwachung sind kompatible Hardwareswitches auch mit dem Netzwerkcontroller konfigurierbar.

Zusätzlich lassen sich an den Netzwerkcontroller auch Clouddienste wie Microsoft Azure anbinden und zentral, zusammen mit lokalen (On-Premise) Netzwerken, verwalten. Neben Hardwaregeräten wie Routern, Switches, VPN-Servern, Lastenausgleichsmodulen und Firewalls lassen sich mit dem Netzwerkcontroller auch softwarebasierte Netzwerkdienste verwalten. Dies nicht nur auf Basis von Windows Server 2016, sondern auch auf Basis von Windows Server 2012 R2. Das heißt, virtuelle Switches, Appliances und andere Bereiche der virtuellen Netzwerke können zentral überwacht und gesteuert werden. Der Netzwerkcontroller arbeitet dazu auch eng mit System Center 2016 Virtual Machine Manager (SCVMM) zusammen. Die Überwachung des Diensts erfolgt wiederum mit System Center 2016 Operations Manager (SCOMM). Microsoft spricht hier auch von Network Function Virtualization.

Erst gemeinsam mit System Center 2016 Virtual Machine Manager und Hyper-V in Windows Server 2016 spielt der Netzwerkcontroller alle seine Fähigkeiten aus. Dazu wird der Netzwerkcontroller als Netzwerkdienst in SCVMM 2016 hinzugefügt. Im Assistenten zum Hinzufügen von neuen Netzwerkdiensten steht dazu der Eintrag *Microsoft Network Controller* zur Verfügung. Microsoft stellt hierzu auf Github auch Konfigurationsdateien zur Verfügung (*http://tinyurl.com/jq4p2bw*).

Kapitel 34: Hochverfügbarkeit und Lastenausgleich

Abbildung 34.17: Der Netzwerkcontroller wird am besten über SCVMM 2016 zur Verfügung gestellt.

Mit dem Netzwerkcontroller erhalten Administratoren die Möglichkeit, zentral in Windows Server 2016 physische Netzwerkkomponenten, aber auch virtuelle Netzwerke zu verwalten und gemeinsam zu betreiben sowie zu überwachen. Vor allem die Automatisierung der Konfiguration steht hier im Mittelpunkt. Dazu kommen Möglichkeiten, auf die einzelnen Geräte per PowerShell zugreifen zu können. Damit dies funktioniert, muss der entsprechende Hardwarehersteller das jedoch unterstützen. Die Softwarekomponenten in Windows Server 2016, die direkt mit dem Netzwerkcontroller zusammenarbeiten, unterstützen bereits die PowerShell 5.0 in Windows Server 2016.

Durch die Schnittstellenfunktion bietet der Netzwerkcontroller zwei verschiedene APIs: eine API, die mit den Endgeräten kommuniziert, und eine API, mit der Administratoren und deren Anwendungen zur Verwaltung kommunizieren. Das heißt, im Netzwerk gibt es nur noch eine Schnittstelle, mit der wiederum alle Geräte verwaltet werden. Im Bereich des Fabric Network Managements erlaubt der Netzwerkcontroller auch die Konfiguration und Verwaltung von IP-Subnetzen, VLANs, Layer 2- und Layer 3-Switches sowie die Verwaltung von Netzwerkadaptern in Hosts.

Die Southbound-API, die Schnittstelle zwischen Netzwerkcontroller und Netzwerkgeräten, kann im Netzwerk auch Netzwerkgeräte und deren Konfiguration automatisiert erkennen und anbinden. Außerdem überträgt diese API die von Administratoren durchgeführten Konfigurationsänderungen an die Geräte. Diese API übernimmt die Kommunikation zwischen dem Netzwerkcontroller, den Administratoren und schließlich den Endgeräten. Dabei kann es sich auch um Hyper-V-Hosts handeln.

Die Northbound-API ist wiederum die Schnittstelle zwischen Administrator und Netzwerkcontroller. Über diese API nimmt der Netzwerkcontroller die Konfigurationseinstellungen der Administratoren entgegen und zeigt die Überwachungsdaten an. Außerdem dient die Schnittstelle zur Fehlerbehebung von Netzwerkgeräten, dem Anbinden neuer Geräte und weiterer Aufgaben, die Administratoren durchführen müssen.

Bei der Northbound-API handelt es sich um eine Representational State Transfer(REST)-API. Die Anbindung ist über eine GUI möglich, mit der PowerShell und natürlich mit Systemverwaltungsprogrammen wie System Center. Die neue Version System Center 2016 lässt sich in diesem Bereich nahtlos an den Windows Server 2016-Netzwerkcontroller anbinden, hauptsächlich System Center Virtual Machine Manager 2016. Die Überwachung findet wiederum mit System Center Operations Manager 2016 statt.

Für einen optimalen und sicheren Betrieb sollte der Netzwerkcontroller auf einem Cluster betrieben werden. Die Einrichtung und Konfiguration lässt sich in diesem Fall auch in der PowerShell durchführen. Die Installation des Rollendiensts erfolgt zum Beispiel mit:

Install-WindowsFeature -Name NetworkController -IncludeManagementTools

Um einen Cluster zu erstellen, müssen Sie zuerst ein Node Object in der PowerShell erstellen:

New-NetworkControllerNodeObject -Name <Name des Servers> -Server <FQDN des Servers> -FaultDomain <Andere Server, die zum Controller gehören> -RestInterface <Netzwerk-Adapter, der REST-Anfragen annimmt> [-NodeCertificate <Zertifikat für die Computerkommunikation>]

Anschließend kann der Cluster für den Netzwerkcontroller ebenfalls in der PowerShell erstellt werden:

Install-NetworkControllerCluster -Node <NetworkControllerNode[]> -ClusterAuthentication <ClusterAuthentication> [-ManagementSecurityGroup <Gruppe in AD>][-DiagnosticLogLocation <String>][-LogLocationCredential <PSCredential>] [-CredentialEncryptionCertificate <X509Certificate2>][-Credential <PSCredential>][-CertificateThumbprint <String>] [-UseSSL][-ComputerName <Name>]

Danach wird der eigentliche Netzwerkcontroller erstellt:

Install-NetworkController -Node <NetworkControllerNode[]> -ClientAuthentication <ClientAuthentication> [-ClientCertificateThumbprint <string[]>] [-ClientSecurityGroup <string>] -ServerCertificate <X509Certificate2> [-RESTIPAddress <String>] [-RESTName <String>] [-Credential <PSCredential>][-CertificateThumbprint <String>] [-UseSSL]

Die ausführlichen Optionen und Steuerungsmöglichkeiten durch Skripts und der PowerShell sind im TechNet erklärt (*http://tinyurl.com/jfyna5e*). Hier finden Sie auch die verschiedenen Cmdlets zur Steuerung des Netzwerkcontrollers in der PowerShell. Alle Cmdlets, mit denen sich der Netzwerkcontroller steuern lässt, sind ebenfalls im TechNet aufgeführt (*http://tinyurl.com/jcevxrg*).

Durch die PowerShell-Funktionalität kann die Installation des Netzwerkcontrollers also auch automatisiert werden, zum Beispiel über ein Skript. Ein Beispielskript zur Erstellung eines Netzwerkcontrollers kann dann folgendermaßen aussehen:

$a = New-NetworkControllerNodeObject -Name Node1 -Server NCNode1.contoso.com -FaultDomain fd:/rack1/host1 -RestInterface Internal

$b = New-NetworkControllerNodeObject -Name Node2 -Server NCNode2.contoso.com -FaultDomain fd:/rack1/host2 -RestInterface Internal

$c = New-NetworkControllerNodeObject -Name Node3 -Server NCNode3.contoso.com -FaultDomain fd:/rack1/host3 -RestInterface Internal

Kapitel 34: Hochverfügbarkeit und Lastenausgleich

$cert= get-item Cert:\LocalMachine\My | Get-ChildItem | where {$_.Subject -imatch "networkController.contoso.com" }

Install-NetworkControllerCluster -Node @($a,$b,$c) -ClusterAuthentication Kerberos -DiagnosticLogLocation \\share\Diagnostics - ManagementSecurityGroup Contoso\NCManagementAdmins -CredentialEncryptionCertificate $cert

Install-NetworkController -Node @($a,$b,$c) -ClientAuthentication Kerberos -ClientSecurityGroup Contoso\NCRESTClients -ServerCertificate $cert -RestIpAddress 10.0.0.1/24

Data Center Abstraction (DAL) stellt in der PowerShell den Schnittpunkt zum Netzwerkcontroller dar. DAL bietet eine Remoteverwaltung von Rechenzentren und kompatiblen Netzwerkkomponenten über die PowerShell und PowerShell-kompatible Tools, die eine grafische Oberfläche für die Skripte bieten. Dazu müssen die Netzwerkkomponenten allerdings von Microsoft zertifiziert sein. Zu den zertifizierten Herstellern gehören derzeit Cisco und Huawei. Es ist aber zu erwarten, dass im Laufe der Zeit in diesem Bereich weitere Hersteller dazukommen werden. Auch der Netzwerkcontroller in Windows Server 2016 ist über diesen Weg ansprechbar, parallel zu den Cmdlets, die ohnehin für den Dienst zur Verfügung stehen werden.

Setzen Sie kompatible Geräte ein, lassen sich diese über die PowerShell mit speziellen Cmdlets verwalten. Microsoft geht im TechNet (*http://tinyurl.com/j6d3pxl*) näher auf die Funktionen und Möglichkeiten von kompatiblen Geräten ein. Die Befehle werden mit *Get-Command *-NetworkSwitch** angezeigt.

Data Center Bridging (DCB)

Data Center Bridging (DCB, siehe auch Kapitel 4) ist eine Suite aus den IEEE-Standards (Institute of Electrical and Electronics Engineers), die verschiedene Datencenter miteinander verbinden können. DCB bietet eine hardwarebasierte Bandbreitenzuweisung (Bandwidth Allocation) für einen bestimmten Typ des Datenverkehrs und verbessert die Zuverlässigkeit der Datenübertragung durch die Verwendung von Prioritäten.

Die hardwarebasierte Bandbreitenzuweisung ist notwendig, wenn der Datenverkehr im Betriebssystem umgangen und auf einen Converged Network Adapter verlegt werden soll, der SCSI (Small Computer System Interface), Remotezugriff auf den direkten Speicher (RDMA) über Converged Ethernet oder Fiberchannel over Ethernet (FCoE) unterstützt.

Unternehmen, die zum Beispiel über ein großes Fibrechannel-SAN verfügen, erhalten durch DCB die Möglichkeit, ein Ethernet-basiertes Converged Fabric für Speicher- und Datennetzwerke zu erstellen. Damit die Funktion genutzt werden kann, müssen Switches und Netzwerkkarten diese neue Funktion unterstützen. Lesen Sie dazu auch das Kapitel 1 durch.

Administratoren können Anwendungen zu einer bestimmten Datenverkehrsklasse oder zu prioritätsbasierten Protokollen, TCP/UDP-Ports oder NetworkDirect-Ports anbinden. Die Steuerung erfolgt hauptsächlich über PowerShell-Cmdlets.

DCB verwenden das DCB Exchange Protocol (DCBX). Dieses erlaubt die Konfiguration von Servern, Netzwerkkarten und kompatiblen Switches. Sie installieren das Serverfeature am schnellsten in der PowerShell über *Install-WindowsFeature Data-Center-Bridging*. Sie können die Installation auch über den Server-Manager durchführen (siehe die Kapitel 3 und 4).

Data Center Bridging (DCB)

Müssen Sie den Server neu starten, verwenden Sie zum Beispiel das Cmdlet *Restart-Computer*. Eine Liste der wichtigsten Cmdlets sowie eine Hilfe dazu erhalten Sie mit dem Befehl *Help *qos**. Ausführliche Hilfen erhalten Sie in der PowerShell, wie für alle anderen Cmdlets auch (siehe Kapitel 40). Wichtige Cmdlets in diesem Zusammenhang sind:

- *Set-NetQosPolicy...*
- *Disable-NetQosFlowControl*
- *Enable-NetQosFlowControl*
- *Get-NetQosDcbxSetting*
- *Get-NetQosFlowControl*
- *Get-NetQosTrafficClass*
- *New-NetQosTrafficClass*
- *Remove-NetQosTrafficClass*
- *Set-NetQosDcbxSetting*
- *Set-NetQosFlowControl*
- *Set-NetQosTrafficClass*
- *Disable-NetAdapterQos*
- *Enable-NetAdapterQos*
- *Get-NetAdapterQos*
- *Set-NetAdapterQos*

Tipp Das Cmdlet *New-NetQoSTrafficClass* zeigt ebenfalls Informationen an. Sie können den Befehl auch für andere Cmdlets nutzen. Auch *Get-Help New-NetQoSTrafficClass -Full | More* zeigt ausführliche Hilfen an. Sie können ebenfalls wieder jedes Cmdlet verwenden.

Bevor Sie eine umfassende Hilfe erhalten, müssen Sie mit *Update-Help* die PowerShell aktualisieren.

Sie können bis zu sieben Verkehrsklassen erstellen. Bei mehr Klassen sind aktuelle Netzwerkadapter überfordert. Die aktuellen Klassen lassen Sie sich mit *Get-NetQoSTrafficClass* anzeigen. Änderungen nehmen Sie mit *Set-NetQoSTrafficClass* vor, neue Klassen erstellen Sie mit *New-NetQoSTrafficClass*.

Enable-NetQosFlowControl aktiviert die Flusskontrolle, *Get-NetQosFlowControl* zeigt Informationen dazu an, mit *Disable-NetQosflowControl* deaktivieren Sie diese Funktion wieder.

New-NetQosPolicy erstellt neue Richtlinien, *Get-NetQosPolicy* zeigt die erstellten Richtlinien an, *Set-NetQosPolicy* ermöglicht das Ändern einer Richtlinie, *Remove-NetQosPolicy* löscht erstellte Richtlinien.

Get-NetAdapterQos zeigt Einstellungen von DCB für Netzwerkadapter an, *Disable-NetAdapterQos* deaktiviert DCB für einen Netzwerkadapter, *Enable-NetAdapterQos* aktiviert die Unterstützung.

Zusammenfassung

In diesem Kapitel haben wir Ihnen gezeigt, wie Sie mit dem Netzwerklastenausgleich eine hochverfügbare Serverinfrastruktur für viele Server erschaffen. Im Kapitel 9 haben wir Ihnen bereits den Aufbau eines Failoverclusters am Beispiel von Hyper-V gezeigt. Ebenfalls Bestandteil dieses Kapitels war Data Center Bridging, eine neue Funktion in Windows Server 2016 für sehr große Unternehmen. Zusätzlich haben wir Ihnen gezeigt, wie Sie mit Cluster Aware Update die Clusterknoten im Netzwerk aktualisieren.

Im nächsten Kapitel erfahren Sie, wie Sie Windows Server 2016 sichern und wiederherstellen können.

Kapitel 35
Datensicherung und Wiederherstellung

In diesem Kapitel:
Grundlagen zur Datensicherung 898
Windows Server-Sicherung installieren und konfigurieren. 898
Erweiterte Wiederherstellungsmöglichkeiten 904
Windows-Abstürze analysieren und beheben. 907
Zusammenfassung. 911

Windows Server 2016 verfügt über ein eigenes Sicherungsprogramm, mit dem Sie den Server und die Daten wiederherstellen können. Sie haben auch die Möglichkeit, den kompletten Server mit der Windows Server-Sicherung zu sichern und dabei auch SQL Server-Datenbanken oder andere Daten zu berücksichtigen. Das Programm sichert die Daten über den Volumeschattenkopie-Dienst (Volume Shadow Service, VSS) mithilfe einer Technologie, die als Sicherung auf Blockebene (Block Level Backup) bezeichnet wird, in *.vhd*-Dateien.

Hinweis In Kapitel 8 sind wir bereits auf die Sicherung von virtuellen Servern eingegangen. In Kapitel 16 zeigen wir Ihnen die Datensicherung von Active Directory. In diesem Kapitel erläutern wir die komplette Sicherung des Servers. Wie Sie Windows Server 2016 Essentials sichern, lesen Sie in Kapitel 36.

Grundlagen zur Datensicherung

Nach einem vollständigen Backup des Servers können einfach inkrementelle Sicherungen auf Blockebene erstellt werden. Auch diese benötigen deutlich weniger Platz als bei den Vorgängerversionen von Windows Server 2016.

Die Systempartitionen des Servers werden automatisch in alle Sicherungen integriert, sodass die auf diesen Partitionen gespeicherten Daten immer sehr leicht wiederhergestellt werden können. Auf diese Weise stellen Sie nicht nur Daten wieder her, sondern auch die Systemdateien von Windows Server 2016 und den installierten Serveranwendungen.

Mit der Windows Server-Sicherung lassen sich vollständige Server (alle Volumes), ausgewählte Volumes oder der Systemstatus sichern. Anschließend können Sie einzelne Volumes, Ordner, Dateien, bestimmte Anwendungen und den Systemstatus wiederherstellen. Mit der Verwaltungskonsole der Windows Server-Sicherung können Sie auch Sicherungen für Remotecomputer erstellen und verwalten. Damit Sie die Sicherung verwenden können, müssen Sie Mitglied der Gruppe *Administratoren* oder *Sicherungsoperatoren* sein.

Tipp	In der Eingabeaufforderung verwenden Sie das Tool Wbadmin zur Konfiguration und Verwaltung der Sicherungen. Außerdem sind in Windows Server 2016 einige Cmdlets für die PowerShell enthalten.

Windows Server-Sicherung installieren und konfigurieren

Damit Sie die Windows Server-Sicherung verwenden können, installieren Sie sie über den Server-Manager als neues Feature. In Windows Server 2016 gibt es dazu das Feature mit der Bezeichnung *Windows Server-Sicherung*.

Nach der Installation starten Sie die Windows Server-Sicherung über das Menü *Tools* im Server-Manager mit dem Befehl *Windows Server-Sicherung*. Alternativ können Sie im Suchfeld des Startmenüs »wbadmin.msc« eintippen. Diese Konsole können Sie darüber hinaus in jeder Microsoft Management Console (MMC) laden.

Die Datensicherung sichert die Daten blockbasiert von den Datenträgern, nicht pro Datei. Standardmäßig führt das Tool immer vollständige Sicherungen durch. Über den Menübefehl *Aktion/Leistungseinstellungen konfigurieren* können Sie aber auch inkrementelle Sicherungen aktivieren. Eine inkrementelle Sicherung sichert alle Daten, die sich seit der letzten Sicherung geändert haben. Unveränderte Daten werden nicht gesichert, da sie sich in einer vorherigen Sicherung befinden. Bei dieser Sicherungsart bauen die Datensicherungen aufeinander auf.

Zu einem gewissen Zeitpunkt benötigen Sie eine Vollsicherung, zum Beispiel freitags. Am Montag werden alle Daten gesichert, die sich seit Freitag verändert haben. Am Dienstag werden alle Daten gesichert, die sich seit Montag verändert haben.

Um einen neuen Sicherungsauftrag zu erstellen, rufen Sie entweder über die Verwaltung die Konsole des Sicherungsprogramms auf oder tippen im Suchfeld des Startmenüs »wbadmin.msc« ein. Der Befehl *Wbadmin.exe* startet das Befehlszeilentool der Sicherung.

Windows Server-Sicherung installieren und konfigurieren

Einen neuen Auftrag erstellen Sie über *Aktion/Sicherungszeitplan*. Nach der Bestätigung der Begrüßungsseite wählen Sie auf der ersten Seite des Assistenten aus, ob Sie den kompletten Server sichern wollen oder benutzerdefinierte Volumes/Dateien auswählen möchten. Bei der benutzerdefinierten Sicherung wählen Sie auf der nächsten Seite aus, welche Partitionen gesichert werden sollen.

Abbildung 35.1: Die Leistungsoptionen für die Sicherung konfigurieren

Wenn Sie daher am Freitagmorgen eine vollständige Wiederherstellung durchführen müssen, werden erst die letzte Vollsicherung des letzten Freitags und dann alle Sicherungen bis zur aktuellen inkrementellen Sicherung benötigt.

Der Vorteil dabei ist, dass jeder Sicherungsvorgang sehr schnell durchgeführt werden kann, da nur wenige Daten gesichert werden müssen. Bei inkrementellen Sicherungen sollten Sie auf jeden Fall einmal in der Woche eine Vollsicherung durchführen. Nachdem die Sicherung und Verwaltungsprogramme installiert sind, können Sie eine Datensicherung einrichten.

Achtung Achten Sie darauf, dass die zur Sicherung verwendete externe Festplatte keine Daten enthält. Vor der Sicherung wird der Datenträger durch das Sicherungsprogramm automatisch formatiert, sodass alle bisher darauf gespeicherten Daten verloren gehen.

Kapitel 35: Datensicherung und Wiederherstellung

Abbildung 35.2: Die zu sichernden Partitionen des Servers auswählen

Auf der nächsten Seite legen Sie den Zeitplan fest, über den der Server gesichert werden soll. Hier definieren Sie, ob Sie die Sicherung mehrmals oder nur einmal pro Tag durchführen möchten. Als Nächstes wählen Sie aus, wo Sie die Daten sichern wollen, also das Zielmedium. Haben Sie dieses festgelegt, spezifizieren Sie die Auswahl auf den nächsten Seiten des Assistenten.

Nachdem der Datenträger ausgewählt ist und Sie mit *Weiter* bestätigt haben, weist Sie eine Meldung darauf hin, dass der Datenträger formatiert wird, damit das Sicherungsprogramm einen Überblick über seine Größe und Verfügbarkeit erhält. Die Formatierung wird aber nicht sofort durchgeführt, sondern erst nach der Einrichtung. Auf den nächsten Seiten erhalten Sie noch eine Zusammenfassung angezeigt und der Datenträger wird anschließend neu formatiert.

Hinweis   Die Windows Server-Sicherung überwacht automatisch den Speicherplatz auf den Datenträgern, auf denen die Sicherungen abgelegt werden. Steht nicht mehr genügend Plattenplatz zur Verfügung, werden Sie entsprechend darüber informiert und die Sicherung wird nicht durchgeführt. Außerdem wird der Datenträger nicht mehr im Explorer des Servers angezeigt und steht ausschließlich für die Datensicherung zur Verfügung.

Die Einrichtung des Sicherungszeitplans ist damit abgeschlossen. Wollen Sie eine sofortige Einmalsicherung durchführen, können Sie den entsprechenden Assistenten über das Menü *Aktion* starten. Der Assistent übernimmt auf Wunsch die Einstellungen der vorhandenen geplanten Sicherung, lässt aber auch eigenständige Einstellungen zu.

Sicherung in der Eingabeaufforderung und PowerShell konfigurieren

Für Skripts oder Core-Server steht das Befehlszeilentool Wbadmin für die Verwaltung der Sicherungen zur Verfügung. Über den Zusatzparameter /? erhalten Sie für jeden der unten aufgelisteten Befehle eine entsprechende Hilfe eingeblendet. Die wichtigsten Aufrufoptionen für das Tool sind:

- **Wbadmin enable backup** – Erstellt oder ändert eine tägliche Sicherung.
- **Wbadmin disable backup** – Deaktiviert die tägliche Sicherung.
- **Wbadmin start backup** – Startet einmalig einen Sicherungsauftrag.
- **Wbadmin stop job** – Unterbricht eine laufende Sicherung oder Wiederherstellung.
- **Wbadmin get disks** – Zeigt aktuelle Datenträger an, die online sind.
- **Wbadmin get versions** – Zeigt Informationen über die verfügbaren Sicherungen an.
- **Wbadmin get items** – Zeigt die enthaltenen Daten einer Sicherung an.
- **Wbadmin start recovery** – Startet eine Wiederherstellung.
- **Wbadmin get status** – Zeigt den Status einer laufenden Sicherung oder Wiederherstellung an.
- **Wbadmin start systemstaterecovery** – Stellt den Systemstatus wieder her.
- **Wbadmin start sysrecovery/systemstatebackup** – Startet eine vollständige Systemsicherung, die später in den Computerreparaturoptionen wiederhergestellt werden kann.
- **Wbadmin delete systemstatebackup -keepversions:**n – Löscht alle Systemstatussicherungen bis auf die letzten *n* Versionen.
- **Wbadmin delete systemstatebackup -deleteoldest** – Löscht die jeweils älteste Systemstatussicherung.

Weitere Befehle zur Sicherung sind:

- **Vssadmin list shadows /for**=x: – Zeigt die vorhandenen Sicherungen für das Laufwerk *x:* an.
- **Vssadmin delete shadows /for**=x: **/oldest** – Löscht die jeweils älteste Sicherung des Laufwerks *x:*.

Neben Wbadmin können Sie die Datensicherung auch über die PowerShell steuern. Dazu müssen Sie in der PowerShell oder in PowerShell ISE zunächst die Befehle für die Datensicherung laden. Das verfügbare Modul für Windows Server 2016 trägt die Bezeichnung *WindowsServerBackup*.

Mit dem Befehl *Get-Command -Module WindowsServerBackup* lassen Sie sich in Windows Server 2016 die Cmdlets der PowerShell anzeigen. Mit den drei folgenden Befehlen lassen Sie sich eine ausführliche Hilfe und Beispiele der Cmdlets in der PowerShell anzeigen:

- *Get-Help <Cmdlet_Name> -Detailed*
- *Get-Help <Cmdlet_Name> -Examples*
- *Get-Help <Cmdlet_Name> -Full*

Um eine neue Sicherung über die PowerShell zu erstellen, müssen Sie zunächst einen Sicherungssatz anlegen, also eine Richtlinie, die steuert, welche Daten der Server sichern soll.

Daten mit dem Sicherungsprogramm wiederherstellen

Wenn auf dem Server Sicherungen zur Verfügung stehen, besteht auch die Möglichkeit, einzelne Dateien und Ordner wiederherzustellen. Dazu verwenden Sie ebenfalls das Sicherungsprogramm. Eine Wiederherstellung starten Sie über das Menü *Aktion*.

Auch hier führt ein Assistent durch die einzelnen Schritte der Wiederherstellung. Bestätigen Sie zunächst die Begrüßungsseite des Assistenten. Auf der nächsten Seite wählen Sie den Server aus, den Sie wiederherstellen wollen.

Danach legen Sie das Datum der Sicherung fest, aus der Sie Daten wiederherstellen wollen. Auf der nächsten Seite definieren Sie, welche Daten Sie wiederherstellen wollen. Hier besteht die Möglichkeit, komplette Volumes oder nur einzelne Dateien und Ordner wiederherzustellen.

Abbildung 35.3: Die Wiederherstellung starten und den Server auswählen

Auf der nächsten Seite bestimmen Sie, wo Sie die Dateien wiederherstellen wollen, ob vorhandene Dateien überschrieben werden dürfen und ob die Berechtigungen und Sicherheitseinstellungen der Dateien ebenfalls wiederhergestellt werden sollen.

Abbildung 35.4: Die Wiederherstellungsoptionen auswählen

Einen kompletten Server mit dem Sicherungsprogramm wiederherstellen

Haben Sie auf dem Server eine vollständige Datensicherung erstellt, können Sie damit den kompletten Server wiederherstellen, falls er zum Beispiel nicht mehr starten kann. Dazu muss der Datenträger mit der Sicherung mit dem Server verbunden und dieser mit der Windows Server 2016-DVD gebootet werden.

Tipp Bricht der Startvorgang von Windows Server 2016 einige Male ab, startet der Server auch ohne Installationsdateien automatisch den Wiederherstellungsmodus. Auch hier lässt sich die Wiederherstellung des Servers durchführen.

Auf der Startseite des Installations-Assistenten klicken Sie auf *Weiter*. Auf der nächsten Seite wählen Sie *Computerreparaturoptionen* aus. In den Systemwiederherstellungsoptionen wählen Sie die Option zur Wiederherstellung einer Systemabbildsicherung aus. Dazu klicken Sie auf *Problembehandlung* und *Systemimage-Wiederherstellung*.

Abbildung 35.5: Die erweiterte Wiederherstellungsmöglichkeiten in Windows Server 2016

Sie können auswählen, aus welcher Sicherung Sie den Server wiederherstellen wollen, und anschließend auch die Datenträger, die wiederhergestellt werden sollen. Auf diese Weise können Sie das Betriebssystem wieder in einen lauffähigen Zustand zurückführen. Wichtig ist dazu, dass Sie die Bare-Metal-Restore-Möglichkeit bei der Sicherung ausgewählt haben.

Kapitel 35: Datensicherung und Wiederherstellung

Abbildung 35.6: Das Sicherungsabbild für die Serverwiederherstellung auswählen

Als Nächstes wählen Sie aus, ob Windows den Datenträger formatieren und partitionieren soll oder ob Sie die Daten auf die bisherige Partition zurücksichern wollen.

Über die Schaltfläche *Datenträger ausschließen* legen Sie diejenigen Datenträger fest, die nicht wiederhergestellt werden sollen, weil sie zum Beispiel Datenbankdateien von Microsoft SQL Server enthalten.

Über *Treiber installieren* lassen sich wichtige Treiber integrieren, die für die Wiederherstellung unter Umständen benötigt werden. In den Optionen unter *Erweitert* legen Sie fest, dass der Server automatisch nach der Wiederherstellung neu starten und Datenträger auf Defekte überprüfen soll.

Zum Abschluss erscheint eine Meldung, die darüber informiert, dass die Datenträger neu formatiert werden. Diese Meldung müssen Sie bestätigen, bevor die Wiederherstellung beginnt. Anschließend beginnt der Assistent mit der Wiederherstellung des Servers. Danach steht der Server wieder zur Verfügung. Sie sollten nach erfolgreicher Wiederherstellung den Status der Datenbanken überprüfen und unter Umständen aktuelle Sicherungen der SQL-Datenbanken wiederherstellen. Anschließend funktioniert der Server wieder.

Erweiterte Wiederherstellungsmöglichkeiten

In den folgenden Abschnitten zeigen wir Ihnen verschiedene Möglichkeiten, um Windows Server 2016 wieder zu reparieren oder wiederherzustellen, falls der Server nicht mehr funktioniert. Um Windows Server 2016 wiederherzustellen, verwenden Sie entweder die Windows Server 2016-Installations-DVD oder drücken beim Bootvorgang die F8-Taste.

Fehler mit der Schrittaufzeichnung nachvollziehen und beheben

Windows Server 2016 bietet die Möglichkeit, Fehler in Windows aufzuzeichnen und für Spezialisten so aufzubereiten, dass diese den Fehler leicht nachvollziehen und überprüfen können. Diese Aufzeichnung von Fehlern hat die Bezeichnung »Schrittaufzeichnung«.

Am schnellsten starten Sie die Schrittaufzeichnung, indem Sie »psr« im Suchfeld des Startmenüs eintippen. Es öffnet sich die Oberfläche, mit der Sie die Aufzeichnung durchführen. Um einen Fehler aufzuzeichnen und weitergeben zu können, gehen Sie folgendermaßen vor:

1. Tippen Sie »psr« im Suchfeld des Startmenüs ein.
2. Klicken Sie nach dem Start des Tools auf *Aufzeichnung starten*.
3. Gehen Sie exakt die Schritte in Windows oder dem jeweiligen Programm durch, die zum Fehler führen.
4. Per Klick auf *Kommentar hinzufügen* können Sie eigene Hinweise einfügen, wenn der Fehler nicht direkt offensichtlich ist.
5. Haben Sie den Fehler nachgestellt, klicken Sie auf *Aufzeichnung beenden*.
6. Speichern Sie die Datei als ZIP-Archiv ab.
7. Das Tool speichert die eigentliche Aufzeichnung als *.mht*-Datei, die Sie mit dem Internet Explorer öffnen können. Extrahieren Sie die *.zip*-Datei per Rechtsklick oder klicken Sie doppelt auf die *.zip*-Datei und dann auf die *.mht*-Datei. Sie sehen die Aufzeichnung des Problems als Dokument, das jeder nachvollziehen kann.

Die Datensicherung über die Ereignisanzeige starten

Mit Windows Server 2016 können Sie eine Datensicherung des Servers auf einem Netzwerkspeicher (zum Beispiel einem NAS-System) anlegen. Als zusätzliche Möglichkeit können Sie nach der erfolgreichen Datensicherung weitere Sicherungsmaßnahmen im Netzwerk durchführen, zum Beispiel durch selbst erstellte Batchdateien auf Basis des Befehlszeilentools Robocopy. Sobald ein Sicherungsjob startet, protokolliert Windows Server 2016 einen Eintrag in der Ereignisanzeige.

An dieses Ereignis lässt sich sehr leicht eine Aufgabe über die Aufgabenplanung anbinden. Die Aufgabe wiederum kann eine Batchdatei starten, in der Daten auf verschiedene Freigaben im Netzwerk repliziert und Rechner heruntergefahren werden. Die Einrichtung ist nicht sehr kompliziert und baut komplett auf Bordmittel von Windows Server 2016 auf.

Sie haben die Möglichkeit, über die Ereignisanzeige, zusammen mit der Aufgabenplanung, in Windows Server 2016 weitere Aktionen durchführen zu lassen. Wollen Sie nach bestimmten Ereignissen in der Ereignisanzeige noch Batchdateien oder Befehle ausführen, können Sie die Funktion in Windows Server 2016 nutzen, mit der sich Aufgaben an bestimmte Ereignisse anhängen lassen. Dazu klicken Sie mit der rechten Maustaste auf das Ereignis und wählen *Aufgabe an dieses Ereignis anfügen*. Das heißt, Windows startet die Aufgabe immer genau dann, wenn das entsprechende Ereignis auftritt. Im folgenden Assistenten wählen Sie dann aus, welche Befehle Windows ausführen soll. Im ersten Fenster weisen Sie der Aufgabe einen Namen zu.

Im zweiten Fenster sehen Sie noch einmal das Ereignis, zu dem Windows die Aufgabe startet. Im dritten Fenster wählen Sie die Option *Programm starten* aus. Als Nächstes geben Sie den Befehl und die Optionen ein, die Windows ausführen soll. Wollen Sie zum Beispiel

Kapitel 35: Datensicherung und Wiederherstellung

nach der Sicherung verschiedene Aufgaben durchführen, zum Beispiel Replikationen mit Robocopy oder den Rechner herunterfahren oder auch beides, schreiben Sie am besten eine Batchdatei und lassen diese an dieser Stelle ausführen.

Ein Beispielskript könnte folgendermaßen aussehen. Als Dateiendung verwenden Sie entweder *.bat* oder *.cmd*.

```
echo on
del C:\Users\thomas\Desktop\backup.log
robocopy "C:\Users\thomas\Documents" "x:\backup\dokumente" /mir /r:5 /log+:C:\Users\thomas\Desktop\backup.log
robocopy "C:\Users\thomas\Pictures" "x:\backup\Pictures" /mir /r:5 /log+:C:\Users\thomas\Desktop\backup.log
robocopy "C:\Users\thomas\Documents" "z:\backup\dokumente" /mir /r:5 /log+:C:\Users\thomas\Desktop\backup.log
robocopy "C:\Users\thomas\Pictures" "z:\backup\Pictures" /mir /r:5 /log+:C:\Users\thomas\Desktop\backup.log
robocopy "C:\Users\thomas\Documents" "u:\backup\dokumente" /mir /r:5 /log+:C:\Users\thomas\Desktop\backup.log
robocopy "C:\Users\thomas\Pictures" "u:\backup\Pictures" /mir /r:5 /log+:C:\Users\thomas\Desktop\backup.log
shutdown /s /t 30
```

Listing 35.1 So könnte die Batchdatei für eine Sicherung aussehen.

So erhalten Sie immer eine 1:1-Kopie Ihrer wichtigsten Daten. Sie können ohne Weiteres auch mehrere Ordner sichern. Verwenden Sie in diesem Fall einfach mehrmals den Befehl nacheinander in einem Skript.

Haben Sie die Batchdatei ausgewählt, aktivieren Sie am Ende des Assistenten noch die Option *Beim Klicken auf "Fertig stellen", die Eigenschaften für diese Aufgabe öffnen*. Schließen Sie die Erstellung der Aufgabe ab, können Sie diese noch an Ihre Bedürfnisse anpassen.

Sie können die Aufgabe aber auch ohne diese Option jederzeit anpassen. Dazu starten Sie durch Eintippen von »aufgabe« im Suchfeld des Startmenüs die Aufgabenplanung. Die Aufgabe finden Sie über *Aufgabenplanungsbibliothek/Aufgaben der Ereignisanzeige*. Über das Kontextmenü rufen Sie die Eigenschaften der Aufgabe auf. Zunächst sollten Sie auf der Registerkarte *Allgemein* im unteren Bereich bei Sicherheitsoptionen ein Benutzerkonto auswählen, um die Aufgabe zu starten. Außerdem aktivieren Sie die Option *Mit höchsten Privilegien ausführen*, falls dies notwendig ist.

Auf der Registerkarte *Trigger* überprüfen Sie, ob die korrekte Ereignismeldung als Startwert ausgewählt ist. Bei *Aktionen* sollte Ihre Batchdatei erscheinen. Bei *Bedingungen* können Sie weitere Konfigurationen vornehmen, das gilt auch für die Registerkarte *Einstellungen*.

Alle Aufgaben, die Sie ausführen wollen, müssen Sie nur noch in die Batchdatei aufnehmen. Zur Sicherung und Replikation im Netzwerk bietet es sich zum Beispiel noch an, verschiedene Ordner an andere Ordner und Rechner im Netzwerk zu replizieren, am besten mit Robocopy. Anschließend können Sie den Rechner mit Shutdown herunterfahren lassen. Beide Tools gehören zum Lieferumfang von Windows Server 2016.

Abbildung 35.7: Eine Aufgabe für die Aufgabenplanung konfigurieren

Wenn Sie Datei- oder Ordnernamen kopieren, die ein Leerzeichen enthalten, geben Sie den Pfad in Anführungszeichen an, zum Beispiel *Robocopy "C:\Users\thomas\Documents" "x:\backup\dokumente" /mir*. Alle Optionen verwendet das Tool von links nach rechts. Nach unserer Erfahrung verwenden die meisten Administratoren die Option /mir, weil so schnell und einfach eine Spiegelung eines Ordners angelegt wird. Um die Daten in einer Freigabe auf einen anderen Rechner zu spiegeln, schreiben Sie am besten ein Skript mit dem Befehl *Robocopy <Quellordner> <Sicherungslaufwerk>:\<Sicherungsordner> /mir*.

Die Option /mir kopiert nur geänderte Dateien und löscht Dateien im Zielordner, die im Quellordner nicht mehr vorhanden sind. Das heißt, der erste Kopiervorgang dauert recht lange, da erst alle Dateien kopiert werden müssen. Der zweite läuft aber deutlich schneller ab, da nur geänderte Dateien kopiert werden. Löschen Sie im Quellordner eine Datei, löscht der Kopiervorgang diese auch im Backupordner. So erhalten Sie immer eine 1:1-Kopie Ihrer wichtigsten Daten. Sie können ohne Weiteres auch mehrere Ordner sichern. Verwenden Sie in diesem Fall einfach mehrmals den Befehl nacheinander in einem Skript.

Windows-Abstürze analysieren und beheben

Bluescreens sind in Windows Server 2016 lange nicht mehr so häufig anzutreffen wie bei vorangegangenen Windows-Versionen. Was viele ärgert, soll das System jedoch schützen. Ein Bluescreen ist in fast allen Fällen kein Fehler, der durch Windows oder eine Anwendung verursacht wird. Hauptsächlich sind fehlerhafte Treiber schuld, dass Windows aufgibt und mit einem Fehler abstürzt. Neben fehlerhaften Treibern kommen Bluescreens auch sehr oft dann vor, wenn Hardware defekt ist.

Am häufigsten liegen dann Probleme mit dem Arbeitsspeicher oder einer überhitzten CPU vor. Ebenfalls weit verbreitet sind defekte Festplattencontroller oder Hauptplatinen. Auch wenn Windows an einem Dateizugriff scheitert, weil die Festplatte defekt ist, bedeutet das oft eine Ankündigung eines Plattenausfalls. Bei einem Bluescreen läuft Windows noch stabil genug, um den Fehler zu protokollieren und sich selbst sofort zu beenden.

Meist erscheint eine achtstellige Hexadezimalzahl sowie eine kurze Beschreibung des Fehlers, oft IRQ_NOT_LESS_OR_EQUAL oder INACCESSIBLE_BOOT_DEVICE. Manchmal zeigt Windows auch die Datei an, die den Fehler verursacht hat. Häufig handelt es sich dabei um eine .sys-Datei, also einen Treiber. Schreibt ein Treiber durch Programmierfehler in einen Arbeitsspeicherbereich, in dem sich bereits Daten eines anderen Treibers oder sogar des Systems befinden, stellt Windows sofort seinen Betrieb ein und meldet den Fehler als Bluescreen. Würde das System nicht so vorgehen, könnten durch die ungültigen Bereiche im Arbeitsspeicher Daten zerstört oder im Falle von Hardwaretreibern sogar die Hardware eines Computers in Mitleidenschaft gezogen werden.

Solche Kernelzugriffe von Treibern hat Microsoft nahezu abgeschafft, sodass Bluescreens in diesem Bereich eher selten auftreten. Verliert ein Teil des Arbeitsspeichers durch einen physischen Defekt jedoch Daten, kann auch unter Windows Server 2016 ein Bluescreen erscheinen.

Bluescreens gibt es auch unter UNIX oder Linux, werden hier aber als »Kernel panic« bezeichnet. Der Prozessor kann bei mangelhafter Kühlung zu heiß werden und eine eventuelle Übertaktung den Effekt noch verstärken. In Windows Server 2016 gibt es das Windows-Speicherdiagnosetool, das Sie durch Eintippen von »mdsched« im Suchfeld des Startmenüs aufrufen.

Windows Server 2016 ist standardmäßig so eingestellt, dass nach einem Bluescreen automatisch der Rechner neu startet. Dies hat den Vorteil, dass der Server dann recht schnell wieder zur Verfügung steht. Allerdings können Sie in diesem Fall auch die entsprechende Fehlermeldung nicht lesen.

Erscheint der Bluescreen nach jedem Start, verfängt sich der Computer in einer Schleife, da er nach jedem Bluescreen neu startet. Die möglichen Einstellungen, wie sich Windows nach einem Bluescreen verhalten soll, finden Sie unter *Systemsteuerung/System und Sicherheit/System/Erweiterte Systemeinstellungen*. Klicken Sie im Abschnitt *Starten und Wiederherstellen* auf die Schaltfläche *Einstellungen*.

Über den Abschnitt *Systemfehler* lassen sich die Einstellungen vornehmen. Zunächst sollten Sie das Kontrollkästchen *Automatisch Neustart durchführen* deaktivieren, wenn Sie wollen, dass der Rechner bei der Anzeige des Bluescreens stehen bleiben soll. Über das Listenfeld *Debuginformationen speichern* wählen Sie aus, welche Art von Informationen das Betriebssystem protokollieren soll.

Am besten ist die Variante *Automatisches Speicherabbild* oder *Kleines Speicherabbild* geeignet, da andere Informationen ohnehin eher verwirrend sind. Hier legen Sie auch fest, in welchem Ordner das Speicherabbild mit dem Fehler abgelegt werden soll. Um eine *.dmp*-Datei mit den nachfolgend genannten Tools zu analysieren, laden Sie diese ganz normal in das jeweilige Programm.

Eine gute Möglichkeit, um Bluescreens auf die Spur zu kommen, ist die Software BlueScreenView, die Sie von der Seite *http://tinyurl.com/ly4dmg* herunterladen können. Sie erhalten Informationen zu den Bluescreens und können schneller Fehler finden. Der Vorteil des Tools ist, dass Sie den Viewer nicht installieren müssen. Er lässt sich daher auch über einen USB-Stick aufrufen.

Abbildung 35.8: Windows Server 2016 für die Anzeige von Bluescreens konfigurieren

Das Tool analysiert die Datei *memory.dmp*, die Windows mit dem Bluescreen erzeugt. Liegt diese Datei im Ordner *C:\Windows\minidump*, liest das Tool die Datei automatisch ein. Findet das Tool die Datei nicht, kopieren Sie *memory.dmp* von *C:\Windows* in den Ordner *C:\Windows\minidump*. Ist der Ordner nicht vorhanden, legen Sie ihn an. Nach dem Einlesen der Datei liefert der Fehler in der Spalte *Bug Check String* schon einen ersten Hinweis, den Sie für die Internetrecherche nutzen können.

Zusätzlich verwenden Sie noch den Code in der Spalte *Bug Check Code*. Klicken Sie doppelt auf *memory.dmp*, öffnet sich ein Detailfenster des Absturzes. Hat ein Treiber den Bluescreen verursacht, sehen Sie diesen in der Spalte *Caused by Driver*. Auch diese Information sollten Sie in die Recherche mit einbeziehen.

Können Sie den Bluescreen eingrenzen und erhalten über eine Suchmaschine nähere Informationen, zum Beispiel das Ändern bestimmter Registrykeys, sind Sie schon ein Stück weiter. Hat ein Treiber den Fehler verursacht, installieren Sie eine aktualisierte oder ältere Version. Tritt ein Fehler bei Ihnen erst nach der Installation eines neuen Treibers auf, können Sie in Windows den vorherigen Treiber aktivieren, mit dem das System noch stabil läuft. Das funktioniert allerdings nur dann, wenn Windows noch startet und Sie den Geräte-Manager aufrufen können.

Haben Sie den Treiber über ein Installationsprogramm installiert oder wurde der Absturz nicht durch einen Treiber verursacht, sondern von einer von Ihnen installierten Anwendung, können Sie in Windows auch den Systemzustand wiederherstellen wie vor der Installation der Anwendung. Um den Zustand zurückzusetzen, müssen Sie Windows starten oder den Rechner über die Windows-DVD oder einen Rettungsdatenträger booten und

Kapitel 35: Datensicherung und Wiederherstellung

die Computerreparaturoptionen starten. Setzen Sie in diesem Fall den Systemwiederherstellungspunkt zurück.

Oft stürzt in Windows nur ein einzelner Prozess ab oder belegt zu viele Ressourcen. Finden Sie diesen Prozess und beenden ihn, läuft Windows Server 2016 in den meisten Fällen aber problemlos weiter:

1. Klicken Sie mit der rechten Maustaste auf die Taskleiste und wählen Sie im Kontextmenü den Befehl *Task-Manager*. Alternativ starten Sie den Task-Manager auch mit [Strg]+[Alt]+[Entf] und der Auswahl des entsprechenden Befehls. Aktivieren Sie im unteren Bereich immer die Option *Mehr Details*.
2. Wechseln Sie zunächst zur Registerkarte *Leistung*. Manchmal verursachen Prozesse eine hohe CPU-Last von bis zu 100 % oder belegen den kompletten Arbeitsspeicher. Die Belastung sollte schwanken und nicht dauerhaft mehr als 30 bis 40 % betragen.

Rufen Sie anschließend die Registerkarte *Details* auf. Hier sehen Sie Programme, die gestartet sind, und bei *Status* die Meldung *Keine Rückmeldung*, wenn ein Programm nicht mehr funktioniert. Versuchen Sie, ein solches Programm mit *Task beenden* zu schließen.

Auch wenn keine hohe CPU-Last vorliegt, kann dennoch ein Prozess das System lahmlegen. Handelt es sich um einen Prozess, der eine hohe CPU-Last verursacht, klicken Sie auf die Spalte *CPU*. Der Task-Manager sortiert anschließend die Prozesse absteigend nach dem CPU-Verbrauch. Hier sehen Sie recht schnell, welcher Prozess das Problem verursacht.

Abbildung 35.9: Die Systemleistung in Windows Server 2016 überwachen

Verursacht ein Prozess zu viel Last, können Sie ihn beenden. Aber Achtung: Dabei können auch ungespeicherte Daten verloren gehen. Bevor Sie einen Prozess beenden, suchen Sie nach dessen Namen im Internet, wenn Sie ihn nicht kennen.

Speichern Sie möglichst alle Programme, die noch reagieren, und beenden Sie diese ordnungsgemäß. Klicken Sie den Prozess mit der rechten Maustaste an und wählen Sie *Task beenden*. Teilweise erscheint noch eine Rückfrage nach einigen Sekunden, dann beendet Windows den Prozess.

Reagiert Windows wieder, sollten Sie möglichst alle noch offenen Programme beenden und Daten speichern. Starten Sie anschließend den Rechner neu, damit Windows wieder alle notwendigen Prozesse starten kann. Beenden Sie den Explorer, fehlt oft die grafische Oberfläche. Diese starten Sie dann einfach über den Task-Manager mit *Datei/Neuen Task ausführen* und der Eingabe von »explorer«.

Zusammenfassung

In diesem Kapitel haben wir Ihnen gezeigt, wie Sie mit der Windows Server-Sicherung in der grafischen Oberfläche, der Eingabeaufforderung und der PowerShell Daten sichern und wiederherstellen. Außerdem sind wir darauf eingegangen, wie Sie mit dem Befehlszeilentool Robocopy manuell oder automatisiert Daten sichern.

Im nächsten Kapitel werden wir uns näher mit der Sicherung und Wiederherstellung von Servern mit Windows Server 2016 Essentials beschäftigen.

Kapitel 36
Datensicherung mit Windows Server 2016 Essentials

In diesem Kapitel:
Die Datensicherung mit dem Dashboard einrichten 916
Clientcomputer anbinden und sichern 919
Daten auf dem Server und den Clientcomputern wiederherstellen 927
Den Remotewebzugriff einrichten 930
Zusammenfassung. 932

Für kleine Niederlassungen oder kleine Unternehmen ist Windows Server 2016 Essentials eine Möglichkeit, schnell und einfach eine zentrale Datenablage zur Verfügung zu stellen. Mit Windows Server 2016 Essentials bietet Microsoft den Nachfolger von Small Business Server 2011 Essentials an, der bereits in Windows Server 2012/2012 R2 integriert war. In diesem Kapitel widmen wir uns vor allem der Datensicherung der Clientcomputer auf den Server.

Die Sicherung des Servers selbst erfolgt über die interne Datensicherung, wie in Kapitel 35 beschrieben, oder mit Zusatztools zur Datensicherung. Alternativ können Sie Windows Server 2016 Essentials auch an Microsoft Azure Backup anbinden, um die Daten des Servers in die Azure-Cloud zu sichern.

Der Vorteil von Windows Server 2016 Essentials ist die angepasste Oberfläche, über die auch ungeübte Administratoren schnell und einfach den Server verwalten. Selbst die Active Directory-Domäne und auch die Freigaben auf dem Server werden automatisch angelegt.

> **Hinweis** Sie können den Server auch in bestehende Active Directory-Gesamtstrukturen integrieren. Alternativ können Sie die Essentials-Rolle auch auf Servern mit Windows Server 2016 Standard/Datacenter installieren.

Die herkömmlichen Verwaltungswerkzeuge wie beispielsweise der Server-Manager sind auch in Windows Server 2016 Essentials verfügbar, zur Verwaltung aber selten notwendig. In Kapitel 41 zeigen wir Ihnen, wie Sie auf installierten Servern mit Windows Server 2016 Standard/Datacenter die Essentials-Umgebung als Serverrolle installieren. In diesem Fall können Sie die Vorteile der Edition, zum Beispiel die effiziente Datensicherung der Clients oder die Unterstützung des Dateiversionsverlaufs in Windows 8/8.1/10, auch auf Mitgliedsservern in Unternehmen nutzen.

Die Installation von Windows Server 2016 Essentials gelingt sogar ungeübten Administratoren. Der Server benötigt keine Clientzugriffslizenzen und erlaubt die Anbindung von 25 Benutzern mit bis zu 50 Computern.

> **Tipp** Nachdem Sie die Installation von Windows Server 2016 Essentials durchgeführt haben, wird automatisch ein Konfigurationsprogramm gestartet, über das die Einrichtung des Servers abgeschlossen wird. In manchen Fällen kann es vorkommen, dass die Konfiguration bei 17 % stehen bleibt und nicht fortgesetzt wird. Um dieses Problem zu beheben, gehen Sie folgendermaßen vor,:
>
> 1. Öffnen Sie die Diensteverwaltung, indem Sie im Suchfeld des Startmenüs »services« eintippen.
> 2. Suchen Sie den Dienst *Windows Server Essentials-Verwaltungsdienst*.
> 3. Klicken Sie mit der rechten Maustaste auf den Eintrag und wählen Sie im Kontextmenü den Eintrag *Starten*.
>
> Anschließend wird die Konfiguration automatisch ohne weitere Probleme fortgesetzt und abgeschlossen.

Die Installation erfolgt über einen angepassten Assistenten, der auch automatisch eine Active Directory-Domäne einrichtet. Die Verwaltung nehmen Sie über eine speziell angepasste Verwaltungsoberfläche, dem sogenannten Dashboard, vor. Clientcomputer binden sich über einen Agent an, der auch eine Sicherung der Computer direkt auf den Server ermöglicht. Auf diesem Weg können Benutzer selbst Daten wiederherstellen. Windows Server 2016 erlaubt die Anbindung von Windows 7- und Windows 8/8.1-Computern, aber natürlich auch von Rechnern mit Windows 10. Lesen Sie sich dazu auch das Kapitel 41 durch.

Die Sicherung und Wiederherstellung spielt beim Einsatz von Windows Server 2016 Essentials eine besondere Rolle und unterscheidet sich leicht von der Sicherung der anderen Editionen. Da alle wichtigen Daten des Unternehmens oder der Niederlassung/Abteilung auf einem einzigen Server liegen, sollten Sie auf diesen Bereich ein besonderes Augenmerk legen.

Windows Server 2016 Essentials enthält ein internes Sicherungsprogramm, mit dem Sie Daten der Clients sichern können. Auch eine komplette Sicherung der Clients und eine Wiederherstellung über den Server ist möglich.

Zusätzlich bietet Windows Server 2016 Essentials die Möglichkeit, über den internen Sicherungs-Assistenten alle Daten auf den Clientcomputern inklusive des Betriebssystems zu sichern. Mit dieser Sicherung können Sie anhand der Rettungs-CD von Windows Server 2016 Essentials komplette Clientcomputer wiederherstellen, falls diese nicht mehr funktionieren. Außerdem kann der Dateiversionsverlauf von Windows 8/8.1/10 seine Daten direkt auf dem Server sichern.

Hinweis   Bei der ersten Sicherung führt Windows Server 2016 Essentials über die Windows Server-Sicherung für alle ausgewählten Daten eine Vollsicherung durch. Alle Sicherungen, die darauf aufbauen, sind inkrementell. Dadurch werden nur geänderte Daten gesichert, was den Sicherungszeitraum verkürzt und auch die zu sichernde Menge erheblich reduziert.

Um Daten wiederherzustellen, müssen Sie aber keine Besonderheiten beachten. Der Wiederherstellungs-Assistent findet die gesicherten Daten automatisch, sodass Sie keine verschiedenen Sicherungssätze auswählen müssen.

Der Assistent zur Einrichtung im Dashboard baut auf die Windows Server-Sicherung in Windows Server 2016 auf und erleichtert deutlich die Einrichtung. Lesen sich daher zusätzlich zu diesem Kapitel auch das Kapitel 35 durch.

Windows Server 2016 Essentials bietet im Vergleich zu anderen Editionen von Windows Server 2016 die Möglichkeit, Daten von Arbeitsstationen und das Betriebssystem der Arbeitsstationen zu sichern sowie schnell und einfach wiederherzustellen. Vor allem kleine Unternehmen profitieren von dieser einfach zu bedienenden Funktion.

Windows Server 2016 Essentials bietet vor allem drei wichtige Funktionen, die für kleine Unternehmen extrem wichtig sind. Zunächst installiert der Installations-Assistent auch automatisch eine Active Directory-Gesamtstruktur, ohne dass Administratoren selbst kompliziert Hand anlegen müssen. Die Einrichtung erfolgt komplett im Hintergrund. Installieren Sie die Serverrolle für Windows Server 2016 Essentials (siehe Kapitel 41), können Sie auch auf Mitgliedsservern die Funktionen installieren. Als Benutzer auf dem Server werden die Anwender aus der Active Directory-Domäne angezeigt und verwaltet, in der der Server Mitglied ist. In diesem Fall stuft der Installationsassistent den Server nicht zum Domänencontroller hoch.

Die zweite Funktion ist das Dashboard. Mit diesem verwalten Verantwortliche den Server auf sehr einfache Weise. Der Vorteil dabei ist, dass sich das Dashboard erweitern lässt und zur Verwaltung keine großartigen Administratorkenntnisse notwendig sind.

Die dritte wichtige Funktion in Windows Server 2016 Essentials ist der Agent, der auf den Arbeitsstationen installiert wird. Mit ihm können Anwender nicht nur schnell und einfach auf Freigaben des Servers zugreifen, sondern auch selbst ihre Daten sichern und wiederherstellen. Das sogenannte Launchpad auf den Computern erlaubt zusätzlich die Ausführung des Dashboards, sodass Serververantwortliche alle Einstellungen auch von ihrem Computer aus durchführen können.

Bereits während der Installation der Agent-Software lässt sich festlegen, ob der Windows-Computer aus dem Ruhezustand zur Sicherung auf den Server automatisch aufwachen soll. Die Einstellung lässt sich später anpassen.

Die Datensicherung mit dem Dashboard einrichten

Um die Datensicherung mit dem Assistenten in Windows Server 2016 Essentials durchzuführen, starten Sie das Dashboard und wechseln zu *Geräte*.

Abbildung 36.1: Die Computer in Windows Server 2016 Essentials über das Dashboard verwalten

Über das Kontextmenü des Servers konfigurieren Sie die Sicherung wie nachfolgend beschrieben. Nach der ersten Einrichtung der Sicherung können Sie sie jederzeit an Ihre Anforderungen anpassen.

Die Serversicherung einrichten

Die Sicherung und Wiederherstellung spielt beim Einsatz von Windows Server 2016 Essentials eine besondere Rolle. Da alle wichtigen Daten des Unternehmens oder zumindest einer Abteilung oder Niederlassung auf einem einzigen Server liegen, sollten Sie auf diesen Bereich ein besonderes Augenmerk legen. Grundsätzlich ist es empfehlenswert, dass Sie ein vollwertiges Sicherungsprogramm für die Sicherung von Windows Server 2016 verwenden und die Daten auf Band oder externen Datenträgern sichern (siehe auch Kapitel 35). Hier kann auch Microsoft Azure Backup interessant sein.

Windows Server 2016 enthält ein internes Sicherungsprogramm, mit dem Sie Daten sichern können (siehe Kapitel 35). Windows Server 2016 Essentials verwendet die integrierte Sicherungsverwaltung von Windows Server 2016. Wir gehen in Kapitel 35 ausführlich auf deren Verwendung ein. Nach der Einrichtung des Servers sollten Sie die Sicherung aktivieren.

Sobald Sie den Kontextmenübefehl *Sicherung für den Server einrichten* wählen, startet ein Assistent, der Sie mit wenigen Schritten durch die Einrichtung des Servers führt. Während der Einrichtung legen Sie fest, wo Sie die Daten sichern wollen, welche Daten der Assistent sichern soll und wann die Sicherung starten soll.

Auf der zweiten Seite des Assistenten sehen Sie alle Datenträger, auf denen Sie Daten sichern können. Zeigt das Fenster die Festplatte nicht an, auf der Sie die Daten sichern wollen, aktivieren Sie das Kontrollkästchen *Alle Laufwerke anzeigen, die als Sicherungslauf-*

werke verwendet werden können. Die Festplatte, auf die Sie die Daten sichern, muss nicht partitioniert und formatiert sein.

Es bietet sich an, einen externen Datenträger für die Sicherung zu verwenden, am besten ein externes RAID-System oder eine Wechselfestplatte. Hier können Sie auch mehrere Festplatten verwenden und diese bei Bedarf wechseln, beispielsweise jeweils an geraden und ungeraden Wochen. Dazu verbinden Sie die Festplatten, die Sie zur Sicherung verwenden wollen, mit dem Server, und richten sie ein. Windows Server 2016 verwendet dann zur Sicherung jene Festplatte, die zum Zeitpunkt der Sicherung mit dem Server verbunden ist. Sie können dazu einfach die Festplatten auswechseln; eine Konfiguration der Sicherung ist nicht notwendig.

Die Festplatten, die Sie als Sicherungsmedium verwenden, erhalten keinen Laufwerkbuchstaben, da das Sicherungsprogramm sie formatiert und nur für die Sicherung verfügbar macht. Die vollständigen und inkrementellen Sicherungen verwaltet der Server selbst. Sie müssen für die Einrichtung der Sicherungsmedien diese nur verbinden und über den Assistenten bestimmen, wann er die Sicherungen durchführen soll.

Die erste Sicherung ist eine Vollsicherung, alle weiteren sind inkrementell, laufen also sehr schnell ab. Auch wenn Sie mehrere Festplatten einsetzen und eine davon defekt ist, lassen sich mit der zweiten Festplatte alle Daten wiederherstellen, da die Windows Server-Sicherung die Daten der Vollsicherung als Metadaten auf der zweiten Platte ablegt.

Der Assistent in Windows Server 2016 Essentials ist im Vergleich zur Datensicherung in Windows Server 2016 eingeschränkt und unterstützt keine genauere Konfiguration und keine Sicherung in Netzlaufwerken. Sie können im Assistenten eine beliebige externe Festplatte nutzen. Windows Server 2016 unterstützt USB ab 2.0, IEEE 1394 (FireWire) oder eSATA. Zum Speichern von Datensicherungen können Sie auch mehrere externe Festplatten verwenden und diese nach Bedarf an das System anschließen oder entfernen. Sie können Daten außerdem auf einem internen Festplattenlaufwerk sichern, das dann aber nicht für andere Zwecke zur Verfügung steht.

Achtung   Der Assistent zum Konfigurieren von Serverdatensicherungen formatiert die Speicherlaufwerke bei der Konfiguration für die Datensicherung. Das heißt, alle vor der Sicherung vorhandenen Daten auf dem Laufwerk gehen verloren. Das Laufwerk ist außerdem nicht mehr im Explorer verfügbar, sondern nur noch über den Sicherungs-Assistenten

Als Nächstes wählen Sie aus, wann der Assistent die Daten sichern soll. Sie haben dabei die Möglichkeit, bestimmte Uhrzeiten für die Sicherung anzugeben.

Standardmäßig sichert Windows Server 2016 Essentials die Daten zweimal am Tag, um 12.00 Uhr und um 23.00 Uhr. Wollen Sie die Daten mehrmals sichern, wählen Sie die Option *Benutzerdefiniert* und klicken die Uhrzeiten an, zu denen der Server die Sicherung durchführen soll. Achten Sie aber darauf, genügend Zeit zwischen den Sicherungen zu lassen, damit die vorherige Sicherung auch tatsächlich abgeschlossen ist, bevor die neue beginnt.

Kapitel 36: Datensicherung mit Windows Server 2016 Essentials

Abbildung 36.2: Einen Sicherungszeitplan auswählen

Als Nächstes legen Sie fest, welche Daten der Assistent sichern soll. Wählen Sie hier alle notwendigen Daten, am besten alle, aus.

Auf der nächsten Seite erhalten Sie eine Zusammenfassung Ihrer Eingaben über die Sicherung angezeigt. Nach einem Klick auf *Einstellungen anwenden* formatiert der Assistent den Datenträger, den Sie für die Sicherung verwenden wollen.

Anschließend sehen Sie den Status der Datensicherung im Fenster sowie den Zeitpunkt der nächsten Sicherung. Wie Sie die Datensicherung verwalten und Daten aus dieser Sicherung wiederherstellen, erfahren Sie in den folgenden Abschnitten genauer. Über das Kontextmenü des Servers im Dashboard lassen sich verschiedene Aufgaben durchführen:

- **Sicherung für den Server starten** und **Sicherung für den Server beenden** – Manuelles Starten und Beenden einer Sicherung mit den vorgegebenen Einstellungen.

- **Dateien oder Ordner für den Server wiederherstellen** – Aufrufen der Datensicherung und Wiederherstellen von gesicherten Daten in den Freigaben.

- **Sicherung für den Server anpassen** – Ändern der zu sichernden Ordner, der Sicherungszeiten und des Sicherungsmediums.

Die Datensicherungen verwalten

Starten Sie über das Kontextmenü des Servers im Dashboard eine Sicherung, ändert sich der Status in der Spalte *Sicherungsstatus*. Hier erkennen Sie auch, ob die letzte Sicherung erfolgreich war oder nicht.

Klicken Sie doppelt auf den Server, sehen Sie auf der Registerkarte *Sicherung* ebenfalls die letzten Sicherungen und deren Status.

Klicken Sie auf die Schaltfläche *Details anzeigen*, wird im Fenster der Start- und der Endzeitpunkt der Sicherung angezeigt. Im Fenster sehen Sie auch, welche Daten der Assistent erfolgreich gesichert hat und welche Datenträger nicht gesichert werden konnten.

Clientcomputer anbinden und sichern

Tipp Weitere Informationen zur Sicherung erhalten Sie in der *Ereignisanzeige*, die Sie im Startmenü über die Programmgruppe *Windows-Verwaltungsprogramme* starten. Die Datensicherung meldet ihren Status über *Anwendungs- und Dienstprotokolle/Microsoft/Windows/Backup*.

War die letzte Sicherung des Servers erfolgreich, finden Sie auf dem Dashboard des Servers in der Spalte *Sicherungsstatus* den Eintrag *Erfolgreich* vor. Auch für die Clients erfasst das Dashboard den Sicherungsstatus.

Clientcomputer anbinden und sichern

Nach der Installation des Servers verbinden sich Clients ganz einfach mit dem Server. Sie müssen dazu keine komplizierte Domänenaufnahme durchführen, sondern lediglich im Dashboard das Konto für den Benutzer anlegen. Die Anwender müssen in ihrem Browser nur die Adresse *http://<Servername>/connect* aufrufen.

Anschließend bietet der Server den Download der Agent-Software an. Sobald ein Anwender den Link zur Installation angeklickt hat, startet ein Assistent, der bei der Anbindung des eigenen PC hilft. Damit sich der Rechner anbinden lässt, muss sich der entsprechende Anwender mit der Webseite *http://<Servername>/connect* verbinden und während der Einrichtung über den Assistenten seinen Benutzernamen und sein Kennwort eingeben. Dieses legen Sie zuvor im Dashboard fest.

Abbildung 36.3: An Windows Server 2016 Essentials für die Installation des Agents anmelden

Der Agent übernimmt bereits vorhandene Einstellungen und Dateien des Anwenders vom alten Profil in das neue Domänenprofil des Servers. Dazu ist ein Neustart der Arbeitsstation notwendig. Administratoren sind dazu normalerweise nicht notwendig.

Nach Abschluss der Installation befindet sich auf dem Desktop des Rechners eine Verknüpfung zu den Freigaben im Netzwerk. Der Agent zur Anbindung an Windows Server 2016 Essentials ist im Infobereich der Taskleiste zu finden. Über das Kontextmenü des Agents lässt sich das Launchpad zum Server öffnen. Darüber können Anwender auf ihre Daten auf dem Server zugreifen und sogar ihren Rechner auf den Server sichern. Mit einer Wiederherstellungs-CD lassen sich komplette Rechner über den Server wiederherstellen.

Kapitel 36: Datensicherung mit Windows Server 2016 Essentials

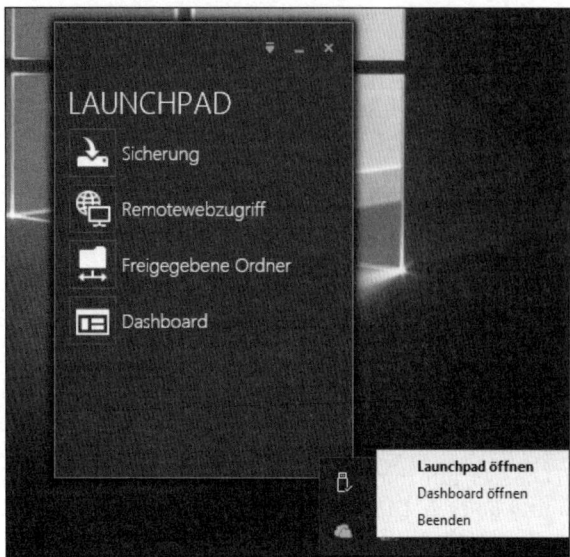

Abbildung 36.4: Mit dem Launchpad steuern Anwender ihren Rechner und die Anbindung an Windows Server 2016 Essentials.

Benutzer können über das Launchpad auf dem eigenen Rechner abgelegte Dateien auf den Server sichern. Über den Agent ist außerdem eine Wiederherstellung möglich. Dabei lassen sich (ebenfalls über das Dashboard) auch einzelne Dateien über die Sicherung auf dem Server wiederherstellen. Diesen Vorgang müssen aber Administratoren durchführen, doch dazu später mehr.

Über dieses Launchpad greifen Anwender auf die Sicherung des Clients zu, können den Remotewebzugriff starten und direkt die Freigaben auf dem Server öffnen, für die sie berechtigt sind.

Administratoren dürfen zusätzlich noch das Dashboard von ihrer Arbeitsstation aus aufrufen und können sich mit dem Administratorkonto direkt am Dashboard anmelden, ohne dass sich der Benutzer am PC abmelden muss. Außerdem lassen sich Meldungen für den Client im unteren rechten Bereich des Launchpads anzeigen. Hier erkennen Anwender Fehler, die auf dem Clientcomputer auftreten.

Arbeiten Ihre Anwender mit der Home-Version von Windows 8/8.1/10, können sie zwar ebenfalls über den Connector mit den Freigaben auf dem Server arbeiten, es ist aber keine Domänenanmeldung am PC möglich wie mit Windows 8/8.1/10 Pro oder Enterprise. In diesem Fall müssen sich Anwender am Launchpad nach der Anmeldung am PC noch einmal explizit anmelden. Über *Einstellungen* lässt sich diese Anmeldung auch speichern. Danach Anmeldung stehen die Freigaben und Funktionen im Launchpad in Windows 7 Home Edition genauso zur Verfügung wie in Windows 8/8.1/10 Pro oder Enterprise. Das ist ein weiterer Vorteil von Windows Server 2016 Essentials.

Der Connector, mit dem der Client an den Server angebunden ist, besitzt ein eigenes Symbol, das im Infobereich der Taskleiste angezeigt wird. Über das Kontextmenü dieses Symbols starten Sie das Launchpad, zeigen Warnungen auf dem Computer an und können als Administrator das Dashboard öffnen. An der Farbe des Symbols erkennen Anwender auch, ob der Computer Fehler meldet (rotes Symbol), Warnungen findet (gelbes Symbol) oder ob alles in Ordnung ist (grünes Symbol).

Haben Sie einen Clientcomputer mit dem Essentials-Netzwerk verbunden, sehen Sie ihn, wenn Sie im Dashboard auf *Geräte* klicken. Hier sind alle Computer des Netzwerks aufgelistet. Über das Kontextmenü oder der Auswahl von *Computer entfernen* können Sie Computer von der Liste wieder löschen. In diesem Fall haben allerdings die Anwender, die sich anmelden, keine Rechte mehr, auf Freigaben zuzugreifen.

Sie sehen in diesem Bereich auch in der Spalte *Status*, ob der Computer eingeschaltet ist und ob Warnungen auf dem Computer gemeldet werden. Über das Kontextmenü oder den *Aufgaben*-Bereich sehen Sie die verschiedenen Möglichkeiten zur Verwaltung des Clients.

Clientcomputer über das Dashboard auf den Server sichern

Windows Server 2016 Essentials bietet die Möglichkeit, alle Daten von Clientcomputern inklusive des Betriebssystems in die Sicherung des Servers einzubinden. So können Sie mit der Rettungs-CD eine vollständige Sicherung von Clients über das Netzwerk wiederherstellen. Sicherungen auf Clientcomputern starten und verwalten Sie vom Server aus im Dashboard über *Geräte*.

Abbildung 36.5: Die Clientcomputer über das Dashboard verwalten

Starten Sie die Sicherung, sehen Sie über das Launchpad auf dem Client und der Auswahl von *Sicherung* den Status der Sicherung. Die Sicherung läuft im Hintergrund, sodass der Anwender weiter mit seinem Computer arbeiten kann. Ist die Sicherung abgeschlossen, wird dies an gleicher Stelle angezeigt. Über diesen Bereich starten Sie auch eine Sicherung vom Client aus auf den Server. In den Eigenschaften eines Computers sehen Sie auf der Registerkarte *Sicherung* die verschiedenen vorhandenen Sicherungen des Clients.

Die Datensicherung richten die Anwender selbst über das Launchpad ein. Nach der Anbindung an Windows Server 2016 Essentials sollten Anwender daher zunächst eine erste Sicherung anlegen. Hier ist auch der aktuelle Stand der Sicherung zu sehen.

Für eine optimale Datensicherung sollten Unternehmen auch die Daten des Servers sichern. Dazu steht im Dashboard ein eigener Einrichtungspunkt zur Verfügung, über den sich die Daten des Servers sichern lassen. Im Dashboard des Servers ist für alle angebundenen Computer, auch den Server selbst, der Status der aktuellen Datensicherung zu sehen. Sie können über diesen Bereich außerdem die Sicherung beenden oder eine Wiederherstellung starten.

Abbildung 36.6: Windows 8/8.1/10 kann Daten über das Launchpad auf den Server mit Windows Server 2016 Essentials sichern.

Neben der manuellen Sicherung von Rechnern, die Anwender über ihr Launchpad durchführen, können Sie über das Dashboard die Sicherungseinstellungen aller Clientcomputer steuern. Auf diesem Weg lassen sich zum Beispiel auch automatisierte Sicherungen erstellen.

Windows Server 2016 Essentials unterstützt den Dateiversionsverlauf in Windows 8/8.1/10. Damit können Anwender für jede Datei verschiedene Versionen schnell und einfach wiederherstellen. Die Einstellungen dazu erfolgen in den Eigenschaften des Computers im Dashboard.

Um Dateien mit dem Dateiversionsverlauf wiederherzustellen, verwenden Anwender den Explorer in Windows 8/8.1/10. Eine Unterstützung durch Administratoren ist nicht notwendig. Die Sicherung erfolgt mehrmals am Tag. Die Sicherung aus dem Dateiversionsverlauf entspricht der Konfiguration in Windows 8/8.1/10 auch ohne Windows Server 2016 Essentials. Der Unterschied besteht lediglich darin, dass der Client seine Daten nicht auf eine externe Festplatte oder ein NAS-System sichert, sondern auf den Server mit Windows Server 2016 Essentials. Über das Dashboard erstellen Sie einen Wiederherstellungs-USB-Stick, mit dem sich Clientcomputer booten lassen. Anwender können mit diesem Stick nicht nur Daten ihres PC wiederherstellen, sondern den kompletten Computer. Im Assistenten lassen sich alle abgelegten Sicherungen auf dem Server abrufen und über das Netzwerk auf die Clients überspielen.

Sollen Dateien auf einem Computer wiederhergestellt werden, muss ein Anwender mit Administratorrechten über das Launchpad am Rechner das Dashboard starten. Für den Start des Dashboards ist eine eigene Authentifizierung möglich. Dadurch ist der Verwaltungszugriff auf den Servern von Arbeitsstationen geschützt.

Über das Kontextmenü des Computers im Dashboard des Servers lassen sich dann Daten wiederherstellen. Im Rahmen der Wiederherstellung wählen Sie zunächst die Datensicherung aus, von der Anwender Daten wiederhergestellt bekommen wollen. Über einen Assistenten lässt sich dann einfach auswählen, welche Dateien wiederhergestellt werden sollen.

Clientcomputer anbinden und sichern

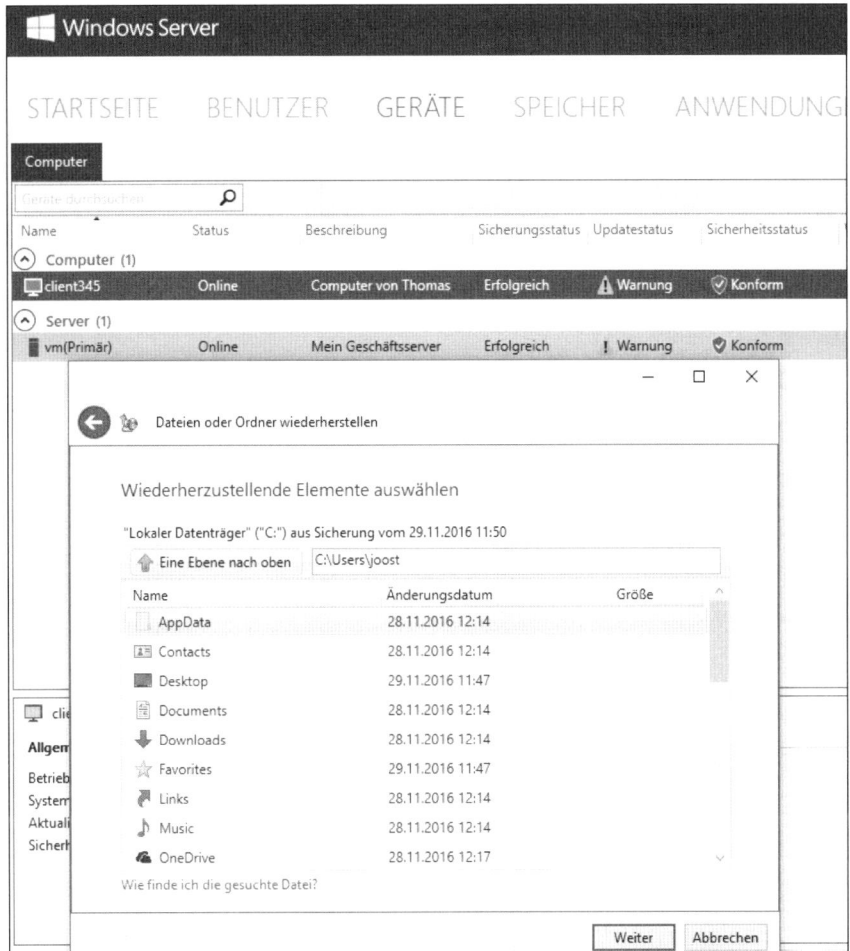

Abbildung 36.7: Das Dashboard zur Serververwaltung können Administratoren auch direkt von Clients aus starten.

Sobald Sie eine vollständige Datensicherung des Servers durchgeführt haben, können Sie über die Windows Server 2016-DVD ein vollständiges Image wiederherstellen. Dazu stellt Windows Server 2016 Essentials die neue Wiederherstellungsumgebung zur Verfügung, die auch in Windows 8/8.1/10 integriert ist.

Clientcomputer sichern und Sicherungen verwalten

Windows Server 2016 Essentials kann auch Daten auf Clientcomputern sichern. Die Sicherung erfolgt im Rahmen der normalen Datensicherung über den Connector. Damit die Sicherung funktioniert, muss der Client eingeschaltet und korrekt an den Server angebunden sein. Über Gruppenrichtlinien können Sie bei der Anbindung des Clients aber auch festlegen, dass dieser zur Zeit der Datensicherung automatisch starten soll und nach der Sicherung wieder herunterfahren.

Kapitel 36: Datensicherung mit Windows Server 2016 Essentials

Bevor Sie Clientcomputer sichern, sollten Sie über den Menübefehl *Clientcomputer-Sicherungsaufgaben* zunächst allgemeine Einstellungen festlegen, die der Server für die Sicherung der Clients berücksichtigen soll. Die Einstellungen gelten nur für die Sicherung der Clients, nicht für die Sicherung des Servers. Sie finden den Menübefehl im rechten Bereich des Dashboards auf der Registerkarte *Geräte*.

Abbildung 36.8: Die allgemeinen Einstellungen zur Sicherung von Clientcomputern aufrufen

Nach der Auswahl des Menübefehls öffnet sich ein neues Fenster, über das Sie verschiedene Einstellungen vornehmen können. Auf der Registerkarte *Computersicherung* legen Sie zunächst fest, wann der Assistent die Clientcomputer sichern soll und wie lange die Sicherungen auf dem Server verfügbar sein sollen.

Über die Registerkarte *Tools* können Sie defekte Sicherungen reparieren, wenn sich daraus keine Daten wiederherstellen lassen. Lässt sich eine Sicherung nicht reparieren und daher auch nicht zur Wiederherstellung nutzen, kann der Assistent diese Sicherung löschen. Hier können Sie außerdem einen USB-Stick erstellen, mit dem sich die gesicherten Windows-Rechner starten lassen.

Wichtig für die Wiederherstellung von Clientrechnern in Windows Server 2016 Essentials ist die Registerkarte *Clientwiederherstellungsdienst*. Mit dieser Funktion können Sie ebenfalls Computer komplett wiederherstellen. Vorteil ist, dass Sie mit diesem Tool das Betriebssystem auf dem Client über das Netzwerk installieren können. Sie brauchen für die Funktion noch das Windows Assessment and Deployment Toolkit (WADK), zum Beispiel für Windows 10. Mehr dazu lesen Sie in Kapitel 2 zur Installation von Nano-Servern über den Nano Server Image Builder. Auch dieser benötigt das ADK für Windows 10.

Die Datensicherung über den Dateiversionsverlauf einrichten

Microsoft hat die Datensicherung in Windows 8/8.1/10 komplett überarbeitet und verbessert. Speichern Anwender wichtige Daten auf dem PC, sollten Administratoren auf dem Rechner den Dateiversionsverlauf einmalig einrichten und eine Sicherung der Daten auf eine externe Festplatte oder auf einer Freigabe im Netzwerk speichern. Die Vorgänge im Hintergrund sind dabei vollkommen transparent für den Anwender.

Sie können den Dateiversionsverlauf und die standardmäßige Windows-Sicherung nicht parallel einsetzen. Zuerst müssen Sie den Dateiversionsverlauf aktivieren. Ist die standardmäßige Sicherung aktiviert, müssen Sie diese zunächst deaktivieren.

Den Dateiversionsverlauf einrichten

Um Daten schnell und einfach wiederherzustellen, lässt sich die Option in der Steuerung des Dateiversionsverlaufs auswählen. Gehen Sie zur Einrichtung folgendermaßen vor:

1. Öffnen Sie die Systemsteuerung und navigieren Sie zu *System und Sicherheit/Dateiversionsverlauf*. Klicken Sie auf *Einschalten*, um die Sicherung zu aktivieren. Setzen Sie Windows 8/8.1/10 zusammen mit Windows Server 2016 Essentials ein, aktiviert der Agent für Windows Server 2016 Essentials den Dateiversionsverlauf automatisch und speichert Dateien des Anwenders direkt auf dem Server.
2. Sie können durch Anklicken von *Jetzt ausführen* sofort eine Sicherung der Daten durchführen.
3. Den aktuellen Status des Vorgangs sehen Sie im Fenster. Sie können eine Verknüpfung des Dateiversionsverlaufs erstellen, indem Sie das Symbol aus der Systemsteuerung auf den Desktop ziehen. Über das Kontextmenü dieses Symbols können Sie die Funktion auf der Startseite als Kachel anheften, um sie schneller zu erreichen.

Abbildung 36.9: Den Status der Dateiversionsverlaufs-Sicherung anzeigen

Auf der externen Festplatte oder der Freigabe im Netzwerk beim Einsatz mit Windows Server 2016 Essentials befindet sich ein neuer Ordner mit dem Namen des Rechners. In diesen legt Windows 8/8.1/10 gesicherte Dateien und Versionen des Dateiversionsverlaufs ab. Eine Wiederherstellung nehmen Sie aber nicht über diesen Ordner vor, sondern über den Dateiversionsverlauf und den Link *Persönliche Dateien wiederherstellen*.

Kapitel 36: Datensicherung mit Windows Server 2016 Essentials

Abbildung 36.10: Daten mit dem Dateiversionsverlauf wiederherstellen

Über den Link *Erweiterte Einstellungen* in der Konfiguration des Dateiversionsverlaufs legen Sie die Einstellungen der Datensicherung fest. Über das Listenfeld *Aufbewahrung gespeicherter Versionen* definieren Sie, wie lange Windows verschiedene Versionen der Dateien aufbewahren soll. Ändern Sie eine Datei, legt Windows auch eine neue Version an. Über *Speichern von Dateikopien* legen Sie fest, wann Windows eine Sicherung durchführen soll.

Wollen Sie einige Dateien nicht durch den Dateiversionsverlauf sichern lassen, klicken Sie im Hauptfenster auf *Ordner ausschließen*. Standardmäßig sichert der Dateiversionsverlauf auch die Daten aller angebundenen Wechseldatenträger und externe Festplatten. Wollen Sie nur Daten der lokalen Festplatte sichern, tragen Sie bei den Ausnahmen die Laufwerkbuchstaben der externen Laufwerke ein.

Über *Laufwerk auswählen* im Hauptfenster ändern Sie das Laufwerk, in dem Windows die gesicherten Dateien aus dem Dateiversionsverlauf speichern soll.

Dateien aus dem Dateiversionsverlauf wiederherstellen

Um Dateien mit dem Dateiversionsverlauf wiederherzustellen, öffnen Sie den Dateiversionsverlauf über die Systemsteuerung und klicken auf *Persönliche Dateien wiederherstellen*. Sie können in der Eingabeaufforderung oder im Suchfeld des Startmenüs auch »filehistory« eingeben oder eine Verknüpfung zu diesem Programm erstellen, um direkt die Wiederherstellung von Dateien zu starten.

Wählen Sie den Ordner aus, den Sie wiederherstellen wollen, oder klicken Sie doppelt auf den Ordner, um ihn zu öffnen. Setzen Sie ein Häkchen bei jenen Dateien, die Sie wiederherstellen wollen, und klicken Sie auf die Schaltfläche für die Wiederherstellung (das grüne Symbol am unteren Fensterrand).

Über das Kontextmenü von Dateien oder Ordnern können Sie außerdem einen anderen Zielordner für die Wiederherstellung auswählen. Sie finden den Verlauf außerdem direkt im Menüband des Explorers auf der Registerkarte *Start* in der Gruppe *Öffnen*.

Einen USB-Stick für die Wiederherstellung von Clientcomputern erstellen

Öffnen Sie im Dashboard die Registerkarte *Geräte* und klicken Sie auf den Link *Clientcomputer-Sicherungsaufgaben*. Nun können Sie im Dialogfeld auf der Registerkarte *Tools* über die Schaltfläche *Schlüssel erstellen* einen USB-Stick so konfigurieren, dass Sie einen Clientcomputer, auf dem Windows nicht mehr startet, mit diesem USB-Stick booten und so wiederherstellen können.

Achtung	Damit Sie den Stick erstellen können, müssen Sie ihn mit dem Server verbinden, nicht mit einem Clientcomputer. Der Assistent löscht alle Daten auf dem USB-Stick und formatiert ihn neu. Zum Wiederherstellen verbinden Sie anschließend den USB-Stick mit der entsprechenden Arbeitsstation.

Die Clientsicherung konfigurieren und manuelle Sicherungen starten

Manuelle Sicherungen für Clientcomputer starten Sie im Dashboard auf dem Server über das Kontextmenü des Clients im Bereich *Geräte*. Markieren Sie zunächst den entsprechenden Client und wählen Sie anschließend den Befehl *Sicherung für den Computer starten* aus. Um die Datensicherung zu konfigurieren, wählen Sie im Kontextmenü oder im Aufgabenbereich den Befehl *Sicherung für den Computer anpassen* aus.

Den Status der letzten Datensicherung sehen Sie in der Spalte *Sicherungsstatus* des Clients. Klicken Sie doppelt auf einen Client, öffnen sich dessen Eigenschaften. Auf der Registerkarte *Sicherung* sehen Sie die jeweiligen Zeitpunkte der Sicherung.

Klicken Sie auf *Details anzeigen*, erhalten Sie ausführlichere Informationen zur Sicherung angezeigt. Diese Hinweise sind insbesondere bei eventuell aufgetretenen Fehlern hilfreich. Auf den Clients erhalten Sie ebenfalls Informationen zu den Datensicherungen. Dazu klicken Sie im Launchpad auf den Link *Sicherung*. Sie sehen im Fenster den Status der letzten Sicherung auf den Server und können auf Wunsch eine manuelle Sicherung starten.

Daten auf dem Server und den Clientcomputern wiederherstellen

Haben Sie die Sicherung erfolgreich konfiguriert, können Sie über das Dashboard schnell und einfach Dateien und Ordner wiederherstellen. Wollen Sie Daten auf Clientcomputern wiederherstellen, müssen Sie das Dashboard auf dem entsprechenden Clientcomputer starten.

Daten auf dem Server wiederherstellen

Sie können Daten aus der Sicherung auch über den Assistenten wiederherstellen. Dazu müssen Sie den externen Datenträger mit dem Server verbinden, auf dem die Sicherung gespeichert ist, aus der Sie Daten wiederherstellen wollen. Wählen Sie dann im Dashboard auf der Registerkarte *Geräte* über das Kontextmenü des Computers oder des Servers die Option *Dateien oder Ordner für den Server wiederherstellen* aus. Um Daten auf Clients wiederherzustellen, müssen Sie auf dem Client das Dashboard starten und sich mit einem Administratorkonto anmelden.

Abbildung 36.11: Die Wiederherstellung von Serverdateien im Dashboard starten

Zunächst wählen Sie aus, ob die Daten am ursprünglichen Ort wiederhergestellt werden sollen oder ob Sie die Daten an einem anderen Speicherort benötigen. Im nächsten Fenster legen Sie fest, ob als Quelle der Wiederherstellung die aktuellste Sicherung oder eine ältere im System verfügbare Datensicherung verwendet werden soll. Möchten Sie den Zeitpunkt selbst bestimmen, können Sie auswählen, welche Sicherung Sie verwenden wollen. Im Kalender sehen Sie fett markiert, für welchen Zeitpunkt Sicherungen verfügbar sind.

Im nächsten Schritt definieren Sie, ob Sie ein komplettes Laufwerk oder nur einzelne Dateien und Ordner wiederherstellen möchten. Abhängig von der Auswahl wählen Sie im nächsten Fenster genauer die wiederherzustellenden Dateien oder Ordner aus. Im nächsten Fenster geben Sie an, ob die Dateien im ursprünglichen oder in einem anderen Ordner wiederhergestellt werden sollen.

Sind bereits Dateien im Ordner vorhanden, legen Sie in diesem Fenster auch fest, ob der Assistent alte Versionen von Dateien überschreiben soll.

Im nächsten Fenster starten Sie die Wiederherstellung mit der Schaltfläche *Jetzt wiederherstellen*. Nach kurzer Zeit (abhängig von der Datenmenge) sind die Dateien wieder verfügbar und lassen sich erneut verwenden.

Was soll wiederhergestellt werden?

Dateien oder Ordner
Durchsuchen Sie die Laufwerke und freigegebenen Ordner in dieser Sicherung, und wählen Sie Dateien und Ordner aus.

Vollständiges Laufwerk
Stellen Sie ein vollständiges, in der Sicherung enthaltenes Laufwerk wieder her, z. B. alle unter "D:" gespeicherten Daten.

Abbildung 36.12: Die Wiederherstellungsoptionen auswählen

Daten auf Clientcomputern wiederherstellen

Die Datensicherung in Windows Server 2016 Essentials führt auch eine Sicherung von Daten auf den Clientcomputern aus. Um diese auf den Clients wiederherzustellen, müssen Sie sich direkt mit dem entsprechenden Computer verbinden.

Starten Sie auf dem Computer über das Launchpad das Dashboard und melden Sie sich als Administrator an. Nach dem Start des Dashboards klicken Sie auf *Geräte* und dann mit der rechten Maustaste auf den Computer, für den Sie Dateien wiederherstellen wollen. Anschließend stellt der Sicherungs-Assistent eine Verbindung mit dem Server her und Sie können die Datensicherung für den Client auswählen, aus der Sie Dateien wiederherstellen wollen. Nach der Auswahl des Sicherungszeitraums öffnet der Assistent die entsprechende Sicherung und Sie können bestimmen, welche Dateien Sie wiederherstellen wollen.

Haben Sie den Ordner oder die Dateien ausgewählt, legen Sie als Nächstes fest, an welchem Ort die Dateien wiederhergestellt werden sollen. Der Assistent zeigt dabei die lokalen Laufwerke direkt auf dem Client an, nicht die Laufwerke auf dem Server. Die Wiederherstellung erfolgt also direkt auf dem Client.

Als Nächstes stellt der Assistent die Dateien wieder her. Ist der Vorgang abgeschlossen, können Sie den Speicherort öffnen, weitere Dateien wiederherstellen oder den Vorgang abschließen. Wollen Sie keine Dateien mehr wiederherstellen, schließen Sie das Dashboard auf dem Clientcomputer wieder.

Clientcomputer komplett wiederherstellen

Funktioniert ein Clientcomputer nicht mehr, können Sie ihn mit einem USB-Stick booten und aus einer Datensicherung auf dem Server wiederherstellen. Den USB-Stick dazu erstellen Sie auf dem Server. Sie können aber anstatt über den USB-Stick auch mit der Recovery-CD booten, die zum Lieferumfang von Windows Server 2016 Essentials gehört. Die Vorgänge dabei sind die gleichen, nur der Bootvorgang ist unterschiedlich.

Nachdem Sie den Stick erstellt haben, booten Sie den Clientcomputer mit dem USB-Stick und wählen aus, ob ein 32-Bit-System oder ein 64-Bit-System wiederhergestellt werden soll. Anschließend startet die Wiederherstellungsumgebung über den USB-Stick.

Kann der Assistent keine Verbindung mit dem Server herstellen oder sind die lokalen Festplatten nicht verfügbar, können Sie die Treiber für die Geräte über die Schaltfläche *Treiber laden* integrieren. Dazu verbinden Sie den USB-Stick mit einem anderen Computer und kopieren die entsprechenden Treiber auf den Stick. Achten Sie aber darauf, dass Sie die

Treiberdateien entpacken müssen, damit die *.inf*-Dateien der Treiber zur Verfügung stehen. Nach der erfolgreichen Anmeldung wählen Sie aus, welchen Client Sie wiederherstellen wollen.

Als Nächstes bestimmen Sie, welche Sicherung der Assistent für die Wiederherstellung verwenden soll. Über *Details* können Sie sich ausführlichere Informationen zur Sicherung anzeigen lassen. Im nächsten Fenster können Sie entweder den kompletten Computer mit allen Partitionen wiederherstellen lassen oder einzelne Partitionen (Volumes) für die Wiederherstellung auswählen.

Den Remotewebzugriff einrichten

Eine weitere Besonderheit von Windows Server 2016 Essentials ist der Remotewebzugriff. Diese Funktion bietet die Möglichkeit, über einen Webbrowser auf Freigaben zuzugreifen und sich per Fernwartung mit dem eigenen PC oder für Administratoren auch mit dem Server zu verbinden.

Sie können den Remotewebzugriff im Internet Explorer mit dem Link *https://<Servername>/remote* aufrufen. Nachdem die Startseite des Remotewebzugriffs aufgebaut ist, authentifizieren Sie sich in der Anmeldemaske. Es ist nicht notwendig, die Domäne einzugeben, es genügen der Benutzername und das Kennwort.

Nach dem Verbindungsaufbau können Anwender auf ihre Dateien zugreifen und per Remotedesktop auch auf ihren Rechner, wenn dieser eingeschaltet ist. Wenn Sie sich nach der Verbindung auf den Remotewebzugriff mit dem eigenen PC verbinden wollen, klicken Sie auf der Hauptseite des Remotewebzugriffs auf den Link *Verbinden*. Administratoren können auf diesem Fenster auch eine Verbindung zum Server selbst sowie zu allen PCs im Netzwerk herstellen.

Achten Sie aber darauf, dass der Verbindungsaufbau per Remotedesktop nur dann funktioniert, wenn Sie sich mit dem Namen verbinden, den Sie auch für den Internetzugriff des Servers bei der Einrichtung festgelegt haben. Es darf keine Zertifikatwarnung beim Verbindungsaufbau angezeigt werden. Damit der Aufbau funktioniert, müssen Anwender das Zertifikat der Stammzertifizierungsstelle auf dem Server auf ihrem Computer installieren.

Den Remotewebzugriff konfigurieren

Klicken Sie im Dashboard auf *Startseite* und dann auf *Zugriff "überall" einrichten*. Über den Link *Hier klicken, um "Zugriff überall" zu konfigurieren* müssen Sie diesen zunächst konfigurieren.

Beim Starten der Einrichtung können Sie auch gleich Ihren DSL-Router oder Ihre Firewall einrichten lassen. Allerdings unterstützen dies die meisten Geräte nicht, sodass Sie Portweiterleitungen des Ports TCP 443 von der Firewall zum Server manuell eintragen müssen. Bei der Einrichtung des Remotewebzugriffs müssen Sie auch einen Domänennamen eingeben. Im nächsten Schritt überprüft der Server den Namen. Wählen Sie für die Einrichtung des Domänennamens das Kontrollkästchen *Ich habe meinen Domänennamen manuell eingerichtet* aus.

Geben Sie im nächsten Fenster an, dass Sie den Domänennamen eingerichtet haben. Dazu müssen Sie ein dynamisches DNS-Konto oder einen selbst registrierten Namen besitzen.

Den Remotewebzugriff einrichten

Dieser muss auf die externe IP-Adresse Ihrer Firewall zeigen. Außerdem muss in der Firewall eine Weiterleitung des Ports 443 zur internen IP-Adresse des Servers hinterlegt sein.

Anschließend können Sie ein Zertifikat hinterlegen, da der Zugriff über eine SSL-verschlüsselte Website erfolgt. Wie Sie dabei vorgehen, lesen Sie in Kapitel 30. Das Zertifikat hinterlegen Sie über eine *.cer*-Datei auf dem Server.

Wollen Sie über Remotezugriff auch die Verbindung auf Computer ermöglichen, müssen Sie über den Assistenten ein öffentliches Zertifikat hinterlegen. Wollen Sie den Zugriff auf Computer über den Remotewebzugriff nur über Homeoffice-PCs zulassen, haben Sie auch die Möglichkeit, Windows Server 2016 Essentials so zu konfigurieren, dass Sie mit einem internen Zertifikat auskommen, ohne das Zertifikat eines Drittanbieters kaufen zu müssen.

Abbildung 36.13: Den Remotezugriff für Windows Server 2016 Essentials anpassen

Benutzereinstellungen für den Remotewebzugriff festlegen

Haben Sie den Remotewebzugriff aktiviert, können Sie im Dashboard steuern, welche Anwender über das Internet auf den Server zugreifen dürfen. Klicken Sie dazu auf *Benutzer* und dann doppelt auf den Benutzer, für den Sie den Remotewebzugriff konfigurieren wollen.

Abbildung 36.14: Den Remotewebzugriff konfigurieren

Über die Registerkarte *Zugriff überall* stellen Sie ein, auf welche Funktionen im Remotewebzugriff der Anwender zugreifen darf.

Setzen Sie das Häkchen bei den Funktionen, die der Anwender nutzen darf. Wollen Sie den Remotewebzugriff für den Anwender deaktivieren, deaktivieren Sie das Kontrollkästchen *Remotewebzugriff und Zugriff auf Webdienstanwendungen zulassen*.

Aktivieren Sie die Option *Computer*, darf der Anwender über den Remotewebzugriff per Remotedesktop auf die Computer zugreifen, die Sie auf der Registerkarte *Computerzugriff* aktivieren. Diese Funktion steht aber nur in Windows 7 Professional/Ultimate, Windows Vista Business/Ultimate, und in Windows 8/8.1/10 Pro und Enterprise zur Verfügung. Der Computer muss zusätzlich an Windows Server 2016 Essentials angebunden sein.

Fehler beim Zugriff auf den Remotewebzugriff beheben

Kann sich der Client nicht mit dem Server verbinden, liegt in den meisten Fällen ein Problem mit dem Zertifikat vor.

Stellen Sie auf jeden Fall sicher, dass der externe Name, den Anwender verwenden, auch vom Client aufgelöst werden kann und zur externen IP-Adresse Ihrer Firewall oder des DSL-Routers zeigt. Diese leitet die Anfrage von Port 443 dann bei korrekter Konfiguration an den Server weiter. Liegt ein Problem mit dem Zertifikat vor, erhalten Anwender eine Warnung im Browser. Diese lässt sich aber einfach wegklicken.

Zusammenfassung

In diesem Kapitel haben wir Ihnen gezeigt, wie Sie Clientcomputer an Windows Server 2016 Essentials anbinden und Daten sichern oder wiederherstellen. Im Gegensatz zu anderen Editionen werden Sie bei der Essentials-Edition von verschiedenen Assistenten und einem Dashboard unterstützt.

Im nächsten Kapitel erläutern wir Ihnen, wie Sie Patches im Netzwerk mit Windows Server Update Services verteilen.

Kapitel 37
Windows Server Update Services

In diesem Kapitel:
WSUS installieren. 934
Patchverwaltung mit WSUS 939
Zusammenfassung. 950

Wie Windows Server 2012 R2 verfügt auch Windows Server 2016 über den Serverdienst Windows Server Update Services (WSUS). Dieser Dienst kann für Microsoft-Betriebssysteme und für alle anderen Microsoft-Produkte Updates herunterladen und im Netzwerk zur Verfügung stellen. In Windows Server 2016 ist der Dienst außerdem in der Lage, die umfangreicheren Updates für Windows 10 sowie die Erweiterungen für Hyper-V zu verwalten. Selbst große Updatepakete wie zum Beispiel Windows 10 Version 1511 oder Windows 10 Version 1607 und deren Nachfolger verteilen Sie über WSUS.

Die Clients und Server im Netzwerk rufen Updates über diesen Server ab, nicht mehr über das Internet. Das ist besonders für Windows 10 relevant, da durch das neue Aktualisierungsverhalten sogar sehr schnelle Internetleitungen blockiert werden können. Die Einstellungen für WSUS und auch die neuen Funktionen in Windows 10 und Windows Server 2016 lassen sich mit Gruppenrichtlinien steuern. Der Vorteil dabei ist die zentrale Steuerung der Updates. Außerdem müssen Unternehmen Updates nur noch einmal herunterladen, nicht für jeden Server und Computer einzeln. Dadurch wird die Daten-

Kapitel 37: Windows Server Update Services

leitung zum Internet enorm entlastet. Selbst kleine Netzwerke, die auf Windows 10 aktualisiert wurden, sollten WSUS installieren.

WSUS installieren Sie über den Server-Manager. Die grundlegende Funktion hat sich von Windows Server 2008 R2 zu Windows Server 2016 wenig geändert. WSUS in Windows Server 2016 lässt sich ebenfalls über die PowerShell verwalten.

Unternehmen, die WSUS bereits einsetzen, können die Daten, Einstellungen und bereits gespeicherten Patches auch direkt zu Windows Server 2016 migrieren.

Tipp	Ein wichtiges Tool für die Diagnose von Clientproblemen ist das WSUS Client Diagnostics Tool von Microsoft (*http://tinyurl.com/3dhzbj*). Es ermittelt, ob die Anbindung an den Server funktioniert.

WSUS installieren

Im Server-Manager klicken Sie auf *Verwalten/Rollen und Features hinzufügen*. Als Serverrolle wählen Sie *Windows Server Updates Services (WSUS)* aus. Während der Installation nehmen Sie noch keine Einstellungen vor, sondern erst nachträglich. Bei der Installation wählen Sie auch aus, ob auf dem Server eine interne Windows-Datenbank für WSUS installiert werden soll (*WID Connectivity*) oder nur der Dienst zum Verteilen von Patches. Bei der Auswahl von *SQL Server Connectivity* lässt sich eine SQL Server-Datenbank hinterlegen, in der WSUS seine Daten speichern soll.

Tipp	In manchen Umgebungen erscheinen Fehlermeldungen, wenn WSUS auf virtuellen Servern betrieben wird. Das liegt daran, dass die Patches dann auf einer virtuellen Festplatte abgespeichert werden sollen. In diesem Fall sollten Sie eine lokale Festplatte des Hyper-V-Hosts für die Patches zuteilen (siehe Kapitel 7).

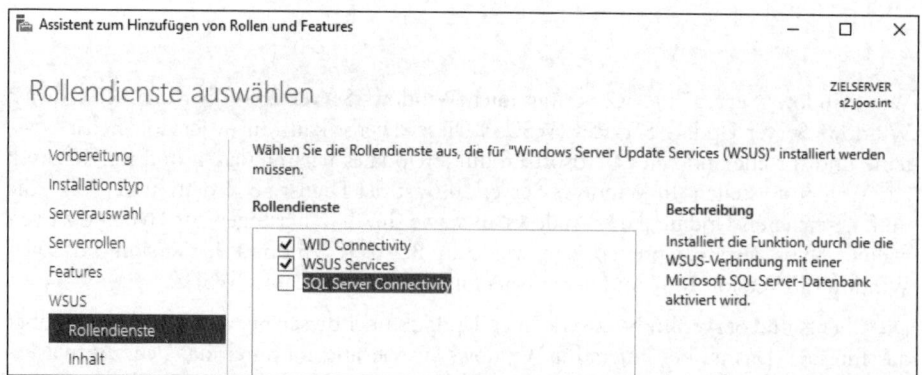

Abbildung 37.1: Die Rollendienste zur Installation von WSUS auswählen

Als Nächstes wählen Sie aus, wo WSUS die Patches speichern soll. Diese liegen nicht in der Datenbank, sondern in einem Dateipfad. In der Datenbank liegen nur die Konfigurationsdaten von WSUS und die Berichte, die Administratoren erstellen können.

WSUS installieren

Nach Abschluss der Installation weist Sie der Server-Manager darauf hin, dass noch eine nachträgliche Konfiguration der Dienste erfolgen muss. Diese sollten Sie nach der Installation von WSUS starten. Bei diesem Vorgang richtet der Assistent vor allem die Datenbank von WSUS ein. Danach erst starten Sie den eigentlichen Assistenten zur Einrichtung der Patches und Clients.

WSUS nach der Installation einrichten

Wie für andere Serverdienste legt der Server-Manager in Windows Server 2016 auch für WSUS eine eigene Gruppe an. Über das Kontextmenü des Servers im Server-Manager starten Sie den Einrichtungs-Assistenten von WSUS. Sie können aber auch die WSUS-Verwaltungskonsole über den Menüpunkt *Tools* des Server-Managers oder das Startmenü von Windows Server 2016 starten. Beim ersten Aufrufen des Tools startet ein Assistent, der WSUS grundlegend konfiguriert.

Im Rahmen des Assistenten legen Sie fest, ob der Server Updates direkt bei Microsoft oder von einem anderen WSUS-Server herunterladen soll. Im Rahmen der Einrichtung können Sie WSUS ferner an einen Proxyserver anbinden. Bei der ersten Einrichtung überprüft der Assistent, ob WSUS die Update-Server von Microsoft erreichen kann. Nur bei einer erfolgreichen Verbindung können Sie die Einrichtung fortführen. Der Verbindungsaufbau dauert eine Weile, da bereits jetzt Informationen von Microsoft heruntergeladen werden.

Außerdem lassen sich die Sprachen und Produkte festlegen, die über WSUS aktualisiert werden sollen. Auch den Zeitplan der Aktualisierung legen Sie bei der Einrichtung fest.

Abbildung 37.2: Die von WSUS zu aktualisierenden Produkte festlegen

Kapitel 37: Windows Server Update Services

Achten Sie darauf, dass nach der ersten Einrichtung erst das Herunterladen der Patches erfolgt. Das kann einige Stunden dauern, abhängig von den ausgewählten Produkten.

Hinweis Damit Windows 10-Upgrades über WSUS bereitgestellt werden können, muss bei *Produkte und Klassifizierungen* auch die Option *Upgrades* auf der Registerkarte *Klassifizierungen* aktiviert sein.

Auf der Registerkarte *Produkte* sollten wiederum die verschiedenen Windows 10-Optionen aktiviert werden. Wichtig ist hier die Option *Windows 10 Anniversary Update and Later Servicing Drivers*. Muss eine der Optionen angepasst werden, ist eine erneute Synchronisierung notwendig.

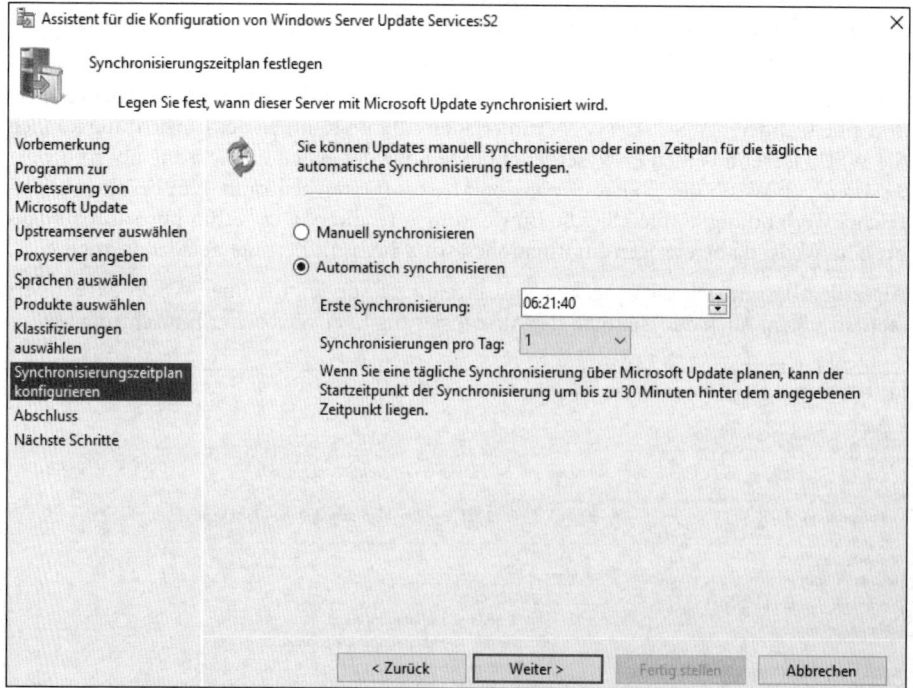

Abbildung 37.3: Im Rahmen der WSUS-Einrichtung erfolgt auch das Festlegen eines Zeitplans für die Synchronisierung mit Microsoft Update.

Tipp Den Zeitplan für die Synchronisierung steuern Sie über *Optionen* in der Verwaltungskonsole von WSUS. Hier finden Sie den Bereich *Synchronisierungszeitplan*. Sie können den Server auch mehrmals pro Tag synchronisieren lassen, auf Wunsch sogar jede Stunde.

Nach der ersten Einrichtung lassen sich alle Einstellungen über die WSUS-Konsole anpassen, Berichte erstellen und die erste Synchronisierung starten. Über das Kontextmenü von WSUS-Servern starten Sie dann zukünftig die Verwaltungskonsole.

WSUS-Grundeinrichtung über Gruppenrichtlinien durchführen

WSUS scannt heruntergeladene Updates und referenziert sie automatisch mit den verbundenen Clients. Einstellungen können Sie über Gruppenrichtlinien verteilen. Damit die Clients Updates installieren, müssen sie so konfiguriert sein, dass sie keine Patches aus dem Internet herunterladen, sondern den internen WSUS verwenden.

Die Konfiguration der automatischen Updates in den Gruppenrichtlinien nehmen Sie in der Gruppenrichtlinienverwaltung unter *Computerkonfiguration/Richtlinien/Administrative Vorlagen/Windows-Komponenten/Windows Update* vor. Wir gehen auf die Einrichtung dazu noch ausführlich ein.

Über einen eigenen Menübereich in der Verwaltungskonsole lassen sich auch Berichte für WSUS erstellen. Dadurch können sich Administratoren jederzeit einen Überblick darüber verschaffen, welche Updates aktuell im Unternehmen verteilt sind und welchen Updatestatus die einzelnen Server und Computer aufweisen. Der wichtigste Schritt der Einrichtung besteht zunächst im Herunterladen der Windows-Updates. Nur Updates, die auf dem Server zur Verfügung stehen, kann WSUS an die Clients übergeben.

Upstreamserver in WSUS nutzen

Setzen Sie mehrere WSUS-Server im Unternehmen ein, ist es nicht notwendig, dass sich alle Server direkt bei Microsoft synchronisieren. Sie können auch einen Upstreamserver festlegen, von dem andere WSUS-Server ihre Updates beziehen. Auf Wunsch haben Sie die Möglichkeit, nicht nur die Updates zu synchronisieren, sondern auch die Einstellungen. Auf diesem Weg können Sie einen einzelnen WSUS-Server installieren und einrichten sowie dessen Daten und Patches im Unternehmen auf andere WSUS-Server verteilen.

Abbildung 37.4: WSUS-Server über andere WSUS-Server aktualisieren

Für die Einstellungen in diesem Bereich gehen Sie in den *Optionen* zu *Updatequelle und Proxy*. Hier können Sie die Aktualisierungen außerdem über Proxyserver konfigurieren, zusätzlich mit der Möglichkeit, einen Benutzernamen und ein Kennwort bereitzustellen.

Sobald Sie den Quell-WSUS-Server eingerichtet haben, rufen Sie auf den untergeordneten WSUS-Servern *Optionen/Updatequelle und Proxyserver* auf. Aktivieren Sie die Option *Von einem anderen Windows Server Update Services-Server synchronisieren*. Im Fenster geben Sie den Servernamen sowie den Port 8530 ein, falls Sie kein SSL konfiguriert haben. Nutzen Sie bereits SSL, verwenden Sie den hier zugewiesenen Port. Im Fenster zur Steuerung des Upstreamservers können Sie zusätzlich festlegen, dass der untergeordnete WSUS-Server auch die Einstellungen vom übergeordneten Server erhält. Dazu aktivieren Sie das Kontrollkästchen *Dieser Server ist ein Replikat des Upstreamservers*.

Ist dieses Kontrollkästchen aktiviert, müssen Sie auf den untergeordneten Servern keine Updates mehr freigeben, da diese Option ebenfalls synchronisiert wird. Nach einigen Stunden sollten die Server miteinander synchronisiert sein. Im Bereich *Downstreamserver* in der Verwaltungskonsole von WSUS sehen Sie die untergeordneten WSUS-Server. In diesem Bereich können Sie den Server zur Verwaltung auch zur aktuellen Konsole hinzufügen und auf diesem Weg in einer WSUS-Konsole auch mehrere Server verwalten.

Secure Sockets Layer (SSL) in WSUS nutzen

Standardmäßig nutzt WSUS für die Kommunikation mit den Clients und der Verwaltungskonsole das HTTP-Protokoll. In sicheren Umgebungen sollten Sie besser Secure Sockets Layer (SSL) aktivieren. Dazu müssen Sie auf dem Server zunächst ein Serverzertifikat installieren. Hier gehen Sie vor wie bei der üblichen Installation von Serverzertifikaten im IIS-Manager. Sie können hier natürlich auch auf eine interne Zertifizierungsstelle setzen.

Nachdem Sie das Serverzertifikat installiert haben, rufen Sie im IIS-Manager *Sites/WSUS-Verwaltung* auf. Klicken Sie danach auf *Bindungen* und bearbeiten Sie die Bindung für SSL zum Port 8531. Hier können Sie jetzt das installierte Zertifikat auswählen.

Zusätzlich müssen Sie noch für die folgenden untergeordneten Verzeichnisse der Seite *WSUS-Verwaltung* die SSL-Einstellungen aufrufen und danach die Option *SSL erforderlich* aktivieren:

- *ApiRemoting30*
- *ClientWebService*
- *DssAuthWebService*
- *ServerSyncWebService*
- *SimpleAuthWebService*

Tipp   Nachdem Sie SSL für WSUS aktiviert haben, erhalten Sie eine Fehlermeldung, wenn Sie die WSUS-Verwaltungskonsole öffnen.

Damit die Konsole wieder funktioniert, öffnen Sie zunächst eine Eingabeaufforderung und wechseln in das Verzeichnis *C:\Programme\Update Services\Tools*. Geben Sie den Befehl *Wsusutil ConfigureSSL <Name des Zertifikats>* ein.

Im nächsten Schritt entfernen Sie die veraltete HTTP-Verbindung in der WSUS-Verwaltungskonsole und fügen über das Kontextmenü eine neue Verbindung hinzu. Geben Sie den Servernamen ein sowie die korrekte Portnummer für die Anbindung an SSL. Aktivieren Sie außerdem die Option *Verbindung mit diesem Server über SSL herstellen*.

Klicken Sie nach der erfolgreichen Anbindung des Servers auf den Servernamen in der Konsole, sehen Sie im unteren Bereich bei *Verbindung*, dass er jetzt SSL für die Kommunikation nutzt.

Abbildung 37.5: In der Verwaltungskonsole sehen Sie nach Aktivierung von SSL auch den neuen Verbindungsstatus, wenn Sie auf den Server klicken.

Achten Sie aber darauf, dass Sie auch in den Gruppenrichtlinien zur Anbindung der Clients den Port auf *8531* setzen müssen. Der HTTP-Port 8530 steht nicht mehr zur Verfügung. Sie finden die Einstellungen über *Computerkonfiguration/Richtlinien/Administrative Vorlagen/Windows-Komponenten/Windows Update*. Passen Sie die Einstellung *Internen Pfad für den Microsoft Updatedienst angeben* an.

Patchverwaltung mit WSUS

In diesem Abschnitt zeigen wir Ihnen, wie Sie WSUS verwalten und Clients an den Server anbinden.

Tipp   Weitere Informationen, Anleitungen und Hilfen finden Sie auf den folgenden Internetseiten:

- *http://www.wsus.de*
- *http://www.wsus-praxis.de*
- *http://blogs.technet.com/wsus*
- *http://www.wsus.info*

Kapitel 37: Windows Server Update Services

Über den Eintrag *Synchronisierungen* in der Verwaltungskonsole sehen Sie, ob der erste Synchronisierungsvorgang erfolgreich war. Sie erfahren dann auch im oberen Bereich der Konsole, ob neue Updates zur Verfügung stehen, die Sie genehmigen müssen. WSUS kann nur die Updates verteilen, die heruntergeladen wurden.

Abbildung 37.6: Die neuen Updates in WSUS überprüfen

Mit dem *Assistent für die Serverbereinigung* in den *Optionen* können Sie WSUS säubern. Auf diesem Weg lassen sich zum Beispiel Updates für Produkte, die Sie im Unternehmen nicht mehr einsetzen, oder alte Versionen vom Server löschen. Auch veraltete und abgelaufene Updates können Sie über den Assistenten löschen lassen. Die Konfiguration erfolgt über einen einfach zu bedienenden Assistenten. Es ist durchaus sinnvoll, in regelmäßigen Abständen eine Bereinigung des Servers durchzuführen.

Über den Assistenten zur Bereinigung können Sie darüber hinaus PCs aus der Datenbank löschen, die sich nicht mehr am WSUS angemeldet haben. Veraltete oder abgelehnte Updates lassen sich löschen und weitere Bereinigungsmaßnahmen durchführen.

Ein Assistent führt durch diese Bereinigung, sodass keine unnötigen Daten auf dem Server verbleiben. Diesen Assistenten starten Sie in der Konsolenstruktur über den Eintrag *Optionen* und einen Klick auf *Assistent für die Serverbereinigung*.

Patchverwaltung mit WSUS

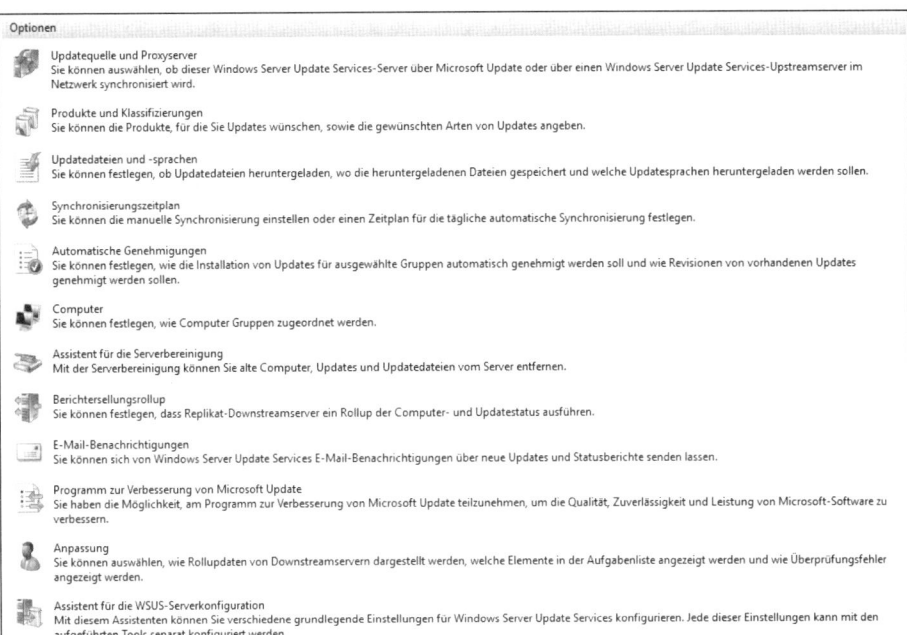

Abbildung 37.7: WSUS verfügt über eine interne Reinigungsroutine, die über die Verwaltung in den Optionen gestartet werden kann.

Clientcomputer über Gruppenrichtlinien anbinden

WSUS scannt heruntergeladene Updates und referenziert sie automatisch mit den verbundenen Clients. Einstellungen können Sie über Gruppenrichtlinien verteilen. Damit die Clients Updates installieren, müssen sie so konfiguriert sein, dass sie keine Patches aus dem Internet herunterladen, sondern den internen WSUS verwenden.

> **Tipp**
>
> Damit Windows 10-Updates installiert werden können, auch Upgrades wie das Anniversary Update, auch Redstone 1 und Windows 10 Version 1607 genannt, müssen Einstellungen in der WSUS-Verwaltung vorgenommen werden. Außerdem sollten die neuen Gruppenrichtlinienvorlagen (ADMX) für Windows 10 Version 1607 (*http://tinyurl.com/hcwra5x*) im Netzwerk eingebunden werden. Diese stehen für Windows Server 2012 R2, aber auch für Windows Server 2016 zur Verfügung.
>
> Damit die neuen *.admx*-Dateien in das Verzeichnis *C:\Windows\PolicyDefinitions* auf den Domänencontrollern und dem Server, auf dem die Richtlinie bearbeitet wird, kopiert werden können, müssen der Besitzer des Verzeichnisses und die Berechtigungen angepasst werden.

WSUS verteilt die Patches nicht automatisch an die Clients, sondern lädt die Aktualisierungen lediglich aus dem Internet herunter und stellt sie bereit.

Die Clients holen die Patches selbst vom WSUS-Server und installieren sie automatisch, abhängig von den lokalen Einstellungen beziehungsweise den Einstellungen in den Gruppenrichtlinien. Um Arbeitsstationen und Server mit Patches zu versorgen, erstellen Sie am besten spezielle Gruppenrichtlinien:

1. Starten Sie die *Gruppenrichtlinienverwaltung* zum Beispiel über das *Tools*-Menü im Server-Manager.
2. Navigieren Sie zu *Gesamtstruktur/Domänen/<Ihre Domäne>/Gruppenrichtlinienobjekte*.
3. Klicken Sie mit der rechten Maustaste auf *Gruppenrichtlinienobjekte* und wählen Sie *Neu*.
4. Geben Sie als Name »WSUS« oder Ähnliches ein.
5. Klicken Sie auf *OK*.
6. Starten Sie über das Kontextmenü die Bearbeitung der Richtlinie. Die Konfiguration der automatischen Updates in den Gruppenrichtlinien nehmen Sie unter *Computerkonfiguration/Richtlinien/Administrative Vorlagen/Windows-Komponenten/Windows Update* vor.

Einstellung
Windows-Updates zurückstellen
Option "Updates installieren und herunterfahren" im Dialogfeld "Windows herunterfahren" nicht anzei...
Die Standardoption "Updates installieren und herunterfahren" im Dialogfeld "Windows herunterfahren...
Windows Update-Energieverwaltung aktivieren, um das System zur Installation von geplanten Updates...
Automatischen Neustart nach Updates während der Nutzungszeit deaktivieren
Neustart immer automatisch zur geplanten Zeit durchführen
Frist angeben, nach der ein automatischer Neustart zur Updateinstallation ausgeführt wird
Automatische Updates konfigurieren
Internen Pfad für den Microsoft Updatedienst angeben
Suchhäufigkeit für automatische Updates
Zugriff auf alle Windows Update-Funktionen entfernen
Keine Verbindungen mit Windows Update-Internetadressen herstellen
Nichtadministratoren gestatten, Updatebenachrichtigungen zu erhalten
Keine Treiber in Windows-Updates einschließen
Softwarebenachrichtigungen aktivieren
Automatische Updates sofort installieren
Empfohlene Updates über automatische Updates aktivieren
Keinen automatischen Neustart für geplante Installationen automatischer Updates durchführen, wenn...
Erneut zu einem Neustart für geplante Installationen auffordern
Neustart für geplante Installationen verzögern
Zeitplan für geplante Installationen neu erstellen
Clientseitige Zielzuordnung aktivieren
Signierte Updates aus einem Intranetspeicherort für Microsoft-Updatedienste zulassen

Abbildung 37.8: Die Gruppenrichtlinien für Windows-Updates konfigurieren

Die Arbeitsstationen lassen sich so konfigurieren, dass sie automatisch Aktualisierungen vom WSUS herunterladen und installieren. Auf diesem Weg aktualisieren Sie auch den Server. Grundsätzlich lässt sich die Konfiguration der automatischen Updates in drei Bereiche untergliedern:

- Automatisches Herunterladen der Patches vom WSUS auf den Rechner, aber keine Installation, sondern nur die Meldung anzeigen, dass Patches vorhanden sind.
- Meldung anzeigen, dass neue Patches auf dem WSUS zur Verfügung stehen, aber kein Herunterladen der Patches auf den lokalen Computer.
- Automatisches Herunterladen und automatische Installation der Patches. Dies ist die optimale Einstellung für Arbeitsstationen und kleine Netze.

Die erste Option ist *Internen Pfad für den Microsoft Updatedienst angeben*. Diese Option aktivieren Sie. Da WSUS eine Webapplikation ist, müssen Sie den Servernamen mit einer HTTP-Adresse angegeben: *http://<Servername>:<Port>*.

Patchverwaltung mit WSUS

Den Port sehen Sie, wenn Sie über *Start/Verwaltung* den Internetinformationsdienste-Manager starten und auf *WSUS-Verwaltung* klicken. Im rechten Bereich sehen Sie bei *Website durchsuchen* den Port für die HTTP-Verbindung. Alternativ finden Sie den Port auch in der WSUS-Konsole im unteren Bereich bei *Serverstatistik*.

Die zweite wichtige Option ist das Updateverhalten, das Sie über *Automatische Updates konfigurieren* festlegen. Dabei stehen hauptsächlich folgende Möglichkeiten zur Verfügung:

- **Vor Herunterladen und Installation benachrichtigen** – Mit dieser Option benachrichtigt Windows Administratoren vor dem Download und vor der Installation der Updates. Dazu blendet Windows ein Symbol in der Taskleiste ein.
- **Autom. Herunterladen, aber vor Installation benachrichtigen** – Mit dieser Option führt der Client automatisch den Download der Updates durch, eine Installation findet aber nicht statt. Diese Einstellung ist optimal für Server.
- **Autom. Herunterladen und laut Zeitplan installieren** – Mit dieser Installation versorgt sich der Client vollkommen automatisch mit den notwendigen Updates. Wenn die Clients zum Zeitpunkt der Aktualisierung nicht eingeschaltet sind, startet Windows beim nächsten Start die Aktualisierung.
- **Lokalem Administrator ermöglichen, Einstellung auszuwählen** – Mit dieser Option lassen Sie zu, dass lokale Administratoren mithilfe der Option *Automatische Updates* in der Systemsteuerung die Konfiguration selbst auswählen.

Abbildung 37.9: Das Updateverhalten der Clients konfigurieren

Kapitel 37: Windows Server Update Services

Ebenfalls interessant ist die Funktion, die Energieverwaltung von Windows 7 bis Windows 10 zusammen mit der Anbindung an den WSUS über Gruppenrichtlinien zu steuern. Der PC reaktiviert sich dazu automatisch, wenn Windows Update zur automatischen Installation von Updates konfiguriert ist.

Wenn sich das System zum Zeitpunkt der geplanten Installation im Ruhezustand befindet, startet es mit dem Windows-Energieverwaltungsfeature automatisch, um die Updates zu installieren. Wenn sich das System zum Zeitpunkt der Reaktivierung im Akkubetrieb befindet, installiert Windows aber keine Updates.

Haben Sie alle Einstellungen vorgenommen, beenden Sie die Bearbeitung der neuen Gruppenrichtlinien. Ziehen Sie anschließend die neue Gruppenrichtlinie per Ziehen/Ablegen auf den Namen Ihrer Domäne in der Gruppenrichtlinienverwaltung, damit diese verknüpft wird. Sie erhalten eine entsprechende Meldung angezeigt. Starten Sie anschließend die Computer neu und überprüfen Sie in der Windows Update-Steuerung der Systemsteuerung, ob die Anbindung erfolgreich war.

In der Systemsteuerung auf den Clients und Servern erhalten Sie Hinweise, falls Einstellungen zentral durch Gruppenrichtlinien vorgegeben sind. Sie starten die Windows Update-Verwaltung in Windows 7/8/8.1 am schnellsten durch Eingabe von »wuapp« im Suchfeld der Startseite beziehungsweise dem Startmenü. In Windows 10 müssen Sie die Konfiguration über das Startmenü und die Einstellungen vornehmen.

Klicken Sie auf *Einstellungen ändern*, sehen Sie, dass der Client Einstellungen von Servern erhält. Diese sind für die Änderung auf dem Client festgesetzt und lassen sich nicht deaktivieren. Genauso funktioniert dies auch in Windows 10. Lediglich der Inhalt der Meldung unterscheidet sich etwas in der neuen Windows-Version. Die generelle Anbindung über Gruppenrichtlinien erfolgt allerdings identisch.

Tipp   Um zu überprüfen, ob ein Windows 10-Rechner an WSUS erfolgreich angebunden wurde und die Einstellungen in den Gruppenrichtlinien funktionieren, genügt die Ausführung von *Rsop.msc* als Administrator auf dem Rechner. Die Einstellungen für die Gruppenrichtlinien sollten jetzt angezeigt werden.

Sobald ein Windows 10-Rechner an WSUS angebunden ist, erscheint der Link *Suchen Sie online nach Updates von Microsoft Update*. Dieser Link erscheint ohne die Anbindung an WSUS nicht, da hier die Installation von Updates ohnehin per Gruppenrichtlinienobjekt erfolgt.

Einstellungen für Windows 10 korrekt definieren

Neben den Standardeinstellungen für Updates stehen für Windows 10 weitere Anpassungen zur Verfügung, die Administratoren per Gruppenrichtlinien definieren können.

Über den Eintrag *Computer* sind in der WSUS-Verwaltungskonsole bei *Nicht zugewiesene Computer* alle angebundenen Rechner zu sehen. Hier sollte für Windows 10-Computer eine eigene Computergruppe angelegt werden. Das Anlegen und Zuweisen zu dieser Gruppe erfolgt jeweils über das Kontextmenü. So können Sie Updates für manche Computer freigeben und für andere nicht. Sie können die Computergruppen auch über Gruppenrichtlinien zuweisen und in Updateregeln berücksichtigen.

Computergruppen steuern Sie im Bereich *Computer*. Hier sehen Sie alle Computergruppen, die in WSUS angelegt wurden. Über das Kontextmenü von *Alle Computer* legen Sie neue Gruppen an. Sie können Computer manuell oder über Gruppenrichtlinien in die Gruppen verschieben. Sind alle Computer zugewiesen, können Sie im Assistenten zum Genehmigen von Patches festlegen, auf welchen Computergruppen die Updates freigegeben werden. Beim Genehmigen von Updates können Sie auch Computergruppen berücksichtigen.

Innerhalb der Gruppen sehen Sie im Kontextmenü der einzelnen Computer sofort, ob Patches installiert werden müssen.

Um die Einstellungen über Gruppenrichtlinien zu steuern, navigieren Sie zu *Computerkonfiguration/Richtlinien/Administrative Vorlagen/Windows-Komponenten/Windows Update*. Über die Einstellung *Clientseitige Zuordnung aktivieren* können Sie festlegen, zu welcher Computergruppe ein Computer zugeordnet werden soll, wenn er an WSUS angebunden wird.

Aktivieren Sie zusätzlich noch die Option *Gruppenrichtlinie oder Registrierungseinstellung auf Computern verwenden* im Bereich *Optionen/Computer* in der WSUS-Verwaltungskonsole.

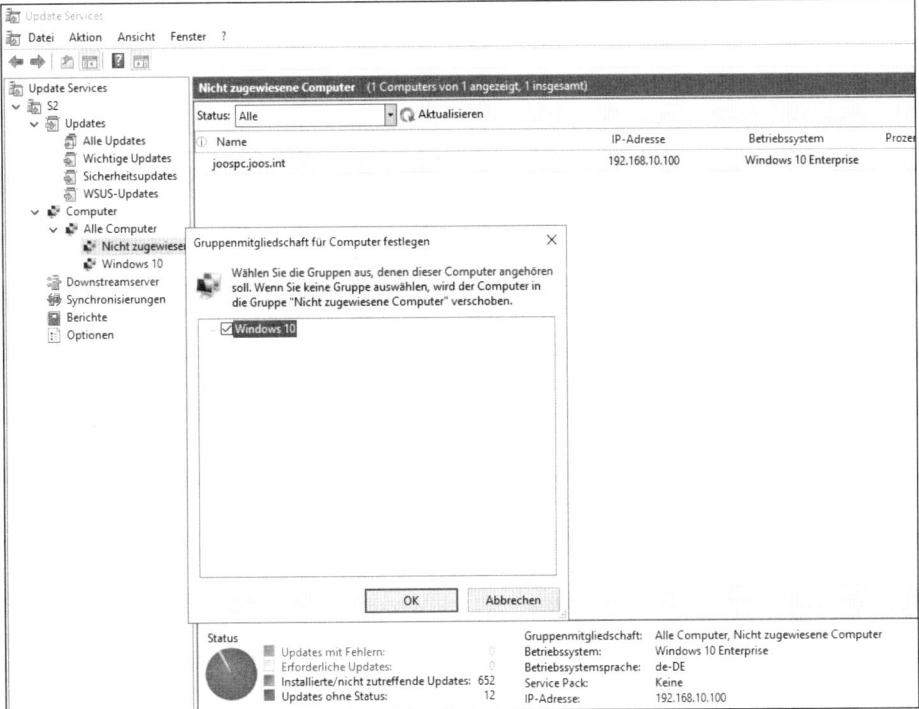

Abbildung 37.10: Mit Computergruppen behalten Sie die Aufteilung der verschiedenen Rechner im Blick.

Die wichtigsten Einstellungen für Windows 10-Updates ist in den Richtlinien über *Computereinstellungen/Administrative Vorlagen/Windows-Komponenten/Übermittlungsoptimierung* zu finden. Hier wird festgelegt, wie sich das Betriebssystem beim Herunterladen von Updates verhalten soll. Diese Option steht aber auch in Windows Server 2016 erst dann zur Verfügung, wenn die *.admx*-Dateien für die aktuelle Windows 10-Version auf dem Domänencontroller vorhanden sind (*http://tinyurl.com/hcwra5x*).

Tipp	Bei *Computereinstellungen/Administrative Vorlagen/Windows-Komponenten/Übermittlungsoptimierung/Downloadmodus* lässt sich festlegen, ob und wie der neue Verteilungsmodus für Windows-Updates verwendet werden soll.
	Durch Aktivieren der Option *Umgehen* wird der neue Modus übergangen und weiterhin die BITS-Technologie verwendet. Das behebt auch Download-Probleme bei Windows 10 ohne den Einsatz von WSUS.
	Windows-Updates können in Windows 10 eine Internetverbindung komplett lahmlegen. Durch Aktivieren der Option *Umgehen* bei *Downloadmodus* lässt sich das Problem beheben. Soll die neue Technologie aber verwendet werden, sollten die Werte bei *Maximale Downloadbandbreite*, *Max. Uploadbandbreite* und *Minimaler Hintergrund-QoS-Wert* überprüft und angepasst werden.

Besonders wichtig ist auch das Zurückstellen von Updates, die erst später oder überhaupt nicht installiert werden sollen. Die Einstellungen dazu sind über *Computereinstellungen/ Administrative Vorlagen/Windows-Komponenten/Windows Update/Windows-Updates zurückstellen* zu finden.

Um Funktionsupdates auf Firmenrechnern bis zu 180 Tage zu verzögern, muss der Wert *Beim Empfang von Funktionsupdates auswählen* auf *Current Branch for Business* und auf 180 Tage gesetzt werden. Das ist auch der maximale Zeitraum der Verzögerung.

Bei *Computereinstellungen/Administrative Vorlagen/Windows-Komponenten/Windows Update* ist auch die Einstellung *Automatischen Neustart nach Updates während der Nutzungszeit deaktivieren* zu finden. Hier kann ein Zeitrahmen definiert werden, zum Beispiel die Arbeitszeit, in dem der Rechner nach der Installation von Updates nicht neu gestartet wird.

Über die Einstellung *Computereinstellungen/Administrative Vorlagen/Windows-Komponenten/Windows Update* und der Auswahl von *Keine Treiber in Windows-Updates einschließen* lässt sich verhindern, dass Windows 10 und Windows Server 2016 Treiber über Windows-Updates installieren.

Die Anbindung an WSUS wird weiterhin über die Option *Computereinstellungen/Administrative Vorlagen/Windows-Komponenten/Windows* und der Auswahl von *Internen Pfad für den Microsoft Updatedienst angeben* sowie *Automatische Updates konfigurieren* gesteuert.

Wie bei den Vorgängern von Windows 10 blendet Windows einen Hinweis in den Einstellungen ein, wenn bestimmte Konfigurationen durch Gruppenrichtlinien gesteuert sind. Die jeweilige Einstellung wird dann ausgegraut.

Anwender können aber nach der Anbindung an WSUS über den Link *Online nach Updates aus Windows Update suchen* und in Windows 10 mit *Suchen Sie online nach Updates von Microsoft Update* auch im Internet nach Aktualisierungen suchen, die noch nicht auf dem WSUS zur Verfügung stehen. Auch diese Funktion lässt sich über Gruppenrichtlinien definieren.

Tipp	Nach der Konfiguration der Gruppenrichtlinie kann es einige Zeit dauern, bis die Arbeitsstationen und Server mit WSUS verbunden sind und in der Administrationsoberfläche des WSUS erscheinen.
	Auf den einzelnen Rechnern können Sie in der Eingabeaufforderung durch Eingabe des Befehls *Wuauclt /detectnow* eine sofortige Verbindung zum WSUS erzwingen. Ist der Client noch immer nicht angebunden, geben Sie in der Eingabeaufforderung *Gpupdate /force* und dann *Wuauclt /reportnow /detectnow* ein.

Sollten die Einstellungen in der Gruppenrichtlinie auf einem Computer noch nicht gespeichert sein, hat Windows unter Umständen die Gruppenrichtlinie noch nicht angewendet. In diesem Fall können Sie mit dem Befehl *Gpupdate /force* das Aktualisieren der Gruppenrichtlinie auf dem Client erzwingen (siehe Kapitel 19). Sie benötigen dazu eine Eingabeaufforderung mit Administratorrechten.

Sollten einige Rechner auch nach dieser Zeit nicht angezeigt werden, versuchen Sie folgende Problemlösung:

1. Auf dem Computer, der nicht im WSUS angezeigt wird, benennen Sie die Datei *\Windows\System32\wuaueng.dll* in *wuaueng.old* um.
2. Kopieren Sie danach die Datei *wuaueng.dll* des WSUS-Servers aus dem gleichen Verzeichnis auf den fehlenden Computer.
3. Starten Sie diesen Computer neu.
4. Nach dem Anmelden sollten die Dateien, die mit *wu** beginnen, im Verzeichnis *\Windows\System32* ebenfalls aktualisiert sein.
5. Geben Sie in der Eingabeaufforderung den Befehl *Wuauclt /detectnow* ein.

Sollte dies nicht funktionieren, können Sie noch im Registryschlüssel *HKLM\SOFTWARE\Microsoft\Windows\CurrentVersion\WindowsUpdate* die Einträge für den WSUS löschen. Anschließend geben Sie den Befehl *Wuauclt /detectnow /reauthorization* ein.

Updates genehmigen und bereitstellen

WSUS lädt die konfigurierten Updates basierend auf den vorgenommenen Spracheinstellungen, Produkten und Klassifizierungen aus dem Internet herunter, installiert sie aber nicht automatisch. Erst wenn ein Administrator einen Patch genehmigt, installiert Windows diesen Patch auf Computern. Über die Optionen in der WSUS-Verwaltung können Sie Regeln erstellen, über die Sie Updates automatisch zur Installation auf den verschiedenen Computergruppen genehmigen. Updates können Sie aber auch manuell oder in Gruppen genehmigen oder ablehnen.

Es besteht zum Beispiel die Möglichkeit, Updates zunächst für Testcomputer freizugeben und anschließend über die Berichte zu kontrollieren, ob die Aktualisierung erfolgreich war. Ist dies der Fall, können Sie die entsprechenden Updates für andere Computergruppen oder alle Clients freigeben. Um Updates zu genehmigen, gehen Sie folgendermaßen vor:

1. Klicken Sie in der WSUS-Verwaltungskonsole auf *Updates/Alle Updates*. Anschließend sehen Sie eine Zusammenfassung der Updates, die auf dem Server verfügbar sind.
2. Wählen Sie in der Liste die Updates aus, die Sie zum Installieren genehmigen möchten. Die Ansicht können Sie entsprechend filtern. Wählen Sie ein Update aus, erhalten Sie im mittleren Bereich der Konsole ganz unten ausführliche Informationen angezeigt.
3. Klicken Sie mit der rechten Maustaste auf den oder die Patches und wählen Sie im Kontextmenü den Befehl *Genehmigen* aus. Sie können auch mehrere Updates oder mit der Tastenkombination [Strg]+[A] alle Updates auswählen und über das Kontextmenü genehmigen.

Wählen Sie die Gruppen aus und klicken Sie auf das Dreieck links neben der Gruppe. Sie können jetzt aus verschiedenen Optionen auswählen: *Für die Installation genehmigt*, *Zur Entfernung genehmigt*, *Nicht genehmigt*, *Stichtag*, *Identisch mit übergeordnetem Objekt* und *Auf untergeordnete Elemente anwenden*. Klicken Sie auf die Option *Für die Installation genehmigt* und anschließend auf *OK*. Wie Sie im Menü erkennen können, kann WSUS

Kapitel 37: Windows Server Update Services

installierte Patches auch wieder deinstallieren, wenn diese zum Beispiel mit speziellen Applikationen Probleme bereiten.

Abbildung 37.11: Updates in WSUS genehmigen

Klicken Sie in der WSUS-Verwaltung auf den Servernamen, sehen Sie rechts im Fenster, wie viele Updates auf dem Server zur Verfügung stehen und wie viele Sie noch manuell genehmigen müssen. Neben der manuellen Genehmigung können Sie auch Regeln für das automatische Genehmigen von Updates festlegen.

Die automatische Genehmigung steuern Sie im Bereich *Optionen/Automatische Genehmigungen*. Hier können Sie manuelle Regeln erstellen oder die Standardregeln verwenden. Bei Replikatservern können Sie keine automatischen Updates konfigurieren, da diese Konfiguration von den übergeordneten Upstreamservern synchronisiert wird.

Abbildung 37.12: Auf übergeordneten Servern können Sie Updates automatisch genehmigen lassen.

Bei Bedarf erstellen Sie komplexe Regeln für das automatische Genehmigen von Updates. Zusätzlich können Sie in diesem Bereich mit Computergruppen arbeiten, um Patches automatisiert bereitzustellen. Sie können an dieser Stelle auch mehrere Regeln definieren, um festzulegen, welche Updates WSUS ohne Freigabe des Administrators automatisch freigeben soll.

Berichte mit WSUS abrufen

Ab 24 Stunden nach der Freigabe von Patches können Sie in den Berichten zum WSUS überprüfen, ob die Updates auf den Computern bereitgestellt wurden. Wollen Sie mit Berichten arbeiten, muss auf dem Server das Tool Microsoft Report Viewer 2012 Redistributable (*http://tinyurl.com/zqmdkh3*) installiert sein. Zusätzlich müssen auf dem Server noch die CLR-Types für SQL Server 2012 installiert werden (*http://tinyurl.com/ha457l7*). Um Updateberichte anzuzeigen, gehen Sie folgendermaßen vor:

1. Klicken Sie in der WSUS-Verwaltungskonsole im linken Fenster auf *Berichte*.
2. Klicken Sie auf die Option *Updatestatus-Zusammenfassung*.
3. Die Liste kann durch entsprechende Kriterien gefiltert werden.
4. Klicken Sie anschließend in der Symbolleiste des Fensters auf *Bericht erstellen*.
5. Berichte können Sie als Excel-Tabelle oder PDF-Datei speichern oder drucken. Klicken Sie dazu in der Symbolleiste auf das *Speichern*-Symbol.

WSUS mit der PowerShell verwalten

WSUS können Sie, wie die meisten anderen Dienste in Windows Server 2016, auch in der PowerShell steuern.

Tipp	Wer WSUS in der PowerShell verwalten will, kann sich mit dem Befehl *Get-Command -Module UpdateServices* alle Cmdlets anzeigen lassen, mit denen sich die Windows Server Update Services verwalten lassen.

Die Steuerung von WSUS nehmen Sie mit folgenden Cmdlets vor:

- *Add-WsusComputer* – Fügt einen angebundenen PC einer bestimmte WSUS-Gruppe hinzu.
- *Approve-WsusUpdate* – Gibt Updates frei.
- *Deny-WsusUpdate* – Verweigert Updates.
- *Get-WsusClassification* – Zeigt alle verfügbaren Klassifikationen an, die aktuell verfügbar sind.
- *Get-WsusComputer* – Zeigt WSUS-Clients und -Computer an. Geben Sie den Befehl ein, sehen Sie auf einen Blick die angebundenen Clientcomputer, ihr Betriebssystem und den Zeitpunkt der letzten Statusübermittlung.
- *Get-WsusProduct* – Zeigt eine Liste aller Produkte auf dem WSUS an, für die der Server Patches bereithält.
- *Get-WsusServer* – Zeigt alle WSUS-Server im Netzwerk an.

- *Get-WsusUpdate* – Zeigt Informationen zu Updates an.
- *Invoke-WsusServerCleanup* – Startet den Aufräumvorgang.
- *Set-WsusClassification* – Fügt Klassifikationen zu WSUS hinzu.
- *Set-WsusProduct* – Fügt Produkte zu WSUS hinzu.
- *Set-WsusServerSynchronization* – Steuert die WSUS-Synchronisierung.

Windows-Updates in der Eingabeaufforderung und PowerShell steuern

Sie können auch in Windows 10 und Windows Server 2016 in der Eingabeaufforderung oder der PowerShell mit dem Tool *Wusa.exe* Windows-Updates installieren und deinstallieren:

Wusa <.msu-Datei des Patches> /quiet /norestart

Die Option */quiet* installiert ohne Rückmeldung, durch die Option */norestart* startet der Computer auch dann nicht neu, wenn der Patch das fordert. Mit der Option */uninstall* können Sie Updates deinstallieren:

Wusa /uninstall /kb:<Knowledgebase-Nummer des Patches>

In der Eingabeaufforderung können Sie auch in Windows 10 und Windows Server 2016 die installierten Updates anzeigen lassen. Dazu wird der Befehl *Wmic qfe* verwendet.

In der PowerShell lassen sich ebenfalls die installierten Updates anzeigen. Dazu wird das Cmdlet *Get-HotFix* verwendet.

Das Cmdlet kann aber nicht nur Updates des lokalen Rechners anzeigen, sondern auch Updates, die auf Rechnern im Netzwerk installiert sind:

Get-HotFix -Computername <Name des Rechners>

Zusammenfassung

In diesem Kapitel haben wir Ihnen gezeigt, wie Sie Updates mit WSUS im Netzwerk bereitstellen und WSUS verwalten. Auch die Anbindung von Windows 8/8.1/10 und Windows Server 2016 an WSUS war Thema dieses Kapitels.

Im nächsten Kapitel lesen Sie, wie Sie Windows Server 2016 überwachen und optimieren.

Kapitel 38
Diagnose und Überwachung

In diesem Kapitel:

Fehler mit der Ereignisanzeige beheben	951
Die Systemleistung überwachen	961
Windows mit der Aufgabenplanung automatisieren	972
Prozesse und Dienste überwachen	977
Zusammenfassung	989

In diesem Kapitel zeigen wir Ihnen, welche Bordmittel und Zusatztools Ihnen bei der Überwachung von Windows Server 2016 behilflich sein können. In Kapitel 15 sind wir bereits auf die Überwachung von Active Directory eingegangen. In diesem Kapitel erläutern wir Ihnen die Überwachung aller anderen Serverdienste in Windows Server 2016.

Fehler mit der Ereignisanzeige beheben

Alle Fehler und Aktionen von Windows werden in den Ereignisanzeigen festgehalten und stehen Administratoren zur Verfügung, um Fehler zu beheben. Anhand des Ereignisprotokolls können Sie nach Ereignissen suchen, die auf Probleme hinweisen. Darüber hinaus dienen diese Informationen zur Diagnose von Problemen.

Sie können nach Programm- und Systemaktionen suchen, die zu einem Problem führen, und Details herausfinden, die Ihnen bei der Ermittlung der Grundursache behilflich sind. Zugleich lassen sich anhand dieser Informationen auch Leistungsprobleme beurteilen und beheben. Sie sollten in regelmäßigen Abständen auf Datenbankservern nach Einträgen suchen, da Sie hier frühzeitig Fehler erkennen können.

Die Ereignisanzeige nutzen

Sie rufen die Ereignisanzeige durch Eingabe von »eventvwr.msc« im Suchfeld des Startmenüs auf.

> **Hinweis** Unter Windows Server 2016 können Sie im Startmenü direkt mit dem Tippen von »eventvwr.msc« beginnen oder über ⊞+R das Dialogfeld *Ausführen* aufrufen und dort den Programmnamen eingeben.

Im Server-Manager können Sie die Ereignisanzeige über das *Tools*-Menü aufrufen. Unter dem Knoten *Windows-Protokolle* ist auch weiterhin der Zugriff auf die vertrauten Anwendungs-, System- und Sicherheitsprotokolle möglich.

Abbildung 38.1: Die Ereignisprotokolle in Windows Server 2016 anzeigen

Klicken Sie direkt auf den Knoten *Ereignisanzeige*, sehen Sie eine Zusammenfassung aller Serverfehler im rechten Bereich. Im Knoten *Anwendungs- und Dienstprotokolle* finden Sie zahlreiche Protokolle zu den einzelnen Serverdiensten in Windows Server 2016. Viele Einträge für Serveranwendungen wie SQL Server 2012/2016 sind im Knoten *Anwendung* zu finden.

Über den Knoten *Benutzerdefinierte Ansichten* lassen Sie sich Filter für alle installierten Serverrollen anzeigen. Auf diese Weise können Sie auch Filter für die SQL-Instanzen oder andere Serveranwendungen erstellen lassen.

Fehler mit der Ereignisanzeige beheben

Abbildung 38.2: Meldungen nach Serverrollen gefiltert anzeigen

Hinweis Der Speicherort der Standardprotokolle in der Ereignisanzeige ist *%System-Root%\System32\winevt\Logs*. Die Protokolldateien erhalten die Endung *.evtx*, da sie XML-basiert sind.

Unter dem Knoten *Benutzerdefinierte Ansichten* werden administrative Ereignisse angezeigt. Hier sind alle Fehler und Warnungen aus den verschiedenen Protokolldateien aufgeführt, die für Administratoren von Interesse sind. Windows Server 2016 bietet die Möglichkeit, weniger interessante Ereignisse herauszufiltern, sodass Sie sich ausschließlich auf wichtige Ereignisse konzentrieren können. Markieren Sie eine Meldung, erhalten Sie im unteren Bereich ausführlichere Informationen angezeigt.

Mit dem Windows-Aufgabenplaner können Sie einem Ereignis eine Aufgabe hinzufügen. Jedes Mal, wenn ein Ereignis erscheint, das der Abfrage entspricht, startet anschließend die entsprechende Aufgabe. Dazu klicken Sie mit der rechten Maustaste auf das Ereignis und wählen *Aufgabe an dieses Ereignis anfügen*. Beispielsweise könnten Sie eine Aufgabe immer genau dann ausführen lassen, wenn eine Datensicherung erfolgreich abgeschlossen ist.

Abbildung 38.3: Aufgaben an Ereignisse anhängen

Kapitel 38: Diagnose und Überwachung

Wenn Sie ein Ereignisprotokoll aufrufen, erhalten Sie im mittleren Bereich des Fensters eine Zusammenfassung aller Einträge, deren detaillierte Informationen Sie per Doppelklick auf einzelne Meldungen anzeigen lassen können. Auf Basis dieser Fehlermeldung können Sie erkennen, welche Probleme Windows Server 2016 mit einzelnen Komponenten erkannt hat. Sie sollten regelmäßig die Ereignisanzeigen auf Fehler überprüfen, da Sie hier schnell Probleme erkennen, bevor diese gravierendere Auswirkungen haben.

Tipp   Haben Sie den Fehler genauer eingegrenzt und Fehlermeldungen in der Ereignisanzeige und der Diagnose festgestellt, suchen Sie auf der Internetseite *http://www.eventid.net* gezielt nach diesen Fehlern. Auf dieser Seite gibt es zu so gut wie jedem Eintrag der Ereignisanzeige Hinweise und mögliche Lösungsansätze.

Außerdem können Sie den Fehler in einer Suchmaschine oder in speziellen Supportseiten eingeben, wie zum Beispiel *http://www.experts-exchange.com*. Auch die Suche in der Microsoft Knowledge Base unter *http://support.microsoft.com* hilft oft weiter. Suchen Sie allerdings in der englischen Microsoft Knowledge Base immer nur nach englischen Begriffen, da Sie hier mehr Antworten erhalten.

Klicken Sie ein Protokoll mit der rechten Maustaste an, können Sie weitere Einstellungen vornehmen. Im Kontextmenü werden Ihnen zahlreiche Möglichkeiten angezeigt:

- **Gespeicherte Protokolldatei öffnen** – Über diesen Menübefehl können Sie eine Protokolldatei öffnen, die Sie über die Option *Ereignisse speichern unter* abgespeichert haben. Dadurch lassen sich Protokolle per E-Mail versenden und andere Benutzer können den Inhalt überprüfen.

- **Benutzerdefinierte Ansicht erstellen** – Über diesen Menübefehl können Sie die Anzeige der Ereignisanzeigen anpassen und als benutzerdefinierten Filter ablegen. In diesem Fall werden Ihnen nur noch die Ereignisse in Ihrer gespeicherten Ansicht angezeigt.

- **Benutzerdefinierte Ansicht importieren** – Mit dieser Optionen werden zuvor exportierte Ansichten auf einem Server wieder importiert und sind auf diese Weise schnell verfügbar.

- **Protokoll löschen** – Wählen Sie diesen Menübefehl aus, wird nicht das Protokoll gelöscht, sondern der Inhalt des Protokolls. Sie erhalten zuvor noch eine Meldung, ob das Protokoll wirklich gelöscht werden soll und ob Sie das Protokoll vorher speichern möchten. Speichern Sie das Protokoll zuvor, entspricht dies der Option *Ereignisse speichern unter*.

- **Aktuelles Protokoll filtern** – Dieser Menübefehl wird verwendet, wenn Sie keine eigene Ansicht des Protokolls erstellen möchten, sondern nur die aktuelle Ansicht gefiltert werden soll. Dadurch können Sie zum Beispiel nach einem bestimmten Fehler suchen und überprüfen, wann er aufgetreten ist.

- **Eigenschaften** – Über die Eigenschaften können Sie die Größe der einzelnen Protokolle festlegen beziehungsweise bestimmen, wie sich Windows Server 2016 beim Erreichen der maximalen Ereignisprotokollgröße verhalten soll.

- **Alle Ereignisse speichern unter** – Speichert die Ereignisse in einer *.evtx*-Datei.

- **Aufgabe an dieses Protokoll anfügen** – Mit dieser Option können Sie über die Aufgabenplanung automatisch bestimmte Aktionen und Skripts starten, wenn in den Ereignisanzeigen gewisse Fehler auftauchen. Solche Aufgaben lassen sich auch an einzelne Ereignisse anfügen.

Tipp Überprüfen Sie in der Ereignisanzeige, ob Fehler gemeldet werden, die mit dem Problem in Zusammenhang stehen können, wenn Sie eine Fehlerbehebung durchführen. Überprüfen Sie auch, ob parallel zu diesem Fehler in anderen Protokollen der Ereignisanzeige Fehler auftreten, die zur gleichen Zeit gemeldet werden, also unter Umständen auf einen Zusammenhang schließen lassen. Stellen Sie fest, wann der Fehler in der Ereignisanzeige das erste Mal aufgetreten ist. Überlegen Sie genau, ob zu diesem Zeitpunkt irgendetwas verändert wurde (auch auf Basis der Ereignisprotokolle).

Schauen Sie außerdem in anderen Protokollen der Ereignisanzeige nach, ob der Fehler mit anderen Ursachen zusammenhängt. Ein Fehler tritt selten ohne vorherige Änderung der Einstellung oder aufgrund defekter Hardware auf, sondern meist durch Änderungen am System oder der Installation von Applikationen und Tools. Durch die Filtermöglichkeiten der Ereignisanzeige in Windows Server 2016 können Fehler oft sehr genau eingegrenzt werden.

Ereignisprotokolle im Netzwerk einsammeln

Nicht jedes Unternehmen setzt auf professionelle und teure Überwachungslösungen, um Server im Netzwerk zu überwachen. Selbst beim Einsatz solcher Lösungen kann es sinnvoll sein, zusätzlich noch Protokolldateien und Ereignisanzeigen zu überwachen. Es gibt zahlreiche kostenlose Möglichkeiten, um die Ereignisanzeigen und Protokolle der Server an einer zentralen Stelle zu sammeln und zu analysieren.

Zunächst bietet Windows Server 2016 die Möglichkeit, Ereignisse von Servern im Netzwerk zu sammeln, Abonnement genannt. Darüber hinaus gibt es Freewaretools, die in der Lage sind, Ereignisse in den Protokollen von Windows-Servern zu sammeln und Administratoren zentral zur Verfügung zu stellen. Nachfolgend zeigen wir Ihnen, welche Möglichkeiten es gibt. Achten Sie aber darauf, dass derartige Tools teilweise auch den Server belasten und vorsichtig eingesetzt werden sollten.

Ereignisanzeigen mit PsLogList sammeln

Mit PsLogList aus der PsTools-Sammlung von Sysinternals (*http://tinyurl.com/ztkq5h4*) können Sie über die Eingabeaufforderung die Ereignisanzeigen verschiedener Computer einsammeln, anzeigen und vergleichen. Wenn Sie das Tool ohne Optionen aufrufen, zeigt PsLogList alle Einträge des lokalen Systemereignisprotokolls an. Das Programm verfügt darüber hinaus über zahlreiche Optionen, die beim Abfragen der Ereignisanzeigen viele verschiedene Vergleichsmöglichkeiten bieten:

Psloglist [\\<Computer>[,<Computer>[,...] | @<Datei> [-u <Benutzername>[-p <Kennwort>]]] [-s [-t delimiter]] [-m #|-n #|-h #|-d #|-w][-c][-x][-r][-a mm/dd/yy][-b mm/dd/yy][-f filter] [-i ID[,ID[,...] | -e ID[,ID[,...]]] [-o event source[,event source][,..]]] [-q event source[,event source][,..]]] [-l event log file] <eventlog>

Kapitel 38: Diagnose und Überwachung

Option	Auswirkung
@<Datei>	Führt den Befehl auf allen Computern aus, die in der Datei aufgelistet sind. Jeder Computer muss dazu in einer eigenen Spalte in der Textdatei stehen. Die entsprechenden Ereignisse der Computer werden hierüber also gesammelt.
-a	Zeigt die Einträge nach dem genannten Datum an. Als Format wird *dd/mm/yy* verwendet.
-b	Zeigt die Einträge vor dem genannten Datum an.
-c	Löscht die entsprechenden Ereignisanzeigen nach der Anzeige über PsLogList. Dies ist zum Beispiel bei der Abfrage über eine Batchdatei sinnvoll.
-d	Zeigt nur die Einträge der letzten *n* Tage an. Dabei werden die letzten Tage als <n> hinter der Option mit angegeben.
-e	Filtert Einträge mit definierten IDs aus. Die Syntax entspricht der Option *-i* weiter unten.
-f	Filtert Ereignisse mit bestimmten Typen aus *(-f w* filtert Warnungen). Es können beliebige Buchstaben verwendet werden. Es werden nur Ereignisse angezeigt, die mit den entsprechenden Buchstaben anfangen.
-h	Zeigt nur Einträge der letzten *n* Stunden. Die Syntax entspricht der Option *-d* weiter oben.
-i	Zeigt nur Einträge mit den definierten IDs. Es können auch mehrere IDs kommagetrennt angezeigt werden.
-l	Speichert Einträge der definierten Ereignisanzeige.
-m	Zeigt nur Einträge der letzten *n* Minuten.
-n	Zeigt nur die aktuellsten definierten Einträge an.
-o	Zeigt nur die Einträge der spezifizierten Ereignisquelle (zum Beispiel *-o cdrom*). Diese Option schließt in der Ausgabe also zusätzliche Informationen ein.
-p	Gibt das Kennwort für den konfigurierten Benutzer an. Geben Sie kein Kennwort ein, fragt das Tool notfalls nach. Dabei wird das Kennwort nicht in Klartext angezeigt oder über das Netzwerk geschickt.
-q	Zeigt die Einträge der spezifizierten Ereignisquelle nicht an (zum Beispiel *-q cdrom*). Benutzerdefinierte Einträge werden so von der Ausgabe ausgeschlossen. Sollen mehrere Quellen von der Ausgabe ausgeschlossen werden, müssen diese durch Komma voneinander getrennt werden.
-r	Speichert die Einträge aufsteigend ab.
-s	Hier werden die Einträge kommabasiert angezeigt, um sie zum Beispiel in einer Excel-Tabelle oder SQL-Datenbank zu speichern. Nach der Auswertung kann über den Befehl *Start* die *.csv*-Datei sofort geöffnet und angezeigt werden.
-t	Definiert das Trennzeichen.
-u	Legt den Benutzernamen fest, mit dem Sie auf die Server zugreifen.
-w	Wartet auf neue Einträge und speichert sie, sobald sie in der Ereignisanzeige angezeigt werden. Das funktioniert aber nur für das lokale System.
-x	Speichert erweiterte Daten, die standardmäßig nicht angezeigt werden. Hierbei handelt es sich meistens um binäre Rohdaten.
eventlog	Standardmäßig verwendet das Tool das Systemereignisprotokoll. Sie können die Ereignisanzeige auswählen, wenn Sie die ersten Buchstaben oder die entsprechende Abkürzung angeben. Allerdings müssen auch auf deutschen Windows-Servern die englischen Abkürzungen, also beispielsweise »sec« für »security«, eingegeben werden, wenn das Ereignisprotokoll »Sicherheit« geöffnet werden soll. Eine wichtige Funktion des Tools ist, dass das Programm in der Lage ist, direkt auf die Quell-DLLs auf den Remotesystemen zuzugreifen. Allerdings muss dazu auf dem entfernten System die administrative Freigabe (*Admin$*) aktiviert sein.

Tabelle 38.1: Die Optionen von PsLogList

Geben Sie zum Beispiel den Befehl *Psloglist system* ein, listet das Tool in der Eingabeaufforderung alle Ereignisse des Systemereignisprotokolls auf. Der Befehl *Psloglist application* zeigt das Anwendungsprotokoll an. Wollen Sie nur die aktuellsten fünf Einträge sehen, verwenden Sie den Befehl *Psloglist system -n 5*. Die fünf ältesten Einträge zeigen Sie mit *Psloglist system -r -n 5* an.

Um effizient Daten anzuzeigen, sollten Sie die Anzeige filtern, da ansonsten zu viele Informationen auf dem Bildschirm erscheinen. Dazu verwenden Sie die Option *-f*. Wollen Sie zum Beispiel nur Fehlermeldungen erfassen, geben Sie den Befehl *Psloglist system -f e* ein. Fehler und Warnungen erhalten Sie mit der Option *-f ew* angezeigt. Um nur Meldungen einer bestimmten ID anzuzeigen, verwenden Sie *-i*, gefolgt von einer kommagetrennten Liste der IDs, die Sie anzeigen wollen.

Eine weitere Möglichkeit ist das Exportieren der Ausgabe in eine *.evt*-Datei, die Sie wiederum mit der Ereignisanzeige in Windows öffnen können. Dazu verwenden Sie zusätzlich die Option *-g .\<.evt-Datei>*.

Mit PsLogList können Sie auch die Ereignisanzeigen von Computern im Netzwerk auslesen. Dazu verwenden Sie zunächst die Option *Psloglist \\<Computer>* und dann die verschiedenen Optionen des Tools, um die Anzeige zu aktivieren. Dabei gehen Sie genauso wie bei der Abfrage lokaler Ereignisanzeigen vor.

Ereignis-Abonnements verwalten

Windows Server 2016 kann auch mit Bordmitteln die Ereignisanzeigen verschiedener Server im Netzwerk zusammentragen und anzeigen. Diese Funktion trägt die Bezeichnung *Abonnements* und lässt sich direkt in der Ereignisanzeige einrichten. Basis ist der Systemdienst *Windows-Ereignissammeldienst*. Dieser muss auf dem Server gestartet sein, der die verschiedenen Ereignisse sammeln soll, sowie auf allen beteiligten Servern. Damit die Sammlung von Ereignisanzeigen funktioniert, müssen Sie die beteiligten Computer vorbereiten, das Abonnement erstellen und dann in der Ereignisanzeige die Fehler der entsprechenden Server anzeigen.

Die Sammlung von Ereignisanzeigen basiert auf zwei Grundlagen. Es gibt einen Server, der die Daten sammelt (Sammlungscomputer), und Server, die an den Sammlungsserver angebunden sind (Quellcomputer). Die Sammlung von Ereignisanzeigen führen Sie am besten auf Servern durch, die in einer gemeinsamen Active Directory-Gesamtstruktur positioniert sind.

Im ersten Schritt müssen Sie die Remoteverwaltung auf den einzelnen Servern aktivieren. Dazu führen Sie auf jedem Quellcomputer und dem Sammlungscomputer in einer Eingabeaufforderung mit Administratorrechten (über das Kontextmenü gestartet) den Befehl *Winrm quickconfig* aus. Im nächsten Schritt führen Sie noch den Befehl *Wecutil qc* aus. Das Tool konfiguriert das Weiterleiten von Ereignissen über das Netzwerk zu einem Sammlungscomputer. Nehmen Sie anschließend das Computerkonto des Sammlungscomputers, auf dem Sie die Ereignisse aller angebundenen Server anzeigen wollen, in die lokalen Administratorgruppen der einzelnen Server auf.

Die lokale Benutzerverwaltung starten Sie am schnellsten durch die Eingabe von »lusrmgr.msc« im Suchfeld des Startmenüs. Rufen Sie die Eigenschaften der lokalen Administratorgruppe auf, klicken Sie auf die Schaltfläche *Hinzufügen* und im daraufhin geöffneten Dialogfeld auf die Schaltfläche *Objekttypen*, um auch Computerkonten in die Gruppe aufnehmen zu können.

Kapitel 38: Diagnose und Überwachung

Wollen Sie Ereignisabonnements in Arbeitsgruppen erstellen, müssen Sie manuell eine Ausnahme in der Windows-Firewall für *Remote-Ereignisprotokollverwaltung* auf jedem Quellcomputer hinzufügen. Das Konto, mit dem Sie die Ereignisse auf den Quellcomputer sammeln, müssen Sie anschließend bei der Einrichtung des Abonnements hinterlegen. Zusätzlich ist auf dem Sammlungscomputer der folgende Befehl einzugeben:

Winrm set winrm/config/client @{TrustedHosts="<Alle Quellcomputer, durch Komma getrennt>"}

Die Sammlung nehmen Sie am besten mit einem Konto vor, das über Administratorrechte in der Domäne verfügt. Wollen Sie ein eigenes Konto dafür anlegen, müssen Sie dieses in die lokale Administratorgruppe auf allen Quellcomputern aufnehmen. Normalerweise reicht es aus, wenn nur das Computerkonto des Sammlungscomputers Mitglied der Administratorgruppe auf den Quellcomputern ist.

Haben Sie alle Vorbereitungen getroffen, starten Sie auf dem Sammlungscomputer die Ereignisanzeige und klicken auf *Abonnements*. Ist der Systemdienst *Windows-Ereignissammlungsdienst* nicht gestartet, erhalten Sie eine entsprechende Meldung. Lassen Sie in diesem Fall den Dienst starten. Anschließend klicken Sie mit der rechten Maustaste auf *Abonnements* und dann auf *Abonnement erstellen*. Alternativ können Sie auch im Menü *Aktionen* auf *Abonnement erstellen* klicken.

Im neuen Fenster konfigurieren Sie jetzt das Abonnement. Bei *Abonnementname* geben Sie eine Bezeichnung und auf Wunsch auch eine Beschreibung ein. Bei *Zielprotokoll* wählen Sie aus, wo auf dem Sammlungsserver die Ereignisse der Quellcomputer gesammelt werden sollen. Standardmäßig ist hier das Protokoll *Weitergeleitete Ereignisse* ausgewählt.

Abbildung 38.4: Ein neues Abonnement konfigurieren

Anschließend wählen Sie die Art des Abonnements aus. Aktivieren Sie die Option *Sammlungsinitiiert* und klicken Sie auf die Schaltfläche *Computer auswählen*. Anschließend legen

Sie die Quellcomputer fest, die das Abonnement erfassen soll. Sie sollten bei jedem hinzugefügten Computer auf die Schaltfläche *Testen* klicken, um sicherzustellen, dass der Sammlungscomputer eine Verbindung herstellen kann.

Über die Schaltfläche *Ereignisse auswählen* erstellen Sie neue Filter, über die Sie festlegen, welche Ereignisse auf den Quellcomputern der Sammlungscomputer angezeigt werden sollen. Grundsätzlich geben Sie hier an, welche Ereignisse von welchen Protokollen erfasst werden sollen. Haben Sie den Filter erstellt, klicken Sie auf *OK*. Bevor Sie weitere Einstellungen vornehmen, klicken Sie auf *OK*, um das Abonnement zu überprüfen.

Nach der Erstellung muss das Abonnement als *Aktiv* gekennzeichnet sein. Auf diesem Weg können Sie auch mehrere Abonnements erstellen, die verschiedene Computer mit verschiedenen Abfragefilter erfassen. Mit einem Doppelklick auf das Abonnement können Sie dieses jederzeit wieder anpassen.

Anschließend können Sie die Ereignisse im ausgewählten Protokoll anzeigen. Haben Sie das Standardprotokoll *Weitergeleitete Ereignisse* ausgewählt, finden Sie es im Bereich *Windows-Protokolle*. Bis die ersten Ereignisse eintreffen, kann es allerdings eine Weile dauern. Von welchem Rechner die Ereignisse stammen, sehen Sie in der Spalte *Computer*.

Neben den Standardeinstellungen für Abonnements können Sie über die Schaltfläche *Erweitert* in den Eigenschaften des Abonnements einige Einstellungen ändern. Beispielsweise können Sie hier festlegen, dass die Abfrage der Ereignisse nicht durch das Computerkonto des Servers erfolgt, sondern mit einem speziellen Benutzerkonto, dessen Daten Sie in den erweiterten Einstellungen des Abonnements hinterlegen. Achten Sie aber darauf, dieses Konto in die lokale Administratorengruppe der Quellcomputer aufzunehmen.

Außerdem können Sie in den erweiterten Einstellungen noch festlegen, wie der Sammlungscomputer die Daten abrufen soll. Hier stehen die drei Optionen *Normal*, *Bandbreite minimieren* und *Wartezeit minimieren* zur Verfügung.

Bei der Standardeinstellung *Normal* verwendet das Abonnement den sogenannten Pull-Zustellungsmodus. Dabei fasst es immer fünf Elemente zusammen und überträgt diese vom entsprechenden Quellcomputer auf den Sammlungsserver. Die Option *Bandbreite minimieren* begrenzt die Bandbreite, die dem Abo zur Verfügung steht. Mit der Option *Wartezeit minimieren* wird sichergestellt, dass Ereignisse möglichst schnell auf dem Sammlungsserver verfügbar sind.

In den erweiterten Einstellungen legen Sie auch den Port und die Übertragungsart fest. Wenn Sie diese ändern, müssen Sie in den Firewalleinstellungen der Quellcomputer entsprechende Regeln definieren. In Active Directory-Umgebungen können Sie dazu auch Gruppenrichtlinien verwenden, um Regeln auf den Servern zu erstellen.

Neben den Abonnements können Sie auch mit der Standardereignisanzeige problemlos Ereignisanzeigen von Computern im Netzwerk abrufen. Sie können dazu die Ereignisanzeige selbst verwenden oder das Befehlszeilentool Wevtutil in einer Eingabeaufforderung aufrufen, um Ereignisprotokolle auf einem Remotecomputer zu verwalten. Starten Sie dazu die Ereignisanzeige und klicken Sie mit der rechten Maustaste auf *Ereignisanzeige (Lokal)*. Anschließend können Sie durch Auswahl von *Verbindung mit anderem Computer herstellen* die Ereignisanzeige beliebiger Server öffnen. Wollen Sie auf diesem Weg eine Verbindung mit mehreren Servern aufbauen, müssen Sie eine neue Microsoft Management Console (MMC) erstellen und das Snap-In der Ereignisanzeige mehrmals hinzufügen.

Kapitel 38: Diagnose und Überwachung

Wollen Sie eine Verbindung mit einem anderen Benutzerkonto aufbauen, aktivieren Sie noch die Option *Verbindung unter anderem Konto herstellen* und wählen das entsprechende Konto aus. Sie können den Benutzernamen und das Kennwort für die Verbindung festlegen.

Sie können die Ereignisanzeige eines Servers außerdem direkt durch Eingabe des Befehls *Eventvwr<Computername>* öffnen.

Die Ereignisanzeige in der Systemsteuerung mit Wevtutil steuern

Eine Verbindung zur Ereignisanzeige eines anderen Servers lässt sich auch über die Eingabeaufforderung aufbauen. Dazu verwenden Sie den folgenden Befehl:

Wevtutil <Option> /r:<Computername> /u:<Benutzername> /p:<Kennwort>

Falls Sie die Optionen */u* und */p* nicht mit angeben, verbindet Sie *Wevtutil* mit dem Benutzerkonto, mit dem Sie angemeldet sind.

Welche Optionen zur Verfügung stehen, sehen Sie, wenn Sie den Befehl *Wevtutil* aufrufen. Das Tool dient nicht dazu, die Ereignisanzeige über das Netzwerk zu öffnen, sondern Einstellungen vorzunehmen oder das Protokoll zu löschen. Mit dem Aufruf *Wevtutil el /r:sbs.contoso.local* lassen Sie sich zum Beispiel alle verfügbaren Protokolle auf dem Remotecomputer anzeigen. Sie können mit *Wevtutil* auch Ereignisanzeigen ohne Rückfrage löschen lassen. Dazu verwenden Sie den Befehl *Wevtutil cl <Name des Protokolls>*. Der Befehl *Wevtutil cl System /r:sql* löscht zum Beispiel das Systemprotokoll auf dem Server *sql* ohne weitere Rückfrage. Natürlich können Sie mit dem Tool auch Protokolle über das Netzwerk auf den lokalen Computer in *.evtx*-Dateien exportieren. Dazu verwenden Sie den Befehl *Wevtutil epl*.

Die Ereignisanzeige mit der PowerShell anzeigen

Auch mit der PowerShell lässt sich die Ereignisanzeige auf Computern anzeigen. Dazu wird das Cmdlet *Get-EventLog* verwendet. Mit den Optionen *System*, *Application* und *Security* lassen sich die einzelnen Ereignisanzeigen öffnen. Das Anzeigen des Sicherheitsprotokolls lässt sich allerdings nur durchführen, wenn die PowerShell-Sitzung mit Administratorrechten gestartet wurde.

Wird auf diesem Weg die ganze Ereignisanzeige ausgelesen, kann es schnell unübersichtlich werden. Sie können aber zum Beispiel auch nur die aktuellsten Meldungen anzeigen, zum Beispiel mit folgendem Befehl:

Get-EventLog System -Newest 100

Reicht dieser Filter nicht aus, lässt er sich noch so erweitern, dass er nur die Fehlermeldungen anzeigt:

Get-EventLog System -Newest 100 | Here-Object {$_.entryType -Match "Error"}

Der Filter lässt sich auch noch ausbauen, sodass er die Meldungen optimal formatiert und nur die gewünschten Informationen anzeigt:

Clear-Host

$Event = Get-EventLog -Logname system -Newest 1000

$logError = $Event | Where {$_.entryType -Match "Error"}

$logError | Sort-Object EventID | ft EventID, Source, TimeWritten, Message -Auto

Interessant in diesem Zusammenhang ist die Möglichkeit, nach bestimmten Quellen filtern zu lassen:

Get-EventLog System -Newest 10 -Source "Service" | ft TimeWritten, Source, EventID, Message -Auto*

Auch nach der ID lässt sich filtern:

Get-EventLog -Logname System -InstanceId 7040 -Newest 10

Eigene Ereignismeldungen erzeugen

Sie können über die Eingabeaufforderung mit dem Befehl *Eventcreate* eigene Einträge in den verschiedenen Ereignisanzeigen erstellen. Beispielsweise lässt sich dieser Befehl für eigene Skripts oder Batchdateien verwenden. Die Syntax für den Befehl lautet:

Eventcreate [/S <Computername> [/U <Benutzername> [/P <Kennwort>]]] /ID <Ereignis-ID>

[/L <Protokollname>] [/SO <Quelle>] } /T Typ /D <Beschreibung>

Als Typ stehen SUCCESS, ERROR, WARNING und INFORMATION zur Verfügung.

Ein Beispielevent würde so aussehen:

Eventcreate /T Information /ID 523 /L System /D "Anwendung Thomas 1 erfolgreich installiert"

Diese Informationen lassen sich dann auch wieder mit der PowerShell auslesen. Soll nur der Text der Ereignismeldung angezeigt werden, kann dieser natürlich gesondert gefiltert werden:

Get-EventLog System -Newest 1 |fl Message

Die Systemleistung überwachen

Über den Befehl *Ressourcenmonitor* im *Tools*-Menü des Server-Managers können Sie eine detaillierte Ansicht des aktuellen CPU-Verbrauchs, des Arbeitsspeichers, der Datenträger und des Netzwerkverkehrs anzeigen. Alternativ starten Sie das Tool durch Eingabe von »perfom /res« im Suchfeld des Startmenüs.

Die Gesamtleistung eines Systems wird durch verschiedene Faktoren begrenzt. Hierzu zählen etwa die Zugriffsgeschwindigkeit der physischen Datenträger, die für alle laufenden Prozesse zur Verfügung stehende Speichermenge, die Prozessorgeschwindigkeit und der Datendurchsatz der Netzwerkschnittstellen.

Nachdem die einschränkenden Faktoren auf der Hardwareseite identifiziert wurden, kann der Ressourcenverbrauch einzelner Anwendungen und Prozesse überprüft werden. Anhand einer umfassenden Leistungsanalyse, die sowohl die Auswirkungen von Anwendungen als auch die Gesamtkapazität berücksichtigt, können IT-Experten einen Bereitstellungsplan entwickeln und an die jeweiligen Anforderungen anpassen. Durch Erweitern der *Ressourcenübersicht* können Sie zusätzliche Informationen anzeigen und überprüfen, welche Ressourcen von welchen Prozessen genutzt werden.

Kapitel 38: Diagnose und Überwachung

Abbildung 38.5: Den Ressourcenmonitor in Windows Server 2016 anzeigen

Der Bereich mit der Ressourcenübersicht enthält vier animierte Diagramme, die die Auslastung der CPU-, Datenträger-, Netzwerk- und Speicherressourcen des lokalen Computers in Echtzeit anzeigen. Unter den Diagrammen befinden sich vier erweiterbare Bereiche, in denen Einzelheiten zur jeweiligen Ressource angezeigt werden. Klicken Sie zur Anzeige dieser Informationen auf den Abwärtspfeil rechts neben dem jeweiligen Balken.

Die Leistungsüberwachung einsetzen

Klicken Sie im Server-Manager auf den Eintrag *Tools/Leistungsüberwachung*, können Sie den Server noch genauer überwachen lassen, indem Sie verschiedene Leistungsindikatoren hinzufügen. In der Leistungsüberwachung werden die integrierten Leistungsindikatoren grafisch dargestellt. Sie können Daten in Echtzeit oder Verlaufsdaten anzeigen und Leistungsindikatoren entweder per Ziehen/Ablegen hinzufügen oder benutzerdefinierte Datensammlergruppen (Data Collector Sets, DCS) erstellen. Die Leistungsüberwachung unterstützt verschiedene Ansichten für die visuelle Überprüfung der Daten in Leistungsprotokollen.

Die Systemleistung überwachen

Abbildung 38.6: Die Leistungsüberwachung produktiv nutzen

Auch die Auswahl *Berichte* bietet oft mehr Übersicht als die anderen Optionen in der Liste. Außerdem können Sie benutzerdefinierte Ansichten in Form von Datensammlergruppen für die Verwendung in Leistungs- und Protokollfunktionen exportieren.

Über das grüne Pluszeichen in der Symbolleiste können Sie weitere Leistungsindikatoren einblenden lassen. Für Serveranwendungen wie zum Beispiel Microsoft SQL Server gibt es einige solcher Indikatoren. Das *SQLServer:Databases*-Objekt in SQL Server stellt Indikatoren zum Überwachen von Transaktionsprotokollaktivitäten zur Verfügung. Die folgenden Indikatoren sind besonders für die Überwachung der Transaktionsprotokollaktivität von Verfügbarkeitsdatenbanken interessant:

- *Schreibdauer für Protokollleerungen (ms)*
- *Protokollleerungen/Sekunde*
- *Protokollpool-Cachefehlversuche/Sekunde*
- *Protokollpool-Lesevorgänge auf dem Datenträger/Sekunde*
- *Protokollpoolanforderungen/Sekunde*

Mit den Windows-Leistungsindikatoren *Device Throughput Bytes/sec* des Objekts *SQLServer:Backup Device* und *Backup/Restore Throughput/sec* des Objekts *SQLServer:Databases* messen Sie die Übertragungsgeschwindigkeit auf das Sicherungsmedium. Auf diesem Weg können Sie die Übertragungsrate für komprimierte im Vergleich zu nicht komprimierten Sicherungen messen und auf dieser Basis entscheiden, ob die Komprimierung die höhere CPU-Last rechtfertigt.

Wählen Sie zunächst den entsprechenden Indikator aus und klicken Sie auf *Hinzufügen*. Sie können eine Beschreibung der Indikatorengruppe anzeigen, die aktuell in der Liste ausgewählt ist. Aktivieren Sie dazu das Kontrollkästchen *Beschreibung anzeigen* in der

Kapitel 38: Diagnose und Überwachung

unteren linken Ecke des Fensters. Wenn Sie eine andere Gruppe auswählen, wird die zugehörige Beschreibung angezeigt.

Sie können die verfügbaren Indikatoren einer Gruppe anzeigen, indem Sie auf den Abwärtspfeil rechts neben dem Gruppennamen klicken. Zum Hinzufügen einer Indikatorengruppe markieren Sie den Gruppennamen und klicken auf die Schaltfläche *Hinzufügen*.

Abbildung 38.7: Leistungsindikatoren zur Leistungsüberwachung hinzufügen

Nachdem Sie einen Gruppennamen markiert haben, können Sie die enthaltenen Leistungsindikatoren anzeigen. Markieren Sie einen Indikator in der Liste, bevor Sie auf *Hinzufügen* klicken, wird nur dieser Indikator hinzugefügt.

Sie können einen einzelnen Indikator hinzufügen, indem Sie auf den kleinen Pfeil neben dem Gruppennamen klicken, den gewünschten Indikator markieren und danach auf *Hinzufügen* klicken. Möchten Sie mehrere Indikatoren einer Gruppe auswählen, klicken Sie bei gedrückter Strg-Taste auf die Namen in der Liste. Sobald alle gewünschten Indikatoren ausgewählt sind, klicken Sie auf *Hinzufügen*.

Möchten Sie nur eine bestimmte Instanz eines Indikators hinzufügen, markieren Sie einen Gruppennamen in der Liste, wählen den gewünschten Prozess in der Liste im Bereich *Instanzen* des gewählten Objekts aus und klicken auf *Hinzufügen*. Derselbe Indikator kann von mehreren Prozessen generiert werden. Bei Auswahl einer Instanz protokolliert der Server nur die Indikatoren, die der gewählte Prozess erzeugt. Wenn Sie keine Instanz auswählen, protokolliert der Server alle Instanzen des Indikators.

Sie können nach Instanzen eines Indikators suchen, indem Sie die Indikatorengruppe markieren oder die Gruppe erweitern und den gewünschten Indikator markieren, den Prozessnamen in das Feld unterhalb der Instanzenliste für das gewählte Objekt eingeben und auf *Suchen* klicken. Der eingegebene Prozessname wird in der Dropdownliste für eine weitere Suche angeboten.

Indikatorendaten in der Leistungsüberwachung beobachten

Standardmäßig zeigt die Leistungsüberwachung die Daten in Form eines Liniendiagramms an. Abgebildet werden Daten über einen Zeitraum von zwei Minuten. Die Abtastung erfolgt von links nach rechts. Die X-Achse ist beschriftet.

Mithilfe des Diagramms lassen sich Änderungen an den Aktivitäten der einzelnen Indikatoren über einen kurzen Zeitraum beobachten. Sie können Details für einen bestimmten Indikator anzeigen, indem Sie im Diagramm mit der Maus auf die entsprechende Indikatorlinie zeigen. Mit dem Dropdownlistenfeld in der Symbolleiste können Sie die Anzeige für die aktuelle Datensammlergruppe ändern.

In der Histogrammansicht sehen Sie Daten in Echtzeit und Balkenform. In dieser Ansicht lassen sich Änderungen an den Aktivitäten der einzelnen Indikatoren beobachten. Die Berichtansicht enthält die Werte für den ausgewählten Indikator in Textform. Unter dem Ansichtsfenster befindet sich eine Legende mit Angaben zu den einzelnen Leistungsindikatoren. Über die Kontrollkästchen der einzelnen Zeilen können Sie steuern, welche Indikatoren in der Ansicht dargestellt werden.

Ist eine Zeile in der Legende ausgewählt, lässt sich die zugehörige Indikatorlinie optisch hervorheben, indem Sie auf der Symbolleiste auf die Schaltfläche *Markierung* klicken. Durch erneutes Klicken auf diese Schaltfläche wird die ursprüngliche Anzeige wiederhergestellt.

Sie können die Eigenschaften für die Anzeige eines Indikators ändern. Klicken Sie dazu mit der rechten Maustaste auf die entsprechende Zeile in der Legende und wählen Sie im Kontextmenü den Eintrag *Eigenschaften*. Daraufhin wird das Dialogfeld *Eigenschaften von Leistungsüberwachung* mit aktivierter Registerkarte *Daten* geöffnet. Passen Sie die Eigenschaften mithilfe der Einträge in den Listenfeldern an.

Mit der Schaltfläche *Anzeige fixieren* auf der Symbolleiste können Sie die Anzeige einfrieren, um die aktuelle Aktivität zu überprüfen. Wenn Sie die Anzeige wieder aktivieren möchten, klicken Sie auf die Schaltfläche *Fixierung der Anzeige aufheben*. Per Klick auf die Schaltfläche *Daten aktualisieren* kann die Anzeige schrittweise durchlaufen werden.

Halten Sie die Anzeige des Liniendiagramms an und starten sie wieder, ändert sich der auf der X-Achse dargestellte Zeitraum. Die Leistungsüberwachung arbeitet mit *Objekten*, die sich beobachten lassen. Für jedes dieser Objekte wie zum Beispiel den Prozessor gibt es eine Reihe von Leistungsindikatoren wie *Prozessorzeit* oder *Interrupts/s*. Für einzelne Objekte gibt es zudem mehrere Instanzen. Dies ist zum Beispiel beim Prozessor der Fall, wenn mit einem Multiprozessorsystem gearbeitet wird. Beim Objekt *Prozesse* wird eine Instanz für jeden aktiven Prozess definiert.

Sammlungssätze nutzen

Die Echtzeitanzeige ist nur eine Möglichkeit, die Leistungsüberwachung zu nutzen. Nachdem Sie eine Kombination aus Indikatoren zusammengestellt haben, können Sie diese als *Sammlungssätze* (Data Collector Sets, DCS) speichern. Um einen Sammlungssatz zu erstellen, beginnen Sie mit der Anzeige der Leistungsindikatoren. Erweitern Sie in der Konsole die Hierarchiestruktur, klicken Sie mit der rechten Maustaste auf *Leistungsüberwachung* und rufen Sie im Kontextmenü den Untermenübefehl *Neu/Datensammlersatz* auf.

Daraufhin wird der Assistent für die Erstellung einer neuen Datensammlergruppe gestartet. Die neue Datensammlergruppe enthält alle Indikatoren, die in der aktuellen Ansicht ausgewählt sind. Möchten Sie nicht den Standardbenutzer verwenden, klicken Sie im dritten Schritt des Assistenten auf die Schaltfläche *Ändern* und geben den Namen und das Kennwort des gewünschten Benutzers ein. Der Sammlungssatz muss unter dem Konto eines Benutzers mit Administratorrechten ausgeführt werden. Über das Kontextmenü starten Sie einen Datensammlersatz. Nach dem Beenden erstellt der Satz einen Bericht, den Sie sich im Server-Manager anzeigen lassen können.

Ein Sammlungssatz erstellt eine Protokolldatei. Diese können Sie nach dem Beenden über den Bereich *Datensammlersätze/Benutzerdefiniert* aufrufen. Sie haben die Möglichkeit, für jeden Satz Speicheroptionen zu konfigurieren. Klicken Sie in der Liste des Fensters mit der rechten Maustaste auf den Namen des Sammlungssatzes und wählen Sie im Kontextmenü den Eintrag *Eigenschaften*.

Auf der Registerkarte *Allgemein* können Sie eine Beschreibung oder Schlüsselwörter für die Datensammlergruppe eingeben. Auf der Registerkarte *Verzeichnis* ist der Stammordner als Standardordner festgelegt, in dem alle Protokolldateien für die Datensammlergruppe gespeichert sind. Mit *Zeitplan* geben Sie an, wann mit der Datensammlung begonnen wird.

Auf der Registerkarte *Stoppbedingung* können Sie Kriterien für Bedingungen angeben, bei denen die Datensammlung angehalten wird. Wenn Sie auf der Registerkarte *Zeitplan* ein Ablaufdatum festgelegt haben, das nach einer auf der Registerkarte *Stoppbedingung* definierten Bedingung liegt, hat die Stoppbedingung Vorrang.

Speicherengpässe beheben

Performanceprobleme können eine Reihe unterschiedlicher Ursachen haben. Ein Problem bei der Performanceanalyse ist, dass die Beseitigung eines Engpasses oft zum nächsten Engpass führt. Dafür gibt es viele Beispiele. Wenn mehr Speicher bereitsteht, zeigt sich oft, dass auch die Prozessorauslastung bereits an der Kapazitätsgrenze ist. Es gibt nun einige grundsätzliche Regeln für den Einsatz von Hauptspeicher. Die erste Regel lautet: Viel hilft viel, sowohl beim Hauptspeicher als auch beim Cache.

Die zweite Regel besagt, dass die Auslagerungsdatei am besten auf einer anderen physischen Festplatte als der Systempartition, den Datenbankdateien und den Transaktionsprotokollen aufgehoben ist.

Im Ressourcenmonitor sehen Sie auf der Registerkarte *Arbeitsspeicher* die verschiedenen laufenden Prozesse und deren verbrauchten Arbeitsspeicher. Am schnellsten starten Sie den Ressourcenmonitor durch Eingabe von »perfmon /res« im Suchfeld des Startmenüs von Windows Server 2016. Mit einem Klick auf die Spalte *Arbeitssatz* lassen Sie sich den Arbeitsspeicherverbrauch der Prozesse sortiert anzeigen.

Den Arbeitsspeicher mit der Leistungsüberwachung optimieren und überwachen

Die Überwachung des Arbeitsspeichers führen Sie am besten mit der Leistungsüberwachung durch. Auf Servern bieten sich folgende Leistungsindikatoren an:

- **Arbeitsspeicher: Verfügbare Bytes** – Gibt an, wie viele Bytes an Arbeitsspeicher derzeit für die Verwendung durch Prozesse verfügbar sind. Niedrige Werte können ein Anzeichen dafür sein, dass insgesamt zu wenig Arbeitsspeicher auf dem Server vorhanden ist oder dass eine Anwendung keinen Arbeitsspeicher freigibt.

- **Arbeitsspeicher: Seiten/s** – Gibt die Anzahl der Seiten an, die wegen Seitenfehlern vom Datenträger gelesen oder auf den Datenträger geschrieben wurden, um Speicherplatz aufgrund von Seitenfehlern freizugeben. Ein hoher Wert kann auf überhöhte Auslagerungen hindeuten. Überwachen Sie noch *Seitenfehler/s*, um sicherzustellen, dass die Datenträgeraktivität nicht durch Auslagern verursacht wird.

Sinnvoll ist dies zum Beispiel beim Einsatz von SQL Server oder anderen Servern. Wir erläutern die Überwachung und Optimierung nachfolgend am Beispiel des Einsatzes von Microsoft SQL Server. Der Manager für virtuellen Arbeitsspeicher (VMM) entnimmt Seiten von SQL Server und anderen Prozessen, um die Größen der Arbeitsspeicherbereiche dieser Prozesse anzupassen. Um festzustellen, ob die überhöhten Auslagerungen von SQL Server oder einem anderen Prozess verursacht werden, sollten Sie *Seitenfehler/s* der SQL Server-Prozessinstanz überprüfen.

In der Standardkonfiguration werden Arbeitsspeicheranforderungen von SQL Server auf Basis der verfügbaren Systemressourcen dynamisch geändert. Wenn der SQL-Server mehr Arbeitsspeicher benötigt, wird das Betriebssystem nach der Verfügbarkeit von freiem physischen Arbeitsspeicher abgefragt. Wenn SQL Server den zugeordneten Arbeitsspeicher nicht benötigt, wird dieser für das Betriebssystem freigegeben. Sie können die Option zur dynamischen Verwendung des Arbeitsspeichers jedoch mit den Serverkonfigurationsoptionen *minservermemory* und *maxservermemory* überschreiben.

Durch Sperren von Seiten im Arbeitsspeicher können Sie die Leistung eines SQL-Servers teilweise auch nach Auslagerung von Arbeitsspeicherdaten auf die Festplatte verbessern. Die SQL Server-Option *Sperren von Seiten im Speicher* wird bei SQL Server auf ON gesetzt, wenn dem Dienstkonto der Instanz das Windows-Benutzerrecht *Lock Pages in Memory (LPIM)* erteilt wurde. Entfernen Sie zum Deaktivieren der Option *Sperren von Seiten im Speicher* für SQL Server das Benutzerrecht *Lock Pages in Memory* für das SQL Server-Startkonto. In diesem Fall kann der Server selbst die entsprechenden Seiten nicht mehr steuern, sondern das Betriebssystem übernimmt diese Aufgabe:

Erstellen Sie für die Einstellung entweder eine Gruppenrichtlinie, die Sie den SQL-Servern zuweisen, oder nehmen Sie die Einstellungen lokal auf dem Server vor:

1. Geben Sie im Suchfeld des Startmenüs den Befehl »gpedit.msc« ein.
2. Erweitern Sie *Computerkonfiguration/Windows-Einstellungen/Sicherheitseinstellungen/Lokale Richtlinien/Zuweisen von Benutzerrechten*.
3. Klicken Sie doppelt auf *Sperren von Seiten im Speicher*.
4. Entfernen Sie das Konto des SQL-Servers in diesem Bereich, wenn es angezeigt wird.

Um die Menge des von SQL Server speziell verwendeten Arbeitsspeichers zu verfolgen, überwachen Sie die folgenden Leistungsindikatoren:

- **Prozess: Arbeitsseiten** – Gibt die Menge an Arbeitsspeicher an, die ein Prozess verwendet. Wenn dieser Wert konstant unter der Menge an Arbeitsspeicher liegt, die in den Serveroptionen in den Eigenschaften des SQL-Servers festgelegt sind, haben Sie den SQL-Server so konfiguriert, dass er zu viel Arbeitsspeicher beansprucht.
- **SQLServer: Buffer-Manager: Buffer cache hit ratio** – Eine Rate von 90 % oder höher ist hier empfohlen. Erhöhen Sie so lange Arbeitsspeicher, bis der Wert konstant über 90 % liegt. Ein Wert von über 90 % bedeutet, dass mehr als 90 % aller Datenanforderungen vom Datencache erfüllt wurden. Aktivieren Sie zur besseren Übersicht in der Windows-Leistungsüberwachung die Ansicht *Bericht*.

Eine Karte des Arbeitsspeichers mit RAMMap und VMMap anzeigen

Für die Fehleranalyse oder Leistungsmessung eines Computers kann es sinnvoll sein, die aktuelle Auslastung des Arbeitsspeichers zu kennen. Das Sysinternals-Tool RAMMap (*http://tinyurl.com/5ubp8wt*) zeigt die aktuelle Zuteilung des Arbeitsspeichers in einer grafischen Oberfläche an.

Mit dem Tool erkennen Sie, wie viel Arbeitsspeicher aktuell für den Kernel reserviert sind und welchen Arbeitsspeicher die Treiber des Computers verbrauchen. Auf verschiedenen Registerkarten zeigt das Tool ausführliche Informationen zum Arbeitsspeicher an:

- **Use Counts** – Zusammenfassung
- **Processes** – Prozesse
- **Priority Summary** – Priorisierte Standbylisten
- **Physical Pages** – Seitenübersicht für den kompletten Arbeitsspeicher
- **Physical Ranges** – Adressen zum Arbeitsspeicher
- **File Summary** – Dateien im Arbeitsspeicher
- **File Details** – Individuelle Seiten im Arbeitsspeicher nach Dateien sortiert

Das Tool hilft vor allem Technikern und Entwicklern dabei, zu verstehen, wie die aktuellen Windows-Versionen den Arbeitsspeicher verwalten und an die verschiedenen Anwendungen, Treiber und Prozesse verteilen.

Noch ausführlicher bezüglich der Arbeitsspeicheranalyse ist VMMap (*http://tinyurl.com/2dewoe4*). Das Tool zeigt sehr detailliert den Arbeitsspeicherverbrauch von Prozessen an. Durch die ausführlichen Filtermöglichkeiten geht VMMap bei der Analyse also wesentlich weiter als RAMMap. Beide Tools sind nicht nur für Administratoren geeignet, sondern auch für Entwickler oder Techniker, die das Aufteilen der Ressourcen genau verstehen wollen.

Über VMMap lässt sich außerdem anzeigen, ob ein Prozess Arbeitsspeicher durch den physischen Arbeitsspeicher zugewiesen bekommt oder durch Windows in die Auslagerungsdatei ausgelagert wird. VMMap listet sehr detailliert auf, welche Daten eines Programms oder eines Prozesses in welchen Bereichen des Arbeitsspeichers oder der Auslagerungsdatei liegen. Das Tool ermöglicht zusätzlich das Erstellen von Momentaufnahmen und dadurch von Vorher-Nachher-Beobachtungen.

Durch die ausführlichen Analysemöglichkeiten kann das Tool in der grafischen Oberfläche genau anzeigen, wie viel Arbeitsspeicher einzelne Funktionen in einem Prozess benötigen. Über den Menübefehl *View/String* lässt sich prüfen, welche Daten ein einzelner Speicherbereich enthält. Gescannte Ergebnisse lassen sich über das Menü *File* abspeichern.

Neben dem Standardformat von VMMap (*.mmp*), können die Daten auch im *.txt*-Format sowie als *.csv*-Datei abgespeichert werden. Mit diesen Möglichkeiten können Sie also Analysen beispielsweise mit Excel durchführen. Im Gegensatz zu RAMMap können Sie VMMap (falls erforderlich) auch unter Windows 2000, XP und Windows Server 2003 nutzen.

Eine Diagnose des Arbeitsspeichers durchführen

Häufig sind die Probleme auf einem Server auf defekten Arbeitsspeicher zurückzuführen. In Windows Server 2016 wurde daher ein spezielles Diagnoseprogramm integriert, das den Arbeitsspeicher ausführlich auf Fehler überprüft. Sie können das Tool über »mdsched« aufrufen. Es steht auch im Startmenü unter *Windows-Verwaltungsprogramme/*

Windows-Speicherdiagnose zur Verfügung und – wenn Sie den Server mit der DVD oder einem USB-Stick starten – über die *Computerreparaturoptionen*.

Sie können entweder den Server sofort neu starten und eine Diagnose durchführen oder festlegen, dass die Diagnose erst beim nächsten Systemstart durchgeführt werden soll. Während der Speicherdiagnose prüft das Programm, ob der eingebaute Arbeitsspeicher Fehler aufweist, was eine häufige Ursache für ungeklärte Abstürze ist.

Nachdem der Test abgeschlossen ist, startet der Server automatisch neu und meldet das Ergebnis über ein Symbol im Infobereich der Taskleiste. Über die Funktionstaste F1 gelangen Sie zu den Optionen der Überwachung und können verschiedene Überprüfungsmethoden auswählen und mit F10 starten. Ist der Test beendet, startet der Server automatisch wieder. Sie müssen daher nicht warten, bis der Test abgeschlossen ist, damit der Server wieder zur Verfügung steht.

Die Prozessorauslastung messen und optimieren

Auch die Prozessorleistung kann einen Flaschenhals darstellen. Zu wenig Hauptspeicher kann die Konsequenz haben, dass der Prozessor sehr stark belastet wird. Denn die Auslagerung von Seiten und viele andere Vorgänge gehen natürlich nicht spurlos am Prozessor vorbei. Er hat an der Verwaltung des Arbeitsspeichers einen relativ hohen Anteil. Da Engpässe beim Hauptspeicher typischerweise deutlich kostengünstiger zu beheben sind als solche beim Prozessor, sollte diese Situation zunächst untersucht werden.

Die Auslastung ist kein Problem, wenn sie kurzzeitig über 90 % liegt oder wenn das gelegentlich vorkommt. Zum Problem wird sie, wenn sie über längere Zeiträume in diesem Bereich liegt. Aber auch dann muss man mit der Analyse noch etwas vorsichtig sein. Bei Mehrprozessorsystemen gilt das Augenmerk vor allem den Leistungsindikatoren aus dem Objekt *System*. Dort werden Informationen von mehreren Systemkomponenten zusammengefasst.

So kann dort beispielsweise die Gesamtbelastung aller Prozessoren ermittelt werden. Ergänzend ist aber auch hier der Leistungsindikator *Prozessorzeit* des Objekts *Prozessor* von Bedeutung. Wenn viele verschiedene Prozesse ausgeführt werden, ist eine nahezu gleichmäßige Lastverteilung fast sicher. Bei einem einzelnen Prozess ist dagegen die Aufteilung in einigermaßen gleichgewichtige Threads wichtig. Ein Thread ist eine Ausführungseinheit eines Prozesses. Wenn ein Prozess mehrere Threads verwendet, können diese auf unterschiedlichen Prozessoren ausgeführt werden. Die Verteilung erfolgt entsprechend der Auslastung der einzelnen Prozessoren durch das System.

Eine hohe Zahl von Warteschlangen bedeutet, dass mehrere Threads rechenbereit sind, ihnen aber vom System noch keine Rechenzeit zugewiesen wurde. Die Faustregel für diesen Wert ist, dass er nicht allzu häufig über 2 liegen sollte. Wenn die Auslastung des Prozessors im Durchschnitt relativ gering ist, spielt dieser Wert nur eine untergeordnete Rolle.

Eine konstant hohe CPU-Nutzungsrate macht deutlich, dass der Prozessor eines Servers überlastet ist. Überwachen Sie in der Leistungsüberwachung von Windows Server 2016 den Leistungsindikator *Prozessor: Prozessorzeit (%)*. Dieser Leistungsindikator überwacht die Zeit, die die CPU zur Verarbeitung eines Threads benötigt, der sich nicht im Leerlauf befindet. Ein konstanter Status von 80 bis 90 % ist zu viel. Bei Multiprozessorsystemen sollten Sie für jeden Prozessor eine eigene Instanz dieses Leistungsindikators überwachen. Dieser Wert stellt die Summe der Prozessorzeit für einen bestimmten Prozessor dar.

Zusätzlich können Sie die Prozessornutzung aber auch über *Prozessor: Privilegierte Zeit (%)* überwachen. Dieser gibt den prozentualen Zeitanteil an der Gesamtzeit an, die der Prozessor benötigt, um Windows-Kernelbefehle, wie die Verarbeitung von E/A-Anforderungen von SQL Server, auszuführen. Sollte dieser Leistungsindikator bei hohen Werten für die Leistungsindikatoren *Physischer Datenträger* dauerhaft hoch sein, sollten Sie die Installation eines schnelleren oder effizienteren Datenträgers planen.

- **Prozessor: Benutzerzeit (%)** – Gibt den prozentualen Zeitanteil an der Gesamtzeit an, die der Prozessor benötigt, um Benutzerprozesse wie des SQL-Servers auszuführen.

- **System: Prozessor-Warteschlangenlänge** – Zählt die Threads, die auf Prozessorzeit warten. Ein Prozessorengpass entsteht, wenn die Threads eines Prozesses mehr Prozessorzyklen benötigen, als zur Verfügung stehen. Wenn viele Prozesse versuchen, Prozessorzeit zu beanspruchen, sollten Sie einen schnelleren Prozessor installieren.

Den Task-Manager als Analysewerkzeug einsetzen

Ein weiteres wichtiges Werkzeug für die Analyse der Performance ist der Windows Task-Manager. Dieser zeichnet sich dadurch aus, dass er mit sehr wenig Aufwand genutzt werden kann. Sie können den Task-Manager durch einen Klick mit der rechten Maus auf die Taskleiste über sein Kontextmenü aufrufen.

Alternativ können Sie den Task-Manager auch über das Menü aufrufen, das mit der Tastenkombination `Strg`+`Alt`+`Entf` erscheint, oder über »taskmgr« im Suchfeld des Startmenüs. Direkt lässt sich der Task-Manager über die Tastenkombination `Strg`+`⇧`+`Esc` starten. Anschließend stehen Ihnen die folgenden Registerkarten zur Verfügung:

- **Prozesse** – Gibt einen Überblick über die aktuell laufenden Anwendungen. Angezeigt wird der Status dieser Anwendungen. Darüber hinaus können Sie über das Kontextmenü der Anwendungen steuern, wie diese angezeigt werden sollen. Außerdem können Sie hier laufende Anwendungen (Tasks) beenden.

- **Leistung** – Gibt einen schnellen Überblick zum aktuellen Leistungsverbrauch des Computers. Dahinter verbirgt sich ein kleiner Systemmonitor, der die wichtigsten Informationen zur Systemauslastung in grafischer Form zur Verfügung stellt. In kleinen Fenstern wird die Auslastung der CPU und des Speichers zum aktuellen Zeitpunkt und im Zeitablauf dargestellt. Darunter findet sich eine Fülle von Informationen rund um die aktuelle Speichernutzung.

- **Benutzer** – Liefert Informationen über die aktuell gestarteten Programme der angemeldeten Benutzer auf dem Computer.

- **Details** – Hier erhalten Sie einen Überblick über die derzeit aktiven Prozesse. Dabei handelt es sich nicht nur um Anwendungen, sondern auch um die gesamten Systemdienste, die im Hintergrund ausgeführt werden. Mehr zu den Diensten sehen Sie auf der Registerkarte *Dienste*. Zu jedem dieser Prozesse werden Informationen über die Prozess-ID (PID), den aktuellen Anteil an der Nutzung der CPU, die insgesamt in dieser Arbeitssitzung konsumierte CPU-Zeit sowie die aktuelle Speichernutzung angezeigt. Gerade diese letzte Information ist von besonderem Interesse, da sie darüber informiert, in welchem Umfang Anwendungen den Hauptspeicher tatsächlich nutzen, ohne dass man komplexe Parameter überwachen muss. Auch hier können Prozesse über die entsprechende Schaltfläche wieder beendet werden. Sie sollten damit allerdings sehr vorsichtig sein, da das Beenden eines Diensts dazu führen kann, dass Ihr System nicht mehr korrekt ausgeführt wird.

- **Dienste** – Zeigt Informationen zu den Systemdiensten an.

Abbildung 38.8: Das System von Windows Server 2016 mit dem Task-Manager überwachen

Von besonderem Interesse ist dabei das Verhältnis von insgesamt zugesichertem virtuellen Speicher und dem physisch vorhandenen Hauptspeicher. Wenn mehr virtueller Speicher zugesichert ist, als im System vorhanden ist, muss auf jeden Fall ausgelagert werden. Eine optimale Systemgestaltung führt dazu, dass ausreichend physischer Hauptspeicher vorhanden ist beziehungsweise der Mittelwert des zugesicherten virtuellen Speichers zumindest nicht wesentlich über dem physischen Hauptspeicher liegt.

Laufwerke und Datenträger überwachen

In diesem Abschnitt erläutern wir Ihnen einige Tools, mit denen Sie Datenträger und Laufwerke in Windows Server 2016 optimal überwachen können. Auf diesem Weg können Sie eventuellen Problemen mit den Servern vorgreifen. Sie können aber auch mit der Windows-Leistungsüberwachung, die in diesem Kapitel an den verschiedenen Stellen behandelt wurde, die Datenträger im System überwachen.

Beispielsweise verwendet Microsoft SQL Server Aufrufe für die Windows-Betriebssystemeingabe/-ausgabe, um Lese- und Schreibvorgänge auf dem Datenträger auszuführen. SQL Server verwaltet zwar, wann und wie Datenträger-E/A ausgeführt werden, aber das

Betriebssystem führt E/A-Vorgänge aus. Das E/A-Teilsystem umfasst Systembus, Datenträgercontroller, Datenträger, CD/DVD-ROM-Laufwerk und zahlreiche andere E/A-Geräte. Die Datenträger-E/A-Vorgänge sind häufig die Ursache von Engpässen in einem System, vor allem beim Einsatz von SQL-Servern.

Die folgenden zwei Leistungsindikatoren können überwacht werden, um die Datenträgeraktivität zu bestimmen:

- **Physikalischer Datenträger: Zeit (%)** – Prozentsatz der Zeit, den der Datenträger für Lese-/Schreibaktivitäten benötigt. Wenn der Leistungsindikator einen hohen Wert besitzt, überprüfen Sie noch *Physikalischer Datenträger: Aktuelle Warteschlangenlänge*, um festzustellen, wie viele Anforderungen auf einen Datenträgerzugriff warten. Die Anzahl der wartenden E/A-Anforderungen sollte das Anderthalbfache bis Zweifache der Anzahl der Spindeln, aus denen sich der physische Datenträger zusammensetzt, nicht überschreiten. Wenn *Aktuelle Warteschlangenlänge* und *Zeit (%)* durchgängig sehr hoch sind, müssen Sie den Datenträger entlasten, weitere Datenträger einsetzen und die verschiedenen Datenbankdateien aufteilen oder einen weiteren Server hinzufügen (siehe Kapitel 5).

- **Physikalischer Datenträger: Durchschnittliche Warteschlangenlänge des Datenträgers** – Überwachen Sie den *Arbeitsspeicher: Seitenfehler/s*, um sicherzustellen, dass die Datenträgeraktivität nicht durch Auslagern verursacht wird. In diesem Fall liegt das Problem nicht am Datenträger, sondern am fehlenden Arbeitsspeicher.

Wenn Sie über mehr als eine logische Partition auf derselben Festplatte verfügen, sollten Sie statt der Leistungsindikatoren für physische Arbeitsspeicher die Leistungsindikatoren für logische Datenträger verwenden. Haben Sie die Datenträger mit hoher Lese-/Schreibaktivität festgestellt, können Sie zum Beispiel mit *Logischer Datenträger: Bytes geschrieben/s* den Fehler weiter eingrenzen.

Sie können zusätzlich die folgenden zwei Leistungsindikatoren überwachen, um den durch SQL Server-Komponenten erstellten E/A-Umfang zu ermitteln:

- *SQLServer: Buffer Manager: Page reads/sec*
- *SQLServer: Buffer Manager: Page writes/sec*

Sie können auch den Datenbankoptimierungsratgeber (DTA) im SQL Server Management Studio oder über die Eingabeaufforderung verwenden, um typische SQL Server-Arbeitsauslastungen zu analysieren.

Windows mit der Aufgabenplanung automatisieren

Die Aufgabenplanung wird durch einen eigenen Menüpunkt in der Computerverwaltung konfiguriert. Sie können die Aufgabenplanung auch über *Systemsteuerung/System und Sicherheit/Verwaltung/Aufgabenplanung* oder über das Suchfeld des Startmenüs durch Eintippen von »taskschd.msc« aufrufen. In Kapitel 35 sind wir bereits auf Möglichkeiten der Aufgabenplanung eingegangen.

Windows mit der Aufgabenplanung automatisieren

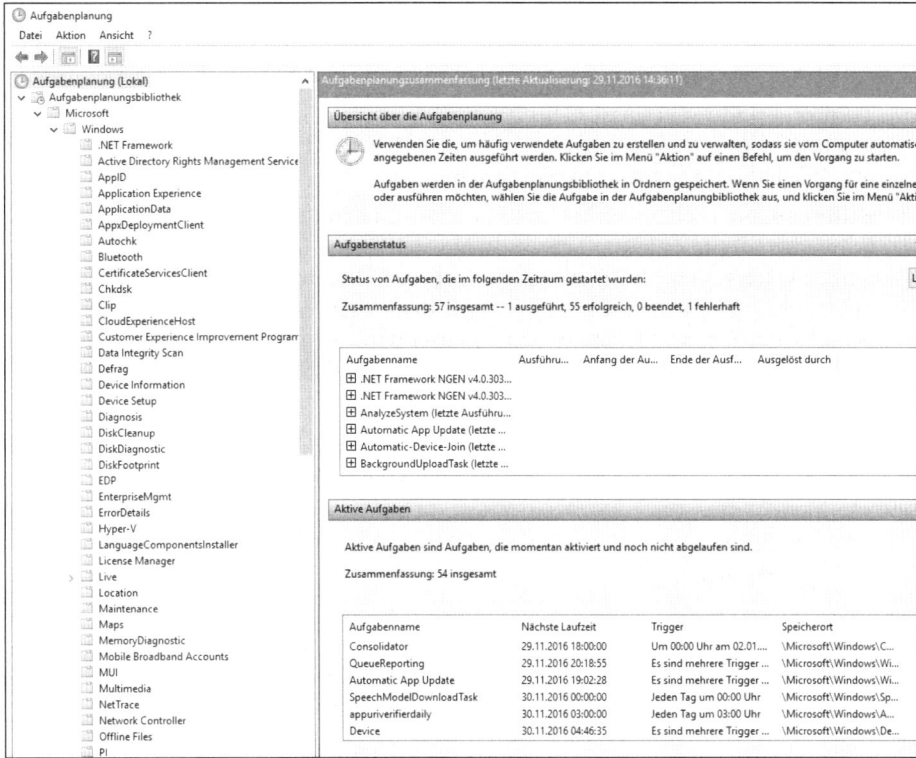

Abbildung 38.9: Die Aufgabenplanung in Windows Server 2016

Grundlagen zur Aufgabenplanung

Das Hauptfenster in der Mitte der Aufgabenplanung ist in drei Bereiche untergliedert. Sie können die einzelnen Menüs ausblenden, wenn Sie mit der Maus auf den kleinen Pfeil am Ende des Balkens klicken. Klicken Sie auf den obersten Punkt *Aufgabenplanung*, ändert sich der Inhalt des mittleren Fensters:

- **Übersicht über die Aufgabenplanung** – Hier wird ein kurzer Hilfetext angezeigt, der die Möglichkeiten des Aufgabenplaners erläutert. Da dieser Text sich nicht dynamisch ändert, können Sie diesen Bereich normalerweise ausblenden.

- **Aufgabenstatus** – Dieser Bereich zeigt alle Aufgaben an, die auch von Windows Server 2016 intern durchgeführt werden. Sie können einzelne Aufgaben anzeigen lassen und erkennen, wann diese ausgeführt wurden.

- **Aktive Aufgaben** – Hier werden alle Aufgaben angezeigt, die zwar aktiv, aber noch nicht durchgeführt sind. Hier können Sie per Doppelklick auf die einzelnen Aufgaben deren Konfiguration überprüfen und abändern. Sie sehen hier auch einige Systemaufgaben. Damit Sie die Einstellungen der Aufgabe ändern können, zum Beispiel den Zeitpunkt des Starts, können Sie im neuen Fenster, in dem die Konfiguration der Aufgabe angezeigt wird, doppelt auf die Aufgabe klicken. Es öffnet sich ein weiteres Fenster, über das Sie die Einstellungen anpassen können.

Kapitel 38: Diagnose und Überwachung

Die Einheit für Vorgänge in der Aufgabenplanung ist ein Task. Ein solcher Task besteht aus verschiedenen Startbedingungen, einschließlich Triggern, Bedingungen und Einstellungen sowie eine oder mehrere Aktionen genannte Ausführungsvorgänge:

- **Trigger** – Sind Kriteriensätze, bei deren Erfüllung ein Task ausgeführt wird. Sie können zeit- oder ereignisabhängig sein, und es können Parameter wie Startzeitpunkte und Wiederholungskriterien angegeben werden.

- **Bedingungen** – Schränken Tasks so ein, dass sie nur ausgeführt werden, wenn sich der Computer in einem bestimmten Zustand befindet. Ein Task wird nur ausgeführt, wenn ein Trigger erfüllt ist und alle für den Task definierten Bedingungen wahr sind. Beispielsweise können Sie mithilfe von Bedingungen erreichen, dass ein Programm beim Eintreten eines Ereignisses nur gestartet wird, wenn das Netzwerk verfügbar ist, oder dass eine Aktion zu einem bestimmten Zeitpunkt nur gestartet wird, wenn der Computer im Leerlauf ist.

- **Einstellungen** – Legen die Ausführungsoptionen fest. Dadurch können Sie beispielsweise angeben, wie häufig eine fehlschlagende Aktion wiederholt werden soll.

- **Aktionen** – Sind die auszuführenden Befehle, wenn die Trigger und Bedingungen erfüllt sind. Mit einer Aktion können Sie beispielsweise ein Programm starten oder eine E-Mail senden.

Wenn Sie eine Aufgabe aufgerufen haben, sehen Sie auf der rechten Seite der Managementkonsole, welche speziellen Aufgaben Sie durchführen können. Sie können zum Beispiel eine Aufgabe exportieren, um sie auf einem anderen Rechner zu importieren. Sie können Aufgaben deaktivieren, löschen oder sofort starten lassen.

Abbildung 38.10: Aufgaben verwalten

In Windows Server 2016 können Sie Tasks, die abhängig vom Auftreten von Ereignissen gestartet werden sollen, sehr einfach mit dem Taskplaner-Assistenten einrichten. Ein Administrator kann in der Ereignisanzeige einfach das als Trigger zu verwendende Ereignis auswählen und mit nur einem Klick den Taskplaner-Assistenten starten, um den Task einzurichten.

Durch die nahtlose Integration der Taskplaner-Benutzeroberfläche in die Ereignisanzeige können Sie einen durch ein Ereignis ausgelösten Task mit wenigen Mausklicks erstellen. Klicken Sie das Ereignis mit der rechten Maustaste an und wählen Sie die Option *Aufgabe an dieses Ereignis anfügen*.

Über Ereignisse hinaus unterstützt der Taskplaner von Windows Server 2016 auch weitere Triggertypen, beispielsweise Trigger, die Tasks starten, wenn der Computer startet, sich ein Benutzer anmeldet oder sich der Computer im Leerlauf befindet. Mithilfe weiterer zusätzlicher Trigger können Administratoren Tasks einrichten, die abhängig vom Sitzungsstatus gestartet werden, zum Beispiel beim Herstellen oder Trennen einer Verbindung mit einem Terminalcomputer oder beim Sperren und Entsperren einer Arbeitsstation. Mit dem Taskplaner können Sie Tasks weiterhin abhängig von Datum und Uhrzeit auslösen.

Im Taskplaner lassen sich Trigger genauer anpassen und so detailliert festlegen, wann Tasks gestartet und wie häufig sie ausgeführt werden sollen. Ein Administrator kann einem Trigger eine Verzögerung hinzufügen oder einen Task einrichten, der nach dem Auftreten des Triggers in regelmäßigen Intervallen wiederholt wird.

Für jeden Task lassen sich mehrere Bedingungen definieren. Durch Bedingungen können Sie Tasks so einschränken, dass sie nur ausgeführt werden, wenn sich der Computer in einem bestimmten Zustand befindet. Beispielsweise können Sie mit dem Taskplaner erreichen, dass ein Programm beim Eintreten eines Ereignisses nur gestartet wird, wenn das Netzwerk verfügbar ist, dass eine Aktion zu einem bestimmten Zeitpunkt nur gestartet wird, wenn der Computer im Leerlauf ist, oder dass eine Aktion beim Anmelden nur gestartet wird, wenn sich der Computer nicht im Akkubetrieb befindet.

In Windows Server 2016 können mit einem bestimmten Task mehrere Trigger verbunden werden. Beispielsweise gilt eine bestimmte Fehlerbedingung möglicherweise nur beim Auftreten von drei verschiedenen Ereignissen als erfüllt. Ein Administrator kann einfach einen Task definieren, der nur gestartet wird, wenn alle drei Ereignisse auftreten. Für Tasks können nicht nur mehrere Trigger erforderlich sein, mit einem einzelnen Task können auch mehrere Aktionen gestartet werden.

Mit dem Taskplaner müssen Sie beim aufeinanderfolgenden Ausführen von Tasks keine Vermutungen mehr anstellen. Ein Administrator muss beispielsweise immer nachts um 1.00 Uhr einen bestimmten Batchprozess ausführen und nach dessen Abschluss die Ergebnisse des Prozesses drucken. Vor Windows Server 2008 waren zum Automatisieren dieses Prozesses zwei Tasks erforderlich: ein um 1.00 Uhr gestarteter Task zum Ausführen der Batchdatei und ein zweiter Task zum Drucken der Ergebnisse. Sie mussten die Dauer zur Ausführung des Batchprozesses schätzen und den Drucktask so einrichten, dass er nach einem angemessenen Zeitraum gestartet wird.

Wenn der Batchprozess beim Starten des Druckprozesses noch nicht abgeschlossen war (oder sogar fehlschlug), wurden die Ergebnisse nicht gedruckt. Mit Windows Server 2016 ist dieses Szenario einfach zu verwalten. Ein einzelner Task kann definiert werden, mit dem der Batchprozess um 1.00 Uhr ausgeführt wird und nach dessen Abschluss die Ergebnisse gedruckt werden.

Der Taskplaner stellt die Ausführung von Tasks auch dann sicher, wenn sich ein Computer zum geplanten Zeitpunkt im Standbymodus befindet. Durch diese Funktionalität, durch die der Taskplaner einen Computer zum Ausführen eines Tasks aus dem Standbymodus oder Ruhezustand reaktivieren kann, können Sie die Vorteile der verbesserten Stromsparmodi von Windows Server 2016 nutzen, ohne darauf achten zu müssen, ob wichtige Tasks pünktlich ausgeführt werden.

Neben dem Reaktivieren eines Computers zum Ausführen eines Tasks können Sie nun durch eine Option festlegen, dass ein Task ausgeführt wird, sobald der Computer verfügbar ist. Wenn Sie diese Option aktivieren und der geplante Ausführungszeitpunkt eines Tasks nicht eingehalten wurde, wird der Task beim nächsten Einschalten des Computers vom Taskplaner ausgeführt.

Für Administratoren, die statt mit der grafischen Oberfläche bevorzugt mit der Eingabeaufforderung arbeiten, wurde das Befehlszeilentool Schtasks so erweitert, dass es auch die in Windows Server 2016 neu hinzugekommenen Funktionen umfasst.

Eine neue Aufgabe erstellen

Um eine manuelle Aufgabe zu erstellen, stehen Ihnen drei Möglichkeiten zur Verfügung. Nachdem Sie die Aufgabenplanung gestartet haben, werden auf der rechten Seite die Aktionen angezeigt, die Sie durchführen können. Um eine neue Aufgabe zu erstellen, gibt es drei Möglichkeiten:

- **Einfache Aufgabe erstellen** – Mithilfe dieser Aktion wird ein Assistent gestartet, der Sie bei der Erstellung einer neuen Aufgabe unterstützt.

- **Aufgabe erstellen** – Wenn Sie diese Aktion auswählen, öffnet sich ein Aufgabenfenster, in dem Sie auf verschiedenen Registerkarten ohne Unterstützung von Assistenten die Aufgabe konfigurieren können.

- **Aufgabe importieren** – Mit dieser Option können Sie Aufgaben importieren, die Sie vorher auf demselben PC oder einem anderen Computer exportiert haben.

Wenn Sie den Assistenten zum Erstellen einfacher Aufgaben starten, können Sie zunächst die Bezeichnung der Aufgaben sowie deren Beschreibung festlegen. Auf der nächsten Seite des Assistenten bestimmen Sie, wann diese Aufgabe durchgeführt werden soll.

Abbildung 38.11: Den Aufgabentrigger definieren

Abhängig von der Auswahl des Aufgabentriggers können Sie die Ausführung der Aufgabe auf dem nächsten Fenster detailliert spezifizieren. Haben Sie beispielsweise die tägliche Ausführung einer Aufgabe definiert, können Sie auf der nächsten Seite festlegen, zu welcher Uhrzeit sie durchgeführt werden soll.

Als Nächstes legen Sie fest, welche Aktion diese Aufgabe durchführen soll. Sie können entweder ein Programm starten, was die häufigste Aufgabe ist, aber auch eine E-Mail schicken oder eine Meldung anzeigen lassen. Als ausführbares Programm können Sie zum Beispiel auch eine Batchdatei starten lassen.

Auf der nächsten Seite des Assistenten wird Ihnen nochmals eine Zusammenfassung angezeigt. Sie können sich nach der Fertigstellung die Eigenschaften der Aufgabe anzeigen lassen und alle Werte anpassen, wenn Sie nachträglich Änderungen vornehmen wollen.

Nachdem Sie die Aufgabe erstellt haben, wird diese bei den aktiven Aufgaben angezeigt. Sie können auf eine dieser Aufgaben doppelklicken, um das zugehörige Konfigurationsfenster zu öffnen. Hier lässt sich die Aufgabe konfigurieren oder sofort starten. An dieser Stelle können Aufgaben auch gelöscht oder lediglich deaktiviert werden.

Tipp   Erstellen Sie eine neue geplante Aufgabe in Windows, können Sie auch PowerShell-Skripts hinterlegen. Dazu müssen Sie die PowerShell als ausführende Datei hinterlegen und anschließend noch die folgende Syntax verwenden:

Als *Aktion* legen Sie bei *Programm/Skript* den Befehl »powershell.exe« fest. Bei *Argumente hinzufügen* tragen Sie die folgende Zeile ein:

-Command "&<Pfad, in dem sich das Skript befindet"

Prozesse und Dienste überwachen

Der folgende Abschnitt geht vor allem auf Tools ein, mit denen Sie die laufenden Prozesse auf dem Computer überwachen und anzeigen lassen können. Insbesondere bei der Systemdiagnose sind die folgenden Tools nützlich.

Das Dateisystem, die Registry und Prozesse überwachen

Mit dem Sysinternals-Tool Process Monitor (*http://tinyurl.com/brhnllz*) können Sie in einer grafischen Oberfläche ausführlich und in Echtzeit alle Aktivitäten im Dateisystem, der Registry und der Prozesse/Threads überwachen und farblich markieren. Über Schaltflächen aktivieren Sie die einzelnen Überwachungsfunktionen durch einen Klick oder schalten diese wieder aus.

Auch der Aufbau von TCP/IP-Verbindungen und den UDP-Verkehr, also den Netzwerkverkehr des Servers, lassen sich überwachen. Allerdings speichert der Process Monitor nicht den Inhalt der TCP-Pakete, sodass sich keine Daten auslesen lassen, sondern nur die reine Funktionalität des Netzwerks. Auf Wunsch kann der Process Monitor mehr Informationen zu laufenden Prozessen anzeigen, zum Beispiel die zum Prozess gehörenden .dll-Dateien. Sie können mit Filtern die Anzeige anpassen und unnötige Informationen ausblenden oder den Fokus auf spezielle Daten legen.

Abbildung 38.12: Filter für den Process Monitor definieren

Im *Tools*-Menü des Server-Managers stehen verschiedene Ansichten zur Verfügung. Das Tool kann auch den Bootvorgang von Servern überwachen, da es sehr früh startet. Alle Ergebnisse lassen sich dabei in eine Datei umleiten. Kann Windows nicht starten, lässt sich durch Analyse dieser Datei der Fehler schnell finden.

Haben Sie die Anzeige angepasst, besteht die Möglichkeit, die Daten über das Menü *File* zu speichern. Auf einem anderen Rechner können Sie die Ausgabe jederzeit über das aktuelle Fenster wieder laden und Filter setzen sowie das Ergebnis durchsuchen.

Neben der Möglichkeit, die aktuelle Ausgabe zu speichern, lassen sich über *File/Export Configuration* die Einstellungen des Tools exportieren. Die Einstellung können Sie dann auf einem anderen Rechner wieder importieren, um sie nicht neu vornehmen zu müssen. Im Menü steht dazu auch der *Import*-Befehl zur Verfügung.

Klicken Sie doppelt auf einen Eintrag, öffnet sich ein Fenster mit weiteren Informationen, die sehr detailliert die Arbeit des Prozesses und die dabei verwendeten Dateien beschreiben. Klicken Sie im Informationsfenster auf der Registerkarte *Process* oder *Stack* wiederum auf eine der beteiligten Dateien des Prozesses, können Sie von dieser Datei Informationen anzeigen lassen, zum Beispiel die Version und den Speicherort.

Prozesse und Dienste überwachen

Abbildung 38.13: Zusätzliche Informationen zu Prozessen und beteiligten Dateien anzeigen

Die Details eines Prozesses können Sie als *.csv*-Datei abspeichern, um sie später weiter zu analysieren. Wie bei *Autoruns* von Sysinternals haben Sie auch im Process Monitor die Möglichkeit, über das Kontextmenü eine Onlinesuche zum ausgewählten Prozess durchzuführen. Über das Kontextmenü können Sie einen Prozess und dessen Ausgabe auch farblich hervorheben.

Über das Kontextmenü eines Prozesses können Sie alle überwachten Vorgänge, die vor dem Prozess stattgefunden haben, ausblenden lassen, indem Sie die Option *Exclude Events Before* auswählen. Weitere Möglichkeiten im Kontextmenü sind das Einblenden nur eines einzelnen Prozesses und der Vorgänge, die dieser durchführt. Filter erstellen Sie über den Menübefehl *Filter/Filter*. Erstellen Sie komplexe Filter, können Sie diese über den Menübefehl *Filter/Save Filter* auch abspeichern und über den Menübefehl *Filter/Load Filter* jederzeit erneut aufrufen.

Wollen Sie zum Beispiel nach dem Prozess filtern, der ein bestimmtes Fenster auf dem Desktop geöffnet hat, oder ein gestartetes Programm, ziehen Sie das Fadenkreuzsymbol in der Symbolleiste des Process Monitors mit der Maus auf das Fenster, dessen Prozess Sie anzeigen wollen. Anschließend erstellt der Process Monitor automatisch einen Filter.

Wollen Sie den Speicherort einer Datei anzeigen oder im Registrierungs-Editor direkt zum ausgewählten Schlüssel wechseln, klicken Sie im Process Monitor den entsprechenden Eintrag mit der rechten Maustaste an und wählen im Kontextmenü den Eintrag *Jump To*.

Kapitel 38: Diagnose und Überwachung

Abbildung 38.14: Verschiedene Aktionen über das Kontextmenü durchführen

Mit der Tastenkombination [Strg]+[T] rufen Sie den Process Tree auf. Hier erhalten Sie eine ähnliche Ansicht wie mit dem Process Explorer und sehen gestartete Prozesse sowie deren Abhängigkeiten. Auch hier zeigt der Process Monitor – falls möglich – das Symbol der Anwendung des Prozesses an.

Klicken Sie im Process Tree mit der rechten Maustaste auf einen Tracevorgang, können Sie über das Kontextmenü und der Auswahl von *Go To Event* im Process Monitor zum aktuellen Vorgang springen, den der Prozess ausführt und den Process Monitor überwacht.

Wenn Sie Probleme mit einem Server haben und dabei Hilfe benötigen, ist oft ein gespeicherter Tracevorgang des Process Monitors notwendig. Dazu starten Sie den Process Monitor, erstellen Filter oder arbeiten mit dem Standardfilter und speichern dann den Tracevorgang mit *File/Save* ab. Anschließend erscheint ein Fenster, in dem Sie auswählen können, welches Format Sie beim Speichern verwenden und welche Events der Speichervorgang enthalten soll.

Gespeicherte Tracevorgänge können Sie mit *File/Open* wieder öffnen und bearbeiten. Wenn Sie auf einem 32-Bit-System einen Tracevorgang speichern und auf einem 64-Bit-System öffnen wollen, müssen Sie den Process Monitor (*Procmon.exe*) über die Eingabeaufforderung mit der Option */run32* starten.

Der Process Monitor speichert in der Datei nicht nur die Daten des Tracevorgangs, sondern auch den Namen des Computers, das Betriebssystem, die Anzahl der Prozessoren und den Arbeitsspeicher sowie den Systemtyp (32 Bit oder 64 Bit). Öffnen Sie einen gespeicherten Vorgang, können Sie diese Informationen über *Tools/System Details* erhalten.

Neben der Überwachung eines laufenden Systems können Sie den Process Monitor so konfigurieren, dass das Tool den Bootvorgang überwacht. Um einen solchen Vorgang auszuführen, wählen Sie im Menü *Options* den Befehl *Enable Boot Logging*.

Bei diesem Vorgang erstellt das Tool einen Treiber, der mit dem Systemstart gestartet wird. Dieser protokolliert alle Startvorgänge von Prozessen und Dienste, die vor der Benutzeranmeldung starten, und speichert die Daten im *Windows*-Ordner in der Datei *procmon.pmb*.

Prozesse und Dienste überwachen

Beim nächsten Start des Process Monitors erkennt das Tool, dass eine Protokollierung des Bootvorgangs stattgefunden hat, und öffnet die entsprechende Datei.

Bestandteil des Downloadpakets ist eine englischsprachige Hilfedatei, die den Umgang mit dem Tool detailliert erläutert. Funktioniert die Darstellung der Hilfe nicht, rufen Sie die Eigenschaften der Datei in *procmon.chm* auf. Wechseln Sie zur Registerkarte *Allgemein* und aktivieren Sie ganz unten die Schaltfläche *Zulassen*.

Laufende Prozesse analysieren

Ein wichtiges Tool für die Analyse der laufenden Prozesse auf einem Computer ist Process Explorer (*http://tinyurl.com/5umwmae*) von Sysinternals.

Der Process Explorer zeigt Prozesse in einem Fenster und darunter weitere Informationen zum aktuellen Prozess an, zum Beispiel ein aktueller Zugriff auf Ordner. Das Tool enthält wesentlich mehr Informationen als der Task-Manager in Windows. Klicken Sie auf die Messfenster im oberen Bereich, blendet der Process Explorer ein Systeminformationsfenster ein, das ähnliche Informationen enthält wie der Task-Manager, diese allerdings wesentlich umfangreicher auf verschiedenen Registerkarten darstellt.

Abbildung 38.15: Das System mit dem Process Explorer überwachen

Damit Sie alle notwendigen Daten anzeigen können, müssen Sie den Process Explorer über das Kontextmenü mit Administratorrechten starten.

Das Programm zeigt Prozesse in verschiedenen Farben an. Prozesse, die im gleichen Benutzerkontext laufen wie der Process Explorer selbst, stellt das Tool in Hellblau dar.

Kapitel 38: Diagnose und Überwachung

Pinkfarbene Prozesse sind Prozesse, die einen oder mehrere Windows-Dienste unterstützen. Eine weitere Farbe ist Violett. Damit werden Prozesse gekennzeichnet, die unter Umständen ausführbaren Code enthalten, um das System anzugreifen.

Viren und Trojaner verwenden solchen Code, um sich in das System einzuschleusen. Die Anzeige ist nicht immer korrekt, da es viele falsche Erkennungen gibt. Es schadet aber nicht, die einzelnen Prozesse zu überprüfen, zum Beispiel über das Kontextmenü mit dem Befehl *Search Online*.

Durch diese Auswahl startet der Browser und verwendet die hinterlegte Standardsuchmaschine im Internet, um nach dem Prozess zu suchen. Auf diese Weise finden Sie verschiedene Quellen und können den Prozess leicht identifizieren.

Über das Kontextmenü können Sie auch die Priorität von Prozessen erhöhen, um mehr Systemressourcen zuzuteilen oder Prozesse sowie ganze Prozessbäume zu beenden, zum Beispiel bei verdächtigen oder abgestürzten Prozessen. Wenn ein Prozess als aktives Fenster auf dem Desktop vorhanden ist, können Sie ihn über den Kontextmenübefehl *Window* anzeigen lassen oder minimieren.

Mit dem Befehl *Set Affinity* im Kontextmenü eines Prozesses können Sie festlegen, welche CPUs oder CPU-Kerne der Prozess nutzen darf. Mit dem Kontextmenübefehl *Properties* rufen Sie die Detailansicht eines Prozesses auf. Hier erhalten Sie auf verschiedenen Registerkarten ausführliche Informationen zum aktuellen Prozess und seiner ausführenden Datei angezeigt.

Auf den verschiedenen Registerkarten sehen Sie zum Beispiel die ausführende Datei oder den Verbrauch der Systemressourcen. Auf der Registerkarte *TCP/IP* werden Ihnen die Netzwerkverbindungen oder die vom aktuellen Prozess aufgerufenen Verbindungen ins Internet angezeigt.

Mit einer braunen Farbe werden Prozesse gekennzeichnet, die durch Aufgaben in Windows ausgelöst wurden. Prozesse, die .NET Framework auf dem Rechner nutzen, stellt der Process Explorer in Gelb dar. Dunkelgraue Prozesse sind aktuell pausiert, also gestartet, aber nicht aktiv.

Sie können die Farben der Anzeige anpassen. Dazu rufen Sie den Menübefehl *Options/Configure Colors* auf.

Tipp   Markieren Sie eine Zeile im Sysinternals-Tool Process Explorer, können Sie sie mit der Tastenkombination [Strg]+[C] in die Zwischenablage kopieren.

Beim Starten zeigt der Process Explorer zunächst die Standardspalten an.

Spalte	Beschreibung
Process	Hier sehen Sie die laufenden Prozesse und die Prozessbäume mit aufbauenden Prozesse. Falls möglich, blendet der Process Explorer auch das Symbol der zugeordneten Anwendung ein.
PID	Prozess-ID des Prozesses. Diese wird vom Betriebssystem zugewiesen.
CPU	Prozentuale CPU-Zeit, die der Prozess aktuell verwendet
Private Bytes	Die Anzahl an Bytes, die der Prozess benötigt und die andere Prozesse nicht mit verwenden können
Working Set	Der dem Prozess zugeteilte Arbeitsspeicher. Die Zuteilung übernimmt in Windows der Speicher-Manager.

Tabelle 38.2: Die Standardspalten im Process Explorer

Spalte	Beschreibung
Description	Beschreibung, die der Entwickler der ausführenden Datei des Prozesses beigefügt hat. Diese Informationen benötigen Administratorrechte.
Company Name	Der Entwickler des Prozesses

Tabelle 38.2: Die Standardspalten im Process Explorer (Forts.)

Sie können die Größe der Spalten anpassen und auch die Reihenfolge per Ziehen/Ablegen verändern. Wollen Sie Spalten ausblenden oder zusätzliche Spalten anzeigen, klicken Sie mit der rechten Maustaste auf eine Spaltenüberschrift und wählen im Kontextmenü den Eintrag *Select Columns*.

Anschließend können Sie auswählen, welche Spalten der Process Explorer anzeigen soll oder welche Spalten Sie ausblenden möchten. Die Sortierreihenfolge innerhalb einer Spalte können Sie anpassen, indem Sie auf die entsprechende Spaltenüberschrift klicken.

Die wichtigsten Informationen über die laufenden Prozesse sehen Sie in der ersten Spalte. Der Process Explorer ordnet die Prozesse außerdem nach ihren Abhängigkeiten an und zeigt an, welche Prozesse von anderen gestartet wurden. Diese Anzeige erreicht das Tool über einen Process Tree.

Einzelne Strukturen können Sie auch ein- und ausklappen, indem Sie auf das Minus- oder Pluszeichen klicken. Fahren Sie mit der Maus über einen Prozess, zeigt der Process Explorer den kompletten Pfad zur ausführenden Datei an.

Auf diese Weise erhalten Sie mehr Informationen zu Diensten, die die Prozesse starten. Fahren Sie mit der Maus zum Beispiel über den Eintrag *taskhost.exe*, sehen Sie die Aufgaben der Aufgabenplanung, die den aktuellen Prozess gestartet haben.

Auf diesem Weg erhalten Sie zu den einzelnen Prozessen ganz unterschiedliche Informationen über die Anwendungen, die für diesen Prozess zuständig sind. Wenn Sie zum Beispiel über den Prozess des Internet Explorers fahren, sehen Sie, welche Registerkarte im Internet Explorer aktuell von diesem Prozess genutzt wird. Der Internet Explorer öffnet für verschiedene Registerkarten (Tabs) eigene Prozesse. Fahren Sie mit der Maus über den Prozess, zeigt der Process Explorer die Beschreibung der aktuell geöffneten Internetseite an.

Ein häufiger Prozess ist *Svchost.exe*. Dieser ist in den meisten Fällen mehrmals gestartet. Die Datei *Svchost.exe* gibt es seit Windows 2000; sie liegt im *System32*-Ordner und wird beim Systemstart von Windows automatisch als allgemeiner Prozess gestartet. Der Prozess durchsucht beim Systemstart die Registry nach Diensten, die beim Systemstart geladen werden müssen. Dienste, die nicht eigenständig lauffähig sind, sondern über Dynamic Link Library(DLL)-Dateien geladen werden, werden mithilfe der *Svchost.exe* geladen.

Auch wenn Windows läuft, kommt die *Svchost.exe* immer dann ins Spiel, wenn Dienste über *.dll*-Dateien geladen werden müssen. Das Betriebssystem startet SVCHOST-Sessions, sobald sie benötigt werden, und beendet sie auch wieder, falls sie nicht mehr notwendig sind. Da unter Windows die unterschiedlichsten Dienste parallel laufen, können auch mehrere Instanzen von *Svchost.exe* gleichzeitig in der Prozessliste aufgeführt sein.

Fahren Sie mit der Maus über einen Prozess, zeigt der Process Explorer an, welche aktuellen Dienste oder Anwendungen von dieser *Svchost.exe*-Instanz abhängen.

Hinweis	Über den Befehl *Tasklist /svc* in der Eingabeaufforderung können Sie sich anzeigen lassen, welche Anwendungen auf *Svchost.exe* zurückgreifen. Alternativ können Sie die mit *Svchost.exe* verbundenen Dienste auch im Task-Manager anzeigen lassen. Gehen Sie dazu folgendermaßen vor: 1. Öffnen Sie den Task-Manager. 2. Holen Sie die Registerkarte *Details* in den Vordergrund. 3. Klicken Sie mit der rechten Maustaste auf eine Instanz von *Svchost.exe* und klicken Sie dann auf *Zu Dienst(en) wechseln*. Die dem betreffenden Prozess zugeordneten Dienste werden auf der Registerkarte *Dienste* hervorgehoben.

Rufen Sie im Process Explorer über das Kontextmenü eines Prozesses den Befehl *Properties* auf, sehen Sie auf der Registerkarte *Services*, für welche Dienste der Prozess zuständig ist (dies gilt auch für *Svchost.exe*).

In der Symbolleiste des Process Explorers sehen Sie ein Fadenkreuz. Klicken Sie mit der Maus auf das Kreuz und ziehen es auf ein Fenster im Desktop, markiert der Process Explorer automatisch den Prozess, der für dieses Fenster verantwortlich ist.

Über den Menübefehl *Options/Replace Task Manager* können Sie den Standard-Task-Manager in Windows ersetzen. Rufen Sie diesen zukünftig auf, zum Beispiel über das Kontextmenü der Taskleiste, startet direkt der Process Explorer. Auf dem gleichen Weg können Sie diese Option wieder rückgängig machen. Über den Menübefehl *View/Show Lower Pane* blenden Sie den unteren Bereich des Übersichtsfensters ein. Anschließend können Sie über den Menübefehl *View/Lower Pane View* konfigurieren, ob Sie im unteren Bereich die *.dll*-Dateien der Prozesse oder Handles anzeigen wollen.

Handles sind einfach ausgedrückt Zuteilungen des Betriebssystems, die Prozesse oder Anwendungen für Funktionen des Kernels erhalten, zum Beispiel der Zugriff auf den Arbeitsspeicher, Ein- oder Ausgabegeräte und so weiter. Da Prozesse und Anwendungen keinen direkten Zugriff auf den Kernel von Windows erhalten, sondern die benötigen Ressourcen zugeteilt bekommen, lassen sich diese Vorgänge überwachen. Benötigt der Prozess oder die Anwendung den Zugriff nicht mehr, wird das Handle wieder freigegeben, sodass andere Prozesse oder Anwendungen Zugriff auf die freigewordenen Ressourcen erhalten.

Über das Menü *Process* können Sie ausgewählte Prozesse beenden, neu starten oder ihre Eigenschaften anzeigen. Die gleichen Möglichkeiten bietet Ihnen auch das Kontextmenü.

Mit der Tastenkombination `Strg`+`F` öffnen Sie ein Suchfenster. Tragen Sie hier einen Suchbegriff ein, um anzuzeigen, welche Prozesse oder *.dll*-Dateien dem Suchbegriff entsprechen und aktuell gestartet sind. Sie sehen, ob es sich um ein Handle oder eine *.dll*-Datei handelt. Auch hier können Sie die Suchergebnisse wieder über die entsprechenden Spaltenüberschriften sortieren lassen und auch die Reihenfolge ändern. Aktivieren Sie die DLL-Ansicht, werden Ihnen alle geladenen *.dll*-Dateien eines Prozesses angezeigt.

Über das Menü *View* oder über das Symbol *System Information* in der Symbolleiste rufen Sie die Systeminformationen des Process Explorers auf.

Prozesse und Dienste überwachen

Wichtige Informationen im Blick behalten

Administratoren, die mehrere Server oder Computer von Anwendern im Netzwerk fernwarten, haben oft das Problem, dass nicht alle Informationen über den aktuell verbundenen Computer angezeigt werden, zum Beispiel die IP-Adresse, Informationen zu den Laufwerken, den Rechnernamen, die Bootzeit etc. Auch wenn Anwender eine Fernwartung benötigen, ist es hilfreich, wenn sie auf dem Desktop den Namen ihres Computers, die IP-Adresse und weitere Informationen auf einen Blick sehen. In vielen Fällen ist es also für Administratoren extrem hilfreich, wenn auf dem Desktop des ferngewarteten Computers nützliche Informationen angezeigt werden, allerdings ohne dass diese Informationen die Anwender stören.

Ein hilfreiches Tool für diese Zwecke ist BgInfo (*http://tinyurl.com/gpxu2rj*) von Sysinternals. BgInfo kann Informationen in verschiedenen Schriftgrößen, Farben und anderen Formatierungen auf dem Desktop anzeigen.

Neben vorgegebenen Feldern können Sie auch eigene Abfragen erstellen und Informationen einblenden lassen. Diese Anzeige lässt sich vorkonfigurieren, als Konfigurationsdatei abspeichern und per Skript oder Gruppenrichtlinie an Computer im Netzwerk verteilen. Das Tool verbraucht keinerlei Systemressourcen, sondern erstellt beim Start aus den gewünschten Informationen eine neue Desktopbitmap und beendet sich danach wieder. Im laufenden Betrieb ist das Tool daher nicht gestartet.

Abbildung 38.16: Informationen des Servers auf dem Desktop anzeigen

Informationen zum Computer auf dem Desktop anzeigen

Nach dem Start von BgInfo können Sie konfigurieren, welche Daten Sie zukünftig anzeigen wollen, und diese als Konfigurationsdatei abspeichern. Die Konfiguration ist sehr einfach. Im Feld *Field* sehen Sie, welche Daten Sie in das Hintergrundbild einbinden können.

Kapitel 38: Diagnose und Überwachung

Klicken Sie auf ein Feld und dann auf *<-Add*, um es einzubinden. Verfügt ein Computer über mehrere Netzwerkkarten, bindet BgInfo diese mit ihren unterschiedlichen Konfigurationen wie IP-Adressen, MAC-Adressen und weitere Daten automatisch mit ein. Über die Schaltfläche *Custom* können Sie eigene Felder definieren, indem Sie mit *New* eine neue Abfrage starten.

Sie haben im neuen Fenster die Möglichkeit, Umgebungsvariablen, einen Registrywert, eine WMI-Abfrage oder Daten einer Datei abzufragen. In den meisten Fällen ist dies aber nicht notwendig, da die Standardfelder bereits viele nützliche Informationen umfassen.

Abbildung 38.17: Eigene Felder in BgInfo definieren

Felder und Zeilen, die Sie nicht benötigen, können Sie im mittleren Fenster einfach löschen. Auch Leerzeilen können Sie wie in jeder Textverarbeitung einfügen. Einzelne Zeilen bearbeiten Sie mit den Formatierungswerkzeugen des Tools, die Sie im oberen Bereich finden. Hier können Sie die Schriftgröße und Schriftart einstellen, Farben ändern und die Ausrichtung anpassen.

Haben Sie festgelegt, welche Felder Sie anzeigen wollen, und diese formatiert, können Sie über die Schaltfläche *Background* auswählen, welches Hintergrundbild Sie mit diesen Informationen anpassen möchten. Standardmäßig verwendet BgInfo das Hintergrundbild des Desktops, das aktuell eingestellt ist.

Über die Schaltfläche *Position* bestimmen Sie, an welcher Stelle des Hintergrundbilds BgInfo die Informationen aufnehmen soll. Da das Tool auch mehrere Monitore unterstützt, können Sie festlegen, auf welchem Monitor die Informationen zu sehen sein sollen. Über das Kontrollkästchen *Compensate for Taskbar position* (Ausgleich für Taskleistenposition) legen Sie die Position so fest, dass die Taskleiste den Text nicht überdeckt.

Über die Schaltfläche *Desktops* legen Sie fest, wo BgInfo die Informationen anzeigen soll. Standardmäßig sind die Daten erst ersichtlich, wenn sich ein Anwender anmeldet. Sie können noch die Einstellung *Update this wallpaper* für die Option *Logon Desktop for Console users* aktivieren. In diesem Fall werden die ausgewählten Informationen bereits am Anmeldebildschirm angezeigt, ohne dass sich Anwender anmelden müssen. Dies ist zum Beispiel für Server sinnvoll, wenn an der Konsole kein Administrator angemeldet ist.

Klicken Sie auf *Preview*, zeigt Windows eine Vorschau der Informationen an. Um diese wieder zu deaktivieren, klicken Sie noch einmal auf *Preview*. Um die Anzeige zu übernehmen, klicken Sie auf *Apply*. Mit *OK* übernehmen Sie die Einstellungen und schließen BgInfo.

Natürlich ist es nicht sinnvoll, eine Konfiguration immer wieder neu zu erstellen oder für jeden Computer einzeln anzufertigen. Aus diesem Grund haben Sie in BgInfo auch die Möglichkeit, die von Ihnen angepassten Daten über den Menübefehl *File/Save As* als *.bgi*-Datei abzuspeichern. Sie können anschließend BgInfo so starten, dass das Tool diese *.bgi*-Datei als Konfigurationsdatei übernimmt und die ausgewählten Daten anzeigt. Dazu starten Sie BgInfo einfach mit dem Befehl:

Bginfo <Name der .bgi-Datei> /timer:0

Geben Sie keine Konfigurationsdatei an, verwendet BgInfo die Standardkonfigurationsinformationen, die in der Registrierung im Pfad HKEY_CURRENT_USER\Software\Winternals\BGInfo gespeichert sind.

Die Option */timer:0* bewirkt, dass das BgInfo-Konfigurationsfenster nicht erscheint, sondern sofort die Informationen übernommen werden. Sie können diesen Befehl in ein Anmeldeskript übernehmen und auf diese Weise auch Daten wie die Anmeldezeit oder Bootzeit des Computers erfassen. Diese Zeiten sind natürlich immer nur dann aktuell, wenn Sie BgInfo bei jedem Systemstart oder jedem Anmelden starten lassen. BgInfo aktualisiert sich niemals dynamisch, sondern verwendet immer nur die Daten, die es beim Start vorfindet. Nach der Erstellung des neuen Hintergrundbilds beendet sich BgInfo wieder. Neben Skripts können Sie BgInfo außerdem mit der Aufgabenplanung in Windows während des Systemstarts und im laufenden Betrieb ständig aktualisieren lassen. Das ergibt allerdings nur dann Sinn, wenn Sie auch Felder anzeigen lassen, deren Informationen sich im laufenden Betrieb ändern. Neben der Option */timer* stehen in BgInfo weitere Möglichkeiten zur Verfügung:

- **/popup** – Geben Sie diese Option an, zeigt BgInfo ein Popupfenster an, das die Informationen enthält. Dieses können Anwender schließen.
- **/taskbar** – Bei dieser Option blendet BgInfo ein Symbol im Infobereich der Taskleiste bei der Uhr ein. Klicken Anwender auf das Symbol, erscheinen die gewünschten Informationen genauso wie bei der Option */popup*.
- **/all** – Ändert die Daten für alle aktuell angemeldeten Benutzer (zum Beispiel auf Terminalservern). Auf diese Weise erhalten also alle angemeldeten Anwender das neue Hintergrundbild.
- **/log** – Erstellt eine Protokolldatei über die Ausführung, in die das Tool auch Fehler schreibt. Diese Option ist sinnvoll, wenn Sie das Tool im laufenden Betrieb über den Aufgabenplaner häufiger starten lassen.
- **/rtf** – Erstellt eine *.rtf*-Datei. Diese Datei enthält auch die Formatierungen und Farbe zur Protokollierung.

BgInfo als Inventur- und Überwachungstool verwenden

Über den Menübefehl *File/Database* können Sie in der Konfigurationsdatei eine Verbindung zu einer Datenbank vorgeben, um die Daten eines oder mehrerer Computer zu erfassen, zum

Beispiel für eine Inventur. In diesem Fall ändert das Tool nicht nur das Hintergrundbild, sondern erfasst die Daten in der Datenbank oder der ausgewählten Excel-Tabelle.

Auf allen Computern, die diese Konfigurationsdatei nutzen, muss die gleiche Version von MDAC- und JET-Datenbankunterstützung installiert sein. Microsoft empfiehlt mindestens die Versionen *MDAC 2.5* und *JET 4.0*. Sie können an dieser Stelle als Datenbank auch eine Excel-Tabelle verwenden (*.xls*). Die Datei muss verfügbar sein, das Tool kann selbst keine Excel-Dateien erstellen.

Wollen Sie mit BgInfo keine Hintergrundbilder ändern, sondern nur die Daten beim Systemstart abfragen und in die Datenbank oder Excel-Tabelle aufnehmen, können Sie in der Konfigurationsdatei festlegen, dass keine Änderungen stattfinden sollen. Dazu klicken Sie im Rahmen der Konfiguration auf die Schaltfläche *Desktops* und deaktivieren die Änderung der entsprechenden Desktops.

Systeminformationen in der Eingabeaufforderung anzeigen

Wollen Sie über einen bestimmten Computer Informationen in der Eingabeaufforderung anzeigen, zum Beispiel zur eingebauten Hardware oder installierten Service Packs und Betriebssystemständen, können Sie das kostenlose Sysinternals-Tool PsInfo aus der PsTools-Sammlung nutzen (*http://tinyurl.com/zc7tuup*). PsInfo kann nicht nur Daten des lokalen Computers abfragen (dazu könnten Sie zum Beispiel auch *Msinfo32* nutzen oder *Systeminfo* in der Eingabeaufforderung), sondern auch Daten von Netzwerkcomputern.

Um Daten des lokalen Systems abzufragen, rufen Sie einfach den Befehl *PsInfo* in der Eingabeaufforderung auf. PsInfo benötigt für die Abfrage von Remoteinformationen auch einen Remotezugriff auf die Registrierung des entsprechenden Computers, um Daten anzuzeigen. Das heißt, auf dem Computer muss der Systemdienst *Remoteregistrierung* gestartet sein. Außerdem muss das Benutzerkonto, mit dem Sie PsInfo ausführen, Zugriff auf den Remotecomputer haben.

Die Syntax des Tools lautet:

Psinfo [[\\Computer[,Computer[,..] | @Datei [-u Benutzer [-p Kennwort]]] [-h] [-s] [-c [-t Trennzeichen]] [Filter]

Optionen	Auswirkung
@Datei	Führt den Befehl auf allen Computern aus, die in der Textdatei angegeben sind. Schreiben Sie die einzelnen Computer jeweils in eine eigene Zeile.
-u	Benutzernamen für den Remotecomputer
-p	Kennwort für den Benutzer
-h	Liste der installierten Patches
-s	Liste der installierten Anwendungen
-d	Zeigt Informationen zu Datenträgern.
-c	Ausgabe im *.csv*-Format
-t	Legt das Trennzeichen für die Ausgabe mit *-c* fest (standardmäßig Komma).
Filter	Ausgabe nach Feldern filtern, die dem angegebenen Text entsprechen.

Tabelle 38.3: Optionen von PsInfo

Der Aufruf *Psinfo proc* zeigt zum Beispiel nur Informationen über die Prozessoren an.

Informationen zu CPU-Kernen anzeigen

Mit dem Sysinternals-Tool Coreinfo (*http://tinyurl.com/h2whvkw*) lässt sich anzeigen, welche Kerne im Computer vorhanden sind und wie diese aktuell genutzt werden. Das Tool ist vor allem nützlich, um sich den Cache des Prozessors anzeigen zu lassen. Das Tool verwendet dazu die NUMA(Non-Uniform Memory Architecture)-Daten. Hierbei handelt es sich um die Speicherstruktur, die Mehrkernprozessoren nutzen. Bei dieser Technologie hat jeder Prozessor seinen eigenen Cache, den er aber anderen Prozessoren zur Verfügung stellen kann.

Zusammenfassung

In diesem Kapitel haben wir Ihnen verschiedene Möglichkeiten in Windows Server 2016 zur Überwachung der eigenen Systemleistung aufgezeigt. Neben den Bordmitteln in Windows Server 2016 haben wir außerdem auf verschiedene Zusatztools hingewiesen, mit denen Sie Server überwachen können. Und auch die Aufgabenplanung sowie die Ereignisanzeige waren Thema dieses Kapitels.

Das nächste Kapitel beschäftigt sich mit den Windows-Bereitstellungsdiensten in Windows Server 2016.

Teil H
Bereitstellung, Verwaltung, Cloudanbindung

Kapitel 39: Windows-Bereitstellungsdienste 993
Kapitel 40: Die Windows-PowerShell 1015
Kapitel 41: Windows Server 2016 Essentials einsetzen 1061
Kapitel 42: Active Directory-Verbunddienste und Workplace Join 1069

Kapitel 39
Windows-Bereitstellungsdienste

In diesem Kapitel:

Windows Assessment and Deployment Kit (ADK)	993
Windows 10 automatisiert installieren	996
Grundlagen der Windows-Bereitstellungsdienste (WDS)	1000
Die Windows-Bereitstellungsdienste (WDS) installieren	1002
Abbilder verwalten und installieren	1006
Eine unbeaufsichtigte Installation über WDS durchführen	1012
Die Volumenaktivierungsdienste nutzen	1013
Zusammenfassung	1014

In diesem Kapitel machen wir Sie mit den Möglichkeiten vertraut, die es gibt, um Windows 10 und Windows Server 2016 zentral im Unternehmen bereitzustellen. Microsoft bietet dazu einige nützliche Tools, von denen wir das Windows Assessment and Deployment Kit herausgreifen und näher beleuchten möchten. Dieses Tool arbeitet auch problemlos mit Windows Server 2016 und den Windows-Bereitstellungsdiensten zusammen.

Windows Assessment and Deployment Kit (ADK)

Um Windows 10 im Unternehmen bereitzustellen, können Sie von der Microsoft-Website das Windows Assessment and Deployment Kit (ADK) beziehen. Dieses stellt den Nachfolger des Windows Automated Installation Kit (WAIK) dar. Das Toolkit bietet neue Werkzeuge und neue Funktionen, um Windows 10 mit seinen neuen Möglichkeiten im Unternehmen zur Verfügung zu stellen.

Microsoft stellt das ADK kostenlos zur Verfügung (*http://tinyurl.com/hpabrk9*). Das ADK unterstützt auch die Bereitstellung von Windows Server 2016.

Das Windows-Imageformat

Windows 10 arbeitet weiterhin mit dem WIM-Imageformat (Windows Imaging). Wir sind bereits in Kapitel 2 darauf eingegangen, wie Sie *.wim*-Dateien aufsplitten und anpassen. Statt eines sektorbasierten Imageformats ist das WIM-Format dateibasiert. Dies hat mehrere Vorteile: WIM ist hardwareunabhängig, Administratoren müssen also nur ein Image für verschiedene Hardwarekonfigurationen erstellen. Und mit WIM lassen sich mehrere Images in einer zentralen Datei speichern. Außerdem nutzt WIM eine Kompression und das Single-Instance-Verfahren, womit sich die Größe von Imagedateien deutlich reduziert.

Single-Instancing ist eine Technologie, bei der jede Datei nur einmal gespeichert wird. Wenn zum Beispiel die Images 1, 2 und 3 jeweils die gleiche Datei A enthalten, sorgt Single-Instancing dafür, dass Datei A nur einmal tatsächlich gespeichert wird.

WIM-Images ermöglichen die Offlinebearbeitung von Images. So können Administratoren Betriebssystemkomponenten, Patches und Treiber hinzufügen oder löschen, ohne ein neues Image erstellen zu müssen. Windows 10 stellt eine Programmierschnittstelle (API) für das WIM-Imageformat zur Verfügung, die WIMGAPI. Auch dieses Tool ist Bestandteil des ADK.

Diese API kann von Entwicklern für die Arbeit mit WIM-Imagedateien genutzt werden. In Kombination mit Windows PE lassen sich diese Images auch erweitern oder ändern, ohne dass Windows dazu komplett gestartet sein muss. So ist es etwa möglich, einen Treiber auszutauschen, ohne das Administratorenimage komplett neu erstellen zu müssen.

Windows Systemabbild-Manager, Antwortdateien und Kataloge kennenlernen

Der Windows Systemabbild-Manager (Windows System Image Manager, Windows-SIM) ist ein Tool, mit dem Administratoren auf einfache Weise Antwortdateien auf XML-Basis erstellen. Das Tool ist Bestandteil des ADK. Auch Netzwerkfreigaben lassen sich so konfigurieren, dass diese Konfigurationen zur Verteilung von Windows 10 und zusätzliche Treiber enthalten.

Die Antwortdatei enthält das Grundgerüst, das Windows für die einzelnen Konfigurationsphasen benötigt. Dadurch lassen sich Eingaben wie PC-Namen, Product Keys und weitere Eingaben in einer Datei vorgeben, sodass während der Installation keinerlei Eingaben mehr notwendig sind. Die Katalogdatei eines Image (*.clg*) enthält die Einstellungen und Pakete, die in einem Image auf WIM-Basis enthalten sind.

Auch wenn die normale Installation von Windows 10 auf einem WIM-Image basiert, finden Sie auf der Windows 10-Installations-DVD im Ordner *\sources* keine *.clg*-Dateien der verschiedenen Windows-Editionen mehr. Sie können aber Katalogdateien schnell und einfach mit dem Systemabbild-Manager erstellen. Die Standardinstallationsdatei *install.wim* finden Sie weiterhin in diesem Ordner, auch die Windows PE-Bootumgebung *boot.wim*.

WIM-Images haben als Dateityp die Bezeichnung *.wim*. In diesen Dateien ist festgelegt, welche Komponenten Windows 10 bei den einzelnen Windows 10-Editionen installiert. Windows 10-Antwortdateien speichern Sie am besten als *AutoUnattend.xml*-Datei. Beim Starten der Installation durchsucht Windows 10 standardmäßig den Stammordner von Laufwerken, auch USB-Sticks, nach einer Datei *AutoUnattend.xml* und verwendet die hinterlegten Antworten zur Installation.

Grundlagen zum Windows ADK

Das ADK enthält kostenlose Werkzeuge, mit denen Sie automatisierte Installationspakete von Windows 10 erstellen und verteilen können. Sie können mit dem ADK aber auch Windows Server 2016 sowie die Vorgängerversionen von Windows 10 und Windows Server 2016 bereitstellen. Bestandteil sind vor allem die folgenden Tools:

- Application Compatibility Toolkit (ACT) analysiert Anwendungen im Netzwerk und den einzelnen PCs auf Kompatibilität mit Windows 10. ACT benötigt eine Datenbank. Im Download des ADK ist die kostenlose Datenbank SQL Server Express Edition integriert.
- Deployment Image Servicing and Management (DISM), Windows System Image Manager (SIM), OSCDIMG, BCDBoot, DISMAPI, WIMGAPI und weitere Tools für das Erstellen von Images und Antwortdateien
- Windows Preinstallation Environment (Windows PE) zum Booten von Windows 10 und der anschließenden Installation
- User State Migration Tool (USMT) zur Übernahme der Benutzerprofile und Benutzerdaten auf den PCs. Im Gegensatz zu den anderen Tools kann das USMT auch Daten von Windows XP-Computern zu Windows 10 übernehmen.
- Volume Activation Management Tool (VAMT) dient der zentralen Verwaltung der Windows-Aktivierung.
- Windows Assessment Toolkit hilft bei der Leistungsüberwachung von Computern.
- Windows Assessment Services helfen bei der Einstellung von Images und Inventuren in Testumgebungen.

Das ADK unterstützt auch den neuen von Windows 10 verwendeten UEFI-Standard. Rufen Sie in diesem Fall OSCDIMG mit der Option *-b* auf, um *.iso*-Dateien mit dem *Efisys_noprompt.bin*-Bootsektor zu verwenden (*-bC:\Efisys_noprompt.bin*).

Die Option */s* des Tools BCDBoot verwenden Sie zum Erstellen von bootfähigen USB-Sticks oder externen Festplatten. BCDBoot kopiert Bootdateien auf die EFI-Partition.

Das Windows Assessment and Deployment Kit installieren

Wie beim früheren Windows Automated Installation Toolkit (WAIK) handelt es sich beim Windows Assessment and Deployment Kit (ADK) um eine Sammlung verschiedener Programme, die Administratoren dabei helfen sollen, Windows 10 für die automatisierte Bereitstellung vorzubereiten. Sie laden dazu zunächst die Installationsdatei von der Microsoft-Website unter *http://tinyurl.com/hpabrk9* herunter.

Kapitel 39: Windows-Bereitstellungsdienste

Die Installationsdatei lädt weitere Dateien aus dem Internet. Das ADK benötigt .NET Framework, das der Assistent aber automatisch auf dem entsprechenden Rechner installiert. Nach dem Download starten Sie die Datei *Adksetup.exe* über einen Doppelklick. Bestätigen Sie anschließend die Fenster des Assistenten und lassen Sie die Installationsdateien herunterladen.

Starten Sie die Installation, sollten Sie aber nicht die Option *Windows Assessment and Deployment Kit – Windows 10 auf diesem Computer installieren* auswählen, sondern die Option *Windows Assessment and Deployment Kit ? Windows 10 für die Installation auf einem separaten Computer herunterladen*. Das hat den Vorteil, dass das Tool die entsprechenden Dateien herunterlädt und Sie im Benutzerprofil im *Downloads*-Ordner die vollständigen Installationsdateien des ADK vorfinden. Diese können Sie dann später jederzeit wieder installieren, ohne erneut Dateien herunterladen zu müssen. Sie können die Installation aber auch direkt starten und über das Internet durchführen lassen. Auch wenn das ADK für Windows 10 ausgewiesen ist, können Sie die Installation problemlos unter Windows Server 2016 durchführen.

Das ADK lässt sich außerdem skriptbasiert über die Eingabeaufforderung installieren. Dazu verwenden Sie den folgenden Befehl:

Adksetup /quiet /installpath <Installationspfad> /features <ID1><ID2>

Um sich eine Liste aller verfügbaren IDs der verschiedenen Features anzeigen zu lassen, geben Sie in der Eingabeaufforderung den Befehl *Adksetup /list* an. Nach der Installation finden Sie die verschiedenen Programme und Tools zunächst auf der Startseite. Die Tools und Beispiele sind darüber hinaus im Ordner *C:\Programme(x86)\Windows Kits\10* zu finden.

Abbildung 39.1: Das Windows 10 ADK besteht aus verschiedenen Tools, die bei der Bereitstellung von Windows 10 helfen.

Windows 10 automatisiert installieren

Um eine Antwortdatei oder ein vorgefertigtes Bootmedium für die Installation von Windows 10 bereitzustellen, installieren Sie zunächst das Windows ADK, wie zuvor beschrieben. Im Startmenü finden Sie im Abschnitt *Windows Kits* den Eintrag *Umgebung für Bereitstellungs- und Imageerstellungstools*. Ein Klick darauf startet eine Eingabeaufforderung mit den wichtigsten Tools. Starten Sie diese am besten über die App-Leiste mit Administratorrechten.

WIM-Images mit Windows Imaging and Configuration Designer anpassen

Wenn Sie das ADK installiert haben, wählen Sie im Abschnitt *Windows Kits* des Startmenüs den Eintrag *Windows-Designer für die Imageerstellung und -konfiguration*. Über die Schaltfläche *Windows-Imageanpassung* bearbeiten Sie eine *.wim*-Datei. Diese müssen Sie zuvor aus einer *.iso*-Datei extrahieren oder von einem Windows 10-Installationsdatenträger auf den Rechner kopieren.

Abbildung 39.2: Im Windows-Designer für die Imageerstellung laden Sie WIM-Dateien, die Sie an die eigenen Anforderungen anpassen können.

Im Assistenten zur Erstellung eines angepassten Image laden Sie die gewünschte *.wim*-Datei. Auf Wunsch können Sie weitere Pakete integrieren, die Sie bereits im Vorfeld erstellt haben. Danach startet die Oberfläche zur Anpassung der *.wim*-Datei. Auf der linken Seite wählen Sie aus, welchen Bereich Sie in der *.wim*-Datei anpassen wollen. Auf der rechten Seite konfigurieren Sie die entsprechenden Einstellungen. Haben Sie alle Einstellungen vorgenommen, erstellen Sie über den Menüpunkt *Deploy* oder *Bereitstellen* eine angepasste *.wim*-Datei, die Sie zur Installation und Bereitstellung von Windows 10 verwenden können.

Außer angepasste *.wim*-Dateien zu erstellen, können Sie mit dem Windows-Designer für die Imageerstellung und -konfiguration auch Provisioning-Pakete für Windows erstellen, mit denen Sie Einstellungen auf bereits installierten Windows 10-Rechnern anpassen können. Dazu legen Sie über *Datei/Neues Projekt* ein neues Projekt an. Danach wählen Sie die

Option *Bereitstellungspaket* und dann die entsprechende Windows-Version aus. Liegt Ihnen ein Projekt vor, können Sie dieses in das neue Paket importieren. Anschließend stehen Ihnen einige Optionen auf der linken Seite zur Verfügung. Diese Einstellungen können Sie auswählen und auf der rechten Seite anpassen. Anschließend können Sie das Paket über *Export* erstellen lassen. Der Assistent hilft dabei, eine *.pkg*-Datei zu erstellen.

Um die Einstellungen, die Sie im Paket vorgenommen haben, auf den Rechnern zu verteilen, müssen Sie lediglich die *.pkg*-Datei auf dem Rechner ausführen. Sie können das manuell per Doppelklick erledigen, über den System Center Configuration Manager, in einem Anmeldeskript oder per Gruppenrichtlinie.

Windows System Image Manager nutzen

Im Windows 10 ADK ist auch der Windows System Image Manager (WSIM) dabei. Mit diesem Tool erstellen Sie Antwortdateien, mit denen Sie die Installation von Windows 10 automatisieren. Sie können auch Installationsmedien erstellen, mit denen Sie unbeaufsichtigt Windows 10 über herkömmliche Datenträger, mit dem System Center Configuration Manager oder mit den Windows-Bereitstellungsdiensten zur Verfügung stellen. Auch eine automatisierte Installation über einen USB-Stick können Sie mit dem Tool durchführen lassen. Um die automatisierte Installation durchzuführen, gehen Sie folgendermaßen vor:

1. Kopieren Sie für die Erstellung einer Antwortdatei die Datei *install.wim* von den Windows 10-Installationsdateien aus dem Verzeichnis *\sources* in ein temporäres Verzeichnis auf der Festplatte, zum Beispiel *C:\temp* oder *C:\software*.
2. Starten Sie Windows System Image Manager.
3. Öffnen Sie über *Datei/Windows-Abbild auswählen* die zuvor kopierte Datei *install.wim* auf der Festplatte.
4. Bestätigen Sie das Erstellen einer neuen Katalogdatei. Das Paket wird jetzt eingelesen und im Windows System Image Manager angezeigt. Das Erstellen des Katalogs kann einige Zeit dauern.
5. Anschließend starten Sie die Erstellung einer neuen Antwortdatei über *Datei/Neue Antwortdatei*.
6. Die Antwortdatei wird mit ihren verschiedenen Bereichen in der Mitte des Fensters angezeigt. Die Bereiche stellen die verschiedenen Phasen während der Installation von Windows 10 dar.
7. Im Bereich *Windows-Image* erweitern Sie den Knoten *Components*. Hier können Sie verschiedene Einstellungen vornehmen, um die Installation an Ihre Anforderungen anzupassen. Klicken Sie hierzu mit der rechten Maustaste auf die Komponente und wählen Sie die gewünschte Konfigurationsphase aus. So wird die Komponente der Antwortdatei in der Phase der Windows-Installation hinzugefügt.
8. Klicken Sie zum Beispiel unterhalb von *x86_Microsoft-Windows-International-Core-WinPE_...* mit der rechten Maustaste auf *SetupUILanguage* und wählen Sie *Einstellung zu Pass 1 windowsPE hinzufügen*.

Genauso gehen Sie mit allen Bereichen vor, die Sie in der Antwortdatei steuern wollen. Das können Dutzende oder Hunderte sein, abhängig davon, welche Einstellungen Sie automatisieren wollen.

Windows 10 automatisiert installieren

Abbildung 39.3: In WSIM passen Sie die Antwortdateien zur automatisierten Installation von Windows 10 an.

Anschließend füllen Sie die verschiedenen Bereiche der Antwortdatei in der Mitte mit den Daten, die für die Installation notwendig sind. Klicken Sie zum Beispiel auf *x86_Microsoft-Windows-International-Core-WinPE*. Genauso pflegen Sie jetzt alle Daten in der Antwortdatei, die Sie automatisieren wollen.

Im Anschluss überprüfen Sie die Antwortdatei über *Extras/Antwortdatei überprüfen*. Es dürfen keine Fehler erscheinen. Speichern Sie die Antwortdatei über *Datei/Antwortdatei speichern* als *AutoUnattend.xml* ab. Die Erstellung der Datei ist damit abgeschlossen. Sie können die Datei jederzeit öffnen und weiterbearbeiten.

Speichern Sie die Datei auf einem USB-Stick und verbinden Sie diesen mit dem Rechner, auf dem Sie Windows 10 mit der Datei automatisiert installieren wollen. Booten Sie vom Windows 10-USB-Stick, verwendet der Setup-Assistent die Antwortdatei zur automatisierten Installation. Sie können die Antwortdatei aber auch mit den Windows-Bereitstellungsdiensten oder in System Center Configuration Manager verwenden.

Windows 10 aktivieren

Den Stand der Aktivierung von Windows 10 sehen Sie in den Eigenschaften von *Dieser PC*. In diesem Fenster können Sie unten über den Link *Product Key ändern* einen neuen Product Key eingeben, um Windows zu aktivieren. Funktioniert die Aktivierung nicht, starten Sie eine Eingabeaufforderung mit Administratorrechten. Rufen Sie das Tool Slui auf, um die Verwaltung der Aktivierung zu starten. Über den Befehl *Slui 3* wird ein Dialogfeld geöffnet, um einen neuen Produktschlüssel einzugeben.

Der Befehl *Slui 4* öffnet die Auswahl der Aktivierungshotlines. Funktioniert die Onlineaktivierung nicht, können Sie häufig auf diesem Weg die Aktivierung durchführen. Wollen Sie sich die aktuelle Windows 10-Edition anzeigen lassen, öffnen Sie eine Eingabeaufforderung mit Administratorrechten und geben den Befehl *DISM /Online /Get-CurrentEdition* ein.

Für die Verwaltung und die Abfrage von Lizenzinformationen auf Windows 10-PCs und Windows Server 2016 stellt Microsoft das Skript *Slmgr.vbs* zur Verfügung, das Sie über die Eingabeaufforderung ebenfalls mit erhöhten administrativen Rechten starten. Das Tool kennt verschiedene Optionen:

/ato – Windows online aktivieren.

/dli – Zeigt die aktuellen Lizenzinformationen an.

/dlv – Zeigt noch mehr Lizenzdetails an.

/dlv all – Zeigt detaillierte Infos für alle installierten Lizenzen.

Möchten Sie den Status der Aktivierung anzeigen, geben Sie in der Eingabeaufforderung den Befehl *Slmgr.vbs /dli* ein. Sie können den Product Key einer Windows 10-Installation auch über eine Eingabeaufforderung anpassen, die Sie mit Administratorrechten starten:

1. Geben Sie zum Löschen des alten Product Key in der Eingabeaufforderung den Befehl *Slmgr /upk* ein. Zwar ersetzen die nächsten Punkte den vorhandenen Product Key. Allerdings funktioniert das nicht immer, wenn nicht zuvor der bisherige Key gelöscht wurde.
2. Bestätigen Sie den Löschvorgang.
3. Den neuen Product Key geben Sie dann mit *Slmgr /ipk xxxxx-xxxxx-xxxxx-xxxxx-xxxxx* ein.
4. Mit *Slmgr /ato* aktivieren Sie Windows 10.

Grundlagen der Windows-Bereitstellungsdienste (WDS)

Mit den Windows-Bereitstellungsdiensten (Windows Deployment Services, WDS) können Sie in Windows Server 2016 Arbeitsstationen auf Basis von Windows 10 oder älter automatisiert installieren lassen. Der WDS-Server muss einer bestehenden Active Directory-Domäne angehören und außerdem einen Zugang zu einem aktiven DHCP-Server haben. Der Server benötigt eine separate Partition, die mit NTFS oder ReFS formatiert ist. In dieser speichern Sie die Abbilder zur automatisierten Installation von Windows 10. Die PCs im Netzwerk booten und verbinden sich mit dem Server. Dieser kopiert dann über das Netzwerk das Image auf den Computer und führt die Installation von Windows 10 durch.

Multicastverbindung zu langsamen Clients kann ein WDS-Server automatisch trennen und so Übertragungen auf Basis der Clientgeschwindigkeit in mehrere Streams aufteilen. Außerdem wird Multicasting in Umgebungen mit IPv6 unterstützt. Mit Transportservern sind Netzwerkstarts und Datenmulticasting im Rahmen einer erweiterten Konfiguration möglich. Ein Transportserver ist ein eigenständiger Server, der WDS der PXE, also das Booten von Computern über das Netzwerk unterstützt.

Beim Verwenden eines Transportservers für Netzwerkstarts und Multicasting sind Sie nicht auf Active Directory oder DNS angewiesen. WDS unterstützen Netzwerkstarts von x64-Computern mit EFI, einschließlich Funktionen zum automatischen Hinzufügen, DHCP-Verweisen zum Weiterleiten von Clients an einen bestimmten PXE-Server sowie der Fähigkeit, Startabbilder mithilfe von Multicasting bereitzustellen. Treiberpakete lassen sich jetzt direkt in Startabbilder integrieren.

Abbilder in WDS verwalten

Sobald der WDS-Server installiert worden ist, können Abbilder hinzugefügt werden. Hier gibt es verschiedene Typen. Ein Startabbild kommt zum Einsatz, wenn auf dem Client Windows PE starten soll, um auf dieser Basis Windows 10 zu installieren.

Installationsabbilder dienen der Installation von Windows und erfordern eine Abbildgruppe. Eine Abbildgruppe ist ein Ordner, der sich unterhalb des Knotens *Installationsabbilder* befindet. Für alle Clientcomputer, die keine Unterstützung für PXE bieten, gibt es die Möglichkeit, ein Startabbild zu exportieren. Somit können auch diese Clientcomputer durch den WDS-Server bedient werden. Diese Abbilder werden Suchabbilder genannt und erhalten vor der Generierung die Information, welcher Bereitstellungsserver verwendet werden soll. Aufzeichnungsabbilder bieten eine Alternative zum Befehlszeilentool ImageX, wenn ein mit dem Dienstprogramm Sysprep vorbereitetes Abbild aufgezeichnet wird.

Beim Start eines Clients mit einem Aufzeichnungsabbild wird das Aufzeichnungsdienstprogramm der Windows-Bereitstellungsdienste aufgerufen. Es führt den Benutzer durch die erforderlichen Schritte zum Aufzeichnen und Hinzufügen eines neuen Abbilds. Das Aufzeichnungsabbild muss als Startabbild hinzugefügt werden.

Für das Booten über das Netzwerk (PXE) stellen die Bereitstellungsdienste verschiedene Network Bootstrap-Programme (NBP) zur Verfügung. Um diese auch effektiv nutzen zu können, sollten alle Clients in Active Directory bereits mit eindeutigen IDs ausgestattet sein. Nur durch diese Identifizierung anhand der GUID oder der MAC-Adresse kann das Bootverhalten der Clients durch die Zuweisung der Network Bootstrap-Programme beeinflusst werden.

Das Tool PXEboot erfordert, dass der Benutzer beim Starten des Computers die F12 -Taste drücken muss, um einen Netzwerkboot durchzuführen. Wird *PXEboot.n12* genutzt, erfolgt der Boot über das Netzwerk ohne Drücken der F12 -Taste. Das Tool AbortPXE legt fest, dass ein Computer direkt das nächstverfügbare Bootmedium nutzt. Es erfolgt kein Netzwerkboot.

Der Befehl *Wdsnbp* stellt Funktionen bereit, die zur Erkennung der Architektur und zur Verwaltung von Anfragen der Bootberechtigung benötigt werden. Es wird noch vor PXEboot geladen. Steht in der Bootreihenfolge des Rechners das Booten über Netzwerk vor dem Booten von Festplatte und wird *PXEboot.n12* genutzt, wird der Client bei jedem Hochfahren in den Netzwerkboot übergehen und nicht das eigentliche Betriebssystem laden. Dieses Verhalten lässt sich dadurch vermeiden, indem Sie *PXEboot.com* oder *AbortPXE.com* verwenden.

Windows automatisiert über WDS installieren

Ein Clientcomputer wird mit PXE im Netzwerk gestartet. Nach dem Laden des BIOS sendet das PXE-ROM auf der Netzwerkkarte eine Netzwerk-Dienstanforderung an den nächstgelegenen DHCP-Server. Mit der Anforderung sendet der Client seine GUID (Globally Unique Identifier). Der DHCP-Server erteilt dem Client ein IP-Lease mit Optionen für DNS (006), Domäne (015) und PXE-Server (060).

Als Nächstes startet das Bootimage mit Windows PE, das in den Hauptspeicher geladen wird. Über einen Eintrag in der Antwortdatei wird die Festplatte angepasst. Das Setup führt die in der Antwortdatei enthaltene Anmeldung an den WDS-Server aus. Existiert dieser Eintrag nicht, wird um eine Authentifizierung gebeten. Soll eine unbeaufsichtigte Installation durchgeführt werden, darf immer nur ein Image in der Imagegruppe existieren.

Wurde die Antwortdatei mit Informationen, wie Product Key, Sprachversion und Domänenkonto, korrekt konfiguriert, läuft die Installation völlig automatisiert ab.

Die Windows Deployment Services bieten eine effektive Möglichkeit, Windows-Betriebssysteme ohne den Einsatz von Installationsmedien zu installieren. Durch den Einsatz von Antwortdateien lässt sich die Installation automatisieren. In Kombination mit der Lite Touch Installation (LTI) beziehungsweise der Zero Touch Installation (ZTI) kann der Bereitstellungsdienste-Server, ohne viel Speicherplatz zu verbrauchen, als reines Transportmittel für die verwendeten Startabbilder verwendet werden.

Die Windows-Bereitstellungsdienste (WDS) installieren

Die Installation besteht aus der Installation der Serverrolle und der anschließenden Ersteinrichtung des Servers. Als Erstes starten Sie den Server-Manager und installieren die Rolle *Windows-Bereitstellungsdienste* über das Menü *Verwalten* (siehe Kapitel 4). Standardmäßig wird sowohl der *Bereitstellungsserver* als auch der *Transportserver* installiert. Zur Installation gehört eine Ersteinrichtung, auch Initialisierung genannt, die über die Verwaltungskonsole der Windows-Bereitstellungsdienste durchgeführt wird. Während der Installation nehmen Sie keine Einstellungen vor. Die Anpassung des Diensts wird erst nachträglich durchgeführt.

Die Windows-Bereitstellungsdienste einrichten

Öffnen Sie für die erste Einrichtung die Verwaltungskonsole der Windows-Bereitstellungsdienste über *Tools* im Server-Manager oder durch Eingabe von »wdsmgmt.msc« im Suchfeld des Startmenüs. Der Server wird angezeigt, ist aber noch mit einem Warnzeichen versehen.

Über das Kontextmenü starten Sie den Befehl *Server konfigurieren*. Es startet ein Assistent, über den Sie den WDS-Server einrichten. Auf der ersten Seite nach dem Begrüßungsfenster legen Sie den Speicherort fest, in dem die Installationsabbilder gespeichert werden. Es bietet sich an, dafür eine eigene Partition zu wählen. Statt über den Assistenten können Sie diesen Vorgang auch über die Eingabeaufforderung mit dem Befehl *Wdsutil /Initialize-Server /reminst:<Ordner>* durchführen.

Die Windows-Bereitstellungsdienste (WDS) installieren

Abbildung 39.4: Die Einrichtung der Windows-Bereitstellungsdienste erfolgt über einen Assistenten.

Auf der nächsten Seite des Assistenten legen Sie fest, auf welche Clients der PXE-Server antworten soll, wenn eine Bootabfrage an den Server gestellt wird. Aktivieren Sie die Option *Nur bekannten Clientcomputern antworten*, können nur Computer, für die in der Domäne ein Konto erstellt ist, diesen Server verwenden.

Damit der Server ordnungsgemäß Clients anbinden kann, sollten Sie am besten die Optionen *Allen Clientcomputern antworten (bekannten und unbekannten)* und, falls gewünscht, das Kontrollkästchen *Administratorgenehmigung für unbekannte Computer erforderlich machen* aktivieren.

Nach der Installation können Sie diese Einstellung auch in der WDS-Konsole in den Eigenschaften des Servers auf der Registerkarte *PXE-Antwort* konfigurieren. Anschließend ist der Server einsatzbereit für das Hinzufügen von Abbildern.

Kapitel 39: Windows-Bereitstellungsdienste

Abbildung 39.5: Über den Konfigurations-Assistent für Windows-Bereitstellungsdienste werden die PXE-Anfragen an den WDS-Server konfiguriert.

Tipp Neben der Verwaltungskonsole bieten die Windows-Bereitstellungstools auch ein Befehlszeilentool mit der Bezeichnung Wdsutil. Viele Administrationsaufgaben, zum Beispiel das Verwalten von Abbildern, lassen sich neben der grafischen Oberfläche auch mit diesem Tool durchführen.

Eine ausführliche Hilfe über die Optionen erhalten Sie mit *Wdsutil /?*. Bereits bei der Einrichtung des Servers kann über Wdsutil einiges automatisiert oder über Skripts abgewickelt werden.

Nach der ersten Einrichtung über den Assistenten können Sie in der WDS-Konsole über die Eigenschaften die Konfiguration des Servers anpassen.

Abbildung 39.6: Verwaltet werden die Windows-Bereitstellungsdienste über die WDS-Konsole.

Multicast verwenden

Multicast verwenden Sie, wenn sich nicht nur wenige Clients mit dem Bereitstellungsserver verbinden, sondern eine große Anzahl von Clients gleichzeitig. Beim Erstellen einer Multicastübertragung für ein Abbild werden die Daten nur einmal über das Netzwerk gesendet, wodurch eine deutliche Verringerung der verwendeten Netzwerkbandbreite erreicht werden kann.

Achten Sie aber darauf, dass diese Funktion von den Routern im Netzwerk unterstützt werden muss. Verwenden Sie mehrere WDS-Server im Netzwerk, müssen Sie darauf achten, dass die Multicast-IP-Adressen nicht kollidieren. Ansonsten besteht die Gefahr eines übermäßigen Datenverkehrs. Um neue Multicastübertragungen zu aktivieren, klicken Sie mit der rechten Maustaste auf den Knoten *Multicastübertragungen* und wählen im Kontextmenü den Befehl *Multicastübertragung erstellen* aus.

Anschließend geben Sie einen Namen der Übertragung ein und wählen das Installationsabbild aus, das verwendet werden soll. Interessant wird die Konfiguration auf der nächsten Seite des Assistenten, auf dem die Multicastübertragung ausführlicher konfiguriert wird.

Mit der Funktion *Cast (automatisch)* wird angegeben, dass eine Multicastübertragung des ausgewählten Abbilds beginnt, sobald von einem Client ein Installationsabbild angefordert wird. Wenn dasselbe Abbild noch von anderen Clients angefordert wird, werden auch diese in die bereits gestartete Sitzung eingebunden. Mit der Option *Cast (geplant)* werden die Startbedingungen für Multicast speziell festgelegt. Basis für diese Einstellung ist die Anzahl der Clients, die ein Abbild zu einer bestimmten Zeit anfordern. Daten werden nur dann über das Netzwerk übertragen, wenn sie von Clients angefordert werden.

Abbildung 39.7: Hier legen Sie die Bedingungen für den Start der Multicastübertragung fest.

Wenn die Übertragung als geplante Umwandlung konfiguriert, mindestens ein Client verbunden und die Übertragung noch nicht gestartet ist, können Sie mit der rechten Maustaste die Übertragung anklicken und den Befehl *Starten* wählen.

Klicken Sie mit der rechten Maustaste auf die Übertragung, kann diese beendet werden. Die Clientinstallationen werden dabei nicht gelöscht, sondern lediglich auf Unicast umgestellt. Deaktivieren Sie die Übertragung über das Kontextmenü, wird die bereits begonnene Installation von Clients fortgesetzt. Es werden jedoch keine neuen Clients in die Übertragung eingebunden. Die Übertragung wird gelöscht, nachdem die Installation aller aktuellen Clients abgeschlossen ist. Clientcomputer können auch mit dem Tool *Wdsmcast*, einem Befehlszeilentool des ADK, an einer Übertragung teilnehmen. In den Eigenschaften des Servers kann auf der Registerkarte *Netzwerkeinstellungen* das Verhalten des Servers bezüglich Multicast konfiguriert werden.

Tipp Werden im Unternehmen mehrere WDS-Server für Multicast konfiguriert, sollte in den Eigenschaften jedes Servers auf der Registerkarte *Netzwerk* ein anderer Portbereich eingestellt werden, da sich sonst Datenpakete überlappen und die Netzwerkbelastung stark ansteigt.

Abbilder verwalten und installieren

Die Installation von Clientcomputern über den WDS erfolgt über die bereits erwähnten Abbilder. Bei Startabbildern handelt es sich um Images, die lediglich Windows PE, also die Installationsumgebung des Servers, laden. Dabei kann es sich zum Beispiel um die Datei *boot.wim* aus dem Verzeichnis *\sources* der Windows 10-Installationsdateien handeln.

Installationsabbilder sind schließlich die Abbilder, über die zum Beispiel Windows 10 installiert werden kann. Dabei handelt es sich um die Datei *install.wim* aus dem Verzeichnis *\sources* der Windows 10-Installationsdateien oder ein angepasstes Abbild auf Basis einer *.wim*-Datei.

Startabbilder verwalten

Startabbilder kommen dann zum Einsatz, wenn Sie eine automatisierte Installation über Antwortdateien durchführen wollen, also wenn Anwender selbst bei der Installation den einen oder anderen Menüpunkt auswählen können.

Bei dieser Installationsmethode findet die Installation von Windows unabhängig von den Windows-Bereitstellungsdiensten über eine Antwortdatei statt. Der WDS startet dazu auf dem Client lediglich die Windows PE-Umgebung. Die weitere automatisierte Installation wird über eine Antwortdatei vorgenommen.

Um ein Startabbild hinzuzufügen, starten Sie zunächst die Verwaltungsoberfläche der WDS. Als Nächstes klicken Sie den Konsoleneintrag *Startabbilder* mit der rechten Maustaste an und wählen danach im Kontextmenü den Befehl *Startabbild hinzufügen* aus.

Sie können entweder ein eigenes Abbild erstellen, wie bereits in diesem Kapitel beschrieben, oder Sie verwenden das Standardabbild *boot.wim* aus dem Ordner *\sources* auf der Windows 10-DVD.

Dieses sollten Sie vorher auf die Festplatte des Servers kopieren. Auf der nächsten Seite sehen Sie den Namen sowie die Beschreibung des Abbilds. Bestätigen Sie die restlichen Fenster, damit das Startabbild dem Server hinzugefügt wird.

Sobald das Startabbild dem Server hinzugefügt ist, sehen Sie es in der Verwaltungskonsole als »Online«. Über das Kontextmenü können Sie das Abbild bearbeiten oder andere Abbilder aus diesem Abbild erstellen.

Über das Kontextmenü können Sie auch zusätzliche Treiber in das Startabbild hinzufügen. Startabbilder können auch über die Eingabeaufforderung mit dem folgenden Befehl hinzugefügt werden:

Wdsutil /Add-Image /ImageFile:<Pfad zur .wim-Datei> /ImageType:boot

Computer über WDS booten und Fehler beheben

Sobald die Windows-Bereitstellungsdienste installiert und konfiguriert und ein Startabbild oder Installationsabbilder hinzugefügt sind, können Computer über das Netzwerk gebootet werden und sich mit dem WDS-Server verbinden. Achten Sie darauf, dass die Netzwerkkarte des Computers PXE beherrscht und der DHCP-Server korrekt konfiguriert ist, damit eine Namensauflösung funktioniert und Clients beim Booten eine IP-Adresse erhalten.

> **Hinweis** Haben Sie WDS und DNS auf dem gleichen Server installiert, besteht die Möglichkeit, dass das Booten der Clients fehlschlägt. Das Problem liegt daran, dass der DNS-Server die Ports des WDS-Servers blockiert. Mehr Informationen zu diesem Fehler erhalten Sie auf der Internetseite *http://tinyurl.com/7js88f7*.
>
> Die Clients erhalten zwar eine IP-Adresse durch den DHCP-Server, können aber anschließend keine TFTP-Verbindung zum WDS-Server aufbauen, um Abbilder zu laden. Sie können den Fehler folgendermaßen beheben:
>
> 1. Öffnen Sie den Registrierungs-Editor und navigieren Sie zu *HKEY_LOCAL_MACHINE\System\CurrentControlSet\Services\WDSServer\Parameters*.
> 2. Öffnen Sie den Wert *UdpPortPolicy*.
> 3. Setzen Sie den Wert von *1* auf *0*.
> 4. Starten Sie den WDS-Dienst über das Kontextmenü zum Server in der WDS-Konsole neu.

Sobald sich der Computer erfolgreich mit dem WDS-Server verbindet, erhält er eine IP-Adresse zugewiesen und Windows PE wird auf diesem Computer gestartet. Nach der Bestätigung des Netzwerkbootvorgangs startet der Computer mit dem Startabbild, das auf dem Computer hinterlegt worden ist.

Installationsabbilder verwenden

Installationsabbilder sind Abbilder, über die auf Basis eines Image die Installation durchgeführt wird. Entweder erstellen Sie mit ImageX ein angepasstes Abbild, verwenden das Standardabbild *install.wim* aus dem Ordner *\sources* auf der Windows-DVD oder erstellen mit den Tools des Windows 10-ADK ein eigenes, angepasstes Abbild.

Installationsabbilder werden in Abbildgruppen zusammengefasst. Bei der Erstellung des ersten Installationsabbilds wird automatisch eine erste Abbildgruppe erstellt. Um ein Installationsabbild zu integrieren, klicken Sie in der WDS-Verwaltungskonsole mit der rechten Maustaste auf *Installationsabbilder* und wählen im Kontextmenü den Befehl *Installationsabbild hinzufügen* aus.

Im ersten Fenster wählen Sie die Abbildgruppe aus, in der Sie das Installationsabbild integrieren. Ist noch keine Abbildgruppe vorhanden, können Sie eine erstellen. Im nächsten Fenster wählen Sie die Imagedatei aus. Enthält ein Image mehrere Möglichkeiten und Windows-Editionen, legen Sie im nächsten Fenster fest, welche Edition Sie integrieren wollen. Das Installationsabbild wird in seiner Gruppe angezeigt und Sie können es nachträglich bearbeiten. Es lassen sich beliebige weitere Installationsabbilder hinzufügen, sodass bei der Betriebssystemauswahl auf dem Client weitere Optionen zur Verfügung stehen. Nach dem Hinzufügen können Sie einen Computer einrichten und das Image installieren lassen. Durch das konfigurierte Startabbild wird der Computer gebootet und durch die integrierten Installationsabbilder kann das zu installierende Betriebssystem auf dem Computer ausgewählt werden.

Diese Installation kann auch vollkommen automatisiert durchgeführt werden. Darauf kommen wir später in diesem Kapitel noch ausführlicher zurück. Über die Eingabeaufforderung wird ein Installationsabbild mit dem folgenden Befehl hinzugefügt:

Wdsutil /Add-Image /ImageFile:<Pfad> /ImageType:install /ImageGroup:<Abbildgruppe>

Mit der zusätzlichen Option */SingleImage:<Bezeichnung>* kann nur ein einzelnes Image der *.wim*-Datei ausgewählt werden.

Tipp Auf der Registerkarte *Client* in den Eigenschaften des WDS-Servers können Sie Antwortdateien hinterlegen, die die Installation automatisieren, wenn das hinterlegte WIM-Abbild nicht bereits automatisiert ist.

Suchabbilder verwenden

Suchabbilder sind Abbilder für Computer, die kein PXE-Boot über das Netzwerk beherrschen. Dazu wird ein Datenträger erstellt, mit dem der entsprechende Computer gebootet wird und sich mit dem WDS-Server verbinden kann.

Suchabbilder werden über ein Startabbild erstellt. Klicken Sie dazu das Startabbild mit der rechten Maustaste an und wählen Sie im Kontextmenü den Eintrag *Suchabbild erstellen* aus.

Es öffnet sich ein neues Fenster, über das mehrere Eingaben für das Suchabbild vorgenommen werden können. Legen Sie die Beschreibung des Abbilds fest und geben Sie den Namen und den Speicherort der zu erstellenden *.wim*-Datei an. Auch der WDS-Server, der auf Anfragen dieses Clients antworten soll, wird hier festgelegt. Achten Sie darauf, dass für Suchabbilder immer nur ein WDS-Server konfiguriert werden kann.

Haben Sie alle Daten konfiguriert, wird das Abbild mit einem Klick auf *Weiter* erstellt. Das Abbild ist allerdings nicht als bootfähige *.iso*-Datei vorhanden, sondern wird als WIM-Image erstellt. Da sich aber der Client nicht mit dem WDS-Server verbinden kann, bringt das WIM-Image des Suchabbilds an dieser Stelle nicht viel und muss daher zunächst in eine *.iso*-Datei umgewandelt werden.

Aufzeichnungsabbilder verwenden

Aufzeichnungsabbilder sind eine Alternative, ein Abbild zu erstellen. Der Unterschied ist, dass mit diesem Aufzeichnungsstartabbild der Clientcomputer über PXE gebootet wird und ein Aufzeichnungsabbild auf dem WDS-Server erstellt wird.

Aufzeichnungsabbilder werden wie Suchabbilder auf Basis von Startabbildern erstellt. Klicken Sie in der WDS-Konsole mit der rechten Maustaste auf das Startabbild, auf dessen Basis Sie das Aufzeichnungsabbild erstellen wollen, und wählen Sie *Aufzeichnungsabbild erstellen* aus. Im folgenden Fenster geben Sie den Namen sowie den Speicherort für die .*wim*-Datei des Abbilds aus.

Nachdem das Abbild erstellt ist, müssen Sie es noch als zusätzliches Startabbild hinzufügen. Gehen Sie dazu genauso vor wie beim Hinzufügen des ersten Startabbilds weiter vorne in diesem Kapitel. Sind mehrere Startabbilder konfiguriert, kann auf den Clientcomputern standardmäßig ausgewählt werden, welches verwendet werden soll.

Startet ein Computer über ein Aufzeichnungsstartabbild, erscheint der Assistent, mit dem ein Image des Computers erstellt und über das Netzwerk auf dem WDS-Server gespeichert werden kann.

Achtung Vom Assistenten zur Abbildaufzeichnung für die Windows-Bereitstellungsdienste werden nur die mithilfe von Sysprep vorbereiteten Laufwerke angezeigt.

Automatische Namensgebung für Clients konfigurieren

Clientcomputer werden bei der Installation über WDS automatisch an die Windows-Domäne angebunden und entsprechend benannt. In den Eigenschaften des Servers auf der Registerkarte *AD DS* können Sie diese Funktion konfigurieren.

Wird die Installation nicht über eine Antwortdatei gesteuert, in der auch die Namen der Computer angegeben sind, besteht die Möglichkeit, an dieser Stelle in der WDS-Konsole eine Richtlinie zu konfigurieren. Die automatische Benennungsrichtlinie basiert auf dem Namen des Benutzers, der sich am WDS zur Installation anmeldet. Dabei wird eine inkrementelle Zahl hinzugefügt, um sicherstellen, dass der Computername eindeutig ist. Über Variablen kann der Name gesteuert werden:

- **%First** – Der Vorname des Benutzers wird als Computername verwendet.
- **%Last** – Der Nachname des Benutzers wird als Computername verwendet.
- **%Username** – Der Benutzername wird als Computername verwendet.
- **%MAC** – Die MAC-Adresse der Netzwerkkarte wird als Computername verwendet.
- **%[0][n]#** – Wenn Sie die Zahl im Namen mit einer Null auffüllen möchten, geben Sie zusätzlich eine 0 an. Verwenden Sie zum Beispiel *%05#*, wird eine fünfstellige Zahl zwischen 00001 und 99999 verwendet.

Soll die Länge des Computernamens auf vier Zeichen des Nachnamens des Benutzers und einer angefügten dreistelligen Zahl begrenzt werden, geben Sie *%4Last%03#* ein. Soll der Computername aus den ersten drei Buchstaben des Vornamens des Benutzers und den ersten drei Buchstaben des Nachnamens des Benutzers und einer dreistelligen Zahl bestehen, geben Sie die Zeichenfolge *%3First%3Last%03#* ein.

Achtung	Ein Computername darf aus maximal 15 Zeichen bestehen. Mit der Standardrichtlinie sind jedoch Namen mit einer Länge von bis zu 63 Zeichen möglich. Wenn ein Name mit einer Länge von mehr als 15 Zeichen generiert wird, werden alle Zeichen abgeschnitten, die auf die ersten 15 folgen, und der Computer kann der Domäne in diesem Fall nicht beitreten.
	Im Computernamen dürfen nur Standardzeichen enthalten sein. Die zugelassenen Zeichen sind: alle Großbuchstaben (A-Z), Kleinbuchstaben (a-z), Zahlen (0-9) und der Bindestrich (-).

Berechtigungen für Abbilder verwalten

Über das Kontextmenü der Abbildgruppe erreichen Sie mit dem Menüpunkt *Sicherheit* die Berechtigungsstruktur für die enthaltenen Abbilder. Wenn die Anwender im Unternehmen selbst das Abbild auswählen, achten Sie darauf, dass sie nur Leserechte für die Abbilder erhalten.

Virtuelle Festplatten in WDS verwenden

Windows Server 2016 und Windows 10 unterstützen die direkte Einbindung von *.vhd(x)*-Festplatten in das Betriebssystem. Die beiden Betriebssysteme lassen sich sogar von virtuellen Festplatten booten (siehe Kapitel 1 und 2). WDS in Windows Server 2016 bietet die Möglichkeit, auch virtuelle Festplatten im Unternehmen bereitzustellen.

.vhd-Dateien erstellen und in WDS einbinden

.vhd-Dateien lassen sich genauso verteilen wie WIM-Images. Zur Einbindung benötigen Sie Wdsutil, da sich *.vhd*-Dateien in WDS nur über die Eingabeaufforderung einbinden lassen. Damit Sie eine *.vhd*-Datei in WDS einbinden können, muss der WDS-Server konfiguriert und mit einem Startabbild versehen sein.

Hinweis	Auf der *.vhd*-Datei darf sich nur ein Betriebssystem und nur eine Partition befinden. GPT-Datenträger werden nicht unterstützt. Für *.vhd*-Dateien müssen Sie eigene Abbildgruppen erstellen, *.wim*-Dateien und *.vhd*-Dateien lassen sich nicht vermischen.

Um ein Image zu WDS hinzuzufügen, öffnen Sie eine Eingabeaufforderung mit Administratorrechten. Sie können die Abbildgruppe für *.vhd*-Dateien auch in der Eingabeaufforderung mit Wdsutil erstellen. Verwenden Sie dazu den Befehl:

Wdsutil /Add-ImageGroup /ImageGroup:<Name>

Anschließend können Sie mit Wdsutil *.vhd*-Dateien, die ein Betriebssystem enthalten, in die Abbildgruppe integrieren:

Wdsutil /Verbose /Progress /Add-Image /ImageFile:<Pfad> /ImageType:Install /Image-Group:<Name>

Verwenden Sie differenzierende Festplatten, müssen Sie den Pfad zur differenzierenden Festplatte eingeben, nicht zur übergeordneten Festplatte. Die komplette Syntax des Befehls lautet:

Wdsutil /Add-Image /ImageFile:<Pfad zur .vhd-Datei> [/Server:<Name>] /ImageType:install [/ImageGroup:<Name>] [/Filename:<Neuer Dateiname des Images>] [/UnattendFile:<Pfad zur .xml-Datei>]

Beispiel:

Wdsutil /Verbose /Progress /Add-Image /ImageFile:"C:\vhd\Windows10.vhd" /Server:dc02 /ImageType:Install /ImageGroup:"VHD-Images"

Wollen Sie die Eigenschaften eines Image anzeigen, verwenden Sie diesen Befehl:

Wdsutil /Get-ImageGroup /ImageGroup:<Name> /Detailed

Mit dem folgenden Befehl passen Sie die Beschreibung des Image an:

Wdsutil /Set-Image /Image:<Name> /ImageType:Install /ImageGroup:<Name> /Description:<Beschreibung>

Unbeaufsichtigte Installation über eine .vhd-Datei durchführen

Mit zwei Antwortdateien können Sie über *.vhd*-Images auch unbeaufsichtigte Installationen durchführen. Eine Antwortdatei automatisiert das Benutzerinterface, die andere den Rest der Installation. Beide Dateien können Sie mit Windows SIM erstellen. Dieser Vorgang nennt sich Prestaging: Ein Computerkonto wird in Active Directory mit einer vorgegebenen GUID erstellt und dann über WDS installiert und angebunden.

Mit dem folgenden Befehl können Sie einen Client, den Sie über WDS installieren, an das erstellte Konto anbinden:

Wdsutil /Add-Device /Device:<Name> /ID:<GUID oder MAC>

Beispiel:

Wdsutil /Add-Device /Device:Client35 /ID:ACEFA3E81F20694E953EB2DAA1E8B1B6

Zusätzlich können Sie diesem Gerät eine Antwortdatei zuweisen:

Wdsutil /Set-Device /Device:<Name> /WDSClientUnattend:<Pfad zur .xml-Datei>

Beispiel:

Wdsutil /Set-Device /Device:Client35 /WDSClientUnattend:WDSClientUnattend\Unattend.xml

Bevor Computer, die Sie nicht vorbereitet haben und die daher in den WDS unbekannt sind, eine Installation über WDS durchführen können, müssen sie für den Zugriff auf WDS und Abbilder berechtigt sein.

Im Bereich *Ausstehende Geräte* sehen Sie solche Anfragen und können sie freischalten. In den Eigenschaften des WDS-Servers können Sie auch unbekannten Clients einen automatischen Zugriff gewähren. Sie steuern diese Konfiguration über die PXE-Eigenschaften des WDS-Servers. Antwortdateien lassen sich auch generell, also als Standard, für alle Clients hinterlegen, die sich mit dem Server verbinden.

Treiberpakete in WDS verwenden

In Windows Server 2016 können Sie in den WDS einzelnen Startabbildern Treiberpakete hinzuweisen, die Clients beim Starten automatisch laden. Sie steuern diese Funktion über das Kontextmenü von Startabbildern. Ein solches Paket kann aus mehreren verschiedenen Treibern bestehen und Sie können einen Filter festlegen, für welche Computer diese Treiber gültig sind. Achten Sie darauf, die Treiber zu extrahieren. Es darf sich nicht um .*msi*- oder .*exe*-Dateien handeln. Starten Sie die Erstellung eines Treiberpakets, können Sie bequem über einen Assistenten die Treiber hinzufügen.

Eine unbeaufsichtigte Installation über WDS durchführen

Erstellte Antwortdateien lassen sich für eine unbeaufsichtigte Installation von Windows auch in die Windows-Bereitstellungsdienste einbinden. Dazu muss die Antwortdatei allerdings so angepasst werden, dass die Anmeldedaten zum WDS-Server und das zu installierende Abbild angegeben werden:

1. Öffnen Sie die Antwortdatei im Windows Systemabbild-Manager.
2. Erweitern Sie im Bereich *Components* den Eintrag *x86_Microsoft-Windows-Setup_<Nummer>_neutral* oder die 64-Bit-Komponente, die mit »amd64..« beginnt.
3. Klicken Sie den Eintrag *WindowsDeploymentServices* mit der rechten Maustaste an und wählen Sie im Kontextmenü den Befehl *Einstellung zu Pass 1 windowsPE hinzufügen* aus. Damit kann dieser Eintrag für die Antwortdatei konfiguriert werden.

Nachdem Sie den Zusatz der Antwortdatei hinzugefügt haben, können Sie ihn konfigurieren. Dazu stehen verschiedene Möglichkeiten zur Verfügung, die Sie im mittleren Bereich des Fensters sehen. Um die Datei für WDS anzupassen, gehen Sie folgendermaßen vor:

1. Wählen Sie als Erstes den Eintrag *InstallImage* aus. Hier müssen verschiedene Eingaben erfolgen.

Abbildung 39.8: Mit WSIM können Sie ein Image auf Basis einer Antwortdatei auch mit einem WDS-Server verbinden.

2. Unter *Filename* tragen Sie den Dateinamen des Installationsabbilds ein, das durch diese Antwortdatei über den WDS installiert werden soll. Hier wird nicht der Name des Abbilds, sondern der Name der entsprechenden .*wim*-Datei ausgewählt. Der Dateiname kann in den Eigenschaften des Installationsabbilds auf dem WDS-Server

auf der Registerkarte *Allgemein* angezeigt werden. Es genügt, den Namen der Datei anzugeben, der Pfad wird nicht benötigt.
3. Bei *ImageGroup* wird der Name der Abbildgruppe eingegeben.
4. Bei *ImageName* geben Sie die Bezeichnung des Installationsabbilds auf dem WDS ein.
5. Als Nächstes wird der Punkt *InstallTo* in der Antwortdatei ausgewählt und die notwendigen Daten eingetragen.
6. Bei *DiskID* tragen Sie *0* ein, wenn die Installation auf der ersten Partition der ersten Festplatte durchgeführt werden soll. Hier wird die Festplatte ausgewählt.
7. Bei *PartitionID* tragen Sie *1* ein, wenn die Installation auf der ersten Partition der ersten Festplatte durchgeführt werden soll. Hier wird die Partition der ausgewählten Festplatte festgelegt.
8. Als Nächstes klicken Sie auf *Credentials*. Hier werden die Anmeldedaten für die Anbindung an den WDS hinterlegt. Die Anmeldedaten am WDS-Server werden in Klartext in der Antwortdatei abgelegt. Aus diesem Grund sollten Sie am besten einen Benutzernamen und ein Kennwort verwenden, das ausschließlich nur für die Installation über den WDS-Server verwendet wird.
9. Unter *Domain* tragen Sie den Namen der Domäne des Anwenders ein, der Zugriff auf den WDS-Server hat.
10. Unter *Password* legen Sie das Kennwort des Anwenders und unter *Username* den Benutzernamen fest.

Nachdem die Datei bearbeitet ist, kopieren Sie sie in den Ordner *WDSClientUnattend* des Remoteinstallationsordners auf dem WDS-Server. Anschließend lässt sich die Antwortdatei in den Eigenschaften auf dem WDS-Server integrieren.

Rufen Sie dazu in der WDS-Konsole die Eigenschaften des Servers auf und wechseln Sie auf die Registerkarte *Client*. Aktivieren Sie die Option *Unbeaufsichtigte Installation aktivieren* und wählen Sie die gespeicherte Antwortdatei aus.

Eine Installation über Abbilder automatisieren

Die Automatisierung der Installation können Sie nicht nur in den Eigenschaften des WDS-Servers konfigurieren, sondern auch in den Eigenschaften des Abbilds. Auch hierzu müssen Sie die Antwortdateien für die Abbilder anpassen und für WDS optimieren.

In den Eigenschaften eines Installationsabbilds können Sie auf der Registerkarte *Allgemein* die Option *Abbildinstallation im Modus für unbeaufsichtigte Installation zulassen* aktivieren. Anschließend wählen Sie die entsprechende Antwortdatei aus. Die ausgewählte Datei wird automatisch in den Ordner *\Images\<Abbildgruppe>\install\Unattend\ImageUnattend.xml* kopiert.

Die Volumenaktivierungsdienste nutzen

Wollen Sie Windows 10 und Windows Server 2016 über Volumenaktivierung zentral im Unternehmen aktivieren, können Sie die Volumenaktivierungsdienste in Windows Server 2016 nutzen. Diese installieren Sie über den Server-Manager als Serverrolle (siehe Kapitel 4). Der folgende Befehl installiert die Rolle in der PowerShell:

Install-WindowsFeature VolumeActivation

Nach der Installation müssen Sie den Rollendienst noch konfigurieren:

1. Öffnen Sie im Server-Manager das *Tools*-Menü und wählen Sie den Befehl *Volumenaktivierungstools* aus.
2. Wählen Sie auf der Seite *Volumenaktivierungsmethode auswählen* die Option *Aktivierung über Active Directory* aus. Wenn das Konto, das Sie gerade verwenden, über keine Administratorberechtigungen auf Unternehmensebene verfügt, geben Sie die Anmeldeinformationen für ein Konto mit Berechtigungen zur Erstellung eines neuen Containers auf dem Domänencontroller ein und klicken Sie anschließend auf *Weiter*.
3. Geben Sie den KMS-Hostschlüssel sowie einen optionalen Namen für das Active Directory-Objekt ein und klicken Sie danach auf *Weiter*.

Nachdem der KMS-Hostschlüssel aktiviert ist, werden Clientcomputer, die Sie der Domäne hinzufügen, automatisch aktiviert. Alle Ereignisse der Active Directory-basierten Aktivierung werden im Ereignisprotokoll der Windows-Anwendung unter der Quelle *Microsoft-Windows-Security-SPP* erfasst. Sehen Sie unter dem Ereignis 12308 nach, um die Informationen zu prüfen. Bei Clients, auf denen Windows Server 2016 oder Windows 10 ausgeführt wird, sollte die Aktivierung automatisch erfolgen, wenn der Computer das nächste Mal gestartet wird und sich der Benutzer anmeldet.

Wählen Sie *Schlüsselverwaltungsdienst (KMS)* als Aktivierungsmethode, können Sie auch ältere Systeme und Office aktivieren. Die KMS-Volumenaktivierung erfordert einen Mindestschwellenwert von 25 Computern, bevor Aktivierungsgesuche verarbeitet werden. Der hier beschriebene Überprüfungsprozess erhöht den Aktivierungszähler mit jedem Mal, wenn ein Clientcomputer den KMS-Host anruft. Wenn der Aktivierungsschwellenwert noch nicht erreicht ist, ergibt die Überprüfung jedoch eine Fehlermeldung.

Zusammenfassung

Mit den Windows-Bereitstellungsdiensten und dem Windows Assessment and Deployment Kit (ADK) lassen sich Windows 10-Arbeitsstationen und Windows Server 2016 automatisiert installieren und im Netzwerk verteilen. Wir haben Ihnen in diesem Kapitel gezeigt, wie Sie den Dienst installieren sowie einrichten und wie Sie Antwortdateien zur automatischen Installation erstellen.

Im nächsten Kapitel zeigen wir Ihnen, wie Sie mit der Windows PowerShell Server mit Windows Server 2016 verwalten.

Kapitel 40
Die Windows-PowerShell

In diesem Kapitel:
Neuerungen und Wissenswertes zur PowerShell in Windows Server 2016 1015
Grundlagen zur PowerShell und Eingabeaufforderung 1018
Ein erster Einstieg in die PowerShell und die PowerShell ISE 1020
Die grundsätzliche Funktionsweise der PowerShell 1024
Mit PowerShell Desired State Configuration Windows-Server absichern 1029
Die Windows PowerShell zur Administration verwenden 1032
PowerShell Web Access einrichten 1045
Die normale Eingabeaufforderung verwenden 1050
Batchdateien für Administratoren 1054
WMI-Abfragen nutzen 1058
Zusammenfassung 1059

Mit Windows 8.1/10 und Windows Server 2016 stellt Microsoft eine neue Version der PowerShell zur Verfügung. Diese ist standardmäßig bereits vorinstalliert.

Neuerungen und Wissenswertes zur PowerShell in Windows Server 2016

Neben den Installationen mit grafischer Benutzeroberfläche unterstützen auch Core-Server und Nano-Server in Windows Server 2016 die Cmdlets der PowerShell. Wir sind bereits in den einzelnen Kapiteln in diesem Buch auf die PowerShell eingegangen. In diesem Kapitel zeigen wir Ihnen weiterführende Informationen und steigen tiefer in den Umgang mit der PowerShell ein.

Hinweis	Es gibt viele Cmdlets, die Abfragen mit HTTP-Sitzungen verbinden können, zum Beispiel *Invoke-WebRequest* und *Invoke-RestMethod*. PowerShell bietet zusätzlich noch PowerShell Web Access. Auf diese Weise lässt sich die PowerShell auch über einen Webbrowser nutzen.
	In diesem Fall können Sie die PowerShell auch auf Geräten nutzen, auf denen sie installiert oder die nicht kompatibel zur PowerShell sind. Die komplette Sitzung läuft dazu in einem Browser. Sie können in einer solchen Sitzung eine Verbindung zu jedem anderen Server aufbauen, wenn die PowerShell-Remoteunterstützung auf dem entsprechenden Server aktiviert ist.

Auch wenn die PowerShell die bevorzugte Shell für Windows-Server und Microsoft-Produkte ist, kommt der Eingabeaufforderung (*cmd.exe*) noch einige Bedeutung zu. Microsoft hat dazu einige Verbesserungen in den zugrunde liegenden Konsolenprozess *conhost.exe* integriert und auch die Eingabeaufforderung überarbeitet, also die Funktionen, mit denen Anwender schlussendlich arbeiten, wenn sie *cmd.exe*, *bash.exe* oder *powershell.exe* aufrufen.

Die PowerShell-Standardkonsole basiert ebenfalls auf der Windows-Konsole, also der Eingabeaufforderung. Alle Konsolen bauen wiederum auf der Datei *conhost.exe* auf, die auf die beiden Bibliotheken *conhostv1.dll* und *conhostv2.dll* zugreift.

Daher spielt für die Verwaltung von Windows Server 2016, neben der PowerShell, auch die herkömmliche Windows-Konsole eine Rolle. Sowohl die PowerShell als auch die Eingabeaufforderung basieren in Windows 10 auf den gleichen Techniken wie in Windows Server 2016.

Hinweis	Ab Windows 10 Version 10 (Anniversary Update) können Sie zusätzlich noch mit Linux-Befehlen lokale Rechner verwalten. Auch dazu können Sie die Eingabeaufforderung nutzen.
	Diese Funktion müssen Sie aber zusätzlich installieren. Dazu haben die Ubuntu-Entwickler zusammen mit Microsoft die Möglichkeit geschaffen, die offizielle Ubuntu-Bash direkt in Windows 10 zu integrieren. Sobald diese installiert ist, können Sie mit dem Befehl *bash* in die Ubuntu-Shell wechseln, und zwar direkt aus jeder Sitzung der PowerShell oder der Eingabeaufforderung.

Die Maximierung des Fensters der Eingabeaufforderung und der PowerShell hat Microsoft verbessert. Maximieren Sie das Fenster der Eingabeaufforderung, wird diese in Windows 10 und Windows Server 2016 auf den kompletten Monitor ausgedehnt. Generell können Sie das Fenster mit der Maus größer und kleiner ziehen. Dabei wird der Inhalt in Windows 10 und Windows Server 2016 wesentlich besser dargestellt und passt sich dem neuen Fenster an.

Der Text im Fenster wird bei Anpassung der Eingabeaufforderung automatisch umbrochen. Sie können diese Funktion in den Eigenschaften der Eingabeaufforderung auf der Registerkarte *Layout* abschalten, indem Sie das Kontrollkästchen *Textausgabe bei Größenänderung umbrechen* deaktivieren.

Sie können auch die Snap-Funktion nutzen, wie mit herkömmlichen Programmen und Windows-Apps auch. Geben Sie lange Befehle ein oder kopieren Sie Textpassagen in die Eingabeaufforderung, verschwinden diese nicht mehr am Rand des Fensters, sondern passen sich an die Größe des Fensters an.

Tipp	Es kann teilweise passieren, dass ältere oder nicht kompatible Konsolenanwendungen nicht korrekt funktionieren. Daher hat Microsoft Optionen in die Konsole integriert, mit denen Sie die neuen Funktionen deaktivieren und das frühere Verhalten wieder einschalten können.
	Dazu rufen Sie in einem Konsolenfenster die Eigenschaften auf. Auf der Registerkarte *Optionen* können Sie alle neuen Funktionen der Konsole anpassen und auf Wunsch deaktivieren. Sollen generell alle neuen Funktionen nicht zur Verfügung stehen und die Konsole im früheren Modus bis Windows 8.1 und Windows Server 2012 R2 betrieben werden, aktivieren Sie die Option *Legacykonsole verwenden (erfordert Neustart)*.

Weitere Neuerungen in der PowerShell betreffen die mit der PowerShell 4 eingeführte Technologie Desired State Configuration (DSC). Mit dieser können Sie die Konfiguration von Computern über die PowerShell automatisieren. Hauptsächlich bietet die neue Version der PowerShell neue Optionen, um festzulegen, auf wie vielen Computern gleichzeitig Änderungen implementiert werden sollen. Mit dem Modul *PowerShellGet* können Sie DSC-Ressourcen in der PowerShell Resource Gallery (*https://msconfiggallery.cloudapp.net*) nutzen, installieren oder hochladen.

Tipp	Sie können in der PowerShell auch ZIP-Archive entpacken und erstellen. Dabei helfen die beiden neuen Cmdlets *Compress-Archive* und *Expand-Archive*.
	Das neue Cmdlet *ConvertFrom-String* bietet die Möglichkeit, Objekte direkt aus Suchergebnissen und Texten auszulesen und für Befehle zu verwenden.

Ebenfalls neu seit der PowerShell 4 ist die sogenannte Data Center Abstraction (DAL) (*http://tinyurl.com/hq69hpj*). Mit dieser Technologie können Sie direkt auf bestimmte Netzwerkkomponenten wie Switches und Router zugreifen, die allerdings von der Hardware auch unterstützt werden müssen. In diesem Bereich spielen vor allem die Hersteller Cisco und Huawei eine wichtige Rolle. Interessant ist jetzt auch die Möglichkeit, die zertifizierten Geräte über System Center Virtual Machine Manager (SCVMM) zu verwalten. Die PowerShell 5 in Windows Server 2016 bietet dazu eine Layer 2-Verwaltung für die Netzwerkswitches an. Die Befehle werden mit *Get-Command *-NetworkSwitch** angezeigt.

Entwickler wird freuen, dass mit der PowerShell auch Klassendefinitionen möglich sind. Hier können Sie mit dem neuen Schlüsselwort *class* wie in objektorientierten Sprachen eigene Klassen definieren.

Dazu ein Beispiel:

 # Definition einer Klasse

class Computer

Die Klasse *Computer* können Sie anschließend in einem PowerShell-Skript verwenden.

Kapitel 40: Die Windows-PowerShell

Grundlagen zur PowerShell und Eingabeaufforderung

Das Fenster der Eingabeaufforderung und der PowerShell ist in Windows Server 2016 größer, und die Schriftart wurde angepasst. Die Eingabeaufforderung nutzt zur Darstellung TrueType-Fonts. Sie können natürlich weiterhin gerasterte Schriftfonts nutzen, allerdings lassen sich diese nicht auf allen PCs und Monitoren skalieren. Teilweise kann es passieren, dass bei der Installation von Windows-Updates die Schriftart der Eingabeaufforderung sehr klein ist. In diesem Fall passen Sie die Größe in den Eigenschaften der Eingabeaufforderung/PowerShell auf der Registerkarte *Schriftart* Ihren Anforderungen entsprechend an.

Hinweis PowerShell-Cmdlets werden in der neuen Konsole in Gelb angezeigt, während herkömmliche Befehle weiterhin in Weiß dargestellt werden.

Die Tastenkombinationen [Strg]+[C], [Strg]+[V] und [Strg]+[X] funktionieren jetzt auch in der Eingabeaufforderung problemlos. Bis Windows 10 und Windows Server 2016 konnten Administratoren die Funktionen nicht korrekt nutzen. Sie können zum Kopieren und Einfügen von Texten aber auch weiterhin die früheren Funktionen nutzen, also mit der [Entf]-Taste Text in die Zwischenablage kopieren und mit der [Einfg]-Taste einfügen. Verwenden Sie Anwendungen, die diese Tastenkombinationen für andere Funktionen nutzen, können Sie diese Funktionen über die Eigenschaften der Eingabeaufforderungen auf der Registerkarte *Optionen* deaktivieren.

Mit den Tastenkombinationen [Strg]+[⇧]+Plus-Zeichen (+) und [Strg]+[⇧]+ Minus-Zeichen (-) können Sie die Transparenz des Fensters schrittweise anpassen.

Tipp In der Eingabeaufforderung können Sie Text mit verschiedenen Tastenkombinationen markieren. Alle Tastenkombinationen, die mit Windows 10 und Windows Server 2016 funktionieren, finden Sie auf der Seite *http://tinyurl.com/znb5ewg*. Eine besonders wichtige Taste ist die [⇆]-Taste. Mit dieser können Sie Befehle und Pfadeingaben vervollständigen und sich so einiges an Tipparbeit ersparen.

Sie können die Tastenkombinationen [Strg]+[C], [Strg]+[V] und [Strg]+[X] jetzt auch in der Eingabeaufforderung zum Kopieren und Einfügen von Texten nutzen. Auch die Kombinationen [Strg]+[A] (*Alle auswählen*) und [Strg]+[F] (*Suchen*) funktionieren hier.

Alle Erweiterungen und Module, die auf einem Server für die PowerShell installiert sind, erkennt die PowerShell und kann sie automatisch verwenden, sobald Sie ein Cmdlet eines bestimmten Moduls aufrufen. Sie müssen Module nicht mehr manuell laden.

Die neue Version zeigt auch weniger Fehlermeldungen an, wenn eine Option eines Cmdlets fehlt. Stattdessen fragt die PowerShell nach den noch fehlenden Optionen. Rufen Sie eine Hilfe zu Cmdlets auf, kann sich die PowerShell selbstständig aktualisieren. Die PowerShell bietet dazu das Cmdlet *Update-Help*, das ihre Hilfedateien aktualisieren kann. Dazu muss der Server über eine Internetverbindung verfügen. Der Befehl ruft die Hilfe direkt aus dem Internet ab.

Tipp	Das Cmdlet *Show-Command* blendet ein neues Fenster mit allen Befehlen ein, die in der PowerShell verfügbar sind. Sie können im Fenster nach Befehlen suchen und sich eine Hilfe zum Befehl sowie Beispiele anzeigen lassen.

Alle Befehle aus der normalen Eingabeaufforderung sind auch in der PowerShell verfügbar. Die Befehle werden dazu in PowerShell-Aliasse übersetzt.

Unter Windows 8.1/10 und Windows Server 2016 haben Sie den Vorteil, dass die Shell bereits in das Betriebssystem integriert und installiert ist. Die normale Eingabeaufforderung von Windows Server 2012 unterscheidet sich nicht von ihrem Pendant in Windows Server 2008 R2. Auch wenn Sie die Windows PowerShell als zusätzliche Funktion installieren, ändert sich die Eingabeaufforderung nicht, sondern Sie müssen die PowerShell über die entsprechende Verknüpfung erst starten.

Wir gehen in diesem Kapitel auf Befehle und Funktionen ein, die in den anderen Kapiteln noch nicht behandelt wurden. Die meisten neuen Serverprodukte von Microsoft bauen auf der Windows PowerShell auf und ergänzen sie um weitere Befehle. Die grafischen Oberflächen dieser Produkte dienen dann nur noch dazu, Befehle zu generieren, sogenannten Cmdlets, die durch die PowerShell ausgeführt werden.

Mit dem Befehl *Get-Help <Befehl> -Detailed* erhalten Sie eine ausführliche Hilfe zu einem Befehl, Praxisbeispiele, alle Optionen und Anleitungen. Beispiele erhalten Sie auch durch *Get-Help <Befehl> -Examples*.

Tipp	Die PowerShell starten Sie entweder über eine entsprechende Kachel im Windows-Startmenü oder Sie tippen »powershell« in einer Eingabeaufforderung ein. Innerhalb der PowerShell können Sie mit dem Befehl *Ise* die grafische Oberfläche der PowerShell starten. Mit *Cmd* gelangen Sie dann wieder in die Eingabeaufforderung zurück.

Standardmäßig blockiert die PowerShell Skripts in der PowerShell, die nicht signiert sind. Administratoren können die Ausführungsrichtlinie mit dem Cmdlet *Set-ExecutionPolicy* ändern und mit *Get-ExecutionPolicy* anzeigen. Dabei stehen folgende Einstellungen zur Verfügung:

- *Restricted* – Keine Skripts erlaubt.
- *AllSigned* – Nur signierte Skripts sind erlaubt.
- *RemoteSigned* – Bei dieser Einstellung müssen Sie Skripts durch eine Zertifizierungsstelle signieren lassen. Diese Einstellung ist die Standardeinstellung in Windows Server 2016.
- *Unrestricted* – Mit dieser Einstellung funktionieren alle Skripts.

Ein erster Einstieg in die PowerShell und die PowerShell ISE

Sie starten die PowerShell, indem Sie »powershell« im Suchfeld des Startmenüs eintippen, den entsprechenden Eintrag im Abschnitt *Windows PowerShell* des Startmenüs anklicken oder in einer Eingabeaufforderung durch Eintippen von »powershell« in die PowerShell wechseln. Außerdem lässt sich die PowerShell im Explorer über die Registerkarte *Datei* öffnen. Im zugehörigen Untermenü kann die PowerShell auch mit Administratorrechten aufgerufen werden. Die herkömmliche Eingabeaufforderung mit den bekannten Befehlen steht weiterhin zur Verfügung. Dies gilt ebenfalls für die Unterstützung von VBScript.

Weiterhin interessant ist die Oberfläche zur Erstellung von Skripts und Ausführung von Befehlen für die Windows PowerShell, das Windows PowerShell Integrated Scripting Environment (ISE). Auch dieses können Sie (als eine Möglichkeit von vielen) über das Suchfeld im Startmenü durch Eintippen von »powershell ise« aufrufen. Die grafische Oberfläche bietet die Möglichkeit, Skripts für die Windows PowerShell in einer einheitlichen zentralen Oberfläche zu erstellen. In einer PowerShell-Sitzung starten Sie die grafische Oberfläche durch Eingabe von »ise«. Der Vorteil von PowerShell ISE ist, dass hier bereits beim Eintippen von Befehlen Vorschläge für Cmdlets unterbreitet werden, unter denen Sie wählen können. Außerdem sind die Befehle farblich besser hervorgehoben, sodass sich die einzelnen Optionen besser unterscheiden lassen.

Abbildung 40.1: Die grafische Oberfläche von Windows PowerShell ISE

Mit PowerShell ISE effizient arbeiten

Im oberen Bereich können Sie Skriptbefehle angeben und diese dann als komplettes Skript speichern. In der Oberfläche können Sie außerdem eine PowerShell remote auf einem anderen Computer öffnen. Über das *Ansicht*-Menü lässt sich der Skriptbereich aktivieren oder auch deaktivieren.

Auch das Menü *Datei* spielt eine besondere Rolle. Denn hier laden Sie PowerShell-Skripts in die ISE. Die PowerShell zeigt jedes geöffnete Skript in der ISE als zusätzliche Registerkarte an. Das heißt, durch diese Möglichkeiten erhalten Sie eine Oberfläche, in der Sie Befehle testen, deren Ergebnis anzeigen, Skripts schreiben und Fehler in den Skripts über das Menü *Debuggen* beheben können.

Geben Sie im oberen Bereich Befehle ein, werden diese nicht sofort ausgeführt, sondern wie in einem normalen Skript zunächst aufgelistet. Sind Sie mit der Eingabe der Befehle fertig, können Sie deren Ausführung starten, indem Sie auf das grüne Abspielsymbol mit der QuickInfo *Skript ausführen* klicken oder die F5-Taste drücken.

Über das Menü *Ansicht* können Sie die verschiedenen Bereiche der ISE an Ihre Anforderungen anpassen und die Anordnung ändern. Beispielsweise lässt sich hierüber der Bereich zum Erstellen von Skripts an der rechten Seite anordnen.

Abbildung 40.2: Die PowerShell ISE anpassen

Auch die Größe und Anzeige der verschiedenen Felder kann angepasst werden. Skripts lassen sich während der Ausführung bearbeiten und so Fehler schneller beheben. Laden Sie ein Skript über *Datei/Öffnen*, sehen Sie im Befehlsfenster dessen Bestandteile. Markieren Sie eine Zeile im Skript, können Sie über den Menübefehl *Debuggen/Haltepunkt umschalten* eine Pause im Skript festlegen.

Die PowerShell verwenden

Rufen Sie in der PowerShell das Cmdlet *Get-Command* auf, erhalten Sie sämtliche Befehle aufgelistet, die von der Shell zur Verfügung gestellt werden. Die wenigsten Anwender kennen alle Cmdlets und deren verschiedene Optionen, die Microsoft zur Verfügung stellt. Die PowerShell bietet daher eine ausführliche Hilfe an. Haben Sie nur einen Teil eines Befehls in Erinnerung, können Sie auch mit dem Platzhalter * arbeiten.

Der Befehl *Get-Command *computer* zeigt zum Beispiel alle Cmdlets an, deren Namen mit »computer« endet. Ist der gesuchte Befehl nicht dabei, können Sie auch mehrere Platzhalter verwenden, zum Beispiel den Befehl *Get-Command *computer**. Dieser Aufruf zeigt alle Befehle an, in denen an einer beliebigen Stelle das Wort »computer« vorkommt.

Haben Sie das gewünschte Cmdlet gefunden, unterstützt Sie die PowerShell mit weiteren Möglichkeiten. Für nahezu alle Cmdlets gilt die Regel, dass sie in vier Arten vorliegen: Es gibt Cmdlets mit dem Präfix *New-*, um etwas zu erstellen, zum Beispiel *New-Item*. Das gleiche Cmdlet gibt es dann immer noch mit *Remove-*, um etwas zu löschen, zum Beispiel *Remove-Item*. Wollen Sie das Objekt anpassen, gibt es das *Set*-Präfix, zum Beispiel *Set-Item*. Als Letztes gibt es noch die *Get*-Cmdlets wie zum Beispiel *Get-Item*, um Informationen zum Objekt abzurufen.

Neben diesen Cmdlets gibt es natürlich noch viele andere, zum Beispiel *Start-* und *Stop-* oder *Export-* und *Import-*Cmdlets. Allerdings bestehen die meisten Administrationsausgaben aus den erwähnten *New-*, *Remove-*, *Set-* und *Get-*Cmdlets. Beim Aufruf eines Cmdlets erfolgt entweder gar keine Rückmeldung (in diesem Fall wurde der Befehl korrekt abgearbeitet), das Cmdlet zeigt Objekte an oder Sie werden nach der Identität des Objekts gefragt.

Mit *Get-*Cmdlets lassen Sie sich Informationen zu Objekten anzeigen. Die Option |fl formatiert die Ausgabe. Wollen Sie aber nicht alle Informationen, sondern nur einzelne Parameter anzeigen, können Sie diese nach der Option |fl anordnen. Dazu geben Sie einfach eine der Spalten an, die Sie mit dem *Get-*Cmdlet abgefragt haben.

Die PowerShell über das Netzwerk nutzen

In der PowerShell ISE können Sie über den Menübefehl *Datei/Neue Remote-PowerShell-Registerkarte* eine PowerShell-Sitzung auf einem anderen Computer aufbauen. Wir gehen auf diese Thematik in diesem Kapitel noch genauer ein.

Damit dies funktioniert, müssen Sie allerdings auf dem Zielcomputer die Remoteverwaltung zunächst über die Eingabeaufforderung mit *Winrm quickconfig* starten. Anschließend müssen Sie sich noch authentifizieren, wenn Sie sich mit einem anderen Benutzer als dem aktuell angemeldeten am Server anmelden wollen. Danach baut die PowerShell eine Sitzung auf und Sie können auf dem Quellserver Befehle eingeben, die auf dem Zielserver ausgeführt werden.

Damit Sie einen Computer über die PowerShell remote verwalten können, müssen Sie außerdem die Remoteverwaltung auf dem Computer aktivieren. Dazu geben Sie auf dem entsprechenden Computer noch den Befehl *Enable-PSRemoting -Force* in der PowerShell ein.

Der Befehl aktiviert auch die Ausnahmen in der Windows-Firewall. Mit *Disable-PSRemoting -Force* können Sie die Remoteverwaltung eines Computers über die PowerShell wieder deaktivieren. Sie müssen für solche administrativen Befehle die PowerShell über das Startmenü mit Administratorrechten starten.

Ein erster Einstieg in die PowerShell und die PowerShell ISE

Um den Port für die Verbindung zu überprüfen, verwenden Sie den Befehl *Winrm enumerate Winrm/config/listener*. Der Listener verwendet den Port 5985. Funktioniert der Zugriff nicht, können Sie auf dem Zielcomputer eine Liste von Computern pflegen, die Zugriff auf Remote-PowerShell-Sitzungen haben sollen. Dazu verwenden Sie den Befehl:

Winrm set Winrm/config/client @{TrustedHosts="<Alle Quellcomputer, durch Komma getrennt>"}

Auf Servern und Computern, die Mitglied einer Domäne sind, funktionieren diese Sitzungen am besten und einfachsten.

Abbildung 40.3: Remote-PowerShell-Sitzungen parallel zu lokalen Sitzungen verwenden

In Remote-PowerShell-Sitzungen verwenden Sie die gleichen Cmdlets wie auf den lokalen Computern. Allerdings erlauben nicht alle Cmdlets eine Remoteverwaltung. Sie sehen die kompatiblen Cmdlets am schnellsten, indem Sie überprüfen, ob das Cmdlet die Option *-ComputerName* unterstützt. Mit dem Befehl *Get-Help *-Parameter ComputerName* lassen Sie sich eine Liste aller dieser Cmdlets anzeigen. Hier zeigt sich auch eine Neuerung in der PowerShell.

Wollen Sie von einer lokalen PowerShell-Sitzung über das Netzwerk Programme auf einem Remotecomputer starten, verwenden Sie den folgenden Befehl:

Invoke-Command -ComputerName <Zielcomputer> -ScriptBlock { <Befehl> } -Credential <Benutzername>

Funktioniert der Befehl, öffnet sich ein Authentifizierungsfenster und Sie müssen das Kennwort für den Benutzer eingeben. Mit dem Cmdlet *Test-WsMan <Computername>* testen Sie den Zugriff. Erhalten Sie keine Fehlermeldung, sondern eine Statusanzeige, funktioniert der Zugriff vom Quellcomputer auf den Zielcomputer.

Microsoft hat Funktionen der Windows Workflow Foundation (WWF) in die PowerShell integriert. Diese Technik erlaubt auch das parallele Ausführen von mehreren Befehlen. Aktionen lassen sich in Abhängigkeit voneinander setzen und mit Bedingungen konfigurieren.

Sitzungen über das Netzwerk lassen sich trennen und erneut wieder aufbauen. Dazu gibt es die beiden neuen Cmdlets *Disconnect-PSSession* und *Connect-PSSession*. Auch das Rechtemodell hat Microsoft verbessert und eine Delegierung von Berechtigungen integriert, um Benutzer mit weniger Rechten die Ausführung von Skripts zu erlauben.

In der neuen Version können Sie außerdem von öffentlichen Netzwerken aus zugreifen. Dazu ist die Option *-SkipNetworkProfileCheck* in die Cmdlets *Enable-PSRemoting* und *Set-WSManQuickConfig* integriert worden. Die Option erstellt automatisch Firewallregeln, die den Zugriff erlauben.

Um eine Remotesitzung aufzubauen, können Sie ebenfalls das Cmdlet *New-PSSession* einsetzen. Mit *Enter-PSSession <Servername>* bauen Sie eine Verbindung auf. Mit *Exit-Session* beenden Sie diese Sitzung wieder. Neu ist die Möglichkeit, Sitzungen zu unterbrechen und erneut aufzubauen. Bei unterbrochenen Sitzungen laufen die Cmdlets weiter, auch wenn sich Administratoren vom Server getrennt haben. Dazu nutzen Sie die neuen Cmdlets *Disconnect-PSSession*, *Connect-PSSession* und *Receive-PSSession*.

PowerShell-Aufgaben lassen sich in der PowerShell auch zeitgesteuert starten. In der PowerShell können Sie die entsprechenden Einstellungen direkt im Skript vornehmen, ohne auf die Aufgabenplanung des Betriebssystems setzen zu müssen. Dazu stellt Microsoft das neue PowerShell-Modul *PSScheduledJob* zur Verfügung. Alle verfügbaren Befehle lassen Sie sich mit *Get-Command -Module PSScheduledJob | Sort-Object Noun, Verb* anzeigen.

Die grundsätzliche Funktionsweise der PowerShell

Grundlage der PowerShell sind die Cmdlets. Dies sind die Befehle in der Shell, auf der diese aufbaut. Sie können Cmdlets an ihrem Aufbau erkennen: ein Verb und ein Substantiv, getrennt durch einen Bindestrich (-), beispielsweise *Get-Help*, *Get-Process* und *Start-Service*. Die meisten Cmdlets sind sehr einfach und für die Verwendung zusammen mit anderen Cmdlets vorgesehen. So rufen Sie mit *Get*-Cmdlets Daten ab, mit *Set*-Cmdlets erzeugen und ändern Sie Daten, mit *Format*-Cmdlets formatieren Sie Daten und mit *Out*-Cmdlets leiten Sie Ausgaben an ein angegebenes Ziel um.

Eine Übersicht der PowerShell-Befehle abrufen

Zur Anzeige einer Liste aller Befehle verwenden Sie den Befehl *Get-Command*. Über *Get-Command >C:\befehle.txt* lenken Sie alle Befehle in die Datei *C:\befehle.txt* um. Mit dem Befehl *Update-Help* lassen Sie die Hilfedateien der PowerShell über eine bestehende Internetverbindung aktualisieren.

Wenn Sie für das Cmdlet *Get-Help* die Option *-Online* verwenden, zum Beispiel mit *Get-Help Get-Command -Online*, öffnet sich ein Browserfenster mit einer ausführlichen Hilfe zum Befehl. Der Befehl *Show-Command* zeigt ein Fenster mit allen verfügbaren Befehlen in der PowerShell an.

Über die PowerShell lassen sich außerdem Einstellungen der Systemsteuerung öffnen, auch über das Netzwerk. Um zum Beispiel alle Tools der Systemsteuerung in der PowerShell anzuzeigen, hilft das Cmdlet *Get-ControlPanelItem*. Um ein Programm zu öffnen, verwenden Sie den Befehl *Show-ControlPanelItem*. So könnten Sie beispielsweise das *Anpassung*-Fenster in der Systemsteuerung über den folgenden Befehl aufrufen:

Show-ControlPanelItem -CanonicalName Microsoft.Personalization

Auch die Verwaltung der Registry, von Zertifikaten und der Ereignisanzeigen lassen sich über die PowerShell automatisieren. Windows PowerShell baut auf .NET Framework und der Common Language Runtime (CLR) von .NET Framework auf und kann .NET-Objekte akzeptieren und zurückgeben. Diese grundlegende Änderung ermöglicht es, neue Tools und Skriptverfahren für die Verwaltung und Konfiguration von Windows zu verwenden. Standardmäßig ist die PowerShell mit der Installation von Windows 8/8.1/10 automatisch integriert.

Patches und Datensicherungen verwalten

Außerdem hat Microsoft zahlreiche zusätzliche Cmdlets integriert, zum Beispiel *Get-Hotfix, Send-MailMessage, Get-ComputerRestorePoint, New-WebServiceProxy, Debug-Process, Add-Computer, Rename-Computer, Reset-ComputerMachinePassword* oder *Get-Random*. Neu ist die Möglichkeit, PowerShell-Skripts als Aufgabe im Hintergrund auszuführen. Dazu hat Microsoft einige neue Cmdlets zur Verwaltung dieser Aufgaben eingebaut. Geben Sie in der PowerShell den Befehl *Get-Command *job** ein, erhalten Sie eine Liste der neuen Möglichkeiten angezeigt, um Skripts im Hintergrund laufen zu lassen.

Die PowerShell verfügt über einige neue Cmdlets, um Netzwerkeinstellungen eines Computers zu steuern oder abzufragen, zum Beispiel *Get-NetIPAddress*. Um sich eine Liste aller Cmdlets anzuzeigen, mit denen sich Netzwerkeinstellungen festlegen lassen, hilft der Befehl *Get-Command -Noun Net**.

Sie können aber nicht nur Informationen auslesen, sondern auch bearbeiten, wie die folgenden Beispiele für die Registry oder einzelne Dateien zeigen. Der Befehl *Remove-Item C:\Scripts* -Exclude *.doc* löscht alle Dateien, außer denen, die Sie mit *-Exclude* ausgeschlossen haben. *Remove-Item C:\Scripts* -Include .xls,.doc* löscht nur die Dateien, die nach *–Include* aufgeführt werden.

Beide Optionen können Sie gemeinsam verwenden, zum Beispiel:

Remove-Item C:\Scripts* -Include *.txt -Exclude *test*

Hier löscht die PowerShell alle Textdateien im Ordner, außer Dateien mit der Zeichenfolge »test« im Dateinamen. Der Parameter *-Whatif* entfernt nichts, zeigt aber, was passieren würde:

Remove-Item C:\Windows*.exe -Whatif.

Statt *Remove-Item* können Sie auch *ri, rd, erase, rm, rmdir* oder *del* verwenden. Vorhandene Objekte benennen Sie mit dem Cmdlet *Rename-Item* um:

Rename-Item C:\Scripts\test.txt neu.txt

Die Befehle *rni* und *ren* führen ebenfalls zum Ziel.

Das Cmdlet *Get-ChildItem* hat eine ähnliche Funktionalität wie der Befehl *dir* in der Eingabeaufforderung und kann ebenfalls den Inhalt von Registryschlüsseln anzeigen.

Registry & Co. mit der PowerShell verwalten

Mit *Get-ChildItem -Recurse* wird zusätzlich der Inhalt der Unterordner angegeben, ähnlich zu *dir /s*, nur übersichtlicher. Die Anweisung *Get-ChildItem HKLM:\SOFTWARE* zeigt den Inhalt des Registryschlüssels *HKLM\SOFTWARE* an.

Durch die PowerShell-Laufwerke können Sie alle Registryschlüssel auf diese Weise auslesen. Auch hier lässt sich mit den beiden Optionen -*Include* und -*Exclude* arbeiten: *Get-ChildItem C:\Windows*.* -Include *.exe,*.pif*. Die Funktionsweise ist ähnlich zu *Copy-Item* beziehungsweise *Remove-Item*.

Die zurückgegebenen Informationen können an das Cmdlet *Sort-Object* weitergegeben werden, um eine Sortierung durchzuführen:

Get-ChildItem C:\Windows*.* | Sort-Object Length

Mit dem folgenden Aufruf wird mit den größten Dateien begonnen:

Get-ChildItem C:\Windows*.* | Sort-Object Length -Descending

Für den Befehl können Sie die Aliasse *gci*, *ls* und *dir* verwenden. Das Cmdlet *Test-Path* überprüft das Vorhandensein einer Datei oder eines Ordners, zum Beispiel *Test-Path C:\Temp*. *Test-Path* gibt *True* zurück, wenn die Datei vorhanden ist, und *False*, falls es keine solche Datei gibt. Auch hier können Sie mit Platzhaltern arbeiten.

Die Anweisung *Test-Path HKCU:\Software\Microsoft\Windows* testet, ob ein bestimmter Registryschlüssel vorhanden ist. Mit dem Cmdlet *Invoke-Item* können Sie über die Windows-PowerShell eine ausführbare Datei starten oder eine Datei öffnen:

Invoke-Item C:\Windows\System32\Calc.exe

Statt *Invoke-Item* können Sie auch *ii* verwenden.

Mit der verbesserten *Where*-Abfrage lassen sich Informationen filtern. Sollen zum Beispiel alle gestoppten Systemdienste in der PowerShell angezeigt werden, geben Sie den Befehl *Get-Service | Where-Object {$_.Status -Eq "Stopped"}* ein.

Auch auf die Ereignisanzeige lässt sich zugreifen. Um zum Beispiel die *x* neuesten Fehlermeldungen in der Ereignisanzeige *System* in der PowerShell zu betrachten, geben Sie den folgenden Befehl ein:

Get-EventLog System -Newest 100 | Where {$_.entryType -Match "Error"}

Die PowerShell-Laufwerke verwenden

Neben den bekannten Dateisystemlaufwerken wie C: und D: enthält Windows PowerShell Laufwerke, die die Registrierungsstrukturen *HKEY_LOCAL_MACHINE (HKLM:)* und *HKEY_CURRENT_USER (HKCU:)*, den Speicher für digitale Signaturzertifikate auf Ihrem Computer *(Cert:)* und die Funktionen in der aktuellen Sitzung *(Function:)* darstellen.

Diese bezeichnet die Shell als Windows PowerShell-Laufwerke. Eine entsprechende Liste rufen Sie mit dem Befehl *Get-PSDrive* auf.

Um zum Beispiel in die lokale Registry in *HKEY_CURRENT_USER* zu wechseln, geben Sie in der PowerShell *Cd hkcu*: ein. Den Inhalt des Registry-Hives können Sie sich mit *Dir* anzeigen lassen.

Durch die zahlreichen neuen Cmdlets in der PowerShell erhalten Sie für Anmeldeskripts deutlich mehr Möglichkeiten. In der neuen Version lassen sich jetzt auch Netzlaufwerke in Windows verbinden. Dazu verwenden Sie das Cmdlet *New-PSDrive*. Dabei hilft die neue Option -*Persist*. Alle Optionen des Cmdlets sind über *Get-Help New-PSDrive -Detailed* verfügbar.

Die grundsätzliche Funktionsweise der PowerShell

```
Auswählen Administrator: Windows PowerShell
PS C:\Users\administrator.JOOS> Get-PSDrive

Name           Used (GB)     Free (GB) Provider        Root
----           ---------     --------- --------        ----
Alias                                  Alias
C                 145,70        785,32 FileSystem      C:\
Cert                                   Certificate     \
E                                      FileSystem      E:\
Env                                    Environment
F                                      FileSystem      F:\
Function                               Function
G                                      FileSystem      G:\
H                                      FileSystem      H:\
HKCU                                   Registry        HKEY_CURRENT_USER
HKLM                                   Registry        HKEY_LOCAL_MACHINE
I                                      FileSystem      I:\
Variable                               Variable
WSMan                                  WSMan

PS C:\Users\administrator.JOOS> _
```

Abbildung 40.4: Laufwerke anzeigen, auf die die PowerShell zugreifen kann

Sie können in der PowerShell aber auch mit den tatsächlich vorhandenen physischen Laufwerken auf dem PC arbeiten. Um zum Beispiel die physischen Festplatten abzufragen, hilft der Befehl *Get-PhysicalDisk*. Die Ausgabe zeigt ebenfalls an, ob sich die Platte in einem neuen Speicherpool anordnen lässt (siehe Kapitel 5). Das erkennen Sie an der Option *CanPool* über den Wert *True*.

Wer genauere Informationen will, gibt *Get-PhysicalDisk |fl* ein. Durch Eingabe von Spaltenbezeichnungen nach *|fl* lassen sich erweiterte Informationen angeben und unwichtige ausblenden. Ein Beispiel dafür ist *Get-PhysicalDisk |fl FriendlyName, BusType, CanPool, Manufacturer, Healthstatus*. Das funktioniert mit allen *Get*-Cmdlets.

Um einen neuen Speicherpool zu erstellen, bietet es sich zum Beispiel an, Festplatten, die poolfähig sind, also bei der Option *CanPool* den Wert *True* aufweisen, in einer Variablen zu speichern. Diese Variable können Sie dann an das Cmdlet *New StoragePool* weitergeben, um einen Speicherpool zu erstellen.

Ist ein Pool erstellt, können Sie virtuelle Laufwerke anlegen, die sogenannten Speicherplätze (Storage Spaces). Auch dieser Vorgang lässt sich leicht in der PowerShell durchführen. Dabei hilft das Cmdlet *New-VirtualDisk*.

Ein weiterer Vorteil der PowerShell liegt darin, dass Sie viele vertraute Tools der normalen Eingabeaufforderung nicht aufgeben müssen. Sie werden von der PowerShell unterstützt. Dazu gibt es für jeden Cmdlet-Befehl einen PowerShell-Alias. Die Verwendung dieser Befehle erfolgt analog zur bisherigen Eingabeaufforderung, die weiterhin parallel zur Verfügung steht. Über den Befehl *Alias* zeigt die PowerShell alle Aliasse in der Eingabeaufforderung an. Mit dem Befehl *Alias <Buchstabe>** lassen Sie sich die einzelnen Aliasse, die mit dem angegebenen Buchstaben beginnen, anzeigen.

Der Vorteil der Ausführung in der PowerShell ist, dass sich die Ausgabe filtern lässt. Geben Sie zum Beispiel *Ipconfig /all* ein, erhalten Sie die gleichen Informationen wie in der Eingabeaufforderung. Es sind also keine zwei Konsolen nebeneinander notwendig.

Soll die Ausgabe gefiltert werden, hilft die Option *Select-String -Pattern "<Text>"*, zum Beispiel *Ipconfig /all | Select-String -Pattern "gateway"*. Auf diesem Weg lassen sich Informationen wesentlich gezielter auslesen.

Skripts mit der PowerShell erstellen

Wenn Sie immer wieder bestimmte Befehlsfolgen ausführen oder ein PowerShell-Skript für eine komplexe Aufgabe entwickeln, empfiehlt es sich, die Befehle nicht einzeln einzugeben, sondern in einer Datei zu speichern. Die Dateierweiterung für Windows PowerShell-Skripts lautet *.ps1* (das dritte Zeichen der Dateierweiterung ist die Zahl 1).

Sie müssen immer einen vollqualifizierten Pfad zu der Skriptdatei angeben, auch wenn sich das Skript im aktuellen Ordner befindet. Wenn Sie auf den aktuellen Ordner verweisen wollen, geben Sie einen Punkt ein, zum Beispiel *.script.ps1*. Zum Schutz des Systems enthält die PowerShell verschiedene Sicherheitsfeatures, zu denen auch die Ausführungsrichtlinie zählt. Die Ausführungsrichtlinie bestimmt, ob Skripts ausgeführt werden dürfen und ob sie digital signiert sein müssen.

Mit dem Cmdlet *Start-Sleep* stoppen Sie PowerShell-Aktivitäten für einen bestimmten Zeitraum. Mit dem Befehl *Start-Sleep -s 10* hält das Skript zehn Sekunden lang an. *Start-Sleep -m 10000* verwendet Millisekunden. Übergeben Sie die Ausgabe von Cmdlets mit der Option | *Out-Printer* an das Cmdlet *Out-Printer*, druckt die PowerShell die Ausgabe auf dem Standarddrucker aus.

Den Drucker können Sie auch in Anführungszeichen und der Bezeichnung in der Druckersteuerung angeben. Mit dem Cmdlet *Write-Warning* lassen sich eigene Warnungen in der PowerShell anzeigen. *Write-Host* schreibt Nachrichten. Beide sind farblich unterschiedlich formatiert. Farbzuweisungen lassen sich nur für *Write-Host* setzen. Die Farben konfigurieren Sie mit *-ForeGroundColor* und *-BackGroundColor* manuell. Dazu stehen die folgenden Werte zur Verfügung:

- Black (Schwarz)
- DarkBlue (Dunkelblau)
- DarkGreen (Dunkelgrün)
- DarkCyan (Dunkelzyan)
- DarkRed (Dunkelrot)
- DarkMagenta (Dunkelmagenta)
- DarkYellow (Dunkelgelb)
- Gray (Grau)
- DarkGray (Dunkelgrau)
- Blue (Blau)
- Green (Grün)
- Cyan (Zyan)
- Red (Rot)
- Magenta (Magentarot)
- Yellow (Gelb)
- White (Weiß)

Mit dem Cmdlet *Invoke-Expression* starten Sie in der Windows-PowerShell ein Skript:

Invoke-Expression c:\scripts\test.ps1

Mit PowerShell Desired State Configuration Windows-Server absichern

Mit der PowerShell 4 hat Microsoft die neue Funktion Desired State Configuration (DSC) eingeführt und in der PowerShell 5 verbessert. Diese ermöglicht es, dass Sie Sicherheitsvorlagen für Server erstellen, die automatisch angewendet werden. Auf diesem Weg können Sie für alle Server im Netzwerk effiziente Sicherheitsvorlagen erstellen und zuweisen. Ändern sich Einstellungen, die von der Vorlage abweichen, kann PowerShell DSC die Vorgaben wiederherstellen.

In der Vorlagendatei zur Absicherung des Betriebssystems können Sie zum Beispiel hinterlegen, dass bei der Ausführung der Richtlinie auf einem Server bestimmte Dateien kopiert, Dienste gestartet oder installiert und Programme ausgeführt werden. Unsichere und nicht notwendige Dienste lassen sich beenden und damit auch Server härten. Das kann zum Beispiel für Webserverfarmen sinnvoll sein. Ebenso können Sie Registryeinstellungen über diesen Weg anpassen, genauso wie Gruppen und lokale Benutzerkonten. Natürlich können Sie auch Skripts ausführen lassen, die ebenfalls bestimmte Systemeinstellungen setzen oder anpassen.

Erkennt PowerShell DSC Änderungen am System, die von der Vorlage abweichen, lässt sich die Vorlage erneut anwenden und der Server dadurch besser absichern. Durch Systemaudits können also Administratoren oder auch Sicherheitsbeauftragte im Unternehmen jederzeit sicherstellen, dass wichtige Sicherheitseinstellungen im Netzwerk dem vorgegebenen Stand entsprechen. Die Verwendung der DSC ist sehr modular. Das heißt, Sie können mit einigen wenigen Einstellungsblöcken beginnen und dann nach und nach erweitern, wenn Sie sich mit der Arbeit an dem System vertraut gemacht haben.

Die neue PowerShell-Version in Windows Server 2016 und Windows 10 kann mehr Computer gleichzeitig ansprechen, um die Änderungen über das Netzwerk zu steuern. Dazu steht die neue Option *ThrottleLimit* zur Verfügung. Diese Option kann bei verschiedenen Cmdlets genutzt werden, mit denen DSC gesteuert wird. Das sind vor allem:

Get-DscConfiguration

Get-DscConfigurationStatus

Get-DscLocalConfigurationManager

Restore-DscConfiguration

Test-DscConfiguration

Compare-DscConfiguration

Publish-DscConfiguration

Set-DscLocalConfigurationManager

Start-DscConfiguration

Update-DscConfiguration

Tipp   Mit dem DSC Resource Kit (*http://tinyurl.com/lmdkojf*) können Sie auch Einstellungen von Serverdiensten wie Active Directory, SQL Server, IIS, Hyper-V und auch anderen Diensten mit DSC steuern.

Basis von DSC sind Vorlagen. Diese enthalten zum Beispiel Sicherheitseinstellungen. Damit Sie die Vorlage einem Server zuweisen können, erstellen Sie ein »Management Object File (MOF)«. Die *.mof*-Datei wird von der PowerShell gelesen und auf den Servern angewendet, die mit DSC abgesichert werden. Diese Datei kann jederzeit erneut angewendet werden, wenn Einstellungen auf dem Server abweichen.

Damit Sie PowerShell DSC verwenden können, muss das dazugehörige Modul über den Server-Manager installiert werden. Dieses Modul ist über die Installation der Features bei *Windows PowerShell/Windows PowerShell-Dienst zum Konfigurieren des gewünschten Zustands* zu finden.

Die Verwaltung von DSC erfolgt zunächst über eine Konfigurationsdatei. Die Datei speichern Sie als PowerShell-Skriptdatei mit der Endung *.ps1*. Ein Skript für DSC beginnt immer mit dem Schlüsselwort *Configuration* und einem von Ihnen definierten Namen. Diesen Namen benötigen Sie später bei der Erstellung der *.mof*-Datei und ihrer Anwendung. Es bietet sich daher an, hier einen einfachen und klar zugewiesenen Namen zu verwenden. Die Befehle für die Absicherung sind zwischen zwei geschweiften Klammern eingeschlossen:

```
Configuration MeineWebsite
{
}
```

Bei der Anzahl an Befehlen sind Sie nicht an Vorgaben gebunden. Sie können entweder mehrere kleine Skriptdateien oder eine große Skriptdatei erstellen.

Ein Beispiel für den Inhalt ist:

```
Configuration Security
Service Wuauserv
{
    ServiceName = "wuauserv"
    StartupType = "Automatic"
}
```

Dadurch wird festgelegt, dass ein bestimmter Dienst, hier der Dienst *Windows Update*, den Starttyp *Automatisch* erhalten soll, wenn DSC angewendet wird.

.mof-Dateien für DSC erstellen und umsetzen

Haben Sie die Konfiguration als *.ps1*-Datei gespeichert, erstellen Sie eine *.mof*-Datei:

<Name der Konfiguration> -MachineName <Name des Servers, auf den die Datei angewendet werden soll>

Den Namen der Konfiguration haben Sie in der Skriptdatei vorgegeben. Für jeden Server, dem Sie die Datei zuweisen wollen, erstellt die PowerShell eine eigene *.mof*-Datei. Um dies zu ändern, editieren Sie die Skriptdatei und erstellen danach die *.mof*-Dateien neu. Zum Absichern eines Servers mit DSC kopieren Sie die *.mof*-Dateien auf die Zielserver oder verwenden eine Freigabe im Netzwerk. Für die Anwendung von *.mof*-Dateien auf den Zielservern wird das Cmdlet *Start-DscConfiguration* verwendet:

Start-DscConfiguration -Wait -Verbose -Path .\<Name>

Sie können jederzeit überprüfen, ob die mit DSC definierten Sicherheitseinstellungen auf einem Server noch so gesetzt sind, wie Sie sie vorgegeben haben. Dazu verwenden Sie das

Cmdlet *Test-DscConfiguration*. Dieses überprüft, ob es Unterschiede zwischen der *.mof*-Datei und den tatsächlichen Einstellungen auf dem Server gibt. Das Cmdlet zeigt mit *True* (Einstellungen stimmen noch) oder *False* (Einstellungen wurden geändert) an, ob die Konfiguration noch den Vorgaben entspricht. Sie können jederzeit die *.mof*-Datei mit *Start-DscConfiguration* erneut anwenden lassen.

.mof-Dateien erweitern

Sie können über DSC auch Gruppen auf Servern anlegen und Benutzer zuweisen. Die Syntax dazu lautet:

```
Group Webadmins #Gruppe anlegen
{
    Ensure = "Present"
    GroupName = "Webadmins"
}
```

Nehmen Sie diesen Teil in die Datei mit auf, überprüft die PowerShell, ob es die Gruppe *Webadmins* auf den Servern gibt, und legt sie an, falls sie fehlt. Hier besteht auch die Möglichkeit, mit PowerShell DSC Benutzer aufzunehmen oder aus Gruppen zu entfernen. Dazu werden die beiden Optionen *MembersToExclude* und *MembersToInclude* verwendet.

Ein weiteres Beispiel für die Verwendung von DSC ist die Überprüfung, ob Dateien des Webservers im Verzeichnis *inetpub* gespeichert und auf dem Server die Internetinformationsdienste (IIS) installiert sind. Außerdem können Sie bestimmte Daten von einem Quell- auf die Zielserver kopieren und so sicherstellen, dass auf allen Webservern die von Ihnen abgesicherten Dateien vorhanden sind.

Eine Beispieldatei sieht folgendermaßen aus:

```
Configuration MeineWebsite
{
  Node ("s1.contoso.int", "s2.contoso.int")
  {
 #IIS-Installation sicherstellen
WindowsFeature IIS
    {
      Ensure = "Present"
      Name = "Web-Server"
    }
 #Existenz der Webdateien sicherstellen
File Beispieldatei
    {
  Ensure = "Present"
  Type = "Directory"
  Recurse= $true
  SourcePath = "\\dc01\Daten"
 Destinationpath = "C:\inetpub\wwwroot"
    }
  }
}
```

In diesem Beispiel legen Sie über die Option *Node* den Namen der Server fest, auf denen Sie die von Ihnen gewünschten Einstellungen und Sicherheitsoptionen umsetzen wollen.

Mit der Option *Ensure* bei *WindowsFeature IIS* überprüfen Sie, ob bestimmte Rollen (*WindowsFeature*) installiert (*Present*) oder eben nicht installiert (*Absent*) sind. In der Datei können Sie natürlich auch mehrere Rollen überprüfen lassen. Außerdem kann der Assistent die Rollen deinstallieren oder installieren.

Sie können nicht nur überprüfen, ob bestimmte Rollendienste installiert sind, sondern auch nach Dateien oder Verzeichnisse suchen. Dies ist zum Beispiel für das Überprüfen auf bestimmte Daten oder das Testen von Sicherheitsskripts wichtig. Aber auch zum Sicherstellen, dass auf Webservern immer die von Ihnen gewünschten Dateien in den fest definierten Verzeichnissen vorhanden sind, kann DSC verwendet werden. Fehlt ein Skript, eine Datei oder ein bestimmtes Verzeichnis, können Sie dieses über DSC auf den Server kopieren lassen. Über *Type* legen Sie fest, ob Sie nach einem bestimmten Verzeichnis (*Directory*) oder nach einer Datei (*File*) suchen. Sie legen den Quellpfad (*SourcePath*) und den Zielpfad (*DestinationPath*) der Dateien fest. Bei der Ausführung dieser Richtlinie werden automatisch durch die PowerShell die Dateien aus dem Quellverzeichnis in das Zielverzeichnis kopiert. Neben dem Kopieren einzelner Dateien können Sie zusätzlich sicherstellen, dass auf den abgesicherten Webservern in den gewünschten Zielverzeichnissen immer nur die Dateien vorhanden sind, die Sie im Quellverzeichnis festlegen. Vorteil dabei ist, dass Sie ein Quellverzeichnis auf Basis einer Freigabe im Netzwerk definieren und auf allen Webservern, auf denen Sie DSC nutzen, diese Dateien kopiert werden.

Haben Sie in der Konfigurationsdatei die von Ihnen gewünschten Einstellungen vorgegeben, speichern Sie die Datei als *.ps1*-Datei ab. Sie können die Datei jederzeit anpassen, aus der Datei eine neue *.mof*-Datei erstellen und diese dann erneut an Server verteilen. Haben Sie die Datei abgespeichert, starten Sie das Skript entweder durch Eingabe des Namens in der PowerShell oder Sie verwenden das grüne Abspielsymbol in der Symbolleiste in der PowerShell ISE. Um anschließend zu testen, ob die Umsetzung auch auf den Zielservern funktioniert, führen Sie das Skript auf einem der Zielserver aus.

Für jeden Zielserver, den Sie über *Node* in der Konfigurationsdatei festlegen, erstellt der Befehl *<Name der Konfiguration> -MachineName <Name des Servers, auf den die Datei angewendet werden soll>* eine *.mof*-Datei. In den Dateien sind die Sicherheitseinstellungen aus Ihrer Konfigurationsdatei hinterlegt. Das Verzeichnis, in dem die PowerShell die *.mof*-Datei erstellt hat, sehen Sie im PowerShell-Fenster. Sie können den Ausgabepfad der *.mof*-Dateien auch mit der Option *OutputPath* steuern.

Die Windows PowerShell zur Administration verwenden

Geben Sie in der Windows PowerShell den Befehl *Get-Command* ein, um sich eine Befehlsreferenz anzeigen zu lassen. Über *Get-Command >C:\befehle.txt* lenken Sie alle Befehle in die Datei *C:\befehle.txt* um. Sie erhalten wie immer bei der Dateiumleitung keine Bestätigung der Ausführung.

Virtuelle Betriebssysteme mit PowerShell Direct steuern

Mit PowerShell Direct können Sie über PowerShell-Sitzungen auf einem Hyper-V-Host auf virtuelle Maschinen (VMs) des Hosts zugreifen und Aktionen durchführen. Dazu muss jedoch auf dem Host Windows Server 2016 betrieben werden. Auch bei den VMs ist entweder Windows 10 oder Windows Server 2016 notwendig. Hier stehen dann die gleichen Befehle zur Verfügung wie bei normalen Sitzungen. Der Unterschied liegt darin, dass in einer PowerShell Direct-Sitzung die Befehle direkt in der jeweiligen VM gestartet werden. Um eine Sitzung zu starten, geben Sie in der PowerShell-Sitzung auf dem Host einen der folgenden Befehle ein:

Enter-PSSession -VMName <Name der VM im Hyper-V-Manager>

Invoke-Command -VMName <Name der VM im Hyper-V-Manager> -ScriptBlock { Commands }

Für die erfolgreiche Verbindung müssen Sie sich unter Umständen zunächst authentifizieren, bevor Sie die Sitzung beginnen. Weitere Konfigurationen oder Einstellungen in der Firewall sind dazu nicht notwendig.

Wollen Sie sich mit einem anderen Benutzer authentifizieren, verwenden Sie *Enter-PSSession -VMName <Computer> -Credential <Benutzer>*. Mit *Exit-Session* beenden Sie diese Sitzung wieder. Sie können in Windows Server 2016 und Windows 10 auch Sitzungen unterbrechen und erneut aufbauen. Bei unterbrochenen Sitzungen laufen die Cmdlets weiter. Dazu nutzen Sie die Cmdlets *Disconnect-PSSession*, *Connect-PSSession* und *Receive-PSSession*.

Mit OneGet Software im Netzwerk verteilen

Die PowerShell in Windows Server 2016 verfügt über das OneGet-Framework. Dabei handelt es sich um eine Sammlung von Cmdlets, die Sie beim Verteilen und Installieren von Anwendungen im Netzwerk unterstützen. Die Anwendungen werden dabei als Pakete installiert.

Die Einstellungen für die Installation sind in den Paketen bereits integriert. Erfreulich dabei ist, dass Anwender mit der PowerShell auf die Pakete von NuGet (*http://www.nuget.org*) und Chocolatey Repositories (*http://chocolatey.org*) zugreifen können. Damit lassen sich mehrere Tausend Anwendungen installieren.

Generell ist die Verwendung der PowerShell ISE besser für OneGet geeignet. Sie können aber auch problemlos über Skripts in der normalen PowerShell die Paketfunktion nutzen. Bevor Sie Pakete installieren, überprüfen Sie, ob die Ausführungsrichtlinie für Skripts auf *RemoteSigned* gesetzt ist. Dazu verwenden Sie den Befehl *Set-ExecutionPolicy RemoteSigned*. Welche Quellen derzeit angebunden sind, sehen Sie mit *Get-PackageSource*. Die zur Verfügung stehenden Pakete lassen Sie sich mit *Find-Package | Out-GridView* anzeigen.

Kapitel 40: Die Windows-PowerShell

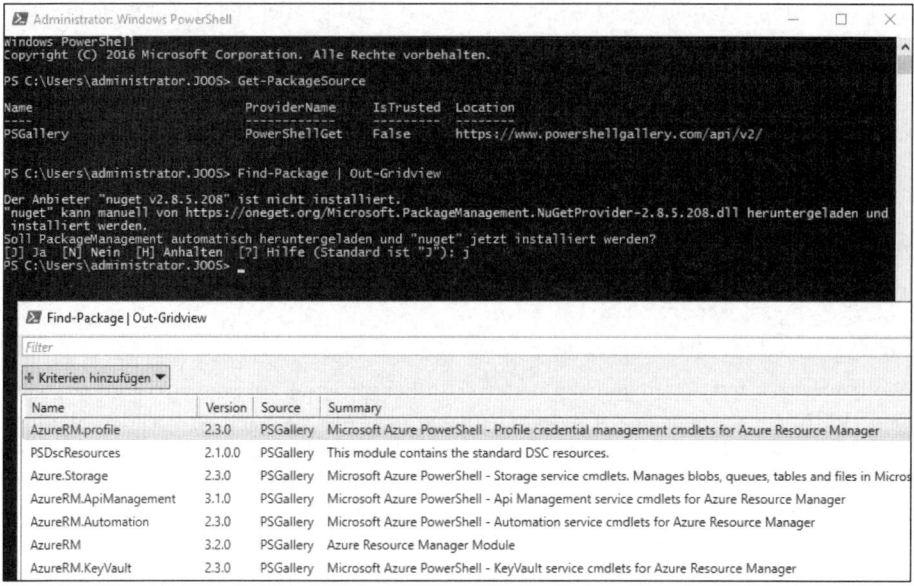

Abbildung 40.5: Über die PowerShell installieren Sie verschiedene Pakete auf den angebundenen Rechnern.

Um nach bestimmten Paketen zu suchen, verwenden Sie:

*Find-Package -Name *<Name>**

Zum Installieren eines Pakets verwenden Sie:

Find-Package | Out-GridView -Title "<Paket, das installiert werden soll>" -PassThru | Install-Package -Force

Die Pakete werden standardmäßig ohne Benutzereingaben installiert. Die dazu notwendigen Optionen wurden direkt in das Paket integriert. Sie können dieses Verhalten also nicht über die PowerShell steuern, sondern über die Installationsdateien des Pakets. Wie Sie solche Pakete für die PowerShell 5 erstellen, sehen Sie in diesem Video: *http://tinyurl.com/jxnkhau*.

Sie können mit OneGet auch Basisimages von Windows-Arbeitsstationen erstellen. Dazu installieren Sie das Betriebssystem und danach die Basisanwendungen, die über die Pakete zur Verfügung stehen.

Arbeiten Sie immer mit den beiden Platzhaltern *, da Sie nur so alle relevanten Pakete angezeigt bekommen. Kennen Sie den genauen Namen des Pakets, können Sie die Platzhalter selbstverständlich weglassen. Neben der Möglichkeit, nach Anwendungen in den Paketen zu suchen, können Sie auch nach bestimmten Versionen fahnden. Dazu fügen Sie dem Cmdlet *Find-Package* die Option *-MinimumVersion <Version>* hinzu. Wollen Sie nach neueren Versionen filtern, verwenden Sie die Option *-MaximumVersion*.

Mit OneGet Software auf Nano-Servern installieren

Um Quellen für Nano-Server zu finden, verwenden Sie die folgenden Befehle:

Install-PackageProvider NanoServerPackage

Import-PackageProvider NanoServerPackage

Um Pakete für Nano-Server zu finden und zu installieren, verwenden Sie:

Find-NanoServerPackage

Save-NanoServerPackage

Install-NanoServerPackage

Die wichtigsten Cmdlets, um Pakete auf Nano-Servern zu installieren, sind:

Find-Package

Save-Package

Install-Package

Get-Package

Wichtig ist, dass Sie bei den einzelnen Befehlen zusätzlich die Option *-Provider NanoServerPackage* angeben. Ohne diese Option werden alle Quellen verwendet, auch Quellen, die keine zu Nano-Servern kompatible Pakete nutzen. Alle Pakete für Nano-Server lassen Sie mit dem folgenden Befehl anzeigen:

Find-NanoServerPackage

Der Aufruf *Find-NanoServerPackage -Culture en-us* zeigt englischsprachige Pakete an, mit *Find-NanoServerPackage -Culture de-de* sehen Sie die deutschen Pakete. Sie können ebenfalls mit den Cmdlets zur Installation von Paketen in der PowerShell mit Platzhaltern arbeiten:

Find-NanoServerPackage -Name *NPDS*

Find-Package -provider NanoServerPackage -Name *NPDS*

Auch hier helfen die Optionen *-RequiredVersion*, *-MinimumVersion*, oder *-MaximumVersion*, um die richtige Version zu finden. Alle Versionen lassen Sie sich mit der Option *-AllVersions* anzeigen. Ohne die Angabe einer speziellen Option, um nach Versionen zu filtern, zeigen *Find-NanoServerPackage* und *Find-Package* die neueste Version an.

Mit *Install-NanoServerPackage* oder *Install-Package* installieren Sie Pakete auf einem Nano-Server oder in einem offline bereitgestellten Nano-Image. In der Regel sehen die Befehle folgendermaßen aus:

Install-NanoServerPackage -Name Microsoft-NanoServer-Containers-Package

Install-Package -Name Microsoft-NanoServer-Containers-Package

Um ein Image in einer *.vhd*-Datei eines Nano-Servers zu installieren, verwenden Sie zum Beispiel:

Install-NanoServerPackage -Name Microsoft-NanoServer-DCB-Package -Culture de-de -RequiredVersion 10.0.14300.1000 -ToVHd c:\MyNanoVhd.vhd

oder

Install-Package -Name Microsoft-NanoServer-DCB-Package -Culture de-de -RequiredVersion 10.0.14300.1000 -ToVHd c:\MyNanoVhd.vhd

Achten Sie aber auch hier auf die korrekte Version und den genauen Namen der *.vhd*-Datei. Sie können hier außerdem mit Pipelines arbeiten. Dadurch können Sie nach Paketen suchen und passende Pakete direkt installieren:

Find-NanoServerPackage *dcb* | Install-NanoServerPackage

Find-Package *nanoserver-compute-* | Install-Package

Find-NanoServerPackage -Name *compute* |Install-NanoServerPackage -ToVhd c:\MyNano-Vhd.vhd

Find-Package -provider NanoserverPackage *nanoserver-compute-* | Install-Package -ToVhd c:\MyNanoVhd.vhd

Sie müssen nicht jeden Nano-Server mit dem Internet verbinden, um Pakete zu installieren. Stattdessen können Sie Pakete auf einen anderen Rechner herunterladen und anschließend auf die Offlineserver kopieren und dort installieren. Dazu verwenden Sie die beiden Cmdlets *Save-NanoServerPackage* oder *Save-Package*. Wie bei den Paketen zur Installation von Paketen können Sie auch hier mit Pipelines arbeiten, um zum Beispiel Pakete zu finden und direkt zu speichern:

*Save-NanoServerPackage -Name Microsoft-NanoServer-NPDS-Package -Path C:\t*p*

Save-Package -Provider NanoServerPackage -Name Microsoft-NanoServer-IIS-Package -Path .\temp -Culture de-de -MinimumVersion 10.0.14300.1000

*Find-NanoServerPackage -Name *containers* -MaximumVersion 10.2 -MinimumVersion 1.0 -Culture es-es | Save-NanoServerPackage -Path c:*

Find-Package -provider nanoserverPackage -Name *shield* -Culture es-es | Save-Package -Path

Um die installieren Pakete auf einem Nano-Server anzuzeigen, verwenden Sie:

Get-Package -Provider NanoserverPackage

Das funktioniert ebenfalls für *.vhd*-Dateien von Nano-Servern:

Get-Package -Provider NanoserverPackage -FromVhd c:\MyNanoVhd.vhd

Um in einem laufenden Nano-Server Rollen zu installieren, zum Beispiel in einem Szenario mit Containern, ist der beste Weg, das jeweilige Paket von einer Arbeitsstation mit Windows 10 auf einen Nano-Server zu kopieren. Die Installationsoptionen lassen sich dann etwa über eine *.xml*-Datei vorgeben. Dazu verwenden Sie beispielsweise eine Datei mit der Bezeichnung *Unattend.xml*. Die automatisierte Installation der Internetinformationsdienste (IIS) auf einem Nano-Server würde in diesem Fall folgendermaßen aussehen:

```xml
<?xml version="1.0" encoding="utf-8"?>
  <unattend xmlns="urn:schemas-microsoft-com:unattend">
  <servicing>
      <package action="install">
          <assemblyIdentity name="Microsoft-NanoServer-IIS-Feature-Package"
          version="10.0.14300.1000" processorArchitecture="amd64"
          publicKeyToken="31bf3856ad364e35" language="neutral" />
              <source location="c:\packages\Microsoft-NanoServer-IIS-Package.cab" />
      </package>
      <package action="install">
          <assemblyIdentity name="Microsoft-NanoServer-IIS-Feature-Package"
          version="10.0.14300.1000" processorArchitecture="amd64"
          publicKeyToken="31bf3856ad364e35" language="en-us" />
              <source location="c:\packages\en-us\Microsoft-NanoServer-IIS-Package_en-us.cab" />
      </package>
  </servicing>
  <cpi:offlineImage cpi:source="" xmlns:cpi="urn:schemas-microsoft-com:cpi" />
</unattend>
```

Um die Installation auf dem Server durchzuführen, verwenden Sie die beiden folgenden Befehle:

DISM /online /apply-unattend:.\unattend.xml

DISM /online /get-packages

Server mit der PowerShell verwalten

Über den Befehl *Help <Befehlname>* können Sie sich zu einzelnen Befehlen eine ausführliche Hilfe anzeigen lassen. Benötigen Sie zu einem Cmdlet zusätzlich Parameterbeschreibungen und Beispiele, verwenden Sie *Get-Help* mit dem Parameter *-Detailed*, zum Beispiel *Get-Help Add-Computer -Detailed*. Über die Tastenkombination [Strg]+[C] können Sie innerhalb der Shell einzelne Aktionen stoppen.

Wollen Sie Serverdienste verwalten, die auf dem Server nicht aktiviert sind, können Sie auch die Verwaltungstools installieren. Dazu benötigen Sie aber keine Patches, sondern können die entsprechenden Tools direkt über den Server-Manager aktivieren. Die Installation erfolgt im Server-Manager über die Auswahl von *Verwalten/Rollen und Features hinzufügen*. Bei diesem Vorgang werden auch die jeweiligen Cmdlets der PowerShell für die ausgewählte Serverrolle installiert.

Mit Variablen arbeiten

Interessant ist die Möglichkeit, dass Sie innerhalb von PowerShell Variablen definieren können, die aktuelle Informationen automatisch abfragen. Diese Variablen können Sie dann später innerhalb eines Skripts nutzen. Wollen Sie zum Beispiel das aktuelle Datum als Variable *$heute* hinterlegen, können Sie in der Shell den Befehl *$heute = Get-Date* eingeben. Anschließend wird das heutige Datum als Variable *$heute* hinterlegt. Geben Sie als Nächstes in der Shell *$heute* ein, wird das aktuelle Datum ausgegeben.

Sie können auch auf einzelne Bestandteile der Variablen getrennt zugreifen. Interessiert Sie zum Beispiel aus dem Datum lediglich die Uhrzeit, können Sie einzelne Elemente objektorientiert aus der Variablen auslesen. So können Sie beispielsweise durch Eingabe des Befehls *$heute.ToShortTimeString()* lediglich die Uhrzeit in Stunden und Minuten auslesen. Weitere Möglichkeiten stehen Ihnen zur Formatierung der Ausgabe zur Verfügung. So ist es möglich, per Eingabe des Befehls *$heute.ToString("MMMM")* die Ausgabe des Monats oder über *$heute.ToString("MM")* den Monat als Zahl innerhalb des Kalenderjahres zu erzwingen.

Generell können Sie hinter den meisten Befehlen, die einen Status oder eine Statistik ausgeben, noch den Zusatz *|fl* hinzufügen. Dieser bewirkt, dass Sie eine formatierte Liste (daher »fl« für »formated list«) erhalten, die deutlich mehr Informationen anzeigt als der Befehl ohne diesen Zusatz.

Der Befehl *Get-Date -DisplayHint Date* zeigt nur das Datum an, der Befehl *Get-Date -DisplayHint Time* nur die Uhrzeit. Sie können ermitteln, welche Art von Objekt von einem bestimmten Cmdlet abgerufen wird, indem Sie die Ergebnisse des *Get-*Cmdlets mit einem Pipelineoperator (|) an den Befehl *Get-Member* übergeben. So können Sie mit dem Befehl *Get-Service | Get-Member* abgerufene Objekte an *Get-Member* senden.

Mit diesem Befehl lassen sich Informationen über das .NET-Objekt anzeigen, das von einem Befehl zurückgegeben wird. Zu den Informationen zählen der Typ, die Eigenschaften und die Methoden des Objekts. Wenn Sie beispielsweise alle Eigenschaften eines Dienstobjekts einsehen wollen, geben Sie *Get-Service | Get-Member -MemberType *property* ein.

Systemprozesse verwalten

Eine häufige Administrationsaufgabe ist die Verwaltung der laufenden Prozesse auf einem Server. Über den Befehl *Get-Process* können Sie sich alle laufenden Prozesse eines Computers anzeigen lassen. Wollen Sie aber zum Beispiel nur alle Prozesse mit dem Anfangsbuchstaben »S« angezeigt bekommen, geben Sie den Befehl *Get-Process s** ein. Sollen die Prozesse zusätzlich noch sortiert werden, zum Beispiel absteigend nach der CPU-Zeit, geben Sie *Get-Process s** gefolgt von der Pipeoption *|Sort-Object cpu -Descending* ein.

Dateien und Objekte kopieren, löschen und verwalten

In diesem Abschnitt zeigen wir Ihnen einige Cmdlets, die in der Praxis sehr nützlich sind und die Möglichkeiten der PowerShell im Vergleich zur herkömmlichen Eingabeaufforderung verdeutlichen. Mit dem Cmdlet *Copy-Item* kopieren Sie Dateien oder Ordner in der PowerShell. Mit dem Befehl *Copy-Item C:\Scripts\test.txt C:\Test* kopieren Sie zum Beispiel die Datei *test.txt* in den Ordner *C:\Test*. Die Syntax ist ähnlich wie der *Copy*-Befehl der herkömmlichen Eingabeaufforderung.

Der Befehl *Copy-Item C:\Scripts* C:\Test* kopiert alle Dateien im entsprechenden Quellordner in den Zielordner. Der Befehl *Copy-Item C:\Scripts C:\Test -Recurse* legt eine Kopie des Ordners *C:\Scripts* im Ordner *C:\Test* an. Ohne die Option *-Recurse* wird in *C:\Test* ein Ordner *Scripts* angelegt, es werden aber keine Dateien und Ordner kopiert. Neben dem vollständigen Befehl kann auch mit den Abkürzungen *cpi*, *cp* oder *copy* gearbeitet werden.

Das Cmdlet *Move-Item* verschiebt Objekte:

Move-Item C:\Scripts\test.zip c:\test

Auch hier können Sie wieder mit Platzhaltern arbeiten, genauso wie beim Kopieren. Standardmäßig überschreibt *Move-Item* vorhandene Dateien im Zielordner nicht. Geben Sie den Parameter *-Force* an, werden vorhandene Zieldateien oder Ordner überschrieben:

Move-Item C:\Scripts\test.zip C:\Test -Force

Mit dem folgenden Befehl verschieben Sie Dateien und benennen sie gleichzeitig um:

Move-Item C:\Scripts\test.log C:\Test\ad.log

Neben *Move-Item* können Sie auch mit *mi*, *mv* oder *move* arbeiten.

Mit dem Cmdlet *New-Item* lassen sich neue Dateien oder Ordner anlegen. Beispielsweise erstellen Sie mit dem Befehl *New-Item C:\Temp\PowerShell -Type Directory* im Ordner *C:\Temp* einen neuen leeren Ordner mit der Bezeichnung *PowerShell*.

Um eine neue Datei anzulegen, verwenden Sie die gleiche Syntax, geben allerdings als Typ *File* an:

New-Item C:\Scripts\skript.txt -Type File

Mit dem Befehl *New-Item C:\Scripts\skript.txt -Type File -Force* ersetzen Sie eine vorhandene Datei durch eine neue leere Datei. Und mit dem Befehl *New-Item C:\Scripts\skript.txt -Type File -Force -Value "Text"* erstellen Sie eine neue Datei mit dem angegebenen Text als Inhalt. Statt *New-Item* können Sie auch *ni* verwenden.

Mit dem Cmdlet *Add-Content* fügen Sie Daten an eine Textdatei an:

Add-Content C:\Scripts\test.txt "Text"

Standardmäßig fügt *Add-Content* den neuen Wert hinter dem letzten Zeichen in der Textdatei ein.

Den Inhalt einer Datei ersetzen Sie mit *Set-Content*. Das Cmdlet *Clear-Content* löscht den Inhalt einer Datei. Nach der Ausführung existiert die Datei weiterhin, hat aber keinen Inhalt mehr. Auch hier können Sie mit Platzhalterzeichen arbeiten:

Clear-Content C:\Test\e*

Neben Textdateien unterstützt das Cmdlet auch Excel-Tabellen, Word-Dokumente und andere Dateien. Statt *Clear-Content* können Sie ebenso *clc* verwenden.

Das Cmdlet *Remove-Item* löscht Objekte:

Remove-Item C:\Scripts\test.txt

Mit dem Platzhalterzeichen * löschen Sie Objekte in einem angegebenen Ordner: *Remove-Item C:\Scripts**. Mit dem Befehl *Remove-Item C:\Scripts* -Recurse* muss das Löschen nicht bestätigt werden. Der Befehl *Remove-Item C:\Scripts* -Exclude *.doc* löscht alle Dateien, außer denen, die Sie über *-Exclude* ausgeschlossen haben. Mit dem Aufruf *Remove-Item C:\Scripts* -Include .xls,.doc* werden nur die nach *–Include* angegebenen Dateien gelöscht. Die beiden Optionen *-Include* und *-Exclude* können Sie auch gemeinsam verwenden, zum Beispiel:

Remove-Item C:\Scripts* -Include *.txt -Exclude *test*

Hier löscht die PowerShell alle Textdateien im Ordner, außer Dateien mit der Zeichenfolge »test« im Dateinamen. Der Parameter *-Whatif* entfernt nichts, gibt aber aus, was passiert, wenn der Befehl tatsächlich ausgeführt würde:

Remove-Item C:\windows*.exe -Whatif

Statt *Remove-Item* können Sie auch *ri, rd, erase, rm, rmdir* oder *del* verwenden.

Vorhandene Objekte benennen Sie mit dem Cmdlet *Rename-Item* um:

Rename-Item C:\Scripts\test.txt neu.txt

Die Befehle *rni* und *ren* führen ebenfalls zum Ziel.

Das Cmdlet *Get-ChildItem* hat eine ähnliche Funktionalität wie der Befehl *Dir* und kann auch den Inhalt von Registryschlüsseln anzeigen.

Mit *Get-ChildItem -Recurse* wird der Inhalt der Unterordner angegeben, ähnlich zu *Dir /s*, allerdings wesentlich ausführlicher. Mit *Get-ChildItem HKLM:\SOFTWARE* könnten Sie sich den Inhalt des Registryschlüssels *HKEY_LOCAL_MACHINE\SOFTWARE* anzeigen lassen.

Über die PowerShell-Laufwerke können Sie alle Registryschlüssel auf diese Weise auslesen. Hier können Sie ebenfalls mit den beiden Optionen *-Include* und *-Exclude* arbeiten. Diese beiden Optionen funktionieren an allen Stellen der PowerShell, auch bei der Anzeige von Informationen und Inhalten eines Ordners:

Get-ChildItem C:\Windows*.* -Include *.exe,*.pif

Die Funktionsweise ist ähnlich zu *Copy-Item* beziehungsweise *Remove-Item*. Die zurückgegebenen Informationen können an das Cmdlet *Sort-Object* weitergegeben werden, um eine Sortierung durchzuführen:

Get-ChildItem C:\Windows*. | Sort-Object Length*

Mit *Get-ChildItem C:\Windows*.* | Sort-Object Length -Descending* wird mit den größten Dateien begonnen. Für den Befehl können Sie auch die Aliasse *gci*, *ls* und *dir* verwenden.

Das Cmdlet *Test-Path* überprüft das Vorhandensein einer Datei oder eines Ordners:

Test-Path C:\Temp

Der Befehl *Test-Path* gibt *True* zurück, wenn die Datei vorhanden ist, andernfalls *False*. Auch hier können Sie mit Platzhaltern arbeiten.

Die Anweisung *Test-Path HKCU:\Software\Microsoft\Windows* testet, ob ein bestimmter Registryschlüssel vorhanden ist. Mit dem Cmdlet *Invoke-Item* können Sie über die Windows PowerShell eine ausführbare Datei starten oder eine Datei öffnen:

Invoke-Item C:\Windows\System32\Calc.exe

Statt *Invoke-Item* können Sie auch *ii* verwenden.

Tipp Im Internet gibt es zahlreiche Communitys und Zusatzprodukte, die den Nutzen der PowerShell weiter verbessern. Ebenfalls im Internet erhältlich sind Cmdlets für die PowerShell, die spezielle Aufgaben im Netzwerk durchführen, auf Active Directory zugreifen oder Dateien übertragen können. Auch hier haben wir für Sie Beispiele aufgeführt. Selbst eine grafische Oberfläche wird mittlerweile angeboten, die Administratoren bei der Erstellung von Cmdlets unterstützt. Wichtige Internetseiten für den Umgang mit der Windows PowerShell finden Sie über die folgenden Websites:

- *http://www.powershell-ag.de*
- *http://www.it-visions.de/scripting/powershell*
- *http://gallery.technet.microsoft.com/scriptcenter*
- *http://blogs.msdn.com/b/powershell*

Dienste über die PowerShell und Eingabeaufforderung steuern

Dienste können Sie in der PowerShell mit *Start-Service, Stop-Service, Get-Service* und *Set-Service* starten, beenden, abrufen und einstellen. Auch die Befehlszeilentools *Net start* und *Net stop* helfen Ihnen bei der Verwaltung der Systemdienste. Am schnellsten rufen Sie die Verwaltungsoberfläche der Systemdienste in Windows durch die Eingabe von *services.msc* auf. In der Eingabeaufforderung sehen Sie die gestarteten Dienste über *Net start*. Mit *Net start >dienste.txt* werden alle gestarteten Dienste in die Datei *dienste.txt* gespeichert.

Eine weitere Möglichkeit ist der Befehl *Sc query*, der deutlich mehr Informationen liefert. Dienste lassen sich, neben der grafischen Oberfläche, in der Eingabeaufforderung über *Net stop <Dienstname>* stoppen und über *Net start <Dienstname>* wieder starten.

E-Mails per PowerShell schreiben und versenden

Vor allem um Systemnachrichten aus Skripts zu versenden, kann es sinnvoll sein, aus der PowerShell E-Mails zu verschicken. Damit Sie diese Funktion nutzen können, ist es nicht notwendig, ein Zusatztool zu installieren. Alle notwendigen Objekte stehen in der PowerShell bereits zur Verfügung.

Um E-Mails zu versenden, können Sie das Cmdlet *New-Object* nutzen. Dieses kann E-Mails erstellen und sich sogar an E-Mail-Servern anmelden, wenn diese eine Authentifizierung benötigen.

Um eine einfache E-Mail zu versenden, speichern Sie am besten die einzelnen Daten in Variablen und lösen danach den Befehl aus. So bleibt die Übersicht in PowerShell-Skripts zum Beispiel zur Systemüberwachung oder Sicherung erhalten. Zunächst speichern Sie den Absender und den Empfänger der E-Mail in der PowerShell als Variable. Im folgenden Beispiel verwenden wir dazu die E-Mail-Adresse »thomas.joos@live.de« als Absendeadresse und die Adresse »thomas.joos@outlook.com« als Empfänger.

$from = "thomas.joos@live.de"

$to = "thomas.joos@outlook.com"

Danach speichern Sie den Betreff:

$Subject = "PowerShell-E-Mail"

Den Text der E-Mail können Sie ebenfalls als Variable speichern:

$text = "Dies ist eine E-Mail aus der PowerShell"

In den nächsten Schritten legen Sie den SMTP-Server fest, über den Sie die E-Mails senden wollen. Dazu speichern Sie zunächst den Server in der Variablen *$server*, legen danach den Benutzernamen für die Anmeldung mit der Variablen *$user* und danach das Kennwort zur Anmeldung mit der Variablen *$pass* fest.

$server = "smtp.live.com"

$user = "thomas.joos@live.de"

$pass = "<Kennwort in Klartext>"

Danach definieren Sie den Befehl, um eine E-Mail zu versenden, und greifen dabei auf die erstellten Variablen zurück:

$SMTPClient = New-Object System.Net.Mail.SmtpClient($server, 25)

Auch diese Konfiguration speichern Sie in einer Datei. Im Anschluss müssen Sie noch die Anmeldedaten festlegen und können anschließend die E-Mail versenden.

$mail.Credentials = New-Object System.Net.NetworkCredential($user, $pass);
$mail.Send($from, $to, $subject, $text)

Wenn der Server TLS oder eine andere Sicherheitsverbindung nutzt, müssen Sie die Befehle etwas anders aufbauen:

$Server = "smtp.live.com"

$Port = "587"

$User = "thomas.joos@live.de"

$Pass = "<Kennwort in Klartext>"

$email = New-Object System.Net.Mail.MailMessage

```
$email.From = "thomas.joos@live.de"
$email.To.Add( "thomas.joos@outlook.com" )
$email.Subject = "Power-Shell-Test-E-Mail"
$email.IsBodyHtml = $false
$email.Body = "Test-Text"
$SMTPClient = New-Object System.Net.Mail.SmtpClient( $Server , $Port )
$SMTPClient.EnableSsl = $true
$SMTPClient.Credentials = New-Object System.Net.NetworkCredential($User , $Pass );
$SMTPClient.Send( $email )
```

Die Windows-Firewall in der PowerShell steuern

In Windows 8.1/10 und Windows Server 2016 können Sie mit der PowerShell so gut wie alle Einstellungen vornehmen, die auch in der grafischen Oberfläche möglich sind. Vorteil bei der Verwendung der PowerShell ist die Möglichkeit, die Konfiguration zu skripten oder zu automatisieren.

Neben der PowerShell lassen sich viele Einstellungen der Windows-Firewall auch in der Eingabeaufforderung durchführen. Dazu wird der Befehl *Netsh* mit der Option *advfirewall* genutzt, zum Beispiel:

Netsh advfirewall firewall add rule name="All ICMP V4 Allow" dir=in action=allow protocol=icmpv4

Verwenden Sie als Befehl *Netsh firewall set opmode disable*, deaktivieren Sie dadurch die Firewall. Allerdings müssen Sie den Befehlsaufruf in einer Eingabeaufforderung mit Administratorrechten starten. Mit dem Befehl *Netsh firewall set opmode enable* aktivieren Sie die Firewall erneut. Auch dazu benötigen Sie administrative Rechte.

> **Tipp** Haben Sie Einstellungen in der Firewall geändert, die Sie wieder rückgängig machen möchten, aktivieren Sie für die Firewall einfach wieder die Standardeinstellungen, zum Beispiel mit *Netsh advfirewall reset*.

Um eine Liste der vorhandenen Firewallregeln abzurufen, verwenden Sie den Befehl *Netsh advfirewall firewall show rule name=all*. Den Status der einzelnen Profile der Firewall lassen Sie zum Beispiel mit *Netsh advfirewall show allprofiles* anzeigen.

In aktuellen Windows-Versionen sollten Sie aber besser auf die PowerShell setzen, um die Firewall zu konfigurieren. Hier stehen mehr Möglichkeiten zur Verfügung und es lassen sich im Vergleich zum *Netsh*-Befehl zusätzliche Einstellungen konfigurieren. Alle verfügbaren Befehle lassen sich am besten mit dem Aufruf *Get-Command -Module Netsecurity* anzeigen. Wie bei allen Cmdlets lässt sich auch für die Cmdlets der Firewall eine Hilfestellung abrufen. Dazu steht in der PowerShell der Befehl *Get-Help <Cmdlet>* zur Verfügung. Fügen Sie zusätzlich die Option *-Examples* hinzu, zeigt Ihnen die PowerShell ausführliche Beispiele für die Benutzung des Cmdlets an.

Um beispielsweise eine neue Firewallregel zu erstellen, hilft der Befehl *New-NetFirewallRule -DisplayName "ICMP block" -Direction Inbound -Protocol icmp4 -Action Block*.

Den Remotezugriff auf Rechner in der Eingabeaufforderung erlauben

Bei Windows Server 2016 kann es passieren, dass Dienste über das Netzwerk keine Verbindung mit WMI zum Quellserver aufbauen können. In diesem Fall müssen Sie die WMI-Regeln für die Windows-Firewall zunächst aktivieren, um die Kommunikation zu erlauben. Dazu verwenden Sie am besten den folgenden Befehl:

Netsh advfirewall firewall set rule group="Windows-Verwaltungsinstrumentation (WMI)" new enable=yes

Um einen Server remote im Netzwerk zu verwalten, müssen Sie diese Zugriffe ebenfalls erst erlauben:

Netsh advfirewall set allprofiles settings remotemanagement enable

Oder:

Netsh advfirewall firewall set rule group="remoteverwaltung" new enable=yes

Um testweise den kompletten Datenverkehr auf Computern freizuschalten, verwenden Sie diesen Aufruf:

Netsh advfirewall set allprofiles firewallpolicy allowin-bound,allowoutbound

In der PowerShell nutzen Sie dazu den Befehl:

Set-NetFirewallProfile -DefaultInboundAction Block -DefaultOutboundAction Allow -NotifyOnListen True

> **Tipp** Damit Sie mit der PowerShell von einem Rechner auf einen anderen zugreifen können, müssen Sie noch den Remotezugriff aktivieren. Das können Sie auf dem Rechner, auf den zugegriffen werden soll, zum Beispiel mit dem Cmdlet *Enable-PSRemoting -Force* erledigen.

Firewallregeln in der PowerShell erstellen, ändern, löschen und kopieren

Anstatt mit *New-NetFirewallRule* eine neue Firewallregel zu erstellen, ist es häufig einfacher, Firewallregeln zu kopieren. Dazu steht der Befehl *Copy-NetFirewallRule* zur Verfügung. Auch IPsec-Regeln lassen sich kopieren. Dazu wird das Cmdlet *Copy-NetIPsecRule* verwendet.

Umbenennen lassen sich Firewallregeln dann mit dem Cmdlet *Rename-NetFirewallRule*. Beim Kopieren können Sie direkt einen neuen Namen angeben, zum Beispiel so:

Copy-NetFirewallRule -DisplayName "Require Outbound Authentication" -NewName "Alternate Require Outbound Authentication"

Löschen können Sie Firewallregeln mit *Remove-NetFirewallRule*.

Firewallregeln lassen sich ebenfalls mit Gruppenrichtlinien verteilen. Auch hier haben Sie die Möglichkeit, die Firewallregeln eines Domänenprofils zu kopieren, die mit einem bestimmten Gruppenrichtlinienobjekt (GPO) im Unternehmen verteilt werden. Beispielsweise so:

Get-NetFirewallProfile -Profile Domain -PolicyStore <FQDN der Domäne>\<Name der GPO> | Copy-NetFirewallRule -NewPolicyStore <FQDN der Domäne>\<Neue GPO>

Im vorangegangenen Profil ist auch das Cmdlet *Get-NetFirewallProfil* eingebunden. Mit diesem Cmdlet lassen sich Firewallregeln in der PowerShell anzeigen.

Kapitel 40: Die Windows-PowerShell

Die Firewall in der PowerShell steuern und Regeln aktivieren oder deaktivieren

Neben dem Erstellen und Anpassen von Firewallregeln können Sie auch die Firewall insgesamt steuern. Auf diesem Weg lassen sich Firewallregeln zeitweise deaktivieren (*Disable-NetFirewallRule*) und dann wieder aktivieren (*Enable-NetFirewallRule*). Die Syntax ist recht einfach:

Disable-NetFirewallRule -DisplayName "<Anzeigename>"

Mit dem Cmdlet ist es zum Beispiel möglich, alle Firewallregeln einer bestimmten Gruppenrichtlinie zu deaktivieren:

Disable-NetFirewallRule -Direction Outbound -PolicyStore <Domäne>\<GPO>

Um alle Firewallregeln eines Rechners in einer Variablen zu speichern, verwenden Sie zum Beispiel:

$Rules = Get-NetFirewallRule -PolicyStore ActiveStore -PolicyStoreSourceType Dynamic

Über diese Variable lassen sich dann alle Firewallregeln deaktivieren:

Disable-NetFirewallRule -InputObject $Rules

Anstatt das Ergebnis einer Abfrage in einer Variablen zu speichern, lassen sich die Ergebnisse aber auch mit dem Pipezeichen (|) direkt an ein anderes Cmdlet übergeben:

Get-NetFirewallRule -PolicyStore ActiveStore -PolicyStoreSourceType Dynamic | Disable-NetFirewallRule

Auf dem gleichen Weg, wie sich Firewallregeln mit *Disable-NetFirewallRule* deaktivieren lassen, können Sie die Regeln mit *Enable-NetFirewallRule* aktivieren.

Firewallregeln anzeigen und den Status abfragen

Der Status von Firewallregeln lässt sich mit *Get-NetFirewallRule* anzeigen. Alle Regeln eines Rechners, unabhängig von dessen Status, zeigen Sie mit *Get-NetFirewallRule -All* an.

Die aktivierten Regeln zeigt die PowerShell mit *Get-NetFirewallRule -Enabled True* an. Um die aktivierten Regeln anzuzeigen, die den Datenverkehr erlauben, verwenden Sie *Get-NetFirewallRule -Enabled True -Action Allow*.

Alle Regeln eines bestimmten Profils lassen sich mit *Get-NetFirewallProfile -Name Public | Get-NetFirewallRule* anzeigen. Die IPsec-Regeln lassen Sie sich am einfachsten mit *Show-NetFirewallRule* auflisten.

Neben den Regeln können Sie auch die einzelnen Profile in der PowerShell steuern. Dazu steht Ihnen das Cmdlet *Set-NetFirewallProfile* zur Verfügung. Auf diese Weise lassen sich alle Profile und die damit verbundenen Regeln aktivieren, damit die Firewall funktioniert:

Set-NetFirewallProfile -Profile Domain,Public,Private -Enabled True

Um das Standardverhalten eines Profils zu steuern, verwenden Sie diesen Aufruf:

Set-NetFirewallProfile -Name Domain -DefaultInboundAction Block

Die globalen Einstellungen für die Windows-Firewall können Sie mit *Set-NetFirewallSetting* steuern.

PowerShell Web Access einrichten

In diesem Abschnitt zeigen wir Ihnen, wie Sie PowerShell Web Access einrichten. Sie müssen dieses Feature nachträglich über den Server-Manager oder die PowerShell installieren und dann über die PowerShell einrichten.

Windows PowerShell Web Access stellt eine webbasierte Windows PowerShell-Konsole bereit. Auf diese Weise können Sie Windows PowerShell-Befehle und -Skripts über eine Windows PowerShell-Konsole in einem Webbrowser ausführen. Dazu ist auf dem Clientgerät ein Windows PowerShell Web Access-Gateway und ein Browser erforderlich, der JavaScript unterstützt sowie Cookies akzeptiert.

Nach der Installation und Konfiguration des Gateways können Benutzer mithilfe eines Webbrowsers auf eine Windows PowerShell-Konsole zugreifen. Wenn ein Benutzer die sichere Windows PowerShell Web Access-Website öffnet, kann er nach der erfolgreichen Authentifizierung eine webbasierte Windows PowerShell-Konsole ausführen.

Abbildung 40.6: Die PowerShell-Sitzung wird über ein Smartphone zu Windows Server 2016 mit PowerShell Web Access ausgeführt.

Hinweis Sie können mit PowerShell Web Access auch problemlos über Smartphones und Tablet-PCs remote auf die PowerShell von Servern zugreifen. Dabei lassen sich alle Cmdlets nutzen, die auf dem Server verfügbar sind.

PowerShell Web Access installieren

PowerShell Web Access setzt voraus, dass der Webserver (IIS), .NET Framework 4.5 und die PowerShell auf dem Server installiert sind, auf dem Sie das Gateway ausführen. Installieren Sie PowerShell Web Access mit dem Server-Manager oder in der PowerShell, werden die erforderlichen Rollen und Features automatisch hinzugefügt:

1. Starten Sie den Server-Manager und klicken Sie im Menü *Verwalten* auf *Rollen und Features hinzufügen*.
2. Wählen Sie auf der Seite *Installationstyp auswählen* die Option *Rollenbasierte oder featurebasierte Installation* aus. Klicken Sie auf *Weiter*.
3. Wählen Sie auf der Seite *Zielserver auswählen* einen Server aus dem Serverpool oder eine Offline-VHD aus. Um eine Offline-VHD als Zielserver auszuwählen, müssen Sie zuerst den Server festlegen, auf dem die virtuelle Festplatte eingebunden werden soll. Wählen Sie danach die *.vhd*-Datei aus.
4. Erweitern Sie auf der Seite *Features auswählen* des Assistenten *Windows PowerShell* und wählen Sie dann *Windows PowerShell Web Access* aus.
5. Sie werden aufgefordert, erforderliche Features, wie .NET Framework 4.5, und Rollendienste des Webservers (IIS) hinzuzufügen. Bestätigen Sie die Standardeinstellungen und setzen Sie den Vorgang fort.

Hinweis Sie können Windows PowerShell Web Access über die PowerShell mit dem folgenden Aufruf installieren:

Install-WindowsFeature -Name WindowsPowerShellWebAccess -ComputerName <Name des Servers> -IncludeManagementTools -Restart

Allerdings werden in diesem Fall die Verwaltungstools für die Internetinformationsdienste (IIS) nicht hinzugefügt.

Das Gateway für PowerShell Web Access konfigurieren

Nach der Installation von PowerShell Web Access besteht der nächste Schritt in der Einrichtung des Gateways für PowerShell Web Access. Das Cmdlet *Install-PswaWebApplication* bietet eine schnelle Möglichkeit, um PowerShell Web Access zu konfigurieren. Sie können mit der Option *-UseTestCertificate* auch ein selbst signiertes SSL-Zertifikat installieren. Verwenden Sie für eine sichere Produktionsumgebung aber besser ein gültiges SSL-Zertifikat, das von einer Zertifizierungsstelle signiert wurde (siehe Kapitel 30). Über die IIS-Manager-Konsole können Sie das Testzertifikat durch ein signiertes Zertifikat ersetzen. In Kapitel 30 finden Sie mehr zu diesem Thema.

Sie können die Konfiguration mit *Install-PswaWebApplication* oder im IIS-Manager durchführen. Standardmäßig wird durch das Cmdlet die Webanwendung *pswa* und der zugehörige Anwendungspool *pswa_pool* im Standardcontainer der Website installiert.

Der IIS-Manager bietet Konfigurationsoptionen, die für Webanwendungen verfügbar sind, zum Beispiel für das Ändern der Portnummer oder des SSL-Zertifikats (Secure Sockets Layer). Um eine Testumgebung einzurichten, geben Sie in der PowerShell den Befehl *Install-PswaWebApplication -UseTestCertificate* ein. Wie Sie nachträglich Einstellungen ändern, lesen Sie in den Kapiteln 27 und 30.

PowerShell Web Access einrichten

Die Webanwendung wird im Standardwebsite-Container von IIS installiert. Die Webseite von PSWA erreichen Sie über den Link, *https://<Servername>/pswa*.

Um die Webanwendung auf einer anderen Website zu installieren, müssen Sie den Websitenamen angeben, indem Sie die Option *-WebSiteName* nutzen, zum Beispiel:

Install-PswaWebApplication -WebApplicationName <Name> -UseTestCertificate

Eine Anmeldung ist erst möglich, nachdem den Benutzern durch Hinzufügen von Autorisierungsregeln der Zugriff auf die Website gestattet wurde. Sie können das Zertifikat jederzeit über die Bindungen der Webseite ändern (siehe Kapitel 30).

Hinweis Haben Sie das Gateway eingerichtet, können Sie die Webseite öffnen, indem Sie die Adresse *http://<Servername>/pswa* eingeben. Eine Anmeldung ist aber erst möglich, nachdem den Benutzern durch Hinzufügen von Autorisierungsregeln der Zugriff auf die Website gestattet wurde.

Abbildung 40.7: Die Anmeldeseite von PowerShell Web Access aufrufen

Berechtigungen für PowerShell Web Access definieren

Nachdem Sie PowerShell Web Access installiert und das Gateway mit der Webseite und dem Zertifikat eingerichtet haben, müssen Sie Benutzern noch den Zugriff auf die PowerShell über PowerShell Web Access gestatten.

Eine Beispielregel für den Zugriff auf PSWA ist:

Add-PswaAuthorizationRule -Usergroupname Contoso\pswa-administrators -ComputerName * -ConfigurationName *

Mit diesem Befehl erteilen Sie allen Mitgliedern der Gruppe *pswa-administrators* das Recht, auf alle Server im Netzwerk über die PowerShell zuzugreifen. Sie können ebenfalls die Option *-ComputerGroupName* verwenden. In diesem Fall können Sie Computerkonten in die Gruppe aufnehmen, auf die Administratoren zugreifen können. Generell ist auch hier die Konfiguration mit Gruppen immer am besten.

Um erweiterte Berechtigungen zu konfigurieren, führen Sie in einer PowerShell-Sitzung, die mit erhöhen Benutzerrechten (*Als Administrator ausführen*) geöffnet wurde, die folgenden Befehle aus:

$applicationPoolName = "<Name des Anwendungspools für PSWA>"
$authorizationFile = "c:\windows\web\powershellwebaccess\data\AuthorizationRules.xml"
c:\windows\system32\icacls.exe $authorizationFile /grant ('"' + "IIS AppPool\$applicationPoolName" + '":R') > $null

Anschließend lassen Sie sich mit *C:\Windows\System32\icacls.exe $authorizationFile* die gesetzten Rechte anzeigen.

Die Authentifizierungsregeln von PowerShell Web Access sind Positivlistenregeln. Jede Regel entspricht einer Definition einer zugelassenen Verbindung zwischen Benutzern, Zielcomputern und bestimmten Windows PowerShell-Sitzungskonfigurationen auf angegebenen Zielcomputern.

Für einen Benutzer muss nur eine Regel zutreffen, damit er Zugriff erhält. Wenn ein Benutzer über die webbasierte Konsole auf einen Computer zugreifen darf, kann er sich bei anderen Computern anmelden, die mit dem ersten Zielcomputer verbunden sind. Das sicherste Verfahren, um Windows PowerShell Web Access zu konfigurieren, besteht darin, Benutzern nur den Zugriff auf eingeschränkte Sitzungskonfigurationen zu gewähren, die ihnen das Ausführen bestimmter Aufgaben ermöglichen:

- **Add-PswaAuthorizationRule** – Fügt Autorisierungsregeln hinzu.
- **Remove-PswaAuthorizationRule** – Entfernt eine angegebene Autorisierungsregel aus PowerShell Web Access.
- **Get-PswaAuthorizationRule** – Zeigt die erstellten Regeln an.
- **Test-PswaAuthorizationRule** – Wertet Autorisierungsregeln aus.

Benutzer von PowerShell Web Access müssen immer einen Benutzernamen und ein Kennwort angeben, um ihr Konto auf dem Gateway zu authentifizieren. Nachdem ein Benutzer am Gateway authentifiziert ist, werden die Autorisierungsregeln geprüft, um festzustellen, ob ihm der Zugriff auf den angeforderten Zielcomputer erlaubt ist. Nach der erfolgreichen Autorisierung werden die Anmeldeinformationen des Benutzers an den Zielcomputer übergeben. Die Syntax für das Erstellen einer Regel lautet:

Add-PswaAuthorizationRule -UserName <Domäne\Benutzer | Computer\Benutzer> -ComputerName <Computername> -ConfigurationName <Sitzungskonfigurationsname>

Diese Autorisierungsregel ermöglicht es einem bestimmten Benutzer, auf einen Computer im Netzwerk zuzugreifen. Der Zugriff ist auf eine bestimmte Sitzungskonfiguration beschränkt. Im folgenden Beispiel wird dem Benutzer *Administrator* in der Domäne *Contoso* der Zugriff für die Verwaltung des Computers *Srv1.Contoso.int* und die Verwendung der Sitzungskonfiguration *Microsoft.PowerShell* gestattet.

Add-PswaAuthorizationRule -UserName Contoso\Administrator -ComputerName Srv1.Contoso.int -ConfigurationName Microsoft.PowerShell

Überprüfen Sie, ob die Regel erstellt wurde, indem Sie das Cmdlet *Get-PswaAuthorizationRule* ausführen. Mit *Remove-PswaAuthorizationRule -ID <Regel-ID>* löschen Sie eine Regel. Sie werden nicht aufgefordert, das Löschen der angegebenen Autorisierungsregel zu bestätigen. Die Regel wird gelöscht, sobald Sie die ⏎-Taste drücken.

Für jede Windows PowerShell-Sitzung wird eine Sitzungskonfiguration verwendet. Ist für eine Sitzung keine derartige Konfiguration angegeben, verwendet Windows PowerShell die in ihr integrierte Standardsitzungskonfiguration *Microsoft.PowerShell*. Die Standardsitzungskonfiguration schließt alle auf einem Computer verfügbaren Cmdlets ein.

Administratoren können den Zugriff auf alle Computer einschränken, indem sie eine Sitzungskonfiguration mit eingeschränktem Runspace (ein begrenzter Bereich von Cmdlets und Aufgaben, die die Benutzer ausführen können) definieren. Ein Benutzer, dem der Zugriff auf einen Computer gestattet wurde, kann Verbindungen mit anderen Computern herstellen, die mit dem ersten Computer verbunden sind. Durch das Definieren eines eingeschränkten Runspace können Sie verhindern, dass Benutzer auf Computer außerhalb ihres zulässigen Windows PowerShell-Runspace zugreifen.

Die Sitzungskonfiguration kann mit Gruppenrichtlinien an alle Computer verteilt werden. Die Autorisierungsregeln werden in einer *.xml*-Datei abgelegt. Standardmäßig wird die *.xml*-Datei unter *%WinDir%\Web\PowershellWebAccess\data\AuthorizationRules.xml* gespeichert. Der Pfad zur *.xml*-Datei mit den Autorisierungsregeln wird in der Datei *powwa.config* hinterlegt, die unter *%WinDir%\Web\PowershellWebAccess\data* gespeichert ist.

Standardmäßig ist in PowerShell Web Access die Anzahl gleichzeitiger Sitzungen je Benutzer auf drei begrenzt. Sie können die *web.config*-Datei der Webanwendung im IIS-Manager bearbeiten, um einen anderen Wert für die Anzahl der Sitzungen pro Benutzer zu definieren. Die Datei *web.config* ist unter *$Env:WinDir\Web\PowerShellWebAccess\wwwroot\Web.config* gespeichert.

Grundsätzlich ist der Webserver (IIS) so konfiguriert, dass der Anwendungspool neu gestartet wird, wenn Einstellungen bearbeitet werden. Der Anwendungspool wird beispielsweise immer dann neu gestartet, wenn Änderungen an der Datei *web.config* vorgenommen werden. Die Sitzungen von Benutzern, die bei PowerShell Web Access angemeldet sind, werden getrennt, wenn der Anwendungspool neu gestartet wird.

Hinweis Nach 15-minütiger Inaktivität wird angemeldeten Benutzern eine Timeoutmeldung angezeigt. Wenn der Benutzer nicht innerhalb von fünf Minuten reagiert, wird die Sitzung beendet und der Benutzer abgemeldet. Sie können die Zeitspanne für den Sitzungstimeout in den Websiteeinstellungen im IIS-Manager ändern.

Bevor Sie PowerShell Web Access auf dem Gatewayserver deinstallieren, müssen Sie die PowerShell Web Access-Website und -Webanwendungen im IIS-Manager löschen. Wählen Sie im IIS-Manager die Website aus, auf der die PowerShell Web Access-Webanwendung ausgeführt wird. Klicken Sie im *Aktionen*-Bereich unter *Website verwalten* auf *Beenden*. Danach können Sie die Seite entfernen.

Die normale Eingabeaufforderung verwenden

Neben der neuen PowerShell besteht auch weiterhin die Möglichkeit, die normale Eingabeaufforderung zu nutzen. In diesem Abschnitt finden Sie einige Tipps und Tricks zur Arbeit mit der Eingabeaufforderung. In diversen Kapiteln dieses Buches wurde bereits auf einzelne Befehle eingegangen, die ohne grafische Oberfläche in der Eingabeaufforderung eingegeben werden können.

Eine Eingabeaufforderung öffnen Sie am besten, indem Sie im Suchfeld des Startmenüs die Zeichenfolge »cmd« eintippen. Alternativ gibt es hier – wie bei der PowerShell – die Möglichkeit, im Explorer die Registerkarte *Datei* zu öffnen, um hier die Eingabeaufforderung sowohl mit als auch ohne Administratorrechte aufzurufen.

Benötigen Sie eine Eingabeaufforderung häufiger, können Sie zur Datei *Cmd.exe* auch eine Verknüpfung auf dem Desktop erstellen oder diese an die Taskleiste anheften, zum Beispiel über die App-Leiste, die Sie im Startmenü mit einem Klick der rechten Maustaste öffnen. Wollen Sie die Eingabeaufforderung mit Administratorrechten öffnen, können Sie dies über die Verknüpfung per Rechtsklick durchführen. Mit der Eingabeaufforderung zu arbeiten, heißt tippen: Man erteilt dem System Befehle, indem man den Namen des Befehls per Tastatur eingibt und die Zeile mit einem Druck auf die ⏎-Taste abschließt. Der Rechner führt daraufhin die gewünschten Aktionen aus, schreibt die angeforderten Informationen – oder auch eine Fehlermeldung – in dasselbe Fenster und steht anschließend für weitere Eingaben zur Verfügung.

Nicht nur der eigentliche Umgang mit der Eingabeaufforderung, auch die Auswahl der zur Verfügung stehenden Befehle hat sich im Laufe der Zeit stark verbessert. Viele von ihnen erschließen – wie Ping – Funktionen, die man in der grafischen Oberfläche vergeblich sucht. Um eine weitere beliebte Startmöglichkeit der Eingabeaufforderung schätzen zu lernen, muss man wissen, dass beim Arbeiten in dieser Umgebung immer genau ein Ordner eines Laufwerks der sogenannte aktuelle Ordner ist. Nur Dateien in diesem Ordner lassen sich anwählen, ohne ihnen einen Pfad voranstellen zu müssen.

Zum Wechseln des aktuellen Ordners dient der Befehl *ChDir* oder kurz *CD*, der als Argument – wie bei allen Befehlen üblich durch ein Leerzeichen abgetrennt – den Namen des Ordners benötigt, in den man wechseln will. Wem die Darstellung nicht gefällt, der findet im Systemmenü dieses Fensters den Befehl *Eigenschaften*, mit dessen Hilfe sich beispielsweise die Schriftart und -größe, die Vorder- und Hintergrundfarbe und manches andere anpassen lassen.

Empfehlenswert ist, auf der Registerkarte *Layout* die voreingestellte Fensterhöhe auf 50 Zeilen zu verdoppeln und die Fensterpuffergröße etwas großzügiger zu bemessen, etwa auf 300 bis 500 Zeilen. Die erste Zahl gibt an, wie viele Zeilen Text das Fenster vollständig anzeigt, die zweite definiert die Größe des Speichers, aus dem die Bildlaufleiste am rechten Rand des Fensters Text zurückholen kann, der nach oben aus der Anzeige gerutscht ist. Die Breite sollte besser auf 80 Zeichen eingestellt bleiben, da manche Programme sonst nur noch wirren Zeichensalat ausgeben.

Die normale Eingabeaufforderung verwenden

Abbildung 40.8: Die Eingabeaufforderung unter Windows Server 2016 konfigurieren

Interessant sind noch einige Einstellungen auf der Registerkarte *Optionen*. Hier spart ein Häkchen bei *QuickEdit-Modus* ein paar Mausklicks beim Kopieren von Text aus der Eingabeaufforderung in andere Anwendungen. Um den Text zu markieren, müssen Sie ihn nur bei gedrückter Maustaste einrahmen und dann die ⏎-Taste drücken. Ohne QuickEdit leitet der Befehl *Markieren* aus dem Systemmenü das Kopieren ein.

Ein Druck auf Esc löscht die Eingabezeile. Weitere Editiermöglichkeiten stellen die Funktionstasten F1 bis F5 zur Verfügung. Beim Arbeiten mit der Eingabeaufforderung ist es recht häufig notwendig, Ordner- oder Dateinamen einzugeben. Die wichtigsten Befehle sind nachfolgend aufgelistet:

- **ATTRIB** – Zeigt Dateiattribute an oder ändert diese.
- **CALL** – Ruft einer Batchdatei aus einer anderen heraus mit Rücksprung auf.
- **CD** – Der Befehl *CD* zeigt Ihnen den Namen des aktuellen Ordners an oder wechselt den aktuellen Ordner. Wird *CD* nur mit einem Laufwerkbuchstaben (z.B. *CD C:*) verwendet, zeigt es diesen Laufwerkbuchstaben und den Namen des Ordners an, der auf dem Laufwerk der aktuelle Ordner ist. Ohne Parameter zeigt *CD* das aktuelle Laufwerk und den aktuellen Ordner an.
- **CHKDSK** – Überprüft Datenträger.
- **CLS** – Löscht den Bildschirm.
- **COMP** – Vergleicht Dateien miteinander.
- **COPY** – Kopiert Dateien.

- **DATE** – Zeigt das aktuelle Datum an oder ändert dieses.
- **DEL** – Löscht eine oder mehrere Dateien.
- **DIR** – Zeigt Inhaltsverzeichnisse an. Zeigt eine Liste der in einem Ordner enthaltenen Dateien und Unterverzeichnisse an. Wenn Sie *DIR* ohne Parameter verwenden, wird die Datenträgervolumebezeichnung und Seriennummer des Datenträgers, gefolgt von einer Liste der Ordner und Dateien auf dem Datenträger, einschließlich der entsprechenden Namen, des Datums und der Uhrzeit der letzten vorgenommenen Änderung angezeigt. Bei Dateien zeigt *DIR* die Namenerweiterung und die Größe in Bytes an. *DIR* zeigt auch die Gesamtzahl der aufgelisteten Dateien und Verzeichnisse an, ihre Gesamtgröße und den Umfang des auf dem Datenträger noch verfügbaren Speicherplatzes (in Bytes).
- **ECHO** – Zeigt Meldungen auf dem Bildschirm aus einer Batchdatei heraus an; schaltet die Befehlsanzeige ein beziehungsweise aus.
- **EXIT** – Beendet das aktuelle Batchskript (mit dem Parameter /b) oder das Programm *cmd.exe* und kehrt zu dem Programm zurück, das über *cmd.exe* gestartet wurde.
- **FC** – Vergleicht Dateien.
- **FIND** – Sucht Textstellen in Dateien.
- **FOR** – Batchbefehle zur mehrfachen Wiederholung eines DOS-Befehls.
- **FORMAT** – Bereitet Festplatten vor (formatieren).
- **GOTO** – Sprungbefehl in Batchdatei
- **IF** – Setzt Bedingungen in Batchdateien.
- **LABEL** – Weist einen Datenträgernamen zu und ermöglicht das Ändern oder Löschen.
- **MD** – Erstellt einen Unterordner.
- **MOVE** – Verschiebt Dateien, benennt Ordner um.
- **PATH** – Legt den Suchpfad für ausführbare Dateien fest oder zeigt ihn an.
- **PAUSE** – Stoppt innerhalb von Batchdateien und wartet auf einen Tastendruck.
- **PING** – Testet eine Netzwerkverbindung.
- **PRINT** – Druckt Textdateien im Hintergrund aus.
- **RD** – Löscht einen Unterordner.
- **REM** – Fügt Kommentare in Batchdateien ein.
- **REN** – Benennt Dateien um.
- **SUBST** – Ersetzt einen Ordnernamen durch einen Laufwerksbezeichner.
- **TIME** – Zeigt die Systemzeit an und ändert diese.
- **TREE** – Zeigt die Ordnerstruktur eines Datenträgers grafisch an.
- **TYPE** – Zeigt den Inhalt einer Datei auf dem Bildschirm an.
- **VOL** – Zeigt den Namen und die Seriennummer eines Datenträgers an.
- **XCOPY** – Erweitertes Kopierprogramm mit zusätzlichen Möglichkeiten zur Übertragung von Dateien und kompletten Verzeichnisbäumen. Mit Xcopy lassen sich Dateien und Ordner einschließlich der Unterordner kopieren. Die Syntax dazu lautet:

Die normale Eingabeaufforderung verwenden

Xcopy Quelle [Ziel] [/c] [/v] [/l] [/d[:TT.MM.JJ]] [/u] [/s [/e]] [/t] [/k] [/r] [/h] [{/y|/-y}]
Dabei können Sie folgende Optionen verwenden:
- **/c** – Unterdrückt Fehlermeldungen.
- **/v** – Bewirkt, dass jede Zieldatei nach dem Schreiben überprüft wird, um sicherzustellen, dass die Zieldateien mit den Quelldateien übereinstimmen.
- **/l** – Zeigt eine Liste der zu kopierenden Dateien an.
- **/d[:TT.MM.JJ]** – Kopiert nur Quelldateien, die an oder nach dem angegebenen Datum geändert wurden. Wenn Sie keinen Wert für TT.MM.JJ angeben, kopiert Xcopy alle Dateien aus Quelle, die neuer sind als vorhandene Dateien aus Ziel. Mit dieser Befehlsoption können Sie veränderte Dateien aktualisieren.
- **/u** – Kopiert nur die Dateien aus der Quelle, die bereits im Ziel existieren.
- **/s** – Kopiert Ordner und Unterordner, wenn diese nicht leer sind. Wenn Sie /s weglassen, arbeitet Xcopy nur innerhalb eines Ordners.
- **/e** – Kopiert alle Unterordner, auch wenn diese leer sind.
- **/t** – Kopiert nur die Unterverzeichnisstruktur (Tree), keine Dateien. Um auch leere Ordner zu kopieren, müssen Sie die Befehlsoption /e angeben.
- **/k** – Kopiert Dateien und behält das Attribut Schreibgeschützt bei den Zieldateien bei, wenn es bei den Quelldateien gesetzt war. Standardmäßig entfernt Xcopy das Attribut Schreibgeschützt.
- **/r** – Überschreibt schreibgeschützte Dateien.
- **/h** – Kopiert Dateien mit den Attributen Versteckt und System. Standardmäßig kopiert Xcopy weder versteckte Dateien noch Systemdateien.
- **/y** – Unterdrückt die Ausgabe einer Aufforderung zur Bestätigung des Überschreibens einer vorhandenen Zieldatei.
- **/-y** – Fordert Sie auf, das Überschreiben einer vorhandenen Zieldatei zu bestätigen.

Tipp   Arbeiten Sie mit der Eingabeaufforderung, können Sie schneller die verschiedenen Befehle aufrufen, wenn Sie den Anfangsbuchstaben des Verzeichnisses eingeben, zu dem Sie sich bewegen wollen, und dann die ⇥-Taste drücken. Windows vervollständigt anschließend den Befehl.

Wollen Sie zum Beispiel zum Stammverzeichnis der Partition wechseln, geben Sie den Befehl *cd* ein. Um vom Stammverzeichnis aus das Verzeichnis *Programme* zu öffnen, reicht es auch, wenn Sie *P* eingeben und so lange die ⇥-Taste drücken, bis das richtige Verzeichnis erscheint.

In der Eingabeaufforderung tragen die Verzeichnisse meistens englische Bezeichnungen, außer die Verzeichnisse, die Sie selbst erstellen.

Wollen Sie im Explorer direkt einen Pfad in der Eingabeaufforderung öffnen, klicken Sie auf das Verzeichnis mit ⇧+Rechtsklick und wählen *Eingabeaufforderung hier öffnen*.

Batchdateien für Administratoren

Geht es um das Scripting im Netzwerk, liest man vor allem von Möglichkeiten, die die PowerShell dazu anbietet. Sicherlich ist die PowerShell extrem mächtig und bietet umfassende Befehle, um Server und Computer zu verwalten. Es ist aber auch möglich, in der normalen Eingabeaufforderung zahlreiche Verwaltungsaufgaben durchzuführen und diese in Batchdateien zusammenzufassen. Wir zeigen Ihnen nachfolgend einige interessante Möglichkeiten.

Grundlagen zu Batchdateien

Sie können die Befehle auf den folgenden Seiten entweder direkt in der Eingabeaufforderung verwenden oder Sie schreiben diese in eine Batchdatei. Dazu können Sie einfach die Befehle in eine neue Textdatei einfügen und dieser die Dateiendung *.cmd* oder *.bat* zuweisen.

Auch Beschreibungen und Kommentare lassen sich vor einzelne Zeilen von Batchdateien einfügen. Dazu verwenden Sie den Befehl *Rem* in der Zeile, zum Beispiel *Rem Ab hier werden Netzlaufwerke verbunden*. Alternativ können Sie auch einfach einen Doppelpunkt als Erstes in die Zeile schreiben. Dann lässt sich diese Zeile parallel noch als Sprungmarke nutzen, doch dazu später mehr.

Netzwerke in der Eingabeaufforderung verwalten

Wollen Sie Netzwerkeinstellungen von Computern in der Eingabeaufforderung ändern, können Sie auf das Tool Netsh zurückgreifen. Um zum Beispiel die IP-Adresse und den DNS-Server der Netzwerkschnittstelle *lan* zu ändern, verwenden Sie die drei folgenden Befehle:

Netsh interface ip set address "lan" static 192.168.1/1078.99 255.255.255.0 192.168.1/1078.4 1

Netsh interface ip delete dns "lan" 192.168.1/1078.1/10

Netsh interface ip add dns "lan" 192.168.1/1078.4

Die Einstellungen lassen Sie sich mit den folgenden Befehlen in der Eingabeaufforderung anzeigen:

Netsh interface ip show address "lan"

Netsh interface ip show dns "lan

Fügen Sie sämtliche Aufrufe in eine Batchdatei ein, können Anwender selbstständig Netzwerkeinstellungen, abhängig vom Netzwerk, mit dem sie verbunden sind, einstellen.

Sie erreichen in der Eingabeaufforderung auch wesentlich schneller Konfigurationsfenster der grafischen Oberfläche der Netzwerkkartenverwaltung. Geben Sie zum Beispiel »ncpa.cpl« ein, öffnet sich das Fenster zur Verwaltung der Netzwerkeinstellungen, und die Eingabe von »certlm.msc« öffnet die Verwaltung der lokalen Zertifikate des Computers. Das ist vor allem bei der Einrichtung von Serverdiensten sinnvoll, die Zertifikate benötigen. Administratoren, die verschiedene Subnetze verwalten, können IP-Pakete mit den Befehlen *Pathping* oder *Tracert* nachverfolgen. So lassen sich schnell Probleme auf Routern finden oder Geschwindigkeitsprobleme beseitigen, indem bestimmte Routen umgangen werden.

Geben Sie den Befehl *Netstat -an* ein, zeigt Windows die geöffneten Ports an. Ausführlichere Informationen erhalten Sie mit *Netstat -banvo*. Die Routingtabelle des Computers sehen Sie mit *Netstat -r*, Statistiken zu TCP/IP zeigt das Tool mit *Netstat -s* an. Auf diesem Weg können Sie also umfassende Informationen zu den Netzwerkeinstellungen eines Servers abrufen.

Sprungmarken und Wartebefehle einsetzen

Interessant für Batchdateien sind generell Sprungmarken, Pause-Zeichen und Befehle zum Warten. Wollen Sie zum Beispiel, dass die Ausführung einer Batchdatei zu einer bestimmten Stelle springt, schreiben Sie vor der entsprechenden Zeile einfach einen Doppelpunkt und die Bezeichnung der Sprungmarke, zum Beispiel *:sprung1*. Wenn Sie jetzt in einer Batchdatei ein *GoTo sprung1* schreiben, führt die Eingabeaufforderung die Batchdatei ab der angegebenen Sprungmarke aus.

Weniger bekannt sind die Befehle zum Warten in Batchdateien. Hier bietet sich in Windows Server 2016 der Befehl *Timeout* an. So wartet zum Beispiel der Befehl *Timeout /t:5* fünf Sekunden auf eine Eingabe und macht dann mit der Batchdatei weiter. Wollen Sie das Warten erzwingen, also keine Unterbrechung per Tastendruck erlauben, verwenden Sie zusätzlich die Option */nobreak*. Mit dem Befehl *Timeout /t -1* läuft kein Countdown, sondern die Batchdatei wartet, bis eine Taste gedrückt wird. Das Gleiche erreichen Sie aber auch mit dem Befehl *Pause*.

Wenn ... Dann-Abfragen nutzen

Interessant sind Sprungmarken zum Beispiel in Verbindung mit Befehlen zum Überprüfen von Bedingungen. So können Sie zum Beispiel mit *If Exist c:\temp\systeminfo.txt GoTo sprung1* festlegen, dass die Batchdatei zur Zeile *sprung1* springt, wenn im Verzeichnis *c:\temp* eine Datei *systeminfo.txt* existiert. Um eine Batchdatei zu beenden, verwenden Sie als Befehl *exit*. Danach schließt Windows das Fenster der Datei.

Sie können aber nicht nur die Option *Exist* nutzen, um zu testen, ob eine bestimmte Datei vorhanden ist. Umgekehrt können Sie mit der Option *Not Exist* prüfen, ob eine Datei nicht vorhanden ist: *If Not Exist c:\temp\test.txt GoTo sprung1*. Interessant ist in diesem Zusammenhang auch die Möglichkeit, zu testen, ob in einem beliebigen Verzeichnis Dateien vorhanden sind, zum Beispiel mit *If Exist C:\temp*.**. Sie können auch Verzeichnisse mit Leerzeichen verwenden, müssen den Pfad aber in diesem Fall in Anführungszeichen setzen. Übrigens lassen sich die Befehle auch problemlos ineinander verschachteln:

If Exist c:\temp\test.bak If Not Exist test2.bak Ren test.bak test2.bak

Dieser Aufruf bedeutet, wenn die Datei *test.bak* vorhanden ist und die Datei *test2.bak* nicht, dann wird *test.bak* in *test2.bak* umbenannt.

In Batchdateien können Sie außerdem den Fehlerstatus eines vorangegangenen Befehls abfragen. Wenn der vorherige Befehl einen Fehler verursacht hat, können Sie in der Batchdatei anders vorgehen als bei einer erfolgreichen Ausführung. Umgekehrt können Sie auch sicherstellen, dass der vorhergehende Befehl erfolgreich war. Dazu ein Beispiel:

Md c:\temp\test

If ErrorLevel 1 GoTo fehler

Echo Verzeichnis erstellt

:fehler

Echo Erstellung nicht möglich

Der Befehl erstellt ein neues Verzeichnis. Ist das nicht möglich, springt die Batchdatei zur Sprungmarke *fehler*. Mit dem *ErrorLevel 0* wird auf eine erfolgreiche Ausführung des Befehls überprüft, mit *ErrorLevel 1* auf eine fehlerhafte Ausführung. Programme können aber auch unterschiedliche Errorlevel zurückgeben. Das testen Sie einfach, indem Sie den entsprechenden Befehl ausführen und dann in der Eingabeaufforderung »%errorlevel%« eingeben. Sie erhalten daraufhin den aktuellen Wert, den Sie wiederum in einer Batchdatei verwenden können.

Sie können zusätzlich zu den Wenn-Abfragen (*If*) auch Ansonsten-Befehle mit *Else* einbauen. Wenn die Bedingung nicht eintritt, führt die Batchdatei einen anderen Befehl aus:

```
If Exist c:\temp\test.bak
(
GoTo weiter
)
else If Exist c:\temp\test\test.bak
(
GoTo weiter2
)
```

In der obigen Anweisung wurden zwei *If*-Anfragen miteinander verknüpft, Sie können aber mit *Else* jeden anderen beliebigen Befehl verwenden.

Informationen zum lokalen Server abrufen

Wenn sich Administratoren an einem Computer anmelden, lassen sich viele wichtige Informationen zu einem PC in der Eingabeaufforderung wesentlich schneller und gebündelter anzeigen als in der grafischen Oberfläche und der PowerShell.

Die aktuelle IP-Adresse wird mit *Ipconfig* angezeigt, mehr Informationen mit *Ipconfig /all*. Der Befehl *Ipconfig /displaydns* zeigt den lokalen DNS-Cache sowie die zuletzt geöffneten Internetseiten und aufgelösten DNS-Namen an. Löschen Sie den Verlauf im Browser, sind die Daten dennoch an dieser Stelle vorhanden. Sie müssen den lokalen DNS-Cache separat löschen, indem Sie *Ipconfig /flushdns* verwenden.

Den Namen des Computers sehen Sie mit *Hostname*, die Version des installierten Windows mit *Ver*, mit *Winver* öffnet sich ein Fenster in der grafischen Oberfläche. Wollen Sie sich den angemeldeten Benutzer anzeigen lassen, zum Beispiel zur Überprüfung von Rechten, geben Sie *Whoami* ein.

Ausführliche Informationen zu einem Computer erhalten Sie auch durch Eingabe von *Systeminfo*. Lassen Sie die Ausgabe am besten mit *Systeminfo >c:\temp\systeminfo.txt* in eine Textdatei umleiten, um alle Informationen in eine Datei zu schreiben. Das funktioniert mit allen Befehlen der Eingabeaufforderung. Standardmäßig überschreibt der Befehl bereits in der Datei vorhandenen Text. Wollen Sie den vorhandenen Text beibehalten und den neuen Text anhängen, was zum Beispiel beim Einsatz von Batchdateien durchaus sinnvoll ist, verwenden Sie den folgenden Befehl (achten Sie auf die zwei spitzen Klammern):

Systeminfo >>c:\temp\systeminfo.txt.

Über den Befehl *Driverquery* im Fenster der Eingabeaufforderung können Sie sich eine Liste aller aktuell geladenen Treiber anzeigen lassen. Mit dem Befehl *Driverquery >c:\treiber.txt* werden alle Treiber in die Textdatei *treiber.txt* geschrieben, die Sie mit dem Windows-Editor bearbeiten und überprüfen können. Auch hier können Sie wieder mit den beiden spitzen Klammern (>>) arbeiten, um den Text anzuhängen.

Wollen Sie den Inhalt des aktuellen Fensters löschen, geben Sie *Cls* ein. In Batchdateien können Sie die Anzeige der eigentlichen Befehle ausblenden, indem Sie am Anfang der Datei *@Echo off* schreiben. Wollen Sie bestimmte Nachrichten in der Eingabeaufforderung anzeigen, geben Sie *Echo <Text>* ein. Der Text wird dann in der Eingabeaufforderung angezeigt. Möchten Sie Leerzeilen in die Anzeige einfügen, verwenden Sie *Echo* mit einem Punkt (*Echo.*).

In der Eingabeaufforderung sehen Sie Freigaben, wenn Sie den Befehl *Net share* eingeben. Mit *Openfiles* können Sie Dateien und Ordner, die auf einem System geöffnet sind, auflisten und trennen. Damit geöffnete Dateien angezeigt werden, müssen Sie zunächst die Einstellung *Maintain Objects List* aktivieren. Mit dem Befehl *Openfiles /local on* wird das Systemflag eingeschaltet, mit *Openfiles /local off* schalten Sie es wieder aus.

Wenn Sie nach dem Neustart *Openfiles* eingeben, werden die geöffneten Dateien angezeigt (bitte etwas Geduld mitbringen, es kann eine Weile dauern). Möchten Sie überprüfen, welche Dateien auf einem USB-Stick geöffnet sind, empfiehlt sich der Befehl *Openfiles |find /i "z:"*, wobei *z:* der Laufwerkbuchstabe des USB-Sticks ist. Wenn Sie offene Dateien auf Ihrem System finden und diese schließen wollen, verwenden Sie den Befehl *Openfiles /disconnect /id <id>* oder *Openfiles /disconnect /a <user>*. Als *<id>* wird die von *Openfiles* mitgeteilte ID eingetragen, als *<user>* die mitgeteilte Nutzerkennung.

Schleifen und Variablen verwenden

Soll es etwas komplizierter werden, können Sie auch Schleifen in Batchdateien erstellen, also bestimmte Passagen eine bestimmte Anzahl mal wiederholen lassen. Dazu verwenden Sie den Befehl *For*. Die Syntax dazu lautet *For <Variable> do (*. Nach der Klammer schreiben Sie in separate Zeilen die Befehle und schließen dann mit einer Klammer in der letzten Zeile ab:

```
for <Variable> do (
   Befehl 1
   Befehl 2
 )
```

Sie können die Schleifen auch als Zählschleifen nutzen und für eine bestimmte Anzahl ablaufen lassen. Dazu verwenden Sie die Option */L* und die Syntax *For /L <Variable< IN (Startzahl, Schrittweite, Endzahl) DO (Aktion)*. Eine weitere Möglichkeit, eine Zählschleife zu erstellen, ist:

```
Rem Echo ausschalten
@echo off
Rem Setzt die Variable "wert" auf 0
set /a wert=0
Rem Sprungmarke "start"
:start
Rem Erhöht die Variable "wert" um 1
set /a wert=%wert+1
Rem Gibt die Variable "wert" aus
```

```
echo %wert%
Rem Überprüft, ob die Variable den Wert 3 erreicht hat, und springt zur Sprungmarke
"drei"
if %wert%==3 GoTo drei
Rem Springt zur Sprungmarke "start"
GoTo start
Rem Sprungmarke "drei"
:drei
echo ***Drei erreicht***
pause
```

Auch Variablen können Sie in Batchdateien nutzen. So ist zum Beispiel die Variable %1 die ausgewählte Datei, wenn Sie mit einer Batchdatei eine Datei bearbeiten wollen. Ein Beispiel dafür ist:

Attrib -R %1

Edit %1

Attrib +R %1

Speichern Sie diese Datei zum Beispiel als *test.bat* ab, können Sie mit dem Befehl *test.bat c:\temp\test.txt* den Schreibschutz einer Datei entfernen, die Datei zum Bearbeiten aufrufen und anschließend den Schreibschutz wieder setzen.

WMI-Abfragen nutzen

Generell lassen sich Windows-Server weiterhin auch mit WMI-Abfragen verwalten und Informationen abrufen. So können Sie beispielsweise die Konfiguration der Auslagerungsdatei in der Eingabeaufforderung durchführen. Dies ist zum Beispiel notwendig, wenn die Datei größer als 2 TB sein soll oder wenn Sie die Einstellungen skripten möchten. Zum Erstellen einer Auslagerungsdatei führen Sie den folgenden Befehl aus:

Wmic pagefileset create name="<Laufwerkbuchstabe>:\pagefile.sys"

Zum Festlegen der Größe der Auslagerungsdatei verwenden Sie diesen Befehl:

Wmic pagefileset where name="<Laufwerkbuchstabe>:\\pagefile.sys" set InitialSize=<MB>, MaximumSize=<MB>

Bitte beachten Sie den doppelten Backslash »\\« vor *pagefile.sys*!

Mit dem folgenden Befehl deaktivieren Sie die Auslagerungsdatei auf einem Laufwerk:

Wmic pagefileset where name="<Laufwerkbuchstabe>:\\pagefile.sys" delete

Haben Sie die Datei bereits gelöscht, erscheint die Meldung *Keine Instanzen verfügbar*. Auf diese Weise überprüfen Sie daher auch, ob auf einem Laufwerk überhaupt eine Auslagerungsdatei vorhanden ist.

Wenn Sie die Daten von Servern auslesen wollen, zum Beispiel den freien Festplattenplatz oder andere Informationen, können Sie auf WMI-Befehle setzen. Dabei ist es nicht notwendig, sich mit der komplexen WMI-Problematik auseinanderzusetzen. Stattdessen lassen sich über die PowerShell diese Daten schnell und einfach auslesen. Wir zeigen Ihnen im Folgenden, wie dabei am besten vorgegangen wird.

Um sich einen Überblick über einen Server oder eine Arbeitsstation zu verschaffen, müssen Administratoren nicht unbedingt auf Tools und die grafische Oberfläche setzen. Auch in der PowerShell oder der Eingabeaufforderung lassen sich Informationen anzeigen. Der Vorteil dabei ist, dass sich auf diesem Weg Skripts erstellen lassen und Informationen wesentlich schneller zur Verfügung stehen als über andere Wege. In der PowerShell gibt es dazu zahlreiche Befehle.

Mit einigen Cmdlets lassen sich direkt Festplatten abfragen, andere rufen mit WMI Objekte vom Betriebssystem ab. Auch hier gibt es zahlreiche Varianten. Neben Festplatteninformationen lassen sich außerdem Daten der Netzwerkkonfiguration anzeigen. Für den Umgang mit den Befehlen muss man kein Skriptprofi sein. Die PowerShell-Befehle sind für jeden Administrator sehr leicht zu bedienen.

Das Cmdlet *Get-PhysicalDisk* zeigt Informationen über Ihre Festplatten an. Ausführliche Informationen lassen sich mit *Get-PhysicalDisk |fl* oder *Get-PhysicalDisk |ft* anzeigen. Wenn Sie nur bestimmte Informationen benötigen, fügen Sie nach der Option |fl das entsprechende Feld hinzu.

Ausführliche Informationen zu Festplatten lassen sich mit WMI-Befehlen abrufen. Dazu gibt es das Cmdlet *Get-WmiObject*. Verwenden Sie die Option *Win32_LogicalDisk*, werden Ihnen sehr ausführliche Informationen zu Ihren Festplatten aufgelistet.

Um nur lokale Festplatten anzuzeigen, nutzen Sie den Befehl *Get-WmiObject Win32_LogicalDisk -filter "DriveType=3"*. Soll die Anzeige noch gefiltert werden, lassen sich die gewünschten Filter direkt einblenden: *Get-WmiObject Win32_LogicalDisk -Filter "DriveType=3" -Computer . | Select SystemName,DeviceID,VolumeName, Freespace*.

Es lassen sich mit der PowerShell aber auch weitere Informationen anzeigen. Eine Liste für Datenträger ist mit dem Befehl *Gwmi -List|Where {$_.Name -Like "*disk*"}* verfügbar.

Wenn Sie das installierte Betriebssystem und das Datum der Installation überprüfen möchten, können Sie ebenfalls WMI und die PowerShell verwenden. Mit dem folgenden Befehl lassen Sie sich die entsprechenden Informationen anzeigen:

Get-WmiObject win32_operatingsystem | Select @{Name="Installed"; Expression={$_.ConvertToDateTime($_.InstallDate)}}, Caption

Auch die Bitvariante des Betriebssystems (*Get-WmiObject -Class Win32_ComputerSystem -ComputerName . | Select-Object -Property SystemType*), Domäne, Hersteller, Modell und mehr (*Get-WmiObject -Class Win32_ComputerSystem*) lassen sich anzeigen.

Informationen zur Netzwerkverbindung und zu den Netzwerkadaptern können Sie ebenfalls anzeigen. In diesem Fall sind die beiden Befehle *Get-WmiObject Win32_Networkadapter* und *Get-NetAdapter* interessant.

Viele dieser Befehle lassen sich über das Netzwerk nutzen. Zusätzlich haben Administratoren noch die Möglichkeit, die Daten von Rechnern über das Netzwerk abzufragen, zum Beispiel folgendermaßen:

Get-WmiObject Win32_LogicalDisk -Filter "DriveType=3" -ComputerName 192.168.1.1078.9

Zusammenfassung

In diesem Kapitel haben wir Ihnen gezeigt, wie Sie mit der neuen PowerShell und der Eingabeaufforderung umgehen. Außerdem wurde in diesem Kapitel auch kurz die Erstellung von Skripts und Batchdateien erläutert.

Im nächsten Kapitel erfahren Sie, wie Sie die Essentials-Edition von Windows Server 2016 als Serverrolle in Windows Server 2016 installieren und nutzen.

Kapitel 41
Windows Server 2016 Essentials einsetzen

In diesem Kapitel:
Windows Server 2016 Essentials verstehen 1062
Windows Server 2016 Essentials als Serverrolle installieren 1065
Windows Server 2016 Essentials verwalten..1067
Mobil mit Windows Server 2016 Essentials arbeiten 1068
Zusammenfassung...1068

Seit Windows Server 2012 gibt es keinen Windows Small Business Server (SBS) mehr. Der offizielle Nachfolger ist die Essentials-Edition von Windows Server 2016. Diese bietet allerdings weder Exchange noch SharePoint. Unternehmen, die migrieren möchten, müssen daher einiges beachten und oft auch auf Clouddienste setzen.

Als Administrator in einem Unternehmen, das bisher Exchange oder SharePoint zusammen mit Small Business Server genutzt hat, müssen Sie bei Windows Server 2016 umdenken. Dies gilt ebenfalls, wenn Sie im Unternehmen Microsoft SQL Server oder SharePoint im SBS-Netzwerk nutzen. Microsoft hat SBS aus dem Programm genommen und es gibt kein Serverpaket mehr, das ein Serverbetriebssystem zusammen mit einem E-Mail- und Datenbankserver bietet. Als Alternative besteht die Möglichkeit, Windows Server 2016 Essentials einzusetzen und die Exchange-Daten zu Office 365 auszulagern. Bei der Migration müssen Administratoren daher einiges beachten.

Unternehmen, die zur neuen Version wechseln möchten, sollten im ersten Schritt die lokalen Exchange-Daten von SBS zu Office 365 übertragen. Dabei spielt es keine Rolle, welche SBS-Version im Einsatz ist. Der Vorteil bei der Migration zu Office 365 ist, dass Unternehmen dadurch gleich Zugang zu SharePoint Online erhalten. Auch hier lassen sich die Daten des alten Companywebs übernehmen. Die Migration kann hier entweder automatisiert mit Tools oder manuell erfolgen, abhängig von der Anzahl der Daten, die übernommen werden sollen.

Laufen Exchange und SharePoint stabil, besteht die Möglichkeit, Windows Server 2016 Essentials im Netzwerk einzusetzen. Da Migrationen allerdings immer etwas Aufwand bedeuten, besteht der einfachste Weg der Übernahme in einer Neuinstallation und der anschließenden Datenübernahme.

Windows Server 2016 Essentials verstehen

Windows Server 2016 Essentials lässt sich in bestehende Domänen integrieren, auch mehrere Server mit Windows Server 2016 Essentials. Von anderen Niederlassungen aus können Anwender ebenfalls mit dem Connector in Windows Server 2016 Essentials auf Server zugreifen. Außerdem können Anwender den Server für die Anbindung auswählen. Installieren Sie die Serverrolle von Windows Server 2016 Essentials auf einem Mitgliedsserver in der Domäne, ist der Server danach immer noch Mitgliedsserver. Er wird nicht zum Domänencontroller heraufgestuft, sondern verwendet nach der Installation der Rolle die bereits verfügbaren Domänencontroller.

Grenzwerte für die Datenspeicherung sind in der neuen Version ebenfalls mit dabei. Außerdem lassen sich im Dashboard auch Freigaben auf einem weiteren Server im Netzwerk verwalten und erstellen. Zusätzlich arbeitet Windows Server 2016 Essentials sehr eng mit Office 365 und Microsoft Azure zusammen. Im Dashboard lassen sich viele Einstellungen aus Office 365 verwalten. Die vollständige Wiederherstellung von Clientcomputern kann über eine DVD erfolgen oder mit den Windows-Bereitstellungsdiensten (Windows Deployment Services, WDS) des Servers direkt über das Netzwerk.

Windows Server 2016 Essentials im Einsatz

Beim Einsatz von Windows Server 2016 Essentials können Unternehmen bis zu 25 Benutzer und 50 Clientgeräte anbinden. Wer mehr anbinden will, kann auf Windows Server 2016 Standard oder Datacenter setzen. Allerdings fällt dann die zentrale Verwaltung über das Dashboard weg, außerdem sind Clientzugriffslizenzen notwendig. Eine solche Übernahme muss ein IT-Profi vornehmen. Die Verwaltung des neuen Servers erfolgt über ein Dashboard, das bereits von Small Business Server 2011 Essentials bekannt ist.

Windows Server 2016 Essentials gibt es in Windows Server 2016 als Serverrolle für die Editionen Standard und Datacenter. Und für kleinere Unternehmen ist Windows Server 2016 Essentials auch als eigenständige Edition verfügbar. Außerdem bietet Windows Server 2016 Essentials Möglichkeiten zur Virtualisierung, ebenfalls auf Basis von Hyper-V.

Der Installations-Assistent erstellt automatisiert eine Active Directory-Domäne und führt notwendige Einstellungen durch. Administratoren können alle Aufgaben im Dashboard vornehmen, dem zentralen Verwaltungswerkzeug von Windows Server 2016 Essentials. Zur Installation und dem Betrieb sind daher keine Profikenntnisse notwendig. Wenn der Server bereits Mitglied einer Domäne ist, erkennt dies der Einrichtungs-Assistent und nimmt den Essentials-Server in die Domäne mit auf.

Windows Server 2016 Essentials verstehen

Im Gegensatz zu SBS 2011 Standard bietet Windows Server 2016 Essentials einen wichtigen Vorteil: Clientcomputer lassen sich über einen Agent auf den Server sichern und auf einfache Weise wiederherstellen. Diese Funktion hat Microsoft von SBS 2011 Essentials übernommen. Außerdem haben Anwender die Möglichkeit, mithilfe eines Webportals über das Internet mit dem Remotedesktop auf den eigenen Server zuzugreifen. Die Datensicherung und -wiederherstellung des eigenen PC können Anwender in einem Tool leicht selbst durchführen und so den Administrator entlasten.

Die Anwender müssen in ihrem Browser lediglich die Adresse *http://<Servername>/connect* aufrufen. Anschließend bietet der Server den Download der Agent-Software an. Sobald ein Anwender den Link zur Installation anklickt, startet ein Assistent, der ihn bei der Anbindung des eigenen PC unterstützt.

Damit sich der Rechner anbinden lässt, muss sich der jeweilige Anwender mit der Webseite verbinden und während der Einrichtung über den Assistenten seinen Benutzernamen und sein Kennwort eingeben. Dieses legt der Administrator zuvor im Dashboard fest.

Nach Abschluss der Installation befindet sich auf dem Rechner das Launchpad. Über dieses können Anwender auf ihre Daten auf dem Server zugreifen und sogar ihren Rechner auf den Server sichern. Die Anbindung kann über diesen Weg auch mit Windows 8.1/10 ohne Domänenanbindung erfolgen. Es ist also nicht unbedingt Windows 8.1/10 Pro oder Enterprise notwendig, auch wenn der Einsatz dieser Versionen empfohlen ist.

Unternehmen mit wenigen Anwendern beschäftigen oft keinen speziellen IT-Administrator, der eigene Server verwalten kann. Daher verfügt Windows Server 2016 Essentials über das aus SBS 2011 Essentials bekannte Dashboard. Dieses bietet in einer angepassten Oberfläche die Möglichkeit, den Server komplett zu verwalten. Es lassen sich Benutzer anlegen, Freigaben erstellen und Zusatzanwendungen wie Backuplösungen oder Virenschutz installieren. Der Vorteil ist die leichte Bedienung. Das Dashboard können Administratoren auch von ihrer Arbeitsstation aus über das Launchpad starten. Auf diesem Weg lässt sich – die korrekten Anmeldedaten vorausgesetzt – der Server von jedem Rechner im Netzwerk aus verwalten.

Nicht nur das Anlegen von neuen Benutzern vereinfacht Windows Server 2016 Essentials durch einen Assistenten, sondern auch die Zuteilung von Berechtigungen für Freigaben. Beim Anlegen von Benutzern können Sie im Assistenten exakt festlegen, auf welche Freigaben der Anwender zugreifen darf und welche Rechte er für den Zugriff hat. Legen Sie neue Freigaben an, definieren Sie auch, mit welchen Rechten die einzelnen Anwender auf die neue Freigabe zugreifen dürfen. Auch hier unterstützt wieder ein Assistent die Konfiguration, und Anwender sehen die Freigabe in ihrem Launchpad.

Zur Sicherung (siehe Kapitel 36) nutzt Windows Server 2016 Essentials das in Windows Server 2016 integrierte Sicherungsprogramm. Mit diesem können Administratoren die Daten des Servers auch wiederherstellen. Über das Dashboard können Unternehmen den Server zusätzlich an das Microsoft Azure Online-Backupprogramm anbinden und so die Daten des Servers in der Cloud sichern. Dieser Dienst ist allerdings kostenpflichtig und die Preise sind von der Größe der gesicherten Daten abhängig. Diese Funktion lässt sich ebenfalls direkt in das Dashboard integrieren.

Außerdem erlaubt der Server einen Zugriff über das Internet. Dazu verwenden Anwender ihren Browser oder eine VPN-Verbindung (virtuelles privates Netzwerk). Über Web Access können Sie sogar das Dashboard starten und so den Server über das Internet verwalten. Auch ein Zugriff auf Arbeitsplatzrechner ist per Remotedesktop über das Web Access möglich.

Treten Fehler auf dem Server auf, kann dieser automatisch eine Benachrichtigungs-E-Mail an Administratoren senden. Im Dashboard sehen Anwender oben rechts im Fenster noch eine Zusammenfassung von Fehlern des Servers und aller angebundenen Computer. Klicken Administratoren im Dashboard auf diesen Bereich, erhalten sie Hinweise, wie der Fehler behoben werden kann.

Über Apps binden Administratoren weitere Tools ein, die die Verwaltung erleichtern. Die Tools lassen sich anschließend ebenfalls über das Dashboard verwalten.

Es besteht aber auch die Möglichkeit, einen zusätzlichen lokalen Exchange-Server an Windows Server 2016 Essentials anzubinden. Der neue Server bietet dazu die Möglichkeit zur Nutzung eines Assistenten, der im Bereich E-Mail zur Verfügung steht. Generell hat die Migration der Exchange-Daten zu Office 365 nichts mit der Integration von Windows Server 2016 Essentials ins Netzwerk zu tun, diese läuft unabhängig davon. Unternehmen sollten erst die Exchange-Daten vom aktuellen SBS lösen und danach den neuen Server ins Netzwerk einbinden.

Unternehmen können Daten in Windows Server 2016 Essentials in der Cloud beim Microsoft Online Backup Service speichern. Auch hierzu bietet der Server einen eigenen Assistenten an. Allerdings lassen sich Daten noch auf herkömmlichem Weg mit Drittherstellersoftware oder auf einer lokalen Festplatte mit der Windows Server-Sicherung sichern. Administratoren können direkt vom Dashboard aus auf den internen Store für Windows Server 2016 Essentials zugreifen. Über diesen lassen sich Zusatzprogramme und Add-Ins speziell für Windows Server 2016 Essentials installieren. Der Vorteil dieser Add-Ins besteht darin, dass sie sich ebenfalls in das Dashboard integrieren.

Wer auf Windows Server 2016 Essentials migriert, kann den Server als Neuinstallation im Netzwerk einbinden. Das ist auch der von Microsoft empfohlene Weg, da hier keine Altlasten anfallen und keine komplizierten Migrationsaufgaben notwendig sind. Anschließend legt der Administrator die Benutzerkonten neu an und kopiert die Daten in die entsprechenden Ordner. Alle Aufgaben lassen sich dann schnell und einfach im Dashboard vornehmen.

Windows Server 2016 Essentials virtuell installieren

Die Installation von Windows Server 2016 Essentials erfolgt als normaler eigenständiger Server grundsätzlich genauso wie in den Vorgängerversionen. Es gibt allerdings Möglichkeiten zur Virtualisierung.

Interessant ist die Möglichkeit, die Funktionen von Windows Server 2016 Essentials als Serverrolle auf einem bereits installierten Server mit Windows Server 2016 Standard oder Datacenter durchzuführen. Nach der Installation stehen in diesem Fall exakt die gleichen Verwaltungsmöglichkeiten und Funktionen wie bei der Installation von einem Windows Server 2016 Essentials-Datenträger zur Verfügung.

Interessant ist außerdem die Möglichkeit, Windows Server 2016 Essentials komplett virtuell zu installieren. Das war zwar technisch bereits mit Windows Server 2012/2012 R2 Essentials möglich gewesen, aber lizenzrechtlich oft problematisch. Außerdem ist in diesem Fall eine weitere Serverlizenz für den Virtualisierungshost notwendig. Umgehen lässt sich das im Fall von Windows Server 2016 Essentials mit dem kostenlosen Hyper-V Server 2016.

In Windows Server 2016 Essentials ist die Virtualisierung explizit erlaubt. Außerdem lassen sich auf dem Host zusätzlich weitere Server betreiben und virtualisieren.

Vorteil der Virtualisierung von Windows Server 2016 Essentials auf einem physischen Server ist noch die Möglichkeit, auch andere virtuelle Server auf dem Host zu installieren. So lassen sich in das Netzwerk noch mehr Server integrieren, sogar mehrere Servercomputer mit Windows Server 2016 Essentials. Diese müssen Unternehmen aber gesondert lizenzieren.

Wie schon Windows Server 2012/2012 R2 Essentials erlaubt auch Windows Server 2016 Essentials die Anbindung von 25 Anwendern und 50 PCs. Reichen diese Lizenzen nicht mehr aus, können Unternehmen auf die Standard- oder Datacenter-Edition von Windows Server 2016 wechseln.

Windows Server 2016 Essentials als Serverrolle installieren

Installieren Unternehmen die Serverrolle von Windows Server 2016 Essentials auf Servern mit Windows Server 2012 Standard oder Datacenter, fällt die Beschränkung von 25 Anwendern generell weg. Allerdings muss hier gesondert lizenziert werden. Außerdem können diese Server Mitglieder von größeren Active Directory-Gesamtstrukturen werden.

Zusätzlich können Unternehmen mehrere Server in Niederlassungen installieren. Hier gibt es generell keine Grenzen mehr. Dies hat den Vorteil, dass sich die Sicherung von Clients in Niederlassungen wesentlich einfacher gestalten lässt, was einer der Hauptvorteile von Windows Server 2016 Essentials ist. Da Windows Server 2016 Essentials über Assistenten verfügt, um Arbeitsstationen über das Netzwerk komplett zu sichern, ist der Einsatz auch bei mittelständischen oder großen Unternehmen durchaus sinnvoll. Die neue Version arbeitet noch besser mit dem Dateiversionsverlauf von Windows 8.1/10 zusammen und kann Computer mit den Windows-Bereitstellungsdiensten (WDS) auf Basis von Images sichern und wiederherstellen. Mehr dazu lesen Sie in Kapitel 36.

Das alles gilt nicht nur bei der Installation als Serverrolle. Wer Windows Server 2016 Essentials eigenständig installiert, muss generell mit den gleichen Einschränkungen arbeiten wie bei Windows Server 2012/2012 R2 Essentials. Die Installation der Funktionen für Windows Server 2016 Essentials auf Servern mit Windows Server 2016 Standard oder Datacenter gestaltet sich recht einfach: Sie starten den Server-Manager, rufen *Verwalten/Rollen und Features hinzufügen* auf, wählen den entsprechenden Server und anschließend die neue Serverrolle *Windows Server Essentials-Umgebung* aus.

Kapitel 41: Windows Server 2016 Essentials einsetzen

Abbildung 41.1: Funktionen für Windows Server 2016 Essentials installieren Sie in Windows Server 2016 auch als Serverrolle.

Während der Installation der Serverrolle müssen Sie keinerlei Einstellungen vornehmen. Die Einrichtung der Essentials-Funktionen führen Sie nach dem Neustart des Servers und erst dann durch, wenn die Rolle installiert ist. Nachdem die Serverrolle installiert ist, starten Sie den Konfigurations-Assistenten für die Essentials-Umgebung. Bei diesem Vorgang werden die notwendigen Einstellungen übernommen, Freigaben erstellt und Serverdienste eingerichtet. Die weitere Verwaltung nehmen Sie dann mit den bekannten Verwaltungswerkzeugen von Windows Server 2016 oder mit dem Dashboard vor.

Durch die Möglichkeit, Windows Server 2016 Essentials als Serverrolle zu betreiben, können Sie den Server auch als Image über Microsoft Azure Virtual Machines zur Verfügung stellen. Das hat große Vorteile für Unternehmen, die kleine Niederlassungen oder Abteilungen an das Netzwerk anbinden und die Funktionen von Windows Server 2016 Essentials zur Verfügung stellen wollen.

Abbildung 41.2: Nach der Installation richten Sie Windows Server 2016 Essentials über den integrierten Assistenten ein.

Windows Server 2016 Essentials verwalten

Unabhängig davon, ob Sie den Server eigenständig installiert haben, als virtueller Server in Microsoft Azure Virtual Machines oder als Serverrolle, können Sie Einstellungen zentral mit dem Dashboard vorgeben. Hier haben Sie ähnliche Möglichkeiten wie mit SBS 2011 Essentials oder Windows Server 2012/2012 R2 Essentials.

Vorteil dabei ist, dass Sie Teile der Verwaltung auch an Benutzer delegieren können. Wenn Sie Windows Server 2016 Essentials als Serverrolle in eine bestehende Active Directory-Domäne aufnehmen, haben Sie im Dashboard Zugriff auf alle Benutzerkonten in der Domäne. Sie können im Dashboard dann entsprechende Einstellungen für die Benutzer definieren und Berechtigungen delegieren. Anwender können selbst eine Verbindung mit dem Server aufbauen und mit dem Dashboard arbeiten. Mit diesen Möglichkeiten lässt sich der Server als Domänencontroller oder als normaler Mitgliedsserver einsetzen.

Auch bei der Installation als Serverrolle richtet der Installations-Assistent Freigaben und Sicherungen automatisch ein. Sie haben exakt die gleichen Möglichkeiten wie bei eigenständigen Installationen. Natürlich können Sie jederzeit weitere Freigaben erstellen oder Einstellungen ändern.

Kapitel 41: Windows Server 2016 Essentials einsetzen

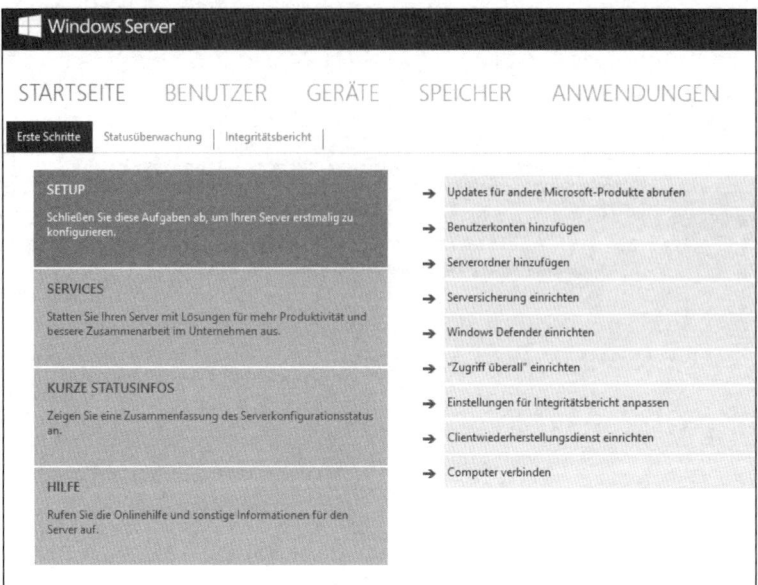

Abbildung 41.3: Die Verwaltung von Windows Server 2016 Essentials erfolgt über das Dashboard.

Mobil mit Windows Server 2016 Essentials arbeiten

Bereits mit Small Business Server 2011 Essentials hat Microsoft auch für mobile Anwender die Möglichkeit geschaffen, auf den Server von unterwegs zuzugreifen. Mit Windows Server 2012/2012 R2 Essentials hat Microsoft diese Möglichkeiten weiter verbessert. Windows Server 2016 Essentials bietet darüber hinaus vor allem eine Optimierung für Smartphones und Tablet-PCs. Anwender können in Unternehmen, die BYOD (Bring Your Own Device) nutzen, optimal mit dem Server arbeiten, unabhängig davon, ob Geräte mit Windows 7/8/ 8.1/RT, Windows 10 oder Windows Phone 7/8 und Windows 10 for Mobile, Android oder Apple-Geräte im Einsatz sind. Dazu nutzt die neue Version HTML5. Das heißt, Anwender können mit jedem HTML5-kompatiblen Browser problemlos auf den Server zugreifen. Die Bedienung ist in diesem Fall auch für Touchgeräte optimiert.

Windows Server 2016 Essentials unterstützt zusätzlich BranchCache. Dies bedeutet, Daten, die Anwender über Freigaben in anderen Niederlassungen auf ihren Arbeitsstationen nutzen, werden lokal zwischengespeichert. Beim nächsten Zugriff werden die Daten dem gleichen oder einem anderen Anwender noch besser und schneller zur Verfügung gestellt, ohne dass auf die ursprüngliche Remotequelle erneut zugegriffen werden muss.

Zusammenfassung

In diesem Kapitel haben wir Ihnen gezeigt, wie Sie mit Windows Server 2016 Essentials Benutzer in kleinen Unternehmen oder Niederlassungen anbinden. Durch die Möglichkeit, Windows Server 2016 Essentials zu virtualisieren oder als Serverrolle zu installieren, profitieren auch kleine Firmen von den Funktionen des Servers.

Im nächsten und abschließenden Kapitel erklären wir Ihnen anhand einer Beispielumgebung, wie Sie die Active Directory-Verbunddienste einrichten.

Kapitel 42
Active Directory-Verbunddienste und Workplace Join

In diesem Kapitel:
Die Active Directory-Verbunddienste (AD FS) installieren und einrichten 1070
Einen AD FS-Server überwachen und Fehler beheben 1079
Single Sign-On mit AD FS konfigurieren 1080
Zusammenfassung..1081

Mit Windows Server 2016 und Windows 8.1/10, Windows RT und iOS-Geräten haben Sie die Möglichkeit, Clients über das Internet durch Active Directory-Verbunddienste (Active Directory Federation Services, AD FS) an Unternehmensressourcen anzubinden. Anwender arbeiten bei Workplace Join mit ihrer gewohnten Umgebung, können aber auf bestimmte Ressourcen im Unternehmensnetzwerk zugreifen, die ansonsten nur Domänenmitgliedern vorbehalten sind.

Mit den Active Directory-Verbunddiensten können Sie im Unternehmen eine zentrale Authentifizierungsinfrastruktur aufbauen, die Single Sign-On(SSO)-Szenarien zwischen verschiedenen Active Directory-Gesamtstrukturen bietet, aber auch die Möglichkeit zur Verfügung stellt, um Benutzer sicher für den Zugriff auf Office 365 und Microsoft Azure zu authentifizieren. Damit die Lösung stabil und sicher eingesetzt werden kann, müssen Sie einiges beachten. Wir zeigen Ihnen in diesem Kapitel, wie Sie dazu am besten vorgehen.

Mit Conditional Access Control lassen sich vor allem mobile Anwender effizienter anbinden. Außerdem können Sie Rechner mit Windows 10 über eine Geräteauthentifizierung an

Windows Server 2016 anbinden. Microsoft zeigt die Möglichkeiten dazu im TechNet auf (*http://tinyurl.com/h7p9xr2*).

Sie können in Windows Server 2016 auch Benutzerkonten in AD FS authentifizieren, die nicht von Active Directory zur Verfügung gestellt werden. Beispiel dafür sind X.50000-kompatible LDAP-Verzeichnisse oder auch SQL-Datenbanken:

AD LDS

Apache DS

IBM Tivoli DS

Novell DS

Open LDAP

Open DJ

Open DS

Radiant Logic Virtual DS

Sun ONE v6, v7, v11

Passive Authentifizierungsmöglichkeiten wie SAML, OAuth, WS-Trust active authorization protocol und WS-Federation sind ebenfalls möglich. Windows Server 2016 bietet auch die Möglichkeit, mehrere LDAP-Verzeichnisse mit einer AD FS-Farm zu verbinden.

Die Active Directory-Verbunddienste (AD FS) installieren und einrichten

Die Active Directory-Verbunddienste haben die Aufgabe, mehrere Gesamtstrukturen miteinander zu verbinden oder externe Anwender über eine eigene Authentifizierung an Unternehmensressourcen anzubinden. Die nachfolgende Anleitung zur Installation einer Beispielumgebung mit AD FS dient später für die Einrichtung von Workplace Join zusammen mit einem Windows 8.1/10-Rechner.

Um eine Testumgebung mit AD FS aufzubauen, brauchen Sie mindestens drei Server: einen Domänencontroller, den AD FS-Server und einen Webserver, auf den Sie zugreifen können, um die Authentifizierung zu testen. Auf allen drei Servern installieren Sie Windows Server 2016. Um den Zugriff auf die Webanwendung mit Workplace Join zu testen, brauchen Sie noch einen Rechner mit Windows 8.1/10.

AD FS grundlegend installieren

Wichtig ist vor allem die strikte Trennung zwischen Domänencontroller, AD FS-Server und den Clients, auf die die Server zugreifen können. Die grundlegende Installation von AD FS erfolgt über das Hinzufügen von Serverrollen im Server-Manager.

Damit Sie eine AD FS-Infrastruktur optimal und sicher betreiben können, zum Beispiel für eine Umgebung mit Single Sign-On-Szenarien, benötigen Sie neben einer Active Directory-Gesamtstruktur auch eine interne Zertifizierungsstelle, am besten auf Grundlage der

Active Directory-Zertifikatdienste. Außerdem sollten Sie mit verwalteten Dienstkonten arbeiten, damit notwendige Systemdienste ihre Kennwörter selbst sicher und stabil verwalten und auch ändern können.

Für die Active Directory-Verbunddienste verwenden Sie am besten ein gruppiertes verwaltetes Dienstkonto. Dieses legen Sie über die PowerShell an. Die Befehle zum Anlegen des verwalteten Dienstkontos sehen für einen Server mit der Bezeichnung *vm.joos.int* folgendermaßen aus:

Add-KdsRootKey -EffectiveTime (Get-Date).AddHours(-10)

New-ADServiceAccount adfsGmsa -DNSHostName vm.joos.int -ServicePrincipalNames http/vm.joos.int

Die Daten des angelegten Dienstkontos zeigen Sie mit *Get-ADServiceAccount adfsGmsa* an.

Außerdem sollten Sie dem Server ein SSL-Zertifikat zuweisen. Haben Sie alle Vorbereitungen getroffen, installieren Sie AD FS als Serverrolle auf dem AD FS-Server. Dazu installieren Sie über *Verwalten/Rollen und Features hinzufügen* den Rollendienst *Active Directory-Verbunddienste*.

Während der Installation müssen Sie keine Einstellungen vornehmen, die eigentliche Einrichtung führen Sie erst nachträglich durch. Im Rahmen der Einrichtung geben Sie den Namen der verwalteten Dienste ein. Stehen Kennwortänderungen an, können die Systemdienste diese Aktion selbst durchführen.

Die AD FS-Infrastruktur vorbereiten

Damit Sie eine AD FS-Infrastruktur mit einer Beispielanwendung aufbauen können, benötigen Sie eine Active Directory-Gesamtstruktur sowie einen Server mit einer internen Zertifizierungsstelle (siehe Kapitel 30). Außerdem müssen Sie verwaltete Dienstkonten anlegen (siehe Kapitel 12) und Servern SSL-Zertifikate zuweisen (siehe Kapitel 27). In den folgenden Abschnitten zeigen wir Ihnen auf Basis von Beispielen, wie Sie dabei vorgehen. Die nachfolgenden Schritte können Sie natürlich auch bei der Einrichtung von anderen Serverdiensten verwenden.

Achten Sie im ersten Schritt darauf, dass der FQDN des AD FS-Servers auf den DNS-Servern eingetragen ist und aufgelöst werden kann. Da der Server Mitglied der Domäne ist, sollte das ohnehin der Fall sein.

SSL-Zertifikate als Vorlage in Active Directory-Zertifikatdiensten festlegen

Bevor Sie AD FS als Serverrolle installieren, müssen Sie den Server, auf dem Sie AD FS installieren wollen, in die Domäne aufnehmen. Anschließend weisen Sie dem Server ein Zertifikat zu (siehe Kapitel 30).

Dieses Zertifikat muss Secure Sockets Layer (SSL) unterstützen. Daher benötigen Sie zunächst eine interne Zertifizierungsstelle. Wie Sie diese installieren und einrichten, lesen Sie in Kapitel 30. Im Anschluss stellen Sie auf dem Server mit der Zertifizierungsstelle eine neue Vorlage für SSL-Zertifikate bereit. Auf Basis dieser Vorlage rufen Sie dann auf dem AD FS-Server ein neues SSL-Zertifikat ab. Gehen Sie dazu auf dem Zertifikatserver folgendermaßen vor:

1. Rufen Sie mit »certtmpl.msc« die Verwaltung der Vorlagen auf dem Zertifikatserver auf.
2. Klicken Sie mit der rechten Maustaste auf die Vorlage *Webserver* und wählen Sie *Vorlage duplizieren*.
3. Verwenden Sie als Namen für das neue Zertifikat auf der Registerkarte *Allgemein* die Bezeichnung »ADFS«.
4. Wechseln Sie auf die Registerkarte *Sicherheit* und klicken Sie auf *Hinzufügen*.
5. Klicken Sie im neuen Fenster auf *Objekttypen* und wählen Sie *Computer* aus.
6. Geben Sie die Namen der AD FS-Server ein, die Sie betreiben wollen.
7. Aktivieren Sie für alle Computer das Recht *Registrieren* für die Zertifikatvorlage.
8. Klicken Sie auf *OK*.
9. Rufen Sie die Verwaltung der Zertifizierungsstelle über den gleichnamigen Eintrag im *Tools*-Menü des Server-Managers auf.
10. Klicken Sie mit der rechten Maustaste auf *Zertifikatvorlagen* und wählen Sie *Neu/Auszustellende Zertifikatvorlage*.
11. Wählen Sie die von Ihnen erstellte Vorlage aus. Die Vorlage steht jetzt in der Infrastruktur bereit für die Zuteilung an Server.

Um auf dem AD FS-Server ein Zertifikat auf Basis der von Ihnen erstellten Vorlage abzurufen, gehen Sie folgendermaßen vor:

1. Rufen Sie auf dem AD FS-Computer durch Eingabe von »certlm.msc« im Suchfeld des Startmenüs die *Zertifikate*-Konsole auf.
2. Klicken Sie mit der rechten Maustaste auf *Eigene Zertifikate/Zertifikate* und wählen Sie *Alle Aufgaben/Neues Zertifikat anfordern*.
3. Bestätigen Sie die erste Seite der Registrierung.
4. Bestätigen Sie auf der nächsten Seite die Active Directory-Registrierungsrichtlinie.
5. Wählen Sie auf der Seite mit den Vorlagen die von Ihnen erstellte Vorlage aus. Steht diese nicht zur Verfügung, überprüfen Sie die vorangegangenen Schritte noch einmal.

Im Fenster müssen Sie jetzt noch auf den Link mit dem Text unterhalb der Vorlage klicken, um wichtige Daten für das Zertifikat einzugeben. Hier müssen Sie folgende Daten eingeben, bevor Sie mit *OK* bestätigen. Danach rufen Sie das Zertifikat mit *Registrieren* ab.

- *Allgemeiner Name*: *vm.joos.int* (bei Ihnen der entsprechende Name des AD FS-Servers)
- *Alternativer Name* (*DNS* verwenden): *vm.joos.int* (bei Ihnen der entsprechende Name des AD FS-Servers)

Die Active Directory-Verbunddienste (AD FS) installieren und einrichten

Abbildung 42.1: Die korrekten Werte für ein SSL-Zertifikat des AD FS-Servers konfigurieren

AD FS als Serverrolle installieren

Haben Sie alle Vorbereitungen getroffen, installieren Sie AD FS als Serverrolle auf dem AD FS-Server. Dazu wählen Sie über *Verwalten/Rollen und Features hinzufügen* den Rollendienst *Active Directory-Verbunddienste* aus.

Während der Installation müssen Sie keine Einstellungen vornehmen, sondern wie bei den Active Directory-Domänendiensten nur die Systemdateien einrichten.

Der erste Server, den Sie in der Farm installieren, ist automatisch der primäre Verbundserver. Alle nachfolgenden Verbundserver, die der Farm hinzugefügt werden, synchronisieren die Konfigurationsdaten vom primären Server. Die Daten werden anschließend in die lokale Konfigurationsdatenbank des Servers gespeichert.

Die anderen Server in der Infrastruktur bleiben in Betrieb, wenn der primäre Server im Verbund ausfällt, aber diese Server sind nicht in der Lage, Änderungen an der Konfiguration von AD FS vorzunehmen, bis der primäre Verbundserver wiederhergestellt ist oder ein anderer Verbundserver als primären Server heraufgestuft wird. Um einen sekundären Verbundserver zum primären heraufzustufen, führen Sie den folgenden Befehl auf dem sekundären Server aus:

Set-AdfsSyncProperties -Role PrimaryComputer

Wenn Sie einen neuen Primärserver eingerichtet haben, müssen Sie die anderen sekundären Verbundserver mit dem neuen primären Verbundserver verbinden. Verwenden Sie dazu diesen Befehl, um auf den verbleibenden Farm-Mitgliedsservern die Synchronisierung zu starten und den neuen Server zu hinterlegen:

Set-AdfsSyncProperties -Role SecondaryComputer -PrimaryComputerName {FQDN des Primary Federation Server}

AD FS einrichten

Nachdem die Installation abgeschlossen ist, richten Sie über das Benachrichtigungscenter des Server-Managers die Infrastruktur im Netzwerk über einen Assistenten ein:

1. Bestätigen Sie die Startseite und geben Sie dann die Anmeldedaten eines Domänenadministrators ein.
2. Wählen Sie auf der Seite *Diensteigenschaften bearbeiten* das von Ihnen installierte Zertifikat. Lassen Sie das Zertifikat anzeigen und stellen Sie sicher, dass das richtige Zertifikat verwendet wird.
3. Als Anzeigenamen können Sie einen beliebigen Namen verwenden, zum Beispiel »ADFS«.

Abbildung 42.2: Die Diensteigenschaften von AD FS auf dem AD FS-Server konfigurieren

Auf der Seite *Dienstkonto angeben* aktivieren Sie die Option *Verwenden Sie ein Domänenbenutzerkonto oder ein gruppenverwaltetes Dienstkonto*. Wählen Sie dann das von Ihnen erstellte verwaltete Dienstkonto aus. Mehr zu diesem Thema erfahren Sie zu Beginn des Kapitels und in Kapitel 12.

Abbildung 42.3: Das Dienstkonto für AD FS auswählen

Auf der Seite *Konfigurationsdatenbank angeben* wählen Sie die Option *Erstellen Sie eine Datenbank auf diesem Server mit der internen Windows-Datenbank*.

Im folgenden Fenster erhalten Sie eine Zusammenfassung Ihrer bisherigen Einstellungen angezeigt. Als Nächstes werden die Voraussetzungen überprüft und dann die AD FS-Infrastruktur erstellt. Klicken Sie danach auf *Konfigurieren*, um die AD FS-Infrastruktur auf dem Server zu installieren.

Damit AD FS funktioniert, müssen Sie darauf achten, dass die Zertifikate vorhanden sind und funktionieren. Sie konfigurieren die Zertifikate in der AD FS-Verwaltung im Bereich *Dienst/Zertifikate*.

Windows Server 2016 bietet in diesem Bereich auch die Möglichkeit, mehrere LDAP-Verzeichnisse mit einer AD FS-Farm zu verbinden. Auch die Anbindung an Active Directory lässt sich parallel durchführen. Durch diese Skalierbarkeit brauchen Sie also keine verschiedenen AD FS-Farmen, sondern können alles mit einer einzigen Farm betreiben.

Um LDAP-Verzeichnisse an AD FS anzubinden, stellen Sie zunächst die grundsätzliche Verbindung her. Dazu verwenden Sie das Cmdlet *New-AdfsLdapServerConnection*.

Sie haben auch die Möglichkeit, mehrere LDAP-Server des externen Verzeichnisses anzubinden. Dazu verwenden Sie das Cmdlet *Add-AdfsLocalClaimsProviderTrust* mit der Option *-LdapServerConnection*.

Mit dem Cmdlet *New-AdfsLdapAttributeToClaimMapping* binden Sie Attribute des externen LDAP-Verzeichnisses an AD FS-Claims.

Außerdem müssen Sie den LDAP-Speicher noch mit AD FS als lokaler Claims-Provider-Trust verbinden. Auch dazu verwenden Sie die PowerShell und das Cmdlet *Add-AdfsLocalClaimsProviderTrust*. Microsoft zeigt im TechNet einige Beispiele dazu (*http://tinyurl.com/j6h4cbz*).

Alle Cmdlets lassen Sie sich am schnellsten mit *Get-Command *adfs** anzeigen. Der Befehl *Get-Command *adfsLDAP** zeigt die Cmdlets an, mit denen Sie die LDAP-Verbindungen aktivieren.

Die Geräteregistrierung konfigurieren

Sobald die AD FS-Infrastruktur konfiguriert ist, können Sie zum Beispiel die Geräteregistrierung auf dem AD FS-Server einrichten. Dazu öffnen Sie eine PowerShell-Sitzung und geben den folgenden Befehl ein:

Initialize-ADDeviceRegistration

Sie werden nach dem Dienstkonto gefragt. Hier geben Sie die Daten des verwalteten Dienstkontos ein, zum Beispiel »joos\adfsgmsa$«.

Danach geben Sie den folgenden Befehl ein:

Enable-AdfsDeviceRegistration

In Windows Server 2016 können Sie dazu auch *Install-AdfsFarm* verwenden.

Öffnen Sie auf dem AD FS-Server die AD FS-Verwaltungskonsole, können Sie den Dienst beliebig verwalten.

Kapitel 42: Active Directory-Verbunddienste und Workplace Join

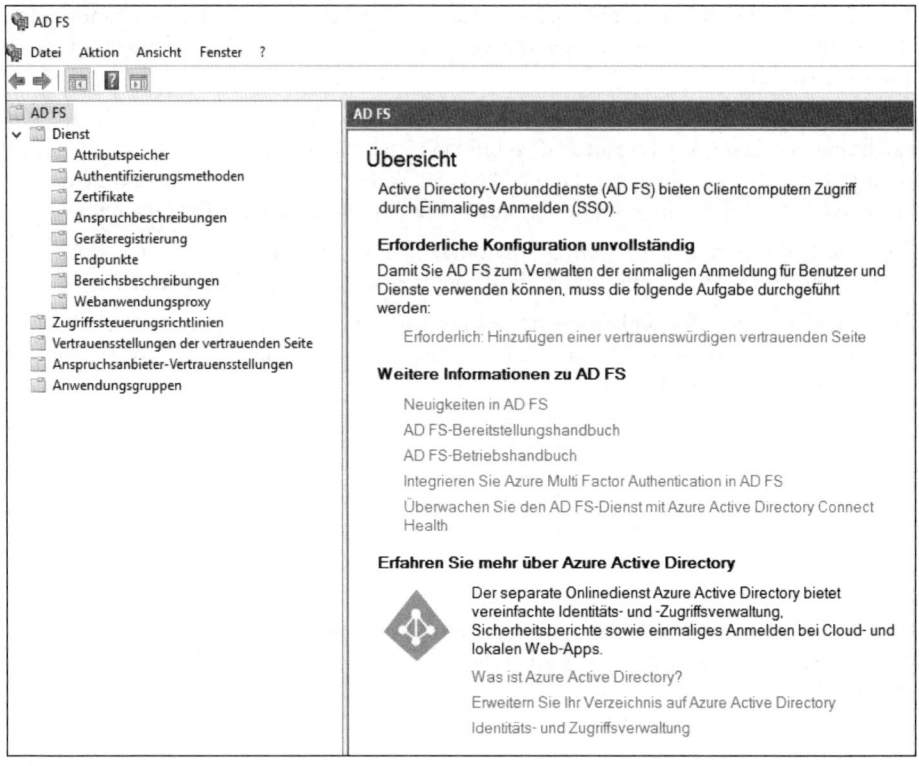

Abbildung 42.4: AD FS in Windows Server 2016 verwalten

Eine Beispiel-Webanwendung für AD FS einrichten

Um den Nutzen von AD FS und Workplace Join von Windows 8.1/10 zu demonstrieren, eignet sich am besten eine Webanwendung auf einem Server mit dem IIS. Sie konfigurieren die Webanwendung so, dass Anwender mit Windows 8.1/10 auf die Webanwendung zugreifen können, auch ohne dass der entsprechende Computer oder das Notebook Mitglied der Domäne ist.

Microsoft stellt eine solche Webanwendung über das Windows Identity Foundation SDK kostenlos zur Verfügung. Dieses finden Sie auf der Seite *http://tinyurl.com/hkzmtjq*. Außerdem benötigen Sie für die Installation der notwendigen Rollen die Windows Server 2016-Installations-DVD.

Den Webserver und notwendige Features installieren

Um den Server zu testen, müssen Sie zunächst auf einem anderen Server als dem AD FS-Server die Serverrolle *Webserver* installieren (siehe Kapitel 27). Zusätzlich müssen Sie noch *Webserver/Anwendungsentwicklung/ASP.NET 3.5* installieren. Lassen Sie auch die dazugehörigen Features installieren, die der Assistent vorschlägt.

Auf der Seite *Features auswählen* bei der Installation des Webservers müssen Sie noch das Serverfeature *Windows Identity Foundation 3.5* für die Installation auswählen (siehe Kapitel 4). Haben Sie alle Features ausgewählt, geben Sie auf der letzten Seite noch den Speicher-

Die Active Directory-Verbunddienste (AD FS) installieren und einrichten

ort der Installationsdateien an. Dazu klicken Sie auf den Link *Alternativen Quellpfad angeben* und wählen dann den Datenträger mit der Windows Server 2016-Installations-DVD und hier das Unterverzeichnis *sources\sxs*, zum Beispiel *D:\sources\sxs* aus.

Nach der Installation des Webservers installieren Sie als Nächstes das Windows Identity Foundation SDK (*http://tinyurl.com/hkzmtjq*).

Danach installieren Sie auf dem Webserver ein SSL-Zertifikat für den Webserver (siehe Kapitel 27). Das Zertifikat muss als CN den FQDN des Webservers aufweisen und von der internen Zertifizierungsstelle stammen.

Die Beispielanwendung für AD FS und Workplace Join vorbereiten

Haben Sie alle Vorbereitungen des vorherigen Abschnitts durchgeführt, kopieren Sie die Beispielanwendung aus dem Installationsverzeichnis des Windows Identity Foundation SDK (*C:\Program Files (x86)\Windows Identity Foundation SDK\v3.5\Samples\Quick Start\Web Application\PassiveRedirectBasedClaimsAwareWebApp*) in das Verzeichnis *C:\inetpub\claimapp*. Öffnen Sie danach die Datei *Default.aspx.cs* mit einem Texteditor.

Suchen Sie nach dem Eintrag *ExpectedClaims* und verwenden Sie die zweite gefundene Stelle. Sie müssen jetzt mit // die Zeilen in der Datei auskommentieren, die um die gefundene Stelle herum aufgeführt sind. Danach muss der Bereich so aussehen:

```
Foreach (Claim claim in claimsIdentity.Claims)
{
   //Before showing the claims validate that this is an expected claim
   //If it is not in the expected claims list then don't show it
   //if (ExpectedClaims.Contains( claim.ClaimType ) )
   // {
      WriteClaim( claim, table );
   //}
}
```

Listing 42.1 *Beispiellisting einer Datei für AD FS*

Speichern Sie diese Datei und öffnen Sie die Datei *web.config*. Löschen Sie den ganzen Bereich *<microsoft.identityModel>* bis *</microsoft.identityModel>*, einschließlich von *<microsoft.identityModel>* und *</microsoft.identityModel>*. Speichern Sie die Datei.

Öffnen Sie den IIS-Manager und klicken Sie auf *Anwendungspools* (siehe Kapitel 27). Klicken Sie mit der rechten Maustaste auf *DefaultAppPool* und wählen Sie *Erweiterte Einstellungen*. Setzen Sie den Wert *Prozessmodell/Benutzerprofil laden* auf *True*. Rufen Sie danach im Kontextmenü den Befehl *Grundeinstellungen* auf und wählen Sie im Listenfeld *.NET CLR-Version* den Eintrag *NET CLR-Version v2.0.50727* aus.

Klicken Sie danach mit der rechten Maustaste im Knoten *Sites* auf *Default Web Site* und wählen Sie im Kontextmenü den Befehl *Bindungen* aus. Fügen Sie eine HTTPS-Bindung zum Port 443 hinzu und verwenden Sie das SSL-Zertifikat, das Sie auf dem Server installiert haben.

Die Beispielanwendung installieren

Wenn Sie alle Vorbereitungen getroffen haben, aktivieren Sie die Beispielanwendung auf dem Webserver. Dazu klicken Sie mit der rechten Maustaste auf die *Default Web Site* im IIS-Manager und wählen daraufhin *Anwendung hinzufügen*. Setzen Sie den Alias auf *claim-*

Kapitel 42: Active Directory-Verbunddienste und Workplace Join

app und den physischen Pfad auf *C:\inetpub\claimapp*. Achten Sie darauf, dass als Anwendungspool *DefaultAppPool* ausgewählt ist.

Klicken Sie danach doppelt auf die Datei *FedUtil.exe* im Verzeichnis *C:\Program Files (x86)\Windows Identity Foundation SDK\v3.5*. Wählen Sie unter *Speicherort der Anwendungskonfiguration* die Datei *web.config* im Verzeichnis *C:\inetpub\claimapp* aus. Als Anwendungs-URI verwenden Sie die Adresse *https://<Webserver>/claimapp/*.

Auf der nächsten Seite aktivieren Sie die Option *Vorhandenen STS verwenden*. Als Adresse verwenden Sie: *https://<AD FS-Server>/federationmetadata/2007-06/federationmetadata.xml*

Auf der nächsten Seite belassen Sie die Option *Zertifikatkettenüberprüfung deaktivieren*. Danach belassen Sie die Option *Keine Verschlüsselung*. Auf der Seite *Angebotene Ansprüche* nehmen Sie ebenfalls keine Änderungen vor und klicken auch hier auf *Weiter*. Auf der letzten Seite aktivieren Sie das Kontrollkästchen *Aufgabe für tägliche WS-Federation-Metadatenupdates planen* und klicken auf *Fertig stellen*.

Wenn Sie nach der Einrichtung die Adresse der Claim-App aufrufen, also in diesem Beispiel *https://s2.contoso.int/claimapp*, werden Sie auf den AD FS-Server umgeleitet und erhalten eine Fehlermeldung. Damit die Authentifizierung funktioniert, müssen Sie erst noch die weiteren Einstellungen vornehmen.

Die Vertrauensstellung zwischen Webanwendung und AD FS einrichten

Im nächsten Schritt erstellen Sie auf dem AD FS-Server Regeln für den Zugriff auf die Webanwendung. Dazu rufen Sie auf dem AD FS-Server die Verwaltungskonsole von AD FS im Server-Manager über das *Tools*-Menü auf und klicken auf *Vertrauensstellungen der vertrauenden Seite* mit der rechten Maustaste. Wählen Sie *Vertrauensstellung der vertrauenden Seite hinzufügen*. Klicken Sie auf der ersten Seite auf *Start*.

Als Datenquelle wählen Sie *Online oder in einem lokalen Netzwerk veröffentlichte Daten über die vertrauende Seite importieren* und geben hier die folgende Adresse ein:

https://<Webserver>/claimapp/federationmetadata/2007-06/federationmetadata.xml

Klicken Sie auf *Weiter*, überprüft der Assistent, ob die Datei vorhanden ist. Erhalten Sie einen Fehler, überprüfen Sie im Browser, ob Sie die Adresse öffnen können und die Datei vorhanden ist. Stellen Sie auch im Explorer auf dem Webserver sicher, dass die Datei vorhanden ist. Auf der nächsten Seite geben Sie den Namen für die neue Vertrauensstellung ein.

Danach legen Sie die mehrstufige Authentifizierung fest. Hier belassen Sie die Einstellung auf *Jetzt keine Einstellungen für die mehrstufige Authentifizierung konfigurieren*. Auf der Seite *Ausstellungsautorisierungsregeln wählen* legen Sie die Option *Allen Benutzern Zugriff auf diese vertrauende Seite verweigern* fest. Danach erhalten Sie eine Zusammenfassung Ihrer Eingaben. Auch hier klicken Sie auf *Weiter*.

Auf der letzten Seite belassen Sie die Einstellung auf *Nach Abschluss des Assistenten das Dialogfeld "Anspruchsregeln bearbeiten" für diese Vertrauensstellung der vertrauenden Seite öffnen* und klicken auf *Schließen*.

Klicken Sie im neuen Fenster auf *Regel hinzufügen*. Wählen Sie *Ansprüche mithilfe einer benutzerdefinierten Regel senden* aus und klicken Sie auf *Weiter*. Geben Sie der Regel einen beliebigen Namen und tragen Sie bei der Regel als Text die folgenden Daten ein:

c:[ ]

=> issue(claim = c);

Klicken Sie auf *Fertig stellen* und dann auf *OK*.

Einen AD FS-Server überwachen und Fehler beheben

Betreiben Sie im Netzwerk System Center Operations Manager, können Sie für AD FS ein eigenes Management Pack bei Microsoft herunterladen und auf diesem Weg AD FS überwachen.

AD FS lässt sich aber auch über die Ereignisanzeige überwachen. In der AD FS-Konsole können Sie über das Kontextmenü von AD FS und der Auswahl von *Verbunddiensteigenschaften bearbeiten* auf der Registerkarte *Ereignisse* genauer steuern, was die Umgebung in die Ereignisanzeige schreiben soll.

Abbildung 42.5: AD FS auf einem Server überwachen

Öffnen Sie die Ereignisanzeige, klicken Sie auf das Menü *Ansicht* und wählen Sie *Analytische und Debugprotokolle einblenden*. Danach müssen Sie die Ansicht aktualisieren, damit das AD FS-Tracinglog zu sehen ist. Mit einem Rechtsklick auf das Debugprotokoll können Sie das Protokoll aktivieren. Sobald Sie die Debugprotokollierung aktiviert haben, erhalten Sie einen umfassenden Überblick über die Vorgänge in der AD FS-Infrastruktur.

Beim Filtern des AD FS-Ereignisprotokolls können Sie auch alle Ereignisse einer bestimmten Transaktion filtern lassen. Sie müssen dazu nur einen Filter basierend auf der *ActivityID* mit den folgenden Schritten erstellen:

1. Öffnen Sie die Ereignisanzeige.
2. Erweitern Sie *Anwendungs- und Dienstprotokolle* und dann den Admin-Bereich beim AD FS-Protokoll.
3. Wählen Sie im Menü *Aktion* den Eintrag *Aktuelles Protokoll filtern* aus.
4. Holen Sie die Registerkarte *XML* in den Vordergrund und wählen Sie *Manuell bearbeiten*.

Eine Beispielabfrage für AD FS sieht folgendermaßen aus:

<QueryList>

 <query Id="0" Path="AD FS 2.0 Eventing/Admin">

  <Select Path=" AD FS 2.0/Admin "> * [System [Correlation [@ ActivityID = ' { 77269359 - 0b7d - 45cb - 9760 - e3a4009883d9 }']]] </ select >

 < / Query >

</ Querylist >

Mit einer benutzerdefinierten Abfrage können Sie Fehlermeldungen und Informationen in AD FS effektiver auslesen. Aus Gründen der Sicherheit zeigt AD FS nicht genau, wann ein Fehler aufgetreten ist oder eine Aktion durchgeführt wurde.

Sie können die Ereignisse aber auch in der PowerShell anzeigen und filtern lassen:

Get-WinEvent -FilterHashtTable @{LogName='AD FS Admin'; Level=2; StartTime=(Get-Date) -Computername <Servername>.

Für eine erweiterte Überwachung und zu Diagnosezwecken bietet Microsoft zusätzlich kostenlose PowerShell-Cmdlets zur Überwachung an. Sie können sich das AD FS Diagnostics Module kostenlos von der TechNet-Gallery herunterladen (*http://tinyurl.com/zxp3mhx*). Auf der Downloadseite werden auch verschiedene Cmdlets aufgeführt, über die sich schnell und unkompliziert Daten auslesen lassen.

Single Sign-On mit AD FS konfigurieren

Mit AD FS können Sie lokale Dienste und Clouddienste wie Office 365 für Single Sign-On (SSO) konfigurieren. Anwender müssen sich in solchen Umgebungen nur einmal an der Weboberfläche von AD FS anmelden und können dann auf Ressourcen in Office 365 und anderen Webdiensten zugreifen, ohne sich erneut anmelden zu müssen. Während der Installation von AD FS sollten Sie eine Verbundfarm erstellen. Auf diese Weise können Sie jederzeit weitere Server zum Verbund hinzufügen und so sicherstellen, dass die Infrastruktur hochverfügbar ist. Auch wenn Sie zunächst nur einen Server betreiben wollen, ist das Verwenden einer Farm immer der bessere Weg.

Als Alternative zu der internen Windows-Datenbank können Sie auch eine SQL-Datenbank für AD FS verwenden. Dies erfordert einige zusätzliche Arbeit beim Setup, aber Sie können SQL für hohe Verfügbarkeit nutzen. Außerdem gibt es keine primären oder sekundären AD FS Server in der Farm, da alle Daten in der SQL-Datenbank gespeichert werden. Wenn Sie bereits Microsoft SQL Server im Unternehmen einsetzen und eine SQL-Infrastruktur zur Verfügung haben, bietet es sich an, diese tatsächlich zu nutzen. Der Einsatz von SQL bedeutet auch, dass Sie mehr als fünf Server in einer Farm und zusätzliche AD FS-Funktionen wie SAML integrieren können.

Sie können in Windows Server 2016 außerdem auf Active Directory-Verbunddienste setzen, um Single Sign-On mit anderen Gesamtstrukturen oder der Cloud aufzubauen. Die neue AD FS-Version beherrscht Openid Connect Web Sign On sowie OAuth2. Um AD FS oder auch andere neue Dienste in Windows Server 2016 umfassend zu nutzen, sind Zertifikate notwendig. Ein solches Zertifikat erstellen Sie auf Wunsch aber auch selbst signiert in der PowerShell. Die Syntax dazu lautet:

New-SelfSignedCertificate -CertStoreLocation Cert:\localmachine\my -DnsName <FQDN des Servers>

Auf Basis des Fingerabdrucks können Sie das Zertifikat auch in eine Datei exportieren. Dazu speichern Sie das notwendige Kennwort für das Exportieren als Variable:

$pwd = ConvertTo-SecureString -String "test" -Force -AsPlainText

Danach exportieren Sie das Zertifikat auf Basis seines Thumbprints:

Export-PfxCertificate -Cert Cert:\localMachine\my\075D8E7B207CEC1E204B6356E28576 D378E577BF -FilePath c:\s2.contoso.int.pfx -Password $pwd

Anschließend arbeiten Sie den Assistenten zum Erstellen einer neuen AD FS-Konfiguration durch. Als Zertifikat verwenden Sie das selbst signierte Zertifikat. Natürlich können Sie auch auf Zertifikate aus den Active Directory-Zertifikatdiensten von Windows Server 2016 setzen.

Nachdem AD FS eingerichtet ist, können Sie in der AD FS-Verwaltungskonsole den Assistenten zum Einrichten starten. Dieser bietet einige Vorlagen und ermöglicht die Einrichtung von OpenId Connect.

Zusammenfassung

In diesem Kapitel haben wir Ihnen anhand einer Beispielumgebung erklärt, wie Sie die Active Directory-Verbunddienste einrichten. Mit der Beispielumgebung erhalten Sie einen tiefen Einblick in die Möglichkeiten der Technologien in Windows 8.1/10 und Windows Server 2016.

Index

_msdcs 412, 419, 422–423, 669
.adml-Datei 496
.admx-Datei 495
.avdx-Datei 256
.cab-Datei 76
.jrs-Datei 420
.man.v2 465
.NET Framework 3.5 101
.NET Framework 4.6 101
.vhd-Datei 53, 156
    komprimieren 238
    konvertieren 238
    Verbindung wiederherstellen 239
    vergrößern 238
    zusammenführen 239
.vhdx-Datei 156
.vmcx-Datei 256
.vmrs-Datei 256
3DES-Verschlüsselung 839
512e-Emulation 202
6to4-Datenverkehr 836
80/20-Regel 640

A

Abbild-Berechtigungen verwalten 1010
Abgeschottete VM 106
Abgesicherter Modus 91
Abonnement 957–958
Abwärtskompatibilität 461
Access Control List 120, 472, 526, 533
AccessChk 533
AccessEnum 534
ACL *siehe* Access Control List
ACT *siehe* Application Compatibility Toolkit
Active Directory 171, 190
    Active Directory Application Mode 96
    Active Directory Certificate Services 97, 851
    Active Directory Diagnostics 426
    Active Directory Domain Services 96, 851
    Active Directory Federation Services 97
    Active Directory Lightweight Directory Services 96, 111
    Active Directory Rights Management Services 96, 849
    Active Directory-Benutzer und -Computer 90, 312
    auf Core-Server installieren 339
    bereinigen 432
    Betrieb testen 331
    Betriebsmaster übertragen 318
    Betriebsmaster verwalten 318
    Container 305
    Dateien überprüfen 419
    Datenbank 262, 308
    Datenbank defragmentieren 442
    Datenbank reparieren 443
    Datenbank sichern 437
    Datenbank verschieben 441
    Datenbank warten 441
    Datenbank wiederherstellen 440
    Diagnose 409
    DNS-Einträge prüfen 422
    Domäne 304–305
    Domänen und -Vertrauensstellungen 315
    Domänencontroller 304
    Domänendienste 96, 299, 307, 851
    Domänendienste installieren 339
    Domänendienste-Rolle installieren 331
    Domänennamenmaster 315
    Ereignisprotokollierung konfigurieren 426
    Forest 304–305
    Gesamtstruktur 304–305
    Gesamtstruktur installieren 306
    Gesamtstruktur per PowerShell erstellen 341
    Gesamtstrukturaufbau 304
    Globaler Katalog 315
    Grundlagen 299
    Gruppen anlegen 470
    Gruppenrichtlinien prüfen 421
    Infrastrukturmaster 314
    Installation 306, 325
    Installation starten 331
    Installation testen 301
    Installationsmedium vorbereiten 338
    Kennwörter 322
    Konsistenzprüfung 398
    Metadaten bereinigen 434
    Migration 302
    Namensraum 304
    Neuen Standort erstellen 401
    Objekte auflisten 302
    Objekte löschen 301
    Objekte per PowerShell abrufen 350
    Objekte schützen 352
    Objekte wiederherstellen 367
    Organisationseinheit 305
    Papierkorb 367–368, 457
    Partition 304
    Rechteverwaltung 849
    Rechteverwaltungsdienste 46, 96
    Rechteverwaltungsdienste installieren 851
    Rechteverwaltungsdienste konfigurieren 855
    Registrierungsrichtlinie 800
    Remoteverwaltung 303, 308
    Replikation 387, 397
    Replikation anzeigen 410
    Replikationsfehler beheben 408
    Rollenverwaltungstools 303, 308
    Routingtopologie 399
    Schema 304, 314
    Schema erweitern 314, 393
    Schemamaster 314
    Schreibgeschützter Domänencontroller 321
    Sicherheit 301

Index

SRV-Records 316
Standorte prüfen 418
Standorte und -Dienste 398
Struktur 304–305
Tree 304–305
Überwachungsrichtlinien 427
Verbunddienste 42, 97, 332, 847, 1069
Vertrauensstellungen 315, 332, 445
Verwaltungscenter 299–300, 308, 348
Von Installationsmedium installieren 337
Webanwendungsproxy einrichten 846
Webdienste 301
Wiederherstellungsmodus 307
Windows Server 2016 Essentials 1067
Zertifikatdienste 97, 111, 265, 793, 798, 851
Zertifikatdienste installieren 794
Zertifikatdienste sichern 807
Zugriffe überwachen 427
AD CS *siehe* Active Directory Certificate Services
AD DS *siehe* Active Directory Domain Services
AD FS
   Anspruchsregeln bearbeiten 1078
   Diensteigenschaften bearbeiten 1074
   Features installieren 1076
   Fehler beheben 1079
   Geräteregistrierung konfigurieren 1075
   Infrastruktur vorbereiten 1071
   installieren 1070, 1073
   konfigurieren 1074
   Single Sign-On konfigurieren 1080
   überwachen 1079
   Vertrauensstellung einrichten 1078
   Verwaltung 847
   Webserver installieren 1076
   Zertifikatkettenüberprüfung deaktivieren 1078
AD FS *siehe auch* Active Directory Federation Service
AD LDS *siehe* Active Directory Lightweight Directory Services
AD RMS 849–850
   Clusteradresse 857
   Cluster-URL 858
   Datenbankinstanz 856
   Dienstkonto 856
   Dynamische Zugriffssteuerung 850
   Konfigurations-Assistent starten 855
   konfigurieren 855
   Kryptografiemodus 856
   Mit Datenbankserver verbinden 856
   Schlüsselspeicher 856
   Stammcluster 855
   Zugriff prüfen 858
   Zugriffsregeln 860
AD RMS *siehe auch* Active Directory Rights Management Services
ADAM *siehe* Active Directory Application Mode
Adapter
   Einstellungen ändern 181
Add-
   ADDSReadOnlyDomainControllerAccount 3 41, 381
Add-ClusterFileServerRole 294
Add-ClusterGroup 294
Add-ClusterGroupSetDependency 883
Add-ClusterNode 293, 881
Add-ClusterPrintServerRole 294
Add-ClusterResource 294

Add-ClusterVirtualMachineRole 294
Add-Computer 190
Add-Content 1039
Add-HgsAttestationHostGroup 267
Add-KdsRootKey 365
Add-MpPreference 812
Add-NetNatStaticMapping 221
Add-PhysicalDisk 151
Add-PswaAuthorizationRule 1047–1048
ADDSDeployment 380
Add-VMGroupMember 270
Add-VMHardDiskDrive 158, 223
Add-VMTPM 265
Add-WindowsFeature 109
Add-WsusComputer 949
ADK *siehe* Assessment and Deployment Kit
Adksetup 996
Adminfreigabe 539
Administrator 454
Administratorbenutzer 475
Administratorengruppe 454
Adprep 302, 347–348
Adresskonflikt 642
Adresslease 628, 634
Adresspool 628, 640
ADSI-Edit 367, 846
Advanced Format Technology 44, 202
AES-128-GCM 524
Aggregated Policies 548
AllowRemoteRPC 787
AMD 772
AMD NX bit 205
AMD-Vi 772
Anmeldeereignisse überwachen 428
Anmeldeinformation 349
Anmeldeskript 468
Anmeldeversuch überwachen 428
Anmeldezeiten 458
Anspruchstyp 861
Antimalware 809
Antischadsoftware
   Frühen Treiberstart deaktivieren 92
Antwortdatei 994
Anwendungspool 107, 696, 701
   erstellen 702
Anwendungsproxy 845
Anwendungssteuerungsrichtlinie 514
APIPA *siehe* Automatic Private IP Addressing
Appcmd 695, 697–698
AppData-Ordner 462
Application Compatibility Toolkit 995
AppLocker 514
   Gruppenrichtlinien erstellen 514
   konfigurieren 518
   Regeln erstellen 517
App-Paketregel 514
Approve-WsusUpdate 949
Appwiz.cpl 510
Arbeitsprozess 703
   zurücksetzen 702
Arbeitsspeicher 228, 966–967
   Bereich 908
   Diagnose 968
   Puffer 240
   Umfang 240
ASP.NET 703
Assessment and Deployment Kit 993

Index

Attestation-Modus 264
Audio-Streaming 106
Auditpol 430
Aufgabenplaner 953, 972
    Aufgabenstatus 973
    Batchdatei 975
    Bibliothek 906
    Trigger 974
Aufzeichnungsstartabbild
    erstellen 1009
Ausfallsicherheit 869
    steuern 883
    Storage Spaces Direct 876
Authentifizierung 524, 821
    Vertrauenstellung 451
AutoIT 468
Automatic Private IP Addressing 627
Autoritätsursprung 656
AutoUnattend.xml 995, 999
Azure *siehe* Microsoft Azure

B

Backup 898
    Windows Server 2016 Essentials 919
Backup Change Tracking 254
Bandbreitenzuweisung 894
Bandwidth Allocation 894
Bare-Metal
    Recovery 438
    Restore 903
Basisdatenträger 124
Bastion Active Directory Forest 43
Batchdatei
    Grundlagen 1054
    Schleifen 1057
    Sprungmarken 1055
BCDBoot 995
Bcdedit 158, 440
Benachrichtigungsschwellenwert 569
Benutzer
    An- und Abmeldeskripts 468
    Berechtigungen verwalten 471
    Gruppen 454
    Kennwort ändern 478
    Konto deaktivieren 479
    Konto hinzufügen 475
    Namenverzeichnis 725
    Profil 460
    Profileigenschaften 460
    Profilverwaltung 460
    Rollen zuweisen 475
    Standardgruppen 454
    Verwaltung 454
Benutzerdefinierte Installation 57
Benutzergruppenrichtlinie
    Loopbackverarbeitungsmodus 748
Benutzerisolation
    Auf FTP-Server einsetzen 724
Benutzerkontensteuerung 519
    Gruppenrichtlinien 499
Benutzerkonto
    Dashboard 564
Benutzerlizenz 46–47
Benutzer-Manager 453
Berechtigungen 471

auslesen 534
delegieren 704
Für Abbilder verwalten 1010
Für Dateien und Ordner verwalten 526
Struktur 533
Strukturaufbau 472
Überwachungstools nutzen 533
Vererbung 531
Bereichseigenschaften 649
Bereichsgruppierung 641
Bereitstellungs- und Imageerstellungstools 997
Bereitstellungsdienst 1000
Bereitstellungsdienste-Server 1002
Besitzer 531
Besitzübernahme des Betriebsmasters 320
Best Practices Analyzer 112
    Ergebnis analysieren 113
    In der PowerShell starten 112
    Überprüfung 113
Betriebsmaster 312, 318
    Besitzübernahme 320
    testen 424
    übertragen 318
    verwalten 318
Betriebsmasterrollen 391
    Migration 302
    verwalten 311
Betriebssystem reparieren 91
Betriebssystemlaufwerke 138
BgInfo 985
Bidirektionale Vertrauensstellung 447
Bildschirmschoner
    aktivieren 492
    Kennwortschutz 492
Bindung 625, 714
    Reihenfolge 181
Biometrie
    Erfassung 107
    Framework 107
BIOS-Zeit 356
BitLocker 52
    aktivieren 138
    Grundlagen 137
    Laufwerkverschlüsselung 101, 137
    Netzwerkentsperrung 101
    Ohne TPM-Modul 138
    Recovery-Konsole 141
    To Go 137
    Troubleshooting 141
    Verwaltungsoberfläche 140
Blacklist 514
BLOB-Datei 362, 889
Block Level Backup 897
Bluescreen 907
    Anzeige konfigurieren 909
    MEMORY.DMP-Datei 909
    MINIDUMP-Datei 909
BlueScreenView 908
Bluetooth 175
Boot Configuration Data Store 438
Boot.wim 1006
Boot-Manager 52–53
    reparieren 79
    Virtuelle Festplatte einbinden 158
BPA *siehe* Best Practices Analyzer
BranchCache 97, 101, 1068
    Auf Clients konfigurieren 601

Index

Bereitstellung 591
Cachegröße 599
Cacheserver 595
Clientkonfiguration 602
Datencache 594
Distributed Cache 593
Extensible Storage Engine 591
Firewalleinstellungen 602
Gruppenrichtlinien 594, 602
Hosted Cache 593
installieren 596
IPsec 593
IPv6 593
LanMan-Server 593
Leistungsüberwachung 603
Peerermittlung 602
SSL 593
Überblick 592
WAN-Bandbreite 594
Bridgehead-Server 398, 406, 415
Brückenkopf-Server 406
Builtin 418

C

CA *siehe* Certificate Authority
Cache
  gehostet 593
  Größe für BranchCache konfigurieren 599
  verteilt 596
Cachemodusclients 591
Cacheserver 591
  für BranchCache konfigurieren 595
CAL *siehe* Clientzugriffslizenz
CAP *siehe* Central Access Policies
CAS-Array 867
CAU *siehe* Cluster Aware Update
Central Access Policies 850, 860
Certificate Authority 805
Certlm.msc 600, 799, 842
Certsrv.msc 805
Certtmpl.msc 806
Challenge Handshake Authentication Protocol 160
CHAP *siehe* Challenge Handshake Authentication Protocol
ChDir 1050
Childdomäne 305
Child-VM 198
Cifs 283
Claim Type 861
Clear-ClusterNode 294
Clear-Content 1039
Clear-DNSClientCache 668
Clear-FileStorageTier 153
Clear-Host 960
ClearType 754
Client
  Für BranchCache konfigurieren 602
  Für manuelle Sicherung konfigurieren 927
  Für NFS konfigurieren 101
  Wiederherstellungsdienst 924
Clientcomputer 914
  Firewalleinstellungen 787
Clients
  Daten wiederherstellen 929

Vollständige Wiederherstellung 929
Clientzugriffslizenz 46
Cloud 1063–1064
Cloud Witness 889
Cloudzeuge konfigurieren 890
Cluster 286
  Berechtigungen 294
  Freigegebenes Volume 122
  Funktionsebene ändern 881
  Gruppen bearbeiten 294
  Hauptressourcen anzeigen 891
  In Hyper-V replizieren 272
  In Hyper-V sichern 261
  IP-Adresse 867
  Knoten 272
  Knoten bearbeiten 293
  Knoten testen 873
  migrieren 880
  Netzwerk verwalten 294
  Netzwerkkommunikation zulassen 295
  Quorum anpassen 890
  Quorumeinstellungen 890
  Ressourcen 275
  Ressourcen bearbeiten 294
  Ressourcentypen 294
  Schlüsselspeicher 856
  Tool 293
  Verwaltung 144
  Verwaltungsbefehle 293
Cluster Aware Update 880, 884
  Für Cluster aktivieren 886
  Grundlagen 884
  Per PowerShell steuern 887
  Updates planen 888
Cluster Compute Resiliency 41, 881
Cluster Dialect Fencing 273
Cluster Operating System Rolling Upgrade 41, 880
Cluster Quarantine 41, 881
Cluster Shared Volumes 122, 160, 872, 876
  aktivieren 288
Clusteradresse
  Für AD RMS auswählen 857
Clusterlaufwerk 789
ClusterStorage 289
Cmdlets
  Add-ADDSReadOnlyDomainControllerAccount 3 41, 381
  Add-ClusterFileServerRole 294
  Add-ClusterGroup 294
  Add-ClusterGroupSetDependency 883
  Add-ClusterNode 293, 881
  Add-ClusterPrintServerRole 294
  Add-ClusterResource 294
  Add-ClusterVirtualMachineRole 294
  Add-Computer 190
  Add-Content 1039
  Add-HgsAttestationHostGroup 267
  Add-KdsRootKey 365
  Add-MpPreference 812
  Add-NetNatStaticMapping 221
  Add-PhysicalDisk 151
  Add-PswaAuthorizationRule 1047–1048
  ADDSDeployment 380
  Add-VMGroupMember 270
  Add-VMHardDiskDrive 158, 223

Index

Add-VMTPM 265
Add-WindowsFeature 109
Add-WsusComputer 949
Approve-WsusUpdate 949
Clear-ClusterNode 294
Clear-Content 1039
Clear-DNSClientCache 668
Clear-FileStorageTier 153
Clear-Host 960
Compare-DscConfiguration 1029
Compress-Archive 1017
Connect-PSSession 310, 692, 1024
ConvertFrom-String 1017
Convert-VHD 157
Copy-NetFirewallRule 817
Copy-NetIPsecRule 1043
Deny-WsusUpdate 949
Disable-CauClusterRole 880
Disable-NetAdapter 178
Disable-NetAdapterQos 895
Disable-NetFirewallRule 818
Disable-NetQosFlowControl 895
Disable-PSRemoting 303, 309, 1022
Disable-VMResourceMetering 243
Disconnect-PSSession 310, 692, 1024
Enable-ADOptionalFeature 367
Enable-BitLocker 140
Enable-ClusterStorageSpacesDirect 873–874
Enable-NetAdapter 178
Enable-NetAdapterQos 895
Enable-NetQosFlowControl 895
Enable-PSRemoting 303, 309, 1022, 1043
Enable-VMMigration 284
Enable-VMResourceMetering 243
Enter-PSSession 310, 682, 1024, 1033
Expand-Archive 685, 1017
Export-SmigServerSetting 247
Find-NanoServerPackage 1035
Find-Package 1033
Get- VMFibreChannelHba 345
Get-ADComputer 312
Get-ADDCCloningExcludedApplicationList 343
Get-ADDomain 312
Get-ADDomainController 311–312, 351, 405
Get-ADForest 312
Get-ADObject 368
Get-ADReplicationConnection 351, 405
Get-ADReplicationFailure 411
Get-ADReplicationPartnerMetadata 411
Get-ADReplicationQueueOperation 411
Get-ADReplicationSite 351, 406, 411
Get-ADReplicationUpToDatenessVectorTable 411
Get-ADUser 310
Get-BPAModel 112
Get-BPAResult 113
Get-CauReport 889
Get-ChildItem 1025
Get-Cluster 293, 881
Get-ClusterFaultDomain 878
Get-ClusterGroup 294
Get-ClusterNetwork 292, 294
Get-ClusterNode 293
Get-ClusterQuorum 293
Get-ClusterResource 294, 547
Get-Command 129, 331, 398
Get-DAConnectionStatus 835–836
Get-DedupJob 164
Get-DedupStatus 164
Get-DedupVolume 164
Get-Disk 129
Get-DNSClientCache 668
Get-DnsClientNrptPolicy 835
Get-DscConfiguration 1029
Get-DscConfigurationStatus 1029
Get-DscLocalConfigurationManager 1029
Get-EventLog 960, 1026
Get-ExecutionPolicy 1019
Get-Help 320
Get-HotFix 950
Get-Hotfix 1025
Get-Item 1022
Get-MpComputerStatus 812
Get-MpPreference 812
Get-MpThreat 813
Get-MpThreatCatalog 813
Get-MpThreatDetection 813
Get-NCSIPolicyConfiguration 835
Get-NetAdapter 372, 1059
Get-NetAdapterQos 895
Get-NetFirewallProfile 817
Get-NetFirewallRule 818
Get-NetIPAddress 836, 1025
Get-NetIPConfiguration 89
Get-NetLbfoTeam 176, 179
Get-NetQosDcbxSetting 895
Get-NetQosFlowControl 895
Get-NetQosTrafficClass 895
Get-NetTeredoConfiguration 838
Get-PackageSource 1033
Get-Partition 150
Get-PhysicalDisk 129, 149, 152, 872
Get-PrintConfiguration 610
Get-Printer 610
Get-Process 1038
Get-PSDrive 1026
Get-PswaAuthorizationRule 1048
Get-RDPersonalSessionDesktopAssignment 731
Get-SmbServerConfiguration 525
Get-SmbShare 525
Get-SRGroup 168
Get-SRPartnership 168
Get-StorageJob 878
Get-StoragePool 153, 877
Get-StorageQosFlow 547
Get-StorageQosPolicyStore 548
Get-StorageQosVolume 547
Get-VirtualDisk 150, 877
Get-VM 229
Get-VMFibreChannelHba 244
Get-VMHardDiskDrive 242–244, 345, 548
Get-VMHost 244
Get-VMIdeController 244, 345
Get-VMNetworkAdapter 244, 682
Get-VMNetworkAdapterTeamMapping 220
Get-VMScsiController 222, 244, 345
Get-VMSwitch 244
Get-WindowsFeature 109
Get-WmiObject 1059
Get-WsusClassification 949
Get-WsusComputer 949
Get-WsusProduct 949

Index

Get-WsusServer 949
Get-WsusUpdate 950
GroupPolicy 482
Initialize-ADDeviceRegistration 1075
Initialize-Disk 153
Install-ADDSDomain 301, 390
Install-ADDSDomainController 301, 339
Install-ADDSForest 301, 339
Install-HgsServer 265
Install-NanoServerPackage 1035
Install-NetworkController 893
Install-NetworkControllerCluster 893
Install-PackageProvider 1034
Install-PswaWebApplication 1046
Install-WindowsFeature 109, 163, 208, 287, 331, 679
Invoke-CauRun 888
Invoke-CimMethod 683
Invoke-Command 332, 1033
Invoke-IpamGpoProvisioning 647
Invoke-WebRequest 685, 1016
Invoke-WsusServerCleanup 950
Mount-VHD 158
Move-ADDirectoryServerOperationMasterRole 320
Move-ClusterGroup 294
Move-Item 1038
Move-VM 285
New-ADDCCloneConfigFile 344
New-ADReplicationSite 401
New-ADReplicationSiteLink 405
New-ADServiceAccount 364–365
New-ADUser 310
New-Cluster 288, 873
New-ClusterFaultDomain 878
New-FsrmFileGroup 581
New-Item 684, 1022
New-NetFirewallRule 817
New-NetIPAddress 89, 220, 372
New-NetLbfoTeam 179
New-NetQosTrafficClass 895
New-NetworkControllerNodeObject 893
New-Partition 131, 150
New-PSDrive 1026
New-PSSession 310, 1024
New-RDSessionCollection 731
New-SelfSignedCertificate 845
New-StoragePool 150, 152, 874
New-StorageQosPolicy 548
New-StorageTier 153, 875
New-VirtualDisk 150, 153, 1027
New-VM 229
New-VMGroup 270
New-VMSwitch 220
New-WebBinding 694
Optimize-StoragePool 878
Publish-DscConfiguration 1029
Receive-PSSession 310, 692
Remove-ADUser 310
Remove-Cluster 293
Remove-ClusterGroup 294
Remove-ClusterNode 293, 881
Remove-ClusterResource 294
Remove-Item 1022, 1025
Remove-MpPreference 813
Remove-MpThreat 813
Remove-NetFirewallRule 817
Remove-NetQosTrafficClass 895
Remove-PswaAuthorizationRule 1048
Remove-RDPersonalSessionDesktopAssignment 731
Remove-StoragePool 151
Remove-VirtualDisk 151
Remove-VMNetworkAdapterTeamMapping 220
Remove-WindowsFeature 109
Rename-Computer 90, 190, 372
Rename-NetFirewallRule 817
Repair-VirtualDisk 151
Reset-VMResourceMetering 243
Resize-VHD 158
Resolve-DNSName 189, 414
Restart-Computer 190
Restore-DscConfiguration 1029
Resume-ClusterNode 293
Save-NanoServerPackage 1035
Send-MailMessage 1025
Set-ADReplicationSiteLink 405
Set-ADUser 310
Set-BPAResult 113
Set-ClusterFaultDomain 878
Set-ClusterQuorum 293, 890
Set-Content 1039
Set-Date 90
Set-DnsClientServerAddress 372
Set-DscLocalConfigurationManager 1029
Set-ExecutionPolicy RemoteSigned 1033
Set-FileStorageTier 153
Set-HgsClientConfiguration 267
Set-Item 682, 1022
Set-MpPreference 197, 813
Set-NetAdapterQos 895
Set-NetFirewallProfile 1043
Set-NetLbfoTeam 179
Set-NetQosDcbxSetting 895
Set-NetQosFlowControl 895
Set-NetQosPolicy 895
Set-NetQosTrafficClass 895
Set-PhysicalDisk 151–152
Set-RDPersonalSessionDesktopAssignment 731
Set-SmbServerConfiguration 525
Set-SmbShare 525
Set-VMHardDiskDrive 548
Set-VMHost 284
Set-VMMigrationNetwork 284
Set-VMNetworkAdapterTeamMapping 220
Set-VMProcessor 209
Set-WebConfigurationProperty 694
Set-WSManQuickConfig 1024
Set-WsusClassification 950
Set-WsusProduct 950
Set-WsusServerSynchronization 950
Show-Command 303, 1019
Start-ClusterGroup 294
Start-ClusterNode 293
Start-ClusterResource 294
Start-DedupJob 164
Start-DscConfiguration 1029
Start-MpScan 813
Start-VM 230
Stop ClusterGroup 294
Stop-Cluster 293
Stop-ClusterNode 293
Stop-ClusterResource 294

Index

Stop-VM   230
Suspend-ClusterNode   293, 881
Test-ADDSDomainControllerInstallation   302, 331
Test-ADDSDomainControllerUnInstallation   302
Test-ADDSDomainControllerUninstallation   331
Test-ADDSDomainInstallation   302, 331
Test-ADDSForestInstallation   331
Test-ADDSReadOnlyDomainControllerAccountCreation   331
Test-ADDSReadOnlyDomainControllerUnInstallation   302
Test-Cluster   873
Test-DscConfiguration   1029
Test-HgsServer   268
Test-PswaAuthorizationRule   1048
UnInstall-ADDSDomainController   433
Uninstall-ADDSDomainController   339, 346
Uninstall-WindowsFeature   109, 347
Unmount-VHD   158
Update-ClusterFunctionalLevel   881
Update-DscConfiguration   1029
Update-MpSignature   813
CNA *siehe* Converged Network Adapter
CNAME   412
Compare-DscConfiguration   1029
Compmgmt.msc   539
Compress-Archive   1017
Compute Resiliency   883
Computer
  In Domäne aufnehmen   190
  reparieren   91
Computerkonto
  in Gruppe aufnehmen   365
Computername festlegen   77
Computerreparaturoptionen   56, 903, 969
Computers (Container)   418
Computersicherung   924
Computerverwaltung
  compmgmt.msc   122
  starten   90
Connection Broker
  Microsoft Azure   758
Connect-PSSession   310, 692, 1024
Container   101, 677
  Active Directory   305
  Builtin   418
  Computers   418
  Domain Controllers   418
  ForeignSecurityPrincipals   418
  Host   681
  Image auf Nano-Server installieren   684
  Image erstellen   686
  In die Cloud laden   688
  Managed Service Accounts   418
  Users   418, 454
Contentserver konfigurieren   601
Converged Fabric   894
Converged Network Adapter   101
ConvertFrom-String   1017
Convert-VHD   157
Copy-NetFirewallRule   817
Copy-NetIPsecRule   1043

Coreinfo   989
Core-Server   33, 110
  Active Directory installieren   339
  aktivieren   74
  Als Domänencontroller installieren   339
  Editor   89
  In Arbeitsgruppe aufnehmen   89
  In Domäne aufnehmen   89
  Netzwerkeinstellungen   88
  NIC-Team erstellen   178
  Sconfig   87
  Sicherungen   900
  Verwaltungsprogramm   87
Cortana   496
CPU
  Informationen zu Kernen anzeigen   989
CSV *siehe* Cluster Shared Volumes
CustomDCCloneAllowList.xml   343
Customer Address   211

D

DAC *siehe* Dynamic Access Control
DAL *siehe* Data Center Abstraction
Dashboard   562
  Benutzerkonten   564
  Windows Server 2016 Essentials   1063
Data Center Abstraction   49, 894, 1017
Data Center Bridging   101, 894
Data Collector Sets   962, 965
Data Execution Prevention   40, 205, 772
Datei
  Berechtigungen verwalten   526
  Offlinedateien   541
  Per PowerShell kopieren   1038
  verschlüsseln   141
Dateidienst   97
Dateigruppe   575
Dateiklassifizierungsdienst   576
Dateiprüfung   573
  Ausnahme   574
  Eigenschaften   574
  Verwaltung   572
Dateireplikationsdienst   111, 414, 468, 585
Dateiserver   97, 118, 214, 565
  Migrations-Assistent   557
  Migrationstoolkit   556
Dateisystem   97
  unverwüstliches   119, 572
  verschlüsseln   141
  verteiltes   105, 560, 581
  Zugriffssteuerung   850
Dateiverschlüsselung
  DESX-Algorithmus   142
  RSA-Algorithmus   142
Dateiversionsverlauf   922
  Dateien wiederherstellen   926
Dateizugriff überwachen   428
Datenbank
  Optimierungsratgeber   972
  reparieren   443
Datendeduplizierung   43, 45, 97, 117, 119
  einrichten   162
  Grundlagen   163
  Server-Manager   164
Datensammler

Index

Gruppe 962
Satz 965
Datensicherung 254, 438, 899, 916
  Auf Netzwerkspeicher anlegen 905
  Cluster 287
  Gruppenrichtlinien 503
  Hyper-V-kompatibel 260
  Lizenzserver 742
  Per PowerShell verwalten 1025
  Schattenkopien 154
  Sicherungsstatus abrufen 927
  Windows Server 2016 Essentials 913
Datenspeicher
  Richtlinien festlegen 545
Datenträger
  Basisdatenträger 124
  bearbeiten 260
  dynamischer 125
  einrichten 123
  erweitern 131
  Format im laufenden Betrieb wechseln 130
  formatieren 127
  Hardware verwalten 135
  Informationen anzeigen 134
  initialisieren 124
  komprimieren 128
  konfigurieren 125
  Kontingent 136
  Richtlinien verwalten 135
  überprüfen 1051
  verkleinern 131
  verwalten 117, 133, 149
  Von Sicherung ausschließen 904
Datenträgereigenschaft
  Mirror 145
  Parity 146
  Simple 145
Datenträgerkontingent 566
Datenträgerpartitionsformat 124
Datenträgerverwaltung 122, 156
  Diskmgmt.msc 122
Datenverschlüsselung 137
DCB *siehe* Data Center Bridging
DCCloneConfig.xml 342–344
Dcdiag 308, 344, 409, 414, 669
Dcpromo 299
DCS *siehe* Data Collector Sets
Ddpeval 163
Debuggen per PowerShell-Skripts 1021
Debuginformationen 908
Debugmodus 91
Debugprotokollierung 662
Default Domain Controller Policy 421
Default Domain Policy 421, 820
DEFAULTIPSITELINK 402–403
Defrag 135
Defragmentierung 134
  Active Directory-Datenbank 442
  aufrufen 135
Delegierung
  Berechtigungen 704
  DNS-Zonen 386
Deleted Object Lifetime 368
Delprof2 467
Deny-WsusUpdate 949
DEP *siehe* Data Execution Prevention

Depolyment Image Servicing and Management 110, 995
Desired State Configuration 49, 1029
Desktoppools konfigurieren 787
DESX-Algorithmus 142
Device Health Attestation 98
Devmgmt.msc 74
DFS 332, 565, 581
  Infrastruktur 560, 584
  installieren 585
  Konsolidierungsstamm-Assistent 560
Dfsmgmt.msc 585
DFS-Namespace
  einrichten 583, 586
Dfsradmin 583
Dfsrdiag 584
DFS-Replikation 583, 588
  Offlinesynchronisierung 583
DfsrPrivate 588
DFS-Server 585
DFS-Stammserver 561
DFS-Verwaltung
  DFS konfigurieren 586
DHCP 1001
DHCP-Administrator 454
DHCP-Benutzer 454
DHCP-Datenbank 631
  sichern 635
DHCP-Failover 637
DHCP-Option 633
DHCP-Richtlinie 632
DHCP-Server 98, 180, 623–624, 671
  Ausfallschutz 636
  Ausfallsicherheit herstellen 642
  Namenschutz aktivieren 630
DHCP-Serverdienst 629
DHCPv6 98, 187
DHCP-Wächter 201, 623
Diagnose
  Arbeitsspeicher 968
  Protokollierung 426
Dienstkonten anlegen 365
Dienstkonto
  Gruppiertes verwaltetes Dienstkonto 363
  Verwaltetes Dienstkonto 363–364
Dienstqualität 103
Dienstverbindungspunkt 595, 857
Differenzierung 235
Differenzplatte 225
DirectAccess 99, 482, 603
  Clients aktualisieren 830
  Clients einrichten 829
  einrichten 832
  installieren 831
  Offline-Domänenbeitritt 363
DirectAccess Offline Domain Join 362
Directory System Agent 412
DirectPlay 102
DirectX 771
Disable-CauClusterRole 880
Disable-NetAdapter 178
Disable-NetAdapterQos 895
Disable-NetFirewallRule 818
Disable-NetQosFlowControl 895
DisablePasswordChange 364
Disable-PSRemoting 303, 309, 1022
Disable-VMResourceMetering 243

Index

Disconnect-PSSession 310, 692, 1024
Disk2vhd 62, 157
DiskExt 130
Diskmgmt.msc 122, 238
Diskpart 61, 158, 238
   Partition erstellen 129
DISM 64, 73, 208, 1000
DISM *siehe auch* Deployment Image Servicing and Management
Distributed Cache 596
Distributed File System 97, 105, 165, 560, 581
Distributed File System Replication 111
Djoin 359
   Optionen 361
DLL-Regel 518
DNS
   Delegierung 334
   Domäne 385
   Domänenname 631
   Einstellungen konfigurieren 192
   Eintrag prüfen 422
   Infrastruktur erstellen 391
   Installation 326
   IP-Einstellungen anpassen 337
   Name 332
   Optionen 307
   Roundrobin 869
   SRV-Records 412
   Zone 327, 654
   Zone delegieren 386
   Zone testen 328
DnsAdmin 454
Dnscmd 672, 675
   Optionen 673
Dnslint 422
DNSSEC 98, 302, 675
DNS-Server 90, 98, 334, 651
   Adressen 306
   Aktualisierungsintervall 656
   Autoritätsursprung 656
   CNAME 653
   Debugprotokollierung 662
   DNSSEC-Überprüfung aktivieren 662
   Eigenschaften verwalten 660
   Ereignisse protokollieren 663
   Forward-Lookupzonen 652
   Host 653
   Hosteinträge erstellen 653
   Internetdomänen auflösen 671
   IP-Adressen auflisten 670
   Mail-Exchanger 653, 665
   Namensauflösung testen 666
   Namenserver 658
   Namensüberprüfung 661
   Netzwerkmaskenanforderung 661
   Neue Zone erstellen 386
   Rekursionsvorgang deaktivieren 660
   Replikation 336
   Replikationsbereich festlegen 652
   Reverse-Lookupzonen 652
   Roundrobin aktivieren 661
   Schnittstellen definieren 660
   Sekundären DNS-Server konfigurieren 664
   Sekundärzonen 661
   Signierungsoptionen festlegen 676
   Stubzonen 652
   Troubleshooting 665
   Veraltete Ressourceneinträge 655
   Verwaltung 384
   Weiterleitungen verwenden 664
   Zonen delegieren 654
   Zonen erstellen 652
   Zonen übertragen 658
   Zonen verwalten 654
   Zonenalterung 656
   Zonendaten 661
   Zonendaten einlesen 662
   Zonenname festlegen 652
   Zonenverschlüsselung festlegen 676
DNS-Suffix 192, 329
DnsUpdateProxy 455, 630, 671
Docker 34, 678, 684
   Auf Nano-Server installieren 683
   Client installieren 685
   Container 689
   Container bereitstellen 35
   Dockerfile erstellen 687
   Erste Schritte 680
Dokumentdienste 605
DOL *siehe* Deleted Object Lifetime
Domain Controllers 418
Domain Name System 180, 182, 323
Domain Name System Security Extensions 98
Domäne 304–305, 332
   aktualisieren 348
   DNS-Infrastruktur anpassen 384
   Domänennamenmaster 315
   einrichten 331
   Funktionsebene 332, 348
   Infrastrukturmaster 314
   Installation 301
   IP-Einstellungen optimieren 392
   Masterschlüssel erstellen 365
   Namensauflösung 385
   Namensauflösung prüfen 388
   Offlinebeitritt 359, 361–362
   Struktur 304
   Untergeordnete Domäne 305
   Zu Gesamtstruktur hinzufügen 389
Domänen-Admin 454
Domänenaufnahme
   durchführen 190
   testen 190
Domänenbeitritt
   Nano-Server 68
Domänencomputer 829
Domänencontroller 304, 315, 375
   aktualisieren 302
   ändern 318
   Betriebsmasterrolle verwalten 311
   Diagnose durchführen 414
   DNS-Server anpassen 382
   DNS-Suffix 327, 329
   Domänenkonto prüfen 420
   entfernen 346–347, 432
   herabstufen 346–347, 433
   heraufstufen 389
   Installation 301, 306
   IP-Adressen anpassen 382
   Kennwort zurücksetzen 420
   klonen 344
   Liste überprüfen 419
   PDC-Emulator verwalten 311
   Per Medium installieren 338

Index

Replikation überprüfen 383
Schreibgeschützter DC 302, 321, 333, 375, 381, 675
Server heraufstufen 307
testen 331
virtualisieren 223, 342
Vorbereitungen 325
Zeitserver 356
Domänendienst
    Auf Server installieren 339
Domänendienste 307
    Rolle installieren 331
Domänenkonto 420
Domänenmitgliedschaft festlegen 77
Domänennamenmaster 311, 315, 318, 321, 391, 424
Domänenstatus anzeigen 191
Domänenstruktur 391
    Neu erstellen 393
DoNotRoundRobinTypes 661
Downstreamserver 938
Drahtlosnetzwerk 107
Druck- und Dokumentdienste 98
Drucker
    Auftragsbearbeitung 606
    Berechtigungen anpassen 609, 612
    Cmdlets 610
    Druckerspooler-Dienst neu starten 616
    Druckjobs prüfen 616
    Druckjobs verwalten 612
    Druckverwaltungs-Konsole 613
    Eigenschaften ändern 610
    Einstellungen anpassen 609
    Filter erstellen 613
    hinzufügen 614
    installieren 606
    LPR-Port 616
    Mit Gruppenrichtlinie bereitstellen 614
    Netzwerkanschluss konfigurieren 608
    Netzwerkfreigabe 606
    Papiergröße anpassen 610
    Port konfigurieren 616
    Portname 608
    Probleme lösen 615
    Remotedesktopdienste 748
    Server verwalten 613
    Spooler 612, 616
    Status abrufen 619
    TCP-IP-Port 616
    Treiber 606
    Treiber exportieren 614
    Treiber importieren 614
    Warteschlange 609, 612
    WLAN 606
    WMI-Befehle 618
Druckermapping 749
Druckerserver 98, 606
    Drucker verwalten 609
    Netzwerkanschluss erstellen 608
    Standardrolle 111
DSA *siehe* Directory System Agent
Dsac 301, 349
Dsamain 444
DSC Resource Kit 1029
Dsquery 312
DVD-Laufwerk 54
Dynamic Access Control 859

Dynamic Host Configuration-Protokoll 624
Dynamisch erweiterbar 234
Dynamische Datenträger 125
Dynamische Zugriffskontrolle 859
Dynamisches DNS-Update 629

E

E/A-Virtualisierung 201
EAP *siehe* Extensible Authentication-Protokoll
Easy Print Driver 749
Echtzeitschutz 812
Edge *siehe* Microsoft Edge
Editionenvergleich 45
Einfache TCP/IP-Dienst 102
Eingabeaufforderung 1050
    aufrufen 540
    Befehlsübersicht 1051
    Grundlagen 1050
    konfigurieren 1051
    Netzwerk verwalten 1054
    QuickEdit-Modus 1051
    Schleifen 1057
    Systeminformationen abrufen 1056
Einzelstamm 201
EKU *siehe* Enhanced Key Usage
E-Mail-Anbindung konfigurieren 725
Enable-ADOptionalFeature 367
Enable-BitLocker 140
Enable-ClusterStorageSpacesDirect 873–874
Enable-NetAdapter 178
Enable-NetAdapterQos 895
Enable-NetQosFlowControl 895
Enable-PSRemoting 303, 309, 1022, 1043
Enable-VMMigration 284
Enable-VMResourceMetering 243
Encrypting File System 141
    Funktionsweise 142
    Zertifikat 142
Enhanced Key Usage 840
Enhanced Virus Protection 772
Enter-PSSession 310, 682, 1024, 1033
Ereignisanzeige
    Abonnements 957–958
    Anwendungsprotokolle 952
    Aufgabenplaner 953
    aufrufen 952
    Protokolldatei 954
    Sammlungsinitiiert 958
    Sicherheitsprotokolle 952
    Sicherungsinformationen anzeigen 919
    Windows-Protokolle 952
    Zielprotokoll 958
Ereigniskatalog 649
Ereignisprotokollierung 568, 663
    DNS-Server 663
    konfigurieren 426
Ereignissammeldienst 431, 957
Erweiterte Features 458
Erweitertes Speichern 102
Essentials-Edition
    Als Serverrolle installieren 1062, 1065
    Benutzer anlegen 1063
    Clients anbinden 919
    Dashboard 914, 916, 1063
    Dashboard einrichten 915

Index

Datensicherung 913, 916
   Grundlagen 1061
   Hyper-V Server 2016 1064
   In Domäne integrieren 1062
   Installation 914
   Launchpad 915, 920, 1063
   Mobil arbeiten 1068
   Remotewebzugriff einrichten 930
   Remotewebzugriff konfigurieren 930
   Server verwalten 923
   Serversicherung einrichten 916
   Serverwiederherstellung einrichten 916
   Sicherungs-Assistent 915
   Sicherungsstatus 918
   Sicherungszeitplan auswählen 918
   Virtualisierung 1064
   VPN-Verbindung 1063
   Web Access 1063
ESXi-Host 249
Ethernet 894
Eventcreate 961
Eventvwr 535
EVP *siehe* Enhanced Virus Protection
Exchange 304, 424, 844
   ActiveSync 868
   Anwendungspool 702
   Webanwendungsproxy anpassen 847
Expand-Archive 685, 1017
Export 262
   Virtueller Server 345
Export-SmigServerSetting 247
Extensible Authentication-Protokoll 841
Extent 134

F

Failover 274, 637
Failoverbeziehung 637
Failoverclustering 102
Failovercluster-Manager 165, 872, 874, 881
   Replikation einrichten 167
Failovercluster-Verwaltung 275
Failoverkonfiguration 637
FAT-Laufwerk
   In NTFS konvertieren 128
Fault Domain 878
Faxserver 98
FCI *siehe* File Classification Infrastructure
Features
   .NET Framework 3.5 101
   .NET Framework 4.6 101
   BitLocker-Laufwerkverschlüsselung 101
   BitLocker-Netzwerkentsperrung 101
   BranchCache 101
   Client für NFS 101
   Container 101
   Data Center Bridging 101
   DirectPlay 102
   Einfache TCP/IP-Dienste 102
   Erweitertes Speichern 102
   Failoverclustering 102
   Gruppenrichtlinienverwaltung 102
   Hostfähiger Webkern für
      Internetinformationsdienste 102
   Hyper-V-Unterstützung durch Host
      Guardian 102
   I/O Quality of Service 103
   IIS-Erweiterung für OData Services for
      Management 103
   installieren 84, 94, 101
   Intelligenter
      Hintergrundübertragungsdienst 103
   Interne Windows-Datenbank 103
   Internetdruckclient 103
   IP-Adressverwaltungssserver 103
   iSNS-Serverdienst 103
   LPR-Portmonitor 104
   Media Foundation 104
   Message Queuing 104
   Mit DISM installieren 110
   Multipfad-E/A 104
   MultiPoint Connector 104
   Netzwerklastenausgleich 104
   Peer Name Resolution-Protokoll 105
   Per PowerShell installieren 109
   RAS-Verbindungs-Manager-Verwaltungskit 105
   Remotedifferentialkomprimierung 105
   Remoteserver-Verwaltungstools 105
   Remoteunterstützung 105
   RPC-über-HTTP-Proxy 105
   Sammlung von Setup- und Starterereignissen 105
   SMB Bandwith Limit 105
   SMTP-Server 105
   SNMP-Dienst 105
   Software Load Balancer 105
   Speicherreplikat 105
   Standardbasierte Windows-
      Speicherverwaltung 106
   Telnet-Client 106
   Telnet-Server 106
   TFTP-Client 106
   Unbeaufsichtigt installieren 109
   Unterstützung für die SMB 1.0/CIFS-
      Dateifreigabe 106
   Verbessertes Windows-Audio-/Video-
      Streaming 106
   VM-Abschirmungstools für die
      Fabricverwaltung 106
   WebDAV-Redirector 106
   Windows Defender-Features 106
   Windows Identity Foundation 106
   Windows PowerShell 106
   Windows Search 106
   Windows Server-Migrationstools 107
   Windows Server-Sicherung 107
   Windows-Biometrieframework 107
   Windows-Prozessaktivierungssdienst 107
   Windows-TIFF-IFilter 107
   WinRM-IIS-Erweiterung 107
   WINS-Server 107
   WLAN-Dienst 107
   WoW64-Unterstützung 107
   XPS-Viewer 107
Festplatte 233
   Differenzierende Festplatte 256
   Differenzierende virtuelle Festplatte 225
   Heterogene Festplatte 120
   Schreibcache aktivieren 135
   verschlüsseln 141
   verwalten 117, 129
   Virtuelle Festplatte 144
   Virtuelle Festplatte anfügen 157
   Virtuelle Festplatte erstellen 156

Index

Fibrechannel 894
    Virtuelle Fibrechannel 202
File Classification Infrasstructure 576
File Replication Service 468, 585
Fileserver Resource Manager 97, 566
Filteransicht von Druckern 613
Find-NanoServerPackage 1035
Find-Package 1033
Fingerabdruck 600
Firewall 287, 409, 817, 852
    Für Hyper-V-Replica konfigurieren 277
    Per Gruppenrichtlinien steuern 820
    Per PowerShell steuern 817, 1042
    Regeln erstellen 520, 824
    Regeln für SQL-Server steuern 822–823
    Regeln per PowerShell erstellen 1043
    Status aktivieren 820
    Verwaltungskonsole aufrufen 818
Firewalleinstellungen 597, 601, 648, 787, 959
    BranchCache 602
Firewallregeln 481
    SQL Server 853
Firmware 202
Flexible Single Master Operations 311
ForeignSecurityPrincipals 418
Forest 304–305
Format-Volume 120
Forward-DNS-Zone 561
Forward-Lookupzone 183, 416, 422
    erstellen 327
Foundation-Edition 32
FQDN *siehe* Fully Qualified Domain Name
Freigabe
    Administrative Freigaben 421
    Alle Freigaben anzeigen 539
    Dashboard 562
    Freigegebene Ordner anzeigen 539
    migrieren 552
    Offlineverfügbarkeit 538
    Über das Netzwerk zugreifen 540
    übernehmen 555
    verstecken 539
    Versteckte Freigaben anzeigen 539
Freigabeberechtigung 530
Freigabecenter 523
FRS *siehe* File Replication Service
Fsmgmt.msc 539
FSMO-Rolle 318
    Besitzübernahme 320
    Optimale Verteilung 318
FSMO-Rollen
    anzeigen 312
FSRM *siehe* Fileserver Resource Manager
Fsrm.msc 566
Fsutil 129, 571
FTP
    Authentifizierung anpassen 722
    Autorisierungsregeln 723
    Benutzerisolation einsetzen 724
    Filter 722
    Firewallunterstützung 722
    Isolierungsoptionen 725
    Rootordner 724
    Seite einrichten 721
    Stammverzeichnis 724
FTP-Server 720
    installieren 721
    Rechte festlegen 722
    vorbereiten 721
Fully Qualified Domain Name 183, 665
Funktionsebene 332
    Windows Server 2008 332
    Windows Server 2008 R2 332
    Windows Server 2012 332
    Windows Server 2012 R2 333
    Windows Server 2016 333
Funkuhr 355–356

G

Gateway 185
Gehosteter Cache 593
Generic Routing Encapsulation 838
Geocluster 43
Geräte-ID 512
Geräteidentifikationsstring 510
Gerätelizenz 46–47
Geräte-Manager 172
Gerätesetupklasse 510
Gesamtstruktur 304–305, 315, 332, 367, 383, 391
    DNS-Infrastruktur erstellen 391
    erstellen 341
    Funktionsebene 332, 348
    Installation 301, 306
    RID-Master 313
    Schema erweitern 302
    Vertrauensstellung 445, 450
Get-ADComputer 312
Get-ADDCCloningExcludedApplicationList 343
Get-ADDomain 312
Get-ADDomainController 311–312, 351, 405
Get-ADForest 312
Get-ADObject 368
Get-ADReplicationConnection 351, 405
Get-ADReplicationFailure 411
Get-ADReplicationPartnerMetadata 411
Get-ADReplicationQueueOperation 411
Get-ADReplicationSite 351, 406, 411
Get-ADReplicationUpToDatenessVectorTable 411
Get-ADUser 310
Get-BPAModel 112
Get-BPAResult 113
Get-CauReport 889
Get-ChildItem 1025, 1040
Get-Cluster 293, 881
Get-ClusterFaultDomain 878
Get-ClusterGroup 294
Get-ClusterNetwork 292, 294
Get-ClusterNode 293
Get-ClusterQuorum 293, 891
Get-ClusterResource 294, 547
Get-Command 129, 331, 398
Get-DAConnectionStatus 835–836
Get-DedupJob 164
Get-DedupStatus 164
Get-DedupVolume 164
Get-Disk 129
Get-DNSClientCache 668
Get-DnsClientNrptPolicy 835
Get-DscConfiguration 1029

Index

Get-DscConfigurationStatus 1029
Get-DscLocalConfigurationManager 1029
Get-EventLog 1026
Get-Eventlog 960
Get-ExecutionPolicy 1019
Get-Help 320
Get-HotFix 950
Get-Hotfix 1025
Get-Item 1022
GetMac 182, 630
Get-MpComputerStatus 812
Get-MpPreference 812
Get-MpThreat 813
Get-MpThreatCatalog 813
Get-MpThreatDetection 813
Get-NCSIPolicyConfiguration 835
Get-NetAdapter 372, 1059
Get-NetAdapterQos 895
Get-NetFirewallProfile 817
Get-NetFirewallRule 818
Get-NetIPAddress 836, 1025
Get-NetIPConfiguration 89
Get-NetLbfoTeam 176, 179
Get-NetQosDcbxSetting 895
Get-NetQosFlowControl 895
Get-NetQosTrafficClass 895
Get-NetTeredoConfiguration 838
Get-PackageSource 1033
Get-Partition 150
Get-PhysicalDisk 129, 149, 152, 872, 1027
Get-PnpDevice 690
Get-PrintConfiguration 610
Get-Printer 610
Get-Process 1038
Get-PSDrive 1026
Get-PswaAuthorizationRule 1048
Get-RDPersonalSessionDesktopAssignment 731
Get-Service 1040
Get-SmbServerConfiguration 525
Get-SmbShare 525
Get-SRGroup 168
Get-SRPartnership 168
Get-StorageJob 878
Get-StoragePool 153, 877
Get-StorageQosFlow 547
Get-StorageQosPolicyStore 548
Get-StorageQosVolume 547
Get-VirtualDisk 150, 877
Get-VM 229, 244
Get-VMFibreChannelHba 244, 345
Get-VMHardDiskDrive 242–244, 345, 548
Get-VMhost 244
Get-VMIdeController 244, 345
Get-VMNetworkAdapter 244, 682
Get-VMNetworkAdapterTeamMapping 220
Get-VMScsiController 222, 244, 345
Get-VMSwitch 244
Get-WindowsFeature 109
Get-WMI-Object 245
Get-WmiObject 1059
Get-WsusClassification 949
Get-WsusComputer 949
Get-WsusProduct 949
Get-WsusServer 949
Get-WsusUpdate 950
Gewichtung 241
Globale Gruppe 470

Globaler Katalog 315, 333, 377, 424
  Attribute hinzufügen 317
  filtern 351
Globaler Katalogserver 407, 666
Globally Unique Identifier 511
gMSA *siehe* Grouped Managed Service Account
Gpedit.msc 482
GPMC *siehe* Group Policy Management Console
GPO *siehe* Group Policy Object
Gpresult 501
GPT-Partitionsformat 123–124, 130
Gpupdate 430, 499, 517, 648, 835
Grafikkartenspeicher 771
GRE *siehe* Generic Routing Encapsulation
Grenzwert für Kontingente 572
Group Policy Log View 501
Group Policy Management Console 102, 483, 503
Group Policy Object 482
Grouped Managed Service Account 363
GroupPolicy 482, 499
Gruppe
  anlegen 470
  Berechtigungen verwalten 471
  Globale Gruppe 470
  Lokale Gruppe 470
  Typen 470
  Universelle Gruppe 471
Gruppenmitgliedschaft 407
Gruppenrichtlinien 360, 481–482
  Bildschirmschoner aktivieren 492
  BranchCache 594, 602
  Cortana deaktivieren 497
  Editor 138
  Einstellungsmöglichkeiten 485
  erstellen 489
  erzwingen 493
  Fehler beheben 499
  Geräteinstallation konfigurieren 510
  Loopbackverarbeitungsmodus 748
  Microsoft Store sperren 496
  Modellierungs-Assistent 506
  Objekt 482, 489
  Objekte 487, 489
  Objekte mit Container verknüpfen 491
  prüfen 421
  Registry-Einstellungen 488
  sichern 503
  Sperrbildschirm deaktivieren 492
  Unterschied zu Richtlinien 485
  vererben 493–494
  Vererbung deaktivieren 494
  verwalten 102, 482–483, 489, 499
  wiederherstellen 503–504
  Zielgruppenadressierung 487
Gruppenrichtlinienverwaltungs-Editor 483
  Administrative Vorlagen 484
  Benutzerkonfiguration 483, 487
  Computerkonfiguration 483, 487
  Skripts 484
  Softwareeinstellungen 483
  Windows-Einstellungen 484
Gruppenrichtlinien-Verwaltungskonsole 503
GUID-Auflösung 423
GUID-Partitionstabelle 124, 130

Index

H

Hardwarefirewall 838
Hardware-ID 511
Hardwareübersicht 75
Hash
    Für BranchCache veröffentlichen 599
    Versionsunterstützung für BranchCache 594
Herunterfahren 224
HGS *siehe* Host Guardian Service
Histogramm
    Ansicht 965
    Leiste 425
HNV *siehe* Hyper-V Network Virtualization
Hochverfügbarkeit 271
    von Speicherpools prüfen 877
Host Guardian 102, 106
Host Guardian Service 37, 98, 263, 265
    Attestation-Modus 264
    konfigurieren 265
Hosted Cache 593
Hostfähiger Webkern für
    Internetinformationsdienste 102
Hostroute 185
Hot-Spare 144, 151
HTTP 694
    403-Fehler 713
    Automatische Umleitung aktivieren 713
    Fehlermeldung konfigurieren 713
    Fehlermeldungen konfigurieren 713
    Umleitungen konfigurieren 713
HTTP/2 694
HTTPS 694, 828
    VPN 840
Hyper-V 98, 197–198, 783, 864
    AMD NX bit 205
    Arbeitsspeicher 228
    Arbeitsspeicherpuffer 240
    Arbeitsspeicherumfang 240
    Auf Nano-Server installieren 684
    Ausnahmen für Windows Defender
        definieren 816
    Automatische Startaktion 242
    Automatische Stoppaktion 242
    Backup Change Tracking 254
    Cluster replizieren 272
    Cluster Shared Volumes aktivieren 288
    Cluster sichern 261
    Container 678, 681, 689
    Container betreiben 689
    Container erstellen 690
    Container installieren 685
    Data Execution Prevention 205
    Datensicherung 253–254, 260
    Datenträger bearbeiten 238, 260
    DHCP-Wächter 623
    Differenzierende Festplatte 256
    Eingebettete Virtualisierung 250
    Erweiterter Sitzungsmodus 203
    Failover durchführen 274
    Generierungszähler 342
    Hochverfügbarkeit 271
    Host Guardian Service 263, 265
    Host Guardian Service konfigurieren 265
    Installation 206
    Integrationsdienste 357
    Intel XD bit 205
    Linux 233
    Livemigration 272, 289
    Livemigration ohne Cluster 283
    MAC Address Spoofing 250
    MAC-Adresse konfigurieren 216
    Migration durchführen 245
    Nach Azure migrieren 249
    NAT konfigurieren 220
    Nested Virtualization 250
    Netzwerke planen 212
    Neues Laufwerk hinzufügen 222
    PowerShell Direct 230, 242
    Produktionsprüfpunkte 36, 223, 255–256
    Produktionsprüfpunkte erstellen 258
    Prüfpunkte 223, 257
    Prüfpunkte verwalten 260
    Prüfpunkte von virtuellen Servern erstellen 254
    Remotedesktop-Virtualisierungshost 732
    Replica 275
    Replikation 272
    Replikation konfigurieren 200, 276
    Replikationsverhalten anpassen 280
    Secure Boot in UEFI 204
    Server zwischen Hosts replizieren 278
    Shared-VHDX 203
    Shielded-Modus 264
    Sicherungsstrategien für virtuelle Server 254
    Smart Paging 233, 237
    Speicherbedarf 228
    Speicherort festlegen 204
    Überwachung von virtuellen Servern 292
    Unterstützung durch Host Guardian 102
    USB-Geräte anbinden 237
    Verwaltungstools installieren 207
    Virtuelle Festplatten verwalten 238
    Virtuelle Maschine erstellen 225
    Virtuelle Server gruppieren 270
    Virtuellen Server anpassen 231
    Virtuellen Server erstellen 221
    Virtueller Switch 173
    VM-Connect 204
    Volumeschattenkopie-Dienst 254–255
    Voraussetzungen 205
    Wiederherstellung 253
    Wiederherstellungspunkt 282
    Workloads migrieren 248
    Zeitsynchronisierung 223
Hyper-V Network Virtualization 37, 210
Hyper-V Server 2016 48, 272
    Grenzwerte 50
    verwalten 87
Hyper-V-Container 35
    Bereitstellung 35
Hyper-V-Einstellungen 226
Hyper-V-Host 262
Hypervisor *siehe* Hyper-V
Hyper-V-Manager 199, 209, 345
Hyper-V-Replica 43, 199

I

I/O Quality of Service 103
I/O-Virtualisierung 772
Icacls 1048
IDE-Controller 233
Identitätsverbund 851

Index

IGMP 866
IIS
  Ablaufverfolgungsregeln definieren 715
  administration.config 699, 710
  Anforderungsfehler 715
  Antwortcode 714
  Anwendungspool 718
  Anwendungspool verwalten 701
  applicationHost.config 698–699, 710
  Arbeitsprozesse überprüfen 718
  Arbeitsprozesse zurücksetzen 702
  Ausgabezwischenspeicherung verwenden 719
  Authentifizierung aktivieren 708
  Authentifizierung konfigurieren 707
  beenden 698
  Benutzerkonten verwalten 704
  Benutzerrechte festlegen 706
  Berechtigungen delegieren 704
  Bindungen bearbeiten 696–697
  configEncKey.key 711
  Delegierung verwalten 705
  Domänen einschränken 709
  Erweiterung für OData Services for Management 103
  Featureeinstellungen bearbeiten 719
  Fehlerseiten 714
  Firewalleinstellungen ändern 722
  IP-Filter 694
  IPv4-Adressen einschränken 709
  Komprimierung aktivieren 718
  Konfiguration freigeben 710
  Konfigurationsdateien 699
  Logdateien 695
  Logdateien konfigurieren 715
  machine.config 698
  mbschema.xml 699
  metabase.xml 699
  Module verwalten 703
  Nano-Server 694
  Protokollierung aktivieren 716
  redirection.config 699
  Remoteverwaltung aktivieren 706
  schema 699
  Serverleistung optimieren 718
  Sicherheitsfunktionen konfigurieren 707
  SSL-Zertifikat 694, 707
  Standardauthentifizierung konfigurieren 708
  Standarddokumente festlegen 711
  starten 698
  URL vereinfachen 714
  Verwaltung delegieren 704
  Verwaltungsdienst 711
  Verwaltungsdienst aktivieren 705
  Verwaltungsprogramme 704
  web.config 698
  Webseiten anzeigen 695
  Webseiten hinzufügen 696
  Windows-Authentifizierung konfigurieren 709
  Zertifikate installieren 767
  Zugriffe überwachen 715
IIS-Manager-Anmeldeinformationen 705
IIS-Manager-Berechtigungen 704
IIS-Ordner
  custerr 695
  history 695
  inetpub 695
  inetsrv 694

wwwroot 695
Import-Csv 402
Import-SmigServerSetting 247
Indikatorengruppe 963–964
Inetmgr 694
Infiniband 213
Infrastrukturmaster 311, 314, 318, 321, 424
Initialize-ADDeviceRegistration 1075
Initialize-Disk 153
Install.wim 60
Install-ADDSDomain 301, 390
Install-ADDSDomainController 301, 339
Install-ADDSForest 301, 339
Installation
  Abbild in WDS verwalten 1001
  Abbild integrieren 1007
  Benutzerdefinierte Installation 57
  Bootmenü 55
  Computernamen festlegen 77
  Core-Server 56
  Domänenmitgliedschaft festlegen 77
  DVD-Laufwerk 54
  Grundlagen 52
  Images 55
  Lizenzbedingungen 57
  Patches 55
  Remotedesktopverbindung aktivieren 78
  Sprachpaket installieren 76
  starten 55
  Upgrade 57
  USB-Stick 54
  USB-Stick erstellen 60
  Variante auswählen 56
  Virenschutzsoftware 54
  WLAN aktivieren 79
Install-HgsServer 265
Install-NanoServerPackage 1035
Install-NetworkController 893
Install-NetworkControllerCluster 893
Install-Package 683
Install-PackageProvider 1034
Install-PswaWebApplication 1046
Install-WindowsFeature 109, 163, 207–208, 246, 287, 331, 679, 872, 1046
Integrationsdienst 223, 357
Integrität
  Warnung 478
  Zertifikat 822
Intel Trusted Execution Technology 772
Intel VT-d 772
Intel XD bit 205
Intelligenter Hintergrundübertragungsdienst 103
Interne Windows-Datenbank 103
Internet Explorer 701
  Internetoptionen 858
  Sicherheit 858
  Verstärkte Sicherheitskonfiguration 60
Internet Information Services 99, 693
Internet Protocol Next Generation 185
Internet Protocol Security 186, 818
Internet Protocol Version 6 185
Internet Storage Naming Service 103
Internetdruckclient 103
Internetinformationsdienste 99, 693
  Auf Core-Server verwalten 110

Index

Internetinformationsdienste-Manager 694, 701–702, 718, 721, 801
Internetprotokoll 172, 306
Intersite Topology Generator 406, 415
Inter-Site Transports 404
InvocationID 343
Invoke-CauRun 888
Invoke-CimMethod 683
Invoke-Command 332, 1033
Invoke-IpamGpoProvisioning 647
Invoke-Item 1040
Invoke-WebRequest 685, 1016
Invoke-WsusServerCleanup 950
IOMMU 772
iPad
   AirPrint 609
IP-Adressblock 649
IP-Adresse 174, 181
   reservieren 630
IP-Adresspool 642
IP-Adressverwaltungsserver 103, 623, 643
IPAM 623, 643
   ASM-Administrator 644
   Clientbindungsfehler beheben 648
   IP Tracking-Administrator 644
   Users 644
   Zugriff 646
IpamDhcpLog.txt 648
IpamDnsLog.txt 648
IpamProvisioning.ps1 648
IPAM-Server 643
   Aufgaben planen 648
   einrichten 645
   Infrastruktur verwalten 649
   IP-Adressblöcke festlegen 649
IPAutoconfigurationEnabled 627
IP-Bereich 623
   festlegen 625
Ipconfig 180, 311, 328, 330, 416, 630, 666, 668, 1056
   Optionen 182
IP-Einstellung 182
IP-Forwarding 865
iPhone
   AirPrint 609
IpnG *siehe* Internet Protocol Next Generation
IP-Routing 184
IPsec 201, 818, 821
   Authentifizierung festlegen 821
   Richtlinien erstellen 820
IP-Subnetz 397, 400
   erstellen 402
IPv4 184
IPv6 183–185, 827, 829
   Anycast 188
   Konfiguration 187
   Manuelle Routen erstellen 189
   Unicast 188
IPv6-Adresse 185
iSCSI 97, 101
   Datenträger 160
   Festplatten verbinden 161
   Initiator 161
   Target 91
   Technologie 103
   Ziel 159–160, 274
isDeleted 367

ISE *siehe* PowerShell Integrated Scripting Environment
iSNS-Serverdienst 103
isRecycled 367
ISTG *siehe* Intersite Topology Generator
iWARP 213

J

JEA *siehe* Just Enough Administration
JET *siehe* Joint Engine-Technologie
Joint Engine-Technologie 304
Just Enough Administration 43

K

Katalog
   Globaler Katalog 315, 333
Katalogdatei 994
Katalogserver 407
KCC *siehe* Knowledge Consistency Checker
KDC *siehe* Key Distribution Center
Kennwort
   Administratorkonto 322
   ändern 364, 478
   Chronik erzwingen 519
   Komplexitätsvoraussetzungen 519
   Maximales Alter 519
   Minimale Länge 519
   Minimales Alter 519
   Replikation 377
   Replikationsgruppe 378, 381
   Replikationsrichtlinie 381
   Richtlinie festlegen 478, 519
   Schutz für den Bildschirmschoner 492
   Sicherheitseinstellungen 498
   Umkehrbare Verschlüsselung 519
   zurücksetzen 420
Kerberos 283, 822
   AES-128-Bit-Verschlüsselung 459
   AES-256-Bit-Verschlüsselung 459
   Armoring 333
   Authentifizierung 420
   Datenverkehr verschlüsseln 332
   DES-Verschlüsselungstypen 459
   Präauthentifizierung 459
   Richtlinie 353
   Schlüsselverteilungscenter 421
   Test 411
Key Distribution Center 420
Key Management Service 99
   Hostschlüssel 1014
Key Signing Key 675
KiXtart 468
Klassifizierung
   Eigenschaften 577
   Methode 578
   Regeln 577, 862
   verwalten 579
   Zeitplan 577
Knowledge Consistency Checker 398, 406, 414
Komprimierung 128
Konflikterkennung 640
Konsistenzprüfung 398, 414
Kontenoperator 829

Index

Kontenverwaltung 429
Kontingent 136, 566
   Einträge 136, 571
   Ereignisse 570
   Grenzwerte 569, 572
   Pfad festlegen 567
   Schwellenwerte 568
   verwalten 567
   Vorlagen anpassen 570
   Vorlagen erstellen 567
Kontosperrung 458
Kryptografie
   Dienstanbieter 800
   Modus 856
KSK *siehe* Key Signing Key

L

L2TP-Tunnel 821
Lastenausgleich 104–105, 638, 863
   aktivieren 882
   Ausgleichsmodul 882
   Grundlagen 864
Lastverteilung 869
Laufwerk
   Buchstaben ändern 127
   konfigurieren 125
   Logisches Laufwerk 122
   Per PowerShell anzeigen 1026
   Pfad ändern 127
   verschlüsseln 137
Launchpad 920–921
   Datensicherung einrichten 921
   Windows Server 2016 Essentials 1063
Layer Two Tunneling-Protokoll 821
LbfoAdmin 177
LCP *siehe* Link Control-Protokoll
LDAP
   Suchdauer 425
   Verzeichnis 394
   Zugriff überwachen 425
Lease 623
Leasedauer 626
Leistungseinstellungen 898
Leistungsindikator 112
   abrufen 86
Leistungsmonitor 603
Leistungsüberwachung 424, 961–962
   Arbeitsspeicher 967
   Bericht 967
   BranchCache 603
   Data Collector Sets 962
   Datensammlergruppen 962
   Datensammlersatz 965
   Histogrammansicht 965
   Indikatoren 972
   Indikatoren hinzufügen 964
   Indikatorendaten 965
   Indikatorengruppe 963–964
   Lesevorgänge 963
   Prozessorzeit 965
   Ressourcenübersicht 961
   Sammlungssätze 965
   Stoppbedingung 966
Lesevorgang 963
Licmgr 740

Lightweight Directory Access Protocol 96
Line Printer Daemon 111
Link Control-Protokoll 841
Linux 204, 679
   Livemigration 289
   Produktionsprüfpunkte 255
   Smart Paging 233
   USB-Geräte 237
   VLAN 219
Livemigration 203, 272, 289, 882
   ohne Cluster 283
Lizenzierung 45, 732
   Remotedesktop 740
Lizenzserver 741
   Daten sichern 742
Loadbalancing 735, 765
   Cluster 864
LocalLow-Ordner 462
Local-Ordner 462
Lock Pages in Memory 967
Logical Unit Number 104
LogonSessions 431
Lokale Gruppe 470
Loopback 748
   Verarbeitungsmodus 748
LPIM *siehe* Lock Pages in Memory
Lpksetup 76
LPR-Portmonitor 104
LUN *siehe* Logical Unit Number
Lusrmgr.msc 453, 786

M

MAC Address Spoofing 250
MAC Filter Import Tool 634
MAC-Adresse 174, 178, 181, 292, 630, 866
   auslesen 182, 630
   Hyper-V 216
   Spoofing 251
MAC-Adressen
   Spoofing 864
MAC-Filterung 634
Managed Service Accounts 363, 365, 418
Management Object File 1030
Mandatory Profile 464
Man-in-the-Middle-Angriff 524
Master Boot Record 123, 130
Master File Table 120, 134
Maximum Transmission Unit 214
MaximumPasswordAge 364
MBR *siehe* Master Boot Record
Media Access Control 181
Media Foundation 104
Media Player deinstallieren 77
Message Queuing 104
Metadata 434
Metadaten 850
   bereinigen 434
Metrik 185
MFT *siehe* Master File Table
Microsoft Azure 678, 845, 913, 1062–1063
   Cloud Witness 889
   Cluster anbinden 890
   Connection Broker anbinden 758
   Speicherkonto anlegen 889
   Verbindungsbroker anbinden 758

Index

Virtual Machines 1066
Zeugenserver 881
Zeugenserver prüfen 891
Microsoft Edge 701
Microsoft Exchange 868
Microsoft Identity Manager 42
Microsoft Online Backup Service 1064
Microsoft Store 496
Microsoft Virtual Machine Converter 248
Microsoft Virtual System Migration Service 283
Migrationsprojekt 557
Migrationstools 107, 246
MIM *siehe* Microsoft Identity Manager
Mindestvoraussetzungen 53
Mirrored Resiliency 877
Mobsync 541
Monitor-Spanning 753
Mount-VHD 158
Move-ADDirectoryServerOperationMasterRole 320
Move-ClusterGroup 294
Move-Item 1038
Move-VM 285
MPCMDRun 811
MSA *siehe* Managed Service Account
MSExchangePowerShellAppPool 702
Msinfo32 75, 988
MSMQ *siehe* Message Queuing
MTU *siehe* Maximum Transmission Unit
Multicast 1001, 1005
   IP-Adressen 866
   NLB-Cluster 866
Multicast-Protokoll 597
Multipfad
   aktivieren 162
   Ein-/Ausgabe (E/A) 104
MultiPoint Connector 104
MultiPoint Services 98, 733, 774
   Benutzer verwalten 779
   Clientzugriffslizenzen hinzufügen 776
   Downstream Hub 775
   installieren 776
   Intermediate Hub 775
   konfigurieren 777
   Servereinstellungen anpassen 778
   Serverfarm einrichten 735
   Station Hub 775
   Virtuelle Desktops einrichten 781
MultiPoint-Server 40
MVMC *siehe* Microsoft Virtual Machine Converter
MX-Record 653

N

Name Resolution Policy Table 835
Named Pipes-Protokoll 852–853
Namensauflösung 330, 385
   Für Domäne prüfen 388
   testen 415
Namenserver 658
Namensgebung 1009
Namensraum 304
Namensüberprüfung 661
Namensuffixrouting 451
Namespace 583
   Pfad 588
Nano-Image-Treiber integrieren 70
Nano-Server 677, 682
   Auf physischen Servern installieren 71
   Container verwalten 682
   Container-Image installieren 684
   Docker 684
   Docker installieren 683
   Domänenbeitritt 68
   Hyper-V installieren 684
   Hyper-V-Container installieren 685
   Mit WIM-Images bereitstellen 69
   Pakete per PowerShell installieren 1034
   Programmiersprachen 33
   Rollen per PowerShell installieren 1036
   SMB-Zugriff steuern 525
   Updates installieren 683
   Vergleich zu Core-Server 33
   verwalten 68
   Virtuelle Nano-Server erstellen 70
   Windows Defender 809
NAP *siehe* Network Access Protection
NAT *siehe* Network Address Translation
National Center For Supercomputing 717
Ncpa.cpl 172, 180, 337
NCSA 717
Nested Virtualization 250
Nested Virtualization *siehe* Virtualisierung, eingebettete
Net Time 355
Net-Befehl 89–90, 537, 669
NetBIOS 287
   Namen auflösen 180
Netdom 421, 452
NETLOGON-Freigabe 468
Netsh 89, 557, 598–599, 602, 636, 889, 1042, 1054
Netstat 1055
Network Access Protection 99, 763, 820
Network Address Translation 762
   Switch 220
Network Attached Storage (NAS) 212
Network File System 111
Network Load Balancing 216, 766, 863
Network Policy and Access Services 98
Network Time Protocol 354
Network Virtualization Generic Routing Encapsulation 211
Netzwerk
   Adapter 172
   Adaptereinstellungen 172, 326
   Adaptereinstellungen aufrufen 180
   Adressübersetzung 762
   Anbindung 171
   Auf Freigaben zugreifen 540
   Bindungsreihenfolge 181
   Computer anbinden 172
   Diagnose 174
   Energieverwaltung 174
   Erweiterte Verwaltung 173
   Geöffnete Dateien anzeigen 538
   Geräteereignisse anzeigen 175
   Hardware installieren 172
   Internetprotokoll 172
   IP-Adresse 174
   MAC-Adresse 174, 178
   Maske 185

Index

Netzwerkkarte konfigurieren 174
Netzwerkkarten zusammenfassen 175
Profile 820
Protokoll 174
Registrierungsdienst für Ger#te 794
Standby-Adapter 175
Switch 212, 354
Verbindungen testen 75, 171
Verbindungen überbrücken 174
Verbindungen verwalten 173
Zugriffsschutz 763, 819–820
Netzwerk- und Freigabecenter 173, 190–191, 306
Netzwerkcontroller 38, 98, 891
Netzwerkeinstellung 88
   Per PowerShell steuern 1025
Netzwerkfreigabe 789
Netzwerkinspektionsdienst 810
Netzwerkkarte 172, 864
   In Core-Server festlegen 88
Netzwerklastenausgleich 104, 863
   Cluster 864
   Grundlagen 864
   installieren 865
   Manager 865
   Neuen Cluster erstellen 865
Netzwerklastverteilung
   Roundrobin 869
Netzwerkrichtlinien- und Zugriffsdienste 98
Neuerungen 31
   Nano-Server 32
Neuinstallation 52
New-ADDCCloneConfigFile 344
New-ADReplicationSite 401
New-ADReplicationSiteLink 405
New-ADServiceAccount 364–365
New-ADUser 310
New-Cluster 288, 873
New-ClusterFaultDomain 878
New-FsrmFileGroup 581
New-Item 684, 1022
New-NetFirewallRule 817
New-NetIPAddress 89, 220, 372
New-NetLbfoTeam 179
New-NetQosTrafficClass 895
New-NetworkControllerNodeObject 893
New-Partition 131, 150
New-PSDrive 1026
New-PSSession 310, 1024
New-RDSessionCollection 731
New-SelfSignedCertificate 845
New-StoragePool 150, 152, 874
New-StorageQosPolicy 548
New-StorageTier 153, 875
New-VirtualDisk 150, 153, 1027
New-VM 229
New-VMGroup 270
New-VMSwitch 220
New-WebBinding 694
NIC-Team 175–176
   auf Core-Server erstellen 178
   erstellen 176
   Für Hyper-V einrichten 219
   Per PowerShell erstellen 178
   Primäre Teamschnittstelle 178
   Teamvorgang starten 176
   testen 179
   umbenennen 179
NLB *siehe* Network Load Balancing
NLB-Cluster 864
   erstellen 865
   Filterungsmodus 867
   installieren 865
   IP-Adresse hinzufügen 866
   MAC-Adresse 864
   Mehrfachhost 867
   Multicast 866
   Namen festlegen 867
   Portregel anpassen 867
   Unicast 866
   Zugriffsregeln konfigurieren 869
Nltest 308, 409, 418–419, 669
No Execution 772
Node Fairness 882
Non-Uniform Memory Access 242
Northbound-API 892
Notebook 541
NRPT *siehe* Name Resolution Policy Table
NSEC3 675
Nslookup 182–183, 189, 308, 330, 387, 414–415, 666, 671
NTDS 316, 344, 420
   Site Settings 406
Ntds.dit 437
Ntdsutil 320, 338, 426, 434
NTFS-Dateisystem 119–120, 572, 584
NTP-Protokoll 354
NtpServer 356
Ntuser.dat 462
Ntuser.man 464
NUMA 242
NVGRE *siehe* Network Virtualization Generic Routing Encapsulation
NVMe 875
NX *siehe* No Execution

O

Objekte
   Besitzer festlegen 531
   Überwachung 535
   Verwaltung 474
   Zugriffsversuche überwachen 428–429
OCR-Erkennung 107
OData Service 103
ODX *siehe* Open Diagnostic Data Exchange
Office 365 845, 1061, 1064
Offlinedateien 541, 583
   synchronisieren 543
   Synchronisierungszeitplan festlegen 544
   Verbindungsstatus anzeigen 543
   verschlüsseln 544
   verwalten 541
Offlinedefragmentierung 308, 442
Offline-Domänenaufnahme 362
Offline-Domänenbeitritt 359, 361
Offlinesynchronisierung 583
Offlineverfügbarkeit 538
Offlinezugriff 541
Offloaded Data Transfer 202
OneGet-Framework 49, 1033
Online-Responder 794
OOBE 787

Index

Open Diagnostic Data Exchange 44
Openfiles 530, 1057
Optimize-StoragePool 878
Ordner
   Berechtigungen verwalten 526
   Eigenschaften anzeigen 563
   Erweiterte Berechtigungen definieren 527
   Freigaben erstellen 536
   komprimieren 128
   Per PowerShell kopieren 1038
Ordnerumleitung 466
Organisations-Admin 400, 454
Organisationseinheit 301, 305, 418, 455
   Verwaltung delegieren 474
Organizational Unit *siehe* Organisationseinheit
OSCDIMG 995
OSI-Modell 185
Outlook Web App 847
Out-of-Box-Experience 787

P

Paketregel 514
PAM *siehe* Privileged Access Management
Papierkorb für gelösche Objekte 367
Parallelinstallation 53
Parent-VM 198
Parity-based Resiliency 877
Partition 122, 304
   erstellen 129
   erweitern 132
   Partitionierungsstil festlegen 131
   verkleinern 131
Pass-the-Hash 42
Patches per PowerShell verwalten 1025
PBA *siehe* Policy Based Assignment
PDC-Emulator 311, 318, 321, 342, 353–355
   verwalten 311
PDC-Master 353, 424
PE-Bootumgebung 994
Peer Name Resolution-Protokoll 105
Peerermittlung
   in BranchCache 602
Perfmon 424, 603
Pkiview 797
Pnputil 90
PNRP *siehe* Peer Name Resolution-Protokoll
Pointer 653
Point-to-Point Tunnelin Protocol 838
   anpassen 838
Point-to-Point-Protokoll 841
   Datenblock 841
Policy Based Assignment 632
PolicyDefinitions 496
Portbereich 868
PortQryV2 854
PowerShell 106, 198, 205, 1015
   Alle Befehle anzeigen 1022
   Aufgaben zeitgesteuert ausführen 1024
   aufrufen 1020
   Ausführungsrichtlinie für Skripts 1019
   Best Practices Analyzer 112
   Chocolatey Repositories 1033
   Dateien kopieren 1038
   Datensicherungen verwalten 1025
   Desired State Configuration 33, 49, 1029
   Dienste steuern 1040
   DSC Resource Kit 1029
   E-Mails verschicken 1041
   Features installieren 109
   Firewall einstellen 1042
   Firewallregeln erstellen 1043
   Haltepunkt in Skripts festlegen 1021
   Integrated Scripting Environment 1020
   ISE starten 311
   Laufwerke verwenden 1026
   Management Object File 1030
   Nano-Server-Pakete installieren 1034
   Netzwerkeinstellungen steuern 1025
   Netzwerksitzung aufbauen 1024
   Netzwerkverbindung prüfen 1059
   NuGet-Paket installieren 1033
   OneGet-Framework installieren 49, 1033
   Ordner kopieren 1038
   Pakete installieren 1033
   Patches verwalten 1025
   Registry verwalten 1025
   Remote ausführen 1022
   Resource Gallery 49
   Rollen auf Nano-Servern installieren 1036
   Server remote verwalten 309
   Server verwalten 1037
   Serverrollen installieren 109
   Skripts ausführen 1019
   Skripts debuggen 1021
   Skripts erstellen 1028
   Speicherplätze anlegen 1027
   Storage Spaces anlegen 1027
   Systemprozesse verwalten 1038
   Variablen definieren 1037
   Version 5.0 49
   Where-Abfragen 1026
   WMI-Befehle verwenden 1059
PowerShell Direct 230, 243
PowerShell Integrated Scripting Environment 303
PowerShell Web Access 1016
   Berechtigungen definieren 1047
   einrichten 1045
   Gateway konfigurieren 1046
PowerShell-Registerkarte 310
PowershellWebAccess 1049
PPP *siehe* Point-to-Point-Protokoll
Präauthentifizierung 459
Pre-Authentication Integrity 524
PreExisting 588
Prestaging 584
Privileged Access Management 42
Problembehandlung 903
Process Explorer 981
   Handles 984
Process Monitor 977
   Tracevorgang 980
Production Checkpoint *siehe* Produktionsprüfpunkt
Produktionsprüfpunkt 36, 223, 255–256, 258
Profil
   löschen 467
   Ordner umleiten 466
   Standardprofil anlegen 465
   Superverbindliches Profil 464
   Verbindliches Profil 464
Profilpfad 463

Index

Provider Address 211
Proxyserver 490
Prozessaktivierungsdienst 107
Prozessnachverfolgung überwachen 429
Prozessor 241
    Auslastung 969
Prozessorzeit 965, 969
    Für Remotedesktopdienste planen 748
Prüfpunkte 223, 257, 259
    Cluster 287
    Unterstruktur 261
    verwalten 260
    Von virtuellen Servern erstellen 254
PsFile 538
PsGetSid 313
PSInfo 988
PsLogList 955
PtH *siehe* Pass-the-Hash
PTR-Einträge 630, 653
Publish-DscConfiguration 1029
PushPrinterConnections.exe 615
PXEboot 1001
PXE-Server 1001

Q

QoS *siehe* Quality of Service
Quality of Service 174, 545
    Paketplaner 174
Quality of Storage Policies 44
Quorum
    Konfiguration 890
    Zeuge 890
Quota 566

R

RAID-System 121
RAM 240
RAMMap 968
Ransomware 579
RAS *siehe* Remote Access Service
RDC *siehe* Remote Differential Compression
RDCAL *siehe* Remotedesktop-Clientzugrifflizenz
RDMA *siehe* Remote Direct Memory Access
RDP *siehe* Remotedesktopprotokoll
RD-Virtualisierungshost 789
Read-only Domain Controller 302, 321, 333, 375, 381, 675
    löschen 381
Receive-PSSession 310, 692
Rechteverwaltung 96, 103, 849
Recovery-CD 929
ReFS-Dateisystem 119, 130, 572
    Einschränkungen 120
Registrierungs-Agent 807
Registrierungsdienst für Netzwerkgeräte 794
Registrierungseditor 803
Registrierungsrichtlinien 800
Registry
    Per PowerShell verwalten 1025
Relayeinschränkungen 726
Remote Access Service 99
    Benutzer konfigurieren 838
    Clients anzeigen 839

konfigurieren 839
    Ports konfigurieren 838
    Verbindungs-Manager-Verwaltungskit 105
Remote Desktop Connection Broker 39
Remote Differential Compression 583–584
Remote Direct Memory Access 101, 203, 213
Remote Procedure Call 105, 787
Remote Server Administration Tools 475
RemoteApp 732–733, 759, 783
    Anwendungen veröffentlichen 760
    Benutzerzuweisung 760
    Programme veröffentlichen 738
Remoteclientstatus 835
Remotedesktop 78
    Auf Clientcomputer aktivieren 786
    Benutzer 786
    Benutzergruppen angeben 737
    Benutzerlizenz 739
    Bereitstellungsübersicht 740
    Change-Befehl 752
    Easy Print Driver 749
    Gerätelizenz 739
    Lizenzierung 732, 739
    Lizenzierungs-Manager 740–741
    Lizenzserver 739–741
    Lizenzserver-ID 741
    Loadbalancing 735
    Microsoft Office 751
    Netzwerkadressübersetzung 762
    Sammlung 788
    Sitzungen spiegeln 742
    Sitzungssammlung erstellen 736
    Verbindung 78
    Verbindungsbroker 758, 765
    Web Access 736
    Web Access verwenden 738
Remotedesktopclient 753
    Befehlszeilenparameter 754
    Digitalkameras umleiten 755
    Mediaplayer umleiten 755
    Schriftartglättung 754
    Zugriffslizenz 46
Remotedesktopdienste 39, 99, 729, 783
    Bereitstellungseigenschaften 762
    Bereitstellungstyp festlegen 733
    Grafikkartentreiber 771
    Prozessorzeitplanung anpassen 748
    Remotezugriffsserver 762
    Sammlung anlegen 761
    Schnellstart 733
    Sitzungshostserver 733
    Sitzungssammlung 733
    Sitzungssammlung einrichten 736
    Standardbereitstellung 733
    Webzugriff einrichten 761
    Zertifikate installieren 766
Remotedesktopdienste-Manager 757
Remotedesktopdienste-Profil 459, 464
Remotedesktopgateway 105, 733, 762–763
    Netzwerkzugriffsschutz 763
    Ressourcenautorisierungsrichtlinie 764
    SSL-Verbindung 766
    Verbindungsautorisierungsrichtlinie 764
    Zertifikat 763
    Zertifizierungsstelle 763
Remotedesktopprotokoll 770
    Sitzung auf Clients öffnen 789

Index

Remotedesktop-Sitzungshost 40, 111, 732, 757, 761, 770
   Auslagerungsdatei optimieren 747
   Benutzerprofil-Datenträger 757
   Drucker einrichten 748
   installieren 784
   Loopbackverarbeitung 748
   RemoteFX einrichten 773
   Systemeinstellungen verwalten 755
Remotedesktop-Verbindungsbroker 732, 736, 784–785
Remotedesktop-Virtualisierungshost 732
Remotedifferentialkomprimierung 105
Remoteeinstellungen 78
Remote-Ereignisprotokollverwaltung 958
RemoteFX 39, 111, 771
   3D-Grafikkarte 773
   Hyper-V-Einstellungen 771
   USB-Geräteumleitung 774
   Verwaltungsports 772
   WDDM-Treiber 772
   XPDM-Treiber 772
Remoteherunterfahren 885
Remote-PowerShell 309
Remoteserver-Verwaltungstools 82, 105, 475, 482, 499
   PowerShell-Cmdlets 82
Remoteüberwachung 459
Remoteunterschiedskomprimierung 584
Remoteunterstützung 105
Remoteverwaltung 309, 853
Remotewebzugriff 477
   Benutzereinstellungen festlegen 931
   einrichten 930
   Fehler beheben 932
   konfigurieren 930
Remotezugriff 99, 828, 845
   Per Eingabeaufforderung erlauben 1043
   Verwaltungskonsole 831, 837
Remove-ADUser 310
Remove-Cluster 293
Remove-ClusterGroup 294
Remove-ClusterNode 293, 881
Remove-ClusterResource 294
Remove-Item 1022, 1025
Remove-MpPreference 813
Remove-MpThreat 813
Remove-NetFirewallRule 817
Remove-NetLbfoTeam 176
Remove-NetQosTrafficClass 895
Remove-PswaAuthorizationRule 1048
Remove-RDPersonalSessionDesktopAssignment 731
Remove-StoragePool 151
Remove-VirtualDisk 151
Remove-VMNetworkAdapterTeamMapping 220
Remove-WindowsFeature 109
Rename-Computer 90, 190, 372
Rename-NetFirewallRule 817
Repadmin 410, 414
Repair-VirtualDisk 151
Reparaturoptionen 903
Replikation 280, 397, 583
   Fehlerbehebung 408
   Grundlagen 398
   Gruppe 584
   In .csv-Datei umleiten 410
   Per Failovercluster-Manager einrichten 167
   Per PowerShell steuern 168
   Probleme lösen 351
   Status prüfen 168
   Topologie 398, 588
   Topologie überprüfen 408
   Verbindungen 346, 351, 383
   Verbindungen einrichten 405
Reset-VMResourceMetering 243
Resilient File System 119, 572
Resize-VHD 158
Resolve-DNSName 414
Resolve-DNSname 189
Ressourcenautorisierungsrichtlinie 764
Ressourcen-Manager 97, 565–566
Ressourcenmonitor 961, 966
   Arbeitsspeicher 966
   Speicherengpässe 966
Ressourcenübersicht 961
REST-API 893
Restart-Computer 190, 683
Restore-ADObject 368
Restore-DscConfiguration 1029
Resultant Set of Policy 347
Resume-ClusterNode 293
Rettungsdatenträger 909
Reverse-Lookupzone 183, 416
   erstellen 328
Richtlinie verwalten 483
Richtlinien 632
   Änderungen überwachen 429
   Einstellungen 485
   Für Datenspeicher festlegen 545
   Für die Benutzerkontensteuerung 499
   In der PowerShell erstellen 548
   Überwachung steuern 535
   Unterschied zu Gruppenrichtlinien 485
Richtlinienbasierte Zuweisung 632
Richtlinienergebnissatz 347, 500
Richtlinien-Ersteller-Besitzer 455
Richtlinientabelle für die Namensauflösung 835
RID-Manager 313
RID-Master 311, 313, 318, 321, 424
RID-Pool 313
RIP *siehe* Routing Information-Protokoll
Roaming-Ordner 462
Robocopy 552, 905
   Optionen 552
RODC *siehe* Read-only Domain Controller
Rollendienst 94, 99
Rollenverwaltungstools 303, 308
Rootdomäne 305, 383
   Standardgruppen 454
Roundrobin 869
   aktivieren 870
   Netzwerklastverteilung 869
Routerwächter 201
Routing Information-Protokoll 184
Routing konfigurieren 839
Routing und RAS 839
Routinginfrastruktur 184
Routingtopologie 376, 399, 408
RPC *siehe* Remote Procedure Call
RPC-über-HTTP-Proxy 105
RRAS-Routing 828
RSA/SHA-2 302, 675

Index

RSA-Algorithmus 142
RSAT *siehe* Remoteserver-Verwaltungstools
RSOP *siehe* Resultant Set of Policy
Rsop.msc 500
Runas 349

S

SafeModeAdministratorPassword 331
Samba 526
Sammlung von Setup- und Startereignissen 105
Sammlungscomputer 957
Sammlungssatz 965
SAS *siehe* Serial Attached SCSI
SATA *siehe* Serial ATA
Save-NanoServerPackage 1035
SBS-Connector 475
Scale-Out-Fileserver 33, 41, 118, 545, 871–872, 881
   erstellen 879
   verwalten 880
Schattenkopie 580
   aktivieren 154
   konfigurieren 155
Schema 304
   erweitern 302, 393
Schema-Admin 454
Schemamaster 311, 314, 318, 321, 391, 424
   verschieben 321
Schlüssel
   Richtlinien für öffentliche Schlüssel 806
   Signaturschlüssel 675
   Verteilungscenter 420
   Verwaltungsdienst 99, 1014
   Verwendung 600
Schlüsselmaster 676
Schnittstelle 185
Schreibgeschützter Domänencontroller 321, 333, 375
   Einschränkungen 380
   Installation delegieren 381
   löschen 381
Schriftartglättung 754
Schrittaufzeichnung 905
Schwellenwert 568
SCSI Enclosure Services 122
SCSI-Controller 232
SCVMM *siehe* System Center Virtual Machine Manager
Second Level Address Translation 40, 771
Secure Boot 204
Secure Socket Tunneling-Protokoll 840
Secure Sockets Layer
   in WSUS nutzen 938
Security ID 472, 526, 534
   Filter automatisch aktivieren 451
   Filter deaktivieren 452
Sektorgröße 44
Sekundärzone 661
Selbstaktualisierung 888
   Optionen 886
Send-MailMessage 1025
Serial ATA 120
Serial Attached SCSI 120
Server
   Dateien wiederherstellen 918, 928

exportieren 345
Name ändern 90
Namensauflösung 330
Per PowerShell verwalten 1037
Remoteverwaltung 309
sichern 898
Sicherung anpassen 918
wiederherstellen 903
Server Based Personal Desktop 39, 731
Server Core 56
Server Message Block 524
   Kompatibilität 525
   Multichannel 525
   Protokoll 165, 273
   SMB Encryption 524
   SMB Signing 524
   Verschlüsselung 524
   Zugriff auf Nano-Server 525
Serverdomänenname 387
Serverermittlung 646
Serverfarm für MultiPoint einrichten 735
ServerFolders 478
Server-Manager 59
   Features installieren 84
   Rollen und Features hinzufügen 94
   Serverrollen installieren 84
   Tools-Menü 83
   Wartungscentersymbol 86
ServerMigrationTools 246
Serverrollen 94
   Active Directory-Domänendienste 96, 299
   Active Directory-Lightweight Directory Service 96
   Active Directory-Rechteverwaltungsdienste 96
   Active Directory-Verbunddienste 97
   Active Directory-Zertifikatdienste 97
   Auf Core-Server installieren 110
   Datei- und Speicherdienste 97
   Device Health Attestation 98
   DHCP-Server 98
   DNS-Server 98
   Druck- und Dokumentdienste 98
   Faxserver 98
   Host Guardian-Dienst 98
   Hyper-V 98
   installieren 84, 94
   Mit BPA überprüfen 112
   Mit DISM installieren 110
   MultiPoint Services 98
   Netzwerkcontroller 98
   Netzwerkrichtlinien- und Zugriffsdienste 98
   Per PowerShell installieren 109
   Remotedesktopdienste 99
   Remotezugriff 99
   Unbeaufsichtigt installieren 109
   Volumenaktivierungsdienste 99
   Webserver (IIS) 99
   Windows Server Essentials-Umgebung 99
   Windows Server Update Services 99
   Windows-Bereitstellungsdienste 99
Server-Sicherung 107
Serverzertifikat 800
Services.msc 308
SES *siehe* SCSI Enclosure Services
SET *siehe* Switch Embedded Teaming
SetACL 612
Set-ADReplicationSiteLink 405

Index

Set-ADUser 310
Set-BPAResult 113
Set-ClusterFaultDomain 878
Set-ClusterQuorum 293, 890
Set-Content 1039
Set-Date 90
Set-DnsClientServerAddress 89, 372
Set-DscLocalConfigurationManager 1029
Set-ExecutionPolicy RemoteSigned 1033
Set-FileStorageTier 153
Set-HgsClientConfiguration 267
Set-Item 682, 1022
Set-MpPreference 197, 813
Set-NetAdapterQos 895
Set-NetFirewallProfile 1043
Set-NetLbfoTeam 179
Set-NetQosDcbxSetting 895
Set-NetQosFlowControl 895
Set-NetQosPolicy 895
Set-NetQosTrafficClass 895
Set-PhysicalDisk 151–152
Set-RDPersonalSessionDesktopAssignment 731
Set-Service 1040
Set-SmbServerConfiguration 525
Set-SmbShare 525
Settings 316
Set-VMHardDiskDrive 548
Set-VMHost 284
Set-VMMigrationNetwork 284
Set-VMNetworkAdapterTeamMapping 220
Set-VMProcessor 209
Set-WebConfigurationProperty 694
Set-WSManQuickConfig 1024
Set-WsusClassification 950
Set-WsusProduct 950
Set-WsusServerSynchronization 950
SHA-512 524
Shared-VHDX 203
SharePoint 576
SharePoint Online 1062
Shielded VM 268
Shielded-Modus 37, 264
Shortcut Trusts 448
Show-Command 303, 1019
Shrpubw 537
Sicherheit 428, 471, 707
    überwachen 430
    Zertifizierungsstelle 806
Sicherheits-ID 472
Sicherheitskonfiguration 60
Sicherheitsprotokoll 952
Sicherheitsrichtlinien 355
Sicherheitssoftware 409
Sicherung 107, 898, 900, 915
    Abbild auswählen 904
    Active Directory-Datenbank 437
    Auf Blockebene sichern 897
    Dateiversionsverlauf einrichten 925
    Datensicherung 899
    Datenträger sichern 917
    Gruppenrichtlinien 503
    Inkrementelle Sicherung 899
    Metadaten 917
    Partitionen auswählen 900
    RAID-System 917
    Status abrufen 927
    Status anzeigen 918
    Strategie für virtuelle Server 254
    Vollsicherung 899
    Wechselfestplatte 917
    Windows Server 2016 Essentials 913–914, 921, 1063
Sicherungsoperatoren 898
Sicherungsprogramm 897, 903
Sicherungszeitplan 899
    Windows Server 2016 Essentials 918
SID *siehe* Security ID
Simple Network Management-Protokoll 105
Single Sign-On 97, 758
Single-Instancing 54, 994
Single-Point-Of-Failure 878
Sitzungshostserver 733
Sitzungsmodus 203
Sitzungssammlung 733
Skripts
    In der PowerShell einsetzen 1019
    Per PowerShell erstellen 1028
SLAT *siehe* Second Level Address Translation
Slmgr 52, 74, 1000
Slui 1000
Smart Paging 233, 237
Smartcard 459
SMB 213
SMB Bandwith Limit 105
SMB Direct 213
SMB Multichannel 213
SMTP-Connector 671
SMTP-Dienst
    installieren 726
    konfigurieren 726
SMTP-Server 105, 653
    anpassen 726
    betreiben 727
Snapshot
    Active Directory-Datenbank 444
SNMP *siehe* Simple Network Management-Protokoll
SOA *siehe* Start of Authority
SOFS *siehe* Scale-Out-Fileserver
Software Load Balancer 105
Softwareeinstellungen 507
Softwareverteilung 507
Solid State Drive 120
Southbound-API 892
SpecialPollInterval 356
Speicherabbild 908
Speicherbedarf 228
Speicherbericht generieren 570
Speicherberichteverwaltung 575
Speicherblock 134
Speicherdiagnose 908, 969
Speicherdienst 97, 143
Speicherengpass 966
Speicher-Management 117
Speicherplatz 121
    Per PowerShell anlegen 1027
Speicherpool 119–120, 139, 1027
    Bereitstellungstyp 146
    erstellen 143, 874
    Hochverfügbarkeit festlegen 145
    Laufwerke auswählen 144
    Per PowerShell erstellen 150
    Physische Festplatten hinzufügen 148
    verwalten 117, 148

Index

Speicherreplikation 105, 118, 164
Speicherrichtlinie 545
   verwalten 547, 551
Speicherverwaltung 106
Speichervirtualisierung 118
Sperrbildschirm deaktivieren 492
Spoofing von MAC-Adressen 864
Spracheinstellung ändern 90
Sprachpaket installieren 76
SQL Server
   Firewallregeln 853
   Für AD RMS vorbereiten 852
   Instanz ausblenden 855
SQL Server-Browser 852–854
SRV-Record 316, 327, 412, 422, 672
SSD *siehe* Solid State Drive
SSL 713
   FTP-Server 722
   Zertifikat 707, 1072
   Zertifikat zuweisen 802
SSL-Verbindung 763
SSO *siehe* Single Sign-On
SSTP 840
   installieren 842
   VPN-Fehler beheben 844
   VPN-Verbindung konfigurieren 844
Stammcluster 855
   erstellen 855
Stammzertifizierungsstelle 796, 798, 805, 844
   Vertrauenswürdige 856
   Vertrauenswürdige Stelle 798, 804
   Zertifikate verwalten 804
Standardauthentifizierung 708
Standardbasierte Windows-
   Speicherverwaltung 106
Standarddokument 712
Standardgateway 184, 631
Standardgruppe 454
Standardname-des-ersten-Standort 401
Standardroute 185
Standardzuordnungseinheit 127
Standby-Adapter 175
Standort
   IP-Subnetze 397
   Physische Trennung 398
   Replikation 376
   Überprüfung 418
   Verknüpfungen 398, 403
   Verknüpfungsbrücke 403, 405–406, 414
Start of Authority 656
Startabbild verwalten 1006
Start-ClusterGroup 294
Start-ClusterNode 293
Start-ClusterResource 294
Start-DedupJob 164
Start-DscConfiguration 1029
Start-MpScan 813
Startoption 91
Startpriorität bei VMs 883
Startprotokollierung 91
Start-Service 1040
Start-VM 230
Stop ClusterGroup 294
Stop-Cluster 293
Stop-ClusterNode 293
Stop-ClusterResource 294
Stoppbedingung 966

Stop-Service 1040
Stop-VM 230
Storage Area Network 289
Storage Quality of Service 117, 545–547
   Im Cluster überwachen 550
Storage Replica 43, 118, 164, 166, 168
Storage Spaces 43, 121
   erstellen 151
   Per PowerShell anlegen 1027
   Storage-Tiers 39
Storage Spaces Direct 38, 41, 118, 121, 169, 566, 871
   Ausfallsicherheit 876
   Dateisystem 871
   Datenträgerverwaltung 872
   Festplatten zusammenfassen 875
   Grundlagen 871
   Per PowerShell aktivieren 874
   Storage-Pools optimieren 878
Storage Tier 153, 875
Storage-Pool 872
   erstellen 875
   optimieren 878
Storage-Replikation 877
Store *siehe* Microsoft Store
Stretched Cluster 165
Stripesetvolume 126
Struktur 304–305, 332
Strukturdomäne 389
Strukturstamm-Vertrauensstellung 446
Stubzone 336
Subnetzmaske 185
Subnetzpräfixlänge 187
Suchabbild 1008
Super Mandatory Profile 464
Superscope 641
Superverbindliches Profil 464
Suspend-ClusterNode 293, 881
Svchost 983
Switch 211, 215
   Virtuelle Switches 210
Switch Embedded Teaming 213, 219
Symmetric Active Mode 356
Synchronisierung
   Partnerschaft 543
   Synchronisierungscenter 542
   Zeitplan festlegen 544
   Zeitplan für WSUS festlegen 936
Sysprep 786–787, 1001
System Center Virtual Machine Manager 882
Systemabbild-Manager 994
Systemereignis 429
Systemfehler 91
Systemgerät 74
Systemimage-Wiederherstellung 903
Systeminfo 75, 91
Systemleistung 910
Systemprozess 1038
Systemstatus 438
Systemsteuerung
   Geräte und Drucker 606
Systemvolume 132
Systemwiederherstellung 56
SYSVOL 421

Index

T

Task 911
Task-Manager 970, 984
   Tasklist 984
TCP/IP
   Dienste 102
   Eigenschaften anzeigen 180
Teaming *siehe* NIC-Team
Telnet-Client 106
Telnet-Server 106
Terminalserver *siehe* Remotedesktopdienste
Terminalserverbenutzer 459
Terminalserver-Lizenzserver *siehe* Remotedesktop-Lizenzserver
Test-ADDSDomainControllerInstallation 302, 331
Test-ADDSDomainControllerUnInstallation 302
Test-ADDSDomainControllerUninstallation 331
Test-ADDSDomainInstallation 302, 331
Test-ADDSForestInstallation 331
Test-ADDSReadOnlyDomainControllerAccountCreation 331
Test-ADDSReadOnlyDomainControllerUnInstallation 302
Test-Cluster 873
Test-DscConfiguration 1029
Test-HgsServer 268
Test-PswaAuthorizationRule 1048
Testversion
   aktivieren 52
   einrichten 53
   herunterladen 52
Texterkennung 107
TFTP-Client 106
TGT *siehe* Ticket Granting Service
Thin Provisioning 122, 146
Thin-Client 238
Ticket Granting Service 420
Ticket-genehmigendes Ticket 420
TIFF-IFilter 107
TLS *siehe* Transport Layer Security
Tombstone-Lifetime 367–368
Tools-Menü 83
TPM
   Chip 137, 264–265
   Initialisierungs-Assistent 137
   Modul 137
   Verwaltungskonsole 137
Transport Layer Security 600
Tree 304–305
Treiber 904
   auflisten 90
   hinzufügen 90
   In Nano-Images integrieren 70
   Manuell installieren 90
   Signatur deaktivieren 91
Treiberdatei 90
Treibersignatur 54
Trojaner 579
Trusted Platform Module (TPM) 137

U

Übermittlungsoptimierung 946
Überprüfung 112
Überwachung 429, 534, 951
   Anmeldeereignisse 428
   Laufwerke 971
   Richtlinien konfigurieren 429
   Systemereignisse 429
   Virtuelle Server 292
Überwachungsrichtlinie 427, 536
UDP-Verkehr 977
UEFI-System 265, 438
Uhrzeit synchronisieren 352
Unattend.xml 362
Unbeaufsichtigte Installation 1013
Unicast 1005
   NLB-Cluster 866
Unicodezeichen 519
Unidirektionale Vertrauensstellung 447
Uninstall-ADDSDomainController 339, 346, 433
Uninstall-WindowsFeature 109, 347
Universelle Gruppe 471
Unmount-VHD 158
Unterbrechungsfreie Stromversorgung (USV) 54
Unterstützung für die SMB 1.0/CIFS-Dateifreigabe 106
Update Sequence Number 223, 262, 459
Update-ClusterFunctionalLevel 881
Update-DscConfiguration 1029
Update-MpSignature 813
Updates
   anzeigen 91
   Sofort installieren 91
   Über WSUS herunterladen 935
Upgrade 57
Upstreamserver
   WSUS 937
URL vereinfachen 714
USB-Gerät 237
USB-Geräteumleitung 774
USB-Stick 54, 929
   Clientcomputer wiederherstellen 927
   Für Wiederherstellung anlegen 922
User State Migration Tool 995
Users (Container) 418, 454
USMT *siehe* User State Migration Tool
USN *siehe* Update Sequence Number
USV *siehe* Unterbrechungsfreie Stromversorgung (USV)
UTC-Zeit 718

V

VAMT *siehe* Volume Activation Management Tool
VDI *siehe* Virtual Desktop Infrastructure
Verbindliches Profil 464
Verbindungen
   Ausgehende zulassen 820
   Autorisierungsrichtlinie 764
   Eingehende blocken 820
Verbindungsbroker 732, 765
   Microsoft Azure 758

Verbindungssicherheitsregel 818, 837
  Authentifizierungsausnahme 819
  Isolierung 819
  Server-zu-Server 819, 821
  Tunnel 819
Verbunddienst 97, 332
Verschlüsselung von Offlinedateien 544
Verteilter Cache 596
Verteiltes Dateisystem 105, 560, 581
Verteilung 471
Vertrauensstellung 315, 332, 349
  Authentifizierung 451
  Bidirektionale Vertrauensstellung 447
  Grundlagen 445
  Manuell einrichten 448
  Transitive Vertrauensstellung 446
  Unidirektionale Vertrauensstellung 447
  Untergeordnete Vertrauensstellung 446
Vertrauenswürdige
  Stammzertifizierungsstelle 804
Verwaltbarkeitsstatus 647
Verwaltetes Dienstkonto 363–364
Verwaltungscenter für Active Directory 349
Verweigerungsregel 515
Verzeichnisdienst 408, 426
Verzeichnisdienst-
  Wiederherstellungsmodus 340, 351, 440
Video-Streaming 106
Virenscanner 409
Virenschutz 106, 812
Virenschutzsoftware 54
Virtual Desktop Infrastructure 111, 360, 733,
  735, 770, 781, 784–785
Virtualisierung
  eingebettete 37
  Windows Server 2016 Essentials 1064
  Zeitsynchronisierung 357
Virtualisierungshost 732
Virtuelle abgeschottete Maschine 106
Virtuelle Festplatte 53, 144
  anfügen 157
  erstellen 156
  In Boot-Manager einbinden 158
  konvertieren 157
  trennen 158
Virtuelle Maschine
  abschirmen 37
  Per Hyper-V-Manager erstellen 225
  Shielded-Modus 37
Virtuelle Nano-Server 70
Virtuelle Server gruppieren 270
Virtueller Fibrechannel 44
Virtueller Switch 210
VLAN 212
  Anbindung 218
  ID 217
  Linux 219
VM-Abschirmungstools für die
  Fabricverwaltung 106
VM-Connect 204
VMMap 968
VMware
  In Hyper-V konvertieren 249
VMware Virtual SAN 871
VMware vSphere 249
Volume 122
  anlegen 125
  erweitern 132
  In Speicherpools erstellen 147
  Stripesetvolume 126
Volume Activation Management Tool 995
Volume Shadow Copy Service siehe Volumeschattenkopie-Dienst
Volumenaktivierung 1013
  Dienste 99
  Methode 1014
Volumeschattenkopie-Dienst 254–255, 439, 897
  Kopiesicherung 439
Voraussetzung für Hyper-V 205
Vorgangsstatus 835
VPN
  Client konfigurieren 843
  Datenverkehr 838
  installieren 831
  Serverzertifikat installieren 842
  Sicherheitseinstellungen konfigurieren 842
  verwalten 838
VSS siehe Volumeschattenkopie-Dienst
Vssadmin 901

W

W32Time 354
W32tm 352, 355
W3C 717
WAN-Leitung 379
Warteschlangenlänge 972
Wartung der Active Directory-Datenbank 441
Wartungscenter 75
Wartungscentersymbol 86
WAS siehe Windows Activation Service
Wbadmin 439, 898
  Optionen 901
WDDM siehe Windows Display Driver Model
WDS
  .vhd-Dateien erstellen 1010
  .vhd-Festplatten einbinden 1010
  Treiberpakete verwenden 1012
  Unbeaufsichtigte Installation durchführen 1012
  Virtuelle Festplatten erstellen 1010
WDS siehe Windows Deployment Services
Wdsmcast 1006
WDS-Server 1000, 1005, 1007, 1009
  Abbilder verwalten 1001
  einrichten 1002
Wdsutil 1002, 1004
Web Access 732, 736, 738, 784, 789
Web Application Proxy 844
Web Services for Management 309
Webanwendung verwalten 700
Webanwendungsproxy 829–830, 844, 846
  installieren 845
WebDAV-Redirector 106
Webdienst
  Zertifikatregistrierung 795
  Zertifikatregistrierungsrichtlinie 795
Webregistrierung
  Zertifizierungsstelle 795, 797
Webseite
  Anwendungen hinzufügen 700
  Fehleranalyse 701
  Grundeinstellungen bearbeiten 697
  Ladedauer überprüfen 701

Index

Webserver 99, 110
  Einstellungen sichern 699
  Remote verwalten 110
  Serverheader entfernen 694
  Sicherungen löschen 699
  starten 698
Webzugriff 761
  Server 761
Wechselmedium 122
  Zugriff 513
Wecutil 431, 957
Weiterleitung 388
  Server konfigurieren 389
Wevtutil 959–960
Wf.msc 277, 520, 818, 835–836
Whitelist 514
Wiederherstellung 902
  Active Directory 440
  Clientdaten wiederherstellen 929
  Gruppenrichtlinien 504
  Serverdateien wiederherstellen 928
  Windows Server 2016 Essentials 914
Wiederherstellungsmodus 307, 903
  Kennwort zurücksetzen 426
Wiederherstellungsumgebung 929
WIM-Format 54
WIMGAPI 994
WIM-Imageformat 994
Windows
  Firewallregeln per PowerShell erstellen 1043
Windows 10
  aktivieren 1000
  Aktivierungshotline 1000
  Antwortdateien 994, 999
  Assessment and Deployment Kit 993
  Aufzeichnungsabbild 1001
  Automatisiert installieren 995
  AutoUnattend.xml 995
  Bereitstellungspaket 998
  Boot.wim 994
  Image anpassen 997
  Imageformat 994
  Install.wim 994
  Lizenzinformationen 1000
  PE-Bootumgebung 994
  Produktschlüssel 1000
  Startabbild 1001
  Von USB-Stick installieren 995
Windows Activation Service 107
Windows Assessment and Deployment Kit 993
  installieren 995
Windows Assessment Toolkit 995
Windows Automated Installation Kit 993
Windows Defender 49
  Ausnahmen definieren 814
  Definitionsdateien installieren 811
  Hyper-V-Ausnahmen definieren 816
  PowerShell-Befehle 812
Windows Defender-Features 106
Windows Deployment Services 99
Windows Display Driver Model 772
  Treiber 111
Windows Identity Foundation 106
Windows Imaging 994
Windows Internet Name Service 180, 287, 623
  NBNS-Server 631
  NBT-Knotentyp 631
Server 107
Users 455
Windows PE 995, 1002
Windows Preinstallation Environment 995
Windows Remote Management 92, 107, 309, 431, 957–958, 1023
  aktivieren 92
  IIS-Erweiterung 107
Windows Search 106
Windows Server 2012/R2
  Aktualisierung 61
Windows Server 2016
  aktivieren 73
  Installation starten 55
  Installationsgrundlagen 52
  Installations-USB-Stick erstellen 60
  Mindestvoraussetzungen 53
  Netzwerkverbindung testen 75
  Neuinstallation 52
  Parallelinstallation 53
  Systemwiederherstellung 56
  Testversion einrichten 53
Windows Server 2016 Essentials 48
  Benutzer an Office 365 anbinden 476
  Benutzer verwalten 475
  Clientcomputer 475
  Connector 475
  Freigaben verwalten 562
  Launchpad 475–476
Windows Server Essentials-Umgebung 99
Windows Server Update Services *siehe* WSUS
Windows Server-Container 677–678, 689
  Per PowerShell verwalten 691
Windows Server-Migrationstools 107
Windows Server-Sicherung 107, 438, 898, 915
Windows System Image Manager 994, 998
Windows Systemabbild-Manager 994, 1012
Windows Time Service 354
Windows Update 937
  aktivieren 75
Windows-Abbild 998
Windows-Audio-/Video-Streaming 106
Windows-Bereitstellungsdienste 99, 1000, 1062, 1065
  einrichten 1002
Windows-Biometrieframework 107
Windows-Ereignissammeldienst 431
Windows-Features 83
Windows-Firewall *siehe* Firewall
Windows-Installer-Paket 90
Windows-Komponenten 496
Windows-PowerShell 106
Windows-Protokolle 952
  Sicherheit 428
Windows-Prozessaktivierungsdienst 107
Windows-SIM 994
Windows-TIFF-IFilter 107
Windows-Update
  Gruppenrichtlinien konfigurieren 942
  Mit der Eingabeaufforderung steuern 950
  Per Gruppenrichtlinien einrichten 937
Windows-Updates
  Per PowerShell verwalten 949
WinRM *siehe* Windows Remote Management
WINS *siehe* Windows Internet Name Service
WLAN 175
  AccessPoint 607

Index

Authentisierung 841
Drucker anbinden 606
Drucker per AccessPoint anbinden 607
WLAN-Dienst 107, 172
  installieren 79
Wldap32.dll 424
WMI
  Filter 837
  Objekte 245
Wmic 91, 1058
Worker Process 703
Workplace Join 1069–1070
WoW64-Unterstützung 107
WSIM *siehe* Windows System Image Manager
WS-MAN-Protokoll 199
WSUS 99, 884, 888, 933
  Berichte abrufen 949
  Clientcomputer per Gruppenrichtlinien anbinden 941
  Computergruppen steuern 945
  Downloadmodus 946
  Downstreamserver 938
  Gruppenrichtlinien konfigurieren 942
  Gruppenrichtlinien verwalten 942
  Interne Windows-Datenbank (WID) 934
  Patches speichern 934
  Per Gruppenrichtlinien einrichten 937
  Per PowerShell verwalten 949
  Secure Sockets Layer aktivieren 938
  Serverbereinigung 940
  Serverstatistik aufrufen 943
  SQL Server-Datenbank 934
  SSL-Bindung bearbeiten 938
  Synchronisierung prüfen 940
  Synchronisierungszeitplan festlegen 936
  Übermittlungsoptimierung 946
  Updatedienst 942
  Updatequelle 938
  Updates genehmigen 947
  Updatestatus prüfen 949
  Upstreamserver 937
  WSUS Client Diagnostics 934
Wsusutil 938
Wuauclt 91, 947
Wusa 950

X

Xcopy 552
  Optionen 1052
XML-Steuerungsdatei 109
XPDM-Treiber 111
XPS-Viewer 107

Z

Zeitdienst
  Konfiguration anzeigen 354
Zeitserver 312, 354
Zeitsynchronisierung 223, 352–353
  Bei Virtualisierung 357
  Externe Zeitquelle konfigurieren 356
  Grundlagen 352
  konfigurieren 355
  NTP-Protokoll 354

Zeitzone ändern 90
Zertifikat 600, 856
  Anforderung 801
  BackConnectionHostNames 803
  Base64-Datei 801
  DER-Datei 801
  DisableLoopbackCheck 804
  Fingerabdruck 600
  Mit Gruppenrichtlinien verteilen 802, 806
  registrieren 799
  Serverzertifikate zuweisen 800
  Über Webinterface ausstellen 801
  Vorlagen erstellen 806
  Vorlagen verwalten 805
  zuweisen 799
Zertifikatdienste 97
  Serverrolle für Active Directory installieren 794
  sichern 807
  SSL einrichten 802
Zertifikateherausgeber 798, 805
Zertifikatkette 843
Zertifikatregistrierung 794
  Richtlinienwebdienst 795
Zertifikatserver 843
Zertifikatspeicher 798
Zertifikatverwaltung 800
Zertifikatvorlage 807
Zertifikatwarnung 800
Zertifizierungsdienste 799
Zertifizierungsstelle 97, 600, 763, 793–794, 805, 828
  Eigenständige Stelle installieren 798
  Installationstyp auswählen 796
  installieren 794
  Sicherheit verwalten 806
  Status überprüfen 798
  Typ festlegen 796
  Untergeordnete Stelle installieren 798
  verwalten 797, 802
  Verwaltung delegieren 807
  Webregistrierung 97, 795, 797, 842
Zertifizierungsstellenzertifikat 843
Zeugenserver 881
Zielgruppenadressierung 487
Zielprotokoll 958
Zone Signing Key 675
Zonensignaturschlüssel 675
Zonentyp 336
Zonenübertragung 658, 672
ZSK *siehe* Zone Signing Key
Zugriffsberechtigung 471, 473, 529, 539
Zugriffskontrolle 859
Zugriffsregel 860
Zugriffsrichtlinie 850
Zugriffssteuerung 850
Zugriffssteuerungsliste 120, 472, 526, 533
Zulassungsregel 515
Zuweisung, richtlinienbasierte 632